三联精选

· 修订译本 ·

上帝之城

驳异教徒

上

DE CIVITATE DEI CONTRA PAGANOS

Augustinus Hipponensis

［古罗马］

奥古斯丁

著

吴飞 译

上海三联书店

简明目录

目　录

上帝之城卷二

上帝之城卷三

上帝之城卷四

上帝之城卷五

上帝之城卷六

上帝之城卷七

上帝之城卷十

上帝之城卷十一

上帝之城卷十二

上帝之城卷十三

修订译本导言

　　2007—2009 年之间,我翻译的奥古斯丁《上帝之城:驳异教徒》分三册陆续在上海三联书店出版。以我当时的能力,虽然勉强完成了翻译,但自感学力有限,不足以完成一篇全面解读《上帝之城》的导言。翻译完成之后,我参照奥古斯丁的其他著作和其他各种研究,将此书放在奥古斯丁总体的思想格局之中来审视,完成了一本对奥古斯丁思想体系较为全面的研究,即《心灵秩序与世界历史:奥古斯丁对西方古典思想的终结》,2013 年北京三联书店初版,2019 年出了修订版。近两年,与上海三联书店的黄韬先生商议,准备全面修订《上帝之城》的中译本。为此,我将这些年奥古斯丁研究的所得精简后写在这里,既是对《心灵秩序与世界历史》的概括,也算作对《上帝之城》的导读。

一、 罗马陷落与《上帝之城》的撰写

奥古斯丁撰写《上帝之城》的直接原因,是公元 410 年罗马城的陷落。在这一年的 8 月 24 日,北方蛮族西哥特人在其首领阿拉利克的带领下攻陷了罗马城,烧杀三天之后扬长而去,对罗马帝国虽未带来军事或政治上的很大伤害,却造成了文化上的强烈震撼。奥古斯丁在书中说,当时很多人攻击基督教带来了罗马的厄运,但这只是表面的现象。其更深层的原因是:罗马的陷落动摇了古典西方的文明理想。

古希腊人骄傲地认为自己是文明人,城邦制度、诗歌作品、科学思想、哲学探究,都足以使他们傲视临近的东方帝国。后起的罗马虽然在文学、艺术、哲学等领域都无法与希腊人相比,但以超绝的德性、尚武的气概、严密的法律体系,创造出一个混合了君主制、贵族制、民主制的新型政治形态,形成跨越亚、非、欧三大洲的庞大帝国。靠了这些,罗马不仅继承了希腊文明,而且将它提升到一个新的高度。强大的帝国才能保护希腊、罗马人所珍视的自由与文明,他们幻想这样的帝国不仅在时间上无限延续,而且在空间上同样无限,即统一整个世界。罗马是神赐给人类的永恒帝国,承载着当时欧洲人的最高文明理想。基督教形成后,与罗马帝国之间经过了复杂的对抗与磨合,最后终于为君士坦丁大帝所接受。基督教历史学家优西比乌以基督教的语言重新为罗马帝国的文明意义作历史定位,认为它正是耶稣所要带来的上帝之国。此后,罗马人的文明理想与基督徒的宗教期许合一了,基督教与西方文明实现了融合。

但蛮族人的铁蹄残酷地踏碎了这个永恒帝国之梦。上帝保佑的永恒帝国,怎么会被攻克呢? 在阿拉利克之后,无论基督徒还是非基

督徒,罗马人都陷入了深深的文明困惑当中。如果罗马帝国都不能永恒,他们维护了上千年的文明是否就要化为乌有? 若是这样,西方文明还有什么希望?①

　　奥古斯丁面对的,就是在这样的情况下,为西方人提供一个新的文明理想。此前的奥古斯丁,在与各种论敌的斗争中,已经对基督教思想的各个方面有了深入的思考。如通过对《创世记》的反复解读,他逐渐形成了以无中生有为核心的形而上学体系;通过对亚当、夏娃之堕落的深刻领悟,形成了以原罪为核心的人性论;通过对恶之起源问题的来回辩驳,形成了自由意志学说;特别是将新柏拉图主义哲学与基督教信仰融会贯通,形成了对三位一体的哲学诠释。一个相当完备的基督教思想体系已经呼之欲出。但他很少认真思考过,在基督教的思想体系中,罗马帝国应该处在什么位置? 阿拉利克的事件使他不得不严肃面对历史哲学与政治哲学问题,而这也恰恰成为他整合基督教思想的一个契机。

　　奥古斯丁曾经指导青年神学家奥罗修斯写了一部七卷本的《历史》,作为对此事的回应。但奥罗修斯仍然在优西比乌的历史框架之下阐释人类历史,仍然相信罗马是神圣的永恒帝国,只是认为基督教给罗马带来的灾难并不比异教时代更多,以此反驳对基督教的攻击。对世界历史的这种解读,显然不足以完成塑造新的文明理想的使命。

　　当奥古斯丁亲自着手回应此事时,他心里或许也还没有一个完整的架构。他起初很可能只是想写一本三五卷的小册子,在完成第三卷之后,才逐渐感到需要写下去。而且在此书的最开头,奥古斯丁罗列的,也不过就是奥罗修斯的那些史实和理由而已。或许正是因

----

① Jaroslav Pelikan, "The Two Cities: The Decline and Fall of Rome as Historical Paradigm", *Daedalus*, Vol. 11, No. 3, pp85-91.

为奥古斯丁是随着写作的进展而逐渐调整全书的结构，《上帝之城》
这部书才会显得结构凌乱、文字冗赘。② 在后来的写作中，奥古斯丁
应该是意识到了这些问题，所以不断修改和调整，一再申明此书的结
构安排——而这恰恰是没有提前安排好的体现。《上帝之城》写作上
的失败是公认的，但这并不妨碍其思想上的成功，从而使文笔如此拖
沓的一部书成为中世纪影响仅次于《圣经》的著作。借了《上帝之城》
的写作，奥古斯丁以上帝之城与地上之城的二城结构，全面梳理和整
合了他在其他书中已经谈到的基督教思想的各个方面，组装成一个
更成体系的思想架构，从而为西方文明提供了一个全新的文明理想，
真正终结了古典文明。③ 这不仅仅对基督教的中世纪，而且对整个现
代西方思想，都有着极其深远的影响。

二、《上帝之城》的结构与读法

一个丑陋的结构承载着伟大的思想体系，这使《上帝之城》变得
极为难读，读者如果按照奥古斯丁划定的结构，一卷一卷读下来，很
快就会觉得无比乏味而失去兴趣，但在他面前可能还有将近二十卷
的文字等着他。因此，我们需要向读者更简明地介绍此书的结构，以
及也许更简便的阅读顺序，使读者能尽可能快地把握此书的精神实
质，在对它失去兴趣之前明白此书好在哪里。

按照奥古斯丁自己的说法，此书二十二卷共分为两大部分：前十
卷是对异教罗马的批评，后十二卷是系统阐释自己的主张，即上帝之

---

② Jean-Claude Guy, *Unité et structure logique de la "Cité de Dieu" de de Saint Augustin*, Paris：Études Augustiniennes, 1961.

③ Henri de Marrou, *Saint Augustin et la fin de la culture antique*, Paris：E. de Boccard, 1983.

城与地上之城在历史中的演进。其中第一部分又可分为两小部分：第 1—5 卷，证明异教诸神并不能带来尘世的幸福；第 6—10 卷，证明异教诸神也不能带来永恒的幸福。第二部分则分为三小部分：第 11—14 卷，讲两座城的起源；第 15—18 卷，讲两座城在尘世的发展；第 19—22 卷，讲两座城在末日的结局。

由于全书的第二部分是对基督教历史哲学的正面阐述，奥古斯丁最关心的基督教问题大多被容纳进去，所以，如果读者想通过《上帝之城》来了解奥古斯丁的思想体系，我建议先从后十二卷开始读，这一部分的安排比较自然合理，不像前十卷那么芜杂。即便如此，我们仍然建议读者不要仅仅被奥古斯丁自己的分卷表述所诱惑，最好能透过其表面的历史阐述，解读其中更实质的理论问题，特别是不要被奥古斯丁带进对《圣经》许多细节的琐碎解读当中。我们下面就先具体谈一下这部分讨论的实质问题。

第 11—14 卷，奥古斯丁说是讨论两座城的起源。这起源不是一般讲的历史的起点，而必须涉及到上帝创世、天使和人的堕落、恶的起源等问题，这些又都是相当根本的神学和哲学问题。关于上帝创世，奥古斯丁在此前解《创世记》的几部著作中都已经处理过了，而《上帝之城》中的这四卷，一般被当做奥古斯丁解《创世记》的第五次努力，虽然未必比《忏悔录》后三卷、《〈创世记〉字解》中更深入细致，却是他对这些问题的一个总结。至于恶的起源、天使的创造与堕落、原罪等，更是奥古斯丁一生关心的大问题，也是伴随基督教思想始终的根本问题，奥古斯丁除了在解《创世记》的著作中反复讨论，更在主要神学著作中做了处理。这里将别处讨论过的几个问题做全面总结，并且放在世界历史的演进中讨论，自然是给它们一个新的定位。

第 15—18 卷，处理两座城在尘世中的发展，相对来说是理论性比较弱的一部分。而且其中解经的细节有些过多，阅读起来就不是很愉悦。比如他在第 15 卷连篇累牍地讨论《创世记》中的人物为什么会活几百岁,在第 16 卷讨论诺亚方舟中的动物,第 17 卷讨论《诗篇》中对基督的预言,第 18 卷则对照两座城写了一部小型编年史。如果不是出于解经或其他专门兴趣,读者完全可以略过这些细节不看,直接关注其核心问题:在奥古斯丁的神学体系中,尘世历史究竟有什么意义?

第 19—22 卷,处理两座城在末日的结局,触及了比较多的理论问题。其中第 19 卷是整部《上帝之城》里最受关注的一卷,因为其中最直接地谈到了许多重要的政治哲学命题,历代都引起非常广泛的讨论。第 20 卷处理对末日的理解,涉及到两次复活、末世论与神义论等诸多问题,也比较重要。最后的两卷则处理末日审判时坏人和好人各自的结局,讨论了一些细节问题,比如第 21 卷详析永火怎样惩罚坏人,第 22 卷讲了大量神迹的故事。这些细节,读者也可以略过去,重要的是对照创世,看奥古斯丁究竟如何来理解世界的终结。

如果读者对这十二卷中所描述的基督教思想体系有了一个基本理解,那读这本书就不算白读,因为就对奥古斯丁基督教思想体系有了大致的把握,如果有兴趣,可以再读他讨论许多具体问题的专书了。而在这样一个架构之下,可以再回过头来看前面十卷,其中所谈的每个问题就会有了相应的位置,而不至于茫然无绪了。

总体来讲,前十卷是对罗马宗教的全面批判,每一部分的侧重点又有些不同。奥古斯丁以尘世生命和永恒生命的区分来划分这一部分,但这一区分本就是基督教做出的,并非古典宗教最关心的问题,所以这一批判自然是没有道理的。所以,我们要在这表面的说辞和芜杂的辩驳背后看出其真正的思想意义,这就是前十卷不好读的原因所在。奥古斯丁说前五卷是一个部分,但第 1 卷相对独立,直接处理阿拉利克攻陷罗马的问题,由此而引发了对罗马宗教和罗马历史的讨论。放在第 19 卷中政治哲学的理论背景下，第 2—4 卷中最有意味的是对罗马历史的重新评价，从而继承也颠覆了罗马历史学家撒路斯提乌斯和李维的历史观。第 5 卷的主体是对星相学的批判，根据《忏悔录》中的记载，这是奥古斯丁曾经痴迷过，但后来激烈批判的一门学问。

第 6—10 卷，所谓关于永恒生命的批判，其中的内容尤其杂乱。充满了对异教神话细节的批评。这些细节本身不是我们关心的重点，但其中展现出的古典宗教与基督宗教的差异，却是比较重要的问题。至于对所谓永恒生命的探讨，被奥古斯丁归入自然神学的问题，展现出奥古斯丁对哲学史的理解。他在第 8 卷表达了对希腊哲学家苏格拉底、柏拉图、亚里士多德的敬意。为了从基督教的角度解读希腊罗马神话，他把异教诸神说成是善恶天使，因而有了对天使、魔鬼之身体的冗长讨论，但由此而延伸出第 9 卷对性情的辨析，却成为奥古斯丁与斯多亚学派性情学说的深层对话。第 10 卷通过对新柏拉图主义祭祀观的批判，正面阐述了他对祭祀的理解，这也是此书中相当精彩的一部分。

以上就是《上帝之城》的基本结构。一个希望对奥古斯丁做专门研究的学者，当然需要对全书有更全面认真的精读；但对于初学者，如果仅仅想对奥古斯丁基督教思想有个初步的了解，不妨按照笔者的建议，先把握后十二卷的大致思想，然后再来看前十卷对罗马宗教、政治、哲学等各方面的批判。

三、 创世：奥古斯丁的形而上学

为了进一步帮助读者理解奥古斯丁的思想体系，我们现在就对与《上帝之城》相关的几个思想焦点做一大致梳理，以奥古斯丁第二部分的思想脉络为出发点，结合他在前十卷与其他著作中的相关讨论，使读者在读书时可以参考。

奥古斯丁说，两座城的分裂，起源于两类天使的分裂，那就必须追溯到对创世的理解。正是在对《创世记》的解读中，奥古斯丁建构了他的形而上学，在本书中主要体现在第 11—12 卷中呈现出的对世界构成的理解。

三位一体，不仅是奥古斯丁对上帝的基本理解，而且渗透在他的哲学的方方面面。在奥古斯丁之前，大公教会已经将三位一体定为基本教义，但一直缺少一个圆融的哲学解释。奥古斯丁利用了新柏拉图主义的哲学资源，天才地将上帝的三位一体解释为：圣父为上帝之存在，圣子为上帝之智慧，圣灵为上帝之意志。而上帝所造的万物，亦有同样的三一结构；人作为上帝的形像，其灵魂中的三位一体与上帝的三位一体最像。这个三一结构，是奥古斯丁哲学的基本结构。

万物都是三位一体的上帝创造的，圣父从虚无中创造了存在，圣子提供了万物的形式，圣灵使万物都是好的。对无中生有（*creatio ex nihilo*）的强调，是奥古斯丁形而上学最重要的特点。所谓无中生有，强调的是，上帝的创世不是仅仅为质料赋予形式，而是无论形式还是质料，皆为上帝所造。④ 在与摩尼教二元论的辩论中，奥古斯丁为了避免将质料当做上帝之外的另一个存在之源，而特别强调无中生有。于是，万物都是上帝所造，包括时间和空间。奥古斯丁将《创世记》首章首节的"上帝以太初造天地"中的"太初"理解为圣子，是上帝的第二位格，是最高的智慧，世界历史就由此开端。从时间的角度

④ Joseph Torchia, *Creatio ex Nihilo and the Theology of St. Augustine*, New York: Peter Long, 1999.

理解被造物的存在,也是奥古斯丁哲学的重要原则。

但对无中生有的强调必然会导致另一个问题,即对恶的起源的解释。善恶二元论中不需要上帝为恶负责,但奥古斯丁的绝对一元论就必须解释恶的起源,因为既然万物都是至善的上帝创造的,上帝不可能创造恶的被造物,万物无论形式还是质料,都一定不是恶的。由于万物的质料是从虚无中造的,被造物都可能变为虚无,这使它们的存在会缺失,从而导致恶。但虚无并非恶,因为虚无只是什么都不存在,而不是一种叫做"虚无"的存在。恶既非质料,又非虚无,恶只是存在的缺失,而不是一种存在,只有存在物才会变恶,恶的力量来自存在,而不是来自虚无。对恶的这种解释在新柏拉图主义当中已见端倪,但奥古斯丁在把它转化为基督教问题之后,却使其中的张力骤然尖锐起来。从此,恶的起源问题成为伴随基督教思想始终的根本问题。

在基督教思想中,恶的起源的意义实质在于精神被造物的恶,而不只是无生命物的腐败,因而此问题必然牵涉到对精神被造物的理解。奥古斯丁将被造物分为精神被造物和物质被造物两种,既是其承自新柏拉图主义哲学体系的必然,也是基督教思想中关于天使和人的理解所导致。而且奥古斯丁认为,无论精神被造物还是物质被造物,都有其质料与形式。经过了对各种解释可能性的尝试,奥古斯丁倾向于认为,《创世记》开篇所讲的"空虚混沌"指的是物质质料,"渊面幽深"指的是精神质料。"精神质料"的理解无疑会带来巨大的困难,以至于后人尝试将精神被造物与物质被造物的质料说成同一种质料,但这同样难以讲通,所以阿奎那干脆说天使只有形式而无质料。我们且不谈这些,但奥古斯丁对于精神存在物与物质存在物的区分至关重要,影响了基督教乃至现代的西方宇宙观,则是非常确定的。⑤

　　精神质料被赋形，就成为天使，也就是第一日所造的光；天使再将
从上帝那里得来的形式赋予物质质料，那就是后面几日的创造，于是
就有了物质被造物。天使们在上帝的永恒之光中认识上帝，就是白
昼，通过物质被造物认识上帝，就是黄昏，转向上帝，就是早晨。而一
旦天使背离了上帝，就堕落而成为魔鬼。天使的堕落，是精神被造物
第一次变恶，这种恶不可能是上帝造的，不可能来自天使的存在，只能
是因为魔鬼骄傲的自由意志。但魔鬼究竟是什么时候堕落的，却成为
奥古斯丁魔鬼学的一个巨大困难，因为天使被造时不仅是全善的，而
且应该能预知未来。将变成魔鬼的天使与不会变成魔鬼的天使被造
时是一样的好，那么这些天使是否知道他们会堕落？如果不知道，就
不能预知未来，如果知道，就不会是全善的。或者，如果不会堕落的天
使能预知未来，而会堕落的天使不能预知，岂不是两种天使一开始就
是不一样的？（11:11,13）面对这个近乎无解的困难，奥古斯丁花了很
多笔墨，读者可以在本书的第 11 和第 12 卷读到。他最后只能说，魔
鬼是在一被造就堕落了，但他们不是被造成了堕落的，而是被造后马
上就因为骄傲而堕落了。其实，这里的问题仍然没有解决，只是含混
过去了。

　　好的天使组成了最初的上帝之城，堕落天使组成了魔鬼之城。
这是两座城的起源。而奥古斯丁于此又面临进一步的困难，即万能
的上帝也应该知道天使会堕落，那么为什么还要造这些堕落天使呢？
上帝所造的整个世界不应该是完美的吗？这是恶的起源问题的根本
困难。奥古斯丁的解决方式是，上帝所造的宇宙整体是善的，甚至部

---

⑤　参考吴飞：《无中生有与精神质料——奥古斯丁〈创世记〉诠释的两个问题》，《道风：基督
　　教文化评论》，第 45 期，2017 年 7 月。

分恶的存在都服务于这个全体之善,只是生活在其中的人不能理解而已。而这样的理解为后世的宇宙观中的诸多问题埋下了伏笔。

四、 原罪:奥古斯丁的人性论

对初人之罪的阐释,是保罗神学的出发点,因为只有讲清楚人之罪是什么,才能确定耶稣基督要带来怎样的拯救。奥古斯丁则用"原罪"一词概括了这种罪的实质,使之成为基督教思想的人性论基石。

人的犯罪和天使的犯罪一样,都是自由意志的罪。人和其他一切被造物一样,有着好的自然;而且因为人是上帝的形像,更不可能天生是坏的。所以人的犯罪不是来自他的自然,而是来自自由意志。在三位一体的架构中,上帝和人的意志都属于第三位格。对意志的强调是奥古斯丁哲学的一个重要方面,也深刻塑造了后来西方哲学史上的自由概念。一方面,犯罪是出于人的自由意志,所以上帝不为人的作恶负责,人必须为这一犯罪及其一切后果负责;另一方面,人一旦犯罪,就不再能凭自己的自由意志摆脱有罪的状态。自由意志的这两方面,在奥古斯丁的原罪学说中都非常重要。

《上帝之城》第12卷的后半部分进入对人性的讨论,第13、14两卷都花在了对原罪的阐释上,这是《上帝之城》中较有原创性的地方,有一些别处没有提及的说法。

由于《上帝之城》要处理政治问题,奥古斯丁特别注重人的社会性。因而他尤其强调,在最初的一人中包含了全人类,上帝造人的方式包含了特别的寓意:人类生息繁衍之后,要像一个人那样生活。但是,人类之间的斗争却比毒虫猛兽还要凶猛,其根源就是人类的原罪。

夏娃受到了蛇的诱惑吃了禁果,转而又把禁果给了亚当。奥古斯丁在《上帝之城》中给这个事件一个非常独特的解释:夏娃受了蛇的诱惑,但亚当一直清楚是怎么回事。亚当吃禁果并不是因为相信了蛇的话,而是因为不愿意和夏娃分开,宁愿与她一同犯罪也要在一起。奥古斯丁认为,亚当这样明知故犯的罪比夏娃更大,因为他将人间的爱放在了上帝前面,其实质是人的骄傲。(14:11)所以,人因为自由意志犯罪,就是其灵魂中的自由意志反叛上帝;因为这种反叛,导致了身体对灵魂的反叛。在没有犯罪之前,灵魂与身体完全和谐地共生共处,身体完全服从于灵魂,就像灵魂完全服从于上帝一样。但现在,身体不再服从于灵魂,就像灵魂不服从于上帝一样。

为了阐释这层意思,奥古斯丁在第 13 卷讲出了著名的体-魂-灵三元结构,这个结构对后世影响很深,但在奥古斯丁其他的著作中讲得并不多。他说,灵性是人的灵魂的生命,正如灵魂是身体的生命。人的灵魂背叛了上帝,就失去了灵性,于是灵魂就死了,但身体还活着;等到灵魂也离开了身体,身体就也死了。这时候,人就完成了第一次死亡;到末日审判的时候,坏人在地狱中会遭受第二次死亡,那将是永无终结的死亡。

因而,原罪带来了两个直接后果:欲望和死亡,而这二者都是身体背叛灵魂的体现。

奥古斯丁认为,在偷吃禁果之前,人是没有欲望的。《上帝之城》这一部分的写作与同佩拉鸠派的争论大体发生在同时。在这场争论中,奥古斯丁发展出他对婚姻与性欲的独特观点,也部分展现在《上帝之城》中。出于其总体理论,奥古斯丁坚持认为,伊甸园中的人会生育,因为上帝赐福初人夫妇"生养众多,遍满地面",婚姻和生育都不会是罪的产物,但原罪之前的性交和生育都与欲望无关。因为那时的身体完全服从灵魂,性交和生育是完全在理性灵魂控制之下进行的,不会有欲望,不会有快感。既然没有性欲,也就没有任何其他的欲望,比如偷吃禁果,也不是因为饕餮的馋欲。在偷吃禁果之后,亚当和夏娃发现自己赤身裸体,就用无花果的叶子遮住了下体,之所以如此,是因为身体不再服从灵魂,会做出灵魂不愿意做的事,或者不做灵魂命令做的事。身体与灵魂的这种不和谐,就是羞耻。身体追求理性所不愿意的,这就是欲望,欲望带来的非理性快感就是性快感。堕落之后,人只有靠性欲才能生育。婚姻和生育,就其本身而言都不是有罪的,但亚当夏娃之后的生育,必须通过有罪的性欲才能完成,所以生在这种欲望中的人都遗传了原罪。而身体其他方面的欲望,也都产生了,甚至追求统治的霸欲也产生了。在所有这些欲望中,性欲是最大的,性快感也是身体与灵魂的冲突中最大的快感。⑥

　　而身体背叛灵魂的最终结果就是死亡——身体与灵魂的分离。因而性与死是同一问题的两个方面。奥古斯丁在《上帝之城》第 13 卷的 9—11 中对死亡的讨论非常精彩。垂死之人只要有感觉就是活着的,已死之人已经没有任何感觉了,人要么是活着要么是已死,那么什么时候是在死呢?在活着和死后之间,似乎找不到死着的状态,因为死是个没有长度的点。要真正理解这里的说法,需要对照《忏悔录》第 11 卷对时间和现在的讨论。奥古斯丁认为,现在也是一个不可把捉的点,介于未来和过去之间,但只有现在是真实的存在,人生在世的悲惨处境就在于,他永远无法把握这个存在。死亡与现在的相似性表明,死也是人生在世之悲惨性的体现。人的真实存在是在未来-现在-过去的撕扯中流转,不可把捉,堕落之人之所以会死,也正是因为他在不同维度的意志之间,没有一个真正稳定的存在。所谓身体对灵魂的背叛,实质上是意志的犹疑状态。身体没有意识,怎么会反抗灵魂呢?所谓的反抗,并不真的发生在身体和灵魂之间,而

---

⑥ 参考孙帅:《自然与团契——奥古斯丁婚姻家庭学说研究》,上海:上海三联书店,2014 年版。

是发生在灵魂内部,是灵魂的自我反叛,是自由意志的不确定状态。这正是死亡的哲学意义。它不是上帝的武断命令,而是已经堕入罪中的人的必然结果。既然原罪就是自由意志对自己最深层的存在(上帝是人的存在来源,也是最深的存在)的反叛,灵魂的内在分裂就带来了死亡。无论灵魂之死、身体之死,还是第二次死亡,都是灵魂堕落的后果。第二次死亡作为永无休止的折磨,表面上看和通常意义上的死亡不同,却是真正的死,是身体与灵魂永远无法和解的状态,是永远的自我折磨,也是有罪之人的罪有应得。

奥古斯丁所理解的原罪,不是一个简单的罪行,也不是一般意义上的缺点或邪恶,而是一种无论做什么都无法摆脱的欠负状态。这种欠负状态不仅会通过繁衍遗传给后代,而且会带来更多的罪,因为人一旦由于自由意志而犯了罪,就不再能通过自由意志摆脱罪——这一点到了路德和加尔文手中,得到了非常彻底的阐释。因而,人的所有创造,包括家庭、城邦、帝国,都是罪的产物,不可能带来拯救。

五、 政治：没有意义的历史

亚当和夏娃走出伊甸园后,人类在继续堕落。从亚当一个人到夏娃被造,婚姻将二人联合为一体,但婚姻却导致了人类的堕落和欲望的产生;亚当夏娃生了儿子,该隐与亚伯之间兄弟相争,该隐杀死了亚伯,然后建立了人类历史上第一座城;到挪亚的时候,因为人类的堕落而爆发了大洪水;巴比伦是人类历史上的第一个帝国,却也是更大的堕落,使得上帝变乱人的语言,造成了更大的分裂。家庭、城邦、帝国,是越来越大的人类共同体,但是没有一个能使人团结起来,反而导致人类一步步堕落,越来越分裂。这就是地上之城的历史。

在奥古斯丁看来,整个世界历史就是上帝之城与魔鬼之城两座城各自演进的历史。但严格说来,在末日之前上帝之城是不会显现的,上帝之城的公民并没有自己建立的城,他们都是地上之城的旅客,他们真正的家乡在天上,地上没有他们真正的祖国,所以,不能将地上任何有形的城当做上帝之城,人类建构的所有制度都只是地上之城。不仅巴比伦是地上之城,罗马也是地上之城,无论它多么伟大,它都是建立在罪恶的基础之上的。《旧约》中的耶路撒冷被当做神圣之城,并不是说它真的是上帝之城,而只是因为她是上帝之城的像,等到耶稣来临之后,它的这个作用就消失了,就耶路撒冷自身而言仍然是地上之城,它也充满了罪恶。[7] 甚至地上教会都是这样的。理想的教会就是基督与他的信徒在一起的千年王国,是未来的上帝之城,但是在现实中,教会当中混杂了种子和稗子,即真正会被拯救的人和虚假的教徒,仍然不真正等于上帝之城。

若是严格由其原罪学说出发,奥古斯丁关于现实政治的看法是极其灰暗的。但是,一是因为他在有些地方还是会有不那么极端的说法,二是因为这一极端政治哲学在现实中难以落实,而总会为后世的解释者所修正,所以历代的奥古斯丁研究者会争论一个问题:在上帝之城与地上之城之间,究竟有没有第三座城,即地上的神圣之城。[8]

在奥古斯丁看来,凡是存在的事物,都有好的自然,哪怕魔鬼也有好的自然。如果彻底是坏的,就不可能存在了。但是大部分存在

---

⑦ J. van Oort, *Jerusalem and Babylon: a study into Augustine's City of God and the sources of his doctrine of the two cities*, Brill, 1991. Mireille Hadas-Lebel, *Jerusalem against Rome*, Leuven: Dudley, 2005; Paula Fredriksen, *Augustine and the Jews*, New York: Doubleday, 2008.

⑧ Hans Leisegang, "Der Ursprung der Lehre Augustins von der Civitas Dei," *Archiv für Kulturguschichte*, XVI (1925), pp127—128. F. Edward Cranz, "De Civitate Dei, XV, 2, and Augustine's Idea of the Christian Society," in *Speculum*, Vol. 25, No. 2, (1950), pp215—225. H. I. Marrou, "Civitas Dei, civitas terrena: num tertium quid?" *Studia Patristica*, II(II), 1957, pp 342—350.

物只能利用,不能安享。⑨ 在严格意义上,可以安享的,只有上帝,其他一切都只能利用。尘世中的各种事物虽然好,但不能成为安享的对象,这样,它就不可能有积极的价值。尘世中的好,是好人和坏人都要利用的;因此,上帝之城必须利用地上之城中的和平,哪怕是巴比伦中的和平。尘世中的好并没有使巴比伦脱离地上之城或魔鬼之城的地位,因此根本不足以构成第三个城。对于尘世生活的积极意义,奥古斯丁只是相对地肯定了地上之城中的和平、道德、幸福。事实上,他只是认为它们和空气、水分、食物等维持肉体生命的物质一样,只是利用的对象,不是安享的对象,因而就没有绝对的意义。

在《上帝之城》的 2:21,奥古斯丁讨论了西塞罗关于人民与共和的定义。⑩ 西塞罗说,人民是有共同利益的正义的团契,而共和则是人民之事。到了 19:21,奥古斯丁又回到这个问题,指出,自从人类堕落以来,本应属上帝的人属了魔鬼,所以就没有真正的正义,既然没有真正的正义,也就没有真正的人民,那还怎么谈得上人民之事呢?于是,奥古斯丁在 19:24 修改了西塞罗关于人民与共和的定义,虽然人类都没有什么正义可言,但不能说从没有过人民与共和。只要有共同爱好的团契,都可以称为人民,人民就可以组成共和,由于他们不可能是正义的,那也就不必强求正义了。这正是奥古斯丁对现实政治的标准理解:地上之城不可能是真正正义的。所以他在 4:4 中说,一个国家和强盗没有本质的差别。⑪

奥古斯丁在否定尘世政治的积极意义的同时,却也带来了最彻

---

⑨ William Riordan O'Connor, "The *Uti/Frui* Distinction in Augustine's Ethics," *Augustinian Studies*, 1983, Vol. 14, pp45—62.

⑩ Jeremy du Quesnay Adams, *The populus of Augustine and Jerome: a study in the patristic sense of community*, New Haven: Yale University Press, 1971.

⑪ Oliver O'Donovan, "Augustine's *City of God* XIX and Western Political Thought," *Dionysius*, Vol, Dec, 1987.

底的政治现实主义。既然现实政治都是没有道德内涵的,但人的生活又不可能离开政治,那么,政治活动就不需要有任何道德约束。在这个意义上,奥古斯丁也是马基雅维利主义的先声。

基于这样的政治哲学,奥古斯丁给出了他对尘世国家领袖的理解。在他看来,国家的强大、人民的富足,对于被统治的人民虽然是有益的,但对于国王而言,却没有什么实质的意义,因为这并不会帮助他灵魂上的拯救。一个好的基督徒国王,必须把自己看得与最卑微的奴隶没有什么差别,虔敬地拜倒在上帝面前,忏悔自己的罪。因此,像君士坦丁大帝那样,无论在信仰还是事功上都卓有成就的皇帝,只是偶然而已。他真正最看重的,反而是像西奥多那样痛心忏悔的皇帝(5:26),至于他的文治武功,反而成了次要的问题。我们由此可以理解,莎士比亚把懦弱无能的理查二世和亨利六世塑造成笼罩着神圣光环的国王,却把武功赫赫的亨利五世描述成品德可疑的形象,其中隐含的正是奥古斯丁的态度。哈姆雷特要在果壳中做一个国王,一个神圣国王需要的,并不是广大的疆土。

其实,地上王国的国王和皇帝都不是地上之城的真正领袖,地上之城的领袖是魔鬼。虽然地上之城必然是恶的,但国王却未必是恶的,只要他积极追求自己的灵魂拯救。奥古斯丁所带来的,并不是对尘世政治的绝对否定,而是对心灵秩序与尘世秩序的彻底分离。国王在地上秩序中的成败,对于他在心灵秩序中的得失是无关的。这一点可以帮助我们理解奥古斯丁区分两座城更深层的意义,以及政治现实主义的实质内涵。[12]

异教哲学家所理解的世界历史,在奥古斯丁看来都是地上之城

---

[12] 参考吴飞:《地上之城与魔鬼之城——奥古斯丁政治哲学中的一对张力》,收入《奥古斯丁的新世界》,上海:上海三联书店,2016 年版;又收入《心灵秩序与世界历史》,2019 年版。

的历史，地上之城就是魔鬼之城，充满了罪恶，没有任何拯救性的价值，因而也就构不成世界历史的实际转折。在奥古斯丁看来，真正有意义的历史事件只有一个，就是基督的道成肉身和十字架上的受难，因为只有这件事才真正战胜了魔鬼，拯救了人类，从而开始有人类真正进入上帝之城。相对于这个事件而言，帝国的兴衰、异教的英雄，都是地上之城当中毫无意义的内战，都是必然下地狱的恶人的争权夺利而已。一方面，奥古斯丁从基督教神学的角度建构了庞大的世界历史；但另一方面，在传统意义上有价值的历史人物和事件反而被抽空了意义，变得可有可无了。这也是奥古斯丁思想带来的巨大变化。[13]

六、 末日：上帝之城的真正实现

奥古斯丁世界历史的最后一幕，就是两座城最后的结局，在末日之时，上帝之城才真正实现出来。上帝之城并不是现实中的一座城，即，它不是一个政治性的架构，没有城墙，没有政治机构，没有等级。它是基督所建构的人类灵魂共同体，是基督的身体，是第二亚当，是真正的教会，其中没有个人与个人之间的实质关系，只有每个人与上帝的关系。圣餐礼就象征着基督徒在其中。奥古斯丁在《上帝之城》21：25 中，非常详尽地讨论了圣餐礼的意义。其实，圣餐礼也并不是基督教中真正的祭祀，基督教中的祭祀只有一个，就是耶稣在十字架上的受难，圣餐礼只是对这一祭祀的象征而已。吃了圣餐礼加入到教会当中的人，都是已加入到了基督的身体。基督在十字架上把自

---

[13] Analdo Momigliano，"Pagan and Christian Historiography in the Fourth Century A. D. "，in *The conflict between paganism and Christianity in the fourth century*，Oxford：Clarendon Press，1963.

己的身体当做祭品献出去,在他身体之中的人们也把身体献了出去,才能随着耶稣基督一同战胜死亡,获得拯救。但并不是仅仅吃了面饼、喝了葡萄酒就能有这神奇的结果,而是必须模仿耶稣基督,像耶稣基督一样去牺牲,才能真正成为他的身体的一部分。

在 10:3 里,奥古斯丁说,每个人能献给上帝的最好的祭祀,就是悲伤忏悔的心。人的心灵是上帝的神殿,正如整个上帝之城都是上帝的神殿,但在 10:6,奥古斯丁特别指出,上帝之城这个神殿并不比个体心灵的神殿大,个体心灵的神殿并不比上帝之城这个神殿小。这段话特别体现出奥古斯丁上帝之城概念的所指。虽然成千上万个基督徒的心灵共同组成了上帝之城,但上帝之城其实只是一个人,就是耶稣基督,耶稣的追随者并没有因相互联结而形成一个更大的共同体,他们只是因模仿基督而成为小的耶稣,所以,一个真正获得拯救能成功进入上帝之城的人,就是一个模仿耶稣最好的人。因此,我们才会说,在上帝之城里,不同人之间并没有实质的关系,每个人只和上帝发生关系,发生关系的方式,就是模仿耶稣基督的受难;正是在这个意义上,他们共同构成了一个抽象的心灵共同体,这个共同体与政治共同体是迥然不同的。奥古斯丁取消了尘世政治的积极意义,认为人类的合一无法通过城邦或帝国实现,但认为基督的身体可以实现这种合一,因为在上帝之城这一共同体中,人类抛弃了自然属性,抛弃了原来具体的身份和特殊性,通过对基督的模仿,和合为一。奥古斯丁笔下这两座城的差别,将逐渐演变为现代西方社会与政治的差别。

上帝之城与地上之城的分裂,起源于善恶天使的分裂,最初组成上帝之城的,就是好的天使们,而人类因为受到魔鬼的诱惑,都加入到了魔鬼之城。圣子言成肉身,击败了死亡与魔鬼,开始使人获得拯救,有可能加入到上帝之城中。由于堕落使人分别遭受了灵魂之死、身体之死，并将进入第二次死亡，被拯救之人也要经历灵魂复活、身体复活，从而进入上帝之城，而不遭受第二次死亡。

灵魂的复活，在信徒们皈依基督时就发生了，这就是第一次的复活（20:6）；身体之死是灵魂之死的结果，现在灵魂既然复活了，是不是身体也应该不会死了吗？可是，哪怕灵魂复活的人，身体还是要死的。因为身体之死是对原罪的惩罚，哪怕灵魂已经复活了的人，也是曾经有罪的，还必须接受这个惩罚。而且，奥古斯丁还认为，那些到了末日之时还活着的人，也必须迅速接受一次死亡，然后再复活，因为身体之死是任何人无法避免的（20:20）。

既然所有人必须遭受身体的死亡，所以他们也必须会有第二次复活，即身体的复活。这是好人和坏人都会有的复活，复活之后，他们共同去接受审判。有过两次复活的，就可以免予第二次死亡，进入上帝之城，获得永生；没有第一次复活的，就必须遭受第二次死亡，即永死。

在奥古斯丁之前，对末世论的理解分成两派。原始基督教是一派，即真的相信世界末日是历史上的一个时间；以奥利金为代表的是另一派，认为世界不会真的终结，末日审判只是对上帝一直进行的审判的比喻。这两派的争论一直延续到今日。奥古斯丁调和了两种说法，他一方面相信末日真的会发生，另一方面也将末世论的实质理解为神义论，即现世中隐而不彰的善恶，到那时候都会显露出来，得到应有的奖赏或惩罚。⑭

进入天堂的人，将会变得和天使一样，远远超过了伊甸园中尚未堕落的人。他们的身体和灵魂都处在最完美的状态，不需要饮食就

---

⑭ Jacob Taubes, *Occidental Eschatology*, Stanford: Stanford University Press, 2009, pp79—81.

可以生存,意志绝对自由,已经不会做坏事,不会死。不同人之间还有高矮的差别,男女的异同,但他们的这种差异都已经没有了意义,因为不会再有婚姻,不会再有家庭,甚至很多器官也失去了意义,其存在仅仅是为了美观而已,不再具有实际的功用。那是一个绝对意义上的大同世界。

曾有奥利金等神学家认为,末日后哪怕罪人也会被赦,甚至魔鬼也终将免于处罚。但奥古斯丁坚决不接受这一点(21:23—24),认为魔鬼和坏人必须受到永火的惩罚,否则上帝的正义就不会彰显。这一观点固然符合他的一贯思想,但也带来一个意想不到的后果:末日终结了历史,正如创世开始了历史,奥古斯丁反对开端的二元论,但却认为历史终结于天堂与地狱的善恶二元当中,这不是暗中接受了他一生批驳的二元论吗?从摩尼教皈依基督教的奥古斯丁究竟是否一直是隐秘的二元论者,也是一个争论不休的问题。

七、 罗马:帝国价值的消解

以上就是奥古斯丁构建的世界历史,成为整合他基督教思想的基本架构。《上帝之城》虽然冗长杂乱,却完成了一个非常重大的任务,即为西方人提供了新的文明理想:灵魂在上帝之城中的永生。这就是奥古斯丁在罗马被攻陷时的回应:既然罗马的衰亡已经不可避免,它不可能是永恒之城,那就不要再把理想寄托在它上面。这个回应非常残忍,但也非常深刻。由此,我们才可以回过头来,理解他在《上帝之城》前十卷对罗马的态度。

前十卷表面上是对罗马宗教的各种批评,其实包含了对古典政治、宗教、哲学的总体检讨。其中对西塞罗政治哲学的讨论、对祭祀的讨论、对基督徒皇帝的讨论等等,都与后半部的主题相呼应,我们前面也已经看到过了。在这些芜杂的批判中，最实质的是对罗马历史的解构，集中在第二和第三卷中。⑮

奥古斯丁的批判特别借助了罗马的两位历史学家：李维和撒路斯提乌斯。对罗马早期历史的理解，奥古斯丁主要从李维笔下选取史料，而对罗马盛衰的理解，则借助于撒路斯提乌斯的"霸欲"概念。通过对这两位历史学家笔下罗马史的重新解读，奥古斯丁瓦解了维吉尔罗马帝国时空均无限的说法。

李维《罗马史（建城以来）》第一卷叙述了罗马从建城到建立共和的历史，其用意在于赞美罗马，从最开始由奴隶与逃犯组成的乌合之众，到成为文明的公民，足以赶走国王、建立共和。但奥古斯丁对这段历史的重述则彻底解构了李维的历史观。他认为，罗马之父罗慕洛与雷姆斯之间兄弟相残，如同该隐与亚伯的兄弟相残一样，使罗马建立在兄弟之血的基础上；而且雷姆斯也是罗马的国父之一，罗马人杀害他，就如同一桩弑父案。罗慕洛强抢萨宾女子，则是罗马城集体犯的强奸罪。其后，罗马与阿尔巴之间的战争更是女儿城的弑母案，而且库里阿斯杀死亲妹妹，更算不上什么英雄。到了王制的最后，塔昆残忍地杀害了其岳父——罗马最好的国王塞维乌斯，罗马人却仍然让他做了国王；而就在塔昆为罗马人征战的时候，罗马人因为他的儿子强奸了卢克莱西亚而赶走了他，夺走了他的王位。七个国王之后，罗马王国仍然终结在了一桩弑父案和一桩强奸案当中，整个历史进程充满了各种各样的罪，丝毫谈不上文明，更没有什么进步。而就在进入共和国之后，执政官布鲁图斯杀死了自己的儿子，赶走了同事柯拉廷诺斯，到最后与敌人同归于尽，既谈不上什么道德，更没有幸

---

⑮ Brian Harding, *Augustine and Roman Virtue*, London: Continuum International Publishing Group, 2008.

福的生活；倒是被罗马赶走的骄傲者塔昆，安度余生，成为罗马诸王中极少数寿终正寝的一位。

对罗马历史的描述与他在十九卷的分析相呼应，罗马根本没有什么正义可言，也根本谈不上伟大，其历史也毫无意义，自始至终充满了各种各样的罪，其中的领袖也痛苦不堪，毫不幸福。这只不过是一个充满了罪恶的地上之城，怎么能算神圣的？

撒路斯提乌斯在《喀提林阴谋》中有对罗马历史变迁的理论性分析。他认为，罗马人一直有强烈的霸欲，但是在早期的时候，罗马还是很小的城邦，周围强敌环伺，所以罗马人的霸欲指向了外部，就能因此激发出伟大的德性，不断向外征服，终于成就了伟大的帝国。但是在罗马打败了迦太基之后，已经没有哪个城邦可以和罗马相提并论了，可罗马人的霸欲并没有减弱，而是指向了内部，结果就导致了接二连三的内讧，败坏了罗马人的道德，使罗马逐渐走向衰落。在撒路斯提乌斯笔下，"霸欲"是一个中性的概念，本身无所谓好坏，差别是在于，究竟用它向内还是向外。奥古斯丁认为，霸欲和性欲以及所有其他的欲望一样，都是原罪的产物，本身就是恶的。至于罗马的盛衰变迁，他非常同意撒路斯提乌斯的描述，但因为他对霸欲本身的否定，奥古斯丁认为，无论霸欲向外还是向内，无论罗马发动对外战争还是进行内战，都没有什么正面的价值，根本上都是地上之城的内部相争，没有历史的价值，更谈不上什么伟大，由此而强大起来的罗马帝国更没有什么神圣之处。奥古斯丁再次解构了罗马历史，在对罗马盛衰的分析中充满了政治现实主义。

前十卷相当大的篇幅在批判罗马宗教，抨击说罗马人崇拜的诸神做出过很多不光彩的事情，又怎么能来维护罗马人的道德；反复讽刺说罗马宗教事无巨细，一个神管一件小事，却没有一个神来管永生；攻击罗马的神竟然也有喜怒哀乐，而不是完全理性的，等等。但所有这些批判都没有多少理论价值，对罗马宗教也并不公允，不过一方面提供了当时宗教生活的大量史料，另一方面也帮助我们理解，异教宗教与基督教本来就有非常实质的区别。罗马宗教并不以道德诫命的方式来提升德性，而是通过有实质意义的宗教仪式来维护家庭、城邦、帝国的德性，因此，神话中究竟有哪些不道德的情节，并不会影响宗教实践的道德意义，而且，罗马人本来就不那么关心奥古斯丁所谓的永生，他批评罗马宗教不能带来永生，多少有些无的放矢。罗马宗教渗透到生活的方方面面，生活中的各种细节都充满了神圣性和仪式感，但奥古斯丁的基督教却是一个高度理性化的内在宗教，与此前的古典宗教迥然不同。这种内在转向固然为人类历史带来了巨大的变化，却也将神圣性从日常生活的细节中抽离了出来。

总之，消解罗马帝国的神圣性，是《上帝之城》的一个重要使命，与对新文明理想的设定相辅相成，共同构成了《上帝之城》的核心主题，终结了古典时代，开启了中世纪的基督教思想。

不过，罗马帝国创建的文明高峰，却一直没有被西方历史忘记。在西罗马帝国灭亡之后，重新恢复古罗马的光荣一直是西方人的梦想。查理曼大帝本人就是《上帝之城》的爱好者，又被当做神圣罗马帝国的缔造者[16]，进入现代之后，英、法、德、美等现代帝国相继拿出了重建新罗马的方案，但古代政治理想的这种复兴却与奥古斯丁在人们心中建构的上帝之城发生着尖锐的冲突，成为现代西方文明进程中一个难以化解的矛盾。而所有这些，都可以追溯到奥古斯丁当年提出的两城说。

以上大致勾勒了奥古斯丁《上帝之城》的主要思想，希望能够帮

---

⑯ H. - X Arquilière, *L'augustinisme politique*：*Essai sur la formation des théories politiques du Moyen Âge*，Paris：Librairie philosophique J. Vrin，2006.

助读者读完这本极端重要又相当芜杂的经典著作。

八、《上帝之城》译本的修订

最后,我再谈谈这次修订的具体情况。现在,距离《上帝之城》译本的初版已经过去十几年了,当然早就有了修订的必要。本次修订,主要有以下几个方面。

首先,初版译本主要参考的拉丁文版本是 Jacques-Paul Migne 编辑的 PL(Patrologia Latina)中的《上帝之城》,后来才参考了现在通用的 CCSL(Corpus Christianorum Series Latina)版本,这次修订,则主要使用了 CCSL 本,这是版本上的变化。不过,各章标题仍然按照 PL 版本。

其次,对全书通读数遍后,我将一些明显的误字或语句不通顺的地方修正过来。

第三,随着奥古斯丁研究的进展,我们对一些概念的理解有了进步,因而不再同意原来的一些译法。比如,mens 一词,初版都译成了"心志",但经过后来的思考,我认为还是译为"心智"更合适,所以这次修订进行了统改。再比如 societas 一词,原来根据上下文分别译为"社会"、"集团"等,难以统一译法。在孙帅的《自然与团契》出版后,我们感觉还是译为"团契"更合适,所以除了一些上下语境实在不允许的,我们大多改译为"团契"。

第四,也是最重要的,是对初版中理解错误的地方做了修改。在这十年中,热心的读者陆续指出翻译中的一些错误,或是直接告诉了我,或是发布在网上。修订中,我尽可能吸收了我能看到的各种批评,非常感谢这些朋友们。学术乃天下之公器,移译西著更是一个嘉惠学林的公共事务。《上帝之城》这样一部极端重要,而又充满了各种典故的拉丁文著作,仅靠我自己菲薄的能力,出错是难免的,而各位朋友真心的帮助,都有助于翻译质量的提高,都是需要真心感谢的。

除去读者朋友指出的那些错误之外,我几次用《上帝之城》上课,上课的学生如孙帅、吴功青、陈斯一、杨维宇、刘寅、顾超一、刘长安、黄秋怡等找出了不少错误,我自己也发现了一些重大错误,每到这时,我都汗出于背,因而一直等着修订的机会,希望能够改正过来。其中有几处,在写《心灵秩序与世界历史》时已经自己指出来了。现在,修订的机会终于来了,不过我认为还是应该自己指出其中两段比较严重的错误,既为警醒自己,也为旧版不要再误人子弟。

14:10 Absit, inquam, ut ante omne peccatum iam ibi fuerit tale peccatum, ut hoc de ligno admitterent, quod de muliere Dominus ait: *Si quis viderit mulierem ad concupiscendum eam, iam moechatus est eam in corde suo*

初版译为:"我认为,在所有罪之前不会有罪。主说:'凡看见妇女就动淫念的,这人心里已经与她犯奸淫了。'主说的是女人,而他们在树的问题上,也有了同样的罪心。"

这段话稍微复杂些,原译完全误解,现改译为:"主说:'凡看见妇女就动淫念的,这人心里已经与她犯奸淫了。'我认为,在所有罪之前,人针对树不会有主说的针对女人这样的罪。"

新译法应该可以较准确地传达原文的意思,虽然有些小词也没有一一译出。

16:24. 2 nullo modo tamen dubitaverim spiritales in ea praefiguratos additamento turturis et columbae. Et ideo dictum est:

Aves autem non divisit，quoniam carnales inter se dividuntur, spiritales autem nullo modo，sive a negotiosis conversationibus hominum se removeant，sicut turtur，sive inter illas degant，sicut columba；utraque tamen avis est simplex et innoxia，significans et in ipso Israelitico populo，cui terra illa danda erat，futuros individuos filios promissionis et heredes regni in aeterna felicitate mansuri. Aves autem descendentes supra corpora，quae divisa erant，non boni aliquid，sed spiritus indicant aeris huius，pastum quemdam suum de carnalium divisione quaerentes. Quod autem illis consedit Abraham，significat etiam inter illas carnalium divisiones veros usque in finem perseveraturos fideles.

　　初版译为："但我不会怀疑，加上那斑鸠和雏鸽，象征着灵性之人。那里说：'只有鸟没有劈开。'肉体可以从中分开，但是灵性不会，不论人们是像斑鸠一样，避居于人世的繁忙与喧嚣之外，还是像雏鸽一样，隐身于尘世之中。两种鸟都简单而无辜，象征着以色列人民本身，他们被神赐予了土地，得到应许说，未来的子孙和那王国的继承者，将要享受永恒的幸福。而在他分割动物时，那降临到尸体上的大鸟不是什么好事。大鸟象征了这空气中的精灵，在这肉身的分隔中寻求自己的食物。亚伯拉罕坐在动物旁边，这象征了即使在动物的肉体分割中，真正的信仰也会延续到最后。"
　　这段翻译没有分清比喻和所指，完全无法读懂什么意思。修改后的译文为："但我不会怀疑，那加上的斑鸠和雏鸽，象征着他灵性的后裔。那里说：'只有鸟没有劈开。'肉体的会有纷争，但是灵性的不会，不论是像斑鸠一样，避居于人世的繁忙与喧嚣之外，还是像雏鸽一样，隐身于尘世之中。两种鸟都简单而无辜，象征着就在这个被赐予土地的以色列人民当中，将来会有些人成为应许之子，有王国的继承者，将要享受永恒的幸福。而在他分割动物时，那降临到尸体上的大鸟不是什么好事。大鸟象征了这空气中的精灵，在这肉身的分割中寻求自己的食物。亚伯拉罕坐在动物旁边，这象征了即使在肉身的后裔的纷争中，真正的信仰者也会坚持到最后。"

　　这两段都已经不是个别词句的误解，而是完全没有理解一整段的意思，是不可原谅的错误。至于其他看错单词、漏译一句、理解错误意思的地方，更有很多。这些地方都提醒我们，译事之艰，不仅需要加倍小心，而且应该译者、读者共同努力，来改善我们的翻译，提高我们对西方经典著作的理解。或许，书中还隐藏着类似的严重错误，只是我们未曾发现，诚心恳请各界朋友能够继续提出更多的错误，争取以后还有再改的机会。

吴　飞

2017 年 12 月 11 日于仰昆室

2020 年 11 月 17 日改订

上帝之城：

驳异教徒

奥古斯丁对《上帝之城》的回顾

〔《回顾》①(*Retractationum Libri Duo*)卷二 43.1—2〕

　　哥特诸部族在他们的王阿拉利克(Alaricus)带领下劫掠了罗马②,这场巨大的灾难性攻击使罗马饱受摧残。众多伪神的服侍者,也就是我们通常称为异教徒的,总想把这种摧残归罪给基督教,从此用更加尖刻和更加野蛮的方式污蔑真正的上帝。因此,我为上帝的

---

① 〔译按〕这是奥古斯丁晚年回顾自己一生著述的一本书。由于受 retraction 一词的英文含义的误导,以前很多学者把它的标题译为"订正"。但是,拉丁文中这个词的主要含义并不是"订正",而且奥古斯丁在此书中虽然对以前的著作有所订正(如下文的两处),但这往往不是主要内容。他对自己的大多数著作是满意的。因此,我们还是把它翻译成《回顾》。我们把《回顾》中谈《上帝之城》的两段放在本书开头,读者从中可以看到奥古斯丁如何看待写作《上帝之城》的缘起、目的,以及全书结构。对这一部分的翻译,参考了服部英次郎的日译本。
② 〔译按〕此事发生在公元 410 年。西哥特人攻陷罗马城后,焚烧掠夺两三天后扬长而去,震惊了整个罗马帝国。

殿，心里焦急，如同火烧③，于是决定写《上帝之城》诸卷，以反对他们的污蔑或谬误。这项工作花了我很多年，因为中间有很多不能耽搁的事打断，而我必须先解决它们。但《上帝之城》这部二十二卷的浩大著作终于完成。其中的前五卷反驳的是，那些认为要追求人事的繁荣，就必须服侍异教徒习惯服侍的诸神的人。因为这服侍被禁止了，他们坚持说，出现了诸般坏事。随后的五卷反对这样一些人，他们承认，在必朽者当中，这些坏事从来都不少，将来也不会少，只是因为地点、时间、人物不同而时大时小。但对于诸神的服侍和祭祀，他们主张，为的是对死后的生活有用。这十卷反驳了攻击基督教的两种虚妄意见。

　　为了避免人们说，我们只反驳别人，却不愿讲出我们自己的主张，于是有了此书的另一部分，包括十二卷。当然，在必要的地方，这部书的前十卷中也阐述了我们的观点，后十二卷中也纠正了我们的反对者。这随后十二卷的前四卷，包括上帝之城和尘世之城这两个城的起源；后面四卷是两个城的发展过程；第三个，也就是最后的四卷，是两个城应有的结局。这就是全部二十二卷书，虽然写的是两个城，还是应该用更好的城来命名，因此题为"上帝之城"。在其中的第十卷，我提到，在亚伯拉罕祭祀的时候，有火焰从天上来，把他的祭肉分为两半。这不应该被当作神迹，因为这是他亲眼所见的④。在第十七卷，我提到撒母耳时说："他并不是亚伦的儿子。"⑤更好的说法是："他不是祭司的儿子。"在祭司死后，祭司的儿子继承，这是更合法的习俗。在亚伦的子孙中，有撒母耳的父亲；但他不是祭司，而且，说他

③《诗篇》，69：9；《约翰福音》，2：17。
④《上帝之城》，10：8；《创世记》，15：17。
⑤《上帝之城》，17：5。

是亚伦的子孙,也不是说他是亚伦所生的,而是像说他们整个民族都是以色列的儿子那样说的。

此书的开篇是:无上光荣的上帝之城……

上帝之城卷一

[本卷提要]虽然奥古斯丁一再强调,前面五卷是他的第一部分,但这一卷更像独立的一卷。这一卷主要是就着哥特人的侵略,为基督教辩护,因此是全书总体的一个引子。奥古斯丁本来的计划,只是写三卷。但是到了第三卷写完要发表的时候,他才更改了自己的计划。本卷17—27章开启了基督教传统对自杀的否定。①

前言:写作本书的计划和观点

无上光荣的上帝之城②,或是在时间的这穿梭中,在不敬的人们

---

① [PL本提要]当时,哥特人使罗马城生灵涂炭,于是异教徒把这地上灾难归罪于基督教,因为基督教禁止服侍诸神。奥古斯丁在此批判他们。他认为,利益和不利总是好人和坏人共有的。随后他驳斥那些老顽固,他们因为基督徒妇女被士兵蹂躏,就说她们失去了贞节。

② [译按]拉丁文中的 *civitas* 既是"城市",也是"公民权"。奥古斯丁谈到上帝之(转下页)

当中旅行(*peregrinor*)③,因信得生④;或是稳稳地坐在未来永恒的宝座上(现在她正满怀耐心地期待着那宝座⑤,直到"公义要转向审判"⑥,在那最终的辉煌胜利和完满的和平中,终将获得)。我最亲爱的孩子马凯利努斯(Marcellinus)⑦,我因你而着手这项工作,并给你许诺,反对那些认为自己的神祇高于这个城的创造者的人们。这是一项浩大而辛苦的工作:但上帝是我们的帮助者⑧。而我知道需要怎样的力量,才能说服骄傲的人们,谦虚的德性是怎样的。谦虚把我们提升到整个大地的最高点,超越蜿蜒在尘世(tempeora)的无常,但不是靠人骄傲的僭越,而是靠神恩的赐予。这个城邦的王和创建者,我们现在就要谈到的那一个,在他的选民的经上用下面的句子展现了神圣之法:神阻挡骄傲的人,赐恩给谦卑的人⑨。这其实是说上帝的话,但灵魂骄傲的人受膨胀的意气影响,也喜欢听

(接上页)城时,有时指上帝之城整体,有时是指上帝之城中的公民。为求统一,中文随拉丁文不作区分,请读者注意。

③ [译按]*Peregrinor* 是奥古斯丁非常重要的一个概念。在罗马的法律术语中,它本来用来指外邦人。奥古斯丁是直接从《哥林多后书》5:6 借来的这个词。在奥古斯丁这里,这个词(以及相同词根的名词)一方面指上帝之城的公民在尘世中是陌生人,他们在大地上的生活不过是旅行;另外,也指虔敬者逐渐走向上帝之城的朝圣之旅。读者需要注意,这个词当中有陌生之地的旅途和朝圣两方面的意义。

④ 《哈巴谷书》,2:4;《罗马书》,1:17;《加拉太书》,3:11;《希伯来书》,10:38。

⑤ 《哈巴谷书》,2:3;《罗马书》,8:25。

⑥ 《诗篇》,94:15。七十士本和圣哲罗姆通俗拉丁本均如此。但 King James 本及中文和合本均为"审判要转向公义"。

⑦ 伏拉维乌斯·马凯利努斯(*Flavius Marcellinus*),是奥古斯丁的亲密朋友和学生。公元 411 年,罗马皇帝霍诺利乌斯(Honorius)曾派遣他到迦太基解决大公教会与多纳图主义的争端。但后来,由于他手段过于严厉,遭到了多纳图派的报复,死后被教会尊为殉道士;奥古斯丁与他有很多书信往来。在他信中的一再要求下,奥古斯丁开始了《上帝之城》的写作。参考奥古斯丁:《书信》,133,136,138,139,143,151。不可把他与另外一个圣马凯利努斯(296 年的罗马主教)混淆。

⑧ 《诗篇》,62:8。

⑨ 《箴言》,3:34;《雅各书》,4:6;《彼得前书》,5:5。

自己得到这样的赞美⑩："对臣服的人要宽大，对骄傲的人要征服。"⑪而这地上之城，虽然她追求统治，让各民族做她的奴仆，自己却被统治欲（*libido dominandi*）所统治着。因为我们这部著作的论述所需，每当行文有必要的时候，我们会提到她，而不是保持沉默。

1. 那些反对基督之名的人，在罗马城的涂炭中，野蛮人由于基督而饶恕了他们

敌人们都在这地上之城里，我们就是针对他们捍卫上帝之城。不过他们当中有很多人已经改掉不敬的错误，成为上帝之城中足够合格的公民；但还是有很多人仍然对她充满仇恨的烈火，对于来自她的拯救者那么明显的恩惠全无感恩之心。但如果他们不逃过敌人的刀剑，在救世主的圣所拾回他们现在自我吹嘘的性命，他们今天根本不能摇唇鼓舌攻击她。是因为基督，那些蛮族人才饶了这些罗马人，而他们不是反倒成了基督之名的敌人吗？对于这些，那些殉道者的纪念地和使徒们的圣所都是见证，在罗马城涂炭之时，它们接纳着那些逃来的基督徒和异教徒⑫。敌人的血腥屠杀至此而绝，那些刽子手的怒气至此中止。有些有悲悯之心的敌人甚至把他们在别的地方宽恕了的人送了过来，以免他们撞上那些不具有同样

---

⑩ [译按]奥古斯丁在本书第一卷的前言引用维吉尔的诗来对比，就像后来的但丁一样，预示了维吉尔在全书中的重要地位。《埃涅阿斯纪》开篇于特洛伊的被围攻与毁灭，《上帝之城》也开篇于罗马的被围攻与毁灭。《埃涅阿斯纪》的缘起，是埃涅阿斯抱着神像跑到了罗马，而奥古斯丁告诉我们，这些神像同样不能保护罗马。对罗马帝国的理解，奥古斯丁也大量依据维吉尔的说法。

⑪ 维吉尔，《埃涅阿斯纪》，6：853。用杨周翰译本，北京：人民文学出版社，2000。

⑫ 奥罗修斯（Orosius），《历史》，7：39。

的悲悯之心的同伴⑬。在这个地方，其他地方适用的战争法必须终止，那些在别处凶残成性、气势汹汹的野蛮人，当他们来到这里时，他们野蛮的天性也要受到制约，掳掠的欲望也要收敛。很多人因此逃过大难，但他们现在却在指责基督的时代，把这座城遭受的坏事归于基督；而对于真正的好处，即他们因为基督的尊荣所致得以活命，却不归于我们的基督，而归于自己的命运。如果他们有正确的知识，他们更应该把敌人带来的苦楚和艰辛归于上帝的神意，上帝经常用战争修改和矫正人类的腐败风俗，通过这样的折磨来考验必朽生活中正义与值得赞美的人，要么把经受了考验的人送上更好的地方，要么让人们在这地上付出更多的服务。无论是在随便一个地方，还是在特别献给基督的地方——往往是很大的地方，选这些地方是为了足以装下尽可能多的人，以显示更慷慨的悲悯——因为基督的名，残暴的野蛮人违背了战争的习惯，赦免了他们，他们应该把这归于基督的时代，因此应该向上帝感恩，真诚地奔向他的名，逃出永恒的惩罚之火，而不像很多人那样，虚伪地僭用了这个名，只能逃脱眼前的惩罚。你看到，那些莽撞而蛮横地侮辱了基督的仆人的人，他们中有很多要不是把自己假装成基督的仆人，就根本不会逃过他们的灾难和毁灭。而现在，他们在自己卑劣的心中不感恩而骄傲，糊涂又毫不虔敬，抗拒他的名，必将被罚入永远的黑暗。他们用花言巧语和狡猾的伎俩曾经逃向了他的名，只能安享暂时的光。

---

⑬ 据哲罗姆《书信》154 记载，玛西拉和她的女儿普林西皮亚就有这样的经历。野蛮人把她们带到了圣保罗教堂。索若门努斯（Sozomenus）《教会史》9∶10 中也记载了其他被放过的女人。

2. 还从未记载过这样的战争，胜利者因为被征服者的神而饶恕了被征服者

　　无论是在罗马建城⑭以前，还是在它兴起成为帝国之后，历史上都记载了很多次战争。让他们去读，看能否找到这样的段落，在异族攻占城池之后，敌人宽恕了那些逃到自己的神祇的庙里的人；或者是在打进一个村镇时，某个蛮族酋长下令，人们若逃到了这个或那个庙里，就不会遭到杀戮⑮。埃涅阿斯不是看到了神坛前的普利阿摩斯吗："用他自己的血玷污着他自己尊奉的圣火。"⑯狄俄墨德斯和尤利希斯不是吗："杀死守卫，把对特洛伊生死攸关的神像起了下来，并且竟敢用沾满鲜血的手玷污了这位处女神头上的彩带。"但随后说的根本不是真的："从此幸运之流改变了，希腊人衰弱了。"⑰此后，希腊人还是取得了胜利，此后他们用刀与火毁灭了特洛伊，此后他们屠杀了逃到神坛的普利阿摩斯。特洛伊灭亡了，并不是因为失去了密涅瓦。密涅瓦自己先失去了什么，从而灭亡了呢⑱？也许是她的护卫者？这是千真万确的；在护卫者们被屠杀之后，她就可以被拿走了。人不是

---

⑭　[译按]在罗马历史学中，"建城"是纪年的基准。所以李维的《罗马史》直译即为《建城以来》，奥罗修斯的《历史》也以建城前后纪年。

⑮　[译按]奥古斯丁没有读到希腊文和拉丁文中的这种例子。但在亚历山大征服了推罗（Tyro）之后，凡是逃到赫拉克勒斯的庙里的，都得到了赦免〔见亚利安（Arrianus）《远征记》（Anabasis），7：24〕。还有关于阿哥西劳的例子，色诺芬、普鲁塔克等都记载，在克罗尼亚（Coronea）战役后，阿哥西劳（Agesilaus）带领的希腊及其盟军饶恕了躲在雅典娜神殿中的忒拜人。色诺芬《阿哥西劳》，2；色诺芬《希腊史》，4：3；普卢塔克《希腊罗马名人传·阿哥西劳》，19。

⑯　维吉尔，《埃涅阿斯纪》，2：501—502。

⑰　维吉尔，《埃涅阿斯纪》，2：166—170。

⑱　[译按]按照语法，此处既可以理解为"密涅瓦先失去了什么，从而灭亡了"，也可以理解为"密涅瓦先失去了什么，从而导致特洛伊灭亡了"。我们按照前面的理解翻译。

靠偶像保护，而是偶像靠人保护。如果她无力保卫自己的护卫者，她要得到怎样的服侍，才能够保卫他们的祖国和公民？

3. 那些神不能保卫特洛伊，罗马人却相信他们会带来福泽，把他们当作保护神，这是多么不明智啊

看啊，罗马人兴高采烈地把自己的城交给了怎样的神来保护啊。啊，多么悲惨的错误！我们在这样谈论他们的神的时候，他们会对我们发怒；但他们却不对写那些神的作者发怒，他们要缴纳学费才能学到关于那些神的知识；这些博学者自己则身居高位，拿公家的薪水，有无比崇高的尊荣。至于维吉尔，小小孩童就要读他，他们的心灵浸淫在所有诗人中最杰出、最优秀的这一个，轻易不会遗忘他。就像贺拉斯说的那样："让那陶器总保持新鲜的气味。"[19]在这个维吉尔笔下，朱诺被说成一个敌视特洛伊的神，挑动风神艾奥鲁斯（Aeolus）与他们作对："有一支我憎恨的族系正航行在提连努姆海的海面上，他们想把被征服的伊利昂的家神带往意大利。"[20]难道为了不被征服，明智的人能够把罗马交给那些被征服了的神祇吗？但这是朱诺说的，她就像一个发怒的女人那样，也许不知道自己在说什么。而埃涅阿斯自己，那个总是以虔敬著称的人，不是也这么说吗："在城堡上阿波罗神殿当祭司的奥西里斯之子潘土斯，逃脱了希腊人的袭击，手捧着圣物和被征服的神的塑像，拖着他的小孙子，疯也似的跑来请求庇护。"[21]这些神已经被毫无疑问地说成是被征服的，与其说是埃涅阿斯被托付给了他们，不如说他们被托付给了埃涅阿斯。诗里不是这样

---

[19] 贺拉斯，《书信》1：2.69—70。

[20] 维吉尔，《埃涅阿斯纪》，1：71—72，译文有改动。

[21] 维吉尔，《埃涅阿斯纪》，2：319以下，译文有改动。

说了吗:"而今特洛伊把她的一切圣物和诸神都托付给了你。"[22]既然维吉尔把他们说成被征服的神,而且说他们一旦被征服,要托付给人才能逃脱,那么,认为把罗马托付给这样的守卫是智慧的,认为罗马只要不失去他们就不会灭亡,这是多么荒唐的想法呀!而今我们真要服侍这些被征服的神,把他们当作守望者和护卫者,这哪里是服侍好神,岂不是在服侍坏神?也许我们这样认为反而更智慧些:并不是如果他们不先灭亡了,罗马就不会遭到毁灭,而是如果罗马没有能够尽力保护它们,他们早就灭亡了!因为每个人只要转念一想,谁看不到,认为在曾遭征服的护卫者之下不会被征服,罗马之所以会毁灭,是因为失去了这些护卫的神,这是多么虚妄?或者,导致罗马毁灭的原因只能是,他们选择了那必将毁灭的保卫者?那些诗人,当他们在描述和歌唱那些被征服的神的时候,他们是不爱说谎的,作为明心见性的人,真理逼他们说出真情[23]。在另外一个更合适的地方,我们会更详尽和仔细地讨论这个问题。[24] 现在,我已经讲到了忘恩负义的人,我会尽快地并尽我所能地说清楚这个问题:那些坏事,本是由于卑下的品行,他们应该承受的,他们却亵渎地归给了基督;他们还是靠了基督得以免于这些灾祸,却根本不肯考虑这些,而是疯狂地极尽亵渎之能事,摇唇鼓舌攻击他的圣名。而他们正是使用了这唇舌,谎话连篇,借着他的名字才活下来。或是在基督的神圣殿堂,他们恐惧地翘舌噤声,得到了他的守卫与保护,在敌人面前才毫发未损,但从里面出来后,他们反而充满了憎恨与敌意来攻击他。

---

[22] 维吉尔,《埃涅阿斯纪》,2:293,译文有改动。

[23] [译按]此处可与后面关于诗人的神话神学作对照(卷六)。在此处,奥古斯丁说,是真理逼迫他们讲真话的;而后来,当诗人们讲述诸神的神话故事的时候,就未必是在讲真话了。

[24] 《上帝之城》,3:2。

4. 朱诺在特洛伊的圣所，没能从希腊人手里救出一人；但使徒们的教堂，却护卫所有逃到那里的人不落入野蛮人手里

如我所说，就是在他们诸神的神殿那里，罗马人民的母亲特洛伊㉕也根本不能保卫她的公民免受希腊人的火与刀之苦，虽然希腊人同样服侍这些神；相反，"在朱诺的圣所的空荡荡的廊下，在朱诺的保护之下，菲尼克斯和那威武的尤利希斯被选出来守卫着战利品。从各处火烧的庙宇抢劫来的特洛伊的珍宝、神的供桌、真金的酒樽、抢来的衣服，都堆放在这里。周围还站着一长列的儿童和面色惨白的妇女"㉖。显然，希腊人选中这位大女神的神殿，不是为了不准人从中带走俘虏，而是要自由地在里面关押俘虏。而今我们不必提那些品阶一般的神殿，也不必提那乱哄哄的诸神的圣所，而只要提朱诺，朱庇特自己的姐妹和配偶、众神中的女王的这个圣所，用这和纪念我们的使徒的那些教堂比较。在那圣所，从诸神那付之一炬的神殿里劫掠来的战利品都搬了进去，不分给被征服者，而是在战胜者之间瓜分；而在教堂里，哪怕是在别的地方所找到的被征服者的东西，都被恭恭敬敬地、带着最虔敬的态度送了回去。自由在他们的圣所丧失了，却在我们的教堂保存起来。在他们的圣所，俘虏被关押；在这个教堂里，俘虏得到解救。在他们的圣所，被征服者成为敌人拥有的奴隶；在我们的教堂，俘虏被悲悯者领进来解救了。然后，轻浮的希腊人选择了朱诺的神殿来放纵他们的贪婪和骄傲；而在基督的教堂里，凶残的蛮族人也表现出悲悯与谦卑。也许，希腊人在取得了胜利之

㉕ 撒路斯提乌斯，《喀提林阴谋》，6。用王以铸、崔妙因译本，商务印书馆，北京，1996。
㉖ 维吉尔，《埃涅阿斯纪》，2：761—767。

后放过了他们与特洛伊人共同服侍的神的殿堂，不敢杀死或俘虏那些逃到里面的悲惨的特洛伊战败者，那么，维吉尔按照诗人的习惯，骗了我们。但他描述的就是在劫掠敌人的城邦时的真正习惯。

5. 加图㉗谈到的毁灭被征服者的城邦的一般风俗

根据以信史著称的历史学家撒路斯提乌斯㉘所记，即使加图在向元老院讲出他关于喀提林那阴谋的演说的时候，也不能略去这样的回忆："少女和少男遭到蹂躏，小孩子们从他们的双亲的怀抱中被夺走，家庭的女主人要屈从胜利者的意旨，神殿和家宅遭到劫掠，还有杀人放火的勾当；简言之，到处都是武器和尸首，鲜血和眼泪。"㉙如果他没有提到神殿，我们还可以认为这些敌人有饶恕诸神的住所的习惯。但这还不是来自外邦的敌人，而是喀提林和他的党羽，是无比高贵的元老，是罗马的公民，却把罗马的神殿毁掉了。这简直是一帮弃民，简直是对祖国的弑父之举。

6. 即使罗马人在征服城池时，也不会饶恕神殿里的被征服者

但我们何必花这么多笔墨来谈，在不同的民族之间发动战争的时候，他们从来不会在他们的神的住所宽恕被征服者？我们看看罗

㉗ ［译按］这一章里"加图"PL 本作"恺撒"。马可·波西乌斯·加图（Marcus Porcius Cato，公元前 94—46），即小加图，罗马著名的政治家，生性正直，共和派的重要人物，坚决反对喀提林、恺撒等破坏共和的人。庞培兵败被杀后，加图带领庞培的残部退守北非的尤提卡，在恺撒来临前自杀。

㉘ 撒路斯提乌斯，罗马历史学家，著有《喀提林阴谋》《朱古达战争》《历史》（存残篇）等，奥古斯丁对罗马历史的理解受到他的很大影响。

㉙ 撒路斯提乌斯，《喀提林阴谋》，51。

马人自己,比如,我们回过头来再看一下,下面的赞美是专门写他们的:"对臣服的人要宽大,对骄傲的人要征服。"⑩据说他们更愿意忽略,而不是追究伤害⑪。他们为了开疆拓土,攻打、征服、摧毁了那么多的重镇名城,我们想知道,他们曾经习惯于放过什么神殿,使得凡是逃到那里的人都得解救? 或者他们这么做了,但记载他们的故事的历史学家却没有说吗? 其实,那些历史学家在努力寻求最该赞美的东西,而这能表明虔敬的最光辉的事情,他们反而会忽略不计吗? 杰出的罗马人马可·马凯鲁斯⑫夺取了最美丽的城市叙拉古⑬,据说曾经哀痛她的毁灭,在使她流血之前先要抛洒泪水。他甚至留心要保存哪怕是敌人的贞节。就在这征服者下令进城之前,他发布命令,不准侮辱自由人的身体。但是根据战争惯例,城市还是被毁掉了,我们在任何地方都读不到,这个如此有操守和仁慈的指挥官曾发布法令,规定逃往这个或那个神殿的人能够得到保全。既然作者连流眼泪和保存贞节那样的小事情都不保持沉默,这样的事情是不可能忽略的。法比乌斯(Fabius)⑭在毁掉塔伦廷的时候,因为禁止掳掠神像得到了赞美。当他的文书问他应该怎样处置所俘获的那众多神像时,他以一个玩笑表达了他的节制。他问它们是什么样的,然后得到报告说不仅有很多高大的神像,而且有些是带着武器的。他说,让我们离开这些愤怒的塔伦廷神吧⑮。对于一个的哭与一个的笑,一个颇

---

⑩ 维吉尔,《埃涅阿斯纪》6:853。

⑪ 撒路斯提乌斯,《喀提林阴谋》,9。

⑫ 马可·克劳迪乌斯·马凯鲁斯(Marcus Claudius Marcellus),公元前 3 世纪的罗马将军。于公元前 222 年对高卢人的战争中功勋卓著。在经过了长期的围困后,于公元前 212 年攻陷叙拉古。

⑬ 李维,《罗马史》,25:24。

⑭ 昆图斯·法比乌斯·马克西姆(Quintus Fabius Maximus),公元前 3 世纪的罗马将军,罗马于公元前 217 年败于迦太基人后,他曾任元首。普鲁塔克曾为他作传。

⑮ 李维,《罗马史》,27:16,普鲁塔克,《希腊罗马名人传》,法比乌斯部分。

有操守的悲悯和一个微笑的节制，罗马的史书作者从来都不会保持沉默。那么，如果有某些人禁止在神殿中杀人或抓人，从而为他们的神增加荣耀，又怎么可能被忽略呢？

7. 在罗马城的毁灭中所发生的残酷事件，符合战争的惯例；而其中的仁慈，都来自基督之名的力量

在最近罗马遭到的灾难当中，发生了各种各样的涂炭、屠杀、掳掠、焚烧、折磨，做这些是符合战争惯例的；但是这里面却有一种新的做法，很是不同寻常：本来残暴嗜杀的野蛮人，露出温和的面孔，他们选出最大的教堂，确定在里面装满他们赦免的人，那里没有人被打，没有人被抓，满怀悲悯的敌人带着很多人来到那里，解救他们，使他们不被残忍的敌人拖走。凡是看不到这是因为基督的名，归之于基督的时代的，就是瞎子；凡是看到了而不赞美的，就是忘恩负义；凡是抱怨这种赞美的，就是糊涂。认为这是那么粗野的野蛮人的功劳，当然不是明智的想法。是上帝限制、阻止、奇迹般地控制了那最嗜杀最凶残的心智，正像他早就通过先知说的那样："我就要用杖责罚他们的过犯，用鞭责罚他们的罪孽。只是我必不将我的慈爱全然收回。"㊱

8. 利益和不利，很多是好人坏人共有的

8.1　有人会说："为什么那么神圣的悲悯会降临给那些不虔敬和忘恩负义的人呢？"为什么呢？我们认为，这不正是每天"叫日头照

㊱《诗篇》，89：32—33。

好人,也照歹人,降雨给义人,也给不义的人"㊲的那一个所给的吗?
这当中会有一些人思考和忏悔,让自己一改不敬的做法,还有一些
人,正如使徒所说的,"藐视他丰富的恩慈,宽容,忍耐"。他们竟任着
"刚硬不悔改的心,为自己积蓄忿怒,以致神震怒,显他公义审判的日
子来到。他必照各人的行为报应各人"㊳。不过,上帝的忍耐力欢迎
坏人的忏悔,而上帝的鞭子会教给好人耐心;上帝的悲悯会拥抱他所
喜爱的好人,正像上帝的严厉会矫正他所惩罚的坏人。神意愿意在
未来为义人准备好处,这是不义者所不能安享的;为不虔敬者准备坏
事,是好人所不会承受的。而在此世,上帝愿意让两种人拥有共同的
好事和坏事:好人不该贪婪地追求坏人们也会享有的东西;他们也不
该卑下地躲避坏事,因为很多好人也要遭受这些。

8.2　人们如何利用那些吉利的事,或是那些所谓不祥的事,其
间有很大区别。在这尘世之中,好人不会因好事而膨胀,也不会被坏
事打倒;坏人在幸福中会被腐化,遭受不幸就是一种惩罚。上帝在分
配现在的命运时,还是经常表明他在起作用。一方面,如果他现在就
给所有的罪施加明显的惩罚,人们就会认为,没有什么留给末日审判
了;另一方面,如果神不公开惩罚现在的任何罪过,那神意就无人相
信了。在好事上也是这样,如果上帝不赐给那些向他祈祷的人以很
明显的慷慨,我们就会认为那些赏赐不归他管;但如果他不加分别地
赐予所有祈祷者,我们岂不是会认为侍奉他就是为了得到这些奖赏?
那么这侍奉就不会把我们变得虔敬,反而变得充满欲望和贪婪。虽
然如此,好人和坏人在遭受同等的苦难时,两者之间不是完全没有区
分的,虽然在他们所遭受的苦难之间没有区别。即使在相同的遭遇

㊲《马太福音》,5:45。
㊳《罗马书》,2:4—6。

中,遭受者还会不同;虽然遭受的是同样的折磨,他们却不是德性和
罪过一样的人。在同样一团火下,黄金发亮,秕谷却冒烟;在同样的
连枷敲打之下,空粒变瘪,谷粒得到清洗;在同样的重物挤压之下,橄
榄中的清液不会和橄榄油混淆:因此,同样一种残酷的压力会证成好
人,清洗他们,净化他们;却谴责坏人,毁灭他们,清除他们。在同样
的折磨之下,坏人会憎恨上帝,亵渎上帝,好人却向上帝祈祷,赞美上
帝。这样大的区别不在于受什么苦,而在于谁在受苦。因此,虽然是
在同样的骚动搅扰之下,污泥发出令人窒息的恶臭,圣油却散出芬芳
的香气。

9. 好人和坏人同样遭受鞭笞, 如此矫正的原因何在

9.1 那么,基督徒遭受了这些涂炭中的苦难,这不是可以促使
他们带着更多的信仰思考下面的问题吗? 首先,人们会谦卑地思考,
是什么罪导致上帝愤怒地在整个世界布满这些灾难。他们就会认
为,自己虽然远离羞耻和不敬的邪行,但他们并不是真的离谬误那么
遥远,以至完全不必因为坏事而遭受尘世的惩罚。且不说每个人不
论在过多么值得赞美的生活,也都要多少屈服于肉体欲望的诱
惑——因而即使没有邪行之野蛮、无耻之恣睢和不敬之可厌,但还是
可能极偶然犯下大罪,或是更经常地犯下小错——先不说这些,我们
又怎能找到一个人,他能够按照应该的那样根据人们所犯的可怕的
骄傲、奢侈、贪婪,那应予诅咒的邪恶和不敬来评判人? 上帝早已发
出警告,他将使大地变得荒凉㊴。在他们当中生活的人,怎能按照应
该的那样生活? 我们总是不能教育和警告,甚至不指责和纠正他们

㊴《以赛亚书》,24:1 以下。

的坏事,这要么是因为我们懒得去做,要么是因为要谨小慎微不敢冒犯人,要么是为了避免敌意,为了我们在此世的事务中不受到阻挠或遭到伤害;而之所以顾忌此世的事务,或是为了实现和追求我们的欲望,或是自身的软弱让我们害怕失去。因此,虽然坏人们的生活是为好人所不喜的,好人也不会和他们一起堕入此生之后的谴责,但由于他们对恶贯满盈的坏人的罪太过宽厚,即使他们自己的罪过微不足道,可以宽恕,他们按理还会在此世遭到鞭挞,虽然他们不会受永恒的处罚。因此,上帝让他们在此世与那些坏人一同受苦是正确的,他们应该感受严酷,因为他们对甘美过于贪恋,不愿严酷对待罪人。

9.2　如果每个人或是为了等待更合适的机会,或是为了不使自己对罪行的处置制造出更多的恶果,或是担心这样做会阻碍别的软弱者去过好的和虔敬的生活,给他们压力,让他们脱离信仰,而不愿指责和纠正那些做坏事的人,这好像不是出于某一时刻的贪欲,而是因为爱心的顾虑。但他们还是应该谴责的,因为虽然他们自己过着与坏人完全不同的生活,憎恶坏人的行径,却宽恕了别人的罪,而那本来是他们应该教育和斥责的。他们害怕得罪那些人,怕他们在一些事情上伤害自己。这些事情,善良人们本来可以合法和无罪地使用,但是他们对此的使用过于贪心了,这不是对上界之国抱有希望的此世过客所应该的。不仅仅是那些软弱的人,要过婚姻生活,要生儿育女或希望拥有子息,要拥有居室和家庭(对这些人,使徒在教会里讲话时,曾教育和警告他们怎样生活,包括妻子如何对待丈夫,丈夫如何对待妻子,儿子如何对待父母,父母如何对待儿子,奴仆如何对待主人,主人如何对待奴仆[40]),对于很多尘世的、地上的事物,物至则喜,物去则悲,因此当然就不敢得罪那些生活得无比污秽和无比罪恶

---

[40]《歌罗西书》,3;18—22。

的人，虽然他们不喜欢这样的生活。除此之外，确实还有人要把握更高生活的阶梯，不被婚姻的绳索束缚，疏食布衣，但是他们却怕自己的名声和安全会遭受坏人的含沙射影和猛烈攻击，因此也不去谴责他们。这些惧怕还不会带来可怕的、无法无天的威胁，使他们径去同流合污。虽然他们自己不会犯罪，但是，他们总是不愿意纠正那众多的罪过，而有时候指责倒可能真的可以纠正过犯。他们不这么做，是因为担心，他们一旦不能纠正恶行，自己的名誉和安全就可能陷入危险甚至毁灭。他们并不是因为考虑到，自己的名誉和安全对于引导人们很必要，而是有一个更软弱的想法，他们沉溺于奉承的话语和尘世的论断㊶，畏惧大众的评价、肉体的痛苦和灭亡；这其实是受到了贪欲的羁绊，而不是出于爱的责任。

　　9.3　在我看来，在上帝想用尘世的酷刑来惩罚这腐朽的风气时，之所以坏人和好人同样接受鞭挞，其原因干系不小。他们同时受到鞭挞，不是因为他们都过着一种坏的生活，而是因为他们都喜爱尘世的生活，虽然程度不同，但毕竟都喜爱。这本来是好人应该谴责的，以便坏人受到教训和改造，从而进入永恒；他们如果不愿意结伴寻求永恒，也应该忍耐甚至爱敌人。因为坏人们只要活着，就总是不确定他们的意志是否会变好。在这个问题上，人们之间不是完全相同的，而是有些人会有严重得多的后果，如先知所说："他虽然死在罪孽之中，我却要向守望的人讨他丧命的罪。"㊷这些守望者，人们的这些看护者，得到了教会的任命，他们必须纠正人们的罪，不能姑息。还有另外一些人也不能认为自己是无辜的：在别人的罪面前，虽然他们不是看护者，但是却和那些犯罪的人因为生活的必然关系有种种

―――――――――

㊶ 参考《哥林多前书》，4：3。拉丁文 *humano die*，和合本译为"别人论断"。

㊷《以西结书》，33：6。

关联,知道他们做了很多应该警告和训斥的事,却因为害怕得罪他们,视而不见,不过是因为过于喜欢那些在此生可以利用的事物。为什么好人还要遭受尘世的坏事的鞭挞,最后还有另外一个原因,正像约伯所遭受的那样:人的心灵自身得到上帝的考验,其虔敬有多大力量,让上帝知道,不论是否受恩,都应爱上帝。

10. 在尘世中的事物逝去的时候,圣徒们什么也不会失去

10.1 正确地考虑和观察了这些事情后,请看,是不是有些坏事会降临到虔敬的信仰者头上,而又不会转变成好处?难道要认为使徒的这话是白说的:"我们晓得万事都互相效力,叫爱神的人得益处。"[43]他们失去了他们所拥有的一切。信仰呢?虔敬呢?在上帝面前极宝贵的那些内在的好处呢?[44] 这些就是基督徒的财宝。富有的使徒曾经谈到这些财富:"然而敬虔加上知足的心便是大利了。因为我们没有带什么到世上来,也不能带什么去。只要有衣有食,就当知足。但那些想要发财的人,就陷在迷惑,落在网罗,和许多无知有害的私欲里,叫人沉在败坏和灭亡中。贪财是万恶之根,有人贪恋钱财,就被引诱离了真道,用许多愁苦把自己刺透了。"[45]

10.2 那些在这涂炭中失去了地上财产的人,如果他们拥有这样的财富,不论外面多么贫穷,内心却像他们听到的那样,是富足的,用世物如同不用世物[46],他们可以说,他们经受了严峻的考验,却根本没有被征服:"我赤身出于母胎,也必赤身归回。赏赐的是主,收取的

---

[43]《罗马书》,8:28。
[44]《彼得前书》,3:4"这在神面前是极宝贵的"。
[45]《提摩太前书》,6:6—10。
[46]《哥林多前书》,7:31。

也是主。主的名是应当称颂的。"[47]约伯是一个好的仆人,把他的主的意志当作自己拥有的巨大财富,通过遵从这意志,他的心智变得富足,在他活着的时候,物质丢弃了,却不悲伤,因为他死后,这些很快还是会丢弃。而那些比他软弱的人们,虽说未必把这尘世好处看得重于基督,还是眷恋于这些好处,颇有些贪欲。他们在感到失去这些时,才知道,自己对它们的爱是多大的罪。他们会感到巨大的痛苦,这痛苦就像上面所引的使徒说的那样大,用愁苦把自己刺透了。对于那些长久以来忘记了言词的教育的人,应该给他们以经验的教育。使徒说"那些想要发财的人就陷在迷惑里"等等,他所反对的不是对财富的拥有,而是对它的欲望,就像他在另外一个地方所表达的:"你要嘱咐那些今世富足的人,不要自高,也不要倚靠无定的钱财。只要倚靠那厚赐百物给我们享受的上帝。又要嘱咐他们行善,在好事上富足,甘心施舍,乐意供给人,为自己积成美好的根基,预备将来,叫他们持定那真正的生命。"[48]那些如此使用自己的财产的人,巨大的收获会补偿他们很小的损失,而且他们在慷慨施舍时,也贮存了更安全的财富,他们得到充足的享受,而不像那些担惊受怕、小心翼翼贮存财产的人,在一朝失去之后更容易充满痛苦。在地上的东西本来就会灭亡,而这本就是他不愿带走的。他们接受了主这样的训导:"不要为自己积攒财宝在地上,地上有虫子咬,能锈坏,也有贼挖窟窿来偷。只要积攒财宝在天上,天上没有虫子咬,不能锈坏,也没有贼挖窟窿来偷。因为你的财宝在那里,你的心也在那里。"[49]在施舍的时候,他们就可以证明自己认识得是何等正确,他们没有蔑视那最真正

---

[47]《约伯记》,1:21。

[48]《提摩太前书》,6:17—19。

[49]《马太福音》,6:19—21。

的教师,自己财富的最忠实和不可战胜的护卫。很多人把自己的财产掩藏在某处,使敌人无法找到,他们那么高兴,那么,如果他们听从上帝的警告,把财产迁移到任何敌人都无法接近的地方,这样更稳固、更安全了,那该是多么高兴啊!例如我们的朋友诺拉(Nola)主教保利努斯⑩,自愿从巨富变成赤贫,成为最富足的圣徒,在诺拉被野蛮人涂炭的时候,被他们抓住了,我们后来得知,他发自内心地祈祷:"主,不要让我因金银受到折磨。我的一切都在哪里,你是知道的。"上帝已预言了世界上这些坏事的到来,他的所有财宝就掩藏在上帝教给他聚集和贮藏的地方。而遵循他们的主所警告的应该在哪里和怎样贮存财宝的人,他们地上的财宝也没有因为野蛮人的攻击而丧失。另外那一些人悔恨没有遵从他。至于如何来正确使用这些事物,他们虽然没有靠先见的智慧,但毕竟在事后的经验中学会了。

10.3　而那些好的基督徒遭受折磨,被迫把他们的财宝交出给敌人⑪。使他们变得这么好的真正的财宝其实是不能交出,也不能毁灭的。而如果他们宁愿受酷刑也不愿将财宝交给那些邪恶的野兽,那不算什么好。他们应该得到提醒,如果他们那样受苦是为了金钱,那他们为了基督应该承受怎样的痛苦,人们应该学会更爱那一个,而不是爱金银。凡是为他受苦的,他都赐给永恒的幸福。不必为了金银受苦,无论因为说谎获得保存,还是因为说真话而丧失。若在折磨之下坦白了基督,没有人会因此失去基督;但对于金子,如果不是抵赖,就无法保存。因此,折磨有时会更有用处,因为它教会人们热爱

---

⑩ 美罗彼乌斯·庞提乌斯·保利努斯(*Meropius Pontius Paulinus*,353—431),409—431年之间任诺拉主教,是奥古斯丁的朋友。他出自富贵之家。三十六岁那年,他八岁的儿子死后,他和妻子散尽家财,前去修道。他于395年成为神父。罗马沦陷后不久,诺拉也被阿拉利克占领。

⑪ 这里的"好"和"财宝"都是 *bonus*。

不朽的好,而不是那些没有什么用处和结果,却使它的主人因爱它而遭受折磨的东西。但确实有人根本没有什么财产可以交出的,但由于不被相信,还是遭到了折磨。这些人也许是希望拥有财富的,而不是出于神圣的意志保持贫困;因此这就证明了,不是实际的拥有,而是对拥有的欲望本身该遭到折磨之苦。如果人们真的向往更好的生活,没有贮藏秘密的金银,我真的不知道这样的人身上是否会发生这样的事情,即因为被认为拥有财富而遭到折磨;但是一旦这样的事情真的发生了,他们在折磨之中就会坦白自己的神贫,因而也就坦白了基督。虽然这样未必就能让敌人相信,但是凡是坦白了神贫的人,在遭受了酷刑之后,不会得不到天堂给的工价。

10.4 有人会说,长期的饥荒毁掉了很多人,甚至包括基督徒。这里也一样,好的信仰者通过虔敬的忍受,把它转向好的用途。饥荒杀死那些人,把他们救出了此世的罪恶,就像身体上的疾病一样,而对于那些没有杀死的人,则教他们过一种更加宽容的生活,教他们完成更有收获的禁食。

11. 或长或短的尘世生命的终结⑫

甚至有那么多的基督徒遭到杀害,而且很多是以各种各样的残酷方式被杀的。如果这很难承受,这却是所有来到此生的人的共同命运。我知道这个:若是注定不会在某个时候死,就没有人会死。生命的终结使长寿与短命等同起来。没有哪一个好一些,哪一个坏一些,或是哪一个长一些,哪一个短一些,因为两者同样不复存在了。那结束了生命的人,如果不必从头再死一遍,以何种死法结束生命,

---

⑫ 此章讨论的主题亦见于奥古斯丁作于 411 年 6 月 29 日的《布道辞》(*Sermo*)296。

究竟又有什么区别呢？⑤³ 每一个必朽者在变幻莫测的日常生活中，遭受数不清的死法的威胁，而长期不能确定，究竟哪一种会降临自己身上：我要问，究竟一死百了好，还是充满恐惧地活着好呢？我不是不知道，人们为什么更愿意选择在恐惧与死亡的威胁下长命百岁，而不是通过一次死亡消除以后对死亡的恐惧。但是肉身感觉懦弱而战栗地逃避是一回事，而用心智的理性仔细地辨明，从而认为好的生活之后的死不是坏事，是另外一回事。如果先过好的生活，人们就不会认为死是坏事；除非是那死后发生的事，没有什么使死成为坏事。既然人们是必然要死的，就不必太多费神于会以怎样的方式死，而应该问死了会到哪里去。于是基督徒知道，那神贫之人死后虽然被狗舌头舐噬，但他的死也比不虔敬的着紫袍和细麻的财主要好得多⑤⁴，既然这样，对于那些好好活了而后死的人，可怕的死法又有何伤呢？

12. 至于人的身体的埋葬，基督徒哪怕得不到，也失去不了什么

12.1 屠杀如此惨烈，有些尸体没有葬身之地⑤⁵。虔敬的信仰根本不怕这个，因为他们预见到，即使被野兽吃了也不会妨碍他们躯体的复活，复活时头上的一根头发也不会损坏⑤⁶。那些敌人对死去的尸体所想施加的种种折磨如果能影响未来的生活，真理也就不会说：

㉝ ［译按］这句话呼应了后面第十三卷中对第二次死亡的讨论。见 13：8 以下。本章中对死亡的讨论，奥古斯丁在第十三卷都有更详细的展开。

㉞ 《路加福音》，16：19—31。

㉟ 见奥古斯丁《论对死者的关照》（*De cura pro mortuis gerenda*），2。

㊱ 《诗篇》，79：2；《马太福音》，10：30；《路加福音》，21：18；《使徒行传》，27：34。

"那杀身体不能杀灵魂的,不要怕他们。"[57]也许有人认为,对那些能够杀死身体的,不应该在死前害怕他们杀死自己的身体,而是害怕在死后他们不能安葬被杀的身体,这真是荒谬。如果他们还能如此蹂躏尸体,那基督说的"那杀身体以后,不能再做什么的"[58]就说错了。真理所说的是不可能错的。说他们在杀人时还能做些什么,是因为身体在将死的时候还有感觉;但是在死后就不能再做什么了,因为被杀的身体没有什么感觉。有很多基督徒的尸体没有埋葬在地下,但是他们中哪一个都不会与天地分开,因为上帝在天地之间无处不在,他知道他所创造的人们该从哪里复活。《诗篇》当中这样说:"把你仆人的尸首,交与天空的飞鸟为食,把你圣民的肉,交与地上的野兽。在耶路撒冷周围流他们的血如水,无人葬埋。"[59]但这是为了极言施虐者的残酷,而不是被杀者的不幸。这些在人的眼睛里看来当然是残忍可怕的,但是"在主眼中看圣民之死,极为宝贵"[60]。那么所有这些,包括葬礼的安排,墓穴的状况,排场的铺陈,更多是为了安慰生者,而不是帮助死者[61]。如果一个豪华的葬礼可以帮助不虔敬的人,那么简陋的葬礼,或甚至根本没有葬礼,就有损于虔敬者。童仆成群在人们看来展示了紫衣财主的隆重葬礼,但是在上帝眼里,满身癞疮的穷人从天使们那里接受的却是光辉得多的葬礼,他们不会把他送往大理石的坟山,而是交到亚伯拉罕的怀中[62]。

12.2　我为保卫上帝之城而反对的那些人,会嘲笑这些了。实

[57]《马太福音》,10:28。
[58]《路加福音》,12:4。
[59]《诗篇》,79:2—3。
[60]《诗篇》,116:15。
[61] 奥古斯丁,《论对死者的关照》,2,4。
[62]《路加福音》,16:22 以下。

际上,对于葬礼的关心,就是他们的哲学家也早已表达了轻蔑。[63] 经常有整支的军队为了祖国的土地而战死,他们以后抛尸何处,或是成为什么野兽的美餐,他们并不关心。诗人对此的吟咏值得夸赞:"那没有裹尸布的人,被覆盖在天堂下。"[64]他们就更不应该因为尸体不埋葬来攻击基督徒了,基督徒得到了应许,肉身和所有肢体都要得到再生,不仅从地里,而且会从尸体躺下的任何别的最隐秘的元素中,在某个时间都会回归和重整[65]。

13. 埋葬圣徒身体的原因是什么

但是,死者的尸体也不应该受到鄙视和抛弃,特别是那些正义和有信仰的人,因为圣灵正是以它们为工具和器皿,用以完成所有神圣的好事。如果一个父亲越是得到子女的爱,他的衣服、戒指,或诸如此类的东西在死后也越是亲切,那么他们的身体当然不能遭到贱弃,因为我们穿着这身体,它比任何衣服都更亲密和贴近。身体并不是什么装饰或辅助的东西,被附着在外面,而是属于人的自然(*naturam hominis*)自身的。因此,古代正义的人的葬礼是要求正规地、充满虔敬地安排,要有隆重的仪式,要准备墓穴[66],他们甚至在生

---

[63] [译按]尸体要埋葬,本来是希腊罗马很重要的一个风俗。古希腊人认为,死人的灵魂与尸体一起埋在坟墓里,埋葬的礼仪就出于这种远古的信仰。为了让灵魂可以在地下度过来生,必须用土来埋葬身体。没有坟墓的灵魂会没有居所,成为孤魂野鬼。参见库朗热(Fustel de Coulanges)《古代城邦》(谭立铸等译,华东师范大学出版社,2006年,第5页)。随着灵魂观的变化,有些哲学家开始反对这一风俗,只是一种豁达的看法,并不代表一般意见。表达过这一想法的,如犬儒派的第欧根尼、阿那克萨哥拉、西欧多罗斯等哲学家。参见塞涅卡《论心灵的平静》(*de Tranquillitate animi*),14,《书信》,92;西塞罗,《图斯库兰讨论集》,1:42以下。

[64] 卢坎,《内战》(又名《法萨利亚》,*De Bello Civilli sive Pharsalia*),7:819。

[65] 《哥林多前书》,15:52。

[66] 《创世记》,25:10;35:29;47:29。

前就要嘱咐自己的儿子如何装殓甚或厝放自己的尸体⑰。多俾亚则因为埋葬死者取悦了上帝，有天使的话为证⑱。主自己，虽然在三天之后将会复活，但有虔敬的女人在他的肢体上敷上名贵的油，然后装殓他，他为这些女人祈祷善工，还让门徒们祈祷⑲。在福音书中，那些把他的身体从十字架上小心地取下来的和充满尊荣地为他主持装裹和装殓的人，都得到了满怀赞美的描述⑳。引用这些作者当然不是为了证明，感觉还存在于尸体上，但是却证明了上帝的神意甚至延伸到了死者的身体上。这些虔敬工作取悦于神意，因为这坚定了人们对复活的信仰。在这里，我们还可以得知这样有益的一点：如果连上帝都不会忽视那些悉心为咽气了的人的肢体所做的工作，我们给予活着和有感觉的人的工作，就应得到更多的奖赏。那些神圣的族长所说的，关于埋葬和厝放尸体其他的事情，其实他们是希望这些被理解为先知之灵㉑，但是这里不是展开讨论这个问题的地方。我们这里就此说得已经够了。而至于那些维持生存所需的必要之物，比如食物和衣服，它们的缺乏会让人承受严重的痛苦，但不会打破好人承受和忍耐的能力，也不会把虔敬从心灵中抹去，反而通过锻炼，使这些美德更加丰富；而那些一般用于死人的葬礼和埋葬仪式，如果缺乏了的话，当然就更不可能使那些躺在隐秘角落的虔敬者变得悲惨！因此，虽然在伟大的罗马城甚至其他一些村镇遭涂炭之际，很多基督徒的尸体不得安葬，但这不是生者的过错，虽然他们没法完成葬礼，也不是对死者的惩罚，因为他们无法感觉到这些。

---

⑰ 奥古斯丁，《论对死者的关照》，3。《创世记》，19：29—31；50：24。

⑱ 《多俾亚传》，2：9；12：12。（这是和合本圣经中没有的，译文根据天主教思高本圣经。下同）

⑲ 《马太福音》，26：6—13。

⑳ 《马太福音》，27：35；《马可福音》，15：42；《路加福音》，23：52；《约翰福音》，19：38。

㉑ 《创世记》，49：29；50：25。

14. 被俘的圣徒从不缺乏神圣的安慰

但是有人会问,很多基督徒不是也被抓住带走了吗? 如果他们被带到什么地方,连自己的神都找不到,这确实是最悲惨的事。而对于这种灾难,圣经里提供了巨大的安慰。三位青年当过俘虏[72],但以理当过俘虏[73],还有别的先知也当过俘虏;上帝是他们的安慰者,没有抛弃他们。就是当先知在鱼腹中的时候,上帝都不会抛弃他[74],当他的信仰者们在一个强大的,虽然野蛮但毕竟是人类的部族中时,他更不会丢掉了。那些和我们辩论的人,宁愿嘲笑也不肯相信这些事,但是他们还是相信自己的著作中说的,美图姆那的阿里昂(*Arionem Methymnaeum*),最高贵的琴师,从一条船上掉了下来的时候,被一条海豚用后背托起来送到了岸上[75]。但我们关于先知约拿的真实故事更加难以置信。之所以更难以置信,是因为更神奇,而更神奇是因为更有力。

15. 勒古鲁斯的被捕,提供了一个为宗教原因而自愿忍耐的例子;不过他从自己所服侍的神那里得不到益处

15.1 在他们的名人当中,也有因为宗教原因被抓、自愿忍耐的

---

[72] 《但以理书》,3:12。

[73] 《但以理书》,1:6。

[74] 《约拿书》,2:1。

[75] 希罗多德,《克里欧》(*Clio*,《历史》第一卷)23:24 最早记载了这个故事;又见奥维德,《宴饮》(*Fasti*),2:79—117;奥鲁斯·盖留斯(*Aulus Gellius*),《阿提卡之夜》(*Noctes Atticae*),16:19。

无比高贵的范例。马可·勒古鲁斯[76]，罗马人民的统帅，被抓到迦太基去[77]。但迦太基人想用他交换自己被罗马抓去的人，而不愿把勒古鲁斯羁留在俘虏中。于是他们就特遣勒古鲁斯带使团一起去罗马，首先以誓言来限制他，如果他不能完成他们要他做的事情，他就要回到迦太基。他到了罗马，劝说元老院做相反的事，他认为，交换俘虏对于罗马的共和（res publica）[78]是没有好处的。劝说完之后，本来没人逼他一定要回到敌人那里去，但是由于他先前发过誓，他自愿实践诺言。敌人知道此事后，以残酷的折磨杀了他。他被关进一个很小的木笼子里，被强迫站着，周围钉上无比尖利的钉子，因此无论他靠在笼子上的哪一个地方，无不会带来刺骨的痛苦，敌人通过剥夺了他的睡眠杀了他。罗马人赞美比如此巨大的不幸还要强大的德性，当然是对的[79]。而那些他发誓所指的神祇，据说因为对他们的信仰遭到禁止，人类就遭到了现在这样的灾难。这些神之所以得到服侍，就是因为他们能带来此世的幸福。如果他们对于那些真心向他们发誓的人都愿意或是默许这样的惩罚，那他们是不是会愤怒地对那些发假誓的人施加更严厉的惩罚呢？而我为什么不能运用我的推理，得出双重结论呢？他如此坚定地服侍那些神祇，为了忠于自己发的誓，没有留在祖国，也没有潜逃他处，而是毫不犹豫地回到了他那无比残忍

76　马可·勒古鲁斯（*Marcus Regulus*），公元前 267 年和公元前 256 年的执政官，公元前 256 年对非洲的远征中的将军，屡立战功。因为他与迦太基人讲和的条件过于苛刻，迦太基人重燃战火，他于公元前 255 年被打败。

77　奥鲁斯·盖留斯，《阿提卡之夜》，6：4；阿庇安（*Appianus*），《诸内战记》（*Bellum Civile*，《罗马史》的一部分，谢德风的中译本题为"内战史"），4。

78　［译按］res publica 本意是公共之事，后来成为民主制的共和国的专名。本书中提到的 res publica，有些地方指的是共和制，但很多地方是泛指国家。译者认为，在拉丁文中，这个词的双重含义并没有今天那么严格的区分。正如中文的"共和"，也不是一开始就指民主制。故本书中的这个词全部译为"共和"或"共和国"，以体现这个概念的连续性，以及共和制度背后更深的含义。后文的"帝国"的译法也有同样的考虑。

79　奥罗修斯，《历史》，4：10.1。

的敌人那里。如果他认为这对于他在此世的生活是有用的,那他无疑是错了,因为这给他带来了如此可怕的一个结局。显然,他的例子说明,通过对那些神的服侍,人们无法获得此世的幸福,他对这一服侍是那样的投入,却战败被抓,被带走了,就因为他不愿意违背他通过他们发的誓,遭受了那种闻所未闻的、极端残酷的新刑罚,折磨致死。但是,如果对那些神的服侍能够带来此生以后的幸福和回报,那他们为什么要诬蔑基督的时代,说罗马城之所以遭受了这样的灾难,是因为她不再服侍他们的那些神? 也许她可以无比热心地服侍诸神,但是也不过会像勒古鲁斯一样不幸。对诸神的服侍确实导致了一个人的不幸,而人们胆敢认为这就不能给整个城邦带来不幸。除非人们违背最清晰的真理,否则怎么会如此极端疯狂和盲目,以致这么认为呢? 因为很显然,多数是由少数组成的;而他们那不能保护少数人的神,竟然更能保存多数?

15.2　如果他们说马可·勒古鲁斯甚至在被捕和遭受身体折磨的时候,充满德性的心灵仍能受到赐福[80],那么,他们就更应该探讨那种能够让整个城邦得到赐福的美德。城邦之福和人之福并不是两回事,因为城邦不过就是很多人组合起来。在这里我并不想和他们争辩,勒古鲁斯有什么样的美德;但现在这个最高贵的例子足以让他们承认,人们不是为了身体的好处,也不是为了别的什么发生在人们外面的东西,来服侍诸神;勒古鲁斯宁愿失去所有这些,也不愿冒犯他对其发誓的诸神。而那些为有这样一个公民而感到光荣的人们,却害怕有这样的一个城邦,我们能拿他们怎么办? 如果他们不害怕的话,那他们就应该承认,那能够降临勒古鲁斯身上的灾难,也会降临到一个像他一样精心服侍诸神的城邦,那他们就不该再诬蔑说是基督的时代

---

[80]　维吉尔,《埃涅阿斯纪》,6:434。

才有这样的灾难。而现在我们关心的是那些被俘虏的基督徒，让那些粗鲁而莽撞地批评我们最有救赎性㉛的宗教的人看看勒古鲁斯后闭嘴吧。因为，一个最热忱地服侍他们的神的人，为了信守对诸神发的誓言，离开了祖国，而又没有另一个祖国㉜，在敌人当中做了俘虏，在敌人那种新型的残酷刑罚之下遭受折磨而慢慢死去㉝，如果这不是对他们的神的亵渎，那么在基督的那些圣徒被抓的时候，基督徒之名就更不该负有罪责，因为这些基督徒怀有真正的信仰，期待着上界真正的祖国的到来，知道就是在他们自己的座位上，他们也是过客㉞。

16. 圣贞女被俘后，如果没有意志的赞同，奸淫是否能污染心灵的德性

他们为了夸张掳掠之祸，还加上说，野蛮人又施加奸淫，不仅对那些妇人和将会结婚的姑娘，甚至对一些圣贞女，以为这样就可陷基督徒于大罪。这与信仰、虔敬，甚至称为贞节的德性都无关，只是我们的讨论必须进入羞耻之心和理性之间这个狭窄的空间。在这个问题上，我们关心的首先不是如何回答外人，而是如何安慰我们自己。但是，我们可以首先说出这么一个明确的立场：那些使我们正直生活的美德，居住在心灵里面，命令身体的各个器官，神圣意志的利用使身体也变神圣，如果意志保持不变和牢固，别人用他的身体做的，或施加给他的身体的事，如果承受者无力逃开以避免犯罪，就不能算是

㉛ *salubris* 的意思可以是"有益"、"健康"、"安全"。在基督教里，它同时也是"拯救"的意思。

㉜ ［译按］这里的意思是，他只有地上的祖国，没有天上的祖国。

㉝ ［译按］直译是"一个漫长的死亡"，当与 13：9 - 11 对死亡的讨论对观。

㉞ 《彼得前书》，2：11；《希伯来书》，11：13。

承受者的罪。而外在力量能够强加给身体的，不仅会有痛苦，还会有属于淫欲的东西：在这样的事情发生的时候，只要保持无比坚毅的心灵，就不会丢掉贞操，但是会产生羞耻，因为怕别人认为，这是心智甚至意志默许而做的；而发生此事时，不可能没有身体的快乐。

17. 因为害怕惩罚或羞辱而带来的自杀

如果她们因为这样的事情杀死自己，以免承受奸淫，凡是有人类的情感的人，谁不愿原谅她们？而那些不愿意杀死自己的人，不愿用自己犯罪来避免别人的伤害。谁若指责他们犯罪，就自己难免陷入不智的罪行。只要法律没有宣判某人死刑，哪怕是罪人，任何私人都没有权力杀死他，因此，对自己施加的杀害当然算是谋杀。引起他想要自杀的原因越是无辜，他杀害自己所犯的罪就越大。如果犹大的行为确实值得我们憎恨，真理对他的审判是，他在投缳上吊的时候，这个罪过加重了他该诅咒的叛卖，而不是使他获得了赦免。因为他虽然悔恨，但是却绝望于上帝的悲悯，没有为自己留下空间来作朝向救赎的忏悔；而那些认为自己没有犯下这样应该惩罚的罪的人，他们不是更不该杀死自己吗！在犹大杀死自己的时候，他杀了一个有罪的人。他在结束了自己的性命的时候，不仅因为基督之死，而且因为他自己的死而有罪。虽然他的自杀是因为自己有罪，但他的自杀本身又成为一桩罪。杀死自己就是杀了一个无辜的人，那么，没有作恶的人怎能通过对自己作恶，来避免别人的伤害？怎能为了让别人不对他犯罪，而向自己施加罪孽？

18. 身体被强迫，不自愿地承受的别人野蛮的欲望

18.1 有人会害怕别人的欲望污染自己。如果那真是别人的欲

望,那就污染不了;但是如果会污染,那就不是别人的。因为贞节是心灵的德性,与坚韧为伴,人们靠这坚韧,可以忍受任何的坏事,而不肯赞同坏事。不论多么高贵和贞洁的人,也没有能力完全控制自己的肉身,但是心智完全可以赞同或拒绝:如果一个人碰巧被抓住,遭到挟制,被别人用来发泄和满足欲望,而不是满足她自己的欲望,凡是心智清醒的人,谁能认为她自毁贞节了呢? 如果这样贞节就能失去,那贞节就不是心灵的德性了,就不属于人们赖以生活的善好,那就应该算作一种身体的好,和力量、美丽和清醒的健康⑧等等一类;这些确实是好的。但这样的好即使被削弱,也不会削弱人的整体的善好和正义的生活。如果贞节不过是这样的,那为什么让身体冒着危险来保护它不失去呢? 但是,如果它是心灵的善好,即使身体遭到强迫,也不会丢掉。如果神圣而坚韧的善好不屈服于充满肮脏欲望的肉身,身体自身也会被神圣化,只要她的心意能保持坚韧不屈服,神圣就不会离开身体自身,因为是意志使身体服务于神圣,而这意志还存在,只要它依然存在,那么它的力量就仍然存在。

18.2　　身体的神圣性并不在于它的各个器官的完整无损,也不在于它不受到攻击玷污,因为它在各种情况下都总是面临外力的伤害,在医生进行手术恢复健康的时候,也会带来可怕的场面。一个妇科医生如果或是因为心存险恶,或是因为技术不高,或因为偶然,在伸手检查女孩是否处女的时候,弄坏了处女膜,我认为,不会有人想得如此愚蠢,以为那女子的身体的神圣性因此就失去了,虽然她的某个器官确实不再完美了。这样,只要心灵的观念保持不变,她的身体就足以称为神圣的,别人暴力的欲望无法褫夺自己身体的神圣性,这

---

⑧ 根据 PL 本注,原文此处有 *sana integraque*,意思是"清醒和正直",似误,故多数版本删去 *integraque*,有些版本把 *sana* 改为 *sanitas*(健康),此处按照 CCSL 本的处理翻译。

种神圣性是靠自身的坚韧得以保存的。如果一个女人心智败坏,改变了她向上帝发的誓言,前去把自己的贞洁交给勾引者,在她前去的时候,我们能说她保持了身体的神圣吗?——她心灵的神圣被遗失和毁坏了,而身体是靠此而神圣的。不该有这种错误。我们由此更该想到,即使身体被迫就范,因为心灵的神圣性保持不变,身体的神圣性也没有遗失,反过来,如果心灵的神圣性被糟蹋了,哪怕身体丝毫未损,它的神圣性也被破坏了。所以,若一个女子没有自己同意,而遭到暴力的强迫,别人对她犯了罪,她以死来惩罚自己,完全是不可取的;她当然更不该在这样的事情发生前自杀。她不能为了别人侮辱自己,这种不确定的,而且不是她自己的罪,而犯下谋杀这种确定的罪。

19. 卢克莱西亚遭到强暴而自杀

19.1 在上面清晰的推理中,我们说身体受胁迫而没有失去贞洁的意念,不为所动,不认同坏事,那么这种羞辱就属于那强迫别人交合的人,而不属于那被迫交合、没有意志赞成的人。而在我们捍卫这些被俘虏而又遭受蹂躏的基督徒女子的心智和身体的神圣性的时候,对手敢反驳我们这一点吗?他们极力赞美卢克莱西亚(Lucretia)——古代罗马的一个高贵的女子——的贞节。塔昆王⑯的儿子用暴力胁迫了她的身体,满足了自己的欲望。她向自己的丈

---

⑯ 骄傲者塔昆(Tarquinius Superbus),老塔昆之子,罗马第七任和最后一任国王(公元前534年—公元前510年在位)。他从岳父手中夺得王位,没有经过选举。虽然人们经常把他描述得很残暴,但他在文治武功上都很有建树。除了征服了很多部族外,他还修建了卡匹托利山。历史上经常把他的功业和他父亲的相混淆。

夫柯拉廷诺斯（*Collatinus*）㊲和他的朋友布鲁图斯（*Brutus*）㊳两个青
年，两个无比高尚而勇敢的男人，揭露了这个纨绔子弟无比卑鄙的罪
行，让他们宣誓为自己报仇。随后，因为痛恨和无法承受自己所发生
的丑事，她自尽了。我们该说她什么呢？是淫妇还是贞女呢？谁会
认为这需要费力争论呢？有个人漂亮而真切地谈到这个故事后，说：
说来奇怪，但二人同床，一人犯奸。这话真是巧妙，再对不过。说是
在两个身体交媾的时候，只有一个有无比肮脏的欲望，而另一个保持
无比贞洁的意志。这样，他注意的不是肢体的交合，而是心灵的不
同，所以才说"二人同床，一人犯奸"。

　　19.2　既然如此，为什么那个没有犯奸淫的，反而遭到的惩罚更
重呢？塔昆只是和他父亲一起被赶出了罗马，而卢克莱西亚却身被
极刑。如果说她无意而被迫所做的不算不贞，这个贞女遭到惩罚就
不公了。我对你们说，罗马的法律和法官，即使真有谁犯了大罪之
后，你们也不愿意让罪犯不经过判罪就被杀死。如果谁把这个案子
交给你们来审判，告诉你们一个不仅没有经过审判，而且还贞洁无辜
的女子被杀了，你们不会对那个杀了她的人施加相应的严惩吗？这
么做的人正是卢克莱西亚；就是这个备受赞美的卢克莱西亚，她把那
个无辜的、贞洁的、遭受了暴力蹂躏的卢克莱西亚杀了。你们判刑
呀。如果仅仅因为她不现身，你们就不能惩罚，为什么你们又大肆赞
美上面所说的那杀害了无辜而贞洁的女子的人呢？我相信她肯定在
地狱中的法官面前，这是你们的诗人们在歌中唱到的，在那些法官面

㊲　卢修斯·塔昆·柯拉廷诺斯（*Lucius Tarquinius Collatinus*），骄傲者塔昆的亲戚，卢克
莱西亚的丈夫，后与布鲁图斯共同成为罗马共和国的第一任执政官。因为罗马人们不
信任他名字中的"塔昆"，他解除执政官之职，离开罗马（见本书 3:16）。

㊳　卢修斯·朱纽斯·布鲁图斯（*Lucius Junius Brutus*），骄傲者塔昆的外甥，领导罗马人
推翻塔昆，与柯拉廷诺斯同为第一任执政官。他曾因为两个儿子帮助塔昆复辟而杀死
他们，后来与塔昆的儿子在战场上同归于尽。

前,你们怎么还有理由为她辩护呢? 她一定和这些人在一起:"他们曾亲手把自己杀死,但是他们并没有犯罪,他们只因厌恶生活才抛弃了生命。但是他们现在多想生活在人间啊! ……但是神意不许可,这可憎的令人发愁的沼泽水把他们锁住了,这九曲的斯提克斯拦在当中,把他包围住了。"⑧或者也许她不在那里,因为她认为自己不是无辜的,而是有罪的,才杀死自己? 也许她自己才知道原因:在那个青年暴烈的欲望引诱之下,甚至也激起了她自己的情欲,于是也乐意交媾,那么,她就因痛悔而惩罚自己,认为可以通过死得到宽恕? 如果她能够在她的那些伪神面前获得赦免的结果,她也没有必要杀死自己。如果确实是这样,那就不是二人同床一人犯奸,而是二人一起犯了奸淫,一个人主动袭击,另一个暗中默许,那么,她就不是杀害了自己这个无辜者,那她的博学的辩护者就会说她不在地狱中的那些人中间,在"曾亲手把自己杀死,但是他们并没有犯罪"的人中间。如果是这样,那么她就在下面二者中必居其一:如果她没有犯杀人罪,那就确证她犯了奸淫;如果她可以洗清奸淫罪,那她就犯了杀人罪;这样的两难困境她是走不出了,因为我们可以说:"如果她犯了奸淫,为什么还赞美她呢;如果她是贞洁的,为什么被杀呢?"

19.3 有了这个贵妇的例子,我们就可以反驳那些完全不懂神圣的人,那些攻击被俘虏又遭胁迫的基督徒女子,只要用赞美卢克莱西亚时说得漂亮的那句"二人同床,一人犯奸"就够了。人们更加相信卢克莱西亚,认为她不会赞同奸淫,不会污染自己。那么,她虽然不是淫妇,却遭受了奸夫的蹂躏,她并没有杀死一个犯奸淫的女子,也不是因为热爱贞操,这不过是因羞耻而生懦弱而已。她为别人对她所做的苟且之事感到羞耻,虽然她并没有参与;作为一个罗马女

---

⑧ 维吉尔,《埃涅阿斯纪》,6:434—439。

子，她那么渴望赞美，真的担心如果她承受了那样的强暴活下来，别人会认为她是因为乐于承受而活了下来。她想的是，她向自己施加的那样的刑罚，在别人眼里，能成为她的心智的见证，因为她并不能向他们证明自己的良知。她羞于被人认为，在别人向她做了苟且之事的时候，她自己愿意承受，成了同谋。基督徒妇女在承受同样的罪恶时，不会这么做，而要活下来。她们不会在自己身上报复别人的罪，不会在自己没有参与别人的恶行时反而给自己加罪；否则，就是敌人出于欲望和她们犯下了奸淫，而她们出于羞耻向自己犯下谋杀。她们在内心中有贞洁的光荣，良知就是见证；她们面前有上帝自己的眼睛，不需要更多的见证。只要她们做得正，就不需要更多见证；为了不偏离神法的权威，她们不会靠做坏事来避免人们的怀疑。

20. 在任何情况下，都没有权威授予基督徒自杀的权利

在经典当中，我们无法找到上帝让人自杀的诫命或允许，无论是为了使自己进入不朽，还是为了躲避或避免坏事，我们都不能杀死自己，这不是没有理由的。神法说：不可杀人[90]。由此我们就可以理解，自杀是禁止的，特别是这里并没有加上"你的邻人"。而在禁止作假证的诫命中，却说："不可作假见证陷害你的邻人。"[91]但是如果谁对自己作了假证，他不能认为自己会免于这条罪状。要接受爱邻人的原则，人们也要爱自己；经上写着："要爱人如己。"[92]一个对自己作假见证的人，比对邻人作假见证，其假见证的罪名并不更小。在禁止作假见证的那一条诫命里，虽然只是禁止对邻人作假见证，但只有没有正

[90]《出埃及记》，20：13。
[91]《出埃及记》，20：16，和合本并没有"你的邻人"。
[92]《马太福音》，22：39。

确理解这一条的人，才会认为，人是不被禁止向自己作假见证的。这样我们就更能理解，人们是被禁止杀害自己的，因为在"不可杀人"这一条里没有加上限制，也没有把谁排除在外，更没有排除听这话的人自身。有人甚至想把这个说法延伸到野兽和家畜，从中看出这些也是不能杀的。[33] 那么，为什么不推广到植物，以及在大地上种植和豢养的一切东西呢？各种植物，虽然没有感觉，但是据说也有生命，因此也可以死，那么在施加强力的时候，也会被杀。使徒在谈到这类种子的时候，这样说："你所种的，若不死就不能生。"[34]在《诗篇》中也这样写道："他降冰雹打坏他们的葡萄树。"[35]我们听到"不可杀人"的时候，难道就由此认为，连拔一根野草也算违反神法，默许了摩尼教那无比愚蠢的错误了吗？先把这种谵妄之辞放在一边，我们读"不可杀人"一条，不能认为这里说的包括了植物，因为那些是没有感觉的东西；就是那些无理性的动物，那些天上飞的，水里游的，地上走的和爬行的，不能和我们一样运用理性，因为造物主没有让我们和它们共享理性。造物主把它们的生死交给我们，让我们利用它们，这是最正义的规定。很明显，他说不可杀人的时候，我们只能理解为人是不可杀的，不能杀别人，也不能杀自己。杀自己的人，和杀人没有不同。

21. 不算杀人罪的杀人

在不准杀人这条律法之中，神圣的作者还是允许有例外的。但是这种例外包括的，都是上帝命令要杀的，或是颁布法律，或是在某个时候给人以明确的命令。被命令执行这一任务的人，并不是自己

---

[33] 参见奥古斯丁，《论异端》(De Haeresibus)，41:1；《驳福斯图斯》，6:8。

[34] 《哥林多前书》，15:36。

[35] 《诗篇》，78:47。

杀人,而是像使用者所使用的刀剑。这样,他们所做的就并不违反上面的诫命:"不可杀人。"无论是以上帝的权威发动战争,还是让某些拥有公共权力的人依照上帝的法律(也就是,依照他最正义的理性的指挥)以死刑来惩罚罪人。亚伯拉罕想要杀儿子时,并没有过犯,而是遵从上帝杀的命令;因此他不仅没有被认为犯有残忍之罪,而且以虔敬之名得到赞美㉟。耶弗他向上帝发誓,说他从战场凯旋的时候,谁第一个迎接他,他就要把那人杀了来祭祀,他杀了女儿,因为她去迎接父亲,我们应该问一问他是否有上帝的命令㉧;参孙摧毁房子,把自己和敌人一起压死,若非那通过他显现神迹的圣灵暗中给他命令,他是没有别的借口来自杀的㉨。那么,除了这些例外(要么是根据神的普遍的法而被认可,要么是正义之泉上帝自己特别命令他们杀人),任何杀人的人,无论是杀自己还是杀别人,都算犯了杀人罪。

22. 自杀从不会表明心灵的伟大

22.1　那些对自己犯了这罪的人,虽然不会因为健康的智慧得到赞美,但还是有人崇拜他们心灵的伟大。如果你更仔细地运用理性考量,他们是不能正确地被称为心灵伟大的,因为凡是自尽的人,都没有力量承受艰苦或别人的罪。那无法忍受身体被奴役的艰辛,或是无法忍受大众的愚蠢意见的,更多应被认为是心智软弱的人;而那些更能够忍受苦难的生活而不是逃跑的,那些能靠纯洁的良知之光,藐视人们的(特别是大众的)判断的人(因为他们总是陷入错误的黑暗中),才配称得上是伟大的心灵。如果认为让自己死亡的人就可

㉟ 《创世记》,22:1—19。

㉧ 《士师记》,11:29—39。

㉨ 《士师记》,16:30。

以算伟大的心灵,我们不能找到比特里奥勃洛图(*Theombrotus*)⑨的心灵更伟大的了。他在读柏拉图(Plato)⑩讨论灵魂不朽的书的时候,就急不可耐地自己去撞墙,这样就从此生移居到他认为更好的生活中去了。这里并没有灾难,也没有或真或假的罪名来逼迫他,使他无力忍受,从而让他自杀;他在急切地拥抱死亡、脱离此生的甜蜜羁绊时,只是想获得心灵的伟大。但是,他所读的柏拉图自己就可以作证,告诉他这只是一件特别的,甚至出格的事,但不是好的事。柏拉图的心智看到灵魂之不朽,也看到了这不能做,从而给人们禁止自杀的命令;否则,他自己就尤其最可能这么做,甚至是急切地去做⑪。

22.2 很多人宁可杀死自己,也不愿落入敌人手中。我们所关心的不是这是否发生了,而是是否应该发生。健全的理性比事例更重要,而这里例子与理性相合,越是更卓越的虔敬者,越是值得模仿。族长们没有这么做,先知们没有这么做,使徒们没有这么做,主基督自己没有教给他们,为免于落入迫害者手中,他们可以动手杀自己,而是教导说,在遭到迫害的时候,要从一个城逃到另一个城⑫。他没有命令或教导他们,以这种方式让自己离开此生,虽然他曾经应许让他们移往永恒的家园⑬,显然,不管那些不认识上帝的外邦人⑭举出什么例子,服侍唯一真正的上帝的人,不准这么做。

---

⑨ 参见西塞罗,《图斯库兰讨论集》,1:34.84。他的名字,PL 本写作 *Cleombrotus*。

⑩ 柏拉图(约公元前 429—公元前 347),雅典的伟大哲学家,苏格拉底的弟子,亚里士多德的老师,主要作品是哲学对话,绝大部分保留了下来。奥古斯丁关于柏拉图的知识大部分是二手的。他对柏拉图的系统叙述和批判,见卷八。此处关于灵魂不朽的对话,指《斐多篇》。

⑪ 《斐多篇》,61;66b。

⑫ 《马太福音》,10:23。

⑬ 《约翰福音》,14:2。

⑭ 《帖撒罗尼迦前书》,4:5。

23. 加图因为无法承受恺撒⑩的胜利而自尽，他算怎样的例子呢

关于卢克莱西亚，我们上面说得看来已经足够多了，除她之外，被他们的作者认可的自杀不容易找了，除非是在尤提卡自杀的那位加图（*Cato*）；这不是因为他是唯一这么做的，而是因为，他是一个有教养、很正直的人，因此人们会认为，他所做的是正直的人曾做的，因而也是可以做的。关于他所做的，我能说什么呢？除非是说到他的朋友，那些同样有教养的人，他们很明智，他们劝他不要那样做，批评说那种做法更多是心灵懦弱，而非坚强的体现，这样做证明的不是他在靠尊严拒绝羞辱，而是他的懦弱无法忍受敌对。就是加图自己也是这样告诉他亲爱的儿子的。如果在征服者恺撒之下生活是屈辱的，那父亲为什么成了儿子的这种卑劣生活的制造者，让他的儿子把希望完全寄托在恺撒的善良上呢⑯？为什么他不叫儿子和他一起去死呢？执政官托夸图斯（*Torquatus*）⑰的儿子因为不遵守命令擅自与敌人交战，虽然取得了备受赞扬的胜利，执政官还是把他杀了⑱，那为

---

⑮ 盖乌斯·裘力斯·恺撒（*Gaius Julius Caesar*，公元前 100 年—公元前 44 年），罗马贵族、将军、政治家、历史学家。公元前 48 年击败庞培后成为唯一的元首。共和派布鲁图斯、卡西乌斯等于公元前 44 年刺杀了他。

⑯ 卡西乌斯，《罗马史》。

⑰ 提图斯·曼里乌斯·因波留苏斯·托夸图斯（*Titus Manlius Imperiosus Torquatus*），罗马著名的英雄。他的家族本来姓曼里乌斯，他父亲于公元前 363 年任元首，因极为骄傲苛刻，被称为因波留苏斯（*Imperiosus*，独断专行的意思），也成为儿子的姓氏。小曼里乌斯因为是个孝顺的儿子、勇敢的士兵、威严的父亲而为罗马人称道。他在与高卢人的战争中缴获了高卢人用作装饰的链子（*torques*），于是他的同事在歌中称他为托夸图斯，以后这成为他的后代的姓。托夸图斯于公元前 353 年和公元前 349 年任元首（一说，他于公元前 320 年再度当元首），于公元前 347 年、公元前 344 年、公元前 340 年三次任执政官。他任执政官期间，对拉丁人取得了绝对的胜利，而他杀儿子的故事，也发生在这次战争中。

⑱ 事见李维《罗马史》，8：7。

什么被征服的加图不能赦免自己,却赦免了被征服的儿子呢? 难道不顾命令去征服,比不顾尊严忍受被征服,更屈辱吗? 这样,加图其实不认为在恺撒的征服之下活着是屈辱的;否则,他就应该用父亲的利剑把儿子从屈辱中解救出去。他希望并且愿意他的儿子能得到恺撒的宽恕,但是不愿意恺撒宽恕他自己,其实是因为,他对儿子的爱不及他对恺撒的光荣的忌妒,忌妒这个词是恺撒自己说的[109],或者,我们用个比它更温和的词,加图是感到羞耻。

24. 在德性上,勒古鲁斯胜过加图,而基督徒则远胜他们

我赞美神圣的约伯,他宁愿用自己的肉身承受可怕的坏事,也不愿以死来逃脱所有这些折磨,还有我们的有着最高权威和最尊贵的信仰的经书中记载的别的圣徒,他们宁愿被敌人俘虏和统治,也不愿意杀死自己。我赞美他们胜过加图,但那些反对我的人一定不同意;而在他们的书中,我则喜欢马可·勒古鲁斯胜过马可·加图。加图没有战胜恺撒,却耻于屈服于他的征服,为了不臣服恺撒,他选择杀死了自己;而罗马的指挥官勒古鲁斯指挥罗马军队战胜了布匿人,没有给公民们带来痛苦,而是从敌人那里取得了值得赞美的胜利。而在后来他失败之后,他宁愿被敌人俘虏,也不会自尽而死。于是他活了下来,忍受了迦太基人的统治,而又保持了对罗马人的爱,他没有把被征服的身体从敌人手中盗走,也没有把不可征服的心灵从公民那里盗走。他不愿意自杀,并不是因为他吝惜自己的生命。证据是,由于他对敌人的许诺和对神的发誓,他毫不犹豫地回到了敌人中间,虽然他在元老院说的话不比他在疆场上的征战伤害敌人更少。他是

---

[109] 普鲁塔克,《希腊罗马名人传》,小加图72;阿庇安,《诸内战记》,2:99。

非常蔑视生命的，宁愿在凶残的敌人的任何刑罚下死去，却不愿杀死自己，这无疑表明，他把自杀当作了重大的罪。在所有这些值得赞扬和著名的有德之人当中，罗马没有比他更好的人了，因为幸福没有腐蚀他，他虽然立下赫赫战功，却依然保持极端清贫；不幸也没有击倒他，在巨大的折磨面前他毫不怯懦地回到敌人当中。这些无比强大、无比高贵的人，是地上之国的捍卫者，也是他们的神的捍卫者（虽然神是伪神，但是他们的服侍者并不是伪服侍者），最真诚地遵守誓言。按照战争的惯例和法律，他们可以杀死被征服的敌人，但他们被敌人征服后却不愿自杀，虽然他们一点也不怕死，他们宁愿接受征服者的统治，也不愿杀死自己。而基督徒服侍真正的上帝，向往天上的祖国，如果按照神的安排，他们某个时候被交到敌人那里来证成或矫正，他们就更不会做这样的事；而那最高者是不会放弃这些谦卑的人的，他为了他们也走向了谦卑。毕竟，他们没有受制于军事力量，也没有向军人发誓去打击被征服的敌人。人们不敢杀死那向他犯了罪或即将犯罪的敌人，竟然会因为敌人向他犯了罪，或为了防止敌人犯罪而自杀，谁会犯如此糟糕的错误，来这样设想？

25. 不该通过犯罪来避免罪

我们应该恐惧诚慎，以免身体在遭到敌人的淫欲征服时，会调动心灵中最肮脏的快感，赞同犯罪。因此，他们说，这不是为了防止别人，而是预防自己犯罪，所以应该在犯罪之前，先杀死自己。凡是把自己交给上帝和他的智慧，而不是身体和它的欲望的人，他的心灵都不会纵容肉体的淫欲，在别人的淫欲引诱下去赞同。真理明确地认为，杀死自己是一件可怕的行为和受诅咒的罪恶，既然如此，谁会愚蠢地说："我们现在犯罪吧，就可以以后不会犯可能的罪；现在我们杀人吧，以后就不会犯可能的奸淫。"也许我们真的被邪恶所牵制，必须选择犯罪，不可能无罪。难道未来一个不确定的奸淫不比当下一个确定的谋杀更合适吗？犯下一个可以通过告解赦免的罪，难道不比犯下一个连告解补救的余地都不留下的罪好吗？我说这些，是针对那些男人和女子，那些不是因为别人的，而是为了避免自己犯罪，为了自己不要在别人的淫欲刺激下，主动配合，从而想到对自己施加暴力褫夺生命的男人和女子。至于另外那些基督徒，他们信仰上帝，把希望放在上帝那里，靠他的保佑来养育自己，他们的心智里不该有这样的想法；我说，他们如此的心智，根本就不会被肉体的快感激发而屈服，去配合那卑下的事。但是，那不守规矩的欲望毕竟依然寄居在我们可朽的肢体里，如果它不按照我们的意志的法律，而是按照自己的法律运行⑩，只要心灵不赞同身体，就是无罪的，正如睡觉中的身体的运动是无罪的一样。

26. 有些事是不该做的，但我们知道，圣徒们还是做了；我们该认为，他们是为什么做的呢

但是，有人提到，在被迫害的时候，有神圣的女子，为了避免贞节被破坏，跳到河里，被卷走和溺死；她们就这样死了，而她们的殉道得到大公教会的尊崇，不断得到隆重的赞美⑪。对此我不敢妄加评判。我不知道，是否教会有关于她们的信仰的可靠证据，神圣权威说服了他们，应该以尊荣纪念她们；有可能是这样的。如果是这样的，那就不

---

⑩ 《罗马书》，7：21—25。

⑪ 教会赞美这类的殉道者，安布罗斯（Ambrosius）在《论贞女》（De Virginibus）第三卷，和《书信七（致 Simplicianum）》中都有提及。在尤西比乌（Eusebius）的《教会史》第八卷第二十四章，也谈到了这样的女子。

是由于人的欺骗，而是来自神的命令，不是犯错，而是服从。就像在参孙那里，我们不能不相信他。如果上帝命令什么，并且自己毫不含糊地宣布他在命令，谁能把服从叫做罪呢？谁能指责对虔敬的遵从呢？但是，仅仅因为亚伯拉罕祭献儿子是值得赞扬的，人人都要向神祭献儿子，那可不是无罪的。按照法律，士兵要服从某些权力，如果他遵守这权力的命令杀人，他不会被城邦的法律判处杀人罪，如果他不杀人，反而会因违抗和蔑视命令而有罪；但如果他擅自按照自己的权威杀人，就会因为使人流血而犯罪。在这种情况下，他被惩罚，是因为没有命令就去做事；在前一种情况下，他如果不按命令做就会被惩罚。两种情况的道理是一样的。指挥官的法律尚且如此，造物主的法当然更是这样！一个人听到过，法律不准自杀；但是，如果上帝命令他这么做，由于他不能蔑视上帝的法令，他还是可以这么做；但他必须明确看到，他是否得到了上帝毫不含糊的命令。我们通过耳朵知道别人的良知，因此不可擅权判断对我们隐蔽着的事。"除了在人里头的灵，谁知道人的事？"[112]我们说这些，我们确定这些，我们以各种方式肯定：没人可以为逃避尘世中的烦恼随意自戕性命，因为这是陷入了永恒的烦恼；没有人应该因为别人的罪，而使自己犯下最重的罪，因为别人并不能污染自己；没有人应该因为自己以前犯的罪而这么做，因为他还需要活下去，才能靠忏悔获得救赎；没有人应该为了追求死后更好的生活而放弃此生，因为他因自己的死而犯了罪，死后不会有更好的生活。

27. 能否为了避免犯罪而主动求死

　　还有一个原因，是我早就开始说了的，有人认为自杀是有用的，

[112]《哥林多前书》，2：11。

因为,每一个自杀的人,都是为了避免陷入罪孽,无论是快感的诱惑,还是残酷的痛苦。如果我们愿意接受这个原因,那就会让我们得出这个结论:应该鼓励人们,只要在重生的神盆里沐浴过了,得到了对所有罪孽的宽恕,最好快去自杀[13]。这时他既然已经洗去了所有以前的罪,就应该避免所有以后的罪。倘若靠自愿死去达到这点是对的,为什么不尽最大努力去做呢? 那么,为什么每个受洗了的人还放过自己呢? 既然每个人都有能力那么容易地杀死自己来避免犯罪,为什么每个已经得到解救的人又重新回到这危险的生活中呢? 圣经里说:"铤而走险者必将自毙。"[14]既然人们可以合法地离开人世,那他们为什么还爱(或者不是爱,是承担)这么多危险,留在人世呢? 或者,难道说人心就是那么愚蠢而卑劣,要背离对真理的思考:如果每个人为免被俘、被统治、陷入罪孽都可以杀死自己,他自己却愿意活着,愿意让自己在所有的时日接受充满尘世的各种诱惑,不仅受一个统治者的压制,而且还要遭受别的无数的苦难,因为没有这些就没法在此世生活? 那么,究竟是什么原因,使我们愿意花费那么多时间来劝说,努力让那些受洗的人或是保持完整的童贞,或是守住寡妇的贞操,或是保持着对配偶的忠贞[15]——而我们有更好的、更简单的办法可以把人们从所有犯罪的危险当中解救出来,既然我们可以劝说那些接受了赦免已经远离罪恶的人抓住死亡,让他们更健康更纯洁地前往上帝那里? 如果有谁真的认为应该这么做,或应该劝人这么做,那我就不会说他是傻了,而说他疯了;如果有人对着别人的脸说"杀死你自己,不要把你很小的罪变得更大,因为你生活在风俗败坏的野蛮人的统治下",他一定也会说出这样极端有罪的话:"你的罪过都经过清洗了,杀

---

[13] 《提多书》,3:5。

[14] 《圣经后典·便西拉智训》,3:26。

[15] 参考奥古斯丁,《布道辞》,192:2;223:1。

死你自己吧，不要回去再犯更糟糕的罪，因为你生活在这样一个淫乱肮脏、凶残卑鄙、充满愚昧和敌意的大地上。"因为这样说是不合神法的，杀死自己也是不合神法的。因为如果人们能找到什么为自杀正名的理由，也就没有比这更像正确的了。但是连这都不对，就没有理由了。

28. 凭着上帝的什么裁决，他会允许那些敌人在贞洁者的身体上纵欲犯罪

28.1 虔敬的基督徒姐妹们，如果你们的贞节被敌人玩弄了，你们不应该厌倦了生命。只要你们保持虔敬的良知，不赞同那些被允许在你们身上犯罪的人，你们就可以获得巨大而真实的安慰。但是，也许你们会问，为什么他们被允许犯罪，世界的创造者和主宰者的神意高深难测，"他的判断，何其难测，他的踪迹何其难寻"[116]。还是充满信仰地询问你们的灵魂吧，问自己是否过于夸张自己的正直、自制，或贞节，而膨胀起来，是否对人们的赞扬沾沾自喜，并且忌妒那些获得这些的人。我所不知道的，我不会指责，你问你们的心，虽然它们怎么回答，我听不到。如果它们的回答是肯定的，你们就不要因为失去贞节而大惊小怪（你保有它，只是为了取悦于人），而应该珍视那些不能为一般人所看到的东西。如果你们没有赞同犯罪者，神的恩典就不会离弃你们，神的佑助也会到来；你们不该爱人的光荣，它会继之以人的羞辱。在两种情况下，你们都会得到安慰，心灵虚弱的人啊。你们在上帝那里得到证成，在人间受到鞭挞；在上帝那里得以称义，在人间得到矫正。但是，在被问到时，也会有人的心回答说，她们并没有因为作为处女、寡妇或人妻，保持了贞节这善行而骄傲，而是

---

[116] 《罗马书》，11:33。

"要俯就卑微的人"⑪,面对上帝的赏赐"存战兢而快乐"⑱。她们不会忌妒那些因为神圣和贞节而杰出的同辈,而是把人的赞美看得很轻。能带来赞美的美德越难得,所得到的赞美就越多;她们宁愿得到赞美的人更多,而不是让自己因为跻身少数有德者的行列而得到更多赞美。这些人如果遭到野蛮人的欲望的强迫,也不能抱怨野蛮人被允许犯罪,她们不能因为上帝让她们卷入那种犯了就不能免罚的罪,就认为上帝忽视了她们。邪恶的欲望导致的重罪,当时并不遭到神的审判,要留到末日审判时才昭示善恶。也有可能,那些女子虽然明明知道,自己的心不应该因为贞节的善行而自我膨胀,但她们的肉身还是遭到敌人强力的污辱。那可能是因为她们有潜在的软弱,在城邦遭到敌人的涂炭时,她们如果逃过羞辱,就会膨胀为骄傲。就像有些男人被死亡吞噬,但是邪恶并不能改变他们的理智⑲,安逸同样不会改变女人的节制。那些肉身永远都不会受到卑劣的罪污染的女子,常常为此骄傲;那些未曾被敌人的暴力侵犯的女子,也将为贞节骄傲。在这两种情况下,她们肉身的贞节并未损失,但都该学会谦卑。前者疾病已成,应该治疗了;后者即将成病,需要防治。

　　28.2　对下面这一点我们也不能保持沉默:有承受了罪的人认为,自制之好似乎就在于保持身体的好,只要身体不被别人的淫欲操纵,那么这种美德就可以持久;她们不知道,只有靠神的保佑和强壮的意志,才能保持身体和精神⑳的神圣;这种好,不是那种可以不顾意志

---

⑪　《罗马书》,12:16。

⑱　《诗篇》,2:11。

⑲　《圣经后典·所罗门智训》,4:11:"这样邪恶与虚妄便无法腐蚀他的思想和灵魂了。"

⑳　[译按]奥古斯丁在每本著作中,甚至在这同一本书中,在谈到"灵"(spiritus)的时候,所指是不同的。此处的"灵",就不是第十三卷所说的"灵性",而是"精神"的意思,与"灵魂"和"心灵"含义相近。我们在此就译为"精神"。希望读者注意,"精神"和"灵性"在原文中是同一个词。

而从心灵夺走的好,也许她们可以脱出这个错误了。她们应该认为自
己在依照良知侍奉上帝,并且以坚定的信仰认为,上帝是不可能遗弃
这样侍奉他、这样向他祈祷的人的。她们不应该怀疑,自己的贞节会
多么取悦上帝。她们应该看到,上帝是不会允许他的圣徒身上发生什
么变故,使得他们的神性消退的。而这神性正是他创造的,也是他所
喜爱的。

29. 当不信者非难基督并没有把罗马从敌人的狂暴中解救出来时,基督的家仆该如何回应

　　至高的真正上帝的每个家仆⑫都有自己的安慰,这安慰既不
是虚假的,也不是来自对不确实、不安定的事物的希望。他们对
此世的生活一点也不感到后悔,而是从中学会朝向永恒,他们在
客旅中利用地上的好处,不追逐它们,坏事则用来证成和矫正自
己。而那些攻击他们的正直的人,在基督徒们遇到了暂时的坏事
的时候,则对基督徒们说,"你的神在哪里呢?"⑫那让他们自己
说,在他们受苦的时候,他们的诸神在哪里,而他们之所以服侍他
们的神,或者争辩说诸神应该被服侍时,就是因为诸神能让他们
避免受苦。而基督徒则回答说:我的神无处不在,整个无处不在,
不会限制在任何地方,他能不知不觉地到来,不必挪动就离去;他
把我置身于这对头之中,或是为了检验我的德性,或是为了惩罚
我的罪。我虔敬地忍受这暂时的坏事,他就是对我永恒的奖赏。
但你们是谁,我还要屈尊来和你们谈你们的神,他们可比我的神

---

⑫ 这里的 *familia* 虽然是家庭的意思,但主要指家中的仆人。
⑫ 《诗篇》,41:4。

差多了,我的神"在万神之上当受敬畏,外邦的神都属虚无,惟独主创造诸天"[123]。

30. 那些抱怨基督教时代的人,其实是想享受可耻的奢侈生活

在布匿战争的恐慌中,罗马需要找到一个最好的人搬运福利吉亚(*Phrygia*)的圣像,元老院一致推选了你们的大祭司纳西卡的西庇欧(*Scipio*)[124]。如果他还活着,他肯定也会制止你们这种不明智,但也许你们根本不敢正视他的神情。你们在遭到了对手的袭击时,如果不是因为希望奢侈生活能够稳固,让那无比堕落的习俗不要被什么艰难和困扰所打破,你们为什么要责难基督的时代呢?你们企求和平和各种物品的富足,却不希求能让人以美德有尊严地享用这些物品:节制、清醒、克制、虔诚;你们只想满足数不清的各种愚蠢的欲望;由此而在你们的风俗里面所产生的坏事,比凶残的敌人所带来的坏得多。而你们的那个大祭司西庇欧,被元老院全体当作最好的人[125],他因为害怕这样的灾难,不愿意罗马灭亡她的对手迦太基,所以

---

[123] 《诗篇》,96:4—5。

[124] 这里的西庇欧是普布利乌斯·刻耐流斯·西庇欧·纳西卡(*Publius Cornelius Scipio Nasica*)。当时,罗马处在第二次布匿战争中,遭到汉尼拔的侵扰,于是,罗马人决定从一个城邦福利吉亚来大母神的神像,因为按照人们对西彼拉占卜书的理解,她会安顿罗马、驱走敌人。根据德尔斐的神谕,他们需要选一个最好的人来迎接圣物,于是就选了西庇欧。很多古书记载了此事,如李维《罗马史》,29:4。

[125] 此处奥古斯丁弄错了。反对灭亡迦太基的不是迎接大母神的那个西庇欧,而是他的儿子,于公元前155年任执政官。西庇欧是罗马一个非常显赫的大家族。这个家族本来姓刻耐流斯(*Cornelius*),*Scipio*的意思,是木棍,因为刻耐流斯家族的一个人至孝,搀扶他的父亲时,仿佛把自己当成了木棍,所以就以此为姓。本书中出现了至少五个不同的西庇欧。3:21中还有两个,包括西塞罗《共和篇》中的西庇欧和取名阿非利加努斯的西庇欧,还有2:9,12中的西庇欧。分别见该处的注释。

反对加图所提的灭亡的提议⑱,他担心,安全会成为软弱的心灵的敌人,因为他看到,恐惧是必需的,可以像孩童的师傅那样看护公民。他的观点没有错;事实自身证明他说的是多么正确。迦太基被灭亡以后,罗马共和国的巨大威胁解除了,消失了,她的繁荣中却诞生了接连不断的各种坏事,城邦的和谐先是被野蛮而血腥的暴乱腐化和瓦解了,随后,因为接二连三的坏事,导致了内战,带来了巨大破坏,血流成河,掳掠强暴。可见,罗马人在生活更正直的时候,只须害怕来自敌人的坏事;正直的生活被毁以后,就要承受公民之间的残暴;在人类的各种罪过之中,霸欲在整个罗马民族中尤其强烈,当这种欲望征服了少数当权者后,也会使别的人疲惫涣散,就像把他们囚禁在枷锁中一样。

31. 在罗马人当中,称王的欲望在何种程度上增加了他们的罪过

那无比骄傲的心智中的霸欲何时才会安静?直到随着尊荣的提升,到达了王者的大权。如果野心不那么流行,这种尊荣的提升也就没了作用。如果不是在一群被贪婪与奢侈腐化的民众当中,野心也难以流行。西庇欧极有先见之明地提出警告,不愿意灭亡那最大、最强、最富的敌人的城邦;当时他就警惕物质的富足,因为这会使人民变得贪婪和奢侈。如果不灭亡那个城邦,欲望会被恐惧所压制;欲望得到压制,就不会奢侈;奢侈得到制约,贪欲也不会发展;因为这些罪过遭到了抑制,对城邦有用的德性就会繁荣和增长,与德性相应的自

---

⑱ 普鲁塔克,《希腊罗马名人传》老加图部分。这里所说的加图是老加图,即本书1:23中的加图的祖父,但名字与小加图完全一样。他也是一个节俭而品德高尚的人。

由(*libertas*)也会维持。出于同样的极具先见之明的爱国之情,那时候你们的这个大祭司(人们都说,那时候的元老院里把他选为最好的人,没有一张反对票),就在元老院试图建造一个有座位的舞台的时候,制止了这种倾向和欲望;他还用很严厉的演讲说服了人们,叫人们不要让希腊人的奢侈之风偷窃了祖国的尚武之风,不要让罗马的德性被外邦的堕落所软化和破坏。他的权威很有分量,元老院被他富有远见的言辞所触动,甚至都禁止使用那些低处的临时席位,这些座位本来是准备在拥挤的时候给观看场上表演的公民使用的[127]。他是那么认真,如果他敢于反对那些他以为是神的东西的权威,他也许甚至会把罗马的戏剧表演本身都要从罗马城取消,但那时候他不知道他们是邪恶的鬼怪,或者也许知道,但他认为,取悦他们比谴责他们更好。因为那时最高的教导尚未向这些民族显示。这教导用信仰净化心灵,用谦卑的虔敬改变人类的情感,朝向天堂甚至高天,把他们从那骄傲的鬼怪的统治下解放出来。

32. 戏剧表演的设立

你们那些不知道的,真该知道了;你们那些知道但假装不知道的,还在嘟嘟囔囔地反对那把你们救出这样的鬼怪的统治的拯救者,你们注意:那些舞台表演,那下流的场面和虚荣的放纵,并不是来自人的罪过,而是你们的神命令在罗马设立的。你们如果把给神的尊荣献给那位西庇欧,而不是如此服侍这些神,那还可原谅些。那些神并不比他们的大祭司更好。看吧,注意吧,倘若你们长期以来饱饮谬误的心智还能够允许一点清醒的思考。是为了缓解人们身体上的瘟

---

[127] 李维,《罗马史》48;阿庇安,《诸内战记》,1:28;奥罗修斯,《历史》,4:21.4。

疫，神自己命令展示这些戏剧表演[128]；而大祭司是为了警惕心灵的瘟疫而禁止设立表演的。如果你们心智里还有些光，认为心灵高于身体，那你们选择服侍谁呢！戏剧并没有平息身体的疾病，因为一个本来好战而坚强的民族在被竞技场中的戏剧吸引之后，产生了对戏剧表演的疯狂喜爱；而是那些邪恶的精灵早已狡猾地预见到瘟疫即将结束，于是费心利用这个机会，让人们沾染了另外一种远为严重的疾病，不是在身体上，而是在道德上。他们用黑暗遮蔽了那么多可怜的人的心灵，用那么丑陋的变形来欺侮他们。就是因为这个，一些在罗马城涂炭之后逃到了迦太基的人，他们受这瘟疫的影响如此根深蒂固，甚至于也在那里每天待在舞台前，疯狂地竞相追逐演员。如果后代的人听到我这话，他们也许都无法相信。

33. 罗马人的罪过，就是祖国的毁灭也不能纠正

蒙昧（*amente*）的心智（*mente*）[129]啊！如此的错误（不，如此的疯狂）究竟是什么？我们听说[130]，东方的民族和天涯海角的大城也在为你们的毁灭举行公众的哀悼悲戚，但是，你们自己还在流连剧场，走进其中，充斥其中，做出比以前所做的糊涂得多的事情。西庇欧反对在剧场加椅子的时候，所惧怕的正是你们的心灵的这种堕落与疾患，正是正直与尊严的这种消亡。他看到，繁荣能很容易地腐化和毁灭你们，所以不希望你们太安全，而要面对敌人的威胁。他认为，一个国家若城墙挺立，但道德隳堕，并不幸福。但是你们却更看重不虔敬

---

[128] 李维，《罗马史》，7：2.1—3。

[129] ［译按］奥古斯丁在玩语言游戏。这里的 *amente* 是对"心智"（*mente*）的否定，但我没有找到恰当的中文词来表达这一关系。

[130] 哲罗姆，《书信》，136：2；127：12。

的鬼怪的诱惑,而不看重有明智之人的警告。因此,你们自己所做的坏事,你们不愿意归罪自己,但是你们所承受的坏事,你们又归罪于基督的时代。你们追求安全不是为了共和的和平,而是为了追求奢侈又不带来惩罚。你们已经丢掉了物质的繁荣,却又不能被外患纠正。所以那位西庇欧希望你们害怕敌人,从而不再耽于奢侈;而今你们即使遭到敌人的袭击也不节制奢侈,你们失去了忧患的用处,你们的所作所为真是可怜之至,让你们停留在最坏的状态中。

34. 上帝用毁灭来考验罗马城,他的仁慈何在

但你们之所以还活着,全有赖上帝,他令你们得到赦免,让你们通过忏悔纠正自己;他甚至向你们这些不知感恩的人显现,使得你们或是在他的仆人的名字之下,或是在纪念他的殉道者的圣地,逃脱了敌手。据说,罗慕洛和雷姆斯建立了一个避难所,无论谁跑到那里,都被赦免所有过犯。他们这样做是为了增加他们创建的城的人口。这是个神奇的先例,正预示了基督的尊荣。罗马城的建立者当年建立了避难所,她的毁坏者也建立了一个避难所。现在这个的建立,是为了拯救数目众多的敌人;当初那个的创立,却不过是为了增加她的公民的数目,这又算什么伟大?

35. 教会之子藏在不敬者当中,虚伪者躲在基督教会里

主基督的家仆中那得救赎的人们,万王之王基督的羁旅之城,就用这个或诸如此类的别的(如果还能找到更丰富、更恰当的)答案,来回答他们的敌人吧。她要清醒地记住,在敌人当中潜藏着上帝之城的未来公民,不要让她以为,在他们走向忏悔之前,承担他们的敌意

是毫无意义的。而同样，只要上帝之城还在尘世中做客旅，即使和上帝之城在一起的人中，也有一些，虽然通过圣事和上帝之城联在一起，但是将来不会和她一起，享受圣徒才会享有的那种永恒幸福。他们一部分是潜藏的；一部分是公开的，甚至和自己的敌人一同来反对上帝，虽然参与了上帝之城的圣事，却毫不犹疑地嘟囔着抱怨，那边和敌人们一起挤满了剧场，这边又和我们一同挤满了教堂。但是，我们完全不必因此而对改正他们过于绝望，毕竟，在那些最明显的反对者中还潜藏着一些人注定是我们的朋友，甚至他们自己都不知道。于是，两个城在这个时代交织在一起，相互混杂，直到最后的审判才会分开；现在，在上帝的帮助下，为了上帝之城的光荣，我就要按照我认为合适的方式，讲两个城的起源⑩、发展⑫，以及应有的结局⑬。在与另外一个城相对比的时候，上帝之城的光荣能够更清晰地显现出来。

36. 随后的论述中所要讲的问题

他们把罗马共和的灾难归给我们的宗教，因为他们被禁止祭祀自己的神。我还要继续反驳这些人。早在对诸神的祭祀被禁止之前，就有过坏事；我们应该提到可能想起的最大和最多的坏事，或是看来足够说明问题的坏事，无论是发生在罗马城的，还是发生在帝国所属的行省的。如果那个时候我们的宗教已经照耀在他们头上，或者已经禁止他们进行渎神的祭祀，他们无疑会把所有这些坏事归给我们。接下来我们还要指出他们的道德风俗是什么，以及真正的上帝（万国都在他的权力之下）为什么会认为应该帮助提升他们的帝

---

⑩　参见卷十一——卷十四。

⑫　参见卷十五——卷十八。

⑬　参见卷十九——卷二十二。

国。而他们所认为是神的那些东西，根本不会帮助他们这些事，反而用欺骗和错误来伤害他们。最后，我还要反驳另外一些人，他们虽然被最明显的证据驳倒和说服了，还是试图说明，服侍诸神不是为了对此生有用，而是对死后的生活有用。如果我没有错，这个问题会更加费神，更值得精细地辩难。这里我针对的并不是随便哪个哲学家，而是他们中最优秀、光荣和明白的，他们和我们有很多相同的观点，比如一样认为灵魂不朽，认为真正的上帝创造了世界，他是靠他的神意来统治这个他所创造的宇宙的。即使这些人，在他们和我们认识抵触的地方，还是应该反驳。我们无法回避这个任务，必须尽力使用上帝所赐予的力量，来反驳那些不虔敬的反对意见，讲出上帝之城、真正的虔敬，和对神的服侍。只有在上帝之中才应许了唯一的、真正的、永恒的幸福。我们就这样结束本卷，下面我就从新的开端来讨论这些问题。

上帝之城卷二

[本卷提要]卷二至卷五是通过对罗马的历史考察,来反驳对手对基督教的指责。在卷二,奥古斯丁主要指出,在服侍异教诸神的时代,罗马同样遭受了很多灾难。最重要的是,罗马的宗教不仅没有提升灵魂,反而导致了道德的堕落。对宗教的这一看法,直接继承了柏拉图以来对诗歌和宗教的保留态度。但古典思想家"神道设教"的审慎态度是基于一种辩证法的考量,其反对是相对的。而奥古斯丁在把这一看法基督教化之后,就彻底否定了古典宗教对道德的提升。这里对宗教、道德、政治的理解,在根本上与古典思想是不同的。正是在这样一个语境下,我们可以看本卷二十章以下对政治问题的讨论。这一讨论与卷十九相互呼应,是本书中不多的讨论真正政治问题的段落①

---

① [PL 本提要]在这一卷的论辩里,作者指出了罗马在基督之前遭受的坏事,而那时候,对伪神的服侍还很强大。由此证明,由于对这些伪神的关照并没有使他们得到解救,他们反而遭受了道德的败坏和心灵的罪过,如果这不是唯一的,也应是最大的坏事。

1. 必须把论辩规定在什么限度之内

人的感觉软弱,习惯于抗拒真理最明显的理性,但如果他们不这样,而是诉诸拯救性的教诲,以这种良药来克服他们的衰颓,直到借助神佑,信仰和虔敬介入,治好他,那就并不需要冗长的宣教,来指出他们那空洞意见的每个错误,只要那些感觉正确的人用足够恰当的言辞解释就可以了。但现在,愚蠢的心灵所患的疾病更严重、更有害了。我们在那么充分地诉诸理性,竭尽一个人劝说另一个人的所能之后,他们还是坚持自己非理性的幻象,或是因为过于盲目,看不到最明显的事,或是因为顽固不化,对看到的事情也不承认,把他们那些东西当理性和真理来捍卫。因此我有必要更冗长地讲述很多已经清楚的事情,好像要把这些真理不仅举到他们视线前面,而且拿到这些闭着眼睛的人的触觉前。如果我们应该回应对我们的所有回应,我们的讨论什么时候终结,我们宣讲的限度到底在哪里呢? 有人或是因为不能理解我们所说的,或是心智强硬抗拒,即使理解了也不遵从。他们回应了,就像圣经里写的那样,他们絮絮叨叨,说傲慢的话[2],不知疲倦地讲空话。如果我们要反驳所有该反对的话,只要他们厚着脸皮,硬是不理我们所说的内容,我们就要反驳他们所有用来对抗我们的话,那你会看到无休无止、连篇累牍,而又徒劳无功的说教。我的孩子马凯利努斯,我在基督的爱之中自由地完成这项工作,就是为了对你和别的基督徒有用;但我甚至不想让你们来这样评判我的作品:只要在阅读中发现了一些地方,和听到的相矛盾,就总是渴望得到回应。不要像使徒所说的那些愚蠢的女人那样:

---

② 《诗篇》,94:4。

"常常学习，终久不能明白真道。"③

2. 第一卷里已经讲过的内容

在前面一卷书中，我们确定要讨论上帝之城的问题，并且借助上帝的帮助，着手这项宏大的工作，那时我首先想到要回应一些人，他们把最近蹂躏了尘世的战争，特别是罗马城新近遭到的野蛮人的涂炭，归罪于基督宗教，因为这宗教禁止他们向鬼怪献上污秽的祭品。然而，他们更应该归于基督教的，是因为基督的名，发生了与战争的惯例和习俗相反的事情：野蛮人提供了巨大的宗教场所，让人们逃到那里，获得自由；于是，野蛮人如此荣耀了基督，不仅放过基督的真正的家仆，甚至还饶恕了出于恐惧假装荣耀他的人。本来依照战争法可以做的，现在却宣布是非法的了。于是就产生了一个问题，为什么神的赐予会交给这样不敬和忘恩负义的人？为什么争斗带来的那种艰难，会同时折磨虔敬者与不虔敬者？这个问题包括几个方面，日常生活中的所有事，无论神的降福还是人的灾难，总是混杂地、没有分别地降到好的和坏的活人身上，这个问题会困扰着很多人，要完成这部著作，我有必要打消人们的问题。而我颇花了一些篇幅，主要安慰那些虔敬而贞洁的圣女子，她们遭到一些敌人的蹂躏，被抛入痛苦的羞愤之中，虽然她们未被夺走坚韧的贞节。她们没有什么罪过可自责的，她们也不应该惩罚自己的生命。然后我简单谈到了那些在这些事情上攻击基督徒的人，他们特别是攻击那些虽然蒙羞受辱，但仍保持贞洁和神圣的女子。他们放肆而无比鲁莽地煽动基督徒，他们充满罪过、毫不尊重，比起真正的罗马人来大大堕落了。编年史著作

③《提摩太后书》，3：7。

中充满了对罗马人的辉煌成就的赞美和推崇,而今他们的后人却成为他们的光荣的最激烈的对手。古人如此苦心戮力建立和发展的罗马,在矗立之时,比被毁灭之后,更加败坏;在毁灭之后,掉下的是瓦砾和木头,而在矗立之时,这些生命所弃守的不是城墙,而是道德的堡垒和工事。他们心中的贪欲比现在覆盖了全城房屋的熊熊大火还要致命。谈到这里的时候我结束了第一卷书。然后我就要讲到建城以来罗马城所遭受的灾难,无论是罗马城中的,还是在她所征服的各省中的;如果那个时候,福音教化反对他们的虚假骗人诸神,就已经像现在这样无比自由地得到传扬,他们会把这些全归罪给基督教。

3. 我们要参考历史,看在基督教兴起之前,当罗马人还服侍诸神的时候,有什么坏事发生在了罗马人当中

但请记住,在我回忆这些问题的时候,我还是要对无知的人说话,就是因为这些人的无知,所以有这样的俗语:"少雨,要归罪于基督徒。"④他们当中当然有一些好学之士,热爱历史,容易理解我说的那些,但是为了在那些没学问的大众当中制造最大的敌意,他们假装不知道。他们还极力强化百姓的这一观念,本来在各个地方、各个时间都常常爆发在人类身上的灾难,他们却归罪于基督教之名,因为基督教名声巨大、辉煌发展,已风行各地,冲击了他们的神。让他们和我们共同回忆,在基督在肉身中来临之前,在他们所徒劳中伤的基督光荣的名字为人所知之前,罗马的政事(res Romanae)已经遭受了多少和多么不同的灾难。如果他们能够,让他们就此辩护他们的

---

④ 又见于奥古斯丁,《〈诗篇〉解》,80:1;德尔图良,《护教篇》,40,涂世华译本,香港:道风书社,1999。

神，说如果他们能够得到服侍，诸神的服侍者就会不遭受这些坏事；如果现在遭受这些，他们就会竭力归在我们身上。而我们要讲的这些神，在基督的名字得到传扬和他们的祭祀被废止之前，为什么会允许这些在他们的服侍者身上发生？

4. 诸神的服侍者从来没有从他们的神那里得到正当的诫命，他们的仪式中宣扬的都是下流的事

首先，为什么他们的神不愿意照管他们，却使他们堕入了如此糟糕的道德呢？真正的上帝是应该抛弃那些并不服侍他的人的；但是，他们自己的神，就是那些极为忘恩负义的人们抱怨被禁止服侍的神，为什么没有颁给他们法律，让他们活得好呢？当然，他们是以什么圣礼（*sacra*）被崇奉的，他们也应该照管什么样的事情。但人们会回答，凡是坏事，都是出于自己的意志。谁会否定这一点呢？但作为人的守护神，他们确实不应该把好的生活的诫命隐藏起来，不给服侍他们的人，而应该清楚地昭示出来，通过先知把犯罪者聚集起来，明确用惩罚警告作恶者，用奖赏鼓励正直生活者。在他们的神的庙宇里面何曾发出这样明确响亮的声音？当我年轻的时候，我曾经常常前去看那渎神的场面和表演；我看到了那疯狂的祭司，听到了他们的音乐。那最卑劣的表演，本来是展示给男女神灵的，我们却借此取乐。诸神包括处女神凯勒斯提斯（*Caelestis*）和众神之母伯希西亚（*Berecynthia*）⑤，在

⑤ 参见奥维德，《宴饮》，4：355；维吉尔，《埃涅阿斯纪》，6：784；9：82；阿卜莱乌斯，《变形记》，6：4；11，5；德尔图良，《护教篇》，24；奥古斯丁，《〈诗篇〉注》，62：7；98：14；《布道辞》，105：9。*Caelestis*，拉丁文意为天堂，但不知与此女神有何关系。这是来自迦太基的一位女神，还有说法说这位女神后来被等同于或吸纳进了众神之母希波尔（*Cybele*）的形像。而 *Berecynthia* 一般被认为就是希波尔。如果认为 *Caelesti* 就是希波尔，那么这里所讲的实际上就是一个女神。此处存疑。

这位伯希西亚沐浴之前,这么庄重的净化节日的仪式中,无比污秽的演员当众唱歌,我且不说众神之母,就是随便哪个元老的母亲,或随便一个正直人的母亲,都不该听,甚至演员自己都不会让自己的母亲听这样的歌。人们对父母的尊重,使任何人也不会献上这种污秽的歌。因此,这样猥亵的表演和场面,演员们都羞于在家中,在自己的母亲面前排练,却要当众表演给众神的母亲,每次都吸引来大量的男女人众频频观看和倾听。那些观众从四面八方带着好奇心被诱惑而来,他们会因为贞洁受到冒犯而感到脸红。如果这也是圣礼(sacra),还有什么是渎神的? 如果这也算净化,那还有什么算玷污? 这就是他们庆典的宴会中所谓的一餐(fercula)⑦,在庆典中饮宴,让那些肮脏的鬼怪来享用。如果他们会欣赏这样的肮脏东西,谁不能感到他们是怎样的精灵啊? 除非此人不知道,还有肮脏的精灵会以神的名字进行欺骗,或者他就生活在这当中,欣赏和敬畏这些鬼怪而非真的上帝的愤怒。

5. 诸神之母的服侍者给她的淫秽荣耀

我根本不愿意提到那乐于这低俗的、充满罪愆的风俗的人,而更想谈到那努力限制这种风俗的人,就是那位被元老院选为最好的人的纳西卡的西庇欧,那位亲手捧着鬼怪的像,进入罗马城的西庇欧⑧。让他对我们说,他是否愿让他的母亲从共和接受这最好的奖赏,从而得到神圣的荣耀;在希腊、罗马和别的民族中,人们认为,必朽的人如果做了巨大的好事,他们就被当成不朽的,就可以把他们接纳到众神

---

⑦ ［译按］Fercula,是一种托盘,在祭祀仪式中托着神的形像。另外,也指食物的托盘或一道菜。
⑧ 李维,《罗马史》,29:14.5—14。

的行列⑨。如果能够，他定会为自己的母亲选择最大的幸福。但我们随后要进一步追问，他是否要在母亲的光荣中加上这下流的庆典：他难道不会立即大叫，宁可让自己的母亲死去变得毫无感觉，也不愿让她女神般活着，高兴地听那些赞美？他在当罗马元老时，心智清醒，禁止在满是强壮男子的罗马城里建造竞技场，他怎么会让他的母亲这样被服侍，就像那女神一样得到那种圣礼的奉承？这种语言对任何一个妇人都是一种侮辱。他也不可能相信，贵妇的矜持，在她变成神之后就会变成相反的，让她的服侍者用那么肮脏的语言来赞美她。而她在生而为人的时候，如果听到这些话而不把耳朵堵起来，转身离开，她的邻居、丈夫和儿子都会为她脸红。即使最坏的人，有一个这样的母亲都会感到羞耻，而她却母仪诸神，为了控制罗马人的心智，要寻求他们当中最好的人，不是要训诫他和帮助他，而是以谎言来欺骗他，圣经里就是这样来说她的："淫妇猎取人宝贵的生命。"⑩她这样做是要靠假装神的见证，来吹捧此人心灵的伟大，使他认为自己是最好的，从而不再追求真正的虔敬与宗教。没有了这些，他的值得赞美的天性就会在骄傲中蜕化和堕落。因此，那个女神在自己的圣礼上要求的，是最好的人在自己的家宴中都不愿有的，如果不是用心险恶，这个女神追逐最好的人还会有别的什么目的呢？

6. 异教诸神从不确立好的生活的教导

因此，对于那些服侍他们的城邦和人民，这些神灵根本不关心他们的生活与道德，而是允许可怕的、令人发指的坏事充满他们，而不

---

⑨ 西塞罗，《论神性》，2：24。
⑩ 《箴言》，6：26。

用吓人的禁令阻止他们，允许变得最坏。那坏事不影响他们的土地和葡萄园，不影响他们的房屋和财富，也不影响那服从心智的身体，而是直接进入心智，就是节制肉身的心灵。如果有什么禁令的话，让它展示出来，让它表现出来。别让他们指给我们那种不知所云的秘传，缠绕在极少数人的耳边，就是那些接受了宗教秘密仪式的人的耳边，从中可以学到生活的正直和贞节；而要展示或解释给我，那些献给神的聚会的地方，而不是那些表演、淫词艳曲、演员的胡闹，不是人们可以恣意下流的"国王出逃"（*Fugalia*）⑪的庆典（真的是出逃，逃走的却是廉耻与真诚）；而是在聚会中大众都听到众神禁止贪婪，打击野心，约束奢侈，也就是能学到波西乌斯（*Persius*）⑫斥责可怜的人们的诗行。他说："可怜的人们，学吧，认识到事物的原因，我们何以存在，我们出生是为了什么，我们被给予了什么秩序，我们怎样能够成功，而不翻船；我们的财富应有怎样的限制，财产有何用途，我们应该向国家和邻人献出多少，神命令你成为什么，他命令你在人中占有什么位置。"⑬让他们告诉我们，在什么地方他们的神有这样的教诲总是在传诵，服侍他们的人们经常听到；而我们可以说，凡是基督教传播到的地方，教会就是为此而建的。

7. 没有神的权威，哲学发现就是无用的；总趋向于罪过的人，更多会受神的所作所为的影响，而不受人的论辩影响

也许他们会提醒我们哲学家的流派和论辩？首先，那些是希腊

---

⑪ 又称 *Regifugium*，每年 2 月 24 日罗马人举行的节日，为的是庆祝塔昆被赶出罗马和共和国的建立。

⑫ 奥鲁斯·波西乌斯·福拉库斯（*Aulus Persius Flaccus*，34—62），罗马讽刺诗人和斯多亚派哲学家。据说他写作写得很艰难，因此作品不多。流传下来六首不长的讽刺诗。

⑬ 波西乌斯，《讽刺诗》，3：66—72。

的，不是罗马的；即使说这些后来算作罗马的，因为希腊变成了罗马的一个省，但它们并不是神的诫命，而是人的发现。哲学家们凭借自己所秉有的最敏锐的天性推理追问事物的自然中潜藏了什么，道德中应该追求什么、应该规避什么，在逻辑规则的演绎中，什么是相互关联的，什么不能推出甚至是相矛盾的⑭。在神的帮助下，他们有大量的发现。但是当他们自己的人性支配的时候，特别是在神意正确地拒斥他们的骄傲的时候，他们就犯了很大的错误。于是，恰恰是与他们的对比表明，只有通过谦卑，虔敬之路才能升到最高处；按照主——真正的上帝——的意志，我们以后还要谈到和讨论这个问题⑮。实际上，如果哲学家真的能发现一些足以引向美好和幸福生活的内容，给予他们这样的神圣光荣，难道不是更正义的吗？在柏拉图的殿堂中读他们的书，比起迦利们在鬼怪的殿堂中阉割自己⑯，弱小者被献祭，愚人自我鞭挞，或者残忍或者下流，或者下流而残忍，或者残忍而下流地向那些所谓的神以圣礼祭祀，当然更好更真诚。让那些青年当众听到诸神的正直之法，比起虚妄地赞美祖先的法律与制度，不是一种更充分得多的教育吗？所有这些神的服侍者，那些更渴望朱庇特的事迹，而非柏拉图的教诲和加图的批评的人，很快他们的欲望会推动他们，就像波西乌斯所说的，被"燃烧着的欲望毒药"沾染⑰。在特伦斯（*Terentius*）⑱的诗篇中，有一个堕落的年轻

---

⑭ 这里分别指三种哲学：自然哲学、道德哲学、逻辑学。参见本书 8:4。

⑮ 见卷八。

⑯ 迦利（*Galli*），希波尔女神的疯狂的祭司们，据说为模仿希波尔的儿子/情人阿提斯而阉割自己。迦利的名字来自河名迦卢（*Gallus*），据说饮这条河里的水人会发狂。*Galli* 一词也是"高卢的"（*Gallus*）的复数形式，因此吴宗文先生把它译为"高卢僧"，当为误译。

⑰ 波西乌斯，《讽刺诗》，3:37。

⑱ 普布利乌斯·特伦斯·阿佛（*Publius Terentius Afer*，约公元前 185—公元前 160），生于北非的喜剧诗人。他来到罗马时是个奴隶，被小西庇欧·阿非利加努斯释放。他所写的六部喜剧，全改编自希腊喜剧。

人看到这样一幅壁画:"那里有一幅画,画的是朱庇特,下了一阵黄金的雨,落到达那厄膝头。"[19]那个青年在这里看到了对他的下流行径如此权威的支持,于是说他所做的就是模仿神。"那神,"他说,"从最高的天上用惊雷震撼了神殿。我这个小小的人,为什么不能这么做呢?我真的做了,而且充满快乐。"[20]

8. 在戏剧表演中,诸神不会因为其中描述了他们自己的下流而被冒犯,反而会高兴

也许这没有如实传达诸神的圣礼,而是诗人们的编造。我并不想谈神话是否比表演更加下流;我就说这一点——否定这点的人,历史会说服他们:在这些表演中,诗人创造的形象占支配地位,这并不是罗马人在他们的诸神圣礼中因为无经验的奉承而虚构的,而是那些神自己确定了这些,来堂而皇之地宣扬他们的光荣,是通过严格的命令甚至索取而完成的;我在第一卷里简要谈到了这一点。就是人们在被瘟疫弄得不胜其烦的时候,罗马的大祭司首先确立了这些戏剧表演[21]。这样,谁不更愿意跟从因为神的权威而在表演当中确立的范例,而不是仅仅写在法律中,由人的意见制定的规范,来度过一生呢?如果诗人把朱庇特描写成好色的是错的,那么贞洁的神就应该对这种违背神法的表演发怒和报复,而不是因为他们忽视了表演而发怒和报复。这些戏剧中最可以忍受的,是喜剧和悲剧。这些也是把诗人虚构的故事拿来表演,其中虽然有很多下流的事,但毕竟不像另外很多那样,直接用污言秽语写成;而长辈们把孩子们集合起来,

---

[19] 特伦斯,《阉人》(*Eunuch*),584—585。

[20] 特伦斯,《阉人》,590—591;见《忏悔录》,1:16.26。

[21] 见本书1:32。

让他们朗读和说出这些，还把这称作尊荣和自由的教育。

9. 希腊人根据他们的诸神的判断，给了诗歌很大的自由；古罗马人如何看待这一点

　　古罗马人如何看待这一点，西塞罗[22]有所见证，在他所著的《共和篇》[23]中，一个对话者西庇欧[23]说："除非当时生活的风俗已经允许这些，否则喜剧中那些猥亵的东西在戏剧中无法得到认可。"[24]更早的时候，希腊人的意见中虽然充满罪过，却有一种一贯性，甚至法律也允许，即喜剧中想说谁就说谁，还可以指名道姓。于是，在同一部书里，阿非利加努斯（Africanus）又讲道："它没有提到谁呢？或者它没有烦扰谁呢？它饶过了哪个？如果它伤害的只是在民间作乱、危害共和的人，比如克莱翁（Cleon）、克莱欧丰（Cleophon）、希波伯鲁（Hyperbolus）[25]，那我们可以原谅它，"他继续说，"虽然让监察官处理这种公民，还要胜过诗人处理。而伯利克里（Pericles）[26]，他在那么

㉒　马可·图利乌斯·西塞罗（Marcus Tullius Cicero，公元前106—公元前43），罗马演说家、政治家、哲学家，公元前61年任执政官。公元前43年，在屋大维默许下，被安东尼派人刺杀。

㉓　即小西庇欧·阿非利加努斯，是奥古斯丁提及的若干西庇欧中的一个。详见3:21及注释。

㉔　西塞罗，《共和篇》，4:10—11。

㉕　克莱翁、克莱欧丰、希波伯鲁都是伯罗奔尼撒战争时期雅典很具煽动力的政客。克莱翁死于公元前422年；克莱欧丰在公元前410年的库齐库兹（Cyzicus）战役后，帮助恢复雅典的民主制，于公元前404年遭到寡头政体的审判，被处死；希波伯鲁于公元前411年被暗杀。三个人的事迹，可参考修昔底德《伯罗奔尼撒战争史》第四卷、普鲁塔克《希腊罗马名人传》、西塞罗《致布鲁图斯》。三人均遭到过阿里斯托芬的讽刺。

㉖　伯利克里（公元前500—公元前429），雅典著名的将军、政治家、演说家，从公元前460年就执掌雅典政事，直到去世。他力图创建一种民主政治，在国家和公民间形成平衡。阿里斯托芬等喜剧作家讽刺过他。

多年里是统治城邦内政与战争事务的最高权威㉗，却也遭到了言辞的攻击。他在舞台上受攻击太不合适了，就如同我们罗马的普劳图斯（*Plautus*）或者耐维乌斯（*Naevius*）谩骂普布利乌斯·西庇欧（*Publius Scipio*），耐乌斯·西庇欧（*Gnaeus Scipio*）㉘，或是凯西利乌斯（*Caecilius*）谩骂马可·加图㉙。"稍后又说："在我们的十二铜表法中只针对极少的犯罪施行死刑，但是在这样的罪犯中，包括任何通过作诗或写歌讽刺别人、中伤和侮辱人的。太妙了。我们应该以大法官在诠释法律时得出的判决来引导生活，而不该把生活交给诗人的天才。我们也不能听任侮辱，而没有法律允许我们回应，在法官面前捍卫自己。"㉚这逐字逐句引自西塞罗的《共和篇》第四卷，我只删改了几个字，以便更好理解。这一段显然和我试图尽力讨论的问题大大相关。西庇欧在讨论了另外几点后，如此结束了这个段落：他表明，古罗马人不让活着的人在舞台上被赞美或批评。但是，正如我说的，希腊人在这点上更加无耻，更一贯地允许这些。他们看到他们的神可以接受，并且高兴地同意他们在戏剧的故事中不仅中伤人，甚至亵渎诸神自己。不论这是诗人们自己的虚构，还是在回顾和表演诸神的那些真正的无耻行径，难道他们认为那些神的服侍者当中只会响起笑声，而不会率尔模仿？如果他们如此骄傲，连神的名声都不想放过，当然不会放过城邦领袖和公民的名声了。

_____

㉗ 伯利克里在很多年里掌握雅典政权，此事见普鲁塔克《希腊罗马名人传》、修昔底德《伯罗奔尼撒战争史》卷二、西塞罗《论演说》卷三，以及《致布鲁图斯》等处。

㉘ ［译按］此处的耐乌斯·西庇欧，可能是指公元前222年当执政官的西庇欧，他是小西庇欧·阿非利加努斯（即此处说话的人）的叔叔。而此处的普布利乌斯·西庇欧不知指哪个，因为名为普布利乌斯的西庇欧很多。

㉙ 普劳图斯和卡西利乌斯都是罗马喜剧诗人，作品很多，但流传下来的都很少。此处的加图当为老加图。

㉚ 西塞罗，《共和篇》，4；10.11—12。

10. 不论他们的罪行是真是假，鬼怪们是用什么害人的方式让人知道这些罪的

有人会提出这样的辩护：那些针对神所说的不是真的，是假的，编造出来的。但是如果你根据我们的宗教来判断虔敬的话，这只会变得更糟：如果你来想象鬼怪的伎俩，还能有什么更高明和更粗鲁的办法来行骗呢？如果说连善良而有功的祖国领袖都难免这种诬蔑，那它离真理越遥远，与生活越脱节，不是越令人厌恶吗？他们以如此无耻的行为中伤了神，那么又该得到怎样的惩罚来赎罪呢？而他们所认为是神的，该是多么恶毒的精灵啊！他们根本不在乎人们把他们没有做的丑事抛到自己头上，于是把那样的意见之网套在人们的心智上，拉着人们一起走向那既定的惩罚。要么那些事情是人们做的，那些喜欢人们的错误的人，把这样的人当作了神，鬼怪正是用几千种毁坏和欺骗的方式，来使别人服侍自己[31]；要么，那些其实不是人的真正罪过，但是那些最具欺骗性的精灵很愿意把这些归给神，从而好像上天给了地上足够的权威支持这罪孽和下流。因此，如果希腊人觉得他们自己就是这样的神的奴仆，他们就会认为，诗人完全不必放过自己，而可以用同样的频率和程度骂他们。他们这么想，要么是因为他们想在这方面模仿诸神，要么是害怕，如果他们要求自己有比诸神更尊荣的名声，就超过了诸神，那就会激怒诸神。

---

[31] 维吉尔，《埃涅阿斯纪》，7：338。

11. 希腊人接受演员来治理国家事务，因为能取悦于神的是不该被人排斥的

也由于这种一贯性，希腊人认为那些表演了这种故事的演员应该接受城邦不小的尊荣。前引的那部《共和篇》里提到了埃斯基涅斯（Aeschines）[32]，一个雄辩的雅典人，他在年轻的时候表演悲剧，后来参与了国家政治。而阿里斯托得谟（Aristodemus）[33]也是一个悲剧演员，雅典人多次把他当作使臣，派往菲利普[34]那儿处理和平与战争事务[35]。由于希腊人看到这种表演技艺和戏剧得到了他们的神的接受，他们认为不应该给表演它们的演员低微职务，把他们当作下贱看待。这种做法虽然不体面，却完全符合他们的神的特点。他们看到，既然他们的神都自愿地，甚至愉快地让自己的生活遭到诋毁，当诗人和演员们信口雌黄地糟践公民们的生活时，他们当然不敢反对；至于那些在舞台上表演这些故事的演员们，人们认为他们取悦于神，而自己是这些神的臣民，于是就不仅不敢在城邦中小看他们，甚至还要给他们巨大的尊荣了。如果他们鄙视演员，他们能找到什么理由来给那些祭司尊荣，那些代表他们向神奉献牺牲的人们？他们毕竟是通过那些演员，来展示神所要求的快乐和尊荣的，如果他们做不到这些，神就会震怒。特别是拉贝奥（Labeo），一个在这方面经验丰富

[32] 埃斯基涅斯（约公元前397—公元前322），雅典演说家和政治家，主张与马其顿的菲利普媾和，被政敌称为三流的演说家。

[33] 阿里斯托得谟，先为演员，后为政治家，于公元前347年作为十个使者之一，被派往菲利普处讲和。

[34] 马其顿的菲利普二世（约公元前382—公元前336），亚历山大大帝之父。他建立了一支强大的军队，侵入希腊中部，于公元前336年遇刺身亡。他的军事和政治才能都很优秀，但被儿子的功业所掩盖。

[35] 西塞罗，《共和篇》，4；11.13。

的人㊱,区分了对好的神和坏的神的服侍方式,认为应该用杀戮和悲哀的仪式来攘除坏神,用欢快和愉悦的典礼崇奉那些好神,比如,用他自己的话说,表演、庆典,或宴会。在上帝保佑下,我们后面还会更细地谈这个问题㊲。就现在的主题而言,究竟他们祭祀的全都是好神(虽然这里不该有所谓的好坏神,因为他们都是肮脏的精灵,异教的神全是坏的),还是像拉贝奥看的那样,作出区分,对一些神作这样的献祭,向另外一些作别的献祭,希腊人都应该把尊荣完全献给他们的祭司(因为他们祭献了牺牲)和那些演员(因为他们作了表演)。否则,如果所有的神都喜欢他们的表演,或是只有那些他们认为好的神(这更糟糕)热爱这表演,那就犯下了冒犯神的罪了。

12. 罗马人允许诗人对神自由做的,不准诗人对人做。 他们对人比对自己的神更好

　　而罗马人,西庇欧在《共和篇》的讨论中赞美说,不愿意自己的生活和名声遭到诗人们的诬蔑与中伤,甚至谁胆敢创作这样的诗歌就要处以极刑。就他们自己而言,这是足够体面的,但是就他们的神而言,却是骄傲而不违背宗教的。他们知道神不仅耐心地接受了,甚至还自愿地被诗人们说的那些羞辱和邪恶中伤;但他们却不愿遭受这类糟糕的中伤,甚至还为此制定法律,虽然他们还是采取了那些祭神仪典。那么,西庇欧,你赞扬罗马人拒绝给诗人那些自由,不让他们诬蔑罗马人民,你没有看到他们不会放过你们那些神吗? 难道在你

㊱ 古罗马共有三个拉贝奥,其中最博学的是安提斯提乌斯·拉贝奥(Antistius Labeo),生活在奥古斯都时代。他并不擅长法学,但精通古典学问。奥古斯丁所指的,应该是他。见奥鲁斯·盖留斯,《阿提卡之夜》,1:12;13:10,12。

㊲ 见本书 2:29.2;3:17。

看来,你们的元老院议事厅比布满神庙的卡匹托利山(Capitolinus)还要重要吗? 难道你认为一个罗马超过了整个天堂,法律竟能禁止那些诗人针对你们的公民恶语相加,却没有元老、执政官、元首和大祭司来禁止他们侮蔑神吗? 显然,普劳图斯或者耐维乌斯用恶言诬蔑西庇欧兄弟,或凯西利乌斯对加图的侮蔑都被认为不敬了,但是特伦斯却可以用朱庇特诱惑你们的青年,而那正是你们最好和最高的神。

13. 罗马人应该理解, 他们那些希望自己被下流表演服侍的神, 不配享受神圣的荣耀

但是,如果西庇欧活着,也许他会回答我:"既然是神自己想要那样的圣礼,我们怎能不让那些演员免于处罚? 那些演员之所以这样庆祝、讲述和表演,是因为诸神把这些戏剧表演引入了罗马的道德,并且以自己的尊荣,命令他们讲述和展示。"这不是更能清楚地让人理解,他们并不是真正的神,他们也不应该接受共和所给的神圣的尊荣? 如果他们想要编排戏剧来嘲讽罗马人,人们根本就不会认为该服侍他们,也根本不应该服侍。我要问,如果这些神那么渴望欺骗我们,甚至要求人们用他们的罪来庆祝他们的光荣,他们怎么会被认为值得服侍,怎么会不被当作是该诅咒的精灵? 于是,罗马人遭到如此恶毒的迷信的驱使,甚至把他们当神服侍,那些愿意人们用下流的表演来祭祀自己的神。但罗马人还是记得自己的尊严和廉耻的,不会像希腊人的风俗那样,给表演那些故事的演员以尊荣,而是,就像西塞罗笔下的同一个西庇欧所说的:"他们如此鄙弃搞笑剧和戏剧表演,于是那类演员不仅不能得到其他的公民的尊荣,而且还应该被监

察官烫上金印，赶出部族。"㊳这些说法是明确而清醒的，罗马人的明智值得赞美；我真希望他自己能继续下去，按照他所说的做事。看这是多么正确，罗马公民中的任何人，如果选择当了演员，他不仅不该被给予尊荣的地位，而且应该被监察官刺上金印，一点也不让他们和别人一样占有部族土地。啊，城邦的心灵，备受赞美和忌妒的罗马！但是让人回答我这个问题："既然演员在表演中分参了神的尊荣，把演员剥夺人的所有荣耀是符合道理的吗？"罗马长期保持德性，不知道那些戏剧的技艺㊴。人们哪怕只是用它来追求享乐，他们的道德中也会滋生罪愆。那些神自己要求表演这些，那些使神得到服侍的演员为什么要被放逐呢？ 如果要求这些神受到膜拜，那么，表演这些下流故事的演员，怎么头上要刺金印呢？ 在这里，希腊人与罗马人发生了争论。希腊人认为他们给演员尊荣是对的，因为他们是在那些演员的表演中服侍提出无耻要求的神的；对于罗马人，哪怕出身平民的演员也不该玷辱自己的部族，贵族出身的人就更不能了。在这场争论中，整个问题化约为这样一个三段论。希腊人提出大前提：如果神是这样被服侍的，那么表演这些的人当然应该得到这样的尊荣。罗马人给了小前提：这些人是不能得到这样的尊荣的。而基督徒得出结论：因此那些神是不应该用这种方式服侍的。

14. 柏拉图不准诗人待在道德风俗井然有序的城邦，比起那些愿意让戏剧表演荣耀自己的神，柏拉图更好些

14.1 写这样的故事的诗人，按照十二铜表法，是不准伤害公民

㊳ 西塞罗，《共和篇》，4：10.10。
㊴ 按照李维在《罗马史》7：2 的说法，罗马在公元前 392 年才引入了戏剧表演。

的名誉的,但是他们却可以散播对神的下流嘲讽,我们进一步追问,这些诗人自己,为什么没有像那些演员一样遭到羞辱呢?表演诗人虚构的和不名誉的诸神的故事的演员们遭受了恶名,而写这些故事的作者却享受尊荣,这按照的是什么道理?也许现在我们该把棕榈⑩给一个希腊人,柏拉图,他在依照理性,谈到城邦应该怎样的时候,提出要审查对抗真理的诗人,把他们赶出城邦。他不愿神受到伤害侮辱,不愿意诗人的虚构污染和败坏公民的心灵⑪。诗人们被赶出城邦,公民们不再受欺骗,现在,我们对比柏拉图的人性,与那些希望用戏剧表演荣耀自己的神的神性。柏拉图虽然不能在争论中说服人们,但是却能努力劝说轻浮和逸乐的希腊人不要写那些东西,而罗马的神,却命令严肃与节制的罗马人表演那些事情。他们不仅愿意人们表演这些,而且让罗马人庄重地献给他们,祭祀给他们,庄严地展示给他们。城邦应该把神圣的尊荣献给哪一个才更尊荣?是给禁止下流与不敬的柏拉图呢,还是给在骗人中取乐,并使柏拉图不能说服人们放弃那些的鬼怪们?

14.2 在拉贝奥看来,柏拉图和赫拉克勒斯与罗慕洛一样,应该被当作半神来纪念⑫。他把半神放在英雄前面;毕竟二者都是属于神之列的。其实我毫不怀疑地认为,他所说的这位半神,不仅超过了英雄,甚至还超过了他所谓的神。罗马的法律和柏拉图的论述很接近。柏拉图一概谴责诗人虚构的形像,而罗马法律限制那些诗人中伤人的自由;柏拉图不让诗人们在城邦居住,而罗马法律把表演诗里讲的

---

⑩ 棕榈象征胜利。
⑪ 柏拉图,《理想国》,377b—383c, 606e—608b;西塞罗,《图斯库兰讨论集》,2;11.27。
⑫ 按照瓦罗关于神的等级的说法,共有三类神。第一种是最高的神;第二种是父母中有一个是不朽者的半神,如罗慕洛、赫拉克勒斯;第三种是完全由必朽的人生的,就是所谓的英雄。

故事的演员赶出城邦社会。如果他们敢于违背那乞求戏剧表演的诸神，那也许就会把演员和诗人统统赶走。罗马的法律并不能从他们的神那里接受或希求一种惩恶扬善的道德，因为他们自己的法就超过了神的法，可以驳倒他们的神。神可以为了自己的尊荣而要求戏剧表演，罗马人却将那些表演的人剥夺了作为公民的全部尊荣；神命令人们用诗人所塑造的那些猥亵的神的形象来赞颂自己，而罗马人却禁止诗人莽撞地羞辱人。这个半神柏拉图抗拒神的这种欲望，指出了罗马人要靠自己的本性来完美地完成的事。在他要建立的秩序稳定的城邦里，他不准那些诗人生活，因为诗人们或是用自己的想象骗人，或是给可怜的人们编造最坏的神的故事，让他们模仿。我们不认为柏拉图是神或什么半神，无法把他和最高的上帝派下的天使、那些预言真理的先知、任何一位使徒、基督的任何一位殉道士，或者基督徒中的任何人物相比；我们的这个观点，如果上帝乐意，我们会在适当的地方阐释其道理[43]。他们认为柏拉图是半神，我也认为他比其他的所谓半神更好；如果不算罗慕洛和赫拉克勒斯（没有历史学家说，也没有诗人编造，柏拉图像罗慕洛那样杀弟，或是像赫拉克勒斯那样做下诸多丑事），他至少超过了普里阿普斯（*Priapus*），或者任何一个辛诺克法鲁斯（*Cynocephalus*）[44]，以及所谓的"发烧神"（*Febris*）[45]。这当中一些是罗马人从外邦接受的神祇，一些是他们自己本土祭祀的。这样的神祇甚至努力创造和强化下流的故事，渴望把自己的（或者那些编造的他们的）故事搬上舞台，当众宣传，利用神的权威，来挑动人们那最肮脏的欲望。他们怎么可能通过好的诫命与法律或是禁止心灵与道德中的坏事，或是铲除已有的恶习？于是，

---

[43] 见本书，8:4。
[44] 从埃及传入的狗头神。
[45] 普林尼，《自然史》，2:7；西塞罗，《论神性》，3:25。

仿佛得到了神的授权，人类最下流的欲望立刻就滋长起来。在谈到诗人的时候，西塞罗呼号："诗人一旦赢得了人民的欢呼和赞许，就仿佛得到了伟大而智慧的大师的赞许，于是沉沉黑暗降临了，森森恐怖开始了，欲望之火熊熊燃烧起来！"[46]他的呼吁当然没有什么效果。

15. 罗马人不是靠理性，而是靠奉承树立了他们的神

他们是靠理性，选出了这些伪神吗？是靠奉承吧！他们愿意奉为半神的那个柏拉图，在那么多对话里那样努力地指出，人类道德不要被邪恶的心灵所腐化，这是特别应该警惕的，而人们却不肯给他一个小小的祭坛；但是他们却把罗慕洛放在他们的很多神之上，虽然他们更加隐秘的教条要求，他只能是一个半神，而不是神[47]。罗马人甚至为他设立了专职祭司（*flamen*）[48]，这种祭司在他们的宗教里占有最高的地位，可以由他们在仪式中戴的冠冕证明，当时只有三个神祇拥有自己的专职祭司[49]：朱庇特的狄阿利斯祭司（*Dialis*），马尔斯的马提阿利斯祭司（*Martialis*）和罗慕洛（*Romulus*）[50]的基里提祭司（*Quirinalis*）。在罗慕洛的热情的公民给他在天堂一个位子后，他就

---

[46] 西塞罗，《共和篇》，4：9.9。

[47] 关于这种隐秘的教导，参见普林尼，《自然史》，28：4；西塞罗，《共和篇》，2：10.20；《图斯库兰讨论集》，1：12.28；《论神性》，2：24，62。

[48] *flamen*，是古罗马专门祭祀某个神的祭司。

[49] 李维，《罗马史》，1：20，2。

[50] 罗慕洛和他的兄弟雷姆斯是传说中罗马的创建者。据说，他们是马尔斯和维斯塔贞女西尔维娅（*Silvia*）所生。他们被外祖父的弟弟阿慕流斯（*Amulius*）抛到台伯河里，被冲到岸边后，得到母狼的喂养，被牧羊人捡到。他们杀了外祖父的弟弟后，在今天的罗马建立新城。罗慕洛杀死雷姆斯，成为罗马的国王。他设置收容所，逃到那里的罪犯可以免罪，以此增加罗马的人口。他还通过欺骗的方式，强抢萨宾女子，为罗马男人娶妻。他尚武善战，打败了很多部族。

被称为基里提(*Quirites*)[51]。于是罗慕洛的尊荣超过了朱庇特的兄弟涅普顿(*Neptunus*)和普鲁托(*Pluto*)[52],甚至他们的父亲萨腾(*Saturn*)。他和朱庇特享受同样的祭祀,还有据说是罗慕洛的父亲的马尔斯,给他这样的尊荣或许也是因为罗慕洛。

16. 如果诸神关心正义,罗马人就应该从他们那里接受生活的诫命,而不是从别人那里借来

如果罗马人能够从他们的神那里接受如何生活的法律,在罗马建城多年之后,他们就不用从雅典人那里借来梭伦的法律了[53]。他们甚至并没有完全固守这些接受下来的法律,而是试图改良和修正它们。同样,虽然吕库古(*Lycurgus*)[54]自称根据阿波罗的权威,发明制定了拉克戴蒙(斯巴达)的法律[55],罗马人明智地拒绝相信这个故事,于是并没有接受他们的法。继承了罗慕洛的王位的努马·蓬皮利乌斯(*Numa Pompilius*)[56],着手制定了一些法律,但是这些法律不够统治城邦[57],然后他还设立了很多宗教仪式;没有记载说这些法律是从神那里接受的。邪恶充满了心灵,充满了生活,充满了风俗,以至于他们当中最博学的人甚至在城墙挺立的时候就预见到共和的灭

---

[51] 基里提本来是萨宾(*Sabine*)的一个地名,在罗马和萨宾联合之后成为对罗马人的称呼,也是对罗慕洛的称呼。根据李维《罗马史》,1:17,罗慕洛是在一次狂风暴雨中突然消失的。人们认为他去了天上。

[52] 涅普顿,海神,即希腊神话中的波塞顿;普鲁托,冥神,即希腊神话中的哈德斯。

[53] 李维,《罗马史》,3:31.8。

[54] 吕库古,斯巴达法律的创建者,极可能是一个神话人物。据说他是受到了德尔斐神谕的启发而制订法律,因而在斯巴达也被当成神服侍。公元前4世纪还有一个同名的演说家,不可混淆二者。

[55] 西塞罗,《论占卜》,1:43,96。

[56] 努马·蓬皮利乌斯,罗马的第二个国王,罗马宗教制度和历法的创建者。

[57] 西塞罗,《法律篇》,2:8—10;李维,《罗马史》,1:19。

亡;他们的神根本不保护他们的服侍者不受这些灾难的折磨。反而,
正如我前面说的,他们却用各种方式来增加这些灾难。

17. 对萨宾女子的劫掠和别的恶行,在罗马城备受赞美的时代,也很活跃

　　罗马人民之所以不靠神制订法律,也许是因为,就像撒路斯提乌斯[58]所说的:"在他们中间普遍存在的正义和善好与其说建立在法律之上,不如说乃是出于自然。"[59]我相信,他们掠夺萨宾的妇女,正是通过这种正义和善好[60]。他们欺骗外邦少女,把她们引诱到他们的看台上,不得到女子父母的接受,而靠每个人都有的强力劫持她们,有什么比这个更正义和更好呢? 因为,如果萨宾人拒绝他们的求婚要求是不对的,那么罗马人在遭到拒绝后强暴她们,不是更不对吗?[61] 对于那个不愿意把自己的少女嫁给接壤的邻邦结成婚姻的民族发动战争,比起同要追回被劫的少女的民族交战,当然更正义些。战争从一开始就该发动了;马尔斯会帮助他尚武的儿子;如果他求婚被拒,受到伤害,就用武器来报仇,让他以这样的方式追求他想要的女人。如果被不义地拒绝了婚姻,那么也许战争的正义会带来正义的胜利,让他们抢走女人;但和平的正义不会让他们劫掠得不到的女人,父母

⑧　盖乌斯·撒路斯提乌斯·克利西普(*Gaius Sallustius Crisipus*,公元前86—公元前34),罗马政治家和历史学家。他有多种历史著作,其中的《喀提林阴谋》和《朱古达战争》保存较完整。

⑨　撒路斯提乌斯,《喀提林阴谋》,王以铸、崔妙因译本,第9页,商务印书馆,1995年。译文略作改动。

⑩　李维,《罗马史》,1:9,罗慕洛在建立了强大的罗马城之后,罗马缺少妇女,担忧种族繁殖,于是设计在一个表演中掠夺了萨宾的许多妇女。

⑪　在罗慕洛想到劫持萨宾妇女之前,曾因为罗马男人过多而要求和萨宾联姻,遭到拒绝,才想出这条计策。见李维《罗马史》,1:13。

的愤怒是正义的，他们和这些父母作战，就是不正义的了。罗马人保留了竞技场的表演，来纪念这一欺骗事件，把这当成一件有益和快乐的事情，但这还不足以把这一罪行作为这城邦和帝国的一个先例[62]。但罗马人在这一恶行之后，把罗慕洛尊为了神。比起在法律或道德中允许人们模仿罗慕洛劫掠妇女的事来，这样犯的错更轻易[63]。后来，罗马人对待柯拉廷诺斯的态度就是出于这种正义和善好。骄傲者塔昆的儿子下流地强暴了卢克莱西亚，塔昆王和他的孩子都被赶出了罗马城。在这之后，朱纽斯·布鲁图斯和卢克莱西亚的丈夫卢修斯·塔昆·柯拉廷诺斯成为执政官。布鲁图斯的搭档柯拉廷诺斯是个善良和无辜的人，但是因为他名字里有塔昆，是塔昆王的亲戚，于是布鲁图斯就褫夺了他的官位，甚至不让他在罗马城居住。就是把这个柯拉廷诺斯和布鲁图斯选为执政官的罗马人民，赞同了，或者至少是容忍了布鲁图斯的行为。同样出于这样的正义与善好，马可·卡米卢斯（*Marcus Camillus*）[64]遭到了控告。卡米卢斯是他那个时代一个杰出的人才。当时的维伊人（*Veii*）是罗马人民最可怕的敌人，双方经过十年征战，因为用兵乏术，罗马军队屡遭败绩，整个罗马都怀疑自己是否能得到保全，充满惶恐，但卡米卢斯轻而易举战胜了敌人，还攻下了他们最富足的城池。罗马一些人嫉妒他的德能

㉒ 正是为了骗萨宾妇女来罗马看表演，罗马人才设立了竞技场的表演。见李维《罗马史》，1：9。

㉓ ［译按］对于这几句费解的话，各个译者的理解颇有不同。我认为，奥古斯丁想要传达的有这么几层意思。第一，人们为了纪念这次抢劫设立了竞技表演这种愉快的游戏。第二，虽然有这种纪念，但这还没有鼓励人们模仿罗慕洛抢女人。第三，罗马人的错误在于，他们很快把罗慕洛当成了神，这样就无异于鼓励人们像罗慕洛这个神那样去做。第四，因此，这比在法律和道德中直接让人们模仿罗慕洛更糟糕。这样的理解，应该能和上下文呼应上。

㉔ 马可·福利乌斯·卡米卢斯（*Marcus Furius Camillus*），约公元前 396 年，他攻陷了俄特鲁利亚的城市维伊，因被怀疑侵吞战利品，而自动流放，后来，在公元前 387 年—公元前 386 年的高卢人入侵中，又拯救了罗马。曾六度任执政官。

（virtus），同时又恼恨平民不缴税，于是罗织罪名。卡米卢斯感到他拯救了的城邦忘恩负义，知道他必将遭到惩处，于是决定自动流放，而就是在流放中，他还被判罚了一千块银币。不久之后，他忘恩负义的祖国又寻求他来抵御高卢人。要提起这个城所做的诸多卑鄙和不义的事就太啰嗦了，包括在位者如何试图压迫平民，平民又如何反对他们的压迫，而双方的捍卫者都是出于争强好胜之心，不是因为看重平等与善好。

18. 撒路斯提乌斯的历史揭示了，罗马人在被恐惧压迫或是因安全而放松时，其道德是怎样的

18.1　撒路斯提乌斯赞美罗马人时说的话引起了我们的讨论："在他们中间普遍存在的正义和善好与其说建立在法律之上，不如说乃是出于自然。"[65]因此，我要限定，在撒路斯提乌斯自己那里寻找见证。他谈到的时段，是国王被驱逐后不久，罗马城在非常短的时间中就难以置信地变得强大了。他在历史著作的第一卷的开头就提到，就在执政官们从国王那里接过罗马，把它变成一个共和国之后，经过短暂的过渡[66]，掌权者就开始行不义之事，导致了平民与贵族的分裂和城中别的动乱。在第二次布匿战争和最后一次布匿战争之间，罗马人民达到了最好的道德风尚和最高度的和谐。之所以有这样好的状态，不是因为对正义的爱好，而是因为迦太基的屹立威胁着他们不稳定的和平。西庇欧正是因此谴责人们的邪恶，认为要维护最好的道德习俗，就要靠忧患来限制罪过，所以他不愿意灭亡迦太基。撒路斯提乌斯继

㉞　撒路斯提乌斯，《喀提林阴谋》，9：1。
㉟　按照李维《罗马史》2.21 的说法，是十五年，即从共和国建立到塔昆死讯传来之间。

续讨论这件事说："不和、贪婪、野心，以及财富总会滋生的其他恶习，在迦太基灭亡之后都迅猛增长。"⑥⑦他让我们理解，甚至在此之前，这些就已经滋生和增长了。他这样解释自己所说的："强者不义，所以平民与贵族分裂，还有别的内乱，这从一开始就有了，国王被驱逐后也没有变得多好，只是由于对塔昆复辟的恐惧和与俄特鲁利亚（*Etruria*）的残酷战争，才有平等和节制的正义。"⑥⑧你看，就是在国王被驱逐（也就是被赶走）之后的短暂时间里，撒路斯提乌斯说，才有一段平等与节制的正义，而其原因是恐惧，对战争的恐惧：塔昆被驱逐出王国和罗马城后，联合了俄特鲁利亚对抗罗马人。注意撒路斯提乌斯随后这样叙述："然后，贵族们对平民实行奴役的统治，就像国王的时代那样虐待他们的生命与身体，掠夺土地，对那些没有土地的人们发号施令。人民遭受到如此的奴役，特别是高利贷的盘剥，还要承受穷兵黩武带来的赋税和兵役，于是武装起来，啸聚在圣山（*Montem Sacrum*）和阿文廷努山（*Aventinus*），平民这样设立了保民官和别的机构。直到第二次布匿战争的时候，双方的分裂和冲突才告一段落。"看，那个时候，国王被驱逐之后很短的时间里，罗马人都在做什么。撒路斯提乌斯说的正是这个时期："在他们中间普遍存在的正义和善好与其说建立在法律之上，不如说乃是出于自然。"⑥⑨

18.2　如果说那段罗马共和国最美和最好的时期其实都是这样，我们又该怎样来讨论和思考随后的年代呢？用同一个历史学家的话，"逐步改变，她从最美和最好变成了最坏、最邪恶"⑦⑩。按照撒路斯提乌斯的记载，这就是迦太基灭亡后发生的事。撒路斯提乌斯对

⑥⑦ 撒路斯提乌斯，《历史》（残篇），1：10。
⑥⑧ 同上。
⑥⑨ 撒路斯提乌斯，《喀提林阴谋》，9.1。
⑦⑩ 撒路斯提乌斯，《喀提林阴谋》，5；译文有改动。

那段时期作了简短的回忆和描述,我们可以从他的《历史》之中读到;他告诉我们,财富带来的道德败坏如何最终导致了内战。他说:"在那个时候,祖先的道德已经不是像以前那样一点点改变,而是仿佛被激流卷走了,于是青年们遭到了淫逸和贪婪的腐蚀,可以说,人一生下来,就不能维护自己的家产,或让别人保存财产。"[⑦]然后撒路斯提乌斯花大篇幅描述了苏拉的罪过和共和国中别的丑事。其他很多著作在这一点上是一致的,虽然言词无法和他媲美。

18.3 你看到(我认为,每个人思考这个问题都会很容易地看到),这个城邦在我们天上的王来临之前很久,就已经跌入了最糟糕的道德风尚。这些不仅在基督在肉身中开始传道之前,甚至在圣母降生耶稣之前就已经发生了。那些时代的所有这些坏事起先还可以忍受,在迦太基灭亡后,就变得不可忍受和可怕了。虽然是他们的诸神靠他们邪恶的狡猾,在人们的心智里灌输了意见,才从中滋生这些罪过,他们却不敢归罪于诸神;为什么他们要把现在的坏事归给基督?基督用最有救赎性的学说扫除了对虚假和骗人的神的供奉,以他的神圣的权威排斥和谴责那些人的恶毒与邪恶的欲望,他把他的家仆拉出在这些坏事之下污浊和慢慢朽坏的世界,要建立永恒的、最光荣的城邦,不靠虚妄的喝彩,而是靠真理的判断。

19. 在基督废黜诸神的服侍之前,罗马共和国的堕落

你看罗马共和国"逐步改变,她从最美和最好变成了最坏、最邪恶"。这不是我第一个说的,而是他们的作者自己远在基督来临之前说的;我们花钱从他们那里学来。你看在基督来临之前,迦太基毁灭

---

⑦ 撒路斯提乌斯,《历史》(残篇),1:14。

之后，"祖先的道德已经不是一点点改变，而是仿佛被激流卷走了，于是青年们遭到了淫逸和贪婪的腐蚀"。让他们读给我们，他们的神赐给罗马人民哪些反对奢侈与贪婪的诫命。哪怕他们对贞洁与矜持保持沉默，只要不要求人们奉献那下流与不名誉的表演，就很不错了。而他们还要依靠虚假的神性，树立那毁灭性的权威，来要求这些。让他们再读我们的书，从先知书和福音书那里，从《使徒行传》和使徒书信中，都可以看到大量的反对贪婪与奢侈的地方，讲给成群结队的老百姓，如此奇妙、如此神圣的神性不是靠哲学争辩鼓噪起来的，而是上帝在祥云缭绕的宣谕中讲明的。在基督来临之前，罗马的共和就充满了奢侈、贪婪、奴役和下流的道德风尚，变得最坏和最邪恶，他们却不归罪给他们的神；其实他们的苦难是他们的骄傲和享乐导致的，他们却指责基督徒的宗教。如果"世上的君王和万民，首领和世上一切审判官，少年人和处女，老年人和孩童"⑦，不分年龄，不论男女，就像施洗者约翰所说的，甚至税吏和士兵⑦，都能够听到和看到基督教关于正义和诚实的道德的诫命，那共和就应该用此世的幸福来装点它的土地，然后上升到永恒生命的顶点，在最高的祝福中为王。但是一个人听了，另一个人却蔑视它，更多人倾心于败坏的罪过的诱惑，却不愿与严厉的美德为友：基督的家仆们当中，不论是国王、首领、审判官、士兵，外省人、富人、穷人、自由人、奴隶，也不论是男是女，只要必要，都被要求忍受，哪怕是最坏和最邪恶的共和，他们通过这样的忍耐，才能在天上天使聚集的地方，最神圣和高贵的共和里获得一个最光明的位置，在那个国里，上帝的意志就是法律。

---

⑦《诗篇》，148：11—12。
⑦《路加福音》，3：12。

20. 那些归罪给基督宗教的时代的人，愿意享受怎样的幸福，用怎样的道德生活

罗马人服侍和热爱那些神，还沾沾自喜地模仿他们丑恶和羞耻的事，根本不在乎共和变得极坏和极邪恶。他们说道："就让她那样矗立着，就让她繁荣和充满财富，充满胜利的光荣；或者更好些，让她在和平中保全。这和我们有什么关系呢？如果她能够永远增加我们每个人的财富，以维持每天的挥霍，那才会和我们更有关系，这样每个掌权者才能使唤那些低贱者。因为富人过于富足了，让穷人乞求富人，在富人的保护下享受卑微的平静；让富人把穷人当成附庸，可以随意支配他们。让人民欢呼，不是对为他们的福利出主意的人，而是对那些充满欲望的奢侈者。不要要求什么难事，不要禁止什么污秽。国王关心的不是人民是不是善良，而是他们是不是听话。各省对国王的服务也不是因为国王是道德的导师，而是因为国王是他们的财富的主子和享乐的提供者，不是衷心地给他们尊荣，而是卑鄙和充满奴性地害怕他们。他们要求那些侵犯别人的葡萄园的人，要比杀害别人生命的人遭到更严厉的法律处罚。除非有人侵犯了别人的财富、住宅、健康，或者违背别人的意愿，烦扰或冒犯人，就没有人会被带到法官面前；至于对自己的财富，人们可以和自己的家人，或是随便什么人，为所欲为。到处是公共的娼妓，谁想取乐都行，或者特别要满足那些没有自己的女人的人。让他们建造最大最华美的房屋，周旋于奢华的宴会，只要他们乐意而且能够，就整日整夜地玩乐畅饮，烂醉放荡。于是到处是舞姿婆娑，戏台上充满放浪喧哗，人们以各种最残忍和最下流的方式放纵贪欲。谁不喜欢这样的快乐，那就是国家公敌；只要有人试图改变和取消这

些，就不能让人们的耳朵听到他的声音，要剥夺他在城里的席位，甚至褫夺他的性命。那些能够保护人们获得这些，并且在人们获得之后帮助人们保存这些的，应该被尊为真正的神。让他们按照自己的意志被服侍，让他们要求他们想要的表演。让他们和他们的服侍者一同欣赏，或者接受服侍者的贡献。他们要确保，不让这些幸福遭到敌人、瘟疫、灾难的侵袭。"哪个头脑清醒的人会把这样一个共和，我且不说与罗马帝国，哪怕与萨达纳帕鲁斯（*Sardanapalus*）[74]相比？那个古代国王尽情享乐，要求在他的墓碑上刻上，说他死后所拥有的，只是他生前靠欲望吞吃的东西[75]。如果罗马人有这样一个王，他那么放纵自己，又对手下没有严厉的约束，他们一定更愿意他建造一个比古罗马人为罗慕洛建造的还好的神庙，设立更加显赫的专职祭司。

21. 西塞罗对罗马共和的意见是什么

21.1 但是，如果谁说罗马是个最坏最邪恶的共和，他就会要遭到鄙视。那么，罗马人根本不在乎道德如何败坏和邪恶，如何充满了堕落和下流的东西，认为只要她固若金汤，永远屹立就好。他们且不必听撒路斯提乌斯说的，罗马变得最坏和最邪恶了，但让他们听听西塞罗讲到的，罗马正在完全灭亡，共和什么也不剩了。他让西庇欧，就是那个灭亡了迦太基的西庇欧，谈论共和。那时候，撒路斯提乌斯所描述的腐败已露端倪，就要走向灭亡。其实，就在这争论发生的时

---

[74] 是亚述国王阿苏尔巴尼帕（*Assurbani-pal*，公元前668—公元前626）的拉丁写法。
[75] 亚里士多德，《残篇》，90；西塞罗，《图斯库兰讨论集》，5；35，101；《论目的》，2；32，106。

候,一个格拉古(*Gracchus*)⑯已经被杀了。根据撒路斯提乌斯的记述,严重的骚乱就从格拉古兄弟开始⑰。这个人的死就记载在同一本书里。而西庇欧在《共和篇》第二卷的结尾说:"就像在弦乐或者管乐,以及歌唱当中,音乐是由不同的声音协调而成的,有教养的耳朵不能忍受怪异和不和谐;非常不同的声音相互配合,达到协调一致,就能形成和谐。因此,当理性像合唱把很不同的声音协调起来一样,能够协调高贵的、低贱的、中间阶级的人,城邦也会达到协调。音乐家所谓的歌唱中的和谐,就是城邦中的协调,是使共和免于伤害的最高超和最好的纽带,没有正义,城邦就不会有和平。"⑱然后他进一步展开,更丰富地讨论了这个问题,讲到如果有了正义,城邦会怎样;如果没有,又有怎样的问题;然后,在场对话的人们当中的一个人菲鲁斯(*Philus*),打断了他,要求更加仔细地检讨这个问题,并且按照当时更多的人接受的"没有不义就不能统治共和"的观念,更多地谈谈正义。于是西庇欧同意检讨和清理这个问题,回答说:"除非人们确定,不仅'没有不义就不能统治共和'是错误的,而且要证明'只有有了最高的正义才能统治共和'是最正确的,否则对共和的讨论就不能作出什么进步。"⑲对这个问题的讨论推迟到了第二天。在《共和篇》的第三卷,对这个问题的争论非常激烈。菲鲁斯自己代表那些认为

---

⑯ 格拉古兄弟是罗马的政治家和改革家。底伯里乌斯·森普罗尼乌斯·格拉古(*Tiberius Sempronius Gracchus*)在公元前133年任保民官时推行极端的土地改革。在寻求连任时,他在卡匹托利山被暴民所杀。他的弟弟盖乌斯·森普罗尼乌斯·格拉古(*Gaius Sempronius Gracchus*)更聪明些,分别于公元前125年和公元前122年任保民官。他不仅重新推行哥哥的改革,而且还加进了自己的新内容,带来了政治动荡。公元前121年,在执政官欧匹米乌斯主持下,元老院取消了他的改革,他也被杀。格拉古兄弟的改革,是罗马一系列内乱的开端。

⑰ 撒路斯提乌斯,《历史》,1:16。

⑱ 西塞罗,《共和篇》,2:69。

⑲ 西塞罗,《共和篇》,2:70。

没有不义就不能治理共和的人对话，同时他又极力为自己洗刷，说自己并不是真的这样认为的。但他还是努力用不义来对抗正义，认为不义对共和是有用的，而正义是没用的，并且通过丰富的推理和例证来试图阐述这个观点。然后，在所有人的要求下，赖利乌斯（Laelius）试图为正义辩护，他尽自己的能力说，没有什么比不义更加对城邦有害。除非有极大的正义，否则共和不能得到治理，甚至无法存在[⑩]。

21.2 这个问题得到充分的考察之后，西庇欧接过了话头，回到了他那被打断了的讨论，然后回顾和评论了他给共和作的一个简单的定义，他说，共和就是"人民之事"（rem populi）[㉛]。人民（populum）指的并不是所有人和大众的集合，而是按照对"正义"（iuris）的认同和对共同的利益集合起来的团契（sociatum）。然后他在对话中展示了他的定义的好处，从他的定义中推论出，作为人民之事的共和是，要么通过一个国王，要么通过少数贵族，要么通过全体人民，达到善好和正义的治理。如果国王是不义的，按照希腊的风俗，他把这称为僭政；如果那些贵族不义，那他们的团契，他说就是宗派；或者如果人民本身就是不义的，他没有谈到一个常用的名字，不过他把这也叫做僭政。[㉜] 这样，这个共和不仅像他头一天论证的那样充满问题，而且，按照他说的这个定义中所包含的道理，这共和就不存在了；因为凡是不是人民之事的，就不能算是共和，僭政和宗派掌权的自然不是，而当人民自身变得不义的时候，他们也不能算作人民，因为按照人民的定义，他们不是由对正义的认同和共同的利益组合起来的大众的团体[㉝]。

21.3 当罗马共和变成了撒路斯提乌斯描述的这个样子，如果

㉚ 西塞罗，《共和篇》，3：5。
㉛ 西塞罗，《共和篇》，1：25，39。
㉜ 即寡头和暴民。
㉝ 西塞罗，《共和篇》，3：37，50。

我们按照罗马最卓越的领袖人物讨论时所演绎的推理,她简直不是他所说的最坏和最邪恶,而是根本就不存在了。西塞罗不仅通过西庇欧和别人的口,而且在第五卷开篇用自己的话讲了他的感受。他首先引了埃尼乌斯㉞的一句诗说道:"古代的道德和人守卫罗马的国事。"㉟然后他说:"在我看来,这句诗里简洁而真切地表达的,就像神谕表达的一样。如果没有人这样拥有城邦的道德,或者没有道德被这样的人掌握,根本不可能建立或如此长期地维护这样一个如此正义和宽广的共和的统治㊱。在我们记忆能够追溯的时间以前,我们前辈的道德风俗造就了伟大的人,那些超绝的人保留了古代的风俗和我们祖先时代的制度。我们的时代接受了这个共和就像接受了一幅日久褪色的巨大画卷,人们根本不想为它恢复原来的色彩,甚至也不保养它,不维护它大体的形状和突出的特点。诗人说的守卫罗马国事的古代道德,有哪些还在?我们看到人们完全忘记了那些道德,不仅根本不培养,甚至完全忽视了。而对于这些人们我们该怎样说呢?就因为缺乏人才,那些道德遗失了,这样的坏事我们不仅要为它负责,而且还要像重罪犯一样作出认罪坦白。我们只剩了共和的名字,却早已失去了它真正的自身,这不是因为什么偶然,而是因为我们的罪过。"㊲

21.4 西塞罗在书中,让阿非利加努斯参加了关于共和的辩论。而在他坦白这些的时候,已经距离阿非利加努斯的去世很长时间了㊳,但还是在基督来临之前的事;如果他的所思所说发生在基督教

㉞ 昆图斯·埃尼乌斯(*Quintus Ennius*,公元前 239—公元前 169),罗马诗人,曾著诗体《编年史》十八卷,其中有部分残篇保存下来。另有二十多部悲剧传世。

㉟ 埃尼乌斯,《编年史》(残篇),284。

㊱ 拉丁原文为:*Nam neque viri*,*nisi ita morata civitas fuisset*,*neque mores*,*nisi hi viri praefuissent*,*aut fundare*,*aut tam diu tenere potuissent tantam et tam juste lateque imperantem rempublicam*。西塞罗此处的修辞效果,很难通过翻译传达出来。

㊲ 西塞罗,《共和篇》,5:1。

㊳ 大约七十年。

四处传播、已经流行的时候，我们的反对者当中谁不会指责说，是基督教造成了这样的事？这时候，为什么他们的神不来照看，以阻止国家的衰亡和瓦解呢？这是西塞罗在基督言成肉身之前很久就看到的了，而且他还那么动容地哀悼罗马的衰亡。罗马的赞美者应该看看，就是在他们那些古代人和古代道德的时候，是否活跃着真正的正义；也许那时候并没有活生生的道德，而只是一幅多彩的图画。西塞罗对他喜欢的那个时代说了很多，但是他并不真的了解。不过，如果上帝愿意，我们会在别处考察这个问题⑧。在那里，我会按照西塞罗通过西庇欧的口简洁说出的自己的定义所显示的——共和是什么，人民是什么（这个定义经过了他自己和参与辩论表达意见的别人的讨论）——来指出，从来就没有共和，因为从来就没有真正的正义。如果按照不那么严格的定义来判定，当然存在某种共和，比如古代的罗马比后来的罗马治理得好些；但是真正的正义只存在于基督建立和统治的那个共和，如果人们可以把这叫做共和的话。我们不能否认，那才是人民之事。这个名字在别的地方和场合很通用了，但是好像和我们的一般说法有些距离，但毕竟，在那个城里确有真正的正义，就像圣经上所说的："上帝之城啊，有荣耀的事乃指着你说的。"⑩

22. 罗马诸神从不关心，要防止共和因败坏的道德而灭亡

22.1　和当前的问题相关的是，不论他们说他们的共和曾经是

---

⑧ 本书，19：21，24。[译按]本书虽然名为"上帝之城"，但作者最关心的，并不是政治问题。把《上帝之城》当作奥古斯丁的政治著作，严格说来是不恰当的。他只在少数地方真正讨论过政治问题，而政治问题是从属于他对更大问题的观念的。此处和第十九卷相互呼应，就是少数讨论政治问题的地方。

⑩《诗篇》，87：3，和合本作"神的城啊，有荣耀的事乃指着你说的"。

或现在是多么值得赞美，按照他们最博学的作者，早在基督来临之前很久，罗马已经变得最坏和最邪恶了；而今她根本不存在了，随着道德的堕落，完全灭亡了。如果要她不灭亡，人民的那些守护神就应该给他们的服侍者关于生活和道德的诫命，因为人们献给了这些神那么多神殿，那么多祭司，各种各样的祭祀，花样翻新的圣礼，还有那么多庆典和千奇百怪的表演，来服侍他们，但是这些鬼怪除了自己的事什么也不关心。他们根本不关心他们的服侍者怎样生活，宁愿人们活在当前的邪恶状态中，只要能够继续给他们尊荣，在恐惧中接受他们的统治就行了。而如果他们给出了这样的诫命，那这诫命就应该得到执行，展示出来，朗读出来。城邦接受了这些鬼怪的法律，却会让格拉古兄弟践踏，搅起巨大的动乱；马略[91]、辛纳[92]、卡尔波[93]也践踏了这诫命，他们甚至带来了内战，这内战因为最凶险的原因发动，残酷地进行，更加残酷地被苏拉[94]结束了[95]。随后是苏拉自己践踏了这诫命，根据撒路斯提乌斯和别的历史学家记载的，他的生活、性格和行为是谁不害怕的呢？这样，谁能不承认，那时共和国已经灭亡

<hr>

[91] 盖乌斯·马略(*Gaius Marius* 公元前 157—公元前 86)，罗马将军，因击败非洲国王朱古达(*Jugurtha*)和凯尔特部落对意大利北部的威胁而成名。他曾史无前例地当过七次执政官。他与极端民主派结盟，因而同元首苏拉敌对，于是导致了第一次内战。公元前88 年，苏拉逼迫马略离开罗马，但马略第二年回到罗马，大肆屠杀反对者。他的儿子也和他一起回来，并于公元前 82 年任执政官，奥古斯丁在 3：28 提到了他。参见普鲁塔克，《希腊罗马名人传》中的传记。

[92] 卢修斯·刻耐流斯·辛纳(*Lucius Cornelius Cinna*)是罗马贵族，他与马略一同回到罗马，于公元前 87 年任执政官。

[93] 耐乌斯·巴比流斯·卡尔波(*Gnaeus Papirius Carbo*)是公元前 93 年的保民官，马略与辛纳的同盟，曾三度任执政官。

[94] 卢修斯·刻耐流斯·苏拉(*Lucius Cornelius Sylla*，公元前 138—公元前 78)，罗马将军，是罗马保守贵族的领袖，曾击败米特拉达提。他在内战中对抗马略。击败马略后，他被选为元首，大幅度更改法律，加强元老院的权力。普鲁塔克《希腊罗马名人传》中记载了他的残酷行径。

[95] 阿庇安，《诸内战记》，1：55，69。

了呢？

22.2 面对公民这样的道德，难道他们还敢像往常一样，为他们的神辩护，引用维吉尔的话说，"所有的我们藉以立国的神，都已经离开了他们的庙宇和祭坛？"㊌首先，如果是这样，那他们就没有理由指责基督教冒犯了他们的神，使他们放弃了自己的神；他们的祖先早就因为他们道德败坏，把那诸多小神像苍蝇一样赶出了罗马城的祭坛。但是，早在古代的道德风俗败坏以前，罗马就遭到了高卢人的攻占和烧杀，在那时候，这一大群神在哪里呢？也许他们在，只是碰巧睡着了？那时候整个罗马城都在敌人的力量控制之下，只剩下了卡匹托利山。在诸神沉睡的时候，如果不是那些鹅还醒着，就是连这山也要被攻占了㊍。于是罗马人为它们设立了鹅的庆典，简直是堕入埃及人服侍禽兽的迷信。当然，这种外在的和身体的，因为敌人或别的灾祸所带来的坏事，而不是心灵的坏事，现在还不在讨论的范围内：而今我要谈的是道德的堕落，首先是逐渐褪色，然后又像被激流卷走了一样，虽然房屋和城墙依然完好未坏，但是共和已经毁灭了，就是他们自己的杰出作者都毫不迟疑地这样说了。如果诸神为善好的生活和正义制定的诫命，遭到了城邦的鄙视，他们确实应该离去，让罗马失去他们，就像维吉尔说的，那些神已经离开了他们的庙宇和祭坛。而今我要问，如果他们不愿意与服侍他们的民族住在一起，不引导那些生活在败坏中的人过好的生活，他们算是什么样的神呢？

㊌ 维吉尔，《埃涅阿斯纪》，2：351—352。
㊍ 高卢侵略罗马的战争，见李维，《罗马史》，5：37—49。鹅拯救了罗马，是一个流传很广的传说。此后，罗马人每年都要带着鹅到卡匹托利山上庆祝。

23. 尘世万物的变化，不是来自鬼怪的好恶，而是取决于真正的上帝的裁决

23.1 看起来，他们的神是在教唆人们满足欲望，显然并不帮助他们控制欲望。马略是一个年轻而下贱的人，内战最血腥的发动者和参与者，诸神帮他七次当执政官，在他的第七个任期中年老寿终，而不是死在苏拉手中。那时候苏拉很快就要取胜了。如果他们的神不在这样的事情上帮他，那就足以让人承认，不靠诸神的帮助，人也可以获得尘世中他们最喜欢的幸福；就像马略这样的人，居然能充分安享健康、权力、财富、尊荣、尊位，度过漫长而幸福的一生，哪怕触怒了诸神，而像勒古鲁斯那样的人，虽然是诸神的朋友，却遭到俘虏、奴役、贫穷、不得睡眠，极尽痛苦折磨而死去。如果他们承认事实是这样的，那么就应该坦白，那些神对他们是无益的，他们的服侍落空了。本来，心灵的美德和生活的正直所得到的奖赏应该希望在死后得到，但如果诸神不讲死后的希望，却又想让人民看到与此相反的东西[98]；如果对于这短暂的尘世的善好，他们又不伤害那些他们不喜欢的人，不帮助那些他们喜欢的人，那为什么他们又受到服侍？人们为什么以那样大的热情要求这些服侍？[99] 在艰苦和悲哀的时代，人们抱怨他们的神因受到冒犯而离开了他们，基督教为什么因此遭到了无比卑劣的指责？如果他们的神在这些事情上具有赏善罚恶的能力，那为

---

[98] ［译按］在拉丁原文中，这一句的逻辑并不清楚，虽然奥古斯丁的基本意思是清楚的。因此，我们翻译时加上了"但如果诸神不讲死后的希望"这句话，希望能把意思传达得清楚些。

[99] ［译按］对这句话，也有不同的理解。Dods 的译本理解为，人们为什么以那么大的热情向他们祈祷；Dyson 的译本理解为，为什么奥古斯丁那个时候的人哀悼他们不再被服侍了。我的译法，基本采取服部英次郎的日译本的理解，其含义有可能更接近 Dyson，但不会像 Dyson 解释得那么直接。

什么帮助很坏的人马略，抛弃很好的人勒古鲁斯呢？是不是我们应
该把他们理解成很不义的和很坏的？人们如果认为他们这样是为了
得到更多的畏惧和服侍，那就不应该了；因为人们发现勒古鲁斯对神
的服侍不比马略少。罗马人中非常值得赞美的莫特鲁斯
（*Metellus*）[100]，有五个儿子，都当了执政官，享受了人间的幸福，而非
常坏的喀提林（*Catilina*）[101]一直压抑在贫困当中，又在他自己引起的
丑恶战争中被杀，可谓不幸[102]。最真正的和最确定的幸福只有那些服
侍上帝的好人才拥有，只有他才能带来幸福。

23.2　因此，正当共和在败坏的风俗中走向灭亡的时候，他们的
神既没有做什么来指引，也没有匡正他们的道德，使他们避免灭亡；
诸神反而加重了道德的堕落和腐化，促使她灭亡。他们不该假装自
己是好的，因为受到了公民邪恶的冒犯才离开。他们就在那里；他们
暴露了自己，他们该遭到控告：这些神既不能示警相助，也不能默默
地假装不在。我还没有提到，马略在他的家里得到了敏图尔奈人
（*Minturnenses*）的同情，他们把马略带到女神马莉喀（*Marica*）的树
林里，从而女神可以让他发迹[103]，因此他就从绝境中安然无恙地返回
罗马城，然后在城里残忍地指挥一支残忍的军队；他的胜利是那么血
腥，那么有违同胞公民之道，比敌人还野蛮；无论谁愿意，都可以读到

⑩　卢修斯·凯奇流斯·莫特鲁斯（*Lucius Caecilius Metellus*）于公元前 241 年任大主教。
　　维斯塔神殿着火时，他勇敢地救出了里面藏着的神像。这神像据说是从宙斯那里得来，
　　后来被埃涅阿斯带到罗马来的。只有这神像是安全的，罗马城才是安全的。
⑩　卢修斯·塞尔吉乌斯·喀提林（*Lucius Sergius Catilina*，公元前 110—公元前 62），于公
　　元前 63 年参选执政官，被西塞罗击败后，提出了取消税收和土地改革的极端措施，再次
　　失败后，他策划一场政治阴谋，试图刺杀西塞罗，占领罗马城。阴谋被识破后，他逃出罗
　　马，战败被杀。参见撒路斯提乌斯，《喀提林阴谋》。西塞罗有四篇《反喀提林》演讲。
⑩　［译按］奥古斯丁列举这几个人的意思是，在罗马，好人和坏人都可能幸福，也可能不幸，罗
　　马诸神无力左右。进一步推论，世间幸福本来就是不可测的，真正的幸福在上帝之城那里。
⑩　普鲁塔克，《希腊罗马名人传》，马略部分。

关于他的记载。但是正如我所说的，我不谈这些，我并不把马略那血腥的幸福归给我不知道的什么马莉喀女神，而是完全把它归给上帝那不可知的神意，这样那些反对我们的人才会闭嘴，那些不依靠狂热，而是明智地接近真理的人才能从错误中解脱；因为，虽然这些事情当中有一些是鬼怪能做的，但是他们能做多少，取决于那全能上帝不可知的意愿允许他们做多少。我们不应该太过看重地上的幸福，连马略这样的坏人，上帝都会给他很多；我们甚至不该把这些幸福就叫做坏，因为我们看到那么多服侍唯一真正的上帝的虔敬的好人享受了这些，而与鬼怪无关。我们不能因为这些地上的好坏就认为应该祈祷或害怕那些肮脏的鬼怪，因为就像地上的那些坏人一样，他们并不能做所有他们想做的事，除非是上帝允许的那些，而上帝的真正裁决是没有人能够把握，没有人可以斥责的。

24. 在苏拉的那些行为里，鬼怪们表现出帮助了他

24.1　苏拉要拨乱反正，但他的时代却更加混乱，以至于相比而言，他之前的时代都是值得追求的。他首先向罗马城进军，攻打马略的阵营，然后，根据李维的描写[104]，祭祀中的动物内脏现出了大吉之兆，那个脏卜者[105]波斯图米乌斯（Postumius）说，如果苏拉心灵里所想的，诸神不帮他实现，他愿意下狱，甘当杀头之罪。你看，那时候神还没有离开庙宇和祭坛，他们可以预见事态的结局，但是他们却不关心

---

[104] 当在李维已经佚失的《罗马史》卷七十七中。但此事又见于西塞罗《论占卜》，1:33,72；普鲁塔克，《希腊罗马名人传》中苏拉的传记。但是，他们都说这事发生在别的时候。

[105] ［译按］aruspex 这个词，有时候指一般的占卜者，比如在本书 3:11 中；但在专指某种占卜方法时，指的是利用动物内脏占卜的一种方法。日译本译为"肠卜者"；我们译为"脏卜者"，因为所用的内脏不都是肠。不同的占卜方式，参见 8:16。

改正苏拉的恶行。他们能够显示预兆，预言巨大的幸福，却不能通过警告打碎邪恶的贪欲。然后苏拉在亚细亚发动了与米特拉达提⑩的战争，通过卢修斯·提图斯，他接到了朱庇特的神谕，说他一定能够战胜米特拉达提，事实也确实如此。后来他准备回到罗马城，用市民的血，为他自己和他的朋友遭受的伤害报仇，然后同样是朱庇特又传来神谕，通过军队中第六团的一个士兵来告诉他。就像先前预见了他对米特拉达提的胜利一样，朱庇特这次预见到，他将会有能力从敌人手中夺过共和，但不可避免要流很多血。苏拉问那个士兵，他所看到的是什么形像，从士兵的回答中，他想起来上一次，他通过另外的人，从同样的神那里听到他会战胜米特拉达提。那些神愿意通告这样的所谓幸福，但是他们中哪个也不关心用警告来纠正苏拉那么坏的错误，不阻止他发动内战，使他不仅大大破坏了，甚至要灭亡整个共和。该怎么回答这一点？我们当然应该理解为，正如我经常说的，圣经上不断告诉我们，就是事实也足以说明的，这些鬼怪只关心自己的事情，就是为了人们把他们当成神，服侍他们。但是，那些要求这些服侍的诸神，和那些服侍他们的人们，会因为同样最坏的罪行而联在一起（*sociati*），将要受到上帝的判决。

　　24.2　然后，苏拉到达了塔伦廷（*Tarentum*），在那里祭祀的时候，看到祭祀用的牛肝头上有一个金色王冠形状的东西。于是脏卜者波斯图米乌斯解释说，这象征了辉煌的胜利，他让苏拉独自吃下牛肝。稍后，一个叫卢修斯·庞提乌斯的人的奴隶向他宣示预言："我来传达女战神贝罗娜（*Bellona*）的信，胜利属于你，苏拉。"然后他又说，卡匹托利山会火光冲天。那个奴隶说了这些就离开了军营，第二

---

⑩　米特拉达提六世，本都（*Pontus*）国王（公元前 120—公元前 63）。他在小亚细亚和希腊侵占了很多地方，对罗马构成了威胁。罗马人与他打过三次仗，直到最后庞培把他击败。

天,他更兴奋地回来了,欢呼说卡匹托利山起火了。卡匹托利山真的起火了。这样的事情鬼怪们很容易就能提前预见,迅速通知。请看——这是与我们谈的问题最有关的——那亵渎我们的救世主的人希望臣服于什么样的神。就是靠了救世主,那些信仰他的人的意志才能从鬼怪的统治下解救出来。那个人这样宣示预言:"胜利属于你,苏拉。"人们相信那是一个神圣的精灵在宣布,近期会发生什么事,然后这很快就发生了,还要发生在距离精灵借以说话的人很远的地方,但是他并不说:"不要犯罪,苏拉。"——那胜利者犯下了如此可怕的罪,还是在牛肝上面显示了金冠来预兆辉煌的胜利之后。如果是正义的神祇而不是不虔敬的鬼怪,他们其实应该通过那牛肝来警告,如果苏拉多行不义,以后会给他带来坏事,是严重的伤害。那胜利靠尊位给他带来多大利益,就用欲望给他多大伤害。他因为这欲望变得如此不节制,因外物而膨胀和跌落,于是在道德上自我毁灭,远远超过敌人身体的损失。这是诸神真正应该痛苦和哀悼的事,但是他们没有通过脏卜、鸟占[107]、托梦或预言来告诉他。他们更害怕的是苏拉改过,而不是战败。而现在他们满足了,苏拉成为市民中光荣的胜利者,却也被邪恶的罪过击败,成为俘虏,因此更绝对地服从那些鬼怪。

25. 如果在做丑事时,有神的先例作为权威,邪恶的精灵就会极大地刺激人作恶

25.1 这样,除非那些宁愿选择模仿这些神,而不在神恩照耀下

---

[107] [译按]"鸟占"(*augurium*)的译法,来自服部英次郎的日译本。这是罗马最常用的占卜方法,即通过神殿中用作占卜的鸟是否飞出来及飞出多少只来占卜吉凶。这个词有时候也泛指所有占卜。

从他们的团体决裂的人，谁不能理解，谁不能看到，那些邪恶的精灵
以自己为榜样的目的，就是用神的权威来为丑事正名？其实就在发
生了那么凶狠而可憎的内战之后不久，在宽阔的坎帕尼亚
(Campania)平原，人们就看到那些神之间已经在自相残杀了。在那
里，首先人们听到巨大的声响；然后，很多人都说，他们看见两支军队
狠斗了几天。那里的战斗结束之后，留下了很多人和马的足印，就像
这样的冲突都会留下的那样[108]。如果那些神真的可以自相残杀，人的
内战就有借口了；看这些神多么邪恶，多么悲惨。也许，他们只是假
装内斗，他们这么做，不过就是为了让罗马人在自己发生内战时，因
为有诸神作先例，看上去就不是神法不准的了？内战爆发了，已经打
了几场恶仗，伴随着屠杀。一个士兵从被杀者身上抢劫战利品的时
候，认出了他的兄弟裸露的尸体，他诅咒内战，杀死自己，和兄弟的身
体倒在一起，这触动了很多人[109]。为了避免这种极端的坏事使人们过
于憎恨战争，为了让人们有更大的热情热衷于挥动武器做丑事，那可
恶的鬼怪，那些被人们当作神来服侍和尊重的鬼怪，宁愿向人们展示
他们自己之间相互杀戮；这样，因为是模仿神，同胞之情就不会扰乱
这种内战，因为神的先例饶恕了人的丑事。那些邪恶的精灵还狡猾
地命令人们在戏剧表演中讲述他们和神化他们（我们对此已说了很
多了），于是在舞台上用下流的歌谣和故事表演庆祝，让每一个相信
他们所做的事的人和每一个不相信的人，既然看到神愿意这些被肆
无忌惮地表演出来，就会随而模仿。他们也不愿意人们读了诗人对
他们的自相残杀的描述后，认为诗人们在指责他们而不是颂扬他们。
这样，他们证实了诗人的诗歌中的描写，以便欺骗人类，他们不仅在

---

[108] 裘力斯·欧布西昆斯(Julius Obsequens)，《论征兆》(Liber de prodigiis.)，57。
[109] 李维，《罗马史》，79。普鲁塔克，《希腊罗马名人传》，马略部分。

那些舞台上表演自相残杀,而且还有展现在肉眼面前的战阵厮杀。

25.2　我们不得不说这些,因为罗马共和早已被最坏的公民道德毁灭了,在我主耶稣基督来临之前已经不剩什么了,他们的作者都毫不怀疑地说了和写了这些。他们不把这些毁灭归罪给他们的神,却把那短暂的坏事归罪于我们的基督。对于好人来说,那些短暂的坏事,生前死后都不会毁灭他们;但是我们的基督却在那么频繁地垂示最好的道德诫命,来对抗风俗的毁灭;但是他们自己的神却不能向服侍自己的人民颁布这样的诫命,保护他们的共和不致灭亡;而今,诸神反而借助他们的权威,用自己的例子来推动有害而腐败的道德,使罗马加速灭亡。在我看来,没有人敢说罗马灭亡是因为"神都已经离开了他们的庙宇和祭坛"⑩。在这种说法里,好像这些神是德性之友,遭到了人类罪过的冒犯;但是他们的脏卜、鸟占和预言表明了他们知道未来的事情,喜欢帮助人们作战,发号施令,这些足以证明他们当时在场;因为如果他们真的离开了,罗马人仅仅因为他们的贪欲,而不是因为那些神的撺掇,那就不会发动那么多内战。

26. 鬼怪们秘密给出属于好的道德的警示,在他们的仪式上却当众展示下流

26.1　于是,人们为了不让诸神发怒,在诸神自己的要求下,设立了固定的和常规的庆典,把那混杂着下流和残酷的、诸神的猥亵与罪恶,无论真正的还是虚构的,当众公开献给他们,向所有的眼睛展示出来,把这当成值得模仿和适宜观看的。就是这些鬼怪,他们既然有这样的欲求,就等于承认了自己是肮脏的精灵。对于他们自己的

---

⑩ 维吉尔,《埃涅阿斯纪》,2:351—352。

下流与邪恶，不论真的还是虚构的，他们要求莽撞之徒的奉献，也敲诈节制的人们的服侍，这证明了他们是丑恶和肮脏生活的传道者。但据说，他们在神龛和密室中对自己的一些选民宣示了一些好的道德诫命。如果是这样，那就证明这些有害的精灵更加狡猾，应该谴责。正直与贞节的力量毕竟是那么巨大，使得所有或接近所有人的自然都被触动，赞美它们，没有人那么下流而充满罪过，以至于丧失掉全部尊荣的感觉。这样，这些邪恶的鬼怪，除非其中有一些——我们知道，按照我们的圣经里写的——装作光明的天使⑪，就不能完成骗人的伎俩。虽然在外面，那些不敬也不洁的庆典喧嚣嘈杂，包围了人们，但是在室内，少数假装的贞节者对人们耳语；当众表演的是羞耻的事，值得赞美的东西在隐秘处；光华隐藏，黑暗流行；当坏事上演的时候，召集了所有人；当好事被宣讲的时候，只有很少的听众，于是尊荣应该脸红，卑鄙得到了光荣。但是这样的情况不是就在鬼怪的神殿中发生吗？不是在充满谎言的地方，哪里会有这些？其目的就是，少数更尊荣的人遭到引诱；众多无比下流的人，又得不到改正。

26.2 我们不知道，人们在哪里和怎样听到了那位凯勒斯提斯女神宣讲贞节的诫命⑫；但是就在她的神殿前面，就是在我们看到她的神像的地方，四面八方的人聚在一起，摩肩接踵，我们聚精会神地观看那表演。我们的眼睛可以交替地看，这里是娼妓般的场面，那边是贞洁的女神；我们看到她接受谦卑的崇拜，在她面前又有下流的庆典；在那里，我们看不到感到害羞的丑角，看不到知道廉耻的女演员；他们就这样完成了那下流的任务。他们知道贞节的女神喜欢什么，妇女看了表演，从神殿回到家，就会变得更懂人事。并不是没有知道

---

⑪ 《哥林多后书》，11:14。

⑫ 参见本书2:4。

廉耻的女人把自己的脸转离正在上演的那些不洁的东西，但她们却偷眼学习那些下流的技艺。男人的在场让她们不好意思，使她们不敢去听去看那些鲁莽的言行，但是她们根本不敢根据贞洁的心来谴责她们所尊重的那个神的仪式。这既然是在神殿中公开展示的，就是应该学习的；但其实，这应该是在家里做的，应该秘密完成的。必朽者的廉耻如果还存在，那一定会非常惊讶，神竟然把这种人类本不该自由去做的下流事当成宗教的；而如果人们不愿意表演这些，那些神一定会震怒。除非那些神乐于这样的祭神仪式，否则，什么样的精灵会那样下流地暗中怂恿人们为恶，纵容人们犯奸淫，容忍这些行为？当然就是那热衷于这样的仪式的，喜欢在神殿中树立了鬼怪的塑像的，热爱那些充满罪过的虚假表演的，暗中用那些假装正义的言语欺骗那少数好人的，公开用那些下流的诱惑不断引导人们去做数不清的坏事的那些鬼怪。

27. 罗马人为了取悦他们的神而祭献的表演极为淫秽，极大地颠覆了公共教化

像西塞罗那样一个严肃的人和所谓的哲人[113]，在谈到未来的建筑规划时，在全城人的耳边宣扬，在他作为市政官的各项职责当中，他自己要设立表演庆典，来取悦母神弗罗拉（Flora）[114]；按照常规，这样的庆典越是下流，表演得就越投入。他后来当了执政官以后，还在别处提到，因为城邦面临极端的危险，连续十天举行了这样的表演，凡

---

⑬ ［译按］*Philosophaster* 是肤浅或假哲学家的意思。但在大部分情况下，奥古斯丁对西塞罗还是尊重的。

⑭ 弗罗拉本来是萨宾人的女神，被提图斯·塔提乌斯引入罗马。奥维德在《宴饮》5：329以下也指出，服侍她的仪式有很下流的部分。

是与取悦诸神相关的事情都没有忽视⑬；与其为了节制而激怒诸神，不如以奢侈取悦他们；尊荣会激起他们的敌意，不如以卑下的方式安抚他们。促使人们抚慰诸神的伤害无论怎样残忍和野蛮，总不像在以无比丑恶的罪过抚慰他们之后，诸神施加的伤害那么严重。人们担心敌人加害身体，为了避免这伤害，就通过上面的方式与诸神妥协，委屈了心智中的德性；人们如果不首先与好的道德为敌，就不能成功地抵挡敌人对城墙的攻击。这样取悦于神的方式极为粗鲁，极为污浊，极为莽撞，极为卑下，极为肮脏，以至于在天性尚德、值得赞美的罗马，表演这些的演员被褫夺尊荣，赶出部族，刻上金印，让人们知道他们是下流的，做了不名誉的事。我要说，在真正的宗教看来，取悦于神的这种可耻方法是有害的和污秽的。诸神诱惑性的犯罪故事，那些神的无耻罪恶与下流行为，甚至那更无耻下流的虚构故事，整个城都用眼和耳学到了。罗马人认为这些是能取悦于神的，于是就认为那些事情不仅应该展示，甚至应该模仿。我真不知道什么善好和尊荣（如果那些神还谈到了的话），他们只讲给那么少的人，还讲得那么隐秘，就好像诸神更害怕人们知道这些，却不怕人们不按照德性去做。

28. 基督宗教是拯救性的

人们靠了基督的名，从那最肮脏的地狱般力量的桎梏下和遭受残酷惩罚的团体中被解救出来，从那龌龊而不敬的夜晚，来到健康明亮的虔敬光芒下。而那些邪恶的和忘恩负义的人，与那罪恶的精灵陷得更深，被绑得更牢，抱怨着，嘟囔着，因为看到人们纷纷奔向教

⑬ 西塞罗，《反喀提林》，3：8，20。

堂,贞洁、光荣、真诚,而且男女有别。在教堂里,他们听到了应该怎样在尘世过好的生活,这之后就可以幸福地、永远地活着。在那里,一个人人能看到的讲坛升起在高处,人们听到那里宣讲的圣经和正义的教诲,那些按照这教诲做了的人就会听到奖赏,没有按照做的人会听到判决。在那里,也有人专门来嘲讽这些教义,但是他们所有人的鲁莽要么是突然转变,要么是因为畏惧或羞耻而遭到限制。那里或是宣讲真正的上帝的诫命,或是描述奇迹,或是赞美他的赐予,或是祈求福祉,但是绝对没有对下流污秽的表演的观看和模仿。

29. 劝勉罗马人放弃诸神服侍

29.1 追求这些吧,值得赞美的罗马天性,勒古鲁斯、斯凯夫拉(*Scaevola*)⑯、西庇欧、法布里西乌斯(*Fabricius*)⑰的后代;追求这些吧,把它们同鬼怪最下流的虚荣和最骗人的邪恶区别开来。如果你那里有什么品质是自然就值得赞美的,真正虔诚会让它得到清洗和完善,而不敬会使之遭到灭亡和惩罚。那么现在,请选择你该遵循哪条路,让你的赞美不是停留在你自己当中,而是献给真正毫无谬误的上帝。你曾经享受人民的光荣,但是按照上帝神意的隐秘裁判,真正的宗教没有给你来选择。醒来吧,天亮了;其实你们中间的一些人已经醒了,他们德性完美,信仰真实,我们因他们的受难而光荣。这

---

⑯ 奥古斯丁谈到的斯凯夫拉有两个。一个是穆修斯·斯凯夫拉,著名的法学家和演说家,反对马略,在公元前87年的大屠杀中丧命。见本书3:28以下和4:27。另一个是盖乌斯·穆修斯·斯凯夫拉,是共和初期的英雄。当时,鲍森纳帮助塔昆复辟,包围了罗马。斯凯夫拉前去刺杀鲍森纳,被捕后,把手伸进火里,展示自己的勇气,事见李维,《罗马史》,2:12。奥古斯丁在4:20和5:18谈到了他。此处两个斯凯夫拉都有可能。但既然他和别的英雄并列,是盖乌斯的可能性更大。

⑰ 法布里西乌斯,是公元前280年—公元前279年被派往皮鲁斯的使者,拒绝被皮鲁斯收买。事见普鲁塔克,《希腊罗马名人传》,皮鲁斯部分。

些人面对四面八方来犯的充满敌意的势力，以死来勇敢地战胜他们：
"是他们用自己的鲜血为我们赢得了这片安身的土地。"[118]我们邀请你
们，劝勉你们走到那个祖国，增加其中的公民数量，那里是真正能赦
罪的避难所。你不要听你那些堕落的子孙对基督和基督徒的诋毁与
控告，他们虽然在抱怨尘世的坏事，但是在尘世中真正寻找的不是平
静的生活，而更多是安全的邪恶。这些不会取悦你，也不会取悦你地
上的国。而今你要向往天堂，根本不需要艰苦的劳动，你就能够真正
和永远地做主。在那里你看不到维斯塔女神的炉膛，没有卡匹托利
山上的石像[119]，只有唯一的和真正的上帝："不施加任何空间或时间方
面的限制，我已经给了他们无限的帝国（*imperium*）[120]。"[121]

29.2 不要再想追随那虚假而骗人的诸神；弃绝他们，鄙视他
们，跃向真正的自由。他们不是神，而是邪恶的精灵，你的永恒幸福
是对他们的惩罚。这些被你当成神的鬼怪，是那样忌妒全人类在永
恒的天上获得一席之地，朱诺看到特洛伊人（就是你们把自己肉身的
渊源追溯到的特洛伊人）占据了罗马的城堡时的忌妒，都没有这么
深[122]。你自己也很大程度上对这样的精灵作出了评判：你用那样的表

---

⑱ 维吉尔，《埃涅阿斯纪》，11，24。

⑲ 指朱庇特的石像。罗马最神圣的发誓词是"以朱庇特神像的名义"。

⑳ ［译按］在本书的翻译中，*imperium* 一词除注出的特殊情况外，一概译为"帝国"。在拉
丁文中，这个词本来是"统治"或"统治权"的意思，后来衍生出"帝国"的意思。为了突出
"统治"与"帝国"的这种关联，我们没有分别这个词在中文中可能不同的含义。比如此
处，杨周翰先生把 *imperium* 译为"统治权"，他大概是考虑到，罗马并非总是帝国。但
我们把这里改为"帝国"。这与我们把 *res publica* 一概译为"共和"的考虑是一样的。
于是，在一些地方，就会出现既把罗马称为帝国，也称为共和国的矛盾。但是，这表面的
矛盾恰恰揭示了罗马政治的复杂性。当时的所谓"帝国"，不会像我们想象的那样，代表
绝对的专制和独裁；而"共和"也不一定就代表民主政体。这一点，在西塞罗的《共和篇》
里面尤为明显。事实上，罗马无论共和国时期，还是帝制时期，都不只是今天简单意义
上的政体之别。

㉑ 维吉尔，《埃涅阿斯纪》，1：278—279，根据杨周翰译本，略加改动。

㉒ 维吉尔，《埃涅阿斯纪》1：15；德尔图良，《护教篇》，25。

演取悦他们，又希望把那表演这些的人们变成不名誉的人。那么，反抗那肮脏的精灵，肯定你的自由吧，精灵们在你的脖子上套上镣铐：强迫你向他们祭献，宣扬他们的恶名。你将那些表演诸神罪行的演员赶走，保持你的尊荣。向真正的上帝祈祷吧，他会帮助你赶走那些神，那些对自己的罪行沾沾自喜的神。他们的恶行要么是真的，就是最无耻的；要么是虚构的，就是最恶毒的。你不愿那些演员和戏剧与你的城邦相联，这做得好；但是请更警醒些！既然这些对人的尊位都有损，就更不能把这种戏剧用在至高的上帝身上。你既然认为表演这些吹捧闹剧的演员不能算作罗马任何阶层的公民的一员，那么，那些以此为乐的神，你们又怎能认为他们真的拥有天上的神圣权威呢？天上的那座城是不可比拟的光明，在那里，真理就是胜利，神圣就是尊荣，幸福就是和平，永恒就是生命。如果你羞于和那些当演员的人为伍，那你就更应该羞于和那些神相联。如果你渴望能到达那幸福的城，就要断绝和鬼怪的联系。那些喜欢下流的神，是不配享受尊荣者的服侍的。通过基督教清洗你的虔敬，你就可以去掉他们，正如那些演员因检查官的金印而失去了尊位。肉欲的好处，是坏人们唯一想享受的东西；而肉欲的坏处，是他们不愿意承担的。但在这两方面，鬼怪们并没有他们被认为拥有的权力（即使他们真的拥有这些，我们会更猛烈地批判他们，也不会因此而去服侍他们，因为这种服侍会使我们无法进入上帝之城，这正是他们所忌妒我们的）。他们的信徒认为他们拥有这样的法力，而且正是为了获得这些而认为要服侍他们，但是就是这些他们也并不拥有，在下一卷，我要证明这一点。本卷到此为止。

上帝之城卷三

[本卷提要]在讨论了道德败坏之后,奥古斯丁在本卷依次列举罗马遭受的灾难,从而形成了从基督教角度对罗马历史的总结和检讨。正如奥古斯丁在本卷开头所说的,他虽然是在谈罗马,但其意义并不限于罗马,而具有很大的普遍性。因此,这构成了他对地上之城的历史的普遍观念。奥古斯丁对罗马这些灾难的罗列,与奥罗修斯在《历史》中对罗马灾难的列举非常相似。①

1. 有些灾祸,只有坏人才害怕;世界虽然服侍诸神,却总是遭受这些灾祸

我认为,对于道德和心灵的败坏,这些特别应该避免的东西,已

---

① [PL本提要]在上一卷里,奥古斯丁谈到了道德和心灵的败坏;在这一卷,他揭示出,诸神也无法关照身体和外在事物。罗马人从建城以来,就不断遭到这种烦扰;在基督来临之前,那些伪神虽然得到自由的服侍,却并不能让人们避免这类坏事。

经谈得够多了。服侍伪神的民族已经遭到了他们累累坏事的重压，那些神却一点不来关心，而是怂恿他们，让他们遭到最大的重压。我看，而今我们应该谈到我们的反对者唯一不能容忍的那类坏事，亦即饥馑、死亡、战争、掳掠、俘虏、屠杀，以及我们在第一卷里已经提到的类似坏事。坏人只把这些当作坏事，而这些事并不会把人变坏；赞美者待在那些好事之间，赞美它们，自己仍然是坏人，却不会因此而脸红；他们会因为有很坏的房子而满肚子气，却不会因为有坏的生活而生气；就仿佛只要人们有了所有好的东西，哪怕自己不好，还能成为最好的人。他们的那些神，得到了他们的自由服侍，却没有降临，来去除他们唯一害怕的这些坏事。在我们的救世主来临之前，在不同的地点和时间，曾经有过数不清的，甚至是不可置信的各种灾难，折腾着人类。除去希伯来民族和其他的少数人在最隐秘和最公正的上帝看来值得神恩眷顾之外，整个世界所服侍的，不都是这些神吗？为了不要过于冗长，我对于其他民族的那些最严重的坏事不加讨论，只是涉及与罗马和罗马帝国（*imperium*）相关的问题，亦即包括罗马城自身，也包括那些在基督来临之前加盟或被征服，因而加入了罗马共和总体的地域。

2. 罗马人和希腊人同样服侍的神，是否有理由允许伊利昂被毁灭

首先是特洛伊或伊利昂，也就是罗马民族起源的地方（我在第一卷已经讨论过的问题，这里不会忽略，也不会相抵牾）[2]。他们就认信和服侍与希腊人同样的神，那为什么被希腊人征服、攻取和夷平了

---

[2] 见本书 1:3—4。

呢？他们说，普利阿摩斯受罚，是因为他父亲拉奥墨东对神发的伪誓③。真是这样的吗，阿波罗和涅普顿为那个拉奥墨东做工服苦役来赚取报酬？拉奥墨东对他们许诺好了报酬，但是发的是伪誓④。我很奇怪，阿波罗以预言著称，辛苦完成了那么一项工作，竟然不知道拉奥墨东将会食言。而涅普顿，阿波罗的叔叔，朱庇特的兄弟，大海之王，也不该不知道未来的事情。荷马，这个生活在罗马建立以前的诗人，说埃涅阿斯的后代会完成伟大而神圣的事业⑤，而他的后代后来建立了罗马。因此，荷马说涅普顿把埃涅阿斯举到了云中，使他受不到阿基琉斯的伤害。维吉尔证实，涅普顿虽然这么做，还是说："我当时本想把我亲手建造的背信弃义的特洛伊连城基推倒。"⑥这样，涅普顿和阿波罗那些伟大的神，居然不知道，拉奥墨东会食言不给报酬，还要为忘恩负义的民族施恩修建特洛伊城墙。人们没有看到，相信这样的神比向这样的神发伪誓更加严重。荷马也不那么轻易相信，故事里说涅普顿和阿波罗都遭到了伪誓的冒犯，而他却写道，涅普顿在战争中反对特洛伊，阿波罗却保卫特洛伊。而如果人们相信了这样的故事，他们要为服侍这样的神而脸红；如果人们不相信这故事，他们就不能认为特洛伊因发了伪誓而有罪。他们要奇怪，为什么诸神因为伪誓惩罚特洛伊，却偏爱罗马。在那么巨大但腐化的罗马城里，喀提林的盟友（conjuratio）⑦竟然有那么庞大的军队，"还有靠发伪誓的手和舌头或靠他们本国公民的血而生活的那些人"⑧。那么多

---

③ 参见，维吉尔，《农事诗》，1：502；《埃涅阿斯纪》，4：502（但杨周翰先生的译本漏掉了拉奥墨东的名字，或者是直接写成了"特洛亚人"）。
④ 荷马，《伊利亚特》，4：441以下，罗念生、王焕生译本，人民文学出版社，1998。
⑤ 荷马，《伊利亚特》，20：302。
⑥ 维吉尔，《埃涅阿斯纪》，5：810—811。
⑦ 盟友（conjuratio），即共同发誓结盟的人。
⑧ 撒路斯提乌斯，《喀提林阴谋》，14：1—3。

元老的判断,那么多人民的选票,或是他们给案件的审判,都被腐化
了,难道不是伪誓之罪吗?即使道德再败坏,古人守誓的道德还是保
存着,因此,并不是宗教的敬畏使人们不犯罪恶,而是,人们认为,伪
誓在其他的罪恶之上又加了一条。

3. 诸神不会被帕里斯的奸淫所冒犯,因为他们之间也经常犯奸淫

　　特洛伊的确被更强大的希腊征服了,但没有什么理由认为,这是
因为帝国赖以立国的诸神⑨像是人们说的那样,因特洛伊人的伪誓而
发怒了。人们还把帕里斯的奸淫当作为神辩护的理由,说是因为这
事,众神才会发怒,抛弃了特洛伊,这也不对。诸神习惯于犯下这些
罪,而不是惩罚这些罪。撒路斯提乌斯说,"根据我个人的理解,罗马
城最初是由特洛伊人建立和居住的。在埃涅阿斯的率领下,四处流
浪的特洛伊人并无固定的住所"⑩。如果诸神真的因为帕里斯的奸淫
而生气要报复他,那罗马人就更要受罚,或者至少也要受罚,因为埃
涅阿斯的母亲就犯了奸淫。这些神会憎恨帕里斯做下的这丑事,却
不憎恨他们中间的维纳斯同安奇塞斯犯下的奸淫?埃涅阿斯就是因
这奸淫而生的。还有别的奸淫我先不提。难道是因为帕里斯的奸淫
使墨涅劳斯不愿意了(*indignante*),而伏尔坎⑪却默许维纳斯的奸
淫?我相信,诸神对他们的妻子并无醋意,甚至愿意(*dignentur*)和
人分享她们。也许人们会觉得我在讽刺这些故事,没有认真对待
这么一件严肃的事。那我们就暂且不信埃涅阿斯是维纳斯的儿

---

⑨　维吉尔,《埃涅阿斯纪》,2:352。
⑩　撒路斯提乌斯,《喀提林阴谋》,6:1。
⑪　维纳斯的丈夫。

子——如果这更好些。看啊,要让我让步,也可承认罗慕洛不是马
尔斯的儿子。而如果罗慕洛是马尔斯的儿子,为什么埃涅阿斯不
是维纳斯的儿子? 难道男神与人间女子这么做就是合神法的,而
人间男子与女神交媾就是不合神法的? 马尔斯按照维纳斯的法就
可以与人同房,为什么维纳斯依照她自己的法,就不能这么做了
呢? 这可真是一个古怪甚至难以令人置信的事。二者得到了罗马
权威的确认。在更近一些的时代,恺撒相信维纳斯是他的祖先[12],
就像当年罗慕洛认为马尔斯是自己的父亲。

4. 瓦罗的意见:他说,人们骗自己是神的后代是有用的

　　有人会说,你相信这些吗? 我真不信这些。他们中间最博学的
人瓦罗(Varro)[13],虽然说得不是那么理直气壮和无所畏惧,但他几
乎就是坦白这些是假的了。他说,让那些勇敢的人认为自己是神的
后代,哪怕是假的,毕竟对城邦有用;这样让人的心灵觉得自己是神
的后代,他们就会获得自信,就会勇敢地承担起伟大的事业来,做得
会更卖力,这样会更能事半功倍。这是瓦罗所表达的观点——我也
可以用我的话说类似的意见——你看这为造假打开了多么大的余
地! 既然在那里,连关于神自身的谎言都被认为是对公民有益的,我
们就可以理解,很多被认为神圣的和宗教性的东西,都可能是虚
构的。

---

[12] 苏维托尼乌斯在《罗马十二帝王传》中的恺撒部分谈到,恺撒在为他的姨妈裘力娅作的
葬礼演说中提到,他的母系家族通过埃涅阿斯的儿子裘鲁斯,可以上溯到维纳斯。

[13] 马可·特伦修斯·瓦罗(Marcus Terentius Varro,公元前116—公元前27),罗马诗人、
古典学家、法学家、地理学家、语法学家,极为博学。他著有七十四本书,六百多卷,但大
多失传。奥古斯丁非常推崇他,也引用了很多他的著作。瓦罗著作的残篇,很多是依靠
奥古斯丁的引用保留下来的。

5. 无法证明，诸神惩罚了帕里斯的奸淫，因为他们没有报复罗慕洛的母亲

　　至于维纳斯是否会与安奇塞斯交媾生下埃涅阿斯，或是马尔斯是否能够和努密托尔（Numitor）⑭的女儿交媾生下罗慕洛，我们姑且存而不论。几乎同样的问题在我们的圣经中也出现过，说遭到谴责的天使和人间女子交媾，生下了巨人，也就是极其高大强壮的人，布满了大地⑮。但现在我想把讨论集中在这样一个争论。如果他们经常读到的是真的，埃涅阿斯的母亲和罗慕洛的父亲是神，那么，诸神自己都不约而同这么做，他们怎么能限制人的奸淫呢？而如果这些是假的，他们就不能因为人们真正的奸淫而发怒，因为他们甚至为了自己那虚构的奸淫而喜悦。此外，如果人们不相信马尔斯的神话，维纳斯的神话也不相信，那么人们就没有理由因为神与罗慕洛的母亲交媾，从而为她的奸淫辩护。而西尔维娅（Sylvia）⑯还是维斯塔女神的女祭司，那么，诸神要惩罚特洛伊的帕里斯的奸淫，那就更该惩罚罗马这种渎神的丑事。在古代的罗马，如果发现维斯塔的祭司有什么丑事，甚至是要活埋的；而对于犯奸的一般妇女虽然也有一些惩罚，但是还不至于处死。人们认为神圣的神龛前的罪，比在凡人床上的应该得到更重的惩罚。

---

⑭ 努密托尔是阿尔巴的第十六个国王，被弟弟阿慕流斯篡夺王位。他的女儿西尔维娅是维斯塔的女祭司，生了罗慕洛兄弟。

⑮ 《创世记》，6，4；本书第十五卷 23 章又谈到了这个问题。

⑯ 即努密托尔的女儿，罗慕洛的母亲。

6. 罗慕洛的杀弟[⑰]罪行，诸神也没有报复

　　我举另外一个例子。如果人们犯的那些罪如此触怒了诸神，使得他们因为帕里斯的冒犯之罪而抛弃特洛伊，把她交给刀与火，那么，比起希腊丈夫受愚弄带来的特洛伊战争，罗慕洛的杀弟之罪更应该让他们憎恶罗马；基业初定的城中的兄弟相残，比已经王道流行的城里的奸淫，更应激怒诸神。很多人鲁莽地否定罗慕洛亲手杀了他弟弟，很多人出于羞耻心怀疑这一点，很多人出于悲哀不愿意承认，但是我所说的这一点，并不会因为究竟是罗慕洛命令人下的手，还是自己动的手，而有区别。就此事而言，我们该没有保留地参考那记录下此事的众多作者的见证，这见证都是该重视的：众所周知，罗慕洛的弟弟不是被敌人，也不是被外邦人杀死的。不管罗慕洛是动手杀他，还是命人杀他，罗慕洛在罗马人中的权威，都高过帕里斯在特洛伊人当中的权威；那么，为什么夺了一个外邦人的妻子的采花贼就引起了诸神对特洛伊人的怒气，而杀死了自己弟弟的凶手反而为罗马请来了诸神的庇佑？如果，那件丑事真的不是罗慕洛干的，也不是受了他的指使，那总该得到复仇的；否则，就是整个城做的这件事，因为整个城都忽视了这事，那罗马城杀害的就不是弟弟，而是父亲，那就更糟了。兄弟两个都是罗马的建立者，其中一个被卑鄙地除掉了，不得成为国王。在我看来，人们说特洛伊做的坏事使她应该遭到众神的遗弃，从而可以被毁灭，而罗马是好的，所以让众神住在她那里，可以繁荣昌盛，这都是不对的；除非是诸神也被打败了，逃离了特洛伊，来到罗马，为的是仍像以前那样欺骗；他们同时也留在了特洛伊，就

――――――――――

⑰ 原文此处误作"弑父"（*parricidium*）。

是为了，一旦有谁再回到那块土地上居住，可以按照他们的方式继续欺骗他们，而在罗马，因为他们把自己的骗术玩得更好，他们获得了更大的尊荣。

7. 马略的将领芬布里亚对伊利昂的毁灭

真不知道，可怜的伊利昂究竟犯了什么错，以至于在罗马内战爆发之时，芬布里亚[18]，马略的派别中最坏的人，又毁灭了她，甚至比希腊人的毁灭还要凶残和血腥[19]？特洛伊第一次被毁灭时，很多人从那里逃走，还有很多人被俘虏，当了奴隶活下来；但是芬布里亚事先就发布了一道命令，说一个也不放过。于是他把整个城以及里面所有的人都一把火烧掉。这就是伊利昂的结局，不是来自被她的邪恶所触怒的希腊人，而是来自在伊利昂的灾难之后兴起的罗马人。那么，伊利昂与罗马共同信仰的诸神就要么是没有帮助他们避免这毁灭，要么是没有能力帮助——这才是真相。特洛伊在古代希腊人的劫火之后重建了城市，而今，他们藉以立"镇"的神，又"都已经离开了他们的庙宇和祭坛"[20]？如果他们都逃跑了，我就要询问原因，我发现特洛伊城的市民越是变得好了，诸神就越是坏了。市民们甚至向芬布里亚紧闭城门，要为苏拉保存一个完整的城；于是被激怒的芬布里亚烧了特洛伊，或者说毁灭了特洛伊。到此时，苏拉还是内乱中比较好的一方的领袖，试图用武力重建共和；他的好的开端还没有走到坏的结果。特洛伊人为了更好地服务于罗马城邦，对抗罗马共和国的弑父

---

⑱ 盖乌斯·弗拉维乌斯·芬布里亚（*Gaius Flavius Fimbria*），马略的支持者，极为残忍。公元前 84 年，为了不落入苏拉之手而自尽。

⑲ 李维，《罗马史》，83（已佚）；阿庇安，《罗马史》，"米特拉达提争"部分。

⑳ 维吉尔，《埃涅阿斯纪》，2：351—2。

者，对他们关上城门。这个城的公民还能做什么更好的事吗？还能更真诚，更忠诚，和罗马建立更好的母女关系吗？为什么这个城招致了如此巨大的毁灭，那些诸神的捍卫者要考虑了。那些神因为奸淫，把伊利昂抛在了希腊人的战火之中，在特洛伊的灰烬中诞生了贞洁一些的罗马。但是以后，诸神为什么再次抛弃已经与罗马结亲的同一个城？她并没有反叛罗马，这个高贵的女儿，而是以最坚韧和虔敬的忠诚服从于她更正义一些的派别；这一次，诸神没有把她抛给希腊那些英雄来毁灭，而是让罗马人中最低贱的人来毁灭她。也许是因为伊利昂臣属于苏拉这一派冒犯了诸神，因为可怜的伊利昂人为服务于苏拉关上了城门。但是诸神为什么又向同一个苏拉应许和预言那么多好处呢？他们不是又一次告诉人们，他们是幸运者的马屁精，却不是不幸者的护卫者？但是伊利昂这时的毁灭，并不是因为被他们抛弃了。这些鬼怪随时都在等待欺骗的机会，但他们只做他们能做的。李维写道[21]，在所有神像被毁灭和烧掉以后，在密涅瓦的神殿的大片废墟中还留下了她的塑像，它还完好地站立着。不能因此就这样赞美诸神："祖国的诸神，使特洛伊永远站立。"[22]但这却足以使人不再辩护说，诸神"都已经离开了他们的庙宇和祭坛"[23]。那些神被允许有一些法力，并不能证明他们有力量；但却可以说服人们，他们确实在场。

8. 罗马是否应该托付给伊利昂诸神

那么，在特洛伊自己的例子之后，让这些孱弱的诸神当罗马的守

---

[21] 李维，《罗马史》，残篇，20；欧布西昆斯，《论征兆》，56b。
[22] 维吉尔，《埃涅阿斯纪》，9：247，译文有改动。
[23] 维吉尔，《埃涅阿斯纪》，2：351—2。

护者,难道会是明智的做法吗? 有的人说,在芬布里亚攻打并占领伊利昂的时候,这些神已经习惯了在罗马居住。那么为什么密涅瓦的塑像还站在那里呢? 其次,如果在芬布里亚攻打伊利昂的时候,他们是在罗马,那么在罗马又遭到了高卢人的占领和焚烧的时候,他们是不是碰巧到了伊利昂呢? 在卡匹托利山尚未失陷的时候,他们的听觉如此灵敏,行动如此迅急,以至听到鹅的叫声就能够迅速赶回,解了卡匹托利山之围,使此山完好无损;但是在别的地方发出的警报却那么慢,让他们无法回去保护。

9. 努马做王的时候的和平,我们是否该相信要归功于诸神

人们还认为,这些神也帮助了罗慕洛的继承者,努马·蓬皮利乌斯,所以他在位期间一直是和平的,雅努斯的庙门总是关着,因为这门在战争时期都要打开。显然他是应该得到帮助的,因为他为罗马人设置了很多圣礼[24]。这个人要是把闲暇都用在有益的事情上,放弃那最有害的好奇心,以真正的虔诚寻求真正的上帝,那他可就真是值得祝贺的人了。但现在,那些神好像并没有带给他这样的闲暇;如果他的闲暇少些,他们反而可能少欺骗他一些。他们越是发现努马不忙碌,他们就越会占用他的那些时间。瓦罗谈到努马做了什么,以及他用什么技艺得以把这些神与自己或者城邦联系起来[25],如果主愿意,我会在合适的地方更详细地讨论这个问题[26]。现在谈的,是诸神是否给他们带来福祉这个问题。和平是很大的福祉,但是来自真正的上帝,就像阳光雨露和别的维持生命的东西,也会降落到不知感恩

---

[24] 李维,《罗马史》,1:20;西塞罗,《共和篇》,2:14,26。

[25] 瓦罗,《人神制度稽古录》(残篇),178(仅见于奥古斯丁)。

[26] 见本书,7:34。

的人和坏人身上[27]。但是如果诸神把这些巨大的好处带给了罗马或蓬皮利乌斯,那为什么后来在罗马帝国更值得赞美的时候,他们就再也不降福了呢? 难道是那些神圣的仪式在刚刚形成的时候,比形成以后用于庆典时更有用吗? 当时这些还不存在,是努马把它们加了进来;这以后它们就真的存在、得到遵从了,那就该发挥作用了。在努马在位的四十三年(或者,如果一些人坚持认为,三十九年)的时间里,有那么漫长的和平时期[28]。而后来,圣礼建立了,而诸神自身也被这些圣礼邀请到了罗马,开始保卫和指导人们的生活,从建城以后一直到奥古斯都时代,这么多年里,只有一年,就是第一次布匿战争结束后的一年,罗马的战争之门又能关上了——这就被当成了巨大的奇迹[29]。

10. 在努马治下,罗马本来是安静而安全的,那么,罗马人那么疯狂地发动战争,扩张帝国,是不是该选择的呢

有人回答说,如果不是罗马帝国那么接二连三地征战扩张,它能这么开疆拓土、光荣远播吗? 说得好! 帝国要变得伟大,为什么就应该不得安宁呢? 对于人的身体来说,身材矮小但是健康,不是好过为追求臃肿高大而导致百病缠身吗? 你虽然会达到,却不得休息,肢体越是高大,越是遭到坏事的烦扰。如果撒路斯提乌斯所记载的时代能够延续下来,这怎么会是坏,这怎么会不是更多的好呢:"因此,国王们(这个词最初的意思是'地上的帝国(*imperium*)')依据自己的

---

[27]《马太福音》,5:45。

[28] 李维,《罗马史》,1,21;欧特洛匹乌斯,《罗马简史》,1:3;西塞罗,《共和篇》,2:14,27。

[29] [译按]某一年如果有战争,雅努斯的庙门都要开着;所以,雅努斯的庙门如果关上,就是和平时期。

不同爱好采取了不同的办法,有些人锻炼他们的头脑,有些人锻炼他们的身体。即使在那个时候,人们的生活还没有受到贪心的控制;每个人都过着知足常乐的日子。"⑩而帝国如此加倍扩张不正是维吉尔所厌恶的事情吗?他说:"后来渐渐的世风日下,时代变得暗淡无光,人们疯狂地好战,贪欲横流。"㉛当然,罗马人投入和发动这些战争是有一个正当的防卫理由的。罗马不得不抵抗那些野蛮敌人的入侵,并不是贪于得到人们的赞颂,而是出于维护安全与自由的必要。确实是这样的。正如撒路斯提乌斯所写的:"法律、风俗和土地都得到发展,国家看来变得足够富饶和强壮了,于是就像必朽者常见的情况那样,财富导致了嫉妒的产生。于是,相邻的国王与民族发动了战争;只有很少来自朋友的帮助,因为别人都害怕被推入危险,逃避了。但是罗马人是十分注意于维护他们和平时期和战争时期的利益的,他们于是赶忙作了准备,相互激励着去迎击敌人,用武力来保卫他们的自由、他们的国家和他们的父母。后来,当他们的勇敢使他们摆脱了危险的时候,他们又去帮助他们的联盟者和友人,因此他们同联盟者结成友好的关系,毋宁说是为了服务于他们,而不是有所求于他们。"㉜于是,罗马以这样的技艺很体面地崛起了。但是在努马做王的时候,有那么长时间的和平,那么是因为即使有坏人侵略和发动战争,也仍然维持了和平呢,还是就没有这样的坏人,所以和平才得以持续呢?也许罗马那时候遭受了战争挑衅,但是并没有用刀兵对抗刀兵,不必用战争决胜负,采取了某种办法,就不战而屈人之兵,也不必用武力威慑敌人;这种办法可以永远采用,罗马可以永远关上雅努

---

⑩ 撒路斯提乌斯,《喀提林阴谋》,2:1,王以铸译,有改动。

㉛ 维吉尔,《埃涅阿斯纪》,8:326—327。

㉜ 撒路斯提乌斯,《喀提林阴谋》,6:3—5。本段王以铸译本与拉丁原文出入较大,故很多地方没有依照王本。

斯的庙门，在和平中行王道。如果罗马没有这个能力，那罗马能够享
受和平就不取决于他们的神，而是取决于他们四周的邻居是否想侵
略，而那时他们恰好没有对罗马发动战争；那么这些神厚颜无耻地兜
售的东西，其实取决于别人愿意还是不愿意。这些鬼怪在被允许的
情况下，可以利用他们的罪过恐吓或鼓动那些坏人的心智；但是如果
他们永远能够这样，如果没有什么别的更隐秘和更高的力量来对抗，
使他们的企图不能得逞，他们就应该永远利用自己的能力降下和平，
或是永远让战争取得胜利，但是这些似乎总是由人们心灵的活动决
定[33]；这些经常会与那些神的意志相左，不仅那么多骗人的故事证明
了（这些故事既不能讲述什么真相，也没有比喻什么真相），甚至罗马
的历史也坦白了。

11. 库马的阿波罗像，人们相信，它的眼泪预示了希腊人的灾难，而阿波罗却爱莫能助

库马的阿波罗的故事也不外乎此。在对亚该亚人（*Achaeus*）和他
们的王阿里斯多尼克斯（*Aristonicus*）的战争中[34]，阿波罗的神像据说

---

[33] ［译按］对这句话的逻辑，可以有两种理解。Dods 的译本理解为，战争与和平取决于人
的心灵，而不是取决于神，因此，诸神起不到作用，从而直接推出下一句话。Dyson 理解
为，因为战争与和平都是通过人的心灵实现的，诸神若总是能影响人的心灵，就应该总
能影响战争与和平。这样，这句话语下一句话的关系就是转折。从理解上，我接受
Dods 的，但是从语法上，Dyson 的理解并不是完全讲不通的。

[34] 公元前二世纪前期，希腊有些城市的平民造反，于是亚该亚同盟趁机攻打希腊，公元前
146 年，罗马军队击败同盟，结束战争；阿里斯多尼克斯，生年不详，公元前 132 年，小亚细
亚的波加姆（*Pergamum*）王国归顺罗马，阿里斯多尼克斯在该国领导了奴隶和平民暴动，
后被罗马擒获，于公元前 129 年被处决。这两件事之间并无关系，奥古斯丁把两次战争混
淆了。

哭了四天③;那些占卜师被这个征兆所震慑,于是就想把神像投到海里去,库马地方的老人介入,提到同样的征兆在与安提俄库斯(Antiochus)⑥和珀尔修斯(Perseus)⑦的战争中都曾经显现。因为这对罗马人是有利的,元老院决定,由这些老人出面,把礼物献给阿波罗。经验尤其丰富的预言师得到召见,解释说,阿波罗神像的哭泣预示着罗马的繁荣。库马是希腊的殖民地,阿波罗是从希腊带来的,他的哭泣预示着他的土地希腊的灾难和他的悲哀。随后有报告说,国王阿里斯多尼克斯被征服而且被抓住了,阿波罗是不愿意他被战胜的,所以才悲哀,用他那石塑的神像的眼泪表达出来。这说明,那些诗人的诗歌虽然是编造的,但不是胡说,而是在描述这些鬼怪的情状的时候道出了几分真实。在维吉尔笔下,狄安娜为卡米拉哀伤,赫拉克勒斯为即将死去的帕拉斯哭泣⑧。也许正是因为这个,努马·蓬皮利乌斯在享受了长期和平后,既不知道是谁给的和平,也不想去探讨一下,而是利用闲暇时间,思考应该把罗马的安全和统治交给哪一个神。他不认为看护他的土地的是那真正的万能的上帝,而是重新服侍埃涅阿斯所带来的特洛伊诸神。但是这些神既不能维护特洛伊,也不能让埃涅阿斯在拉丁民族中建立的王国社稷永存。于是他觉得,除去那些随着罗慕洛来到罗马和那些阿尔巴被毁灭的时候来到的神之外,应该找到别的神,保护他们不再逃亡,或是在他们软弱时帮助他们。

---

③ 欧布西昆斯,《论征兆》,28;西塞罗,《论占卜》,43:98。

⑥ 安提俄库斯三世,叙利亚王,于公元前 190 年被西庇欧击败。

⑦ 这并不是希腊神话中的宙斯之子珀尔修斯,而是马其顿王,公元前 168 年在第二次马其顿战争中被艾米利乌斯·保罗(Aemilius Paulus)击败。参见普鲁塔克《希腊罗马名人传》中的"艾米利乌斯传"。

⑧ 维吉尔,《埃涅阿斯纪》,11:836—849;10:464—465。

12. 除去努马设置的之外，罗马人还为自己添加了多少神，数目如此众多的诸神中，没有一个帮助了他们

　　蓬皮利乌斯创制了那么多仪式，但是罗马似乎觉得这还不够。因为朱庇特自己还没有最大的神殿；于是塔昆王修建了卡匹托利山[39]；埃斯科勒庇俄斯（Aesculapius）也从埃皮达罗斯（Epidaurus）来到罗马[40]，于是这个技艺最精湛的医生就可以在最高贵的城里更加光荣地展示他的医术了；神母也从不知道在哪儿的派西农特（Pessinunte）来了[41]；她的儿子统治着卡匹托利山，而她却待在一个微贱的地方，这是不合适的。而如果她是诸神之母，那她就不仅仅随着一些儿子来到了罗马，而且还叫别的儿子跟着她来了。我有些疑惑，她是不是辛诺克法鲁斯[42]的母亲，辛诺克法鲁斯很久以后才从埃及来。至于发烧神是否也是她所生，要由她的曾孙埃斯科勒庇俄斯来决定[43]。在我看来，不论一个女神出生在哪里，只要成了罗马公民，外邦的诸神就不敢说她是微贱的。谁能数出保护罗马的神的数目？其中包括本土的和外邦的，天上的和地上的，地下的和海里的，泉水里的和河水里的。就像瓦罗所说的，其中包括确定的和不确定的神[44]，各种各样，就像动物一样，每样都有雄有雌[45]。在所有这些神的

[39]　李维，《罗马史》，1：55。

[40]　李维，《罗马史》，10：47。

[41]　李维，《罗马史》，29：10—11。

[42]　Cynocephalus，意为"犬首"，是从埃及引进的狗头神。见本书2：14.2。

[43]　因医神埃斯科勒庇俄斯是阿波罗之子，阿波罗是朱庇特之子，所以他是神母的曾孙。奥古斯丁这里说，发烧女神取决于医神，又一次嘲弄了希腊罗马的神话。

[44]　关于瓦罗所谓确定的和不确定的神，参见本书卷七，17。

[45]　瓦罗，《人神制度稽古录》（残篇），185，194；德尔图良，《反异教》，2：9.3，12.2；阿诺庇乌斯，《反异教》，7：19—20。

保护下建立的罗马,当然应该免于众多可怕灾难的骚扰和动荡。在众多的例子中,我会提到几个。通过罗马祭坛上的大雾,就像通过给出信号一样,罗马召唤了那么多的神来保护她,为他们设立和提供了那么多神殿、祭坛、祭祀仪式、祭司,于是得罪了那最高的真正的上帝,因为所有这些都只该归于他。罗马在神的数目少的时候过得更幸福些,但是随着她变得更大,她觉得自己需要更多的神,就像大船需要更多的水手。我相信,罗马一定是对那很少的神失望了,认为他们已经不能满足她的庞大了,虽然她在这比较少的神保护下过得比后来的生活更好。其实,就是最初在罗马自己的国王统治下(我前面讨论的努马·蓬皮利乌斯除外),也有那么多不和与争斗之类的坏事,所以罗慕洛才要杀死他的弟弟。

13. 罗马人靠什么法律、什么契约得到了最初的妻子

朱诺会和她的丈夫朱庇特一起"爱抚这些世界的主宰者,这个穿拖袈袍(togatus)的民族——罗马人"[46]。但无论她还是维纳斯,都不能帮助埃涅阿斯的子孙,用善良和正当的方式娶妻。而诸神的这种无能带来了如此大的灾难,让罗马人用计策掠夺,不久之后还被迫和岳父作战,让那些可怜的女人还没有从丈夫的伤害中缓过来,就得到了父亲用血做的嫁妆[47]。在这场冲突中,罗马人战胜了他们的邻居。但是他们的胜利使双方都伤亡惨重,亲戚和邻国都要忙于丧事!恺撒和庞培的战争是一对翁婿之间的战争,对于恺撒的女儿(也就是庞培的妻子)之死,卢坎被深重的正义的哀伤所感染,感慨说:"发生在

---

[46] 维吉尔,《埃涅阿斯纪》,1,281—282。罗马人的长袍在当时代表了文明与和平的时尚。穿长袍就意味着一个人成为罗马公民,有了文明人的身份。

[47] 维吉尔,《埃涅阿斯纪》,7,317—318;李维,《罗马史》,1,8—9。

俄马修斯（*Emathius*）的战争比国内战场上的还要惨烈，我们歌唱的是被称作正义的丑事。"⑱罗马人取得了胜利，他们用残酷杀害了岳父的手，去搂住死者那可怜的女儿的腰；那些女儿也不敢为被杀的父亲哀哭，以免得罪胜利的丈夫；而就在战争进行当中，她们不知道应该为谁祈祷。不是维纳斯，而是战争女神贝罗娜送给罗马人民这些婚姻；当初朱诺怂恿冥界的复仇女神阿列克托（*Alecto*）怒气填胸，对抗埃涅阿斯，而今朱诺偏向于罗马人了，但相比起来，也许阿列克托倒有了更大的自由来报复罗马人⑲。被俘虏的安德洛玛刻（*Andromacha*）比嫁到罗马的女人还幸福些。安德洛玛刻虽然成了奴隶，但是皮鲁斯（*Pyrrhus*）在拥抱了她之后，就没有再杀害特洛伊人；但是罗马人在沙场上杀死了自己的岳父，又在床笫间拥抱着他们的女儿。安德洛玛刻对征服者委屈承欢，但她还是可以哀悼，不必害怕她的人民会被杀⑳。但是萨宾的女人同战争的双方都是亲人，在她们的丈夫出征的时候害怕父亲的死伤，在他们凯旋的时候又会哀悼，但是又没有害怕和哀伤的自由。要么她们孝顺地为自己的同胞公民、邻居、兄弟、父亲或朋友遭到惨死而悲伤，要么为丈夫的胜利而残忍地欢笑。同时，因为战场上变化多端，有些人的父亲杀死了她们的丈夫，还有些人的父亲和丈夫在对方的刀下双双毙命。对于罗马人来说，这也不是小事。罗马城终于被包围了，他们必须从紧闭的城门背后抵抗；敌人用计赚开了城门，来到了城墙之内，广场被污染了，双方在那里陷入了翁婿之间极为残酷的较量，抢亲者被打败了，在自己

---

⑱ 卢坎，《法萨利亚》，1：1—2。

⑲ 关于朱诺召唤复仇女神阿列克托来危害埃涅阿斯一行，参见维吉尔，《埃涅阿斯纪》，7：323 以下。

⑳ 特洛伊英雄赫克托尔的遗孀被阿基琉斯之子皮鲁斯掳去，为他生了三个儿子，见维吉尔，《埃涅阿斯纪》，3：303—313。

的房子之间乱哄哄地逃窜。罗马人原先的胜利本已可耻又可悲,现在这胜利又被大大地抹了黑。罗慕洛对罗马人的德能(*virtute*)已经失望,于是祈求朱庇特叫人们站住。就是因为这个时刻,他又给朱庇特起了一个"阻止者"的名字[51];要不是那些被劫的女子披头散发冲了出来,扑倒在他们的父亲面前,不是用胜利的武器,而是用孝顺的乞求,来平息他们极为正义的愤怒[52],这么大的坏事还不会就此结束。于是,萨宾国王提图斯·塔提乌斯(*Titus Tatius*)[53]与罗慕洛结盟共治,可是罗慕洛是连和他的兄弟共治都不愿的呀;他不愿与兄弟共治,怎么会长期容忍塔提乌斯?很快塔提乌斯就被杀了,罗慕洛成为唯一的王,于是他就成为更大的神。这是怎样的婚姻法,这是怎样的战争起因,这是怎样的同盟共治(*societatis*),怎样的亲家,怎样的联盟,怎样的神性啊!这就是那么多神的保护下罗马城的生活吗?你看,这里有多少事情要说,可以说多少,不过我们的意图是要关心更重要的问题,我们还是赶快进入别的问题。

14. 罗马对阿尔巴人发动了不虔敬的战争,因为统治欲而取得了一些胜利

14.1 努马以后,历代国王的治下又如何呢?对阿尔巴发动战争,是多么坏的事啊,不仅对阿尔巴人如此,对罗马人也是如此。那当然是因为努马时代升平日久,变得太单调。在战争中,罗马与阿尔巴的军队都杀伤甚众,两个城也都损失惨重。那个阿尔巴是埃涅阿

---

[51] 李维,《罗马史》,1:12。

[52] 李维,《罗马史》,1:13。

[53] 提图斯·塔提乌斯,萨宾国王,为萨宾妇女杀入罗马城,后来与罗慕洛结盟。奥古斯丁说罗慕洛杀他的说法,没有史料根据。

斯的儿子阿斯卡纽斯(*Ascanius*)所建,比起特洛伊来,是更名副其实的罗马之母,罗马王图鲁斯·霍斯提利乌斯(*Tullus Hostilius*)[54]却挑起与她的冲突,双方在冲突中都伤害了对方,也都遭到了伤害,直到双方都被众多的伤亡折腾疲乏了。然后双方分别选出了三兄弟,战争胜负取决于兄弟的决斗:罗马的是三个贺拉斯,阿尔巴的是三个库里阿斯。三个库里阿斯杀死了两个贺拉斯,但是三个库里阿斯被最后一个贺拉斯战胜和杀死。于是,罗马以这样极端惨重的代价取得最后的胜利,六个人中只有一个回到了家。双方谁遭到损失,谁该承受悲哀呢,不都是埃涅阿斯的苗裔、阿斯卡纽斯的后代、维纳斯的孩子、朱庇特的子孙? 母女城邦之间交战,更有甚于内战。这双方三兄弟的激烈交锋之后,还有另一件残忍而可怖的坏事。由于双方人民本来是朋友(是邻居而且是族亲),一个库里阿斯和三个贺拉斯的妹妹有婚约;决斗之后,当妹妹看到自己凯旋的哥哥拿着未婚夫被缴获的武器,她流下了眼泪,于是被那个哥哥杀掉了。在我看来,这一个女子有这样的情感,她比整个罗马民族都更有人性。她的亲哥哥杀死了自己亲妹妹的未婚夫,而她则为未婚夫保持了许诺了的忠贞。我认为,她无论是为未婚夫而悲哀,还是为亲哥哥而痛苦[55],她的哭泣都是无罪的。在维吉尔看来,虔敬的埃涅阿斯为自己亲手杀死的敌人悲伤不是值得赞美的吗[56]? 马凯鲁斯在想起正在辉煌的巅峰的叙拉古不久前在他的手里跌入尘埃,就想到了人类的共同处境,不是也为此

[54] 图鲁斯·霍斯提利乌斯(据说,公元前673—公元前642在位),传说中罗马的第三任国王,他背离了努马的和平政策,羡慕罗慕洛的尚武精神,于是发动战争,毁灭了阿尔巴。他对周围的很多部族都发动了战争。但到了晚年,他厌倦了战争,怀念努马时代的和平,对诸神更加虔敬。但据说朱庇特并不满意,在他祈祷时把他的房子烧成了灰烬。
[55] 李维,《罗马史》,1:23—26。
[56] 维吉尔,《埃涅阿斯纪》,10:821—826。

惨然落泪吗⑰? 如果为被自己征服的敌人流泪都是可赞美的,那么,这个女子为了被亲哥哥杀死的未婚夫流泪更是无罪的,这来自人之常情。这个女子为了被哥哥杀死的未婚夫而流泪,但是罗马却在为给母亲城造成那么大的战争毁坏,为族人双方流了那么多血带来自己的征服而高兴。

14.2 为什么对我讲"赞美"、"胜利"这些名词? 我们把那荒唐意见的装饰去掉,赤裸地考察,赤裸地权衡,赤裸地判断事件本身。我们判断阿尔巴的公案,就像判断特洛伊的奸淫一样。但这里没有那样的奸淫,不能作出类似的判决;一切的发生就是因为"图鲁斯将打破国家的安逸,激发怠惰的人们起来习武,把懒散的军队引向胜利"⑱。就是因为这丑恶的目的,才导致了同盟亲族之间的战争。撒路斯提乌斯简略谈到了这项重大罪过。他谈到古代的时候简单地赞美了他们,说那些人们的生活不是靠欲望推动的,而是知足常乐。他随后说道,"但是当亚细亚的居鲁士,希腊的拉克戴蒙人和雅典人开始征服各个城市和民族,把对于统治的渴望当作发动战争的借口,把最大限度地扩充帝国看成是最大荣耀"⑲。他还谈到了其他一些。在我看来,他的这些话已经足够了。霸欲可以激起人们的大恶,拖垮人类。就是因为这种欲望,罗马在战胜阿尔巴时,胜利就征服了她自己。她把自己做的那丑事称为值得赞美的荣耀。我们的经上说:"因为罪人以心愿自夸,他祝福贪财的,却轻慢主。"⑳把骗人的华服和欺人的妆点去掉,我们就可以考察事物的本来面貌。谁也别对我说:某某很伟大,因为他和某某打仗并且打胜了。即使是角斗士也打仗,也

---

⑰ 李维,《罗马史》,25:24;本书 1:6。
⑱ 维吉尔,《埃涅阿斯纪》,6:814—815。
⑲ 撒路斯提乌斯,《喀提林阴谋》,2,2。译文有改动。
⑳ 《诗篇》,10,3;"罪人"和合本作"恶人"。

胜利，并且他们的残忍也会得到奖励和赞美；但是我想，宁可承担好吃懒做的后果，也不必这样身披重甲地求取光荣。即使是在角斗场里，当角斗士相互发难攻击的时候，如果双方一个是儿子一个是父亲，谁能忍受这种景象？谁不掩面而去？那么，母女二城之间兵戎相见，又何谈光荣？也许有人说这不一样：角斗场和宽阔的战场不同——战场上不是只有两个角斗士，而是躺着两个民族当中很多战士的尸骨；那样的争斗不发生在竞技场里，而是幕天席地，那不敬的场景一旦上演，只要名声流传下去，在人们的生前死后，就都是全世界在观看。

14.3　那些神是罗马帝国的热诚护卫者，也是这些表演的场外观众，有力量不为所动，哪怕贺拉斯的妹妹倒在她哥哥的剑下，和两个哥哥加在一起也成了三个。就像对方死了三个库里阿斯，这样，罗马虽然取胜了，但是死的人并不少。然后作为胜利果实，阿尔巴被摧毁了。在伊利昂被希腊人摧毁之后，埃涅阿斯最先在拉维尼乌姆建立了海外流亡王国，在拉维尼乌姆之后，特洛伊诸神把阿尔巴当成了第三个驻地。但是那些神也须按照惯例又要迁出这里，于是让阿尔巴毁掉了。显然，"藉以立国的神，都已经离开了他们的庙宇和祭坛"[61]。你看，他们确实离开了这第三个地方，第四个城罗马被认为是最受神意青睐的。因为阿慕流斯在那里赶走了他的兄弟[62]，阿尔巴没有取悦诸神；罗马却取悦他们了，虽然罗慕洛在杀弟之后即王位。但是据说在阿尔巴被毁灭之前，阿尔巴的人民被迁移到了罗马，于是两个城合为一个城。即使事实如此，毕竟阿斯卡纽斯的王国，特洛伊诸神的第三个家乡，罗马的母亲城，被女儿城毁灭了。为了让战后余生的两个民族惨兮兮地合并为

---

[61]　维吉尔，《埃涅阿斯纪》，2；351—352。
[62]　阿慕流斯是努密托尔的弟弟。阿慕流斯赶走了努密托尔，做了阿尔巴的王。参考本书卷五。

一,双方流了太多的血。我又怎能一个一个数出,别的国王治下那不断重复的所有战争?看上去,这些战争在胜利中结束了,但一次一次在这样的大屠杀之中完成了,一次一次在翁婿之间缔结了和平协议,但又不断在人们的后代之间重复着。那些国王再也没有关上战争之门,这就是这灾难的有力证据。在所有那些神的保护下,他们中没有一个在和平中为王。

15. 罗马诸王的生活与结局如何

15.1 他们那些国王自己的结局如何呢?关于罗慕洛,有个吹捧的神话,说他被接到了天上;人们在他们的史书上看到,由于过于残暴,他被元老院处以俎醢之罚,但是一个名不见经传的裴力斯·普罗克鲁(*Julius Proculus*)受到唆使,说罗慕洛向他显现,通过他命令罗马人民,要把他当作神一样服侍[63]。通过这种方式,已经开始愤怒地攻击元老院的罗马人民被压制和平息下来。当时又发生了日食,于是那些愚昧无知的大众把这归给了罗慕洛的品德,而不知道日食是遵循太阳运行的特定规律的。如果这真的代表了太阳的哀痛,人们不更应该相信罗慕洛是被杀的?阳光的暗淡或许已经表明了此中有丑事;事实上,当我主基督被犹太人残忍而不敬地钉在十字架上的时候,就发生了同样的事[64]。但是这次太阳的暗淡不是按照星座运行的规律发生的,因为这发生在犹太人的逾越节期间——这就是足够的证据了。因为这个节日要在月光充足的时候庆祝,而按照规律,日食只发生在月晦之时。西塞罗就充分地指出,说罗慕洛到了诸神那

---

[63] 李维,《罗马史》,1:16;西塞罗,《共和篇》,2:10,20。

[64] 《马太福音》,27:45;《马可福音》,15:33;《路加福音》,23:44。

里,与其说是事实,不如说是假想的。在《共和篇》中,即使当西庇欧赞美罗慕洛的时候,他也说:"他的功业如此巨大,所以,当他在一次日食当中突然不见的时候,人们认为他该归入诸神之列,如果那必朽者是没有杰出美德和荣耀的人,没有人会追随这种意见。"⑥他说罗慕洛突然不见了,就要把这理解为,他要么被狂暴的天气吞噬,要么遭到秘密的谋害;因为他们别的著作中记载,那天除了日食外,还有狂风暴雨,这或者是提供了谋杀的机会,或者是把罗慕洛就这样吞噬了⑥。西塞罗在同一部书里提到了图鲁斯·霍斯提利乌斯,就是从罗慕洛算起的第三任国王,他被一阵闪电击死了⑥。虽然他死得和罗慕洛很像,但是人们不认为他被接到了神那里。这也许是因为,在罗慕洛那里,罗马人所承认和相信的,他们不愿意再次轻许于人(vulgare)⑥了。如果人们那么轻易地把这种说法安给这个或那个,那就变得不值钱了。他甚至在一篇抨击演说中公开讲:"建造了这座城的那位罗慕洛,我们出于敬爱和他的名望,把他当成了与不朽的神一样来看待。"⑥他表明,这不是发生了的事实,而是因为他的德性,人们应该出于敬爱来宣扬他,传播他的名声。在《霍滕修斯》(Hortensius)中,他在谈到日食规律的时候又说:"日食产生的黑暗就是罗慕洛死时出现的那种,那就是在太阳暗淡的时候发生的。"⑦他根本不避讳说罗慕洛的死,因为西塞罗要以此来论证,而不是在赞美他。

---

⑥ 西塞罗,《共和篇》,2:10.17。

⑥ 李维,《罗马史》,1:16。

⑥ 西塞罗,《共和篇》,2:17.32。

⑥ [译按]vulgo 一词,既可以是"下贱地轻易许给"(如娼妓的人尽可夫一般)的意思,也可以是"散布到民间"的意思。两种意思在这里都通。但根据上下文,前一种更恰当。

⑥ 西塞罗,《反喀提林》,3:1.2。

⑦ 西塞罗,《霍滕修斯》(残篇),66。

15.2　在罗马民族其他的国王当中,除去努马·蓬皮利乌斯和安克·玛提乌斯(*Ancus Martius*)⑦是死于疾病之外,别的人都不得善终。图鲁斯·霍斯提利乌斯,我已说过,征服和毁灭了阿尔巴,而他的整个屋子被雷电吞噬⑦。老塔昆(*Priscus Tarquinius*)⑦被他的前任安克的儿子刺杀⑦。塞维乌斯·图利乌斯(*Servius Tullius*)⑦被他的女婿骄傲者塔昆卑鄙而丑恶地杀害,塔昆继承王位⑦。就是在罗马民族这个最好的国王被弑的时候,那些神也没有离开他们的庙宇和祭坛。但是他们说,这些神却离开了特洛伊,把可怜的特洛伊人抛弃在希腊人的劫掠和烧杀之中,理由是帕里斯犯了奸淫;而在塔昆弑杀岳父篡夺王位的时候,他们仍然高高在上。这个卑鄙的弑父者就是因为弑杀了岳父而即位,诸神却高高在上,任他发动很多战争,取得辉煌的胜利,用战利品建造卡匹托利山的神殿,诸神都没有离开

---

⑦ 安克·马提乌斯(公元前642—公元前617在位),罗马第四任国王。据说,他是努马的女儿的儿子,因而希望恢复外祖父时代的文治。但与拉丁人的战争改变了他的想法。他征服了拉丁人,攻占了很多城镇,充实了罗马的人口。这些被征服的拉丁人,成为最初的平民。他还在台伯河口建了殖民地,在罗马兴建了很多公共设施。

⑦ 李维,《罗马史》,1:31。

⑦ 老塔昆的祖先本为哥林多的希腊商人,后移居俄特鲁利亚的塔昆城。塔昆不满足于低下的地位,在妻子唆使下,来到罗马,受到安克的喜爱,后继承王位,成为第五任罗马国王(公元前616—公元前519在位)。他在位期间,发动了很多战争。除了辉煌的战果外,他还兴建了很多工程,尤其是罗马城的下水系统,现在还保存着。后来,他被安克的儿子派人杀死。

⑦ 李维,《罗马史》,1:40。

⑦ 塞尔维乌斯·图利乌斯(公元前578—公元前535在位),罗马第六任国王。他年轻时的故事充满了神话色彩。据说他和母亲是被俘房的奴隶,在诸神,特别是命运女神的眷顾下发迹(因此,他的塑像在命运女神神殿里)。他在战争中表现出色,老塔昆把女儿嫁给他,甚至让他总理国事。老塔昆被刺杀后,他成为国王。他统治期间很少战争,在内政方面建树很多。如果说努马确立了罗马的宗教,他则确立了罗马的法律。他还大大扩大了罗马城。骄傲者塔昆担心自己无法继承本来属于他的王位,于是联合贵族,刺杀了他的岳父图利乌斯。

⑦ 李维,《罗马史》,1:48。

他⑦,而是依然待在那里看着,他们的王朱庇特长久地执掌那最高的神殿(也就是弑父者的作品),在那里称王。塔昆并不是在无罪的时候建造的卡匹托利山神殿,然后做下坏事才被赶出罗马城的,就连他的王位也是因为最灭绝人性的恶行才获得的,他靠了这王位才建造神殿。而罗马人真正把塔昆赶下王位,驱逐出罗马墙垣,不是因为他自己侮辱了卢克莱西亚,而是因为他儿子的罪,而他自己不仅丝毫不知,甚至还有公务在外⑱。他正在攻打阿迪亚城,代表罗马人民发动战争;如果有人把他儿子做的丑事通知他的话,我不知道他会怎么做。虽然人们没有问他的意见,更不知道他的意见,但还是夺走了帝国,收编了军队,他的命令被军队抗拒,随后城门被关上,他无法再回去。他把罗马人民抛入了与邻国的冲突,经过了无比惨烈的战争之后,他不再相信自己可以借助邻国的帮助东山再起、复辟王位,于是在罗马附近的图斯库兰(Tusculum)小镇上和他的妻子过了十四年平静的布衣生活,终老于此⑲。也许他的结局比他的岳父好一些,因为没有那么邪恶的女婿来作恶杀死他(甚至女儿也不是不知情)⑳。而罗马人民并不以残忍或丑恶来称呼这个塔昆,而是叫他"骄傲者"。也许是因为他们自己的傲慢,他们无法容忍国王的骄傲。他们对塔昆杀死岳父(而这个岳父又是他们最好的国王)的丑事根本不以为意,还是把他立为自己的国王;我想,他们给这个大罪人那么大的荣耀,是不是一项更严重的罪呢?这时诸神都没有逃走,离开他们的庙宇和祭坛。也许有谁来为那些神辩护,说他们之所以留在了罗马,更多是为了惩罚

---

⑦ 李维,《罗马史》,1:55;西塞罗,《共和篇》,2:24.44。

⑱ 李维,《罗马史》,1:58。

⑲ 欧特洛匹乌斯,《罗马简史》,1:11.2;李维,《罗马史》,2:21.5。

⑳ 李维,《罗马史》,1:48.5;弗洛路斯(Florus),《罗马史摘抄》(Epitome),1:1.7.3;欧特洛匹乌斯,《罗马简史》,1:7。

罗马人,而不是为他们降福:用虚荣的胜利来诱惑他们,用惨烈的战争来打击他们。这就是在那些值得赞美的国王统治共和时期罗马人的生活,到骄傲者塔昆的放逐为止,持续了大约二百四十三年,经过了所有那些胜利,流了很多血,带来很多无谓的灾难,罗马的统治向周围扩大了二十哩[31];当时的面积很小,还不如今天的葛图拉(Getula)[32]城那么大。

16. 罗马人最初的执政官,其中一个把另一个排挤出了祖国。不久之后,执政官经历了无比残忍的弑父阴谋,然后与敌人同归于尽

我把后面的一段时间也算在这个时代里。关于这个时代,撒路斯提乌斯说,"只是由于对塔昆复辟的恐惧和与俄特鲁利亚的残酷战争,才有平等与节制的法律"[33]。在俄特鲁利亚人支持塔昆复辟王位的企图的阶段,罗马都承受了激烈的战争。因此撒路斯提乌斯说,是出于恐惧,共和国才遵循平等和节制的法律,而不是因为他们听从正义。王权被驱逐,第一届执政官选举产生,这不过发生在风雨飘摇的短短一年。他们其实没能任满这一年。朱纽斯·布鲁图斯剥夺了他的同事卢修斯·塔昆·柯拉廷诺斯的尊荣,赶他出城[34]。后来,他先是杀死了自己的几个儿子和妻舅,因为得知他们密谋塔昆的复辟,不久之后就在战争中和敌人相互刺伤,同归于尽[35]。后来维吉尔写到此

---

[31] 欧特洛匹乌斯,《罗马简史》,1:8.3。

[32] 是非洲的一个城。

[33] 撒路斯提乌斯,《历史》(残篇),1:10;参见本书2:18。

[34] 李维,《罗马史》,2:2。

[35] 李维,《罗马史》,2:5—6;在那次战斗中,布鲁图斯和他的对手单挑,双方同时把长矛刺进了对方的身体,同归于尽。

事时虽然不乏赞美,但是宽厚的他却也悚然动容。他说道:"他的几个儿子发动新的战争,他为了美好的自由,"维吉尔随后叹息着写道:"咳,不幸啊,不得不把他们处死。不管后人怎样看待这事,"他说的是,不论后人怎么看待他做的事,也就是,不管后代如何热爱和赞美他,他因为杀了自己的儿子,总是不幸的。随后维吉尔又这样安慰这个不幸的人:"他的爱国之心和求得美誉的强烈欲望占了上风。"[36]这位布鲁图斯亲手杀了自己的儿子,而由于他不能战胜敌将,即塔昆的儿子,杀了他,也被他所杀,与他同归于尽。塔昆自己的寿数倒超过了他。这不是为他那无辜的同僚柯拉廷诺斯报了仇吗？柯拉廷诺斯是个好公民,但在塔昆被放逐后,遭到和僭主同样的命运。而布鲁图斯据说也和塔昆是亲戚[37],但是柯拉廷诺斯倒霉是因为他和塔昆同姓,也叫塔昆。他应该被要求改换名字,而不是改换祖国;他的名字中的这个词可以去掉,人们都可以直接称他为卢修斯·柯拉廷诺斯。本来没有这个名字丝毫无损,但是他没有丢掉这个名字,这个首任执政官就被强令丢掉了尊荣,这个好公民就离开了祖国。朱纽斯·布鲁图斯所做的令人生厌的恶行对共和国毫无益处,难道这是什么光荣吗？难道他做这些也是因为"他的爱国之心和求得美誉的强烈欲望占了上风"吗？僭主塔昆被赶走后,和布鲁图斯一同被选为执政官的是卢克莱西亚的丈夫,卢修斯·塔昆·柯拉廷诺斯。人民关注他的道德,而不是名字,那是多么正义！布鲁图斯的首席同事刚刚上任,布鲁图斯就剥夺了他的祖国和尊荣,是多么不义！如果他真的被那名字冒犯了,那他可以剥夺柯拉廷诺斯的名字。就在共和国开始施行平等和节制的法律的时候,发生了这样的坏事,降临了这样的灾

㊱ 维吉尔,《埃涅阿斯纪》,6:820—823。

㊲ 李维,《罗马史》,1:56;欧特洛匹乌斯,《罗马简史》,1:9.2。

难。卢克莱修斯继承了布鲁图斯的职位，然后染病在身，在那一年结束之前离职。瓦勒里乌斯⑱是柯拉廷诺斯的继任，马可·贺拉斯（*Marcus Horatius*）在卢克莱修斯死后接任，过完了这一年。这一年真是动荡而恐怖，接连有五个执政官⑲。而就是这一年，罗马共和国产生了执政官，这种新的尊荣和权力。

17. 在产生了执政官的统治（*imperii*）之后，罗马共和国遭受了很多坏事，而她所服侍的诸神并不帮助

17.1　恐惧渐渐消散，并不是因为战乱平息了，而是因为没有那么严重的压力逼迫，于是那个"平等和节制的法律"统治的时期结束了。随后的阶段，撒路斯提乌斯简单地说："然后，贵族们对平民实行奴役的统治，就像国王的时代那样虐待他们的生命与身体，掠夺土地，对那些没有土地的人们发号施令。人民遭受到如此的奴役，特别是高利贷的盘剥，还要承受穷兵黩武带来的赋税和兵役，于是武装起来，啸聚在圣山和阿文廷努山，平民这样设立了保民官和别的权利。直到第二次布匿战争的时候，双方的分裂和冲突才告一段落。"⑳我为什么有耐心描写这样的道德风俗，还拿来给人读呢？按照撒路斯提乌斯简要的讲述，共和国真是可怜，直到第二次布匿战争，那么多年当中，终年不仅外患难平，又遭受城邦内部的分裂和骚乱。因此，战

---

⑱　普布利乌斯·瓦勒里乌斯（*Publius Valerius*），是卢克莱西亚自杀时在场的四个男人之一。公元前509年，柯拉廷诺斯被驱逐后，他继任执政官。布鲁图斯也很快死去，罗马共和国的基本秩序是瓦勒里乌斯奠定的。罗马人最初也很不信任他，但后来终于被他感动，很拥戴他。他又于公元前508、507、504年任执政官，很清贫，死后葬礼都很困难。奥古斯丁在5:18.2提到他的葬礼时，把他的名字写错了。

⑲　李维，《罗马史》，2:8。

⑳　撒路斯提乌斯，《历史》（残篇），1:11；本书，2:18.1。

争的胜利并不意味着安稳而快乐地享受幸福，而是可怜的人们虚假的安慰，是欺骗性的诱惑，让人们寻求一个又一个赤裸裸的坏事。不要因为我说这些，而使善良和明智的罗马人生我们的气。其实我们没必要这样请求和警告，因为他们肯定不会生气的。我甚至没有说得比他们自己的作者说得更严重，也没有谈更严重的问题，我们在风格和激烈程度上远非其匹；罗马人都努力学习这些作者，而且还要求他们的孩子努力学习。如果我说的撒路斯提乌斯也说过，谁能因为我所说的而生气呢？"更多的暴动、骚乱，直到后来内战爆发，少数掌权的人为大多公民所仰赖，他们以贵族或平民的名义实行统治；所谓的好的和坏的公民，不是按照在共和国中的行事称呼他们的，因为人们全都一样腐败了，但是那些为富不仁者更有势力，因为他们维护现存的秩序，所以被认为是好的。"⑨如果那些史学家认为他们的历史文献是和尊荣的自由相关的，那他们就不应该对城邦的坏事保持沉默。他们在很多地方被迫高声赞美这个城邦，却不知道另外那个更加真实的城邦，而那个城邦中的公民被选中过永恒的生活。那么我们该做什么呢？我们的希望越是在更好的和更确定的上帝身上，我们就越自由。而那些人把现在的坏事归给我们的基督，使得那些虚弱和不敬的心智远离那座城，而只有在那个城里才会有永恒和幸福的生活。我针对他们那些神所说的事情，并不比他们所阅读和流传的自己的作者一遍遍谈的更可怕。我所说的都是从他们自己那里接受学来的，不过我根本不可能以他们的方式说，也不可能和他们说得一样多。

17. 2　他们认为，对那些神的服侍就是为了获得在此世微茫而虚假的幸福，而就在这些神用狡猾的弥天大谎兜售对自己的服侍的时候，罗马人却遭受了如此巨大的灾难，那些神究竟在哪里呢？就在

---

⑨ 撒路斯提乌斯，《历史》（残篇），1：12。

执政官瓦勒里乌斯(*Valerius*)⑫保卫卡匹托利山不受那些流犯和奴隶的焚烧,被杀死的时候,这些神在哪里呢?⑬ 那时候瓦勒里乌斯得以恢复朱庇特的神殿。是他解救了朱庇特神殿,胜过那乌合众神对他们最高和最好的王的保护。后来全城都厌倦了极为频繁的骚乱这些坏事,派出使者到雅典学习法律⑭,在他们等待这使者的短暂和平中,罗马城却遭到了严重的饥荒和瘟疫的袭击⑮。这时候那些神在哪里呢?就在那些人民再次遭受了饥荒之后,他们首次设立了市场的长官,随着饥荒的加剧,斯普里乌斯·麦利乌斯(*Spurius Maelius*)⑯向众多饥民发放了很多粮食,却招来罪名,说他做这些是为了密谋做国王。就在那一年的市场中,在年迈昏庸的元首卢修斯·昆提乌斯(*Lucius Quintius*)⑰的命令下,他被马王昆图斯·瑟维里乌斯(*Quintus Servilius*)所杀,此事在城里带来了巨大而极为危险的混乱。这个时候那些神在哪里呢?⑱ 后来出现了巨大的瘟疫,人们疲倦了那漫长而无益的祈神仪式,设立了新的祈神宴(*Lectisternia*),奉献给那无用的诸神,这是以前从未做过的。他们为荣耀神而设立了席位,因此这个神圣的或者说渎神的仪式得以命名⑲。而那时诸神又在

---

⑫ 这位瓦勒里乌斯是与布鲁图斯一起驱逐塔昆的瓦勒里乌斯之子,于公元前 475 年和公元前 460 年两次任执政官,于公元前 460 年为暴民所杀。

⑬ 李维,《罗马史》,3:18。

⑭ 参见本书 2:16。

⑮ 李维,《罗马史》,3:32。

⑯ 平民武士中的富有者。在公元前 440 年罗马的饥荒中,从俄特鲁利亚购粮,分给穷人,惹来猜忌。第二年,新任执政官怀疑他有当国王的企图,于是,罗马委任了紧急状态时才有的元首和马王。麦利乌斯被杀,他的财产被没收。后代很多人,包括西塞罗,相信他的罪名是真的。但元首无权杀人,他的被杀完全是违法的。

⑰ 卢修斯·昆提乌斯·辛辛那图斯(*Lucius Quintius Cincinnatus*),曾在公元前 458 年出任元首,非常清贫,被认为是罗马旧式德性的代表(见 5:18)。公元前 439 年,他已经八十岁,第二次出任元首。但一般认为,他并没有第二次出任元首。

⑱ 李维,《罗马史》,4:14。

⑲ *lectus sterno* 的拉丁文意思是,铺开席位。

哪里呢？[100] 后来持续了十年的恶战，罗马遭到维伊军队的劫掠，满目疮痍，直到得到卡米卢斯[101]出手，而忘恩负义的罗马城还要处罚他，这时那些神在哪里呢？[102] 后来高卢人攻克罗马，大肆劫掠、烧杀，到处是废墟，那些神在哪里呢？[103] 肆虐的瘟疫造成了巨大灾难，卡米卢斯在击败维伊人后，又打败高卢人，为忘恩负义的共和国报仇之后，却被瘟疫所杀。这时，那些神在哪里呢？在这场瘟疫中，罗马人引入了戏剧表演，这没有给罗马人的身体带来别的疾病，但是，它在道德上招致的病患却危险得多[104]。另外有一种更严重的瘟疫，人们相信是罗马贵妇下毒所致，而且这些女子数量众多，出身高贵，令人难以置信。她们带来的危害比任何的瘟疫都更严重[105]。这时那些神在哪里呢？还有，在考迪纳斯（Caudinas）岔路口，带兵的两个执政官被闪奈特人（Samnites）[106]围困，被迫签订屈辱合约，六百罗马骑兵当了俘虏，被缴去武器和所有装备，每个士兵只剩一件外衣钻过敌人的马轭[107]。而在严重的瘟疫袭击之时，剩下的很多士兵还遭到电击而死[108]。还有，罗马是否在又遭到一场无法忍受的瘟疫的时候，被迫派人把医神埃斯科勒庇俄斯从埃皮达罗斯请来了？[109] 众神之王朱庇特而今常年在卡匹托利山坐定，他年轻时的那么多风流韵事也许使他无暇过问医药？还有，敌对的卢坎人（Lucanus）、布鲁图人、闪奈特人、俄特鲁斯坎人

---

[100] 李维，《罗马史》，5:13。

[101] 参考本书 2:17。

[102] 李维，《罗马史》，5:7—21。

[103] 李维，《罗马史》，5:37—38。

[104] 李维，《罗马史》，7:2；本书，1:32,2:8。

[105] 李维，《罗马史》，8:18。

[106] 闪奈特人是亚平宁南部的一个民族，不可把他们和《圣经》中的闪米特人混淆。

[107] 李维，《罗马史》，9:4。

[108] 李维，《罗马史》，10:31。

[109] 李维，《罗马史》，10:47。

(*Etruscus*)⑩和赛农尼亚(*Senones*)的高卢人合谋,先是杀了罗马派去的使者,随后击溃了行政官带领的罗马大军,杀害了指挥官、七个保民官和一万三千名士兵。⑪还有,罗马爆发了持久暴烈的动乱,平民像敌人一样洗劫罗马,然后退守雅尼库鲁姆(*Janiculum*)⑫,这个动乱是如此巨大的坏事,因此选举产生了元首霍滕修斯(*Hortensius*)⑬,而这一般是在紧急状态才采取的措施。元首的确劝服了平民,但是却死在任上,而以前的元首从没有这样死过。他的死不正是对埃斯科勒庇俄斯名列其中的诸神的严肃控诉吗?

17.3　当时到处都战乱频仍,罗马缺乏兵源,只好在无产者(*Proletarius*)中招募士兵,这些人之所以得到了"无产者"这个名字,是因为他们太贫困了,以至于无法购买武器,于是有闲功夫生儿育女(*proles*)⑭。塔伦廷人请来当时声名正盛的希腊国王皮鲁斯(*Pyrrhus*)⑮,于是他成为罗马人的敌人。他询问未来事情的结局,阿波罗给出了一个很漂亮、但又非常模糊的神谕,从两个方面解释,都算说准了,神谕说:"皮鲁斯,我语汝,罗马人可胜。"(*Dicote*,

---

⑩　即俄特鲁利亚人。俄特鲁利亚是地名,俄特鲁斯坎是族名。

⑪　李维,《罗马史》,10:26—29。

⑫　关于"雅努库鲁姆"的来历,参见本书7:4。

⑬　昆图斯·霍滕修斯(*Quintus Hortensius*),于公元前287年任元首,以解决暴民在雅努库鲁姆的骚乱。很多重要法律是他制订的。

⑭　[译按]在古罗马,士兵一般是自备武器,因此能购买什么样的武器,是决定一个阶层的地位的标志。国王塞维乌斯·图利乌斯就是根据购买武器的能力在罗马公民中划分了阶层。参见李维,《罗马史》,1,43。因此,不能购买武器,是地位非常低下的标志。对于*Proletarius* 这个词的起源,西塞罗在《共和篇》1,40 中有所讨论:这个阶层由于太穷,城邦对它的期望只是生育(*proles*),因而这样称呼他们。连这个阶层的人都要当兵,可见当时兵源缺乏的情况。

⑮　这个皮鲁斯与3:13中的皮鲁斯不是一个人。他是伊庇鲁斯国王(前319—前272)。塔伦廷人请他帮助打罗马,他于公元前280年抵达塔伦廷,带着两万五千名士兵和二十头大象。

Pyrrhe，vincere posse Romanos）这可以解释为罗马人可以战胜皮
鲁斯，也可以解释为罗马人可以被皮鲁斯战胜，无论结局如何，预言
者可以安全地等待任何一个结果。结果战争惨烈，双方军队都杀伤
甚众[⑯]。在这场战役中，皮鲁斯取得了胜利，按照他的理解，阿波罗的
预言是神圣的，不过，下面的一场战役却是罗马人胜了。而在这毁灭
性的战争中，妇女当中又爆发了可怕的瘟疫。怀孕的妇女在分娩之
前都死了。我相信，埃斯科勒庇俄斯可以原谅自己，因为他的职业是
医疗，不是助产术。牲畜也以同样的方式死亡，人们甚至认为动物的
种类要灭绝了[⑰]。为什么那个难忘的冬天冷得那么难以置信，让人无
法忍受，整整四十天里，广场中都有厚厚的积雪，台伯河里都结了冰？
如果让我们的时代遭遇这些，真不知道那些人又有多少可说的！为
什么另外一场巨大的瘟疫持续那么久，杀死了那么多人？埃斯科勒
庇俄斯的方法都失败了，瘟疫持续到第二年，更严重了，于是人们不
得不求助于《西彼拉占语集》（*libros Sibyllinos*）[⑱]。就像西塞罗在
《论占卜》中所评论的那样，这类神谕大多依赖解释者，他们会通过他
们能够或愿意的模棱两可的猜想让人们信服[⑲]。这次瘟疫的原因据
说是太多的神殿被用于私人目的。这样，埃斯科勒庇俄斯就可以从
巨大的无知和渎职的罪名中解脱出来了。为什么很多私人侵占神殿
而无人阻止？要不是因为人们长期的祈求总是失败，得不到诸神的
帮助，从而使那些地方逐渐被服侍者所放弃，他们怎么会认为使用那
些空地不会冒犯诸神？于是，为了结束瘟疫，人们费尽心血重建和修
复那些神殿，但后来这些神殿却还是逐渐废弃，重新被挪作他用。后

---

⑯ 奥罗修斯，《历史》，4：1.7。

⑰ 奥罗修斯，《历史》，4：2.2。

⑱ 奥罗修斯，《历史》，4：5.6—8。

⑲ 西塞罗，《论占卜》，2：25：54。

来瓦罗在写到那些神殿的时候，提到了很多我们不知道的地方，要不是这些神殿被废弃，他也不会显得那么渊博⑫。而人们对神殿那样粉饰修复，其实不能制止瘟疫，而是给诸神寻找了借口。

18. 罗马人在布匿战争中遭受的灾难很大，人们向诸神求助也无用

18.1 在布匿战争中，两个帝国之间的胜负长期未决，两个强大的民族都倾其所有，想尽办法压服对方。此间有多少小的王国被消灭！多少名城重镇被洗劫！多少城邦遭到骚扰，化为废墟！多少广袤宽阔的地域和田野慢慢遭到荒废！双方的多少征服者又被征服！无论是参与战争的士兵还是手无寸铁的平民，多少人在战争中死去！多少舰船在海战中葬身鱼腹，或是被各种恶劣的天气吞噬！如果我们想讲述或回忆这些，我们就要写历史了⑫。那个时候罗马城陷入对巨大混乱的恐慌，充满了虚妄和可笑的补救措施。于是根据《西彼拉占语集》的权威，罗马人恢复了那些世俗表演。这些表演在一百年前设立过，但是由于人们在那更幸福的时代忘记了这些，渐渐废弃了。祭司们也恢复了献给冥界诸神的神圣表演，这些在以前更好的年代也被丢弃了。既然这也恢复了，那么无疑，这些神是喜欢那么多的死人充实冥府、去作表演的。那些疯狂的战争、血腥的仇恨，双方交替的死葬与胜利，虽然是人间的惨剧，却成了鬼怪们的大戏，为冥界诸神提供了最好的娱乐方式。没有什么比第一次布匿战争中罗马人被打败的时候更悲惨的事了，连勒古鲁斯都当了俘虏，对此我们在第一

---

⑫ 瓦罗，《人神制度稽古录》（残篇）151（只见于奥古斯丁此处）。
⑫ 欧特洛匹乌斯，《罗马简史》，2：21—28。

和第二卷都提到过⑫。这个好汉以前曾经取胜，曾击败敌人。如果他不是贪求赞扬和荣耀，从而把迦太基人陷入了一个他们无法忍受的艰苦境地，他就会结束这第一次布匿战争。这个人被出其不意地俘虏，遭到极为下流的奴役，但是却无比忠诚地信守誓言，无比悲惨地死去。如果那些神不为此脸红，他们可真是空气做的⑬，没有血性呀。

18.2 在那个时代，城墙之内也不乏极为严重的坏事。当时台伯河水溢出两岸，洪水冲垮了城市中几乎所有的低地，有些建筑被激流卷走，有些建筑被积水浸泡而倒塌。那场灾难过后是毁灭性更大的火灾，蔓延到了广场周围一些高处的建筑，连与火最相关的灶神维斯塔的神殿都无法保存。在那里，那些圣贞女们的职责，就是要让火焰保持永恒的生命，于是兢兢业业地向那里添加木柴，她们不间断的工作与其说是得到了尊荣，不如说是遭到了惩罚。这样的大火不仅要燃烧，还要肆虐。那些圣贞女被突如其来的大火的袭击吓坏了，无法从火里抢救那秽气的神像（这些神像给它们待过的三个城都带来了毁灭）。祭司莫特鲁斯不顾自身安危，冲进去抢出了神像，自己烧了个半死⑭。大火没有认出这个祭司，而如果真有什么神祇待在神殿里，当时也已经逃走了。人能保护维斯塔神殿中的圣物，神却不能保护人。人们认为诸神应该保护城邦的安全，如果他们自己都不能赶走大火，那么他们如何帮助城邦抵御水火呢？事实表明他们毫无法力。如果他们说那些神所要保护的不是尘世的善好，而是代表了永恒，我们的这些反对就是无的放矢了。这样，虽然他们可见的和物质的部分

---

⑫ 本书1：15、24；2：23。

⑬ 此处PL本作"铜做的"（*aerei sunt*），根据CCSL本译为"空气做的"（*aerii sunt*）。参见本书8：14.1以下。

⑭ 奥维德，《宴饮》，6：437以下；本书2：23.1。

遭受了毁灭，但是这不会破坏设置他们的目的，他们完全可以重新修复，用于同样的目的。这种盲目真是奇怪，他们竟然认为，那些会毁灭的诸神会保护国家安全和城里的尘世幸福不会毁灭。于是，当他们看到就是在那些圣物留在他们中间的时候，他们的安全也受到威胁，不幸也会降临，他们只好红着脸改变观点，因为他们无法维护这观点。

19. 第二次布匿战争带来了巨大折磨，吞噬了双方的力量

至于第二次布匿战争，两个民族之间进行了那么长期和大范围的冲突，要讲述它所造成的破坏会花很长时间。即使那些想赞美罗马帝国而不是讲述罗马的战争的人，也会承认，哪怕是胜利者，都像被打败了一样[125]。汉尼拔（*Hannibal*）[126]崛起于西班牙，翻过比利牛斯山，横扫高卢，冲过阿尔卑斯山，在这个漫长的迂回中，通过掳掠扩充军备，像旋风一样穿过山间隘口，席卷意大利，带来了多么血腥的战争，制造了多少战场，多少次击败了罗马人！多少城镇被敌人洗劫一空！多少人被捉被征服！多么野蛮的厮杀，频频造成罗马的涂炭和汉尼拔的荣耀！我怎么谈坎奈（*Cannae*）的惨败呢？虽然汉尼拔无比残忍，但是他在杀了一些为首的敌人之后，就感到了满足，据说下令把他们释放。他从那里送回迦太基三配克（*modius*）[127]的金戒指，

---

[125]　弗洛路斯，《罗马史摘抄》，2：6；李维，《罗马史》，21：1。

[126]　汉尼拔（公元前247—约公元前182），迦太基将军，于公元前221年在第二次布匿战争中任迦太基统帅，带领大军和很多大象从西班牙穿越阿尔卑斯山，取得了几场重大胜利，在意大利长达十六年。公元前203年，大西庇欧以围魏救赵之法直袭迦太基，汉尼拔不得不回师抵御，第二年被西庇欧打败。汉尼拔给罗马带来的威胁是空前的，坎奈之败是罗马经过的最惨的军事失利。

[127]　*Modius* 是当时的一种容积单位，其大小大约相当于一配克，一配克相当于两加仑。

目的是让人们知道，在这次战役中，罗马有尊位的死了多少，以至于用配克比用个数计量更容易⑫。至于那些在混乱中战死的地位低下不戴戒指的人，就太多了，他们会认为根本无法计数，只能大概猜出。此后，罗马兵员奇缺，于是罗马人甚至召集了罪犯，声称会给他们免罪，还解放了奴隶，用这种可耻的方式杂凑（而不是招募）了一支军队。那些奴隶，或者（别让我们伤害他们）那些自由人，却没有武器来为罗马共和而战。于是他们从神殿里取得了武器，罗马人对他们的神说：放下你们老是拿着不用的东西；虽然这些东西我们的神（就是你们）不会用，但是我们释放了的奴隶也许会派上用场。当时国库空虚，不足以负担军饷，于是私人物品被用于公共事务，很多私人财物都被充公，结果元老们都除了一个戒指和一个印信可怜地表明他们的尊位之外，再没有一点金饰，而其他阶层和部族的人当然就交出了更多⑫。如果我们时代的人们陷入这样的匮乏，谁能忍受人们的抱怨呢？那个时候是为了军用而去拼命；而在我们时代，却有更多东西献给了演员，用来满足人们浮华的欲望。这样，我们就更不能忍受了。

20. 在萨共庭人的结局中，他们就是因为对罗马人的友谊才毁灭的，而罗马诸神却不能提供帮助

而在第二次布匿战争带来的所有这些坏事中，最悲惨的，并且也是最值得悲悯地哀悼的，莫过于萨共庭（Saguntinus）人的毁灭了⑬。这个西班牙城市本来和罗马人民是最友好的，而就是因为对罗马人民的忠诚，她遭到了毁灭。汉尼拔在撕毁与罗马的合约后，寻找机缘

⑫ 欧特洛匹乌斯，《罗马简史》，3：11.2。
⑫ 弗洛路斯，《罗马史摘抄》，2：6(22)，23—24。
⑬ 李维，《罗马史》，21：2 以下。

激怒罗马人发动战争。于是他杀气腾腾地包围了萨共庭;此事报到罗马,罗马向汉尼拔派遣使者,希望他能够解围。汉尼拔很轻视他们,于是使者来到迦太基,抗议迦太基人毁约,谈判失败后,他们回到罗马。由于这一耽搁,那个无比富庶却可怜的城市,那个热爱自己也热爱罗马共和国的城市,在第八或第九个月被迦太基人攻破了。每一个人读到这个城的覆灭都会扼腕叹息,遑论描写了。不过我还是简单讲一下,因为这和我们讨论的问题很相关。首先是饥荒袭来,以致城中人只好以死尸为食。随后人们已经完全心灰意冷了,为了不落在汉尼拔手中当俘虏,就当众竖起了巨大的焚尸架,市民斫杀亲人和自己,然后跳到火里烧死。他们的诸神实在应该做点什么,但那些饕餮和淫徒,饱饫肥甘,满口谎言。这时他们实在应该做点什么,来帮助罗马人民最友好的城市,不应该让那些人们因为保持忠诚而坐以待毙。当这个城与罗马共和国盟誓联合的时候,他们可是作为中介主持其事的。萨共庭城以这些神的名义立下誓言,定下合约,结成联盟,她忠诚地信守誓言,却被不守誓的人所包围、攻占和吞噬。如果后来真的是这些神,在汉尼拔迫近罗马的时候,以狂风暴雨和打雷闪电把他吓得退避三舍,那么他们此时就应该先做同样的事。罗马人的朋友为了不打破和罗马人立的誓言,处在危险中,已经毫无希望,我敢说,诸神如果用暴风雨帮助他们,会比对罗马人的帮助更光荣,因为罗马人是为自己而战,而且有足够的装备对抗汉尼拔。如果他们真的是罗马幸福与光荣的保护神,那么他们就应该让萨共庭逃脱那严重的灾难,从而免除罗马因此而有的罪过;人们愚蠢地认为,是那些神保护了罗马,使她没有在胜利者汉尼拔手中毁灭,但是,他们不能保护萨共庭城因为和罗马的友谊而不被毁灭! 如果萨共庭人是基督教民族,如果他们是因为对福音的信仰而遭受这些,那他们就不会在刀剑与烈火下自残。如果他们为了福音信仰忍受死灭，他们会在希望中忍受，也在希望中信仰基督：他们不会再把希望寄托在无比短暂的尘世，而是寄托在无限的永恒。但对于罗马诸神，人们之所以服侍他们，就是为了能保护这些辛苦而短暂的事情中的幸福，服侍他们的人们所要求的，也是这些。那么他们的捍卫者和辩护者怎么解释萨共庭的覆灭呢，不过就是像解释勒古鲁斯的死亡那样解释。虽然一个是个人，一个是整个城，但是二者都是因为保持信仰而招致了毁灭。都是为了信仰，勒古鲁斯才自愿回到了敌人那里，萨共庭才不愿到敌人那里。那么，难道保持信仰会招致诸神的愤怒吗？或者，如果那些神是喜欢他们的，怎么不仅让一个人死亡，而且要整个城毁灭？在这二者中，我们的对手喜欢哪个回答，就选择吧。如果是保持信仰会激怒诸神，那他们应该找食言的人来服侍他们；如果他们所喜悦的人和城会遭到那么多和巨大的折磨和困苦死去，服侍他们实在是得不到什么幸福的果实。那些认为诸神的圣礼的丧失导致了自己的不幸的人，不要那么生气吧。如果诸神不仅仍然留下，甚至还喜悦这些人们，他们不仅还要可怜地抱怨，甚至还会像过去的勒古鲁斯和萨共庭人那样，被可怕地折磨致死。

21. 罗马城对她的解救者西庇欧忘恩负义，即使在撒路斯提乌斯所描述的罗马最好的时代，道德也不过如此

撒路斯提乌斯说，在与迦太基人的第二次和最后一次战争之间，罗马有最好的道德风尚，极为和谐⑬（考虑到我这部书的主题，我略去很多事情，直接讲到这里）。就是在这个有着最好的道德风尚和极为

---

⑬ 撒路斯提乌斯，《历史》（残篇），1:11。

和谐的时代,西庇欧⑫,罗马和意大利的这个解救者,以惊人的本领结束了第二次布匿战争——这次极为恐怖、毁灭性极大、极为危险的战争,击败了汉尼拔,驯服了迦太基。据说他从年轻时候就把生命献给了神,在庙里长大⑬,但是在他的辉煌胜利之后,西庇欧却屈服于仇人的控告,离开了那个他勇敢地拯救和解放了的祖国,到了林特奴姆(*Linternum*)镇,在那里度完残生。他是如此不想回到罗马城,甚至留下遗嘱说,他死后根本不愿意葬在那忘恩负义的祖国⑭。很快,总督纽斯·马流斯(*Gneus Malius*)在平定了加拉太人(*Gallograecis*)⑮之后,首次把亚细亚的奢侈之风引入了罗马,这比任何敌人都更坏。然后也首次出现了铜床和昂贵精美的毡毯⑯;后来宴乐之中开始有了歌女的演奏,还引进了其他奢侈的把戏。但是我所要说的,并不是人们自愿做的坏事,而是他们不能忍受,又被强加的坏事。所以,我谈到西庇欧被仇人陷害离开他解放了的祖国,死在流放地,这和我们现在的主题尤其有关系,因为他虽然把汉尼拔赶出了那些罗马神祇的神殿,诸神却不回报他,而人们就是为了这样的幸福才服侍诸神的。但是因为撒路斯提乌斯说那个时代的道德风尚最好,要和其他时代比较来看,才能明白他所说的——而那些时代更加败坏,道德的不和谐极为严重——所以,我认为应该谈到亚细亚式的那些奢侈风俗。那个时候,也就是在第二次和最后一次布匿战争之间,还颁布了伏科

---

⑫ 这个西庇欧是普布利乌斯·刻耐流斯·西庇欧·阿非利加努斯(*Publius Cornelius Scipio Africanus*,公元前 236—公元前 184),即大西庇欧·阿非利加努斯。第二次布匿战争中的英雄,因为政治阴谋而被流放,死在流放地。由于这个西庇欧在非洲功勋卓著,罗马人民赠给他"阿非利加努斯"的名号。人们认为,他是罗马仅次于恺撒的伟大政治家。

⑬ 李维,《罗马史》,38:51.5—11。

⑭ 李维,《罗马史》,38:53.8。

⑮ *Gallograecis*,是"加拉太人"(*Galatae*)的另外一种称呼。

⑯ 李维,《罗马史》,39。

尼乌斯法(*Lex Voconius*),规定人们不准让女人做继承人,哪怕是独生女儿[⑬]。我不知道什么法律能说得或想得比这更不公。但是在两次布匿战争之间的那段时间的不幸还真是更可以容忍些。军队消耗在对外战争中,但是毕竟得到了胜利的安慰,而国内却没有像别的时候那样陷入残酷的冲突。但是在最后一次布匿战争中,另外一个西庇欧[⑬]一战就连根去掉了罗马帝国的这个对手,这个西庇欧甚至为此给自己起了个姓叫阿非利加努斯(*Africanus*)。然后罗马共和国就完全陷入了这些卑下的坏事,一片歌舞升平,于是道德堕落,成了罪恶的渊薮,我们看到,迦太基被迅速毁灭所带来的伤害,比她长期威胁带来的还要大。这个时代一直持续到恺撒·奥古斯都[⑬]时期。看起来,奥古斯都以各种方式取消了罗马人的自由,但在他们眼里,这自由已经没有什么光荣,成了充满争斗、灭亡、灾难和颓废的自由。奥古斯都要恢复帝王的独断,这样就可以改革罗马共和国,给她那衰老羸弱之躯恢复健康;我不谈那个时代这样那样的原因导致的战争和灾难,还有同努曼提奴斯人(*Numantinus*)订的合约,充满了可怕的羞耻;在这个合约的事件中,他们说,小鸡从笼子里飞出来,预兆着执政官曼息奴斯(*Mancinus*)[⑭]身上会发生坏事[⑭];在所有这些年里,

---

⑬ 盖留斯,《阿提卡之夜》,6:13。

⑬ 这个西庇欧是普布利乌斯·刻耐流斯·西庇欧·爱米利亚努斯·阿非利加努斯(*Publius Cornelius Scipio Aemilianus Africanus*,公元前184—公元前129),他结束了第三次布匿战争。他是西塞罗《共和篇》中的角色。一般称为小西庇欧·阿非利加努斯。

⑬ 即盖乌斯·裘力斯·恺撒·屋大维(*Gaius Julius Caesar Octavius*),罗马帝国第一个皇帝(公元前27年—公元14年在位),裘力斯·恺撒的养子和继承人。在内战中,他与安东尼和雷比达一起击败了刺杀恺撒的布鲁图斯和卡西乌斯,后来又击败了安东尼,成为罗马唯一的统治者。

⑭ 盖乌斯·霍斯提利乌斯·曼息奴斯(*Gaius Hostilius Mancinus*),于公元前137年任执政官,被努曼提奴斯人击败媾和。元老院拒绝媾和,于是绑缚着赤裸的曼息奴斯,献给敌人。敌人拒绝接受他,他经过了很多困难后重返政坛。

⑭ 西塞罗,《论责任》,3:30.109;《共和篇》,3:18.28;欧布西昆斯,《论征兆》,24。

那个弹丸小城抗拒着罗马军队的包围，成为罗马共和的一个威胁。而别的将军们在向她前进时，也出现了坏的征兆⑭。

22. 米特拉达提下令，凡是在亚洲发现的罗马公民，一律杀无赦

我已说过，我略去了很多内容，不过对下面这件事我不能沉默：亚细亚的国王米特拉达提下令，一日之中把旅居亚细亚各处的罗马公民全部杀死。在那里做生意的罗马人可是数量众多，而且这个命令得到了执行⑮。那场面真是悲惨啊。突然之间，不论在哪里的人，不论在田间、路上、市镇、家里、村庄、市场、神庙、床上、宴会上的，都被找出来，无辜就戮，突如其来，亵渎神明。那垂死者的呻吟，那旁观者的眼泪，就连行凶的刽子手也未免唏嘘！是怎样一种死硬的必要性，使得这些罗马人的房东不仅亲眼看到自己家里发生这渎神的屠杀，甚至还要亲手执行？是怎样一种死硬的必要性，使他们的表情中突然失去了言笑晏晏的友爱，在和平时期相互杀戮。我之所以说相互杀戮，是因为被杀者身体被杀，而杀人者心灵被戮。那些被杀的人都忽视了占卜吗？这些人要踏上一去不返的异邦旅途时，难道他们没有询问家内和公共的神吗？如果他们真的没有做，那么我们的反对者就没有理由抱怨我们时代的这些事，因为罗马人早就认为占卜虚妄无用了。但是如果他们询问了神，得到了回答，那让反对者们告诉我，哪怕在人法没有禁止祭神的时候，他们又能带来什么好处。

---

⑭ 李维，《罗马史》，78。

⑮ 李维，《罗马史》，78；阿庇安，《诸内战记》，"米特拉达提"部分，22—23。参考本书 2:24.1。

23. 罗马共和国所遭受的国内的坏事，已经有征兆，即为人服务的所有动物都发了疯

而那些萧墙之内的冲突带来了更悲惨的灾难；如果我能够，也会简要提及：那城邦内的（civiles）不和，或者更恰当地说是反城邦（inciviles）的不和，已经不再是骚乱，而是城内的战争，血流漂杵。那时候，各派之间的冲突不再是集会中的口角和辩论，而要诉诸血腥的刀剑与军队；在同盟战争（bella socialia）⑭、奴隶战争（bella servilia）、城邦内战（bella civilia）⑮当中，罗马人血流成河，意大利被大片毁坏和抛荒！在拉丁人与罗马人发动同盟之间的战争之前，所有为人驯养的动物，那些狗、马、驴、牛，还有所有其他为人所控制的动物，突然变得凶狠起来，大反温顺驯良的本性，冲出圈囿，到处奔跑。它们不仅不让陌生人靠近，就是自己的主人也不能近前，如果有人强行接近它们，就会有被伤害的危险⑯。如果这是一种预兆，那它预兆了巨大的坏事；即使这不是预兆，那它自身也是很大的坏事！如果这发生在我们的时代，我想那些反对者对我们会比他们的动物还要疯狂！

24. 城内的不和是格拉古兄弟的骚乱激起的

内战最先的开头，是格拉古兄弟⑰关于农业的立法激起的骚乱。

---

⑭ 同盟战争（公元前 90 年—公元前 89 年），又称"意大利战争"，是意大利同盟城市之间为反抗罗马发动的战争。意大利这些城市曾经与罗马结盟，但是却被剥夺了公民权，所以发动战争反抗罗马。

⑮ ［译按］bella civilia 习惯上被译为"内战"。但是在罗马，这里特别强调"城邦"之内的含义，因此，我们把它译为"城邦内战"。

⑯ 欧布西昆斯，《论征兆》，54；奥罗修斯，《历史》，5：18.9。

⑰ 参考 2：21.1 及注释。

他们希望人们重分田地,说那些贵族占有土地是不对的。但是,胆敢更改一个这么长久的不平却是非常危险的;事实表明,这也变成了非常破坏性的了。格拉古中长兄的被杀,那是多么致命的惨祸啊!他的兄弟没隔多久也被杀了,这不是更可怕吗?很多贵族和平民遭到屠杀,不是因为法律和命令的力量,而是在武装混乱和冲突中。在小格拉古被杀以后,执政官卢修斯·欧匹米乌斯(*Lucius Opimius*)[148]进行了一次调查。这个欧匹米乌斯曾在城里拿起武器反对格拉古,击败并杀了他和他的手下,还屠杀了众多市民。这一次,他要把剩下的人也交付审判,于是杀了三千多人。[149] 这个所谓的审判和调查处罚了这么多人,从这里我们可以想见,那武装冲突和动乱带来了多少人的死亡。杀死格拉古的人把他的首级卖给执政官,要得到和那首级一样重量的金子。这笔交易是早商量好的。在这个事件中,当过执政官的伏尔维乌斯[150]和他的孩子也一起被杀。

25. 元老院下令,在发生这些骚乱和杀戮的地方,建造和谐女神庙

就是在那个发生了那么混乱的屠杀,那么多各阶层的市民丧命的地方,元老院下令,建造和谐女神(*Concordia*)的庙宇,作为格拉古兄弟遭受惩罚的见证,会刺激参加集会的人们的眼睛,挑起他们的记

---

[148] 卢修斯·欧匹米乌斯,罗马贵族和将军,是反对盖乌斯·格拉古的领导者之一。他在公元前121年任执政官后,坚决反对格拉古,镇压了三千多人,然后为和谐女神建造神殿。第二年,因为不经审判就处死罗马人,他遭到指控,但被宣布无罪。

[149] 阿庇安,《诸内战记》,1:26;撒路斯提乌斯,《朱古达战争》,42:4。

[150] 马可·伏尔维乌斯·福拉库斯(*Marcus Fulvius Flaccus*),于公元前125年任执政官,格拉古兄弟的朋友和支持者。

忆。这可真是一个卓绝的决议[151]。还有什么比为那个女神立庙更能成为对诸神的嘲讽？如果女神在城里，那么她根本不该被这些骚乱撕碎。但也许这个女神应该为这丑事负责，因为她抛弃了公民的心灵，所以，她应该待在那座庙里，就像待在监狱里面。如果他们真的想和所发生的事实一致，难道他们不更该建造一座不和谐（Discordia）女神的庙吗？如果按照拉贝奥的区分[152]，有什么原因使和谐是个女神而不和谐不是呢？为什么不能一个是好的女神，另一个是坏的女神呢？拉贝奥自己不就是看到在罗马有一个发烧女神的庙，一个健康女神的庙，所以有这样的说法吗？这样，就不仅和谐女神，不和谐女神也该给建个神庙。要是这个坏女神被惹怒了，罗马人要和她生活在一起是很危险的，他们不记得，特洛伊的结局起初就是因为不和谐女神被得罪了。因为她没有被邀请参加众神的宴会，她才制定了给三个女神金苹果的诡计；于是诸神发生争执，维纳斯得胜，海伦被劫，特洛伊被毁灭了。也许她因为不得和诸神一样，在罗马城有一个庙，已经怀恨在心了，于是在城里搅起了如此大的混乱。那么，如果她看到，在那个地方（那里可有她自己的作品）建起了她对手的庙，那她的恼怒不是会更加尖锐吗！我们这样嘲笑他们的虚妄，那些博学而智慧的人要生气了，不过他们确实同时服侍好神和坏神，他们无法逃过这个关于和谐与不和谐的问题。要么是他们更喜欢发烧女神和战争女神贝罗娜（他们从很久以前就为她们建造神龛了），而不愿服侍这些女神，要么是他们同时服侍和谐女神与不和谐女神，但是和谐女神抛弃了他们，而不和谐女神残忍地把他们带进了内战。

---

[151] 有人在这座庙下面刻上："不和谐女神的作品促成了和谐女神庙"。

[152] 见本书 2:11。

26. 在建起和谐女神庙后，发生了各种各样的战争

那些人认为，和谐女神庙是对骚乱极为明确的防卫，因为它建立在演说者面前，正提醒演说者，格拉古兄弟如何伏诛就戮。但是效果究竟如何，以后更糟糕的情况就是明证。这以后的演说者确实努力了，但不是避免格拉古兄弟的先例，而是要超过他们，像保民官卢修斯·萨腾尼努斯（*Lucius Saturninus*）、地方长官瑟维里乌斯（*Gaius Servilius*）[153]，不久之后[154]又有德鲁苏斯（*Marcus Drusus*）[155]，所有这些骚乱先是带来了极为严酷的杀戮，随后演变成同盟战争，暴烈地摧残了意大利，导致了惊人的废弃和抛荒。随后是奴隶战争和城邦内战。干戈扰攘，碧血横飞，意大利的各个民族，本是罗马帝国所依赖的统治基础，却像对残忍的野蛮人一样征服！奴隶战争最初人数很少，只有不到七十个角斗士发动，后来却增加了那么多勇武凶残的人，成为规模巨大的奴隶战争，击败了罗马的很多指挥官，把很多城市和地区夷为废墟。对此，史书作者总是找不到一个满意的解释[156]。这不是唯一一次奴隶战争，甚至马其顿行省和西西里的入海口也因为奴隶暴

[153] 萨腾尼努斯从公元前 104 年开始反对元老院。公元前 103 年，他任保民官，支持平民削减粮价，给老兵分配土地。他曾与马略相互支持，但后来反目成仇。萨腾尼努斯一度攻占卡匹托利山，被马略夺回，马略将萨腾尼努斯等囚禁在元老院。他们的敌人冲进元老院，用石头把他们打死。瑟维里乌斯是萨腾尼努斯的支持者。李维，《罗马史》，69；西塞罗，《为盖乌斯·拉比里乌斯辩护》(*Pro C. Rabirio*)，6：18 以下。

[154] 原文为"很久之后"。但从萨腾尼努斯作保民官到德鲁苏斯的时代，只有七年。所以一般认为，这里应该是"不久之后"。

[155] 相关的马可·德鲁苏斯有两个。老德鲁苏斯是盖乌斯·格拉古的支持者，于公元前 122 年任保民官。按照时间，这里指的应该不是他。小德鲁苏斯是他的儿子，于公元前 91 年任保民官，也试图推行殖民地和土地改革。他后来在罗马广场被杀。李维，《罗马史》，71。

[156] 弗洛路斯，《罗马史摘抄》，2：8；欧特洛匹乌斯，《罗马简史》，6：7；撒路斯提乌斯，《历史》（残篇），3：84；亚庇安，《诸内战记》，1：116—120。

动而荒无人烟。哪个雄辩的人可以讲清楚那些海盗起先犯下的可怕的抢劫之罪，以及他们随后对罗马发动的猛烈战争？

27. 马略和苏拉的内战

马略沾满了市民的血，因为他们属于敌对阵营而屠杀。他在被击败之后逃出罗马城，城邦很久也难缓过气来，对此我引用西塞罗的一番话：后来，辛纳借助马略来统治，真正最杰出的人被杀，城市之光熄灭了。后来苏拉对他们这次残酷的胜利施加报复，我无法描述有多少公民被杀，共和国遭受了多少灾难⑤。而苏拉的这种报复却更具毁灭性，还不如丢开他所惩罚的这些丑事不要管，就像卢坎所说的："用药太过，甚至就变得如同它要治疗的疾病一样。那些有罪的人死了，但是惩罚他们的人自己变得有罪，疯狂的私仇与怨愤，失去了法律的羁绊，肆意蔓延。"⑱在马略和苏拉的战争中，除去那些在战场上被杀的人，罗马城的大街小巷、广场剧院，甚至神殿里，都堆满了尸体。我们很难判断，那些胜利者究竟是胜利之前杀人更多，从而导致了他们的胜利，还是胜利之后，因为胜利而杀人更多；在马略取得胜利的时候，他得以从流放中回城，除去各处的屠杀之外，执政官屋大维（Octavius）⑲的首级也在讲坛上展示，恺撒⑯一家被芬布里亚斩杀在家中，克拉苏父子眼睁睁看着对方被杀害⑯，贝比乌斯（Bebius）⑫

---

⑤　西塞罗，《反喀提林》，3：10.24。

⑱　卢坎，《法萨利亚》，2：142—146。

⑲　这个屋大维不是奥古斯都，而是奈乌斯·屋大维，公元前 87 年的执政官，苏拉的支持
　　者，是最早被马略杀的人之一。

⑯　这里的恺撒是公元前 90 年任执政官的卢修斯·恺撒和他的弟弟，演说家盖乌斯·恺撒。

⑯　这里的克拉苏，是三巨头之一的马可·克拉苏的父亲和弟弟，都叫普布利乌斯·克拉
　　苏。据说，父亲看到儿子被杀后自杀而死。

⑫　盖乌斯·贝比乌斯，在同盟战争中，于公元前 89 年继卢修斯·恺撒任指挥官。

和努密托里乌斯（Numitorius）⑱死时被开膛剖腹，内脏丢得满处都是，卡图卢斯（Catulus）⑲饮下毒药才逃脱敌人之手，莫鲁拉（Merula）⑮，朱庇特的专职祭司，割破血管，用自己的血来祭祀朱庇特。而凡是马略不愿举右手接受其致敬的人，都在他面前被杀死了。

28. 苏拉为报复马略的残酷，取得了怎样的胜利

随后是苏拉的胜利，这无疑是对马略的残酷行径的报复。流了无数公民的血，换来了胜利，但是战争结束以后敌意仍然旺盛，和平中反而更加残忍。马略先前和最近都杀人很多，此外，还应该加上很多别人的更严重的屠杀，包括小马略和同样属于马略帮派的卡尔波的屠杀⑯。在苏拉逼近的时候，马略派不仅胜利化为泡影，就是自身的安全也受到了威胁，于是他们不加区分地屠杀朋友和敌人。他们除去四处屠杀之外，甚至围攻元老院，逼着元老们离开座位，就如同离开监狱一样，引颈就戮。大祭司穆修斯·斯凯夫拉（Mucius Scaevola）⑰抱住维斯塔女神的神龛，在罗马，没有哪里比那儿更神圣，但他还是被杀。神殿里的贞女精心维护着圣火永远燃烧，但是大祭司

---

⑱ 盖乌斯·努密托里乌斯，罗马贵族，苏拉的支持者，于公元前88年被马略和辛纳处死。他的尸体被拖过罗马广场。阿庇安《诸内战记》，1:72；弗洛路斯，《罗马史摘抄》，3:21.14。

⑲ 昆图斯·卡图卢斯是罗马著名的政治家，于公元前78年任执政官，据说后来吸炭火自杀。奥古斯丁此处的说法应该有误。

⑮ 卢修斯·刻耐流斯·莫鲁拉，是朱庇特的专职祭司，在公元前87年的屠杀中，在朱庇特神殿里自杀而死。

⑯ 关于小马略和卡尔波，参见本书2:22.1及注释。

⑰ 此处的穆修斯·斯凯夫拉与4:27中的斯凯夫拉，是同一个人，全名为昆图斯·穆修斯·斯凯夫拉（Quintus Mucius Scaevola），是一个著名的法学家和演说家，也是马略的反对者，于公元前87年被杀。但4:20和5:18中的穆修斯·斯凯夫拉是另外一个人，全名是盖乌斯·穆修斯·斯凯夫拉。

的血几乎浇灭圣火。随后胜利者苏拉开进罗马城，在公共村（*Villa Publica*）野蛮地屠戮了七千放下武器的降兵，这不是在战争中，而是在和平中，不是靠厮杀，而是靠一声命令。在罗马城，苏拉的部下想杀谁就杀谁，因此死人的总数根本无法计算，直到有人建议苏拉还是留下一些活的，否则胜利者就没有臣民可发号施令了。当时全城各处疯狂的滥杀得到了一点控制，于是他颁布了死亡人数以表庆祝。品级最高的人，包括骑士和元老，记录被杀的就多达两千。这个数字令人难过，但数字的限制也让人安慰；死人带来的悲哀，比不上活下来的人因为不用再害怕而响起的欢呼。幸存者虽然因获得安全而变得麻木不仁，但是对于那些被下令处死的人，得知他们的死法后，还是会叹息。有人不用刀剑，而是用双手被撕裂。这些人如此折磨活人，比野兽撕裂抛弃尸体还要灭绝人性。还有人被挖眼，肢体遭到寸寸凌迟，然后可以活更长一些时间（或者说更慢地死去）。一些高贵的城遭到拍卖，就像私人农庄一样。一个城市被命令集体屠杀，就像处死一个犯人一样。这是在战争之后的和平中发生的，不是为了加速胜利，而是为了，和平既然获得，就不应遭到蔑视。和平和战争一样残忍，甚至超过了战争。战争杀的是武人，而和平杀的是手无寸铁的人。战争中被杀的人只要可能，就可以杀别人；但是和平，却不是要让逃过战争的人活下去，而是让他们毫不反抗地死去。

29. 比较哥特人的入侵，罗马人遭受的高卢人带来的灾难，以及内战的发动者带来的灾难

　　外族的劫掠，那野蛮人的凶残如何能同公民对公民的这胜利相比？罗马看到的哪一次灾难更凶暴、更残忍、更野蛮？究竟是高卢人，以及不久之前哥特人的入侵，还是马略、苏拉，以及他们的帮派中

那些著名而显赫的头目们自残骨肉的暴行？高卢人杀掉了他们在全
城能找到的所有元老。只有躲在卡匹托利山的堡垒中的能保住性
命，这是那时唯一守住的地方；他们用黄金从那些侵入山上的人手中
买下了自己的命。那些人虽然不能用刀剑要他们的命，但还是可以
用重围困死他们。而哥特人放过了很多元老，有哪个被杀了倒显得
很奇怪了。恰恰就是在没有落入高卢人手中的卡匹托利山，苏拉宣
布了屠杀的命令和自己的胜利，而那时候马略还活着。在马略逃跑
期间（虽然他会更残忍和血腥地回来），苏拉在卡匹托利山通过元老
院的命令，剥夺了很多人的生命和财产；在苏拉离开以后，马略一伙
人认为什么是神圣的，从而可以放过呢？他们甚至没有放过穆修斯，
他是一个公民、一个元老、大祭司，可怜地抓住祭坛，那个据说是罗马
命运所系的地方。我们且不说另外那不可计数的死亡者，就是苏拉
那后来的名单里的元老，就比哥特人抢劫的都要多。

30. 在基督来临之前，有一系列众多而极为惨烈的战争

这样，如果他们不把那些灾难归给他们的神，而把最近的这些归
给我们的基督，他们是何等厚颜无耻，有怎样的心肝，多么鲁莽，多么
愚蠢，或更恰当地说，多么野蛮！连他们自己的作者都承认，内战比
所有与外敌的战争都更残酷、更野蛮，认为这些战争不只是打击了共
和国，甚至完全毁灭了她。这些都发生在基督来临很久以前，而且这
些丑事环环相扣，像链条一样：马略和苏拉的战争，导致了色脱里乌
斯（*Sertorius*）⑱和喀提林的战争（其中，色脱里乌斯遭到苏拉的放逐，

---

⑱ 昆图斯·色脱里乌斯，罗马军人。在苏拉胜利之后，他支持民主派。公元前80年，他被
　命令带领鲁西塔尼亚人。他组织了一支西班牙军队，屡屡挑衅元老院军队。后来，他被
　部下刺杀。

喀提林得到了苏拉的提携），然后又导致了雷比达（*Lepidus*）和卡图卢斯的战争（他们当中一个想废除苏拉的法令，一个想保护那些法令）⑩，随后又是庞培和恺撒（其中庞培是苏拉的追随者，他的实力和苏拉相牟甚至有所超过，恺撒谴责庞培那么大的权力，只是因为他没有这权力，他在战胜并杀了庞培以后，权力超过了庞培）。这些战争导致另外一个恺撒的出现，他后来被称为奥古斯都，在他统治帝国期间，基督降生了。奥古斯都自己发动了很多内战，很多杰出人物死在这些战争中，其中包括西塞罗，一个擅长统领共和之术（*artifex regendae rei publicae*）的人。裘力斯·恺撒战胜庞培时，对被击败一方的公民仁慈相对，给他的对手们保留了生命和尊位，但是由于元老院的那些贵族怀疑他有当国王的欲望，他们为了共和国的自由，在元老院大厅杀了他。随后，安东尼好像要继承了恺撒的力量，但他的品德和恺撒完全不同，腐化堕落、五毒俱全。也是为了保卫祖国的自由，西塞罗强烈地抵制安东尼。随后出现了另外一个恺撒，一个年轻而惊人的天才，裘力斯·恺撒的养子，我说过，他后来叫做奥古斯都。西塞罗偏向于这个年轻的恺撒，让他培养实力对抗安东尼，希望他能够赶走安东尼，击垮他的统治，恢复共和国的自由。西塞罗真是瞎了眼，一点也不识时务。他扶植这个年轻人的地位和实力，但是这个年轻人自己却和安东尼达成妥协，默许西塞罗的被杀。他虽然多次宣扬共和国的自由，却把自由归入自己的权柄之下。

---

⑩ 马可·埃米里乌斯·雷比达，于公元前 78 年任执政官，公元前 77 年试图以武力攻占罗马，推翻苏拉。在雅尼库鲁姆附近，他被另一个执政官卡图卢斯（即 3：27 中的卡图卢斯）率领的元老院贵族的军队击败。他不是与屋大维联合的那个雷比达。

31. 那些人因为不能服侍诸神，就把这个时代那么多的灾难归给基督，虽然在他们服侍诸神时，这样的灾难同样存在。他们是多么鲁莽啊

那些获得了那么多好处却对我们的基督忘恩负义的人，应该为这些坏事谴责他们自己的神。当然，就在他们做那些坏事的时候，那些神坛仍然热乎乎的，点燃着"塞巴的馨香，鲜花编成的花环散发出芬芳"⑩。祭司们衣着华贵，神殿金碧辉煌，人们在庙里祭祀、游戏、发疯，而公民与公民之间的嗜血滥杀不仅发生在别处，甚至就发生在那些神的祭坛脚下。西塞罗逃跑的时候没有选择神殿，因为当初斯凯夫拉选择那里就没有用。但那些人却比他们俩更不该嘲讽基督教时代。他们或者是逃到那专门用来侍奉基督的地方，或者是被野蛮人带到教堂来活命。我知道这些，而凡是和我一起，不用偏见评判的人，都很容易明白这些（我删去了其他很多我引用过的例子，还有另外很多，不赘举）：如果人类在布匿战争之前就接受了基督的教导，如果所有这些事物的毁灭都在后来发生，如果欧洲和非洲还爆发那么多战争，现在指责我们的人，没人不会把这些坏事都归给基督教。如果基督教在高卢人入侵、台伯河发大水、大火毁灭种族，还有后来的内战（所有坏事中以此为最）爆发之前就已经被接受和传播了，那么他们的指责，至少是那些与罗马相关的，就会更加无法忍受。甚至别的坏事，它们的发生难以置信，以致被当作预兆看待；而如果这些发生在基督的时代，那些人难道不会把它们归为基督教的罪过吗？我还删去了另外一些，更多是奇迹而没有伤害的事，像牛吐人言、婴儿没出娘胎就能说话、蛇会

⑩ 维吉尔，《埃涅阿斯纪》，1：416—417；有改动。

飞、女人变男人和母鸡变公鸡，诸如此类的事，这就写在他们的书里，不是神话书里，而是历史书里⑰。这些或真或假，没有带来这些人的伤害，只能带来他们的惊讶。至于天上落土、落白灰、落石头（并不是用这个名字来指代冰雹，而都是真的石头）⑫，这些当然会造成严重的危害。我们还在他们那里读到，埃特纳火山上的火从山上流下来，一直流到附近的海岸，把海都烧得快沸腾了，岩石被烧掉，船上的黑漆都烧化了⑬。这都是不可置信的怪事，造成的危害却也很不小。他们还写道，还是在这次大火中，西西里到处是热灰，卡提嫩西（Catinensis）城中的房子都被盖满了，纷纷崩塌；灾难来势凶猛，罗马人颇感悲悯，在这一年削减了赋税⑭。人们还读到，在阿非利加变成了罗马的一个省以后，那里出现了多得数不清的蝗虫；它们吃了树上的果实和叶子，形成一片巨大的、无边无际的黑云，人们把它们向大海驱赶。它们死在海里，被冲到岸上，空气都被污染了，于是爆发了瘟疫，只在马西尼萨（Masinissa）一个王国，据说就死了八十万人，在接近海边的地方死得更多得多⑮。在尤提卡（Utica）的三万士兵当中，只有一万人生还。我们而今遭受那么虚妄的指控，我们不禁要反问，如果他们中哪一个在基督的时代看到这些，难道不都会归给基督教吗？但是他们不归给自己的神，而服侍那些神所求的，就是少受这些苦，但是那些受到服侍的神却把他们推入比以前更多的灾难。

---

⑰ 李维，《罗马史》，3：10.6；22：1.13；24：10.10；27：11.4；31：12.6；欧布西昆斯，《论征兆》，15，24，26，27，41，43，53，58；奥罗修斯，《历史》，5：4.8。

⑫ 李维，《罗马史》，27：37.1；欧布西昆斯，《论征兆》，44，51，54；奥罗修斯，《历史》，5：18.5。

⑬ 欧布西昆斯，《论征兆》，29；奥罗修斯，《历史》，5：6.2。

⑭ 欧布西昆斯，《论征兆》，32；奥罗修斯，《历史》，5：13.3。

⑮ 欧布西昆斯，《论征兆》，30；奥罗修斯，《历史》，5：11。

上帝之城卷四①

[本卷提要]本卷依然继续前两卷的主题,讨论古典诸神与尘世政治的关系。他更具体地谈到了地上之城的罪恶,认为帝国与强盗并无根本区别。这是奥古斯丁政治思想的一个基本出发点。第三章谈到的个体与政治的关系,可以和柏拉图在《理想国》中的讨论对比,构成奥古斯丁政治理论的重要出发点。在后半部分,奥古斯丁从诸神的"专业分工"角度来批判古典宗教②。

---

① 奥古斯丁在415年底给俄沃底乌斯(*Evodius*)的信(*Epistola* 169)中提到,他就是在那一年开始并完成了卷四和卷五。

② [PL本提要]在这一卷,奥古斯丁证明,罗马帝国如此幅员广阔、国祚绵长,不应该归功于朱庇特或是异教诸神(他们几乎每个管一件事,人们认为他们要管最底下的事务),而应归于唯一的真正上帝,幸福都是他所制造,地上的王国是靠他的力量和裁决来建立和维持的。

1. 第一卷里讨论的内容

　　在谈上帝之城的过程中，我认为首先要回应她的敌人，他们追求地上的快乐，迷恋变幻的事物。这里面只要有悲苦——但他们之所以受着悲苦的惩罚，还是来自上帝悲悯的劝诫，而不是对他们的严厉谴责——他们就责难基督宗教，而基督教其实是唯一救赎性的真宗教。于是，那些无知的大众被渊博者的权威诱导，陷入了对我们的痛恨。他们由于没有知识，所以认为他们时代所发生的灾难是史无前例的空前灾难；那知识渊博的人知道这是错的，但是为了让人们看上去有正当理由来抱怨我们，他们故意强化与他们的知识不符的、那些大众的意见。在他们的书里，他们有对以前历史时期的记载，我们需要用这些史书证明，历史和他们想的完全不同；要告诉人们，那些伪神，他们以前公开服侍、现在秘密服侍的伪神，自身是无比肮脏的精灵，是无比邪恶和虚伪的鬼怪，而且欣赏自己那些或真实或虚构的罪行，愿意通过节庆来宣扬这些。因此，只要有所谓神圣的权威供人们模仿，人性的弱点就使人们无法免于从事这些该诅咒的事情。我们不是靠自己的推理证明这些的，而一半来自晚近的记忆，因为我们亲眼看到这些神明展示出这样的事；另一半来自他们的文献，这些文献的写作目的可不是污蔑诸神，而是为了荣耀他们，要传诸后世的。包括瓦罗这样极博学和极严肃的作者，他的书中分别处理了人事和神事，一些卷专门写人，一些卷写神，各自按照事情的尊位划分。至于那些戏剧表演，他不归为人事,而算作神事③,不过,如果全城的人都是好人和值得尊荣的人,戏剧表演连人事也不该算。这可不是作者自己生造的,而是,因为他生在罗马,在罗马受教育,他发现这就是罗马的神事④。在第一卷末尾,我简要交代了后面诸卷的任务,然后,我在随后的两卷里说到了这个问题,而现在,我就写完剩下的部分,完成我给读者们的许诺。

2. 第二和第三卷包括的内容

我们曾经许诺,要谈到那些把罗马共和的灾难归给我们的宗教的对手,也要尽我所能评论在诸神的祭祀被禁止之前,罗马所发生的那些坏事,不论多大,不论多少,只要看起来足够的,无论发生在罗马城的,还是发生在帝国的行省。如果这发生在我们的宗教照耀期间,或是在他们的信仰被禁止之后,所有这些无疑都会归给我们。我认为在第二和第三卷,我们已经足够解决了这些问题。在第二卷,我谈到了道德的败坏,这要么是唯一的坏事,要么是最大的坏事;在第三卷,我谈到了只有傻子才会担忧的遭遇,就是身体和外界的事物的灾难,这些很多好人也都会遭受。至于道德的败坏,我认为,他们不是在无奈地遭受,而是兴奋地接受,因此使自己变成了坏的。但是对于这个城自身和她的帝国,我谈得还很少。甚至还没有谈到奥古斯都大帝时代。我想要提到和罗列的这些坏事,不像战争中的涂炭和废弃那样,并不是人们相互施加的坏事,而是世界中的元素在地上导

---

③ 瓦罗,《人神制度稽古录》(残篇),170(仅见于奥古斯丁所引);李维,《罗马史》,7:2.1—3。参见6:3。

④ [译按]奥古斯丁暗示了,瓦罗承认这些是神事,多少是迫不得已。可参考本书6:9.5。

致的。阿卜莱乌斯（Apuleius）⑤在他所著的《论世界》中的一个地方，简要论及了这个问题，他说整个大地都有变动、转化和灭亡："巨大的地震使黄土裂开，吞噬城市人民；整个地区都会被突然爆发的暴雨冲垮；以前曾是大陆的地方，被突然的洪水变成岛屿，而别的地方因为沧海退却而可以徒步穿行；狂风暴雨会毁坏城市；云层中喷出火来，东方地域被吞没而灭亡，在西方，喷泉和洪水却阻止了同样的毁灭；同样，从埃特纳山顶，因为诸神之怒而导致的流火沿着山坡冲下，像旋涡一样。"⑥如果我想尽我所能地从史书中收集这样或诸如此类的证据，什么时候才能结束？而这些发生的年代，都在基督之名摧垮了那些虚妄而敌视真正拯救的信仰之前。我曾许诺要指出，罗马人的道德是什么，并且其权能笼罩所有王国的真正的上帝，为什么认为这个帝国值得帮助和提升。他们所认为的那些诸神，根本无法帮助他们，而只能用欺骗和谎言来伤害他们：看来，我现在该谈谈这些，特别是与罗马帝国的发展相关的问题。被他们当作神来服侍的鬼怪的有害的谎言，在多大程度上败坏了他们的道德，我已经谈得不少了，特别是在第二卷里。在所有这三卷里，我谈到，只要有机会，哪怕是在战争的坏事当中，上帝也会通过基督的名字给人们很多安慰，不论好人坏人。而野蛮人都对此报以尊敬，超出了战争的惯例。因为"日头照好人，也照歹人，降雨给义人，也给不义的人"⑦。

⑤ 卢修斯·阿卜莱乌斯·奥佛（*Lucius Apuleius Aufer*）约生于公元 123 年。诗人、哲学家、旅行家、修辞学家。他曾经遭到追求他妻子的一个人的控诉。这场控诉成为一桩著名的案件。他在此案中的《申辩》非常有名。另外，他又著有《论世界》、《论苏格拉底之神》等。他最有名的作品是《金驴记》。
⑥ 阿卜莱乌斯，《论世界》，34。
⑦ 《马太福音》，5：45。

3. 帝国疆域广阔，不靠战争无法获得，这是否也算智慧者或幸福者的好事

　　我们来看看，他们怎么敢把罗马的辽阔绵长归功于他们那些神：他们用肮脏的戏剧表演和龌龊之人的管理来服侍诸神，还说是尊荣的。战乱频繁，不论是公民还是敌人，毕竟是人在流血，罗马辗转于黑暗的恐惧和残酷的欲望之中，快乐像耀眼的玻璃一样脆弱，人们充满恐怖，害怕它会突然破碎，这样，我首先想一步步追问，你既然不能让帝国中的人幸福，帝国的广大还受到荣耀，有什么道理，有什么明智之处？当听到人民、王国、行省这些词的时候，我们不要因为那些空洞的说法而退缩，不要因为大而无当的言词而钝化我们的思考之锋，这样就更容易明白了。我们假设有两个人——就像文章是由单个字母组成的一样，城邦和王国的元素是每个单个的人，无论她占地有多么广阔⑧——我们假定这两个人中一个是穷人，或是很平常，另外一个很富有；但是那个富人因恐惧而焦虑，因忧愁而憔悴，欲望膨胀，从来都没有安全，总是不得安宁，永远因为和敌人对抗而气不敢出，于是他在悲惨中增加了很多私人财富，同时也给自己增加了最苦楚的烦恼；那个平常的人却满足于清贫的境况，没有什么财富，家庭和睦，与邻里亲朋享受和平而甜美的快乐，信仰虔敬、心智愉悦、身体健康、生活简单、道德贞洁、良心安宁。我不知道是否有人愚蠢地胆敢怀疑哪个更好。和这两个人一样，两个家庭、两个民族、两个王国

---

⑧　[译按]正如 Gerard O'Daly 指出的，此处关于个体与国家的关系，与柏拉图在《理想国》中谈到的大字与小字的关系正好相反。苏格拉底认为个人的正义看不清楚，所以要先研究城邦的正义；而在此，奥古斯丁认为要先研究个人，再理解国家。奥古斯丁对个体和内心的强调，是很重要的一个特点。

之间,适用同等的规则。只要我们能警醒地使用它,指导我们的意识,那就很容易知道哪里有虚荣,哪里有幸福。因此,如果我们服侍真正的上帝,用真正的仪式和善好的道德服侍他,那么,让好人长期统治辽阔宽广的土地,也是有用的,但是这更多对治于人者有用,而不是对治人者。因为和治人者相关的,只是他们的虔敬和正直,上帝的伟大赐予,已经足够使人到达真正的幸福了,人们可以用这过上好的生活,以后进入永恒。在这大地上,好人的统治对人类的事业有用,但对他们自己没有什么用。而真正坏人的统治伤害更多的是治人者自己,因为他们的这种罪行和奢侈毁坏了自己的心灵;这些不会伤害到那些被统治的奴隶,除非他们自己也变得邪恶⑨。因为当正义的人遭受邪恶的主人的坏事时,他并不是因罪而受罚,而是被检验德性。因此哪怕好人当了奴隶也是自由的;坏人哪怕当了国王,也是奴隶⑩。不仅单个的人是这样,如果所有主人都有这些罪过,那就更严重了。圣经里就这样谈到了罪过:人被谁制服就是谁的奴仆⑪。

4. 王国没有了正义, 与一群强盗何其相似

没有了正义,国家不过是一大群强盗。而强盗就是一个小王国。团伙是人组成的,听首领的号令,通过盟约组织起来,根据共同认定的规则分赃。它如果不断招降纳叛,坏事日益增多,划定地盘、建立

---

⑨ ［译按］奥古斯丁此处的说法明显与柏拉图在《高尔吉亚篇》和《苏格拉底的申辩》等对话中表达的观点相关:一个人做坏事,是对自己不利的;对人真正的伤害不是外在的,而只能是灵魂的堕落。

⑩ ［译按］在罗马的政治体制下, *libertas* 一词来自 *liber*,即“自由人”,本来就是指奴隶不会有的政治地位,所以,严格来说,“自由的奴隶”是自相矛盾的说法。奥古斯丁的这一理解,把有着明确政治含义的自由观念,完全变成了灵魂之事。塞涅卡在《书信》47:17 中已经有了类似的说法。

⑪ 《彼得后书》,2:19。

据点、攻占城池、约束人民，就越来越可以公然有王国之名。这个名字不是在去掉贪欲后才能获得，而是只要不受惩处，就能得到。亚历山大大帝俘虏的海盗就是这样回答他的，精彩而真实。国王审问他为什么要占领海面，海盗毫不屈服，说：你自己要抢夺整个地球，但是因为我的战船太小，所以你叫我强盗；因为你的战船巨大，所以你称为统帅（*imperator*）⑫。

5. 那些逃亡的角斗士的力量与王国之尊可以媲美

我且不必讨论罗慕洛纠集的是什么人了。他们要总想处心积虑，要走出当时的生活，被吸纳为城邦的一员，从而不再担心遭受惩罚，正是对这些惩罚的恐惧把他们推进更大的罪行，然后更和平地参与人间事务。但我还要提到，当罗马帝国变得强大起来，镇压了很多别的民族，造成临近诸国的恐惧的时候，她自己却感到了尖锐的恐惧，陷入极大的恐慌，费了不小的力气才躲过了一次巨大的灾难。当时坎帕尼亚有数量极少的角斗士，从竞技场中逃出来，组成强大的军队，举出三个头领，在意大利极为宽广的地域，带来极为残酷的涂炭⑬。让我们的对手说，是什么神的帮助，使他们从一小撮低贱的强盗变成了一个王国，令罗马的儿郎闻风丧胆、高高的城垣战栗恐惧？他们也许会否定有神的帮助，因为这场叛乱时间毕竟不长。不过，又有谁长生不老呢？按照这一说法，神不会帮助任何人为王，因为每个

⑫ 西塞罗，《共和篇》，3：14.24。［译按］Imperator 一般译为"皇帝"，但无论在亚历山大时代，还是西塞罗时代，西方世界都还没有作为国家元首的"皇帝"出现。而在前文，也是用的"国王"一词。imperator 本来是"统帅"的意思，后来才发展出"皇帝"的意思。请读者注意这些词源的关联，不可以中文的概念勉强理解。
⑬ 弗洛路斯，《罗马史摘抄》，2：8(3；20)；撒路斯提乌斯，《历史》(残篇)，3.84；阿庇安，《诸内战记》，1：116—120。

人的死亡都会很快来临；也不会赐给人们利益，因为每个人的幸福都转瞬即逝。而既然每个人的幸福都会转瞬即逝，那么所有人的幸福也会像朝露一样迅速消失了。对于那些追随罗慕洛敬神，却又很快死去的人，罗马在他们死后变成了巨大的帝国，这又与他们何干呢？他们也许只能在地下寻找自己的理由了。不过，这些理由无论好坏，都和我们现在讨论的问题无关。我们可以认为，这也适用于所有那些在帝国任职的人。虽然这些职位会长久地流传下去，一个人死了，会有别人接替，但是，那些任职者的日子毕竟屈指可数，转瞬即逝，他们所应承担的只是自己的所作所为。而如果那极短暂的时间里的幸福是诸神的赐予，那么，角斗士们得到的可不少；他们挣脱了奴隶的枷锁，破门而出，逃之夭夭，组织了庞大而威猛的军队，听从自己的王的谋略和命令，吓坏了趾高气扬的罗马，几个罗马统帅都不能镇压，攻城掠地，屡战屡胜，随意横行，率性纵欲，最后好不容易才被镇压下去，在王位上活得极为尊贵。不过，我们且转向更大的问题。

6. 尼努斯王极为贪婪，他第一个向邻国发动战争，以求统治　更广阔的地域

　　尤斯丁（*Justinus*）[14] 追随特洛古斯·庞培（*Trogus Pompeium*）[15]，不仅用拉丁文撰写希腊（或外邦）历史，而且写得非常简洁。他在自己历史著作的最开头写道："在民族和国家事务的开

---

[14] 尤斯丁，公元二世纪后半期的历史学家。他的著作《菲力比历史摘抄》（*Epitoma Historiarum Philippicarum*）是特洛古斯·庞培的《菲力比历史》（*Historiae Philippicae*）的一个节选本。

[15] 特洛古斯·庞培是李维同时代的历史学家，所著《菲力比历史》记述从尼努斯时代到当时的历史，共44卷。

端,指挥权在国王手中,国王荣登大宝不是因为他们笼络了人民,而是因为好人知道他们的节制而导致的。人民也不受法律约束,元首的独断就是法律。那时的习俗是,人们维护所统领的疆域,而不会扩张,王国的号令所及只限制在自己的祖国。亚述的国王尼努斯(*Ninus*)[16]首先决定改变各民族祖先的风俗,渴望新的统治。于是他第一个对邻国发动战争,打败了那些还不善于反抗的民族,把疆域延伸到了利比亚。"他随后又说:"尼努斯不断扩张,加强他的权威。邻国被征服了,他获得了更强大的力量向别处发展,每次在邻国的胜利都提供了下次征服的工具,直到征服东方的所有民族。"[17]我不知道尤斯丁或特洛古斯所写的有多真实。一些更可信的著作表明,其中一些是假的,不过参照别的著作,我们可以确切地知道,亚述王国确实在国王尼努斯的时候大大扩张了疆域。亚述延续时间很久,罗马根本无法相比。编年史作者还写道,这个王国从尼努斯登基的第一年算起,延续了一千二百四十年,最后转到米底斯(*Medos*)的手里[18]。他们和邻国发动战争,继而征讨其他无辜的民族,仅仅出于霸欲,这不叫大盗巨寇,还叫什么呢?

7. 地上王国的兴衰,是否因为得到或缺乏诸神的帮助

如果说亚述没有诸神的帮助,就会有那么伟大而长久的王国,为什么罗马王国要把自己这辽阔的土地和绵长的时间归功给罗马诸神呢?前者的原因,也正是后者的原因。如果他们坚持把亚述帝国归

---

⑯ 尼努斯是传说中亚述的国王,尼尼微城的建造者,据说他发明了战争的技艺。他可能和《创世记》中的"宁录"(10:8以下)是同一个人。但奥古斯丁似乎并不这么认为。

⑰ 尤斯丁,《菲力比历史摘抄》,1:1.1—5.8。

⑱ 尤西比乌(*Eusibius*),《编年史》,2;奥罗修斯,《历史》,7:2.15。

给诸神的帮助，我要问那是哪些神。尼努斯所统治和征服的那些异族，当时所服侍的并不是别的神。另外，如果亚述人的神是更擅长建造与支撑帝国的工匠，难道他们死了吗，竟使得亚述帝国终于灭亡？或者，难道他们愿意把国家转给米底斯，是因为得到了好处，或是更大的许诺？然后他们又把帝国转给了波斯，难道就因为居鲁士邀请他们，给了更好的报酬？自从马其顿的亚历山大极为短命的伟大王国大片开疆拓土之后，这个波斯民族就在东方拥有了不小的疆域，一直延续到现在。如果是这样，那么，要么是诸神背信弃义，抛弃了那些人，投靠了他们的敌人（这是卡米卢斯这样的凡人都不会做的。他为了罗马，击败和征服了罗马最凶恶的敌城，但遭到了罗马忘恩负义的对待。可后来他又不计前嫌，心怀祖国，再次把罗马从高卢人手中解放）；要么，也许他们根本没有诸神应有的能力，可以被凡人的谋略和力量战胜；或者，就在人们之间发动战争的时候，没有神被人征服，而是这些神也许被守卫别的城邦的神所战胜，这样，诸神之间也互有敌意，各自保佑自己的一派。一个城邦不仅应该服侍自己的神，同样要服侍别的神，因为自己的神还要从别的神那里得到帮助。最后，在所有这些转手、逃亡、移民或战败之中，不论他们认为诸神起了什么作用，当他们在大战的灾难中失去或转手王国的时候，基督的名字都没有传播到那个时间和那些区域。如果在一千二百年之后，亚述王国才被灭亡，如果这个时候基督教宣布了另外一个永恒的王国，阻止了他们实为亵渎的对那些伪神的服侍，那个国家的虚妄之人会说什么？他们说的不过就是，一个王国存在了这么久，如今却灭亡了，就是因为抛弃了自己的宗教，而接受了基督教。在可能到来的这虚妄的声音中，让我们的对手在镜子里看到自己的像，发出同样的抱怨。如果他们还有羞耻之心，让他们脸红吧。罗马帝国遭到了骚扰，但是还没有易主——但这在基督之名之前的别的时代已经发生过了，随后她又从这痛楚中再生过来——不过就是现在这时代也不该使人失望。谁能知道上帝在这事情上的意志呢?

8. 既然他们相信,不能把每件事都交给同一个神来保护,那么,他们认为,罗马帝国的发展与保存,应归功于哪个神的保护呢

如果愿意,我们就要问,从罗马人服侍的那么一大群神祇中找到一个对扩张和保护帝国最有功的,他们会认为是哪个,或哪些?我想人们不会无耻地把这么辉煌的功业和这么高贵的尊荣归给女神克罗阿琪娜(Cloacina)⑲,哪怕是其中的一部分;也不会是女神沃露皮亚(Volupia),她连名字都来自"欲望"(voluptate);也不是女神卢本提娜(Lubentina),她的名字就来自"淫欲"(libido);也不是法提卡努(Vaticanus),她是掌管婴儿的哭声(vagitus)的,或者库尼娜(Cunina),她是掌管婴儿的摇篮(cuna)的。我们怎么可能在本书的一个角落列举他们的男女诸神的所有名字?就是罗马人在关于每个神的分职的浩繁卷帙中,也很难囊括他们所有的名字。他们甚至认为,掌管农业都需要不止一个神,而是有土地(rura)女神茹西娜(Rucina),山顶(iuga)之神优加提努(Iugatinus)⑳;还有丘陵(collibus)之神柯拉廷娜(Collatina),山谷(vallibus)之神瓦洛尼亚(Vallonia)。他们还不能仅仅找到一个庄稼女神赛格提亚(Segetia)来管理所有庄稼地(segetes),在庄稼种子(sata)还在地下的时候,他

---

⑲ 〔译按〕Dyson 认为,这个克罗阿琪娜(Cloacina,或 Cluacina)很可能只是维纳斯的一个别名,意为"净化者"。但奥古斯丁坚持认为,这是一个掌管下水道的女神,因为 Cloaca 的意思是下水道。后面的诸神大多是对一个概念的拟人化。有些出现于古罗马的典籍中,有些已经不知详情。一般不另注。

⑳ 这里的 Iugatinus 和本卷第 11 章、卷 6 第 9 章的 Iugatinus 拼写一样,但并不是同一个神。但我们还是都翻译成优加提努。

们需要女神赛亚(*Seia*)来掌管；在长出地面变成庄稼以后，就是女神赛格提亚了；在庄稼保管(*tuto*)和储藏的时候，他们还找到了女神图提利娜(*Tutilina*)来保管。谁不会认为，庄稼从开始出苗到吐穗和成熟，仅仅一个赛格提亚就够了呢？对于热爱那么多神祇的人来说，一个当然不够。他们要把可怜的灵魂交给一群鬼怪来作践(*prostituo*)[21]，却鄙弃同唯一的上帝的圣洁拥抱。他们把谷物的发芽交给普罗塞耳皮娜(*Proserpina*)，把茎秆(*nodus*)的拔节归给男神诺多图斯(*Nodotus*)，把分蘖(*involumentum*)交给女神弗鲁提娜(*Volutina*)；张开(*patesco*)谷壳、谷穗生长是女神帕特拉娜(*Patelana*)的事。在谷穗长到与地面平行时，于是又有女神霍斯提利娜(*Hostilina*)，因为古人把平行称为"较量"(*hostire*)；粮食开花(*florens*)是女神弗罗拉(*Flora*)的事，粮食灌浆(*lactescens*)是男神拉克特努斯(*Lacturnus*)的事，成熟(*maturescens*)是女神玛图塔(*Matuta*)的事。收获(*runcantur*)，也就是庄稼离开土地，是女神伦西娜(*Runcina*)的事[22]。我不能都举完，虽然他们不以为羞耻，我已经烦了。我只是说了最小的部分，但人们就已经可以理解，他们根本就不敢说哪个神建造、扩张和保存了罗马帝国，他们给每个神分派职责，根本不相信有一个主宰整体的神。赛格提亚怎能照管帝国？她都不可能同时看管庄稼和树木。库尼娜怎能关心军旅之事？她都不能掌管超出小孩的摇篮的事。诺多图斯怎能在战场上助阵？他只能掌管拔节，而不能掌管分蘖。每家有个看门人，如果这个看门的是凡人，一个也就足够了。但是却有三个神看门，佛库鲁斯(*Forculus*)负责大门(*foris*)，卡地亚(*Cardea*)负责锁钥(*cardo*)，利门提努斯

㉑ *prostituo*，本是卖淫的意思。

㉒ 盖留斯，《阿提卡之夜》，16：17；瓦罗，《人神制度稽古录》，14；《论拉丁语言》(De ling. lat.)，5：74.163.164。

（*Limentinus*）负责门槛（*limen*）㉓。那么，佛库鲁斯就不能同时也管钥匙和门槛了。

9. 诸神的服侍者们把朱庇特当成最高的神，那么，罗马帝国的广阔和绵长，是否应该归因于他呢

这里我们把那众多的小神略去，或是暂且放开，而应该讨论是否是那些主神的职责，使得罗马变得那么强大，以致可以长期号令各族。这当然是朱庇特的功劳。罗马人还想让他当男女诸神的王；他的权杖显示了这一点，那高坡上的卡匹托利也显示了这一点。关于这个神，诗人们有这样最恰切的说法："朱庇特充满万物"㉔。瓦罗认为，我们这些服侍唯一的上帝而不服侍偶像的人，就是在服侍朱庇特，只不过用另外的名字称呼他㉕。如果是这样，他为什么在罗马遭到了滥用，为什么无论在这里还是别的民族，他都要树立偶像？因为在各个城邦形成了这样堕落的风俗，连瓦罗自己都不满意。虽然他认可那个伟大城邦的堕落风俗，他还是毫不迟疑地说出和写出，人们设立了那么多偶像，其实去除了敬畏，增加了错误㉖。

10. 那些在世界上的不同部分设立不同的神的人们，究竟追随什么意见

为什么朱庇特还要与妻子朱诺——就是所谓他的"姊妹和配

㉓　德尔图良，《反异教》，2：15.5。
㉔　维吉尔，《牧歌》（*Eclogues*），3：60。
㉕　瓦罗，《论拉丁语言》，5：66；7：85[?]。
㉖　瓦罗，《论罗马民族》（*De gente populi Romani*）（残篇），15；《人神制度稽古录》（残篇），117。

偶"——结合？㉗ 他们说，这是因为"我们认为朱庇特在以太
(aethere)里，朱诺在空气里，这两个元素一个高，一个低，就结合起
来"。但是，如果有另外一个部分要朱诺填充，那么所谓"朱庇特充满
万物"就是不对的；或者，难道是两个神都填充两个部分，夫妻两个都
在两种元素中，每个都同时在每个元素中？那么，为什么还把以太给
朱庇特，把空气给朱诺？另外，这两个就该足够了，为什么还要把海
洋给涅普顿，而地下给了普鲁托？这两个神又不能没有配偶，于是，
涅普顿娶了萨拉西亚(Salacia)，普鲁托娶了普罗塞耳皮娜。他们
说，正如朱诺掌管天上较低的部分，即空气㉘，萨拉西亚掌管海洋较低
的部分，普罗塞耳皮娜掌管地下较低的部分。他们想找个办法修补
自己的神话，但是没有找到。如果是这样，那么他们的古老神话就该
说世界有三种元素，而不是四种，三对神应该每对分一种元素。现
在，他们用各种方法证明，以太和空气不同。而水不论在高处还是低
处，都还是水；或者假定水会不同，这种不同总不会大到使它不是水
了吧？地下的下部哪怕和上部很不同，它不还是土吗？那么看，物质
的世界不就是由这四种或三种元素构成的吗：密涅瓦在哪里？她占
有什么？她填充什么？她和朱庇特与朱诺同时在卡匹托利，但她不
是那两个的女儿？或者，人们说密涅瓦占据了以太中比较高的部分，
因此那些诗人们演绎说，她是从朱庇特的头上生出来的㉙：那为什么
她没有成为诸神中的天后？她不是比朱庇特更高吗？难道因为让女
儿高于父亲是不合适的？那么，在朱庇特对萨腾的关系上，他们为什

㉗ 维吉尔，《埃涅阿斯纪》，1:47；柏拉图，《克拉底娄篇》，404c；西塞罗，《论神性》，2:26.66；
德尔图良，《反马西昂》，1:13.4。
㉘ 赫西俄德，《工作与时日》，667—668；《神谱》，969—973；柏拉图，《高尔吉亚篇》，523a；
《克拉底娄篇》，402d—403a；瓦罗，《论拉丁语言》，5:67.72；西塞罗，《论神性》，2:26.66。
㉙ 赫西俄德，《神谱》，923—925；卢奇阿诺斯，《诸神的对话》，8；柏拉图，《克拉底娄篇》，
407ab.

么不遵从这正义？因为萨腾被朱庇特征服了？他们打仗了？人们说不是的[30]；神话里瞎说。你看，那些神话不能信，神应该是更好的，那么，即使朱庇特的父亲不更高贵，他们为什么不给他一个同等尊荣的位子呢？他们说，因为萨腾是时间的长度[31]。那些服侍萨腾的人，也服侍时间，认为诸神之王朱庇特是从时间里出生的。那么，说朱庇特和朱诺是从时间里出生的有什么不合适的？他们一个是天一个是地，而天和地当然都是创造出来的。他们那博学和智慧的人们在书中都是这么说的[32]。维吉尔这样写道（不是诗歌的虚构，而是哲学著作）："于是，以太，万能的父，在丰饶大雨中降落，落到了他的妻子兴奋的膝上。"[33]这就是指特勒斯（*Tellus*）或特拉（*Terra*）的膝上[34]；因为他们认为这些东西都有不同，于是，他们认为在地上，特拉是一个，特勒斯是另一个，特鲁莫（*Tellumo*）是又一个，他们让这些神都用各自的名字称呼，有各自不同的职责，在各自的祭坛上，用各自的圣礼来供奉[35]。他们还把那个特拉称作神的母亲[36]，以至于（不是根据他们的诗歌，而是根据那些圣礼书）朱诺不但是朱庇特的姊妹和配偶，而且是他的母亲[37]。相比而言，诗人们的虚构反而可以容忍些。这个

---

[30] 西塞罗，《论神性》，2:24.63—64。

[31] 柏拉图，《克拉底娄篇》，402ab；西塞罗，《论神性》，2:25.64。

[32] 瓦罗，《论拉丁语言》，5:65。

[33] 维吉尔，《农事诗》，2:325—326。

[34] 特勒斯女神，象征了大地的生育能力；特拉是她的另外一个名字，或是有类似功能的另外的女神。而特鲁莫（*Tellumo*）是同样的神，但是男性。参见 7:24。

[35] 瓦罗，《论农事》（*De Re Rustica*），1:1.5；《论拉丁语言》，5:62.67；李维，《罗马史》，2:41.11;8;9.8;10:28.13。

[36] 这里的 *Terra*，有些版本当成"大地"，有些当成女神。本章中别的名词也有类似的模糊之处。我们的译本这里大多当成神名。赫西俄德，《神谱》，125—153；卢克莱修，《物性论》（*De rerum natura*），2:599—658。

[37] ［译按］奥古斯丁此处的逻辑是，如果我们按照异教诗人的说法，朱诺掌管大地，特拉是大地之神，又是诸神之母，那么，朱诺就是特拉，就是朱庇特之母。

大地之神又是刻列斯,他们又想把她等同于维斯塔⑱,而他们又总是认为维斯塔是灶中之火,没有她,城邦就不能存在,习俗上众贞女要侍奉她,因为没有谁是贞女生的,正如没有谁是火里生的。不过,一旦有人为贞女所生,所有这些虚妄都要被毁灭和驱除了。不过,他们在把那么大的荣耀和贞节给了火的同时,竟然又毫不脸红地说,维斯塔就是维纳斯,这样,维斯塔的侍女的贞节的尊荣就消失了。如果维斯塔也是维纳斯,那些贞女怎么能用禁绝维纳斯的方式来侍奉她呢?或者,难道有两个维纳斯,一个是贞女,一个是妇人?或者竟然有三个,一个是贞女之神,就是维斯塔,另外一个是人妻之神,还有一个是个娼妓之神?对于这个娼妓之神,腓尼基人在女儿出嫁之前都要献上礼物,就是让女儿卖淫。这几个之中谁是伏尔坎的妻子?当然不是那个贞女之神,因为她结婚了。也不是那个娼妓之神,否则我们可就要伤害了朱诺的儿子和密涅瓦的伙伴。那么我们应该把她理解为那个人妻之神,但是我们可不想让妻子们仿效她和马尔斯做的事。他们说:"你还是回到神话的说法吧。"我这么说他们的神,他们对我们生气,不过他们在剧场看到他们的神那么放荡的罪行,却不对自己生气,那么正义何在?而且剧场上这些神的罪行是被用来荣耀这些神的正义的。这真是难以置信,除非得到确凿无疑的证明。

11. 异教徒中最博学的人辩护说,很多神都是同一个朱庇特

那么,不管他们针对自然有什么推论和观点,就都讲讲吧⑲:一种

---

⑱ 西塞罗,《论神性》,3;20.52;奥维德,《宴饮》,6;267.299。
⑲ 第欧根尼·拉尔修,《名哲言行录》,7;148;西塞罗,《论神性》,1;15.39—41;3;24.63。

说法是，朱庇特就是这个物质世界的心灵，他充满了和推动这个由四种（或他们愿意说几种）元素组成的世界；一种说法是，世界的一些部分属于朱庇特的姐妹和兄弟；一种说法是，朱庇特是以太，被他拥抱的朱诺是空气，在下面流动；一种说法是，他是整体的天空，包括空气，而大地既是他的妻子也是他的母亲（因为在神看来这没有什么下流的），他在丰饶的大雨中降落，让她受孕生子；一种说法是（我们没有必要谈论所有相关的观念），他就是很多人认为最高贵的诗人这样谈的那个神："神无处不在，充满了大地、海洋和天空。"[40]他是以太中的朱庇特，也是空气里的朱诺，海洋里的涅普顿，甚至在海洋深处的萨拉西亚，地下的普鲁托，在陆地低处的普罗塞耳皮娜，在家中灶间的维斯塔，在厨房的工匠中的伏尔坎，天体中的太阳、月亮和群星，是掌管预言的阿波罗，掌管商业的墨丘利，掌管开端的雅努斯，掌管终结的特尔米努斯，掌管时间的萨腾，掌管战争的马尔斯和贝罗娜，掌管葡萄园的利伯尔，掌管庄稼地的刻列斯，掌管森林的狄安娜，掌管天才的密涅瓦[41]；最后，朱庇特还是那群诸般杂神：他以利伯尔（*Liber*）的名义掌管男人的精子，以利伯拉（*Libera*）的名义掌管女人的卵子，他就是迪斯庇特（*Diespiter*），让新生儿（*partum*）见到天光（*Die*）；他就是女神美娜（*Mena*），掌管女人的月经（*menstruis*）；他就是鲁西娜（*Lucina*）[42]，在女人分娩的时候受到召唤；他把新生儿放到大地上，给他们帮助（*opes*），这时候叫做欧皮斯（*Opis*）；婴儿大哭的时候被他张大了嘴巴，他被称作男神法提卡努；他把婴儿从大地上抚育（*levare*）起来，叫做女神勒法娜（*Levana*），又掌管摇篮，被称为库

---

[40] 维吉尔，《农事诗》，4：221—222。

[41] 第欧根尼·拉尔修，《名哲言行录》，7：147；瓦罗，《论拉丁语言》，5：67—73。

[42] 在罗马神话中，月神、鲁西娜、美娜一般被认为是同一个神的三个名字。但奥古斯丁认为是三个不同的女神。

尼娜；他正是那些在婴儿出生时歌唱命运的女神，被称为卡尔门提斯（*Carmentes*）；掌管命运，被称为福图娜（*Fortuna*）；他就是女神鲁米娜（*Rumina*），掌管用乳房喂奶，因为古人把奶头称为 *ruma*；他就是掌管饮料（*potio*）的女神婆提娜（*Potina*）；是掌管食物（*esca*）的女神爱杜卡（*Educa*）；他掌管婴儿的恐惧（*pavor*），被称为帕文提雅（*Paventia*）；掌管希望的到来（*venio*），被称为微尼利娅（*Venilia*）；掌管欲望，被称为沃露皮亚；掌管行动（*actu*），称为阿格诺里娅（*Agenoria*）；掌管刺激（*stimulis*），触动人们做过度的事，被称为女神斯提姆拉（*Stimula*）；他就是女神斯特雷尼亚（*Strenia*），给人们精力（*strenuum*）；就是奴莫里亚（*Numeria*），教人们数数（*numerare*）；他就是男神卡莫俄纳（*Camoena*），教人们唱歌（*canere*）；他是男神康苏斯（*Consus*），提供建议（*consilia*）；是女神森提亚（*Sentia*），激发观念（*sententia*）；他就是女神优文塔斯（*Iuventas*），在少年时代结束后，她掌管青春（*iuvenilis*）；他就是福图娜·巴尔巴塔（*Fortuna Barbata*），给成年人安上胡须（*barba*）（但是，罗马人不愿意荣耀她，不把这个神当作男神或根据胡须给一个男性名字巴尔巴图斯［*Barbatus*］，就像诺多图斯［*Nodutus*］因为茎秆［*nodus*］得名那样。他们也不愿命名他为福图尼乌斯［*Fortunius*］，而是给了个女神名字福图娜［*Fortuna*］）；他就是优加提努，掌管姻缘结合（*jungat*）；他负责除去处女（*virgin*）的处女带，把她变成妇人，被称为沃尔金嫩斯（*Virginensis*）；他还是木图努斯（*Mutunus*）或图图努斯（*Tutunus*），在希腊人中是普里阿普斯[43]。如果他不害羞，那就让朱庇特成为所有我说的这些神和我所没说的神（我认为实在没必要把他们都举出

―――――――――

[43] 瓦罗，《人神制度稽古录》，15；《论拉丁语言》，5；57.64,72,74。

来），这一个朱庇特就是所有的男神和女神，或者按他们愿意的说法④，这些神是他的各个部分或他的各个能力；因为在他们看来，他是世界的心灵⑤，这是那些所谓最伟大和最博学的人的观点。如果事实如此（我现在还不讨论这个问题），倘若他们更加明智地服侍一个神，又会失去什么呢？如果朱庇特作为唯一的神被服侍，他又有什么损失？难道他害怕，他身上那些被轻视或忽略的部分会生气？如果是这样，那朱庇特就不是一个完整的有灵魂的生命（animantis vita），把所有的神当作自己的一些德能（virtus）或肢体或部分包括进来；如果一部分会对另一部分生气，一部分会平息，而另外的部分会愤怒，他的各个部分就有各自独立的生命。如果说朱庇特的每个部分得不到分别的细密的服侍，那么他的总体——也就是朱庇特的整体——都会生气，这是太愚蠢的说法了。如果朱庇特作为一个整体得到服侍，那他的每个部分都不会被忽视。我们且不管他们无数的其他说法。他们还说，星座的所有部分都是朱庇特，都有生命，都有理性的灵魂，都是无可争议的神⑯，但是他们没看到有多少神他们忘记服侍了，有多少神殿他们忘记建立了，有多少神坛他们忘记树立了，他们所能想到要一个个树立祭坛和祭献牺牲的，只是极少数。如果他们就因为没有得到人们一个个的服侍而生气，那些罗马人不怕只有很少的星星平心静气，而自己生活在整个都愤怒的天空下吗？因为所有的星星都包含在了他们所服侍的朱庇特里，如果他们通过朱庇特来服侍他们，那么，通过一个来服侍所有的，是更方便的。因为他们服侍了他就不会轻视任何神，也就没有谁会生气

---

④ 第欧根尼·拉尔修，《名哲言行录》，7：137—138。

⑤ 柏拉图，《克拉底娄篇》，396ab；《斐利布斯篇》，30d。

⑯ 瓦罗，《论拉丁语言》，5：68，74；《论农事》，1：1，5。

了。但是如果他们只服侍一些，而忽视了别的大多数，那就是给诸神
的愤怒提供了正当的借口，特别是如果他们服侍那个下流的裸体而
卧的普里阿普斯[47]，而不管那些高居天上、闪闪发亮的星星。

12. 有些人的意见是，神是世界的灵魂，世界是神的身体

怎么？那些聪明人，或者无论怎样的每个人——因为这项工作不
需要什么优秀的天性——在这些的推动下，难道不该放弃争竞的狂热，
注意下面的说法吗？如果神是世界的心灵，世界就是这个心灵的身体，
那么心灵和身体组成了一个统一有灵魂的存在，神就应该把自然中的
一切包括在自己之中，因他的灵魂[48]使整个大块得以活了起来，也是从
他的灵魂，万物的生命和灵魂得以各正性命，因此不会还有什么不是神
的一部分。谁看不出，一个人如果践踏了什么，那他就践踏了神的一部
分，如果杀死一个生灵，那就杀死了神的一部分，这不都是不敬和非宗教的
做法吗？我不愿列举思考者所能想到的一切，这些连说出来都不能不让人
害羞。

13. 有人认为，只有理性动物是唯一神的一部分

如果他们认为只有理性的动物（比如人）是神的一部分，我真看不
出，如果说整个世界是上帝，他们为何排除了野兽，说它们不是神的一
部分？但是又何必争论这点呢？如果说有灵魂的动物，即人，是神的部
分，那么，打一个孩子，就是打了神的一部分；什么比这个更不该信呢？

---

[47] 普里阿普斯的形像一般是红脸，阴茎勃起。

[48] ［译按］在本书中，我们把 *animus* 译为"心灵"，把 *anima* 译为灵魂。奥古斯丁在很多地
方用这两个词表达的意思有微妙区别，但在一些地方也会混用。

难道上帝的部分也胡闹,也会不公,也会不敬,也会做所有被谴责的事?只有完全疯了的人才这么认为。最后,神难道还会因为不被服侍而生气?不服侍他的人就是他自己的一部分。也许他们只能坚持说,所有的神都有自己的生命,都独立地生活,哪个也不是哪个的一部分,凡是能被认识和服侍的,都该被服侍。但是由于他们太多了,人们无法全部认识和服侍。在这些神当中,朱庇特是占据中心的王,所以我相信罗马人认为是他建立或开拓了他们的王国。因为如果不是这样,他们认为哪个别的神能完成这么伟大的工作?而每个神都有适合自己的职权和工作,各自又不能相互干涉。这样,诸神之王就创建了人间的王国,并开拓了它。

14. 各国的开拓归给朱庇特不合适,因为,如果他们愿意有个胜利女神,她自己就足以完成这个了

我首先要问,为什么王国自身不能是某个神呢?如果胜利可以是女神,王国为什么不是呢?或者,如果胜利女神就能偏爱和眷顾,总是到她希望得胜的人那里去,为什么又需要朱庇特呢?只要这个女神偏爱和眷顾了,即使朱庇特闲着,或干别的事,还有哪个民族不被征服吗?哪个王国不会投降?也许,好人们不喜欢打最邪恶而下流的仗,不愿意向和平的、没有做错什么的邻国挑起战争来扩张?如果他们真这么认为,我同意他们,赞美他们。

15. 好人是否应该希望王国辽远

让他们来看看,因为王国的疆域而兴奋,是不是好人该做的事。如果他们发动正义战争,罗马所征讨的敌人的邪恶确实帮助了王国

的扩张。但是，如果邻国都和平而正义，不会因为什么伤害而挑起战争，那么王国一定很小。如果所有王国都很小，与邻国和平相处、安居乐业，这样在世界上就有很多民族的王国，就像在城市里有很多公民的家庭一样。于是，发动战争、征服各族、扩张王国，被坏人当成了幸福，被好人当作不得已的必要。但是因为正义者被不义者统治更糟糕，把这称为幸福也并非不合适。但无疑，与邻国和谐相处比通过战争征服坏的邻居是更大的幸福。你要是为了征服某个人，希望恨某个人或怕某个人，那你的祈祷就是坏的。如果罗马人总是发动正义战争，而不是不敬或邪恶的战争，还能得到这么大的帝国，那么他们一定是把"异邦邪恶"当女神来崇拜。我们看到，这个女神大大帮助罗马开辟帝国疆土，她的办法是使别的民族都做不义之事，他们就可以发动正义战争，扩张帝国了。如果害怕（*Pavore*）、恐怖（*Pallor*）和发烧（*Febris*）都能成为罗马的神，为什么邪恶——或至少是外邦的邪恶——不能是女神呢？这样，在这两个女神中（即异邦邪恶女神和胜利女神），邪恶女神催动战争的因由，胜利女神赐福终结战争，那么，朱庇特什么也不必干，已经扩张了帝国。如果人们认为朱庇特带来的利益可以成为罗马拥有的神，被称作神，被当神崇拜，在需要的时候得到召唤，那朱庇特还有什么工作要做呢？如果他被称为"王国"，就像胜利女神被称为"胜利"那样，也许他还有什么可以做的。如果朱庇特的赏赐是帝国，为什么他不能赏赐给人们胜利呢？如果人们不把他当作卡匹托利山上的石头，而是认作"万王之王，万主之主"来崇拜⑭，那就真是这样了。

---

⑭《启示录》，19：16。

16. 罗马人把所有的事和所有的活动分配给每个神，那又为什么要在门外建立"安静"之神的庙呢

罗马人分配给每个神一件事情、一种活动，他们召唤女神阿格诺里娅，来催促人们行动，也召唤女神斯提姆拉，来让人们做超出自己的事，却又召唤穆尔西亚（*Murcia*），她不会驱使人们做超出能力的事，而是，正如彭泼尼乌斯（*Pomponius*）所说[50]，让人们懒惰（*murcidum*），极为闲散倦怠；他们又召唤女神斯特雷尼亚，她掌管精力。罗马人为所有这些男神女神设立公共仪式，让人崇拜。掌管安静的女神，被他们称为"安静"，在科林门（*Porta Collina*）外为她建有神殿[51]，但是又不愿当众崇拜她。这是否正是不安静的心灵的症状，或者，这就是表明，他们坚持崇拜的这么一大群不是什么神，而是鬼怪的精灵，这样怎么可能有安静呢？真正的医生就曾这样谈到安静："我心里柔和谦卑，你们当负我的轭，学我的样式，这样，你们心里就必得享安息。"[52]

17. 如果朱庇特是最高的力，胜利女神是否还应该被当作女神

也许他们说，朱庇特派遣了胜利女神，女神遵守诸神之王的旨意，他叫她到谁那里她就到谁那里，待在他们的身边。这说的真的不

---

[50] 罗马有好几个作家叫彭泼尼乌斯，这究竟是哪个，并不很清楚。晚近以来，人们一般认为这可能出自西塞罗时代的卢修斯·彭泼尼乌斯的《阿特拉奈故事》（*Fabulae Atellanarum*）；也可参见阿诺庇乌斯（*Arnobius*），《反异教》（*Adversus Nationes*），4∶9。

[51] 李维，《罗马史》，4∶41。

[52] 《马太福音》，11∶29。

是朱庇特，人们按照自己的意见编造的那个诸神之王，而是存在于所有世代的真正上帝。上帝并不派遣根本不存在的胜利女神，而是派遣他的天使，让他希望胜利的人胜利；他的意志可能是隐秘的，但不会是邪恶的。如果胜利是个女神，那么成功（*Triumph*）为什么不是男神，做胜利女神的丈夫、兄弟或儿子，和她结合起来？他们关于诸神的意见是这样的：如果是诗人虚构的故事遭到了我们的攻击，他们就回应说，可笑的是诗人的虚构，不应该把这归给真正的神。不过，如果那些胡说不是从诗人那里读来的，而是他们在神殿里崇拜的，那他们就不笑了。他们应该向朱庇特询问所有的事，只向他一个祈祷。如果胜利是女神，服从朱庇特这个王，那么她就不敢抗拒派遣她的朱庇特，也不敢擅作主张了。

18. 他们认为幸福和命运都是女神，那么是靠什么推理区分她们的

所谓的幸福（*Felicitas*）女神又如何？她得到了一个神殿，应该有个祭坛，又得到适合她的圣礼。她自己得到崇拜就够了，只要她在的地方，什么好事没有？那么，人们是为了什么，又认为有命运女神福图娜（*Fortuna*），从而崇拜她呢？难道幸福是一回事，命运又是一回事？命运可以是坏的，但是如果幸福是坏的，那就不是幸福了。当然，我们应该认为男女两性的神（如果他们真有性别）都是好的。柏拉图就这么说[53]，别的哲学家，还有各个共和国和民族的杰出领袖也都这么说。那么，命运女神为什么时而好，时而坏呢？或者，她坏的时候，就不再是女神，而一下子变成了邪恶的鬼怪？到底有多少命运

[53] 柏拉图，《理想国》，2：379b。

女神？有多少幸运的人，就有多少命运女神，因为他们都是拥有好运的人。而同时——在同一个时间——还有很多别的人命运不好，那么，难道这同一个命运女神是好的又是坏的吗？她在一些人当中是好的，在另外的人当中是坏的。既然是女神，她不该永远是好的吗？那么她自己就是幸福女神，又为什么有不同的名字？不过这可以理解为，一个事物常会用两个名字来称呼。那为什么要给她不同的神殿，不同的祭坛和不同的圣礼呢？他们说，这是有原因的[54]：幸福是人们根据以前的品德得到的善好；而命运之所以称为好，不是因为以前的品德，而是偶然（*fortuitu*）降到好人和坏人身上的，因此叫做命运（*fortuna*）。既然这是不经过判断来到好人和坏人那里的，又怎能是好的呢？这个女神那么盲目，随便就撞到人们那里，也许根本无视她的那么多服侍者，却跑到鄙视她的人那里，人们为什么还服侍她呢？如果哪个她的服侍者成功地得到了她的青睐和眷顾，那就是根据他的德性，好运不是偶然降临的。命运的定义到底是什么？她到底是从哪里得到了这个"偶然"的名字？如果她真是命运女神，人们就不该服侍她。但如果她眷顾他的服侍者，那就不是命运女神。或者她也是朱庇特派遣的，给朱庇特喜欢的人好运？那么朱庇特自己得到服侍就可以了：因为她听从朱庇特的命令，不敢抗拒，是朱庇特派她到他喜欢的人那里。就让坏人服侍她吧，这些人不愿意有品德，而只有靠品德才能请来幸福女神。

19. 命运夫人

罗马人赋予了他们所谓的命运女神很大的重要性，罗马的妇女

---

[54] 塞涅卡，《书信》，91：4—7。

们树立了她的神像，称之为"命运夫人"（*Fortuna Muliebris*）[35]。罗马人都传说，女神像曾开口说话。因为妇女们的仪式得体，她说话还不是一次，而是两次[36]。如果这是真的，我们也不必惊讶。邪恶的鬼怪要骗人根本不是难事，人们反而应该小心她的伎俩和花招，因为这说话的女神只是偶然降临，全不因人们的品德而来。命运女神很饶舌，幸福女神很沉默。不就是因为人们根本不想正直地生活，只要和命运女神交好，不必有好的品德也能幸运起来？显然，如果命运女神要说话，她不应该用女人的声音，而是用男人的声音，否则，那些树立了她的神像的人会想，原来是女人的饶舌导致了这么大的奇迹。

20. 异教徒还为德性和信仰尊立神殿和仪式，却忽略了别的好事，而如果他们把神性归给这两个是对的，别的也该有一样的服侍

罗马人还把德性当作女神。如果这真是女神，那她就应该比别的神得到更多的敬拜。而今，因为德性并不是女神，而是上帝的赐予，她来自上帝，只能由上帝给予，而所有那群伪神都该消失。但是为什么信仰也被当成女神，甚至也得到了她的神殿和祭坛？凡是明智地认识了她的人，都在自己心里为她建立了居所。信仰的首要的和最高的职责是让人们相信真正的上帝，那么罗马人如何认识她？但为什么有德性女神还不够？她不应该和信仰女神同在吗？他们认为德性一共有四种：明智（*prduentia*）、正义（*iustitia*）、勇敢

---

[35] 李维，《罗马史》，1：2。

[36] 李维，《罗马史》，2：40；阿诺庇乌斯，《反异教》，2：67。

(*fortitudine*)、自制(*temperantia*)⑰。其中每一类又包括不同的种类,信仰就是正义的一个方面。她在我们当中占据最高的位子,只要我们懂得,"义人因信得生"⑱。但是我惊讶于那些敬拜这么多神的人。如果信仰是个女神,那么他们为什么却忽视了另外的女神,伤害她们呢?本来,他们是可以给这些神建造同样的神殿和祭坛的。为什么自制就不配当女神?有不少的罗马统帅就是靠了她的名字获得不小的光荣的。为什么勇敢不是女神?穆修斯(*Mucius*)就是靠了勇敢,才把右手伸进了火里⑲。库尔提乌斯(*Curtius*)也是靠了勇敢,所以才为了祖国冲进断裂的土地⑳;也是靠了勇敢,德西乌斯(*Decius*)父子才能够为军队誓死而战。所有这些人的勇敢是不是真的勇敢㉑,这里暂且不论。为什么明智和智慧都没有得到神的位子呢?或者,是因为在德性女神一个名字那里,所有这些都一概得到服侍了?他们也可以这样服侍唯一的神,把其他的神当作他的部分。但是信仰和廉耻(*Pudicitia*)都是德性的一部分,而他们又得到了各自的神坛来服侍。

21. 哪怕不理解德性和幸福是上帝的赐予,他们也应该充满德性和幸福

不是真理,而是虚妄造就了这些女神;这些都是真正的上帝的工作,自身不是女神。除了在上帝那里,我们还能在哪里找到真正的德

---

⑰ 柏拉图,《理想国》,427e—434c;亚里士多德,《尼格马科伦理学》,2:7;3:9。

⑱ 《哈巴谷书》,2:4;《罗马书》,1:17;《加拉太书》,3:11;《希伯来书》,10:38。

⑲ 即盖乌斯·穆修斯·斯凯夫拉(*Gaius Mucius Scaevola*),与第五卷 18 章的斯凯夫拉是同一个人。他的故事见于李维,《罗马史》,1,21,*Scaevola* 的意思,就是"左撇子"。但第三卷 28 和第四卷 27 的斯凯夫拉是另外一个人。

⑳ 见本书 5:18。

㉑ 见本书 5:18。

性和幸福？德性和幸福不足的人，如何满足自身？我们该做的都包括在德性中；我们所想的都包括在幸福中。如果朱庇特得到崇拜，是为了赐予这些（如果王国的广阔与长久也是好的，那么，这也属于同样的幸福），为什么人们不把这些当成上帝的赐予，却当作女神？如果把这些当成女神，另外那一大群神就不该崇拜了。让他们看看他们随心所欲、根据自己的意见虚构的所有那些男神女神的职责。如果他们能够，让他们找到，那些拥有德性、拥有幸福的人还要有什么别的好处。如果德性包含了一切，他们又到墨丘利或密涅瓦那里去寻求什么教诲呢？古人早就把德性定义为活得好和正直的艺术[62]。希腊人把德性称为 ἀρετή，拉丁人民从这个词里衍生出了"艺术"（art）。但是如果德性总是青睐天性高的人，又何必需要一个父神卡提乌斯（Catius）[63]，来把人们变得机敏（catus）（即睿智[acutos]）呢？幸福女神不就能做到这一点吗？当然，生而天性很高是幸福的事，不过，不曾出生的人却无法服侍幸福女神，从而让她赐福。但是她可以赐给服侍她的那些父母，以便让孩子生而天性很高。既然幸福女神降临就不仅能使分娩顺利，而且可以带来好孩子，那么分娩中的女人又何必向鲁西娜祈祷呢？把生育交给女神欧皮斯，把啼哭交给男神法提卡努，把抚育交给女神库尼娜，把哺乳交给鲁米娜，把站立（states）交给男神斯塔提利努斯（Statilinus），把到来（adeuntes）交给女神阿德欧娜（Adeona），把离开（abeuntes）交给阿伯欧娜（Abeona）；求了女神蒙斯（Mens）就有好的心智（mens），求了男神弗鲁姆努斯（Volumnus）和女神弗鲁姆娜（Volumna），就可希求（volo）好处；求了婚姻诸神，就会婚姻美满；求了农业诸神，就会五谷丰登；特别是求了

---

[62] 西塞罗，《图斯库兰讨论集》，2:18.43。
[63] 除去奥古斯丁在此处提到外，我们不知道这个神的任何事情。

丰收女神弗鲁克特西亚（*Fructesea*），丰收更大；求了马尔斯和贝罗娜，则旗开得胜；求了胜利女神，则攻无不克；求了荣耀女神，则荣耀显赫；求了钱财女神，则腰缠万贯；求了铜神（*Aesculanus*）和他的儿子银神（*Argentinus*），则拥有铜钱和银币。这些都有什么必要？人们把铜神当作银神的父亲，是因为人们先是用铜钱，后来用银币。但我还是疑惑，银神是不是也生了金神（*Aurinus*），因为后来人们又用金币？人们这样对待自己的神，把金神放在他的父亲银神和他的祖父铜神之上，就像把朱庇特放在萨腾之上一样。为了这些心灵、身体或外在的好处，人们何必服侍或祈祷那一大群神呢？我不能全部列举，就是他们自己也不能一个一个分清楚人类细小的好处，把这些当成一个一个的神来服侍。但他们完全可以服侍一个幸福女神，她会赐给所有这些好处，事半功倍，人们不必再找别的神来趋吉避凶。为什么他们疲倦（*fessus*）时求女神弗索尼亚（*Fessonia*），御（*depellendos*）敌时求女神佩罗尼亚（*Pellonia*），生病吃药时求阿波罗或埃斯科勒庇俄斯，或者在更大的危险中同时求这两个？他们在田地里清除蒺藜（*spinas*），不需要男神斯宾嫩斯（*Spiniensis*）；为了防止露水（*robigo*），也不必求女神茹毕格（*Robigo*）。只要一个幸福女神降临保护我们，要么没有坏事，要么很容易驱除坏事。我们现在谈论幸福和德性两个女神。如果幸福是对德性的报偿，那就不是女神，而是上帝的赏赐；但如果她是女神，为什么不说她也赐予德性？因为，获得德性本身不就是很大的幸福吗？

22. 瓦罗为自己能把服侍诸神的知识传达给罗马人而感到光荣，这些知识是什么呢

瓦罗不仅提到了罗马人服侍的所有那些神，而且提到了属于他

们的事情。他宣称这些神可以给他的同胞们带来巨大的益处，而这
些益处在哪儿呢？他说，要是知道一个当医生的人的名字和相貌，却
不知道他是医生，那毫无用处。他说，如果你只知道埃斯科勒庇俄斯
是神，而不知道他能带来健康，不知道你该向他祈求什么，那也没用。
他还用了另外的类比来说这个问题。如果有人不知道谁是铁匠，谁是
面包师，谁是泥瓦匠，不知道该向谁求助需要的东西，该让谁帮忙，谁是
领导，谁是老师，那就不仅无法活得好，而且根本就没法活。因此，他强
调，不必怀疑，对神的知识要有用，必须要知道每个神在什么事情上有
力量、职权和能力。他说："这样我们就能够知道，在什么情况下找谁，
向谁祈祷，就不会像丑角一样，向利伯尔⑭要水，向水中的仙女
（Lymphis）要酒。"⑮这真是太有用了！如果他能告诉人们真理，告诉
人们创造了所有好处的唯一的真正上帝，引导人们去崇拜他，那谁不
该感谢他呢？

23. 罗马人虽然尊敬很多神，但长期以来，并不用神的尊荣来服侍幸福女神，虽然她自己就足以代表所有的神了

23.1　回到原来的问题，如果他们的书籍和圣礼都是真的，真有
幸福女神，那为什么不让她单独受服侍呢？她不是可以赐福给所有
人，很容易让人快乐幸福吗？谁希求的不是获得幸福？在经历了罗
马人的那么多领袖之后，为什么直到卢库鲁斯（Lucullus）⑯才建立神

---

⑭　利伯尔，参见本书4:11。

⑮　瓦罗，《人神制度稽古录》（残篇），120（仅见于奥古斯丁）。

⑯　卢修斯·李西纽斯·卢库鲁斯（Lucius Licinius Lucullus），罗马将军，于公元前74年任
　　执政官，是个巨富，在与米特拉达提的战争中功勋卓著。他创建了对幸福女神的服侍。
　　与22:8中的卢库鲁斯不是同一个人。

殿来服侍这么重要的女神？罗慕洛那么渴望建立幸福的罗马城，为什么他不把这个女神的神庙建得最好？他不必什么事都祈求另外那些神，因为如果幸福女神降临，他就什么也不缺了。如果这个女神不眷顾他，那他首先就无法成为国王，更不会像人们认为的那里，后来成为一个神。他为什么设立了罗马那些神：雅努斯、朱庇特、马尔斯、匹库斯（*Picus*）、法乌努斯（*Faunus*）、台伯利努斯（*Tiberinus*）、赫拉克勒斯，和别的很多呢？塔提乌斯增加了萨腾、欧皮斯、日神、月神、伏尔坎、光神，还增加了很多别的，包括女神克罗阿琪娜。怎么就忘了幸福女神呢？为什么在努马的那些男神女神中也没有她？是因为他在所有那一大群神中看不到她？国王霍斯提利乌斯如果知道或服侍这个女神，那他当然就不会引进"害怕"和"恐怖"这两个可怕的神来服侍了。因为如果幸福女神在，那么所有的害怕和恐惧就都留不下来，不要说服侍，他们早就逃之夭夭了。

23.2　罗马帝国变得绵长辽阔，却仍然没有人敬拜幸福女神，这是为什么呢？也许就是因为这帝国变得更广阔了，却没有变得更幸福？而在没有真正虔敬的地方，怎么会有真正的幸福？真正的虔敬就是对真正的上帝的服侍，而不是对那些伪神的崇拜。他们不过是鬼怪。就在幸福女神已经名列众神之后，还是爆发了城邦内战这样的巨大不幸。或者可以说，幸福女神是那么令人讨厌，她出场那么晚，人们不是要荣耀她，而是把她请来羞辱她。所以她是和普里阿普斯、克罗阿琪娜、害怕、恐怖、发烧等神一起被服侍的，而这些神根本不配得到服侍，反而是服侍者的罪行。

23.3　最后，如果人们愿意让那么伟大的女神和如此一群无比下流的神一起得到服侍，为什么她不会得到比其他神更高贵的服侍？

幸福女神为什么不和主神（*di Consentes*）一起在广场里⑰（据说，这些神是和朱庇特议事的亲信）⑱，不和罗马人所谓的"选神"（*Selectos*）在一起呢？⑲她应该有一座选址高贵、堪承尊位的辉煌神殿。难道不该比朱庇特自己的好一些吗？不是幸福女神给了朱庇特王位吗？朱庇特当了王，该感到幸福。幸福女神其实比王的权力还大。无疑，人们很容易发现有害怕自己当国王的人，但是我们不会发现不愿意幸福的人。如果有一块地方可以为幸福女神造一座更大更辉煌的神殿，而那个地方已经被别的神殿或别的神占据了，人们用鸟占或别的人们认为合适的方式去询问诸神，看谁愿意把地方让给幸福女神；恐怕就是朱庇特都会让位，于是幸福女神，而不是朱庇特，会在卡匹托利山占据最高的位置。不会有人抗拒幸福女神，除非有谁愿意不幸福，而这是不可能的。如果被问及，朱庇特根本不会做另外三个神（马尔斯、特尔米努斯、优文塔斯）对他做的事——他们根本不愿意把地方让给自己的上司和王。他们的书里记载说，在国王塔昆想要修建卡匹托利山的时候，那个被认为更尊贵和更合适的位子被别的神占据了，他不敢随便违背诸神的意志，也坚信所有的神会愿意让位给自己的伟大领袖。因为在修建卡匹托利山的地方有很多神，于是他通过神鸟占卜，问那些神是否愿意给朱庇特让位；结果除了我们说的三个神（马尔斯、特尔米努斯、优文塔斯）之外，所有的神都愿意让位；于是卡匹托利山就这样建造了：那三个神也在里面，但他们的存在被巧妙

⑰ 罗马的政治中心，即广场里有十二主神像，包括朱诺、维斯塔、密涅瓦、刻列斯、狄安娜、维纳斯、马尔斯、墨丘利、朱庇特、涅普顿。参见瓦罗，《论拉丁语言》，8；70以下；阿卜莱乌斯，《论苏格拉底之神》，2。

⑱ 阿诺庇乌斯，《反异教》，3；40。

⑲ 瓦罗，《人神制度稽古录》，16；本书6；3；7；2。［译按］所谓"选神"，就是主要的神，比上述十二主神更多的、罗马人比较熟悉的神。这固然不是完美的译法，但我们必须保留原文中"选"的意思。德尔图良在《反异教》和《护教篇》中，以及奥古斯丁在本书7；2中，都专门分析和批判了"选"的含意。

地掩盖了,博学的人都很难发现他们⑦。但是朱庇特不会像特尔米努斯、马尔斯和优文塔斯看不起他那样看不起幸福女神。至于那些不肯给朱庇特让位的神,他们也会给幸福女神让位,因为是她使朱庇特当了王。他们如果不让位,也不是表达了鄙视,而是他们愿意待在幸福女神的殿里,不愿待在自己的地方,远离幸福女神。

23.4 这样,如果幸福女神待在最辉煌和最高的地方,公民们就明白,所有那些好的目的都可以在那里求得帮助。于是,自然本身就会说服他们,所有那些轻浮的神都要被抛弃,只有幸福女神得到服侍,只有她接受祈祷,那些寻求幸福的市民频频光顾这一个神殿。没有人不愿意幸福,所以以前大家从别的神那里祈求的东西,而今都要从她这里祈求。人们从任何一个神那里想接受的不就是幸福,或者他们认为属于幸福的东西吗?所以,如果幸福女神有权决定眷顾哪个人(如果她是女神,那就应该有这个权力),那么祈求别的神的人是多么傻呀。因为你明明可以在她这里得到。所以人们应该要给这个女神比别的神更大的荣耀,给她更高的尊位。我们从他们的作者中读到⑦,古代罗马人服侍一个我不知道的苏马努斯(*Summanus*)胜过朱庇特。前者据说掌管夜间的雷电,后者和白昼的雷电相关。但后来朱庇特的神殿修建得辉煌壮丽,尊贵堂皇,朝圣者络绎不绝,但我们却很难找到苏马努斯的名字,因为人们听不到他了,很少有人记得读到过他。但如果幸福不是女神(确实不是),那她就是上帝的一项赐予。人们应该寻求上帝,上帝会给予幸福。他们应该离开那一大群有害的伪神,那些追随他们的人是愚蠢轻妄的人。他们把上帝的

---

⑦ 李维,《罗马史》,1:55;弗洛路斯,《罗马史摘抄》,1:1.7.7—9;奥维德,《宴饮》,2:667。奥古斯丁此处的讲法综合了几个版本。

⑦ 瓦罗,《论拉丁语言》,5:74;奥维德,《宴饮》,6:731—732;普林尼,《自然史》,2:52。

赐予当作了神，固执而骄傲地追求上帝的赐予，其实是冒犯了上帝。把幸福当女神服侍的人抛弃了幸福的赐予者——上帝，他们一定难逃不幸。想吃面包的人不向有面包的人求取，却舔吃画着面包的画，那他一定陷入饥饿。

24. 异教徒把神的赐予和诸神一起服侍，他们用什么道理来辩护

不过，他们的道理还是应该探讨的。他们说："难道我们的祖先那么愚蠢，会不知道这些都是上帝的赐予，而不是神吗？"⑫但是，他们知道，除非有神慷慨地施与，否则这些东西谁也得不到。他们不知道那些神的名字，于是按照他们认为是诸神给的事物的名字来称呼诸神，只是有时候把那些词稍加改动。比如从战争（*bellum*）有了贝罗娜（*Bellona*）的名字，而不是贝罗姆（*Bellum*）；从摇篮（*cunis*），就有了库尼娜（*Cunina*），而不是库娜（*Cuna*）；从庄稼地（*segetes*），就有了赛格提亚（*Segetia*），而不是赛格特（*Segetes*）；从水果（*pomum*），就有了婆墨娜（*Pomona*），而不是婆墨姆（*Pomum*）；从牛（*bos*），就有了布伯娜（*Bubona*），而不是伯斯（*Bos*）。有时候他们又不改动那些词，就会直接用那个词命名，比如他们会说能够给人们财富的是钱财女神（*Pecunia*），但他们并不认为财富本身就是女神。于是德性女神赐予德性，荣耀女神赐予荣耀，和谐女神赐予和谐，胜利女神赐予胜利。他们说，当他们说幸福是女神的时候，并不是说被赐予的幸福，而是那个赐予幸福的女神。

---

⑫ 西塞罗，《论神性》，3；16.40；3；20.51；塞涅卡，《书信》，65；7.12。

25. 他们不知道应该服侍的唯一上帝的名字，但感到了他是幸福的给予者

　　谈到了这些道理，我们要说服我们想说服的人，只要他们的心肠没有变得太顽固，就容易多了。人性的软弱该认识到，幸福必须依靠某个神的赐予，也许那些服侍以朱庇特为王的多神的人们也感到了这一点，但是他们不知道那个赐予幸福的神的名字，于是就想用所赐予的事物本身，来称呼那个他们认为赐予了这些事物的神。这足以证明，他们所服侍的朱庇特不能赐予幸福，而是别的什么神赐予的，他们把这个神称为幸福女神，服侍她。我由此确知，他们相信，幸福是一个他们不知道的神赐予的；只有这一个神值得祈祷，只有他值得服侍，只有他就够了。那乱哄哄的无数鬼怪都应该被放弃；不满足于这个神的赐予的，这个神的权能也不会让他满足。我的意思是，上帝是幸福的赐予者，对于那些不满足于接受上帝的幸福的人，上帝也不会让他的服侍得到满足。凡是满足于幸福的，都该服侍唯一的上帝，幸福的赐予者，除此之外人们没有什么更该向往的。这个神不是他们称作朱庇特的那一个。因为如果他们知道朱庇特是幸福的赐予者，他们就不会服侍别的男神或女神，求那个所谓的幸福女神赐予幸福了。他们也不会认为该服侍那个作恶多端的朱庇特。他们明明听说了，朱庇特和有夫之妇通奸，无耻地勾引和蹂躏美丽的孩童。

26. 那些戏剧表演，是诸神要求他们的服侍者们用作自己的庆典的

　　但是西塞罗说："荷马虚构了这些故事，把人事转换成神，但我宁

愿把神事转换给我们。"⑦诗人创作了神的罪行，确实让这个严肃的人不悦。在那戏剧表演中，这些故事被讲述、吟咏、表演，用来展示神的尊荣，最博学的人还把这些列在圣事之数，这是为什么？西塞罗这么呼号，并不是为攻击诗人的虚构，而是攻击他们祖先的制度，但他的祖先不该这样呼号吗："我们做了什么？诸神要求这样展示自己的尊荣，这样蛮横地命令，宣称我们如果不给就要降下灾难；谁忽视了他们，他们会最严厉地报复；人们改正了这种忽视，他们就表现得很高兴。"在他们高尚而神奇的事迹中，我来说一个。据说提图斯·拉丁尼乌斯，是罗马农村的一个家父长，他在睡梦中得到神谕，叫他告诉元老院，要罗马人重新举办表演，因为在表演的第一天，他们曾下令当众处决一个犯人，但是诸神观看表演是为了找乐子的，很不喜欢这让人悲哀的法令。第二天，那个梦见神谕的人不敢遵旨去做，结果第二个晚上同样的神谕以更严厉的口气向他传达，由于他还是不干，他失去了儿子。第三个晚上神谕说，如果他还不做，他就会面临更重的惩罚。他还是不敢做，于是得了一场可怕的大病。在朋友的建议下，他把事情告诉了地方官，然后坐着担架，被抬到了元老院。他说出了梦中的神谕，立即恢复了健康，可以徒步离开了。元老院被这个奇迹惊呆了，于是筹集了四倍的款子重办表演⑦。人们屈服于邪恶的鬼怪，在暴力胁迫下，为这种神做表演，这种表演凡是正直的人都会认为是下流的。除非"靠着我们的主耶稣基督"⑦，获得神恩，不能脱离他们的统治。哪个头脑清醒的人看不出来？在那些表演当中，神的罪行是用诗的形式一遍遍表述的，元老院是因为神的要求才下

---

⑦ 西塞罗，《图斯库兰讨论集》，1：26.65；奥古斯丁，《忏悔录》，1：16.25。

⑦ 李维，《罗马史》，2：36；西塞罗，《论占卜》，1：26，55；马可罗比乌斯（Ambrocsius Theodosius Macrobius），《萨腾节会饮》（Saturnalia Convivia），1：11，13。

⑦ 《罗马书》，7：25。

令重办这些表演的。在这些表演当中,最下流的演员们歌唱、表演和取悦于那个破坏廉耻的朱庇特。如果这些是编造的,他应该震怒;如果他反而喜欢自己的虚构的罪行,当他受到服侍时,人们所服侍的不是魔鬼是什么? 一个普通的罗马人都不会喜欢这些表演,而朱庇特竟比他还可怜,难道这样一个神能够建立、扩张、保存罗马吗? 人们以毫无幸福的方式服侍的神,难道会赐予幸福? 而人们若不这样服侍他,他又会更毫无幸福地大发雷霆。

27. 大祭司斯凯夫拉谈到,有三种神

据说[76],最博学的大祭司斯凯夫拉[77]提到,神有三个传承系统:一个是诗人的,一个是哲学家的,第三个是城邦领袖的[78]。他说第一种是琐碎无用的,因为虚构了神的很多下流故事;第二种也与城邦抵触,因为有些教条很空洞,有些教条人民知道了甚至是有害的。那些空洞的教条没有什么大的妨碍,有经验的法官常说:"空洞之物无害。"但是那传播开来就对大众有害的是什么呢? 他说:"赫拉克勒斯、埃斯科勒庇俄斯、卡斯托尔(Castor)、波鲁克斯(Polluces),这些都不是神;学者们说他们曾经是人,死后从人变成了神。"其他那些呢? "城邦没有那些神的真正塑像;真正的神是没有性别,没有年龄,没有确定的肢体的。"大祭司不想让人民知道这些,因为他们不认为[79]

---

[76] 应当是据瓦罗说。参考本书 6:5 以下。

[77] 参考本书 3:28。

[78] 详见本书 6:5.1 以下。

[79] [译按]这里的"认为"在各个版本中有所不同,是 *putant*,*putat*,或 *computat*,因而影响到理解,究竟是大祭司认为这不是假的,还是人民。如果是 *putant*,那就一定是人民认为。但即使是后面两个,也可能是人民,因为 *populos* 也可以是单数的人民。而且根据上下文的意思,这里应当是人民。

那些神是虚假的。他认为那些骗人的宗教对城邦有益。瓦罗自己在他讨论神事的书里面也毫不怀疑地说了同样的观点⑩。多么辉煌的宗教啊！软弱的人们为求解脱逃到这里，但是当他们探寻解脱的真理之时，却要认为受骗是有益的。为什么斯凯夫拉唾弃诗人创造的那种神，他的书里也有论述。因为说诸神无法和好人相比，这当然是污蔑了神。他们中有的偷盗，有的奸淫，还有的说和做一些下流和荒唐的事。三个女神为美丽竞争奖品，维纳斯获胜，两个失败者就毁灭了特洛伊；朱庇特为了勾引女人，把自己变成了牛和天鹅；凡人娶了女神；萨腾吞下了自己的孩子。凡是能想象出的奇迹和罪过，不论距离神性有多远，无一不能在诗人的作品中找到。啊，最高的大祭司斯凯夫拉，如果你能够，取消那表演吧。警告人民，不要把这样的尊荣献给不朽的神。否则，如果他们愿意服侍神的罪行，他们也会高兴地模仿诸神。也许人民会这样回答你："大祭司，是你带给我们这些的。"是你在诸神的要求下举办这些的，那你就问那些神，能否不再命令人们表演这些了。如果这些是坏的，那就冒犯了神的威严，人们不该相信。而如果人们虚构那些故事又不受惩罚，对神的冒犯应该更大。但是他们听不见你，他们是鬼怪，他们传授狡黠，耽于下流。如果这些是虚构的，他们不但不认为那是对他们的伤害，若是这些不在庆典中表演，他们反而认为是不可忍受的伤害。如果你请朱庇特来反对他们，你可是撞上了大冤家，他的罪行在戏剧中表演得最多。如果你把上帝称为朱庇特，认为他是统治和管理整个世界的神，那你就是大大冒犯了上帝——因为你认为，要把他和那些神一起服侍，把他当作诸神之王。

---

⑩ 瓦罗，《人神制度稽古录》（残篇），117；阿诺庇乌斯，《反异教》，7：1。

28. 对诸神的服侍是否帮助罗马人得到和扩张了王国

这些尊荣看上去愉悦了神，其实是用来控诉了他们。他们为那些虚构的罪行而高兴，比为真实的讲述而快乐，是更大的罪。而这些神根本无法扩张和保存罗马帝国。如果能够，那他们应该给希腊人更大的赐予，因为希腊人更是以这种仪式，即戏剧表演，来表达神的更大的尊荣和尊位。他们虽然看到了诗人诋毁诸神，却并没有禁止诗人对人做这样的中伤，而是给他们自由，他们只要愿意，就可以说任何人的坏话。他们并不认为那些演员是下流的，演员们反而会享有尊荣和显赫的尊位。罗马人即使不服侍金神，还是会有金钱；即使他们不服侍银神和他的父亲铜神，他们还会有银币和铜钱；如此等等，不赘举。而如果真正的上帝不愿意，他们就不可能有自己的王国；如果他们藐视或鄙弃那众多的伪神，以真诚的信仰和道德来认识与服侍唯一的上帝，那他们在此世就会拥有一个更好的王国，不论疆界有多大。而不论他们现在是否拥有王国，此世之后，他们都会拥有永恒的国。

29. 一次鸟占好像表明了罗马王国的强大和稳定，但这是虚假的

我不久前提到，马尔斯、特尔米努斯、优文塔斯不愿意把位置让给诸神之王朱庇特[31]，他们说，这里所显示的是完美的鸟占。那这是什么意思呢？他们说，这鸟占表明，马尔斯的民族，即罗马，向谁也不

---

[31] 见 4:23.3。

让出她占有的土地；因为有特尔米努斯神，谁也不能动摇罗马的疆界；因为有优文塔斯女神，谁也不能剥夺罗马的青春。那么，让他们来看看，他们的诸神之王，他们的王国的赐予者，在这个鸟占里，却被当成了对手，三个神不向他屈服反而是件美事。如果这都是真的，他们就根本不必害怕了。如果这些神不愿意向朱庇特让步，他们也不会承认诸神向基督让步了[32]。帝国的疆域确实保持了不变，但诸神向基督让步了，不仅让出了神殿中的座位，甚至让出了信仰者的心灵。但是早在基督道成肉身之前，早在我们引用的著作撰写之前，哪怕就是在塔昆王的治下，就在这鸟占发生之后不久，罗马军队就几次战败逃散，可见，优文塔斯女神不会让位给朱庇特这事，纯粹是虚假的鸟占；随后，马尔斯的民族也被高卢人战胜和洗劫，而且就发生在罗马城；而帝国也曾被汉尼拔攻下很多城市，帝国的疆域变成了狭窄的走廊。于是那美丽的鸟占化为泡影，那顽固地抗拒朱庇特的，不是什么神，而是鬼怪。不让步是一回事，而赢回所让的步是另一回事。后来哈德良（*Hadrianus*）[33]按自己的意愿更改了帝国东部的疆界。他把亚美尼亚、美索不达米亚和亚述三个高贵的行省让给了波斯帝国[34]，疆界之神特尔米努斯据说是掌管罗马的疆界的，他通过最完美的鸟占不向朱庇特让步，但看上去却更惧怕人王哈德良，而不是神王朱庇

㉜ [译按]这几句话的前后关系有些含糊。Dyson 的翻译大大改变了几句话的顺序，变成了"如果鸟占是真的，那些不向朱庇特让步的神当然也不会向基督让步；他们也不必害怕，要承认诸神已经让步了"。Dods 的译本没有调整顺序，但也有类似的理解倾向。虽然这样的理解意思顺了一些，但恐怕未必完全符合奥古斯丁的原意。我认为，说"他们不必害怕"不只是说关于向基督让步一事，而且还可以理解为，罗马的疆域和青春不会被动摇，从而不必害怕。我现在的译法，参考了服部英次郎的日译本，保留原来的句序，从两个方面理解"害怕"都可以。

㉝ 普布利乌斯·爱里乌斯·哈德良（*Publius Aelius Hadrianus*），罗马皇帝（公元 117 年—138 年在位）。他即位后做的一件事，就是放弃前任皇帝在东面征服的土地，将幼发拉底河重新划为帝国的东部疆界。

㉞ 欧特洛匹乌斯，《罗马简史》，8：3；8：6。

特。当然,我提到的这三个行省后来又收复了。但就凭我自己的记忆,我也记得特尔米努斯出让过的土地。朱利安(Julianus)⑤对诸神的神谕过于迷信,甚至极为鲁莽地命令焚烧那些装粮草的舰船。随后军粮匮乏,不久之后,他自己也被敌人杀死。主将死后,军队陷入绝境,被敌人从四面包围,混乱中无法逃脱,只好签订合约,割让帝国的土地,这份合约今天还有效,虽然造成的损失没有哈德良带来的那么大,但还是很可观。看来,特尔米努斯神不向朱庇特让步的鸟占是空洞的,他先是因哈德良的意志,随后又因为朱利安的愚鲁和约维安(Jovianus)的紧急状态⑯让步⑰。罗马人中更有理智、更严肃的人看出了这些,但是无力反对城邦的习俗,必须向鬼怪们完成仪式。他们也许感到这是虚妄的,却还是认为,应该把本来只能归于上帝的宗教信仰,给予在唯一真正上帝的指导和指挥之下形成的事物的自然,就像使徒所说:"去敬拜事奉受造之物,不敬奉那造物的主。主乃是可称颂的,直到永远。"⑱只有靠了这真正的上帝所赐予的必要的帮助,人们才被赋予真正的圣洁和虔敬,他们为真正的宗教而死,在生民中荡涤那些伪神。

30. 即使他们的服侍者,也承认他们感觉到异教诸神的特点

西塞罗虽执掌鸟占,却嘲讽鸟占,嘲讽人们通过大小乌鸦的叫声

---

⑤ 伏拉维乌斯·克劳迪乌斯·朱利安(Flavius Claudius Julianus),罗马皇帝(公元361年—363年在位)。他背离了基督教,并迫害基督徒,所以被基督教称为"叛教者"。

⑯ 伏拉维乌斯·约维安(Flavius Jovianus)是朱利安的继任(公元363年—364年在位),363年,在朱利安死后的紧急中被军队推为皇帝。他决定与波斯人讲和割地。

⑰ 欧特洛匹乌斯,《罗马简史》,10:16.2;10:17.1;奥罗修斯,《历史》,7:30—31。

⑱ 《罗马书》,1:25。

来规范自己的生活⑧。但他是个学园派，认为什么事情都不确定，在这些事情上当然没有什么权威。他在《神性论》的第二卷里安排了一个对话者昆图斯·卢西利乌斯·巴尔布斯（*Quintus Lucilius Balbus*）。巴尔布斯说迷信来自事物的自然，或说有其物理学和哲学的根源，但是他对设置神像和那些神话的意见不以为然，这样说："你没看到吗，这些事情使理性脱离了好的和有用的物理学考察，而转向假的和虚构的神？这制造了虚伪的意见、混乱的错误和婆婆妈妈的迷信。我们知道这些神的相貌、年龄、衣着、装饰，还有谱系、婚配、亲族，所有那些和人类的弱点相似的东西。他们的心灵也受搅扰；我们甚至可以接受神的贪欲、疾病、愤怒。按照神话里讲的，诸神那里还不乏战争和厮杀；不仅像荷马说的那样，不同的神帮助相互敌对的不同军队，甚至自己也打仗，像与提坦和巨人的战争。讲述或相信这些都是非常愚蠢的事，其中充满虚妄、无比轻浮。"⑩看看吧，为异教神辩护的这个人是怎么说的。然后，巴尔布斯一边说这些属于迷信，一边讲述了真正的宗教，按斯多亚派说，这些宗教是值得讲授的："不仅哲学家，就是我们的祖先也区分了宗教和迷信。那些整日祈祷和献祭，请求自己的孩子活得比自己长（*superstite*）的人，应该被称为迷信的（*superstitiosi*）。"⑪谁不会理解他要做什么呢？他不敢攻击城邦的习俗，于是赞美祖先的宗教，再把这种宗教同迷信分开，但是无论如何又不能做到。虽说那些整天祈祷和献祭的人被祖先称为迷信，但不正是这些祖先设置了诸神各自不同的塑像、年龄和衣着，还有谱系、

---

⑧ 西塞罗，《论占卜》，2：33—37。

⑩ 西塞罗，《论神性》，2：28.70；荷马，《伊利亚特》，20：67 以下。

⑪ 西塞罗，《论神性》，2：28.71—72。西塞罗认为迷信一词（*superstitio*）来自超过（*supersto*）。不过，这种语言学考察并不为人们接受。拉克唐修，《神圣原理》（*Institutione Divinae*），4：28 中就有系统的批驳。

婚配、宗教，这些他讨厌的东西吗？当巴尔布斯责备那些迷信的人的时候，他也把祖先牵扯进了这些罪过，正是他们设置了神像，进行服侍。他也把自己牵扯了进来：不论他怎样雄辩地把自己从那些人中解脱出来，他还是必须尊敬这些偶像；他在对话中言之凿凿，却不敢在群众集会中说一个不字。让我们基督徒感谢我主上帝，不是像他们争辩的那样感谢天地，而是感谢创造了天地的那一个。上帝通过基督最崇高的受辱（humilitas），通过使徒们的宣讲，通过殉道士为真理而死、与真理共生的信仰，不仅在有宗教的人们心中，而且在迷信者的殿堂，让他们自由地侍奉上帝。巴尔布斯那么吞吞吐吐而无法真正斥责的迷信⑫，就这样被破除了。

31. 瓦罗虽然无法达到对真正上帝的认识，但是他批驳民众的信念，认为应该服侍唯一的上帝

31.1　瓦罗又如何呢？他认为戏剧表演也是神事，这让我们失望，虽然这不是出于他自己的判断。作为一个宗教信仰者，他在很多地方鼓励人们服侍诸神，但他还是坦白说，他追随罗马城设置的信仰不是出于自己的判断。他毫不迟疑地坦白，如果要重新建城，他会敬神，但要根据自然的形态命名诸神。但是因为他生活在一个古老的民族中，他必须接受从古代传下来的神的名字和历史上的称谓，他说他写作和研究的目的还是让大众服侍那些神，而不是鄙视他们。这个最睿智的人用这些话足以表明，他根本不能揭示全部真相，否则不仅他自己看不起这些，甚至大众也会鄙视诸神，所以他只

---

⑫　［译按］Balbus 这个词在拉丁语里是口吃、孩子气地说话的意思。奥古斯丁用他的名字玩了一个文字游戏。

能保持沉默。他自己在另外一处谈到宗教的时候明确说，有很多真理，不仅大众不知道更有益，而且，有些虚假的事，让人们这么认为更好，因此，希腊人才关上门秘密地、一声不出地做他们的仪式。他要不是这么说，人们会怀疑我在瞎编。所以，他这里表达了智慧之人的全部观点，城邦和人民就是用这观点统治的。但这个骗术可让那些邪恶的鬼怪太高兴了，因为他们把骗人者和被骗者一同控制住了。除非上帝通过我们的主耶稣基督降恩，否则他们逃不出鬼怪的霸权。

31. 2　还是这个最睿智最博学的作者说，在他看来，只有那些相信神是世界的灵魂，通过运动和理性掌管世界的人们，才是认识了神是什么的人。虽然由此并不能证明他掌握了真理（真正的上帝并不是灵魂，而是灵魂的推动者和创造者），但是，如果他能自由地对抗流俗的偏见，他就会承认并且劝说别人服侍唯一的上帝，相信上帝靠运动和道理统治世界。在这一点上，他那里只还剩一个问题：他说上帝是世界的灵魂，而没有说是灵魂的创造者。他说，古代罗马人长达一百七十年的敬神是不拜偶像的。他说："如果这能够保持，对神的观念就更纯洁了。"[33]为了证明他的观点，他引了几个例子，包括犹太民族的；在结论的部分他毫不迟疑地说，最早设置了诸神的偶像的民族，城邦里的敬畏没有了，增加了错误[34]。他明智地判断出，用偶像这种笨重的东西，诸神就很容易变得被鄙视。他没有说"流传错误"，而是说"增加错误"。他是想让人们认为，就是在没有偶像之前，也有错误了。他说，只有相信上帝是掌管世界的灵魂的人们，才是认识上帝是什么的人，认为不服侍偶像的宗教更纯洁一些。谁看不出来这和

㉝　瓦罗，《人神制度稽古录》（残篇），114（仅见于奥古斯丁）。

㉞　见本书4:9。

真理相当接近了呢？如果他能反对那么古老的一个错误，他当然要相信唯一的上帝统治世界，知道不应该靠拜偶像来信仰。他和真理这么接近，就容易再前进一步，同意灵魂是运动的，而体会到只有不动的自然，也就是创造了灵魂的那一个，才是真正的上帝。既然如此，当这样的人在他们的书里说多神服侍是可笑的时候，他们是被上帝隐秘的意志推动着承认的，而不是因为他们主动要说服人们。我们引用这些作为见证，是为了反驳那些人，他们不愿意承认那些鬼怪做了多少坏事，他们有多么险恶。而倾洒圣血那一次的牺牲，还有我们得到的圣灵赐福，正是要把我们救出这巨大的邪恶的力量。

32. 各族的君主们愿意他们的臣民永保虚假的宗教，究竟是为了什么用处

他还谈到，在诸神起源的问题上，人民更愿意听从诗人的说法，而不愿意听从自然哲学家的说法；因此他们的祖先古代罗马人相信神有性别，会生儿育女，承认他们有婚姻。看来，出现这样的信仰没有别的原因，就是因为那些明智的和智慧的人要用这样的宗教欺骗人民，他们不仅服侍，而且要模仿鬼怪，鬼怪最大的欲望就是欺骗。鬼怪们如果不用骗术来骗人，就没办法控制人民。同样，当了君主的人（不是正义的君主，而是像鬼怪那样的君主）虽然知道这些是虚妄的，但还是要以宗教的名义说服人们相信这是真的，就同样可以把人们更牢地束缚在公民社会，也就可以把他们变成臣民来统治。软弱而没有教养的人，哪一个可以逃脱城邦君主和鬼怪的双重骗局呢？

33. 真正的上帝的判断和力量规划了所有的国王和王国持续的时间

因此，上帝是幸福的创造者和赐予者，因为他是唯一的真正上帝，他能同时赐予好人和坏人地上的国。他不是胡乱或偶然做的（因为他是上帝，不是命运女神福图娜），而是根据事物与时间的秩序，这秩序对我们而言是隐秘的，对他而言却是最明确的；不过他又不是因为受控于时间的秩序而为它服务，而是作为主人统治和节制时间：他只给好人真正的幸福。奴隶中有些能拥有幸福有些不能，统治者中有些能拥有幸福有些不拥有；但是在那个生命中一切都将完成，那里没有人是奴隶。好人和坏人都会得到他给的地上的王国，虽然他的服侍者的心灵还像孩童般天真的时候，就认识到他给的这礼物（地上的国）并不伟大。这是《旧约》中的圣事，即地上的应许和赐予，其中暗示了《新约》。虽然这些没有明说，但即使那时候，属灵的人也理解，尘世的事物象征着永恒，在永恒中，上帝赐予了真正的幸福。

34. 犹太人的王国，是唯一真正的上帝建立和保存的，只要犹太人仍在真正的宗教里，这个国就存在

我们应该知道，哪怕是地上的好（那些不能想象出更大的好的人只追逐这些），也是服从于唯一的上帝的权柄的，而不取决于过去罗马人认为应该服侍的众多伪神。上帝把他在埃及的一小撮选民成倍增加，然后通过奇妙的神迹救出他们。他们中的女人们并没有呼叫鲁西娜女神就能分娩，以神奇的方式繁衍后代，整个民族不可置信地增长着。当时，埃及人迫害他们，想要杀害所有的婴儿，是上帝亲自

从埃及人手中救了他们，并保存了他们。他们吃奶的时候也没有呼唤鲁米娜女神，使用摇篮也没有呼唤库尼娜女神，吃饭饮水没有呼唤爱杜卡和婆提娜，抚养儿童也没有呼唤掌管儿童的神，没有婚姻诸神也结了婚，没有普里阿普斯也可以和配偶交合⑤；没有呼唤海神涅普顿，大海却为他们分开，让他们通过，在敌人追来的时候海水又滚了回来，淹没了敌人。他们接受了天上的吗哪，却没有留下一个叫吗尼亚（Mannia）的女神；他们没有服侍林中或水中的仙女，却在口渴的时候喝到石头中流出的水。他们发动战争也没有那么疯狂地祭祀马尔斯和贝罗娜，他们的征伐却并非没有胜利。但他们把这当作上帝的保佑，不是什么女神。没有赛格提亚女神也有庄稼，没有布伯娜女神也有牛，蜂蜜（mella）也不需要梅罗娜（Mellona）女神，水果不需要婆墨娜女神。总之，罗马人认为通过祈祷那一大群伪神得到的，他们只从唯一真正的上帝那里接受，而且更加幸福。他们若不是对他犯了罪，因为不敬的好奇心像魔法一样引诱他们，陷入对其他的神和偶像的服侍，后来杀害了基督，他们的国仍然会保留，虽然并不比罗马更广阔，却比罗马人更幸福。而今他们遍布各地和各个民族，这是唯一的真正上帝的神意。凡是伪神的偶像、祭坛、圣林和神殿，都要被推翻，他们的祭祀都要被禁止，从犹太人的经书里我们看到，这早就被先知预言了；我们所读到的这些，一点也不能当成虚构。后面要说的，都在下一卷里，这卷已经很长，应该打住了。

---

⑤ 关于上述诸神，均见本卷第 11 章。

上帝之城卷五

[本卷提要]本卷继续反驳古典宗教的主题,特别是第四卷末尾的幸福主题,但其内容显得相对复杂些和理论化一些。PL版的"提要"概括得相当恰当。在这里,奥古斯丁是从基督教的角度重新看待古典的一些理论问题。本卷后半部分的上帝之城与地上之城的区分是整卷的基调。正是在这一前提下,奥古斯丁详细讨论了命运、神意、自由意志的问题。这些讨论应当结合《论意志的自由抉择》和其他著作中的相关讨论看待。在后半部分,奥古斯丁处理了罗马的道德和皇帝的幸福问题。我们需要注意的是,这些讨论的目的,并不是否定古典价值,而是在上帝之城面前,把这些价值相对化①。

---

① [PL本提要]奥古斯丁首先谈到关于命运的意见,反驳那些想把罗马帝国的强大和扩张归因于命运的人。他在上一卷里已经证明,不能把这些归给那些伪神。然后他谈到了上帝的前知问题,证明这和我们意志的自由抉择并不冲突。随后,他讨论了古代罗马人的道德,在什么意义上是因为他们的品德,在多大程度上是因为上帝的判断,真正的上帝开拓了这个帝国;虽然他们不服侍上帝,上帝还会帮助他们。他最后讲到,什么才算基督徒皇帝的幸福。

前　言②

我们已经证明,幸福就是充分获得人们欲求的东西,不是女神,而是上帝的赐予。凡是不能使人幸福的,人们都不能当作神来服侍。如果幸福是女神,她就应该有所说的这个特点,才能得到服侍。我们因而看到,即使是不好、因而也不幸福的人,他们所得到的一些福泽,也只能是来自上帝。上帝还愿意让罗马帝国那么广大长久。他们所服侍的那一大群神是不能做到这一点的,我们对此已说了很多,在恰当的地方,我们会继续讨论。

1. 罗马帝国和所有王国崛起的原因，不是偶然的，也不在于星座的位置

罗马帝国的强大,不是像有些人的观点或意见认为的,是偶然的或命定的③。那些说是偶然的人认为,这没有什么原因,或不是因为遵循什么理性的秩序发生的;那些说是命定的人认为,这根本和上帝的或人的意志无关,是因为某种必然秩序而发生的④。人类王国的建立依赖上帝的神意。把这归给命运的人,如果他是用"命运"之名来称呼上帝的意志或力量,那让他保留观点,但修正语言。如果有人问他所说的命运是什么,他为什么起先不说他后来要说的话呢? 人们

---

② ［译按］本书中某几卷前的前言都是奥古斯丁自己加的,往往是意在强调。本卷的前言主要回顾上一卷的幸福主题,然后带读者进一步思考这一问题。

③ 西塞罗,《论占卜》,2:47。

④ 普鲁塔克,《论命运》(De fato)8—9;马尼利乌斯(Manilius),《天文学》(Astronomica),3:43—101;奥古斯丁,《论鬼怪的占卜》(De Divinatione Daemonum)。

听到这个词，按照一般用词的习惯，总是把它理解为，在人们出生或
受孕的时候星座位置所具有的力量。有人认为这和上帝的意志无
关⑤，有人认为这就取决于上帝的意志⑥。那些认为星座决定了我们
的行为，或是我们拥有的好事和遭受的坏事，而同上帝意志无关的
人，应该从所有人的耳边走开，不仅是那些信仰真正的宗教的人，而
且愿意服侍别的神，哪怕是伪神的人，也不应该听。这个意见说的不
过就是，神完全不该受服侍，也不该受祈祷。但我们现在的论述反对
的不是持这些观念的人，而是那些攻击基督宗教，为他们所谓的神辩
护的人。还有人认为，星座的位置决定了人们的性格禀赋、好坏善
恶，而这一决定关系又取决于上帝的意志，如果他们认为这些星星是
从至高的上主的力量中获得了能力，从而按照自己的意志判断，那他
们就大大冒犯了天堂。他们认为天上有最清醒的元老院和最辉煌的
法庭，是那里命令人们犯下现在这些罪行，而如果地上的那个城发出
这样的命令，整个人类都应该灭绝。因为上帝是星星和人类的共同
主宰，如果这样把必然性归给天体，还留给上帝对人类事务作什么判
断？或者他们承认星座是从至高的上帝那里接受能力的，但不认为
星座有自己的抉择（arbitrium）⑦，而是认为它们只是传达上帝的所
有命令，让人们完成必须完成的。本来认为那些事情是星星的意志

---

⑤ 荷马，《伊利亚特》，21：82；《奥德赛》，3：226；第欧根尼·拉尔修，《名哲言行录》，8：27；
9：7；西塞罗，《论命运》，17：40；卢克莱修，《物性论》，2：217—224；奥维德，《变形记》，
9：434；马尼利乌斯，《天文学》，4：14—22；塞涅卡，《论神意》，(De providentia)，5：8；奥
古斯丁，《〈诗篇〉解》，140：10。

⑥ 柏拉图，《蒂迈欧篇》，41d—e；《理想国》，617b—d；亚里士多德，《物理学》，195b：31 以
下；盖留斯，《阿提卡之夜》，7：2.3；普鲁塔克，《论命运》，4：570b；普罗提诺，《九章集》，
2：3.7—8。

⑦ ［译按］arbitrium 是奥古斯丁自由意志理论中一个非常重要的概念，习惯上被理解为
"选择"。但它所强调的并不是在不同的选项中选，而是强调其作决定的意思。因此，我
们不按传统的译法，而译为"抉择"。

已经不当,难道竟认为它们出于上帝自己? 也许可以说星座更多是
指示而不是做到了这些,它们在哪个位置,就揭示了某种未来,而不
是创造了未来。持这种观点的人的学问可不平庸⑧。但星相学
家⑨一般不说"火星在哪个位置就指示着谋杀"这类的话,而说"导致
谋杀"⑩。我们姑且承认,这只是由于他们言不及义;他们要说出自己
在星座处在某个位置时发现的事情,本可以按照哲学家预言的方法,
说得更准确些。但是他们从来不能说,在孪生子的生活中,和他们有
关的行为、事件、职业、技艺、尊荣,其他和人的生命有关的东西,还有
他们的死亡,为什么都非常不同。他们出生的时间差距极小,完全是
在一次性交的时候同时授精受孕的。但在这些事上,一些完全陌生
的人和他们比他们之间更相似。

2. 孪生子的健康中的相同和不同

　　西塞罗说,最杰出的医生希波克拉底(*Hippocrates*)⑪在书中写
道,有两个兄弟同时生病,同时变得严重,同时痊愈,他怀疑这是孪生
子⑫。斯多亚学派的波西多尼乌斯(*Posidonius*)⑬研究天文学很深,
认为他们受孕和出生时,星座的构成相同⑭。所以,医生认为和同样

---

⑧　普罗提诺,《九章集》2:3.7;3:1.6。

⑨　拉丁文 *mathematicus* 既指数学家,也指星相学家。

⑩　普罗提诺,《九章集》,2:3.6。

⑪　希波克拉底(约公元前 469—公元前 399),希腊医生,据说最早使医学成为一门系统的
　　技艺。他在埃斯科勒庇俄斯的神龛下建了一所医学校。

⑫　在现存的西塞罗和希波克拉底的著作中,都找不到这一说法。或许在西塞罗《论命运》
　　已经佚失的部分中。

⑬　波西多尼乌斯,希腊历史学家、天文学家、哲学家(约卒于公元前 50 年),斯多亚哲学家,
　　西塞罗的老师。他对于斯多亚主义的发展影响很大,但只有残篇传世。

⑭　西塞罗,《图斯库兰讨论集》,2;《论神性》,1;《论责任》,3。

的身体健康状况相关的事情,研究天文学的这个哲学家认为,是由于
受孕和出生时同一星座的状况和构成。在这个问题上,医生所讲的
好像更可接受,更可相信。他说在父母性交的时候,他们的身体状态
会影响到怀孕时胎儿最初的状况,随后,他们同时在母体里成长,出
生的时候健康情况相当;然后,他们在同一个家庭里,被同样的食物
喂大,按照医学,空气、地点、水质都会影响身体的好坏,甚至相似的
锻炼也使体格相似,在得病的时候,甚至也是同样的时间和相似的原
因导致的。至于把同样的疾病归于受孕或出生的时候天体或星座的
构成,真是我闻所未闻的怪说法。在同一片天空下,大地的同一个区
域里,有那么多人在同一时间受孕和出生,却分属不同的民族,有不
同的性情,遭遇不同的事情。我们知道,孪生子不仅有不同的行为,
旅行过不同地方,而且会得真正不同的疾病。在我看来,希波克拉底
诉诸理性说,不同的营养和锻炼不仅来自身体的特点,而且来自心灵
的意志,从而会导致不同的疾病。至于波西多尼乌斯或别的认为星
座决定命运的人,如果他不是想愚弄那些一无所知、毫无常识的人,
而对此还能有个说法,我会很惊讶。也许他们会说,孪生子出生的时
候有极小的间隔,于是天上对出生时辰的记录(就是他们所谓的"星
相")就有微小的区别。占星术只能靠每个人出生的时辰来决定巨大
的区别,这种区别要么过小,无法解释孪生子在意志、行为、道德、际
遇等方面的巨大不同,要么过大,不足以解释孪生子在出身贵贱上的
相同⑮。如果一个孩子生了之后,另外一个也很快生了,两个完全在
同一个部分的星相,我会认为他们将完全一样,但这样的孪生子根本
找不到;但是如果生得过慢,两个分属不同部分的星相,我会以为他
们有不同的父母,但这对于孪生子是不可能的。

---

⑮ 马尼利乌斯,《天文学》2:826—835;3:537—547;普罗提诺,《九章集》,2:3.1。

3. 关于孪生子的问题，星相学家尼基底乌斯从转动的陶工轮子得出了一个说法

即使举出那个关于陶工轮子的著名例子也没用。那是尼基底乌斯(*Nigidius*)⑯在被这个问题困惑时给出的回答，他因此被称为斐古鲁斯。他尽全力转动陶工轮子，在转动当中迅速地把某种黑色液体两次点在同一个地方⑰；在轮子停止转动以后，他发现，轮子边缘的两个标记距离并不小。他说："鉴于天体运行的速度，即使一个孩子在另一个之后很快出生，就像轮子被点了两次那样，在天上也是很大的距离；他说，这就是为什么孪生子之间在品德和际遇上不同的原因。"这种虚构的说法比轮子上的黑点还要脆弱。如果天上的距离那么大，以致孪生子中有一个有遗传的特征，而另外一个没有，这距离就不能靠星座来认识，那么，为什么对于别的那不是孪生子的，星相学家在观察他们的星座的时候，敢于宣布这谁也不能理解的秘密，归因于出生的那一刻？ 如果别的人出生时的时间差别更大，因而可以说这样的事；而孪生子出生的时间之间相距很短，影响的事情很小，是人们一般不咨询星相学家的事（谁会咨询什么时候坐下，什么时候外出，什么时候吃早饭呢？）。但既然我们可以在品德、事业、际遇等方面找到孪生子之间那么多那么大的不同，他们的说法怎么成立呢？

---

⑯ 普布利乌斯·尼基底乌斯·斐古鲁斯(*Publius Nigidius Figulus*)，毕达哥拉斯派哲学家、天文学家，与瓦罗同时代，西塞罗的朋友。他著有语法、神学、科学方面的多种著作，享有盛名。但只有残篇传世。他支持庞培，于公元前 45 年死于流放中。"斐古鲁斯"即陶工之意。

⑰ 卢坎，《法萨利亚》，1:639。

4. 以扫和雅各是孪生子，但他们的道德和行事都有很大不同

若以名人为例，在远古的先祖那里，就记载着以扫和雅各这对孪生子，他们出生时前后接续，后一个抓着前一个的脚跟[18]。但是他们的生活和品德却区别极大，行事完全不同，父母对他们的爱也很不同，这距离使彼此之间甚至成为仇敌。他们不会说，这种区别不过相当于一个坐着时另一个走路，一个睡觉时另一个清醒，一个说话时另一个沉默；那些区别涉及的是微乎其微的不同，记录每个人出生时的星座构成的人都不能把握，也就不能咨询星相学家。但孪生子中一个当了佣工，另外一个则没有；一个得到母亲的疼爱，另外一个没有；一个丧失了人们珍视的巨大尊荣，另外一个获得了尊荣。他们在娶妻、生子、钱财等方面区别巨大。如果这些只和孪生子出生时间的微小区别相关，不能归于星相，为什么在考察别人的星相时他们却又说能够？如果他们这么说是因为微小的区别难以掌握，而他们只能研究可以观察到的明显的时间差别，那么陶工轮子的故事又有什么意义？除非是把那些心如陶土的人投到转轮之中，否则谁会相信星相学家不是在胡说八道？

5. 星相学家怎样从事虚妄的科学

而那两个同时病重、同时痊愈的兄弟又如何呢？希波克拉底通过医学考察，怀疑他们是孪生子。他们的生病是因为在身体素质方

---

[18] 《创世记》，25：26："随后又生了以扫的兄弟，手抓住以扫的脚跟，因此给他起名叫雅各〔雅各就是抓住的意思〕。"奥古斯丁，《论基督教教义》(*De doctrina Christiana*)，2：22。

面相似,这不是足够反驳那些想把这归于星相的人吗?既然他们不可能同时出生,他们为什么又同时生同样的病,而不是像出生时那样一先一后生病呢?或者,如果他们出生时候的差异不能导致得病时间的差异,人们为什么又认为,出生时间的不同却又导致了别的事情上的不同呢?他们在不同时间出生,会让他们在不同时间旅行,在不同时间娶妻,在不同时间生子,以及种种别的不同,但是为什么同样的原因却不能导致他们不同时间得病?如果出生时的时间差异改变了星相,导致了别的事情上的不同,那为什么受孕时间的相同还保持在生病的相同上呢?或者,如果说,疾病是由受孕的时间决定的,而别的事情是由出生时间决定的,那他们就不能仅仅根据对出生时星相的研究告诉孪生子中的某一个他何时生病,除非也考察受孕时的星相。如果他们不用考察受孕时的星相而预知疾病,是因为这是由出生的时刻决定的,他们如何解释,孪生子中的那个在某一时间出生的孩子什么时候得病,而那个不在这同一时间出生的却也在那个时候得病呢?如果孪生子的出生时间距离很大,因此各自所属的星座不同,他们的星相会差别很大,从而在这些力量能影响到的所有关键地方都不同⑲,甚至有不同的命运,那么,我就问,既然两个孩子同时受孕,这怎么可能发生呢?或者,如果两个在同一时间受孕的人,出生后有不同的命运,为什么在同一时间出生的两个人的生死命运不会不同呢?如果两个人在同一时间受孕却不妨碍他们一前一后出生,为什么两个人同时出生,却会妨碍他们一前一后死去呢?如果同一时间受孕的人在子宫中还会有诸多变数,为什么同一时间出生的人还不能在地上有诸多变数呢?这样,是不是这样的技艺,或者更好地说,这种虚妄的伪造,全该瓦解了?为什么在同一时间、同一时刻、

---

⑲　马尼利乌斯,《天文学》,2:150—787,788—970。

同一天空下、同一个地方受孕的人有不同的命运，导致他们在不同的时间出生，而同一时间、同一时刻、同一天空下的同一地方、不同的母亲所生的人就不能有不同的命运，就不能走向不同的生死之路？难道说受孕的时候人们还没有命运，只有出生时才有命运？那他们又为什么说，如果能发现受孕的时间，他们的预言可以准确许多？因此就有不止一个人说，一个智者选择时间与妻子交媾，这样就生出了神奇的孩子。正是因此，那个伟大的星相学家兼哲学家波西多尼乌斯针对同时生病的孪生子说，他们一定是同时出生和同时受孕的。他要加上受孕，就是为了防止人们说，虽然知道他们一定是同时受孕的，他们却不是同时出生的；于是，关于他们同时得同样的病这一点，他不想把同样的身体素质说成可能的原因，而是说与星座同样的关系导致了他们同样的健康状况。如果受孕有那么大力量，以致带来相同的命运，那么出生的差异就不该改变命运了。或者，如果孪生子不同的出生时间改变了命运，为什么我们不能把命运的改变更多理解为出生的时间不同呢？如果出生顺序可以改变受孕时已确定的命运，为什么活人的意志不能改变出生时确定的命运呢？

6. 不同性别的孪生子

在同一时间同一时刻受孕的孪生子中，本来是同样的星座决定了同样的命运，为什么会一个是男，一个是女呢？我们知道有的孪生子性别不同，尽管同时存活下来，同时成年；尽管双方除了性别不同，相貌却极为相似，但是生活的走向和安排却很不一样，特别是在那些男女之间必然不同的事情上，比如男人会参军服役，离家远游，而女人守在故土，不离家园。更有甚者，男人娶妻成家，女人成了圣贞女；男人子息成群，女人一生不嫁。如果这样还相信星相决定命运，真是难以置信；但如果认为这是人的意志和上帝的赐予所致，却没什么奇怪了。星相学有很大的力量吗？我已经足以证明它根本不是了。不过他们还是说，不管怎样，在出生的问题上星相学有价值，那在受孕问题上就没有了？很明显，一次交媾会使女人受孕，自然的巨大力量使她一旦怀孕就一定不会再次受孕；这样，孪生子一定是同时受孕的。或者，难道是因为出生时的星相不同，其中一个生出来就变成了男的，另一个就变成了女的？如果说星座只是影响了身体的差异，这并不怎么荒谬，因为我们看到太阳的升降伴随着年时的变幻，月亮的圆缺对应着海胆、贝类、诡奇的海潮的消长。但却不能说心灵的意志变迁也受制于星座的位置；而今这些人想把我们的行动都用这个来规定，我们要问，他们这样做，岂不是使自己的理性和身体都冲突了吗？还有什么比性别更与身体相关呢？而即使在星座同样的构成下，受孕的孪生子都可能有两个性别。两个孩子共同受孕时本来是相同的星座，但这星座的构成不会使妹妹和哥哥有不同的性别；而出生那一刻的星座位置可以把妹妹变成圣贞女，和哥哥那么不同。还有什么比这么说或这么相信更荒谬的呢？

7. 为娶妻、种地、播种择日

另外，有谁认为，能够选择日子做什么事，来创造新的命运吗？我们说过的那个人，看来生时注定没有神奇的儿子，而要生个让人看不起的儿子，而这个博学的人却选择时辰和妻子交媾。这样，这个人获得了本来没有的命运，开始有了出生时没有注定的命运。真是愚蠢之至呀！人们择日娶妻；那我相信，之所以如此，是因为如果不择日娶妻，那就可能是不好的日子，会婚姻不幸。那么，星座在出生时决定的命运怎么办呢？人们通过选择日子改变了本来不能改变的命运,那他们自己确定的命运难道不能被别的力量改变吗？然后,如果只有人而不是天下所有的东西都受制于星座,为什么他们也要选择合适的日子来种植葡萄、树木、庄稼,还选择别的日子驯服牲畜、放出雄性牲畜和牝马牝牛交配,以及诸如此类的事情？或者,如果他们要选日子做这些事是因为随着时间而变化的星座构成控制着地上所有的物体,包括有生命的和没有生命的,那让他们看,在同一时刻,有无数的生物出生、滋长、开端,而它们却有那么不同的结局。小孩都会因此明白,星相学家的观念是可笑的。谁会那么愚蠢,以致胆敢说所有的树木、花草、野兽、龙蛇、鸟类、鱼虾、虫蚁都在各自不同的时刻出生？不过确实有人爱用不会说话的动物的星座来试探星相学家的技艺。他们在家里已经仔细观察了这些动物的出生。星相学家考察了星座后说,那个时候出生的不是人,而是牲畜。人们认为这样的星相学家超过其他的。他们甚至敢说出这是什么样的牲畜,是产毛的,是运货的,是犁地的,还是看家的。人们还用狗的命运来试探他,结果他的回答获得了巨大的崇拜的欢呼。有人愚蠢地认为,当人出生的时候,别的动物就不能出生了,那片天空下连苍蝇都不在那时出生了。因为如果他们承认苍蝇会出生,按这个逻辑推演,那就会逐渐从苍蝇推导到骆驼与大象。他们也不愿意认为,当择日在农田里播种的时候,很多庄稼同时种在地上,它们会同时发芽、拔节、吐穗、结子、成熟；不过我还要说,一株庄稼上结的果实虽然同时播种和发芽,有些却因霉菌而被毁,有些被鸟儿啄去,还有些被人拔去。那么,他们在看到这种不同的结果的时候,还怎么说是由于星座的不同呢？或者他们会反悔,不再为这些东西选择日子,否认它们和天体有关,说只有人是受制于星座的,上帝在地上只给了人意志自由。经过考察所有这些,我们可以不无理由地认为,虽然星相学家作出了那么奇异的正确回答,这种诡秘的本能都不属于好的精灵,这些精灵关心的是虚假的和害人的意见，是要把星星决定命运的说法灌输到人的心智，并且强化这种观念。他们的奇迹不是来自记录和观察星相的技艺，根本不存在这种技艺。

8. 有些人所谓的命运，指的不是星星的位置，而是依赖上帝的意志的因果链

有人所谓的"命运"，不是决定人们的受孕、出生、开端的星星的构成，而是所有的关系和一系列因果链，这个因果链使得一切是其所是。不过，我们不必投入过多的精力和力量来争辩这个词，他们毕竟把因果的顺序和链条归给最高的上帝的意志和力量，他被最好和最真实地认为[20]，在所有事情发生之前，他都已知道，他也不会让什么东西不受他的约束；一切力量来自他，虽然一切意志并不都来自他。只有上帝的最高意志，他们可以称为命运，而他的力量穿越一切事物，不可阻挡。这可以由下面的诗句证明，如果我没有错，这是安奈乌斯·塞涅卡写的："至高的父和青天之上的主，引领我们，到你愿意的地方，我会毫不迟疑地追随。我在渴盼着：但如果你不愿意，我还是会在叹息中跟着你，忍受罪恶，做好人该做的事情。愿意的人，命运领着走；不愿意的，命运牵着走。"[21]非常明显，这诗里最后所说的命运，不过就是他前面说的至高的父的意志；他说他准备好了遵从，要做愿意的人被领着走，而不当不愿意的人被牵着走；因为"愿意的人，命运领着走；不愿意的，命运牵着走。"荷马也有诗句与此对应，西塞

[20]　[译按]"被最好和最真实地认为"确实不是很顺畅的中文说法。但奥古斯丁这里的意思，一方面可以是说这个意见是最好和最真实的，另外也可以说在这个意见中，上帝是最好和最真实的。别的译法很难传达这两层意思。因此我们保留这个蹩脚的译法。
[21]　塞涅卡，《书信》，107：11。

罗把它译成了拉丁文："人们就是这样的心智，随着人神之父朱庇特
遣来大地的不同的光。"㉒一个诗人的观点在这个问题上没有什么权
威；不过，西塞罗说，斯多亚学派喜欢借荷马的这句诗来谈命运的力
量，这里谈的不是那些诗人的，而是哲学家的意见。那些争论命运是
什么的人，在引用这句诗的时候，把他们对命运的感觉最明确地讲了
出来，他们说，命运涉及的关系链来自他们所谓的朱庇特，他们认为
的最高的神。

9. 论上帝的前知和人的自由意志，批评西塞罗的定义

9.1 西塞罗为了反驳这种观点，认为如不先否定占卜，就无力
对抗对手㉓。为了对抗他们，他否认对未来的知识，全力证明无论是
人是神都没有这种知识，不能预言未来的事。于是他一方面否认上
帝的前知，一方面用虚妄的论辩来否定一切先知，不仅把那最容易驳
倒的神谕否定了，也要驳倒比光还明亮的事情。但是他并没有说服
人们。在驳斥那些星相学家的虚构的时候，他的说法占了上风，因为
这些说法确实是自我毁灭和自我否定的神话。但是那认为星相预兆
了命运的人，比认为根本没有对未来的前知的人，却更可以容忍得
多。一方面承认上帝存在，另一方面却否定他对未来的前知，这是最
明显的疯话。他既然如此看，就甚至要说圣经里谈到的："愚顽人心
里说，没有上帝。"㉔但是他毕竟没有亲口说这话。他还是看到，这样
会是恶劣和不敬的。所以他在所著的《论神性》当中，让科塔（Cotta）

㉒ 荷马，《奥德赛》，18:136，依据王焕生译本。但奥古斯丁用的西塞罗的译本（可能见于
　《论命运》中佚失的部分）与希腊原文不同。故此处按照奥古斯丁的版本有改动。

㉓ 西塞罗，《论占卜》，2。

㉔《诗篇》，14:1。

在这一点上反驳斯多亚派,但又倾向于为斯多亚派辩护的卢西利乌斯·巴尔布斯,而不赞同认为不存在神性(*naturam divinam*)的科塔㉕。在《论占卜》中,他又亲自最明确地反对对未来的前知㉖。看起来,他这么说是为了防止承认命运而毁弃自由意志。他认为,如果承认有对未来的知识,就会推导出,命运也不能否定了。但是不管他们有多么拐弯抹角的哲学争论和辩难,我们为了承认有最高的真正上帝,就要承认他的意志、最高的能力和他的前知;我们不该因为他提前知道我们会做什么,一切都不会落在他的前知之外,从而害怕自己不能按照意志,做按意志想做的事。西塞罗怕这一点,所以攻击前知,而斯多亚派也一样,他们说没有什么是必然发生的,虽然承认一切都是命运决定的㉗。

9.2 西塞罗到底为什么那么怕对未来的前知,以致要依靠这样蹩脚的语言来反驳呢? 显然是因为,如果以为未来的所有事情都可以前知,一切就都会按照前知的顺序发生;如果它们都按顺序发生,上帝前知的事物都会按照确定的顺序发生;如果事物的顺序是确定的,那么因果次序也是确定的;因为如果没有事先的动力因,什么也不会发生。如果因果次序是确定的,一切都是其所是,他说:"一切按照命运是其所是。"如果是这样,那什么都不在我们的能力之内,也就没有意志的抉择了。他说㉘:"如果我们承认这一点,那么人类生活整个就毁了,颁布法律没有用,批评和赞美都没用,责怪和鼓励都可以休矣,也就没有什么确定的正义来奖善罚恶了。"㉙正是为了不要把人

㉕ 西塞罗,《论神性》,1:6.15;2:67.168;3:1.1。

㉖ 西塞罗,《论占卜》,2:48—54。

㉗ 西塞罗,《论命运》,18:41。

㉘ 西塞罗,《论占卜》,2:49。

㉙ 西塞罗,《论命运》,17:40。

事变成这样卑微、荒谬和不可救药，所以他才不愿承认对未来的前知；他迫使宗教的心灵走到这样一个路口，必须在二者中选择一种：要么是什么事情都在我们的意志控制下，要么是有对未来的前知。他认为两者不可能同时成立，只要肯定其中一个，另外一个必遭否弃；如果我们选择了对未来的前知，那么意志抉择就被否弃；如果我们选择意志抉择，对未来的前知就被否弃。这个伟大而博学的人，对人生有丰富和深刻的思考，他在二者之中选择了意志的自由抉择（*liberum voluntatis arbitrium*）；为了实现这一点，他否定了对未来的前知。于是，他因为想让人变得自由，却让人变得渎神了。但是，宗教的心灵会同时选择二者，认可二者，通过信仰和虔敬来实现二者。怎样办到呢？他问。因为如果有对未来的前知，就会推导出，万物都相互联结，最后会推导出，什么都不在我们的意志掌握中。如果有什么在我们的意志掌握中，那么我们会一步步往回推导，直到得出结论：没有对未来的前知。往回推导的整个过程如下：如果有意志的抉择，那么万事都不取决于命运；如果万事不取决于命运，就没有完全确定的因果顺序；如果没有什么确定的因果顺序，那么上帝前知的事物顺序就不是确定的（这些事情除非在先有动力因，否则就不会发生）；如果没有上帝前知的确定的事物顺序，万事就不会按照他预先知道的发生；如果一切不按照他预见的那样发生，他说，那么上帝对未来的万事就不会有前知[30]。

9.3 针对这渎神和不敬的大胆说法，我们说上帝能够在一切发生之前就知道，同时也强调我们靠意志做事，每个人如果不是靠意志，是不会去做他所感到和知道的事的。我们不说万事都取决于命运，我们说根本就没有什么取决于命运：人们习惯于称之为命运的，

---

[30] 西塞罗，《论占卜》，2:51—53。

指的是每个人受孕或出生的时候星座的构成。而这是一个荒唐的
词，我们证明了它没有力量。我们并不否定因果顺序，上帝的意志在
这顺序里可以做各种各样的事，但我们也不把这种顺序称为命运，除
非我们把他们所说的"命运"（*fatum*）理解为"说"（*fando*），就是"言
说"的意思；我们无法否认在圣经中写下的内容："上帝说了一次，这
两件事我都听见，就是能力都属乎上帝。主啊，慈爱也是属乎你。因
为你照着各人所行的报应他。"③这里说的"上帝说了一次"，我们就
理解为所说的是不可变化的，都是不容更改的，他对未来一切的知
识都是不可更改的，包括他要做的一切。如果"命运"这个词不是被
习惯理解为别的意思，按照这个道理，我们就可以把上帝的"言说"
称为命运——但人们习惯用的那个意思是我们不愿人心朝向的。
而这并不能推导出，因为上帝已经确定了所有的因果顺序，所以什
么都不取决于我们意志的抉择。我们的意志本身就在因果顺序当
中，所以对上帝而言是确定的，包含在他的前知之中。就是因为上
帝能预先知道万事万物的原因，因此他也不会忽视我们的意志在这
些原因当中的位置，他会前知到，我们的意志就是我们的行为的
原因。

9.4　这个西塞罗承认，如果不是先有动力因，什么也不会发
生②，在这个问题上，这就足以纠正他自己了。他说没有什么的发生
没有原因，但不是所有原因都是命定的；因为也有偶然的原因，无论
是自然的，还是来自意志的。但这有什么帮助呢？他只要承认，如果
没有动力因，什么事也不会发生，这就足够了。有些原因据说是偶然
的（*fortuitae*），命运一词就以此为词源（*fortuna*）。我们说这不是没

---

③《诗篇》，62：11—12。其中第一句和合本作"神说了一次，两次，我都听见"。
② 西塞罗，《论命运》，10 以下。

有原因，而是原因没有显现。我们或者把这原因归为真正的上帝的意志，或者归为这种那种的精灵的意志。就是自然的原因，我们也不把它和上帝的意志分开，因为上帝是万物的作者和自然的创造者。而来自意志的原因，要么来自上帝的意志，要么来自天使的意志，或是人的、动物的意志；我所谓动物的意志③，就是指那没有理性的动物根据自己的自然趋利避害的倾向。我所说的天使的意志，或指好的天使，就是上帝的天使，或指坏的天使，我说的就是魔鬼的使者甚至鬼怪们自身。同样，我说的人也包括好人和坏人。这样我们就能理解，万事的动力因，都是意志的原因，这意志属于作为生命之灵气（*spiritus*）④的自然。所谓的"灵气"，可以指空气或者风，但这是物质，不是生命的灵气。这样，给了万物生命的圣灵，是一切物质和被造生灵的创造者，这就是上帝自身，是一个不被创造的圣灵。他的最高意志中包含的力量，帮助被造生灵的意志，保佑好人，审判坏人，安排万事；给某些人力量，不给某些人力量。万物自然的这个创造者，也是一切力量的给予者，但他不给予一切意志。坏的意志不来自上帝，因为这是违背自然的，而自然来自于他。大部分的物质服从于意志；有些服从于我们（也就是所有可朽的动物）的意志，而且较多服从于人的，较少服从于兽的；有些服从于天使的，但是一切都服从于上帝的最高意志。一切意志都服从于他，是因为人们除了他给予的之外毫无力量。所以，在事物的原因中，能因而无所因的，是上帝。其他的生灵能因而且有所因；所有被创造的生灵如此，特别是有理性

---

③ ［译按］在《论意志的自由抉择》中，奥古斯丁是不承认动物有意志的。但在此处，他说动物也有意志。这里说的动物的意志，更多应该理解为一种比喻的说法，而不是作为善恶来源的自由意志。

④ ［译按］*spiritus* 可以指精灵、圣灵，也可以指呼吸、风。此处译为"灵气"，因为包含这两方面。我们会根据语境分别翻译为"精灵"、"圣灵"、"灵性"、"生灵"、"气"等。

的。而物质因，更多的有所因而不能因，因此不能归入动力因之列；它们能做的，都是有灵的意志通过它们做的。这样，我们的意志在这因果顺序中有很重要的地位，那又为什么说，上帝前知了、确定了因果顺序，就推导出，什么都不掌握在我们的意志中？西塞罗的对手说，因果顺序是命定的，或者说把这称为"命运"（我们不喜欢这个说法，特别是，人们习惯上理解的命运所描述的不是真实的事物）[35]。西塞罗在与他们辩论时，否定了一切的因果顺序是绝对确定的，否定了上帝有绝对明确的前知。但我们对这个观点的反对胜过斯多亚派的反对。西塞罗要么是否定了上帝——但他在《论神性》中借一个角色之口极力证明神的存在——要么虽然承认上帝，但否认他有对未来的前知，那么他说的就正是圣经里讲的："愚顽人心里说，没有上帝。"[36]如果没有对未来万事的前知，就不是上帝。上帝愿意并前知到人们的意志多么强大，那人们的意志就变得那么强大。这样，他们只要是强大的，他们的强大就非常确定；一切要做的事情都会一定做到；他知道人们会强大，知道人们会做到，而他的前知是不会落空的。因此，如果一定让我把命运的名字用在什么事上，我会说弱者的命运，就是强者的意志，因为前者被掌握在后者的力量中[37]。命运不是因果的顺序。斯多亚派以他们的词语用法，而不是一贯的用法，把这个因果顺序称为命运，排除了我们的意志抉择。

---

[35] 西塞罗，《论命运》，11；12。

[36] 《诗篇》，14：1。

[37] ［译按］本卷这几章相当重要。一方面，它可以帮我们清理《论意志的自由抉择》中的相关说法。另一方面，当奥古斯丁此处说弱者的命运就是强者的意志时，马基雅维利关于命运是个女人的著名比喻已经呼之欲出了。这可以帮助我们理解，古典的命运观如何被基督教转化为了现代的命运观。

10. 人们的意志是否受必然性的控制

10.1 我们不必像斯多亚派那样害怕必然性，他们因为那么害怕必然性，所以劳心费神地区分事物的不同原因，说某些原因使一些事物不依靠必然性，一些受制于必然性。对于他们不愿意受必然性控制的事物，他们置于我们的意志之下，就是因为，如果这些受制于必然性，我们就会失去自由。如果我们所谓的必然性，指的就是不在我们的力量掌握中的事情，而是即使我们不愿意也会发生的，就像死亡的必然性一样，那就很显然，我们的意志是不受制于这种必然性的，因为我们是靠这意志来正确或错误地活着。我们做的很多事情，如果我们不愿意，就不会做。首先，意志本身就是这样的：如果我们愿意，意志就存在；如果我们不愿意，意志就不存在。因为，如果我们不愿意，我们就不是在愿意。而如果必然性被定义为：使某事必然如此或必然发生的原因，我真不知道为什么要害怕失去我们的自由意志。如果我们说上帝必然永生并且可以前知，我们不会把上帝的生命和上帝的前知置于必然性之下：我们说上帝不"能"死也不"能"犯错，他的力量并未因此而减弱。说这些是上帝不能的，是在这个意义上：如果他"能"了，反而减弱了力量。虽然我们会正确地说他是万能的，但他还是不"能"死也不"能"犯错。说他万能，是因为他能做他想做的事，他不能遭受他不想做的事，如果他能发生这样的事，那他反而不是万能的了。恰恰因为他是万能的，所以他不能做某些事。同样，如果我们在运用意志时，是按照自由抉择来意愿，我们就说是必然的；我所说的这些虽然无疑是对的，但我们的自由抉择并不受制于一种取消自由的必然性。我们的意志就是存在的：凡是我们按照意志想做的事，都会发生；如果我们不想做，就不发生。如果有人因为别人的意志，必须承受自己不愿意的，那还是一种意志在起作用；哪怕不是他的意志，毕竟是人的意志，而这都来自上帝的力量。如果人们的意志想做某事，但是无力做想做的事，那就是受到了更强大的意志的拦阻。这里的意志仍然是意志；这不是别人的意志，而是那个想这样做的人的意志，即使他不能完成他想做的。人们如果承受那些违背其意志的事情，这不可归为人的、天使的或者随便哪种被造生灵的意志，而更应该归于那给意志赋予力量的一个。

10. 2 所以不能认为，因为上帝前知了我们意志中的未来，我们的意志中就什么也没有了：他既然前知了，那他就不会什么也前知不到。如果他能前知到我们的意志中对未来的想法，那他就是前知到了某些东西，而不是什么也没有前知到。可见，还是有些东西在我们的意志之中，正是他能够前知到的东西。因此我们就不能认为，为了维护上帝的前知，我们必须去掉意志的抉择，也不能为了维护意志的抉择（这样说是不符合神法的）而否定上帝对未来的前知；我们拥抱二者，二者我们都虔敬而真实地认可。对上帝的前知，我们要好好地信仰；对自由意志，我们靠它好好活着。但如果不好好信仰上帝，那就活得不好了。我们不能为了自由意志而否定他的前知，正是靠了他的保佑，我们现在是自由的，或将来是自由的。因此，法律、责罚、鼓励、赞美和谴责并不会就此变得无用：因为上帝前知了这些会发生，它们反而更有力，正像他会前知到的那样有力。上帝前知到，他会回赠那些祈祷者以福祉，祈祷者也要为得到这些而努力。善有善报、恶有恶报，都是公平的。一个人要有罪，并不是因为上帝前知到他会有罪而有罪的：在他有罪的时候，无疑还是他自己犯了罪。而上帝的前知不会错，他前知到的不是宿命或时运的罪，也不是别的什么，而是那个人自身会有罪。如果他不愿有罪，他也不会有罪。如果他不愿有罪，上帝连这个也是能前知的。

11. 论上帝的普世神意，他的法无所不包

上帝和他的圣言、圣灵是三位一体，是最高而真实的。万能的唯一上帝是所有灵魂和身体的创造者和制造者：只有参与到他之中才会幸福，真正的幸福而不是虚妄的幸福。上帝造出了人这种理性动物，由灵魂和身体构成。人有了罪以后，他不会允许人逍遥法外，也不会毫无悲悯之心地抛弃他。不论好人还是坏人，他都赐给和石头一样的存在，赐给和树木一样可以繁衍的生命，赐给和牲畜一样的感性生命，赐给和天使（而且只有天使）一样的理智生命。一切形态、一切形式（species）、一切秩序来自于他；一切尺度、数目、重量都来自于他；自然中的一切来自于他，不论属于哪个物种，不论具有什么价值；各种形体的种子、各种种子的形体（forma）、种子和形体的运动都来自他。他给予了肉体的起源、美好、健康、生殖繁衍、成员的特性、各部分的和谐；他给予无理性的灵魂以记忆、感觉、欲望；他给予有理性的灵魂的，还有心智、理智、意志；不仅天和地，不仅天使和人，甚至那微不足道的动物的内脏、小鸟的羽翼、植物的小花、树木的叶子，他都不会让它们的各个部分不和谐，会让它们和平相处。我们不可相信，人类的王国、他们的统治、他们的奴役，上帝会让这些脱离他的神意之法。

12. 古罗马人没有服侍真正的上帝，他们的什么道德使得上帝扶持了他们的帝国

12.1　我们来看罗马人的品德。地上的王国都在上帝的力量掌握之中，罗马人值得真正的上帝保佑扩张他们的帝国，这是为什么？

我写作前面一卷，就是为了而今更能确定地讨论这一点，这些事情不是他们那些神的力量所及的，虽然罗马人为了鸡毛蒜皮的小事都要服侍他们。行文至此，我们在本卷已经清理了命运问题，就是为了让那些已经相信，服侍他们那些神不可以扩张和保存罗马帝国的人，把这些归给最高上帝的意志，而不是归给莫名其妙的"命运"。古罗马最早的人民和别的民族（除去希伯来这唯一一个例外）一样，都服侍伪神，不给上帝而是给鬼怪献祭。但他们的历史学家还是不乏赞美地说："他们渴望人们的赞美，但对金钱却挥霍无度。他们的目的在于取得无限的声名，但财富则只限于他们用诚实的手段所能取得的那些。"[38]他们无比狂热地热爱这种光荣，为此而生，也毫不迟疑地为此而死。为了这一种巨大的欲望，他们克制了别的欲望。在他们看来，祖国受奴役是不光荣的，而称霸和发号施令是光荣的，所以首先寻求自由，随后又渴望称霸。所以，他们不能忍受国王的霸权，"任命了两位权限为期一年的统治"[39]，他们被称为执政官（consules），因为他们要"执政"（consulendo），而不是像国王称王或像霸主那样称霸[40]；不过，"国王"（rex）这个词好像更源于"导引"（regere），而不是源于"王天下"（regnare），"王国"（regnum）源自"王天下"，但如前所述，"国王"来自"导引"。这样，王制并不意味着一种王道教化或执政的仁慈，而意味着霸权的骄傲。于是，国王塔昆被驱逐，执政官制度随后建立，还是那个历史学家这样赞美罗马人："城邦一旦争得了自由，便在很短的时期内，变得令人难以置信地强大和繁荣，人们满脑子的对光荣的渴望竟是如此强烈。"[41]正是对赞美的渴望和对光荣的

---

[38]　撒路斯提乌斯，《喀提林阴谋》，7：6。
[39]　撒路斯提乌斯，《喀提林阴谋》，6：7。
[40]　瓦罗，《论拉丁语言》，5：80；西塞罗，《共和篇》，1：26.42。
[41]　撒路斯提乌斯，《喀提林阴谋》，7：3，译文有改动。

欲求创造了那么多奇迹，这些在人的标准看来真是值得赞美的、光荣的。

12.2 这个撒路斯提乌斯赞美了他那个时代伟大和杰出的人物，马可·加图和盖乌斯·恺撒[42]，说长期以来共和国里没有德性高贵的人，但是在他的记忆中，这两个人却有着超群的德性，虽然品德不同。他赞美恺撒，说他渴望伟大的帝国、军队和新的战争，在那里德性可以熠熠生辉[43]。这些伟大人物的誓言中的德性，就是要向可怜的民族发动战争，让战争女神贝罗娜挥动血迹斑斑的鞭子[44]，这样他们的德性就在那里熠熠生辉了。这就是他们渴望赞美、欲求光荣的结果。首先是靠了对自由的爱，然后是对称霸的爱，以及对赞美和光荣的欲求，他们建树很多。即使他们当中杰出的诗人也为这两件事作证。维吉尔这样写道："鲍森纳命令罗马人接受被逐的国王塔昆，并发动大军压城；还有埃涅阿斯的后裔拿起武器为自由而冲杀。"[45]在那时候，勇敢地战死和自由地活着都是伟大的。但是就在获得自由之后，对光荣的欲求又膨胀了，自由本身已经微不足道，他们追求的是称霸。维吉尔让朱庇特说出的话，被认为是极其重要的："凶狠的朱诺出于害怕，如今把沧海、大地和青天搅得疲乏不堪，她也将改变主意，和我一起爱抚这些世界的霸主，这个穿托袈袍的民族——罗马人。这是我的决定。岁月流转，将有这么一天来到，特洛伊的家族将臣服弗蒂亚和声名显赫的米刻奈，君临被征服的阿尔戈斯。"[46]在维吉尔笔下，朱庇特预言了未来的事情，但诗人其实是在回顾以前的事，

---

[42] 此处的加图，指小加图。盖乌斯·恺撒，就是裘力斯·恺撒。

[43] 撒路斯提乌斯，《喀提林阴谋》，54。

[44] 维吉尔，《埃涅阿斯纪》，8：703。

[45] 维吉尔，《埃涅阿斯纪》，8：646—648。

[46] 维吉尔，《埃涅阿斯纪》，1：279—285。最后两句的意思是，特洛伊的后代终将征服阿伽门农的后代希腊人。

玩味当前的事；我之所以提起这些，是为了表明，得到自由之后，罗马人也如此看重霸业，因而给予了很大的赞美。这个诗人钟爱罗马特有的称王称霸、发号施令、征服和屠杀人民的技艺，而不喜欢别的民族的技艺，说："我相信有的将塑造出充满生机的铜像，造得比我们高明，有的将用大理石雕出宛如真人的头像，有的在法庭上将比我们更加雄辩，有的将擅长用尺绘制出天体的运行图，并预言星宿的升降。但是，罗马人，你记住，你要用帝王之术王于万国，这才是你的技艺，开太平之道，宽恕臣服者，毁灭骄傲者。"[47]

12.3　罗马人在尚未陷入贪欲之前，心灵与身体都还没有因为聚敛和增加财富而疲敝，他们很熟练地运用这种技艺，但后来，他们道德腐化，劫掠悲惨的市民，让下流的演员挥霍。就在撒路斯提乌斯著书、维吉尔歌唱的时候，这些卑鄙的人发迹了，富裕了，他们不再用这种技艺，而是用阴谋和欺诈获得尊荣与光荣。于是撒路斯提乌斯写道："但是最初使人们的心灵受到促动的与其说是贪欲毋宁说是野心——野心确实是一种缺点，但却很接近德性。因为光荣（*gloria*）、尊荣（*honor*）和帝国（*imperium*），这些是好人和卑劣的人同样热烈期望的，只是前者依道而行，但后者没有这些好的技艺，就靠狡诈和欺骗追求。"[48]这就是所谓"好的技艺"，就是通过德性，而不是欺诈来追求野心、尊荣、光荣、帝国。好人和卑劣的人同样在追求；但是前者，也就是好人，依道而行。这个"道"就是德性，沿着它走，人们可以达到目的，也就是达到光荣、尊荣、帝国。罗马人喜欢这种追求方式，就是在他们诸神的神殿里都表示了出来。他们把德性之神（*Virtus*）和荣耀之神（*Honor*）的神庙建得最近[49]，把上帝的赐予当作神来服

---

[47]　维吉尔，《埃涅阿斯纪》，6：847—853。译文有改动。

[48]　撒路斯提乌斯，《喀提林阴谋》，11：1—2。译文有改动。

[49]　李维，《罗马史》，27：25。

侍。这样就能理解，他们所追求的德性是什么，他们的好人如何理解它：这当然就是尊荣；而坏人是不可能拥有这些的，虽然他们渴望拥有尊荣，所以坏人就运用邪恶之术来追求，就是狡诈和欺骗。

12.4　加图得到了更多赞美。关于他，撒路斯提乌斯是这样说的："他越是不追求光荣，光荣越是在他身后紧追不舍。"[50]罗马人那么狂热地追求的光荣，其实就是人的意见中对别人的好评；但是德性比这更好些，因为德性不满足于人的见证，而是依靠自己的良知。所以使徒说："我们的光荣，就是我们良知做的见证。"[51]他还在别处说："各人应当察验自己的行为，这样，他的光荣就专在自己，不在别人了。"[52]光荣、尊荣、帝国，他们那么渴望，好人会以好的技艺追求，其实并不应该以德性为手段来追求；人们应该靠它们来追求德性。只有所追求的目的是人的善好（这是人所拥有的最好的东西），才会有真正的德性。这样，加图所追求的荣耀，他其实并不该追求。即使他不追求，城邦也应该因为他的德性而主动赐给他。

12.5　虽然据说恺撒和加图这两个罗马人有最高的德性，但是，加图的德性看起来比恺撒的远为接近真正的德性。他那个时代的城邦是怎样的，他之前时代的城邦是怎样的，我们可以在加图自己的话里看到。他说："不要以为我们的祖先是通过武装的力量才把一个微不足道的小国变成伟大的共和国的。如果事情是这样的话，我们的国家就会比他们的美好得多，因为我们的公民和联盟者的数目比他们的要大得多，更不用说武器和马匹了。使他们变得伟大的是另一些我们根本没有的品质：国内方面是讲求实效的作风，对外是公平的统治和在商讨问题时光明磊落或毫不感情用事

㊿　撒路斯提乌斯，《喀提林阴谋》，54:6。
[51]　《哥林多后书》，1:12。和合本作"我们所夸的，是自己的良知，见证……"
[52]　《加拉太书》，6:4，"他的光荣"和合本作"他所夸的"。

的一种独立不倚的精神。但我们却失掉了这些好的品质，而变得奢侈而又贪婪，公家贫困而私人却腰缠累累。我们以财富为荣并养成一种饱食终日无所事事的风气。我们好坏不分，野心篡夺了功绩应得的一切报酬。难道这有什么可奇怪的吗！当你们每个人都在谋求自己的私利的时候，当你们在自己家中沉湎于享乐而不能自拔，并在这里受金钱或权势的摆布的时候，没有防御能力的共和国会受到攻击，那就是顺理成章的事情了。"㉝

12.6　听到了加图的（或撒路斯提乌斯的）这些话的人会认为，所有或大多数的古代罗马人是他所赞美的这样。但根本不是；否则，撒路斯提乌斯所写的，我们在本书的第二卷所引用的㉞，就不对了。撒路斯提乌斯在那里说，强者的不义，随后平民对贵族的骚乱，以及其他的内乱，从一开始就有了，国王被驱逐后也没有变得多好，只是由于对塔昆复辟的恐惧，以及随后与俄特鲁利亚的残酷战争，才有平等与节制的统治。然后，贵族们对平民实行奴役的统治，就像国王的时代那样虐待他们的生命与身体，掠夺土地，对那些没有土地的人们发号施令㉟。由于一方想要称霸，另一方不愿被奴役，就出现了不和，这种不和直到第二次布匿战争才结束，因为那时候对战争的恐惧开始再次降临，更大的忧虑把那些不安的心灵重新聚合起来，摆脱了这些搅扰，唤回了城中的和谐。有少数人自身品德很好，在他们的主持下有很大的建树；靠了这少数好人的远见，罗马忍受和消减了那些坏事，然后变得强大起来；但就是这位历史学家还说，他自己读到和听到了很多关于罗马人民在内政、军事、海洋、陆地上的丰功伟绩，他想

㉝ 撒路斯提乌斯，《喀提林阴谋》，52：19 以下。

㉞ 见本书 2：18。

㉟ 撒路斯提乌斯，《历史》（残篇），1：11。

找出，究竟是哪种品质使罗马人取得了这些成就㊷；他知道罗马人常
常以少数人对抗敌人的大军，他知道他们过去曾以很有限的资源
去同那些富裕的国王发动战争。在反复思考之后，他说，这完全是
由少数公民的突出德性所成就的，这使得贫穷战胜了富足，少数战
胜了多数。"但是当罗马给奢华与懒散所腐化之后，却是共和国本
身因其伟大而在它的将领和长官问题很多的情况下还能维持
住。"㊼所以，加图所赞美的少数杰出人物的德性就是通向光荣、尊
荣、帝国的真正道路，这就是德性本身。这就是加图所怀念的国内讲
求实效的作风，那时候公家富足、私人勤俭。但是随后却道德腐败，
堕入了相反的罪过，公家贫困而私人却腰缠累累㊽。

13. 对赞美的爱虽然是一种罪过，但被认为是德性，因为通过它，可以限制更大的罪过

东方王国长期以来气象恢弘，于是上帝也想扶植一个西方帝国。
这个帝国虽然时间上晚一些，但其广阔伟大却更加恢弘。这个帝国
中最伟大的人们为了尊荣、赞美和光荣，心系祖国，同时也为了给自
己争得光荣，他们毫不迟疑地把祖国的安全置于自己的安全之前，因
为热爱赞美这一种罪过，而避免了贪财和别的各种罪过。上帝把这
个帝国交给了这些人，让她惩罚别的很多民族中巨大的坏事。但是，
能认识到对赞美的热爱是罪过的人，看得更清楚些。诗人贺拉斯就
没有忽视这一点。他写道："你因对赞美的热爱而膨胀，那么有些办

㊷ 撒路斯提乌斯，《喀提林阴谋》，53：2—4。
㊼ 撒路斯提乌斯，《喀提林阴谋》，53：5。
㊽ 撒路斯提乌斯，《喀提林阴谋》，52：21。

法可以救你？再三诵读你的书，会让你放松。"⑨他在抒情诗中还谈到如何压制霸欲。他唱道："能够驾驭意气的人，会拥有广阔的王国，胜过把利比亚和遥远的加德斯人连为一体，统治两个迦太基民族。"⑩如果谁不是靠圣灵所带来的虔敬的信仰和对理智之美的追求来驾驭下流的欲望，而是靠对人间的赞美和对光荣的欲望来节制，那还不是神圣的，只是较少下流而已⑪。就是西塞罗在写《共和篇》的时候，他也没有掩盖这一点，他在那里谈到了对城邦领袖的教育，说要培养他的光荣感，随后他又回忆了他们的祖先通过对光荣的欲求所做的很多神奇而杰出的事⑫。这样，他们不仅不抗拒这种罪过，甚至认为这应当激励和加强，认为这对共和国是有益的。西塞罗在自己的哲学著作里也没有掩盖这种害人的想法，反而在光天化日下认可它。他谈到，人们要追求真正好的目的，而不是如风而逝的人间赞美，这是放之四海而皆准的情感："尊荣增加才艺，所有人都因为对光荣的追求而进步，而总会抛弃那些他们谴责的东西。"⑬

14. 斩断对人间赞美的热爱，所有正义之人的光荣都在上帝那里

无疑，面对这样的欲望，与其投降不如抗拒。谁能超脱浊世，变

⑨ 贺拉斯，《书信》，1：1.36—37。
⑩ 贺拉斯，《歌集》，2：2.9—12。
⑪ ［译按］此处可以非常明显地看出，奥古斯丁如何从基督教的角度，把古典德性相对化。本卷这几章讨论荣耀、光荣、帝国的部分，与前面对命运与自由意志的讨论互为表里，充分体现了奥古斯丁对古典思想有限度的赞许和充满欣赏的批判。读到这些批判时，我们尤其应该品味奥古斯丁对古典文明的多重态度。
⑫ 西塞罗，《共和篇》，5：7.9。
⑬ 西塞罗，《图斯库兰讨论集》，1：2.4。

得更干净些，就会和上帝更接近⑭。在此生中，也许很难彻底把这污秽从心中清除，即使杰出优秀的心灵，也会不停地被诱惑。但让对正义的喜爱超过对光荣的欲求吧，那些"应该谴责的东西"，哪怕是好的或正确的，人们都会抛弃，这样，对人间赞美的热爱也就会变得脸红，让位给对真理的爱。对光荣的欲求这种罪过极度敌视虔敬的信仰，如果它在人心里超过了对上帝的怕与爱，就会像主说的那样："你们互相受光荣，却不求从独一之上帝来的光荣，怎能信我呢？"⑮对那些相信他、却不敢公开承认的人，福音书里说："这是因他们爱人的光荣，过于爱上帝的光荣。"⑯圣使徒们都不会这么做；他们宣讲基督的名的地方，这些不仅遭到谴责（正如西塞罗前面说的，人们"总会抛弃那些他们谴责的东西"⑰），而且遭到最大的鄙视。他们坚守从他们那么好的导师、同时也是心智的医生那里听来的话："凡在人面前不认我的，我在我天上的父面前，或上帝的使者面前，也必不认他。"⑱在咒骂和诬蔑当中，在最严酷的迫害和残忍的惩罚之中，他们没有退缩，而是冒着人们愤怒的谴责，宣讲对人类的拯救。靠了他们神圣的事迹、言词、生活，无论怎样顽固的心灵他们都战胜了，带来了正义的和平，巨大的光荣也随着他们进入了基督的教会里：他们不会停下来，以此为自己的德性的目的，而是把自己的光荣指向上帝的光荣，上帝的恩典使他们是其所是⑲，他们借助同样的火焰照亮他们关心的人的心，让他们也充满对上帝的爱，最后，上帝也使他们是其所是。他们

---

⑭ [译按]此处奥古斯丁应该是有意利用了 mundo 的双重含义，即它既是世界的意思，又是干净的意思，但奥古斯丁却说，这个世界其实并不干净。

⑮ 《约翰福音》，5：44；"光荣"，和合本作"荣耀"。

⑯ 《约翰福音》，12：43；"光荣"，和合本作"荣耀"。

⑰ 西塞罗，《图斯库兰讨论集》，1：2.4。

⑱ 《马太福音》，10：33；《路加福音》，12：9。今本圣经都没有"或在上帝的使者面前"。

⑲ 参考《哥林多前书》，15：10。

的老师教导他们做好人,但并不是为了人间的光荣,他说:"你们要小心,不可将善事行在人的面前,故意叫他们看见。若是这样,就不能得你们天父的赏赐了。"⑩为了人们不把这句话错误地理解成,应该害怕取悦于人们,从而有意掩盖自己的好处,使自己不再有益于人,基督告诉人们,应该为什么目的让人们知道自己的好处。他说:"你们的光也当这样照在人前,叫他们看见你们的好行为,便将光荣归给你们在天上的父。"⑪不是为了"叫他们看见",也就是动机不是为了让他们转向你们,因为你们自身什么也不是,而应该是为了"将光荣归给你们在天上的父",只有人们转向他,你才是其所是。殉道者追随使徒们,他们超越了斯凯夫拉⑫、库尔提乌斯⑬和德西乌斯⑭,因为他们的折磨不是自己招致的,而是别人施加的,因为他们有真正的德性,也就是真正的虔敬,也因为他们的人数数不胜数。但另外那些人住在地上之城,他们的所作所为完全是为了地上王国,而不是天上王国的安全,为的不是永生,而是死亡相继的地上;那些希望自己死后还活在口头赞美中的人,他们热爱的不是光荣又是什么呢?

15. 上帝对罗马人的优良道德给了尘世的赐予

上帝赐予一些人永恒的生命,和他的圣天使一起住在他的天上之城,只有真正虔敬的人才能进入这个团契。这些人将宗教服务,也就是希腊人所说的 λατρεία,只奉献给唯一真正的上帝。上帝不会把

---

⑩ 《马太福音》,6:1。
⑪ 《马太福音》,5:16。
⑫ 见本书 5:18。
⑬ 见本书 4:20。
⑭ 见本书 4:20。

这个赐给那些罗马人。但如果唯一的真正的上帝也不把那个最辉煌的帝国的地上光荣赐给他们，那他就不会向他们那好的技艺（也就是他们用来为自己获得巨大的光荣的德性［*virtutibus*］[75]）给以任何回报了。这些人为了得到人的光荣，也做了些好事，主甚至也这样说他们："我实在告诉你们，他们已经得了他们的赏赐。"[76]他们为了公共之事（*res commune*），也就是共和（*res publica*），不把自己的私事放在心上；能够为了国库（*aerarius*）[77]而抗拒贪欲，用自由的韬晦为祖国出谋划策，遵守祖国的法律而不越轨，没有有害的欲望；所有这一切是获得尊荣、帝国、光荣的真正道路；他们在几乎所有民族中得到尊荣，把罗马帝国的法律强加给很多民族，今天，在所有的民族中，罗马有最光荣的文字和历史，他们没有理由抱怨最高的、真正的上帝的正义。"他们已经得了他们的赏赐。"

16. 论永恒之城里神圣公民得到的赏赐，罗马人的德性典范对他们也有用

但是那些圣徒得到的赏赐却与此极为不同，他们为了上帝的真理在此世忍受羞辱，而这是那些耽于尘世好处的人所厌恶的。那个城是永远的城；那里没有人出生，因为没有人死亡；那里有真正的足够的幸福，这幸福不是什么女神，而是上帝的赐予；在我们还在地上朝向它的美好旅行（*peregrinantes*）的时候，我们就从那城里得到信仰的保证；在那里，太阳升起来不再既照好人，也照坏人[78]，正义的太

75　也可译为"力量"。

76　《马太福音》，6：2。

77　萨腾神殿的一部分，被用为罗马的国库。

78　《马太福音》，5：45。

阳只会照耀好人；在那里，不必再费心费力地把仅有的私产交给国库，那里真理是公众所共有的财富。因此，上帝这么扩张罗马帝国和她的光荣，不仅是为了赏赐尘世的人们，而且也是为了上帝之城那些尚在羁旅中的永恒公民。这样他们会努力而清醒地看待这些例子：如果地上之城的公民仅仅因为人间的光荣就会那么热爱地上之城，他们因为永恒的生命，又该怎样热爱天上的祖国？

17. 罗马人发动战争获得了什么好处，他们给被征服者带来了什么

17. 1　至于这必朽的人生，日子屈指可数，转瞬即逝，那么，只要统治者不逼迫人们去做不敬和邪恶的事，终究要死去的人生活在什么样的统治之下，又有什么分别呢？罗马人靠杀人如麻的战争，征服了很多民族，把他们的法律强加给臣服者；他们伤害了这些民族吗？但如果这个能够在和平中完成，他们不是会得到更好的成功吗？但是那样就失去了征伐的光荣。罗马人强加给别人的那些法律，他们自己在生活中也不能不遵守。如果没有马尔斯和贝罗娜女神，胜利女神也不会光顾他们。无人打仗，也就没有征服，这样，罗马和别的民族不就处在同样的境况中吗？特别是，如果后来才完成的那最富恩典、最人道的一步早些完成——使所有和罗马帝国结盟的人被接受进罗马城邦，成为罗马公民，那么所有人都能享受当初少数人的特权；这样，那些没有自己的土地的平民就要靠公家生活；罗马那好的管理者使得这些人自愿向共和国纳税，就胜过从被征服者那里榨取。

17. 2　一些人征服，一些人被征服，除了人们那极端疯狂的光荣，我看不到这对于维护安全和良善的道德（这些确实与人们的尊位相关的东西）造成什么分别。为了这光荣，人们那巨大的欲望膨胀起

来,狂热地发动战争,得到了自己的赏赐。他们所拥有的土地不是还要交税吗?别人不能学的知识,他们不是可以学吗?不是在别的地区的很多元老连罗马都没有亲眼见过吗?不必那么狂傲,所有的人不都只是人吗?如果这时代虽然堕落,但还是使得好一些的人会有更多的尊荣,那也不该认为人间的尊荣多么伟大,因为它像轻烟一样,毫无重量。但即使在这事里面,我们还是得益于我主上帝的恩惠。让我们来看,那些因为德性而得以接受人间光荣这样的赏赐的人,他们会为了这光荣而鄙弃什么,忍受什么,压抑什么欲望;这样的考察会帮我们压制骄傲。比起我们被应许了王道的那个城,罗马差得太远了,就像天和地的差别、暂时的快乐和永生的差别、空洞的赞美和坚实的光荣的差别、必朽者的团契和天使团契的差别,以及日月之光和创造日月者的光芒的差别。那么伟大的祖国的公民,如果为了进入天国做好事或者忍受坏事,他们根本不该认为自己做了多大的事。我们比较罗马人,他们为了自己已经拥有的这个地上之国做了那么多,受了那么多罪。我们特别应该看到赦罪的事。当年罗慕洛建造了收容所,聚集了一大批人,许诺只要他们参与建造罗马城,他们此前犯的罪都不再追究,这个正是上帝之城的预兆,那些即将进入永恒的祖国的人,他们的罪都赦了。

18. 罗马人为人间的光荣和地上之城做了这么多,基督徒因为热爱永恒的祖国所做的事,实在不该自夸

18.1 如果为了这暂时的地上之城,布鲁图斯能够杀死他的儿子(79),那么为了永恒的天上祖国,鄙弃世上的那些花言巧语,又算什么

(79) 李维,《罗马史》2,5;本书 3:16。

大不了的呢？上帝之城并没有强迫任何人这样做。上帝之城要求人们把为儿子聚敛和积攒的钱财捐助给穷人，或是在必要的时候为了信仰和正义放弃钱财。和这些相比，杀死儿子要难得多。地上的财物不能给我们或我们的儿子带来幸福，要么我们活着的时候就会失去，要么死后被我们不认识的人甚至我们不愿意的人所占有；但是上帝能让我们幸福，他是心智的真正财富。但是布鲁图斯，因为他杀了儿子，即使在赞美他的诗人看来，也是不幸福的。维吉尔说："他的几个儿子发动新的战争，他为了美好的自由，咳，不幸啊，不得不把他们处死。不管后人怎样看待这事。"但是在随后的诗句里，维吉尔又安慰这不幸的人："他的爱国之心和求得美誉的强烈欲望占了上风。"(80)就是这两者——自由和对人间赞美的欲求——驱使罗马人做出了难能之事。如果为了将死之人的自由，为了必朽之人所追求的赞美，父亲能杀死儿子，那么追求真正的自由又是多么伟大！真正的自由能把我们从邪恶、死亡、魔鬼的统治下解放出来。不是对人间赞美的欲求，而是对解放人类的热爱驱使我们，不是脱离塔昆王的统治，而是脱离出鬼怪和鬼怪之君的统治，不要求杀死儿子，而是把基督手下的穷人当作自己的儿子。

18.2 另外一位罗马将领叫托夸图斯，他也杀死了儿子。不是因为他的儿子反对祖国，他的儿子是热爱祖国的。但是因为儿子违背了他的命令，也就是无视父亲这个统帅的军令，在敌人挑战时，年轻气盛，前去应战，他虽然取胜了，还是被杀(81)；以免抗旨不遵带来的坏处超过斩杀敌将的光荣。那么，人们如果为了不朽的祖国的法律，蔑视地上一切好处，又怎能自我吹嘘？毕竟这些地上的东西远不如

---

(80) 维吉尔，《埃涅阿斯纪》，6:820—823；见本书 3:16。

(81) 李维，《罗马史》，8:7；本书 1:23。

儿子值得爱。福利乌斯·卡米卢斯把自己的同胞从最凶恶的敌人维伊人的镣铐中解救出来,却遭到嫉妒者的放逐和陷害,但他再次把忘恩负义的祖国从高卢人手中救出,因为他没有更好的地方可以过上光荣的生活(82)。与此相比,如果有谁正好在教会中遭到满心物欲的敌人的巨大侮辱和伤害,但是没有让自己屈服于异端的敌人(83),也没有自己建立异端来对抗教会,而是尽其所能地和邪恶荒谬的异端奋战,保卫教会,又怎能吹嘘说他做了多么伟大的事?他也是没有别的地方可去,不过不是没有别的地方获得人间的光荣,而是没有别处得到永恒的生命。当国王鲍森纳(*Porsenna*)以惨烈的战争逼近罗马的时候,穆修斯为了强迫这个国王与罗马讲和而去行刺,没有刺死国王本人,反而错杀了别人,于是他在国王眼前把右手伸到祭坛的火中,他说有很多像他这样的人(就是国王所见到的这样的)盟誓要刺杀国王,国王被他的勇气和这些人的盟誓所震慑,毫不迟疑地取消战争计划,制订合约(84)。与此相比,谁如果不是自愿,而是遭受迫害,从而像他这样不仅把一只手,而是让整个身体忍受烈火的焚烧,难道他还要吹嘘自己应当进入天国吗?因为神谕命令,罗马人要交出他们最好的东西。神谕被理解为,什么也不如人和武装高贵,所以神的命令就是让罗马交出身披甲胄的人。全副武装的库尔提乌斯听从神谕,快马加鞭,冲进大地的裂缝。与此相比,如果谁为了永恒的祖国,为了自己的信仰这样死去,不是自愿冲向自己的惨死,而是为了使命被杀,那他会算做了多么伟大的事吗?更何况他会从他的主,也就是那个祖国的王那里听到更加确定的神谕:“那杀身体不能杀灵魂的,不

(82) 李维,《罗马史》,5:7;本书2,:17;3:17.2;4:7。

(83) 奥古斯丁此处谈的是“异端”,而不是“异教”,当指早期教会内部出现的各种异端教派。

(84) 李维,《罗马史》,2:12。见本书4:20;5:12。

要怕他们。”(85)德西乌斯父子以特定的仪式和言辞，让自己被杀，当作牺牲献给神，倒下的时候用自己的血来平息诸神的怒气，解救罗马军队(86)；和他们相比，那些神圣的殉道者难道应该骄傲，从而认为自己会进入到天上的祖国，获得永恒的和真正的幸福吗？他们不仅为了并肩作战的自己的兄弟抛洒热血，而且为了杀害他们的敌人流血，在爱的信仰和信仰的爱上竞相超越。在马可·普尔维鲁斯(*Marcus Pulvillus*)向朱庇特、朱诺、密涅瓦的神殿献祭的时候，有心怀叵测的人假传噩耗，说他儿子死了，传信者的目的是打乱他的心神，让他离开，这样就会由他的同事来完成光荣的献祭仪式，但普尔维鲁斯不为所动，让人们把尸体抛掉，不必埋葬(在他的心里，对光荣的欲求完全战胜了丧子的悲痛)(87)。通过福音，上界祖国的公民被解救出各种谬误，聚集在一起，而那个对主基督说且容他先埋葬父亲的门徒，主这样劝慰他："任凭死人埋葬他们的死人，你跟从我吧。"(88)比照普尔维鲁斯，他对福音的传播的帮助很大吗？马可·勒古鲁斯不愿意背弃对最凶残的敌人立下的誓言，自愿从罗马回去，据说当罗马人想留住他的时候，他回答说，他已经做了阿非利加人的奴隶，不能再享有罗马公民才有的尊位。因为他在罗马元老院说了不利迦太基的话，迦太基人以残酷的折磨杀死了他(89)。和他相比，为了对彼岸祖国的信仰，什么样的折磨人们不能鄙弃呢？这信仰正引领人们朝向那祖国的幸福。勒古鲁斯为了在最凶恶的敌人那里守信而受苦，人们会为了对上帝的信仰而同样受苦。但我们拿什么报答上帝向我们所赐的一切

(85)《马太福音》，10:28。
(86) 李维，《罗马史》，8:9;10:28;本书 4:20。
(87) 李维，《罗马史》，2:8。
(88)《马太福音》，8:22。
(89) 本书 1:15,24。

厚恩？[90] 基督徒们因为自愿的贫穷，在此生的旅途中步履轻盈地上路，走向那个祖国，在那里，上帝才是真正的财富，但是当他们听到或读到瓦勒里乌斯和昆提乌斯·辛辛那图斯（*Quintius Cincinnatus*）的故事时，又怎敢自夸呢？卢修斯[91]·瓦勒里乌斯死在执政官的任上，由于一生清贫，要靠人们筹钱为他举行葬礼[92]。辛辛那图斯有四亩薄田，亲手种植，放下锄头当上元首，比执政官享有更高的尊荣，在征服敌人、获得了极大的光荣后，还是保持同样的清贫[93]。埃皮鲁斯（*Epirotes*）国王皮鲁斯赐给法布里西乌斯（*Fabricius*）丰厚的礼物，许诺把王国的四分之一给他，但是他不愿离开罗马城，仍然愿意保持一个贫穷布衣的身份[94]。而那些不愿获得此世的奖赏，为了永恒的祖国的团契，而拒绝尘世的诱惑的人，又怎能宣称自己做了了不起的事呢？共和（*res publica*）就是人民之事（*res populi*）、祖国之事（*res patriae*）、公共之事（*res communis*），尽管已经非常繁荣和富有，罗马人在家里还很贫穷，有一个当过两任执政官的人，被监察官赶出了穷人组成的元老院，因为他有一个十磅重的银花瓶[95]；那些为国库作出巨大贡献的人，自己还是这么贫困。所有的基督徒们，出于远为高贵的目的从私人财产中捐出公产，按照《使徒行传》中所说的[96]，根据每个人需要的进行分配，没有一个人说那是自己的，而是一切公有，但他们做这个是为了加入天使们的团契，而罗马人只是为了保存罗马的光荣，基督徒实在没必要自夸啊。

---

⑨⓪ 《诗篇》，116：12。

⑨① 当为"普布利乌斯"。

⑨② 李维，《罗马史》，2：16。

⑨③ 李维，《罗马史》，3：26。

⑨④ 普鲁塔克，《希腊罗马名人传》，皮鲁斯部分。

⑨⑤ 弗洛路斯，《罗马史摘抄》，1：13，22；盖留斯，《阿提卡之夜》，4：8。

⑨⑥ 《使徒行传》，2：44；4：32。

18.3 如果罗马帝国不是扩张得那么幅员广阔，不是在那么辉煌的胜利中开拓，这些和其他的事情怎么会记录在他们的文字中，怎么会为人所知，获得巨大的名声？正是因为这个帝国如此广阔而长久，她因为那么多人物的德性而辉煌和光荣，所以，这些人得到了他们所追求的赏赐，同时也给我们立下了必须学习的榜样。他们为了地上之城的光荣谨守这些德性，如果我们为了最光荣的上帝之城不守住同样的德性，我们不是惭愧得芒刺在背？如果我们守住了这些德性，我们也不该骄傲地自夸。就像使徒说的："我想现在的苦楚，若比起将来要显于我们的光荣，就不足介意了。"(97)就是他们的德性，已经足够在现在的时代中获得人间的光荣了。新约启示了旧约之中隐而不彰的事，甚至把杀害基督的犹太人交给罗马人，都是对那些最正直和光荣的人的赐予。服侍唯一的真正上帝，不是为了追求地上的和暂时的利益（按照神意，好人和坏人都会得到这利益），而是为了永恒的生命、永远的福祉和天上之城中的团契。所以，那些依靠德性追求并且得到了地上光荣的罗马人，征服了犹太人，那些犯下大罪、杀害和侮辱了赐予真正的光荣和永恒之城的基督的犹太人。

19. 对光荣的欲求和对霸权的欲求区别何在

对人间光荣的欲求和对霸权的欲求区别很大。虽然那些极度热爱人间光荣的人，也常常热切地追求霸业，但是能够真正喜欢人间的赞美和光荣的人，还是不会让那些对他们评价很好的人不悦。有很多好的道德，虽然拥有它们的人并不很多，但人们还是会根据它们作出很好的判断。通过这些好的道德，人们追求光荣、帝国或霸业，撒

---

(97)《罗马书》，8:18。

路斯提乌斯说他们:“前者依道而行。”(98)对光荣的欲望使人们不敢让对自己作出好的判断的人不悦,但没有这种欲望的人只想获得霸权和统治权,哪怕通过最明目张胆的丑事来不断追求和获得自己喜欢的东西。这样,那些欲求光荣的人,或者依道而行,或者“靠狡诈和欺骗追求”,虽然并不依道而行,还希望看起来是依道而行的。而对于那些拥有德性的人,鄙弃光荣是伟大的德性,上帝可以看到他的鄙弃,虽然不会展示在人的判断之前。凡是在人们面前做得好像鄙视光荣的人,如果人们认为,他们是要追求更大的赞美——也就是更大的光荣,那他们也不必刻意在怀疑者面前展示自己不是这样的,证明自己不该被怀疑。鄙弃赞美者的评价的人,也鄙弃怀疑者的草率,但如果他真是好人,他并不鄙弃他们的救赎,拥有圣灵赐予的德性的人是那样正义,以致会爱自己的敌人。他是那样爱自己的敌人,以致希望纠正憎恨或诽谤他们的人,让他们成为自己的同伴,不过不是在地上的祖国,而是在天上的祖国;至于那些赞美他们的人,虽然基督徒不看重他们的赞美,但是不能不看重他们的爱。基督徒也不希望他们赞美得不对,以免窃取他们的爱;这样他会热切地希望他们的赞美指向上帝,是从上帝那里,每个人得到了值得赞美的东西。那些鄙弃光荣但追求霸权的人,残暴恣睢、奢侈淫逸,超过了禽兽。一些罗马人就是这样的。他们虽然不看重别人的尊重,但并不缺乏对霸权的欲求。历史上这样的例子很多;但这类罪过的巅峰堡垒当然是狂热的皇帝尼禄首先达到的。尼禄是那样奢侈淫逸,以致人们根本不必害怕他有什么男子汉的威严;他是那样残暴,以致不知道的人根本不

(98) 撒路斯提乌斯,《喀提林阴谋》,11:2。

会相信他有温柔的时候(99)。但即使这样的霸权，没有至高上帝的神意他也得不到。上帝决定什么样的人事值得成就这样的霸业。神圣的声音对此说得很明确，上帝的智慧说："帝王借我坐国位，僭主(*tyrannus*)借我定公平。"(100)有人认为，"僭主"(*tyrannus*)一词指的并不是坏的和邪恶的国王，古人用这个词的时候会指强大的人，比如维吉尔说："只有和你们僭主(*tyrannus*)握了手，我们才能结好。"(101)但在别的地方，上帝毕竟极为明确地说过："之所以使不虔敬的人作王，是因为百姓的卑鄙。"(102)针对此事，我们已经尽我所能地指出，唯一的、真正的、正义的上帝为什么帮助罗马人获得了这样大的帝国的光荣。因为按照地上之城的标准，他们是好人。但是这一定还有我们看不到、但上帝知道的、别的更隐秘的原因，依据人类民族中的不同的品性而不同。不过所有真正虔敬的人都要清楚，没有真正的虔敬，也就是对真正的上帝的真正信仰，没有人会拥有真正的德性。只要服务于人间的光荣，就都不是真正的德性。永恒之城在我们的圣经里称为上帝之城(103)，凡不是这个城中的公民的，他们有那些德性比没有那些德性对地上之城更有益。而如果那些有真正的虔敬、过着真正的好生活的人，懂得治理人民的帝王之道，如果上帝的悲悯赐给他权力，那人间就没有比这更幸福的事了。但是那些有德之人，无论他们在此生有些什么，无不归于上帝的恩典，只有上帝才能按照他们的意志、信念、祈祷来赐予。同时他们也理

---

(99) 塔西佗，《编年史》(*Annales*)，14:8.4—5；15:37.1—3；苏维托尼乌斯，《罗马十二帝王传》，尼禄部分，34；卡西乌斯，《罗马史》，62:14—16。

(100) 《箴言》，8:15。和合本"僭主"作"君主"。

(101) 维吉尔，《埃涅阿斯纪》，7:266。译文有改动。

(102) 《约伯记》，34:30。此处和合本为"使不虔敬的人不得作王，免得有人牢笼百姓"。King James 本和几个其他现代版本的意思也相同。但是，哲罗姆的拉丁文本与奥古斯丁此处的引用除一个词外都相同("卑鄙"作"有罪")；七十士本也接近这个意思。从奥古斯丁的意思来看，这样的翻译是没错的，只是与今本圣经意思相反。

(103) 《诗篇》，46:4；48:2—3，8。

解,他们还缺乏圣天使的团契里才有的完美正义,他们要努力达到这些。没有真正的虔敬的人,追求人间的光荣,其德性不论得到多少赞美和表彰,根本无法与圣徒哪怕最起码的和初级的德性相比,圣徒的希望完全取决于真正上帝的恩典和悲悯。

20. 以德性服务于人间的光荣,同服务于身体的享乐一样卑下

某些哲学家认为,人类善好的目的,就是德性本身。他们想羞辱另外的哲学家,那些哲学家虽然也赞美德性,但是却以身体享乐的目的来衡量德性:享乐自身是值得追求的,对德性的追求以享乐为目的。为了羞辱他们,那些哲学家用语言勾画出这样的一幅图景:享乐是一个放荡的女王,高坐在王位上,而诸德性则是她的侍婢,看女王的眼色[104],完成她所命令的事情。女王命令"明智"小心探问,怎样让享乐女王能够安全地坐在王位上。她命令"正义"施舍各种利益以维护某些友谊,而这对于她保持身体的享乐是必要的;避免伤害任何人,是为了不冒犯法律,否则享乐就不能安全地存在。只要肉体的痛苦还不会带来死亡,她命令"勇敢"使女主人,即欲望女王,心灵的想法坚韧,回忆起从前的快乐,从而就减轻了当前急剧的痛苦。她命令"节制"摄取适量的营养,哪怕是再好吃的,不加节制也是有害的,会破坏健康和享乐;因为伊壁鸠鲁学派认为享乐主要在于身体健康,不节制是对享乐的严重冒犯[105]。这样,德性之尊位的全部光荣,都是为了服务于享乐这个霸道而毫无尊荣可言的小女人。他们说,没有什么比这幅画更不光彩、更变态的了,也没有什么比这个更是好人不愿

---

[104] 西塞罗,《论目的》,2:21,69。
[105] 西塞罗,《论目的》,1:13—16。

看的。他们说对了。但是如果他们画出另外一幅画，让德性服务于人间的光荣，那也不会更好看。虽然光荣并不是什么放荡的女人，但她自我膨胀，极为虚妄。德性是坚实而牢固的，不该服务于她。除非为了取悦于他人和服务于随风而逝的光荣，"明智"什么也提出不了，"正义"什么也赐予不了，"勇敢"什么也承担不了，"节制"什么也节制不了。如果人们鄙弃光荣，不顾别人的评价，自以为智慧、自我陶醉，那也难免道德低下之讥。如果这样的人还有德性的话，那德性就以另外的方式臣属于人们的赞美；自我取乐的人不过还是取乐于人。但是对上帝有真正的虔敬的人，爱上帝、信上帝、望上帝。他更关心自己身上令自己不悦的东西，而不是那些（如果有的话）取悦自己（不只是自己，更是取悦于真理）的东西。他唯恐让上帝不悦，他只会把他喜欢的东西归给上帝的悲悯；为了已经被治疗的东西，他感谢神恩，为了那些还没被治疗的，他向上帝祈祷。

21. 一切力量来自上帝，他的神意是万物之王，罗马王国就是真正的上帝统辖的

因此，我们认为，只有真正的上帝才赐予了王国和帝国的力量。他只把天国中的幸福赐给虔敬者。但他把真正的地上之国给予不论虔敬与否的人，只要他愿意，这些人得到快乐都不是不义的。我们已经谈到那些他愿意我们清楚的东西，不过，要弄清楚人事中潜在的秘密，评判人间王国的价值，却是太重的任务，远远超过了我们的力量。这样，那个唯一的真正的上帝没有放弃对人类的审判和帮助，他想让罗马人的王国怎样和多广阔，他都给了。他也把这些给了亚述，甚至波斯——波斯人只服侍两个神，一好一坏，这都写在他们的书里——以及希伯来民族。我也不必多谈希伯来民族，我自认为，在前面已经

充分讨论了他们,在他们有王国的时候,他们只服侍唯一的上帝⑩。
波斯人没有服侍庄稼女神赛格提亚,但是上帝给了他们庄稼,他们也
没有服侍那些每个掌管一种事物或多个掌管一种事物的诸神,但是
上帝也给了他们地上的各种赐予。罗马人自认为服侍某些神就能获
得王道,但是波斯人没有服侍这些神,上帝还是把王国赐给了他们。
具体到个人也是如此。他给了马略的,也给了盖尤斯·恺撒;他给了
奥古斯都的,也给了尼禄;他给了韦伯芎(Vespasianus)父子⑩这最仁
厚的皇帝的,也给了最残暴的多米提阿努斯(Domitianus)⑩;最后,看
看这极端的例子,我们就不必一一列举了:他给了基督徒皇帝君士坦
丁的,也给了叛教者朱利安。朱利安本来生具异秉,后来为渎神和邪
恶的好奇心引诱,倾心霸权,沉迷于虚幻的神谕,自以为必将胜利,焚
烧载有军需粮草的舰船。随后,他鲁莽地左冲右突,很快就因为自己
的莽撞被杀死,于是全军陷在敌境,没有粮草供应,除非作出违背疆
界神的预言的事情,否则就无法逃走,于是罗马帝国的疆界被改变
了。对此,我在前面一卷已经提到⑩。疆界之神没有让位给朱庇特,但
现在让位给紧急状态的必然性(necessitas)了。唯一的和真正的上帝按照
他所愿统治和管理这些;虽然原因是隐秘的,但怎么会是不正义的呢?

22. 战争的时间和结果取决于上帝的判断

哪怕战争持续的时间,也取决于上帝的抉择,其中包含了他正义

---

⑩ 本书 4:34;5:18.3。

⑩ 提图斯·伏拉维乌斯·韦伯芎(*Titus Flavius Vespasianus*,69—79 年在位),罗马皇帝,他的儿子同名,79—81 年在位。两人都以宽厚、仁慈、慷慨著称。

⑩ 提图斯·伏拉维乌斯·多米提阿努斯(*Titus Flavius Domitianus*,81—96 在位),罗马皇帝,以惨酷不仁著称,迫害基督教,但非基督教的作家也不喜欢他。于 96 年被刺杀。

⑩ 本书 4:29。

的审判和对人类的悲悯。他要么惩处，要么安慰人类，让一些战争速决，让另外一些持久。庞培与海盗的战争[10]，还有西庇欧指挥的第三次布匿战争[11]，都不可置信的短暂，速战速决。与逃亡角斗士的战争，很多罗马统帅和两名执政官战败，意大利生灵涂炭、土地荒芜，但到了第三年，他们就杀伤甚少，终于被消灭了。皮森特(*Picentes*)、马尔苏(*Marsus*)、匹利尼(*Peligni*)不是异族，而是意大利的民族，长期在罗马的轭下极为恭顺地俯首称臣，突然要抬头争取自由，虽然当时很多民族臣服于罗马帝国，迦太基也被翦除了[12]；在这场意大利战争里，罗马人屡战屡败，两个执政官和很多极为高贵的元老阵亡，不过，这件坏事还是没有持续多久，到第五年就基本平定。但是第二次布匿战争却长达十八年[13]，给共和国造成巨大的毁灭和灾难，罗马的力量被拖疲，消耗殆尽；在两次战役中，七万罗马军兵阵亡。第一次布匿战争则持续了二十三年[14]；与米特拉达提的战争持续了四十年[15]。不能认为，罗马人最开始更勇敢，所以能速战速决；就是在那早期阶段，罗马人的各种德性都备受赞美的时期，与闪奈特人的战争持续了近五十年；在这次战争中罗马人战败，甚至在轭下受辱[16]。那时候人们不是为了正义而爱光荣，反而好像是因为光荣而爱正义，他们随后就撕毁了所签订的合约。我之所以提这些，是因为有很多人不知道先前这些事，或假装不知道，一旦看到基督教时代有什么战争拖得长一些，就穷凶极恶地攻击我们的宗教，叫嚣说，如果没有基督教，

---

⑩　弗洛路斯，《罗马史摘抄》，1：3。
⑪　弗洛路斯，《罗马史摘抄》，1：2。
⑫　李维，《罗马史》，72—76。
⑬　或十七年，参见李维，《罗马史》，30；弗洛路斯，《罗马史摘抄》，1：2；奥罗修斯，《历史》，1：4。
⑭　或二十四年，参见波利比乌斯，《历史》，1：1。
⑮　弗洛路斯，《罗马史摘抄》，3：5。
⑯　参见本书 3：17.2。

如果仍然保留服侍诸神的古老仪式，凭着罗马的德性，靠着马尔斯和女神贝罗娜的帮助，就像先前可以速战速决一样，现在也一定可以速胜。他们应该回忆他们所读到的，在古代罗马人那里，有多少持久战，有多么不同的结局，有多少悲惨的屠杀，整个大地也如同波涛汹涌的大海，包裹在风雨如晦的灾难之中。他们该承认他们不愿面对的事实，不要再疯狂地用语言攻击上帝，那是愚蠢的自我毁灭和自欺欺人。

23. 哥特王拉达盖苏斯服侍鬼怪，在战争中一天就全军覆没

在我们最近时代的记忆中，有一件事上帝表现出了极大的神迹和悲悯。那些罗马人对此事没有以感恩之心纪念，反而尽其所能想让所有人忘掉；如果我也不提，那我也是忘恩负义了。哥特国王拉达盖苏斯（Rhadagaisus）带领大军气势汹汹地在罗马近郊安营扎寨，逼近咽喉要地，但一天之中就迅速溃败。罗马军队不仅无人战死，甚至可以说是无人受伤，但敌人却损折了远不止十万，国王和他的儿子们也很快被俘伏诛。如果那个不敬之人带着这不敬而庞大的军队打进罗马城，谁能幸免？他会尊敬哪个殉道者的陵墓？谁能见他畏惧上帝？他会让谁不流血？他会保全谁的贞节？他们会怎样大声服侍自己的诸神？他们会怎样冒犯上帝地吹嘘，因为拉达盖苏斯每日对诸神的祭祀合宜，因为找来了诸神，从而能够取得最大的胜利，而基督教不会给罗马人带来这些？至高的上帝让他在罗马倾覆，但在他迫近这里的时候，他的名声正四处传扬，当时我们在迦太基，有人告诉我们，说那些异教徒相信、传言，甚至吹嘘说，因为他每天向神献祭，诸神对他垂青，会保护他、帮助他。那些不礼敬这些罗马诸神，同时也不准别人礼敬的，根本无法击败他。可怜的罗马人却对如此悲悯

的上帝丝毫没有感恩。罗马人的道德堕落本来应该用更大的灾难来惩罚,上帝只是用了野蛮人的入侵。他还以如此的仁爱缓解了自己的怒气:首先,他让野蛮人奇迹般地被打败了,以免软弱的心灵在战败后,把光荣归给拉达盖苏斯一直在敬拜的鬼怪。随后,上帝又允许罗马被别的野蛮人攻克,而又让他们违背历史上此前所有的战争惯例,在罗马人逃到基督教的场所时,野蛮人出于对基督教的敬意饶了他们。他们仿佛在以基督的名义对抗拉达盖苏斯所敬拜的鬼怪和不敬的祭祀仪式,他们对鬼怪的战争,好像比对人的战争惨烈得多。可见,真正的主和万物的统治者以悲悯来鞭策罗马人,通过击败那些鬼怪的敬拜者表明,即使是为了当前的福利,那些祭祀也没有必要。只要人们不顽固地反对,而是明智地看待,即使在当前的紧急状态下,他们一定不会抛弃真正的反思,而会满怀信仰地保持对永恒生命的期待。

24. 基督徒皇帝的幸福是什么,是不是真正的幸福

我们说基督徒皇帝是幸福的,并不是因为他们统治的时间更长,或者是能寿终正寝,留下儿子继位,也不是因为能镇压共和的敌人,或者能够防范和镇压敌对公民对自己的反叛。在此世的烦扰生活中这样那样的好处与慰藉,就是敬拜鬼怪的人也能够得到;这不属于上帝之国,而那些基督徒皇帝属于上帝之国。这些出自上帝的悲悯,但是上帝不希望信仰他的人把这当成至善。如果皇帝们以正义治国,如果那些赞美和谄媚的唇舌,那些过度的谦卑和礼敬不会让他们过于自大,如果他们不忘自己是凡人,我就说他们是幸福的。如果他们能够让自己的权力成为威严的上帝的侍婢,如果能在最大可能的范围内让人们服侍上帝,如果他们敬畏、热爱、服侍上帝,如果他们爱上

帝的国（那个不必担心与人共享的国）胜过爱自己的国，如果他们缓于刑罚、敏于恕道，如果他们是为了王道的必要和保卫共和而用刑、而不是因为怀恨泄愤，如果他们网开一面不是因为徇情枉法、而是为了让人们改恶从善，如果对于他们不得不颁布的严厉政策他们还能用悲悯仁义、宽宏大量来补充，如果他们在可以纵情声色时克己复礼，如果他们比所有人都更憎恶荒唐的欲望，如果他们做这些都不是出于对空洞的光荣的热望、而是因为对永恒幸福的挚爱，如果他们为了赎罪不忘记以谦卑、忏悔、祈祷向真正的上帝献祭，那他们就是幸福的。我们说，这样的基督徒皇帝现在拥有幸福的希望，以后会有幸福的现实，我们期待幸福将会降临他们。

25. 论上帝赐给基督徒皇帝君士坦丁的繁荣

皇帝君士坦丁（*Constantinus*）[⑩]并不敬拜鬼怪，而是服侍真正的上帝。于是，好上帝赐给他以人们不敢企及的、圆满的地上幸福，为的是不让人们以为，服侍他虽然能得到永生，但是这地上的国中的辉煌，不敬拜鬼怪就不能得到，因为那些精灵们在这些事上有能力。上帝命令君士坦丁在帝国建立一个和罗马相侔的城，这个城是罗马的女儿城，但是没有罗马那些鬼怪的神殿和塑像。君士坦丁享国日久，能够控制和捍卫整个罗马世界，唯有奥古斯都能和他媲美。他在自己指挥和发动的战争中，能够战无不胜。他击溃各国僭主，所向披靡。他年老时因病寿终正寝，子孙即位。不过，皇帝当基督徒并不能只是为了像君士坦丁这么享福，每个人当基督徒都是为了永恒的生

---

⑩ 伏拉维乌斯·瓦勒里乌斯·君士坦丁（*Flavius Valerius Constantinus*，306—337 在位），
罗马皇帝。据说，他因在一次战役中看到异相，于 312 年皈依基督教。313 年颁布著名
的《米兰赦令》，结束了罗马对基督教的迫害。

命。上帝让朱维安比朱利安垮台得还快得多；他让格拉泰
（*Gratianus*）[⑱]死在僭主的刀剑下，但他的厄运却比服侍罗马诸神的
老庞培轻得多。庞培让加图在内战中继承他的军队，加图却不能为
他报仇。相反，西奥多（*Theodosius*）[⑲]为格拉泰报了仇（当然，这并不
是虔敬的灵魂所必需的安慰）。当初格拉泰虽然有个幼弟，却让西奥
多分国共治，是因为他更希望形成一个虔敬的团契，而不热衷于过多
的权力[⑳]。

26. 皇帝西奥多的信仰和虔敬

26.1 　西奥多不仅在格拉泰活着的时候极尽忠心（*fidem*）服
侍，哪怕在格拉泰死后，杀害格拉泰的马克西姆（*Maximus*）[㉑]把格拉
泰的幼弟瓦伦廷（*Valentinianus*）[㉒]驱逐出境，基督徒西奥多却把这个
孤儿保护在自己那一部分的帝国中，如父亲一般关爱他。如果西奥
多更多的是对在更广阔的地域称王的欲望，而不是想做好事的爱心，
他完全可以毫不费力地杀死瓦伦廷，因为瓦伦廷已经失去了任何援

---

⑱ 伏拉维乌斯·格拉泰（*Flavius Gratianus*，367—383 在位），西罗马帝国皇帝。他是圣安
　布罗斯的朋友，虔敬的基督徒，是罗马第一个放弃大祭司头衔的皇帝。他把胜利女神像
　从元老院移走。在马克西姆逼近时，他的部队抛弃了他，他被刺杀。

⑲ 西奥多一世（379—395 在位），基督徒皇帝，他受过良好教育，随父在不列颠战场上学习
　兵法。他虔敬地听从圣安布罗斯。379 年，格拉泰把他指定为东部的皇帝。马克西姆
　杀死格拉泰后，他起先承认马克西姆。但当马克西姆驱逐了瓦伦廷后，他举兵击败了马
　克西姆，帮助瓦伦廷恢复王位。

⑳ 欧特洛匹乌斯，《罗马简史》，10：5—8. 17—18；奥罗修斯，《历史》，7：28. 31—33. 35。

㉑ 马克西姆（383—388 在位），罗马皇帝。他起先在不列颠统帅罗马军队，在不列颠军兵
　拥戴下，进到高卢，推翻了格拉泰。西奥多一世起先认可他。但在他侵略意大利、驱逐
　瓦伦廷后，西奥多推翻了他。

㉒ 瓦伦廷二世（375—392 在位），罗马皇帝，瓦伦廷一世之子，格拉泰之弟。他幼年即位，
　后被马克西姆逐出，被西奥多迎回，392 年死于维也纳，很可能是被刺杀。本书 18：52
　提到的是瓦伦廷一世。

助。但西奥多更愿意帮助他,让他保留皇室的尊位,以仁心和恩义善
待他。随后马克西姆的胜利使他更咄咄逼人,但西奥多即使在最紧
张的时候,也没有放弃自己的关爱,没有做出渎神和非法的事情,而
是派人到一个埃及荒野里的隐士约翰那里去,因为他得知这个声名
远播的上帝之仆有预言的法力。西奥多从约翰那里得到确证,他必
将取得胜利。不久之后,他杀死了僭主马克西姆,满怀悲悯的敬意,
让年幼的瓦伦廷在被逐出的那部分帝国即位。后来不知道是遭到陷
害,或是因为什么阴谋,或别的事故,瓦伦廷突然死去,另外一个僭主
尤根尼乌斯(Eugenius)非法继承了帝位。西奥多又得到了一个预
言,充满信仰地击败了尤根尼乌斯。他用祈祷而不是武力来与僭主
的强大军队作战。当时在场的士兵向我们回忆说,从西奥多那一方
刮来一股强劲的大风,把他们手中的武器都卷走了,这阵风不仅使西
奥多那边的武器飞速袭来,而且使敌方自己射出的箭都调转方向,杀
向了他们自己的身体。诗人克劳蒂安(Claudianus)虽然不知道基督
的名,却就此赞美说:"啊,你这受神恩宠的,艾奥鲁斯(Aeolus)的西
风也披挂上阵,从洞穴中泼出雕翎,以太也前来助阵,战鼓一响,大风
前来听命!"⑫西奥多相信胜利,预见到了胜利,而今这胜利者摧毁了
朱庇特的神像。那些人为了对抗西奥多,用莫名其妙的仪式在阿尔
卑斯山立起这个神像并向它献祭。西奥多也高兴而大方地把神像上
金铸的霹雳送给了他的部下,他们开玩笑说(当时的欢快气氛允许说
笑),他们会高兴而快乐地接受这种雷击。他的敌人不是被西奥多的
命令所杀,而是在战争中死于乱军。他的敌人的儿子们,虽然不是基
督徒,却逃到了一个教堂里。西奥多想借这个机会传播基督教,他以

---

⑫ 克劳蒂安,《皇帝霍诺利乌斯的第三个任期》(De Tertio Consulatu Honorii Augusti),
    96—98。

基督徒的爱来爱他们，没有劫掠他们的财物，而是增加了他们的尊荣。胜利之后，西奥多不准部下出于私怨虐待敌人。他打内战不再像辛纳、马略、苏拉和别人那样，打完了仗还总也不想了结。他哀悼为什么要打仗，而不是希望在打完以后可以害人。当时异端瓦伦斯（Valens）⑭在阿里乌斯派的帮助下猛烈攻击教会。虽然日理万机，西奥多从即位的一开始，就没有停止以最正义和最悲悯的法律帮助教会对抗那些不敬的反对者。比起在地上称王，他更乐于把自己当作教会的成员。他到处摧毁异教的偶像，充分意识到，即使地上的好处也不能让鬼怪赐予，而要取决于真正的上帝的力量。后来西奥多在帖撒罗尼迦处理一些非常严重的丑事，当时教会长老也来干预，西奥多许诺说要宽大处理。但是被他周围的人的鼓动所迫，他不得不惩处某些人。教会的纪律迫使他行告解。当他以帝王之尊面对民众俯伏于地的时候，人们更多为这景象而哭泣，而不是因为自己的罪引起他的愤怒而害怕。什么会比这样一种宗教的谦卑更神奇呀？他做的这类好事很多，数也数不清。他在此世做了这些事，而人间的巅峰和至高点也不过是泡影。他做了这些事情，得到的赏赐是永恒的幸福，上帝只给予真正的虔诚者。至于此生中大大小小的别的东西，比如世界本身、阳光、空气、土地、水、果实，还有人自身的灵魂、身体、感觉、心智、生命，上帝都慷慨地给了好人和坏人。在这当中上帝还给了帝国，根据他在各时代的管理而确定它有多广阔。

26.2　在我看来，随后需要进一步回应我们的对手。我们用最明确的论证把他们驳倒和说服了，证明那么多伪神对于获得尘世的好处是无用的，而这种尘世的追求也是愚蠢的。但他们又试图宣称，

---

⑭　瓦伦斯（364—378 在位），东罗马皇帝，瓦伦廷一世的兄弟。他即位后不久，宣布皈依阿里乌斯派，迫害大公教徒。于 378 年战败被杀。

服侍那些神不是为了此生的利益，而是为了死后未来的好处。对于那些耽于对此世的爱，总想服侍虚无的人，那些抱怨说自己不被允许发挥那孩子气的感觉的人，我认为这五卷书已经足够回应他们了。在我发表了其中的前三卷以后，它流传到很多人手上，我听说有人（虽然我不知道是谁）在准备写书面的回应。有人告诉我说，他们已经写完了，但是在等待没有风险的时机发表。我要告诉他们，他们不必自找麻烦。凡是不想沉默的人，很容易自以为已经作出了回应。什么比虚妄更饶舌呢？虚妄如果愿意，能够比真理喊得更响，但这并不表明它比真理更有力。但是让他们仔细地看一看这一切，如果他们不存偏见地作出判断，他们最鲁莽的言词根本不会驳倒我所说的，而不过是用讽刺剧或轻浮的滑稽剧骚扰我的观点。让他们收起自己的表演，选择让明智的人修正，而不是让鲁莽的人[125]赞美。如果他们等待时机，并不想要真正的自由，而是企求随意说坏话的特权，那他们可别被西塞罗说中了，把犯罪的特权叫做了幸福："可怜的人啊，可以随意犯罪！"[126]对于每一个把说坏话的特权当成自己的幸福的人，如果他们不能做这些，反而会幸福得多。这样他们就可以把那荒唐的吹嘘之心暂且放在一边，这时候就可以和愿意反驳他们的人讨论，愿意听从他的朋友们诚恳、严肃、自由的辩难。

---

⑫ PL 本此处为"不明智的人"（*imprudentibus*）。一般认为这是个错误，是受了前面的"明智的人"的影响，而应该是"鲁莽的人"（*impudentibus*），CCSL 即是此词。

⑫ 西塞罗，《图斯库兰讨论集》，5：19，55。

上帝之城卷六

[本卷提要]虽然奥古斯丁在上一卷末尾和本卷都宣称,他在后面的几卷主要讨论罗马宗教与永生的关系,但在后面几卷中,对这个问题的直接讨论并不深入。而第六到第十卷的总体框架,是按照瓦罗的分类批判古典宗教。在第六、第七卷中,奥古斯丁系统地批判了瓦罗的神学。瓦罗的宗教思想非常系统,德尔图良等早期教父都花了很大力气批判他。但奥古斯丁并不像德尔图良那样一点一点地具体批驳,而是作出系统的批评。在本卷,他简单处理了神话神学(因为在前面,主要是卷四,已经批评很多了),主要批判了城邦神学。奥古斯丁的批判大大借助了瓦罗和塞涅卡自身的批判。古典哲学家早已看到了神话与政治之间的矛盾,但他们并未因此否定神话,而是以神道设教的态度,希望通过宗教提升德性。因此,从他们的立场出发,其实永远不可能像奥古斯丁这样否定古典宗教。奥古斯丁从基督教立场出发,把古代哲学家的思想用于完全不同的目的。正是因为奥古斯丁的出发点与瓦罗等并不一样,他所关心的"永恒生命"问

题,在瓦罗看来,并不是一个真正重要的问题。批判古典宗教不能带来永生,是从基督教的角度看古典宗教,对古典宗教自身来说,有点无的放矢;对基督教来说,却是一个不证自明的道理。因此,他所谓的这方面的批判,更多是基督教自身建构性的,而不是对古典宗教的严格剖析①。

前言

在前面五卷书里,我认为自己已经充分反驳了那些认为服侍众多的伪神有益于必朽的此生和地上的事物的人。我已指出,基督教的真理相信,这群伪神的偶像是肮脏的精灵和下流的鬼怪,是某种被造物,而不是造物主,它们是无益的。仪式和服务(也就是希腊人所说的 λατρεία),应该献给唯一的真正的上帝,他们却认为,应该用来尊敬和服侍诸神。对于过于愚蠢和顽固的人,这五卷书不够,再写多少卷也不够,这一点谁不知道呢? 他们认为,那虚妄的光荣不该屈服于真理的力量;被如此巨大的罪过控制的人,终将遭到毁灭。他们抗拒一切治疗的努力,不是因为医生太坏,而是因为病入膏肓,无药可救了。有些人对于自己在此所读的内容,或者根本没沾染,或是没沾染太大太多古代的谬误中的固执,就会理解和认真思考,看重这几卷,从而认为,在已完成的这五卷书里,我们远远满足了回答所提问题的必要,而不会认为还不够。那些没有知识的人,因为

①［PL 提要］至此,奥古斯丁一直在反对那些认为是为了尘世生活而服侍诸神的人;现在,他要反对那些自以为是为了永恒的生命而服侍诸神的人。奥古斯丁将在随后的五卷反驳这一点。他首先指出,就连异教神学中最受尊敬的作家瓦罗,其关于神的意见也是多么荒唐。他按照瓦罗的分法,把异教神学分为三类:神话的、自然的、城邦的。随后,他又谈到了神话的和城邦的神学,认为这两者都无法带来未来生活的幸福。

此生中的毁灭、地上的冲突、事物的变迁而试图把仇恨指向基督教；那些受过教育的人，受疯狂的不敬的驱使，不仅到处散播，甚至昧着良知鼓励这种仇恨。那些没有沾染谬误的读者们都不会怀疑，这些人完全缺乏正确的认识和理性，却充满了极其轻浮的畏惧和极其下流的敌视。

1. 有些人说，他们服侍诸神不为此生，而是为了永生

1.1 随后，我会按照我承诺的顺序，驳斥并教育持另外的错误的人。他们宣称，服侍被基督教摧毁的异教诸神，不是为了此生，而是为了死后的未来；我会用神圣的《诗篇》中一个真切的神谕来开始对他们的驳斥："那倚靠主，不理会虚妄和偏向虚假之辈的，这人便为有福。"②不过，在所有那些虚妄和偏向虚假之辈中，我们还应该更多、更有耐心地倾听哲学家的说法，他们并不喜欢民众的那些意见和错误。那些民众为诸神塑像，把他们称作不朽的神，不管他们自己编造了这些虚假而可耻的故事，还是相信别人编造的故事，他们都把这些故事放进自己的崇拜和神圣的仪式当中来。一些人虽然不能自由驳斥，但还是嘟囔着非议这些信仰，凭自己的考察否定了它们。一些哲学家认为，这些神祇是一个神创造的，被那个神放在天上的不同层次，从而在上面的就比其他的神更优秀和高贵③。也许我们向他们提出这个问题并非不合适：为了死后的生命，我们是应该服侍那创造了一切精神和物质的被造物的唯一的上帝，还是服侍由一个神创造的众多的神祇？

---

② 《诗篇》，40：4。"虚妄"，和合本作"狂傲"。
③ 柏拉图，《蒂迈欧篇》，41a-d。

1.2　我在第四卷里已经提到，罗马人把各种细小的事务一件一件交给诸神④。另外那些人怎么会说和认为，这些神能赐给永生呢？极富阅历和极睿智的人吹嘘说，他们著书，告诉了人们诸神带来的巨大福利，从而让人们知道什么时候向哪个神祈求，向每个神祈求什么，以免像可笑的丑角表演得那么荒诞而卑下。这些戏里表演，人们向利伯尔求水，向水中的仙女求酒⑤。在人向水中仙女求酒的时候，她们回答说："我们只有水，向利伯尔祈求酒吧。"难道这些作者会让人随后说："如果你没有酒，那么至少给我永恒的生命吧？"还有比这更怪的荒唐事吗？这些水中仙女是很爱笑的⑥，这时如果她们不想像鬼怪那样骗人，难道她们不会大笑着回答求祈者："人啊，你听到了我们连酒（*vitis*）都没有，难道我们会有力量掌握生命（*vita*）吗？"就是虚无而短暂的此生，诸神只能说控制其中相当细小的一点小事，以及那些控制和维护这些小事的事务，而要向他们求祈永恒的生命，那真是极其鲁莽、极其愚蠢的事。本来此事是受某个神的保护和控制的，而人却向另外的神求祈，这是非常不恰当和荒谬的，就像那荒诞的丑角表现的那样。那丑角们知道这些，他们表演是为了让看戏的人笑，但是那些蠢人却不知道，做出来就更是要让整个世界的人笑。因此，对城邦所立的那些男女诸神分别该求祈什么，博学的人仔细地列了出来，并流传给后人。比如，人们要向利伯尔求什么，向水中仙女求什么，向伏尔坎，以及别的神求什么，其中有些我在第四卷已经谈了，有些我认为该略过了。如果向刻列斯求酒，向利伯尔求面包，向伏尔坎求水，向水中仙女求火，就是错的，那么，如果向这些神求祈永恒的生命，不该被当成大得多的荒谬之事吗？

---

④ 见本书 4:11,21,23。

⑤ 见本书 4:22。

⑥ 维吉尔，《牧歌》，3:9。

1.3　我们在考察是否能相信男女诸伪神能给人们带来地上之国的问题时,经过了完全的讨论后,已经证明,那认为这些伪神中的哪一个能够给人们带来地上之国的想法,离真理是多么遥远。毫无疑问,也不需要比较,永恒的生命高于任何地上王国,那么,如果认为这些伪神中有哪个可以带来永恒的生命,又是多么荒唐的不敬之说。这些伪神看来不能赐予地上王国,并不是因为他们多么伟大和超绝,认为地上这微不足道的小事,不值得高贵的他们屈尊下顾,而是因为,诸神显然是那么毫无价值,甚至无法赐予和服务于地上王国的这些小事。而鉴于人间事务如此脆弱,每个人是应该鄙视地上王国中的这些细枝末节的。就像我在前面两卷中讨论的那样,伪神的乌合之众,不论高贵低贱,根本无法给予必朽者必朽的王国,他们如何把必朽者变成不朽者呢?

1.4　那么,我们所与之辩论的对手会认为,他们服侍诸神不是为了此生,而是为了死后的生命。是不能因为诸神的权限分别掌管各自不同的事务而服侍诸神的;那些人所谓的,对诸神的服侍对必朽的此生是必须和有用的,他们所相信的这一套不是出于真理的推理,而是因为虚妄的意见。我在前面五卷书里已经充分反驳了他们。即使那些服侍青春女神优文塔斯的人都青春常驻、精力旺盛,那些鄙视她的人要么韶华易逝,要么晚景凄凉;即使那些服侍女神福图娜·巴尔巴塔的人会被她修饰得美髯飘飘,那些远离她的人,我们会看到要么不长胡须,要么胡子拉碴[⑦];但即使我们退一万步说,这些女神能最大限度地行使权力,她们也只能限制在自己的权限中,因而我们不能跟优文塔斯女神要永生,因为她连胡子都不能给;我们也不能希望从福图娜·巴尔巴塔那里获得此生之后的善好,她在此生连年龄也无权

---

⑦　见本书 4:11。

赐予，而胡子却是依靠年龄的。但哪怕是那些在她们管辖范围之内的事，也没有必要求她们。因为很多服侍女神优文塔斯的人并没有旺盛的青春，而很多不服侍她的人却朝气蓬勃。同样，很多服侍福图娜·巴尔巴塔女神的人不能免于不长胡子或长一部难看的胡子。谁要是为了长胡子而敬拜女神，一定会被自己那长胡子的同伴取笑了。要使人们认识到，为了此世的、转瞬即逝的利益，向掌管各项事务的诸神求祈都是荒唐可笑的，那如果他还认为他们会带来永恒的生命，那这人的心不是太愚蠢了？人们为了让愚蠢的民众敬神，把此世的一切事务分割成细小的部分，虽然他们认为诸神之数多如牛毛，但其中的每一个都不会无所事事。可是就连这些人也不敢说，诸神会带来永生。

2. 瓦罗讨论了异教（Gentium）⑧诸神的种类和仪式，只有完全保持沉默，才能更尊重他们。 那么，我们究竟该认为他怎么想这些神呢

谁比马可·瓦罗更兴致勃勃地探讨了这个问题呢？谁比他有更博学的发现呢？谁比他更仔细地考察了呢？谁比他作了更敏锐的分辨呢？谁写得比他更认真、更丰富呢？虽然他的文辞并不很美，但是他的著作精思博引，学富五车，在我们所说的世俗教育，也就是罗马人说的自由教育中，他能够教给学生的事物，就像西塞罗的言词带来的快乐一样多。对此，西塞罗就给出过例证。在他的著作《论学园派》(Academicis)中，西塞罗说他和瓦罗就书中的内容有过一场辩论。他说："这个人当然是所有人中最睿智的，而且无疑是最博学

---

⑧ ［译按］这个词的字面意义是"各民族的"。我们按照习惯把它翻译成"异教"，但读者需要知道，这里所谓的"异教诸神"，乃是各个民族的民族神。

的。"他没有说"最雄辩的"或"最健谈的",显然在这些能力上瓦罗无法和西塞罗相比,但是,他说他"当然是所有人中最睿智的"。在这本书,也就是《论学园派》中,虽然他说一切都是可以怀疑的,但西塞罗却补充说:"不必怀疑,他是最博学的。"西塞罗是习惯于怀疑一切的,但是他在这里却坚决地放弃了怀疑,虽然他就要从学园派的怀疑论的角度论辩,他好像忘记了自己是个学园派。他在第一卷书里谈到瓦罗的著作时说:"我们在自己的城邦里像做客一样漫游(*peregrinantes*)徘徊,但你的书把我们带回了家,使我们能够认识到我们是谁和在哪里。你揭示了祖国的年龄,各个时代的特点,告诉了我们祭仪和祭司制度中的法律,展示了家庭和公共的纪律,各地的区位划分,一切神事与人事的命名、分类、职责、缘起。"[9]此人是那么出类拔萃、博闻强识,就连特伦提阿努斯(*Terentianus*)[10]也用极为优美而洗练的诗句提到:"瓦罗饱学,无所不读。"[11]瓦罗读书极多,让我们惊讶他哪有闲暇写作;他写得也那么多,让我们觉得他很难有时间阅读。我要说,这么天才的饱学之士,如果他在写到所谓的神事的时候,能够攻击和破坏它们,说它们不是什么宗教,而只属于迷信,我不知道他是否还会写出那么多可笑、可鄙、可恶的东西。而他还是服侍那些神的。他认为诸神应该得到敬重,以致在自己的同一部著作中说,他不怕这种服侍因为敌人的攻击而灭亡,而怕因为市民的遗忘而灭亡。所以他说,他会把仪式从这毁灭的危险中救出来,让好人们记住这些,从而他的著作对于记录和保存敬神仪式的功劳,甚至超过了

---

⑨　西塞罗,《论学园派》,1:3.9。

⑩　特伦提阿努斯·毛鲁斯(*Terentianus Maurus*),2世纪后期的罗马诗人和语法学家。

⑪　特伦提阿努斯·毛鲁斯,《论贺拉斯的文字、音律和韵脚》(*De litteris, syllabis et metris Horatii*),2846。

莫特鲁斯在火中救出维斯塔神像的功劳[12]，以及埃涅阿斯在特洛伊毁灭后救出家族守护神的功劳[13]；他为后世保存的读物，智者和愚人都应该放弃，因为对宗教的真理是非常敌对的。我们应该如何看待他？这个极其睿智和富有阅历的人，无法得到圣灵的解救，不能不受自己城邦的习俗和法律的限制，但他又不愿对触动自己的事情缄口不言，只是打着赞美那些宗教的幌子来谈论。

3. 瓦罗的《稽古录》分为古代的人事和神事两部分

瓦罗写了四十一卷的《人神制度稽古录》。此书分为人事和神事两部分，人事有二十五卷，神事有十六卷，依循这种分卷理路，他把人事分成四个部分，每部分六卷。他要讲何人、何地、何时、做何事。他在最前面的六卷里写人物，第二个六卷写地点，第三个六卷写时间，第四个也就是最后的六卷写事件。四乘六只有二十四卷。最前面单独的一卷，作为这些事情的概述。在神事的部分里，他使用了同样的分类方法，谈到了为诸神做哪些事：人们要在某地点和某时间完成某些仪式。我说的这四部分他各自写了三卷：最先的三卷写人物，随后的三卷写地点，第三个三卷写时间，第四个三卷写仪式。针对何人、何地、何时、何事，他都分得非常清楚。而因为他应该说这些是为谁完成的，并且人们都期待他写这些，他最后又写了三卷书来写每个神。这样三乘五是十五。按照我所说的，神事总共写了十六卷，他在最前面又写了单独的一卷，作为这些事情的概述。在这样分卷之后，他又在五部分里划分内容。在谈到人物的第一个三卷，他先谈大祭

---

[12] 参见本书3：18.1。
[13] 瓦罗，《人神制度稽古录》（残篇），119（仅见于奥古斯丁）。

司,随后谈鸟占师,最后谈解释圣事的十五人⑭;在谈到地点的第二个
三卷里,他首先谈到了小的神坛,随后谈到神殿,最后谈到圣地;在随
后谈时间的三卷里,他谈到了节庆的时日,首先是谈节日,随后谈竞
技,最后谈戏剧表演;第四个三卷是关于仪式的,首先谈宗教祭献,随
后谈私人的仪式,最后谈公共的仪式。谈完这拜神的"游行"之后剩
下的三卷,他最后谈到了诸神自身,前面所有的都是针对他们的:首
先他谈到了确定的神,随后谈了不确定的神,在第三部分,也就是最
后的部分,谈了主神和选神。

4. 在瓦罗关于古代诸神服侍的论证中,我们发现更多的是人事而非神事

4.1 在所有这一系列非常漂亮而且非常细微的归类和划分中,
不可能追求或希望永生。这是非常鲁莽的抉择,从我们上面说的以
及将要说的内容里,人们都会非常容易就看到这一点,只要不是内心
固执,与自己作对。因为这些要么是人设立的,要么是鬼怪设立的;
我指的并不是那种好的鬼怪,而我可以更明确地讲,是肮脏的精灵,
且无疑是邪恶的。他们有时候出于异乎寻常的恶意,偷偷地把有害
的意见塞给那些不虔敬者的认识,使得人的灵魂越来越虚妄,无法接
近和亲近不变的永恒真理。他们有时候公开散布这些感觉,尽其所
能地用骗人的证据来强化这种观念。瓦罗之所以先写人事后写神
事,就是为了表明,城邦是先存在的,别的都是依凭城邦设置的。但
是真正的宗教不是由地上的哪个城邦设置的,而是自身创建了天上

---

⑭ 骄傲者塔昆购买了《西彼拉占语集》之后,指明两个人负责解释。后来在平民争取权利
时,解释者增加到十人,最后又增加了五人。参见本书 3:17。

之城。真正的上帝，这永恒生命的赐予者，激励和教育他真正的服侍者们建立了这个城。

4.2 瓦罗承认，他之所以先写人事后写神事，是因为神事是人们设置的。他的理由如下："先有画家，才有绘画；先有工匠，才有建筑；因此先有城邦，才有城邦设置的制度。"⑮他说如果他要全面写神性（*omni natura deorum*），他会先写神事后写人事，但是他在此不是写全部，而只写一些；好像如果神性不是全部的话，神性就不能在人性之前。他在最后的三卷书里详尽解释了确定的神、不确定的神、选神，他怎么好像并没有删去什么神性呢？那他为什么说："如果我们要全面写神性和人性，我就会先处理神事，然后再触及人性？"他要么是全面写神性，要么写一些，要么根本不写。如果他全面写神性，那就应该放在人事之前；如果写一些，他为什么就不放在人事之前呢？普遍的人性不也该低于部分的神性吗？也许部分神事并不高于普遍的人事很多，但是至少是比罗马的人事高的。他在写到人事的几卷里，并没有谈到整个世界的事，而只写到与罗马有关的内容。至于写到神事的几卷，他说他是按照品级的顺序安排的，就像画家先于画作，工匠先于建筑那样。这就是最明确地承认，神事就像绘画和建筑一样，是人们设置的。还有一点我们要明白，他根本就没有写什么神性。他不想公开说这一点，但却留给人们来理解。而就在他说"不是全部"的时候，这总是被理解为部分；但是也可以理解为"没有"，"没有"既不是全部，也不是部分。正如他自己说的，如果他要全面写神性，那就应该按照顺序，放在人事前面写；虽然他没有说，但事实明摆着，即使不是全部神事，而只是一小部分，那也应该放在罗马那些人事之前。他却放在了后面；如果这是对的，那么这就根本不是神性。他并不是不想把

---

⑮ 瓦罗，《人神制度稽古录》（残篇），109（仅见于奥古斯丁）。

神事放在人事前面,而是不想把假事放在真事前面。在书中,他写的人事以编年史为本,那他所谓的神事以何为本? 难道不是对这些虚无缥缈之事的意见吗? 无疑,这就是他想表达的微妙的意思。他不仅把神事写在了人事后面,而且给出了为什么这样做的道理。如果他对此保持沉默,别人对他的做法的辩解可以言人人殊。但是由于他自己给出了一个理由,他没有留下人们可以随意猜测的余地。这足以证明,他把人放在人设置的制度之前,而不是把人性放在神性之前。这样,他关于神事的几卷书并不属于自然的真理,但是却属于谬误的虚假。我在第四卷已经提到⑯,他在别处更明确地说,如果他要另建新城,他会根据事物的自然写作;但因为这些是从古人那里流传下来的,他只能追随这个风俗了。

5. 瓦罗所讲的三种神学: 神话神学、自然神学、城邦神学

5.1　随后瓦罗又说共有三种神学,也就是三种解释诸神的理路,其中一个是神秘的(*mythicon*),一个是自然的(*physicon*),第三个是城邦的(*civile*)⑰,这是什么意思呢? 如果拉丁文的用法允许,他所说的第一种我们可以叫做 *fabulare*⑱;但我们称之为 *fabulosum*(神话的)⑲,因为"神话"(*fabula*)⑳已经有了"神秘"(*mythicon*)的意思,而"神秘"这个词来自希腊文 μῦθος,就是神话(*fabula*)的意思。而第二种我们称为自然的(*naturale*),这符合拉丁语的语言习惯。第

---

⑯ 本书 4:31。
⑰ 参见本书 4:27 斯凯夫拉的分类。
⑱ 在拉丁文里,*fabulere* 是动词"讲话"、"传言"或形容词"神话的"。
⑲ 在拉丁文里,*fabulosum* 是"充满神话"的意思。
⑳ 名词 *fabula* 的原意是"故事"、"讲述",但一般被理解为"神话故事"。

三种他自己给了个拉丁文的名字，称为城邦的㉑。随后他说："我们所说的'神秘的'，主要是诗人用的；'自然的'是哲学家用的；'城邦的'是人民用的。"他又说："我所说的第一种当中，有很多违背不朽者的尊荣和自然的虚构。在这里，有的神从头顶出生，有的从大腿出生，有的从血滴出生；神会偷窃，会奸淫，会当人的奴仆；总之，不仅发生在人身上的事会发生在神身上，甚至发生在最卑贱的人身上的也会发生在他们身上。"㉒只要他能够，他敢于，他认为自己不会因此获罪，他一定会揭示出，那些最最骗人的神话怎样伤害了诸神的自然，而不必云山雾罩地表达。因为这里他不是在说自然神学，不是在说城邦神学，而是在说神话神学，他认为自己可以自由地谴责。

5.2 我们来看他怎么说第二种。他说："我所说的第二种，哲学家们留下了很多书讨论：在这些书中，他们讨论了神是什么，神在哪里，属于什么种类，有什么特点，是存在一段时间，还是永恒的；赫拉克里特（*Heraclitus*）㉓认为神来自火，毕达哥拉斯（*Pythagoras*）㉔认为神来自数，伊壁鸠鲁认为神来自原子。还有一些，是在学校围墙之内的人容易听下去，在外面的广场上的耳朵根本不敢听的。"㉕他认为，所谓属于哲学家的自然神学无可指责，瓦罗只是在评论他们之间的争论，这些争论导致了很多相互分歧的学派。他让这种神学远离广场，也就是远离民众，把他们关在学校的围墙里面。但是他没有让

㉑ ［译按］也可译为"公民的"。但为了展现这种神学与城邦的关联，我们坚持译为"城邦的"。

㉒ 瓦罗，《人神制度稽古录》（残篇），111（仅见于奥古斯丁）。

㉓ 赫拉克里特，古希腊哲学家，仅有残篇传世。他认为，万物起源于火并回归到火，无物常住。

㉔ 毕达哥拉斯，古希腊哲学家、数学家，在意大利形成一个苦修者的群体。他相信，宇宙按照数学法则形成。

㉕ 德尔图良，《反异教》，2：2.1。

第一种极具欺骗性、极端下流的神学远离城邦。啊，人民的宗教之耳呀！其中甚至有罗马人！他们不忍听哲学家那样争辩不朽的诸神；但是诗人歌咏、史家记录，那么多违背不朽者的尊荣和自然的虚构，不仅发生在人身上的事会发生在神身上，甚至发生在最卑贱的人身上的也会发生在他们身上。他们不仅听了这些故事，甚至很愿意听。不仅如此，他们还认为神喜欢这些，而且用这种方式取悦诸神。

5.3 有人说："我们应该把神秘的和自然的神学这两种，也就是神话的和自然的神学，同现在讨论的城邦神学分开，正如瓦罗自己那样分开。我们要看瓦罗是怎样谈城邦神学的。"我且来看城邦神学为什么要和神话神学分开：和城邦神学不同，神话神学是虚假的、下流的、低贱的。但要把自然神学和城邦神学分开，那不就等于承认城邦神学是骗人的？如果另外那种神学是自然的，那是因为什么不好的地方，使它被排除出自然神学之外呢？如果所谓城邦神学是不自然的，那它还有什么价值，从而能被认可呢？瓦罗之所以先写人事后写神事，正是因为他在谈神事时根据的不是自然，而是人的设置。我们来看他如何谈城邦神学。他说："第三种是在城里居住的公民，特别是祭司们，应该知道和管理的。这种神学使人们知道应该当众服侍哪些神，对每个神应该怎样举办仪式和祭献牺牲。"我们要注意随后他说的话："第一种神学主要针对剧场，第二种针对世界，第三种针对城邦。"谁看不出来他推重哪个？㉖ 当然是第二种神学，即他前面说过的哲学家的神学。他认为这与世界相关，哲学家们认为没有什么事物比世界更优秀㉗。而另外那两种神学，也就是第一和第三种，是针对剧场和城邦的，他是要区分还是要合在一起？我们虽然可以看到

㉖ 直译为："他把象征胜利的棕榈叶给哪个？"
㉗ 西塞罗，《论神性》，2：7；2：14。

城在世界之中，但我们不能由此就认为，属于城的就是属于世界的；按照那些错误的意见，人们在城邦中服侍和信赖的自然哪里都不在，既不在世界里也不在世界外。而剧场在哪里，不就在城里吗？剧场不就是城邦设置的吗？所设置的不就是戏剧表演吗？那些戏剧表演不就是为神事而设的吗？这一点，瓦罗在他的书里讨论得非常巧妙。

6. 就神秘神学，即神话神学，和城邦哲学，反驳瓦罗

6.1　马可·瓦罗啊，虽然你是极睿智而且无疑极博学的人，但是你还是人，不是神，你没有被神的灵提升起来，从而看到和宣告神事，进入到真理和自由当中。你把神事同人们的可笑和谎言分离开来，但是你不敢冒犯民众那有极大欠缺的意见、充满迷信的公共习俗，这些和哪怕那些伪神的自然都是背离的——由于人们心灵中的弱点，他们相信这些伪神存在于世界的元素中。而你在考察神的自然的时候，你在著作中推敲追问时都感到了这些。人最优秀的天性在这里又能做什么？在这条崎岖小径上，再复杂、再伟大的人间学问能帮你做什么？你还想服侍自然神，你被迫服侍城邦的神㉘。你发现另外的神话里的神的实质，自由倾吐你的所感；你这样做的时候，也唾弃了城邦神，不管你愿不愿意。你说神话的为剧场服务，自然的为世界服务，城邦的为城服务。世界是神的作品，而城和剧场却是人的作品。那些在剧场里被嬉笑的神，正是在神殿中被敬拜的神；那些观看你的表演的神，正是你给他们祭献牺牲的神。如果你把他们区分成：一些是自然神，一些是人们设置的神，那岂不是区分得更加准确和微妙？对于那些设置的神，诗人的著作给出了一种讲法，祭司的给

㉘　德尔图良在《护教篇》14 中把瓦罗称为"罗马的犬儒主义者"。

出了另一种,但是诗人和祭司之间是朋友,狼狈为奸,都向鬼怪们感恩,而真理的教诲和鬼怪是势不两立的。

6.2 暂且把他们所谓的自然神学放在一边,容后面讨论。难道人们会在诗人的、剧场的、表演的、戏剧的神那里追求或希望永生吗?当然不能;真正的上帝会让我们远离如此野蛮而渎神的疯狂。怎么?那些神喜欢这些戏剧,而他们所喜欢的,恰恰是在不断暴露他们的罪行,难道要我们从他们那里追求永生? 我认为,没有人会如此愚蠢,竟然要冲向如此狂热的不敬的深渊。无论是神话还是城邦神学,都不会带来永生。前者播种诸神的虚伪下流的虚构故事,后者兴奋地收获;前者抛撒那些谎言,后者收集起来;前者在虚伪的罪行中追踪神事,后者把对他们的罪恶表演当成神事;前者虚构诸神的恶心故事,写进人间的诗歌,歌之咏之;后者把这些搬上献给诸神的庆典,舞之蹈之;诸神的下流行径,前者唱,后者爱;前者展览或虚构的东西,后者或是证实为真,或是明知为假也乐此不疲。两者都下流,两者都该诅咒。只是,在剧场里表演的那一个,当众宣布了诸神的下流,而城中的这一个,还是装饰了他们的下流。这种神学连短暂的此世都污染了,难道还能从他们那里希求永生? 如果我们和下流的人为伍,当他们赚得我们的喜爱和赞赏时,我们的生命就受到了玷污;如果我们与鬼怪在一起,用他们的罪行服侍他们,难道这不会玷污我们的生命? 如果罪行是真的,鬼怪们多么坏! 如果是假的,服侍得多么坏!

6.3 在我们这么说的时候,也许在不怎么知道这些的人看来,唯一不符合神圣的尊荣的、可笑而不值得赞美的,是诗人的歌中唱的和戏剧表演所演绎的;由祭司们,而不是演员们完成的仪式,则清除了所有这些不光彩的东西,已经不同了。如果是这样,那么人们就不该在那么下流的剧场里宣扬他们的光荣,诸神也不该这样展示自己。但是却没人耻于这样在剧场里奉承诸神,因为神殿中的做法是一样

的。虽然那位著名的作者试图把城邦神学同神话神学与自然神学区
分开，作为独立的第三种，他更希望读者理解，它是受另外两者制约
的，而不是和那两者分开的。他说，诗人笔下的诸神不值得人民追
随，但是哲学家所写的神学，人们仔细研究会大有好处。他说："两者
虽然非常不同，但是都有不小的一部分进入城邦的思考中。我们会
勾勒出，城邦神学与这些神学有哪些相同的特点，有哪些独有的特
点㉙；我们更应该和哲学家，而少和诗人为伍。"㉚这样，城邦的神学并
不是和诗人完全无关。但瓦罗在另外一个地方还说㉛，至于诸神的谱
系，人民更倾向于诗人的叙述，而不是自然神学的。他在《人神制度
稽古录》中说的是应然的，在这里说的是实然的。他说自然神学家是
为了实用写作的，而诗人是为了娱乐。这样人民就不该追随诗人笔
下的神，他们写的是神的罪行，但是这些还是会愉悦人和神。他说，
诗人写作就是为了娱乐，不是为了实用；他们写下的东西，诸神会期
待，人民会表演。

7. 论神话神学和城邦神学之间的相似与和谐

7.1　神话神学，也就是剧场里那些极为低贱下流的表演，在城
邦神学中被重新唤起，这些本来是应该谴责和唾弃的，但却成为城邦
神学的一部分，得到服侍和遵从。正如我前面所要表明的，在城邦神
学里，这并不是一个很不和谐的部分，好像外在于整个身体的，被勉

㉙　[译按]此处的读法有争议。前面半句 CCLS 本是"*Quare quae sunt communia cum propriis*"，其中最后一个词，PL 本作"*poetis*"。如果是这样，整句话的意思就大体是"我们会勾勒出，城邦的神学与诗人的神学有哪些相同的特点。"但这样的语法就不是很顺畅。所以，我们按照"*proriis*"译。

㉚　瓦罗，《人神制度稽古录》(残篇)，118(仅见于奥古斯丁)。

㉛　瓦罗，《论拉丁语言》，10：55。

强地扭在一起,挂在上面,而是完全和谐相处,如同一个身体的不同部分。在那些塑像上,诸神的体态、年龄、性别、习性不就是这样的吗? 诗人们让朱庇特长胡子,让墨丘利没有胡子,祭司们不也是吗? 丑角们如何扮演普里阿普斯[32],即使祭司们不也是给他一个巨大的羞处吗? 当他在圣所里站立着接受膜拜时,和他在剧场里奔跑着遭受嘲笑时,有什么不同吗? 在演员那里,萨腾是老人,阿波罗是青年,神殿里的塑像不也是这样的吗? 佛库鲁斯负责大门,利门提努斯负责门槛,这两个神是男的,他们当中卡地亚是女的,负责锁钥[33],为什么是这样呢? 严肃的诗人们在歌中不屑于吟咏的,不是在神事的书卷里有记载吗? 狄安娜在剧场里手持武器,难道在城里就变成天真的少女了吗? 阿波罗在戏剧中不是手拿竖琴吗? 德尔斐的神缺少这技艺吗? 不过比起那些下流的,这些还算更荣耀些。人们在卡匹托利山给朱庇特放了一个奶妈[34],他们是怎么想的呢? 他们不是证实了欧西莫鲁斯(*Euhemerus*)[35]的说法吗? 他不像讲神话的人那样信口胡说,而是作为认真的历史学家写道,这些神一度都是人,是必朽的。那些人甚至把朱庇特的食客埃普罗奈斯们(*Epulones*)[36]列在朱庇特桌前,当神来供奉,这样做的人不是想嘲弄神事,还想做什么? 哪个

㉜ 见本书 4:11。

㉝ 参见本书 4:8。

㉞ 这个奶妈名为阿马尔忒娅(*Amalthea*)。宙斯/朱庇特出生后,克洛诺斯/萨腾要吃他,阿马尔提娅把他藏了起来,用羊乳喂他。后来宙斯/朱庇特送给她一个丰饶的羊角。又说,她就是一只母羊。她后来变成了一颗星,即御夫星座中的五车二(*Capella*)。

㉟ 欧西莫鲁斯,昔勒尼学派哲学家,活跃于公元前 300 年左右。他认为,很多神是对人的神化。

㊱ [译按]奥古斯丁此处的意思含混不明。在拉丁文里,*epulones* 是"食客"(*epulo*)的复数形式。但大写的这个词指什么,却不很清楚。西塞罗在《论占卜》3:73 中说,埃普罗奈斯是一群祭司,掌管祭祀宴。瓦勒里乌斯·马克西姆斯在《善言懿行录》(*Factorum et dictorum memorabilium*)2:2 中谈到,专门给朱庇特的祭司宴是 *epulum Iovis*。奥古斯丁或许指的就是这个。

丑角要是说在庆典的时候应该有朱庇特的食客，那看起来只是为了搞笑。而瓦罗就是这么说的。他并不是在取笑诸神的时候，而是在评论他们的时候这么说的；他并不是在人事诸卷里，而是在神事诸卷写到这些的；不是在写到戏剧表演的时候，而是在解释卡匹托利山的法律时写到的。总之，他被征服了，并且坦白说，人们按人形制作诸神，所以相信他们也会像人一样喜欢那些贪欲㊲。

7.2　那些邪恶的精灵从没有忘记自己的勾当，总在玩把戏来强化人们心智里害人的意见。据传，赫拉克勒斯神殿的守门人在放假闲暇的时候和自己玩掷骰子的游戏，两只手互相玩，一只手代表赫拉克勒斯，另一只手是他自己。他定下的赌注是，如果他自己赢了，他就用神殿的钱弄一顿好吃的，找个女人。但如果赫拉克勒斯赢了，他就用自己的钱满足赫拉克勒斯同样的欲望；结果他被自己赢了，就等于被赫拉克勒斯赢了，他就献上所许下的一餐饭，还把最有名的妓女劳伦提娜（Laurentina）献给神赫拉克勒斯。于是，这个妓女在神殿里睡觉，在睡梦中，赫拉克勒斯临幸于她。赫拉克勒斯说，她回去时在路上遇到的第一个青年会付给她嫖资，她要相信那是赫拉克勒斯给的。她走出神殿后遇到的第一个青年叫塔鲁提乌斯（Tarutius），极为富有，他很喜欢劳伦提娜，包了她很长时间，死后还让她继承财产。劳伦提娜得到了巨额财产，不愿对神的赐予忘恩负义，于是想到一个神祇们最能接受的办法，把罗马人民确定为自己的继承人。后来她不见了㊳，人们找到了这个遗嘱。人们说，由于她这项义举，她甚至要跻身诸神，享受荣耀㊴。

7.3　如果诗人创作了，丑角也上演了这样的故事，这无疑就成了

㊲ 瓦罗，《人神制度稽古录》（残篇），154（仅见于奥古斯丁）。
㊳ ［译按］这句话的意思，既可以理解为，劳伦提娜去世了，也可以理解为她失踪了。
㊴ 盖留斯，《阿提卡之夜》，6：7。

神话神学的一部分，人们当然应该认为，这些要和城邦神学的尊荣分开。瓦罗这样饱学的大师谈到的这个故事，真不是诗人的耻辱，而是人民的耻辱；这不是丑角的耻辱，而是圣事的耻辱；不是剧场的耻辱，而是神殿的耻辱；不是神话神学，而是城邦神学。演员们用他们可笑的技艺表现那么下流的诸神，并没有什么失败，但是，祭司们试图用神圣的仪式为诸神创造本不存在的荣耀，却归于失败。朱诺的仪式在她深爱的萨摩斯岛上举行，她在那里嫁给了朱庇特[40]；还有刻列斯的仪式，在那上面，人们寻找被冥王普鲁托劫走的普罗塞耳皮娜。还有维纳斯的仪式，她在上面哀悼她的情人、英俊的阿多尼斯被野猪用牙撕裂而死；还有诸神之母的仪式，在其中，清秀的青年阿提斯（*Atys*）为诸神之母所爱，被一个嫉妒的女人净身，一群同样被净身的男子，被称为迦利，在哀悼他的不幸[41]。这些下流的故事比剧场里的所有表演更加恶心，人们为什么还要把诗人们虚构的神的传说（也就是剧场里的表演）同所谓的城邦神学分开呢？人们想让城邦神学属于城邦，好像这样就能区别开荣耀的与耻辱的，尊荣的与低贱的。人们也许更应该感谢演员们，因为他们饶过了人们的眼睛。他们没有赤身裸体地让人们观看，没有把围墙包围的神殿中藏着的东西暴露出来。如果那些在光天化日下举行的仪式都是如此恶心，在那些暗中举行的仪式里，我们能感到什么好处呢？他们私下里通过被阉割的废人会做什么，只有他们自己看得到，但是他们却很难隐藏那些不幸、可怜、无力、伤残的阉人。让他们说服他们可能说服的人，他们通过这样的人做了圣事。他们总不能否认，这些就是位列神职、忙于神事的人。我们不知道他们做了什么，但我们知道谁在做。我们知道那剧场里到底在演出

㊵ 维吉尔，《埃涅阿斯纪》，1:15。

㊶ 参见本书 2,7;7:25。

什么,即使是妓女组成的歌队中,也没有被阉的废人登场,但即使是那样的戏剧,也要由邪恶和下流的人表演,因为这是不能让有尊荣的体面人演的。连肮脏的表演中都不要的低贱人物,竟然被用来主持圣事,这还算什么圣事呢?

8. 自然理性的解释,异教诸师试图依靠他们的神阐发此理

8.1 他们说,这些事情都有自然学的[42]解释,也就是自然理性的解释,好像我们只从自然学的角度,而不从神学(即不从自然的理性出发,而从上帝的理性出发的学问)的角度探讨这个争论。上帝之为真正的上帝,不是靠意见,而是靠自然;不过并非一切自然都是上帝,因为人、牲畜、树木、石头都有自然,但都不是上帝。我们若遵循这种解释看待诸神之母的仪式,整个解释的第一点就是,诸神之母是大地。那还怎样进一步追问,如何探讨余下的问题?[43] 还有什么比这更能证明人们说的那个观点:那些神本来都是人? 他们都是地上生的,因为他们的母亲就是大地。但在真正的神学里,大地是上帝的作品,不是他的母亲。但不论他们的仪式如何解释,也不论他们怎样援引自然事物,把男人变成女里女气都不是依循自然,而是反自然的。这样的疾患、罪行、耻辱,即使五毒俱全的人在遭受折磨时也不愿自承

---

[42] [译按]此处原文为 *physiologicas*,现代学科分类中的 physiology 是"生理学"。牛津大学出版社的旧版拉丁文词典(*Latin Dictionary Founded on Andrew's Edition of Freund's Latin Dictionary*,Oxford:Oxford University Press,by Charlton T. Lewis,Charles Short,William Freund,1956),在用 physiology 来解释这个拉丁词时,引的就是奥古斯丁此处的例子。但是,此处显然不能理解为"生理学"。两个英文译本都译为 physical,虽然可能传达了奥古斯丁的意思,但还是容易让人误以为此处在说"物理学"。因此,本译本按照服部英次郎的日文译法,称之为"自然学"。虽然这并不是一门真正的学科,但奥古斯丁所表达的,就是"研究自然的学科"的意思。

[43] 赫西俄德,《神谱》,125—153;卢克莱修,《物性论》,2:599 以下。

这些,但都包括在他们的仪式中。虽然人们已经相信,这些仪式比表演还要下流,但他们可以找到借口并撇清,因为他们自有解释,说这展现和代表了事物的自然(*natura*):那为什么诗人们就不能得到同样的借口并撇清呢? 人们还用同样的方式解释很多说来非常怪诞荒唐的事情,比如萨腾吞下自己的儿子,这被解释成,时间的流转(就是萨腾一词的含义)会消耗掉时间自己创造的东西㊹。瓦罗还认为,萨腾所掌管的种子会回到其所由生长的大地㊺。其他人也给出了别的方式来解释这一点;其他的神也一样。

8.2 这就是所谓的神话神学,它和所有这类解释都该遭到抵制、拒绝、批判。不仅自然神学(即哲学家的神学),就是我们讨论的城邦神学也应该批判神话神学,因为城邦神学据说属于城邦与人民。神话神学虚构了诸神的不光彩之事,所以被认为应该抛弃。无疑,写到神学的极为睿智和渊博的人们理解,对神话神学和城邦神学二者都该批判。不过他们更敢于批判前者,却不敢批判后者;他们揭露了前者的罪行,又暴露出后者与前者的相似之处。他们这样做并不是因为心甘情愿推许城邦神学,而是为了让人们理解,二者都该唾弃。那些害怕批判城邦神学的人为了避免危险,主张让他们所谓的自然神学归于更高的心灵,暗含着对另外两者的鄙视。至于城邦的和神话的神学,都是神话的,也都是城邦的;人们只要明智地观察,就会发现二者都是虚妄和下作的,就会明白二者都是神话的;人们只要注意到,神话神学的戏剧表演都进入了城邦神学的节庆,也进入了城里的神事,就知道二者都是城邦的。城邦神学中诸神的形象和圣事都和遭到批判的神话神学中的那么相似,无论形体、年齿、性别、习性、婚

㊹ 萨腾的希腊文名是"克洛诺斯",意为时间。

㊺ 瓦罗,《论拉丁语言》,5:64。在拉丁文里,*Satus* 的意思是种子。奥古斯丁在此并用了对萨腾之名的两种不同的解释。

配、谱系、仪式都是。这些神要么被理解为本来都是人，城邦根据他们的生与死设置了庆典仪式，鬼怪们制造并强化了这些错误；要么是那些最肮脏的精灵在某个时机潜入人们的心智欺骗人们造成的。这样的神怎么可能有力量给我们永生呢？

9. 每个神的职责

9.1　诸神的职责竟然如此琐屑和细密地分开，因而我们的对手说，要按照各自的职责向他们祈祷。对此，虽然我们没有谈到全部，但也说了不少了。这哪有什么神圣的尊荣，这不简直更近乎丑角的丢人现眼吗？⑯ 假设某人给婴儿请两个奶妈，其中一个只给吃的，另外一个只给喝的，这就像罗马人依赖两个女神：食物女神爱杜卡和饮料女神婆提娜，那这个人就太傻了，就好像在家里演丑角。他们认为利伯尔神的名字来自"释放"（*liberamentum*），因为男人是靠了他的赐福，才能在性交后射精放松；他们还认为女神利伯拉也为女子提供同样的服务，排出阴精，又认为利伯拉就是维纳斯；这样，这个神在神殿里的塑像就成了一半男身，是利伯尔，一半女身，是利伯拉。他们为此还给利伯尔配上女侍者，并通过酒来催动性欲。这样，人们就极度疯狂地庆祝酒神节⑰；瓦罗自己在这里也承认，除非心智受到鼓动，人们没法这样过酒神节。但后来，元老院里头脑清醒的人对此不满，下令取消了酒神节⑱。也许他们感到了这些是肮脏的精灵，当人们误以为是神的时候，能控制人们的心智。当然，在剧场里就不是这样了；因为那里是在表演，不是在发狂——不过膜拜喜欢这种表演的

---

⑯ 见本书 4：4，8，11，21；6：1．2。

⑰ 瓦罗，《论拉丁语言》，7：87。

⑱ 李维，《罗马史》，39：8．5—8。

神,那也真是发狂了。

9.2 那么,瓦罗所认为的宗教与迷信的区别何在呢?他说迷信的人怕神,而信宗教的人像对待父母那样尊敬神,不是像怕敌人那样怕他们。他说神都是好的,更愿意原谅罪人,而不是伤害无辜⑭,他还说,在产妇生育之后,有三个神保护她们,这样男神席尔瓦努斯(*Silvanus*)就不会在夜间前来骚扰她们了;为了象征三个神对女子的保护,夜间要有三个人围在家里的门槛处,第一个要用斧子敲门槛,第二个要用棒锤敲,第三个要用笤帚清扫,这些农业的象征使得席尔瓦努斯神无法进屋了。因为没有了铁器,树木就不能砍伐和修剪;没有棒槌,庄稼就不能收割;没有扫帚,收获的粮食就不能装仓。三个神的名字恰好来自这三件事。英特奇多纳(*Intercidona*)来自砍伐(*intericicione*),皮鲁姆努斯(*Pilumnus*)来自棒锤(*pilo*),德沃拉(*Deverra*)来自用扫帚清扫(*deverrere*)⑮。就是靠这三个守护神,席尔瓦努斯神的力量受阻,产妇得到保存。看来,好神的守护力量不敌行凶作恶的神的野蛮,只有几个好神同心协力,才能战胜一个恶神。也许,好的神在对抗他们所厌恶的邪恶而野蛮的森林之神⑯,因为他们是农业的象征,是森林之神不喜欢的。这就是那些神的无辜吗?这就是他们的和谐吗?这些神比剧场里那些滑稽的神还要可笑,他们这样就能让罗马城更安全吗?

9.3 在男女婚配(*conjunguntur*)的时候,要求助男神优加提努(*Jugatinus*);这没什么问题。把新娘领回家(*domum ducere*)要求助

---

⑭ 瓦罗,《人神制度稽古录》(残篇),133(仅见于奥古斯丁)。

⑮ [译按]在奥古斯丁的原文中,虽然前面两个神名和词源都出现了,但并没有出现这第三个词"清扫",而只出现了"扫帚"。因此,此处直译是"德沃拉来自扫帚"。为了明确德沃拉的词源,多数译本加上了"清扫"。

⑯ *Silvanus* 的意思是森林。

男神多米杜古斯（*Domiducus*）；进家（*domum ire*）还要求男神多米提乌斯（*Domitius*）；要让女人和男人一生厮守（*manere*），则还要求女神曼图尔娜（*Manturna*）。然后还要求别的哪个神呢？还是放过人的羞耻心吧；让人们隐秘的羞涩得到保护，让云雨之欲自由流露。连傧相都要离开，怎么能让这一大群神挤在洞房里呢？这些神留在洞房里，并不是以他们的在场来表明对贞节极为重视，而是因为新娘是弱势的性别，第一次会很慌乱，诸神是要帮她不费力地失去童贞。女神沃尔金嫩斯（*Virginensis*）、父神苏比古斯（*Subigus*）、母神婆列玛（*Prema*）、女神破童姐（*Pertunda*），还有维纳斯和普里阿普斯都在场。为什么这样呢？如果男人完成这项任务有必要从诸神那里获得帮助，一个男神或女神不就够了吗？一个维纳斯就能办到了，因为据说她的名字就由此而起：不花点力气（*vi non sine*），一个处女变不成女人[52]。即使神不要脸皮，人还是要点的。如果新婚夫妇相信有那么多男女诸神在场观看他们的好事，羞耻心怕是会让男人无法勃起，让女人不敢妄动。如果贞节女神沃尔金嫩斯在场，处女当然要宽衣解带；如果父神苏比古斯在场，男人会征服（*subigere*）女人；如果女神婆列玛在场，被压（*comprimere*）在下面的女人就会屈服，不敢乱动。但是女神破童姐[53]在那里干什么呢？为了让新娘脸红，让她迎上去；还是留给新郎做吧。那件她以之命名的事，如果不让丈夫自己完成，也太不光彩了[54]。不过，既然人们说她是个女神，而不是男神，这还稍可原谅。如果人们认为这是男神，把他叫做破童都（*Pertundus*），那么，丈夫就会为了保护妻子的贞节而求人帮着抵抗他，甚至超过产妇对抗席尔瓦努斯神的情景。但是我还说什么呢？那里还有未免太阳刚

㊷ 瓦罗，《人神制度稽古录》（残篇），195（仅见于奥古斯丁）。
㊷ 破童姐是掌管女子失去贞操的女神。
㊷ 破童姐（*Pertunda*）的名字来自"穿破"（*pertundere*）。

了的普里阿普斯,新娘被命令坐在他的极肮脏、极丑陋的阳具上面,据说这是妇人最荣耀的和最虔敬的品德。

9.4 让他们继续,试着区分那只有几希的不同:城邦神学和神话神学;城里的和剧场的;神殿的和表演的;祭司的圣事和诗人的歌谣;荣耀之事和下流之事;真实的和骗人的;庄重的和轻浮的;严肃的和可笑的;值得祈祷的和应该唾弃的。我们理解他们在做什么。他们知道剧场里和神话中的神学来自于城邦神学,神话神学不过是城邦神学的镜像,通过诗人的歌谣反映了城邦神学的内容。哲人们不敢批判城邦神学,但是可以更自由地揭露和抨击城邦神学的镜像,那些理解他们的意志的人,看到他们对镜像的批判,就会讨厌这镜像背后的脸;而那些神看到镜中自己的形像,却欣欣然起来,我们无论从镜中还是镜外,都能更好地看出他们是什么。所以,诸神发出了可怕的命令,让他们的服侍者用最肮脏的神话神学来膜拜自己,要为他们设置庆典,设置各种神事,这样就更明确地告诉人们,自己是肮脏的精灵。于是,那遭人厌恶和谴责的剧场神学,也就被当成了被尊重和认可的城邦神学中的组成部分。这套神学总体上是下流和骗人的,其中只有虚假的神,它的一部分出现在祭司的作品中,另一部分出现在诗人的诗歌里。至于它是否还有别的部分,那是另外的问题;在我看来,我已经充分证明,瓦罗所区分的城中神学和剧场神学都属于一个城邦神学。因为二者都是同样的下流、荒唐、无耻、虚假,真正的虔信者无论从这两者中的哪个,都无法希求永生。

9.5 最后,瓦罗自己谈论和列举了诸神,从人的受孕开始。这一系列神始于雅努斯,然后是与老人的死亡相关的一些神,与人相关的神直到女神娜尼亚(Naenia)结束,人们要在老人的葬礼上呼唤她。随后他又开始展示那些不与人直接相关的,但是和人事,如食物、衣着,以及此生必需的别的物品相关的神;他逐个讲解诸神分别掌管什么,人们应该因为什么而向他们祈祷,但在这纤细备至的列举中,他却没有指出和命名在哪个神那里,我们能求得永生,而我们正是为了这一点,才成为基督徒的[55]。谁会那么愚钝,以致不明白这一点呢:他这么费尽心思地暴露和揭示城邦神学,证明它和无荣耀而该遭谴责的神话神学是一样的,已足够清楚地教给我们,神话神学不过是城邦神学的一部分,瓦罗不过就是为了在人的心灵中为自然神学留一块地方,这就是他所谓属于哲学家的神学。他做得很精微,批判了神话神学,却又不敢批判城邦神学,于是通过展示它的特点,暗中表明它是该批判的。这样,有正确的理智判断的人批判了两种神学,是否就只剩下自然神学该选择了? 对此,我将在合适的地方,借助真正上帝的帮助,来作出更仔细的讨论[56]。

10. 论塞涅卡的自由,他对城邦神学的批判,比瓦罗对神话神学的批判还要猛烈

10.1 瓦罗虽然敢于批判剧场神学,却没有自由同样公开批判城里的神学。但安奈乌斯·塞涅卡[57]就不缺乏这种自由,虽然未必是完全不缺乏,但至少部分如此。我们从不少证据中发现,塞涅卡出名时,就是我们的使徒的时代。他的生活中没有这种自由,但作品中有。在他攻击迷信的书里面,他批判罗马城里的城邦神学,甚至比瓦

---

[55] 瓦罗,《人神制度稽古录》(残篇),195(仅见于奥古斯丁)。

[56] 参见本书 7:5—6,9。

[57] 卢修斯·安奈乌斯·塞涅卡(Lucius Annaeus Seneca,公元前 4—公元 65),斯多亚派哲学家,诗人卢坎的舅舅。他是皇帝尼禄的老师,但后来遭到尼禄的猜忌,因卷入一个阴谋而被令自杀。

罗对神话神学的批判都丰富得多、猛烈得多[58]。他就诸神的偶像谈
到:"人们用下贱的和死的东西来为神圣的、不朽的、不可侵犯的诸神
塑像,让他们有人、野兽、鱼虾的形像,甚至男女合体、连体共生;人们
称他们为神,但如果这些塑像真的有了气息,和人们撞见,那人们就
当他们是怪物了。"在后面一个地方,在谈论自然神学的时候,他总结
了某些哲学家的观点,向自己提问说:"某人在这个地方说:我是否该
相信天和地是神,月亮上面有神,月亮下面也有? 我是听柏拉图的,
还是听漫步派的斯特拉波(*Strabo*)[59]的观点? 前者说神是无形体的,
后者说神是无心灵的。[60]"塞涅卡回应这个说法:"难道在你看来,提图
斯·塔提乌斯[61]、罗慕洛、图鲁斯·霍斯提利乌斯的梦就更真实吗?
塔提乌斯把克罗阿琪娜尊为女神[62],罗慕洛把匹库斯和台伯利努斯尊
为神[63],霍斯提利乌斯将'害怕'和'恐怖'尊为神[64],而这不过是人类
最讨厌的情感,其中一个是心智受惊吓产生的,另外一个甚至不是身
上的疾病,而只是一种脸色。"难道你相信这是神,要把它们接引到天
堂吗?[65] 对于那残酷而下流的仪式,他写得多么自由:"一个人要阉割
自己,一个要砍断手臂[66]。他们这样来对待喜悦的神,那诸神发怒了

---

[58] 塞涅卡,《论迷信》(*De superstitione*)(残篇),31—43(参考德尔图良《护教篇》12,6;涂世华译,33 页)。

[59] 斯特拉波,卒于公元前 269 年。他是亚里士多德学派哲学家,约于公元前 288 年成为漫步学派的首领。他执掌这一学派 18 年,主要研究自然科学。参考第欧根尼·拉尔修,《名哲言行录》,5:58 以下。

[60] 柏拉图《菲德鲁斯篇》86a;西塞罗《论神性》1:13,35。

[61] 参见本书 4:23.1。

[62] 见本书 4:8。

[63] 见本书 4:23.1。

[64] 见本书 4:15。

[65] [译按]因为塞涅卡原书已佚,"难道你相信这是神,要把它们接引到天堂吗?"这句话究竟是塞涅卡的,还是奥古斯丁的,颇有争论。我们把它算作奥古斯丁的。

[66] 参见拉克唐修,《神圣原理》,1:21。

又该怎么办？如果他们愿意这些，那他们就不值得服侍。人的心智被打乱，疯狂地离席而起，为了取悦诸神，做出连神话传说中最低贱的野蛮人都不会做的残酷事情。传说僭主会切掉一些人的四肢，但是他们不会下令人们自己砍。为了满足国王的欲望，宫廷里会阉割男人，但是主子不会让男人亲手自宫。但这些人自己在神殿里切碎阳具，用伤痛与血污向诸神祈祷。如果谁有空问一问这么做和承受这些的人，他会发现，这大失荣耀、大悖自由、大乖常态，如果只有少数人这么做，没人会怀疑这都是狂人；就是因为这样疯狂的人太多，反而使这种做法像是清醒的。"

10.2   随后，塞涅卡又谈到了在卡匹托利山已经成为习俗的仪式。他极其坦诚地攻击说，谁会相信，这不是傻子和疯子做的呢？在埃及的仪式里，人们先是哀悼欧西里斯（Osiris）的失踪，然后又以极大的喜悦欢迎他的归来。这里先是失踪伴随着哀伤，随后归来伴随着欢乐，虽然根本没有失踪，也没有归来，但悲伤和快乐却像是真的。于是塞涅卡写道："这里的疯狂是有固定时刻的。人们这样一年一度发疯还是可以接受的。但你到卡匹托利山看看，人们煞有介事地装疯卖傻，疯狂变成了公共活动，不堪入目。有人向神列举着他的服侍者的名字⑰，有人向朱庇特宣布着时间，有人是侍从，有人是敷油官，挥动手臂模仿子虚乌有的敷油动作。有的女人给朱诺和密涅瓦梳头（虽然他们煞有介事地用手指拢着头发，但那里不仅离塑像很远，就是离神殿都很远）；有人手里拿着镜子；有人祈求诸神为他们作证；有人拿出法律文件，解释自己的案子。见多识广的俳优老迈昏花，每天在卡匹托利山上演滑稽剧，好像诸神会尽情欣赏着人们已经厌烦了的东西。所

---

⑰ ［译按］此处含义比较模糊。名字（nomina）也可能是 numina（神）。因此又可翻译为"有人向朱庇特神列举着服侍他的诸神"。

有的工匠艺人都在这里奉承不朽的诸神。"不久之后他又说："这些还只是空虚无用的,他们没有向神许下下流和不体面的东西。那些坐在卡匹托利山上自以为得到朱庇特的喜爱的女人,如果你相信诗人的故事,她们要承受朱诺的暴怒,可怎么并不害怕她的目光呢?"

10.3　瓦罗没有这种自由;他只敢这么批判诗人的神学,却不敢批判城邦神学,而塞涅卡却把城邦神学切得粉碎。但如果我们真的注意一下,会发现在神殿里举行的,比在剧场里表演的还要糟糕。至于城邦神学的仪式,塞涅卡建议智慧的人在参与的时候不要把这当作心灵认可的宗教,而只须当作逢场作戏。他说:"智慧的人服从法律的命令,而不是对神感恩。"随后又说:"我们给诸神乱点鸳鸯谱,但是让哥哥和妹妹结婚,难道是虔敬吗? 我们让贝罗娜嫁给马尔斯,维纳斯嫁给伏尔坎,还有萨拉西亚嫁给涅普顿。我们又让一些神保持独身,好像他们就难寻佳偶,特别还有女神独守空房,像波普罗尼娅(Populonia)、弗尔格娅(Fulgora),还有女神鲁米娜⑧;难怪这些女神没有追求者。这些贱神的乌合之众,完全是流传久远的迷信给他们成的亲。"他说:"我们还是该膜拜,不过我们记住他们的事更多是出于风俗,而和实际无关。"因为城邦神学中的法令和风俗都没有确立愉悦诸神、属于现实的内容。虽然哲学使塞涅卡有这种自由,但作为德高望重的罗马元老,他还是服侍他所批判的,从事他所驳斥的,膜拜他给定罪的;哲学确实教给了他很重要的东西,使他面对世界时不再迷信,但是对于城邦的法律和人们的风俗,他虽然不在剧场里表演那些戏剧,还是在神殿中模仿演员;他这么做的时候,还要让民众认为他是在真心实意地做,这种欺骗的做法,是更应该谴责的。倒是剧场里的演员,目的是要娱乐人民,而不是说谎欺骗。

---

⑧ 见本书4:11。

11. 塞涅卡如何看待犹太人

塞涅卡在批判城邦神学中别的迷信的时候,也批判了犹太人的圣事,特别是安息日,强调说这样做毫无用处,每七天一个休息日,这样他们的生命就有七分之一无所事事,而且在很多时候一旦有紧急的事,他们会因为没有作为而受到伤害。至于已经和犹太人之间深存敌意的基督徒,他完全以中立态度谈论。他既没有打破祖国的古老风俗赞美基督徒,也没有违背自己的意志批判他们。但他在谈到犹太人的时候说:"这个极为罪恶的民族的习俗变得强大起来,在各地都被接受;被征服者把律法送给了征服者。"在这么说的时候,他颇为惊讶,因为他不知道这是神的作用,但他又说了一句话,表明了他对那些圣事中的道理的看法。他说:"他们还是知道自己的仪式的原因的,但是罗马人民虽然多数拜神,却不知道他们为什么这样做。"至于犹太人的圣事中,为什么神圣的权威这样设置,以后又如何和在何时被上帝的选民取代,上帝如何向这选民揭示了永生的秘密,我们在别处,特别是在反对摩尼教的书里谈到了[69],在这本书里我也会在适当的地方谈到[70]。

12. 我们看到异教诸神是虚妄的,他们在现世都不能保佑我们,无疑也不可能给我们来生

我们现在谈的三种神学,希腊文分别称为神秘的、自然的、政治的,拉丁文中可以叫做神话的、自然的、城邦的。神话神学,即使服侍

---

[69] 奥古斯丁,《驳福斯图斯》,全书。

[70] 本书 17:3。

众多伪神的人自己也非常自由地批判；城邦神学，我们已经表明，神话神学是它的一部分。两者很像，我们发现甚至城邦神学更糟。从这二者之中都无法希求永生。如果谁觉得这一卷里说得还不够，那就可以找前几卷一起看，特别是第四卷，在那里我们花大笔墨谈到上帝赐予幸福⑦。如果幸福是个女神的话，追求永生的人们除了她，还向谁献祭呢？因为幸福不是女神，而是上帝的赐予，除了向赐予幸福的上帝，我们还向谁祭献自己呢？这永生是真正的和最大的幸福，我们要靠虔敬的爱来渴望永生。我想，从上面说的来看，没有人会有疑问了，那些神根本不能赐予幸福，他们都是用如此下流的方式服侍的，而如果不这样服侍，他们就会更下流地发怒，这等于自己承认是最肮脏的精灵。他们连幸福都不能给予，又怎么赐予永生呢？我所说的永生，就是无限的幸福。如果灵魂活在永恒的惩罚里，像那些肮脏的精灵一样遭受折磨，这是永恒的死亡，而不是永生。没有哪种死比连死都无休无止（*ubi non moritur mors*）更可怕、更糟糕了。但是灵魂被造时就是不朽的，因为灵魂的这个自然，灵魂总伴随着某种生命，所以她最大的死就是远离上帝的生命，遭受永恒的责罚⑫。这样，永生，也就是无限的幸福，是只有给予真正幸福的上帝才能给予的。而城邦神学中服侍的诸神，我们已经证明不能给予这些。所以，不论现世和地上的幸福，还是死后的更重要得多的永生，我们都不能靠服侍诸神得到。前者我在前面五卷谈到了，后者我在本卷涉及了，在其他地方也提到了。但是由于古老的习俗根深蒂固，如果谁觉得我还没能充分证明城邦神学是该批判和远离的，那么在上帝的帮助下，我将在下一卷继续这个话题，让心灵关注吧。

---

⑦ 本书 4:24—26。
⑫ 关于第二次死亡和灵魂之死，参考本书 13:2 以下。

上帝之城卷七

[本卷提要]就内容而言,本卷主要批判了罗马神话中的主神,其主题仍然是在剖析瓦罗的神学体系。严格讲来,这一卷的内容也是在继续批判城邦神学。但在批判当中,奥古斯丁也牵涉到了类似自然神学的问题,即对诸神的哲学解释。其中较为核心的是一神论与多神论的问题。在奥古斯丁看来,瓦罗等古典哲学家在哲学上已经有一神论的倾向,但他们又承认多神论的城邦神学,这是矛盾的。本卷后面对自然神学的批判就主要集中于这对矛盾。但我们同样应该思考的问题是,这个看似如此明显的矛盾,为什么古典哲学家没感觉到呢? 也许,这矛盾本身仍然是基督教才会产生的一个问题,而不是古典哲学的问题。①

---

① [PL本提要]论城邦神学中的选神:朱庇特、朱诺、萨腾等等,对他们的服侍并不能把人带到永生的幸福。

前言

我异常努力地打击和清除那荒谬而古老的意见，它们对真正的虔敬充满敌意，长期深深而牢固地控制人类，植根于心灵中的黑暗角落。靠了真正的上帝的恩典，我的工作在上帝的帮助下得以进行。对于那些天性更敏锐、更优秀的人，上面几卷所述就已经足够了，但是他们还应该耐心地、平心静气地跟随我的论述。虽然他们觉得再多的讨论已不必要，但为了别人，请不要因此就认为这是多余的。还有一件至关重要的事：当真正的、且真正神圣的神性显现给我们的时候，这虽然会给我们现在所过的脆弱的生命提供必要的支持，但是人们之所以追随和服侍他，毕竟不是为了稍纵即逝的必朽生命，而是为了永恒的幸福生活。

1. 神祇不在城邦神学中，那我们是否该认为能在选神中找到呢

所谓神祇（*divinitas*，我们还可以称为 *deitas*，我们的基督徒作者之所以不惮于使用这个词，是为了更准确地翻译希腊文的 θεότητα 这个词）：马可·瓦罗在他的十六卷书里所诠释的所谓城邦神学中，并没有谈到 *divinitas* 或者 *deitas*。依照城邦建立的宗教制度，无论就城邦设立的这些神作为服侍对象而言，还是就这样的服侍方式而言，都不能带我们到永生的幸福。我在刚刚结束的第六卷里谈到了这个问题，如果哪个读者还没有被说服，那他在读完这一卷的时候，也许就不会希望进一步清理这个问题了。瓦罗在最后一卷谈到了那些选神，我们也稍微提到了。有人认为对这些神的服侍还是会带来

幸福生活，而且是永恒的。对这个问题我不会重复德尔图良所说的，他这么说更多出于权变，而非出于真理："如果诸神像洋葱那样选出，剩下的当然该遭到抛弃。"②我不这么说；我看到，在那些选神中，还是有些比别的神更重要、更杰出。正如在战争中，在新招募的士兵里，还要选出一些从事更重要一些的军事活动。在教会中，当教牧人员被选举产生以后，其他人当然不是遭到抛弃，而是所有有好的信仰的人都因为各自的品德蒙召。在建筑物中，人们选出石头放在房角，其他的石头并没有被责抛弃，而是支撑建筑的其他部分③。有些葡萄用来吃，别的并不是被抛弃，而是用来酿酒。我们不必一一赘举了，因为事情已经很明显。至于选神，那些写作诸神的，服侍诸神的，以及诸神自身，并不能因为某些神是选出的，而抛弃别的神。我们更应该考察这些神是什么，因为什么事被选出来。

2. 哪些神是被选的，他们能否免于低贱诸神的事务

瓦罗在讨论这个主题的一卷书里综述了选神：雅努斯、朱庇特、萨腾、盖尼乌斯、墨丘利、阿波罗、马尔斯、伏尔坎、涅普顿、日神、奥尔库斯（Orcus）、父神利伯尔、特勒斯、刻列斯、朱诺、月神、狄安娜、密涅瓦、维纳斯、维斯塔：总共有二十个，十二男八女。他们之所以被称为选神，究竟是因为是负责掌管世界主要事务的神，还是因为在民众中更有名，从而得到了更隆重的服侍？如果是前者，那些负责世界上主要事务的神得到更多服侍，我们就不会发现他们混迹于那一群乱哄

② 引文出自《驳异教》(Ad Nationes)2：9；在《护教篇》第 13 章，德尔图良说："你们不可能偏爱一位又不轻忽另一位，因为选择就含有抛弃的意思。所以你们是在轻视所抛弃的；因为在你们抛弃他们时，显然并不怕得罪他们。"与此的意思也相近。
③ 参考《诗篇》，118：22，"匠人所弃的石头，成了房角的头块石头。"

哄的神,掌管琐碎的事务。比如在怀孩子这件事上,雅努斯负责打开
接收精子之路,是首要的,然后就开始了琐细的分工。那里有萨腾负
责精子本身,还有利伯尔,负责让男子射精来得到放松,有利伯拉,被
很多人当作维纳斯,负责女人的同样的福利,也让女人通过释放阴精
得到放松④。所有这些神都被称为选神。那里还有女神美娜,负责女
人的月经,虽然是朱庇特的女儿,却很卑贱。瓦罗在谈论选神的一卷
里把管理月经的这项职能又给了朱诺。那是选神中的王后。在这
里,朱诺、鲁西娜,还有朱诺的养女,也就是那个美娜,共同负责掌管
经血⑤。还有两个神是形像很模糊的,即维图姆斯(*Vitumus*)和森提
努斯(*Sentinus*)。其中一个给予胎儿生命(*vita*),另外一个给予感觉
(*sensus*)。这些神虽然极为卑贱,但所掌管的比那些高贵的选神重要
得多。生命和感觉几乎就是女人腹中的全部,如果没有它们,那胎儿
岂不就如同最低贱的泥土和尘沙?

3. 一些低级的神做了更加优秀的事业,我们实在找不出理由,为什么是别的神被当作选神

3.1 维图姆斯和森提努斯虽然"姓名不彰"⑥,但掌管的事务超
过了那么多选神,而那选神却要从事所有琐碎的分工,这究竟道理何
在? 选神雅努斯不过给精子提供了门径;选神萨腾负责精子本身;男
神利伯尔负责男人的射精,女神利伯拉负责女人的阴精,她被当作刻
列斯或维纳斯;选神朱诺(不只她自己,还有朱庇特的女儿美娜)负责

---

④ 见本书 6:9.1。
⑤ 月神、鲁西娜、美娜本是一个女神的不同名字,但奥古斯丁认为是不同的女神。参见本
　书 4:11。
⑥ 维吉尔,《埃涅阿斯纪》,5:302。

月经,使受孕了的胎儿成长;而卑微无名的维图姆斯却负责生命,森提努斯负责感觉;这二者虽然不如理智和理性,却高于前面那些事情。能理解、有理性的物种当然高过那些只有感觉和生命却没有理智与理性的牲畜;同样,有生命和感觉的生物也应该高过没有生命、没有感觉的生物。维图姆斯赋予生命,森提努斯赋予感觉,他们当然更应该成为选神,而不是接受精子的雅努斯、赋予或植下精子的萨腾、射出精子的利伯尔和利伯拉,除非精子能带来生命和感觉,否则人们就认为它们一钱不值。看来,精选的服务不是选神从事的,而是由那些名不见经传,其尊荣可以忽略不计的小神完成的。也许我的对手会回答说,雅努斯拥有掌管所有开端的能力,因此完全可以把开启受孕的职责交给他;萨腾拥有掌管一切种子的能力,因此没有他的工作,人们就无法授精生育;利伯尔和利伯拉掌管一切射精的活动,这和人的生殖繁衍相关;而朱诺掌管一切的代谢与妊娠,妇女的代谢和人的诞生离不开她。如果他们这么回答,那他们该探讨一下怎么谈论维图努姆和森提努斯,是否会说一切有生命和感觉的都在他们的权限之下。如果他们承认这一点,那他们就要把这两个神放在非常高的位置。因为,从种子中诞生,就是在大地上诞生,在大地上成长;而他们甚至认为,星座中的诸神也有生命和感觉。如果他们说维图努斯和森提努斯只负责血肉之躯的生命和感觉,那么,那个使所有生物能生存、能感觉的神,为什么不把生命和感觉也给血肉之躯呢?把这种功能赐给所有有生命的事物,这不该是他的普世工作的一部分吗?那还需要维图姆斯和森提努斯做什么呢?如果那个给予了万物生命和感觉的神,把这些肉体的、低贱的事情交给诸神如同交给奴仆,那么,这些作为他的奴仆的选神难道就缺乏奴仆,不能同样把这些事交出去吗?他们那么高贵,以致被认为是选神,为什么还和低贱的神一起干活?朱诺是女选神,是天后,"既是朱庇特的姊妹,又是他的配偶"⑦;但她还是孩子们的指路人伊特杜卡(*Iterduca*),与最低贱的女神阿德欧娜和阿伯欧娜⑧一起工作。罗马人也把女神门斯(*Mens*)放在这里,她负责给孩子好的心智(*mens*)。但她不在选神之列,就好像神还能给予人更重要的东西。但是同时是伊特杜卡和多米杜卡(*Domiduca*)的朱诺却位列选神,就好像没有好的心智的话,她也能领着人们外出和回家⑨,而作出选择的,根本没有考虑,让掌管心智的女神位列选神之列。其实这个女神都应该在密涅瓦之上,因为,按照这种琐碎的分法,密涅瓦负责孩子们的记忆。哪怕记忆力再强,有好的心智也比有好的记忆好多了。谁能怀疑这一点?有好的心智的人不会做坏事,但是有些极坏的人有超常的记忆力,他们之所以能那么坏就是因为他们不会忘记自己所想的坏事。密涅瓦跻身于选神,但女神门斯却被放在一群庸庸碌碌的神当中。我还怎么谈美德之神呢?还有幸福女神?对此我在第四卷已经谈了很多⑩;罗马人有这些神,却不愿意在选神中给他们一席之地。而他们却让马尔斯和奥尔库斯在那里,前者给人带来死亡,后者接受死者。

3.2 这样琐碎的工作被一个一个分配给众多的神,我们看到,选神与别的神之间,就像元老与平民之间那样,一起做事。我们也发现有一些神,虽然他们不是选神,但是他们做的工作比那些所谓选神的工作重要得多,也好得多。我认为我们就只剩这样得出结论了:那些神之所以被称为精选的和主要的,并不是因为他们负责世界上更重要的事务,而是因为知道他们的人更多。就连瓦罗自己也说,一些父神和一些母神都是偶然变得低贱的,这和人间一样。也许碰巧幸

---

⑦ 维吉尔,《埃涅阿斯纪》,1:46—47。

⑧ 见本书 4:21。

⑨ 朱诺的这两个别名,分别是领着外出(*iter duco*)和领着回家(*domus duco*)的意思。

⑩ 本书 4:21,23。

福女神没能跻身选神之列，因为变得高贵不是靠品质，而是靠机遇。
那么，命运女神当然应该被放在选神之列，甚至放在他们之上，因为
人们说这个女神不根据理性的标准赐予她的礼物，而是凭借偶然的
机会。她应该在选神当中占据最高的位子，因为她尤其在诸神当中
展示自己最大的能力；因为我们看到，他们成为选神的不是靠美德，
不是靠理性的幸福，而是靠命运的随机力量。他们的服侍者知道，命
运女神拥有这样的法力。雄辩之人撒路斯提乌斯在说出下面的话
时，也许想到了诸神："但是，毫无疑问，是命运在主宰着一切。她可
以任意地使一切事件变得有名或默默无闻，而不顾事实。"[11]罗马人无
法找到理由说明，为什么维纳斯得到推崇，而美德之神默默无闻；两
个神同样受到服侍，但在品德上无法相比。如果追随者更多的神就
更高贵，而维纳斯的追随者比美德之神的多，那么，为什么密涅瓦女
神受到推崇，而钱财女神却默默无闻呢？贪婪比技艺对大多数人更
有吸引力。即使在那些工匠当中，你也很难找到，哪个人出售自己的
技艺不是为了换取财富的。做事的目的总是比做事的手段有更多的
价值。如果选择诸神是根据无知大众的判断作出的，为什么钱财女
神不在密涅瓦之上呢？技艺可是用来赢得更多财富的。如果选择这
些神是少数杰出的智者作出的，那为什么美德之神不在维纳斯之前
呢？按理说，美德之神不是远远高于维纳斯吗？正如我所说，人们认
为应该把一切交给命运女神，是命运在主宰着一切。她可以任意地
使一切事件变得有名或默默无闻，而不顾事实。如果她完全根据自
己多变的判断，偶然地来决定诸神的地位，决定应该让谁被推崇，应
该让谁默默无闻，那么命运女神当然应该在选神中占据高位，因为她
有最高的能力支配诸神。但为什么又不是这样？除非认为命运女神

---

⑪ 撒路斯提乌斯，《喀提林阴谋》，8：1。

有个相反的命运？那么，她把别的神变得高贵了，自己却并不高贵，真是自己跟自己过不去。

4. 低级诸神并没有被弄得声名狼藉，反而得到了更好的侍奉，但罗马人却用下流的仪式推崇那些选神

每个追求高贵和声望的人都会祝贺那些选神，说他们是幸运的，却没有看到他们更多被选来遭受伤害，而非享受荣耀。因为没有名声，那群低下的神反而得到了庇护，不为恶名淹没。人类根据自己意见的幻想，在他们之间分配琐碎的工作。我们嘲笑他们，就像嘲笑那些聚敛杂费的税吏，或者那些银匠作坊里的工匠，他们要转手很多次才能完成一个器皿，而熟练工只要一个人就能够完成。除非人们认为每个工匠能够快速和简便地各自学会某项技艺，而不是让一个人拖沓而费力地学会全部工作，成为熟练工，否则就不会让很多人完成这个工作。在那些非选神当中，我们很难找到一个因为罪行而声名狼藉的；而在选神中，也很难找到一个神没有臭名昭著的恶行。选神可以下降到无名诸神当中，做他们那些卑贱的工作；而无名诸神却不会上升到选神当中，从事那些高贵的罪行。就雅努斯而言，我实在想不起什么事是值得谴责的。很有可能，他活得很无辜，远离丑闻与恶行。他友好地欢迎逃亡中的萨腾，尽地主之谊，分割自己的王国，各自筑城而居，一个是雅尼库鲁姆，一个是萨腾尼亚（Saturnia）[12]。罗马人在对诸神的服侍中，总要极尽羞辱之能事，他们发现雅努斯的生活没有什么下流之事，就用一个怪物形状的塑像来羞辱他，让他有时有两副面孔，有时又加倍，有四副面孔。难道说他们要表达的是，那

---

[12] 维吉尔，《埃涅阿斯纪》，8:357—358；奥维德，《宴饮》，1:235 以下。

些选神不断做让人脸红的丑事，所以全无脸面，而这个雅努斯因为比他们更无辜，所以就多露出几张脸？

5. 异教徒们的隐秘教诲和自然理性

　　但我们还是更多听听他们的自然神学的解释，罗马人试图用这种更高深的教义增加色彩，掩盖那些极下流而可怜的谬误。瓦罗谈论这些解释时，首先说古代人建立诸神的塑像、徽章、装饰，是为了让人们在接近神话的教义时，用眼睛看到这些，就能够让自己的心灵看到世界的灵魂及其各个部分，也就是真正的神。按着这观点，人们按照人类的形像建造这些塑像，认为必朽者的心灵，也就是人类身体中的心灵，和不朽者的心灵是相同的。这就如同用容器来代表诸神的象征意义，比如人们在利伯尔的神殿里放一个酒瓶，这就象征了酒，也就是装酒的容器代表了所装的酒；同样，这种具有人的形式的形像就象征了理性的灵魂，这人形的身体就是一个容器，中间装上了他们认为是神或诸神的自然[13]。这些就是那位博学宿儒所探究并准备呈现在阳光下的神秘教诲。但是，睿智的人啊，这神秘教诲不是让你毁掉了本来的明智吗？依靠这明智，你本来清醒地看到，最先为民众树立偶像的人，去掉了他们的公民的敬畏，增添了错误，而且你看到没有偶像服侍的古代罗马人是更纯洁的[14]。这些古代人为你提供了权威，使你敢于攻击后来的罗马人。如果最古老的罗马人也服侍偶像，也许你会因恐惧而沉默，来压抑自己正确的感觉：不该树立偶像。你

---

[13] 瓦罗，《人神制度稽古录》(残篇)，115；瓦罗，《论拉丁语言》，5:59；第欧根尼·拉尔修，《名哲言行录》，7:157。
[14] 瓦罗，《人神制度稽古录》(残篇)，116，本书 4:9；对比奥古斯丁对外在偶像的看法，《忏悔录》，7:17.23；7:20.26。

本来应该更加雄辩和理直气壮地证明,用这种方式服侍神秘的幻象是有害的和虚妄的。你的灵魂是那么博学,天资不凡,这让我为你极为痛心,因为你的灵魂不能靠这些神秘的教诲到达上帝那里。你的灵魂是被他创造的,而不是和他一起被创造的;你的灵魂不是他的一部分,而是他的造物;他不是万物的灵魂,而是所有灵魂的创造者,只有你不对他的恩典忘恩负义,你的灵魂才能在唯一的他的光照下幸福起来。这些神秘的教诲究竟是什么,我们应该如何评价它们,我会在随后的部分表明。这个博学的人承认说,世界的灵魂和它的各部分是真神;这样我们就可以理解他的全部神学,也就是他极为推崇的自然神学。它只能涉及理性灵魂的自然。在他所写的关于选神的这最后一卷书的概述里,他用很小的篇幅谈了自然神学。在那里,我们可以看到,他用自然神学的解释,是否可以使自然神学同城邦神学一致起来。如果能够这样,那么一切都是自然的。那么为什么还要费力把自然神学和城邦神学分开呢? 如果分开二者是正确的,那么他所推崇的自然神学都不是真实的(因为这神学到达了灵魂那里,却没能走到创造灵魂的真正上帝那里),而城邦神学则是更该抛弃、更加虚假的,那里谈的最多不过就是物质的自然,而他自己的解释就已经证明了这点。瓦罗已经撮目举要,非常细致地讲到了这些,我有必要提一下他的一些解释。

6. 瓦罗认为神是世界的灵魂,但按照他的意见,世界又有很多部分,有很多灵魂,其自然都是神圣的

还是这个瓦罗,在谈到自然神学的导言里说,他认为神是世界的灵魂,世界也就是希腊人所谓的 κόσμου,而世界本身又是神。而他又说,有身体和心灵的人之所以有智慧,是因为智慧来自心灵;同样,他

说世界也是由心灵和身体组成的，而世界是神也是因为心灵。这样看来，他就承认只有唯一的神，但是他还是引入了多神，首先说世界分成了两部分：天与地；而天也有两部分：以太和空气；地也分成水和土两部分。这样最高处就是以太，然后是空气，第三是水，最低处是土。这四者都充满了灵魂，在以太和空气那里的灵魂是不朽的，在水和土那里的灵魂是必朽的；从最高的天上到月球轨道之间，是以太的灵魂，就是恒星和行星，这些天上的诸神不仅可以认知，而且可以看到；在月球的轨道和风云顶端之间，是空气的灵魂，可以用灵魂感知，不能用肉眼看到，被称为各种半神、家神、守护神[15]。这就是他在谈论自然神学的概述里简单提到的内容。这不仅仅是瓦罗的观念，也是很多哲学家的观点。在讨论完了关于选神的城邦神学之后，我在真正上帝的帮助下，会更细致地完成考察这个问题的任务。

7. 雅努斯和特尔米努斯是两个相互不同的神，究竟有道理吗

瓦罗是从雅努斯开始论述的，我要问，这个雅努斯究竟是谁？他会回答：是世界。这个回答相当简洁和明确。那么为什么人们要把万物的开端归给这个神，而又把终结归给另外一个神，也就是所谓的特尔米努斯呢？[16] 他们说，由于这两个神分别是开端和终结，人们把两个月份献给他们，一月（Januarium）给了雅努斯，二月（Februarium）给了特尔米努斯，另外的十个月则是三月到十二月。他们说这就是特尔米努斯节（Terminalia）放在二月庆祝的原因。但

---

⑮ 瓦罗，《人神制度稽古录》（残篇）；西塞罗，《论神性》，1，14. 36；1：15. 40；2：25. 65；2：15. 25—26；第欧根尼·拉尔修，《名哲言行录》，7：137—140。

⑯ 瓦罗，《人神制度稽古录》（残篇），248。

是二月的名称来自一种清洁洗礼仪式,他们称之为 *Februm*⑰。难道世界,也就是雅努斯,只能管开端,不能管终结,必须另立一个神来管终结吗?难道他们不承认,凡是在这个世界中开端的,也要在这个世界中终结吗?他们认为雅努斯只有一半的能力,却在他的塑像上安上两张脸,这是何等的虚妄?如果他们说雅努斯和特尔米努斯是同一个神,把一张脸给开端,把另一张脸给终结,那不是可以雄辩得多地解释塑像的两张脸吗?凡是做什么事的人都要照顾两者;在一切行动之中,不回顾开端的人也就不能瞻望终结。这样就有必要把记忆的回顾和意向的前瞻结合在一起;凡是不记得开始的人,同样也不能达到终结。如果人们认为幸福生活在这个世界中开始,但要走出这个世界才能完成,因而他们只赋予雅努斯,也就是这个世界,以开端的能力,那就应该把特尔米努斯放在更高的位置,那就不该让他无缘位列选神。即使他们交给了两个神的是此世事务的开端和终结,他们也应该给特尔米努斯更多的荣耀。那么每件事在终结的时候会有更大的快乐;一切在开端的时候会有更多不安,直到走向终结。这样人们在开始时极力希望、走向、期盼和渴望这个终结;除非到了终结的时候,否则人们不会为开端的事物兴奋起来。

8. 是什么原因,雅努斯的服侍者让他的形像有两张脸,但有时又让他看上去有四张脸

我们来看他们如何解释雅努斯的塑像有两张脸。他们说这两张脸当中,一张朝前,一张朝后,这是因为我们张开的嘴很像这个世界;

---

⑰ 瓦罗,《论拉丁语言》,1:6,13.34;《人神制度稽古录》(残篇),68;奥维德,《宴饮》,2:19—36。

希腊人因此把上腭称为乌拉诺斯（οὐρανόυ）[18]。据说，拉丁诗人中也有人把天空称为"上腭"（*palatus*）。他们说，从张开的嘴出发，向前有路到达牙齿，向后有路到达咽喉[19]。你看，无论在希腊人那里还是诗人这里的语汇中，世界都和我们的上腭联系起来。那么这哪儿和灵魂，哪儿和永恒的生命有关呢？也许只是为了唾液才服侍神，唾液通过上腭或天这个门（*Janua*）可以前后出入，要么被吞咽下去，要么被吐出来。我们却发现世界没有一个双向的门，要么通过它向内吸收，要么通过它向外吐出，还有什么比这更荒谬的？我们的嘴和喉咙与世界毫不相似，但是他们却据此在雅努斯的塑像中象征了世界，仅仅依照上腭的功能，而雅努斯和上腭一点也不像。那他们为什么又把他做成四张脸的，说这是双重的雅努斯？他们解释说这代表了世界的四部分，好像世界也像雅努斯的四张脸一样，要朝向外部的什么东西。这样，如果雅努斯就是世界，世界由四部分构成，雅努斯的双面像就是假的。如果因为我们说"东西方"的时候，可以理解为整个世界，所以它是真的，那么，在我们说另外两部分北方和南方时，难道就说是双重的世界？就如同他们说，四面的雅努斯是双重的。虽然人们能说，他们发现双面的雅努斯像人的嘴，他们却不能解释，世界怎么有四个门进进出出。除非涅普顿也前来助阵，送给他们一条鱼来作比喻，这样通道就不仅有嘴和咽喉，而且还有了左腮和右腮。但灵魂还是不能通过这些门走出虚幻的世界，除非听到真理说：我就是门[20]。

---

[18] 亚里士多德，《论动物的部分》，660a14；662a8。

[19] 西塞罗，《论神性》，2：18.49；瓦罗，《人神制度稽古录》（残篇），249。

[20] 《约翰福音》，10：9。

9. 朱庇特的法力，以及他与雅努斯的比较

9.1　让他们来表述一下他们所理解的朱庇特。他们说，世界上所有事物的原因，都在这个神的法力之内[21]。极其高贵的维吉尔的诗句证明了这件大事："能够认识事物原因的人是幸福的。"[22]但是为什么雅努斯又在他之前呢？就此，那位非常睿智博学的瓦罗会回答说："雅努斯是最先的，朱庇特是最高的。朱庇特应该是万物之王。最先的不如最高的，因为最先的只是时间上在前，而最高的有无可比拟的尊荣。"[23]如果只是要看待行动的最先和最高，这样说是对的。开端是行动的开始，最高处是行动的终点；求知是开端，获知是最高点。在一切事物中，最先都是开端，最高都是终点。而这一点我们在讨论雅努斯和特尔米努斯的关系时已经谈过了。不过，人们归于朱庇特的是原因，是效力因（efficientia），而不是效果（effecta）；在时间中，无论是行动本身，还是行动的开端，都不可能先于这些原因。做事者总是先于所做的事。所以，即使行动的开端和雅努斯有关，也不能先于被归于朱庇特的效力因。如果没有效力因，就不会有什么开始发生；没有什么会先于效力因而发生。这样，如果人们把朱庇特称为这样一个神，认为一切被造的自然的原因和一切自然之物都在他的法力之内，却又用那样侮辱性的和下流的罪行来服侍他，这种渎神之举比认为没有神还要龌龊。他们最好还是把另外某个神冠以朱庇特之名，一个毫无尊荣、声名污浊的神，用一个虚妄假造的形像来取代他，

㉑ 第欧根尼・拉尔修，《名哲言行录》，7：88. 138—139，147—148；柏拉图，《克拉底娄篇》，396ab；《斐利布斯篇》，30d。

㉒ 维吉尔，《农事诗》，2：490。

㉓ 瓦罗，《人神制度稽古录》（残篇），251(仅见于奥古斯丁)。

以接受他们的渎神行为（像所谓石头取代了朱庇特，被萨腾当儿子吃掉那样），㉔而不是说，那就是这个打雷和淫乱的神。这整个世界的王，却受到四面八方的侮辱。他拥有万物的自然和一切自然之物的最高原因，却没有让自己变好的原因。

9.2 随后我要问，如果雅努斯是世界，那么他们把朱庇特放在诸神之中的什么位置？瓦罗把真正的神定义为世界的灵魂及其各部分；那么，凡不是这样的，按照这标准都不在真神之列。这样他们就岂不是要说，朱庇特是世界的灵魂，而雅努斯是世界的身体，也就是可见的世界？如果他们这么说，他们就会讲，雅努斯根本不是神，因为世界的身体不是神，按照他们的标准，只有世界的灵魂及其部分才是神。这个瓦罗最明确地说，他认为世界的灵魂是神，但他也说世界本身是神。而他说智慧的人虽然兼有心灵和身体，但是他的智慧来自心灵。同样他又该说，虽然世界兼有心灵和身体，世界是神是因为心灵㉕。这样，单独世界的身体并不是神，而只有它的灵魂，或是身体与心灵的结合是神。这样，是神不在于身体，而是在于心灵。如果雅努斯是世界同时又是神，那么，如果朱庇特也是神的话，他们岂不该说他是雅努斯的某一部分？他们更经常把整个世界归给朱庇特，所以说："朱庇特充满万物。"㉖朱庇特是神，而且是诸神之王，那么人们应该认为他就是世界，统治别的神，而别的神只是他的一部分。瓦罗在他的各种著作之外，还写了《论对诸神的服侍》，在其中引用了瓦勒里乌斯·索拉努斯（*Valerius Soranus*）㉗的诗句来表达这种观

㉔ 赫西俄德，《神谱》，474—478；奥维德，《宴饮》，2：205。

㉕ ［译按］奥古斯丁此处指的应该是世界的灵魂和这个灵魂的各部分，而不是世界的灵魂和世界的各部分。可参见本书 7：23.1 的详细说明。

㉖ 维吉尔，《牧歌》，3：60。

㉗ 昆图斯·瓦勒里乌斯·索拉努斯（*Quintus Valerius Soranus*），罗马作家，曾受到西塞罗的称赞（西塞罗，《论演说》，3：11.34）。没有任何作品流传下来。

念㉘:"万能的朱庇特是万王、万物、万神之父,是诸神之母,是一个神,又是所有的神。"㉙他又在同一部书里这样解释:人们说男人射精,女人受精,朱庇特是世界,全部的种子从他而出,由他而入。"索拉努斯有理由写下朱庇特是诸神之父、诸神之母,同样有理由说他既是一个,又是所有的;世界是一,一切都在这一当中。"㉚

10. 雅努斯和朱庇特到底是否不同

既然雅努斯是世界,朱庇特也是世界,而世界只有一个,怎么却有两个神,雅努斯和朱庇特?怎么他们有不同的神殿,不同的祭坛,不同的仪式,不同的塑像?也许是因为掌握初始的力量是一回事,掌握原因的力量是另一回事,所以分别有了雅努斯和朱庇特两个名字。但如果一个人对两个不同的事物有力量,或者有两种不同的技艺,难道就因为两个力量相互不同,我们就说这是两个判断者,或两个工匠?如果说只有一个神,而他拥有初始的力量和原因的力量,仅仅因为初始和原因是两件事,我们难道就有必要把他当作两个神?如果人们认为这样区别是对的,那就该说朱庇特就是很多神,因为他们给了他很多名字,赋予了很多法力。他另外的名字来自万事万物,无穷多,又各自不同;我会提到其中几个。

㉘ [译按]因为瓦罗的《论对诸神的服侍》没有流传下来,我们无法确证此处的"*de cultu deorum*"真的是指这本书,还是一个一般的词组。如果不是书名,这句话也可以翻译为:"瓦罗在他的书中除了讨论很多其他的关于诸神服侍的问题之外,还引用了瓦勒里乌斯·索拉努斯的诗句来表达这种观念"。

㉙ 索拉努斯,(残篇),4(仅见于奥古斯丁)。

㉚ 瓦罗,《论对诸神的服侍》,(*De cultu deorum*)(残篇),40(仅见于奥古斯丁)。

11. 朱庇特的各个名字指的并不是很多神，而是同一个神

罗马人把朱庇特称为胜利者（*Victor*）、不可征服者（*Invictus*）、拯救者（*Opitulus*）、鼓舞者（*Impulsor*）、阻止者（*Stator*）③、百足之神（*Centumpeda*）、四面之神（*Supinalis*）、梁柱（*Tigillus*）、营养者（*Almus*）、哺乳者鲁米努斯（*Ruminus*），还有别的很多，不一一赘举③。人们之所以加给这个神这么多名字，是因为他是很多的原因，有很多能力，但他们并没有因为这些就把他当作很多神。他可以战胜一切，但谁也不能战胜他，他给匮乏者以帮助，因为他有鼓舞、阻止、确立、摧毁的力量；另外他是支撑世界的梁柱，营养万物，而且作为哺育者鲁米努斯，像用乳头一样，哺育各种生灵。我们看到这里有一些伟大的事情，有一些渺小的事情，而这一个神这些都能完成。人们把唯一的世界的原因归给朱庇特，把开端归给雅努斯，我想这两者之间的接近程度，超过了支撑世界和哺育生灵两件事之间的接近程度。这两件事之间，无论就力量还是尊荣而言，都差距甚大，但也不必用两个神来负责；就前者而言朱庇特是梁柱，而就后者而言人们又把他称为鲁米努斯。我不想说，让生灵吃奶就更适合朱诺的工作，而不是朱庇特的，特别是已经有女神鲁米娜来帮助做这件事、提供服务的情况下。我想他们会回答说，按照索拉努斯的诗句，朱诺其实就是朱庇特："万能的朱庇特是万王、万物、万神之父，是诸神之母。"③既然仔细研究这个问题的人发现他就是女神鲁米娜（*Rumina*），为什么还要叫他鲁米努斯（*Ruminus*）呢？在一粒谷当中，要有一个威严的神

---

③ 参见本书 3：13。

③ 瓦罗，《人神制度稽古录》（残篇），238。

③ 见本书 7：9。

负责谷粒,另外一个神负责谷皮,我们都觉得不合适,而在给生灵喂奶这么渺小的一件事情上,都需要动用两个神的力量,其中一个还是万物之王朱庇特,而且他还不和自己的结发妻子一起做;而是和一个据我所知名声不好的女神鲁米娜一起做;或许他自己就是鲁米娜,在给雄性动物喂奶时他是鲁米努斯,在给雌性动物喂奶时是鲁米娜?我要说,如果不是因为在索拉努斯的诗句中说他是万神之父,是诸神之母,人们不会愿意给朱庇特一个女性的名字。而在我读到的他的别的名字中,他还被叫做钱财女神,这是诸多下级神祇中的一个,我已经在第四卷里讨论了[34]。但让他们看看这个问题,既然男人女人都会有财富,为什么不同时叫他钱财女神(*Pecunia*)和财神(*Pecunius*)呢?——就像鲁米娜和鲁米努斯那样。

12. 朱庇特又叫钱财女神

罗马人给这个名字讲的道理真漂亮呀!瓦罗说:“他之所以被叫做钱财女神,是因为一切都是他的。”[35]啊,这真是神圣名字的伟大道理!对于拥有万物的神,用“钱财”命名简直是莫大的冒犯与羞辱。和天地所包容的万物相比,哪怕人们称为钱财的一切都合起来,这钱财又算什么呢?定是贪婪把这个名字给了朱庇特,这样每个爱钱的人看上去就不是爱一般的神,而是爱万物之王。但如果把他称为财富之神(*divitiae*),那就完全不同了;财富是一回事,钱财是另一回事。我们说智慧、正义、善好的人是富有的,哪怕他们没有钱财或只有很少的钱财;他们更因美德而有财富,靠了美德,哪怕缺乏物质生

---

[34] 本书 4:8,10,11,21。

[35] 瓦罗,《人神制度稽古录》(残篇),252。

活必需的东西，他们都会满足。但贪婪的人是贫穷的，因为他们永远在渴求，永远匮乏；他们可能拥有大笔钱财，但是无论这有多丰富，他们都不能脱离匮乏。我们可以说，真正的上帝自身是富有的，不是因为钱财，而是因为他的万能。人们也说有钱人富有，但是他们如果很贪婪，内心就是匮乏的。同样，我们说穷人缺乏钱财，但是如果他们智慧，那么内心就富有。所以，用"智者是决不会追求的"㊱东西给诸神之王命名，一个智者该如何看待这种神学？如果他们从这教义中学到拯救性的、与永恒生命相关的内容，那就简单多了。世界的主神就不应该叫做"钱财"，而应该叫做"智慧"，对他的爱可以清除掉肮脏的贪欲，也就是对钱财的爱。

13. 在谈到萨腾是什么，盖尼乌斯是什么的时候，他们说，二者和朱庇特都是一体

如果别的神都等同于朱庇特，人们为什么还那么多地谈论朱庇特呢？既然他自己就是一切，那么认为有多神的意见就荒唐了，无论这些神被当成他的部分或能力，还是说，充满万物的灵魂的力量获得了诸神的名字——一般认为，这些力量要么来自可见世界中各个部分的混沌组合，要么是自然的各种功能。那么萨腾是什么呢？瓦罗说："他是主神中的一个，万物的生殖受他控制。"㊲我们前面提到的索拉努斯的那几句诗不是已经说了吗，朱庇特是世界，一切种子由他而出，由他而入？朱庇特就是那控制万物的生殖的。谁是盖尼乌斯（*Genius*）㊳

㊱ 撒路斯提乌斯，《喀提林阴谋》，11:3。

㊲ 瓦罗，《人神制度稽古录》（残篇），240；《论拉丁语言》，5:64。

㊳ ［译按］本书 7:6 中的"守护神"也是 *Genius*。但是，奥古斯丁在两处用同一个词时，指的并不是同一个神，但在下文提到每个人都有的盖尼乌斯时，他似乎又把盖尼乌斯当成了保护神。

呢？瓦罗说："他是这样一个神,有生育万物的力量。"除了世界之外,
他们认为还有谁有这个力量？而世界就是朱庇特,因为他是所谓万
物的父母。瓦罗在另外一处又说盖尼乌斯是每个人的理性心灵,说
是每个人都有一个,而世界的心灵又是神。这样他回到了同一个结
论:我们该相信,无处不在的盖尼乌斯是世界的心灵㊴。这正是他们
所说的朱庇特呀。如果每个盖尼乌斯都是神,而每个人的心灵又是
盖尼乌斯,就可以推导出,所有人的心灵是神;如果这个荒谬的回答
让罗马人自己都不肯承认,那么他们剩下的做法就只能是把盖尼乌
斯当作专有词,来称呼那个作为世界心灵的大神,也就是朱庇特。

14. 墨丘利和马尔斯的职责

他们没能找到一种方式,把墨丘利和马尔斯当成世界的部分,或
是神在各元素中的工作,于是让他们分别掌管言语和战争这种人事。
如果诸神的语言能力也是从墨丘利来的,如果朱庇特说话也要取决
于他的抉择,或是从他那里获得言语能力,那么诸神之王也受他的控
制。这是荒谬的。但是如果我们仅把人类讲话的能力归给他,我们
就无法相信,朱庇特愿意降临下土,不仅哺育孩子们,而且哺育牲畜
的幼崽(正是因此他才叫鲁米努斯),却不愿意照管我们的语言能力,
而这种能力使我们区别于禽兽。这样看来,朱庇特和墨丘利是同一
个神。如果人们用词语解释神名,那么墨丘利的名字指的就是"言
语"的意思。"*Mercurius*"这个词的意思是"在中间行走",而语言就
是在人们中间行走的。在希腊人那里,他叫赫尔墨斯(Ἑρμῆς),因为
ἑρμηνεία 的意思就是"语言"或"解释"(这当然也和语言有关);墨丘利

㊴ 瓦罗,《人神制度稽古录》(残篇),237。

掌管商业，是因为买者和卖者之间有语言交流；他的头上和脚上长着翅膀，这代表了语言生翅，在空气中飞行；他被叫做信使，是因为一切思想都是通过语言传递的。如果墨丘利自己就是语言，那他们就自己承认了他不是神。如果他们把连鬼怪都不算的东西都当成神，那么他们在向不洁的精灵祈祷的时候，他们就已经被鬼怪而不是神附体了。同样，因为他们不能找到世界的某个元素或部分来让马尔斯负责，不能让他在那里负责自然的某个职能，他们就说马尔斯是战神，这完全是人事，而且还不是人们很愿意要的事。如果幸福女神赐给人们永久和平，那马尔斯就没什么事做了。而如果马尔斯自己就是战争，正如墨丘利自己就是语言那样，那就再明显不过：他不是神，战争本来就不该被虚伪地称作神。

15. 异教徒用他们的神来命名的一些星星

或者这些神就是用他们的名字命名的星星？他们把水星称墨丘利，把火星称马尔斯。但他们又把木星称为朱庇特，而朱庇特就是世界；他们还用萨腾命名土星，但是他也负责一项干系不小的工作，就是万物的种子；他们把最亮的金星称为维纳斯，但又说维纳斯是月亮；而朱诺和维纳斯又争夺那颗最亮的星，就像争夺金苹果一样；有人说启明星（Lucifer）是维纳斯，有人说那是朱诺；但是，像以前的争夺一样，维纳斯又取胜了。大多数人把那颗星给了维纳斯，现在几乎很难找到持不同意见的人了。他们说作为万物之王的朱庇特的星星却不如维纳斯的星星明亮，谁不会为此发笑呢？他比别的神法力大多少，他的星星就该亮多少。罗马人回答说，他只是看上去暗，因为他位置更高，离地球更远，所以让人觉得暗一些。如果位置越高尊荣就越高，那萨腾不是比朱庇特更高了吗？

难道朱庇特当王的虚伪的故事无力达到星星了,使得萨腾得以在
天上获得了在自己的王国和卡匹托利山不能获得的地位?但为什
么雅努斯不能得到一个星星呢?如果是因为他就是世界,一切都
属于他,那朱庇特也是世界,怎么能有一颗星呢?难道雅努斯尽力
达成妥协,从而虽然在星系中不拥有一颗星,但是在地上拥有更多
的脸?语言和战争不是世界的部分,而是人事,但人们因为水星和
火星是两颗星,就把它们当作世界的部分,从而还能有墨丘利和马
尔斯这样的神;那么,白羊座(Aries)、金牛座(Taurus)、巨蟹座
(Cancer)、天蝎座(Scorpio),以及其他此类的数量众多的天体为什
么不是神呢?这些不是单个的星星,而组成了星座,他们说这些星
星在更高的空中,在那里,星星依照固定的轨道连续运动。但是为
什么人们不给他们设立祭坛、仪式、神殿,不把他们当作神?我说
的还不是选神,就是那些下级诸神中也没有他们。

16. 阿波罗、狄安娜,和其他被认为是世界部分的选神

人们把阿波罗当成预言和医药之神,同时也把世界的一部分给
他,说他是太阳神。同样,他的妹妹狄安娜是月神,又掌管道路。他
们说狄安娜是处女,因为道路不会生育。两个神都有箭,因为天上这
两颗星都发出光芒,照到地上。他们把伏尔坎当作世界的火,把涅普
顿当作世界的水,父神狄斯,也就是奥尔库斯,是世界的土,也就是世
界较低的部分。利伯尔和刻列斯掌管种子,前者掌管雄性的,后者掌
管雌性的;或者说,前者掌管湿性的种子,后者掌管干性的种子[40]。这
些合起来又是整个世界了,而这就是朱庇特,因此说,朱庇特是万物

---

[40] 瓦罗,《论拉丁语言》,3;66.59。

之父、万物之母，一切种子从他而出，一切种子从他而入。他们又说刻列斯就是大母神，这就无异于说她是大地，这就等同于朱诺了。他们又说她是事物的第二因。他们说朱庇特是万物之父、万物之母，因为他们认为朱庇特是整个世界。因为他们把人类的技艺交给密涅瓦，就找不到一个星星来安放她了，他们就说她要么在以太的高天，要么是月亮。他们认为维斯塔是最大的女神，说她就是大地。他们说世界上的火是轻逸的，与人们的日用相关，而不是像伏尔坎那么暴烈，应该归维斯塔掌管[41]。他们就这样说，选神组成了世界，其中一些是它的整全，一些是它的部分：整全的是朱庇特，部分的是盖尼乌斯、大母神、太阳、月亮，或者说阿波罗和狄安娜。有些神是一个管几件事，有的是一件事几个神来管。一个神管几件事的比如朱庇特。整个世界是朱庇特，朱庇特管天空，据说朱庇特也拥有一颗星星。同一个朱诺是第二因的女主，是空气，是大地，如果她能战胜维纳斯的话，还能有一颗朱诺星。同样，密涅瓦在最高的以太天，还是月亮，也就是他们说的最低空。一件事由几个神管的，比如雅努斯是世界，朱庇特也是。朱诺是大地，是大母神，刻列斯也是。

17. 瓦罗自己都说他关于诸神的意见是模糊的

我当作例子举出的这些，可以代表其他的了，这些不仅没有解释问题，反而把问题弄复杂了。谬误的观念追逐着他们，让他们朝秦暮楚，忽左忽右。连瓦罗自己都不愿肯定这些，而宁愿对一切存疑。他在最后三卷中的第一卷讨论了确定的神之后，开始在第二卷讨论不确定的神。这时他说："我在这一小卷里会谈到关于神的有疑问的意

---

[41] 拉克唐修，《神圣原理》，1:12。

见,我不该为此遭到指责。谁要是认为自己可以并应该作出判断,在听完我的讲述后,那就判断好了。而我自己,更容易怀疑我在前面一卷书所写的东西,而不是把这卷书里写的一切整合到一起。"看来,不仅对不确定的神,他把确定的神也变得不确定了。后来在第三卷讨论选神的时候,他首先讲了他认为自然神学应该讲的内容后,开始谈城邦神学的虚妄和荒谬的谎言。这里,他不仅没有事物的真理的引导,甚至还被大众的权威压制。他说:"我在这卷书里会写到罗马民众的公共的诸神,罗马民众为他们建造公共神殿,以众多的象征来装点他们;但是,就像克洛丰(*Colophonius*)的色诺芬(*Xenophanes*)⑫那样,我给出我所想到的,而不是我要作出的结论。就此问题,人只能有意见,只有神才有知识。"瓦罗在谈到人类的制度的时候,并不是基于对事物的把握和坚定的信仰,而是只能带着颤抖的意见和怀疑的言词。所以他只知道世界存在,天地存在,星星辉映天空,种子使大地肥美,以及诸如此类。他靠坚毅的心灵坚信,自然之大块是由一个不可见的力量主宰和统治的,但他并不能同样肯定雅努斯就是世界,也不能明白为什么萨腾既是朱庇特的父亲,却又被他这个诸神之王统治,以及诸如此类的事。

18. 关于异教徒为什么有这样的谬误的一个更可信的原因

对这些疑问我们可以找到一个更可信的原因:诸神都是人,人们根据他们的天性、道德、事迹、环境,把他们当成神来奉承,设立了仪式和庆典。人的灵魂和鬼怪的灵魂一样,贪图剧场表演,于是,这些

---

⑫ 克洛丰的色诺芬(约公元前 570—480),希腊哲学家,可能是阿纳克西曼德的弟子。他认为,人不可能获得关于神的知识,反对任何人格神的观念。只有残篇传世。

庆典和仪式逐渐渗透到人们的灵魂中,播扬久远,经过诗人的捏造和加工,骗人的精灵们诱惑人们接受。瓦罗解释萨腾被朱庇特推翻的故事说,原因先于种子,而朱庇特执掌原因,萨腾执掌种子。但一个更可信的解释是,某个不敬的青年害怕被同样不敬的父亲杀死,或者觊觎父亲的王位,从而逼父退位。如果瓦罗的解释是对的,那萨腾就不先于朱庇特了,从而也就不能是他父亲。因为原因总是先于种子,而不会从种子中诞生。可见,为了给最虚妄的传说或人事一些自然的解释,连如此富于睿智的人也变得狭隘了,我们真为他的虚妄伤感。

19. 关于萨腾服侍起源的解释

瓦罗说:"人们传说萨腾每生下一个孩子,就把他吞下去,这象征种子都回到了出生前的地方。但在朱庇特出生的时候,他吞下了一块土,而不是自己的儿子,瓦罗说,这象征着,人们开始亲手把种子埋在土里种植,早于耒耜之用。"这样他就把萨腾当成了大地自身,而不是种子;大地吞吃自己生下的一切,这就象征着土地上长出的种子都回归大地。那么,说他吞下泥土,而不是朱庇特,为什么就说明人们亲手种下种子呢?难道种子被土埋起来,就不会像别的东西那样被吞下了?他的意思好像是说,把种子埋在土里的人,就把种子给偷了,就像用土替代了朱庇特以后,就把他从萨腾那里偷走了一样。用土埋种子不是更深地吞下去吗?而且,这样朱庇特就是种子,不是他原来说的那样,是种子的原因。人们是在解释愚蠢的事情,当然找不到智慧的说法,这能怎么办呢?他说,因为萨腾有一把镰刀,所以他和农业有关。但是他在位的时候根本没有农业,按照瓦罗自己对历史的解释,在萨腾那时,初民是依靠大地里随机生长出的粮食生活的。难道是他在丢掉了权杖后得到了镰刀？那么这个本来悠闲的王在他的儿子统治下变成了苦力？随后他又说，有些民族烧死孩子向他献祭，布匿人就这么做，而在高卢等民族那里，连成人也烧。这是因为在所有的种子里，人类的是最好的。我们还有必要过多谈论这种极残忍而虚妄的行为吗？我们由此应注意到并坚持下面一点，这些解释都与真正的上帝无关，他是生生不息的、不在物质中的、不可改变的自然，人们求他是为了永恒的幸福生活。但是求萨腾却是为了物质的、此世的、变化的、必朽的事情。他说，神话中相传萨腾阉割了他的父亲天空（Coelum）㊸，这象征着萨腾的生殖器，而不是天空的生殖器，生产了神圣的种子。之所以这么理解，据说是因为天上的事物都不是从种子生的。但是你看，如果萨腾是天空的儿子，那他就是朱庇特的儿子。因为朱庇特就是天空，这是他们在多处认真肯定的。可见，不是来自真理的东西，不用谁来攻击，总是不可避免地自相矛盾。希腊语中用"克洛诺斯"来命名萨腾，代表时间过程，而如果没有时间，种子就无法生长。关于萨腾还有很多说法，都和种子有关。但是大能的萨腾掌管种子不就够了吗，为什么还需要别的神，比如利伯尔和利伯拉（就是刻列斯）呢？瓦罗谈到种子的时候谈到了这些神的很多事，但是根本没有提萨腾。

20. 厄柳西尼亚的刻列斯的仪式

厄柳西尼亚的刻列斯仪式非常有名，在雅典人那里非常尊贵。瓦罗对此没有解释，只是在谈到粮食的时候提到了刻列斯，因为是刻列斯发现了粮食。他还在讲刻列斯的女儿普罗塞耳皮娜时提到了

㊸ 即希腊神话中的乌拉诺斯。

她，普罗塞耳皮娜被奥尔库斯劫走了，刻列斯失去了她。瓦罗说她象征了种子的丰收。人们认为，刻列斯的女儿象征丰收，普罗塞耳皮娜（*Proserpina*）的名字就来自富足（*proserpendo*）。当丰收时节过去之后，大地凄凉悲伤，于是有人说，那是因为奥尔库斯把普罗塞耳皮娜劫走了，藏在了冥界。于是人们举行典礼，公众表达哀伤；而在每年丰收的时节，人们又表达喜悦，庆祝普罗塞耳皮娜的归来，就设立了这个庆典。瓦罗就说她的神话里谈了很多事，都和粮食的发现有关。

21. 人们膜拜利伯尔的下流仪式

利伯尔掌管湿性的种子，不仅包括果实中的水分，即用来酿酒的原料，而且包括动物的精子。要谈关于他的仪式多么下流，确实稍嫌言语冗赘；不过，既然他们如此骄傲，我也就不惮其烦了。有很多内容我不得不删去，我只提其中一点，瓦罗说，在意大利举办极为下流的利伯尔庆典，人们为了他的荣耀，甚至在十字路口祭献男人的阳具。人们还不存一点廉耻，不在暗处秘密进行，而是在光天化日之下当众展示，极尽肮脏之能事。在利伯尔的节日庆典期间，他们把这个见不得人的器官放在小车上，带着极大的荣耀，大肆矜夸。先是在乡下，随后又运到城里展示。在拉维尼乌姆小镇，整整一个月都献给了利伯尔，人们每天都讲最污秽的言语，直到把那器官运到讲坛上，然后再回归本位，才安静下来。当地最德高望重的妇人必须把一顶桂冠盖在这个卑下的器官上。这样，男神利伯尔就得到了抚慰，于是万物的种子就会快速生长，祛除农田里的妖魅。如果有贵妇在观看，连妓女都不会在剧场里做这样的事，贵妇却要当众表演。那不洁的灵魂之所以认为萨腾一个不够掌管所有的种子，从而要找机会增加神

的数目,发明这样的渎神仪式,是因为灵魂过于肮脏,被唯一的真正
上帝抛弃了,又贪于卖身给更多肮脏的伪神,于是把这些渎神之事称
为圣事,让自己被那一大群污秽的鬼怪侮辱和污染。

22. 涅普顿、萨拉西亚、微尼利娅

　　相传涅普顿和他的妻子萨拉西亚居住在深海之中。为什么他又
和微尼利娅㊹在一起?除非是因为灵魂渴望邀请更多的鬼怪来让自
己卖身,否则完全没有必要有这样的仪式。但瓦罗还是给了一个体
面的神学解释,用理性来逼迫我们不再谴责。他说,海浪来到了岸边
就是微尼利娅;回到深海就是萨拉西亚。那么,同样是海浪来来去
去,为什么是两个女神呢?就是因为对更多神灵的疯狂渴望燃烧起
来了。海水是来还是回并没有加倍;但这是一个虚妄的机会,可以让
他们请来两个鬼怪,能够更多地玷污灵魂,而灵魂去了就不会回来
了。我要问你,瓦罗,或者你们这些读过博学的人们的著作、自称学
到了伟大的知识的人,请你们解释一下。我不让你们解释永恒而不
变的自然,即唯一的上帝,而是解释世界的灵魂及其各部分,即你们
认为的真神。你们说世界的一部分灵魂深入海里,就是涅普顿,这个
错误还可以容忍。但难道海浪来到岸边又回到深海,就是世界的两
部分,或者世界灵魂的两部分吗?你们中谁会这么愚蠢,以致如此认
为?为什么这就成了你们的两个女神?就是因为你们智慧的祖先不
能让很多神统治你们,而只能让更多的鬼怪统治,这些鬼怪都是喜欢
虚妄和虚假的。按照这种解释,本来萨拉西亚呆在她的丈夫下面的
深海区域,但为什么她失去了那里?你们把她当成退潮的海浪,就把

㊹ 此处的微尼利娅与本书 4:11 中掌管希望的微尼利娅并不是一个女神。

她放在了水面。难道是她恼恨丈夫另娶微尼利娅，从而到海面来赶他了吗？

23. 瓦罗确信，大地是女神，是世界的灵魂；而他认为世界的心灵是神，神性甚至会渗透到其身体最低的部分，在那里施加神力

　　23.1　大地只有一个，而且我们看到它充满了自己的生灵（*animalibus*）；而同时，在各种元素当中，它也是一个大块，是世界的最低部分，为什么要把它当作女神呢？是因为它肥沃膏腴吗？那么人不更该被当成神吗？因为是人的劳作使大地这么丰腴的，但他们靠的是耕种，不是膜拜。而他们说，世界灵魂的这一部分渗透到大地，使它变成女神。但是，人类无疑也是有灵魂的，这不是最明显不过的吗？但是人类没有被当成神。这真是该沉痛哀悼的事：人们自己比那些不是神的东西更好，却要把他们当神服侍和膜拜，这简直是犯了一个奇怪而可怜的错误。瓦罗在关于选神的书里明确提到，整个自然中的灵魂分三个等级：第一等级，贯通于生灵的全部身体，没有感觉，只有生命的形态，他说这种力量贯穿于我们身体中的骨骼、指甲、毛发；世界中的树木不需要感觉，却能发育和成长，就是靠这种灵魂生存的。第二等级的灵魂是有感觉的：这种力量渗透到眼睛、耳朵、鼻子、嘴巴、皮肤。第三等级的灵魂是最高的，称为"心灵（*animus*）"，其中渗透了理智，必朽之物中只有人有[45]。这部分的灵魂若在世界中，瓦罗就叫做神，若在我们身上，他就称为"天性"

---

[45]　［译按］这是西方科学传统中影响很大的关于生命与灵魂的观念，来自亚里士多德一直影响到今天的生物学。吴宗文译本将这三种灵魂分别译为"生魂"、"觉魂"、"灵魂"，我们虽未采用，但不失为妙译。

(genius)。我们看到,世界中的石头和土地没有感觉,他说这是世界大神的骨骼和指甲;我们能感到的太阳、月亮、星辰,是神用来感觉的,就是他的感官;以太是他的灵魂;神的力量渗透到星星中,于是星星都被变成了神。渗透到大地的那一部分,就是女神特勒斯;渗透到海洋中的那一部分,就是海神涅普顿。

23.2 瓦罗还是离开他所谓的自然神学,回去吧,因为这样往复缠绕着兜圈子已经让他疲倦了,还是休息一下吧。他还是回去吧,我说,回到城邦神学吧。我们且让他在这里[46]多待一会,因为我就此还要多说一点。我还没有说,如果土地和石头像我们的骨骼和指甲,它们也应该和骨骼、指甲一样,没有理智,缺乏感觉。我也没有说,如果就因为骨骼和指甲存在于有理智的人们当中,就说骨骼与指甲有理智,那就太愚蠢了;而说世界的同样的东西中有神,就如同说我们的骨骼和指甲中有人一样愚蠢。这些问题我也许应该和哲学家讨论。而今我要把他当成一个政治神学家来谈。他好像愿意昂头到自然神学中寻找自由,但是在写目前我们谈的这部书的时候,在思考如何施行书中所写内容的时候,他并没有关心这问题:他这么谈仿佛是为了让人们不要以为,他的或别的城邦的祖先对特勒斯和涅普顿的服侍是愚蠢的。但我要说,世界心灵的一部分渗透到大地,而大地是一个整体,为什么大地不成为所谓的特勒斯女神这唯一的神呢? 如果是这样,那么奥尔库斯,朱庇特和涅普顿的兄弟,罗马人所谓的狄斯父神,上哪儿去呢? 他的妻子普罗塞耳皮娜(按照瓦罗在同一卷里的意

㊻ 〔译按〕此处说的"这里"究竟是指城邦神学还是自然神学,各家理解很不同。这涉及奥古斯丁对自然神学的理解。虽然他让瓦罗回到城邦神学,但下文所讲的仍然是对神的自然理解。不过,奥古斯丁认为,这些看似自然的解释,其目的都是服务于城邦,因此,表面的自然解释仍然是城邦神学的一部分。真正的自然神学,是第八卷所讲的柏拉图的解释。

见，她不是丰收女神，而是负责大地的底层）又上哪儿去呢？如果他们说，这部分的世界灵魂渗透到世界的上部，这样就能保留狄斯父神，而到下部则成了普罗塞耳皮娜女神，那么特勒斯又在哪儿？如果他们这样把本来该是她的大地分成两部分，分由两个神来管，那他们就不能找到第三部分在哪里和是什么了。除非有人说奥尔库斯和普罗塞耳皮娜是同一个神，就是特勒斯女神，但这样还不是三个，而是要么是一个，要么是两个。但人们还说是三个，当成三个神，有各自的神坛、神殿、仪式、塑像、祭司，于是，三个骗人的鬼怪通过这些玷污那些卖身的灵魂。让他回答这个问题：部分的世界心灵渗透到大地的哪一部分，会成为特勒莫⑰？瓦罗说哪部分也不是。他说同一个大地有两种力量。它的阳性的部分生产种子，阴性的部分接受和哺育种子。这样就阴性言就是女神特勒斯，就阳性言就是男神特勒莫。但是他自己又指出，祭司们除此之外又增加了另外两个神，为四个神举办神事，分别是特勒斯、特勒莫、阿尔托（*Altor*）、鲁索尔（*Rusor*）。这又是为什么？上面已经说了特勒斯和特勒莫，那阿尔托是怎么回事呢？他说，大地上生长的一切由此孕育（*aluntur*）。鲁索尔如何呢？他说，一切事物都会转回到（*revolvuntur*）原地。

24. 特勒斯的名字及其含义，这名字表达了多种事物，但并不能证明，这是指有很多神

24. 1 因为同一块大地有四种力量，所以有四个名字，而不成为四个神，就像一个朱庇特有很多名字，一个朱诺也有很多名字。据说，所有那些多重力量都只属于一个男神或女神，而不是有很多个名

⑰ 参见本书 4:10。

字就有很多神。这就像那些水性杨花的淫奔女子,会因感到厌倦而供出众多的情人。同样,那些龌龊的灵魂卖身给肮脏的精灵,乐于增加神的数目,让自己完成那污浊的膜拜仪式。但她们也有时候厌倦了这群神灵。瓦罗也曾经感到这群羞人的鬼怪可耻,于是希望有一个女神特勒斯。他说:"人们说她是大母神,她有一个鼓,象征着圆形的大地;她的头上有塔,象征着城镇。她的周围环绕一圈椅子,象征着万物流动,唯她不动。罗马人设置迦利㊽来侍奉这个女神,象征着缺乏种子的人应该投身大地,因为万物之种来自大地。人们在女神面前跳跃,就是为了劝勉垦殖土地的人不要闲坐,因为总有事要做。锣鼓铿锵,表示人们要忙于挥锄动手,还象征了农业活动中发出的各种声响。鼓是铜做的,因为古代的人们在铁器发明之前用铜器耕地。"他继续说:"他们在女神身边放一只狮子,不系绳索,而且很驯顺,这是为了表示,再远再蛮荒的土地,也可以开垦耕种。"随后瓦罗说道:人们把特勒斯当作母神,给了她众多的名号,就以为有很多神了。他说:"人们以为特勒斯是欧皮斯(Ops),靠劳作(opus)改善大地;又认为她是母亲神,因为她孕育万物;认为她是大母神,因为她生产食物;认为她是普罗塞耳皮娜,因为果实由她丰收;认为她是维斯塔,因为她以绿草为衣裳(vestiatur)。还有别的女神,因为各种原因被当成她,并不荒谬。"如果她是一个女神(其实,她当然不是),他们为什么还把她分成这么多呢? 一个女神有很多名字,而不是有多少名字就有多少女神。不过,瓦罗的祖先错误太多,他们的权威还控制着他,使他在说了这些后,不得不屈服于祖先的观念。于是他随后说:"祖先们提到这些女神的时候,认为是很多女神,这和我的观点并不冲突。"一个认为是同一个女神有很多名字,另一个认为有很多女

㊽　参见本书2:7。

神,怎么会不冲突呢？但是瓦罗说,这些可以是同一件事,一件事可以包括很多事。我可以承认一个人有很多事,但是这就意味着他包含很多人吗？如果一个女神管很多事,那么就有很多女神吗？还是让他们随便分割、综合、增加、加倍、复制吧。

24.2 这就是特勒斯大母神的辉煌神奇,其中一切都和必朽的种子与经营农业相关。那面鼓,那些塔,那些迦利,人们在她面前的跳跃,锣鼓的铿锵,狮子的形像,都是为了这个目的,而这些怎么能应许永恒的生命呢？那些被阉割了的迦利们服务于大母神,这象征着,缺乏种子的人应该投入大地。不正是为了服务于女神,这些人才被弄得缺少种子了吗？究竟是每个缺少种子的人一旦追随女神,就能获得种子,还是每个有种子的人一旦追随女神,就失去种子？这究竟是解释还是指责？那些邪恶的鬼怪设下这样残忍的仪式,却不敢许下大一些的回报,人们竟然没有想过,他们是占了多大的便宜。如果大地不是女神,人们就该靠双手耕耘从而收获种子,而不是在上面自残肢体,为了她而自毁种子。如果大地不是女神,就要靠别人的手侍弄得肥沃起来,她就不该让人亲手自宫,变得不育。在利伯尔的仪式中,德高望重的贵妇在众目睽睽下给丑陋的阳具加冕,或许她的丈夫也站在旁边。如果她还有一点脸皮,那一定会脸红汗出了；在婚礼庆典中,新婚夫妇被命令坐在普里阿普斯的男根上。比起那最残酷的下流和最下流的残酷之事,这些事可真算无足轻重了。在那两个仪式中,鬼怪的伎俩羞辱了男女两性,但毕竟没有伤人。在第一个里,人们害怕农田中的巫术,但在大母神的仪式中,他们却不怕那种伤残肢体之举。新娘坐在私处上已经很羞辱了,但她没有变得不孕,也没有失去贞洁；被割去阳具的人,却既没有变成女人,也不再是男人了。

25. 希腊智者的学说中对阿提斯的阉割的解释

迦利们的阉割是为了纪念阿提斯（*Atys*，又作 *Attis*）的爱[49]，而瓦罗根本没有提到他，也没有寻求一种解释。但是博学而智慧的希腊人对如此神圣而辉煌的事情并未保持沉默。高贵的哲学家波斐利（*Porphyrius*）[50]认为，在春天，大地的表面比其他时节都美，而阿提斯象征着花朵。因为在果实成熟前花朵要凋落，所以他也要凋落。这样，不是人，也不是他们称为阿提斯的假想的人，而是阿提斯的阳具与花朵对比。阳具凋落了，他还能活。其实阳具并不是真的凋谢了，也不是采摘了，而是被阉割掉了。花朵凋落后，并没有长出果实，反而变得不育了。那么他阉割后剩下的东西象征了什么？那指的是什么？这该怎么解释？希腊人寻求诠释的徒劳努力只是告诉我们，流言所讲的，书籍传说的，不过就是一个被阉割了的人。难怪我们的瓦罗望而生厌，不愿谈到这些。这么博学的人是不会不知道它的。

26. 大母神的下流仪式

瓦罗也不愿提到那些献身给大母神的雌性男人，他们简直不具备无论男女的任何廉耻心。他们就在昨天还把头发弄得湿漉漉的，涂脂抹粉，体态矫揉造作，女里女气地在迦太基的大街小巷招摇过

㊾ 事见《埃涅阿斯纪》，9；阿诺庇乌斯，《反异教》，5。

㊿ 波斐利(约公元 232—304 年)，新柏拉图主义哲学家，普罗提诺的学生，基督教的坚决反对者。他写了十五卷书批驳基督教，但只有残篇传世。他的《灵魂的退化》(*De Regressu Animae*)因为奥古斯丁的引用而有残篇传世。奥古斯丁在本书 10：11 提到的他的书信流传了下来。虽然他对基督教的态度非常强硬，奥古斯丁对他一直都很尊重。

市，还恬不知耻地勒索钱财来维持生计[51]。我在哪里也没有读到对此的说法。没有解释，理性都要因此而脸红，语言只好沉默。大母神战胜了她所有的子神，不是在神力方面，而是在罪行方面。和她的怪诞相比，雅努斯的古怪面相是小巫见大巫了。雅努斯不过只是塑像上稍微变形，而大母神却在仪式上变态而残酷；雅努斯多了一些石头的器官，而大母神却让人伤残肢体。哪怕是朱庇特的诸多下流的淫行，也无法与之媲美。朱庇特虽然玷污了很多女子，只是因为伽倪墨得斯（*Ganymede*）[52]他才污染了天堂，而大母神却公然使用雌化男子，污染大地，毒害天堂。萨腾曾经阉割父亲，也许我们可以把他和大母神的残酷之举相比，甚至他还超过一些。但是在萨腾的仪式里，毕竟还是别人动手杀人，而不是让人自宫。诗人们说，萨腾吞下了自己的儿子，不管自然哲学家怎么解释，但就历史而言，他是杀了自己的儿子。布匿人把儿子当作祭品，罗马人并没有接受这做法。但是诸神之母甚至让阉人走进罗马的神殿里，保持了这种残酷的风俗。人们以为，她让男人割掉阳具，有助于罗马的雄风。与此相比，墨丘利的偷盗，维纳斯的放荡，还有别的诸多下流污秽之事（哪怕每天不在剧场里表演和歌唱，我们可以从书中征引），又算什么呢？这么大的坏事，也只有大母神才配，他们又怎能相比呢？据说，另外那些故事是诗人虚构的。那么，诸神喜悦和接受这些表演这回事，难道也是诗人的编造？歌曲和书本上的，或许出自诗人的莽撞和不慎，但是那些用于神的仪式，赞美神的荣耀的项目，完全是诸神命令强加的，不是诸神的罪行是什么？这就是鬼怪们的坦白书，是对可怜之人的欺骗。认为需要人们阉割献身来膜拜诸神之母，这可不是诗人编造的。诗人们被吓

---

[51]　参见奥维德，《宴饮》，4：350 以下；西塞罗，《法律篇》，2：9。
[52]　伽倪墨得斯，特洛伊的英俊王子。宙斯/朱庇特把他弄到天上当酒童和男宠。

得不敢歌唱这些了。人们被弄得生前不得过有尊严的生活,而要被如此卑贱的迷信压服,服务于如此肮脏的鬼怪,献身给选神,难道还能得到死后的幸福生活? 但他说,这些都和世界(*mundus*)相关。他没有看到,这反而更是肮脏的(*immundus*)㊝。凡是被证明是在这个世界中的,怎能不朝向这世界呢? 我们所追求的心灵,要用真正的宗教约束自己,不把世界当作神来膜拜,而是为了上帝,把世界当作上帝的作品来赞美;只有荡涤干净世界上的污浊,灵魂才能回到创造了世界的上帝那里。

27. 论自然学家的虚构,他们服侍的不是真神,完成的也不是服侍真神的仪式

27.1　我们看到,选神确实比别的神更加有名,但这并不意味着他们的品德应该张扬,而是他们的丑事无法遮盖了。因此,更可信的是,他们都曾经是人,这不仅见诸诗人的吟咏,而且有史家的记录。维吉尔就说:"萨腾首先从奥林匹斯山顶的以太中逃亡到这里,因为他被朱庇特打败,失去了他的宝座。"㊴这事之后的故事,欧西莫鲁斯在史书中都有叙述㊵,埃尼乌斯又翻译成了拉丁文。针对这类错误,因为有很多人在我之前用希腊文或拉丁文写过,我在此就不必多费笔墨了。

27.2　当我看这些自然学的解释的时候,我看到博学而睿智的人试图把人事转变成神事。我看到他们只涉及在某时某地发生的,

㊝　[译按]在拉丁文里,*mundus*有两个意思:"世界"和"清洁"。奥古斯丁这一段在有意利用这个词的双重涵义。

㊴　维吉尔,《埃涅阿斯纪》,8:319—320。

㊵　参见本书6:7。

只有物质自然的事物。哪怕这些事是不可见的,但还是可变的,不可能是真正的上帝。如果这些服侍能够稍微与真正的宗教的意义对应,虽然这会遗憾地不能宣布和预兆真正的上帝,但毕竟还会靠某种方式,不至于陷入那么卑鄙下流的东西。灵魂只有栖居于真正的上帝之中才会幸福,只要不服侍上帝,无论服侍身体还是灵魂,都是违背神法的,那么如果这服侍不会带来身体的健康与灵魂的光荣,这不更是远为不敬吗? 如果人们把应该为真正的上帝设置的神殿、祭司、祭仪,用来服侍世界的各元素,或是服侍某些被创造的精灵,哪怕所服侍的对象并不是肮脏的和邪恶的,这种服侍也是邪恶的,这并不是因为用来服侍的手段是恶的,而是因为这些东西只能用于服侍唯一的上帝,只有他能享受服侍与侍奉㊱。另外,如果有人说,他服侍唯一真正的上帝,但是是用那些愚蠢而怪诞的塑像,杀人作祭品,不知羞耻地为阳具加冕,用卖淫的钱财,切割肢体,阉割生殖器,靠雌化的男人服侍,用肮脏淫秽的游戏表演,来服侍唯一的真正的上帝,所有灵魂和物体的创造者,那么,这些人也是有罪的,但不在于服侍了不该服侍的对象,而是因为服侍者用不该用的服侍方式服侍上帝。如果谁用下流而肮脏的方式,不服侍那制造了灵魂和身体的上帝,而是服侍了被造物,哪怕这被造物并不下流,无论是灵魂,是物体,或是既有灵魂也有物体,服侍者都对上帝犯了双重的罪,一方面是服侍了不该服侍的对象,一方面用不该用的服侍方式进行服侍(无论是否上帝都不该用这来服侍)。他们用怎样下流而污秽的方式服侍,这是很清楚的。但是他们服侍谁或服侍什么,却是模糊的。幸亏有他们自己的史书见证,坦白了这些卑鄙下流的仪式,是诸神以可怕而残酷的命令

㊱〔译按〕这段话的逻辑略有些复杂:世界的元素和被造的精灵不是恶的,而是好的,因为是上帝的造物。用来服侍的手段也是好的。但是,如果用这种手段服侍这些元素和精灵,就是恶的,是因为它们不该得到这样的服侍。

强加的。这样就清除了模糊之处：整个城邦神学都是发明各种方法，吸引无法无天的鬼怪和最肮脏的精灵，邀请他们观看荒谬的形像，从而摄住愚蠢的人心。

28. 瓦罗的神学学说自相矛盾

瓦罗这个无比博学无比睿智的人，通过巧妙的论证，试图把所有的神都还原和归结到天与地。他做得怎样呢？他做不到。诸神逸出他的手掌，跳踏、回旋、坠落。他这样说女神："我在第一卷里谈到地点时，说诸神有两个起源，一个是天上，一个是地下。所以人们就说有一些神是天上的，一些是地上的。我在前面一卷首先谈天上的神，说到了雅努斯，有些人说他是天，有些人说他是世界；在谈到女神的时候，我要首先写特勒斯。"我能感到，这个天才在写下这些的时候承受着很大的麻烦。他出于某种类比的推理，把天当成主动力量，把地当成被动的，于是把雅努斯归为阳性力量，把特勒斯归为阴性。但是他根本没注意到，是制造了这一切的上帝制造了这两者。他在前面一卷同样地解释了萨摩色雷斯（Samothraces）的著名神话，以极大的宗教热情许诺说，他会写下人们不曾注意的故事，并把它们送给人们⑰。他说他在那里收集了很多证据，说明诸神是比喻，分别代表了天空、大地，还有万物的型相（exempla），也就是柏拉图所说的"理念"：瓦罗希望人们把朱庇特理解成天空，朱诺理解成大地，密涅瓦理解成理念。天空是创造者，大地是创造的质料，型相是创造的根据。我还没有说，柏拉图认为理念有极大的力量，并不是天空依照理念来创造，而是天空本身就是按理念被造的。我认为，在关于选神的那卷

---

⑰ 瓦罗，《论拉丁语言》，5，58；西塞罗，《论神性》，1：42.119；希罗多德，《历史》，2：51。

书里，他放弃了这三个神包含一切的说法。他把天空归给男性诸神，把大地归给女性诸神。他把密涅瓦放在女神当中，虽然以前他把她放在天空之上。于是男神涅普顿在海里，好像他和大地而不是天空更有关。后面又有父神狄斯，他在希腊人中称为普鲁托（Πλούτων），是男神，也是前面两个神的兄弟，但却是大地之神。他占有大地的上部，又把下部归给妻子普罗塞耳皮娜。这样，他怎么能说男神在天上，女神在地上呢？这样的说法怎么会牢靠、连贯、清晰、明确呢？特勒斯是女神之首，是大母神，却让那些雌性的阉人自宫之后跳跃着来服侍她，充满荒唐而下流的噪音。他怎么能说雅努斯是男神之首，特勒斯是女神之首呢？雅努斯有那么多头，这么荒谬，怎么会是一个"首领"，特勒斯带来狂热，如何会是清醒的首领？他为什么荒唐地让这样的神代表世界呢？即使罗马人能这么做，也没有虔敬的人服侍这样的世界，而不服侍真正的上帝。但是真理表明，他们做不到这一点。已经没有疑问，这些更多指的是已死的人和邪恶的鬼怪。

29. 自然学家认为代表世界或世界的各部分的神，都应该归于真正的上帝

根据这些神的神学中的自然理性，他们都属于世界。但这些都应该毫无保留地归给真正的上帝，才不会渎神。上帝创造了世界，我们应该看到他是所有灵魂和身体的建造者，用这个方式来论证：我们服侍上帝，不服侍天地，因为这只是世界的两个部分。我们也不服侍充满一切生命的一个或多个灵魂。我们只服侍创造天地、包含万物的上帝。他创造了所有灵魂，不论其生命方式如何，包括所有无感觉与理性的，一切有感觉的，以及一切有理智的灵魂。

30. 我们要靠虔敬把被造物和造物者区别开，要服侍唯一的神，而不要把他的那么多作品一件件都当作神来服侍

现在我要开始探讨唯一而真正的上帝的各种工作，那些罗马人却试图通过极其下流的仪式和极其肮脏的解释，把这些工作本身当成荣耀的，制造出众多的伪神。我们要服侍那个上帝，是他创造了整个自然，建造了所有存在与运动的开端和结果。他握有万物的原因，知道万物的原因，并且安排这些原因。他创造了种子的力量，把理性的灵魂（*rationalem animam*），即心灵（*animus*），赋予他拣选的生灵。他赋予人们使用语言的能力。他给他喜欢的灵以预言未来的天赋，通过他喜爱的那些人揭示未来。他通过他喜爱的人救恶去疾。如果人类需要战争来矫正和惩罚，他调节战争的开端、发展和结局。他制造并控制着这个世界上最暴烈最动荡的火，让它与整个无穷的自然相配相合；他是所有的水的创造者和导引者；他让太阳成为最亮的发光体，赐予它相应的力量和运动；他对下界的生灵也不吝啬主宰的力量；他为必朽者创造了或干或湿的种子和食物，相应地赋予各种自然；他创造并滋养大地；他把大地上的果实慷慨赠给动物和人类；他知道并安排的不仅是一切的首要原因，而且包括随后的原因；他确定了月亮的运动轨迹；他指引着天上地下一切的运行道路；对于他创造的人类的天性，他还送给各种科学技艺，帮助他们的生命和自然；他让雌雄结合，帮助他们繁衍后代；他让一代代人类在大地取火，极简便地用于取暖和照明。瓦罗这样极其博学、极其睿智的人，不知道根据哪种自然解释，也不知道是他从别人那里接受的还是自己发明的，苦心费力地给那些选神分配这些东西。其实这些都是唯一的真正上帝的创造和行为。上帝无处不在，不会有任何限制，不会有一丝羁

绊，不可分割成部分，任何部分也不会变化，随时随处充满天地，不缺乏任何自然。他管理他所创造的一切，让它们具有各自的特点和运动。任何事物不能没有他，但任何事物又都不是他。他通过天使做很多事，但天使也需要他的赐福。在很多情况下，他向人类派出天使，但这些赐福不是天使给的，而是上帝自己给人类的，天使也是从上帝得到赐福的。我们也从唯一真正的上帝那里希求永生。

31. 除去他的慷慨馈赠外，上帝还会给真理的追随者什么福泽

上面说的这些福祉，上帝给好人也给坏人，我们已经说过不少了。除此之外，我们还会看到他只给予好人的大爱。是因为上帝，我们才存在，才生活，才能看到天地，才能有心智和理性，让我们靠心智和理性来寻求创造这一切的上帝。但我们的力量尚不足以说完对他的感恩。当我们为自己的罪所压垮和吞没，不愿意沉思他给我们的光，沉浸在黑暗的邪恶之中，且以盲目为乐，他并没有完全抛弃我们，而是向我们派出了他的圣言，也就是他的独生子，为了我们化成肉身、出生、受难。我们知道上帝是怎样关心人类。他用这一次牺牲，把所有人的罪都清洗干净，他的圣灵在我们的心中散播他的爱，一切困难都克服了，我们通过对他的沉思，到达了永恒的安宁和不可名状的快乐。无论谁的心灵，无论多少语言，哪个足以表达对他的感恩？

32. 在过去的时代里，基督救赎的仪式从不缺乏，但总是以不同的象征表现出来

从人类的开端开始，关于永生的神话都用和时代相配的象征和仪式，通过天使宣示给合适的人。后来，希伯来民族聚成一个共和，

完成这样的圣事;在那里,有时是理解其含义的人,有时是并不理解其含义的人,预言从基督来临到现在以至以后的事。这个民族后来散居在各个民族中间,为的是做圣经的见证:通过他们,基督带来的永恒救赎已被预言。这不仅包括言词的预言,不仅包括生活的箴言,文字中对道德和虔敬的强调,而且有真正的仪式、祭司、帐幕、神殿、祭坛、燔祭、典礼、节日和别的一切属于对上帝的服务的东西,在希腊文里恰当地称为 λατρεία,象征和预言了很多事情。让我们这些相信基督带来永恒生命的人相信这已经完成,看到这正在完成,或期待它将来的完成[33]。

33. 只有通过基督宗教,才能揭示那些邪恶精灵的欺骗,他们喜欢的是人类的错误

只有通过这唯一真正的宗教,我们才能看到,异教诸神都是极肮脏的鬼怪,或是借助死去的灵魂,或是借助世上的某种生灵,渴望被人当成神。他们窃取神圣的荣耀,骄傲地沉浸于那些污浊和下流的事物,对朝向真正的上帝的人的心灵含沙射影。只要人相信,基督为了救人而设下的谦卑的榜样,足以与他们堕落时的骄傲相抵,那么人就能从这极肮脏、极不敬的鬼怪的霸权下得到解救。这不仅适用于我前面谈到的罗马诸神,以及别的民族和地域中类似的诸神,甚至还包括我正在谈到的选神。这些神之所以被选,不是因为他们有德性的尊荣,而是因为他们的罪行尽人皆知。至于他们的相关仪式,瓦罗试图归结到自然理性,把下流事物变得荣耀起来,但他找不到一个办法来安排和协调这二者。他认为是,或试图认为是那些仪式的起源

---

[33] 参见本书第17卷。

的东西，其实并不是它们的起源。不仅他的这些解释，还有别的类似的解释，虽然无法在宗教中寻求到真正的上帝和永恒生命，不过毕竟还试图回到事物自然的理性，降低那些下流和荒唐的仪式带来的伤害，他试图结合剧场里的故事和神殿中的神话来完成这一点。他没有放过剧场与神殿的相似，反而谴责神殿与剧场的相似；他通过提供自然理性的原因，试图减轻这些可怕的事物对感觉的侵害。

34. 元老院下令焚毁努马·蓬皮利乌斯的著作，以免人们知道设置那些仪式的原因

我们还发现，与此相反，这个最博学的人讲到，努马·蓬皮利乌斯的书里面谈到的设立仪式的原因，根本是不可容忍、不该存在的，不仅是虔敬的人所不能读和知道，而且哪怕在暗处也不能藏这些著作。在本书的第三卷，我曾许诺在合适的地方谈这个问题[59]。那我现在就谈。在这个瓦罗的《论对诸神的服侍》这本书中，我们读到：一个叫特伦斯（Terentius）的人[60]在雅尼库鲁姆那里有一块农田，他手下使牛的人在努马·蓬皮利乌斯的墓旁犁地，从土里犁出了努马的书，那里写着设置仪式的原因。他把这些送到罗马城的官员那里。官员读了开头，觉得非同小可，就送到了元老院。主要的元老在书中读到每种仪式为什么设立。他们同意死去的努马的做法，虔敬的贵族们把他的书交付官员焚烧禁毁[61]。每个人怎么想就怎么认为吧，但还是让那些捍卫这种大不敬的人们把暗中嘀咕的疯狂想法说出来吧，这

---

[59] 本书 3:9。

[60] 不是诗人特伦斯。

[61] 参见李维，《罗马史》，40:29；普鲁塔克，《希腊罗马名人传》，"努马"部分；普林尼，《自然史》，13:3.84 以下；拉克唐修，《神圣原理》，1:2。

些足够提醒我了,按照罗马人的仪式的创建者蓬皮利乌斯王所写,仪
式的原因不适合让民众、元老院,甚至祭司自己知道。就连努马·蓬
皮利乌斯自己,也是出于一种不该有的好奇心,才获知了鬼怪们的秘
密,并写了下来,以便阅读时提醒自己。他自己是国王,不必怕谁,但
还是不敢把这传授给谁,也不毁掉或用别的办法消灭。他不想让任
何人知道,怕教给人们邪恶的事,但又害怕销毁,怕鬼怪们发怒,于是
就找了个他认为安全的地方来埋藏,就是他的坟墓,没有想到犁会到
达附近。元老院不敢谴责祖先的宗教,因而一致同意努马的做法。
他们认为这些书是那么危险,以致不再命令重新埋藏,以免人们因强
烈的好奇心去寻根问底,而是把这不敬的遗物付之一炬。因为他们
认为有必要完成仪式,宁可容忍人们因对仪式的原因无知而犯错,也
不愿让知识搅乱城邦。

35. 努马在作水占⑫的时候,被鬼怪的影像所欺骗

上帝没有派遣先知,也没有派遣圣天使到努马那里,于是他只能
作水占,在水中看到诸神的影像,或更确切地说,是鬼怪的把戏。他
听这些鬼怪说,应该设立和遵从怎样的仪式。据瓦罗说,这种占卜术
是从波斯人那里学来的,努马和后来的哲学家毕达哥拉斯都用过这
种占卜术。他说通过这种办法,还可以用血来占卜地下的鬼魂;希腊
人把这叫做“起死术”(νεκρομαντειαν)。但不管称之为水占还是起死
术,看来同样都是用死人预言。这用的究竟是什么技艺,让他们自己
看看吧。我不想说,在我们的救世主来临前,这就已经在异教城邦里
被法律禁止了,并且用极刑惩罚。我先不说这个,也许那时候这是法

⑫〔译按〕“水占”的译法来自服部英次郎的日译本。

律允许的。蓬皮利乌斯就是通过这种占卜术学到了那些仪式，而他在设立了仪式后，又掩埋了仪式的原因；他是那么害怕他学到的东西。元老院又把写有仪式原因的书付之一炬。这样我真不知道瓦罗怎么给这些仪式以别的什么自然解释。因为如果这些书中包含这些解释，那他们就不该烧毁；否则，虽然瓦罗把书题献给大祭司恺撒，恐怕这书也会被元老们以同样的理由焚毁的。在上引书中，瓦罗说，努马·蓬皮利乌斯在他作水占的地方汲（egesserit）了水，或者说取走了水，所以，人们说他娶仙女伊格里娅（Egeria）为妻。本来是很真实的故事，被东一句西一句的谎言变成了神话。总之，这个最好学的罗马国王通过水占学到了仪式，就是祭司自己的书里记载的仪式。他也学到了仪式的原因，却不愿让除自己以外的任何人知道。他小心翼翼地单独记载这些原因，让它们给自己殉葬，这样就永远不会为人所知。书中的记载有两种可能。第一，书中记载了鬼怪们极为肮脏和有害的欲望，以至于在这些自己采用了那么让人脸红的仪式的人看来，整个城邦神学都是该诅咒的了。第二种可能是，异教各民族长期以来认为是不朽诸神的，那时却被发现不过是死人。那些鬼怪们喜欢这些仪式，以死人的名义享受这样的服侍，用骗人的奇迹作证，叫人们把那些死人当作神。是真正上帝隐秘的神意，使那些鬼怪因为水占这种技艺，被蓬皮利乌斯征服了，并向他们的这个朋友坦白了一切。但上帝没有允许他们告诉努马，说他应该在死前烧掉这些，而不是把它们殉葬。他们无法阻挡这些被犁给挖出来，大白于天下，也无法阻挡这些东西会通过瓦罗的笔让我们也记住。他们不能做他们不被允许的事；至高的上帝的正义审判，允许人们因为他的品行而遭到鬼怪的打击、征服，或欺骗，这是正义的。元老院在发现这些著作的时候，宁愿烧掉蓬皮利乌斯埋下的东西，却不肯害怕努马当年害怕的事情。由这件事就可看出，这些著作中记载的是多么危险，离真正的神性有多么遥远。不愿拥有虔敬生命的人，却要通过这些仪式追求永生。不愿意和那些邪恶的鬼怪为伍的人，不该被他们所服侍的有害的迷信所吓坏。让他认识真正的宗教吧，只有真正的宗教才能揭露和战胜鬼怪。

上帝之城卷八

[本卷提要]本卷又是《上帝之城》中非常重要的一卷，很多学者专门研究它甚至其中的一个章节。奥古斯丁在此比较清楚地叙述了他对古典哲学道统的理解和批判，特别是谈到了他与柏拉图主义的思想渊源。他对古典哲学传承关系的理解，究竟来源何处已不可考，大体上应该是通过西塞罗、新柏拉图主义者，或是其他关于希腊哲学的拉丁文献。他所讲的传承关系以柏拉图为核心，其他哲学家并没有独立的意义。他认可了柏拉图哲学与摩西思想之间的关系，但否定了很多教父所持的，柏拉图在埃及学习的说法。在理论上，他对柏拉图没有什么批评；他的批评完全集中于柏拉图宗教思想中的多神论。因此，我们可以把奥古斯丁的柏拉图主义看作用一神论诠释的柏拉图哲学。这个主题在后面两卷还将继续①。

---

① [PL本提要]奥古斯丁进入了第三种神学，也就是所谓的自然神学，谈到了与诸神相关的这个问题：对诸神的服侍是否有助于带来死后的美好生活。柏拉图主义是（转下页）

1. 要和有更优秀的学识的哲学家讨论自然神学问题

　　而今，比起解决和诠释我们在前面几卷里提出的问题，我们的心灵需要更大的努力。因为，要讨论他们所说的那种自然神学，不是和一般人，而是和哲学家讨论。神话神学和剧场相关，城邦神学和城邦相关；前者展示诸神的罪行，后者表明诸神有更罪恶的欲望，由此可见这些更像邪恶的鬼怪，而不是神。但自然神学与这二者都不同。如果我们要用拉丁文解释哲学家的称谓，那就是"爱智"的意思（*amorem sapientiae*）。如果说智慧就是上帝，万物都是他创造的，就像神圣的作者和真理所表明的那样[②]，那么真正的爱智者就是爱神者。但是，并非所有享受"爱智"的光荣的人，都能名实相符。每个名为哲学家的人，未必都是真正智慧的热爱者。从我们所能见到的所有观点和著作中，我们应该挑选出一些，值得让我们讨论这个问题。我们不必反驳所有哲学家的所有著作中的虚妄意见，而要找到那些和神学有点关系的（我们知道，来自希腊文的"神学"一词，指的是关于神性的道理和言说）。但不是全部，而是其中的一部分，这一部分同意存在神性，关心人事，但是还不认为，服侍唯一不变的上帝就足以达到死后的幸福生活。他们认为我们应该服侍很多神，而这些神是唯一的上帝创造和设置的。这些哲学家的意见比瓦罗的更接近真理。瓦罗只能让他的整个自然神学到达世界和它的灵魂，但是这些

　　（接上页）各派哲学的当然领袖，而且与基督教信仰的真理更接近，所以奥古斯丁主要与柏拉图主义者讨论。他首先反驳了阿卜莱乌斯（*Apuleius*），以及其他认为应该把鬼怪当作神和人之间的信使和翻译来服侍的人。奥古斯丁证明，鬼怪受制于自己的罪过，热衷于正直与明智的人所厌恶和谴责的事情，诗人们虚构的渎神故事，剧场中的表演，用魔术引进恶毒而污秽的东西，乐此不疲。这些鬼怪不可能让好的神和人和解。

[②]《智慧书》7:24 以下。

哲学家承认上帝在灵魂的所有自然之上。上帝不仅创造了可见的世界，也就是所谓的天地，而且创造了所有的灵魂；他使理性和理智的灵魂（人的灵魂就是这样的）分有了他的不变的光芒和超物质的幸福。所谓的柏拉图主义哲学家是从他们的导师柏拉图得名的，只要是对这门学问略知一二的人，都不可能不知道他们。关于柏拉图，我会简单谈到与当前的问题必然相关的几点，首先说一下时间上先于他的同类著作③。

2. 意大利和伊奥尼亚两个哲学派别及其创始人

人们认为，希腊的语言比其他民族的语言都更尊贵，而希腊文献中传承了两个哲学派别。一个是意大利派，起源于以前被称为"大希腊"(*Magna Graecia*)的意大利部分；另外一个是伊奥尼亚派，起源于现在还称为希腊的地方。意大利学派的创始人是萨摩斯的毕达哥拉斯，"哲学"的名称据说就是他发明的。在此之前，凡是其生活方式看起来比别人的更值得赞美的，都称为"智者"(*Sapientes*)④；而当人们问毕达哥拉斯他从事什么，毕达哥拉斯回答说他是个哲学家(*Philosophum*)，也就是学习或热爱智慧的人；若说是智者，在他看

---

③ ［译按］奥古斯丁关于哲学史的说法来自哪里，没有定论，现在很多人认为，这可能是来自凯尔西努斯（Celsinus）被译成拉丁文的《哲学观大全》(*Opiniones Omnium Philosophorum*)。

④ ［译按］王晓朝先生译为"贤者"，或许是为了与一般用来指智者学派的 *Sophist* 区别，并且在下文与"希腊七贤"的传统说法相配。但是奥古斯丁此处用的 *Sapiente* 一词的字面意思是"智者"。并且，在本书中，奥古斯丁始终没有用过希腊词源的 *Sophist* 一词。我想，他并未严格区分希腊人的"贤者"与"智者"。如果将此处译为"贤者"，会遮蔽这个词与"爱智"之间的关联。因此，这里依照吴宗文的译法，译为"智者"，并且为求统一，也将传统的"希腊七贤"译为"希腊七智者"。

来，那就太狂妄了⑤。伊奥尼亚学派的真正开创者是米利都的泰勒斯（*Thales*）⑥，所谓的"希腊七智者"之一⑦。另外六个人的特殊之处，在于他们的生活方式，以及关于如何过好的生活的格言。只有泰勒斯更穷究万物的自然，并用文字把他的观点记录下来，因而后继有人；使他尤为出类拔萃的是，由于他懂得如何计算天文，他能够预测日食和月食⑧。他还认为水是事物的本源，世上万物的元素、世界本身，以及世界生养的万物，都来自水。而对于在我们看来如此奇妙的世界，他并不认为是神的心智产生的作品。他的学生阿纳克西曼德（*Anaximander*）⑨，继承了泰勒斯。阿纳克西曼德改变了对万物的自然的观点。他不再像泰勒斯说来自湿物那样，认为世界来自一个本源，而是认为所有的事物都是从自身的本源（*principium*）诞生的。他认为，各种各样的事物的本源是无限的，由之产生了无数个世界，万物从其中兴起；他认为有的世界在消亡，有的又在诞生，每一个都按照自己的可能性存在若干年；他也没有把这些事物的运转归因于神的心智。他的学生阿纳克西美尼（*Anaximene*）⑩继承了他。阿纳克西美尼把万物的起因归结为无限的空气。他没有否定神，也没有保持沉默；他不认为空气是被神造的，而认为神都是从空气中诞生

---

⑤ ［译按］关于毕达哥拉斯的这一段，可能来自西塞罗，《图斯库兰讨论集》，5；3，8—10。奥古斯丁之所以提到毕达哥拉斯学派，是因为本书 8；4 中他与柏拉图的关系。而意大利的其他哲学学派，他就没有谈到。

⑥ 泰勒斯，古希腊最早的哲学家和自然科学家。他认为水是万物的本源，据说曾在一年前就预言了公元前 585 年的日食。

⑦ 奥古斯丁在本书 18；24 谈到，泰勒斯生活的时间与罗慕洛在位同时。

⑧ 西塞罗，《论占卜》，1；49。

⑨ 米利都的阿纳克西曼德（约公元前 610—公元前 540），自然哲学家、天文学家、地图学家，泰勒斯的学生，认为万物来自于一个共同的本源。奥古斯丁的说法不很准确。

⑩ 米利都的阿纳克西美尼，自然哲学家、天文学家，阿纳克西曼德的学生。他认为万物都是空气不同程度的压缩组成的。

的。他的学生阿纳克萨哥拉(*Anaxagora*)⑪感觉到，我们看到的这一
切事物都来自神的心灵的作用。他说，神圣的心灵用无限的质料创
造了各个形态和种类的事物，而质料当中包含着彼此相同的颗粒。
阿纳克西美尼的另外一个学生第欧根尼(*Diogenes*)⑫说，空气就是万
物的质料，万物由此产生；而空气中都有神的理性，否则什么也不能
产生。继承阿纳克萨哥拉的是他的学生阿凯拉斯(*Archelaus*)⑬，他
也认为，彼此相同的颗粒组成了万物，他还说有一个心智，把永恒的
物体，也就是那些颗粒，排列组合成万物。苏格拉底(*Socrates*)⑭是
他的学生⑮，是柏拉图的老师。我之所以简单罗列这些，是为了谈柏
拉图。

3. 苏格拉底的学说

我们把苏格拉底当作第一个试图用整个哲学来矫正与整合道德
的哲学家，而在他之前的哲学家，都更多费神于探索自然事物⑯。我
看不出苏格拉底为什么要这么做。他好像厌倦了对模糊和不确定事
物的考察，心灵朝向发现清楚而确定的、幸福生活所必需的事物。而

---

⑪ 阿纳克萨哥拉(约公元前 500—公元前 428)，自然哲学家、天文学家，认为心灵是万物的
本源。他于公元前 480 年来到雅典，据说是来到瑞典的第一个哲学家。《斐多篇》里记
载了苏格拉底学习他的学说的过程。但他不是阿纳克西美尼的学生。

⑫ 这不是犬儒派的第欧根尼，而是阿波罗尼亚的第欧根尼，可能是阿纳克萨哥拉同时代的
哲学家。阿里斯托芬在《云》里讽刺了他。西塞罗在《论神性》，1:12 谈到了他。

⑬ 阿凯拉斯，希腊哲学家，阿纳克萨哥拉的学生，据说是苏格拉底的老师。他认为，所有伦
理原则都来自于习俗，认为自然倾向高于道德法则。

⑭ 苏格拉底(公元前 496—公元前 399)，雅典哲学家，柏拉图的老师。他将哲学从自然哲
学转变为伦理学和政治哲学。后被雅典人判处死刑。他述而不作。他的学说见于他的
学生色诺芬、柏拉图等人的著作。

⑮ 苏格拉底是阿凯拉斯学生的说法，见西塞罗，《图斯库兰讨论集》，5:10。

⑯ 西塞罗已经谈到了苏格拉底的转向，见《图斯库兰讨论集》，5:10；《论学园派》，4。

所有哲学家的不倦努力都指向这个目标。有些更善意的人认为,他不愿意让贪图尘世享乐的肮脏心灵污及神性。他看到,这些人在探讨万物的原因;但他相信,只有唯一和至高的神的意志,才是最初和最高的原因。他认为,只有被清洗过的心智才能理解神;于是,他认为人们要靠好的道德清洗生活,除掉心灵繁冗的欲望,用自然力量把自己提升到永恒之处,用纯粹理智思考超物质的和不变的光的自然。在那里,一切事物创造的原因都安稳地活在其中。显然,他总是和那些笨拙愚蠢但又自以为智慧的人讨论,主题是他以整个心灵投入的那些道德问题。他要么承认自己无知,要么隐藏自己的知识,靠脍炙人口而奇妙的对话和无比睿智的风格刺激与劝说。他这些做法惹来敌意,遭到诬告,被判罪处死。但在他遭到公众宣判后,雅典人也当众悼念他。人们变得非常厌恶控诉他的两个人,其中一个遭到民众的攻击,被打死;另外一个虽然逃过同样的责罚,却以主动请求永远放逐为代价[17]。苏格拉底生前死后都享受了辉煌的名声,他的哲学有众多的追随者,他们竞相谈论道德问题,热情考察怎样能获得最大的善好,使人得到幸福。在苏格拉底的讨论中,他提出各种说法,先肯定,再撤销,所以他的观点并不是一目了然的;人们从中拣选自己喜欢的,把自己看到的当做终极的善好。所谓终极的善好,就是说每个达到那里的人都是幸福的。苏格拉底的学生们对终极善好有很多不同的说法(简直难以相信,一个大师会有那么多追随者)。这些人中有人说快乐是最大的善好,比如亚里斯提普(*Aristippus*)[18],有人说德性是最大的

---

⑰ 当指莫勒图斯和阿努图斯。莫勒图斯被杀,阿努图斯被放逐。参见第欧根尼·拉尔修,《名哲言行录》,2:43。

⑱ 昔勒尼的亚里斯提普(约公元前435—公元前366),昔勒尼派创始人,认为感觉享乐是人生的目的。所有的享乐之间只有程度不同,应该为理性所节制。

善好，比如安谛斯提尼斯（*Antisthenes*）[19]。还有很多别的人持别的观点，不赘述。

4. 柏拉图是苏格拉底的学生中最杰出的，他把所有哲学分为三部分

在苏格拉底的学生中，柏拉图享有最高的光荣，让别的所有人都黯然失色，这并不是浪得虚名。柏拉图是雅典人，在同胞中也出身高贵，享有荣耀，出色的天性使他远远超过了自己的同门；他认为自己和苏格拉底的学说都不足以使哲学臻于完美，于是尽可能地四处游历，只要哪里因某种知识而著称，他就去求取。这样他到了埃及，在埃及学习了那里存在的和教授的所有伟大的知识。他又来到毕达哥拉斯学派名声很高的意大利地区，跟随最杰出的老师学习，很容易就掌握了当时在意大利流行的所有哲学[20]。因为他极为热爱自己的老师苏格拉底，柏拉图让苏格拉底在自己的几乎全部对话里当主要的说话者，让他说出哪怕是自己从别人那里学到的，或是他靠自己的理智看到的，把这些都融入苏格拉底那脍炙人口的道德对话中。对智慧的追求（*studium sapientia*）包括行动与思考。可以说一部分是实践，另一部分是思考。实践的部分与生活（*agendam vitam*）相关，就是立德；而思考的部分与考察自然的原因和最纯粹的真理相关——在人们的记忆中，苏格拉底长于实践，而毕达格拉斯长于思考，极尽理智所能达到的程度。柏拉图之所以值得赞美，在于他把二者结合

---

[19] 安谛斯提尼斯（约公元前 444—公元前 368），希腊哲学家，认为快乐来自德性，而德性来自知识。他是苏格拉底的忠实追随者。

[20] 柏拉图游历埃及和意大利的事，见于西塞罗，《共和篇》，1：16。

起来,使哲学达到了完美。他把哲学分为三个部分:一个是道德哲学,主要涉及实践;另外是自然哲学,与思考相关;第三是推理(rationalem)哲学,在于区分真假[21]。最后这一种对于实践和思考都很重要,不过,主要是思考的哲学,把对真理的探讨作为自己的领域。所以这种三分法和上面的两分法(即对智慧的追求包括实践和思考)并不矛盾。不过,要细致考察柏拉图谈到的每个部分,即他所认为和相信的一切实践的目的何在,一切自然的原因何在,一切理性之光何在,那就太冗赘了,而且我也觉得没必要一一讲述。柏拉图喜爱自己的老师苏格拉底那非常著名的风格:掩盖自己的知识或意见,把苏格拉底当作他的书中对话的主角时就反映了这一点。这使得人们不容易看到柏拉图自己对主要问题的观点。就人们读到的而言,我们应该在这部书里诠释和包括他关于一些问题的讲法,包括他说的,他所叙述或引用的别人说的,同时看来他也同意的,包括他对真正宗教的支持,是我们的信仰认可和捍卫的;还有看上去相反的,就是关于唯一上帝和多神的问题,特别是死后的真正幸福生活的问题。那些赞美和追随柏拉图、正确地认为他比任何民族的哲学家更智慧和更接近真理的人,感到了他对唯一上帝的观点,在上帝那里发现了万物的原因、理智的道理、生活的秩序[22];这三者分别与对自然、逻辑、道德的理解相关。如果人是这样被创造的,他通过自身内最优秀的东西[23],能够达到一切事物中的最优秀者,也就是唯一、真正、至善的上帝。没有上帝,自然就不能存在,学说不得传授,就没有什么有用的行为

㉑ [译按]柏拉图并没有明确区分这三者。这种三分法最早见于色诺克拉底(Xenocrates)的残篇,1;引用于塞克斯图斯·恩披里克(Sextus Empiricus),《反学究》(Adversus Mathematicos),7:16。

㉒ 存在—生命—理智这三者的关系,是柏拉图主义中的重要主题,见柏拉图《智者篇》,248e。本书8:6再次谈到了这一主题。

㉓ 关于人自身内最优秀的、与上帝相似的三位一体结构,参见《论三位一体》,14—15。

可言。我们追寻他吧，他为我们安排了一切；我们认识他吧，一切事物由他确定；我们热爱他吧，一切事物因他而正确。

5. 我们最好和柏拉图主义者讨论神学，因为他们的意见超过了所有哲学家的教条

如果柏拉图说，智慧者就是对这个神的模仿者、认知者、热爱者，对神的分参就是幸福，那又何必考察其他的哲学家呢？没有人比他更接近我们了㉔。让神话神学和城邦神学让位给他吧。神话神学用诸神犯罪的故事蒙骗不敬的心灵；在城邦神学里，不洁的鬼怪以神的名义诱惑民众祭拜地上的快乐，希望借人的谬误获得神性的荣耀，让他们的服侍者观看他们罪行的那些表演，以激起人们对他们的最污秽的服侍热情，而诸神则自己也乐于观看那些表演。在城邦神学里，神殿中充满荣耀的仪式，也因为与剧场中的污秽场面相联，而变得下流了；而剧场中的那些下流表演，比起神殿中的丑行，反而更值得赞美。瓦罗从这些仪式中得到解释，说这代表了天地以及生灵的种子和活动，但瓦罗强加给仪式的解释，并不是仪式真正的含义，因此他的努力不能带来真理。而哪怕这些解释是对的，理性的灵魂也不该把自然秩序中低于自己的事物当神来服侍。既然真正的上帝在万物之上，灵魂就不应该提升这些事物，当神来服侍。努马·蓬皮利乌斯让与敬神仪式相关的文献为自己殉葬，后来被犁出来，元老院下令烧毁。这一类的还有马其顿的亚历山大的事，看了他的事，我们就会觉得努马的事没什么大不了的。亚历山大写给母亲的信，提到了埃及

㉔ 参考奥古斯丁，《论真正宗教》(*De vera religion*)，7。

的大祭司列奥向他揭示的秘密㉕。在那里,不仅匹库斯、法乌努斯、埃涅阿斯、罗慕洛、赫拉克勒斯、埃斯科勒庇俄斯、西美拉(*Semela*)㉖生的利伯尔,廷达鲁斯(*Tyndarus*)㉗的双生子,以及别的很多,是被神化的必朽者,甚至异教的主神(就是西塞罗在《图斯库兰讨论集》中没点名指的那些:朱庇特、朱诺、萨腾、伏尔坎、维斯塔,等等,也就是瓦罗努力要转化为世界的部分或元素的那些),都不过是人类的虚构。列奥和努马一样,害怕那些神话被揭露,警告亚历山大,在把这些写信给母亲看过之后,就要用火烧掉。还是让神话神学和城邦神学这两种神学让位给柏拉图主义者的哲学吧,他们说,真正的上帝是万物的创造者、真理之光、幸福的赐予者。不仅如此,凡是那些心智受到身体的束缚、认为自然的本源是物质的哲学家,像说本源是湿物的泰勒斯、是空气的阿纳克西美尼、认为是火的斯多亚学派、认为是原子(也就是最小的、不可再分、不可感知的物质颗粒)的伊壁鸠鲁,都让位给那些认识到如此伟大的上帝的伟大之人吧。此外还有很多哲学家,我们这里不必一一列举了,不论他们认为是简单的还是复合的,有生命的还是无生命的,总之都是物质,是万物的原因和本源。他们中有人相信,有生命的事物可能由无生命的事物而来,比如伊壁鸠鲁;还有人相信,有生命和无生命的物体都是从有生命的物体而来,但毕竟物质是从物质而来。斯多亚学派认为本源是火,也就是组成可见世界的四大元素中的一种物质。火就是活的和有智慧的,它是世界和世界中的万物的制造者。这派哲学家认为火就是神。这些和其他类似的哲学家只能从自己心中所想来思考,而他们的心受肉体的感官限

㉕ 普鲁塔克,《希腊罗马名人传》,"亚历山大"部分。

㉖ 朱庇特的情人之一,与朱庇特生了狄奥尼索斯和利伯尔。

㉗ 廷达鲁斯是拉克戴蒙的英雄,丽达的丈夫,因此就是海伦和她的双生兄弟的继父。

制。不过，他们心里还是会想到自己没有看到的东西；对于他们曾经
看到的东西，即使他们当时没有看到，而只能想象，他们也能在内心想
象出来。因此，他们在视线下认识到的并不是物体，而是物体的幻象。
使他们在心灵中看到这物体的幻象的，既不是物体，也不是物体的幻
象。而他们用来判断所看到的是美是丑的，当然比被判断的事物要
高。这就是人的心智，是理性灵魂的自然，一定不是物质；在心灵中
观看和判断的，所想象出的物体的幻象，本身不是物体。它不是地、
水、气、火，这四种物体也就是所谓的四大元素，我们看到它们组成了
世界。如果我们的心灵不是物体，创造心灵的上帝怎么会是物体？[28]
如我所说，让这些哲学家让位给柏拉图主义者吧。还有人虽然羞于
说上帝是物体，但认为我们的心灵和上帝的自然是一样的，他们也要
让位给柏拉图主义。这些人不为灵魂的可变性所触动，违背神法说，
上帝的自然也是如此。但他们说，是物体改变了灵魂的自然，而灵魂
本身是不变的。他们还不如说，物体伤害肉体，但肉体本身不会受
伤。总之，不可变的事物不能被任何东西改变，所以物体只要能被什
么东西改变，它就是可变的，而不能说是不可变的。

6. 柏拉图主义者在所谓自然哲学方面的见解

我们看这些哲学家在名声和光荣上都超过了别的哲学家，这不
是浪得虚名。他们看到上帝不是物体，于是对上帝的探讨超越了所
有的物体。他们看到，凡是变动的都不会是至高的上帝：要探讨至高
的上帝，就要超越一切灵魂和一切变动的精灵。他们又看到，各种变

---

[28] ［译按］奥古斯丁这段颇为复杂的讨论，体现了他一贯的心理学倾向。我们可以把此处
的说法与《忏悔录》和《论三位一体》中的心理学段落相互对照。

动的物体,那使它们是其所是的形式,不论是哪类,不论其自然如何,除非来自真正存在的上帝,都不可能存在,因为上帝不变地存在着。不论是作为整体的世界,还是它的形态、性质、或运动的秩序,天地之间的各种元素,以及在这些之中的各种物体,还是所有的生命,要么是只能滋养和维持的树木,要么是还有感觉的牲畜,要么是还有理智的人,要么是不需要滋养,却能维持、感觉、理解的天使,如果不是来自简单地存在着的上帝,都不能存在。因为在他那里,存在(esse)和生存(vivere)不是两回事,不能生存的就不能存在;生存和理解也不是两回事,不能理解就不能生存㉙;理解和幸福也不是两回事,不幸福就不能理解;这样,生存、理解、幸福就是他的存在。通过这不可变性和简单性,他们理解上帝,理解他创造了一切,而他自己不可能是被任何事物创造的。他们注意到,所有的存在要么是物体,要么是生命;生命比物体更好,物体的形式是可感的,生命的形式却是可知的。可知的形式超过了可感的。我们所谓可感的,就是能用身体的视觉和触觉感到的东西;所谓可知的,就是能用心智之眼理解的东西。肉身的美,不论是静止的肢体的(比如相貌),还是运动中的(比如歌谣),都不能不用心灵来判断。但是除非心灵中有一个更好的此类东西,否则就无法完成判断。这个东西既无形体,也无声音,不占空间时间。除非这个东西是可变的,否则一个人对可感形式的判断就不会比另外一个人好。天性高的人比愚钝的人更好,有经验的人比没经验的人好,多经磨练的人比很少磨练的人好,同一个人变得更专业了,这之后的判断比这之前好。凡是有多少的,无疑都是可变的。天性高的、博学的、在这些上面多经锻炼的人,更容易得出结论,最初的形式不在可变的事物中。而在人们的眼中,身体和心灵多少都有形

㉙［译按］在此,奥古斯丁再次涉及了柏拉图主义中存在-生命-理智之间的关系。

式。如果这形式完全不存在，那就根本无法存在，于是他们看到，一定在哪里有一个最初和不变的形式，是无可比拟的；他们无比正确地相信，在那里有万物的太初，不是被造的，却能创造所有存在物。于是，人们能认识的上帝的特点，上帝自己向他们揭示了出来。他里面不可见的部分，人们通过他的创造物来理解和观看；他的大能（*virtus*）和神性是永恒的[30]，可见的和此世的万物是他藉此创造的。这就讲了他们所谓的自然（*physicam，naturalem*）哲学的内容。

7. 柏拉图学派在逻辑学，也就是推理哲学方面，比别的哲学家更杰出

至于他们另一部分的哲学学说，逻辑学，或者叫推理哲学，那些把对真理的判断放在身体的感觉中的哲学，根本无法与之相比。那些哲学家，比如伊壁鸠鲁之流，认为应该用这些不可信而骗人的整套规则作为标准，来判断我们所学的；即使斯多亚派，他们虽然极端热爱被称为“辩证法”的论辩术，竟然也认为这些观念是从身体的感觉导出的；他们所谓的 έννοίας，也就是他们通过定义来解释的概念，他们确信是心灵从身体感觉得到的。他们学习与教授的整套道理，就由此推演并联系起来。不过我非常疑惑，为什么他们说，只有智者才是美的？身体的什么感官看到了美，什么肉眼看到了智慧的优雅形体？而柏拉图学派，我们把他们放在其他学派之上真是应当的，他们把心智所看到的，同感觉观察到的区分开；不把感觉所能做的取走，也不把超出感觉所能做的给它们。而我们用来学习一切的心智之光，就是创造了万物的上帝。

---

[30]《罗马书》，1：19—20。

8. 即使在道德哲学上，柏拉图学派也占了鳌头

剩下的一部分是道德哲学，希腊语称之为 $\eta\theta\iota\kappa\eta\nu$，探讨的是至善是什么。如果我们所做的一切都是为了它，并且不是为了别的，而是为了它自身而追求它，我们要变得幸福，就不再需要别的什么了。他们把这称为终极的，因为我们欲求别的都是为了它，而它的目的就是它自身。于是有人说，这使人幸福的善好来自身体，有人说来自心灵，有人说来自二者在人性中的结合。他们看到人是由心灵和身体组成的，就相信，真正的幸福必须从其中一个或两个出发，朝向某种终极的善好，使人变得幸福。这种善好，是他们的所有实践都指向的，并且为了达到它，不再需要别的什么。有人说还应该加上第三种善好，就是所谓外在的善好，比如荣耀、光荣、钱财，等等。但他们并没有把这些算作终极的，即自身就值得追求的，而是用来追求别的目的的。对于好人，这一类的善好是好的，但对于坏人就是坏的。于是，人类所追求的善好，不管是心灵的，是身体的，还是两者兼有的，他们还是认为，都是在人上追求的。而追求身体的善好的人，是在较低的部分追求的，追求心灵的善好的人，是从较好的部分追求的；两者都追求的，是从整体的人追求的。不论是其中一种，还是追求整体，还都只是人的。这些差异，虽然只有三个，却造就了很多不同的哲学流派。因为对于追求身体的善好、心灵的善好，两者兼有的善好，不同的哲学家都有不同的意见。而所有这些哲学家都该让位给那些说幸福不是让人安享身体，也不是安享灵魂，而是安享上帝的哲学家。如果要找一个比喻，这不像心灵安享身体，也不像心灵安享自身，或朋友安享朋友，而是像眼睛安享光明。这个比方究竟什么意

思，在上帝的帮助下，我将在别处尽我所能揭示出来[31]。而今我们足可以评论说，柏拉图认为终极的好就是按照德性生活[32]，而只有认识上帝并且模仿上帝的人才能做到；幸福没有别的原因。他并不怀疑，爱智（*philosophari*）就是爱上帝，而上帝的自然是超物质的。他们认为，追求智慧的人（也就是哲学家），当他开始要安享上帝时，就是幸福的。安享自己所爱的人，未必都能持续地幸福。很多可怜的人就是爱上了不该爱的东西，结果在安享所爱的时候变得更可怜。但是，如果不安享所爱，就没人会幸福。就是那些爱上不该爱的东西的人，也并不认为是爱使他幸福，而是安享。这样，一个人如果安享所爱的，并且爱上的是真正的最高善好，除了最可怜的人，谁会否认他是幸福的呢？柏拉图说，这个真正的和最高的善好就是上帝，而哲学家就是热爱上帝的人。哲学指向幸福生活，爱上帝的人在安享上帝时就有福了。

9. 这样的哲学更接近基督教信仰的真理

于是，哲学家感到了最高和真正的上帝，他是一切被造物的制造者，一切可知事物的光，是一切行动朝向的好。自然的太初、学问的真理、生活的幸福，我们全从他引伸出来。不论人们更确切地称之为柏拉图主义，还是用别的名字称呼这个流派；不论是伊奥尼亚学派中的主要哲学家，比如柏拉图或那些很好地理解他的人，感到了这一点，还是意大利学派，毕达哥拉斯和毕达哥拉斯主义者，或是这个地区的别人，也碰巧认识到了这一点。还有别的民族中的人，那些被认为是智

---

[31] 指的或许是本书 9:16,17。

[32] 《高尔吉亚篇》470d；508b。

者或哲学家的人,在阿特拉斯的利比亚人③,埃及人、印度人、波斯人、迦勒底人、锡西厄人、高卢人、西班牙人等等之中,都有人看到并教授这一点,我们认为他们超过了所有别的哲学家,承认他们和我们非常接近了。

10. 基督宗教无比优秀,超越了所有哲学技艺

10.1 有的基督徒只受过教会文献的教育,根本不知道柏拉图主义者的名字,他也不知道曾经有两派讲希腊语的哲学家:伊奥尼亚派和意大利派。不过他并不是对人间的事情充耳不闻,以致不知道哲学家追求智慧,或宣称自己是智者。他防范那些根据这个世界的元素研究哲学,却不根据创造了世界的上帝研究的人。他遵从使徒的教导,虔敬地听使徒的话:"你们要谨慎,恐怕有人用他的哲学,和虚空的妄言……照世上的小学,就把你们掳去。"㉞为了不让他认为所有哲学家都这样,使徒让他听到了关于哲学家说的这些话:"神的事情,人所能知道的,原显明在人心里。因为神已经给他们显明。自从造天地以来,神的永能和神性是明明可知的,虽是眼不能见,但借着所造之物,就可以晓得。"㉟使徒在向雅典人谈论上帝的伟大功业的时候,只有少数人能理解,于是他接着说:"我们生活,动作,存留,都在乎他,就如你们作诗的,有人说,我们也是他所生的。"㊱他清楚地知道,就是对这些哲学家,也要警惕他们的错误。虽然他自己就说过,

---

③ 〔译按〕这里不是指大西洋人和利比亚人,而是非洲北部的阿特拉斯山下居住的利比亚人。
㉞《歌罗西书》,2:8。和合本译为:"你们要谨慎,恐怕有人用他的理学和虚空的妄言,不照着基督,乃照人间的遗传和世上的小学,就把你们掳去。"
㉟《罗马书》,1:19—20。
㊱《使徒行传》,17:28。

上帝借着他的所造之物，向理智显明了不可见的自己㊲，但是那些人并没有正确地服侍上帝，因为他们把只属于上帝的神圣荣耀也给了不该给的别的东西："因为他们虽然知道神，却不当作神荣耀他，也不感谢他。他们的思念变为虚妄，无知的心就昏暗了。自称为聪明，反成了愚拙，将不能朽坏之神的荣耀变为偶像，彷佛必朽坏的人，和飞禽走兽昆虫的样式。"㊳他希望我们把这理解为，罗马人、希腊人、埃及人以智慧的名义荣耀的东西。对此我们后面再讨论。至于那些哲学家，他们承认唯一的上帝是这个宇宙的真正主宰，认为上帝不仅超越一切物体，是非物质的，而且超越一切灵魂，是不腐的，是我们的太初，是我们的光，是我们的善好，我们认为他们超越了别的哲学家。

10.2　基督徒虽然未必知道他们的著作，不能用没有学到的语言来论辩，比如不用拉丁文或希腊文的"自然"一词来指称讨论自然问题的那部分哲学；不用"推理"或"逻辑"来指称那部分用来探讨追问真理的方式的哲学；不用"道德"或"伦理"来指称那部分关于如何做才能从善去恶的哲学，但他们并非不知道，是从唯一、真正、至善的上帝，而有了我们的自然，我们是依照他的形像创造的，有了我们用来认识上帝和自己的学说，也有了我们用来得到幸福的恩典。这正是我们为什么认为柏拉图主义者超过别的哲学家的原因。因为别的哲学家用自己的天性和热情探讨事物的原因、学问，和生活的方式，但柏拉图主义者认识了上帝，从而找到了宇宙构成的原因，找到了用来发现真理的光，找到了幸福的源泉。柏拉图主义者，或别的哪个民族中这样认识上帝的哲学家，和我们想到一起了。但是因为柏拉图学派的著作更加有名，谈到这个原因我们就更多说到他们。希腊语

㊲《罗马书》，1：19—20。

㊳《罗马书》，1：21—23。

是异教民族中最优秀的语言,所以他们赞美这些著作的声音很大;而拉丁民族受到了他们的优秀或光荣的鼓舞,于是更用心地学习这些著作,所以这在翻译成我们的语言后,变得更高贵和辉煌了。

11. 柏拉图能够和基督教的知识如此接近,他是从哪里获得理解的呢

有些和我们一同享受基督恩典的人,听到或读到柏拉图对上帝的感知,知道这非常符合我们宗教的真理,会很惊讶。颇有人认为,柏拉图在到了埃及时,也许听到了先知耶利米的话,或者在那次游历中读到了先知的经卷[39]。我在自己的书中也曾持有这个观点[40]。但是如果按照历史纪年仔细推演时间先后,就会发现柏拉图出生在先知耶利米之后足足一百年。他活了八十一岁。后来埃及的托勒密王下令从犹大地取来希伯来语的先知圣经,命令懂希腊文的希伯来七十贤人翻译保存,距离柏拉图去世也有足足六十年了[41]。因此,在他的旅途中,柏拉图不可能看到早已去世的耶利米,也没能读到尚未翻译成他擅长的希腊文的圣经。退一步说,柏拉图极为博闻强识,也可能通过翻译学得到,正如他学到埃及的经典那样,但是他还是没有办法让人译写那些著作,因为就是托勒密王,也要靠王权和威吓,并且广施恩泽,才获得这个特权。柏拉图最多能够通过讨论学习书中尽可能多的内容。如果这么认为,我们也有一些证据支持。比如《创世记》开篇说:"神以太初创造天地。地是空虚混沌,渊面黑暗,神的灵

㊳ 这是早期教父中比较普遍的一个看法,参考殉道者尤斯丁,《护教篇》,1:60;奥利金,《反凯尔苏斯》,4:39;尤西比乌,《论福音书箴言》,11:9.2 等。

㊵ 参考奥古斯丁,《基督教教义》2:43;《回顾》2:4。

㊶ 参见本书 15:13。

运行在水面上。"㊷柏拉图写的《蒂迈欧篇》是一篇关于世界的形成的
对话，他在其中说，神最先的工作是把土和火结合㊸。显然他这里把
火放在了天上。他这个说法和圣经里的"神以太初创造天地"很像。
随后他在这两极之间放了两种中间的元素：水和气。有人认为，这就
是他对圣经"神的灵运行在水面上"的理解。他没有注意到，圣经里
面怎样讲上帝的灵，而气（aer）又称为"灵"（spiritus），他就以为这里
在讲四大元素。还有，柏拉图说爱神的人就是哲学家，圣经中也没有
比这更热诚的话。所有这些，以及别的很多证据，足以让我确认，柏
拉图并非不知道那些圣经。在神圣的摩西通过天使听到上帝的话，
上帝命令他把希伯来人从埃及解救出去时，他问命令他的那一个的
名字是什么，上帝回答说："我就是存在。你要对以色列人这样说，那
存在打发我到你们这里来。"㊹这就是说，他是真正的存在，是不变的，
和他相比，那些被他创造的可变的，都不是存在。柏拉图也坚定地持
这个观点，并且作了最精彩的诠释。我不知道在柏拉图之前还有什
么书这么说过。也许只有这处："我就是存在。你要对以色列人这样
说，那存在打发我到你们这里来。"

12. 即使是柏拉图主义者，虽然确实很好地感到了唯一真正的上帝，但还认为应该完成膜拜多神的仪式

且不管柏拉图从哪里学到了这些，不论他是从前人的书里，还是
像使徒说的那样："神的事情，人所能知道的，原显明在人心里。因为

㊷《创世记》，1：1—2。
㊸《蒂迈欧篇》，31b。
㊹《出埃及记》，3：14。"我就是存在"，和合本作"我是自有永有的"。"那存在"和合本作
　　"那自有的"。

神已经给他们显明。自从造天地以来,神的永能和神性是明明可知的,虽是眼不能见,但借着所造之物,就可以晓得。"⑤我选择柏拉图主义的哲学家,与他们讨论我们正在研究的自然神学问题,要获得死后的幸福究竟是应该服侍唯一的上帝,还是应该向多神完成仪式,现在我已经足以说明,这样的选择是不无道理的。他们感到了创造天地的唯一上帝,比别的哲学家都更加光荣和精彩,所以我们最该选择他们。因此,在后人的判断中他们远比别人优秀。柏拉图的学生亚里士多德(Aristotles)⑥是个天性超绝的人,他的言词不如柏拉图,却显然在很多人之上。他创建了漫步学派,因为他讲课时习惯于走来走去,所以得名。因为声名显赫,就在他的老师还在世的时候,他就聚集了很多学生。在柏拉图死后,他姐姐的儿子斯彪西波(Speusippus)⑦和他的爱徒色诺克拉底(Xenocrates)⑧继承了他的学校,就是所谓的学园(Academia)。因此他们和他们的继承者就被称为学园派(Academicus);晚近喜欢追随柏拉图的最著名的哲学家,都自称为柏拉图学派,而不愿自称漫步派或学园派。其中有很多著名的希腊人,如普罗提诺(Plotinus)⑨、杨布里科(Iamblichus)⑩、波斐利,还有精通希腊文和拉丁文两种文字的非洲的阿卜莱乌斯,也是著名的柏拉图学派。但是所有这些,以及这学派中别的人,甚至柏拉图

---

⑤ 《罗马书》,1:19—20。

⑥ 亚里士多德,(公元前384—公元前322),古希腊哲学家,色雷斯人,到雅典随柏拉图学习哲学。柏拉图死后,曾成为亚历山大的老师。著述很多。现存的著作多为讲课笔记,于他死后编订。

⑦ 斯彪西波(约公元前407—公元前339),柏拉图的外甥,继承他成为学园的首领。他著作很多,但都已亡佚。

⑧ 色诺克拉底,斯彪西波死后成为学园首领。

⑨ 普罗提诺(205—270),三世纪新柏拉图主义哲学的主要代表,从四十岁开始在罗马教授柏拉图哲学,直到去世。他的学说由弟子波斐利编辑成《九章集》。

⑩ 杨布里科(约250—325),新柏拉图主义哲学家,波斐利的学生,著述很多。

自己，都认为应该完成服侍多神的仪式。

13. 柏拉图把神定义为美德之好、美德之友的观念

柏拉图主义者在别的很多重大问题上和我们有分歧，而我刚谈到的这一件事情关系非小，而且我们现在正在谈到，所以我们首先由此发问：他们认为应该对哪些神顶礼膜拜，是好的呢，是坏的呢，还是好坏兼顾？我们这里有柏拉图的观念，即诸神都是好的，没有一个神是坏的[51]。由此就可以推论认为，应该对好神顶礼膜拜，因为不是好的就不是神。如果是这样（谁能认为诸神不是这样呢？），那种认为有些仪式是为了攘除坏神，避免他们的伤害，而有些仪式是为了呼唤好神之助的意见[52]，就不攻自破了。凡做坏事的，都不是神，而他们说，仪式中的荣耀是应该敬献给好神的。那么，究竟是谁热爱戏剧表演，要求把这当作圣事，用这种方式展现自己的荣耀呢？他们的力量表明他们不是不存在的，他们对这些的极度欣赏表明他们是坏的。柏拉图怎么看待戏剧表演，也是众所周知的。诗人们吟诗作赋，所写的却根本不配诸神的威仪和善好，柏拉图说应把他们赶出城邦。那么，究竟是哪些神和柏拉图争夺这种戏剧表演呢？当然，柏拉图不能容忍诸神被虚假的罪行污蔑，而诸神却认为应该用那些罪行赞美自己。他们早先设置了这些表演，不仅耽于下流，甚至传播邪恶。因为提图斯·拉丁尼乌斯不听从他们的命令，他们把他的儿子摄去，带来疾病，而当提图斯·拉丁尼乌斯完成了命令后，又撤去了疾病[53]。柏拉图认为不该惧怕这些坏神，他的观点是极为一贯和强硬的，认为，诗

---

[51] 《法律篇》，4：716d 以下；8：828a 以下；《理想国》，2：379a。

[52] 波斐利，《论心灵的节制》（*De Abstinentia Animotorum*），2：39.10。

[53] 见本书 4：26。

人们所有那些渎神的胡说,只能取悦一群龌龊之徒,所以无疑要从人民建造好的城邦中去除。我们在第二卷已经提到[54],拉贝奥把柏拉图当成一个半神。拉贝奥认为,对于坏的神,应该用血腥的牺牲和相应的祈祷攘除,而对于真正的好神,应该用表演以及与之相关的各种愉快的事。那么为什么柏拉图这个半神不是从半神那里,而是从神,而且是好的神那里,撤去这些他认为下流的娱乐?诸神很明确地反驳了拉贝奥的观点。他们自己在拉丁尼乌斯那里,不仅表现得极为放荡和逸乐,而且很残忍和可怕。柏拉图学派和他们的导师一样,认为神都是好的、诚实的、与智者的德性为伍,认为如果不这样认为哪个神,就是违背神法的。那让他们解释上面说的事情吧。他们说:"我们来解释。"那我们洗耳恭听。

14. 有人持这个意见:理性灵魂分为三种,即,天上诸神的,空气里的鬼怪的,和地上的人的

14.1 他们都说,凡是有理性灵魂的生灵,可分为三类:神、人、鬼怪。诸神占据最高处,人在最低处,鬼怪在中间。诸神的位子在天上,人的在地上,鬼怪的在空气中。他们位置的尊荣怎样划分,他们的自然也一样划分。于是,神比人和鬼怪都高;人的位子在神和鬼怪之下,无论就他在元素序列中而言,还是就品德的差别而言。鬼怪在中间,他们比诸神低,但是又在人上面,比人高。他们的身体和诸神一样,是不朽的,但心灵和人一样富于性情。因此,柏拉图学派说,那些鬼怪喜欢污秽的表演和诗人的虚构就不奇怪了,因为他们和人一样会为情绪所动,而神根本不会,与他们完全不同。于是可以得出结

[54] 见本书 2:14。

论,柏拉图之所以厌恶诗歌和禁止虚构,不是针对神的,而是针对鬼怪的,因为神都是好的,在高处,他们不会喜欢表演竞技中的逸乐。

14.2 若是这样——很多人的著作中也都有这个说法,尤其是柏拉图学派的玛道拉的阿卜莱乌斯,他专门写书讨论这个问题,特意题为"论苏格拉底之神"(*De Deo Socratis*)。在书中,他谈到和解释了苏格拉底与什么神有关并建立友谊,他习惯于听从这个神的建议,在他想做的事没有好的结果时,这个神会阻止他去做。他极其明确地说,并且极其充分地讲明,那不是神,而是鬼怪⑤。他非常仔细地讨论了柏拉图的那个观点,即神是最高的,人在最低处,鬼怪在中间。这样,诸神就根本不受人间的污染。——若是这样,柏拉图怎么还敢把诗人赶出城去,就从鬼怪而不是神那里,夺走了舞台上的享乐。除非他要让人的心灵,那仍然困在必朽的肢体中的心灵,靠辉煌的荣耀蔑视不洁的鬼怪的命令,厌恶他们的龌龊。如果有最大荣耀的柏拉图谈到了这些东西又禁止它们,那么鬼怪们乞求和命令这些表演,当然是最下流的。也许阿卜莱乌斯弄错了,苏格拉底的朋友并不是那类的神祇;也许柏拉图自相矛盾,一方面要荣耀鬼怪,另一方面又把鬼怪喜爱的快乐从道德很好、秩序井然的城邦中赶出;要么苏格拉底和鬼怪的友谊就没什么好赞美的,阿卜莱乌斯对此就有些踌躇。他将书命名为"论苏格拉底之神",但按照他的论调,他在细致而充分地区分了神与鬼怪之后,本来不该称为"神",而应该称为"论苏格拉底的鬼怪"。不过他还是更愿意把这个说法放在讨论之中,而不是书名上。毕竟还有健康的教诲照亮了人事,使所有或几乎所有人害怕"鬼怪"的名称。因此,每个人在读到阿卜莱乌斯赞美鬼怪的尊荣的论述之

---

⑤ [译按]苏格拉底的守护神一般写作 *daemon*。在希腊文化里,这确实不是主神,但可以当作精灵或守护神。参考《苏格拉底的申辩》,31d。但奥古斯丁用到 *daemon* 一词时,已经赋予了很强的否定色彩。因此,为求统一,我们在此仍然把 daemon 译成"鬼怪"。

前，如果看到"论苏格拉底的鬼怪"这个名字，会认为苏格拉底不是个好人。就是阿卜莱乌斯自己，除去鬼怪们高贵和坚实的身体、较高的居住位置之外，他还能找出什么值得赞美的东西吗？他在谈到鬼怪们的总体时，说到了他们的道德，不仅没有说他们有什么好，而且谈到了很多坏事。因此读了他的书的人就不会对神事中的那些下流场景大惊小怪了。他们也不会惊讶，鬼怪们为了自己被当作神，会喜欢诸神的罪行。而那些仪式中或辉煌或下流残酷的场景，不论可笑的，还是可怕的，都和他们的情感吻合。

15. 鬼怪们空气的身体和较高的位置都不能使他们超越人类

15.1 真正虔敬的心灵是真正上帝的仆人，怎么能因为鬼怪有更好的身体，就说鬼怪比自己更好？要那样，很多野兽也应该超过人类，因为它们有更灵敏的感觉，有更轻便快捷的运动速度，有更凶猛的力量，它们体格的健康也能延续很多年。谁的视力能和鹰隼媲美？谁的嗅觉能和狗类相比？谁的速度能和兔子、鹿、各种鸟类相比？谁的力量能和狮子与大象相比？谁能活得像蛇那样长，甚至能到了老年又蜕皮，返老还童呢？但是，就推理和理解而言，我们都超过了它们。同样，我们活得好、活得荣耀，也应该比鬼怪好。虽然上帝的神意让我们超过他们，但给了他们更好的身体，那么我们超过鬼怪的那些方面，就应该被认为比身体有更高贵的价值。我们知道鬼怪有更优秀的身体，但是我们是因为好的生活超越他们的，因此，我们应该学会蔑视身体的优秀。我们也会拥有不朽的身体，但不是遭受永罚折磨的身体，而是在纯洁的心灵引领下上升的身体。

15.2 就所在的位置高度而言，鬼怪们在空气里，我们住在地上。如果被这件事所触动，由此认为，鬼怪比我们高，那就太可笑了。

如果这么认为,我就会说飞鸟都比我们高。但他们说,如果飞鸟飞累了,为了恢复营养或体力,会回到地上休息或捕猎,而鬼怪们不会这么做。要这么说,他们就认为,飞鸟高于我们,而鬼怪们又高于飞鸟了? 如果这意见是很疯狂的,那就没有道理因为鬼怪住在更高的元素中,就让我们尊崇他们,就让我们以宗教的情感来服务他们。空中的飞鸟不仅不能超过地上的我们,而且,因为我们的理性灵魂的尊荣,还要听从于我们。因此,虽然鬼怪们在空气中,并不见得因为空气比地高,他们就比地上的我们更好;相反,他们的绝望无法和虔敬人类的希望相比,所以人类是比他们好的。按照柏拉图的道理⑤,共有四大元素,按顺序排列,不断运动的火和不动的地在两端,气和水二者在中间,这样,水和气的距离、气和火的距离,是同地和水的距离一样的;这样就足以告诉我们,灵魂的价值不是根据元素的高低判断的。阿卜莱乌斯自己也说,人和别的动物都在地上,而地上的动物比水中的动物高⑤,但是柏拉图认为水比地高。我们的理解是,物质看上去有个高低序列,但是灵魂的价值并不按照同样的序列排;有可能较低的物质中有更好的灵魂,而较高的物质中有堕落的灵魂。

16. 柏拉图主义者阿卜莱乌斯所认为的鬼怪的道德和行为

这个柏拉图主义者在谈到鬼怪的时候,说他们与人一样,会为心灵的搅扰所刺激,会被伤害困扰,喜欢奉承和礼物,热衷于荣耀,喜欢各种神圣的仪式,如果被忽视就会暴怒⑤。他又说,鬼怪们还通过鸟

---

⑤　《蒂迈欧篇》,32b。

⑤　阿卜莱乌斯,《论苏格拉底之神》,3。

⑤　阿卜莱乌斯,《论苏格拉底之神》,12,14。

占者、脏卜者（*aruspicum*）⑤、算命者、梦境来预言祸福，各种奇迹魔术来自他们⑥。他简洁地为鬼怪们下了定义，说他们属于生灵，心灵有性情，心智有理性，身体是空气，寿命永恒。在这五点当中，前三点和我们一样，第四点是独特的，第五点和神一样⑥。而我看到，在他们和我们共有的三点中，有两点与神也是共有的。阿卜莱乌斯谈到神也是生灵。他按照各自的元素划分生灵：我们和那些在地上生活、有感知的都是地上的生灵，鱼和别的水族在水里，鬼怪在空气里，神在以太中⑥。根据这种划分，鬼怪属于一种生灵，不仅与人，而且与野兽和诸神都一样：他们与人和神一样有理性的心智；他们的寿命是永恒的，这只与神一样；他们有有性情的心灵，只与人一样；他们的身体是空气的，这是他们独有的。他们属于生灵，这没什么大不了的，因为野兽也一样；他们有理性心智，这不比我们高，因为我们同样也有。他们的寿命是永恒的，但如果不是永恒的幸福，这又有什么好的？暂时的幸福也比永恒的悲惨好。他们的心灵是有性情的，这怎么能超过我们？我们也一样，但如果我们不堕入悲惨，就不会这样。他们的身体是空气的，但是这有什么意义？灵魂总是高于所有身体的，无论其自然是什么。宗教服侍应该出自心灵，不该出自低于心灵的事物。而在阿卜莱乌斯所谓鬼怪的特点当中，他如果提到德性、智慧、幸福等等，说他们和神永恒地共有这些，那他就赋予鬼怪们更值得渴望和赞美的特点了。不过，我们并不会因此就像服侍上帝一样服侍他们，而只应该服侍上帝自己。我们知道，鬼怪们是从上帝那里接受这些

㊙　［译按］脏卜和鸟占一样，是一种特定的占卜方式，是利用动物内脏的占卜法。本书 2：24 中苏拉用的，就是脏卜。

㊚　阿卜莱乌斯，《论苏格拉底之神》，6。

㊛　阿卜莱乌斯，《论苏格拉底之神》，13。

㊜　阿卜莱乌斯，《论苏格拉底之神》，7。

的。这些空气做的生灵的神圣尊荣差得太多了，他们有理性就是要变得悲惨，他们有性情就是要承受悲惨，他们永恒就是要无休止地悲惨下去。

17. 人们要从那些精灵的罪过中解放，那是否还该服侍他们

17.1　因此，我略去其他内容，只讨论他所谓鬼怪与我们共有的东西，也就是心灵中的性情，如果说四大元素中都充满与之相应的生灵（不朽的在火与空气中，必朽的在水与地中）的话，我要问为什么鬼怪们的心灵会被性情的旋风和动荡所惑。搅扰在希腊语中称为 παθο ς；他想用这个词表示他们的心灵是被动的（passiva），因为 παθο ς 衍生出的遭受（passio）一词，意思是灵魂中的违背理性的运动㉝。那么为什么这存在于鬼怪的心灵中，而不在野兽当中呢？如果野兽出现类似的反应，那并不是这种搅扰；因为野兽没有理性，也就无法违背理性。但在人当中，愚蠢或悲惨就会导致这种搅扰了。在我们尚未到达那应许的完美智慧的幸福的时候，我们还无法从必朽的限制中解放。他们说，真正的神不仅是永恒的，而且是幸福的，所以不可能遭受这种搅扰；这是因为，神也拥有理性的灵魂，又完全免于任何堕落与疾病。而神之所以不会遭到搅扰，是因为他们是幸福的生灵，而不是悲惨的；野兽不会遭到搅扰，因为它们是既不会幸福，也不会悲惨的生灵；而要说鬼怪和人一样遭受搅扰，那他们就不是幸福的，而是悲惨的。

17.2　鬼怪有和我们相似的罪过，在真正的宗教看来，我们要从

㉝　西塞罗在《图斯库兰讨论集》4：6，11 中谈到了类似的意思。奥古斯丁或许是从他那里得到的这个说法。

中解放；而按照某些宗教，我们要服从鬼怪，这不是愚蠢或疯癫吗？阿卜莱乌斯对鬼怪过于宽厚，还给他们以神圣荣耀的尊荣，不过他还是不得不承认，他们也会被激怒[64]；真正的宗教告诉我们，不能被激怒，而要反抗这种情感。鬼怪可以被贿赂征服，真正的宗教告诉我们，不能因接受那样的礼物而偏向谁。鬼怪可以被荣耀击垮，真正的宗教告诉我们，不能为此虚荣所动。鬼怪恨某些人，爱某些人，不是因为明智而平静的判断，所以阿卜莱乌斯把他们的心灵称为有性情的；真正的宗教告诉我们，要爱我们的敌人[65]。最后，阿卜莱乌斯说，鬼怪们会愤怒和迷乱[66]，但真正的宗教命令我们，要抛弃心中的一切动荡和心智的不安，平息心灵中的波澜和风暴。因此，除非有愚蠢而悲惨的错误，你怎么会谦卑地膜拜一个你不想变得和他一样的东西呢？最高的宗教是模仿你所服侍的，那你为什么还要膜拜你不想模仿的呢？

18. 这种宗教教人们通过鬼怪的鼓动祈求好的神，这是什么宗教

阿卜莱乌斯同那些和他想法一样的人赋予鬼怪这样的荣耀，说他们在空气中，位于天上的以太和大地的物质之间，因为，按照柏拉图的教导，"神和人都两不相涉"[67]。于是鬼怪们把人们的祈求送给神，又给人带回诸神的应答。这完全是空谈。相信这些的人认为，人和神、神和人都不能交往，都是不合适的；而鬼怪同神和人都能交往。

---

[64] 阿卜莱乌斯，《论苏格拉底之神》，13。

[65] 《马太福音》，5：44。

[66] 阿卜莱乌斯，《论苏格拉底之神》，12。

[67] 阿卜莱乌斯，《论苏格拉底之神》，4。

于是，鬼怪一方面送交人的请求，另一方面带回神的赐予。人本来是纯洁的，对那肮脏的魔术完全陌生，而鬼怪是热爱这些魔术的。人就要鬼怪们当自己的保护神，通过他们，使诸神听到自己。但其实，如果他不爱这些，就会更荣耀，他的祈求能更容易、更自由地上达天听。那些鬼怪热爱下流的表演，而纯洁者不爱。他们喜欢用这种技艺作恶，杀害成千上万的人⑱。无罪者不会喜欢这些的。那么，纯洁和无罪的人如果想从神那里求得什么，他无法获得他应该得到的，除非靠敌人来帮助他。他不就是试图证明这诗人的虚构和剧场的表演吗？我们有他们如此看重的导师柏拉图，来对抗他们的这个结论：要让人的纯洁糟踏自己，他不仅要热爱下流，甚至还要把这当作对神的感恩。

19. 那魔术极为不敬，人们却通过它求得邪灵的保护

极不幸和不敬的人们认为光荣的那些魔术，我不是可以用公众的眼光作见证来攻击吗？如果这真是用来服侍神明的工具，它们为什么遭到重法的严惩呢？难道仅仅是因为基督教法律的设置，使魔术遭到了处罚？最有名的诗人的诗句，无疑表明，这对人类是极为有害的。这还有别的意思吗："亲爱的，我对着天神起誓，我对着你，亲爱的妹妹，我以你美好的生命发誓，我之所以要用魔法武装自己是出于不得已的。"⑲维吉尔还在别的地方谈到魔术："我看到他把成熟的庄稼转到别的地方。"⑳这指的是此种害人而丑恶的学说所教的，如何把别人的庄稼转移到另外的土地上的法术。西塞罗不是提醒我们了

---

⑱ 维吉尔，《埃涅阿斯纪》，7：338。
⑲ 维吉尔，《埃涅阿斯纪》，4：492—493。
⑳ 维吉尔，《牧歌》，8：98。

吗,在罗马人最古老的十二铜表法中写到,这样的做法应该给以处罚?⑦ 最后,是在基督教的法官面前,阿卜莱乌斯才因为魔术被控诉吗? 在被控诉的时候,如果他认为这是神圣的和虔敬的,与神圣的事物相吻合,那他就不仅应该坦白,而且要昭之于众。如果法律认为这应该被禁止和谴责,那他应该谴责法律,说这些是神奇的,应该得到尊重。他这样就能说服法官听从他的意见,或者,如果人们一定按照不公的法律行事,因为他宣扬和赞美魔术而处死他,那么鬼怪们应该给他的灵魂以应得的奖赏,这样,他为了提倡和赞美神的事,就不怕失去生命了。正如我们的殉道士,他们的基督信仰被当作罪而遭受责罚,但他们知道自己会得救,会享受永恒的巨大光荣,并不选择靠否认信仰来逃避人间的惩罚。不过他们会承认、宣布、宣扬基督教,虔敬而坚韧地忍受这一切,因为虔敬,死了也会有保障,于是禁止基督教的法律不得不感到羞愧,只好作了改动。这位柏拉图主义的哲学家留下了一份极长极雄辩的演说,辩护说,他自己不懂魔术这种罪。他说无罪的人不会从事这些,从而否定了这些魔术,这当然就是为了表明自己是无罪的⑦。他正确地感到,所有魔法幻术都是该谴责的,这些都是鬼怪们的教导和做法。但他为什么还认为,鬼怪们是该荣耀的呢? 既然我们必须回避鬼怪们的事才能把自己的祈祷传给诸神,那么,我们为什么又要通过他们,来把祈祷传递到诸神那里呢? 然后我要问,他认为是人的哪种祈祷需要鬼怪们传递给好的神,是魔术的,还是合法的? 如果是魔术的,诸神是不愿要的;如果是合法的,诸神是不愿通过鬼怪的。如果一个罪人为了忏悔而祈祷,特别是,如果他犯的是和魔术有关的罪,他本来是因为受到鬼怪们的唆使和撺

---

⑦　普林尼,《自然史》,28:2.17。

⑦　阿卜莱乌斯,《自我申辩》(*Apologia de Se*),又名《论魔术》(*De Magia*)。

掇而屈服于他所痛悔的罪行的，难道能够因为鬼怪的干预，而得到神的宽恕吗？或者鬼怪们为了忏悔者们得到宽恕，先为自己的欺骗忏悔了吗？从来没人这么说过鬼怪。如果是这样，他们自己也希望通过忏悔达到神恩，那他们就该根本不敢希求享受神的荣耀了。鬼怪们的骄傲是不可救药的，而忏悔需要谦卑。

20. 我们是否该相信，好的神更愿意和鬼怪而不是和人沟通

也许有个紧迫而不得已的原因，使得鬼怪们做了神和人之间的中介，向神递送人的祈求，向人传达神的佑助。这究竟是什么原因，是怎样的必要呢？他们说，因为神和人无法沟通[73]。如果神不和祈祷的人沟通，反而和傲慢的鬼怪沟通，那这神的神圣性也太奇妙了。他不和忏悔的人沟通，反而和骗人的鬼怪沟通；他不和逃往神性的人沟通，反而和伪造神性的鬼怪沟通；他不和寻求神的宽恕的人沟通，反而和劝他们做坏事的鬼怪沟通；他不和在哲学著作里宣称要把诗人赶出建好的城邦的人沟通，反而和通过城邦的元首和祭司，使诗人们编造的可笑故事在剧场中表演的鬼怪沟通；他不和禁止编造诸神的罪恶的人交流，反而和那些喜欢诸神虚构的罪行的鬼怪沟通；他不和在正义的法律中禁止肮脏的魔术的人沟通，反而和传播、玩弄魔术的鬼怪沟通；他不和不愿意模仿鬼怪的人沟通，反而和用骗术含沙射影的鬼怪沟通。

---

[73] 参见柏拉图，《会饮篇》，203a。

21. 诸神利用鬼怪当信使和翻译，受鬼怪的骗，究竟是因为无知，还是有意的

21.1 这之所以很必要，是因为在以太中照管人的诸神，只有通过空气中的鬼怪做信使，才能知道地上人间的事，这真是极为荒唐而龌龊；以太与大地遥远悬隔，而空气和以太与大地都相接。多么奇妙的智慧呀！哲学家们既愿意诸神是完美的，照管人事（否则就不必服侍他们），又认为，由于元素之间的距离，他们不知道人事。他们之所以这样以为，不过是为了相信鬼怪们是必需的，认为他们需要崇拜，这样，神才能通过他们了解人事，在必要的地方帮助人。如果是这样，那么好神更能和鬼怪交流就是因为他们的身体更接近，而人不能因为有好的心灵而和神交流。多么痛苦的必要性！我宁愿嘲笑和抛弃这虚妄，也不愿把神性说成虚妄的！如果诸神的心灵不会受到物质的阻隔，能够自由地看到我们的心灵，那他们就不需要这些鬼怪做信使了；而如果以太中的诸神要了解心灵的物质表征，比如表情、位置、运动，必须通过他们的身体，也通过身体获知鬼怪们通知给他们的东西，那他们就可能被骗人的鬼怪瞒骗。如果诸神的神性不会被鬼怪欺骗，那么这神性就不会不知道我们的所作所为。

21.2 我希望他们能告诉我，鬼怪们是否告诉诸神柏拉图不喜欢诗人们所虚构的诸神的罪行，而向诸神隐瞒他们自己喜欢那些？或者，他们是否两者都隐瞒了，更希望神不知道这一切？或者，他们是否把柏拉图对诸神的明智的宗教态度和自己那伤害诸神的欲望都告诉了神？或者，他们是否不愿意让神知道柏拉图的观点（即他不希望因为诗人那不敬的放肆，散播诸神那虚构的罪名），却一点也不羞

于或惮于暴露自己真实的邪恶（他们因为这种邪恶而热爱那些赞美诸神不光彩的事的表演）？我以提问的方式列出了这四种可能，让他们去选择。不论他们选择哪一种，他们都会认为那些好神是坏的。如果他们选择第一种，那他们就承认，诸神不可能和好的柏拉图有沟通：柏拉图禁止对诸神的中伤，而坏的鬼怪们渲染对神的中伤，诸神却和鬼怪们有沟通；好的神和人相距好远，必须通过坏的鬼怪才能了解，但是他们对身边的鬼怪也毫不了解。如果他们选择第二种，说鬼怪们二者都隐瞒了，那么诸神就什么都不知道，既不知道柏拉图极合宗教的律法，也不知道鬼怪们渎神的喜好；既然诸神不知道好人如何为了好神的荣耀，抵御坏的鬼怪的欲望，诸神怎能通过鬼怪这信使知道人事？如果他们选择第三种，那么鬼怪信使们不仅把柏拉图禁止中伤诸神的观点，而且把就是这些作为信使的鬼怪自己对神中伤的渲染告诉了诸神，那么鬼怪究竟是在报告，还是在冒犯？诸神两者都听到了，两者都知道了。虽然邪恶的鬼怪的欲望和做法都违背了诸神的尊严，也违背了柏拉图的宗教，但是，诸神不仅没有封锁他们前来报告的道路，而且还通过他们的坏邻居，送给距离好远的柏拉图以好的赐予。那么诸神是如此受到元素的秩序链条的限制，必须和毁谤他们的鬼怪相邻，却不能和捍卫他们的人相联；他们两者都知道，却无力改变空气和地的分量。如果他们选择剩下的第四种，那就比其他的更糟糕。如果鬼怪们把诗人们给不朽诸神虚构的罪行、剧场里下流可笑的表演、他们自己最狂热的欲望和最甜美的享受，都报告给了神，但对于柏拉图的严肃的哲学，他要在最好的共和国里清除这些的说法，保持沉默；那么这些好神通过这些信使得到的无比糟糕的坏事，不是别人的，而是这些信使自身的，但他们却不能知道与此相反的哲学家的好的说法。前者是对他们的中伤，而后者才是对诸神的荣耀。

22. 抛弃鬼怪服侍，反驳阿卜莱乌斯

　　只有这四者都不选择，我们才不会按照其中任何一种，以为神是坏的；剩下的是，我们无法相信，阿卜莱乌斯和其他持同样观点的哲学家所试图宣扬的：鬼怪在人和神中间充当信使和翻译，上达我们的请求，下传神的佑助。他们是一心想着伤害我们的精灵，与正义完全不沾边，骄傲自大，嫉妒成性，精于骗术。他们在空气中居住，是因为他们从高空中被赶了出来，他们遭到惩罚，犯下不可饶恕的罪，而被罚待在空气这适合他们的监狱之中。空气虽然在位置上高于土和水，但是鬼怪们的价值并不因此高于人类。但那些选择了真正上帝的保佑的人，非常容易就能超过他们，不是靠地上的身体，而是靠虔敬的心智。对众多显然不配参与到真正的宗教中的人，鬼怪们像对待俘虏和囚犯一样统治。对大多数人，他们通过行为或预言，制造了奇迹和骗人的表象，通过这些说服人们自己是神。但对于那些更认真、更仔细地观察他们的罪过的人，鬼怪们无法说服他们，自己是神，于是假装自己是神和人之间的信使与善良的翻译。但是那些不相信他们是神的人，见到了他们的坏事，认为就连这种荣耀也不该给他们。他们希望神都是好的，不过却不敢说那些鬼怪完全不配有神的荣耀，主要因为怕冒犯大众。他们看到，这些大众因为古老的迷信，为鬼怪们设立了那么多仪式和神殿，来侍奉他们。

23. 三尊赫尔墨斯如何理解偶像服侍，他怎么能知道埃及的迷信应该废除

23.1　　埃及人赫尔墨斯，人称三尊（*Trismegistus*）[74]，对此有不同看法，并写了下来[75]。阿卜莱乌斯认为那些鬼怪不是神，但是他还是说，他们在人和神之间来来回回，而人们要把他们当成诸神的成员，对他们的服侍和对上界神的服侍不可分割。而这个埃及人说，一些神是最高的上帝造的，一些是人造的。每个听到我这么说的人，都会明白他指的是神像，因为这都是人手的作品。而他说，那可见可感的塑像，只是神的身体；会有一些精灵附在这些身体中，有的有力量伤人，有的能满足人们的某些欲望，从这些人获得神的荣耀和膜拜仪式。某种技艺把不可见的精灵与物质的可见形体结合起来，于是产生了有灵魂的身体（*animata corpora*），使神像从属于精灵，受精灵的控制，赫尔墨斯说，这就是"造神"，这种神奇而巨大的造神之力会让人把他们当作神。这个埃及人谈这件事的语言，翻译成我们的文字就是："因为我们要谈到神和人的亲缘与友谊，埃斯科勒庇俄斯呀，你要看到人的能力和力量。正如我们的主、父、至高的神创造了天上的诸神，人类创造了神殿中的诸神，那些愿意和人比邻为居的神。"[76]他稍后又说："这样，人性中总是充满了对自己的自然和起源的记忆，保留在对神性的模仿中。正如我们的父和主把永恒诸神造得像自己，

---

[74] 三尊赫尔墨斯（或三尊墨丘利）是新柏拉图主义者多次谈到的传说中的人物，有人把他当成神，可能就是埃及神透特（*Thoth*）。人们认为很多哲学、宗教、天文学、魔术、炼金术的著作是他写的。他的对话《埃斯科勒庇俄斯》被阿卜莱乌斯翻译成拉丁文，这个拉丁文本今存。

[75] 参见拉克唐修《神圣原理》，1：6。

[76] 托名三尊赫尔墨斯，阿卜莱乌斯译，《埃斯科勒庇俄斯》（*Asclepius*），23。

人类在造神的时候也按照自己的面孔创造。"对话的对象主要是埃斯科勒庇俄斯，他这时回答说："你说的是那些神像吗，三尊？"三尊回答说："是那些神像。埃斯科勒庇俄斯，你看你自己还是这么不信。那些有灵魂的神像充满了感觉和精神，做了那么多那么大的事；有的神像能预知未来，通过卜筮、预言、托梦和别的各种方式来预言；他们让人生病，然后又治好他们，根据人们的品德让他们悲伤或快乐。埃斯科勒庇俄斯，你不知道吗，埃及就是天空的形像；或者更正确地说，是天上发生和完成的一切转移和下降到下界。如果是这样下降的话，事实上，我们的土地不就是整个世界的庙宇？因为一个明智的人要预见到一切，你若不知道这些，就违背神法了：虽然埃及人盲目地心智虔敬，忙忙碌碌地敬神，但在未来的时间里，他们这一切仪式都会变得毫无用处，化为虚妄。"⑦

23.2　随后，赫尔墨斯花了很多笔墨来谈这个问题。他好像预见了今天，基督宗教不仅更加真实、更加神圣，而且也将同样更加猛烈、更加自由地摧毁那些虚构的谬误；最真实的救世主的神恩把人从人造的诸神那里解救出来，让他们臣服于造人的上帝。不过，当赫尔墨斯预言这些的时候，他好像那些可笑的鬼怪的一个朋友一样说话，而不会清楚地说出基督教的名字；相反，他带着一种哀悼和泪水预言这些在后来的摧毁和颠覆，好像遵守这些仪式就能在埃及建立一个准天堂。关于赫尔墨斯这样的人，使徒也谈到了："因为他们虽然知道神，却不当作神荣耀他，也不感谢他。他们的思念变为虚妄，无知的心就昏暗了。自称为聪明，反成了愚拙，将不能朽坏之神的荣耀，变为偶像，彷佛必朽坏的人，和飞禽走兽昆虫的样式。"⑧这一段很长，

⑦　托名三尊赫尔墨斯，阿卜莱乌斯译，《埃斯科勒庇俄斯》，24。
⑧　《罗马书》，1：21—23。

不赘引。赫尔墨斯就世界的创造者、真正的唯一上帝谈了很多,好像
真理一样。我不知道为什么,他的心会变得昏暗,而忘记了他承认那
些神是人造的,反而总想让人臣服于他们,哀悼于他们未来的毁灭。
难道还有比被自己的虚构统治的人更不幸的吗? 服侍自己制造的神
的人,更容易变得比人更低,而人所造的神却不那么容易成为神。人
自身是上帝按照自己的像造的,在人还没有把自己的造物放在上帝
的造物之上以前,"人在尊贵中,而不醒悟,就如死亡的畜类一样"⑦的
情况会更快地到来。当人让自己的作品超过自己时,人就当然地离
开了制造他的上帝。

22.3 埃及的赫尔墨斯哀悼这些虚妄的、骗人的、有害的、渎神
的东西,因为他知道这些将来会毁灭。不仅他用以理解未来的方法
是不明智的,他的哀悼也是莽撞的。圣灵并没有像显现给先知们那
样向他显现。先知们是这么兴高采烈地预言未来:"人岂可为自己制
造神呢? 其实这不是神。"⑧另外一处又有:"万能的主说,那日我必从
地上除灭偶像的名,不再被人记念。"㉛与我们所谈的相关,同样是在
埃及,圣以赛亚谈到此事时预言说:"埃及的偶像在他面前战兢。埃
及人的心在里面消化。"㉜诸如此类。和先知们同属一类的,还有那些
知道某事一定会发生,因而在发生之后非常兴奋的人:像西面㉝,像亚
拿㉞,立即认出了降生的耶稣;像以利沙伯,圣灵让她知道受孕的是基
督㉟。像彼得,因了圣父的启示,说:"你是基督,是永生神的儿子。"㊱

---

⑦《诗篇》,49:20。

⑧《耶利米书》,16:20。

㉛《撒迦利亚》,13:2。

㉜《以赛亚书》,19:1。

㉝《路加福音》,2:25 以下。

㉞《路加福音》,2:36 以下。

㉟《路加福音》,1:41—45。

㊱《马太福音》,16:16。

但是那些向这个埃及人昭示他们未来的毁灭的精灵，就是那面对道成肉身的主基督颤抖着说"时候还没有到，你就上这里来叫我们受苦么"㊲的。这或是因为他们知道毁灭是会来临的，只是以为会晚一些，而现在突然而至了；或是他们所谓自己的毁灭，指的是，他们被认出后，遭到了鄙视。而"时候还没有到"的意思，就是审判的时间还没到，那时候他们要和同他们一起被拘的人遭受永恒的责罚。这就是既不会骗人、也不会受骗的宗教所说的；这不像赫尔墨斯那样，"被一切异教之风摇动，飘来飘去"㊳，他真假混杂，对于本来已承认是错误的宗教，还要哀悼它以后的毁灭。

24. 赫尔墨斯公开承认自己父辈的错误，为什么又为这错误的覆灭而哀伤

24.1 赫尔墨斯很久后又回到这个问题，再次说那些神是人造的。他这么讲："但是我说这些就足够了。我们还是回到人和理性，据说是靠了神的恩赐，人才有理性的灵魂。那么，关于人所说的这么多奇迹并不是最神奇的。比所有奇迹更大的奇迹，是人可以发明神性，也可以制造神性。我们的祖辈对神的知识大为错误（erro）㊴，不信仰，又不愿服侍宗教和神性，于是发明了制造诸神的技艺。完成这个发明后，他们把世界的自然中相近的力量（virtus）与之结合；这些相结合后，他们还不能制造灵魂，于是就召唤了鬼怪或天使的灵魂，

㊲《马太福音》，8:29。

㊳《以弗所书》，4:14。

㊴［译按］erro 在拉丁语里兼有"徘徊于"、"探求而不确定"和"犯错误"的意思。依照赫尔墨斯的意思，译者认为似乎更接近于"徘徊于"或"探求而不确定"，那么这句话的意思就是"我们的祖辈摸索对神的知识，而无确定的结论"。而奥古斯丁更愿意把这理解为"犯错误"。

给他们赋予神圣的像和神的奇迹,这些灵魂使得那偶像能有力量做好事和坏事。"㉚我不知道,如果让鬼怪们自己坦白,他们是否会像赫尔墨斯坦白这么多。他说:"我们的祖辈对神的知识大为错误,不信仰,又不愿服侍宗教和神性,于是发明了制造诸神的技艺。"不论怎么委婉,他还是说祖先"错"了,从而发明了造神的技艺;或者他可以说"错误",而不必加"大为"? 但正是因为他们的大错和不信,不服侍宗教和神性,于是发明了制造诸神的技艺。他们由于大为错误、不信仰、心灵偏离崇拜,偏离对神的服侍,而发明的人造神的技艺,在未来的某个时间将要覆灭,而这个智慧的人却又把它当成真有神性的宗教来哀悼。你看,是不是神的一种力量驱使他揭露自己的祖先先前的错误,魔鬼的力量又驱使他哀悼于鬼怪未来遭受的惩罚? 但是如果他的祖先对神的认识犯了那么大的错,不信神,心灵偏离神性的宗教,于是才发明了造神的技艺,如果他们发明的这种龌龊的技艺,偏离神性的宗教,如果将来神性的宗教把它摧毁,真理纠正谬误,信仰驳斥不信,皈依改变偏离,又何必大惊小怪呢?

24. 2　倘若他不提原因,只是说,他的祖先们发明了造神的技艺;只要我们知道什么是正确和虔敬,我们就该注意和看到,他们如果不厌恶真理,如果相信与神的尊荣相配的神事,如果心灵系念着神性的宗教和服侍,那么他们就不该发明这种人造神的技艺。而如果我们说这种技艺的原因就是人类的巨大错误,是不信仰,是犯了错和不信仰的心灵对神性宗教的偏离,那么这种对真理的鲁莽抗拒就还是可以忍受的。但是,这个赫尔墨斯一方面承认人造神这种技艺的力量超过了人类所有别的奇迹,另外又哀悼,在未来的时代,人类虚构和设置的所有神都会被法律下令毁灭;如果他坦白并解释了之所

㉚　托名三尊赫尔墨斯,阿卜莱乌斯译,《埃斯科勒庇俄斯》,37。

以如此的原因,说是他们的祖先的巨大错误、不信仰,还有心灵放弃对神性和宗教的服侍,导致了这些造神的技艺,那我们能说什么,能做什么?我们只能尽可能地感谢我主上帝,他以同这些制度的原因完全相反的道理,清除了这一切。通过众多错误建立的,只能靠真理之道清除;在不信仰中建立的,要靠信仰清除;因为偏离对神性宗教的服侍建立的,要靠对唯一的、真正的、神圣的上帝的皈依来清除。不仅埃及(只有在那里,鬼怪的精灵通过赫尔墨斯在哀悼),而且整个大地,都要为上帝唱新歌。真正神圣的先知的著作里已预见到了这一点,其中写道:"你们要向主唱新歌,全地都要向主歌唱。"[91]这首诗篇的标题是:"写于被掳后神殿建造之际"[92]。我主建造的神殿就是上帝之城,就是圣教会,就建在整个大地上,建在人们被鬼怪们俘获当俘虏之后。人们对上帝的信仰成为活石,在上面建造灵宫[93]。不会因为人创造了诸神,人就不会被他的创造物所俘获。人在服侍诸神的时候,被拉去入伙了,也就被俘获了;我说的"伙"(societas),可不是那些蠢笨的偶像之伙,而是狡猾的鬼怪之伙。那些偶像,不就是圣经里写的"有眼却不能看"吗?[94] 不管怎样说他们,不管从什么物质刻出形像,他们还是没有生命,也没有感觉。但是靠这种龌龊的技艺,肮脏的精灵附上了这些神像,拉那些服侍者入伙,使他们的灵魂可怜地当了俘虏。使徒说:"或说偶像算得甚么呢。我乃是说,外邦人所献的祭,是祭鬼,不是祭神。我不愿意你们与鬼相交。"[95]邪恶的鬼怪俘获了人们,在这之后,整个大地上建造了上帝的宫殿;这就是那首诗

---

[91] 《诗篇》,96:1。

[92] 这个标题,今本圣经大多没有。参见奥古斯丁《〈诗篇〉解》中对《诗篇》96 的详细诠释。

[93] 《彼得前书》,2:5。

[94] 《诗篇》,115:5。

[95] 《哥林多前书》,10:19—20。

用这个题目的意思。于是诗中写道："你们要向主唱新歌，全地都要向主歌唱。要向主歌唱，称颂他的名，天天传扬他的救恩。在列邦中述说他的荣耀，在万民中述说他的奇事。因主为大，当受极大的赞美。他在万神之上当受敬畏。外邦的神都属虚无。惟独主创造诸天。"⑯

24.3　在未来的时代，偶像崇拜会被摧毁，鬼怪对服侍他们的人的霸权也将摧毁。谁要为此哀悼，那就是受到了坏的精灵的鼓动，希望永远停留在鬼怪的俘虏之中，而《诗篇》中唱到，等到在整个大地建造了永远的宫殿，这也就终止了。赫尔墨斯已经哀伤地预言了此事，但先知们兴奋地预言了此事。因为圣灵是胜利者，他通过圣先知歌唱此事；就连赫尔墨斯自己，虽然他不愿意这些被摧毁，为此而哀悼，但他也奇迹般地不得不坦白，这些不是明智和虔敬的宗教徒设立的，而是错误、不信仰和偏离对神性宗教的服侍的人设立的。他虽然把他们称为神，但还是说他们是那些人造的。我们当然不该和造神的人一样。不管是不是愿意，他都表明，那些同这些造神者不同的人，就是明智、虔敬的宗教徒，不该服侍这些神。同时他也证明，那些造神的人自己引入的神根本不是神。先知的话真是对了："如果是人造的神，看啊，它们不是神。"⑰这些神，这些人的神，这些人用技艺造出的神，当赫尔墨斯称他们为"人造神"（指的是，通过不知道什么技艺，这些鬼怪们的欲望之锁把他们和偶像绑在一起）时，他还没有像柏拉图学派的阿卜莱乌斯那样，把他们当成上帝所造的神与同一个上帝所造的人之间的翻译和信使，把人的祈祷带给神，把神的保佑带回给人（这我已经充分谈过，并证明这是多么不当和荒谬）。相信人造的

⑯《诗篇》，96：1—5。
⑰《耶利米书》，16：20 和合本作："人岂可为自己制造神呢？其实这不是神。"

神对上帝造的神的影响，比这个上帝造的人的影响更大，这是多么愚蠢！靠了人的不敬的技艺，鬼怪与神像结合，被造成了神；但只是这些人在造，不是全体人类。只有人在犯错、不信和偏离真正上帝的时候才会造的，这是什么神呢？那些在神殿中服侍的鬼怪，通过不知道什么技艺进入塑像，也就是和人自己相似的形像。用这种技艺造神的人，是在犯错误，偏离对神性宗教的服侍的时候造的，而这些鬼怪不是人和神之间的信使和翻译，因为他们沾染了最坏、最下流的品德。人类虽然犯了错，不信仰，而且偏离对神性宗教的服侍，但无疑还是比他们好的，因为那些神就是他们用技艺造的。这样就可以得出结论，那些神所能做的，都是鬼怪在做。鬼怪们要么假装做好事而伤害更大（因为这就更有欺骗性），要么公开做坏事。而他们之所以能做这些，也一定是得到了上帝至高而隐秘的神意的默许，而不是那些鬼怪因为和诸神的友谊在人神之间作中介，从而以法术作用于人类。那些好神我们叫做圣天使，是居住在天堂的理性而神圣的被造物，鬼怪们根本不会是他们的朋友。"无论是有位的，主治的，还是执政的，掌权的"[38]，他们心灵中的性情离鬼怪很远，就像罪过远离德性，战争远离善好。

25. 论圣天使和人能共有的东西

那些神（或者说好的天使）的友善和好意，根本不需要鬼怪的中介来寻求，而是靠我们拥有了他们那样的好的意志来寻求。通过这些，我们会和他们共在，一起生活，一起服侍他们所服侍的上帝，但是我们用肉眼，不能像他们那样看到上帝。我们的意志越是不如他们，

---

[38]《歌罗西书》，1:16。

越是比他们脆弱、不坚定、悲惨，我们的生命的品质就越不如他们，而不是因为身体所在的地点遥远。并不是因为我们的肉身住在地上，而是因为我们不洁的心思念地上的事⑨，无法和他们结合。一旦我们被治好了，我们就变得和他们一样；靠了信仰，我们会接近他们；靠了天使的帮助，我们相信那使他们幸福的，也会赐福我们。

26. 所有异教都完全是关于死人的

26.1 这个埃及人虽然哀悼那些信仰未来在埃及的毁灭，不过他还是承认，那是因为巨大错误、不信仰，偏离了神性宗教的服侍而设置的。除了另外那些，他还说了这些话："最神圣的大地上座落着神龛和庙宇，却充满了坟墓和死人。"⑩好像，如果这些不被摧毁，人们就不会死，或者死后埋在大地之外的地方。时日越是流转，坟墓就越来越多，因为死人越来越多。但他好像在哀悼，我们纪念我们的殉道士的纪念碑将取代他们的神龛和庙宇。这样读的人心灵与我们对抗，是堕落的。他们认为异教徒服侍庙宇里的神，而我们服侍坟墓里的死人。不虔敬的人真是瞎子，他们撞上了泰山，还看不到眼睛前面是什么，根本没有注意，异教徒所写的诸神那里，根本找不到或几乎找不到，哪个神不是人，死后得到了神的荣耀。我这里且不提瓦罗所说的，他认为所有死人都成了阴间神（manes）⑩，他用那些展示给几乎所有死人看的仪式来证明，在葬礼上的表演显示了极大的神性，因为如果不是为了敬神，就不会有这些表演。

26.2 就是我们现在谈的这个赫尔墨斯，就在他哀悼未来的事

---

⑨《腓利比书》，3：19；《歌罗西书》，3：2。
⑩ 托名三尊赫尔墨斯，阿卜莱乌斯译，《埃斯科勒庇俄斯》，24。
⑩ 罗马人把祖先变成的神称为 manes。

情、宣称"最神圣的大地上座落着神龛和庙宇,却充满了坟墓和死人"的那本书里证明,埃及的神都是死人。他说他的祖先因为在对神的认识上犯了大错、不信仰,偏离了对宗教和神性的服侍,发明了造神的技艺。他说:"完成这个发明后,他们把世界的自然中相近的力量相结合;这些相结合后,他们还不能制造灵魂,于是就召唤了鬼怪或天使的灵魂,给他们赋予神圣的像和神性的奇迹,这些灵魂使得那偶像能有力量做好事和坏事。"随后他仿佛用例子来证明这一点,说:"埃斯科勒庇俄斯,令祖是医药的最早发明者,他的庙宇建在利比亚的山上靠近鳄鱼岸边的地方,那里躺着他的肉身[102],也就是尸体。他剩下的更好的那部分,或者整个人(如果'整个人'就是由感觉生命组成的人)回到了天上。他现在还能用法术治疗所有人的疾病,就像他当初用医术治疗一样。"[103]看,人们就在坟墓所在的地方把死人当神服侍。那是假的,骗人的,因为他回到了天上。他随后说:"先祖赫尔墨斯和我有一样的名字,他不就待在那个以我们的名字命名的国家,帮助和保佑从各地来拜访的必朽者?"那个老赫尔墨斯,也就是墨丘利,据说是他的祖先。他在赫尔墨斯城(*Hermopolis*),以他的名字命名的城邦。你看,埃斯科勒庇俄斯和墨丘利,他说这两个神都是人。希腊人和拉丁人都知道埃斯科勒庇俄斯是人,但是很多人就不认为墨丘利是必朽的了,不过还是赫尔墨斯说那是他的祖先。也许赫尔墨斯神和他的祖先不是一个,虽然他们有同一个名字? 我不愿过多争论,二者是不是一个。三尊是他们自己人中的杰出者,还是赫尔墨斯的后代,他的见证就足以证明,就像埃斯科勒庇俄斯一样,墨丘利也是从人变的神。

---

[102] 直译为"尘世的人"。

[103] 托名三尊赫尔墨斯,阿卜莱乌斯译,《埃斯科勒庇俄斯》,37。

26.3 此外他还说:"我们知道,欧西里斯的妻子伊西斯(*Isis*)在高兴时带来了多少福泽,在生气时带来多少灾害!"随后,他为了表明有一类神是人用技艺造的(这样,他就让我们理解了,他认为鬼怪们来自死人的心灵。人类因错误、不信和背离宗教而发明了一种技艺,他们通过这种技艺,把鬼怪们的心灵送到神像中,这样就造出了神。至于制造灵魂,他们是不会的),在谈了他们知道伊西斯生气时带来很多灾害之后,他接着说:"地上的尘世之神确实容易生气,因为人所制造的当然也由两种自然构成。"⑩他说由两种自然构成,就是灵魂和身体。其灵魂是鬼怪,其身体是神像。他说:"还有,在埃及有些动物(*animalia*)也被当成神圣的,一些城邦服侍一些生时被神化的动物的灵魂,于是根据这些动物的法律生活,并自己取了动物的名字。"他为什么满含泪水地抱怨,埃及最神圣的大地上本来座落着神龛和庙宇,将来却充满坟墓和死人呢?那些鼓动赫尔墨斯这么说的骗人的精灵,也不得不通过他承认,那块大地那时候也充满了坟墓和死人,而人们把他们当成诸神服侍。那通过他抱怨哀悼的就是这些鬼怪,叹息在纪念神圣的殉道士的地方,他们将受到惩罚。在很多这样的地方,鬼怪们遭到折磨、坦白,于是被赶出了他们曾占据的人的身体。

27. 基督徒如何给殉道士们荣耀

27.1 我们并不为殉道士设置神殿、祭司、仪式和燔祭,因为殉道士不是神,他们的神才是我们的神。我们把他们当作上帝的圣徒来荣耀他们的纪念地,他们为真理而战,宁可杀身成仁,为的是传播

---

⑩ 这段引文与《埃斯科勒庇俄斯》中的原文略有不同。原文不是"由两种自然构成",而是"来自外在的自然"。

真正的宗教,告诉人们那些伪神是虚构的。即使在他们之前,也有人认为那些神是假的,这却被恐惧之心压制下去。哪个信仰者曾听到一个祭司,站在为了荣耀和服侍上帝而设的祭坛前,哪怕是建在圣殉道士的身体上的,祈祷说,我把燔祭献给你,彼得、保罗,或西普利安(Cyprianus)? 在他们的纪念地那里,这些是献给上帝的,上帝把他们创造为人,也把他们创造为殉道士,还把他们与他的圣天使们结合起来,享受天上的荣耀;我们之所以纪念他们,是要感谢真正的上帝对一切的胜利,同时也对他们记忆犹新,让我们模仿他们,如同去争取桂冠和橄榄枝,像他们那样,呼唤上帝的帮助。这样,不论人们在殉道士的坟墓那里献上什么样的宗教仪式,都是对他们的纪念地的装点,而不是用仪式和燔祭来把死人当神服侍[⑯]。至于向他们祭献食物的,那就不是好的基督徒,在很多地方没有这个习俗;不过如果这么做了,人们那是愿意通过殉道士的品德,以殉道士的主的名义,将食物祝圣,拿出食物,祈祷了,拿走吃掉,或是周济穷人[⑯]。知道基督徒在那里所献的一份燔祭的,也知道,这不是献给殉道士的。

27.2 这样,我们既不会用神圣的荣耀,也不会用人的罪行,而像他们服侍他们的神那样,服侍我们的殉道士。我们不给他们献燔祭,不把他们的羞耻变成圣事。据书中记载,埃及女神,欧西里斯的妻子伊西斯的祖先都是国王。伊西斯在向她的祖先献燔祭的时候,发现了一株庄稼,于是把谷物献给国王——她的丈夫,和大臣墨丘利,于是人们想把她当刻列斯。她所做的很多坏事都记载了下来,但不是诗人们说的,而是埃及人的神秘著作中记载的。亚利山大向母亲奥林匹娅写信,说了祭司列奥所揭示的这些内容。让那些愿意和能够读这封信的人,回

---

⑯　参考奥古斯丁,《驳福斯图斯》,20:21。
⑯　奥古斯丁,《忏悔录》,6:2。

想一下他们读到了什么。让他们看清楚，那些在死后被当成了神，还被人设置仪式祭奠的，是什么人，他们做了什么事。不管他们怎样把这些人当神看待，他们无论如何也不敢从任何方面把这些神同我们那没有当成神的圣殉道士相比。我们没有为我们的殉道士设置祭司，没有献上燔祭。因为这是不合适的，不应该的，不合法的，我们只应该把这些都给唯一的上帝。我们并不用他们的罪行或最下流的表演愉悦他们，不像他们那样，在表演中赞美他们神的羞辱之事。这些可能是他们是人的时候犯的罪，而如果那些不是人，他们就是用虚构的故事愉悦龌龊的鬼怪。苏格拉底如果有神的话，他的神不会属于这类鬼怪。但是那些希望吹嘘这种技艺的人，给一个对这种技艺完全陌生的无辜者硬加了这种技艺。还用多说吗？服侍那些精灵无助于死后的幸福生活。只要有点明智的人，就无不知道这一点。但是他们会说，神都是好的，而鬼怪有些好，有些坏。那么，我们要到达永恒幸福的生活，就应该服侍他们认为好的那些神。这个问题，我会在下面一卷讨论。

上帝之城卷九

[本卷提要]本卷继续卷八的主题,讨论鬼怪和反驳阿卜莱乌斯,集中的问题是:异教的鬼怪能否做神与人之间的中保。奥古斯丁根据阿卜莱乌斯的观点,认为鬼怪确实居于神和人中间的位置,与神一样不朽,与人一样悲惨,但并不能真正做中保,因为他的中间位置只是物理意义上的。只有耶稣基督,像神一样幸福,像人一样必朽,才能成为真正的中保,帮助必朽之人获得真正的幸福。在本卷中间,奥古斯丁讨论性情时,谈到鬼怪像人一样有情感的变化,而神不会有性情。这是他一直关心的问题,体现了他对斯多亚派的继承与修正①。

---

① [PL 本提要]奥古斯丁在上一卷里谈到要抛弃对鬼怪的服侍,而鬼怪们在各个方面证明自己是邪恶的精灵;在现在这一卷里,奥古斯丁再次谈到那些认为鬼怪有好有坏的说法。他抨击了这种区分,认为只有基督的事业能够把人带向幸福,而鬼怪根本不能。

1. 我们前面论说到了哪里，剩下需要讨论什么问题

有人认为有好神有坏神[2]。有人对神持更好些的观念，给他们那么多荣耀和赞美，甚至不敢相信有坏神存在。但是那些说有好神有坏神的人还是用神的名称称呼那些鬼怪。而在比较少的情况下，他们也用鬼怪的名字称呼诸神。就是朱庇特自己，人们所认为的众神中的王和君主，荷马还承认说他是鬼怪[3]。那些承认诸神都好的人，认为神比起那些值得称作好人的人来，还是要高得多；不过他们还是被鬼怪的行为所触动。他们不能否认这些，但又不能认为这是神做的，因为神都是好的，于是他们就不得不在神和鬼怪之间作出区分；只要看到隐秘的精灵表现出令人不悦的下流行为或影响，以此展现自己的力量，他们认为那就属于鬼怪，不属于神。但是他们又认为神和人无法沟通，而这些鬼怪形成了人和神之间的中保，要靠鬼怪向神传达祈祷，向人传达保佑。哲学家当中最重要和最高贵的柏拉图主义者就是这样认为的。我们应该和他们这些最优秀的哲学家探讨这个问题：对多神的服侍是否会带来死后的幸福生活。我在上一卷已经考察了，那些鬼怪所赞同和喜欢的，就是那些渎神的和羞耻的污秽故事，是为明智的好人所不齿和谴责的。这些并不是诗人们给人虚构的事，而是给诸神虚构，又通过魔术那龌龊和该诅咒的暴力完成的。他们却认为这些鬼怪与神更接近和友好，能沟通好神和好人；我已经证明，这里不可能有道理。

---

② 参见拉克唐修，《神圣原理》，2：14.6；4：27.14 以下。
③ 荷马，《伊利亚特》，1：222。

2. 神是高于鬼怪的，而鬼怪中如果有一部分是好的，他们的庇护能否让人的灵魂到达真正的幸福

我在上一卷的末尾已经许诺，这一卷书并不谈论诸神之间的差别，因为他们说诸神都是好的；也不谈神和鬼怪之间的差别，神和人相去甚远，鬼怪在神和人之间；而是鬼怪们自己之间的差别（如果像他们愿意的那样，真有这种差别），这是和目前的问题相关的。不少人常说有些鬼怪好，有些鬼怪坏。不论这种说法是柏拉图主义的，还是别的学派的，我们都不该忽略过去，不予讨论，以免有人认为自己应该追随好的鬼怪，通过他们这些中保，努力追随他们相信都是好的神，与他们和解，这样就可以死后与诸神在一起。这样的人为邪恶的精灵的谎言所诱惑和欺骗，远离了真正的上帝，而只有通过真正的上帝，只有在上帝之中，只有从上帝那里，人的灵魂，也就是理性的和理智的灵魂，才能幸福。

3. 阿卜莱乌斯把什么归给了鬼怪？他虽然没有说他们缺乏理性，也没有说他们有德性

那么，好的鬼怪和坏的鬼怪到底有什么区别？柏拉图主义者阿卜莱乌斯很宽泛地谈到这个问题，长篇累牍地讲他们空气的身体，但对他们心灵中的德性保持沉默。如果鬼怪有好的，那他们应该具有德性。阿卜莱乌斯对幸福的原因保持沉默，却不能对悲惨的事实保持沉默。他承认，鬼怪们的心智本来应该是理性的，但是不能为德性所浸润和坚固，于是不免屈服于心灵中非理性的性情，因而就像愚蠢的心智所习惯的那样，总是被波澜的搅扰所动。对于此事，他是这样

说的:"诗人们总喜欢这样写鬼怪,说神会爱和恨某些人。这离真相很近。他们让一些人幸运和成功,对另外一些则反对和折磨。于是,他们会经历悲悯、憎恨、抑郁、兴奋,会遭受人类心灵遭受的所有方面,同样会有内心的变动和心智的波澜,因为爆裂的想法而波动。所有这些情绪的搅动和风暴都会使他们远离天上诸神的宁静。"④从他的话里,我们还有什么疑惑? 并非灵魂下面的某个部分,而是鬼怪们的心智自身受到性情波澜的搅动,就像充满暴风雨的海洋一样,而正是这心智使他们成为理性的生灵。那么他们就无法和智慧的人相比了。人类的软弱也不会免于心灵的这种搅扰,但是哪怕是在此世,智慧的人在遭受它们的袭击时,都会抗拒它们,心智不受搅扰,不会为赞许或成功所动,从而偏离智慧的道路和正义的法律。鬼怪和愚蠢而不义的必朽者在身体上不像,但是在道德上是一样的(我且不说他们因为陈疾日久,无药可救而更糟)。像阿卜莱乌斯自己说的那样,他们的心智也像大海一样波动。他们的心灵中没有真理和德性,无法对抗情感的纷扰影响。

4. 漫步学派和斯多亚学派关于心灵遭受的搅扰的观点

4.1 关于灵魂的动荡,哲学家们有两种观点。希腊语称此为 $\pi\acute{a}\theta\eta$,在拉丁语中,西塞罗等人称为搅扰(*perturbationes*)⑤,有人称为情感(*affectiones*)或感动(*affectus*)⑥,还有和希腊语的表达方式更接近的,称为性情(*passiones*)。这搅扰、情感,或性情,有些哲学家们说,也会降临到智慧的人身上,但是会受理性的节制和制约,只要

---

④ 阿卜莱乌斯,《论苏格拉底之神》,12。

⑤ 西塞罗,《论目的》,3:20;《图斯库兰讨论集》,3:4;4:5—6。

⑥ 昆体良,《雄辩术原理》,6:2.20。

他自己立法来统治心智,矫正到必要的模式上。柏拉图学派或说⑦亚里士多德学派是这么认为的。亚里士多德是柏拉图的弟子,后来建立漫步学派。另外的哲学家,比如斯多亚派,就认为,性情不会降在智慧的人身上。西塞罗在关于"好"与"坏"的著作《论目的》中雄辩地证明,斯多亚派同柏拉图学派和漫步学派的分歧只是言词上的,不是实质的。斯多亚派不愿把这些称为好,因为这只是身体的和外在的"功用"。因此他们认为,对人而言只有德性是好的,因为德性就是生活得好的技艺,只存在于心灵中。别人会简单地用日常语言,把这些称为好;但是比起人们赖以正直生活的德性,这是褊狭和微不足道的。不论他们把这叫什么,是好还是功用,两派的基本看法是一致的。斯多亚派纠缠于此只是因为喜欢新词。在我看来,性情究竟能降到智慧者的心灵,还是只能外在地起作用,都是词句之争,没有实质的差别。我认为,若注意问题的核心,而不是字词的说法,斯多亚派与柏拉图学派和漫步学派的观点在此没有区别。

4.2 有很多例子,此处不赘引,我只谈一个最明显的。奥鲁斯·盖留斯⑧,一个文辞华美、知识渊博的人,著有一本题为《阿提卡之夜》的书,谈到他曾经和一个著名的斯多亚派哲学家同船航行⑨。他铺陈刻画的内容,我只能简单叙述。盖留斯谈道,他们的船在可怕

---

⑦ [译按]此处原文为 *sive*。很多译者译为"和",即柏拉图学派和漫步学派都这么认为。但我们根据原文译为"或说"。奥古斯丁主要想说漫步学派,即亚里士多德学派,而因为亚里士多德是柏拉图的弟子,漫步学派可以说是柏拉图学派的一部分,所以他用"柏拉图学派或说亚里士多德学派",后面加上一句解释,为了说明为什么这个学派既可以称为柏拉图学派,又可以称为亚里士多德学派。

⑧ 奥鲁斯·盖留斯,生卒年不详,当在公元 117—180 之间。我们除了他自己的著作中提供的以外,不知道他的任何情况。他曾周游各地,在一个冬季的长夜,在雅典附近的乡村里写下了《阿提卡之夜》一书。此书汇集了希腊罗马很多作者作品的摘录,涉及历史、哲学、语文学等各个方面,保留了很多已经佚失的著作中的段落,是一部丰富的笔记类著作。此书大部今存。奥古斯丁《上帝之城》中的很多典故引自此书。

⑨ 盖留斯,《阿提卡之夜》,19:1。

的天空和极端危险的大海之间颠簸，哲学家因恐惧而脸色苍白。在
场的人注意到了这一点。他们虽然都命在垂危，却尤其好奇哲学家
的心灵是否被搅扰了。后来风暴过去了，人们已足够安全，可以交谈
甚至闲聊了。船上的乘客当中，有一个富有而奢侈的亚细亚人，他攻
击哲学家，嘲讽他恐惧变色，而他自己，在大难临头之际仍泰然自若。
哲学家引用了苏格拉底派的亚里斯提普⑩在类似的情况下，被类似的
人用同样的话质疑时的回答，亚里斯提普说，对方是下流的花花公
子，不必保护他的灵魂，但是他自己要为保护亚里斯提普的灵魂而恐
惧⑪。他用这样的回答打发了那个富人之后，盖留斯出于求知之心，而
不是意气之争，问哲学家，他为什么会害怕。哲学家想教导这个因求知
心切走上来的人，立即从囊中拿出斯多亚派的爱庇克泰德⑫的著作。
我们知道的斯多亚派两个最初的哲学家是芝诺和克利西波⑬，而此书
内容与他们的教导是相契合的。盖留斯说，他在那本书里读到，斯多亚
派认为，心灵所能看到的，称为幻象，但是心灵无力决定这幻象是否或
何时侵扰心灵；如果这幻象来自可怕而恐怖的事物，哪怕是智慧者的心
灵也一定会为之所动；因为这些性情妨碍了心智和理性的活动，刹那之
间，他要么因恐惧变色，要么因悲伤动容。但心智并未就此接受坏的意
见，也不会肯定和赞成。因为这种赞成是在人的力量之中的。智慧和
愚蠢的心灵的区别就在这里：愚蠢的心灵屈服于性情，让心智按照性情
做事；智慧的人虽然必须忍受性情，但是牢牢按照理性趋避，于是心灵

⑩ 关于亚里斯提普，参见本书8：3。
⑪ 参见第欧根尼·拉尔修，《名哲言行录》，2：8.7。
⑫ 爱庇克泰德(55—135)，斯多亚派哲学家，曾为奴隶。他认为，只有信任神意，对世界泰
　　然处之，才能有真正的快乐。
⑬ 芝诺(公元前335—公元前263)，斯多亚派哲学的创始人。他主张，真正的好是德性，真
　　正的坏事是道德的弱点。其他事情，包括生死贫富，都是不重要的。克利西波(约公元
　　前280—公元前207)，雅典哲学家，斯多亚学派的重要代表。据第欧根尼·拉尔修说，
　　他著述很多，但都没有流传下来。

的意见就能真正保持岿然不动。他认为这就是斯多亚派所说所感的教导。我所说的这些，并不比盖留斯说得多，而是大为简略了，不过我想我足以传达他所记载的、从爱庇克泰德的书里读到的东西了。

4.3 如果是这样，那么，斯多亚派和别的那些哲学家之间关于性情和心灵的搅扰的意见，就没有或基本没有很大差别。他们都认为智慧者的心智和理性是可以不受它们统治的。斯多亚派说，这之所以不会侵扰智慧者，是因为没有什么错误会笼罩使智慧者变得智慧的东西，也不会有什么厄运颠覆这些。智慧者的健康和清醒保持不变，但是智慧者的心灵还会承受他们所谓的功用和无功用——他们不愿意称为"好"或"坏"。如果那个哲学家不看重沉船时候他要丢掉的，即生命和身体安全，那他就不会因危险动容，从而也不会吓得色为之变了。不过哪怕他能忍受那些动荡，他还能保持心智的坚定，认为生命和身体安全虽然即将因为暴风雨的来临而失去，但它们无足轻重，因为这不是好的，拥有这些不会使拥有者变好，而拥有正义才能使人变好。他说这不是他所谓的好，而是功用；这只是文字之争，并不是实质内容之争。把这称为好更合适，还是称为功用更合适，这有什么区别呢？这不会使得斯多亚派比漫步学派更少害怕和变色；虽然说法不同，其判断不是一样的吗？双方都明确地认为，如果对这些好处或功用的威胁逼迫他们做什么丑事或坏事，否则，就不能维护这好处或功用，他们说，他们宁愿失去身体的自然健康和安全，但不愿意做违背正义的事。这样，心智中既然坚守这样的观念，哪怕心灵中较低的部分受到侵扰，还是不准违背理性的搅扰横行。这些情绪要受心灵的控制，心灵不认同它们，而德性要对抗它们，德性才是这里的王。维吉尔也这样描述埃涅阿斯。他说："他的心智坚定不移,尽管泪水徒然地流着。"⑭

5. 性情虽影响基督徒心灵，却不会陷他们于罪过，反而会磨砺德性

　　圣经包含了基督徒的学问,里面就这些性情如何教导,我们此处不必谈得太多太细。圣经交由上帝来统帅和保佑心智,由心智来调节和控制性情,把它们转向正义之用。在我们的学问之内,我们并不探讨虔敬的心灵是否会被激怒,而探讨怎样会被激怒;不探讨是否会悲伤,而探讨为什么悲伤;不探讨是否恐惧,而探讨恐惧什么。因有罪而愤怒,为的是改正;受到感染而悲伤,为的是解脱;恐惧危险,是不愿意毁灭;我不知道,有哪个头脑清醒的人会否弃这些考虑。斯多亚派哲学家连悲悯都谴责⑮。但是,我们谈到的那个斯多亚派哲学家如果为了解救某人,而遭受悲悯之情的搅扰,不是比恐惧沉船更有荣耀吗?西塞罗在赞美恺撒的时候要好得多、人道得多,也更像虔敬者的感觉。他说:"在你的德性之中,没有比你的悲悯更值得赞美的和更值得感激的。"⑯而什么是悲悯,不就是我们的心中对别人的可怜处境的同情吗?这种情感使我们尽其所能帮助他们。这样的情感动荡服务于理性,为了保存正义而发出悲悯,要么施舍人之所需,要么原谅忏悔者。斯多亚派不羞于把这列作罪过,而更杰出的演说家西塞罗毫不怀疑地称之为德性。著名的斯多亚派哲学家爱庇克泰德,根据这一派的创始者芝诺和克利西波的学说,在书里教导说,这类性情

---

⑭ 维吉尔,《埃涅阿斯纪》,4:449,译文有改动。
⑮ 塞涅卡,《论仁慈》,2:5;西塞罗,《图斯库兰讨论集》,3:9.20;3:10.21;并见本书,14:8—9。
⑯ 西塞罗,《为利加里乌辩护》(*Pro Q. Ligario*),12:37。

也可能进入智慧者的心灵，而斯多亚派又认为他们不受任何罪过的侵扰。由此推出的一个结论就是，如果智慧者身上出现这些，他们认为这些不算罪过，因为这不会使智慧者的心智违背德性和理性，这一点，漫步学派，甚至柏拉图派，还有斯多亚派自己都是同意的。但是，正如西塞罗所说，这些希腊人一直更喜欢纠缠于词句之争，而不是真理[17]。但是我们可以问，如果人们在做好事的时候，还要遭受这样的感情，那这是否就是此世生活的一个弱点呢？[18] 圣天使不用愤怒，就惩罚那些按照上帝的永恒之法应该惩罚的人，不用悲悯的同情，就解救那些可怜的人；当他们所爱的人陷入危险，他们不必靠恐惧，就去帮助他们。一般人的语言习惯总是把这些性情的名称也用在天使那里，这只是因为有类似的效果，并不是因为他们也有这样软弱的情感。正如上帝自己，圣经上说他也发怒，但他并不受性情的搅扰。这些词汇只是用来描述他复仇的结果，并不是说他也受到搅扰。

6. 阿卜莱乌斯承认了，那些鬼怪是为什么性情所激，从而能帮助人得到神的保佑

我们暂把圣天使的问题放在一边，且看柏拉图主义者是怎么说鬼怪在神和人之间做中保的：就是因为这些性情的波动。如果他们的心智能不受性情的束缚，哪怕在遭到这种动荡时，仍不受其控制，那么阿卜莱乌斯就不会说，他们"同样会有内心的变动和心智的波

---

[17] 西塞罗，《论演说》(De Oratore)，1：11.47。

[18] ［译按］此处可以和奥古斯丁在《忏悔录》9：12(29—33)中的描述对照。他谈到自己的母亲莫尼卡去世时，如何控制自己的悲哀之情。年轻的奥古斯丁本来继承了斯多亚学派的想法，谴责自己在母亲去世时无法控制自己。但他后来想通了，认为人不能刻意回避这些自然的情感。

澜,因为爆裂的想法而波动"。因而,他们的心智(也就是心灵中较高的部分,这部分使他们具有理性)如果真的存在,其中应包含德性和智慧,他们心灵中较低的部分就会服从于它的统帅和调节。但我要指出,这个柏拉图主义者自己承认,他们的心智会遭受海浪波动般的搅扰。这样看来,鬼怪的心智会遭受欲望、恐惧、愤怒,以及诸如此类的性情。那么他们中哪个部分不受束缚,使他们充满智慧,从而取悦诸神,能够指导人朝向美好的道德呢? 他们的心智遭到充满罪过的性情的控制和压抑,那本来应该自然具有理性的地方,却施加剧烈的谬误和欺骗,而他们伤害我们的欲望越强,这谬误和欺骗就越尖锐。

7. 柏拉图主义者认为，诗人们虚构的下流诸神耽于帮派竞争，这是不对的，这些是鬼怪的特点，不是神的

　　诗人们所写的,神会爱和恨某些人,离真相很近。有人说,这里指的不是所有的鬼怪,而只是坏的鬼怪;阿卜莱乌斯所说的,"同样会有内心的变动和心智的波澜,因为爆裂的想法而波动",是针对这些鬼怪的。但我们怎么能理解这个说法? 阿卜莱乌斯说鬼怪们因为空气的体质,可以在神和人之间做中保时,并不是说只有坏的鬼怪是这样,而是以此描述全部鬼怪。他说诗人之所以能虚构,是因为诗歌具有不被追究的特权,他们藉此从那些鬼怪之中制造了神,给他们加上神的名字,还说,鬼怪们根据自己的喜好,把人们当成朋友或敌人。而他说神和鬼怪的品德完全不同,一方面是因为神居住在天上,另一方面,是因为他们享受充盈的幸福。那么,这就是诗人的虚构:把不是神的说成神,给他们冠以神的名字,因为对人的爱和恨而狂热地相互争斗。阿卜莱乌斯说,这虚构离真相不远;他们虽然用神的词汇来称呼那些不是神的鬼怪;而他们所描述的,其实都是鬼怪的特征。他

就是这么说荷马笔下的密涅瓦的："她到希腊人当中，来干涉阿基琉斯。"[19]他认为，这个密涅瓦就是诗人虚构的形像。他认为密涅瓦是女神，居住在诸神中间，他又相信神都是好的和幸福的。密涅瓦在最高空居住，根本不会和遥远的必朽之人交流。但有某个鬼怪帮助希腊人攻击特洛伊，又有别的鬼怪帮助特洛伊攻击希腊人。诗人则把他们称为维纳斯和马尔斯。这些神在天上居住，不会做这样的事；而那些鬼怪爱某些人，恨某些人，彼此相互争斗。阿卜莱乌斯承认说，诗人讲的离真相不远。他们说这些鬼怪和人一样，"同样会有内心的变动和心智的波澜，因为爆裂的想法而波动"。因此，他们的爱和恨不是来自正义，而是和那些观看打猎或驾车比赛的民众一样，完全根据自己的偏好，决定帮助谁和反对谁[20]。由此可见，这个柏拉图主义的哲学家很操心（curasse），防范人们把诗人虚构的事当作神自己的，这些都是那些作为中保的鬼怪们的，诗人把诸神之名加给了他们。

8. 柏拉图主义者阿卜莱乌斯对天上的神、空气中的鬼怪，以及地上的人的定义

怎么？他说鬼怪是一类生灵，有充满性情的心灵、理性的心智、空气的身体、永恒的寿命，在这个对鬼怪的定义里，难道他不是显然包括了全部鬼怪吗？在这五个特点里，他没有说所有的鬼怪和好人共同、而坏人所没有的特点。他先谈到诸神住在天上，然后进一步延伸他的描述，也包括了人类，说他们住在最低的地上。他谈了这分别在最高和最低处的两部分后，就可以在第三处谈中间的鬼怪。他说：

---

[19] 阿卜莱乌斯，《论苏格拉底之神》，10；事见《伊利亚特》，1：193以下。

[20] 参考奥古斯丁，《〈诗篇〉解》，39：8；53：10以下。

"人具有理性,长于言说,心灵不朽,肢体易病,心智轻浮而紧张,身体粗猛而疲乏[21],道德各自不同,但都会犯错误,顽固鲁莽,倔强地拥有希望,徒劳无功,命运破灭,每个都必朽,但作为种类是永恒的,不断繁衍后代。寿命短暂,智力愚钝,死亡易至,生命可悲,他们生活在地上。"[22]他谈了好多与大多数人相关的问题,但对于他知道属于少数人的,也没有沉默,比如他说"智力愚钝"的地方。如果他把智慧排除出去,那么这么精心写就的文字,就不能正确而完整地谈论整个人类了。他在谈到神的优秀的时候,肯定说,他们的优秀在于幸福,而人希望通过智慧到达神的这种幸福。如果他愿意让我们认为有些鬼怪是好的,他的描述里面也该包括进去,鬼怪就要么和神共有一些幸福的部分,要么和人共有一些智慧的部分。但是他并没有提到鬼怪们的好事,使得好的与坏的相区分。他没有很自由地谈论鬼怪的坏事,担心冒犯那些鬼怪的服侍者,而不是怕冒犯鬼怪自身,因为他是写给这些人的。不过他向明智的人表明了,他们应该如何看待鬼怪们。他希望人们相信神都是好的和幸福的,完全远离鬼怪们遭受的性情和各种搅扰。诸神和鬼怪相同的只有身体的永恒;鬼怪的心灵和神不同,他无比明确地讲,倒是和人相同。他们和人相同的不是有好的智慧——人是可以有智慧的——而是性情的搅扰,这种搅扰统治愚人和坏人,但真正智慧的人和好人能控制这搅扰。好人更愿意不拥有它们,而不是战胜它们。而如果他希望人们理解为,鬼怪与神的共同点不是身体,而是心灵的永恒,那并不能认为人不能拥有这一点,而把人排除出对幸福的拥有。柏拉图主义者无疑认为人的心灵是永恒的。于是他在描述人这种生灵的时候,说人心灵不朽,肢体易病。

㉑ 参考塞涅卡,《书信》,7;3.22。
㉒ 阿卜莱乌斯,《论苏格拉底之神》,13。

人的身体是必朽的,那么就不会和神一样永恒。但在此鬼怪和神是一样的,因为他们的身体也不朽。

9. 通过鬼怪的介入,天上诸神能否与人建立友谊

鬼怪们和人一样,心灵中有缺陷,而心灵是每个生灵更好的部分;至于每个生灵更低的部分,即身体,鬼怪们和神一样,有更好的身体。那么他们怎么会是人和神之间的中保,人们怎么通过他们与神建立友谊? 有灵之物(*animans*)是谓生灵(*animal*)㉓,由灵魂和身体组成。在二者之中灵魂当然比身体更好。哪怕有罪过和柔弱的灵魂,也比最健康、最坚强的身体要好。因为其自然的优秀不会由于罪过而降低到身体的程度,就像污秽的金子也比哪怕最干净的银子或铅值钱㉔。鬼怪们和神一样有永恒的身体,但和人一样有充满罪过的心灵,他们做神和人之间的中保,通过他们的介入,神与人联结起来。可见,那要使神和人通过鬼怪联结的宗教,是让他们通过身体,而不是心灵联结。于是,这些虚假和骗人的中保,其作为生灵较低的部分,也就是身体,和上面的神一致,而真正在上的部分,就是心灵,和下面的人一致。他们和天上的神联结,是靠做奴隶的部分,和地上的可怜的人联结,是因统治的部分。那他们不简直是因为某种巨大的邪恶或惩罚,头朝下倒悬起来吗? 身体是做奴隶的部分,撒路斯提乌斯也说:"我们让心灵发号施令,身体则俯首听命。"又说:"心灵是我们和诸神所共同的,身体则是我们和禽兽所共同的。"㉕他说人和禽兽

㉓ [译按]本书中出现的 *animal*,常常并不是一般地指动物,而是就这个词的原意,指"有灵魂(*anima*)的事物",不仅包括动物、人,而且包括天使和神,在这些地方我们译为"生灵"。

㉔ 参考奥古斯丁,《论音乐》,6:14[46]。

㉕ 撒路斯提乌斯,《喀提林阴谋》,1:2,译文有改动。

一样，身体是必朽的。哲学家所谓的我们和神之间的中保就会这样谈论他们的心灵和身体：身体是我们和诸神所共同的，心灵则是我们和人所共同的。但正如我所说的，鬼怪是头朝下倒悬着的。做奴隶的身体，他们和幸福的诸神共同，统治的心灵，他们和悲惨的人共同。较低的部分是好的，较高的部分却被抛弃了。人们因为鬼怪是不朽的，就认为他们和诸神一样永恒，不像地上的生灵，他们的心灵不会因为死亡而和身体分开。我们应该想到那身体并不是承载着永恒尊荣的车驾，而是带着永恒谴责的锁链。

10. 按照普罗提诺的观点，人类虽然在必朽的身体中，却不比永恒的身体中的鬼怪更悲惨

普罗提诺㉖是比较晚近时代的哲学家，他比别人对柏拉图理解得更好，所以受到赞美。他在谈到人的心灵的时候说："父出于悲悯之心把人的锁链造成必朽的。"㉗在他看来，人的身体之所以是必朽的，是因为上帝天父的悲悯，他不愿意我们永远困在此生的悲惨中。但那些邪恶的鬼怪就不配得到这种悲悯了。他们充满性情的心灵遭受悲惨，却不像人类那样必朽，而是有一个永恒的身体。这样，如果鬼怪拥有和神一样幸福的心灵，而和人一样，有一个必朽的身体，那就比人更幸福。如果他们有悲惨的心灵和必朽的身体，那他们就和人一样；因为他们只要有了一些虔敬，就能从困苦中解脱，在死亡中获得安宁。而今，他们不仅因为悲惨的心灵而不比人幸福，而且因为永

㉖ 普罗提诺（约205—270），新柏拉图主义哲学家，是公元三世纪柏拉图主义的主要代表。从四十岁开始，他在罗马教书，直到去世。死后，他的弟子波斐利将他的著作编为《九章集》。

㉗ 普罗提诺，《九章集》，4∶3.12。

远因在身体中而更加悲惨。阿卜莱乌斯没有认为鬼怪通过修习虔敬和智慧，会从鬼怪变成神，却极为明确地说，他们要永远当鬼怪。

11. 柏拉图主义者的观点认为，人的灵魂在脱离身体后就成了鬼怪

他说，人的灵魂就是鬼怪[28]。在她们离开人的时候，如果她们的品性是好的，就变成家鬼（*Lares*）；如果是坏的，就变成夜游鬼（*Lemures*）和恶鬼（*Larvas*）；如果不能确定他们品性的好坏，就会称他们为阴间神（*Manes*）[29]。按照这个观点，只要稍稍注意，谁看不出来，这给道德堕落者打开了一个多大的深渊？无论人怎么邪恶，他都会认为自己要么变成恶鬼要么变成阴间神。而谁害人的欲望越强烈，那就变得越坏。阿卜莱乌斯说，恶鬼是从人变来的害人的鬼怪，那么这些人就会认为，在他们死后，祭祀可以为他们赢来神性的荣耀，使他们害人。但是这是另外一个问题。他说希腊文所谓的"幸福"（εὐδαίμονας），就是好的心灵，也就是好的鬼怪的意思；这更确证了鬼怪就是人的心灵的说法。

12. 柏拉图主义按照三组相对的特征区分鬼怪和人的自然

而今我们要谈这个问题。阿卜莱乌斯描述说，鬼怪是其自然介于神和人之间的一种生灵，有理性的心智、充满性情的心灵、空气的身体、永恒的寿命。他先是谈道，神居住在高天之上，人居住在最低

---

[28] 阿卜莱乌斯，《论苏格拉底之神》，15。
[29] 关于"阴间神"，参见本书 8:26.1。

的地下，与之不相联属，其自然和尊荣也与之不同，然后总结说："你有两种生灵；神和人有很多不同：居住在高处，生命永恒，自然是完美的；他们之间不相邻，无法交流，因为最高与最低的地方之间有很大的距离；神的生命是永恒而没有缺陷的，人的生命是堕落而脆弱的；神的自然来自最高的幸福，人的自然堕入最低的悲惨。"㉚我看到，这三组对照区分开了两个极端的自然，也就是最高的和最低的。对于神的三个值得赞美的特点，他用不同的语言一再重复，为的是让这三个特点同人相应的特点对比。神的三个特点就是：在最高的地方，永恒的生命和完美的自然。他用别的语言重复说，这和人的三个特点正相反：因为最高与最低的地方之间有很大的距离。这么讲是因为他说了神在最高处。他还说："神的生命是永恒而没有缺陷的，人的生命是堕落而脆弱的。"这么讲是因为他说神的生命是永恒的。他说："神的自然来自最高的幸福，人的自然堕入最低的悲惨。"这样说是因为神的自然是完美的。于是神有这样三个特点：高处、永恒、幸福。人有与此相反的三个特点：低处、必朽、悲惨。

13. 鬼怪们既不像神那样幸福，又不像人那样悲惨，那他们是用什么方式做双方的中介的

13. 1　在神和人的这三对不同特点之中，他把鬼怪放在了中间，这个位置是没什么争议的：在最高的和最低的位置之间，说是中间位置，当然是最恰当的。对余下的另外两个特点，我们应该更多注意，看它们究竟是与鬼怪毫不相干，还是在鬼怪身上分配的方式使他们不像中间的。而这些不可能完全与鬼怪不相干。我们说中间的位置

㉚ 阿卜莱乌斯，《论苏格拉底之神》，4。

既不是高位,也不是低位,但是我们却不能这样说:鬼怪作为理性的
生灵,既不幸福,也不悲惨,就像缺乏感觉的树木和缺乏理性的野兽
那样。他们是具有理性的心智的生灵,必须要么悲惨,要么幸福。同
样,我们也不能说,鬼怪既不是必朽的,也不是永恒的。因为任何生
命要么是永远活着,要么会在死亡中终结其生命。他确实说鬼怪的
寿命是永恒的。剩下的结论岂不是,在那两种特点中,其中一种,鬼
怪和高的一样;另一种,和低的一样?因为如果他们都和低的一样,
或都和高的一样,那么他们就不是中间的,而是要么升为最高的,要
么降为最低的。因为我们已经证明,他们是不能缺少这两个特点的。
如果他们在两极中各吸取一个,那他们就能保持中间位置了。因为
他们不能和最低的一样拥有永恒——那里没有永恒,所以必须从最
高处获得这一点;而他们又必须从最低处获得一点才能形成其中间
地位,而从那里只能得到悲惨。

13.2 这样,按照柏拉图主义者,最高处的神要么有幸福的永
恒,要么有永恒的幸福。最低处的人要么有必朽的悲惨,要么有悲惨
的必朽。而在中间位置的鬼怪要么有悲惨的永恒,要么有永恒的悲
惨。在他所列的鬼怪的定义的五点中,他并没有像自己许诺的那样,
说明他们是中间的。他说鬼怪们有三点和我们一样,即,是一种生
灵,有理性的心智,有充满性情的心灵;他们和神有一点一样,就是寿
命永恒;还有一个自己的特点,即身体是空气的。他们有一点和最高
处的一样,三点和最低处的一样,那怎么是中间的呢?谁看不出来,
他们越是向低处倾斜和滑落,就越偏离了中间位置?但是在他们身
上显然也可以发现一个中间的特点,就是他们独有的空气身体这一
点。同样,最高处和最低处的也分别有独特的特点:神的身体是以太
的,人的身体是尘土的。有两点是三者都有的,即,是生灵,而且有理
性的心智。阿卜莱乌斯在谈到神和人的时候,说:"你们有双重的生

灵特点。"柏拉图主义者从不认为，神会没有理性的心智。还有另外
两点，就是有充满性情的心灵和永恒的寿命，其中第一点和最低处的
一样，另外一点和最高处的一样。这样，他们既不会被抬升到最高
处，也不会被抛到最低处，而是因为这种平衡，居于中间。于是这些
鬼怪要么有悲惨的永恒，要么有永恒的悲惨。凡是说鬼怪的心灵充
满性情的，也要说他们是悲惨的，只要不担心让他们的服侍者脸红。
因为他们自己也承认，掌管世界的，是至高上帝的神意，而不是随意
的机运，那么，那些鬼怪除非罪大恶极，否则就不会有永恒的悲惨。

13.3　如果真能说幸福的人就是"好的鬼怪"的话，这好的鬼怪
并不是那居于人和神中间位置的鬼怪。这些在人之上、神之下，辅佐
诸神、管理人类的好的鬼怪，他们的位置何在？如果他们是好的和永
恒的，那就是完美的和幸福的。但是永恒幸福会破坏他们的中间位
置，因为那样会把他们同诸神拉近，远离人类。任何证明他们在中间
位置的努力都会失败，因为如果好的鬼怪是不朽和幸福的，他们不可
能是不朽而幸福的神和必朽而悲惨的人的中介。如果他们和神共有
这两个特点，即幸福和不朽，那就不会和人一样悲惨和必朽；他们就
应该远离人类，与神在一起，而怎么还能做二者的中介呢？要做二者
的中介，就不能两个特点都和其中一方一样，而只能其中一个特点和
一方一样，另一个和另一方一样。正如人是天使和野兽之间的中介。
因为野兽是无理性和必朽的生灵，而天使是理性和不朽的生灵，人作
为中介，就是低于天使、高于野兽的，因为他们和野兽一样是必朽的，
和天使一样是有理性的，是理性的必朽的生灵。这样，如果我们要谈
幸福而不朽者与悲惨而必朽者之间的中介，我们就要发现，他要么是
必朽而幸福的，要么是不朽而悲惨的。

14. 人虽然是必朽的，能否因真正的幸福而快乐

人究竟能否必朽但幸福，这是人们的一个大问题。有人在研究了自己低微的处境之后，否认人类有获得幸福的能力，只要他们的生活是必朽的。有些人则抛弃了这一说法，大胆地说，人只要掌握智慧，必朽者也会幸福[31]。如果是这样，为什么这样的人不能做悲惨的必朽者和幸福的不朽者之间的中保？毕竟，他们与不朽的幸福者一起幸福，和悲惨的必朽者共同必朽。如果他们是幸福的，那就不会嫉妒任何人，因为没有什么比嫉妒更悲惨。他们会竭尽全力帮助悲惨的必朽者获得幸福；这样，他们就会在死后获得不朽，加入到不朽而幸福的天使当中。

15. 上帝与人的中保[32]，作为人的耶稣基督

15.1 所有的人只要是必朽的，就一定也是悲惨的。那么作为人与神的中保，就不仅是人，而且是神，只有这样说才更可信和可能；通过这个幸福但必朽的中介作用，人才可能脱离必朽的悲惨，到达不朽的幸福。他不得不变成必朽的，但又不能永远是必朽的。他变成必朽的，并不是因为圣言的神性是柔弱的，而是要穿上柔弱的肉身。但是他不能永远待在肉身的必朽性里，而要使肉身从死人中复活。他为了人们的救赎，化身为人神之间的中保，他做中保的成果就是，众人不会永远待在肉身的必朽性中。耶稣作为我们和上

---

③ 塞涅卡，《书信》，59。
㉜ 《提摩太前书》，2:5。

帝之间的中保，他的必朽只是暂时的，而他的幸福是永恒的。他和别人一样，要暂时死亡；但还让人们超脱死亡，获得永恒。所以，好的天使不能当悲惨的必朽者和幸福的不朽者的中保，因为他们自己是幸福和不朽的。而坏的天使却能够，因为他们和神一样不朽，同时也和人一样悲惨。但这和我们的好的中保正相反，我们的中保对抗他的不朽与悲惨，要在时间中必朽，在永恒中有能力维护幸福。那些鬼怪吹嘘他们的不朽，同时又悲惨不堪，通过对自己不朽的炫耀把人们引诱到悲惨的境地，为了对抗这些，耶稣通过自己卑微的死和慈悲的降福，破坏了鬼怪的计划，通过信仰洗涤人们的心灵，把他们从最肮脏的霸权下解救出来。

15.2　必朽而悲惨的人与不朽和幸福的神分隔悬远，人要选择什么样的中保，同不朽而幸福的上帝和解呢？人们或许会喜欢鬼怪的不朽，但那是悲惨的。基督的必朽会吓退某些人，但耶稣不会永远死亡。在前者中，人们应警惕那永远的悲惨；而在后者里，人们不会害怕死亡，因为死亡不会永恒，但幸福是永恒的，人们应该爱它。鬼怪让自己待在永恒与悲惨之间，让人不能进入永恒的幸福，因为他们中永远的悲惨阻碍我们的路程。而耶稣使自己做了既必朽又幸福的中保，超越了必朽，把人从死亡中引领到不朽，靠的是复活中展示的力量，人们于是从悲惨到达幸福，而他从未离开过幸福。鬼怪作为坏的中保，离间了朋友；耶稣作为好的中保，使敌人和解。有很多坏的中保分离朋友，这是因为，有很多幸福的天使，只要分参唯一的上帝就是幸福的，而众多坏的天使因为失去了对上帝的分参而变得悲惨。他们作为中保，与其让人们接近幸福，不如说是制造障碍。他们甚至向人们聚众喧嚣，唯恐人们到达唯一的好的幸福。我们不能通过那众多的中保，而靠唯一的中保就足以走向幸福。我们分参了他就会幸福。他是上帝的言，不被创造，而创造一切。他能成为中保，并不是因为他是圣言。圣言享有最大的不朽和最大的幸福,与悲惨的必朽者相去甚远。他化身为人做了中保,向我们表明,要获得那善好,不必再寻求别的中保,不必通过他们来逐渐向前。而这善好不仅是幸福的,而且能赐予幸福。上帝不仅是幸福,而且能赐予幸福,他来和我们分有人性,让我们也足以分参他的神性。他把我们从必朽的悲惨中解救出来,并不是把我们引领到不朽和幸福的天使那里,让我们分参他们的不朽和幸福,而是引领到那三位一体的上帝,而天使们也是通过分参他才幸福的。于是他取了奴仆的形像③,做了中保,自愿到低于天使的位置,但他同时还是上帝的形像,高于天使;于是那最高的生命,同时变成了最低的生命的道路。③

16. 柏拉图学派认为天上诸神不愿接触地上的事,不能与人沟通,于是需要鬼怪来在人和神之间建立友谊。 这是否有道理

16.1 柏拉图学派的那个阿卜莱乌斯说,柏拉图有言:"神不能与人沟通。"这不对。他说这是诸神高贵的首要标志:神不能因为与人接触而受污染③。他承认,鬼怪是受了污染的,这些鬼怪无法清洗污染他们的人类,于是双方一同变得肮脏:鬼怪因同人类接触而污染,人类因服侍鬼怪而污染。如果鬼怪和人类接触沟通,而不受到污染,那么他们就比神更好,因为神如果和人沟通,就会被污染。据说,与人相分离,因此不会受到污染,这是神的高贵的首要标志③。一切

---

③《腓利比书》,2:7。

④《约翰福音》,14:6。

⑤ 阿卜莱乌斯,《论苏格拉底之神》,4。

⑥ 柏拉图,《蒂迈欧》,40d—e;亚里士多德,《尼各马科伦理学》,1101b. 19—25。

被造物的创造者,我们所说的真正的神,阿卜莱乌斯说,柏拉图认为,因为人类语言的贫乏,他是唯一一个不能被人用言语或别的方式理解的神。不过,智慧的人在其心灵力量让他们尽量摆脱身体的束缚之后,可以获得对这个神的认识,就像最耀眼的闪电的雪亮之光偶尔穿透黑暗的深渊㊲。如果最高的真正的神还是能够以可理解的、但不能言说的形像临在,哪怕是偶尔的,但还是像最耀眼的闪电的雪亮之光穿透过来,智慧的心智在尽量脱离肉体之后,就不会受到污染了。那为什么那些神一定要在高高的地方,远离人类,才能免于人类的污染?难道以太中的这些物体在发光照亮大地的时候,不能被看到吗?阿卜莱乌斯说那些星座都是可见的神㊳。如果我们看到他们时他们不会被污染,那么近在咫尺的鬼怪们被看到的时候,他们也不会被人类的目光污染。或者也许是人类的言词污染他们,而不是凌厉的目光。因此鬼怪们才得到中间的位置,通过他们传达人类的言辞,而远离人类的神就不会受到污染了。我还要怎么说别的感官?如果神在场,他们不会被嗅觉污染。鬼怪们不会被祭祀的尸体的浊气污染,那如果他们在场,怎么会被活人身体的气息污染?至于味觉,他们不会像必朽者那样为饮食的需要所逼迫,因为饥饿而强行从人索取食物。而触觉完全在他们的能力之内。我们在谈到触觉的时候,似乎特别指接触的感觉,不过,只要诸神愿意,他们可以通过与人相互看见、相互听见,而与人沟通。相互触摸还有什么必要?人们不敢奢望这些,只要能看到诸神或好的鬼怪,或者与他们说话就够了。他们也可能为巨大的好奇心驱使,愿意触摸诸神。不过他如果得不到诸神或鬼怪的同意,怎么能触摸他们呢?就是一只麻雀,如果不捕获,人也不

㊲ 阿卜莱乌斯,《论苏格拉底之神》,3。
㊳ 阿卜莱乌斯,《论苏格拉底之神》,2。

能触摸。

16.2 这样，人和神可以相互看见，可以相互交谈和倾听，可以有身体的交流。我前面谈到，如果鬼怪以这样的方式交流，就不会受污染，而如果神这样交流，就会受污染。那他们就是说，鬼怪是不会污染的，神是会污染的。如果鬼怪也受污染，他们怎么能把人送到死后的幸福生活呢？因为那样他们就无法清洗被污染的人，从而让他们一身洁净地与不受污染的神结合，自己成为人与神的中保。如果他们不能带给人这点好处，鬼怪作为中保的友谊有什么用呢？难道在人死后，鬼怪不把人送到神那里，而让人与鬼怪同流合污地活着，无法获得幸福？也许有人说鬼怪以海绵吸水那样的方式清洗他们的朋友，他们自己变得多么肮脏，人们就可以除去多少污渍。如果是这样，神为了避免受污染而不愿和人相邻与接触，却要和更加污秽的鬼怪交流。也许诸神能够清洗掉鬼怪所受的人的污染，而自己不受污染，为什么他们不能这样清洗人类？除非被骗人的鬼怪骗了，谁会这么认为？如果被看见和看见就会污染，神是被人看到的，因为阿卜莱乌斯说神是可见的，是"世间最亮的光"㊴。还有别的星星，也都是可见的。据说鬼怪们除非自己愿意，否则就不会被人看到，那么他们在人的污染面前比神更安全吗？或者，如果被看到不会被污染，而看到可以，那么人们就不会被那普照大地的最亮的光所看到，因为据说那是神。那些光照到了很多肮脏的事物，但并未受到污染。为什么神人沟通就会污染神呢？神要帮助人，不是必须接触人吗？太阳和月亮照耀大地，但是大地并没有污染光芒。

㊴ 阿卜莱乌斯，《论苏格拉底之神》，2；维吉尔，《农事诗》，1：5—6。

17. 要达到幸福的生活，分参至善，人需要中保，但不是鬼怪这样的中保，而是唯有基督那样的中保

我很疑惑，那么多博学的人既然能够把超物质的和理智的东西放在物质的和感觉的东西之上，但在谈到幸福生活时，为什么还要谈到身体的接触？普罗提诺说："我们要逃往最可热爱的祖国，那里有父，也有万物。"他还说："舟楫何在，如何逃走？我们要变得和神一样。"⑩如果越要变得和神一样，就越和他接近，那要离他遥远，当然就要和他不像。神是超物质的、永恒的、不变的，人的灵魂越是贪恋尘世中的可变事物，就越是与神不同。神是不朽的、纯洁的，住在最高处，必朽的和肮脏的人是不能接近他的，于是需要一个中保。这个中保不是因为有不朽之身而接近最高者，也不是因为病态的心灵而接近最低者（如果他也有病态的心灵，那就会嫉妒我们被治愈，而不是帮助我们治愈）；这个中保要和我们一样有柔弱而必朽的身体，同时有不朽而正义的灵性，居住在天上，不是因为物理距离，而是因为与最高的上帝一样高妙，这样才能真正清洗我们、解救我们，给我们以真正神性的帮助。神是不可污染的，所以，当他披上人性，栖居在人们中间，他绝不会害怕受人性的污染，也不会害怕他所栖居其中的人的污染。有两个拯救性的启示，绝非可有可无，是他的道成肉身显示给我们的：一、肉身不会污染真正的神性，二、不能因为鬼怪没有肉身就认为他们比我们好。这正如圣经里面说的："在神和人中间，只有一位中保，乃是降世为人的基督耶稣。"⑪耶稣兼有神性和人性。他的神性和圣父永远相同，他

---

⑩　普罗提诺，《九章集》，1：6.8；1：2.3。
⑪　《提摩太前书》，2：5。

的人性和我们一样。不过我不能在此处充分谈这个问题。

18. 骗人的鬼怪虽然许诺，他们的干预是通向神的道路，却要让人偏离真理之路

那些鬼怪是虚假和骗人的中介，虽然他们那肮脏的精神，不断展露了他们的悲惨和邪恶，但因为他们身体所处的空间更高，也因为他们空气的身体更轻盈，他们试图挟持我们的心灵，让我们偏离朝向神之路。因为他们怕我们走上正路，所以刻意阻碍。他们身体的道路无比荒谬，充满错误，在那上面无法到达正义。我们不能在身体高度上，而应该在灵性高度，即非物质的意义上攀升，达到神的形像。而在这条身体之路上，鬼怪的朋友们用各种元素安排了阶梯，最高处是以太中的神，最低处是地上的人，空气的鬼怪在中间。他们认为，诸神在这阶梯上拥有特权，因为这段距离就足以使他们不因接触而受人的污染。他们认为，鬼怪们更会受人的污染，而不是人得到鬼怪的清洗，诸神如果受到高度的保护，就会受到污染[42]。在这条路上，人是污染源，鬼怪被污染，神也会被污染，那么哪个不幸的人会认为自己能在这路上得到清洗？难道他不该选择另外一条路？在那里人可以躲避鬼怪的污染，不会受污染的神给我们去除污染，我们和没有污染的天使们结合。

19. 就是在他们自己的服侍者当中，"鬼怪"的名称也没有好的含义

我并不想作文字之争，但是我想谈一下好的天使。有不少拜鬼

---

[42] 阿卜莱乌斯，《论苏格拉底之神》，6。

者（*daemonicolarum*）——如果我可以这么称呼他们——包括拉贝奥，认为他们所说的鬼怪，就是别人说的天使。他们没有否定天使的存在，而是称之为"好的鬼怪"，不愿称为天使。我们遵从圣经教诲而成为基督徒，读到其中一些地方说好的天使，一些说坏的天使，但没有读到过好的鬼怪。在圣经里凡是出现"鬼怪"（*daemones*）或"鬼事"（*daemonia*）的地方，所指无不是邪恶的精灵。这样的语言习惯已经被人们用得极为普遍，甚至那些所谓的异教徒，竞相服侍诸神和鬼怪的人，其中没有一个文人和受过教育的人，竟敢夸奖他的奴隶说："你有鬼怪。"[43]谁若听到别人这样说他，无疑会把这当作一种有意的诅咒。既然大多数人，甚至所有人，都习惯于从坏的含义理解这个词，那么，我们又何必用它来冒犯那么多人的耳朵呢？我们完全可以用"天使"这个词，避免在使用"鬼怪"一词时带来的冒犯。否则，我们就不得不解释我们所说的。

20. 什么样的知识使鬼怪们骄傲

如果我们仔细读圣经，就可以看到这个名字的起源很值得玩味。他们被称为鬼怪，这个希腊词 Δαίμονεϛ 的意思是知识[44]。使徒充满圣灵地说："但知识是叫人自高自大，唯有爱心能造就人。"[45]对这句话的正确理解只能是，如果没有爱，知识毫无用处[46]；没有爱，知识就会膨胀，也就是变成最空洞和饶舌的骄傲。于是，没有爱但有知识的鬼怪就会膨胀，变得骄傲。虽然他们知道神圣的荣耀和宗教服务都应该朝向

---

[43] 德尔图良，《灵魂的见证》（*De testimonio animae*），3。
[44] 柏拉图，《克拉底鲁篇》，398a；拉克唐修，《神圣原理》，2。
[45] 《哥林多前书》，8：1。
[46] 奥古斯丁，《〈约翰福音〉诠释》，27：5。

真正的上帝，但他们都会在尽可能多的人身上为自己攫取尽可能多的荣耀。人类由于其品德，应该遭到鬼怪的骄傲的控制，上帝的谦卑显形为一个奴仆[47]，带着巨大的德性，对抗这骄傲。而人的灵魂和鬼怪一样骄傲，却不拥有他们的知识，他们的污秽也在膨胀，却认不出基督。

21. 主在多大程度上想让鬼怪知道他

鬼怪自己其实知道，主化身在了柔弱的肉身中。他们对他说："拿撒勒人耶稣"，"时候还没有到，你就上这里来叫我们受苦么？"[48]这话里很清楚，他们有很多知识，但是没有爱。他们害怕受到耶稣的责罚，而不热爱他的正义。他们知道的，都是耶稣愿意让他们知道的。他愿意他们知道多少，他们就应该知道多少。但是他不是把他们当作圣天使让他们知道，天使知道他是上帝的言，与他一起享受分参永恒的幸福[49]。他让鬼怪们知道，是为了恐吓他们，耶稣的力量就是要解除他们的霸权，解救那些必将进入他的国的人，那里永远有真正的光荣，而且真正是永远的。他让鬼怪们知道自己，不是让他们知道自己是永恒的生命，是照亮虔敬者的不可变的光（虔敬者看到了他，因为在他之中的信仰而清洗内心），而是让鬼怪受到他的世间的力量的影响，让他那最隐秘的迹象表现出来，而这些，是邪恶的精灵都可以藉天使的感官看到的，比柔弱的人更能看到。但是当他认为应该把这些迹象逐渐掩盖的时候，当他把自己隐藏得更深时，鬼怪之首就产生了怀疑，要试探他，看他是不是基督。披上人形的他允许鬼怪试探

---

⑰ ［译按］旧本此处又作"显现在基督身上"，CCSL 本即采取这一读法。但根据上下文，我们采取 PL 本的读法。

⑱ 《马可福音》，1：24；《马太福音》，8：29。

⑲ 参考奥古斯丁，《〈创世记〉字解》，4：40。

自己，从而为人立下我们模仿的榜样。在那试探之后，经上写到，就有天使来侍候他⑤，那是好的圣天使，把那些肮脏的精灵吓得颤栗。他所揭示的，比鬼怪所知道的多得多。虽然那柔弱的肉身看上去是微不足道的，但是鬼怪都不敢抗拒他。

22. 圣天使的知识和鬼怪的知识之间有什么区别

在好的天使看来，鬼怪们自夸的，关于物理和尘世事物的知识，都是廉价的：这并不是因为他们不知道这些，而是因为，他们热爱使他们成圣的上帝的爱。这爱是如此美好，不仅是超越物质的，而且是不可变化和不可言说的。对此，他们燃烧着圣爱的火焰，他们鄙弃所有低于爱和一切不是爱的事物。于是他们以自己整全的善好，喜悦那使他们成为善好的最大的善好。这样，他们可以更确切地知道此世的和可变的事物；因为他们在上帝的言中看到了这些事物的根本原因，因为世界就是用圣言创造的。这言就是一切被肯定、否定、安排的原因。但是鬼怪们不会从上帝的智慧中思考出尘世事物这永恒的、核心的原因；但是因为他们能看到我们看不到的一些迹象，还是比人能预见更多未来的事情。鬼怪们也能预示他们的意图。鬼怪们总是犯错，但天使永远不会。在某种程度上，鬼怪们被允许通过尘世中可变的原因，推测出尘世中可变的事物，把他们的意志和能力插进尘世的和可变的模式中，这是一回事；但是，要在永恒的、不变的神法中寻找，那活在神的智慧中的，尘世变迁的原因，了解神的意志，那万物中最确定的、万能的、无所不包的意志，分参圣灵，却是另外一回事。只有圣天使才应该被赐予这种能力。他们不仅永恒，而且幸福。

---

⑤《马太福音》，4：3—11。

使他们幸福的善好，正是上帝，是他创造了天使。他们安享着对上帝无休止的分参和沉思。

23. 异教民族把神的名字给诸神是不对的。 按照圣经的权威，圣天使和义人都可以享受这些名字

23.1 如果柏拉图主义者更愿意把天使，而不是鬼怪，说成神，并且说这是至高的上帝所确立的神，正如他们的权威和祖师柏拉图所写的[51]，那他们可以随便怎么说，我们不必忙于文字之争。如果他们确实是不朽的，是至高的上帝创造的，说他们幸福不是因为自己的力量，而是因为他们追随上帝，那么他们说的神就是我们说的天使，只是名称不同。这是柏拉图主义者的观点（要么全部，要么其中的杰出者），可以从他们的著作中看到。至于他们的名字，柏拉图主义者把这些不朽而幸福的被造物称为神；其实在他们和我们之间没有什么不同意见，因为在我们的经书里面写道："诸神之神，主已经发话。"[52]又说："你们要称谢万神之神。"[53]"为大王，超乎万神之上。"[54]里面还写道："他在万神之上当受敬畏。"为什么这么说，随后做了解释："外邦的神都是鬼怪。唯独主创造诸天。"[55]这里说"在万神之上"，而说"外邦的"，也就是被外邦当作神的，都是鬼怪；说"受敬畏"，是说主为说下面这话的鬼怪所敬畏："你们来灭我们么?"[56]所谓的"诸神之

---

[51] 柏拉图，《蒂迈欧篇》，41a。

[52] 《诗篇》，50:1。中文和合本圣经此处译为"大能者主"，失去了众神之神的意思，故此处不用。

[53] 《诗篇》，136:2。

[54] 《诗篇》，95:3。

[55] 《诗篇》，96:4—5。"都是鬼怪"和合本为"都属虚无"。

[56] 《马可福音》，1:24。

神"，我们不能理解为鬼怪们的上帝；"为大王，超乎万神之上"，也不是说他是超乎所有鬼怪的大王。而属于上帝的选民的人，圣经里也称为神。上帝说："我曾说，你们是神，都是至高者的儿子。"⑰所谓的"诸神之神"，可以理解为这些神的上帝；所谓的"为大王，超乎万神之上"，就是超乎这些神之上的大王。

23. 2　也许有人问我们这个问题："如果把上帝选民中的人说成神，上帝通过天使或人与他们说话，那么这些不朽者是不是比他们更配称为这个名字呢？因为人要通过服侍上帝才能得到幸福，但不朽的天使如今已经安享幸福了。"我会回答这样的问题说，比起那些不朽和幸福的天使，圣经中更明确地用神的名字称呼人，应许我们，将来在复活后会和天使们一样，这样，人类缺乏信仰的软弱就不会因为那些不朽者的优秀，而胆敢立他们为神。而要立人为神，是更容易避免的。应该更明确地把上帝拣选的人称为神，这就是为了让他们更确定和有信心，那称为"诸神之神"的，就是他们的上帝。人们在把天上不朽和幸福的天使称为神的时候，并没有说他们是诸神之神（即，组成上帝选民的人们当中的神）。上帝对人们说："我曾说，你们是神，都是至高者的儿子。"于是使徒说："虽有称为神的，或在天，或在地。就如那许多的神，许多的主。然而我们只有一位神，就是父，万物都本于他，我们也归于他。并有一位主，就是耶稣基督，万物都是藉着他有的，我们也是藉着他有的。"⑱

23. 3　事实本身是清楚的，一点疑问也没有，不必过多争论于名字。我们说，向人宣布上帝的意志的，属于那不朽而幸福的天使之列，这会令柏拉图主义者不悦，因为他们认为做这事的不是他们所说

---

⑰《诗篇》，82：6。
⑱《哥林多前书》，8：5—6。

的不朽而幸福的神,而认为那是鬼怪的事。这些鬼怪虽然不朽,但是不能说他们幸福。当说到不朽而幸福的,他们指那些所谓好的鬼怪,不是那些高居天上、与人悬远、无法交流的神。虽然这种争论不过是正名的问题,但是鬼怪的名字毕竟是惹人厌的,我们无论如何都应该避免用这名字称呼圣天使。现在我们应该结束这一卷了。我们已经知道,不朽和幸福的被造物,不论叫什么,也还是被造物,他们不能做中保,引领悲惨的必朽者朝向不朽和幸福。他们因为双重的差异和我们相区别。那些在中间的,和在上者一样不朽,和在下者一样悲惨,因为他们的品德,他们只能遭受悲惨,而不能享受幸福,所以他们嫉妒我们的幸福,而不是帮助我们获得幸福。那些鬼怪的朋友并没有提出他们有什么品德,让我们应该把他们当成保佑者服侍,而不是把他们当成欺骗者来规避。真正的善好者,不仅是不朽的,而且是幸福的,人们把他们称为神,用仪式和祭祀服侍他们,以为这样就能在死后获得幸福生活。不管他们是什么,也不管用什么名字称呼他们,这些天使都希望,宗教的仪式都应该指向唯一的上帝,他们是上帝创造的,通过分参他才能幸福。在他的保佑下,我们将在下一卷作更细致的讨论。

上帝之城卷十

[本卷提要]本卷是《上帝之城》前半部的最后一卷。在此卷中，作者继续卷九的主题，批驳古典哲学中关于诸神和鬼怪的说法，同时，相应的基督教主题的正面叙述也渐渐多起来，因而自然地过渡到后半部的论述。奥古斯丁指出，无论是好的还是坏的天使，即所谓的诸神和鬼怪，都不应该成为宗教服侍的对象，而应该和人一起把上帝当作服侍的对象。在此，奥古斯丁给出了自己关于"宗教"一词的理解，认为真正的宗教只能朝向真正的上帝。随后，他花很大篇幅批驳了柏拉图主义者波斐利的观点，认为他虽然认识到了很多真理，甚至还认识到了三位一体，但因为人的骄傲，而无法认识到耶稣基督才是普世的解救之道。同时，奥古斯丁也顺便解释了《旧约》中的祭祀，认为这些祭祀都是象征性的，都指向了耶稣基督①。

---

① ［PL本提要］服侍者所谓的"λατρεία"的神圣尊荣，可以通过祭祀获得。在本卷中，奥古斯丁谈道，好的天使们不愿意唯一上帝之外的任何一个获得这种尊荣，而他们自己也服务于这个上帝。他随即就清洗与解救灵魂的原则和道路反驳了波斐利。

1. 就是柏拉图主义者也承认，天使或人的真正幸福，都来自唯一的上帝。 他们又认为，我们应该服侍那些天使，但天使们究竟希望我们只把祭品给唯一的上帝，还是也要给他们自己，却是应该进一步问的

1.1　只要是能以某种方式运用理性的人,都确定地认为,所有人都愿意幸福。但因为必朽者的柔弱,什么是幸福,怎样幸福,却有很多很大的争议和冲突,哲学家们为此殚精竭虑、消耗时日。他们究竟说了什么,争论什么,实在太多了,不必赘述。读者会记得,我们在卷八已经谈到,我们会选择某些哲学家,和他们讨论死后未来的幸福生活,追问究竟是靠服侍创造诸神的唯一的上帝,还是将宗教(*religio*)②和祭品献给众多的神,才能够达到这样的生活③。读者一定不希望我重复这些,如果他忘了,可以再读一遍,以恢复记忆。我们选择柏拉图派哲学家,他们算得上所有哲学家中最高贵的。因为他们能够用智慧看到,人的灵魂虽然不朽、理性、理智,但除非分参创造了灵魂和世界的上帝之光,并不能幸福。这样,虽然所有人都追求幸福生活,但凡是不能纯净而贞洁地热爱唯一的至善者,即不可变的上帝的,就无法走向幸福生活。但是,因为他们要么屈服于人们的虚妄和谬误,要么像使徒所说的那样,"他们的思念变为虚妄"④,他们认为,或者愿意让别人认为,应该服侍多神,应该用

---

② [译按]奥古斯丁时代的宗教(*religio*)和现代的宗教含义并不一样。他继承西塞罗等的观念,并不相信存在复数的不同宗教,而认为宗教是唯一的。我们还是把这里的 *religio* 译为"宗教",虽然这在现代语言看来有些别扭。对这一点的系统论述,参见奥古斯丁《论真正宗教》,并见本书 4:30。

③ 参见本书 8:5。

④ 《罗马书》,1:21。

仪式和祭祀把神的尊荣加给鬼怪。对这些，我们的回应已经不少了。而今，借了上帝的保佑，我们应该审视并且讲出，我们应该认为，那些天使愿意我们有怎样的宗教和虔敬。他们是不朽和幸福的，住在天上，身为方伯和首领，拥有法力，一些柏拉图主义者称之为神，一些称为好的鬼怪，还有人和我们一样，称之为天使。更明确一点说，即，他们究竟是希望我们把仪式、祭祀、我们的财产，甚至我们自己，献给他们自己，还是我们和他们共同的上帝。

1.2　这就是应该献给神性（*divinitate*），或者更明确说，献给神的，服侍。要用一个词来表达这个意思，在我看来拉丁词总是差强人意，因此我在必要时要加入一个希腊词。这就是 λατρείαν，我们的圣经里用的就是这个词，被翻译为"侍奉"（*servititute*）。对于给人的侍奉，使徒写道，仆人应该听从他的主人⑤。要表达这个意思，有另外一个希腊词⑥。而按照习惯，先知按照神谕写下对上帝的服侍时总是，或者几乎总是用 λατρεία。但拉丁语所谓的服侍（*cultus*），不只是针对上帝而言的。我们甚至说服侍某人，也就是不断以对他的纪念来尊荣他，或直接尊荣他本人。我们不仅以宗教的谦卑来"服侍"那些我们臣服的对象，而且服侍那些臣服于我们的事物。从这个词里衍生出了"农夫"（*agricola*）、"殖民地"（*colonus*）、"居民"（*incola*）这些词。人们把他们的神称为"天上的居民"（*coelicolas*），意思不过就是他们服侍（*colant*）天堂，但不是说诸神敬仰天，而只是说他们居住在那里；那些神是住在（*colonos*）天上的人。这里说的居住，不是殖民的意思，不是说本土的人民在土地的拥有者的霸权下，耕种土地，而是像拉丁文中最杰出的作者所说的那样："且说有一个古城，居住着

---

⑤《以弗所书》，6：5；《歌罗西书》，3：22。
⑥［译按］奥古斯丁指的应当是 δοῦλος，参见《驳福斯图斯》，15：9 等处。

推罗的移民（*colonos*）。"⑦此处他称之为"移民"（*colonos*）是因为他们居住到了那里（*incolendo*），不是因为他们种植（*agricultura*）。一些大的城邦的人民的移民建立的城，也称为"殖民地"。从某种特殊用法来说，服侍（*cultus*）应该只能针对上帝而言。但是因为我们说对别的东西的服侍，这样就不能用这一个拉丁词表达对上帝的服侍了。

1.3　"宗教"（*religio*）一词所表达的不是别的，就是对上帝的服侍；我们用这个名词来翻译希腊文的 ϑρησκεία 一词⑧。按照拉丁文的表达习惯，不仅在一般人那里，就是在饱学之士那里，人们在各种亲缘友谊等关系中，都应该遵行 *religio*⑨；因此，在讨论对神性的服侍时，这个词不可避免会有模糊之处。我们不能满怀信心地说，"宗教"就是对上帝的服侍；这样我们就会违背这个词指遵守各种人间的关系和责任的义项。"虔敬"（*pietas*）一般应该理解为对上帝的服侍，希腊人称之为 εὐσέβειαν。但是这个词也用于指对父母的义务。按照民间的风俗，这个词甚至总是用来表达悲悯之事。之所以有这样的义项，我认为是因为按照上帝的特别命令，悲悯可以替代祭祀，或者比祭祀更重要。因为这样的表达习惯，上帝自己也被称为悲悯的⑩。显然，希腊人在他们的言语中没有用 εὐσεβεῖν 来称呼他，虽说在他们的民间用语里，εὐσέβειαν 也有悲悯的意思。在圣经的一些地方，为了把这种区分表达得更清楚，人们不用 εὐσέβειαν，即好的服侍，而是更愿意用

---

⑦　维吉尔，《埃涅阿斯纪》，1：12。

⑧　索福克勒斯，《菲罗克特特斯》，1440—1444。

⑨　［译按］按照一般拉丁文字典上的解释，*religio* 就是"道德责任"、"义务"等的意思。

⑩　如在哲罗姆的拉丁译本《历代志下》，30：9，用 *misericordiam* 形容上帝；《便西拉智训》2：11，11：13 等处也有这种说法。［译按］奥古斯丁的正文用的是 *pius* 这个词，各译本因而直接理解为这几处用 *pius* 来描写上帝。但查诸圣经原文，所引几处并没有 *pius* 这个词，奥古斯丁的上下文也并没有讨论 *pius* 这个拉丁词。因此，奥古斯丁在此并未直接引用圣经原词，而只是说曾以这样的观念描写上帝。

θεοσέβειαν，指的是对上帝的有序服侍[11]。但是对这两个意思，我们并不能用一个拉丁词来表达。于是，希腊词 λατρεία 的意思，拉丁文翻译为 servitus，是我们用来服侍上帝的服务；希腊词 θρησκεία，拉丁文用 religio，单指我们与上帝建立的关联；希腊词 θεοσέβειαν，我们没有一个词来表达，但我们可以称之为对上帝的服侍；我们应该说，只有上帝是真正的神，他把他的服侍者变成了神[12]。居住在天上的，是不朽而幸福的，如果他们不爱我们，不愿意让我们幸福，他们就不该得到服侍。但是如果他们爱我们，愿意我们幸福，他们就应该让我们享受同样来自上帝的幸福：他们的幸福和我们的幸福怎么可能有不同的来源？

2. 柏拉图主义者普罗提诺所感到的天上之光

在这个问题上，我们和很优秀的哲学家并无冲突。他们看到了，并且在自己的著作中用极丰富的证据，以各种方式表明，天使和我们都因为同一个原因而幸福，都来自理智之光，就是他们的上帝，而不是他们自己。因为上帝照耀了天使，他们才光彩熠熠。他们也只有通过对这光的分参，才能达到完美和幸福。普罗提诺在阐释柏拉图时，多处强调说，他们认为的宇宙的灵魂的幸福也和我们的幸福同源。这光不是世界灵魂本身，世界灵魂是光所创造的，理智之光的照耀使人们获得知性，享受光明。他还类比了非物质的存在与巨大而闪亮的天体，说上帝好比太阳，灵魂好比月亮。他们认为是太阳照亮了月亮。这个伟大的柏拉图主义者说，除去上帝之外，再没有比理性的灵魂（或者说理智的灵魂，他所说的也包括不朽和幸福的灵魂，他毫不

---

① 见《约伯记》（七十士本），27：8。

② 《诗篇》，82：6；《约翰福音》，10：34—35。

怀疑他们是住在天上的)更高的自然了,而整个世界都是上帝造的,灵魂也是他造的。这些天上的天使从哪里获得幸福生活和真理的理智之光,我们也从哪里获得。使徒约翰下面的话正与之呼应:"有一个人,是从神那里差来的,名叫约翰。这人来,为要作见证,就是为光作见证,叫众人因他可以信。他不是那光,乃是要为光作见证。那光是真光,照亮一切生在世上的人。"⑬这段话里的区别足够显示,人,比如洗者约翰,身体中的理性或理智灵魂本身不能是光,而要通过分参另外一个,就是真正的光,才被照亮。洗者约翰自己在说出对那一个的见证时坦白了这一点:"从他丰满的恩典里我们都领受了。"⑭

3. 柏拉图主义者虽然理解上帝是宇宙的创造者, 但是偏离了对上帝的真正服侍, 因为他们用神圣的尊荣服侍或好或坏的天使

3.1　既然如此,那么柏拉图主义者或思想相近的哲学家,如果不是自己的认识陷入虚妄,不是屈服于流俗谬误的权威,又不敢抗拒,就会认识到上帝,荣耀上帝,向上帝感恩;那他们就该承认,那些不朽和幸福的天使与我们这些必朽而悲惨的人都该服侍唯一的上帝,这样,我们才会变得不朽和幸福,而上帝是我们的上帝,也是他们的上帝。

3.2　我们应该完成的侍奉,就是希腊文里的 λατρεία,要么是通过圣事,要么是在我们内心。因为我们全体就是他的神殿,每个个体也是神殿⑮。他会屈尊居住在全体合起来的神殿,也会住在我们每

---

⑬《约翰福音》,1:6—9。

⑭《约翰福音》,1:16。[译按]传统上,这一句被当作福音书作者的评论,而不是洗者约翰的话。但奥古斯丁此处则把这句话与前面的话连接起来,当成洗者约翰的话。

⑮《哥林多前书》,3:16—17。

个人当中；全体的神殿中的上帝并不比一个人的神殿中的上帝大，因为他不会因为人多而变大，也不会因为分割而变小。当我们向他升起来时，我们的心就是他的神坛；为我们祈祷的祭司就是他的独生子；当我们为了他的真理而战斗流血的时候，我们为他奉献了血祭。当我们在他面前燃烧起虔敬而神圣的爱，我们就为他点起了最旺盛的香火[16]；我们把他赐给我们的礼物交还给他，也把我们自己献给他；在约定的日子，我们把肃穆的圣典奉献给他，纪念他的恩惠，这样我们就不会因为时间的流逝而把他的光芒抛入遗忘，变得忘恩负义。我们靠着内心的祭坛上燃烧的爱火，把谦卑而满怀赞美的祭祀献给他。这样一来，只要他能被看到，我们就看着他，亲近他，清洗掉所有的罪和对邪恶的欲望，把自己献给他的名字。他是我们的幸福的源泉，是我们所有的欲望的目标。我们选择（*eligentes*）他，或说重新选择（*religentes*），因为我们曾忽视而背离他：我们这样重新选择（*religentes*）他，宗教（*religio*）一词就是这么来的[17]，我们怀着爱朝向他，到他面前，栖息于其中：这就是幸福，因为获得这个结局而完美。哲学家们为了我们的善好而争论不休，而这善好不过就是共同亲近上帝。理智的灵魂得到他那超物质的拥抱——如果能这么说的话，充满真正的德性，受到滋养。我们得到教导，用全部内心，用全部灵魂，用全部能力（*virtute*），来爱整个的他。我们应该被爱我们的人带着，并带着我们所爱的人，朝向这善好。我们要完成两个诫命，它们是"律法和先知道理的总纲"："你要尽心、尽性、尽意、爱主你的

---

[16] 维吉尔，《埃涅阿斯纪》，1：704。

[17] ［译按］西塞罗，《论神性》，2：28 中，将"宗教"（*religio*）这个词理解为来自"反复读"（*relegerent*）的意思。拉克唐修，《神圣原理》，4：28 中，认为它来自"维系"（*religando*）。奥古斯丁在《回顾》，1：13.9 当中，更详细地解释了，他为什么认为这个词来自"选择"。不过，如果仅仅从拉丁文字源看，奥古斯丁的这一解释没有什么根据。

神。""要爱人如己。"⑱要让人们知道什么是爱自己,他就被设定了一个目的,一切行为都指向它,才能幸福。爱自己的人,不过就是要幸福。而要达到这个目的,就要与神亲近⑲。人若知道了怎样爱自己,上帝命令的,要爱邻人如己,那不过就是,尽其可能地让邻人爱上帝。这是对上帝的服侍,是真正的宗教,是正确的虔敬,就是将应给上帝的侍奉全部给他。如果一个不朽的力量,不论拥有什么能力(virtute),能够像爱自己一样爱我们,那他一定会让我们服从上帝,从而变得幸福,因为他们就是靠服从上帝而幸福的。如果他不服侍上帝,他就是悲惨的,因为他远离了上帝。而如果他服侍上帝,他就不愿意自己代替上帝受服侍。他们更应该遵从圣经里下面的话,并且以自己爱的力量维持它:"祭祀别神,不单单祭祀主的,那人必要灭绝。"⑳

4. 我们应该向唯一真正的上帝献祭

而今我且不谈服侍上帝的其他宗教仪式;人们不应该说,除了上帝之外还有谁应该得到献祭。但是神圣的服侍中有很多被攫取,给凡人增加尊荣,或是用过度的谦卑,或是用有害的奉承;这样得到尊荣的,仍然是人,但据说,他们应该受到服侍和尊敬;甚至可以更过分,他们也会受到膜拜。除非人们知道、认为,或假定某一个是神,否则谁会祭献牺牲?该隐和亚伯的故事就足以表明,在远古之时,献祭就是服侍上帝的一个仪式了。上帝拒绝了哥哥该隐

---

⑱《马太福音》,22:37—40。

⑲《诗篇》,73:28。

⑳《出埃及记》,22:20。

的献祭，而接受了弟弟亚伯的。㉑

5. 有些祭品上帝并未要求，但是希望能在其中见到他所要求的东西的象征

　　有谁会那么愚蠢地认为，凡是在祭祀中献给上帝的，对上帝而言都是必要、有用的？圣经中多处提到这一点，我们不必赘引，只需简单看看《诗篇》中的说法就够了："我对主说：你是我的神；你不需要我的好处。"㉒不仅是牲畜或地上别的易腐之物，就是人间的正义，我们也不该认为，是上帝需要的。所谓正确的拜神方式，不是对上帝有好处，而是对人有好处。没有人会说，泉水因被人饮用而得益，光芒因被看到而加增。古代的族长曾以牲畜的祭肉献给上帝，而今上帝的选民读到这些，但是不再这么做了。我们对此唯一的理解就是，这些做法象征了我们现在所做的，我们因此可以亲近上帝，并劝导邻人走向同样的目的。可见的祭祀是指涉不可见的祭祀的圣事，是神圣的象征。先知书中的忏悔者，或者就是写作此书的先知自己，在向上帝祈求赦免自己的罪："你本不喜爱祭物。若喜爱，我就献上。燔祭你也不喜悦。神所要的祭，就是忧伤的灵。神啊，忧伤痛悔的心，你必不轻看。"㉓我们可以看到，为什么先知既说上帝不想要燔祭，又说上帝想要燔祭。上帝不想要屠宰过的牲畜作祭品，而是要痛悔的心作祭品。他说上帝不想要的燔祭，象征了上帝想要的燔祭。在他说上帝不要燔祭的时候，是说他不像愚蠢的人认为的那样，上帝满足

㉑《创世记》，4：4—5；参考奥古斯丁，《书信》，102：17。

㉒《诗篇》，16：2；和合本作："我的心哪！你曾对主说：你是我的主，我的好处不在你以外。"

㉓《诗篇》，50：16—17。

（*gratia*）自己的欲望。上帝所要的燔祭，不过就是一点：忧伤痛悔的
忏悔之心。如果他所要的燔祭不用那些被认为他贪求喜好的燔祭来
象征，他就不会在旧的约法中要求那种燔祭[24]。在某个特定的场合，
这些祭祀发生了变化，从而人们就不会认为，上帝喜欢的和从我们手
中接受的就是这些，而应是其中所象征的东西。在《诗篇》的另外一
首中，还有另外的说法："我若是饥饿，我不用告诉你。因为世界，和
其中所充满的，都是我的。我岂吃公牛的肉呢？我岂喝山羊的血
呢？"[25]好像上帝说：如果我必需什么，我不会向你们索取，因为我有能
力获得。作者随后揭示了其中的象征："你们要以感谢为祭献与神，
又要向至高者还你的愿，并要在患难之日求告我，我必搭救你，你也
要荣耀我。"[26]另外的先知也说过："我朝见主，在至高神面前跪拜，当
献上什么呢？岂可献一岁的牛犊为燔祭么？主岂喜悦千千的公羊，
或是万万的油河么？我岂可为自己的罪过献我的长子么？为心中的
罪恶献我身所生的么？世人哪，主已指示你何为善。他向你所要的
是甚么呢？只要你行公义，好怜悯，存谦卑的心，与你的神同行。"[27]这
个先知的话里区分了二者，并且明确宣布，上帝并不需要燔祭本身，
而这燔祭中所象征的，才是上帝所要的。使徒在写给希伯来人的书
信中这样说："只是不可忘记行善，和捐输的事。因为这样的祭是神
所喜悦的。"[28]圣经里还写道："我喜爱怜恤，不喜爱祭祀。"[29]这里所说
的，正是一种祭祀胜于另一种祭祀；众人一般说的祭祀，象征着真正
的祭祀。悲悯才是真正的祭祀；前面引用的书信说，"这样的祭是神

---

[24]《出埃及记》，20：22—26；《申命记》，12：4—28。

[25]《诗篇》，50：12—13。

[26]《诗篇》，50：14—15。

[27]《弥迦书》，6：6—8。

[28]《希伯来书》，13：16。

[29]《何西阿书》，6：6；《马太福音》，9：13；12：7。

所喜悦的"。我们读到的那些神圣诚命,涉及在帐幕和神殿里的很多
对神的祭祀,那是象征,象征着对上帝和邻人的爱。正如圣经里说
的:"这两条诚命,是律法和先知一切道理的总纲。"⑩

6. 真正和完美的祭祀

　　我们要亲近上帝,结成神圣的团契(*societate*),达到这至善的目
的,就能得到真正的幸福,而真正的祭祀就是为此所需要做的全部工
作。如果人们的悲悯只针对人,而不涉及上帝,那就不是祭祀。虽然
祭祀是人完成或献上的,却是神事,古拉丁人用 *sacrificium* 这个词
就是指这个意思⑪。人若以上帝的名字圣化自己,向上帝发誓,虽然
从此世死去了,却在上帝中活着⑫,他自己就是祭品。这也属于悲悯,
是每个人对自己的悲悯。所以圣经里写着:"对你的灵魂要有爱情,
又要悦乐上帝。"⑬我们用节制来锤炼自己的身体,身体也是一种祭
品——只要我们是为了上帝这样做(也是理所当然这样做),我们就
不会让自己的肢体成为邪恶的罪的武器,而成为上帝的正义的武
器⑭。使徒激励人们说:"所以弟兄们,我以神的慈悲劝你们,将身体
献上,当作活祭,是圣洁的,是神所喜悦的。你们如此事奉,乃是理所
当然的。"⑮身体比灵魂更低,被用作灵魂的奴仆和工具,但如果能把
它很好地、正确地用于上帝的目的,那就是祭品。如果是这样,灵魂
自身岂不是能够更多地服务于上帝? 其中爱上帝的火焰熊熊燃烧,

⑩《马太福音》,22:40;《马太福音》,7:12;《罗马书》,13:10;《加拉太书》,5:14。
⑪［译按］*sacrificium*,字面意思为"神圣的行为"。
⑫ 参考《罗马书》,6:10;《加拉太书》,2:19。
⑬《便西拉智训》,30:24,用思高本《德训篇》译文。
⑭《罗马书》,6:13。
⑮《罗马书》,12:1。

吞没了世俗的欲望,改造自己成不可变的,让上帝喜悦,因为接受了他的美好,这也是祭品。随后使徒又说:"不要效法这个世界。只要心意更新而变化,叫你们察验何为神的善良、纯全、可喜悦的旨意。"㊱真正的祭品就是对我们自己或对邻人的悲悯之事,都指向上帝;真正的悲悯把我们从悲惨中解救出来,从而获得幸福。如果不通过下面所说的好事,这就无法做到:"但我亲近神是与我有益。"㊲整个被救赎的城邦(那就是圣徒聚集和结成的城),就是向上帝献出的整个祭品。这祭品是通过大祭司献给上帝的,他为了我们而受难,以奴仆的形式,把自己都当作了祭品,我们的身体就有了他这么一个伟大的元首㊳。他祭献了这个,自己在其中被祭献了。他靠这奴仆的形式做了中保,做了祭司,也做了祭品。使徒这样激励我们,说我们只有用自己的身体作神圣的活祭,取悦上帝,作为我们理性的侍奉,不必遵从尘世,而要更新我们的心智,我们才能证明朝向上帝的意志,那好的、上帝所喜乐的、完美的意志,这就是我们的真正祭品。他说:"我凭着所赐我的恩,对你们各人说,不要看自己过于所当看的。要照着神所分给各人信心的大小,看得合乎中道。正如我们一个身子上有好些肢体,肢体也不都是一样的用处。我们这许多人,在基督里成为一身,互相联络作肢体,也是如此。按我们所得的恩赐,各有不同。"㊴这就是基督徒的祭祀:"我们这许多人,在基督里成为一身。"对于信仰者,这正是教会不断在神坛上完成的圣事,教会通过这个证明,她通过祭献祭品,把自己也献了出去。

㊱《罗马书》,12:2。

㊲《诗篇》,73:28。

㊳《腓立比书》,2:7;《以弗所书》,4:16。

㊴《罗马书》:12:3—5。

7. 圣天使们对我们的爱并不是为了我们服侍他们，而是为了我们做唯一的真正上帝的服侍者

能在天上居住的，是不朽和幸福的，因分参他们的造物主而共同喜悦，因他的永恒而稳固，因他的真理而确定，因他的赐予而神圣。我们是必朽的和悲惨的，天使们要想让我们获得不朽和幸福，会悲悯地爱我们。他们不愿意我们向他们自己献上祭品，而要让我们向上帝祭献，知道他们和我们都要向他祭献。我们和他们共同组成一个上帝之城，就像《诗篇》里说的："上帝之城啊，有荣耀的事乃指着你说的。"[40]城中的一部分是朝圣者，就是我们，得到城中的另一部分的帮助。在天上的城里，上帝的意志就是理智的和不可变的法；在天上的庙堂中，他们为了我们而升堂议事。通过圣天使的执行，圣经降临了我们。其中写道："祭祀别神，不单单祭祀主的，那人必要灭绝。"[41]这段经文，这条神法，这些诫命，都因神迹足够明确地昭示了，那些不朽和幸福者，那些希望我们能和他们自己一样的，究竟希望我们该向谁献祭。

8. 上帝通过天使的执行，以神迹实现他的应许，用来坚固虔敬者的信仰

几千年前，上帝向亚伯拉罕作了预言，世上的国必因他的子孙而得福[42]。远古有很多神迹来证明这一点，我若是一一列举，那就显得太冗长了。那时，亚伯拉罕的妻子本已不育，竟在耄耋之年生子，这

---

[40]《诗篇》，87:3。

[41]《出埃及记》，22:20；参考奥古斯丁《〈诗篇〉解》，90:2.1。

[42]《创世记》，18:18。

就连多产的女人都做不到,谁不会因而感到惊讶?㊸ 就在亚伯拉罕祭祀的时候,有火焰从天上来,把他的祭肉分为两半㊹;此外,天上的天使还向亚伯拉罕预言所多玛的火灾㊺,亚伯拉罕把化身人形的天使当客人招待,通过这些天使,亚伯拉罕还知道了上帝关于他产子的应许㊻。在火灾临近的时候,那些天使奇迹般地救出他的侄子罗得。罗得的妻子在路上回头看了一眼,立即变成了盐柱㊼,像一个巨大的警示立在那里,提示人们,在被解救的路上,谁也不要留恋自己的过去。摩西的神迹是多么伟大,多么丰富啊。在摩西把上帝的选民从奴役的枷锁中救出埃及的时候,法老,也就是埃及的王,正压迫着他统治的犹太民族,上帝让他的术士们施行魔法,就是为了他们被更大的神迹战胜。他们靠坏的天使(即鬼怪们)惯用的巫术和魔法完成了这些,但摩西却法术更高,因为在制造天地的主的名义下,他更加正义,因此在天使帮助下,能够轻易地战胜他们㊽。他们在第三轮瘟疫时就乱了阵脚,而摩西因为秉有神奇的巨大能力,却完成了十轮的瘟疫;法老和埃及人刚硬的心只得妥协,放走了上帝的选民㊾。后来法老又后悔了,想要追回逃走的希伯来人。海水分开,希伯来人从干地上通过,而在埃及人通过时,海浪回流,重新汇合,把埃及人淹死了㊿。在人民被引导穿越沙漠的时候,那不断的神迹令人瞠目结舌,我还怎么说呢? 水不可饮,上帝命令丢进去一棵树,水不苦了,变得甘甜可

㊸《创世记》,21:2。
㊹《创世记》,15:17。奥古斯丁在《回顾》里修正了此处的说法,认为这不是神迹。
㊺《创世记》,18:20。
㊻《创世记》,18:14。
㊼《创世记》,19:17,26。
㊽《出埃及记》,7—8:7。
㊾《出埃及记》,8—12。
㊿《出埃及记》,14。

口(51)。吗哪从天而降,用来充饥;每个人要按照饭量收取,凡是拿多的,就会生虫变臭;安息日前一天要拿双倍,因为安息日不准拿,所以并没有因为违反规定而变臭(52)。在他们缺乏肉食的时候,很少的鹌鹑看上去根本不够这么多人吃,却飞满了他们的帐篷,让他们的食欲变成了贪婪(53)。遇到敌人的时候,他们不能通过。摩西秉有神谕,只要他把手举成十字,希伯来人就都不会倒下(54)。在上帝的选民中发生了叛乱,叛徒们自绝于听从神圣的规矩的人们,于是上帝用一个可见的形式来展示不可见的惩罚,让叛徒被大地活活吞没(55)。摩西以杖击石,涌出的水足够那么多人喝的(56)。上帝让火蛇咬那些怨怼的人,这是对罪人最正义的惩罚。摩西在木杆上悬挂铜蛇让人们看,为人们治疗,同时也让那些犯了错的人屈服,昭示以死亡消灭死亡的道理,这和十字架上的死象征着同样的东西。(57) 人造的这个铜蛇就藏在记忆中,以后走错的人们把它当偶像服侍。服务于上帝和宗教的国王希西家,击碎了铜蛇,其虔敬赢得了巨大的赞美(58)。

9. 柏拉图主义者波斐利颂扬某些服侍鬼怪的不合法技艺,又谴责某些

9.1 之所以要有所有这类神迹,都是为了命令人们服侍唯一的

---

(51)《出埃及记》,15:23—25。

(52)《出埃及记》,16。

(53)《民数记》,11:31—34。

(54)《出埃及记》,17:8—16。[译按]但今本圣经中并没有讲十字。而是摩西举手,以色列人就胜,摩西垂手,就败。又参见奥古斯丁《驳福斯图斯》,12:30。

(55)《民数记》,16:23—34。

(56)《出埃及记》,17:6—7;《民数记》,22:8—11。

(57)《民数记》,21:6—9。

(58)《列王纪下》,18:4。

真正的上帝，禁止服侍众多的伪神。而一一列举就太冗长了。完成
它们靠的是简单的信仰和虔敬的信赖，而不是那些由低俗的好奇心
而来的技艺组成的咒语和歌谣，这些或是称为魔法，或是用更下流的
名字称为巫术（goetia），或用体面一点的名字称为召神术
（theurgia）。他们试图区分两种人。一种是投身于非法技艺、该谴
责的，以及民间所谓的邪恶者，他们说这就属于巫术；另一种被认为
值得赞美，于是这种技艺被称为召神术。二者其实都用虚假的仪式
服侍鬼怪，却假称以天使的名义。

9.2　就连波斐利都承认，可以用召神术清洗灵魂，不过他的阐
述遮遮掩掩、羞羞答答。他否认说这种技艺可以让人皈依真正的上
帝。你可以看到他的观念在充满好奇的渎神的罪过和严肃的哲学之
间摇摆。他一方面告诫我们，这种技艺是骗人、危险、不合法的，另一
方面他又屈从于这种技艺的赞美者，说它有益于清洗灵魂的一部分。
这并不是指理智的部分（理智的部分可用于抓住可知事物的真理，这
种真理并无物质形像），而是精神的部分（spirituali）[59]，我们用它接
受物质事物的形像[60]。他说，通过某种召神术（也就是他们所谓的"秘
术"[teleta]），这一部分可以接受一些精灵和天使，看到神。不过他
还是承认，这种称为"秘术"的召神术并不能清洗理智灵魂，因而不能
让人看到神，也不能看到真正存在的事物。既然人们并不能由此看
到真正存在的事物，我们就能明白，以召神术作法，究竟让人们看到
什么样的神，获得怎样的视野。他又说，理性的灵魂，或者用他更爱

---

[59]　[译按]在斯多亚学派和新柏拉图主义中有一种说法，人由灵魂、精神（πνεῦμα,
spiritus）、身体三部分构成。这种理解应该在一定程度上影响了基督教从灵魂、灵性、
身体三方面理解人的构成的观念。不过，这些哲学家认为精神比灵魂更低，而不是像奥
古斯丁在卷十三中那样，认为灵性是更高的。虽然"精神"和"灵性"是同一个词，我们还
是采取两个不同的译法，请读者注意。

[60]　关于这二者的区分，参见奥古斯丁，《〈创世记〉字解》，12:50。

用的词“理智的”，可以跑回到天空(61)，哪怕其精神的部分不受召神术的清洗。而精神部分即使受到了召神术的清洗，也不能因此达到不朽和永恒。波斐利区分了鬼怪和天使，说空气是鬼怪的地方，而以太或高空是天使的地方。他建议人们利用与鬼怪的友谊，这样他们就可以帮助我们，在我们死后把我们从大地上提升起来，哪怕只有一点点；但他承认，要达到与高处的天使们为伴，必须走另外一条路。他还是明确讲（如同坦白），我们要警惕不可与鬼怪为伴，他说灵魂在死后为所犯的罪受罚时，会因服侍了鬼怪而恐惧，因为陷入了鬼怪的圈套。他说召神术是与天使和诸神和解的技艺，但他还是无法否认，召神术涉及一些这样的力量，这些力量要么嫉妒被清洗的灵魂，要么服务于那些嫉妒者。波斐利谈到迦勒底（*Chaldaeus*）的某个人曾就此抱怨：“迦勒底地方的一个好人抱怨说，虽然他苦心戮力清洗灵魂，但是没有效果，因为另外一个人有更大的法力，出于嫉妒，向同样的力量祈祷，叫收束神力，不要满足这个人的祈求。于是一个人收束的，另外的人无法解开。”他由此得出结论，召神术这种学问不仅可以在人和神当中做好事，也可以做坏事。他还说，诸神也会受苦，会遭到性情的搅扰，正如阿卜莱乌斯所说的，鬼怪和人在这里是相同的。在他看来，神之所以与这两者不同，只是因为他们住在高空的以太中。在这一点上，他和柏拉图观点一致。

10. 召神术许诺召唤鬼怪对心灵作虚假的清洗

你看，另外一个柏拉图主义者波斐利据说比阿卜莱乌斯更博学，他谈到我不知是什么学问的召神术时，说诸神自身也会受制于性情，

(61) ［译按］“跑回天空”，有的版本作“跑回自己的地方”。

遭到搅扰。作出祈祷的仪式就会吓坏他们,让他们无法清洗灵魂。如果有谁施加一条坏的命令,他们就吓得不能再做好事,另外一人就是用同样的召神术,也无法消除那恐惧,让他们解脱出来施加福泽。除非是他们最悲惨的奴隶,或者与真正救世主的恩典格格不入的人,谁看不出,这些完全是骗人的鬼怪的伎俩? 如果我们所谈的是好神,那么请求清洗灵魂的好人应该会战胜阻挡清洗的坏人。如果诸神是正义的,认为求祈的人不配清洗,就不会因被嫉妒的人吓坏了而拒绝,也不像波斐利所说的那样,因一个更强大的力量的命令而恐惧,而是根据自己的自由判断拒绝清洗。而善意的迦勒底人希望用召神术来清洗自己的灵魂,却无法找到一个更高的神,要么进一步吓唬那些恐惧的诸神,逼他们赐予福祉,要么减轻他们的恐惧,让他们自由地赐福。好的召神师若是可以用召神术来召唤诸神清洗灵魂,首先他就要有一种仪式能清洗掉诸神的恐惧。有更强大的神把别的神吓坏,却没有神能清洗别的神,这是什么原因呢? 难道有神能听到嫉妒的人,用恐惧攻击,使别的神不能赐福,却没有神能听到善良的人,用恐惧打击诸神,让他们降福于人? 耀眼的召神术啊! 伟大的灵魂清洗! 在这里,肮脏的嫉妒比纯洁的仁慈更有力量。我们还是严防和杜绝这些邪恶的精灵的谬误,听那拯救的教诲。那些实行这种肮脏而渎神的仪式的人,说他们的精神(spiritus)被清洗后看到了奇妙的美丽景观,来自天使或诸神,我们姑且承认他们确实看到了这些,那也不过是使徒所说的:"连撒旦也装作光明的天使。"[62]这些幻象来自魔鬼,他希望用诸伪神的虚假的仪式来捕获那些悲惨的灵魂,让人们远离对真正上帝的真正服侍,只有上帝才能清洗人们,让人们获得健康。魔

---

[62]《哥林多后书》,11:14。

鬼，正如维吉尔谈到普罗透斯时说的，"把自己变成各种形像"[63]。魔鬼无论充满敌意地攻击，还是装模作样地帮忙，都是有害的。

11. 波斐利给埃及人阿奈波[64]写信，寻求怎样区分不同的鬼怪的教诲

11.1　波斐利在给埃及人阿奈波写信的时候更有智慧些。他在其中把自己当成一个寻求建议的求知者，揭露和摧毁了那渎神的技艺。他在信里谴责所有的鬼怪，说鬼怪很不智，就是仪式中的一点腥气都能吸引他们；他们并不在以太中，而是在月球之下的空气中，或者就在月球的表面。不过，他还是不敢说所有鬼怪都是如此荒谬、邪恶、愚蠢，从而激怒阿奈波。他还是按照别人的习俗，说某些鬼怪是善良的，不过却承认他们都是不智的。他惊讶，为什么诸神不仅会被祭品所诱惑，甚至被人呼来唤去，做人们让他们做的事。如果说诸神和鬼怪的区别在于，前者是超物质的，后者是物质的，那为什么认为太阳、月亮，以及别的可见的天体是神呢？它们无疑是物质的。如果它们是神，那为什么说一些是仁慈的，另一些是邪恶的呢？如果它们是物质的，为什么物质的和超物质的神能结合在一起呢？他还似乎充满疑问地询问，预言家和制造神迹的人，之所以能做这些，究竟是因为他们的灵魂更强大呢，还是因为有外来的精灵降临了，从而让人变得强大？他说，更可能是外来的精灵降临了，他们附在石头树木上，或附上人体，让本来关着的门打开，或者施行别的类似的奇迹。他说，正是因此，才有人认为有一类精灵，专门听取祈祷。他们生性

---

[63]　维吉尔，《农事诗》，4：411。
[64]　对这位阿奈波，我们所知甚少。但波斐利的这封信今存。

虚伪，有很多形体，变幻无穷，可以模仿神、鬼怪，以及死人的灵魂；这类精灵做了所有那些看上去好或卑鄙的事；他们对真正好的事却毫无助益。他们根本不知道这些事，反而用坏事来笼络人，对于认真追随德性的人，含沙射影，百般阻挠。他们易变而狂傲，喜欢腥气，耽于奉承。他们从外面袭击或睡或醒的灵魂。对于这些精灵虚伪而邪恶的各种特点，波斐利虽然相信，却不很肯定，而是充满狐疑，强调这是别人的意见。这个哲学家很难认清或坚决驳斥这类鬼怪，还不如一个信仰基督的小老太太，能毫不含糊地认清他们是什么，诅咒他们。也许波斐利唯恐冒犯收这封信的阿奈波，因为他自己就是一个著名的驱魔术大师。也许他害怕冒犯别的那些推崇这种技艺，认为这是神圣的、关乎对诸神的服侍的人。

11.2 随后，波斐利继续以发问的方式评论说，只要是一个头脑清醒的人，就会把这归给邪恶与骗人的力量。他问，本来召唤出了更好的力量，为什么反而遵从更糟的命令，按照人们不义的指示去做？他们要想和谁通奸或同床，都会毫不犹豫地引诱，但为什么就不肯体恤为情所苦之人的祈祷呢？他们自己耽于祭品的腥臊恶臭，为什么禁止他们的祭司食肉，还说那样就会被尸体的气味所污染？他们自己要用众多的尸体来狂欢，为什么禁止自己的祭司接触尸体？充满罪过的人可以威胁太阳、月亮，或别的什么天体，用假像恐吓他们，以从他们那里获得真正的眷顾，为什么却不能接触鬼怪和死人的灵魂？因为人威胁说他们要撞破天空或做别的人不可能做的事，那些神如同最愚蠢的孩童，竟然被这虚假可笑的威胁所震慑，完成了人命令做的事。他还说，凯瑞蒙（*Chaeremonem*）(65)，一个擅长圣事（或者说渎神

---

(65) 凯瑞蒙，一世纪的斯多亚派哲学家和历史学家，出生于埃及。哲罗姆曾写到他关于埃及宗教的著述，并颇为赞许。据说，他是亚历山大利亚大图书馆的主要馆员。

仪式)的人曾写道,在埃及人当中,献给伊西斯或她的丈夫欧西里斯的著名庆典有巨大力量,可以驱使诸神,让诸神完成人们命令的事,只要驱神的人在歌中威胁他们,要揭露或毁坏这些仪式,特别是,如果诸神不完成所命令的事,就恐吓说要把欧西里斯大卸八块(66)。人们给神的此类虚妄而荒唐的威胁,并不是针对一般的神,而是针对天上那些神,也就是那发光的星体的,也并不是毫无作用,而是靠野蛮的力量和威胁,达到他们想要达到的目的。难怪波斐利要惊讶了。或许,他通过对这类事情的惊讶和对原因的探寻,要让我们理解,这都是某一种精灵做的,他在前面借别人的话描述过这些精灵,他们不是靠自然,而是靠罪过骗人,模仿诸神和死人的灵魂。波斐利说他们模仿鬼怪是不对的,他们自己就是鬼怪。在波斐利看来,人们只要使用草木、石头、动物,借助某种声音、响动、形像、图画,甚至通过观察天体星辰的运行,就可以用人力在地上造成各种各样的效果。这些都是鬼怪的伎俩,他们玩弄那些臣服于他们的灵魂,利用人类的谬误,服务于自己的欲望。也许波斐利的怀疑和探讨都是真心的,他提这些就是为了揭露和证明,这些力量并不能让我们获得幸福的生活,而是来自鬼怪们的欺骗;我要从更好的方面看待这个哲学家,也许他不愿意冒犯那个埃及人。那个埃及人虽然陷入这样那样的巨大错误,又认为自己有很多知识,波斐利不愿骄傲地自居于老师的权威,不愿意公开攻击他,而要自居于一个谦虚问学的地位,通过讨论来转变对方,使他发现这些是多么可鄙,多么应该避免。于是,在书信的末尾,他请求对方为自己解惑,究竟怎样从埃及的智慧中获得幸福之路(67)。至于别的那些人,那些与神交流就是要追回逃奴、增加财富、婚姻、生

(66) 波斐利,《致阿奈波》,27。

(67) 波斐利,《致阿奈波》,29—32;参考尤西比乌,《福音的准备》,3:4。

意,为了诸如此类的事情就求神问卜的人,他说这些人根本无法培养智慧[68];神灵在和人交流的时候,虽然能够预言别的事情,却不能满意地给出幸福之路,这些不是神,也不是善意的鬼怪,而要么是所谓的骗子,要么是人的虚构。

12. 真正的上帝通过圣天使完成的神迹

通过这些技艺完成的事情,确实在各个方面都超过了人力所及。但这些好像奇妙而神圣的预言和事件既然与对唯一上帝的服侍无关(连柏拉图主义者都多次证明,只有亲近了他,才会有幸福之好),明智的人们岂不是只能认为,这是邪恶的精灵的模仿和引诱,真正的虔敬都应该小心?幸福的生活只在上帝之中,他通过天使或别的什么方式,完成一些神迹,指引我们对他的服侍和宗教。我们要相信,这些神迹要么是由天使们完成的——他们靠了真理和虔敬爱我们,要么是上帝自身通过他们完成的。谁若否定不可见的上帝完成可见的神迹,他们的话不能听。他们也相信上帝创造了世界,无法否定世界是可见的。而凡是这个世界上的奇妙之物,都不如这个世界奇妙,世界就是整个天地和其中的万物,这当然是上帝创造的。对人来说,造物主是隐秘的,不可知的,他如何创造也一样隐秘和不可知。可见的自然本身就是一个巨大的奇迹,但是人们每天见它,习以为常了,如果我们反思一下,就会知道,它超过了一切最罕见和不可思议的奇迹。人本身比通过人完成的奇迹都更奇妙[69]。上帝创造了可见的天地,并没有不屑于在天地中制造可见的奇迹,就是为了激发沉迷于可

---

[68] 波斐利,《致阿奈波》,35,46—49。

[69] 参考奥古斯丁,《布道辞》,126。

见事物中的灵魂服侍不可见的他。至于制造神迹的地点和时间,取决于上帝不可变的意志,在他那里,未来发生的事情也好像已经发生。因为他让时间流动,自己不在时间中流动;他不用不同的方式知道将要发生的事情和已经发生的事情;他不用不同方式听到正在进行的祈祷,和看到将要进行的祈祷。他的天使听到我们,就如同他自己听到了,在他的真正神殿里,不是用手盖的,而是在他的圣徒之中的神殿里。他的命令虽然在时间中完成,但是是他永恒的神法安排的。(70)

13. 不可见的上帝经常显现为可见的,不是根据他实际的存在,而是根据看到他的人所能接受的样子

人们不必疑惑,为什么不可见的上帝在族长那里总是显现为可见的。声音传达在沉默中形成的思想,但声音并不是思想。同样,人们用以看到上帝的影像,也不是上帝自己,上帝的自然是不可见的。当我们在物质中看到他时,就如同在声音中听到了思想。族长们并非不知道,不可见的上帝显现在物质的样态中时,虽然那不是他自身,人们还是看到了他。正如摩西虽然与他相互交谈,摩西还是说:“我如今若在你眼前蒙恩,求你将你的道指示我,使我可以认识你。”(71)上帝的法不仅要传播给一个人或几个智者,而且要传播给整个民族和众多的民众。于是通过天使的庄严宣布,他在西奈山上显现给整个民族。他通过一个人传达他的法,让看见他的众人敬畏恐惧。以色列的人民信任摩西,并不是如拉克戴蒙的民众信任他们的

(70) 奥古斯丁,《驳福斯图斯》,22:27。
(71)《出埃及记》,33:13。

吕库古：吕库古制定的法是从朱庇特或阿波罗接受的[72]。在神法传播给以色列民众，他们被命令服侍唯一的上帝的时候，民众看到了众多奇妙的景象和变动，直到神意认为足够昭示；被造物要通过传播神法来侍奉他们的造物主。

14. 人们不仅应该为了永久的幸福，而且为了尘世的幸福，也要服侍唯一的上帝，因为一切都取决于神意的权能

　　和单个人一样，在人类种族中，属于上帝选民的那一部分，通过正确的教育，经历几个阶段或几个时代，就会从此世走向永恒，从可见升上不可见。即使在可见的此世，上帝也应许了神圣的奖赏，不过我们必须遵从服侍唯一的上帝这一诫命。人的心智如果不臣服于灵魂的真正造物主，哪怕在短暂的地上生活，也不可能获得福祉。谁若认为天使或人给人类的一切不是来自唯一的万能者的权能，都是疯子。柏拉图主义者普罗提诺谈到了神意，通过花花草草的美证明，至高上帝那充满理智和不可言说的美丽，会一直施及大地上的这些东西。他说，上帝那充满理智的、不可改变的形式维持万物，除非从他那里来的，否则，那转瞬即逝的万物，怎么会有这最漂亮的形式？[73] 主耶稣在下面的话里谈到了这一点："你想野地里的百合花，怎么长起来，它也不劳苦，也不纺线。然而我告诉你们，就是所罗门极荣华的时候，他所穿戴的，还不如这花一朵呢。你们这小信的人哪！野地里的草今天还在，明天就丢在炉里，神还给它这样的妆饰，何况你们

---

[72] 参见本书 2:16。

[73] 《九章集》，3:2.13。

呢。”(74)人类的灵魂哪怕是最好的，也会因为软弱而欲求地上事物，要暂时渴望微不足道、但又是转瞬即逝的此世生活必需的好事，也应该习惯必须从上帝那里求取——虽说相对于永恒生命，这是应该看轻的福泽。这样，我们在欲求这些时，灵魂也不偏离对上帝的服侍；而要达到上帝那里，却只能靠对这些东西的看轻和脱离。

15. 圣天使通过执行其使命，来服务于上帝的神意

我说过，在《使徒行传》中也可以读到，天使传下律法，让人们服侍唯一真正的上帝，而这样安排尘世上的事会让神意高兴(75)。在这律法中，唯一上帝的位格显现出来，他在可腐坏的肉眼面前永远是不可见的，所以造物主并不显现他的真面目，而是通过一些可见的象征来显现，这象征是由他的被造物构成的，听命于造物主。他用人言的词汇讲话，在每个音节之间也有稍许间歇。但就其自然来说，这不是物质性的表述，而是精神性的；不是感性的，而是理智的；不是此世的，而是（如我所说的）永恒的，这言说是无始无终的。这样，在不朽的幸福中享受上帝不可改变的真理的，他的臣子和信使，不是用肉的耳，而是用心智，更真切地听到了他；他们以某种不可言说的方式，听到上帝命令他们做的事，要在这可见和可感的世界中完成，会毫不耽搁、毫不费力地去做(76)。他也会根据时间不同而发布律法(77)，正如我说的，虽然这最先只是地上的应许，却象征着永恒的事；虽有很多人庆祝那可见的圣事，却只有少数人理解。不过，其中的言辞和仪节都

(74) 《马太福音》，6：28—30。
(75) 《使徒行传》，7：53。
(76) 参考奥古斯丁，《〈诗篇〉解》，44：5。
(77) 参考奥古斯丁，《驳福斯图斯》，卷四。

明白不过地指向对唯一上帝的服侍,他不是众多神祇中的一个,而是制造了天地、所有灵魂、所有精神,以及除他之外的一切的那一个。他是制造者,一切是被造者:无论是为了存在还是美好,一切被造物都需要制造了他们的那一个。

16. 人们该把对幸福生活的应许寄托给哪类天使,是那些要人们用神圣的尊荣献给自己的,还是那些给我们诫命,要我们把神圣的宗教服务献给唯一的上帝,而不是自己的

16.1 那么,我们该认为,要相信哪些天使会带来幸福与永恒的生活呢?是那些愿意自己得到宗教仪式的服侍,逼迫必朽者向自己奉献仪式和祭品的呢,还是那些说,所有的服侍都该献给创造万物的唯一上帝,激励人们发出真正的虔敬,自己也因为对上帝的沉思获得幸福,从而应许我们未来的生活和他们一样的呢?对上帝的观看是那样美好的观看,最值得这样的爱,普罗提诺毫不犹豫地说,如果没有这些,哪怕有再多别的善好,都是非常不幸的[78]。天使们使用各种奇迹和象征,有的是为了引导我们服侍唯一真正的上帝,有的要我们服侍他们自己;前者禁止人们服侍后者,后者还不敢禁止人们服侍上帝。让柏拉图主义者们回答,让各门各派的哲学家回答,让召神师或召鬼师(*periurgi*,对于所有使用这些技艺的人,"召鬼师"似乎是更贴切的词)回答,让所有人回答——人们是理性的被造物,本来就有其自然的感觉,只要其中某一部分仍然保留,我要说,就让他们回答,我们究竟是该向命令我们祭祀自己的诸神或天使,还是向唯一的上帝奉献祭品呢?另外的天使禁止我们祭祀别的神或他们自己,命令

---

[78] 普罗提诺,《九章集》,1:6.7。

我们只向上帝献祭品。如果两种天使都不完成神迹，只是给我们诫命，一种命令我们祭祀他们自己，另外一种命令我们不要祭祀他们自己，而要祭祀唯一的上帝，那么真正虔敬的人就可以很明确地看出来，两种诫命中哪种出于骄傲的堡垒，哪种出于真正的宗教。此外我还要说，如果一种天使完成那么多奇迹，触动人的心智，让人们祭祀他们自己，而另外一种天使禁止祭祀他们自己，却让人们向唯一的上帝奉献祭品，而又从不完成这种可见的奇迹。基于理性的心智，而不是身体的感官，我们还应该把后者当作权威。真正的上帝选择了他们，命令他们宣讲自己的真理，通过这些不朽的信使，不是为了让他们恣意妄为，而是为了宣扬他的尊贵，于是行了更高、更确定、更清楚的神迹，使得虔敬的人中那些软弱者不会被希望自己得到祭品的精灵轻易说服，陷入虚假的宗教，虽然他们向人们的感官展示了惊人的奇迹；如果发现在好的天使那里有更多的奇迹，谁会那么愚蠢，以至于不选择和追随真理？

16.2　按历史记载，一些奇迹是异教神祇完成的。其中一些不时发生的奇迹，源于世界中一些隐秘的原因，其实是因为神意的设置和安排发生的。比如某些怪异生灵的出现，天地间的奇怪现象，或是可怕，或是有害，人们误以为是鬼怪们那极为虚假的仪式带来的，也要用鬼怪们的技艺攘除。我且不谈这些。我要谈的是那些显然是鬼怪的力量或法术带来的奇迹。比如，在埃涅阿斯逃离特洛伊的时候，据说很多家神的偶像也一个地方一个地方地迁移[79]；塔昆用小刀砍断了磨刀石[80]；埃皮达罗斯的蛇跟着阿斯科勒庇俄斯，和他一同来到罗

---

[79]　瓦勒里乌斯·马克西姆，《善言懿行录》，1；8.7；瓦罗，《论拉丁语言》，5；54；本书，1；3。
[80]　西塞罗，《论预言》，1；17；《论神性》，2；3；李维，《罗马史》，1；36。

马^⑤;载着福利吉亚母神像的船,很多人和牛拉都纹丝不动,而一个小妇人证明了自己的贞洁后,用腰带就拉动了^⑥;有人怀疑维斯塔的一个守贞侍女是否被玷污过,她用一个筛子盛满了台伯河的水,而不漏出,消弭了争论^⑥。诸如此类的故事,无论就法力(*virtute*)而论,还是就规模而论,都无法和我们读到的上帝的选民中发生的相比。至于那些魔术或召神术,即使在服侍诸神的那些民族中,也是法律所禁止和惩处的,就更等而下之了。其中大多是靠玩弄人们的想象来欺骗必朽者的感觉,因此卢坎这样说召月亮:"直到月亮下降得足够低,能够接触到草木。"^⑥也许其中有些确实和虔敬者所做的有点相似,但是他们做这些的目的完全不同,和我们的神迹无法相比。鬼怪们越是要求祭品,他们越是不配享受祭品。我们的神迹要求我们服侍唯一的真正的上帝,他的圣经里见证说,他并不需要那些祭品,而且最终会把这些祭祀取消^⑥。希望自己得到祭品的天使,不如那些不为自己而只要求把祭品献给上帝的天使,他们也服侍这个创造万物的上帝。他们由此告诉我们,他们以怎样真诚的爱爱我们,不是通过自己获得祭品,而是通过把祭品献给上帝,通过对他的沉思获得幸福。我们会到达上帝那里,而他们从未离开上帝。如果天使不想让祭品献给唯一的上帝,也不献给自己,而是献给多神,那么他们就是诸神的使者。这些天使还是不及众神中唯一的上帝的使者。上帝的天使命令我们向唯一的上帝祭祀,而不要向别的神祭祀;但另外的使者不敢让我们

---

⑤ 瓦勒里乌斯·马克西姆,《善言懿行录》,1:8.2;奥维德,《变形记》,15:622—744,参见本书3:12,17.2。

⑥ 瓦勒里乌斯·马克西姆,《善言懿行录》,1:8.11;奥维德,《宴饮》,4:295—325;卢坎,《法萨利亚》,6:503。

⑥ 瓦勒里乌斯·马克西姆,《善言懿行录》,8:1.5,此女叫图奇亚(*Tuccia*)。

⑥ 卢坎,《法萨利亚》,6:506。

⑥ 《诗篇》,50:9—14。

违抗这些天使让我们祭祀唯一上帝的命令。这些使者的骄傲与欺骗表明，他们不是好的天使，不是好神的使者，而是坏的鬼怪，不希望人们服侍唯一的至高的上帝，而希望自己获得祭品的服侍。要选择对抗他们的武器，什么比唯一的上帝更好？好的天使侍奉上帝，不让我们用祭品侍奉他们自己，而要侍奉上帝，我们自己不也应该是上帝的祭品吗？

17. 上帝所做的约柜和神迹的象征符合上帝之法和应许的权威

于是，上帝的法通过给天使的命令传播开来，命令人们用宗教仪式服侍众神之中唯一的上帝，禁止服侍别的神，这记录在了一个柜子上，被称为"约柜"（*arca testimonii*）。这个名字足以说明，在柜中密闭收藏的，不是受所有仪式服侍的上帝（虽然从约柜中会发出他的回应，伴随着人的感觉能接受的象征），而是展示了对上帝的意志的见证（*testimonia*）。上帝的法可以写在石板上，放在约柜里（如我所说）；旅途中的祭司满怀敬意地带着它穿越荒野，他们同时带着的帐幕因而也被称为"会幕"（*tabernaculum testimonii*）⑧。有个指示总伴随着它，白天是个云柱，夜间变成火光⑪。那云柱移动了，就要移动帐篷，云柱降下来，就可以安营⑧。除去我所说的，除去约柜中的声音之外，还有很大的神迹来见证神法。在人们走向上帝应许的土地时，要带着约柜过约旦河，上游的水停了，下游的水仍在流，这样人们就可

---

⑧ ［译按］此处的"约"、"见证"、"会"都是 *testimonia*，但因为"约柜"、"会幕"的说法已经相沿成习，而且"约"的译法直接与"旧约"有关，我们在此还是保留了传统译法，但请读者注意这几个词之间的关联。

⑪ 《出埃及记》，13:21。

⑧ 《出埃及记》，33:7—11；40:34—35。

以带着约柜从那干地上渡河了⑧。第一个对他们有敌意的城,服侍异教诸神,他们让七个祭司领人抬着约柜绕城七次,不用动手,不用兵刃,城就突然塌陷了⑨。随后他们到了应许的土地,但因为他们的罪,约柜被敌人抢去了。这些抢走约柜的人,在祭祀他们的最大神的大衮庙里献上约柜,约柜紧闭着,他们离开了。当他们第二天打开神殿的门的时候,却发现他们祈祷的大衮像崩坏变形了。他们为这神示震慑,同时由于其他更重的惩罚,于是把这神圣的约柜物归原主。他们是怎么归还的呢? 他们把约柜放在一辆新车上,让有乳的母牛拉车,把牛犊关在家里,与母牛分开,让母牛信其所之,这样就能看到神意究竟想怎样。这样,根本没有人的指引驾驭,几头牛稳稳地走上了通往希伯来人的路,它们也不顾饥饿的牛犊的声声呼唤,于是把这最神圣的东西归还给了它的服侍者⑪。诸如此类的神迹对上帝来说不算什么,但是其力量足以让必朽者敬畏,给他们有益的教诲了。哲学家,特别是柏拉图主义者,正如我不久前说的,确实比别的人更值得赞美,因为他们知道神意管辖弱小的地上万物,这有无数美丽的见证,不仅发生在有肉体的动物中,而且在树木和草芥中也有。由此有了更明显的见证,神迹在预见的时间显现。真正的宗教禁止向天上、地上和地下的一切东西献祭,只能献给上帝。只有他能赐福,所赐的是对我们的爱,和我们对他的爱。他安排了奉献祭品的时间,并且要派一个更好的祭司来把祭品变得更好,见证了他自己并不贪图祭品,而是通过祭品显示别的更重要的涵义;他不是为了因尊荣而提升自己,而是让我们服侍他,激励我们在他的爱的火焰中升向他,这对我

---

⑧《约书亚记》,3:16—17。
⑨《约书亚记》,6:20。
⑪《撒母耳记上》,4—6。

们，而不是对他有好处。

18. 有人否认教会的圣经记载的上帝选民所见到的神迹是可信的，我反驳这一说法

　　有人竟然说这些神迹是假的，没有发生过，那经卷是虚构的。凡是这样说的人，如果认为记载的这类事都不可信，那他就会说任何神都不关心必朽者，因为别的神只能靠显现神迹来劝说人们服侍自己，异教的史书可以为证。异教的神能显示他们多么神奇，却不能显示他们有什么用。我们这部书，现在已经写到第十卷，要反驳的不是那些否定任何神力的人，也不是认为神不关心人类的人，而是那些不热爱我们的上帝建立的神圣而无比光荣的城，只热爱他们的诸神的人。他们不知道上帝自己是这个可见可变世界的不可见不可变的建立者，不知道幸福生活并不在他所建的万物里，而只有他自己才是幸福最真实的赐予者。先知说得非常真切：“我亲近神是与我有益。”㉜终极的好是什么，这是哲学家们不断争论的问题，我们的所有职责所指向的，就是要完成这些。他没有说，“金银满箱”“紫袍权杖”或“王冠毓冕”对我有益，没有像一些哲学家那样厚颜无耻地说，“身体的欲望是与我有益的”㉝，也没有像更好一些的哲学家那样说，“我的心灵的德性是与我有益的”㉞，而是说：“我亲近神是与我有益的。”㉟这是他从上帝学来的，上帝的圣天使通过神迹告诉我们，祭品只能献给他。

㉜《诗篇》，73:28。

㉝ 伊壁鸠鲁，《致梅瑙凯信》，129—130。

㉞ 西塞罗，《图斯库兰讨论集》，4:17,37；塞涅卡，《书信》，31:8。

㉟ [译按]奥古斯丁此处否定的不仅是各种各样身体的欲望，而且包括尘世的德性，这是基督教与古典哲学之间一个根本的差异。

于是先知自己也成了上帝的祭品，上帝理智的火焰包裹着他，燃烧着他，他神圣的渴望催动他到上帝那不可言说的、超物质的怀抱中。如果诸神的服侍者（且不管他们认为那是什么神）相信，在他们的国史、魔法书（或按他们自己认为的，召神术）中记载的神迹是诸神完成的，他们有什么理由不相信我们的圣经里记载的神迹呢？圣经让我们向唯一的他献祭，他比一切都伟大，我们对他的信仰也该比一切都强烈。

19. 真正的宗教让我们向不可见的上帝献上可见的祭品，道理何在

有人认为这些可见的祭品适合给别的神祇，而对不可见的、更高、更好的上帝，应该奉献不可见的、更高、更好的祭品，就是纯洁的心智和好的意志[96]。他们不知道，可见的祭品象征了不可见的祭品，正如我们说出的词语象征了思想。这就像我们在祈祷和赞美他时，向他献上有所指涉的声音，以此象征了我们从心中献出的祭品。同样，我们知道，我们在祭献祭品时，不把可见的祭品献给别个，而在我们的心里，我们会把自己当成不可见的祭品献给他。那时候，天使，天上每一个因为其善好和信仰而有大能者，会爱护我们，喜欢我们，尽力帮助我们。而如果我们想要这样服侍他们自己，他们却不愿意接受。当他们被派往人间的时候，当人们可以感到他们的存在的时候，他们无比明确地制止这种服侍。圣经中充满例证。有人认为，应该通过膜拜和祭祀，把本来该给上帝的尊荣给天使，天使下令制止了这种做法，命他们把这献给上帝，他们知道，只有服侍他才是符合神

[96] 柏拉图，《蒂迈欧篇》，39e—41a；普罗提诺，《九章集》，5：8.3。

法的⑨。上帝的圣徒模仿了圣天使。当保罗和巴拿巴在吕高尼用神
迹治病的时候，人们把他们当成神，吕高尼人想向他们奉献祭品；他
们以谦卑的虔敬拒绝了给自己的祭品，向人们传道，让他们信仰上
帝⑨。骗人和骄傲的鬼怪之所以让人们祭祀他们，不过就是因为他
们知道这些应该给真正的上帝。鬼怪们并不像波斐利等人认为的
那样，喜欢尸体的腥气。他们喜欢的是神圣的尊荣。他们有四面
八方来的足够的腥气，如果想要更多，也可以得到。这些精灵自己
僭称神性，为的不是尸体的气味，他们喜欢祈祷者的心灵，希望欺
骗他们，臣服他们，霸占他们，阻断通向真正上帝的道路，不让人们
把自己当作上帝的祭品，而向别的神献祭。

20. 最高的和真正的祭祀，是上帝与人之间的中保完成的

那个真正的中保，以一个奴仆的形象，成为上帝和人之间的中
保，这就是降世为人的基督耶稣⑨。他以上帝的形像，与圣父一起享
用祭品，他与圣父一起，是唯一的上帝；但是以奴仆的形像，他宁愿自
己成为祭品，而不是享用祭品。哪怕是在他这里，也不该有人认为应
该让被造物享用祭品，不论是怎样的被造物。在这时候，他自己是祭
司，自己献祭，自己是祭品。他希望，在教会的祭祀中，有一种日常的
圣事，来象征这一点：教会是身体，基督是元首，教会通过他献出自
己⑩。古代圣徒们做了祭品，就是这个真正的祭祀的各种各样的象
征。一次真正的祭祀用多个祭祀来象征，就如同一件事可以用多个

---

⑨ 《士师记》，13：16；《启示录》，19：10；22：9。
⑨ 《使徒行传》，14：10—17。
⑨ 《提摩太前书》，2：5。
⑩ 《以弗所书》，4：15；《歌罗西书》，1：18。

词来表示,反复申明而不冗赘⑩。在这最高的和真正的祭祀面前,所有虚假的祭祀统统让位。

21. 鬼怪们被赐予了一些力量,使圣徒们通过忍受痛苦来获得光荣。 圣徒们不是通过奉承空气中的鬼怪,而是通过栖居在上帝之中取得了胜利

不过,在上帝预定的某些时间里,鬼怪们还是被给予了力量,他们可以让手下的人发泄对上帝之城的敌意。这些僭主不仅享用所献的祭品,从自愿的人那里期待祭品,而且通过暴力逼迫,向不自愿的人索取祭品。我们发现,这不仅不能伤害教会,而且大有益于教会,可以满足殉道者之数⑩;这些圣徒是上帝之城中更辉煌、更尊荣的公民,因为他们对抗不敬之罪,直到流血的地步⑱。我们更加赞美他们,如果教会中的习惯允许,我们可以称之为我们的英雄(heroas)。这个名字可以追溯到对朱诺的称呼,因为朱诺在希腊语里就叫赫拉('Hρα),所以在希腊神话里,她的某个儿子就叫英雄(Heros),这个神话背后的含义是,朱诺的领地就是空气(aer),而英雄和鬼怪们都住在空气中。英雄这个词也用来指某些有德者死后的灵魂⑭。与此不同,我说我们教会的语言可以吸收这个用法,把我们的殉道者称为英雄,并不是因为他们和鬼怪一起住在空气中,而是因为他们战胜了鬼怪,即空气中的力量,包括朱诺自己,不管人们认为她究竟是什么。

---

⑩ 参考奥古斯丁,《驳攻击律法书与先知书的异端》,1:38。

⑩ 《启示录》,6:11;德尔图良,《护教篇》,50。

⑱ 《希伯来书》,12:4。

⑭ [译按]在希腊神话中,英雄多是半人半神的,所以 hero 一词也可以译为"半神"。奥古斯丁此处认为赫拉、英雄和空气之间的语源上的关联无法得到证明。

诗人们说，朱诺仇视德性和嫉妒向往天堂的勇敢的人，这没有什么不合适的。维吉尔不幸屈服了，向她投降。虽然他让朱诺说自己"输给了埃涅阿斯"[105]，赫勒努斯（Helenus）以宗教祭司的身份对埃涅阿斯说："高高兴兴地向朱诺发誓侍奉她，以哀求者的身份用礼物把这掌握大权的天后争取过来。"[106]按照这个意见，波斐利说（不过不是自己的观点，而是引述别人），除非首先侍奉一个坏神，否则好神或精灵就不会降临人间[107]；可见，在诸神之间，坏神比好神有力量，因为坏神如果不受奉承、让出位子，就会阻止好神帮助人；而坏神要做坏事，好神根本无力制止。真正的和真正神圣的宗教不是这样的；我们的殉道者战胜朱诺（也就是空气中那嫉妒有德者的力量），并不是这样的。我们的英雄们（如果我们可以用这个词）完全不是靠奉承的贿赂，而是靠神圣的德性战胜赫拉的。正如西庇欧·阿非利加努斯之所以得到了阿非利加努斯的姓，是因为他用德性征服了非洲，而不是用贿赂奉承对方，祈求他们的宽恕。

22. 圣徒战胜鬼怪的力量从何而来，内心的真正清洁从何而来

上帝选民靠真正的虔敬，驱除了空气中那些仇视和反对虔敬的力量，而不是奉承这力量[108]；他们之所以能够抗拒敌人的一切诱惑，不是靠祈祷鬼怪，而是靠祈祷他们的上帝对抗鬼怪。鬼怪所能战胜和征服的，只是与罪结盟的人。所以，那个化身为人但又没有罪的，以他的名字能战胜鬼怪，他既是祭司又是祭品，因为他，人们的罪都赦

---

[105]　维吉尔，《埃涅阿斯纪》，7：310。
[106]　维吉尔，《埃涅阿斯纪》，3：438—439。
[107]　波斐利，《论心灵的节制》，2：39。
[108]　《以弗所书》，2：2。

了。他就是上帝和人之间的中保,就是降世为人的基督耶稣⑩,通过他,我们的罪被清洗了,与上帝和解了。人们如果不是有罪,也不会和上帝分开,我们此生的德性无法清洗我们的罪,只有神的悲悯才能,这是靠神的眷顾,而不是靠我们的力量;因为无论多小的德性,凡是我们拥有的,都是他赐给我们的善好。在这肉身中,我们把太多归为自己的,但在他解脱我们之前,我们是靠他的恩宠活着。因此,神通过中保,把恩典送给我们,让我们这受到肉身之罪污染的,可以被那"成为罪身的形状"的一个清洗⑩。上帝这恩典,向我们展示了他的巨大悲悯。在此生我们靠信仰作指导,此生之后,我们就要因看到他那不可变的真理,走向最富足的完美。

23. 柏拉图主义者认为,可以通过太初清洗灵魂

波斐利甚至说,神谕宣布,我们不会因为向月亮和太阳献祭而被清洗,这表明,人不会因为向诸神献祭而被清洗。月亮和太阳是高天诸神的领袖,如果他们不能清洗,那该向谁献祭获得清洗呢?波斐利随后说,神谕讲的是,太初(*principia*)可以清洗。他说向日月献祭不得清洗,当然就不会认为,向那群诸神中别的神献祭就可以了。这个柏拉图主义者说的太初是什么,我们是知道的。⑪ 他说的就是圣父和圣子,后者在希腊语里称为父的理智或父的心智⑫;而至于圣灵,他要么根本没说,要么没有明确说;他提到了,在这二者之间,有另外的某物作中介,但我不太明白他指什么。如果他像普罗提诺那样,在谈

---

⑩ 《提摩太前书》,2:5。
⑩ 《罗马书》,8:3。
⑪ 参考普罗提诺,《九章集》,5:1;亚历山大的西里尔,《驳朱利安》,8。
⑫ 波斐利,《灵魂的回归》。

三个太初的（*principalibus*）实体，那他就希望我们把这第三个理解为自然的灵魂⑬，他就不会认为它是圣父和圣子之间的中介。普罗提诺把自然的灵魂放在父的理智之后⑭；而波斐利在说这个中介时，却把它放在二者之间，而不是之后。他对此谈得极少，也许他只能这样或愿意这样。而我们在说圣灵时，不是说圣父的灵，也不是圣子的灵，而是二者的圣灵。哲学家谈论时可以随便用词，就是在最难理解的事情上，也不惮于冒犯宗教信徒的耳朵。但是我们说话时，神法自有一定之规，在谈到要表达的意思时不能随便用词，否则就会陷入不敬的意见。

24. 只有唯一真正的太初，才能清洗和更新人的自然

虽说如此，我们在谈到上帝的时候，不能说有两个或三个太初，也不能说有两个或三个上帝，而只能说有一个上帝，或者说圣父、圣子、圣灵，我们还是承认其中每个都是上帝，而不是像异端撒贝留斯⑮分子那样，说圣父和圣子是同一个，而圣灵与圣父和圣子也是同一个⑯，而是说圣父是圣子之父，圣子是圣父之子，而圣灵是父子之灵，不是圣父，也不是圣子。只有靠太初才能清洗人类，这话是对的。但是他们不该把太初说成复数的。波斐利还是受制于那些嫉妒的力量，他虽耻于如此，但还不敢自由地矫正，不理解，主基督才是太初，不知道只有靠他的言成肉身我们才得到清洗。波斐利还因为基督的

---

⑬ 普罗提诺，《九章集》，5；1。［译按］奥古斯丁在几部著作里谈到，新柏拉图主义已经在理性上理解了三位一体，只是无法理解道成肉身。奥古斯丁对三位一体的哲学解释，受到新柏拉图主义的很大影响。

⑭ 普罗提诺，《九章集》，5，1，3.6.7

⑮ 撒贝留斯（*Sabellius*），公元三世纪的基督教异端。我们对此人所知甚少。他可能是利比亚人，主张圣父、圣子、圣灵是同一的。

⑯ 德尔图良，《驳普拉克色亚斯》（*Adversus Praxeam*），2；9。

肉身而鄙夷基督，但他化为肉身正是为了变成祭品，来清洗我们⑰。由于骄傲，波斐利不能理解这个巨大的圣事。而我们真正的、善意的中保通过自己的谦卑降低了这样的骄傲，并在必朽者当中变成必朽者，而那些邪恶而骗人的中介庆幸自己不是必朽的，以不朽者的身份，向可怜的人应许说，他们会带来保佑。于是，好的和真正的中保告诉人，罪才是坏的，而不是肉身的实体或自然。他还告诉人，肉身与人的灵魂结合，可以没有罪，死后会被蜕下来，在复活后变得更好⑱；虽然死亡是对罪的惩罚（他没有罪，但为我们接受了这个惩罚），但我们不能在罪中避免，而在必要的时候，我们却要为正义而赴死。于是，他能够靠死来赦我们的罪，因为他死了，却不是因为罪而死的。那个柏拉图主义者没有认识到他就是太初，否则就该认识到他是我们的清洗者。太初并不是肉身，也不是人的灵魂，而是"万物是借着他造的"圣言⑲。因此，肉身不能自己清洗，而是靠化为肉身的圣言，因为"圣言成了肉身，住在我们中间"⑳。耶稣谈到吃他的肉这个比喻，有人不理解，认为受了冒犯，就离开了，说："这话甚难，谁能听呢？"㉑耶稣对留下没走的人回答说："叫人活着的乃是灵，肉体是无益的。"㉒"太初"披上了人的灵魂和肉身，让信仰者的灵魂和肉身都受清洗。在犹太人问他是谁的时候，基督回答说，他就是太初㉓。我们肉

---

⑰　波斐利，《驳基督教》（残篇），94。

⑱　《约翰福音》，10：17—18。

⑲　《约翰福音》，1：3。

⑳　《约翰福音》，1：14。

㉑　《约翰福音》，6：60。

㉒　《约翰福音》，6：63。

㉓　《约翰福音》，8：25。［译按］此处拉丁文本中的 *principium*，本来是时间状语"起初"的意思，希腊文本、英文本、中文本圣经也都是这样理解的。若当作哲学术语，习惯译为"原则"，但我们还是把它译为"太初"。在哲罗姆的拉丁文本中，耶稣回答的话是："*Principium，qui et loquor vobis.*"奥古斯丁把它理解成："我就是太初，我告诉你们。"

身的人很弱小,有巨大的罪,包裹在无知的黑暗中,不能看到这太初,除非得到基督的清洗和治疗,包括我们自身所是的方法和我们不是的方法。我们是人,但我们不是正义的[14];他化为肉身的时候,就有了人的自然,但是正义的,不是有罪的。通过这种中介,他的手伸向堕落无助的人;这就是天使设立的种子,其中给了我们律法[15],命令我们服侍唯一的上帝,应许我们,这位中保将会来临。

25. 所有的圣徒,无论生活在律法时代还是以前的时代,都会因为对基督的圣事的信仰而成义

对言成肉身这件圣事的信仰,甚至能清洗生活在古代的虔敬者,不仅是那些生活在律法给予希伯来人之前的人(他们并不缺乏导师,因为有上帝和天使),而且有那些生活在律法时代的人,那时候,律法应许属灵的事务时,由事取譬,好像在应许肉身中的事,因此称为《旧约》[16]。那时有先知,通过他们预言了那曾经通过天使应许的事。在他们当中,有人说出了关于人类终极之好的伟大而神圣的话,就是我不久前引的:“我亲近神是与我有益。”[17]在这一《诗篇》之中,所谓新旧两约之间的差别,说得很清楚了。在先知看到那些不敬者沉溺在肉体和地上的应许时,他说,他双脚颤抖,走路时几乎滑倒,他对上帝的侍奉很受挫伤,认为他从上帝那里追求的幸福,那些藐视上帝的人却得到很多。于是他反复讯问这类的事,试图理解为什么会这样,却徒

---

[14] 参考奥古斯丁,《书信》,140:4.10。

[15] 《加拉太书》,3:19。

[16] 《希伯来书》,11

[17] 《诗篇》,73:28。

劳无功[128]。最后他走进上帝的圣所,明白了那些人的最终结局,如果认为他们是幸福的,那就完全错了。他说,他在那里明白了,他们因为邪恶发达,但还会因为他们的邪恶而潦倒、困顿、毁灭[129];尘世幸福的顶点就如同黄粱一梦,他们撇然惊觉时会突然发现,自己梦中的贪欢都幻化了。看清了地上(或地上之城中)的快乐后,他说:"主啊,在你的城里,也必照样轻看他们的影像。"[130]即使这些快乐,如果不是向唯一真正的上帝求取,也无所为用。万物都在上帝的权柄中,先知在这里说得很充分:"在你面前如畜类一般。然而我常与你同在。"[131]他说"如畜类一般",就是"没有理智"的意思,就如同说:"我应从你身上希求的事,是不敬者不能与我分享的,而不是我看到他们享受的那么多财富,这些财富让我以为对你的侍奉是空的,因为那些不愿意侍奉你的人,拥有这么多。但我永远与你同在,即使我欲求这些事物,我也不会从别的神那里求取。"随后他又说:"你搀着我的右手,你要以你的训言引导我,以后必接我到荣耀里。"[132]他虽然最初看到不敬者的富足时几乎跌到,但终于明白那些都是邪恶的。"除你以外,在天上我有谁呢? 除你以外,在地上我也没有所爱慕的。"[133]他指责自己,正确地表示对自己不满,天上有那么巨大的好处(他后来理解了),他反而从上帝追求地上那过渡的、脆弱的、陶土做的幸福之物。他说:"我的肉体,和我的心肠衰残。但神是我心里的力量。"[134]但这衰残是好的,因为引导他从下界的事物到上面的。另外的《诗篇》里说:"我的

---

[128] 《诗篇》,73:1—16。

[129] 《诗篇》,73:17—19。

[130] 《诗篇》,73:20,此处通行本圣经为"主啊,你醒了,也必照样轻看他们的影像"。

[131] 《诗篇》,73:22—23。

[132] 《诗篇》,73:23—24。

[133] 《诗篇》,73:25。

[134] 《诗篇》,73:26。

灵魂衰残，但还是羡慕渴望主的院宇"⑬；另外的地方又说："我的灵魂
虽然衰残，还渴望你的救恩。"⑬这两处都说，自己的心和肉身是衰残
的，但是他并没有说，"神是我心里和肉身的力量"，而是说，"神是我
心里的力量"。肉身是靠心清洗的。主说："先洗净杯盘的里面，好叫
外面也干净了。"⑬随后，《诗篇》作者说，他内心那部分就是上帝自身，
不是来自上帝的某物，而就是上帝自身。他说："但神是我心里的力量，
是我的一部分，直到永远。"⑬在人能选择的各种事物中，他乐于选择
上帝。他说："远离你的，必要死亡；凡离弃你行邪淫的，你都灭绝
了。"⑬意思是说，服侍多神的就是向诸神卖身。随后的一句，好像是
整首诗的总纲："我亲近神是与我有益。"⑭不要走远，不要与众神行邪
淫。凡是该解救的，都解救了，这就是做到亲近神了。正如他随后说
的："我以主为我的希望。"⑭使徒说："只是所见的盼望不是盼望，谁还
盼望他所见的呢？但我们若盼望那所不见的，就必忍耐等候。"⑭确立
了这希望，那就让我们做《诗篇》作者接下来所说的，用我们的方式做上
帝的天使，即他的使者，传播他的意志和光荣，赞美他的恩典。《诗篇》
随后说："我以主为我的希望，好在锡安的女儿的大门口述说对你的赞
美。"⑭这就是无上光荣的上帝之城⑭；这城认识和服侍唯一的上帝；圣

---

⑬ 《诗篇》，84:2。此处和合本作"我羡慕渴想主的院宇"。

⑬ 《诗篇》，119:81。和合本作"我心渴望你的救恩，仰望你的应许"。

⑬ 《马太福音》，23:26。

⑬ 《诗篇》，73:26。"是我的一部分"，和合本作"又是我的福分"。

⑬ 《诗篇》，73:27。

⑭ 《诗篇》，73:28。

⑭ 《诗篇》，73:28。中文和合本此处为："我以主为我的避难所。"

⑭ 《罗马书》，8:24—25。

⑭ 《诗篇》，73:28。和合本作："我以主为我的避难所，好叫我述说你一切的作为。"思高本
圣经为："只有上主天主是我的避难所。我要在熙雍女子门前，把你一切的工程宣传。"
七十士本（为72:28）和哲罗姆拉丁本均有锡安女子的内容，但英文钦定本没有。

⑭ ［译按］奥古斯丁的意思是，锡安的女儿就是在比喻上帝之城。

天使向我们宣布了她,邀请我们加入他们当中,愿意和我们一起做这个城的公民;不愿意我们把他们当成神来服侍,而是和他们一起服侍他们和我们共同的上帝;我们不向他们献祭,而是和他们一起向上帝献祭。毫无疑问,凡是抛弃了邪恶和固执的人,都会认为,所有不朽而幸福的精灵都不会嫉妒我们(如果嫉妒,就不会幸福),而是爱我们,愿意与我们共同幸福。我们只有和他们一起服侍上帝,服侍圣父、圣子、圣灵,而不是用祭祀服侍他们,他们才会更爱我们,更乐于帮助我们。

26. 究竟是向真正的上帝忏悔,还是服侍鬼怪,波斐利左右摇摆,没有定见

在我看来,波斐利似乎羞于提及他的朋友的召神术,虽然我不知道为何如此。波斐利知道这一切,但是不敢自由地反对服侍多神。他说有一些天使降临人间,把神事告诉召神师。另外一些天使到地上揭示圣父的高深道理。既然这些天使的使命是宣布圣父的意志,如果他们让我们服从另外一个,不是他们宣布其意志的那一个,我们是否还该相信他们?于是这位柏拉图主义者警告得很好,我们应该模仿他们,而不是召唤他们。因此,我们不该害怕,上帝那些不朽而幸福的臣属,会因为我们不给他们献祭而被冒犯。他们因为亲近上帝而幸福,当然知道祭品要归于唯一真正的上帝。无论是具有象征意义的圣事,还是这种圣事所象征的,真正的圣事,他们无疑都不该希望归于自己。这种轻狂属于骄傲而悲惨的鬼怪,与上帝的臣属的虔敬相去甚远。天使们只有靠亲近上帝才能幸福。他们也会真诚而善意地帮助我们达到这样的好,而不是让我们服从于他们的轻狂。他们应该宣布那一个的旨意,我们和他们在他的手下和平与共。哲学家啊,难道你还颤抖着,不敢大声攻击那嫉妒真正的德性和真正上帝的赐予的力量吗?你已经区

分了，那些宣布圣父意志的天使，和那些不知用什么技艺降临召神师的使者，是不同的。那你为什么荣耀后者，说他们宣布神事？那些不宣布圣父的意志的，又宣布什么神事呢？他们被嫉妒者的祈祷所束缚，就不能够清洗别人的灵魂。正如你说的，一个希望清洗的好人的祈祷不能把他们从锁链中解救出来，让他们恢复法力。这就是邪恶的鬼怪，难道你还怀疑吗？或许你知道他们是鬼怪，但没有力量冒犯召神师，为好奇心所欺骗，也从他们那里学到这卑鄙荒唐的魔术，以为那是大有益的事？[45] 那嫉妒者不是什么力量，而是毒物。我不认为那是主人，你也承认，那简直是嫉妒者的仆役。难道你敢把它抬升得比空气更高，甚至到了天上，把它放在你们的星座诸神当中，用他们来玷污列星吗？

27. 波斐利的不敬甚至超过了阿卜莱乌斯的谬误

你的柏拉图主义同伴阿卜莱乌斯的错误更加人性一些，更可以容忍，他虽然荣耀鬼怪，还是不情愿地承认，月球下面的鬼怪们也会为性情的软弱和心智的搅扰而动荡[46]。而更高的天空中的诸神居住在以太当中，他们要么是可见的，即阿卜莱乌斯所认为可以发光，因而可以看到的，比如太阳、月亮和别的类似光体，要么是不可见的，阿卜莱乌斯认为他们与下界的那些鬼怪完全不同，不受性情搅扰。但是你却不从柏拉图那里，反而从迦勒底的老师那里学习，把人类的罪恶提升到了世界的以太或高空中，变得崇高和坚实，于是，你的那些召神师甚至可以感受神召，宣布神事。你由于理智的生命，变得比神

---

[45]　参见尤西比乌，《福音的准备》，4：9.10。
[46]　阿卜莱乌斯，《论苏格拉底之神》，12；本书，9：3。

更高，在你这个哲学家看来，永远不需要召神术这种清洗灵魂的技艺；但是你又把这个推荐给了别人，好像用这来报答你的老师。你诱惑了那些不会哲学的人，让他们使用你承认没用的东西，而你自己懂得更高的东西。除了很少人，哲学对大多数人来说太艰深了。对于那些距离哲学甚远的人，你让他们去向召神师寻求清洗，但他们并不清洗灵魂中的理智部分，而是清洗精神的部分⑭。那些不会哲学的人，数目之大是无与伦比的。于是你把众人驱赶到你那秘密的和非法的老师处去，而不是你的柏拉图派学者那里。那些在你看来是最肮脏的鬼怪的，把自己打扮成以太中的诸神，而你就成了他们的先导和使者。⑭ 他们许诺，人们只要用召神术清洗了灵魂中的精神部分，就会居住在空气之上，与以太中的诸神住在一起（而不是回到圣父那里）。但众人却没有听这话，基督就是为了把他们解救出鬼怪的霸权降临的。在基督之中，人们的心智、灵性（*spiritus*）、身体都得到了最悲悯的清洗。他没有罪，却化身为完全的人，于是把全体人类从罪的瘟疫中救治过来。真希望你能认识到他，托付给他来救治，而不是靠你的德性，因为你的德性毕竟是属人的，脆弱而不稳固，也不要靠那最下流的好奇心。他也不会骗你，而你自己笔下也承认，那神圣而不朽的神谕是会骗人的。就连最高贵的诗人也谈到了他，当然是用诗歌，因为他看上去是在说别人，但如果你认为他在指基督，也是完全对的。他说："有你做向导，即使我们的罪过留下什么印痕，也会被清除，大地将脱离恐惧。"⑭正如他所说，即使那具有极高的德性与正义的人，哪怕没有罪过，由于此生的软弱，还是会留下罪过的印痕，除非

---

⑭　关于新柏拉图主义中的灵魂与精神的观念，参见本卷 9.2 及注。

⑭　参见尤西比乌，《福音的准备》，4:4。

⑭　维吉尔，《牧歌》，4:13—16。

有救世主的救治,否则无法去除罪过,他这首诗显然是在谈救世主⑩。
维吉尔在这首《牧歌》里的第四句表明,这不是他的杜撰:"库买
(*Cumaeus*)的歌中预言的最后时代到来了。"⑪我们可以推断出,这里
所说的无疑是库买的西彼拉⑫的预言。那些召神师(或者,那些装扮
成诸神的鬼怪们)用虚假的幻象和对虚假形像的骗人的模仿,污染
了,而不是清洗了人的精神。他们用什么办法清洗人的精神?他们
自己就是肮脏的。否则,他们就不会被嫉妒者的咒语所束缚,也不会
要么为恐惧所迫,要么同样陷入嫉妒,给出空洞的许诺。这足以表
明,召神术并不能清洗灵魂的理智部分,也就是我们的心智,你说它
能清洗精神部分,也就是我们的灵魂中比心智低的那一部份,不过你
也承认,这种技艺尽管能够清洗,却不能带来不朽和永恒。但是基督
应许了永恒的生命;所以世界都向他低头,而这让你迷惑不解、瞠目
结舌⑬。你无法否认,人类信任召神术是错误的,而这盲目又愚蠢
的观念曾欺骗了那么多人。你也无法否认,向天使长和天使献祭
或祈祷,也是确定无疑的错误。那么为什么,你一方面看到修习
此术的弊病,另一方面反而还把人送到召神师当中,让他们靠召
神师清洗灵魂中的精神部分,却不能依靠灵魂中的理智生活?

28. 究竟是什么说教蒙蔽了波斐利,使他无法认识真正的智慧,也就是基督

　　于是你把人们送到最确定的错误当中。虽然你以爱德性和爱智

⑩　[译按]早期基督教中常把维吉尔这首诗当作对耶稣来临的预言,虽然这是明显的附会。
⑪　维吉尔,《牧歌》,4:4。
⑫　关于西彼拉,参见本书 3:17.3。
⑬　参见波斐利,《灵魂的回归》。

慧为业,这么大的坏事也不能使你羞耻。如果你真正而充满信仰地
爱德能和智慧,你该认识到基督就是上帝的德能和上帝的智慧⑬,而
不应该因那空洞的学科而膨胀,抗拒基督那最具拯救性的谦卑。不
过你还是承认,不靠你努力学习却徒劳无功的召神术的技艺和魔术,
灵魂中的精神部分也可以靠节制的德性清洗。你还说,那些魔术不
能在人死后提升灵魂,于是在此生结束后,它就是对你所谓的精神部
分好像也没什么助益;不过你还是一再重复转向这种技艺,在我看
来,你的目的不过就是要表现得熟谙这项技艺,来满足那些对这种非
法技艺好奇的人,或者是激起别人同样的好奇心。但好在你承认,你
害怕这种技艺会带来法律上的危险⑮,或行为本身出问题。真希望那
些可怜的人能听你的这些话,以免陷溺其中,抽身而出或根本就远离
它。你说过,无知和因无知导致的很多罪过是什么魔术也不能清洗的,
仅仅πατρικὸν νοῦν(也就是父的心智或理智,能意识到⑯圣父的意志)
可以清洗。但你不认为这就是基督;你反而鄙视他从女人那里获得
的肉身,鄙视他还要在十字架上受辱。你那膨胀的智慧鄙弃这种卑
下鄙俗的事物,追寻更高的地方⑰。但圣先知的预言宣布的就是他,
而今实现了:"我灭绝智慧人的智慧,废弃聪明人的聪明。"⑱他不是要
灭绝和废弃他自己给人的赐予,而是灭绝和废弃人们自诩为自己的、
不承认来自他的东西。在复述了先知的这段话之后,使徒又说:"智
慧人在哪里? 文士在哪里? 这世上的辩士在哪里? 神岂不是叫这世
上的智慧变成愚拙么? 世人凭自己的智慧,既不认识神,神就乐意用

---

⑬ 参《哥林多前书》,1:24。

⑮ 参见本书 7:35。

⑯ [译按]按照作者在《论三位一体》中的说法,此处的"父的心智或理智"指圣子,"圣父的
意志"指圣灵。

⑰ 参见波斐利,《灵魂的回归》。

⑱ 《以赛亚书》,29:14;《哥林多前书》,1:19。

人所当作愚拙的道理,拯救那些信的人。这就是神的智慧了。犹太
人是要神迹,希腊人是求智慧,我们却是传钉十字架的基督,在犹太
人为绊脚石,在外邦人为愚拙,但在那蒙召的,无论是犹太人,希腊
人,基督总为神的能力,神的智慧。因神的愚拙总比人智慧。神的软
弱总比人强壮。"[159]他们凭借自己的德能（virtute）和智慧,就把这鄙视
为愚拙和软弱。但是这就是救治软弱者的恩典,不是那些因为被许
诺骗人的幸福而沾沾自喜的人,而是谦卑地承认自己真正的悲惨
的人。

29. 柏拉图主义者由于不敬,羞于承认我主耶稣基督的道成肉身

　　29.1　你预见到了圣父和圣子,称圣子为父的理智或心智,也预
见到了他们之间的中介,我认为你指的是圣灵[160],按照你们的习惯,你
说这是三个神[161]。虽然在此你用不正确的词语,不过你还是通过模模
糊糊的幻象,在某种程度上看到了我们该追求的目标;那不可改变的
圣子的道成肉身,我们由此得拯救,我们通过他能到达我们所相信并
部分理解的事物,但你却不愿意认识这件事。虽然距离很远,眼光模
糊,但你看到了我们应该待在其中的国度,不过你并没有守住前往那
里的通道。你还是承认有恩典,因为你说,少数有理智的德能的人得
以到达上帝。但是你没有说少数人喜欢,没有说少数人愿意如此,你
说少数人"得以",无疑你承认人靠自身不足以获得上帝的恩典。你

---

[159] 《哥林多前书》,1:20—25,译文有改动。

[160] 参见本书,19:23。

[161] 波斐利,《灵魂的回归》。

追随柏拉图的观点⑱,并不怀疑,人在此生无法到达智慧的完美,但是在此生完结后,所有依照理智生活的人,上帝的神意和恩典会赐予他们缺乏的一切⑲。啊,如果你通过我主耶稣基督和他的道成肉身,通过他由此穿上人的灵魂和身体这件事,认识到上帝的恩典,你就可以看到恩典的最高例证。但是我在做什么呢?我知道和一个死人讲话是没用的,但只是对你没有多少用。而对于非常推崇你,或热爱智慧、对你本不该学的技艺好奇的人,那些喜爱你的人,也许不是无用的。我虽然好像是在对你说话,但其实是对他们讲的。上帝的恩典,我们无法获得比这更大的恩典了:上帝的儿子自身保持不变,却化身为人,以人的中保赐给人充满他的爱的圣灵,让人走向他。这不朽与必朽之间的距离,就像不变与可变、正义与不敬、幸福与悲惨之间的距离一样遥远。因为他给我们的自然中注入对幸福和不朽的欲望,而他自己虽然仍然幸福,却要承担必朽之身,通过承受我们所惧怕的,教会我们鄙视我们所惧怕的,这样,才能赐给我们所热爱的。

29.2 要让你们承认这真理,必须靠谦卑,但很难说服你们低下头来。特别对于你们这样喜欢思考的人,所说的有什么难以置信的呢?你们是更应该靠思考承认这些的呀;我问,说上帝穿上人的灵魂和肉体,这有什么难以置信的呢?你们给灵魂的理智赋予那么高的地位(不过这毕竟是凡人的灵魂),以致说这一部分可以与圣父的心智结合为一,你们承认,圣父的心智就是圣子。那么,如果说他以不可言说的独特方式穿上了某个理智灵魂,为的是拯救更多人,这有什么难以置信的呢?我们凭自己的自然见证认识到,只有身体与灵魂

---

⑱ 柏拉图,《斐多篇》,67b—68b。

⑲ 波斐利,《灵魂的回归》;柏拉图,《蒂迈欧篇》,30c—d。

结合，人才是完整和完满的。如果这不是最普通的事，那也不是不可相信的；人们的信仰更容易接受精神与精神的结合（这是用我们的语言；如果用你们的语言，就是非物质与非物质的结合），虽然一个是人，一个是神，一个可变，一个不可变，而不能相信物质与非物质的结合。或者是处女生子这件不寻常的事冒犯了你们？但圣诞这个神奇的神迹，不会冒犯谁，反而应该让人们变得更虔敬。并且，他的身体在被死亡夺走后，通过复活变得更好了，变得不腐不死，升到高处。你们拒绝相信这个，是因为在我不断引用的波斐利的著作中，他也谈论了灵魂的归来，总是谈到，灵魂完全脱离了身体，从而可以与神共享幸福？不过这个观点需要修正，特别因为你们对于在这个可见的世界上的灵魂，处在巨大的物质大块中的灵魂，和他一样有这样不可信的理解。你们和柏拉图一样[⑭]，说世界是个生灵，一个最幸福的生灵，你们还认为它是永远的。如果灵魂完全逃出身体才是幸福的，世界的灵魂不与身体分解，为什么也不缺少幸福呢？你们在自己的书里不仅承认太阳和别的星体是物质的（而且所有人都毫不迟疑地随你们附和），而且你们说它们都是幸福的生灵，与它们的身体永远结合，并且认为这是更高的真理。为什么，在你们和基督教的信仰争辩时，你们如此健忘，完全不记得你们自己习惯的观点和说教？既然你们的意见和你们现在反对的是一样的，什么原因使你们不愿成为基督徒？难道不是因为基督谦卑地前来，而你们却是骄傲的吗？那些熟读基督教经书的人对圣徒们的身体在复活后会怎样争得不亦乐乎[⑮]；我们毫不怀疑他们将会永恒，而且身体将来的样子，就是基督的复活所揭示的那样。不论这些身体是怎样的，他们都会不腐不朽，不

---

⑭ 柏拉图，《蒂迈欧篇》，30b。
⑮ 参见本书 22：12 以下。

会阻碍使灵魂与上帝合一的沉思。而你们自己也说,在天上,享受不
朽的幸福的身体是不朽的。那你们为什么认为,我们要获得幸福,就
要完全脱离身体,从而使你们看上去有理由逃避基督教信仰呢?不
过是因为,我再说一遍,基督是谦卑的,而你们是骄傲的。难道你们
羞于改正?这不正是骄傲的罪过吗?博学的人羞于从柏拉图的门徒
变成基督的门徒,基督却充满圣灵地教导渔夫思考和言说:"太初有
圣言,圣言与神同在,言就是神。这圣言太初与神同在。万物是借着
他造的。凡被造的,没有一样不是借着他造的。生命在他里头。这
生命就是人的光。光照在黑暗里,黑暗却不接受光。"⑯这是题为《约
翰福音》的神圣福音书的开头。我经常听后来当了米兰主教的老圣
徒辛普利奇阿努斯(Simplicianus)⑯提到,一个柏拉图主义者⑯说,我
们应该用金字誊写这段话,把它挂在所有教堂最显眼的地方。但骄
傲者却不屑于让上帝当自己的老师,因为"圣言成了肉身,住在我们
中间"⑯;这些可怜的人不仅病入膏肓,而且还在赞美自己的病痛,面
对能够救治自己的良药讳疾忌医。这样做使他们无法被提升,反而
陷入更严重的痛苦。

30. 波斐利批评和修正了多少柏拉图主义的学说

如果认为对柏拉图所说的一概不能更改,为什么波斐利自己还

⑯ 《约翰福音》,1:1—5;[译按]"圣言"和合本作"道"。此处的"太初"即为 principio,也可
以译为"原则"。
⑯ 辛普利奇阿努斯,安布罗斯的朋友,于397年继安布罗斯任米兰主教。奥古斯丁皈依基
督教受到了他的很大影响。参见《忏悔录》8:2;《论圣徒的预定》(De praedestinatione
Sanctorum),4。
⑯ [译按]一般认为,这个柏拉图主义者就是辛普利奇阿努斯在《忏悔录》8:2中向奥古斯
丁讲到的维克托利努斯。
⑯ 《约翰福音》,1:14。

是作了不小的改动呢？柏拉图极为明确地写道，人的灵魂在死后轮
回，会进入动物的身体[⑩]。波斐利的老师普罗提诺也持这样的观
点[⑪]；而波斐利却正确地抛弃了这一说法。他认为，人的灵魂还会回
到人的身体，不过不会回到她们所离开的身体，而是回到另外一个新
身体。他羞于认为，一个母亲可能在变成骡子后驮着自己的儿子。
不过他却不羞于认为，一个母亲可能变成一个女孩，与自己的儿子成
亲。更值得相信的，是神圣而真正的天使教给的，是先知们靠着圣灵
的启示所预言的，是将要来临的救世主的前驱信使们所宣告的，是他
所派遣的使福音书布满大地的使徒们所传播的。我说，更值得相信
的，是灵魂会一下返回她自己的身体，而不会一次次到别的身体中
去。正如我所说，波斐利还是在很大程度上纠正了这意见，因而认为
人的灵魂只能回到人的身体，一点也不怀疑，人的灵魂不会被囚禁到
动物的身体中。他还谈到，神把灵魂送进了这个世界，从而使她能认
识到物质是坏的，在回到圣父的时候，不会沾染一点疾患。虽然他这
里也有不恰当的认识（灵魂被给予身体，是为了让身体做好事，如果
不做坏事，那怎么会认识坏事呢），但他还是修正了别的柏拉图主义
者的意见，而且不小。他认为，灵魂在去除了所有的坏事之后，回到
圣父那里，再也不会承受此世的坏事[⑫]。他完全摆脱了柏拉图主义者
最重要的一个观点，不认为，既然死是从生来的，因而生也总是从死
来的[⑬]；他也表明，维吉尔从柏拉图主义接受的观点是错的，即，灵魂
被送到埃吕西姆平原（在神话中，这个名字好像指的是幸福者的愉
悦）清洗，然后被召唤到忘川勒特，在这里忘记以前的事："他们在重

---

⑩ 柏拉图，《斐多篇》，81e—82a；《蒂迈欧篇》，42b—c, 91c—92b；《理想国》，10：618。
⑪ 普罗提诺，《九章集》，3：4, 2, 15—30。
⑫ 波斐利，《灵魂的回归》。
⑬ 柏拉图，《斐多篇》，70c。

见人间的苍穹之时把过去的一切完全忘却,开始愿意重新回到肉身里去。"⑭波斐利正确地摆脱了这说法,不再相信这样的傻事:会有灵魂想离开那个生活(在那个生活中,灵魂除非有最确定的永恒,否则不会有最大的幸福),回到会腐坏堕落的身体,回到这个世界,好像最大的清洗就是为了让人渴望污染。如果完成完美的清洗就是为了忘记所有坏事,而忘记坏事就是为了渴望回到身体,在那里再度缠上坏事,那么,最大的幸福就成为不幸的原因,完美的智慧成为愚蠢的原因,最大的清洁成为肮脏的原因。如果灵魂首先要受骗才能幸福,那不管这幸福有多么长,都不会是真正的幸福。只有不必操心(secura)⑮的幸福才是幸福;但是要不操心,她必须错误地认为自己会永远幸福——如果她将是悲惨的。如果她的愉悦的原因是虚假的,那她还怎能真正愉悦呢?波斐利看到这一点,说,灵魂清洗后会回到圣父那里,再也不遭受疾患的污染。有些柏拉图主义者认为灵魂一定要出去转一圈然后回到原地,这显然是错的。即使这是真的,那又何必知道它呢?除非柏拉图主义者想表现得高于我们。我们在此世不知道,他们自己在进入最清洁、最有智慧的彼岸生命之后,也不会知道,而在彼岸生命中,他们只有相信了虚假的事情,才会是幸福的。如果这样说是无比荒谬、无比愚蠢的,波斐利的说法当然比这个观点高明,不认为灵魂永远会在幸福和悲惨之间往复循环。如果是这样,你看这个柏拉图主义者与柏拉图有分歧,有更好的说法;你看,他看到柏拉图所不能看到的,虽然追随这个伟大的导师,却并不惮于纠正他,而认为真理比人重要。

----

⑭ 维吉尔,《埃涅阿斯纪》,6:750—751,柏拉图,《理想国》,10:619b—621d。

⑮ [译按]此处的 secura 一词,一般理解为"安全",但奥古斯丁此处用的是它的本来意义,即"不必操心"(se-cura),可与几处直接谈"操心"(cura)的地方对照。

31. 反驳柏拉图主义者的论调，他们认为，人的灵魂与上帝永恒共在

灵魂之类的事情我们不能靠人的天性考察，那为什么我们还不更相信关于此事的神性说法？这种说法认为，灵魂不与上帝永恒共在，而说她是被造物，曾经不存在。柏拉图主义者不愿意相信我们的这一点，好像有充足的理由，因为，以前不是一直存在的，那么以后也不会变得永恒；在写到世界和上帝创造的世界中的灵魂时，柏拉图最明确地说，他们曾开始存在，有开端，但是没有终结，而是根据造物主的万能意志，永恒地存在下去[16]。他们在解释这些时发现，这不是时间的开始，而是因果链条的开始。他们说："正如脚永恒地总在地上走，那脚下就永远会留下脚印，无人怀疑脚印是脚步留下的，不过两者[17]之中哪个也不在另外一个之前，虽然一个是另一个留下的。因此，"他们说，"世界和世界中被造的诸神永远和造物主同在，不过他们是被造的。"[18]如果灵魂永远存在，那为什么不说灵魂的悲惨也永远存在呢？如果灵魂中有某个东西不是永恒就有的，而是在时间中开始存在的，为什么灵魂不能此前不存在，从时间中开始存在呢？那么，如果灵魂在经历了坏事之后，她的幸福能更坚牢而无休止地存在下去，就像他们承认的那样，灵魂无疑是从时间中开始存在的，并且会永远存在下去，虽然从前并不存在。于是，那认为除非在时间中没有开端，否则就不会有终点的说法，被破除了。我们发现，灵魂的幸福在时间中有开端，但是在时间中没有终点。让人的软弱向神的权威屈服吧，至于真正的宗教，让

---

[16] 柏拉图，《蒂迈欧篇》，41b。

[17] ［译按］"两者"是指脚印和脚步。

[18] 柏拉图，《蒂迈欧篇》，40b—41d；普罗提诺，《九章集》，3：5.6。

我们和幸福与不朽的天使一同信仰,他们不期求自己的尊荣,知道尊荣属于他们的上帝我们的主。除非向上帝,他们并不命令我们献祭。正如我经常说并还会经常说的,他们和我们都是上帝的祭品,通过大祭司祭献。大祭司穿上了人形,就此自愿做了祭司,把自己献出赴死,做了我们的祭品。

32. 解救灵魂的普世之道,波斐利由于探问的方式是坏的而没能发现,只有基督的恩典发现了

32.1 这就是宗教,包含着解救灵魂的普世之道[16],除此之外灵魂不能得救。只有这种王道通往那一个的王国,这个王国不会在尘世里风雨飘摇,而会在永恒之地江山永固。波斐利在他讨论灵魂归来的书的第一卷临近末尾的地方说,无论是在最真的哲学中,在印度人的道德与说教中,在迦勒底人的法术中,还是别的任何道路上,人们尚未得到一个包含解救灵魂的普世之道的体系,他在历史研究中也没有得知这样一条大道:无疑他承认有这样的道,但是这道却没能为他所知。他所兢兢业业研究的,和他所相信(或别人认为他相信)的,都不足以解救灵魂。他感到,他还是缺少一个最高的权威,使他可以在如此重大的事情上追随。他说在最真的哲学那里没有发现一个包含解救灵魂的普世之道的体系。我认为,这足以表明,要么是他所属的哲学学派不是最真的,要么这最真的哲学也不包括这样的大道。不包含这样的大道,怎么会是最真的呢?解救灵魂的普世之道,难道不是解救普世灵魂的道路,难道不是没有了它,灵魂就不能被解

---

⑯ [译按]本卷以对宗教的讨论开始,以对宗教的讨论结束。从他对解救的普世之道的讨论,我们可以更清楚地看到奥古斯丁对宗教的理解与现代非常不同。

救？此外他加上说，"在印度人的道德与说教中，在迦勒底人的法术中，还是别的任何道路上"。他用最清楚的语言表明，无论是在印度还是在迦勒底，他发现都学不到这种包含解救灵魂的普世之道的体系，但他毕竟是从迦勒底的神谕中得到了他不断提及的说法，对此他不能沉默。最真的哲学中没有解救之道，异教各国的学说中据说包含很多神事，能够更多激起认识和服侍天使的好奇心，但也没有解救之道，他在历史知识中也没有发现解救之道。那么他想让人怎样得到解救灵魂的普世之道呢？这条普世之道，难道不是各国共享的神事，而是某个民族特有的吗？这个远非中人之资的人当然不怀疑这条大道是存在的。他相信，神意不会缺乏解救灵魂的普世之道而置人类于不顾。他没有说大道不存在，只是说这巨大的好和福泽尚未找到，还不在他的知识之中。这并不奇怪。波斐利时代的人世情况是这样的，解救灵魂的普世之道，不过就是基督宗教，而当时，上帝还允许服侍偶像与鬼怪的地上之王镇压他们，于是成就了殉道者（即真理的见证者）的数目，圣化了他们。上帝通过殉道者向我们表明，为了虔敬的信仰和对真理的认同，我们要忍受身体上的一切坏事。于是波斐利看到了这些，但是他认为，因为这些迫害，这条道很快就会消失，不认为这是解救灵魂的普世之道。他并不理解，虽然那迫害让他被触动，虽然他害怕，万一选择了这条道路就会遭受迫害，但那迫害只会使这种认同更坚定、更强大。

32. 2 这就是解救灵魂的普世之道，神的悲悯把它赐给了所有民族。现在知晓了这条大道的民族不该问："为何是现在？"以后会知晓它的民族也不该问："为何这么晚？"上帝什么时候发出他的旨意，不是人的天资可以知道的。波斐利说，他还没有得到上帝的这个赐予，没有把它变成自己的知识，可见，他已经感到了这条大道。他并没有因为没有得到这种信仰，或是因为没有达到对它的认知，就认为这条真道不存在。我说，这就是解救信仰者的普世之道，正是为此，充满神性信仰的亚伯拉罕接受了神谕："地上万国都必因你的后裔得福。"[180]他就属于迦勒底民族，而他要接受这样的应许，从他那里会生长出"藉天使经中保之手设立的"[181]后裔。通过这后裔，那解救灵魂的普世之道会赐予万国。亚伯拉罕受命离开自己的国土，离开自己的家族，离开他父亲的家[182]。于是他首先被从迦勒底人的迷信中解救出来，追随服侍唯一真正的上帝，虔敬地相信上帝的应许。这就是普世之道，圣先知就此说道："愿神怜悯我们，赐福与我们，用脸光照我们，好叫世界得知你的道路，万国得知你的救恩。"[183]在亚伯拉罕很久之后，救世主穿上了亚伯拉罕的后裔的肉身，说："我就是道路、真理、生命。"[184]这就是普世之道，很久以前先知们就说这道："末后的日子，主殿的山必坚立，超乎诸山，高举过于万岭，万民都要流归这山。必有许多国的民前往，说：来吧，我们登主的山，奔雅各神的殿。主必将他的道教训我们，我们也要行他的路。因为训诲必出于锡安，主的言语，必出于耶路撒冷。"[185]这道不是一个民族的，而是所有民族的；主的法与言不会停留在锡安和耶路撒冷，而要从那里传播，使它遍布世界。于是中保在复活之后对他颤栗的使徒说话，"耶稣对他们说：'这就是我从前与你们同在之时，所告诉你们的话说：摩西的律法，先知的书和诗篇上所记的，凡指着我的话，都必须应验。'于是耶稣开他们的心窍，使他们能明白圣经；又对他们说：'照经上所写的，基督必受害，第三日从死里复活。并且人要奉他的名传悔改赦罪的道，从耶路

---

⑩ 《创世记》，22：18。
⑱ 《加拉太书》，3：19。
⑫ 《创世记》，12：1。
⑬ 《诗篇》，67：1—2。
⑭ 《约翰福音》，14：6。
⑮ 《以赛亚书》，2：2。

撒冷起直传到万邦。'"⑱可见这就是解救灵魂的普世之道。最先,圣
天使和圣先知尽其所能地向少数发现了恩典的人,主要是希伯来民
族中的人,作出预言。在某种意义上,希伯来人的共和就被赋予了预
言和宣布上帝之城的使命,而这上帝之城要由万国的人组成。天使
和先知通过他们的帐幕、教堂、祭司、祭祀制度来指示这些,有时明确
地宣讲,但多数用隐秘的方式预言了这条大道。随后中保自己通过
肉身显现了,他的幸福的使徒也来了。他们揭示了新约中的恩典,对
于以前以隐秘的方式指示的,他们更明确地呈现了出来。这真理根
据人类的时代传播,按照上帝的智慧所喜欢的方式安排,上帝做出的
神迹也证明这些的迹象,其中一些我已经提过。不仅有天使的形像
显现过,不仅有这些天上臣佐的言语回应,还有上帝的选民,靠了简
单虔敬的语言,把肮脏的精灵从人的身体和感觉中驱逐出去,救治了
充满罪过而衰颓的身体,地上和水里的生灵,天上的飞鸟,树木、元
素、星辰都得到了神圣的命令,地狱向他们低头,死者复活⑲;我这里
不提救世主自己才有的特殊神迹,特别是他的降生和复活。在前者
中,他揭示了自己的贞女生子如此特殊的圣事;在后者中,他为所有
人的末日复活立下了范例。这条路会清洗所有的人,要让组成必朽
之人的每个部分变得不朽。人们不必再分别追求波斐利所谓的理智
那一部分的清洗,然后是他说的精神的清洗,还有身体的清洗;我们
至真万能的清洗者和救世主穿上了整个人性。从前,人们预言这条
路将会到来;以后,人们宣布这条路已经到来。人类从未缺乏过这条
道路。除去这条路,人类中无人曾经、正在、或将要被解救。

    32.3   波斐利说,历史研究不能让他认识到解救灵魂的普世之

---

⑱《路加福音》,24:44—47。

⑲《列王纪》上,17:17—24;《列王纪》下,4:33—37。

道。那么，除去因为最高权威而控制了普天之下的历史之外，还能找到更辉煌的历史吗？除去如此清晰地讲述过去、预见未来的，还有更值得相信的历史吗？因为我们已经看到那么多预言都实现了，我们当然可以毫无怀疑地期望其他预言的实现。甚至波斐利和任何一个柏拉图主义者也不能蔑视预言和先兆，哪怕在涉及地上之事和必朽生命的时候，虽然他们正确地蔑视别的占卜和预言之术。他们否认这是伟大人物的预言，否认它们是重要的，这是对的。这类预言常常依赖对次要原因的前知，正如医术要靠此前的症状来预言某些疾病很大部分的病程。肮脏的鬼怪会预言他们想要做的事，他们的办法是引导求祈者的心智和贪欲，引诱人类卑下而脆弱的部分做出一些事情，来实现他们的预言[18]。而圣徒靠了解救灵魂的普世之道所小心预言的重大事情，并不是这些。他们也不会回避不重要的事，他们经常预言这样的事，为的是增进信仰，但这不能为必朽者的感官所模仿，也不能凭经验快速而容易地证明。但还有别的真正伟大而神圣的预言，被赋予人，来认识上帝的意志，宣布了未来的事。比如，基督在肉身中来，他带来的或用他的名字实现的所有辉煌完美的事，人们的忏悔，对上帝的意志的皈依，罪的赦免，正义得到的恩典，虔敬者的信仰，在整个大地上信仰真正神性的人数的众多，对偶像与鬼怪的服侍者的颠覆，用来磨练虔敬者的诱惑，成功者从所有坏事中的清洗和解救，审判日，死者的复活，不敬者团契的永恒谴责，无上光荣的上帝之城因为看到上帝而在不朽中享受的永恒王国。在圣经中，这些都以上述的方式预言和应许了。我们看到其中那么多都实现了，我们有信心，其余的也都会实现，这是正确的和虔敬的。正直者的这条大道会指引人们看到上帝，在永恒中与上帝亲近，这是圣经中预言和确

---

[18] 参见奥古斯丁，《论鬼怪的预言》，3以下。

证的,那些不相信因而也不理解这真理的,可以与之对抗,却不能与
之抗衡。[18]

32.4　在这十卷书里,即使不像人们对我期望得那么成功,但因
为真正的上帝和主的帮助,我还是满意地驳斥了不敬者的反对意见,
我们与之争论的那些人把他们的诸神放在我们神圣之城的建造者之
上。其中,前五卷书是针对那些认为服侍诸神可以获得此世的好的
生活的人写的;后五卷书是针对那些认为服侍诸神可以有益于死后
生活的人写的。随后,正如我在第一卷许诺的,在上帝的帮助下,我
将以我认为合适的方式谈到我所认为的这两个城的开端、变迁,以及
应有的结局。正如我说的,这两个城在俗世中是相互交织和混杂的。

---

[18] [译按]奥古斯丁的意思是,鬼怪是否要对抗取决于他们的自由意志,但却没有力量战胜
真理。

上帝之城卷十一

[本卷提要]这是内容极为丰富的一卷。奥古斯丁说他从卷十一开始了本书的第二部分,但无论是本卷还是随后的几卷,都在继续前面几卷的一些主题。而本卷触及的一些主题,也将在后文中逐渐展开。本卷表面的主题是好坏天使的分离导致的两个城的开端,但它与随后几卷都在回顾他在很多书里谈过的主要神学问题。本卷的主线是对《创世记》开篇的诠释,相应的很多主题纷纷呈现出来,比如宇宙秩序的好、被造物之间的等级结构、好与坏之间的对仗、上帝的三位一体,以及这三位一体在被造物中的呈现,还有奥古斯丁的解经原则。可见与不可见、真与信、永恒与时间、创造与被造、不变与变动、好与坏,等等,都是贯穿了本卷的几对概念,也是以后会不断展开的主题。①

---

① [PL本提要]奥古斯丁开始了这部著作的另一部分,讨论地上与天上两个城的起源、变迁,和应有的结局。在这第一卷里,奥古斯丁首先谈到,好的和坏的天使的分裂导致了两个城的建立,他还顺便谈到了世界的形成,即圣经《创世记》开头描述的内容。

1. 在本书的这一部分，我们开始展示天上与地上两个城的开端和结局

　　我说的上帝之城，在圣经中有所见证。圣经并非某些心灵突发奇想的产物，而是最高的神意所设，高于万国的万种文献，由于其作者的神圣和卓绝，它超过了人类中的各种天才②。圣经中写道："上帝之城啊，有荣耀的事乃指着你说的。"③《诗篇》中另外一首又写道："上帝主为大，在我们上帝的城中，在他的圣山上，该受大赞美。"④同一篇中不久之后又写道："我们在万能之主的城中，就是我们上帝的城中，所看见的，正如我们所听见的。神必坚立这城，直到永远。"⑤另外的诗里又说："这河的分汊，使上帝之城欢喜。这城就是至高者居住的圣所。神在其中，城必不动摇。"⑥此类证据很多，不赘举。我们由此应该知道上帝之城的存在，她的创建者用爱感召我们，让我们渴望成为其中的居民。地上之城中的公民把他们的神放在这个圣城的建造者之上，不知道这是他们的诸神的上帝。但他不是那些伪神的上帝，他们是不敬的和骄傲的，他们缺失了上帝那不变的、万物都可共享的光，因此他们的权能被缩减得极为困乏。他们靠着自己残存的力量，从那些受骗的臣民中寻求神圣的尊荣。他是那些虔敬而神圣的诸神的上帝，这些神更愿意臣服于唯一的上帝，而不愿众人臣服于他们自己，更愿意服侍上帝，而不愿意代替上帝接受服侍。在前面十卷里，

---

② 参见奥古斯丁，《基督教教义》，2：63。
③ 《诗篇》，87：3。译文有改动。
④ 《诗篇》，48：1。译文有改动。
⑤ 《诗篇》，48：8。译文有改动。
⑥ 《诗篇》，46：4—5。译文有改动。

在我们的主和王的帮助下，我已经尽可能多地回应了对这个圣城的攻击。而今，我不会忘记人们期望我做什么，不会食言。我会谈论地上和天上的两个城，我曾经说过，在这个尘世中，两个城的居民相互交织混杂。我会谈到二者的起源、发展、应有的结局，在我们的主和王不会中止的帮助下，尽我可能地完成这个工作。我首先会谈到，这两个城的起源在于不同天使之间的分裂。

2. 除非通过上帝与人的中保，即降世为人的耶稣基督，无人可以认识上帝

人们若能先考察和认知一切有形和无形的被造物，知道这些都是可变的，然后靠自己的心智超越这些，到达不可变的上帝的实质，由此学习到，凡不是上帝自己的自然，都只能是上帝创造的，这可是非凡而少见的。因为上帝并不通过什么有形的被造物和人说话，不会像尘世中的声源和听者之间那样，通过中间空气的振动，引起肉耳的耳膜振动。他也不通过某种精神性的存在物，在梦中或以别的类似方式化身为某种形体的样子。这后一种也相当于通过肉耳讲述，因为他在一个身体中说话，以占据空间的形体作媒介；这非常像在形体中显现。若是谁能用心智倾听，而不是用身体，可以听到他是用真理自身言说。人接受这种言说的部分，比组成人的其余部分都要好，而只有上帝自己比它更好。最确切的理解是，人是按照上帝的形像创造的。即使不能理解，人们也该相信这一点。使人更接近上帝的部分，就是他更高的部分，超越了身体中那些和动物共有的较低部分⑦。人的心智中自

---

⑦　[译按]奥古斯丁认为，人的心智最接近上帝，是真正的上帝的形像，有着和上帝一样的三位一体结构。参见《论三位一体》，7∶4(12)。

然就有理性和理智，但会因为黑暗而根深蒂固的罪过，不仅不能亲近
和安享，甚至无法承受上帝的不变之光，除非能够日日新，得到救治，
才能享受这巨大的幸福。它首先要浸淫于信仰，被信仰清洗。为了
它能更自信地走向真理，真理自身，就是上帝，也是上帝的儿子，化身
为人，同时没有失去神性，确立了这信仰，让人能通过成人的上帝走
向人的上帝。这正是："在神和人中间，只有一位中保，乃是降世为人
的基督耶稣。"[8]他之所以成为中保，就是因为成了人；他通过成了人，
就成为了道路[9]。如果在一个人和他所向往的目标之间有一条道
路，那么就有希望到达；但如果没有这条道路，或者他不知道这道
路，谁能帮他认识他的目标是什么？唯一能对抗一切谬误、最坚实
的康庄大道，就是一个既是上帝也是人的人；我们走向的，是上帝，
我们走过的，是人。

3. 圣灵撰述的圣经的权威

　　基督首先是通过先知，随后通过他自己，其后又通过使徒，以他
认为足够的方式向我们讲话，撰述了被当作圣典的圣经，具有无与伦
比的权威性，在那些我们不该忽视，而又不能靠自己认识的事情上，
我们对圣经有足够的信任。凡是人们能靠自己的见证知道的，都离
我们的感觉不远，不论是内在的[10]，还是外在的感觉。我们说这些存
在，就是因为，它们在我们的感觉面前，正如在眼睛面前的就存在

---

⑧ 《提摩太前书》，2：5。

⑨ 《约翰福音》，14：6。［译按］奥古斯丁此处原文为 *Per hoc enim mediator*，*per quod homo*，*per hoc et via*，用语相当微妙。此处"道路"呼应了上一卷末尾的内容。

⑩ ［译按］"内在感觉"是奥古斯丁非常重要的一个概念，参见奥古斯丁在《忏悔录》10：6[8]
　　中的详细论述。

于眼前。而那些远离我们的感觉的，是我们不能靠自己的见证知道的，我们对此就需要别人的见证，我们必须相信，那些东西离他们的感觉不远，或相信曾经离他们的感觉不远。至于可见的事物，我们如果不能看见，我们相信那些能看见的，至于别的，与身体的别的感觉相关的事物，也是一样。这样，对于靠心灵和心智感知的事物（把这说成感知［sensus］是完全正确的，因为这来自观念［sententia］，而"观念"这个词来自感知［sensus］⑪），也就是离我们的内在感觉很远的不可见事物，我们应该认为，能看到它们的，待在超物质的光之中，或者说一直留在这光中沉思。

4. 世界的创造不是没有开端的，也不是上帝用新的计划安排的，即不是此前不愿意，但后来愿意了的

　　4.1　世界是所有可见者中最大的，上帝是所有不可见者中最大的。我们看见世界存在，相信上帝存在。上帝制造了世界，没有谁能比上帝更让我们相信这一点。我们从哪里听到他呢？没有哪里比圣经里说得更好。在那里，他的先知说："神以太初造天地。"⑫上帝创造天地的时候，这个先知在那里吗？不在。但是上帝的智慧在那里，万物都是借这智慧造的⑬，这智慧又把自己转到圣徒的灵魂中，让他们成为上帝的朋友和先知⑭，在他们心中无声地讲述上帝的作品。上帝的天使们"常见我天父的面"⑮，他们也向先知们讲述，把上帝的意志

---

⑪ 参见昆体良，《雄辩术原理》，8:5.1.

⑫ 《创世记》，1:1。

⑬ 参见《箴言》，8:27。

⑭ 《所罗门智训》，7:27。

⑮ 《马太福音》，18:10。

宣布给应该知道的人。在这些先知中出现了一个，他写道："神以太初造天地。"他成为信仰上帝的见证，上帝的灵不仅把自己启示给他，为他所知，而且那么早就预言了我们未来的信仰。

4.2 那么，为什么永恒的上帝想造他此前没有造过的天地呢？[⑯]这样说的人宁愿把世界看作永恒的、没有开端的，从而就不是上帝造的了，这离真理太远了，其不敬与荒谬已病入膏肓。且不说先知们的话，仅世界自身靠它的变迁和运动的井然有序，靠它当中一切可见之形的美丽，已经无声地表明自己是被造的，如果不是上帝那不可言说和不可见的伟大法力，如果不是那不可言说和不可见的美丽，它根本无法存在。一些人承认世界是上帝造的，却不愿认为这在时间之中，说这创造并没有一个时间上的开端，从而认为世界是因为一种不可理解的力量，永远在被创造。他们这样说，是担心别人攻击他们，说上帝好像突发奇想制造了世界，好像此前从未有过制造世界的想法，或是一个新的意志偶然出现，但上帝本来又是完全不变的。我却看不出这个说法在别的方面的道理，特别是在灵魂方面。如果他们认为灵魂与上帝一样永恒，那他们就不能解释，为什么灵魂会出现以前从未有过的新的悲惨。如果他们说悲惨与幸福永远交替出现，那他们必须说它们将来也永远交替出现；这就会得出荒谬的推论：所谓灵魂的幸福并不是幸福，因为她会预见到将来的悲惨和下流。如果不能预见到自己还会变得悲惨和下流，而认为永远会幸福，那么幸福就是虚假的意见；没有比这说法更荒唐的了。如果他们追溯无限的时代，认为灵魂的悲惨与幸福总是在交替，而现在以后的时间，灵魂将会得到解救，不再回到悲惨，这无异于说，此前根本就没有真正的幸

---

⑯ 参考西塞罗，《论神性》，1：9.21；奥古斯丁，《论〈创世记〉驳摩尼教》，1：3.4；《忏悔录》，11：12(14)。

福,而此后会开始一种新的、不会受骗的幸福。那么这还是承认,现在发生了一件全新、伟大、辉煌的事,在过去的永恒中从未发生过。他们要否认,这件新事的原因就包括在上帝的永恒计划中,那他们就同时否认了他是这幸福的作者,这简直是渎神的不敬;如果他们说上帝想出一个新的计划,让灵魂在以后的时间里得到永恒的幸福,他们如何证明,上帝不会受到人人不喜欢的情感变化的制约? 如果认为世界是在时间中创造的,却永远不会在时间中毁灭,这就如同数字,只有开端没有结尾,那么,灵魂曾经遭受悲惨,以后会被解救出悲惨,将来永远没有悲惨。无疑,这也是来自上帝不变的计划。这样他们就相信了世界可以从时间中创造,而上帝在创造世界的时候,从未改变他的永恒计划和意志。

5. 我们不必认识世界之前的无限时间和无限空间

我们再看,有人同意是上帝创造了世界,但追问世界是什么时候创造的,我们应该如何回答他们呢? 如果问世界是在哪里创造的,他们又该如何回答? 他们问,为什么就在那个时候,而不是此前的时间创世呢? 我们同样会问,为什么在这个地方创世,而不在别的地方呢? 如果他们认识到,在世界之前有无限的时间,那么上帝在这时间里不可能无所事事;他们也该认为世界之外还有无限的空间,如果谁说万能的上帝也一定在别的空间里做些什么,他岂不是像伊壁鸠鲁在梦里那样,认为有无数个世界?⑰ 不过他们之间还是有所不同。伊壁鸠鲁认为世界就是因为原子的偶然运动形成和分解,而这些人认为一切是上帝制造的。他们认为,上帝必须在延伸于世界之外的无

---

⑰ 卢克莱修,《物性论》,2:1048 以下。

限空间中工作,不愿休息,而他们所能感到的世界,也就不会毁灭。和我们争论这个问题的,和我们一样认为,上帝是超物质的,他创造了除他之外的一切自然。别人根本不配进入宗教问题的争论,特别是那些认为要用神圣仪式服侍众神的。这些哲学家超过了别的哲学家,更加高贵和有权威。他们虽然离真理还有很远的距离,但毕竟比别的哲学家更近。也许他们并不把上帝的实体限定、固着或分配在某个地方,而是正确地承认,他是超物质的存在,整体都遍及各地,因此,他们怎么又能说他不在世界之外那么广大的空间,而只存在于这个世界,这个相对无限而言只不过是小小的寰球呢?我认为他们不会虚妄到这个地步。他们会说,只有一个巨大的物质世界,但它毕竟是有限的,它的空间是确定的,是上帝创造的。他们如何回答,在世界之外的无限空间中,上帝如何不工作,就应该以同样的方式回答,在世界之前的无限时间中,上帝如何不工作。虽然比起其他无限个地方来,这个地方并不更好,神圣的理性为什么选择了在这里造世,人是不能把握的,但这并不能推论出,上帝不是出于神圣的理性,而仅仅是偶然在这个地方创造世界,却不是别的地方。同样,我们也不该认为上帝在这个时候,而不是此前的无限时间创世,完全靠偶然。此前已经同样消逝了无限的时间,其间没有什么区别,使选择某段时间更优于别的时间。如果他们说,人类的认知不足以想象出无限的空间,那么在这个世界之外就没有空间;我们应该回答他们说,人如果认为此前的时间上帝一直在休息,那也是同样荒谬的,因为在世界之前没有时间⑱。

---

⑱ 〔译按〕奥古斯丁并不认为,只能把上帝创世当作偶然的。因为时间是被造物,只有在有了时间之后,才谈得上先后,所以,"上帝在创世之前干什么"这问题就是无意义的。

6. 世界的创造和时间的开端发生于同时，哪个也不比另一个在先

要正确地区分开永恒与时间。没有运动变化就没有时间，而在永恒中没有变化。既然如此，谁不能明白下面的道理？没有被造物，就没有时间，因为只有有了某物的某个运动，才有变化。而各个运动变化不可能同时发生，要一个结束，另一个接续，时间就是这些接续的阶段之间或长或短的空隙。在上帝的永恒中，没有任何变化，他是时间的创造者与安排者。我看不出，谁要说世界的创造发生在一段时间之后，能不同时说在世界之前就有了被造物，被造物的运动才会形成时间。既然圣经上面说的"神以太初造天地"是无比正确的，我们就要理解为，此前无物存在，因为如果有什么东西比别的被造物都更先创造，那就应该把创造此物的时候称为太初。无疑，世界不是在时间中造的，而是与时间同时创造的。如果世界是在时间中创造的，那就是在某时之后，也是在某时之前创造的。也就是必须在过去之后、未来之前创造的；但是过去没有被造物，没有它的运动导致变化。如果就是随着创世出现了运动变化，世界就是与时间同时创造的，看来这些都是在六日或七日中依次创造的。这些天的早晨和晚上都在圣经中提到了，直到上帝在这六日中完成了一切创造，在第七日发生了上帝休息的伟大神迹。不过这些日究竟怎样，我们很难，甚至不可能知道，更不能说出来了。⑲

---

⑲ 参考奥古斯丁，《〈创世记〉字解》，4:1。

7. 在有太阳之前，据说有晚上，有早晨，那是什么样的三天

我们看到，只有太阳落下去才有晚上，只有太阳升起来才有早晨，我们才能知道有一日；而在最初的三日，没有太阳就过去了，因为据说太阳是在第四日创造的。最初，上帝的言创造了光，经上说，上帝分开了光与暗，于是他把光叫做昼，把暗叫做夜[20]。那是怎样的光，光与暗如何交互运动，从而有了晚上与早晨，这远非我们能感觉到的；也是我们不能理解的，但我们还应该毫不犹豫地相信。也许上帝创造了光体，或是在远在我们的视线之外的高处，或是在后来太阳升起的地方发光；也许所谓光指的是圣天使和幸福的精神（*spiritus*）所在的神圣之城[21]，使徒曾就此说道："但那在上的耶路撒冷是自主的，她是我们的母。"[22]他还在另外的地方说："你们都是光明之子，都是白昼之子，我们不是属黑夜的，也不是属幽暗的。"[23]我们还有另外的方式来恰当理解这些天有晚上和早晨的说法。与通过造物主认知相比，通过被造物认知，如同晚上的光。而在它朝向赞美和热爱造物主以后，就会被照亮，变成早晨。被造物的爱只要不背离造物主，就不会是黑夜。因此，圣经在依次列举这些日的时候，从来没有用过"黑夜"（*noctis*）这个词。其中也没有说"造了夜"，而是说"造了晚上（*vesperas*），造了早晨，这是一日"[24]。第二日也一样，余下的都一样。在被造物中认识是灰暗的，正如我所说，只有在上帝的智慧中

---

⑳《创世记》，1：5。

㉑ 参见《忏悔录》，12：15；《〈创世记〉字解》，1：32 以下；4：45 以下。

㉒《加拉太书》，4：26。

㉓《帖撒罗尼迦前书》，5：5。

㉔《创世记》，1：5。

认识自己时，只有与上帝的创世技艺相联时，才不再灰暗。因此"晚上"比"黑夜"可以更恰当地表达这意思；不过正如我说的，只有被造物朝向赞美和热爱造物主认知的时候，才会回到早晨。在被造物通过自己来认识达到这点时，这就是第一日；当通过苍穹（下面的水和上面的水之间的部分就称为苍穹）认知达到这一点时，就是第二日；当通过对大地和海洋认知，以及对从地上长出的有根的造物认知达到时，就是第三日；当通过对大小光体和所有行星认知达到时，就是第四日；当通过对水里游的和天上飞的一切生灵的认知达到时，就是第五日；当通过地上的所有生灵和人类自身的认知达到时，就是第六日[25]。

8. 上帝在六日的工作后，就在第七日休息了，如何理解上帝的休息

上帝完成了所有工作，在第七日休息了，把这日定为圣日。我们不能幼稚地把这理解为，上帝的工作需要劳作。"他说造就造。"[26]他的言充满理智，是永恒的，不是时间中的声响。而上帝的休息，指的是那些在上帝中休息的万物的休息，正如说屋子的欢乐，指的是那些在屋子中欢乐的人的欢乐，哪怕不是屋子自己带来的欢乐，而是别的东西让人欢乐。当然更可能的是，屋子的美丽使其中的居民欢乐。在这样一种谈论欢乐的方式中，我们不仅用空间指代空间中的内容（比如说"剧院欢声雷动"，我们是说其中的人欢声雷动；"草地在咆哮"，我们是说其中的牲畜在咆哮），而且通过能感（*efficientem*）指

㉕ 参考奥古斯丁，《〈创世记〉字解》各处，特别是卷一、卷四。

㉖《诗篇》，33：9；148：5；

代所感(*efficitur*)(比如，说"欢乐的信"，指的是这封信能让读它的人欢乐)。因此，当写圣经的先知们说上帝休息了的时候，他们指的是，那些在上帝之中的被造物的休息，是上帝让他们休息的[27]；先知们也向听他们讲话和读他们的书的人们许诺，如果他们首先在此世靠信仰接近上帝，当上帝完成了在他们之中并通过他们完成的善工之后，他们会在上帝中获得永远的休息。在上帝古代的选民中，律法规定这一日为"礼拜"的假日，不过我要在更合适的地方更仔细地讨论这个问题[28]。

9. 按照属神的见证，我们应该认为天使是如何创造的

而今，要讨论神圣之城的初创，我认为首先要谈圣天使，因为他们是这个城的主要部分，更加幸福，因为他们从未离城远游。借着上帝的恩赐，我要操心(*curabo*)讨论属神的见证就此告诉我们的内容，直到满意为止。圣经中在谈到世界的创造时，并没有明确讲到，天使们是不是被造，或他们是按照什么顺序被造的。但我想，他们如果没有被漏掉，"神以太初造天地"里的"天"这个词指的就是天使；更可能，"光"就是他们，这我已经谈到了。我认为他们不可能被漏掉，因为圣经上说，上帝在第七日完成了所有的工作，休息了。而圣经开篇说："神以太初造天地。"可见，在天地之前，别的什么也没有造。上帝是从天地开始创世的，而圣经随后说，在最初创造了大地后，地是空虚混沌的，因为光还没有造，所以渊面黑暗。指的就是地和水相互混杂、无法区分的状态。在没有光的地方，一定是黑暗的。随后上帝创

---

[27] 参考尤西比乌，《福音的准备》，13：12。

[28] 见本书，22：30。

造安排万物,圣经里叙述说,在六日里完成。上帝第七日就从工作中休息了,那么天使怎么会从这些工作中遗漏,好像他们不是上帝的作品呢? 天使一定是上帝的作品,他们不会被遗漏,只不过没有明确说出来,但是圣经里的别处还是很清楚地见证了这点。"主的所有作品,祝福主吧。"而在列举上帝的作品的时候,这里提到了天使的名字㉙;《诗篇》中又唱道:"你们要赞美主,从天上赞美主,在高处赞美他。他的众使者都要赞美他,他的诸军都要赞美他。日头月亮,你们要赞美他;放光的星宿,你们都要赞美他。天上的天和天上的水,你们都要赞美他。愿这些都赞美主的名;因他一吩咐便都造成。"㉚这里最明确地说,天使也是上帝创造的。他们被包括在了天上别的事物当中。一切都"因他一吩咐便都造成"。谁敢认为,天使是在这六日之后,一切都造完之后才造的? 但如果谁真的如此愚蠢,圣经里都借助神的权威矫正了他的虚妄。比如上帝就说:"那时星辰被我创造,我的众天使也都大声赞美我。"㉛可见,在创造星辰的时候,天使已经存在了。星辰是在第四日造的。那么我们可以说天使是在第三日造的吗? 不能。我们知道那天造了什么:上帝把水和地分开,二者分别形成了自己的样子,大地上生出了各种有根的物种。是第二日吗?也不是。这一日他造出了在上的水和在下的水之间的苍穹(*firmamentum*),他称之为天。第四日,他在苍穹上制造了星辰。显然,如果上帝这些天中的哪项作品与天使相关,那就是光了,就是光,才被给予了日的名字。圣经上没有称之为"第一日",而是说"一日",

---

㉙《但以理书》,3:57,58,据七十士本。

㉚《诗篇》,148:1—5。

㉛《约伯记》,38:7,中文和合本译文为"那时晨星一同歌唱,神的众子也都欢呼"。奥古斯丁所引的与七十士本大体相同。

可见多么独特㉜。第二、第三或别的哪日并不是另外的日子，而是同样的一日重复六次或七次；于是我们有了六层或七层的知识；认识了上帝在这六日的工作，以及他第七日的休息㉝。圣经里说："神说'要有光'，就有了光。"㉞如果我们把这光的创造理解为天使的创造是对的，那么天使们就分参了永恒之光，那就是上帝不变的智慧。一切都是用这智慧创造的，我们把这智慧称为上帝的独生子；于是，天使们被创造他们的光照亮，也成为光，被称为"日"，因为他们分参了上帝不变的光和日，也就是圣言，他们和万物都是藉圣言创造的。"那光是真光，照亮一切生在世上的人。"㉟这光也照亮世上所有纯洁的天使，但光不是来自他们自己身上，而是来自上帝；如果天使背离了上帝，那就肮脏了；正如一切被称为肮脏的精灵的，因为没有主里面的光㊱，自身是黑暗的，失去了对永恒之光的分参。坏不是一种自然；失去了好，才得到了坏之名。

10. 父、子、灵是简单而不可变的三位一体，又是一个上帝：其特质与质料不是相互不同的

10.1 只有一种好是简单的，因而也只有他是不变的，这就是上帝。从这个好中创造了一切的好，但是不再是简单的，因而也是可变动

㉜ ［译按］中文和合本为"头一日"。但原文确实是基数词，而不是序数词。吕振中译本为"一日"，更恰当。PL本在此处有长注：希腊神学家认为，上帝首先创造了属灵的被造物，然后在创造世界剩下的部分时运用它们。哲罗姆、大格列高利等都认为，属灵的事物是先创造的。而安布罗斯和奥古斯丁等人都认为，上帝同时创造了万物。他们的依据是《便西拉智训》(《德训篇》)，18：1，"永生的上帝，一举而创造了万物"。

㉝ 参见本卷 30,31。

㉞ 《创世记》，1：3

㉟ 《约翰福音》，1：9；8：12；12：46。

㊱ 《以弗所书》，5：8。

的。我说这是创造(*creata*)，也就是制造(*facta*)，而不是受生(*genita*)。因为从简单的好中受生的，会同样简单，和生它的一样；我们把这二者称为父和子；这二位同圣灵都是唯一的上帝；父的灵和子的灵，在圣经中获得"圣"的称号，而为"圣灵"。但是这还是父和子之外的另一位，因为他不是父，也不是子；我说他是另一位(*alius*)，而不是另一个(*aliud*)㊲，因为他是同样简单、同样不变的好，与另二位永恒共在。这三者是一个上帝；上帝不会因为是三而不再简单。我们说这好的自然是简单的，不是仅仅因为它只在父之中、只在子之中，或只在圣灵之中，也不会像撒贝留斯派异端㊳那样，认为三者只是名字而已，没有实质的位格。所谓的简单，就是因为他是其所是，其位格指的只是相互的关系而已。父确实有个子，但自己并不是子；子有个父，但自己并不是父。但就其自身而言，每个都是其所是，不管与另外的位格关系如何；我们说上帝在自己中生活，因为他有生命，他自己也就是那生命。

10.2　正是因此，我们说这个自然是简单的。他所有的，都不会失去；他所是的，就是他有的，而不像一个容器不同于它里面的液体，物体不同于它的颜色，空气不同于光与热，灵魂不同于智慧那样。这些东西所是的都不同于它们所有的；因为容器不是液体，物体不是颜色，空气不是光也不是热，灵魂不是智慧㊴。这些东西所有的会缺失，可以转到别的状态或变为别的特质。比如，容器可以掏空其中所装的液体，物体可以去掉颜色，空气可以变黑或变冷，灵魂可以变傻。

㊲　[译按]*alius* 和 *aliud* 的区别在于，前者是阳性，后者是中性。奥古斯丁用 *alius* 指代圣灵，而不是中性的 *aliud*，就是为了强调圣灵是一个位格(*person*)，所以我们把它译为"另一位"。

㊳　参考本书 10:24。

㊴　[译按]奥古斯丁所说的这一点后来成为中世纪对上帝的简单性的标准理解，即上帝的存在和他的一切特点都是同一的。

而圣徒在复活的时候被应许了不腐的身体，其不可腐坏性是不会失去的特质，但是身体的实质与不可腐败这个特点并不是同一件事。因为这个特点存在于身体的每个部分，并不在某个部分特别多，也不在某个部分特别少；不会有一部分比另一部分更不腐。确实，整体的身体比部分的更大；各个部分之间有些更大，有些更小，但是更大的部分并不比更小的更不腐。因此，整个身体并不会存在于它的每个部分，这身体是一回事，而不腐性是另外一回事，不腐性存在于整个身体，因为身体所有部分都是不朽的。某部分虽然与其他部分不是同等大小的，却是同等不腐的。比如，手指比整个手小，但是手并不因此比手指更不腐。因此，虽然手和手指不是同等的，手和手指的不腐性却是同等的。虽然说不腐性与不腐的身体是不可分的，但使身体称为身体的实质是一回事，而使身体不腐的特性是另外一回事。因此身体所是的不是它所有的。灵魂获得永恒的解救后，会永远有智慧，因为她分参了不变的智慧，所以变得智慧，但是灵魂毕竟不是智慧自身。虽然空气永远不会与散布在其中的光分开，但空气是一回事，照亮它的光是另一回事。但我并不会像一些无法认识超物质的自然的人那样，说灵魂就是一种空气⑩。但二者毕竟有相同之处，尽管还是有重大的不同。所以，说上帝的超物质的、简单的智慧照亮了超物质的灵魂，就像物质的光照亮物质的空气，没有什么不合适的。同样，正如空气离开了光就会变得黑暗（在物质空间意义上说的黑暗，其实就是空气缺少光的意思）⑪，灵魂缺少了智慧之光也会变得黑暗。

10.3　因此我们说，太初的和真正的神圣物是简单的，而不是特

---

⑩　参考亚里士多德，《论灵魂》，1：2；德尔图良，《论灵魂》，9。

⑪　参考奥古斯丁《论〈创世记〉驳摩尼教》，1：7。

质是一回事,实质是另一回事,不是因为分参别的东西而变得神圣、智慧、幸福。有人会说,在圣经里面,智慧之灵被称为多重的[42],是因为它自身中有多重的内容。但是它所具有的,就是它所是的,一切都是一体。智慧不是多重的,而是一体,其中包含了可理知之物巨大而无限的宝库,包藏了可见与可变之物的一切不可见和不可变的道理,而可见与可变之物都是由此制造的。上帝不会不知道他所制造的任何东西,这样说一个人间的工匠都不对。如果他知道他所造的万物,他当然制造了自己知道的东西。由此,心灵里产生了神奇的(不过是真实的)思想:世界只有存在了,才可以被我们认知;而只有上帝知道的,才能存在[43]。

11. 圣天使们从一开始就永远拥有幸福,即使那些不能坚持真理的精灵,我们是否也要相信他们分参了这幸福

既然如此,我们称为天使的那些精灵们,在任何时间段,从任何方式看,都不是黑暗的;上帝制造天使的同时,就把他们制造成光[44];上帝创造他们时,不会让他们以随便什么方式存在和生活,而是让他们在光照下智慧而幸福地生活。这智慧和幸福生活的超绝性,无疑是永恒的,而且其永恒性是确定和有保障的。有些天使背离了那光照,就无法获得这种超绝性。但是,他们仍然拥有理性的生活,哪怕是不智的。即使他们想,也不会失去这生活。他们在犯罪之前所分参的智慧有多少,谁能列举?那些天使因为这智慧,而真正完满地享有幸福,他们的永恒幸福是明确无误的。我们怎么说,那犯罪了的天

---

[42] 《便西拉智训》,7:22。

[43] 参考奥古斯丁,《忏悔录》,13:38。

[44] 参见本书 12:9。

使和他们分参了同等的智慧呢？如果他们分参同等的智慧，那他们
就可以同等地留在永恒的幸福中，因为这是同样确定的。他们的生
活不论有多长，只要有终结，我们就不能说是真正永恒的生活。只要
活着，就有生命；而只有没有终结，我们才称为永恒。虽说不是每个
永恒的都是一直幸福的（甚至惩罚之火我们也说是永恒的），不过，既
然真正完美而幸福的生活没有不是永恒的，那么他们的生活就不幸
福了，因为它们是将终结的，因而不是永恒的。他们要么知道，要么
不知道，而有别的想法。如果他们知道，恐惧会使他们不幸福；如果
他们不知道，谬误也会让他们得不到幸福。如果他们确实不知道，但
又没有错误或不确定的希冀，而是在犹疑，自己的好究竟会永恒，还
是在某个时候会终结，对于如此重要的幸福竟这般摇摆不定，根本没
有幸福生活应有的完满，而我们相信，神圣的天使有这种完满。我们
并不给幸福生活这样的词限定太小的涵意，从而只说上帝是幸福的；
上帝确实是幸福的，不可能有比他更大的幸福。虽然天使们已经达
到他们能达到的最大幸福，但与上帝的幸福相比，又算什么呢？

12. 对比那些尚未得到神应许的赏赐的义人的幸福，和乐园中的初民未犯罪前的幸福[45]

　　我们并不认为，只有天使可以称为有理性和理智的被造物中的
幸福者。谁敢否认，乐园中的初人在犯罪之前是幸福的？虽然他们
不确定这幸福会持续多久，或是否永恒（如果他们不犯罪，这就是永
恒的）[46]。而今天，我们看到那些正义而虔敬地生活的人，带着对未来

㊺　参考奥古斯丁，《论褫夺与恩典》（De Correptione et Gratia），11：27 以下。
㊻　参考奥古斯丁，《〈创世记〉字解》，11：24，25。

的不朽生活的希望,不让罪行侵蚀自己的良知,他们因为此世生活的
软弱而犯下的罪,也容易得到神的悲悯,但我们若说他们是幸福的,
还是莽撞的。他们知道,如果自己坚持下去就会得到报偿;但是他们
不能确定,自己是否会坚持。除非他从上帝那里得到启示,否则谁能
知道,他自己正义的行为会坚持下去,直到最终? 上帝那正义而隐秘
的判断不会欺骗任何人,但也不会告诉所有人。而就对当前的好的
享受而言,比起弱小而必朽的义人,乐园中的初人更加幸福。但初人
虽然享受着乐园中的巨大幸福,他的命运却并不确定。而就未来的
希望而言,今天的义人无论遭受怎样的躯体折磨,向他们显明的不是
意见,而是确定的真理:他们会加入天使们的团契,分参至高的上帝,
没有终点,没有烦恼。比起初人来,这是更大的幸福。

13. 所有天使们在被创造时是否处于同一种幸福中,堕落者是
否不知道他们会堕落,坚定者是否在堕落者毁灭后就得到
保证,知道自己会坚持下去

于是,谁都不难明白,每个有理智者按照自然正确地追求的幸
福,是两者的结合:要毫无烦恼地安享不可变的好,即上帝;同时要永
恒地留在其中,不为怀疑所动,不为谬误欺骗[47]。我们靠虔敬的信仰
相信,光明的天使们拥有这些[48];我们的理性告诉我们,有罪的天使在
堕落之前就没有这光了,他们因为自己的过错(pravitate)而缺少
(privati)了光;我们应该相信,如果他们在犯罪前生活过,他们虽然
没有对幸福的前知,但毕竟会有某些幸福。看起来也许难以相信,上

---

[47] ［译按］《忏悔录》中著名的奥斯蒂亚异象,就是奥古斯丁母子进入了这种安享的状态,但
却不可能留在那里。参见《忏悔录》,9:10[25]。
[48] 参见奥古斯丁,《〈创世记〉字解》,11:22,30。

帝制造天使的时候，一些天使就不能预先知道自己会坚持还是会堕落，而另外一些极为明确地知道，自己的幸福是真实而永恒的；但所有天使刚开始被创造时，就是同等幸福的，那些现在的坏天使，因为他们的意志背离了好的光，而堕落为现在这样。无疑，我们更难以相信，神圣天使们不能确定他们是否会享受永恒的幸福，他们对自己并不了解，甚至还不如我们从圣经里读出来的多。大公教会的基督徒并不知道，现在好的天使将来会不会最终变成新的魔鬼，也不知道那些魔鬼会不会最终回到好的天使的团契中。福音书中的真理给了圣徒和信仰者应许，他们和上帝的天使将是同等的⑭；他们还得到应许，要走进永生里⑯。如果我们确定我们不会从这不朽的幸福中堕落，他们却不确定；那我们就不和他们同等，而是比他们强。但是真理是不会错的，我们将和他们同等，那么，他们也完全能确定自己的幸福是永恒的。但另外一些天使不能确定。他们不能确定自己有永恒的幸福，那他们的幸福必将终结。那么，要么天使们是不平等的，要么他们是平等的，但只是在其中一些毁灭后，另外一些才确切知道他们的幸福是永恒的。除非有人说，主在福音书中就魔鬼说的话"他从起初是杀人的，不守真理"⑪的意思是，魔鬼不仅起初就是杀人的（这起初指的是人类之初，也就是造人的时候，魔鬼欺骗了人，所以能够杀人），而且他在自己被造的起初就不守真理，就不像圣天使那么幸福，因为他反对遵从造物主，也因为他的骄傲，他耽于自己缺失了的力量，骗己骗人。因为谁也无法逃出万能上帝的力量，不愿意虔敬地遵从事物真理的人，骄傲而自大地模仿不存在的事物。我们可以用受

---

⑭《马太福音》，22：30。

⑯《马太福音》，25：46。

⑪《约翰福音》，8：44。

赐福的使徒约翰的话来理解："魔鬼从起初就犯罪。"[52]也就是说,他从被创造的时候就反对正义。只有虔敬地遵从上帝的意志,才能拥有正义。凡是认可了这个观点的人,都不会像摩尼教异端那样认为。还有别的类似的有害的宗派也认为,魔鬼是从某种相反的太初(*principio*)得到自己的特点,从而具有了坏的自然。如此虚妄的人很愚蠢,他们虽然和我们一样,把福音书作者的言辞当作权威,却没有注意,主说的不是"远离真理",而是"不守真理"。他希望我们理解为,魔鬼从真理中堕落了。而如果他坚守真理,就会继续与圣天使们一起,永远分参被造时的幸福。

14. 说魔鬼"不守真理,因为他心里没有真理",是什么修辞方式

主好像就是在回答我们的问题,揭示了魔鬼为什么不守真理的理由,他说:"他心里没有真理。"[53]如果他守真理,他心里就有真理了。不过这里的说法并不常用。看上去他说:"不守真理,因他心里没有真理。"他之所以不守真理,好像是因为心里没有真理;但更可能的情况是,他之所以心里没有真理,是因为他不守真理。这样的说法也出现在《诗篇》中:"神啊,我曾求告你,因为你必应允我。"[54]这其实是在说:主你应允我,因为我曾求告。但是当他说"我曾求告"(即,好像有人在考察他是否曾求告过),他却从上帝必应允他这效果,来证明他曾求告这个事实。那么他说的就是:我曾求告过的证据是,主曾应

---

[52]《约翰一书》,3:8。

[53]《约翰福音》,8:44。

[54]《诗篇》,17:6。

允我。

15. 经上说"魔鬼从开始就犯罪"，这如何理解

　　约翰谈到魔鬼时说："魔鬼从开始就犯罪。"[55]如果认为这就是他
们的自然，那就没有理解对，因为自然不会有罪[56]。否则他们如何回
应先知们的见证呢？以赛亚用巴比伦王的形像谈论魔鬼："明亮之
星、早晨之子啊，你何竟从天坠落？"[57]以西结说："你曾在伊甸神的园
中，佩戴各样宝石。"[58]我们应该理解为，魔鬼曾经无罪。而他不久后
更明确地说："你从受造之日所行的都无罪过。"[59]如果这不能有别的
更好的理解，那么对于"不守真理"这话，我们也应该理解为，他曾守
真理，但是没能留驻。至于"魔鬼从开始就犯罪"，我们不能认为是，
他被创造的开始就有罪；"开始就犯罪"是说从犯罪的开始，那时他因
为骄傲，就开始有了罪。《约伯记》中的这话也是针对魔鬼说的："它
在神的作品中为首，神创造它为了天使们的游戏。"[60]（《诗篇》中的一
句好像对此的回应："有你所造的水怪，游戏在其中。"[61]）我们不能把
这理解为，魔鬼从被创造的开始，就是天使们游戏的玩物。这个惩罚
是在他犯罪之后安排的。最初他是主的作品；哪怕在最低微、最弱小的

㊺《约翰一书》，3:8。

㊻[译按]此处的拉丁原文不甚清楚（*non intelligunt，si naturale est，nullo modo esse
peccatum*）。各译本大多根据上下文作了调整，然后译出。我们尽量依据原来的语序和
说法，但试图把意思译得清楚些。

㊼《以赛亚书》，14:12。

㊽《以西结书》，28:13。

㊾《以西结书》，28:15"无罪过"和合本作"完全"。

㊿《约伯记》，40:19，七十士本。[译按]各译本均将此条注为40:14。但中译者核对七十
士本希腊原文，实为19，不知何故有此误。

[61]《诗篇》，104:26，[译按]此处的"水怪"，和合本作"鳄鱼"，在英文本中译为"利维坦"
（leviathan）；"游戏"和合本作"游泳"，但与上引的"游戏"为同一词。

野兽中,也没有不是主所造的。所有的尺度、所有的种类、所有的秩序,都是上帝创造的,没有这些就什么也无法发现和认识。就其自然的尊位而言,被造的天使超过了上帝所造的其他万物,岂不是比那些微小的被造物高很多?

16. 被造物的品级和区别,可以根据功用作出,也可以根据理性的秩序作出

被上帝所造,而不是上帝的那些存在物中,有生命的高于无生命的,比如,有生殖或欲望的力量的,高于没有这种力量的;在有生命的当中,有感觉的高于没感觉的,比如,动物高于树木;在有感觉的当中,有理智的高于无理智的,比如,人类高于牲畜;在有理智的当中,不朽的高于必朽的,比如,天使高于人。但这只是在自然秩序上的顺序;还有别的评价标准,来自我们对事物的使用方式,来排列这个那个,从而会觉得某些没感觉的高于有感觉的,以至于,如果我们有能力,我们宁愿把一些有感觉的从自然中消灭,要么是不知道它们在自然中的位置,要么是知道,却为了自己的利益来排列。谁不愿意家里有面包而不是老鼠,金钱而不是跳蚤?这又有什么奇怪的?人的自然的尊位当然是高的,而即使从人自己的标准看,很多人爱马匹胜过奴隶,爱珠宝胜过爱侍女。所以,评价可以很自由,而用理性判断,比起出于需要的驱使或贪欲的渴望的考量,差别很大。因为理性让人根据事物的品级判断,而需要让人根据如何满足希求思考。在心智之光照耀下,理性认识到真理,而欲望会让身体感觉希求快乐,而蒙蔽判断。不过,即使在理性的自然中,意志和爱也有很大的分量,所以虽然天使在自然的秩序中高于人类,但根据正义的法则,好人高于坏天使。

17. 恶意之过并非来自自然，而是违背自然的，犯罪的原因不是造物主，而是意志

对于"它在神所造的物中为首"这句话,我们应该正确理解为,指魔鬼的自然,而不是指魔鬼的恶意。无疑,哪里若有恶意之过,都首先有无罪过的自然。因而,罪过是违背自然的,不伤害自然,就没有罪过。只有对于本该遵从上帝的自然,背离上帝才成为一个罪过,是那个自然的罪过。因此,甚至坏的意志还能很好地证明其自然之好。上帝是好的自然的至善的创造者,同时也是对坏的意志的最正义的安排者;正如好的自然可能被用作坏的目的,坏的意志也可能用于好事。上帝这样安排,让魔鬼(被造时是好的,但因自己的意志而变坏)居于更低的品级,被他的天使当作游戏,意思就是,因为魔鬼想伤害上帝的圣徒,上帝就利用魔鬼的诱惑锻炼他们。这样,上帝在制造魔鬼的时候,并不是不知道他未来会为恶,上帝甚至预见了,魔鬼的坏中会生出好来。于是《诗篇》中写道:"有你所造的水怪,游戏在其中。"[62]上帝制造了魔鬼,是从他的好中制造了好,但是他根据自己的前知,预见到魔鬼会变坏,而他可以怎样利用这坏事。

18. 在上帝的安排下，宇宙的美丽因为相反相成而更加辉煌

我且不说天使,哪怕是人,上帝在创造他们的时候,也已经预知了他们后来的坏事。但他之所以这样做,当然是因为,他同样知道,

---

[62] 《诗篇》,104:26。

他会把这坏事用于什么好事。他这样安排各个世代，就如同以"对仗"开始，铺陈出很美的诗歌[63]。在演说的修辞中，所谓的"对仗"是最漂亮的，在拉丁文里又称为 opposita，而更确切的说法是 contraposita[64]。这些词并不是我们拉丁文中的常用词，不过，拉丁文的语言和所有民族的语言一样，都用到这样的修辞方式。使徒保罗在《哥林多后书》中的一个地方很漂亮地运用了这种修辞。他说："仁义的兵器，在左在右。荣耀、羞辱、恶名、美名，似乎是诱惑人的，却是诚实的。似乎不为人所知，却是人所共知的。似乎要死，却是活着的。似乎受责罚，却是不至丧命的。似乎忧愁，却是常常快乐的。似乎贫穷，却是叫许多人富足的。似乎一无所有，却是样样都有的。"[65]相反的词汇之间的对仗，给言语赋予了美感；同样，不在相反的词汇之间，而在相反的事物之间的对仗，也会增加尘世的美丽。《便西拉智训》中以下面的方式非常明确地讲了这一点："善的对立面是恶，生的对立面是死，罪恶的对立面是信主。请注意：至高者使万物成双成对，有此物必然有彼物，互相对立。"[66]

19. 圣经中说上帝"把光暗分开"，该如何理解

因此，神圣言语的模糊正是利用了这一点，使得一条真理同时可以有很多种表达。因为有的这么理解，有的那么理解，所以产生了知识之光。这样，要理解那些模糊的地方，或者是用最明显的事实作见证，或者是用别的绝少疑问的地方对勘。通过仔细参详，人们要么终

---

[63] 奥古斯丁在《书信》，138：5、166：13 中用了同样的类比。

[64] 昆体良，《雄辩术原理》，9：381 以下。

[65]《哥林多后书》，6：7—10。

[66]《便西拉智训》，33：14—15。用张久宣译本，有改动。

于明白了所写的意思；要么，虽然仍是不得其解，但在参详深邃模糊的地方时，得到了别的真理。比如，对于上帝最先制造了光这事，经上说的上帝"就把光暗分开了，神称光为昼，称暗为夜"[57]，如果我们理解成上帝创造了天使，把神圣的天使和肮脏的天使分开，这在我看来根本不是荒唐的观点。上帝在魔鬼堕落之前就能够预知，他们会堕落，其真理之光会缺失，会永远留在骄傲的黑暗里，所以只有他能区分两种天使。至于我们最熟知的昼与夜之间的含义，他命令我们的感觉最熟悉的天上之光分开光与暗。他说："天上要有光体，照亮大地，可以分昼夜。"[58]稍后："于是神造了两个大光，大的管昼，小的管夜。又造众星。就把这些光摆列在天空，普照在地上，管理昼夜，分别明暗。"[59]那真正的光就是天使的神圣团契，发出的光可以理解为真理的照耀，这与黑暗相反。黑暗就是坏的天使的集合，他们背离了正义之光，心智昏乱。这不是来自自然，而是来自坏的意志。只有上帝能区分他们，因为他们未来的坏事无法向上帝隐藏，无法使上帝不确定。

20. 上帝在分了光暗之前，圣经写道："神看光是好的。"

上帝说"要有光，就有了光。"经上紧接着写道："神看光是好的。"[70]我们对此不能略而不谈。这没有发生在神分开光暗，并把光叫昼把暗叫夜之后，因而看起来，他虽然喜欢光，却没有同样喜欢暗。在不以谴责的语气谈论"暗"的地方，比如，在天上的光把暗和肉眼能

---

[57]《创世记》，1:4—5。

[58]《创世记》，1:14，根据七十士本。

[59]《创世记》，1:16—18。

[70]《创世记》，1:3—4。

看到的光分开之后，而不是之前，圣经写道："神看光是好的。"这之
前，上帝"就把这些光摆列在天空，普照在地上，管理昼夜，分别明
暗。"⑦他二者都喜欢，是因为二者都无罪。而在上帝说"要有光，就有
了光，神看光是好的"的后面，又说："就把光暗分开了。神称光为昼，
称暗为夜。"这时并没有说二者都是好的，其中一个因为自己的罪过，
而不是因为自然，变坏了。于是在此造物主只喜悦光。至于天使的
黑暗，虽然上帝这样安排了，并没有赞许。

21. 上帝用永恒而不变的知识与意志创造的万物，总是上帝所喜悦的，无论就其创造计划而言，还是就其创造的后果而言

圣经里每次都写："神看着是好的。"⑦这如果不是说上帝肯定了
他用来制造自己的作品的智慧，那还能怎么理解呢？上帝并不是在
制造了这些之后，才得知这是好的。如果有他不知道的，那根本就不
会存在。这里说他看着是好的，他在制造之前如果不看着是好的，那
就不会制造。他是在教给我们这是好的，而不是得知它们是好的。
柏拉图更大胆地说，在整个世界制造完以后，神很高兴⑦。柏拉图不
愚蠢，不会认为上帝的新作品使他变得更幸福；但是他还是愿意表
明，他制造完了作品后喜悦，正如他准备制造时也喜悦；上帝的智
慧并不是通过变化，使他分别知道尚未存在的，当时存在的，和以
前存在的。他不会用我们的方式，前瞻未来、面对当前、回顾过去，
而是用一种和我们的认知习惯完全不同的方式。他对这件那件事

---

⑦ 《创世记》，1：17—18。
⑦ 《创世记》，1：4、10、12、18、21、25、31。
⑦ 《蒂迈欧》，37a。

物的认识并不变化，而是用不变的智慧看一切；因此，对于在时间中存在的，未来的（即尚不存在的）、现在的（即正存在的）、过去的（即已不存在的），他都会以自己稳固的、永恒的现在来把握㉔。他没有眼睛和心智的区别，因为他不是由心灵和身体组成的；他没有现在、过去、未来的区别；他的知识不像我们这样在现在、过去、未来这三个时间中变换。"在他并没有改变，也没有转动的影儿。"㉕他的意图不会从一种认知过渡到另外的认知。在他非物质的视界中，他知道的一切都同时存在。正如他不用自己在时间中的运动来推动时间中的事物，他也不通过时间中的观念认识时间中的事物。他在造之前看到那些事物是好的，造了以后自然也会看着好；他在看到自己的作品时，他的知识并没有加倍，或者因此而增加了一部分，好像在他制造所看到的之前，他的知识更少些。他如果没有完美的知识，就不会制造完美的事物。他的作品并没有给他增加什么。所以，圣经的目的只是要告诉我们谁制造了光，只要说上帝造了光就够了；但如果不仅说谁制造了，还要说通过什么制造的，那么这样表述才够："神说，要有光，就有了光。"这不仅告诉我们是上帝制造的，而且让我们知道，他是用圣言制造了光。这里告诉了我们关于制造的所有三个伟大的知识：谁制造了光，用什么制造的，为什么造光。经上说："神说，要有光，就有了光。神看光是好的。"我们要问谁造了光，是"神"；问用什么制造的，"神说要有，就有了"；要问为什么造光，"光是好的"。没有哪个制造者比上帝更奇妙，没有哪种技艺会比上帝的言更有效，没有比好东西由好的上帝创造更好的原因了。柏拉图也说，好的神制造好的事物，这是创造

㉔ ［译按］奥古斯丁在《忏悔录》卷十一非常详细地阐释了他的永恒观念。上帝作为永恒的存在，并不是时间的无限延长，而是永恒的现在。

㉕ 《雅各书》，1:17。

世界的最正确的原因⑦。或许他读了这一段,或许他从读过这一段的人那里学到的,或许他靠敏锐的天才,通过研究上帝的所造之物,用他的理智理解了不可见的上帝⑦,或许他从理解了这些的人那里学到了这些。

22. 有人认为,在好的造物主很好地创造的万物中,有人不喜欢其中的一些,有人认为,有些自然是坏的

从上帝的好创造了好的造物,我认为这个原因是正确的和恰当的,如果仔细地看待它,虔敬地认识它,就可以终结关于世界起源的所有争论。但异端们看不到这一点。因为我们这肉身是必朽的,贪婪而脆弱,遭受当前的惩罚是应该的。所以很多事物不能给它便利,反而给它伤害,比如溽暑、寒冷、野兽,以及诸如此类的东西。异端们也没注意到,这些东西就其自己所在的地方和自己的自然而言,是欣欣向荣的,它们被赋予了美丽的秩序。它们以自己的美丽对宇宙整体作出了应该作出的贡献,就如同一个共同的共和国一般。如果我们能恰当地根据对它们的正确知识利用它们,它们会给我们带来好处,就像毒药,运用不当会有害,但对症下药就会带来健康。反过来,那些给我们带来享受的东西,比如饮食和光,如果不加节制、使用不当,或时机不对,就会带来危害。因而神意警告我们,不要愚蠢地怨天尤人,而要仔细地探讨事物的用途。在我们因为天性或软弱做错的地方,要相信有一种潜在的用途,就像在很多例子中,我们可以费力地发现那潜在的用途。这潜在的用途要么磨练了人的谦卑,要么

---

⑦《蒂迈欧篇》,29d—30a。
⑦《罗马书》,1:20。

是对我们的骄傲的挫折;所有事物的自然都不是坏的,除非好的缺
失,才有"坏"的名字。而从地到天,从可见到不可见,总有一些好东
西比别的更好,因为差等,才有万物。上帝在大的作品中施展大能,
并不意味着,他在小的作品中只能施展小能⑱;这些小作品不能通过
它们自己的辉煌来度量(它们也没有),而要用其制造者的智慧。比
如就人的外貌而言,如果把一个眉毛剃去,这对身体不算什么,但美
丽就大打折扣了。因为人的身体不是囫囵一片,而是靠各个器官有
序组合而成的。有人认为有些自然是坏的,他们说,这种自然产生于
自身之中一种完全相反的太初(principio),难怪他们不愿意接受下
面的创世原因:好的上帝创造了这些好。他们认为,因为坏的势力反
叛了,与上帝为敌,为了驱逐坏的势力这极大的必须,他不得不创世。
他把自己好的自然与坏的自然交叠混杂,这样才能压服和战胜坏的
自然。因而,他的自然也就被无比下流地污染,被无比残酷地挟制和
压抑了。于是他要花费很大力气来清洗和拯救。但他无法清洗全
部,有部分污染他不能清洗。这一部分成为将来囚禁被征服的敌人
的监狱和锁链⑲。倘若摩尼教徒不这么荒唐(不,是疯狂),而是正确
地相信上帝的自然是不可变、完全不可腐的,那他们就该认为没有什
么可以伤害他;确实,灵魂可以因为意志而变坏,可以被罪腐蚀,从而
使不可变的真理之光缺失,但这并不是上帝的一部分,其自然也和上
帝的自然不同,是上帝的造物,和上帝非常不同。清醒的基督徒应该
这么认为。

---

⑱ 参见奥古斯丁《〈创世记〉字解》,3:14,22。
⑲ 奥古斯丁在《忏悔录》,7:2(3)中详细谈到了他的朋友内布利提乌斯对这一观点的驳斥。

23. 奥利金学说因为谬误而被谴责

23.1 有些人和我们一样,相信万物都有同一个太初,凡异于上帝自身的自然,没有上帝的创造就不能存在。但极为奇怪的是,这些人不愿意好好地和简单地相信,制造世界的是这样一个好的和简单的原因:好的上帝制造了好的万物,万物不是上帝,低于上帝;不过它们仍然是好的,因为只有好的上帝能制造它们。而这些人说,灵魂不是上帝的一部分,而是上帝造的,因离开造物主而有罪;从天到地,因为有不同的罪,而和上帝有不同的距离,囚禁在不同的身体里,这就是世界,世界就是这样造就的。上帝制造这世界,目的不是为了造出好事,而是为了限制坏事。奥利金[80]就犯了这种错误。在他的书《论首要原理》(περὶ ἀρχῶν)中,他就这么认为,也是这么写的。我很奇怪,简直无法表达出,这样一个精通教会文献和教义、博闻多识的人,竟然没有注意,首先,这是多么违背圣经作者的意图。圣经里在上帝的所有工作后都明确写道:"神看着是好的。"在一切都完成后,又写道:"神看着一切所造的都甚好。"[81]对此,我们只能理解为,好的上帝制造了好的万物,除此之外,没有别的创世原因。如果谁也不犯罪,那么一切自然都是好的,世界就充满了美丽的事物,由它们装点;虽然人犯罪了,世界并未因此充满了罪,天上好的自然的数目远远多于坏的,他们的自然得以保留好的秩序;坏的意志不愿意保存其自然的秩序,但并不能逃出上帝的正义之法对一切的安排;正如在一幅画

---

[80] 奥利金(*Origenes Adamantius*,185—255),亚历山大利亚的基督教和新柏拉图主义哲学家。他对基督教思想的发展影响深远,但是,因为一些说法不符合正统教会,被判为异端。

[81] 《创世记》,1:31。

上,黑色也应该有适当的位置,如果有谁精心安排万物,罪恶也会装点美丽,虽然就其自身的状貌而言是丑陋的。

23.2　其次,奥利金和与他想法一样的人应该看到,如果这个意见是对的,世界被制造时,灵魂根据其相应的罪而居于相应的监牢,作为对他们的惩罚,他们接受相应的身体。在上的轻盈,在下的沉重,是给犯了更大的罪的。那么没有什么比鬼怪更邪恶的,那么地上的身体就不该比鬼怪的更低、更沉重,远远超过了坏人。其实,我们不该认为灵魂是根据品级而穿上品性不同的身体的,因为最坏的鬼怪有空气的身体,而人的恶意远比鬼怪小而且轻,而人就是在犯罪之前,也已经接受了尘土做的身体㉒。要是说,上帝在世界上制造了唯一的太阳,不是为了装点世界的美,不是为了给上帝制造的万物的身体带来健康,而只是因为一个灵魂犯了罪,所以把他禁锢在这个物体里,还有比这更愚蠢的说法吗?如果不是一个,而是两个灵魂犯了这样的罪呢?或者不是两个,而是十个、一百个犯下了同等的罪,那么世界就要有一百个太阳吗?没有一百个太阳,不是因为制造者神奇的远见,能够用太阳给万物的身体带来健康和装点,而更多在于,虽然那么多灵魂犯罪,但只有一个灵魂的罪是这个程度的,从而只有一个该有这样的身体。这些人不知道自己针对灵魂说了些什么。显然,不是灵魂们,而是他们自己,距离真理过于遥远,应该选个恰当的监狱。我们上面提到的关于一个造物的三个问题,即,谁造的,用什么造的,为什么造,我们分别回答:上帝,用圣言,因为它好。我们说的这一点好像神秘地暗示了三位一体(即父、子、灵),但别的因素又不准如此解释圣经的这个地方,因为这个问题要花很多篇幅,而我们不能把一切问题都写在同一部书里。

㉒《创世记》,2:7。

24. 神圣的三位一体，在他所有的被造物中，都分布了对自身的象征

我相信、坚持，并且充满信仰地宣布，父生出了言，即智慧，并用他造了万物。那就是他的独生子，父是唯一，子也是唯一，父永恒，子与他共永恒，父至善，子也同等地好；圣灵既是父的灵，也是子的灵，与另外两者实质相同，永恒共在。这个整体是三，因为其每个位格各有特点，一个上帝的神性是不可分割的，正如他的万能是不可分割的万能。当我们考察每一位的时候，人们该回答，其中每一位都是上帝，都是万能的；但若谈三个整体，那不是三个神或三个万能者，而是一个万能的上帝；这就是三者构成的不可分割的整体，上帝希望我们这样宣布他。好的父和好的子的圣灵，是否因为是父与子共有的，而可以正确地称为二者的好，我在此不能贸然发言。但我确实可以比较容易地说，这是二者的神圣性，但这不是二者共同的品性，而是自身就是一个实在，是三位一体中的第三位格。他教我认为，这更可能，因为父是一个灵，子是一个灵，父是神圣的，子是神圣的，那么，神圣的灵就被称为神圣的实在，是与二者共在的实在。而如果神圣的好正是神圣性，那么，在上帝的作品中，看出上帝的三位一体，就是一种对理性的仔细运用，而不是鲁莽的猜测。这如同一种隐秘的说话方式，而这种说话方式使我们会像我们在表达自己的意图时那样，问，谁造的某个被造物，通过什么造的，为什么造的。因为我们会理解，是圣言之父说"要有"；而他通过言说创造，无疑就是用圣言制造；而说"神看着是好的"，就足以表明，上帝创造这些不是因为什么必要性，也不是为了他自己有用，而只是因为上帝制造这个东西来自他的好，因而被造物是好的。而说事物好发生在创造之后，表明，被造的

事物符合制造它的那个好的目的。如果我们把这好正确地理解为圣灵，那么在上帝的作品中恰恰暗示了无处不在的三位一体。上界的圣天使们组成的神圣之城，其起源、教诲、幸福，都包括在三位一体中。如果问她从何而来，我们说上帝创造了她；如果问智慧从何而来，我说是上帝照亮的；如果问幸福从何而来，我说幸福就是安享上帝；受神滋养而得其体，对神沉思而得其光，亲近于神而得其乐。在，观，爱。在上帝的永恒中得到生命，在上帝的真理中得到光明，在上帝的善好中得到快乐。

25. 整个哲学分为三个学科

哲学家之所以要把智慧分成三个学科，也应该这么理解。他们能够注意到这个三分法（这与其说是他们划分的，不如说是他们发现的）：其中一部分称为自然的，另一部分称为逻辑的，第三部分称为伦理的（很多学者已经习惯使用这三者的拉丁名字，即自然科学、推理科学和道德科学）。我在卷八已经简单谈到过这三分法了。[33] 这并不意味着，哲学家这样三分，就认识到了上帝的三位一体，虽然据说柏拉图最先发现和谈论了这种分法，认识到，如果没有神，就没有万种自然的作者，没有理智的赋予者、爱的激发者。有了爱，才能生活得美好和幸福。对于事物的自然，对于推理研究真理的方式，对于我们应该把自己的所作所为都集中到的终极的好，不同的哲学家有不同的观点，但他们的努力全都投入了对这三个大的和普遍的问题的探讨。针对其中的每一个，每个哲学家都有各自的意见，有极大的区别，不过没有人怀疑事物有自然、科学有形态、生活有至善。哪个人

---

[33] 本书 8:4 以下。

要完成某种技艺,都要观察这三方面:自然、道理、功用。自然靠天性评价,道理靠科学,功用靠结果(*fructus*)。我并不是不知道,结果是人们安享(*frui*)的,而功用是人们利用的[84],这好像是二者的区别。我们说的结果,指的就是其自身能让我们快乐,而不指向别的目的的东西;而功用,就是我们用来追求别的目的的东西[85]。因此,尘世的事物更多有功用,而不是结果,这样我们就能安享永恒;而堕落的人则不同,他们更愿意安享钱财,利用上帝;不是为上帝花钱,而是为钱服侍上帝。在日常习惯的说法中,我们会"利用结果","安享功用"。人们可以说农田的"结果",虽然这都是我们在尘世利用到的事物。正是基于这种用法,我们谈论人们都有的三者:自然、道理、功用。从中可以得到三重的幸福生活,或我所说的,哲学家发现的三个学科,自然科学研究自然,推理科学研究道理,道德科学研究功用。如果我们的自然来自我们自身,那我们就可以从自身获得我们的智慧,不必操心通过教育,即从别处学习;如果爱来自我们自身,并归于我们自身,那就足以让我们过幸福生活,我们也不必安享另外的好;就是因为我们的自然的作者只能是上帝,无疑我们需要他做老师教我们变得真正智慧,也只有他能慷慨赐给我们幸福甜蜜的内在生活。

26. 至高的三位一体的像,我们就是在尚未幸福的人身上都能找到

我们在我们当中,认识到上帝的像,也就是那至高者的三位一体

---

[84] [译按]我们很难传达出"结果"(*fructus*)与"安享"(*frui*)之间的语言关系,但"功用"(*usus*)和"利用"(*uti*)之间的关系比较清楚。安享与利用这对概念,是奥古斯丁非常重要的一对区分。

[85] 奥古斯丁,《基督教教义》,1:3—5;《论三位一体》,10:12。

的像，虽然这和上帝并不等同，和他差得太远太多，无法与他永恒共在，简单说来，和他不是相同的实体；不过，上帝的造物的自然，没有比我们离他更近的事物。在经过重塑和完美后，这会和他更像。我们存在，我们知道自己存在，我们热爱自己的存在和对此的知识。在我所说的这三方面，没有什么以假乱真的问题困扰我们。因为我们并不像对待身外之物那样，靠身体的感觉来接触它们，像目见色、耳闻声、鼻嗅香、舌尝味、身触软硬那样。在这几种感觉中，我们认识并记住的，都是与事物相似的像，而不是物体自身，从而激起我们对事物的欲望。相反，不需要幻象或影像来玩弄我的想象，我就非常确定我的存在、对存在的知和爱。在这些方面，我根本不害怕学园派的说法：你要被骗了呢？即使我被骗了，我还存在。因为不存在的人不能被骗；如果我被骗，这恰恰证明我存在。因为被骗了我也存在，那么在我肯定我存在这件事上，怎么能骗我呢？即使我被骗了，我也要先存在才能被骗；那么无疑，在我知道我存在这一点上，我也不会被骗。于是可以推论，在我知道我知道这件事上，我也不会被骗。正如我知道我存在，我也知道我知道自己。若我爱这两者，我又在我所知道的二者上面，加上爱这第三者，它的价值也不弱。在我爱这件事上，我不会被骗，因为在我所爱的事情上我没有被骗；即使这些是假的，我对这些假的事物的爱仍然是真的。如果说我对它们的爱是假的，怎么能正确地谴责我和禁止我爱这些假的事物呢？但因为这些是真实的，而且是真正确定的，在我爱它们时，谁能怀疑，我对它们的爱是真实的和确定的？正如无人不想让自己幸福，同样无人不想让自己存在。如果一个人不存在，那他怎么能幸福呢？⑧

---

⑧ ［译按］这一章和下两章是对《论三位一体》中主要观点的概括，即人的存在、理智、爱分别对应于上帝的三位一体。

27. 论存在、知识，和对二者的爱

27.1　因为自然的力量，存在是那么令人愉快，即使悲惨的人，不需要什么别的原因，也不愿灭亡。在他们感到自己的悲惨以后，也不愿意自己从这些事物中消失，而更希望自己的悲惨消失。试举那些在自己看来最悲惨，也确实最悲惨的人，不仅那些因愚蠢而被智者认为悲惨的人，甚至那些因为贫穷和匮乏而被自以为幸福的人认为悲惨的人，假定有人给他们不朽，却不能消除他们的悲惨；而且给这么个条件，如果他们不愿意永远处在这种悲惨中，他们将不再存在，而会完全灭亡，那他们会欢呼雀跃，选择永恒存在，而不是完全不存在。人们那众所周知的感觉，是对此的见证。因为人们怕死，宁愿在困顿中生活，而不愿在死亡中终结，这不是足以证明，自然不愿取消存在吗？因此，人们如果知道自己即将死亡，往往会渴望得到悲悯，宁愿在那悲惨中活得长一点，死得稍微晚一点，好像这是多么大的好处。无疑，他们表明，如果他们会得到不朽，让他们的匮乏永无休止，他们会多么感恩戴德。不是吗？所有非理性的动物，没有认知能力，从巨大的龙到渺小的虫，不是都表明，它们愿意存在，都竭尽所能，躲避灭亡？不是吗？所有的树木花草，没有感觉，不能用移动来逃避伤害，不是也拼命把枝桠伸向天空，把树根深入大地吸取养分，用自己的方式来保存自己吗？还有那些不仅没有感觉，而且不能繁殖生命的物体，要么居于高处，要么停在低处，要么在中间寻找平衡，这样就能根据自己的自然，尽可能地保护自己的存在。

27.2　人性多么热爱自己的知识，多么不愿意被骗，可以从这里理解：每个人宁愿心智清醒地哭泣，也不愿在疯癫中快乐。在必朽的生灵中，这种伟大而神奇的力量只有人有，虽然别的生灵有更

敏锐的眼力，能够看到比我们多得多的光；但是它们不能感觉到那
超物质的光，而我们的心智却能以某种方式被这光照亮，我们可以
依靠它正确地判断万物。我们能接受到多少光，我们就能拥有多
少判断力。非理性而有感觉的生灵没有这些，不会有知识，但是当
然有类似知识的某种东西；至于别的物体，我们说它们是可感的，
不是因为它们可以感觉，而是因为它们可以被我们感觉。说树木
有类似感觉的东西，是因为它们吸收营养和生长。所有这些物体
在自然中有其潜在的原因；它们把外形展示给有感觉者的感官，而
这外形构成了这个世界可见的外观。虽然它们自己不能知，但看
来它们愿意被我们知道。我们用自己身体的感觉把握它们，但不
用身体的感觉判断它们。我们有内在的人，他的感觉远远高于身
体的感觉，可以让我们感觉正义与不义。有了理智的形式
（*speciem*），才会正义，缺失了理智，就会不义。目见、耳闻、鼻嗅、舌
尝、和别的身体接触都不能增加这种感觉的功能。靠了内在人的
感觉，我确定我的存在和我对我的存在的知识，我爱这两者，也同
样确定我的爱。

28. 我们爱自己的存在和对自己的存在的知识，那我们是否应该爱这个爱本身，从而更接近三位一体的像

我们已经在这本书允许的范围内足够多地谈论了存在
（*essentia*）和知识这两者，谈论了我们多么爱这二者，谈论了比我们
低的别的事物也会有虽然不同、但仍然类似的特性。但我们还没有
谈用来爱这些的爱，以及我们是否应该爱这种爱本身。这是应该爱
的；我们提出，在更应该爱的人当中，爱本身也更应该爱。知道什么
是善好的人并不是好人，只有爱善好的人才是好人。我们用来爱每

个善好的爱，难道我们不知道我们应该爱我们的这种爱吗？也有一种爱，使我们爱不该爱的事物。爱着应该被爱的事物的人，会憎恨这种爱。这两者有可能共存于一个人之中。我们用以活得好的爱应该增长，使我们活得不好的爱应该缺少，这对我们是好事——直到我们活着的整体获得彻底的救治，转化为好。如果我们是牲畜，那我们就应该爱肉身的和感性的生命，这就是我们足够的善好，当我们拥有了这种善好，也就不再追求别的事物。如果我们是树木，我们就不能爱有感觉的移动，我们应该向往的，似乎是变得更茂盛多产，结出更多果实。如果我们是石头、河流、风、火焰，或别的这类东西，没有感觉也没有生命，我们仍然不缺乏追求我们的位置和秩序的欲求。物体的重量导致的运动就可以看作它们的爱，要么下沉要么上浮。重量载着物体，正如爱载着心灵——不论载到哪里⑰。我们是人，是依照我们的造物主的像造的。造物主的永恒是真实的，他的真实是永恒的，他的爱是既永恒又真实的。上帝是永恒、真实和爱的三位一体，这三者不可混淆，也不能分离。上帝至高无上的存在，是最高的智慧，是至善，没有他的创造，那些低于我们的事物就不能以任何方式存在，不能得到形式，不能追求也不能维护任何秩序。我们若观察上帝以神奇制造的所有事物，都能找到他留下的或多或少的足迹。而我们可以在自己身上看到他的像。我们就像福音书中的那个小儿子，因为犯罪而离开了他，而今让我们找到自己是谁，回到上帝身边吧⑱。在他那里，我们会永生不死，知识不会有谬误，有爱而无冲突。而今，我们确信自己有这三者，不需要别的见证就相信，而是因为，我们感到了自己的存在，用最真实的内在之眼看到了。不过，我们自己不能知道这些会存在

---

⑰ 参考《忏悔录》，13：9［10］。

⑱ ［译按］这里是在指《路加福音》15：11—20 中浪子回头的故事。这是奥古斯丁经常用到的一个典故。在《忏悔录》中，他就把自己比作这个浪子。

多久，是否将不复存在，不知道这是否会带来好或者坏。我们要么已
拥有别的见证，要么要追求别的见证。我们无疑要信任这些见证，但
我现在不能谈，还要在后面更合适的地方谈⑧。在本卷，我要谈上帝
之城，但不是作为在必朽的此世中的旅客，而是作为永远在天上的不朽
者，也就是与上帝在一起的圣天使们。他们现在没有背离上帝，将来也
不会背离上帝。我已经说过，上帝起初就把他们和那些抛弃了光明永
堕黑暗的天使分开了。在上帝的帮助下，我会尽我所能地继续我已经
开始的工作。

29. 神圣天使们认识三位一体的神性的知识：他们首先在上帝造物的技艺中观察万物的原因，而不是在造物主制造的作品中

　　圣天使们并不是通过言语的声音认识上帝的，而是通过那不变
真理的存在自身，也就是圣言，上帝的独生子。他们知道，圣言、圣父
以及他们的圣灵，是不可分的三位一体，每一位格都属同一实体，并
不是三个神，而是一个上帝。他们这样认识到的，比我们通过自己对
自己的认识更好。⑨ 同样，他们也以更好的方法认识被造物：他们通
过上帝的智慧，也就是它们被造的技艺，认识到被造物，比在被造物
自身当中知道的要好。同样，虽然他们确实可以在自己中认识自己，
但是他们通过上帝认识比通过自己认识要好。他们是被造物，与造
物主不同。我们前面说过，他们通过上帝的认识是早晨，通过自己的

---

⑧ 见本书，22：22。
⑨〔译按〕奥古斯丁此处的意思，应该不是说，天使对上帝的认识，比我们通过自身认识的
　好，而是说，天使对上帝的认识，比我们对自身的认识还要好。

认识是晚上[91]。他们究竟是根据上帝用来造物的道理,还是根据自身来认识,这有很大区别。线条是否直,图形是否对,这在理智中形成时是一回事,在尘土中划出来就是另外的事了;在不变的真理中认识的正义是一回事,在灵魂中认识的正义是另外一回事。此外还有,比如上面的水和下面的水中间的苍穹,称为天空。下面的水都聚到一处,旱地露出来,草木生长,日月星辰的创造,还有水中的动物,游泳的水鸟、鱼类、巨兽;还有在地上行走和爬行的动物,以及超过了地上所有事物的人类自身。天使们都可以通过上帝的言认识这一切,因为创造他们的不变而永恒的原因和道理都在那里。天使们也可以通过自己认识这些。但如果通过圣言,就认识得比较清楚;根据自身认识,就比较模糊。当他们用这万物来表现对造物主的赞美和敬意的时候,就如同黄昏降临在沉思者的心智中。

30. 数字 6 是完全数,它是第一个等于其真因子总和的数

6 是个完全数,所以圣经上说,所有工作在第六日就完成了,即,同一日重复了 6 次。这不是因为上帝不能同时创造一切,必须循序渐进,所以拖延了时间;而是因为,6 这个数字表明他的工作是完美的[92]。6 是第一个等于其因子总和的数,即,6 若被 6、3、2 整除,结果分别是 1、2、3,而这三个数加起来恰好是 6。这里说的数字的因子,就是能整除它的数,比如它的 1/2、1/3、1/4,或者任何一个这样的分数。比如,4 就不是 9 的因子,因为不能整除 9;但 1 能,1 是 9 的 1/9;3 也能,3 是 9 的 1/3。如果我们把这两个因子(就是 9 的 1/9 和 1/3)加起来,那么就是

---

⑨ 本书,11:7。

⑩ 参考奥古斯丁,《〈创世记〉字解》,4:2;4:37;《论三位一体》,4:7。

1 加 3,其总和离 9 还差得很远。再比如 10,4 是它的部分,但却不能整除它;但 1 能整除,它是 10 的 1/10。还有它的 1/5,就是 2;它的 1/2,就是 5。于是我们有了这三个因子,就是 10 的 1/10、1/5 和 1/2,分别是 1、5、2。三个加起来并不是 10,而是 8。而 12 的真因子加起来却大于 12;它的 1/12 是 1,1/6 是 2,1/4 是 3,1/3 是 4,1/2 是 6。1 加 2 加 3 加 4 加 6 不是 12,而是更大,即 16。我认为,应该简要谈到这些,以说明 6 是完全数。正如我所说,它是第一个因子相加等于自己的数,是完全数。上帝的工作在 6 中完成。因此我们不能小看数字的学问,圣经中很多处的数字对于想认真解经的人都有很大价值。因此对上帝的赞美没有说错:"你处置这一切,原有一定的尺度、数目和衡量。"[33]

31. 在第七日有了完满和休息

而在第七日,也就是同一天重复到第七次(7 也是个完美的数字,虽然原因不同),有了上帝的休息,于是第一次说,这一天被定为圣日[34]。上帝并不想给他工作的日子祝圣,而给他休息的日子祝圣。这天没有晚上,因为上帝的休息不是被造物。我们通过圣言知道,和通过事物自身知道,并不是两种知,好像有早晨的知识和晚上的知识。关于 7 这个数字的完美,可以说很多。但是这一卷已经很长了,我也不想好像找个机会就虚妄地炫耀我那一点科学知识,而不讨论有用的问题。我最好能节制而持重地讨论,以免人们说我在讨论数字的时候,忘记了"尺度和重量"。说下面的就足够了:3 是第一个整奇数,4 是第一个整偶数,二者相加得 7。我们总是见到用 7 指代全

---

[33]《所罗门智训》(《智慧篇》),11:21,用天主教思高本圣经。见本书,15:20,17:4,20:5,7。
[34] 奥古斯丁,《〈创世记〉字解》,5:1—3;4:31—37。

部,比如:"义人虽七次跌倒,仍必兴起。"㉟也就是:虽然他多次失败,但不会一蹶不振("跌倒"不该理解为邪恶,而是磨练人的谦卑与毅力的考验)。还有:"一天七次赞美你。"㊱而别处又以不同方式说:"赞美他的话必常在我口中。"㊲我们在圣经作者的笔下可以找到很多这样的例子,7 被用来指代全部的东西。这经常用来指圣灵。主这样说圣灵:"他要引导你们明白一切的真理。"㊳上帝在第七日的休息,指的是我们在上帝中休息。有了整全,也就是一切都完成之后,才能休息;而部分只能劳作。只要我们只知道部分,我们就要劳作,"等那完全的来到,这有限的必归于无有了"㊴。我们阅读圣经也靠劳作。在这无限辛劳的羁旅中,我们气喘吁吁地走向圣天使们的团契和集合,他们却永恒地栖息,知道一切,在幸福中休息。他们帮助我们不是难事,因为灵的运动纯粹而自由,不需劳作。

32. 有人认为,天使的创造先于世界的创造

也许有人反对我说,圣经写的"要有光,就有了光"这句话指的不是圣天使。此人认为或教育人说,最初创造的只是物质的光;天使不仅在上面的水和下面的水之间的所谓苍穹之前就创造了,而且还早于"神以太初造天地"的时间。至于所谓"太初",并不是说这是最先创造的,因为天使创造得更早,而是说一切都是用智慧(即圣言)创造的,圣经里把圣言就称为"太初"。就像福音书里犹太人问主是谁时,他说他

㉟《箴言》,24:16。
㊱《诗篇》,118:164。
㊲《诗篇》,34:1。
㊳《约翰福音》,16:13。
㊴《哥林多前书》,13:9—10。

就是"太初"那样⑩。我并不反对这个观点,主要因为这让我很喜欢,
在圣书开端的《创世记》就出现了三位一体。经上说:"神以太初造天
地",可理解为圣父用圣子创世,正如《诗篇》里面的见证:"主啊,你所
造的何其多,都是你用智慧造成的。"⑩随后非常恰当地提到了圣灵。
经上讲了上帝用太初造了怎样的大地,或者说为他将要创造的世界
提供了什么物质(即所谓天地),随后描述说:"地是空虚混沌,渊面黑
暗。"后面又加上说:"神的灵运行在水面上。"⑩每个人会有自己的理
解。这一段多么深奥,可以训练读者,产生各种不同的解释,每一种
都不会偏离信仰的规则。圣天使并不在最高的宝座上与上帝永恒共
在,但谁也不能否认,他们享有永恒、真正、安全、稳定的幸福。主教
导,他的小子要加入他们的团契,不仅说"乃像天上的使者一样"⑬,他
还指出,每个天使都安享沉思生活,说:"你们要小心,不可轻看这小
子里的一个。我告诉你们,他们的使者在天上,常见我天父的面。"⑭

33. 完全不同的两个天使团契,以光暗之名来称呼没有什么不对的

有些天使因为犯罪,被驱逐到这个世界的最底层,这相当于一个
监狱,他们被囚禁其中,直到在将来的末日审判中遭受永罚。使徒彼
得明白无误地表达了这个意思。他说,"就是天使犯了罪,神也没有
宽容,曾把他们丢在地狱,交在黑暗坑中,等候审判"⑮。上帝要么通

---

⑩ 《约翰福音》,8:25。
⑪ 《诗篇》,104:24。
⑫ 《创世记》,1:2。
⑬ 《马太福音》,22:30。
⑭ 《马太福音》,18:10。
⑮ 《彼得后书》,2:4。

过前知,要么以作工,分开了两种天使,谁能怀疑这点呢?好的天使配得上称为光,谁能反对呢?在信仰中生活的我们,希望能像天使们那样,虽然还没达到,使徒也毫不犹豫地把我们叫做光:"如今在主里面是光明的。"⑩至于那些背叛者,每一个理解了或相信他们比不信之人还坏的人,都会知道,他们可以明白无误地称为黑暗。这样,我们读到圣经里说的"神说,要有光,就有了光",即使理解为另外的光,读到上面写的"就把光暗分开了",即使把暗理解为另外的暗,我们还是把它们理解为两种天使的团契。在这两类天使中,一类安享上帝,另一类骄傲自大⑩。关于前者,经上说:"他的众使者都要赞美他。"⑩另外一类的首领却对主说:"你若俯伏拜我,我就把这一切都赐给你。"⑩前者充满了对上帝的圣爱,另外一种,却轻飘飘地,只肮脏地爱自己如烟的虚名。经上写道:"神阻挡骄傲的人,赐恩给谦卑的人。"⑩前者居住在九天之上,后者被放逐到天空底部浑浊的空气之中;前者是在光明的虔敬中安宁,后者受到黑暗贪欲的搅扰。前者得到上帝的首肯,仁慈地帮助我们,正义地报复敌人;而后者则屈服于自己的骄傲,膨胀着征服与伤人的欲望;前者完全出于自愿,服务于上帝之善好;后者为上帝的力量所挟制,不能按照意愿伤人;当后者本想迫害,却无意中做了好事时,前者以他们为游戏;当前者引领着朝圣的过客(*peregrinos*)的时候,后者嫉妒。我们看到,这两个天使团契彼此不同、相互对立,一种的自然是好的,意志也是正确的,另一种的自然是好的,但意志堕落了。圣经中对此有别的非常明确清晰的见证,比

---

⑩ 《以弗所书》,5:8。

⑩ 奥古斯丁,《忏悔录》,3:3[6]中用了同样的词组(*tumentem typho*)来描述骄傲。

⑩ 《诗篇》,148:2。

⑩ 《马太福音》,4:9。

⑩ 《彼得后书》,5:5。

如,我们相信,在题为《创世记》的这一卷,所谓的光与暗就象征了二者。也许作者在此写下这些话时有别的意思,但是我们如此讨论这些含混的语句并非没有用处。即使我们无法猜透这些经卷的作者的意愿,我们还是不会偏离信仰的规则,圣经中其他同样权威⑪的卷册里充分地向信仰者显示了这一点。即使这里谈的是上帝的物质作品,但无疑与他的精神造物是相似的。因此使徒说:"你们都是光明之子,都是白昼之子,我们不是属黑夜的,也不是属幽暗的。"⑫而如果圣经作者的用意确实如我们所理解的,那么,我们的这个讨论的用意就得到了最完美的目的。上帝所选的这个人有着卓绝而神圣的智慧,上帝的圣灵通过他记录了上帝在六日中完成的全部工作。我们相信他没有略去天使的创造。要么,我们把这理解为"太初"创造的,因为他们是最早创造的;要么,对"太初"更恰当的理解是,因为上帝是用他独生的圣言创造的,所以经上说:"神以太初造天地。"所谓的天地,指的要么是被造物的全部,包括物质的和精神的,这样理解更可信;要么,这里指的是世界的两大部分,所有的被造物都包含在其中,先是总括全部,然后根据神秘的天数,逐渐列出其各部分。

34. 有人认为,上帝将水分上下造出天空时,指的是天使;还有人说,水不是被造物

经上说:"诸水之间要有苍穹。"⑬有人认为,水这个词象征了众天

---

⑪ [译按]虽然多数译本都理解此处为"同样权威",但此处也有可能指"同样作者"。拉丁文中的"作者"(*auctor*)和"权威"(*auctoritas*)本来就有密切的关系,所谓"权威",就是对"作者"的一种抽象理解。后文凡是奥古斯丁谈圣经作者或权威的时候,经常在两层意思之间。

⑫ 《帖撒罗尼迦前书》,5:5。

⑬ 《创世记》,1:6。[译按]"苍穹"和合本作"诸水之间要有空气"。但 *firmamentu* 的本义是苍穹,详见本书 20:12 及注。

使[114]。苍穹上面的水可以理解为天使,苍穹下面的水或者理解为可见的水,或者是众多坏的天使,或者是整个人类。如果是这样,圣经里就没有说什么时候创造天使,但说了什么时候分开天使。有人带着最堕落和不敬的虚妄,否认水是上帝创造的,因为经上没有说:"神说,要有水。"但是,我们若以同样的虚妄,也可以这么说地,因为我们也读不到:"神说,要有地。"但是,他们说,圣经上写着:"神以太初造天地。"但水也可以这么理解,因为这一个词可以包括了水和地。正如我们在《诗篇》里读到的:"海洋属他,是他造的,旱地也是他手造成的。"[115]那些人想把天上的水理解为天使,是因为,元素是有重量、会移动的。水的本性是向下流的,不可能待在天上;他们要是按照自己的道理能造一个人,那么就不会在人的脑袋里放液体,也就是希腊人说的 φλέγμα(粘液),指我们身体的元素中的水[116]。但在上帝造的人这里,脑袋正是粘液所在的地方,而且是最合适的地方。按照他们的理论,这简直是荒谬的。如果我们不知道这个事实,而在这本书里写道,上帝把又湿又凉又重的脑子放在了人体中最高的部分,那些看重元素重量的人就会不相信。即使他们服从于圣经的权威,他们一定会说,这些言语别有含义。但如果我们精心考察和推敲圣经中关于这个世界的创造的描述,就会发现有很多可以说的,不过这离本书的主题太远了。我们看来已经充分地谈到天使们之间如何分裂成相互对立的两个团契,我们打算谈的人类的两个城的起源也在这里。现在我们可以结束这一卷了。

---

[114] 奥古斯丁在《忏悔录》13:15[32]中的观点就类似这样。但他在《回顾》2:6 中反驳了这一说法。奥利金、哲罗姆等人都持这一说法。

[115] 《诗篇》,95:5。

[116] 哲罗姆,《书信》,52:6。

上帝之城卷十二

[本卷提要]本卷继续上一卷的主题,通过诠释《创世记》来阐述两座城的起源,指出万物都是上帝创造的,但这并不意味着上帝要为天使和人类的恶负责。在本卷的第九章以前,奥古斯丁通过讲好坏天使的分离,再次讨论了他一生都在关心的恶的起源问题。需要特别注意的,是对意志和对宇宙等级秩序的强调。此处的讨论可以和《论意志的自由抉择》、《忏悔录》卷七中的相关内容对照。在本卷随后的三分之二部分,奥古斯丁主要集中于人的创造和历史观。他花了很大篇幅驳斥循环论,指出人类的创造是前所未有的。这些问题与上一卷已经涉及的时间观有很大关联,同时,这也引出了上帝的知识问题。他指出,上帝是无所不知的,对他而言没有任何无限和偶然,因此上帝知道天使和人类会犯罪。本卷也谈到,人与其他动物的重要区别,是从一个人繁衍出了整个人类,因而人类的社会团结是非

常重要的①。

1. 好的天使和坏的天使的自然都是一样的

1.1 我们在上一卷看到,两个城的起源在天使那里,现在要谈人的创造,以及两个城的开端与理性必朽物有何关系。在谈这个问题之前,我认为首先要谈谈天使,尽我所能地证明,说人和天使共同组成了这两个团契,不是不合适或不恰当的。因为并不存在四个城(天使有两个,人有两个),只有两个城,也就是两个团契,一个是好的,一个是坏的。两个中都既有天使,也有人类。

1.2 好的天使和坏的天使之间的冲突,并不是因为他们有不同的自然和太初。上帝是万物的好的作者和建造者,创造了两种天使,冲突来自二者的意志和欲望的差异,如果怀疑这一点,就违背了神法。其中一些一直与万物共有的善好(也就是上帝自身)在一起,坚守上帝的永恒、真理、爱;另外一些却更喜爱自己的力量,把自己当作自己的善好的来源,脱离了他们共有的更高的幸福的善好,陷入自身之中;他们宁愿自我膨胀,也不愿要最卓绝的永恒;宁愿陶醉于虚妄的狡黠,也不愿要最确定的真理;宁愿狼狈为奸,也不愿要不分彼此的爱。他们变得骄傲、欺骗、嫉妒。亲近上帝,就是好的天使幸福的原因;我们也就会理解,相反,不亲近上帝,就是坏的天使变悲惨的原因。要问好的天使为什么幸福,正确的回答是:因为他们亲近上帝;要问坏的天使为什么悲惨,正确的回答是:因为他们不亲近上帝。没有上帝,理性或理智的被造物就不是好的,也就不会幸福。并不是所

---

① [PL本提要]在本卷,奥古斯丁首先问到天使,为什么其中有些的意志是好的,有些的意志是坏的;为什么好的天使幸福,而坏的天使悲惨。然后他谈到人类的创造,教导说,人并不永恒,而是在时间中被造的,且只能是上帝创造的。

有被造物都会幸福，因为野兽、树木、石头，以及诸如此类的事物，就没有这个能力。凡是有这个能力的，都不是从自己获得的，因为他们从虚无中被造，他们的能力全都来自造物主。有了这些就会幸福，失去就会悲惨。只有造物主是因为自己的，而不是别个的好而幸福，因而不可能悲惨，因为他不会失去自己。

1.3　因此我说，除了唯一、真正、幸福的上帝，没有不变的好。他创造的万物是好的，是因为来自于他；是可变的，是因为万物不出自上帝，而是无中生有而造。他们都不是最高的好，因为上帝是更大的好。不过，这可变的好仍然是巨大的好，因为他们可以亲近不变的好，从而获得幸福。这不变的好就是他们的好，因为没有了他，他们一定变得悲惨。在被造的万物中，别的那些事物不会变得悲惨，但不能由此认为，他们就更好。正如我们身体上别的器官不会因为它们不会变瞎，就比眼睛好。正如有感觉的自然是好的，痛苦的感觉也比石头的不会痛苦好。所以，理性的自然即使是悲惨的，也比缺乏理性、缺乏感觉，从而不会陷入悲惨的自然更高。因此，这些自然被创造时就出类拔萃，虽然是可变的，但可以亲近不变的好，也就是至高的上帝，从而得到幸福。他们除非获得幸福，否则就不能满足需求；而只有上帝才能让他们满足。不亲近上帝当然是一种罪过。因为所有的罪过都伤害自然，因而是违背自然的，所以，亲近上帝的与不亲近上帝的之间的区别，不在于自然，而在于罪过。而这罪过恰恰表明，其自然是伟大而更值得赞美的。我们应该谴责罪过，但无疑要赞美自然。罪过是应该谴责的，因为它伤害了值得赞美的自然。正如我们说目盲是眼睛的罪过，也就表明，视力属于眼睛的自然。我们说耳聋是耳朵的罪过，也就表明，听力属于耳朵的自然。因此，我们说被造的天使的罪过是不亲近上帝，这就是最清楚地表明，他们的自然是亲近上帝。亲近上帝，从而向上帝而生，和上帝一同感知，热爱上帝，没有死

亡,没有谬误,没有不安地安享这么大的善好,谁能充分认识或表达
对这些的赞美?而坏的天使的罪过就是不亲近上帝。所有的罪过都
伤害其所具有的自然,这足以表明,上帝创造了这些坏的天使的自然
中的好,而远离上帝就伤害了他们[②]。

2. 没有与上帝相悖的存在,因为上帝是至高的和永恒的,而看来与上帝完全不同的,就不存在

　　既然如此,那么在我们谈论背叛的天使时,就不该认为,他们从
另外的太初获得了另外的自然,他们的作者不是上帝。越能清楚地
理解上帝的一句话,我们就越能轻松容易地远离这种谬误带来的不
敬。即,上帝在派遣摩西到以色列的子孙中去的时候,他通过天使传
达:"我就是存在。"[③]上帝是最高的存在,也就是说,他最高地存在着,
同时是不可变的。上帝赋予了无中生有的万物以存在,但是那并不
是像他一样最高的存在。他让某些存在多一些,让某些少一些,这样
按照等级安排存在者的自然。正如"智慧"(*sapientia*)一词来自"知"
(*sapere*),"本质"(*essentia*)[④]一词来自"存在"(*esse*)。这个新名词在
古拉丁语的作者那里是没有的,我们的时代却习以为常了,这样我们
的语言中就不会缺少词语来对应希腊语中的 οὐσίαν。[⑤] 拉丁语的
essentia 所指的恰恰就是它。因此,没有任何自然,与制造所有存在

---

② [译按]奥古斯丁的宇宙论的一个基本点是,所有的自然都是好的,因此,堕落天使的自
　然也是好的。但如要承认这一点,就会带来更多理论上的困难。奥古斯丁会在后文逐
　渐解决这些困难。

③ 《出埃及记》,3:14,和合本作"我是自有永有的"。

④ [译按]*essentia* 一词是 *esse* 的分词形式。汉语已经习惯把它译为"本质",但我们要注意
　它与"存在/是"的语言学关联。

⑤ 参见塞涅卡,《书信》,58:6;昆体良,《雄辩术原理》,2:14.2。

者的至高的自然相悖，除非不存在。每个存在的事物，都不会和存在相悖。上帝是最高的存在，是所有存在者的作者。没有和他相悖的存在。

3. 上帝的敌人不是就其自然，而是就其相反的意志而言的。这意志不仅伤害了他们自己，而且伤害了好的自然。 因为如果没有伤害，也就没有罪过

圣经中所说的上帝的敌人⑥，不是就其自然，而是就其罪过，说他们对抗上帝的帝国。他们无力伤害上帝，只能伤害自己。他们有反抗上帝的意志，却没有伤害上帝的力量。因为上帝是不变的，是无论如何也不会腐坏的。他们因为罪过而反抗上帝，被称为上帝的敌人，但那罪过不是上帝的坏处，而是他们自己的，没有别的原因，就是因为他们的自然之好腐坏了。因此自然不会与上帝相悖，而是罪过与上帝相悖，因为坏的与好的相悖。谁能否认上帝是至高的好？罪过与上帝相悖，正如坏与好相悖。遭受罪过的自然是好的；因此罪过与这种好也相悖。就像坏与好相悖那样，罪过与上帝相悖，从而与遭受罪过的自然相悖，这不仅因为它是坏的，而且因为它是有害的。没有什么坏事能伤害上帝，只有可变的、会腐坏的自然会遭到伤害；但这些罪过恰恰证明，那些自然本来是好的。如果它们不是好的，罪过就不能伤害它们了。因为，如果不褫夺它们的正直、美好、健康、德性，或是会被罪过毁灭或消减的、自然中随便哪种好，怎么会伤害那自然呢？如果这些都没有，就无人能褫夺善好，不能伤害它们，因而也就没有罪过可言了。不可能有不能伤害的罪过。总之，一方面，罪过不

⑥《使徒行传》，5：39；《罗马书》，5：10；《歌罗西书》，1：21。

能伤害不可变的好；另一方面，没有好就没有伤害。没有伤害，就没有罪过。这样就可以说，罪过不会发生在至善那里，只能发生在某种善好身上。好可以独立存在，坏却不能独立存在。于是，因为坏的意志的罪过，而有了欠缺的自然，就其有欠缺而言是坏的，就其是自然而言是好的。有欠缺的自然在受惩罚时，不仅其自然是好的，还因为它不是没有受罚而好。这惩罚就是正义，所有正义无疑是好的。谁也不会因为自然的欠缺而受惩罚，而是因为意志的罪过受惩罚。有些罪过因为逐渐强化或习以为常，变得好像自然，其实还是来自意志。现在，我们谈的是一种自然的罪过，这种自然的心智拥有理智之光，能够区分正义和不义。

4. 非理性的或没有生命的自然，就其种类和秩序而言，与宇宙的美丽并不相左

野兽、树木，和别的可变、必朽，没有理智、感性，乃至无生命的被造物，其自然是会消解、会腐坏的。谁若认为它们的罪过该谴责，那就是可笑的。但是，在造物主的许可下，这些被造物接受了自己的存在模式，盛衰更替⑦，从而形成了最低级的美丽，即时节的更选，这种美丽是这个世界中的一种和谐部分。地上的事物不求与天上的事物媲美，虽然天上的事物更好，但宇宙也不该缺少地上的事物。在这些事物聚居的地方，一些衰亡，一些兴盛，弱小的屈服于强大的，被征服者转化为征服者的一部分，这是尘世事物的秩序。我们并不能享受这种秩序中的美，由于我们的必朽性，我们也卷入这巨大的转变，成为它的一部分。那些伤害我们的部分，恰当又得体地融入整体，我们

---

⑦ 卢克莱修，《物性论》，1：262—264。

是无法感到的。而在我们更不能观察到的地方，我们得到最正确的教导，要相信造物主的神意，这样我们就不会胆敢凭人的虚妄，对如此伟大的工匠的作品吹毛求疵。如果我们明智地审视，则地上事物的罪过不是来自意志，也不是来自惩罚，反而在以此赞美它们的自然，这些自然无一不是上帝制作和建造的。因为，其自然中我们喜欢的东西，是我们都不愿意被罪过夺走的。有些自然本身也是人类不喜欢的，因为是有害的，那我们就不该这么看它们自身，而要看其功用。比如某些生灵过多了，就打击了埃及人的骄傲⑧。要这样说，人们都可以指责太阳，因为有些罪犯和欠债不还的人被法官判决让太阳暴晒⑨。被造物并不是根据对我们有利还是无利，而是根据自然本身来把光荣献给其制造者的⑩。因此，永恒之火虽然是为了在未来惩罚那些不敬的罪人的，其自然无疑还是应该赞美。什么比熊熊燃烧发光的火更美呢？虽然没有什么比烧灼更具毁坏性，但有什么比火更有助于加热、取暖、烹饪呢？我们发现，一件东西这么用就是有害的，但如果恰当使用，就是非常有利的。对于它在整个世界中的用途，谁能用语言说尽呢？赞美火的光明，却责备它的热度的人，我们不该听他，因为这不是从自然出发，而是根据是否有利。人们愿意欣赏火光，却不喜欢火的燃烧。但是他们要看到，他们那么喜欢的火光，若用得不当，也会伤害较弱的眼睛。它们所不喜欢的火焰，若使用得当，却可以使一些生灵健康生存⑪。

---

⑧ 《出埃及记》，6：16—20；10：1—6。

⑨ ［译按］根据 PL 本的注释，这种惩罚除了身体上的折磨以外，主要是要羞辱被罚者。在西班牙，被罚者还被抹上油，让很多苍蝇、蚊虫等来叮咬。

⑩ 参考奥古斯丁，《论〈创世记〉驳摩尼教》，1：26.16。

⑪ 参考普林尼，《自然史》，10：67；29：4.76；亚里士多德，《动物史》，5：19；本书，21：4。

5. 在所有种类和模式的自然中,造物主都应该得到赞美

所有存在的自然都有自己的模式,有自己的形式,彼此和平相处,当然是好的。凡是存在的,都应该按照自己在自然中的秩序存在,都根据自己所接受的存在程度,保卫自己的存在。那些不能永存的事物,服务于造物主之法安排的事物的用途和模式,从而变得更好或更坏。这些都依照神意,所朝向的目的,是宇宙的管理原则所包含的。腐败虽然会使可变和可朽的自然毁灭,存在的不复存在,但并不会阻止它们产生应该有的结果。这样,至高的上帝创造了所有存在,而这些存在都不是至高的,因为万物无中生有,不可能与上帝平等。如果没有上帝的制造,这些就根本不会存在。我们不应因为各种罪过的冒犯而指责上帝,而要在对所有自然的考察中,赞美上帝。

6. 好的天使为什么幸福,坏的天使为什么悲惨

这样,我们发现了好的天使幸福最真实的原因,那就是与至高者的亲近。而要探讨坏的天使悲惨的真正原因,我们该想到,那是因为他们离开了至高者,转向自身,而他们自己不是至高的。他们的这个罪过,不就该称为骄傲吗?"骄傲是一切罪恶的起源。"[12]他们不愿意为上帝保卫自己的力量[13]:如果他们能亲近至高者,那他们就会有更高的存在。他们因为更看重自己,所以就只能获得更低的存在。这是最初的缺陷,也是最初的匮乏,是他们的自然中最初的罪过。这自

---

[12]《便西拉智训》,10:15,用思高本圣经《德训篇》译文。

[13]《诗篇》,59:9。

然被创造的时候,就不是最高的,不过他们只要安享至高者,就可以获得幸福。如果他们背离至高者,并不是完全没有了自然,而是自然变得不完美了,他们就变得悲惨了。如果我们要寻求产生这坏的意志的效力因,那就什么也不会找到。他们自己做了坏事,那还有谁制造了他们的坏的意志呢? 导致那些坏事的效力因,就是坏的意志,但是没什么是坏的意志的效力因。如果这坏的意志来自另外一个事物,那么这个事物就要么有要么没有另外的意志。如果有,它就要么有好的意志,要么有坏的意志。如果是好的,谁会荒唐地说,好的意志制造了坏的意志? 因为如果是这样,那么好的意志就导致了罪。还能想出比这更荒谬的事吗? 如果这个被认为导致了坏的意志的事物自己也有坏的意志,我们还会接下来问,那么是谁制造了它呢? 如果用这种方式追问,我们会追问到最初的坏的意志的原因。由别的坏的意志制造的意志,不是最初的坏的意志。最初的坏的意志不是被什么导致变坏的。因为,如果在被导致的坏之前有一个更先的坏,那么,这个在先的坏就是最初的坏,导致了别的坏。有人会回答说,这个坏不是被导致的,而是永远是坏的;那我就会问它是否有自然。如果没有,那此物就根本不存在。如果有,这自然就应该遭受到罪过和腐坏,造成伤害,是好的缺失。这样,坏的意志不可能存在于坏的自然中,而只在可变的好的自然中,罪过可以伤害它。如果不能伤害,那就不是罪过了。这样我们就谈不上什么坏的意志了。如果能伤害,伤害就是对好的取消或减损。这样,坏的意志不可能永远存在于某物中。此物中本来有好的自然,但坏的意志通过伤害,削减了它。如果坏不是永远的,那么我问,是谁制造的? 只能说,制造坏的意志的,自己没有意志。我再问,这个事物是比意志更高,更低,还是相等? 如果更高,那就会更好,怎么会没有意志,或没有好的意志? 如果回答是,二者是同等的,二者就是同样的好的意志,一个不能制造另一个坏的意志。剩下的答案，就是更低、没有意志的东西导致了天使的自然最初的犯罪，产生了坏的意志。但是，哪怕是地上最低的事物，其自然和存在无疑也是好的，也有自己的模式和形式，有自己的种类和秩序。那么这样好的事物怎么会是导致坏的意志的效力因呢？我要问，好怎么成为坏的原因？是意志把自己从高转到低，坏就被导致（*efficitur*）了。所转向的东西并不是坏，而是"转向"（*conversio*）本身是堕落。那么，就不是更低者制造了坏的意志，而是意志在违背秩序地追求低的事物时，变成了坏的。如果有两个心灵和身体都一样的人，都看到了对方美丽的身体。其中一个看到后想淫邪地安享对方的身体，另外一个却坚守贞洁的意志。那么，我们认为是什么使一个意志变坏，而另外一个却不呢？在那个变坏的人中，是什么导致的变化？当然不是身体的美好；因为这美好是二人共同看到的，并没有让二者发生共同的变化。难道一个的肉身让看他的人发生欲望？那么另一个为什么没有呢？或者是心灵？那么为什么又不二者都变坏呢？我们已经说过，二者的心灵和身体都是同样的。有人说，其中一个得到了隐秘的邪恶精灵的引诱。如果是这样，那不是他的意志赞同了这建议和劝说吗？那么，我们要问，什么造成了这坏的意志，使它赞同那劝说？这样我们就把问题的所有障碍都排除了：如果二者遭到同样的诱惑，一个屈服就范，而另外一个却坚持正道，那么，一个是因为不愿意放弃贞洁，另外一个是因为愿意放弃贞洁。既然二者的身体和心灵受到同样的影响，这当然是相应的意志造成的。二者的眼睛看到同样的美丽，二者面临同样的隐秘的诱惑。我们好好考察后，还是不能看到，究竟是什么使其中的一个意志变坏。如果我们说，是他自己使自己变坏的，那在他有坏的意志之前，他的自然不是好的吗？因为这是不变的好的上帝造的。两个人在看彼此和被诱惑之前，有同样的心灵和身体，又看到了同样的身体，那么谁能解释，为什么一个赞同了诱惑和劝说，要淫邪地利用美丽的身体，而另外一个却没有？只能是自己造成了坏的意志，因为在坏的意志发生前，二者都是好的。谁要问，"为什么会变成这样，究竟是因为自然，还是无中生有的"，他会发现，坏的意志不是因为他是自然的存在，而是因为，自然是无中生有被造的。因为如果自然是坏的意志的原因，我们不是要说，坏来自好，好是坏的原因吗？这样，坏的意志从好的自然而来。好的自然虽然是可变的，但在有坏的意志之前，怎么可能造成坏（也就是坏的意志）呢？

7. 我们不会找到导致坏的意志的效力因

谁也不该去找导致坏的意志的效力因；因为坏不是一种效力（*efficiens*），而是无效力（*deficiens*）。它不是一种效力（*effetio*），而是一种缺乏（*defectio*）⑭。它是从至高者变缺乏，变成更低的存在，这就是坏的意志的开端。我们说，这种无效力的原因，不会是效力，而是无效力。而谁想发现这原因，就如同想看到黑暗，想听到沉默。我们知道什么是黑暗和沉默，知道黑暗要用眼睛，知道沉默要用耳朵。但不是看或听形式，而是形式的缺失。没人会从我这里知道，我知道不能知道的东西；除非他想学会不知，我们知道不可知的事⑮。对于那不能通过形式，而通过形式的缺失认识的（如果可以这么说或这么理解），只能通过不知来认识，从而又通过认识来不知。当肉眼的视

---

⑭ ［译按］此处的 *efficiens* 和 *deficiens* 很难翻译。传统上，我们把前者翻译为效力因中的"效力"，那么，*deficiens* 就应该是"无力"，但是如果坚持把它译为"无力"，后面很多地方会非常不顺。所以我们还是译为"缺乏"。这两个词之间的关系，就很难在中文中直接表达出来了。

⑮ ［译按］作者的意思是，对于我明知不可知的事，别人不可能通过我知道，而只能通过我理解，那是不可知的。

觉通过物体的形式认识时,眼睛不会看到黑暗,而只能从开始看不到的地方认识黑暗。同样,沉默也只与听觉这一种感觉相关。人们只有在感觉听不到时,才能感到沉默。我们用心智中的理智感觉可认知的形式;但是在欠缺的地方,我们是通过不知学到的。"谁能知道自己的错失呢?"[16]

8. 堕落之爱使意志欠缺,从不可变的好转向可变的好

我知道,上帝的自然是从未欠缺、无处欠缺,也不可能欠缺的;而无中生有的事物却可能变得欠缺。无中生有的事物有越大的存在,做越多的好事(因为它们会做一些好事),就越有效力;而它们越是无效力,因而做了坏事(它们所做的不都是虚妄的吗),它们就有了无效力的因。我同样知道,那有坏的意志的,只要不愿意,就不会做所做的坏事。由于意志不必然无效力,因而对其意志之无效力的惩罚也就是正义的。无效力并不是朝向了坏,而本身就是坏,即,不会朝向坏的自然,而是本身就是坏,因为这违背了自然的秩序,从朝向最高,跌到了朝向较低的。比如,贪婪不是黄金的罪过,而是堕落地爱黄金的人的罪过,他抛弃了正义,而正义当然无可比拟地高于黄金。奢侈也不是甜美的身体的罪过,而是堕落地爱美丽身体忘记了节制的灵魂的罪过。通过节制,我们精神上更加美丽,因其不腐朽而更加甜蜜。狂傲也不是人间赞美的罪过,而是堕落地爱人间赞美、失去了良知的见证的灵魂的罪过[17]。骄傲并不是赐给权力者的罪过,甚至不是权力自身的罪过,而是堕落地爱权力、鄙弃更正义和更大的权力的灵魂的罪过。由此可见,某人若是以堕

---

[16] 《诗篇》,19:12。

[17] 《哥林多后书》,1:12。

落的方式热爱某种自然之好,哪怕他得到了这种好,在那好中也会变坏,他因为失去了更大的好而悲惨。

9. 圣天使从造物主那里得到自然,那么,他们在被圣灵充满爱的时候,是否也从造物主那里获得了好的意志呢

9.1 坏的意志没有自然的效力因。或者,如果可以这么说,没有什么存在物作为其本质的原因(*essentialis causa*)⑱。意志使可变的精神开始出现坏,自然之好减弱和缺失。如果不是因欠缺而抛弃了上帝,也就没有坏的意志,这种欠缺的原因,当然也是欠缺。如果我们说,即使好的意志也没有效力因,那我们要注意,不能认为好的天使的好的意志不是制造的,而是与上帝永恒共在的。既然天使们是被造的,他们的意志怎么会不是被造的呢?倘若意志是制造的,那这意志是和天使一同被制造的,还是天使没有意志就已经存在?如果是一同被制造的,无疑就是制造天使的上帝制造了意志。因此,在他们被制造的同时,他们就靠上帝在他们中创造的爱,亲近创造他们的上帝。他们与其余的天使团契相分离,因为他们保留了这好的意志,但是另外的天使变得欠缺,坏的意志使他们欠缺了好。如果他们不愿意,他们就不会欠缺。而如果好的天使在没有好的意志的时候就已经存在,在上帝没有干预的情况下,自己制造了好的意志,那么,他们就把自己变得比上帝制造的他们更好。这不可能。而没有好的意志,不就是坏吗?也许这不是坏,因为他们还没有坏的意志(因为坏是好的欠缺,而他们还没有开始好),但他们毕竟不会像他们得到

---

⑱ [译按]我们这样翻译 *essentialis causa*,是为了尽量清楚地传达奥古斯丁此处的含义。如果把这里仅仅译为"本质原因",恐怕读者很难明白作者的意思。

好的意志后那样好。他们不能使自己比上帝制造的更好，因为没有谁能制造比上帝制造的更好的事物。那么，既然有好的意志更好，那就只能在造物主的干预和帮助下，他们才可能拥有。由于有好的意志，他们不会朝向自己，因为自己的存在是更低的，而会转向（converterentur）至高的那一个。因为亲近上帝，他们分参上帝的至善，智慧而幸福地生活，于是就有了更高的存在。上帝无中生有，制造了他们那好的自然，使他们能亲近上帝。但前文所证明的就是，如果上帝没有先刺激他们能够渴望他，然后把自己充满了他们，从而把他们变得更好，他们的意志不论有多好，也会停留在无助的渴望中。

9.2 我们还需要讨论，如果好的天使自己制造了好的意志，那么，他们是否用意志制造的呢？如果不是，那他们就没法制造。如果是，那这个意志是坏的还是好的呢？如果是坏的，坏的意志怎么会导致好的意志呢？如果是好的，那么他们早就有好的意志了。制造这意志的，只能是创造了他们的上帝，让他们拥有好的意志，让他们有贞洁之爱，用以亲近上帝。上帝同时制造了他们的自然，并给予了他们恩典。在没有好的意志，即对上帝之爱的地方，我们不能相信存在圣天使。而一些天使被造时是好的，后来变坏了。这坏的意志并不是好的自然造成的，而是因为他们主动丢失了好。坏的原因不是好，而是好的欠缺。比起那些坚定的天使，他们要么是接受了较少的神爱和神恩，要么是二者在被创造时接受了同等的好，一些天使因为坏的意志堕落了，而另外一些则得到了更多的神助，获得了充盈的幸福，能够最确切地保证，自己不会堕落。我们在前面一卷里已经谈了这个问题[19]。我们应该承认，"因为所赐给我们的圣灵，将神的爱浇灌在我们心里"[20]。不仅人

---

[19] 参见本书11:13。
[20]《罗马书》,5:5。

间的圣徒可以这样赞美造物主，圣天使也可以这么说。圣经里下面
的话讲的不完全是人类，而首先特别针对天使的好："我亲近神是与
我有益。"[21]共同拥有这个好的，不仅与他们所亲近的上帝，而且彼此
之间也结成一个神圣的团契，形成一个上帝之城，这是上帝的活祭，
是他活的神殿[22]。这个城的一部分是必朽的人组成的，他们终将与不
朽的天使结合起来。而今，他们中的一些还在地上必朽的羁旅中，另
外一些已经在死亡中离去，栖息在那接收灵魂的隐秘的位子上。而
今，我认为需要谈论上帝如何创造了这一部分，他们如何开端，就像
我就天使所谈的那样。上帝最初造了一个人，根据圣经上的信仰，从
这个人开始了人类的历史。圣经的神奇权威将在整个大地和万国称
王。因为圣经上说，各国都会信仰它[23]。这是它的诸多必将实现的预
言中的一个。

10. 关于人类和世界都一直存在的观点

有些人在谈论人类的自然和创造时，根本不知道自己在说什么。
让我们对他们的说法忽略不计。一些人认为，世界和人类一直存在。
阿卜莱乌斯在谈到生灵的种类的时候说："每个个体是必朽的，但他
们组成的整个类是永恒的。"[24]如果说人类是永远存在的，那么该如何
理解他们的历史呢？其中谈到谁是发明者，发明了什么，谁最先创造
了文化研究和别的技艺，以及谁开始在地上的某个区域或某个部分，
在这里那里的岛屿居住。他们会回答说，水火灾害在某段时间毁灭

㉑《诗篇》，73:28。

㉒《罗马书》，12:1;2:19以下。

㉓《马可福音》，14:9。

㉔ 阿卜莱乌斯，《论苏格拉底之神》，4。

了很多土地，但不是全部㉕，人数变得少得可怜了，再生息繁衍，才逐渐回到了远古时的人口众多。同样的事情不断重复，好像一切都从头开始，其实只是恢复到被巨大的灾难打断和灭绝之前。只有已经存在的人的繁衍才会使人存在。他们说的只是他们所想的，而不是他们所知道的。

11. 说世界已经有好几千年，这历史是虚假的

有些书籍中说历史上已有很多千年过去了㉖，这更是无比鲁莽的错误。圣经里面说，从人类被创造以来至今，我们只能算出不到六千年。这类书籍谈到了那么多千年，我们没必要争论太多。这些是虚妄的错误，找不到一点权威。在亚历山大大帝写给他母亲奥林匹娅的信中㉗，他谈到了他和一位埃及祭司的谈话。那个祭司所讲的来自他们的神圣档案。其中谈论了希腊历史学也曾谈论的一些王国。亚历山大在信中说，亚述人的王国超过了五千年。但按照希腊历史学，从伯鲁斯（*Belus*）㉘开始算起正好有一千三百年。埃及人也同意，伯鲁斯的统治是亚述王朝的开始㉙；他对亚历山大说，从波斯人与马其顿人的帝国到亚历山大自己，有八千多年，但是按照希腊人的算法，到亚历山大死的时候，马其顿只有四百八十五年。亚历山大征服波斯后，

㉕ 西塞罗，《论神性》，2。

㉖ 柏拉图，《蒂迈欧篇》，21 以下；《斐多篇》，274 以下；西塞罗，《论占卜》，1:19；拉克唐修，《神圣原理》，7:14。

㉗ 参见本书，8:5,27。

㉘ 传说是亚述的第一个国王，尼努斯的父亲（尼努斯见本书 4:6）。但也可能就是亚述民族中的大神巴尔，或者这个国王就被当成了神。见希罗多德，《历史》，1:7。又见于本书 16:3.1,16:17。

㉙ 尤斯丁，《菲力比历史摘抄》，1:2；尤西比乌，《编年史》，1:12；本书，18:21。

终结了波斯的历史，波斯也只有二百三十三年。因此，这些数字比埃及
人算的要小很多，即使乘以三也还到不了那个数。埃及人以前的一年
很短，只有四个月㉚。我们和他们现在所用的历法都更完善和准确。
按照这个历法，我们应该把古代的年数除以三。但正如我说的，即使这
样，希腊历史学还是和埃及人算的年数不能吻合。我对希腊的更加信
任。因为他们的年数没有超过我们的圣经里说的真理。只有我们的圣
经才是真正神圣的。亚历山大这封信很有名。如果连它都与更可信的
记载年数差得太远，那我们就更不能相信另外那些记载了。其中充满
了远古时虚无缥缈的传说，而违背声名显赫的圣经的权威。圣经预言，
整个大地都会信仰它。正如它所预言的，整个大地都信仰了它。它对
以后的预见都一一实现了，这岂不是表明，它对过去的记载都是
真的？㉛

12. 有人认为世界不是永远存在的，而是有无数个，或是同一个
世界在某段时间终结时不断地再生和毁灭

有人认为世界不是永远存在的，却认为不止有一个世界，而是有
无数个㉜，或者认为只有一个世界，但是这个世界在一段时间内会产
生和毁灭，如此不断地周而复始㉝。他们必须承认，在没有繁衍后代
的人类出现之前，就有人存在了。我们前面提到的人认为，地上的水火
灾难并没有毁灭整个世界，他们总是认为，有少数人活了下来，留在世

㉚ 普林尼，《自然史》，7：48；拉克唐修，《神圣原理》，2：12；本书，15：12。
㉛ ［译按］我们此处的分章完全依照 CCSL 本；PL 本将 10 和 11 合成一章。因而，两个版
本此后的章数都差一个数。
㉜ 卢克莱修，《物性论》，2：1023 以下。
㉝ 拉克唐修，《神圣原理》，2：9；本书，18：41.2。

上生息繁衍,恢复到远古的众多人口。这些人却不能这么认为。但是他们认为世界是在自己的物质中再生的,同样,人类也是从世界的元素中再生的。这之后,必朽的人必须由他们的父母生育繁衍,就像别的生灵一样。

13. 有人认为,人类最初的创造太晚了。 我们该如何回答他们

转到世界的起源的问题。有人不愿相信世界不是永远存在的,甚至柏拉图就非常明确地表达了这一点㉞——虽然有人认为,他所说的内容颇有自相矛盾之处。我对他们的回答是,世界有一个开始。但关于人最初的创造,有人提出了一个这样的问题:为什么在那无穷无尽的时间里,人都没有被创造,却那么晚才被创造呢? 按照圣经的说法,从人被创造,不过才有不到六千年㉟。按照我们的作者,人类被创造的时间就是这么短暂。如果时间的短暂让这些人不快,那他们该明白,同没有终结的永恒比起来,任何有限的东西都不长,而所有的时代都是有终结的。这些时段很短,简直什么都不算。从上帝造人,且不说五六千年,哪怕是六万或六十万,或者这个数字的六十倍、六百倍、六十万倍,甚至这个总数再不断翻倍,直到一个我们永远数不出来的数字,我们还是会有同样的问题:为什么上帝不在这之前造人呢? 上帝造人之前的永恒没有起点,无论你想用怎样巨大和无法言说的数字,那还是有终结、占据一定长度的,就像一滴水和整个大海,甚至和环绕大地的大洋相比那样。两者相比,水滴非常小,与大海之大不可同日而语,但两者毕竟都是有限的;占据一定长度的时

㉞ 柏拉图,《蒂迈欧篇》,28b。

㉟ 见本书,11:5。

间,从某个时间开始,到某个时间结束,无论有多么漫长,和无始无终的无限比起来,我不知道应该把它算作极小,还是根本什么也不是。如果我们从它的终点算起,往回一个一个瞬间地数,这样就会数出一个巨大的数字,用语言无法形容(这就如同数一个人过的日子,从他活着的某一个时候往回数,一直到他的出生),不过最终我们还是会到达一个起点。但是如果追溯根本没有起点的时段,我且不说一个瞬间一个瞬间,一个小时一个小时,一天一天,一月一月,甚至一年一年地数,哪怕以很长的长度,甚至很多年为一个单位,用谁也无法计算的,但毕竟是由无数个瞬间组成的长度,我们不只数出一个两个这样的单位,甚至要不断往复地数,无休止地数,我们怎么可能到达开端? 因为根本就没有这样的开端。我们在五千多年后这么问,我们的后代在六十万年后出于好奇,也会以同样的方式询问(假定这必朽者生生死死,到那时候还像现在这样懵懂无知)。我们自己之前的人,甚至离造人更近的人也会提出同样的问题。甚至第一个人在被创造的后一天甚至当天就可以问,为什么他不被造得更早些。无论他被造得多早,关于万物时间开端的这一争论,并不比他现在被造,乃至他以后被造,有更少的困难。

14. 有些哲学家认为,尘世的轮回总会在某个时刻把宇宙带回最初的秩序和状态

14.1　这个世界的哲学家们认为,没有别的办法解决这一争论,除非说,时间只会循环往复,只会让万物的自然永远更新和重复㊱。他们因而认为,这样的循环没有终结,一个来了,一个又去。要么,永

㊱ 柏拉图,《蒂迈欧篇》,39d;西塞罗,《论神性》,2:51以下;维吉尔,《牧歌》,4:5。

恒的世界中总是在轮回,要么,世界隔一段时间就生灭一次,过去的
事情以后再发生一遍,好像总是新的[37]。这样,不朽的灵魂哪怕再有
智慧,也无法解脱这个游戏,无休止地奔向虚假的幸福,然后又无休
止地回到真正的悲惨。不能确信会永恒的,怎么算真正的幸福? 灵
魂要么由于不知道真理,而意识不到迫在眉睫的悲惨,要么是在恐惧
中过着幸福生活,幸福也变得非常不幸。只有不再回到不幸,才可能
从这里奔向幸福。那应该是历史上全新的,没有时间的限制。世界
为什么不能这样? 被造在世界中的人为什么不能? 我不知道这是什
么被骗又骗人的智者说的虚假的轮回,我们只有靠健康的学说,才能
摆脱这条邪路,走上正道。

14.2 有些人[38]还希望我们从《传道书》上所罗门的话,读出这种
轮回:"已有的事,后必再有。已行的事,后必再行。日光之下并无新
事。岂有一件事人能指着说,'这是新的'? 哪知,在我们以前的世
代,早已有了。"[39]他们愿意把这理解为,一切都回归到原来。但在所
罗门说这些的时候,他指的或者是上文所讲的,即代代相继、日升日
落、潮涨潮退,或者是所有生生灭灭的物种。我们存在之前已有人存
在,我们同时也有,我们后来还会有。生灵和树木也是这样。怪物和
生出来就不寻常的事物,它们之间也各自不同,而且有的只出现一
次,但是都有一个共同的特点,即,都是奇怪而特异的。因此,无论过
去、现在,还是未来,太阳下面都没有什么新奇的怪物[40]。但人们还
可以理解为,智者想让人理解,万物的发生都在上帝的前知之内,

㊲　马可罗比乌斯,《论西庇欧之梦》,2:10。
㊳　奥利金,《论首要原理》,3:5.3。
㊴　《传道书》,1:9—10。
㊵　[译按]奥古斯丁此处的逻辑是,虽然这些怪物都是前所未有的,但因为它们都有共同的
　　特点:奇怪而特异。因而每一个出现时,都不是第一个奇怪而特异的事物,因此不是新
　　的。

这样，太阳下也就没有什么新的东西了。要是我们像哲学家们认为的那样，相信所罗门的话指的是轮回，每个世代中的事物都会往复循环，那就偏离了正确的信仰。比如，某个世代有个哲学家柏拉图在雅典城那个名为学园的学校里教他的学生，在无数个时代以前，不知几度沧桑，也有同样的一个柏拉图，在同样的城里，在同样的学校，给同样的学生讲课，而且这在无数个世代之后还要重复。我说，这实在无法让我们相信。基督独一无二的死是因为我们的罪[41]；而"基督既从死里复活，就不再死，死也不再作他的主了"[42]。"我们就要和主永远同在。"[43]我们像神圣的《诗篇》里所写的那样说："主啊，你必保护他们。你必保佑他们永远脱离这世代的人。"而我认为完全可以说，随后的话就是说那些人的："不敬的人在轮回中游行。"[44]这里说的轮回，不是他们认为的，说他们的生命不断反复，而是说他们的谬误之路，也就是虚假的教条在轮回。

15. 既然上帝不会有新的计划，他的意志不会变化，那么人类是何时创造的

如果他们进入这个谬误的轮回中，找不到入口，也没有出口，那有什么奇怪的？因为他们不知道人类，以及我们的必朽状态，何时开始，何时终结。他们不能参透上帝有多么高。上帝是永恒的，没有开端，但他使时间有一个开端。在这个时间之前，上帝没有造人，他在

---

[41]《罗马书》，6：9。
[42]《罗马书》，6：10。
[43]《帖撒罗尼迦前书》，4：17。
[44]《诗篇》，12：7—8，此处奥古斯丁用的是七十士本，后面半句，和合本译为："恶人到处游行。"

时间中造人,不是新的和突然的,而是上帝不变和永恒的计划。谁有能力追踪他那无法追踪的高度,考察他那无法考察的一切[45]呢?上帝靠了不可考察的一切,用他不变的意志,在时间里造了此前从未有的人,并让人类由一个繁衍成多。《诗篇》的作者先是说:"主啊,你必保护他们。你必保佑他们永远脱离这世代的人。"诗人随后回应那些陷入愚蠢和不虔敬的教条,灵魂得不到永恒的拯救和幸福的人,说:"不敬的人在轮回中游行。"那些人仿佛在对他说:"你信什么,你感到什么,你理解了什么? 难道我们要认为,上帝突然高兴创造了人,而在此前无限的永恒中,他从未创造? 什么新事也不能发生,他那里不会有变化。"为了继续回应他们,诗人仿佛对上帝说:"你按照你的高深智慧,使人的子孙繁衍众多。"[46]他仿佛在说,让人们随便怎么想吧,他们高兴怎样,就怎样认为和怎样争论吧。既然"是按照你的高深智慧",就没有人能知道怎样"使人的子孙繁衍众多"。这确实是高深莫测的事:上帝永远存在,虽然他以前从未造人,他就要在某个时间制造。这不会改变他的计划和意志。

16. 我们总是把上帝理解成主,那么我们是否该相信,他总是不缺少被造物来做主? 既然不能说被造物和他永恒共在,那怎么说总有被造物呢

16.1 我不敢说,主上帝曾经不是主[47]。因此我不怀疑,既然在

㊺ [译按]此处原文为 *inscrutabilem perscrutari*,很多译本认为这里应该有一个名词,就加上了"智慧",并且与下文的创造紧密相扣。但我们还是按照原文,只译成"无法考察的一切"。

㊻《诗篇》,12:8,据七十士本。

㊼ 参见奥古斯丁,《论三位一体》,5:17。

时间之前没有人类，那么，初人就是在某个时间被创造的。但我知
道，上帝总是主，如果并不是总有被造物，那他是谁的主呢？对这个
问题，我不敢斗胆回答。我独自沉思，也想起了圣经里写的："有谁能
知道上帝的计划，有谁能认识上帝想做的事？必朽者的认知，常是不
定的，我们人的计谋常是无常的。因为，这必腐朽的身体重压着灵
魂；这属于土的寓所，也迫使认知多虑。"㊽我沉思住在这地上的众多
事物，因为我不能找到万物当中或之上的那个唯一真理，也就无法思
索它。也许我会说永远有被造物，因而他们的主永远是他们的主，从
未不是什么的主；但是一会儿是这个的主，一会儿又是那个的主，在
不同的时间里各自不同。我们不能说哪一个与造物主永恒共在，因
为信仰和健康的理性谴责这种说法。如果这么认为，我也必须小
心，不要变得那么荒唐，偏离了真理之光：认为必朽的被造物死生
相继，所以在时间中永远存在，而不朽的被造物（即天使）只有到了
我们的时代才被创造。如果最初创造的光确实指天使，或者，圣经
说的"神以太初造天地"中的天就是指他们，那么，天使在他们被创造
之前不会存在。否则，如果我说他们是永远存在的不朽者，人们会误
以为他们和上帝永恒共在。但是，如果我说天使的创造不发生在时
间中，而是发生在所有时间之前，从来都是主的上帝，一直就是天使
们的主，有人就会问我，如果天使的创造是在所有时间之前，那么这
被创造的是否永远存在呢？也许我会这么回答：为什么不能永远呢？
因为在所有时间里都存在的，不就可以说是永远的吗？这样我就敢
于说他们在所有时间里存在，所以是在所有时间之前被创造的。如
果天的创造是时间的开始，那他们就是在天之前创造的。如果时间
不从天开始，而是在天之前就有的（我所说的时间，不是按小时、日、

㊽《所罗门智训》，9：13—15，用思高本《智慧篇》译文，有改动。

月、年来算的,因为这是时间在空间中[*spatiorum*]的长度㊾,是就时间的使用和方便而言的,显然是根据星辰的变化划分的。在上帝创造星辰的时候,他说:"可以分昼夜、作记号、定节令、日子、年岁。"㊿我说的时间,指的是某种可变的运动,一部分先发生,一部分后发生,不可能同时发生。)如果在天被造前,就有天使的某种运动㈠,那就有了时间,天使们从被造开始,就在时间里运动。这样,他们就在所有时间里存在,因为时间和他们同时被造。谁能说,那存在于所有时间之中的,不是永远存在?

16.2 而如果我这样回答,对方就会对我说:既然上帝永远存在,他们也永远存在,那他们怎么不与上帝永恒共在呢?如果认为他们永远存在,怎么又说是被创造的呢?怎么回答这个问题呢?也许可以说,那些与时间一同被创造的,存在于所有时间里,所以永远存在。而他们虽然与时间一同被造,毕竟还是被造的。虽然无人怀疑,时间存在于所有时间中,但我们不能否认,时间还是被创造的。如果时间不在所有时间中,难道有段时间里没有时间吗?谁会说这无比愚蠢的话?我们可以正确地说:有段时间没有罗马,有段时间没有耶路撒冷,有段时间没有亚伯拉罕,有段时间没有人,诸如此类。如果世界不是在时间的最开始,而是在一段时间后被创造的,我们就可以说,有段时间没有世界。但是,说有段时间没有时间,这说得太不合适了,就如同说,还没有人的时候有人,或者,还没有世界的时候有世界。如果我们指的是不同的个体,可以用这种方式说话,即:在没有

㊾ [译按]奥古斯丁的意思是,这不是真正的时间,而是经过了空间转化之后的时间度量。人类的时间长短观念,从某种程度上都是把本来无法测量的时间转化为空间长度来测量。关于时间的不可测量,参见《忏悔录》,11:23[29]以下。

㊿ 《创世记》,1:14,参考本书,11:9。

㈠ 参见奥古斯丁,《〈创世记〉字解》,8:39。

这个人之前有另一个人，在没有这段时间之前有另外一段时间，我们可以这样说，这是对的。而说没有时间之前有时间，谁能说这最无知的话呢？我们说时间是被造物，也说它是永远存在的，因为时间在所有时间中。但这并不意味着，如果天使永远存在，那么他们就不是被创造的。因此，说他们永远存在，是因为他们在所有时间中；说在所有时间中，是因为，如果没有他们，时间也不可能存在。在没有被造物的地方，就不会有被造物的前后相继的运动来形成时间，时间就根本不可能存在。因此，他们虽然永远存在，还是被创造的，永远存在未必就与造物主永恒共在。上帝是永远存在，并且永恒不变的；但天使们是被创造的，说他们永远存在，是因为他们在所有时间中，没有他们就不可能有时间。时间在变动中流转，不可能与永恒不变者永恒共在。即使天使的不朽不会在时间中变化，不会变成过去，好像不复存在了；不会变成未来，好像还没有出现，但他们的运动产生了时间，还是会从未来变成过去。至于造物主，我们不能说他的某个运动不复存在了，或尚未存在，天使怎么会和他永恒共在？㊲

16.3　因此，如果上帝永远是主，他就永远有被造物在他的统治下侍奉他。这被造物确实不是从他生的，而是他从无中制造的，不可以和他永恒共在；上帝在被造物之前存在，虽然他无时无刻不和被造物同在；说他在被造物之先，并不在于经过时间的长度更长，而在于只有他永恒存在㊳。人们若问，既然被造物并不永远侍奉他，那么，上帝为什么是永远的造物主，为什么永远是主呢？或者，既然被造物可能永远存在，那么他们为什么不会和造物主永恒共在呢？我如果用上面的话回答他，我怕他们会说我不懂装懂，而不是说出自己所知道

㊲　[译按]奥古斯丁所谓的"永恒"，并不是时间的无限延长，而是永远的"现在"。因此，即使天使们在时间中永远存在，也只是拥有无限的时间，但并不是永恒的。

㊳　参考《忏悔录》，11:13以下。

的。那么,我就退回到我们的造物主希望我们知道的;至于他让此世中更智慧的人才能知道的,或者留到彼世,让变得完美的人再知道的,我承认超出了我的德能。我想我可以不做出武断的肯定,但是读到这些的人能看到,他们不要提出危险的问题来试探,不要认为自己可以回答所有问题。他们更应该理解,他们该遵循使徒的拯救性的教诲。他说:"我凭着所赐我的恩,对你们各人说,不要看自己过于所当看的。要照着神所分给各人信心的大小,看得合乎中道。"[54]如果根据一个婴儿的能力来喂养他,他就会随着成长而逐渐能吃更多;但是,如果让他吃超出他的能力的食物,那他不会成长,反而变得欠缺。

17. 上帝在永恒之前向人应许了永生,这该怎么理解

在人类被创造之前过去了多少时代,我承认我不知道;不过我不怀疑,任何被造物都不会和造物主永恒共在。但就连使徒也提到永恒的时间。他甚至不是指将来,而是指过去,这更让人疑惑。比如他说:"盼望那无谎言的神,在永古之前所应许的永生。到了日期,借着传扬的工夫,把他的言显明了。"[55]看,他也说到了永古之前。不过,这时间仍然不会和上帝永恒共在。上帝不仅在永古之前就已经存在,而且还应许了永生,在他们的日期,也就是恰当的日期,就显明了,而这讲的不就是上帝的言吗? 这言就是永生。那么,他怎样应许呢? 人在永

54　《罗马书》,12:3。

55　《提多书》,1:2—3;"永古之前"(即"永恒的时间之前")和合本作"万古之先"。〔译按〕此处希腊原文为 πρὸ χρόνων αἰωνίων,哲罗姆的拉丁文译文为 *ante tempora saecularia*,即"万古之先"(尘世时间之前),但奥古斯丁理解为 *ante tempora aeterna* 也并不错。而在《罗马书》16:25 出现同一个词组时,哲罗姆也译成了 *temporibus aeternis*,和合本则译为"永古"。奥古斯丁在《驳普里茜拉派》(*contra Priscillianistas*)中曾谈到了这个问题,也可参考《论〈创世记〉驳摩尼教》,1:4;《八十三个问题》,72。

古之前还没有存在呀，怎么来对他们应许？这意思不正是说，按照他自己的永恒，以及和他永恒共在的圣言，那未来会发生的事，已经预先确定了？

18. 有人认为，上帝的工作是永恒的重复，时代永远在轮回中反复。 我们怎样用健康的信仰反对他们的理论，捍卫上帝的不可变的计划或意志

18.1 我不怀疑，在初人被创造之前，是没有任何人的；我也不认为，这个人会在我不知道怎样的轮回中，作出我不知道多少次的循环，其他的自然也一样不会。哲学家们的论述也不会让我放弃这个信念。根据这当中最尖锐的论述所认为的，他们说任何知识都无法把握无限。他们说，对于上帝制造的任何有限的事物，上帝都有有限的道理。但是人们不能认为上帝的善好曾经有空闲，否则，就会认为他也是在时间中工作，认为他在过去的永恒中闲着，他后悔以前没有开始工作，然后开始工作。这样，他们说，同样的事情就必然永远重复发生，发生过的都会再来一遍。他们要么认为，世界虽然在变化，却是没有不存在的时候，在时间中没有开端，但还是被造的；要么认为，世界永远在生灭，永远在重复同样的轮回。否则，如果我们说上帝在某个时候开始他的最初工作，那就要承认，他认为他开始工作之前的空闲是虚度光阴，这让他不快，他要谴责和改变自己的做法。如果他一个接一个地永远制造各自不同的尘世万物，最后造了他此前从未造过的人，这样，他们就会认为，上帝此前并没有关于人的知识——因为他们认为任何知识都无法掌握无限，而就在那个时候，关于人的想法来到了他的心智中，他好像偶然造出了与他此前造的东西都不同的人。如果我们承认这个循环，他们说，世界要么是永远存

在的，要么其生灭是不断轮回的，同样的时间不断重复。那么，就不能说上帝在那么长久的时间里没有开始工作是懒散的，也不能说他没有前知，他的工作都是即兴的。如果同样的事情不是不断重复，那么，他的知识或前知都无法把握万物之间无限的差异。

18.2　不敬者用这样的论证，驳斥我们简单的虔敬，要我们与他们一起在轮回中踟蹰偏离正道。如果我们不能用理性反驳，也要用信仰嘲笑他们。但是在我们的主上帝的帮助下，最明显的理性也能打掉他们用意见建构的这个轮回怪圈。这些人之所以走进这个虚假的轮回，而不愿归于真正的正道，是因为，他们用自己那人类的、可变的、狭隘的心智来衡量上帝的心智。上帝的心智是完全不可变的，不必通过转换认识来计数，就能认识无限和数不清的万物。所以使徒说他们："用自己比较自己，乃是不通达的。"⑯因为如果他们心智中想到要做什么新事，他们就按照新的计划去做，因为他们的心智是变化的。他们无法认识上帝，因而并没有认识上帝，而是根据自己来认识上帝，他们不是用上帝来比较上帝，而是用自己来比较自己。按照神法，我们不会相信，上帝在空闲的时候受某事的影响（affici）⑰，工作的时候受另外一事的影响。我们不能说他受什么影响，否则就好像他的自然中的一些特点是以前所没有的。被影响的是可分的，一切可分的就是可变的。这样，他的空闲不能理解为慵懒、闲散和不动，正如他的工作不能理解为劳作、努力和辛苦。他休息时也知道工作，工作时也知道休息。他在工作中带来的所谓新的计划并不是新的，而是永远的。他不会因为以前的不工作而后悔，从而开始制造没有

---

⑯《哥林多后书》，10：12。［译按］在此处，以及在《〈诗篇〉解》，34；《驳福斯图斯》，22：47，奥古斯丁引用这句时，都是直接从希腊文翻译的，与哲罗姆译本差异较大。中文和合本也更忠实于希腊文，所以我们采用中译文。

⑰［译按］此处的"受影响"，字面意思就是受到效力因的作用。

制造过的东西。但如果他以前不工作,后来工作了(我不知道这一点怎么能为人所理解),那么无疑,既然说了先后,那就有些事情是先前不存在,后来存在的。但是在上帝那里,不会有先前到后来的变化,也不会取消意志。他用永远同等、不变的同一意志创造万物。被造物不存在的时候,他不让它们存在;被造物开始存在的时候,他让它们存在。他向有眼睛能看的人展示这奇迹,这不是因为他需要,而是他要建立自己所愿意的好。因为在没有被造物时,他就永恒存在,没有开端,而且他那时的幸福比现在也不少。

19. 有人说,上帝的知识也无法把握无限的事物。 我们反对这些人

有人说,上帝的知识也无法把握无限的事物。他们胆敢说上帝并不知道所有数字,真是陷入了不敬的深渊。千真万确,数字是无限的。无论你想出哪个数字作为终点,我且不说它总能加一,无论多么大的数字,无论其中包含了多么众多的内容,按照数字的道理和知识,它不仅会翻番,甚至还可以乘很多倍。另外,每个数字都由各自的特点界定,任何一个都不会找到完全相等的另一个。所以数字之间都不一样,各不相同,每一个都是有限的,而整体是无限的。难道就因为数字是无限的,上帝会不知道所有数字? 难道上帝的知识只能达到数字的一定高度,而不知道其他? 谁会说这最荒谬的话? 他们不敢这样轻看数字,说它们不属于上帝的知识。他们当中的大权威柏拉图说,上帝是按照数字制造世界的⑱。我们的权威则这样说上帝:"你处置这一切,原有一定的尺度、数目和衡量。"⑲先知则说:"谁

---

⑱ 柏拉图,《蒂迈欧篇》,34b。
⑲《所罗门智训》,11:21。此处用思高本圣经《智慧篇》译文。

用数字创造了这世代(*saeculum*)。"[60]救世主在福音书里说:"就是你们的头发,也都被数过了。"[61]因此,我们不用怀疑,他知道所有数字,就像《诗篇》里唱的:"他的智慧,无法测度。"[62]虽然无限的数字无法计数,但对于他那无限的智慧而言,数的无限却不是不可把握的。因此,如果说每一种用知识把握的事物,就把握它的知识而言都是有限的[63],那么,所有的无限无疑被上帝以一种不可言说的方式变成有限了,因为这对他的知识而言不是不可把握的。如果无限的数字可以被上帝的知识把握,对他而言就不会是无限的。我们在他的知识面前只是渺小的人,怎么能给他的知识划界呢?我们怎么能说,除非他的知识在时间中反复轮回,否则上帝就无法前知他将要制造的事物,或者他不能知道自己已经制造的事物?他的智慧以简单的方式成为复杂的,以单一的方式成为多面的。他用我们无法把握的把握力,把握了我们无法把握的无限。他虽然总愿意制造新的、不同的事物,但他不会无秩序、无计划地制作,也不会临时想到。一切都包含在他永恒的前知里。

20. 世世代代

上帝是否使得所谓的"世世代代"相互联结,形成一个系列,一个一个不同的世代按顺序前后相继,只有那些从悲惨中解救出来的人才得以免于沧海桑田的变迁,待在没有休止的不朽幸福中?或者,所

---

[60]《以赛亚书》,40:26。[译按]此处奥古斯丁引用的经文与七十士本较接近,但也不完全相同。我们按照奥古斯丁的意思自行译出。

[61]《马太福音》,10:30。

[62]《诗篇》,147:5。

[63][译按]在此, *finitur* 既可以译为"变为有限",也可以译为"终结"或"界定"。为了与"无限"相对,我们此处尽量以"有限"来翻译这个词。但读者需要清楚这个词的更多含义。

谓的"世世代代"，可以理解为，在上帝牢固不变的智慧中的世代，是在时间中流转的世代的效力因？我不敢断言。也许可以说，所谓的各个世代，其实是一个世代，所谓各个世世代代，其实就是一个世世代代，正如诸天之天说的就是天上之天[64]。上帝把分开上下之水的苍穹称为单数的天[65]。而《诗篇》里面说："诸天之上的水也赞美主的名字。"[66]对"世世代代"的这两个理解哪一个对，还是说两者之外有一个更正确的理解，是一个无比深奥的问题。我们要推迟对它的讨论不会妨碍我们现在的主题。我们可以现在给出一些确定的说法，或者对它更细致的处理会使我们更加谨慎，使我们对于这么模糊的事情，不敢作出鲁莽的判断。但我们现在要反对另外的意见，即那些认为时间是轮回，认为隔一段时间总要重复一遍的观点。至于关于"世世代代"的哪种观点是真的，与这个轮回无关。也许世世代代不会反复，而是一个一个的世代接连不断，极有秩序地发生，被解救出悲惨的人可以最稳固地待在幸福里没有终结，也许世世代代就是永恒，与时间的关系，就如同统治者与臣民的关系。不管怎样，都不存在同一时代的反复轮回，圣徒的永生就足以驳倒这一点了[67]。

21. 有的人认为，灵魂会参与最高的和真正的幸福，然后在时间的轮回中不断重返悲惨和辛劳，这些人是不虔敬的

21. 1　虔敬者的耳朵怎么能听下面这样的说法呢？这生命里充满了那么多那么大的灾难，在这生命之后（这里说的生，不如说是

---

[64]　参见哲罗姆，《论〈加拉太书〉》，1：5。
[65]　《创世记》，1：8。
[66]　《诗篇》，148：4，和合本作："天上的天，和天上的水，你们都要赞美他。"
[67]　《马太福音》，25：46。

一种死,这种死如此沉重,以至在死亡把我们从中拯救的时候,我们甚至因为对它的爱而恐惧死亡⑱),在那么多巨大而可怕的坏事终于通过真正的宗教和智慧终结之后,我们本该看到上帝,能够通过分参他的不变的不朽,幸福地沉思超物质之光,燃烧着炽烈的爱,希望完成这种分参,但是我们必须抛弃他,而且那些抛弃他的人,还要离开那永恒、真实、幸福,回到低下的必朽、卑下的愚蠢,重新卷入该诅咒的悲惨,在那里放弃上帝,仇恨真理,在肮脏的邪恶中追问幸福⑲,而且这还要一遍一遍、没有休止地,在以前的世代曾经,在以后的世代也将要,每隔固定的一段时间就发生一次。由此,人们想出,我们的虚假的幸福和真正的悲惨都过一段固定的轮回,就消失和反复一次,交叉发生,在无休止的永恒循环中,上帝就会知道他所做的工作——唯恐他因为工作而不休息,不知道自己不停地造出的无数事物。谁会听这个呢?谁会信这个呢?谁能接受它?如果这是真的,不仅保持沉默更明智些,甚至(我要尽可能清楚地表达我的意思)无知的人才更有智慧。如果我们将来会不记得这些,并且因为这种遗忘而变得幸福,那我们为什么要通过现在的知识来增加自己的悲惨呢?如果我们早晚必会知道,那还是暂时保持无知,这样,期望未来的至善比达到至善更幸福些。在此生我们还能期望随后的永生,但是在来世虽然会得到幸福,却知道那不是永恒的,因为知道那必将失去。

21.2　但是如果他们说没人能到达那种幸福,除非在此生知道要这样轮回,让幸福与悲惨交替相继,那么,他们怎么会认为,越是爱上帝多些,就越能容易地到达幸福?他们教给人的内容,使爱变得麻木(*torpescat*)。如果一个人认为自己一定要离开某人,一定会仇恨

---

⑱　参见西塞罗,《西庇欧之梦》,3。

⑲　[译按]此处分述永恒/必朽/放弃上帝、真理/愚蠢/仇恨真理、幸福/悲惨/肮脏的邪恶,这三组观念应当对应于三位一体。

那人的真理与智慧，他对那人的爱怎么可能不是含含糊糊、不冷不热？何况，这将发生在他靠自己的能力达到了对完美幸福的认识之后。哪怕是人间的朋友，谁如果知道将会和自己的朋友为敌，怎么会忠诚地热爱这个朋友？⑦ 真实的悲惨永无休止，总是被虚假的幸福打断，没有终结，以此来威胁我们，这样的观点不可能是真理。我们在真理的光照下，还将遭受悲惨而不自知，在至高的幸福的堡垒中，我们还要战栗恐惧，有什么比这种幸福更虚假和骗人的吗？ 如果我们不知道灾难将至，却知道幸福将至，那么，我们现在的悲惨就更真切。如果我们知道灾难即将来临，那么，当灵魂在悲惨中，即将进入幸福时，比她在幸福中，即将进入悲惨时，就会更幸福。这样，我们在不幸中的希望是幸福，而在幸福中的是不幸。我们现在在遭受坏事，以后害怕即将来临的坏事，与其说我们某个时候会幸福，不如说我们永远都是悲惨的。

21.3　但是虔敬宣布这是假的，真理也确证如此。事实上，我们被应许了真正的幸福，这幸福得到永远的保障，不会被不幸打断。要追随正道，那就是我们的基督⑦，是我们的向导和救世主，带领我们扭转信仰之路和心智，走出不敬者空虚愚昧的轮回。波斐利虽然是柏拉图主义者，但是要么因为他认识到了这种意见的虚妄，要么因为受到基督的时代的启示，不愿意追随他们的意见。他不认为灵魂不间断地往复轮回。我们在卷十提到过，他更愿意说，灵魂被送到世上来，是为了认识坏事，从中得到解救和清洗后，回归圣父，最后就不会再遭受那些事了⑦。我们不是更应该反对和抛弃那种敌视基督信仰的虚假意见吗？我已经掏空和驳斥了这种轮回说，我们不必被迫认

---

⑦　西塞罗，《论友谊》，6：59。

⑦　《约翰福音》，14：6。

⑦　参见本书，10：30。

为，人类不会从时间的一个开端起源。根据那种我不知道是什么的轮回说，没有新的事物，也就是先前一段时间不存在，以后也不会再次出现的事物。灵魂如果真的被解救了，那就不会回到悲惨中，回到没有解救之前。那么这就是此前从未发生的事，这也是一件非常重大的事，是不会终止的永恒幸福。如果不朽的自然中可以发生一件新事，从来没有重复过，以后也不会重复那轮回，为什么同样的事不能发生在必朽的自然中呢？如果他们说，灵魂的幸福不是新事，而是回归到永远如此的状态，那么这解救毕竟还是新的，因为从悲惨中解救是从未发生过的，而这悲惨也是新的，从未发生过。如果这些新事物不发生在神意掌管的事物中，循序来到，而是偶然的事件，那么那轮回又靠什么来决定和衡量？怎么来说它当中没有新事物，一切都是在重复同样的事？另外，如果这些新事物不能排除出神意的安排（无论灵魂是被抛入罪恶，还是自己堕落其中），这些也可能是新的，是从前从未发生过的，但并不是和事物的秩序无关。如果灵魂因为不明智而可能给自己制造新的悲惨，这不是神意临时的安排，因为每件事都包含在事物的秩序之中，神意也不可能突然要拯救她。我们凭着人的弱小和虚妄，怎么胆敢否定，神性可以制造新事物？当然，这只是对世界而言是新的，对于他而言并不是。上帝此前从未制造此事，但不是临时想到的。也许他们说，被解救的灵魂不会回到悲惨中，但是因为没有新事物，那么过去、现在和未来总是有一个一个的灵魂被解救。他们还是要承认，如果是这样，也总是有新的灵魂，她们处于新的悲惨之中，需要新的解救。他们也许说这些灵魂亘古就有，永远存在，只是每天从这些灵魂中制造新人，而如果这些人智慧地活着，他们就会被从身体中解救，再也不会回到悲惨中，那么他们必然要推论出，灵魂的数目是无限的。如果灵魂是有限的，无论这个数字有多大，追溯到无限以往的时代，都不足以说永远有人，永远从必朽中解救灵魂,而不再回去。事物是有限的,因为要让上帝知道这数目;但是从这有限的事物中,怎么会造出无限的灵魂?他们无法解释这一点。

21.4 轮回说认为灵魂一定会回归到同样的悲惨,而我们已经粉碎了这一说法。除了相信上帝不但能制造他从未制造的新事物,而且他的前知不可言说,他的意志不可变之外,还有什么更符合虔敬的信仰呢?解救了的灵魂最终不会回到悲惨中去,但她们的数目是不是永远会增加呢?他们细密精微地争辩事物的无限性能否把捉,让他们自己看吧。但我们要举出下面两种可能,来结束这段推理。如果会增长,那为什么还否认被创造的事物是以前未被创造的呢?被解救的灵魂的数目以前从未存在过。这个数字不仅是一次被造的,而且这个创造过程不会终止。如果被解救、不会回到悲惨中的灵魂的数目是确定的,这个数字最终不会增长。无疑,不论这个数字是多少,它也都是从未存在过的。如果它没有一个此前从未存在过的开端,它就不会达到最终的数量。要有这个开端,就要在造某个人之前,从未有过人。

22. 上帝造了最初的一人,人类包含在他之中

上帝是永恒的,意志不会更新,但是永远在创造新事物,这个极端困难的问题解决了,我们就不难理解,认为从上帝所造的最初一人,通过繁衍形成了整个人类,比起认为从多个人繁衍要好得多[73]。至于别的生灵,他让一些独来独往,独自栖息,更愿意独处,比如黑鹰、狮子、狼,等等。他让一些群居,更愿意成群结队地生活,比如鸽

---

[73] 奥古斯丁曾反驳过配拉鸠派的相似观点。参考奥古斯丁,《论异端》,88。

子、白头翁、牛、小鹿之类。上帝没有让这两类动物从一个开始繁衍，而是命令很多同时存在。但他把人的自然创造成天使和野兽中间的一种。如果人能虔敬、恭顺地服从造物主（即他真正的主人）的诫命，他就能变得与天使为伍，不会死去，而直接进入幸福的不朽中，没有终结。如果他滥用自己的自由意志，桀骜不驯地冒犯上帝，那就会像野兽一样活着，耽于死亡，因为他是欲望的奴隶，死后注定为此接受永罚。因此上帝只创造单独的一个，这并不意味着人可以离开社会独居，而是为了让社会能更有效地发挥结合、约束、和谐的作用。人们不仅彼此之间有相同的自然，而且还通过人间的家族情谊勾连起来。上帝不仅像创造男人那样创造了女人，而且还把她作为男人的妻子，直接从男人中创造她㉔。于是，所有的人都是从一个人产生的，散播成为全人类。

23. 上帝已有前知，他最初创造的人会有罪；他同时也预见到，人类中的虔敬者会通过他的神恩，加入到天使当中

上帝并非不知道，人会有罪，而且要死，他生育繁衍的后代也会因罪而死，这些必朽者的罪会非常大；哪怕没有理性的生灵，那些水里和地上长出的群居物种彼此之间也会比人更安全而和平地过日子；而从一个人繁衍出整个人类，本来就是为了其后代能和谐相处。狮子之间和龙蛇之间都不会像人们之间这样发动战争。㉕但上帝也预见到，那些虔敬的人会通过他的恩典得到召唤，赎去罪过而成义，靠着圣灵加入圣天使们当中，享受永恒的和平；死亡，这个最后的敌

㉔《创世记》，2:22。
㉕ 普林尼，《自然史》，7:1.5；塞涅卡，《论仁慈》，1:26。

人，也会被击败⑦。上帝知道，这些人将会思考上帝从一个人造出多
人，从而创造整个人类这件事，就会明白，众人联合如一是神恩所
愿的。

24. 人的灵魂是按照上帝的形像造的，她有怎样的自然

上帝按照自己的形像造人⑦。于是，他创造的这灵魂因为拥有理
性和理智，超过了地上走的、水中游的和天上飞的所有生灵，因为它
们没有这样的心智。上帝用地上的灰尘造了人以后，赋予了我说的
那种灵魂，要么是先造出灵魂来，然后吹入他体内⑦；要么，通过吹气
造了他的灵魂，这是更可能的⑦。这样，上帝通过吹气形成的呼吸（吹
气不就是呼吸吗？）来制造，要让人有灵魂。然后上帝抽出他的一根
肋骨，造了他的配偶，帮他生育后代⑩。上帝的造人，我们不能按习惯
把这理解为肉体的制造，就像我们看一个工匠靠某些技艺，以自己的
肢体，用地上的各种材料制造一样。上帝的手就是上帝的法力，他以
不可见的方式造出可见的事物。上帝不用种子就知道种子，甚至能
制造种子。有人用一般的使用和日常的劳作来衡量上帝的德性和智
慧，认为这更像神话，而不是事实。这些人不理解原初制造的事物，
看待此事时没有信念。而他们所知道的人间的受孕和生育，要是向
对此毫无经验的人讲述，那看起来也更不可信。他们心里却更愿意
把这当成自然和物质的原因促成的，而不是神的心智的作品。

---

⑦ 《哥林多前书》，15：26，"尽末了所毁灭的仇敌，就是死"。
⑦ 《创世记》，1：26。
⑦ 《创世记》，2：7。
⑦ 参考奥古斯丁，《〈创世记〉字解》，7：35。
⑩ 《创世记》，2：21—24。

25. 能否说天使是某些被造物的创造者,哪怕最小的被造物的

　　那些不相信神圣的心智制造或关心(curare)被造物的人,不是我们在本书驳斥的对象。但有一些哲学家,认同他们的柏拉图的观点,相信世界是至高的神造的,但必朽的万物不是至高神造的,而是至高神创造的别的小神造的[31]。小神们得到上帝的允许或命令,制造了必朽的生灵,其中人是最高的,因为和那些神最接近。这些人把诸神当成他们的"制造者们",寻求迷信,并据此向他们敬献仪式和祭祀。他们只有放弃这迷信行为,才能放弃这些错误意见。如果认为或宣称上帝不是制造者,哪怕针对一个最小的必朽者的自然,也是违背神法的。即使还不能理解,也要相信这一点。他们更愿意称为神的天使们在上帝的允许或同意之下,辅佐上帝,在世界上制造万物,但是我们不能说他们是生灵的创造者,正如不能说农夫是果实和树木的创造者。

26. 所有被造物的一切自然、一切样式只能是靠上帝的工作形成的

　　有两种形式(species)[32],一种是从外部给物体加上的,比如人间的陶工、木匠之类的工匠所造的,他们甚至可能按照生灵的身体绘制出相似的形式(formas)。另外一种形式则是内在的效力因,来自生活和思考着的自然隐秘和潜在的抉择,不是被造的,而会制造,不仅

㉛《蒂迈欧篇》,41a—43b。
㉜ [译按]在拉丁文中,species 本来是形像、样态的意思,不是我们一般理解的"种类",与
　　forma 差别不大,两个词我们都译为"形式"。

造出自然的身体形式,而且造出生灵的灵魂。上述第一种形式,可以
是任何工匠的作品,第二种只能是造物主和创造者上帝这个工匠的
作品。他在没有世界和天使的时候造出了世界和天使。这个神圣的
力量(也就是我说的效力)不是被造的,而是在创造,他在创造世界的
时候,让天空和太阳接受圆形。同是这个神圣的效力,这个不是被造
的,而是在创造的力量,使眼睛、苹果和别的自然的形像也接受圆形。
我们看到,别的自然物的形像的产生都并不来自外部,而是来自造物
主的内在力量。他说:"我岂不充满天地么?"[83]他的智慧"施展威力,
从地极直达地极,从容治理万物。"[84]最初被造的天使以怎样的方式辅
佐上帝创造其他造物,我不知道;我不敢把他们不能的归给他们,也
不应剥夺他们能的。天使们赞成我把所有自然的创造和建立,所有
自然的得以出现,都归于上帝,他们甚至知道,自己的存在都来自他
的恩典。我们不该把农夫称为任何果实的创造者。圣经里说:"可见
栽种的算不得什么,浇灌的也算不得什么。只在那叫他生长的神。"[85]
不仅如此,而且,虽然大地好像孕育万物的母亲,滋养一切从种子长
出的生命,培植植物的根苗,我们也不能把她当作造物主。我们读
到:"但神随自己的意思,给他一个形体,并叫各等子粒,各有自己的
形体。"[86]同样,我们不能把女人称为她的子女的创造者,创造的那一
个对他的仆人说:"我未将你造在腹中,我已晓得你。"[87]虽然孕妇灵魂
中的各种性情会塑造她的胎儿的特点,但这正如雅各拿了有斑点的
枝条,使新生的羊也有那样的各种斑点[88]。生出这自然的女人,并不

---

[83]《耶利米书》,23:24

[84]《所罗门智训》,8:1;此处用思高本圣经《智慧篇》译文。

[85]《哥林多前书》,3:7。

[86]《哥林多前书》,15:38。

[87]《耶利米书》,1:5。

[88]《创世记》,30:37—39。

是那自然的创造者,正如女人不是自己的创造者。不论在生育后代中有怎样的身体或种子的原因,不论靠天使的、人的,还是生灵们的工作,或是男女构精,也不论需要母亲灵魂里怎样的欲望或情感,才能在柔弱而幼小的胎儿身上留下各种印迹或色彩,那些自然,凡是要在自己的种属中留下这样那样的作用,都只有至高的上帝才能创造。他的隐秘的力量穿越万物,不受干扰,随处存在,促使万物的性质和数量是其所是。没有他的制造,就不会成为这样或那样,甚至不可能存在⑧。至于另外一类的形式,也就是工匠从物体外部赋予事物的形式,比如罗马和亚历山大利亚两个城,不是工匠和建筑师制造的,而是王根据他们的意志、想法和命令(imperio)建造的。我们说前者的缔造者是罗慕洛,后者的是亚历山大。同样,我们更不会把上帝之外的谁说成自然的缔造者。上帝不会使用不是他创造的质料,或不由他创造的工匠。如我所说,如果他从他所造的万物中撤出他的力量,那些东西就和没有造的时候一样,什么都不是了。我说"以前"并不是在时间意义上说的,而是指永恒。上帝制造万物,万物的运动形成了时间的流动。他不就是时间的创造者吗?⑨

27. 柏拉图派的意见认为,天使们是上帝创造的,但是他们自己是人类的身体的创造者

柏拉图认为,其他的生灵来自至高的上帝所创造的较低的神。那么,他就认为,虽然不朽的部分来自上帝自身,但诸神又添加了必朽的部分⑨。他不愿意说诸神是我们的灵魂的创造者,而说是身体

---

⑧ 参考奥古斯丁,《论三位一体》,3:13—16。
⑨ 参见《忏悔录》卷11。
⑨ 《蒂迈欧篇》,41c。

的。波斐利说,要清洗灵魂,就要彻底逃出身体[92]。同时,他和柏拉图,以及别的柏拉图主义者一样认为,那些活得不节制和无尊严的人,都要遭受责罚,回到必朽的身体。柏拉图认为,甚至可能会进入野兽的身体,波斐利认为只会回到人的身体[93]。由此,他们所谓的神,他们希望我们当作父母或创造者来服侍的,制造的不过就是囚禁我们的图圄。他们不是我们的创造者,而是我们的狱卒和看守,把我们锁在最凄惨的监牢和最沉重的枷锁中。那些柏拉图主义者要么不要再把身体当作我们灵魂的惩罚来威胁我们,要么不要让我们把身体的制造者当神来服侍,因为他们还鼓励我们尽可能逃离避开他们的作品。这两个观点都是无比虚假的。对于第一点,灵魂要是第二次回到此生,那就不会脱离惩罚。对于第二点,除了创造了天地的上帝,天地间生存的万物没有别的创造者。如果生活在这身体中的原因只是为了蒙羞伏罪,同一个柏拉图为什么说,除非所有种类的生灵,包括不朽的和必朽的,充满了世界,否则世界就不是最美的和最好的?[94] 我们虽然被造成必朽的,但如果对我们的创造是神圣的赐予,那么,让我们回到身体这个神圣的赐予中,怎么会是惩罚呢? 柏拉图总是谈,神用永恒的理智,不仅包容了整个世界,而且包容了所有形式的生灵[95]。那他怎么会不自己创造这些呢? 创造万物所必需的技艺存在于他的心智中,难以言传,对此的赞美同样难以言传,难道对于其中的一些,他会不愿意使用这技艺吗?

----

[92] 见本书 10:29;22:26 以下。

[93] 波斐利,《灵魂的回归》。

[94] 《蒂迈欧篇》,29b。

[95] 柏拉图,《理想国》,597b—e;《蒂迈欧篇》,30b 以下;《斐利布斯篇》,28c—31a。

28. 在初人那里产生了整个人类。 上帝预见了其中哪个部分应该奖赏,哪个部分应该责罚

28.1　真正的宗教正确地认识到并且宣称,上帝不仅是整个世界的创造者,而且是所有生灵(包括灵魂和身体)的创造者。他按照自己的形像造了人,让他成为地上生灵的领袖。因为我说的原因(不过也许还有别的更重要的潜在原因),上帝只造了一个人,却又不会让他孤独。没有哪个物种比人的自然更具社会性,也没有哪个物种比人更犯有不和谐之罪。为了对抗不和谐之罪,无论是在没有这种罪过时更好地避免它,还是在它发生后救治它,人性最方便呼唤的,就是对那先祖的记忆(上帝愿意创造他一个,然后从他繁衍众多⑨)。这样就能提醒众人和谐如一。女人是从男人的肋骨造出来的,这充分表明,夫妻之间要亲密无间。因为这是上帝最初的作品,所以显得很特别。谁要是不相信这个故事,他就无法相信任何奇迹。如果这只是按照自然的惯常轨道发生,那就不会被称为奇迹了。在这样的神意管理下,哪怕其原因是隐秘的,会有什么无端地发生吗? 神圣的《诗篇》里说:"你们来看主的作为,看他使地出现奇迹。"⑨至于他为什么从男人的肋骨造出女人,又在这最初的奇迹中预示了什么,我在上帝的帮助下,会在别的地方讨论⑨。

28.2　本卷就要结束了,我只想说,上帝最初创造的初人中,隐藏着整个人类的两个团契和两个城的种子。这并不是显而易见的,而是隐藏在上帝的前知中。从他诞生了人类,其中一些与坏的天使

---

⑨　《创世记》,2:22。

⑨　《诗篇》,46:8;和合本译为:"你们来看主的作为,看他使地怎样荒凉。"

⑨　见本书22:17。

共同受罚,一些与好天使一起得奖,这根据的是上帝隐秘但正义的审判。经上说:"主的所有道路都是悲悯和真理。"[99]他的恩典不会不义,他的正义也不会残酷。

上帝之城卷十三

[本卷提要]卷十三虽然比较简短，但这是《上帝之城》中非常重要的一卷，也是理解本书中其他很多神学问题的钥匙。在此，奥古斯丁讨论了死亡、人性、原罪这些极为重要的问题，因而也对《创世记》中的人性论给出了自己的见解。首先，奥古斯丁区分了身体之死、灵魂之死、第二次死亡，并以此来理解原罪的意义。亚当之罪带给人类的，不只是身体之死，而首先是灵魂之死，随后是整个人的死，并由此指向了末日审判中的第二次死亡。要摆脱第二次死亡的威胁，就必须借助耶稣基督的恩典，接受圣灵。而要理解这些问题，就又必须建立新的人性观，不仅要从身体和灵魂的角度理解人的构成，而且必须引进灵性的概念，即圣灵在人身上的显现。在本卷的最后几章，奥古斯丁依照保罗的说法，区分了灵魂性的生命和灵性的生命。原罪使人失去的是灵性的生命，但人在没有认识耶稣之前，是只有灵魂性的生命的。那么，乐园中的状态，就是不可能有灵性的生命，也就不可能真正遵从上帝；这样，原罪并不是一个简单的

犯罪事件,而是对人性根本处境的一种描述。奥古斯丁在将灵性引
入人性结构之后,灵魂与身体的意义也就发生了改变,因为从此罪
恶不再来自身体,而是来自灵魂的自由意志。由此我们就可以明白
他批判柏拉图主义死亡观的真正含义。此外,奥古斯丁在第十一章
所谈到的在死问题,与《忏悔录》中的时间观念相联,也是一个极为
重要的题目。①

1. 初人的堕落导致了死亡

　　我们讨论了关于我们的尘世的起源和人类的开端这些最难的问
题,按照我们一开始安排的写作顺序,而今要考察初人(或初人们)如
何堕落,以及我们人类的死亡如何开始并流传至今。天使们即使犯
了罪也都不会死,但上帝没有把人造成天使那样。因此,如果人们能
够服从上帝,他们就不会死,而是像天使一样得到不朽和永恒的幸
福。如果人们不服从上帝,死亡就是最正义的责罚;这些我在前面一
卷已经说了②。

2. 不朽的灵魂还是会死,身体也要死,二者有何异同

　　不过,我认为需要更仔细分辨这种死亡。虽然人的灵魂确实是
不朽的,不过她也有自己的死亡。说灵魂不朽,是指灵魂在某种程度
上不会停止生存和感觉。说身体是必朽的,是因为它可能失去全部
生命,而不能凭自己活着。因此,当上帝抛弃了灵魂,灵魂就死了;同

---

① [PL 本提要]本卷教导,死亡是对人的惩罚,是亚当犯罪引起的。
② 参见本书 12:21。

样,当灵魂抛弃了身体,身体就死了。当上帝抛弃了灵魂,灵魂又抛弃了身体,灵魂和身体就都死了,二者都死了,整个人也就死了。这时,灵魂无法从上帝得到生命,身体也无法从灵魂得到生命。随着整个人的死,还有神圣言辞的作者所谓的"第二次死亡"③。救世主的这句话也是谈的这一点:"惟有能把身体和灵魂都灭在地狱里的,正要怕他。"④如果不是灵魂与身体紧密结合,根本分不开,这不会发生;所以,身体未被灵魂抛弃,却说它被杀,可能看起来有点奇怪,但身体恰恰因为与灵魂结合,有感觉,才能受折磨。在最终的永罚中(我会在合适的地方更仔细地谈这个问题)⑤,可以谈灵魂之死,因为她不能从上帝获得生命了。但是若身体尚能从灵魂获得生命,何谈身体的死亡? 将来复活时,若不是这样,人就不会感觉到身体的折磨了。是否因为任何生命都是好的,痛苦是坏的,所以,若灵魂不是生命的原因,而是痛苦的原因,我们就说,身体不是活着的? 在活得好的时候,灵魂从上帝获得生命;如果上帝不在灵魂中做善功,她是不会活得好的。身体从灵魂获得生命,灵魂在身体中实现生命,不论灵魂从上帝获得生命,还是不获得。不敬者的身体中的生命,不是灵魂的生命,而是身体的生命。即使死去的灵魂,也就是被上帝抛弃的灵魂,也能够给予这些身体以生命,不论她们自己的生命还有多少——这生命使她们变得不朽。在最后的责罚中,人不会失去感觉,但是因为既不能感觉甘美的享受,也不能感觉宁静的健康(*salubris*),而只能感到痛苦的责罚,这时候与其说是生,不如说是死。说这是第二次,是因为它在第一次之后,二者都是本该亲近的自然之间的分离,要么是上帝与灵魂之间,要么是灵魂与身体之间。第一次死亡,可以说是好人

---

③《启示录》,2:11;20:1;20:14;21:8。

④《马太福音》,10:28。

⑤ 参见本书 21:9—11。

的好事,坏人的坏事;而第二次根本不会发生在好人那里,所以不会是好事⑥。

3. 因为初人的罪,每个人都要死亡,那么这是否也是对圣徒的罪的责罚

这里产生了一个无法回避的问题:死,即灵魂与身体的分离,真的对好人是好事吗?⑦ 如果是,那又怎么能说,死亡是对罪的惩罚?事实上,初人如果不犯罪,是不会死的。既然死只能发生在坏人身上,那么它怎么会是好人的好事呢?但反过来,如果死只能发生在坏人身上,那么它就不会是好人的好事,而是不会发生的事。这种惩罚怎么会发生在不该惩罚的人那里呢?我们要承认,初人是这样造的:如果他们不犯罪,人类就不会经历任何类型的死亡。但是初人一旦成为最早的罪人,责罚他们的死就会使得凡是从他们的枝蔓上长出的,都要遭受这种惩罚。他们不会生出异于自己的人。初人犯了大罪,相应的惩罚把他们的自然变坏,对初人之罪的惩罚,自然就传给了以后出生的别人。后人出自前人,不像初人那样出自尘土。土是造人的质料;人是生人的父母。虽然肉身是用土造的,肉身和土并不一样。但是父母既然是人,就和他们的后代相同。初人之中包含了整个人类,初人夫妇接受了神的责罚,就通过女人的繁衍,把这责罚传到她的后代。这样,人变得不再像他被造时那样,而是像他犯罪和被惩罚时那样,流传了最初的罪和死亡。罪与罚并没有把初人降到心灵与身体都很弱小的婴儿状态。而上帝让以后的人之初像野兽的幼

---

⑥ 参考奥古斯丁,《布道辞》,65。
⑦ 参考哲罗姆,《书信》,24,25。

崽一样弱小,因为上帝让他们的父母降低到像野兽一样生死⑧。经上说:"但人居尊贵中不能长久,如同死亡的畜类一样。"⑨我们还是看到,弱小的婴儿在运动肢体、运用感官、趋利避害的时候,会比别的动物最柔弱的幼崽都更笨拙。但人的力量会把自己提升到高于别的动物的程度。这就如同拈弓搭箭,拉得越靠后,射得越远。初人非法的狂妄和遭受的正义惩罚没有把他降低到或逼迫到婴儿那样孱弱⑩;但是他的人性却有罪过了,改变了,所以他的肢体因为不敬的欲望而遭受折磨,必须要死。他所遭受的罪过和惩罚,也就是罪与死,他会传给后代。通过基督这个中保的恩典,婴儿脱离了罪的桎梏,这样就会只遭受一次死亡,就是灵魂与身体的分离。因为从罪中解脱了,就不必再遭受第二次死,即永无终结的惩罚。

4. 既然人们通过重生的恩典解除了罪,那为什么不能解除死,这种对罪的惩罚

如果死亡是对罪的惩罚,为什么那些通过恩典解除了罪的人,仍然要承担死亡呢?谁若对这个问题感兴趣,可以看我的另外一部著作《论婴儿的洗礼》⑪,讨论和解决了这个问题。我在那里谈道,哪怕人被解除了罪的羁绊,灵魂与身体的分离仍然有必要,因为,如果这

---

⑧ [译按]两个英译本都将此处理解为,他们的父母堕落到像野兽一样生死。但此处的 *dejecerat* 是单数,不可能是复数 *parents* 的动词。因此我们接受日译本的译法,认为是上帝把他们的父母降到这个程度。

⑨ 《诗篇》,49:12;20。

⑩ 参考奥古斯丁,《论罪有应得与赦罪,以及婴儿的洗礼》(*De Peccatorum meritis et remissione et de Baptismo parvulorum*),1:67—68。

⑪ [译按]此书原名《论罪有应得与赦罪》,奥古斯丁在《回顾》2:33 中又加上了《婴儿的洗礼》这个副标题。此处的问题见该书 2:69。

重生的圣事之后就继之以身体的不朽，那就削弱了信仰，信仰之所以是信仰，是因为人们在希望中期盼尚未实现的事情⑫。纵观过去的时间，是靠信仰的力量和斗争，对死亡的恐惧得以被征服，这在殉道的圣徒中尤为明显；如果圣徒们靠了重生的洗⑬就不必再遭受身体的死，那他们的斗争也就没有胜利，没有光荣了，因为那就根本没有斗争了。否则谁不会带着孩子前去洗礼，接受基督的恩典，使身体不再分离？这样，信仰就不能靠不可见的奖赏来证明，而是靠洗礼这件事迅速得到和消费的商品，那就不再是信仰。而今，靠救世主更伟大、更奇妙的恩典，对罪的惩罚转化为正义的用途。上帝对人说：你若犯罪，你就会死⑭；而今他对殉道者说：死去吧，你无罪了。他当初说：如果你们违背了命令，你们必定死（morte moriemini）⑮。而今他说：如果你们拒绝死，那你们就违背了命令。当初是靠怕死使人不敢犯罪，而今是承担死亡使人赎罪。通过上帝不可言说的悲悯，对罪过的惩罚变成了德性的武器，对罪人的惩罚变成了对义人的奖赏。本来死亡是因犯罪而得的，而今正义靠死亡证成。殉道的圣徒就是这样的。他们的迫害者让他们二者择一，要么放弃信仰，要么去死。最初的罪人因为不信而遭受死亡，义人为了信而选择死亡。初人如果不犯罪，就不会死。义人如果不死，就会犯罪。初人因罪而死；义人因死而无罪。初人因其罪过而走向罚；义人靠惩罚不再走向罪。这不是因为死亡以前是坏的，现在变好了，而是因为上帝奖励给信仰者以恩典，

---

⑫ 参考《希伯来书》，11：1："信就是所望之事的实底，是未见之事的确据。"参考《论罪有应得与赦罪，以及婴儿的洗礼》，2：49—55。

⑬ 《提多书》，3：5。

⑭ 《创世记》，2：17："只是分别善恶树上的果子，你不可吃，因为你吃的日子必定死。"

⑮ ［译按］奥古斯丁此处后半句直接引用的拉丁文圣经，与哲罗姆译本相同。其本来含义为"你们将在死亡中死去"。我们依照和合本译为"必定死"。另外，哲罗姆译本是单数，即，你"必定死"，但奥古斯丁改为了复数，不知是否有据。这样的地方，我们都按奥古斯丁原文，译为复数。

使得本来与生命相反对的死亡,而今变成了朝向生命的工具。

5. 正如坏人可以滥用好的律法,好人也可以利用本身是坏事的 死亡

　　使徒为了表明如果没有恩典的帮助,罪是多么大的伤害力量的时候,毫不迟疑地说,律法本来是防止罪的,但也可以成为犯罪的力量(virtus):"死的毒钩就是罪,罪的权势就是律法。"⑯这是千真万确的。一旦对正义的爱不够,使对它的喜欢不足以战胜犯罪之欲,禁止反而会加强人们对非法之事的欲望。要人爱和喜欢真正的正义,只能靠神恩的帮助。但是在他说律法是罪的权势时,他不是说律法是坏的。他在另外的地方这样处理了类似的问题:"这样看来,律法是圣洁的,诫命也是圣洁、公义、良善的。既然如此,那良善的是叫我死么? 断乎不是,叫我死的乃是罪。但罪借着那良善的叫我死,就显出真是罪,叫罪因着诫命更显出是极大的罪了。"⑰他说"极大的",是因为这增加了更多过犯,犯罪的欲望增强了,律法也会遭到蔑视。我们为什么认为应该谈到这些呢? 因为正如律法不是坏的,却可以用于增加罪人的欲望,死也不是好的,但死的承担者可以增加光荣。人们为了邪恶而抛弃法律,会造就犯人;为真理而承担死亡,就会造就殉道者。律法是好的,因为它禁止犯罪;死亡是坏的,因为它是罪的工价⑱;但正如不义者不仅滥用坏事,而且还滥用好事,义人不仅善用好事,还善用坏事。这样,尽管律法是好的,但是坏人可以滥用律法;尽

---

⑯《哥林多前书》,15:56。

⑰《罗马书》,7:12—13,[译按]"极大的罪"和合本作"恶极"。但此处上下文都是用的 peccatum 一个词,因此我们还是依照原文改为"罪"。

⑱《罗马书》,6:23:"罪的工价乃是死。"

管死亡是坏的，但好人可以善用死亡。

6. 灵魂与身体本来是结合的，其分离就是死亡，概论死的坏处

因此，至于身体的死亡，即灵魂与身体的分离，对承受的人，也就是所谓正在死的人来说，不会是好事。灵魂与身体本来一直在亲密地共生共栖，而今被一种力量撕开，就产生了一种绝望和违背自然的感觉，这种感觉一直持续，直到因灵魂与肉体的结合产生的感觉完全被褫夺。所有这些烦恼并非从未发生过。对身体的一击或灵魂的创伤都时有发生，但因为非常迅速而不能被感觉到。发生在死者身上的一切，都在以沉重的感觉褫夺死者的感觉，但死者若能虔敬而充满信仰地忍受，就会增加他忍耐的品德。不过这还不会改变死亡作为惩罚的概念。无疑，死亡作为惩罚，是从初人一直传下来的，凡是由他所生的都会有；不过，如果能够虔敬和正义地承担死亡，则会在光荣中重生；虽然死是罪的工价，但有时它会使得人们不必再为罪还债。

7. 不得重生的人为了向基督忏悔而遭受的死亡

凡是不通过洗礼重生的人，若以死来向基督忏悔，他就如同用圣水洗礼一样，涤除了罪。基督说："人若不是从水和圣灵生的，就不能进神的国。"[19]但他在别处说出了一种例外，而且同样是针对所有人的："凡在人面前认我的，我在我天上的父面前，也必认他。"[20]他又在

---

[19]《约翰福音》，3：5。

[20]《马太福音》，10：32。

另外一处说:"凡为我丧掉生命的,必得着生命。"㉑经上就此写道:"在主眼中看圣民之死,极为宝贵。"㉒通过死亡,若是所有的缺陷都消除了,品德增加了,有什么比这种死亡更宝贵的呢? 也有些人,不能拖延死亡了,于是接受洗礼,在离开此生时清除了所有的罪,他们的品德不如那些本可以延缓死亡,却不这么做的人。后者愿意在对基督的忏悔中结束此生,而不是为了获得他的洗礼而拒绝他。如果他们这么做了,即,因为畏惧死亡而否定了基督,在洗礼中,就是这个罪也会被赦。哪怕那些杀害基督的人,他们的肮脏的行为也在洗礼中被赦了。"风随着意思吹"㉓,圣灵赐给那些殉道者的恩典是多么丰厚无限,使他们能如此热爱基督,就是在生命受到这样的威胁时,抱着对赦罪的希望,仍然不会拒绝他? 这些圣徒的死是如此宝贵,基督的死已经应许和预言了他们的死中的巨大恩典,于是他们丝毫不犹豫地用自己的死亡来接近基督,以此来证明了,这个早先确立的对罪的惩罚,而今结出了丰盛的正义之果。看起来,死并不因此而变好,它转化为这样的用途并不是靠了自己的力量,而是靠了神圣的佑助。死本来是作为恐吓设立的,为的是让人不敢犯罪;而今,人们主动承担死,从而避免犯罪,把已经犯了的罪也清除了,这样,人们把正义的橄榄枝献给了上帝。伟大的胜利本来就属于上帝。

8. 圣徒们通过第一次死亡证成了真理,从而避免了第二次死亡

我们若更仔细地考察,即使在每个为真理而充满信仰和赞美地

㉑《马太福音》,16:25。

㉒《诗篇》,116:15。

㉓《约翰福音》,3:8。

死去的人那里,他也是在避免死。他承担死亡的一部分,就是为了避免整个死亡,也避免第二次死亡,因为第二次死亡是永无休止的。他承受了灵魂与身体的分离,为的是在灵魂和身体分离时,上帝不要与灵魂同样分离,为的是整个人在完成第一次死亡时,不会永远地被摄入第二次死亡。如我所说,就死而言,无论是对将要死去的人,还是对让别人死去的人而言,都不是好事,但是,为了保护或获得善好而忍受死亡是值得赞美的。于是,对死人而言,说死对坏人是坏事,对好人是好事,并不荒谬。虔敬者的灵魂与身体分离,休息了,在身体复活后享受永生,不敬者的灵魂却要忍受惩罚,身体复活后遭受永死,即第二次死亡[24]。

9. 在死亡的时候,生命的感觉消失了,那么应该说这出现在将死之人那里,还是在已死之人那里

灵魂与身体分离的时候,不论好人还是坏人的,应该说是在死后发生呢,还是在死时发生呢? 如果在死后发生,死本身就无所谓好坏[25],因为死已经发生了,过去了,是死亡之后灵魂中的生命要么好要么坏。但只要死存在,或者说只要将死的人在承受死,死都是坏事,因为存在沉重而烦扰的感觉;只是好人会把坏事用作好事。但在死发生之后,不复存在的事有什么好坏可言呢? 我们说,将死的人有沉重而烦扰的感觉,但如果我们再仔细考察,这种感觉也不是死亡本身。只要人们有感觉,那就是在活着;只要活着,那就应该说是在死

㉔ 参考奥古斯丁,《回顾》,1:14。

㉕ [译按]对此处的理解,各译本存在很大分歧。究竟是"那就不是死",还是"死本身无所谓好坏"? 接着前一章的内容,此处似乎是说,"死本身无所谓好坏",而且后面又谈到了死后灵魂的生命。

之前,而不是在死之时。死亡逼近时很让人烦恼,而当死亡来临之时,身体的所有感觉都消失了。正是因此,我们很难把那些还没有死,但是濒临死亡,被抛入了极端和垂死的痛苦中的人的感觉描述成"死着"。不过说他们"死着"还是对的,因为如果即将来临的死亡真的到来了,他们就不是"死着",而是叫"已死"了。只有活着的人才会在死,因为哪怕濒临生命的终点,甚至我们说灵魂要移动了,但只要他还有灵魂,那就是还活着。这样,同一个人既是死着,也是活着。但是他在走近死亡,生命在离开。不过我们还是说他有生命,因为灵魂还在身体中。他还没有在死,因为灵魂还没有离开身体。但是如果灵魂离开了,也不是在死着,而更应该是死之后。那么该说谁是在死呢? 如果没有人能既死着也活着,那就没有人死。只要灵魂在身体中,那就不能否定他是活着的。如果更应该说身体要死的人死着,而又不能说他既活着,也死着,我不知道他什么时候活着。

10. 必朽者的生命与其说是生,不如说是死

　　每个人从住在这个必朽的身体中开始,死亡无时无刻不在起作用,逐渐逼近我们[26]。整个此生(如果还可以称为生命),时间都在流转,死亡都在逼近。无论对谁而言,死亡都后一年比前一年更近,明天比今天更近,今天比昨天更近,过一会儿比现在更近,现在比刚才更近。我们生活过的每个瞬间,都要从整个生命的过程中减去,生活日用中一点一点地过,此生中的每个瞬间,无不更接近死亡,无人被允许停下哪怕一小会儿,或是走得慢一点。所有人一律并驾齐驱,没有快慢的差别。短命的人也不会比长寿的人更快地度过一天;二人

㉖ [译按]本章中奥古斯丁的说法很多来自塞涅卡的多篇文章。

以同样速度度过同样的时刻,一个离死亡近些,另一个离死亡远些,但是二人奔跑的速度没有不同。走一段更长的路和走得更慢是两回事。距离死亡有更长时间可过的人,并不是走得更缓慢,而是得走更多路程。如果在死亡开始起作用,也就是生命开始减少之时,就算是每个人死亡的开始,即"在死"(因为,等到生命减完了,就是死后,不是在死了),那么,从我们开始在这个身体之中,我们就在死了㉗。一天一天、一小时一小时、一瞬间一瞬间地过,不就是死亡在逐渐完成吗? 等到死亡完成了,就开始了死后的时间,怎么还是在死(即生命的消减)呢? 如果人不能同时在生在死的话,一个人岂不是从有身体开始,就与其说是活着,不如说是在死着? 也许人可以同时在生和在死,说他在生,是因为他有生命,直到消减尽为止;说他在死,是因为生命的消减就是死亡。如果说他不在生,那么那逐渐被消减,直到消耗完了的是什么? 如果说他不在死,那生命的消减是什么? 当身体中的生命完全消减,说是死后并无不妥,那么生命的消减就是在死。如果生命消减尽的人不是在死,而是死后,那么他什么时候在死呢? 不就是消减的时候吗?

11. 人可以同时既生又死吗

11.1 如果我们说人在到达死之前就在死很荒谬(如果他已经在死,那么他一生的时间逐渐接近的是什么?),主要是因为,说某人同时在活着和死着是很不恰当的,正如人不能同时既醒又睡。我们要问,到底什么时候是死着呢? 在死亡来临之前,不是死着,而是活着;在死亡来临之后,是已死,不是死着。前者是死前,后者是死后。

㉗ 塞涅卡,《致马耳西亚论安慰》,21:6。

那么什么时候是在死呢（那个时候，他就是死着）？㉘ 关于死，我们说有三个时间段：死前，在死，死后。这三个又分别对应于活着、死着、已死。死着的状态即在死之时，不是死前活着的状态，也不是死后的已死，而就是死着，即在死，这是最难界定的。只要灵魂在身体中，特别是还有感觉的时候，无疑人是活的，灵魂与身体合一，因而那是死前，不能说是在死；而在灵魂离开，身体完全丧失感觉时，是死后的已死状态。所以，死着或在死在两个状态之间消失了。如果活着，那就是死前，如果不活了，就是死后。所以死着，即在死，是不可把捉的。这就像在流转的时间中寻找现在，是找不到的，因为现在没有空间，是从未来走向过去的过渡㉙。但还是要注意，不要因为这个道理，就说没有身体死亡这道理。如果死亡存在，而又不在任何人中，任何人也不能在死中，那么什么时候是死？只要活着，就没有死，因为那是死前，不是在死；而如果不再活了，也没有死，因为这是死后，不是在死。但是如果死既不在前也不在后，那又怎么能说死前和死后呢？如果没有死，说这些就没意义了。那么我们可真是在乐园里过好日子了，连死都没有！而今，不仅存在死，而且死还让人烦恼，无法用语言解释它，也没办法避免它。

11.2　我们还是根据习俗说话，因为也不能不这样：我们说死前，是指死亡来到之前。经上写道："在任何人死前，不要赞美他。"㉚而在死已经发生后，我们说，某事某事发生在某某死后。我们还是尽可能谈现在的时间，比如说：他在死时立下遗嘱，他在死时把某物某物留给了某某。但是如果不在活着（或说死前，而非在死），这些根本

㉘　[译按]此处的"在死"，翻译的是 in morte，"他就是死着"中的"死着"是现在分词 moriens。

㉙　《忏悔录》，11：15[18—20]。

㉚　《便西拉智训》，11：30。译者自己的翻译。

不能做。我们像圣经里那样说话，因为其中提到死者，并不说死后，而是毫无疑问地说在死。比如此例："因为在死地无人记念你。"㉛直到人们复活前，都可以说他们在死，就像在人醒了以前，说他在睡。不过，虽然我们可以说在睡的人睡着，但是却不能说已死的人死着。就我们现在所说的身体死亡而言，那些灵魂已经和身体分离的人，并不是死着。我说过，这是无法用语言解释的：所谓在死着的人怎么是活着的，死后的人是已死的，又怎么是在死的？如果是在死，又怎么是死后的？特别是，我们说的死着，和说睡着的人在睡、衰颓着的人在衰颓、痛苦着的人在痛苦、活着的人在活，都是不同的。已死的人在复活之前，可以说在死，但是不能说是死着。"死"（*moritur*）这个动词，在拉丁文里不能像别的动词的变化那样，按照语法规则变化，我认为这没有什么不恰当或不合适的，不是人力所能，而来自神意的指示。比如从"升"这个词（*oritur*），就形成了"升高"（*ortus est*）这个完成时；类似的词都是从过去分词形成了这一时态。按照这个规则来看"死"（*moritur*），要问这个动词的完成时是什么，回答就应该是*mortuus*，增加一个 *u*。这样，*mortuus* 就和 *fatuus*（愚蠢）、*arduus*（高超）、*conspicuus*（明显）等一样发音，但是这些形容词不是完成时的分词，而是形容词㉜，不按照时态变化。而 *mortuus* 于不可变位处变位，是从完成时的分词变来的形容词。这样安排，就恰当地使得它所描述的行为无法拒绝，正如动词的用法无法变位。但是，在我们的救赎者的恩典的佑助下，我们还是能够拒绝第二次死亡。这次死亡是更加沉重的，是一切坏事中最坏的，不是灵魂与身体分离，而是使二者结合在一起陷入永罚之中。在那里，人们不是在死前，也不是在死

㉛《诗篇》，6：5。
㉜［译按］此处和下文的"形容词"原文都是"名词"。

后,而是永远在死。这样人们既是活着,也没有已死,而是无休止地死着。比起无死之死来,在死之人还能处在更糟的境地吗?

12. 上帝用哪种死亡来警告初人不要违背他的诫命

有人会问,上帝警告初人,如果他们违背他发给他们的诫命,不能维护遵从,就会死,那是指的哪种死亡,是灵魂的,身体的,还是整个人的,还是所谓的第二次死亡? 回答是:都包括。第一次死亡包括两种死亡,第二次死亡包括全部的死亡。正如整个大地包括很多土地,整个教会包括很多教会,整个死亡也包括所有死亡。第一次死亡包括两种死亡,一个是灵魂的,一个是身体的,因而第一次死亡是整个人的死亡:灵魂脱离了上帝,也脱离了身体,遭受一段时间的责罚;第二次死亡,灵魂脱离了上帝,却还有身体,会遭受永罚。上帝在乐园里造了初人,不准他们吃禁果,说:"因为你们吃的日子必定死。"③这不仅是指第一次死亡中的第一部分,即灵魂脱离上帝,也不仅是其中的第二部分,即身体脱离灵魂,也不仅是整个第一部分,即灵魂与上帝分离,也与身体分离,受处罚;这里威胁的是包括任何一种死亡的整体,甚至包括最后的死亡,即所谓第二次死亡,在它之后再无死亡。

13. 初人因他们的堕落而遭受的最初惩罚

在上帝的诫命被违反后,他们立即遭到了神恩的抛弃,他们为自

---

③《创世记》,2:17。[译按]此处前半句奥古斯丁的用词和哲罗姆略有不同,但意思没变。只是全句都用复数第二人称,而不是单数。参考13:4。

己身体的赤裸而困惑㉞。他们用无花果的叶子遮住私处，这也许是他们头脑混乱后所做的第一件事。虽然他们的器官与以前无异，但是以前这并不让他们害羞。他们感到了自己不服从的肉体中的新的冲动，这是他们因自己的不服从而受的惩罚㉟。他们的灵魂乐于恣意堕落，蔑视对上帝的服侍，于是也失去了身体先前的服侍。因为他们用自己的抉择丢弃了在上的主，于是就不能用自己的抉择限制住更低的奴仆。于是，他们不能像以前那样，无论怎样都让肉体服从，就像上帝命他们服从一样。于是肉体开始与灵性起了争端㊱，我们就出生在这争端里，从第一次堕落中有了死的起源，我们在自己的器官和有罪过的自然里，承受这种争端，或者说承受肉体的胜利。

14. 上帝所创造的人是何品格，靠自己的意志抉择落入了什么境地

上帝创造了正直的人，他是自然的作者，不是罪过的作者㊲；但是人自愿地堕落了，也被正义地谴责了，生出的后代也是堕落和被谴责的。我们都在他一个之中，他因女人而堕入罪过，女人在没有犯罪前，也是从他造的㊳。当时，我们每个人分别生活于其中的形尚未被创造，没有被分配；但我们的种子的自然已经有了，我们都从那里繁衍。他因罪而有罪过，被死的镣铐羁绊，遭到正义的谴责，人从人生，不会从别处被造。由于对自由抉择的这种滥用，产生了一系列的灾

㉞ 《创世记》，3：7。
㉟ 参考奥古斯丁，《论罪有应得和赦罪，以及婴儿的洗礼》，2：36。
㊱ 《加拉太书》，5：17："因为情欲和圣灵相争，圣灵和情欲相争。这两个是彼此相敌，使你们不能作所愿意作的。"
㊲ 参考奥古斯丁，《〈创世记〉字解》，1：5。
㊳ 参考奥古斯丁，《论罪有应得和赦罪，以及婴儿的洗礼》，3：14。

难，让人类从本原就堕落了，就好像根子被腐蚀了，直到第二次死亡的毁灭，这次死亡没有终结。只有靠上帝的恩典，才有人获得解救，免于永罚，不必陷入那悲惨境地。

15. 亚当犯罪时，先抛弃了上帝，上帝才抛弃他；他脱离上帝就是灵魂的第一次死亡

上帝说，你们"必定死"，而不是说"一再死"。我们理解为一次死亡，发生在灵魂被她的生命——即上帝——抛弃之时。不是灵魂因被抛弃，而抛弃上帝，而是灵魂抛弃上帝，所以被抛弃；他的意志出现在他的坏事之前，正如他的造物主的意志出现在他的好事之前，不论是创造无中生有之物的好事，还是再造堕落之物的好事。我们可以在下面的话里理解上帝用死来作的警告："因为你们吃的日子必定死。"[39]他的意思是说：在你们因不服从而抛弃我的日子，我会按照正义来抛弃你们；而在这次死亡中，上帝也警示了别的死亡，这些死亡无疑是紧相连属的。那不服从的灵魂，感到身体的不服从的冲动，从而要遮住私处，这是感到了一次死亡，即灵魂被上帝抛弃。亚当因为恐惧，把自己藏起来，上帝对他说的话表明了这一种死亡："亚当，你在哪里？"[40]上帝不是因为不知而问的，而是以声音警告：亚当要注意，上帝不和他同在，那他自己在哪里？等亚当年老体衰，灵魂就真的抛弃了身体，他就经历了另一种死亡，上帝说那是对人之罪的惩罚："你本是尘土，仍要归于尘土。"[41]在这两种死亡中，人的整个第一次死亡完成了，如果人不靠恩典解救，最后的第二次死亡就因之而来。身体

---

[39]《创世记》，2:17。
[40]《创世记》，3:9，和合本无"亚当"，但哲罗姆译本有。
[41]《创世记》，3:19。

是尘土，除非身体死亡，就是被它的生命——即灵魂——抛弃，否则就不会归于尘土。凡是真正持有大公信仰的基督徒，都认为我们的身体之死不是自然法，即上帝没有把人造成必死的，但死是因罪而得的，上帝说要用死来惩罚人之罪，我们都被包括在了其中："你本是泥土，仍要归于泥土。"

16. 有些哲学家认为，灵魂与身体的分离不是惩罚，尽管柏拉图指出，至高的上帝向诸小神许诺，他们永远不会失去身体

16.1　我们针对哲学家的诽谤捍卫上帝之城，即上帝的教会。哲学家们自以为智慧地嘲笑我们，因为我们说，灵魂与身体分离是惩罚，而他们认为，灵魂最完美的幸福，就是完全脱离身体，简单、独自、赤条条地回到上帝那里[42]。我在他们的著作里也许找不到对这个意见的反驳，所以要通过证明，压迫灵魂的并不是身体，而是身体那烦人的必腐性，来完成这场耗神的辩论[43]。我在前一卷提到了我们圣经里的话："这必腐朽的身体重压着灵魂。"[44]加上"必腐朽的"这个词，这里表明，并不是任何身体，而是犯罪之后又被惩罚的身体，压迫着灵魂。哪怕不加这个词，我们也不能理解成另外的意思。柏拉图无比明确地讲，至高的上帝制造的诸神有不朽的身体，并且认为，制造他们的上帝向他们许诺了极大的好处：他们会永远保有自己的身体，不会因死亡而脱离身体。为了对抗基督信仰，哲学家们怎么竟然假装不知道他们熟知的这件事，甚至宁可说出自相矛盾的话，而不肯

㊷ 普罗提诺，《九章集》，9：6.9。

㊸ ［译按］奥古斯丁坚持，肉身本身不是坏的，因为上帝创造的一切自然都是美好的；但当灵魂转向肉身的时候，就产生了恶。从根本上说，罪恶来自灵魂，而不是身体。

㊹ 《所罗门智训》，9：15，用思高本《智慧篇》译文，参见本书 12：15.1。

失去对抗我们的机会？这是西塞罗译为拉丁文的柏拉图的原话㊺。在这里，柏拉图提到，至高的上帝向他所制造的诸神说话："你们这些来自诸神家族的，注意了：我生育了你们，是你们的制造者，只要我不愿意，我的作品不会消解。虽然一切复合物都是能消解的，但是要消解靠理性聚合的，是不好的。你们既然是被生的，就不是不朽的，不能不消解；不过你们还是不会消解，死亡不会降临你们，使你们灭亡。没有什么比我的计划更强大，这是能让你们永恒的更大保证，比你们出生时将你们聚合起来的器官更大的保证。"㊻你看，柏拉图说诸神是由身体和灵魂组成的聚合物，是必朽的，但是因为制造他们的上帝的意志和计划，得以不朽。如果灵魂与身体的聚合是对灵魂的惩罚，那么上帝为什么还这么讲，让诸神不怕死亡，即身体的消解？上帝保证他们会不朽，但不是根据他们那聚合的、不简单的自然，而是根据自己不可战胜的意志。上帝靠这种力量制造，让被生的事物不死亡，组合的事物不消解，不会腐坏地维持下去。

16.2 柏拉图这些关于星座的话是否说得对，是另外一个问题㊼。那些白天或黑夜以物质之光照亮大地的球体或轨道，柏拉图认为，靠了各自理智和幸福的心灵而生活，我不能同意他。他毫不犹豫地肯定，整个宇宙自身就是一个巨大的生灵，包含了别的各种生灵。但如我所说，这是另外的问题，我们现在讨论的内容与之无关。我想引这些，是为驳倒那些自诩柏拉图主义者并以此为荣的人，这个名字充满骄傲，让他们羞于做基督徒，唯恐与大众分享一个共同的名称，

㊺ 参考本书，22：26，以及奥古斯丁，《布道辞》，5；241.8。
㊻ 西塞罗，《蒂迈欧篇》，2。［译按］西塞罗的《蒂迈欧篇》并不是柏拉图《蒂迈欧篇》逐字精确的翻译，而奥古斯丁这里的引文也和现存西塞罗原文有出入。我们在此完全按照奥古斯丁的引文译出。
㊼ 参见柏拉图，《蒂迈欧篇》，41d—42a；奥古斯丁，《布道辞》，241。

以为这样就会贬低披肩夫子(*Palliatorum*)的身份。[48] 他们人数越是稀少,就越是自我膨胀。他们伺机批评基督教的教导,攻击身体的永恒,认为这是自相矛盾:我们追求灵魂的幸福,却希望永远在身体里,而身体是束缚灵魂的枷锁。他们的权威和大师柏拉图却同意,上帝给他造的诸神的一个恩赐是,他们不会死,亦即,他们不会与同他们相连的身体分开。

17. 反驳那些认为地上的物体不能不腐和永恒的人

17.1 柏拉图主义者认为,地上的物体不能永远存在。但他们并不怀疑,大地是他们的大神(虽不是至高的,却也是伟大的),也就是被放置在整个宇宙的最中心的器官,永远存在。他们认为,至高的上帝制造了另外一个神,也就是世界,高于这个神下面的别的诸神。他们认为这个神是个生灵,说,在他巨大的身体中包含理性或理智的灵魂,在他的身体中排列着四个组成元素,就是他的器官,各居其位。他们希望,这些元素的结合是不可消解、永远存在的,这样,他们的大神就永远不死。是什么原因,使作为这个巨大生灵的中心器官的大地永恒存在,而即使上帝愿意,别的地上生灵的身体也不能永恒? 他们说,土里来的还要归于尘土,而地上生灵的身体都来自尘土[49]。因此,他们说,虽然大地是稳固和永远存在的,从大地来的却必要消解和死亡,它们来自大地,所以要归于大地。如果有人也这么讲火,说来自火的天体,即天上的生灵,都要归于火,那么,柏拉图讲的,至高上帝许诺的那些诸神的不朽,不是要在这激烈的辩论中消解了吗?

---

48 Palliatus,意为戴大披肩,是奥古斯丁时代哲学家的装束。
49 参见西塞罗,《图斯库兰讨论集》,3:25,59。

难道天体不会这样,是因为上帝不愿?正如柏拉图说的,任何力量都不能战胜上帝的意志。那么是什么制止上帝给地上的物体施加力量,使得从那里生的不会死,那些聚合的不会消解,从那些元素中产生的不会归于那元素,那些身体中的灵魂不会离开上帝,享受不朽和永远的幸福?柏拉图也承认,上帝是能做到这些的。地上的生灵不死,为什么就不可能?难道上帝无力做基督徒相信的事,而能做柏拉图主义者愿意他做的?难道哲学家有力量更多掌握上帝的意愿,而先知却不能知道?其实正好相反,圣灵教给上帝的先知们,传达上帝认为应该启示的意志,但哲学家的知识却遭到了人类幻想的欺骗。

17.2 他们不该一直这么受骗了。他们受骗不仅是因为无知,更是因为固执,所以才那么明显地自相矛盾。他们竭尽其雄辩之能事,坚称,灵魂要幸福,不仅要逃离土地,而且要逃离任何物体⑩;但他们又反过来说,诸神有最幸福的灵魂,同时也结合着永恒的身体。天上的诸神有火质的身体。朱庇特(或者像他们愿意认为的,就是世界)的灵魂,包裹在所有物质元素当中,就是这些物质形成了从地到天的大块。柏拉图也认为,朱庇特的灵魂从大地的核心开始(即几何学家所谓的中心),按照音乐的节律扩散和延伸,经过它的所有部分,一直到达天上最高的端点。于是,这个世界就是个最大的生灵,是最幸福和永恒的,他的灵魂包含智慧的完美幸福,不会脱离自己的身体,这身体靠了灵魂永恒地活着。这身体并不是简单物,而是包含了所有的全部物体,但并不会削弱和阻碍灵魂。哲学家们允许自己这样想象,肯定他们的诸神有火质的身体,诸神之王朱庇特在所有物体当中,为什么不愿意相信,神圣的意志和力量可以使地上的物体变得不朽,使死亡不会把灵魂与身体分

---

⑩ 参见奥古斯丁,《独语录》,1:14(24);本书,10:29;12:26。

开，没有重负地永恒而幸福地生活？如果灵魂只有逃离了所有物
体才是幸福的，那么他们的诸神就要逃离星体，朱庇特就要逃离天
地；如果诸神不能这样，就要认为他们是悲惨的。但哲学家两者都
不愿接受，既不敢让他们的神与身体分开，以免被人认为是在服侍
必朽物，也不说诸神的幸福是有缺失的，以免承认诸神是不幸的。
所以，要获得幸福，并不需要逃离所有身体；只需要逃离腐败的、烦
人的、沉重的、必死的身体就可以了。我们不必脱离上帝给初人的
好的赐予，只需要逃离上帝对罪的惩罚[51]。

18. 哲学家们说，地上的物体不会到天上去；因为地上物体的自然重量会使它们落到地上

但是他们说，地上的物体一定有自然重量，要么待在地上，要么
朝向地上，不能到天上[52]。初人就待在地上，那里林木茂盛、果实丰
硕，得名乐园；但是，让他们更仔细一些看待地上事物的重量，因为必
须回答，基督的身体为何升上了天，圣徒们将来也将复活的身体是怎
样的。如果人的技艺用金属制造容器，虽然金属一放到水里就会下
沉，但用它制造的容器却可以漂浮在水上，那么，上帝以某种隐秘的
方式工作，岂不会更可信、更有效地（柏拉图说，上帝用他万能的意
志，可以使被生的事物不会灭亡，聚合的事物不会消解，那么，超物质
与物质的事物的聚合，比物质与物质的事物的聚合神奇得多）使地上
的事物不因重量而下沉？那么当心灵自身获得最完美的幸福时，即
使在地上，身体也可以想到哪里就到哪里，想做什么就做什么，非常

---

[51] 参见奥古斯丁，《布道辞》，241：67。
[52] 参见本书 22：11；参考奥古斯丁，《论信仰和符号》，13。

容易地或静或动。如果天使就这么做，从他们愿意的地方取走地上的某种生灵，把它们安置在他们愿意的某处[53]，难道人们会认为，他们如果没有辛劳，就不能这么做，或者认为他们这么做时会感到重负？为什么我们不相信，圣徒的灵在完美、幸福的神佑之下，能够毫无困难地随意把自己的身体移动到哪里，随意在哪里停下来？就地上的物体而言，我们对重量的拖累的感觉一般是，越大就越重，重量的压迫也越大。不过，灵魂在健康强壮的时候能轻松地举起沉重的身体器官，但是在衰颓时却不能举起已消瘦的身体。要让别人背负，健康的人比病弱的人更沉重，但是他自己却行动和站立得更敏捷，尽管健康的人比饥饿或病弱后块头更大。在谈论地上物体时，哪怕是腐败的或必朽的，不能根据重量的数目，而要根据和谐状况。什么语言能解释我们说的现在的健康和未来的不朽之间有多大区别呢？哲学家们用身体的重量无法驳斥我们的信仰。我不想问，如果整个大地并没有放在什么上面，他们为什么不相信地上的物体能在天上？[54]也许，大地把物体吸到地心的道理，和重物下垂的道理是一样的，但我也不谈这个。我要谈到：柏拉图认为，低级诸神制造了人和别的地上生灵，他说，这些神能够消除火的燃烧特性，但同时保留发光特性，让火依然耀眼。他承认上帝的意志和力量能让被生的不死，而由各种各样、非常不同的事物聚合起来的，比如非物质的和物质的聚合物不会消解，我们怀疑，他是否也承认，至高的上帝能让人的肉体不朽，消除腐败，而保留自然，使形体和器官依然完好，却取消重量带来的沉重？但关于死者复活以及他们身体的不朽，如果上帝同意，我会在本书末尾再更仔细谈对这些的信仰[55]。

---

[53]　参考《彼勒与大龙》，36 以下（张久宣《圣经后典》译本）。

[54]　参见《约伯记》，26:7。

[55]　本书 22:11—21,30。

19. 有人认为，如果初人不犯罪，他们还是不会不朽。 我反对此说

我们已经开始讨论初人的身体，现在继续；即使那种对好人是好事的死，如果初人不犯罪，他们也不会遭到这样的责罚。这种死不是只有少数人理解或相信的，而是所有人都知道的，即灵魂与身体的分离，一个生灵的身体中充满灵魂，本来当然是活着的，而今当然死去，如果不是犯罪之后应得这后果，这不会发生。虽然我们不能怀疑义人和虔敬者的灵魂死后在和平中生活，但让他们的灵魂在健康的身体中好好活着毕竟更好[56]，甚至那些认为只有没有了身体才是最幸福的人，宁可自相矛盾，都这么认为。他们不敢把自己当中智慧的人，不论将死的还是已死的（即已经没有身体的和即将失去身体的），放在不朽诸神之上。按照柏拉图主义者的意思，诸神接受了至高神的巨大恩赐，即不会消解的生命，神许诺，他们会永恒与他们的身体同在。同是这个柏拉图，认为如果能虔敬而正义地度过此生，那就会得到人能得到的最好的赐予，即与自己的身体分离，加入到那些从不会抛弃身体的诸神当中[57]。"他们在重见人间的苍穹之时把过去的一切完全忘却，开始愿意重新回到肉身里去。"[58]维吉尔传达了柏拉图的学说，受到赞美。他认为，必朽者的灵魂不能永远在身体之中，而是在死时必须分离，同时，灵魂也不会永远以无身的方式存在，而认为生来自死，死来自生，二者不断相互转化。智慧的人之所以和众人不同，在于他们死后到星辰上，每一个可以在适合自己的星辰上休息一

---

⑤ 参见奥古斯丁《〈创世记〉字解》，68；《回顾》，1：14. 2。
⑤ 《斐多篇》，108c；《斐德鲁斯篇》，248c。
⑤ 维吉尔，《埃涅阿斯纪》，6：750—751。

段,等到忘记了从前的悲惨,恢复了回到身体中的欲望,就会回到必朽者的辛苦和烦劳中去;至于那些愚蠢地度过一生的人,则会按照他们的品德,回到与自己相近的人或者兽的身体中[59]。这样,即使是好的和智慧的灵魂,柏拉图也给了一个非常艰苦的环境,因为他们没有得到这样一个身体,使他们永远不朽地活下去,所以不能永远在身体之中,也不能没有身体,维持永恒的纯洁。我在几卷以前谈到了柏拉图关于这一点的学说[60],在基督教时代,波斐利为此而脸红,所以不仅否定了人的心灵会进入野兽的身体,而且认为智慧者的灵魂希望解脱身体的羁绊,于是逃出所有的身体,在圣父那里获得幸福,没有终结。基督给圣徒们应许了永生,波斐利为了不看起来被基督征服,也说,被清洗的灵魂不会回到原来的悲惨中,而能享有永恒的幸福。但是,为了对抗基督,他否认了不腐身体的复活,说幸福的灵魂不仅没有尘土的身体,而且没有任何形式的身体,永远地生存着[61]。尽管有这种观点,他并没有否定,灵魂应该向有身体的诸神献上宗教仪式,遵从他们。为什么这样? 难道不是因为他相信,即使没有身体相伴,人的灵魂也不会比诸神更好? 如果他们不敢(而且我相信他们不敢)把人类的灵魂放在那些有永恒身体的、却最幸福的诸神之上,那他们为什么认为基督教宣传的信仰是荒谬的呢? 基督教认为,初人被造时,如果不犯罪,他们的身体就不会在死亡中消解,而是因为服从,得到上帝赐予的不朽,获得永生;将来圣徒复活时会重新拥有他们曾在其中劳作的身体,但是不会遭受任何的肉体腐败或困难,不会有痛苦和不幸来损害他们的幸福。

---

[59] 柏拉图,《斐德鲁斯篇》,248a—249d。

[60] 见本书10:30。

[61] 参见本书22:27。

20. 而今,圣徒的肉身在希望中栖居,将来,这肉身比起初人犯罪之前会更好

而今,已死的圣徒的灵魂在和自己的身体分离后,不再有痛苦的死亡,因为他们的肉身会在希望中栖居[62],不管在失去感觉后,他们好像遭受了什么伤害。他们不像柏拉图认为的那样,期望忘记身体,而是记得上帝对他们的应许(上帝不会欺骗任何人):在他们复活时,会让他们的每一根毛发都保持完整[63]。他们在这身体里吃尽了苦头,但是最后就不会再感觉到这些了,所以他们热切而耐心地期待着。如果哪怕在身体因为软弱而抗拒他们的心智,所以需要用灵性之法压制的时候,也从无人憎恨自己的肉身[64],那么,当肉身变成属灵的,他们岂不会更多地爱它? 当灵性服务于肉身时,称之为肉身的没什么不合适;而当肉身服务于灵性时,也可以称之为属灵的,不是因为它转化为了灵性(不少人这么理解圣经里的这句话[65]:“所种的是灵魂性的身体,复活的是灵性的身体。”[66]),而是因为,它靠了最高的、神奇的顺从之心遵从圣灵,从而以不可消解的不朽性最有保障地实现了意志,一切烦恼的感觉、一切可腐性、不情愿都消失了。不仅现在最健康的人不会做到这样,就是犯罪之前的初人也不会。他们虽然只要不犯罪就不会死,但还是像一般人一样需要食物,他们的身体不是灵性的,而是地上生长的生灵的身体。他们不会变得年老,

---

[62] 《诗篇》,16:9。

[63] 《路加福音》,21:18。

[64] 《以弗所书》,5:29。

[65] [译按]奥古斯丁指的是斐洛、奥利金等。

[66] 《哥林多前书》,15:44。“灵魂性的”和合本作“血气的”。

因而不必然死亡。这状态来自乐园当中的生命之树，与被禁之树在一起，是上帝神奇的恩典赐给他们的⑥。但是他们除了被禁的那棵树外，可以吃别的各种果子，这不是因为那棵树自身是坏的，而是为了训练一种纯洁而简单的，对善好的遵从。对于造物主所造的理性被造物，这是一种巨大的德性。所以，如果人没有接触什么坏的事物，而只是接触了被禁的事物，那么不服从本身就是罪。因此，初人靠吃别的果子得到滋养，不会感到饥渴，因而其生灵的身体不受烦扰。因为他们会吃生命之树上的果子，所以死亡不会从任何地方侵蚀，他们不会随着时间的消逝衰老死亡。其他的果子是他们的食物，但生命之果是他们的圣事。生命之树相对于物质的乐园的关系，就如同上帝的智慧⑥与属灵的，即理智的乐园之间的关系那样，圣经里就此说："他与持守他的作生命树。"⑥

21. 初人们在乐园中。 我们可以正确地理解乐园的灵性含义，而又照顾到历史叙事中它真实的地理位置

颇有人认为，圣经中关于初人，即人类的始祖，居住在乐园的故事的叙述，都是隐喻。他们把那些树和果实都转化为对生命的德性和道德的象征⑩；这些都不是可见的和物理的，而更是为了传达象征意义而说和写的⑪。因此，就不会有物理的乐园，因为这要从灵性的角度理解。这就仿佛是说，亚伯拉罕并没有夏甲和撒拉这两个妻子，一个是使

---

⑥ 参考奥古斯丁，《〈创世记〉字解》，6；36。
⑥ ［译按］*Sapientia Dei*，即圣言，指耶稣基督。
⑥ 《箴言》，3；18。
⑩ ［译按］斐洛和奥利金都是这样解释的。
⑪ 参考奥古斯丁，《论异端》，59。

女，一个是自由人，她们并没有为他生两个儿子。她们的意义，只是在
于使徒说的，象征了新旧两约[72]。还有，摩西也没有真的击打磐石，流
出水来[73]，因为这应该理解为对基督的象征，就如使徒所说的："那磐石
就是基督。"[74]确实，没人不让我们把乐园理解为被赐福者的生活，其中
的四条河象征着四种德性：明智、勇敢、节制、正义；其中的树木象征着
有用的学问，树上的果实象征着虔敬者的道德，生命之树象征着智慧，
即一切善好之母；分别善恶之树象征着违抗上帝命令。上帝确立的对
罪人的惩罚确实是好的和正义的，但是人接受它并不是因为这是好的。
这些甚至可以被理解为指教会，我们把它们当成预言更好，指示着未来
的事物；乐园本身就如教会，像《雅歌》里说的[75]。而乐园里的四条河流
象征着四福音，结果的树木象征着圣徒，果实象征着他们的绩业，生命
之树象征了圣中之圣，就是基督；分别善恶之树象征了意志的抉择。如
果一个人鄙视神的意志，他就只能伤害自己；于是他就会学到，亲近众
人共有的善好和自我享乐之间有所不同。爱自己的人被抛给了自
己[76]，当他被恐惧和悲痛淹没时，他还是会感到自己的坏处，于是用《诗
篇》唱道："我的心在我里面忧闷。"[77]被纠正之后说："我的力量啊，我必
仰望你。"[78]没人能阻止我们用这种，或别的更恰当的方式理解乐园的
灵性含义。不过，我们还是可以把这当作对事实最忠实的记述，把它

---

[72] 《创世记》，16:4；21:1；《加拉太书》，4:22—24。

[73] 《出埃及记》，17:6。

[74] 《哥林多前书》，10:4。

[75] 《雅歌》，4:13。

[76] 参见本书 14:15.1。[译按]奥古斯丁在《忏悔录》里面表达的一个著名观点是，人要想
找回自我，必须抛弃自我，因为上帝是比自我更深更高的自我。此处和卷十四所说的把
自己抛向自我，指的是丧失了上帝这个更深的自我，但却固执于"我"这个自我，其实不
可能守住真正的自我。

[77] 《诗篇》，42:6。

[78] 《诗篇》，59:9。

们当成真实的历史。

22. 复活之后,圣徒们的身体将是灵性的,但是肉体不会变成灵

义人的身体在将来复活之后,并不需要那棵树来抵抗死亡或年老寿终,也不需要别的物质的食物来充饥解渴;他们被赋予了确定的不朽,在任何方面都是不可侵犯的,他们只在愿意时吃,他们不必吃,但可以吃。当天使们以可见可感的形像出现时,他们吃东西也不是因为他们需要,而是因为他们愿意以人能理解的人间的方式行使职权,也有能力这样做。我们也不该认为,当人们把天使们当客人招待时,他们只是假意吃饭[79]。不知道他们是天使的人认为,他们和我们一样,好像是出于需要吃东西。于是《多俾亚传》中天使这样说:"你们虽然天天见我吃喝,其实我并没有吃喝什么;你们看见的,只是个现象而已。"[80]这意思就是说,你认为我们像你们一样,是为了维持身体的需要才吃东西。如果在天使那里说不是这样,还有可信的余地,但在救世主那里,基督教信仰就不容一点疑问了[81]。甚至在复活之后,他的肉体已经完全成了灵性的,但是他还真的和门徒们一起饮食[82]。这些身体并没有去除饮食的能力,而是去除了饥渴需食的状态。因此,所谓灵性的,并不是缺少身体,而是能够靠使人活的灵维持生命。

---

[79] 《创世记》,18:9;《多俾亚传》,11:21;参见奥古斯丁,《书信》,102:6。

[80] 《多俾亚传》,12:19。

[81] [译按]奥古斯丁此处的说法有几个层次。一方面,他说圣徒和天使都没有吃饭的必要;另一方面,当他们吃饭时,却也不是假意在吃。他引的《多俾亚传》里的话,其实和他强调的并不一样,所以这里不是很好读。虽然《多俾亚传》里强调天使不需要饮食来充饥,但奥古斯丁强调,天使们之所以这么说,正是因为人们确实看到他们真的在吃。说这一点的目的,主要在下一句的基督,即强调基督的人性。

[82] 《路加福音》,24:43;《约翰福音》,21:9以下。

23. 我们应该怎样理解灵魂性的身体和灵性的身体，或，谁在亚当中死，谁在基督中生

23.1　因此，靠灵魂活着的人，虽然还没有使人活的灵，我们说他有灵魂性的身体。但这毕竟还是身体，不是灵魂。所谓"灵性的身体"也一样。我们不能认为这身体是灵，其实这身体也是肉身，只是没有肉身的笨拙和可腐性，而有使人活的灵。不过这样的人不是地上的人，而是天上的人；这不是因为，身体由尘土做的人不再是自己，但因为天堂给了这样的赐予，人可以居住在天上。人没有失去人的自然，但是改变了质。初人是在地上用尘土造的^⑧，靠灵魂活着，而没有使人活的灵，这灵只有遵从上帝的人才配获得。因此，他的身体需要饮食来充饥解渴，并没有绝对的和不可消解的不朽性，而是靠生命之树来抗拒必然的死亡，保持青春。无疑，这不是灵性的，而是灵魂性的。即便如此，倘若他不是违背上帝已经警示和告诫过的惩罚，他也不会死。不过，在乐园外，他也并非不能得到食物，只是被禁止吃生命之树上的果实，被交给了时间，会年老寿终。要说他的生命，如果他在乐园中不犯罪，他就可以永远保持。不过这个生命只是灵魂性的，只有在他遵从之后，才得以变为灵性的。上帝说："因为你吃的日子必定死。"^⑧我们把这句话的含义理解为表面的死亡，就是灵魂与肉体的分离，不能认为这是荒谬的，虽然初人并没有在吃下那会让人死的禁果的当天就死。从那天开始，初人的自然就变坏和有罪过了，开始和生命之树分离，得到最正义的惩罚，从此身体必然承受死亡，

㉝《哥林多前书》，15：47。
㉞《创世记》，2：17。

而我们一出生就面临这种必然性。所以使徒不说"身体因罪将死"，而说"身体就因罪而死，灵性却因义而活"⑧⑤。他随后又说："然而叫耶稣从死里复活者的灵，若住在你们心里，那叫基督耶稣从死里复活的，也必借着住在你们心里的圣灵，使你们必死的身体又活过来。"⑧⑥所以，身体将会借着灵性活，而今是借着灵魂活的；但使徒还是说"而死"，因为人已经被死的必然性限制了。那时候借着灵魂活着，虽然不是借着灵性活着，说死还是不对的；若不是因为犯罪，人就不会承受死的必然性。因为上帝对亚当说："你在哪里？"这象征着他的灵魂之死，是因为上帝抛弃了灵魂而这样的。上帝说："你本是尘土，仍要归于尘土。"⑧⑦他这里指的是身体的死，就是身体与灵魂的分离。那么，我们就认为他没谈到第二次死亡，因为他想把这隐藏起来，到《新约》里再告诉人们。《新约》里无比明确地宣布了第二次死亡⑧⑧。第一次死亡是所有人共同的，是因为一个人的犯罪，而带给所有人的。但是第二次死亡不是所有人共同的。靠了上帝的恩典，凭借一位中保，"按他意志被召的人"得以脱离第二次死亡。正如使徒说的："因为他预先所知道的人，就预先定下效法他儿子的模样，使他儿子在许多弟兄中作长子。"⑧⑨

　　23.2　正如使徒说的，初人被造时有灵魂性的身体。使徒希望，把未来身体复活时灵性的身体，同现在这灵魂性的身体区分开："所种的是必朽坏的，复活的是不朽坏的；所种的是羞辱的，复活的是荣耀的。所种的是软弱的，复活的是强壮的；所种的是灵魂性的身体，

---

⑧⑤　和合本后半句作："心灵却因义而活。"

⑧⑥　《罗马书》，8：10—11。

⑧⑦　《创世记》，3：9，19。

⑧⑧　《启示录》，2：11；20：6；20：14；21：8。

⑧⑨　《罗马书》，8：28—29。

复活的是灵性的身体。"随后他又证明说："若有灵魂性的身体，也必有灵性的身体。"他展示了，什么是灵魂性的身体："经上也是这样记着说：'首先的人亚当，成了有灵魂的活人。'"⑨他希望这样展示什么是灵魂性的身体。虽然在上帝吹气创造了初人亚当的灵魂的时候，圣经上没怎么谈初人。人被造时只有灵魂性的身体，"他就成了有灵魂的活人"。使徒希望人们把"初人成了有灵魂的活人"这话理解为人的灵魂性的身体。至于人们该怎么理解灵性，使徒补充说："末后的亚当，成了叫人活的灵。"⑪无疑，他这里指的是基督。基督从死人中复活，使得所有人都不会死了⑫。随后他接着说："但属灵的不在先，属灵魂的在先。以后才有属灵的。"⑬这里，他非常明确地表明，所谓"初人成了有灵魂的活人"，指的是灵魂性的身体，而当他说"末后的亚当成了叫人活的灵"时，指的是灵性的。前者是灵魂性的身体，是第一个亚当有的。但他如果不犯罪，就不会死。现在我们也都有这身体，只是在亚当犯罪后，其自然变化了，有罪过了，承受着死的必然性。基督为了我们，一开始也屈尊穿上了这样的身体，不过不是出于必然，而是出于他的能力；后来的真正的灵性身体，我们的元首基督早就有了⑭，在死者最后的复活中，他的肢体都将具有⑮。

23.3　使徒谈到了两种人之间最明显的区别："头一个人是出于

---

⑨《哥林多前书》，15：42—45；［译按］和合本中的"血气"此处都改为"灵魂性"。在拉丁文中，*animali*（生物性、灵魂的）和 *animal*（动物、生灵）等词都来自 *anima*（灵魂）一词。作者在此并不是在灵魂与身体之间作出区分，而是在灵魂与灵性（*spiritus*）之间作区分，而"血气"这个中文词还是不足以传达 *anima* 的含义。

⑪《哥林多前书》，15：45。

⑫《罗马书》，6：9。

⑬《哥林多前书》，15：46。

⑭《以弗所书》，4：15。

⑮参见《哥林多前书》，12：13。［译按］此处的"肢体"，即指教会的成员。这一整句的意思是，现在基督这个元首已经复活了，将来他的肢体也都会复活。

地,乃属土。第二个人是出于天。那属土的怎样,凡属土的也就怎样。属天的怎样,凡属天的也就怎样。我们既有属土的形状,将来也必有属天的形状。"㊱使徒这样谈论两种人,使得重生的圣事在我们身上完成。正如他在别处说的:"你们受洗归入基督的,都是披戴基督了。"㊲但是,只有当我们出生时的灵魂性变成复活后的灵性,这些才能在我们当中完成。所以我们要用他的语言说:"我们得救是在乎盼望。"㊳我们是因为堕落和死亡而披戴上地上之人的形像,由繁衍变成这样;而我们是通过宽恕的恩典和永生,穿戴上天上之人的形像,只能通过上帝与人之间唯一的中保,就是降世为人的基督耶稣,在重生中得到㊴。使徒让我们把基督理解为天上的人,因为他是从天上来的,却穿戴了地上这个必朽的身体,又给它穿戴了天上的不朽性。他把别人也称为天上的,因为他们通过恩典,成了基督的肢体。他们与基督合而为一了,基督是元首,众人是身体㊵。在同一封书信里,使徒更加明确地指出:"死既是因一人而来,死人复活也是因一人而来。在亚当里众人都死了,照样,在基督里众人也都要复活。"㊶在灵性的身体里,人将因灵性而活;这不是说,那些在亚当里死的,都将是基督的肢体。他们中大部分要遭受永恒的第二次死亡。但使徒两次说"众人",是因为,正如灵魂性的身体无不在亚当里死,灵性的身体也无不在基督里活。我们不可认为,复活后我们所有的身体,仍然是初人在犯罪前所有的身体;他说:"那属土的怎样,凡属土的也就怎样。"我们不能把这当成有罪之后的身体状况。我们也不能以为,犯罪之

㊱《哥林多前书》,15:47—49。

㊲《加拉太书》,3:27。

㊳《罗马书》,8:24。

㊴《提摩太前书》,2:5。

㊵ 参见奥利金,《论首要原理》,1:3;德尔图良,《论洗礼》,5等处。

㊶《哥林多前书》,15:21—22。

前的人就有灵性的身体，犯罪之后才罪有应得地变成了灵魂性的。谁要是这么认为，那就是忽略了这位导师如此重要的话："若有灵魂性的身体，也必有灵性的身体。经上也是这样记着说，'首先的人亚当，成了有灵魂的活人'。"这并不是犯罪之后才如此的，而是初人的最初状态，最受赐福的保罗正是通过律法的见证，指出了灵魂性的身体是怎样的。

24. 我们如何理解，上帝吹了一口气，就把人造成活的灵魂，以及主吹口气说的："你们受圣灵。"

24.1　有人好像也没有充分注意经上写的这句话："将生气吹在他鼻孔里，他就成了有灵魂的活人。"[102]他们认为这里不是赐给初人灵魂，而是本来已存在的灵魂，得到了使人活的圣灵。后来主耶稣从死人中复活以后，吹了口气，对他的门徒说："你们受圣灵。"[103]此处影响了他们。他们以为，这里所做的和前面做的是一样的，那么福音书作者就要接下来说："他们成了有灵魂的活人。"如果真这么说了，那么我们就该把这里理解为，灵魂的生命就是上帝的圣灵，没有了这圣灵，理性的灵魂就会死去，哪怕灵魂的存在使身体看上去是活着的。但是人刚被造时不是这样的，圣经里面的话就是充分的证据。里面说："主用地上的尘土造人。"[104]有人认为这里应该翻译得更清楚些，应该说："上帝用地上的泥土作人。"因为前面一句说："但有雾气从地上腾，滋润遍地。"[105]从这句话里，我们似乎可以理解，人是泥做的，即水

---

[102]《创世记》，2：7。
[103]《约翰福音》，20：22。
[104]《创世记》，2：7。
[105]《创世记》，2：6。

和土的混合。说完这些后,拉丁文圣经所依据的希腊文本接着说:
"主用地上的尘土造人。"我们译成造(*formavit*)还是作(*finxit*)都
可以,希腊文里都是 ἔπλασεν,没什么区别;但是说"作"似乎更准确
些。但那些更愿意译成"造"的人好像是为了避免模糊,因为按照拉
丁文的习惯用法,"作"(*fingere*)有制造赝品的意思。所以,这就是
从地上的尘土或泥土造的人(泥土是湿润的尘土);我认为,我更明确
地用圣经里的原话说"地上的尘土",接受了灵魂后就被造成了灵魂
性的身体。就像使徒所教导的,尘土被造成了有灵魂的活人。

24.2 他们说,他已经有了灵魂,否则就不能称为人,因为仅有
身体或仅有灵魂都不算人。人是既有身体,也有灵魂的。确实如此。
灵魂并不是整个人,而是人的较好部分;身体也不是整个人,而是人
较低的部分。只有两者结合起来,才有人之名。但即使我们谈论其
中一个,它都不会失去人的名称。在日常语言中,怎么不能说某人死
了,要么休息了,要么受到惩罚,虽然这些只能就灵魂而言? 也可以
说某某人埋在某处,虽然这只能从身体来理解。难道人们会说,圣经
里没有这样的用法吗? 圣经里的用法恰恰是我们的见证,即使在身
体和灵魂还结合着,即人还活着的时候,其中也会用"人"的名称指代
其中一部分。比如用"内在的人"指代灵魂,用"外在的人"指代身
体⑯,好像有两个人,其实二者共同构成了一个人。我们应该理解,为
什么说人是按照上帝的形像造的,又是从尘土造的,还要回归尘土。
前者是指理性的灵魂,就是指上帝吹的气,或者更恰当地说,上帝把
气吹给人就是吹给人的身体。后者指身体,是上帝用尘土做的,上帝
又给了它灵魂,使之成为有灵魂的身体,人成为有灵魂的活人。

---

⑯《哥林多后书》,4:16。[译按]"内在的人"与"外在的人"的区分,奥古斯丁从柏拉图和保
　罗那里借来,但赋予了丰富的含义,成为他极为重要的概念。

24.3　　主向他的门徒吹气，说："你们受圣灵。"无疑，基督这么做是想让我们理解，圣灵不仅是圣父的灵，而且也是他自己（即圣父的独生子）的灵。圣灵、圣父、圣子是同一的，圣父、圣子、圣灵这三位一体不是被造物，而是造物主。我们不能把圣灵当作从主的肉身之口吹出的物质，以为这就是圣灵的自然，而应该如我所说的，把这理解为一种象征，象征着圣父与圣子共有的圣灵，因为他们彼此并非各有一个圣灵，而是二者共有一个灵。在希腊文的圣经里，圣灵一词总是写作 πνεῦμα，在此处，当耶稣用嘴把物质的气吹出，将它赐给门徒们的时候，就用这个词称呼它；在整部圣经里，我没有找到在哪里圣灵用别的词来指代。我们确实读到："神用地上的尘土作人，将生气吹在（或启示在）他的脸上。"[107]这里的希腊文没用 πνεῦμα 这个词，即指称圣灵的一般词语，而是用的 πνοήν。在谈到被造物，而不是造物主时，这个词出现得更多。颇有些拉丁文作家为了区分清楚，更愿意称之为"呼气"（*flatum*），而不是"灵"（*spiritum*）。希腊文本里在《以赛亚书》还有一处，上帝说："我所造的一切生气。"[108]无疑，这里指代的是一切灵魂。当希腊文用 πνοή 的时候，我们或是翻译成气（*flatum*），或是翻译成灵（*spiritus*），或是翻译成吹气（*inspirationem*）或吸气（*adspirationem*）[109]，哪怕用在上帝那里也一样。而 πνεῦμα 只能翻译成 *spiritus*，可以用在人身上（比如使徒说："除了在人里头的灵，谁知道人的事。"[110]），可以用在动物身上（比如在所罗门的书里写道："谁知道人的灵是往上升，兽的

---

[107]　出于《创世记》，2:7。但奥古斯丁并未逐字逐句用圣经原文，故此处仅根据他的用词翻译。

[108]　《以赛亚书》，57:16，七十士本。中文和合本作"我所造的人与灵性"。

[109]　[译按]这两个词也可以是"吹气"或"吸气"。

[110]　《哥林多前书》，2:11。

灵是下入地呢。"⑪），可以用在风这样的物质（《诗篇》中唱到了风的名
字："火与冰雹，雪和雾气，成就他命的大气[*spiritus*]。"⑫），也可以不
用在被造物，而用在造物主身上，比如主在福音书里说："你们受圣灵"，
用他嘴里吹出的物质的气来象征。还有，他说："所以你们要去，使万民
作我的门徒，奉父子圣灵的名，给他们施洗。"⑬这是对三位一体最好和
最明确的诠释。还有："神是个灵。"⑭圣经中还有此外很多处。在圣
经中的所有这些见证里，我们看到希腊文本用的不是 πνοήν，而是 πνε
ῦμα。在拉丁文本中，用的不是 *flatus*，而是 *spiritus*。圣经里写到"吹
气"的那处，或更确切地说，"将生气吹在他的脸上"的那处，希腊文即使
不用 πνοήν（但确实是这么用的），而用 πνεῦμα，我们也不能认为，这里指
的是造物主的圣灵，也就是三位一体中的圣灵；而在用到 πνεῦμα 的时
候，正如我说的，它在用语习惯上显然不仅可以指造物主，而且可以指
被造物。

　　24.4　但他们说，当圣经里说到吹气（*spiritus*）⑮的时候，如果不
想让我们理解为圣灵，不会加上"活"的字样。经上在说到"他就成了
灵魂"时，之所以加上"活人"⑯，指的就是，上帝的圣灵赐给了人有灵
魂的生命。他们说，说灵魂活着，是就其特定的生命模式而言的，那
么，如果不是为了让我们理解为圣灵赐予的生命，何必再加上"活
人"？这不正是刻意捍卫人的假想，忽视圣经里的话吗？他们不必走
太远，只要读读圣经同一卷稍前的"地要生出有灵魂的活物（*animam*

---

⑪　《传道书》，3:21，"兽的灵"和合本作"兽的魂"。

⑫　《诗篇》，148:8，和合本"大气"译作"狂风"。

⑬　《马太福音》，28:19。

⑭　《约翰福音》，4:24。

⑮　[译按]奥古斯丁此处显然是在谈《创世记》2:7，但他在前面经过了分疏后，此处仍然用
　　spiritus 一词，容易让人误以为是在讲灵性或圣灵。其实，他只是在谈"吹气"。

⑯　《创世记》，2:7。

viventem)来",会很费力吗?⑪ 这是上帝创造地上的生灵时的记载。同一卷的后面,在谈到地上的一切生物都在洪水中灭亡时,又说:"凡在旱地上有生命的气息(*spiritum vitae*)的都死了。"⑱难道读到这里很费力吗? 我们甚至会发现,圣经里在谈到牲畜时都习惯用"有灵魂的活物"和"生命的气息"这样的字眼,而在这些地方,经上会说"凡有生命的气息的",用的希腊文不是 πνεῦμα,而是 πνοήν。我们为什么不说,"灵魂如果不活着就不能存在,那么何必还要加上'活着'的字样?"在说气息的时候,又何必加上生命(*vitae*)? 我们理解为,圣经上的"有灵魂的活物"和"生命的气息"都是按照用语习惯说的,指的是生灵,该理解为有灵魂的身体,身体感觉在灵魂中。但是在谈到人的创造时,我们却忘了圣经的习惯说法。这里希望我们理解,人接受的是理性灵魂,和从水里或地上创造出来的别的生灵的灵魂不同,是上帝吹气创造的。而人的灵魂要在有灵魂的身体中,和别的生灵一样生活,经上就此说,"地要生出有灵魂的活物来",还说这些灵魂有生命的气息。即使在希腊文里,这里用的也不是 πνεῦμα,而是 πνοήν。这个词指的不是圣灵,而是生灵们的灵魂。

24.5   他们说,就是上帝的那口气,也该理解为来自上帝的嘴。如果我们认为这就是灵魂,那我们就要承认,灵魂与那智慧由同等的实体构成。那智慧说:"我由至高者的口中出生。"⑲但智慧并没有说,它是从上帝嘴里吹出来的,而是从他的嘴里生出来的。就像我们呼吸时,我们不能从我们作为人的自然造出气息,而要靠周围的空气导引吐纳;万能的上帝既不能从他的自然,也不能用他所管理的被造物

---

⑪《创世记》,1:24 和合本作:"地要生出活物来。"
⑱《创世记》,7:22 和合本后半句作"鼻孔有气息的生灵都死了。"
⑲《便西拉智训》,24:5;用思高本圣经《德训篇》译文。

制造气息,而是从虚无中制造。最恰当的说法是,他通过吹气或呼气把气息放进人的身体。他是超物质的,他的气息也是超物质的;他是不可变的,但他的气息是可变的,因为他不是被创造的,而气息是被创造的。那些想谈论圣经,却不注意圣经里这些地方的人,他们应该知道,不是只有和上帝的自然一样的,才能说成来自上帝的嘴。他们应该听到或读到圣经里上帝的话:"你既如温水,也不冷也不热,所以我必从我口中把你吐出去。"⑫

24.6 使徒无比明确地区分了灵性的身体和灵魂性的身体(也就是我们未来是什么和现在是什么)我们为什么要拒绝呢? 没有理由。他说:"所种的是灵魂性的身体,复活的是灵性的身体。若有灵魂性的身体,也必有灵性的身体。经上也是这样记着说,'首先的人亚当,成了有灵魂的活人。'末后的亚当,成了叫人活的灵。但属灵的不在先,属灵魂的在先。以后才有属灵的。头一个人是出于地,乃属土。第二个人是出于天。那属土的怎样,凡属土的也就怎样。属天的怎样,凡属天的也就怎样。我们既有属土的形状,将来也必有属天的形状。"⑫使徒的这些话,我前面都提到过了。使徒说,初人亚当被造时就有灵魂性的身体,而他被造时,这并不是不可能死的;但如果人不犯罪,他就不会死。但使人活的灵把人变成灵性和不朽的,他就根本不会死了。正如灵魂被造时是不朽的,但是罪带来了死亡,使她失去了一种生命,就是上帝的灵,只有圣灵才让人智慧而幸福地活着。不过,她仍然保持某种生命,仍然活着,虽然是悲惨的。因为她在被造时就是不朽的。那些堕落的天使也一样。他们犯了罪就会在某种意义上承受死亡,因为他们背离了生命之泉,即上帝。上帝使他

---

⑫《启示录》,3:16。

⑫《哥林多前书》,15:44—49。

们能智慧而幸福地生活。但是他们的死并不是丢掉全部生命和感觉，因为他们被创造时就是不朽的；这样，哪怕是在最后审判之后的第二次死亡，他们仍然不缺乏生命。只要有感觉，要忍受痛苦，他们就不缺乏生命。但是亲近上帝的恩典的人，待在圣天使的城里，享受幸福生活，享受灵性的身体，不再犯更多的罪，也不再死亡；他们会穿戴上不朽的身体，与天使们一样，哪怕犯罪也不会使他们丢掉这身体。他们仍有肉身的自然，但是肉身根本不会腐坏，也不会像现在这么沉重。

24.7 随后我们必须考察一个问题，并且会在主上帝的保佑下寻找真理：在那初人的身上，不遵从之罪导致肢体不遵从的欲望，神的恩典抛弃了他们。因而他们睁开眼睛，看到自己是裸体的，就变得更注意（*curiosius*）⑫这一点。因为不明智的冲动抗拒意志的抉择，他们遮蔽了私处。如果他们一直不堕落，保持被创造时的样子，那如何繁衍子孙？但是，现在我们必须结束这一卷了，这样大的问题不能在这么短的篇幅里解决。我会把这个问题留给后面一卷，在那里讨论它更恰当。

---

⑫ ［译按］此处的"注意"与"好奇"同源。虽然我们不能译为"好奇"，但需要知道，它和"好奇"一样，是一种不健康的求知欲。

三联精选

·修订译本·

上帝之城

驳异教徒

下

DE CIVITATE DEI
CONTRA PAGANOS

Augustinus Hipponensis

[古罗马]
奥古斯丁

著

吴飞 译

上海三联书店

目 录

上帝之城卷十六

上帝之城卷十九

上帝之城卷二十

上帝之城卷二十一

1. 论说的顺序是，我们首先谈追随魔鬼的被谴责者的永恒责

上帝之城卷十四

[本卷提要]①这又是内容极为丰富的一卷,涉及了恩典、肉身与灵性、意志、爱、性情、原罪、淫欲、羞感、繁衍等问题。奥古斯丁在此综述了他主要的心理学观念,这些心理学问题都围绕同一个主题,即解释原罪及其后果。延续上一卷的主题,本卷主要的目的是讨论初人犯罪之后究竟带来了什么后果,与犯罪之前到底有什么分别。因此,这些主题都意在对人性给出一个解释,包括堕落之前的人性和堕落之后的人性。而这种解释又可归结为一点,即上一卷所说的,原罪带来的必死性。在本卷,这种必死性体现在肉身对意志的反叛,带来了各种情感的搅扰,淫欲和羞感则是这种反叛的一个集中表现。在最后一章,奥古斯丁综述了地上之城和天上之城中的两种爱,将本卷的心理学问题与两城说这一主题再次勾连起来,并开启了随后几卷

---

① [译按]奥古斯丁在写于约 420 年的《驳反律法书和先知书者》(*Contra Adversarium Legis et Prophetarum*)1:14(18)的结尾处谈到了这一卷。

的讨论②。

1. 由于初人的不服从，所有人都要在第二次死亡中遭受永远的毁灭，除非为上帝的巨大恩典所救

我们在几卷前谈到③，人类不仅因为自然的相似而结合起来，而且因为亲缘关系，必须在和平的纽带下合和为一。上帝要从一个人中造出整个人类，如果不是因为两个初人（一个是无中生有造的，另一个是从他造的）由于不服从而犯罪，这个种族中的任何一个都不会死。他们的罪是如此之大，以致人的自然都变坏了，这罪的束缚和死的必然性都传给了后代。于是，死亡在人类中做了王，使所有人都被赶向不会终结的第二次死亡，这罪有应得的惩罚，除非得到上帝本不必给人的恩典的解救。虽然大地上生息繁衍着数目众多的不同民族，礼仪、风俗各异，语言、武器、服饰各自不同，但是人类不会超出最初的两个团契，我们可以依据我们的圣经称之为两个城。一个是根据肉身生活之人的城，另外一个是根据灵性生活之人的城，各自根据自己的愿望寻求和平，当找到和平时，就按照各自的那种和平生活。

2. 肉身的生活不仅应该理解为来自身体的罪过，而且来自心灵的罪过

2.1 我们首先要看，按照肉身生活和按照灵性生活分别是什

---

② ［PL本提要］奥古斯丁再次谈到初人的罪，说这是肉身生活和情感罪过的原因。他尤其表明，与这种欲望相伴的羞耻心是对不服从这种坏事的惩罚。他问，如果初人没有犯罪，那他是否会毫无欲望地生育后代。

③ 见本书12：22—28。

么。谁要是只看到我谈的表面意义,那就要么是根本忘了,要么是很少注意圣经怎么使用这种说话方式。他可能认为伊壁鸠鲁派哲学家就是按照肉身生活的,因为他们把人的最大善好当作身体的欲求。他可能以为,别的以某种方式认为身体的好就是人的最大善好的哲学家也这么认为,还有所有那些老百姓,他们并不按照某种教条生活,也不进行某种哲学思考④,但是倾向于身体的欲求所致,除了得自身体感觉的欲望,就不知道别的快乐了。而这些人认为,斯多亚派学者的生活就是按照灵性的,因为他们把人的最大善好放在心灵里。而人的心灵难道不就是灵性吗?但按照圣经里的说话方式,两者其实都是按照肉身生活。所谓的肉身不仅是地上的物体和必朽的生灵(此处的意思是这个:凡肉体各有不同。人是一样,兽又是一样,鸟又是一样,鱼又是一样⑤。),而且以别的各种方式,用这个词表达了不同事物。在各种修辞当中,人自身,也就是人的自然,总是被称为肉身,这是以部分代整体的修辞法,即:"所以凡有肉身的没有一个,因行律法,能在神面前称义。"⑥这不就该理解为指所有的人吗?后来,使徒更明确地写道:"没有一个人靠着律法称义。"⑦他又对加拉太人说:"既知道人称义,不是因行律法。"⑧我们据此理解"圣言成了肉身"⑨,就是成了人。有人认为,基督没有人的灵魂,这是不能接受的。部分可以指代全部,福音书中记录的抹大拉的玛利亚的话就是例子:"因为有人把我主挪了去,我不知道放在哪里。"⑩她只是就基督的肉身说

---

④ [译按]此处 PL 版是 *philosophamur*。CCSL 版改为 *philosophantur*。

⑤ 《哥林多前书》,15:39。

⑥ 《罗马书》,3:20。[译按]此处的"肉身的"和合本作"有血气的",翻译的是 *caro* 一词,与《哥林多前书》中的"血气"不同。我们为了保持上下文一致,还是改为"肉身的"。

⑦ 《加拉太书》,3:11。

⑧ 《加拉太书》,2:16。

⑨ 《约翰福音》,1:14。

⑩ 《约翰福音》,20:13。

的，因为是基督的肉身从被埋葬的墓里移走了。这样，当提到肉身时，我们要理解为整个人，这是用部分指代整体，正如我们从这个例子看到的。

2.2 要考察和辑出圣经里面关于肉身的各种用法，那就太冗长了。我们要考察按照肉身生活的人（虽然肉身的自然不是坏的，但这种人是坏的），就要仔细地看使徒保罗写给加拉太人的书信中的这个地方："肉身的事，都是显而易见的。就如奸淫、污秽、邪荡、拜偶像、邪术、仇恨、争竞、忌恨、恼怒、结党、意气、异端、嫉妒、醉酒、荒宴等类。我从前告诉你们，现在又告诉你们，行这样事的人，必不能承受神的国。"⑪我们要通读使徒这封信的整体，就足以看清现在的问题，可以解决什么是按照肉身生活的问题。谈到肉身的事情，使徒说是显而易见的，——列举和谴责。我们看到，这里不仅有和肉身的欲望相关的，比如奸淫、污秽、邪荡、醉酒、荒宴，而且还有那些与肉身欲望无关的、心灵的罪过。像邪术、服侍偶像、仇恨、争竞、忌恨、恼怒、结党、意气、异端、嫉妒，谁把这理解为肉身的罪过，而不是心灵的罪过？也许有人服侍偶像、沉溺异端或别的错误是为了满足身体的欲望⑫。此人哪怕控制或打击身体的贪欲，作者使徒认为，他还是在按照肉身生活，他对肉身欲求的禁绝恰恰证明了他陷入该谴责的肉身之事。谁的争竞不是在心灵里？或者谁会对敌人或他认为有敌意的人说，你那坏的肉身（而不是"你那坏的心灵"）与我对抗？假如听到"肉身的"（*carnalitas*）这样的词，我认为无疑这就和肉身有关了，那么也无人怀疑，"心灵的"（*animositas*）和心灵（*animus*）相关。保罗要"作外

---

⑪ 《加拉太书》，5：19—21；和合本"肉身"作"情欲"，"意气"作"纷争"；又见《哥林多前书》，6：9—10。

⑫ 参考奥古斯丁，《论〈约翰福音〉》，13：13。

邦人的师傅,教导他们相信、学习真道"⑬。为什么他把这全部和类似的都称为肉身之事？当然是因为,他这样说的时候,用部分指带了全体,用肉身之名来理解人本身。

3. 罪的根源不在肉身,而在灵魂;罪导致的腐败不是罪,而是对罪的惩罚

3.1 如果有谁说,肉身是道德上各种各样的坏事和罪过的原因,因为灵魂在肉身影响下生活,那他就没有仔细考察人的普遍自然。因为"这必腐朽的肉身,重压着灵魂"⑭。就是那个谈论腐败的身体的使徒,先是说"外体虽然毁坏"⑮,随后又说:"我们原知道,我们这地上的帐篷若拆毁了,必得神所造,不是人手所造,在天上永存的房屋。我们在这帐篷里叹息,深想得那从天上来的房屋,好像穿上衣服。倘若穿上,被遇见的时候就不至于赤身了。我们在这帐篷里,叹息劳苦,并非愿意脱下这个,乃是愿意穿上那个,好叫这必死的被生命吞灭了。"⑯我们遭到腐败的身体的重压,但是这重压的原因却不在于身体的自然和实质,而在于它的腐败。我们知道了这一点,就不想脱去身体,而只想让它穿上不朽的衣裳。那时候它还是身体,但不会腐败,所以不会重压了。现在,"这必腐朽的肉身,重压着灵魂;这属于土的寓所,迫使精神多虑"⑰。所以,那些认为灵魂的坏事都来自身体的,都错了。

---

⑬《提摩太前书》,2:7。
⑭《所罗门智训》,9:15;此处用思高本圣经《智慧篇》译文。
⑮《哥林多后书》,4:16。
⑯《哥林多后书》,5:1—4。
⑰《所罗门智训》,9:15。但奥古斯丁此处的引文与上面略有不同。

　　3.2　就是维吉尔，也在他瑰丽的诗句里解释了柏拉图的观点，说："它们的种子的生命力有如烈火一般，因为它们的源泉来自天上，但是切勿让物质的躯体对它们产生有害的影响，妨碍它们，切勿让泥土作的肉身或必朽的肢体使它们变得呆滞。"他列举了四种著名的灵魂搅扰：欲、惧、乐、哀，把它们的来源都理解为来自身体的犯罪和罪过。他说："这肉体有惧，有欲，有悲，有乐，心灵就像幽禁在暗无天日的牢房里，看不到晴空。"⑱但我们的信仰与此很不同。身体的腐败对灵魂的重压不是初人之罪的原因，而是对它的惩罚；不是必腐的肉身使灵魂有罪，而是灵魂的罪使肉身必腐。虽然肉身的腐败会激起罪过，自己也会导致罪过的欲望，但我们不能把生活中的一切邪恶罪过归给肉身，否则我们就使魔鬼推卸了这些罪过，因为魔鬼没有肉身。我们不能说，魔鬼会犯下奸淫、醉酒，或诸如此类和身体欲求相关的坏事，虽然他是这类坏事暗中的引诱者和刺激者。但他是极端骄傲和嫉妒的。他被这些罪过控制，于是被囚禁在这幽暗的空气中⑲，注定遭受永罚。至于那些控制了鬼怪之王的罪过，使徒归给了肉身，而魔鬼当然没有肉身。他说，忌恨、恼怒、结党、意气、嫉妒都是肉身之事⑳；所有这些坏事中最大的和根源性的是骄傲，即使没有肉身的魔鬼也被这罪控制。谁比他更恨圣徒呢？我们会发现谁比他更恼怒圣徒，对圣徒生气，嫉妒圣徒呢？魔鬼没有肉身，但这些都有。肉身之事除非不是人事，否则，如我所说，使徒怎么能称之以肉身之名呢？魔鬼没有肉身，所

---

⑱　维吉尔，《埃涅阿斯纪》，6：730—734，译文略有改动。对于"悲"与"哀"的用法，参见14：7。

⑲　参见奥古斯丁，《论基督徒的烦恼》（De Agone Christiano），3—5；《驳摩尼教论好的自然》，33。

⑳　《加拉太书》，5：20—21。

以人像魔鬼那样生活不是因为有肉身，而是因为按照自己，也就是按照人生活，才使人变得和魔鬼一样；魔鬼若是不在真理中立稳，就是想按照自己生活，所以他不会根据上帝的言，而是根据自己的谎言说话。他不仅说谎，而且是说谎者的父[21]。他是最先说谎的，说谎和罪一样，是从他开始的。

4. 按照人生活是怎样的，按照上帝生活呢

4.1　人如果按照人生活，不按照上帝，那就和魔鬼一样；因为天使也不按照天使生活，而是按照上帝，从而才能在真理中站稳，并按照上帝讲述真理，而不是任由自己说谎。关于人，使徒在另外一个地方说："若神的真实，因我的虚谎，越发显出他的荣耀。"[22]他谈到我们的谎言和上帝的真理。这样，只要人按照真理生活，就不是在按照自己，而是按照上帝生活。上帝就是他所说的："我就是真理。"[23]如果人按照自己生活，即按照人生活，那就不是按照上帝，而是按照谎言生活。这不是因为人自身是谎言。他的作者和创造者是上帝，上帝不是谎言的作者和创造者。人在被造时是正直的，从而不按照自己，而是按照造他的那一个生活，即按照上帝的，而不是他自己的意志生活。如果他不按照被造时的这样生活，那就是谎言。人愿意幸福，但是不能够幸福生活。有比这更虚谎的意志吗？要说所有的罪都是谎言也不为过。没有意志就没有罪。我们靠意志趋好避坏。谎言就是，我们做事本来是为了对自己好，结果却是对我们坏的；本来是为了对我们更好，结果却对我们更不好。

㉑　参考《约翰福音》，8：44。

㉒　《罗马书》，3：7。

㉓　《约翰福音》，14：6。

上帝本来能给人带来好，但人自己不能。人不再按照上帝生活，而按照自己生活，因抛弃上帝而犯了罪。

　　4.2　正如我所说的，存在两个相互不同、相互反对的城，因为有人按照肉身生活，有人按照灵性生活㉔。也可以说成，有人按照人生活，有人按照上帝生活。保罗在给哥林多人的信中最明确地说："因为在你们中间有嫉妒分争，这岂不是属乎肉体，照着世人的样子行么？"㉕"照着世人的样子行"，就是"肉身的"，因为肉身是人的一部分，所以我们就把它理解为人。使徒此处谈到的"肉身的"，前面也用"灵魂性的"说过。他说："除了在人里头的灵，谁知道人的事？像这样，除了神的灵，也没有人知道神的事。我们所领受的，并不是世上的灵，乃是从神来的灵，叫我们能知道神开恩赐给我们的事。并且我们讲说这些事，不是用人智慧所指教的言语，乃是用圣灵所指教的言语，将属灵的话，解释属灵的事。然而灵魂性的人不领会神圣灵的事，反倒以为愚拙。"㉖对于这些人，也就是灵魂性的人，他稍后说："弟兄们，我从前对你们说话，不能把你们当作属灵的，只得把你们当作属肉体。"㉗这两个词，都是用同样的修辞法说话，即用部分代整体。灵魂和肉身都是人的部分，两者都可以指代整体，也就是人。并不是这个人是灵魂性的，那个人是肉身的，而是两者都是同一个，也就是按照人生活的人；所以，我们所读到的下面的话，指代的也正是人："凡是肉身的，没有一个因行律法能在神面前称义。"㉘下面也一样：

㉔　参考本书，14：1。
㉕　《哥林多前书》，3：3。
㉖　《哥林多前书》，2：11—14。
㉗　《哥林多前书》，3：1，"灵魂性的"，和合本作"属血气的"。下同。
㉘　《罗马书》，3：20，"肉身"和合本作"血气"。

"雅各家来到埃及的共有七十五个灵魂。"㉙"凡是肉身的"应理解为"凡是人";"七十五个灵魂"应理解为"七十五个人"。当使徒说"不是用人智慧所指教的言语"时,也可以说"不是用肉身的智慧"。他说"照着世人的样子行",也可以说"照着肉身"。在他说的下面的话里更加明显:"有说,我是属保罗的。有说,我是属亚波罗的。这岂不是你们和世人一样么?"㉚他曾说:"你们是灵魂性的","你们是肉身的",而今更清楚地说:"你们和世人一样。"也就是:"你们按照人生活,不按照上帝,如果你们按照上帝生活,你们就是属神的。"

5. 对于身体和灵魂的自然,柏拉图派的意见比摩尼教的更能容忍;但是他们也该被谴责,因为他们说肉身的自然是罪过的原因

我们不能因为自己的罪和过而攻击造物主,控告肉身的自然。就其种类和秩序看,肉身是好的;但是若抛弃好的造物主,按照被造物生活,好的就不再是好的了,不论选择按照肉身、按照灵魂,还是按照整个人(整个人是由灵魂和肉身组成,可以只用灵魂或只用肉身之名指代)生活。谁若赞美灵魂的自然是至善,而控诉肉身的坏的自然,那就是以肉身的方式朝向灵魂,以肉身的方式逃离肉身,只能感到人的虚妄,而不是神的真理。柏拉图派并不像摩尼教那么愚蠢,诅咒地上物体是坏的自然㉛。柏拉图主义者把可见可感世界上的一切

㉙《创世记》:46:27,和合本作:"雅各家来到埃及的共有七十人。"另,《使徒行传》,7:14为:"约瑟就打发弟兄请父亲雅各,和全家七十五个人都来。"奥古斯丁引用的《创世记》上的数目,是按照七十士本。《使徒行传》的数目也和七十士本相同。

㉚《哥林多前书》,3:4。

㉛参见奥古斯丁,《论异端》,46。

都归为他们的神的作品。他们认为，灵魂受到地上的关节、必朽的肢体的影响，就会带来病态的欲、惧、乐、哀。西塞罗所说的这四种搅扰③②，或从希腊文演化来的说法，四种性情，讲的都是人类道德的罪过。如果是这样，维吉尔笔下的埃涅阿斯在冥界听到他父亲说灵魂要回归身体时，为什么对这种意见感到惊异，大呼："父亲，你是不是说有些灵魂将升到阳世，再见天光，重新投进苦难的肉身呢？为什么这些灵魂这样地追求着这悲惨呢？这是多么愚蠢啊。"③③如果灵魂已经绝对净化，难道这来自地上的关节和肢体的愚蠢欲望还会起作用？如他所说，净化了的灵魂不是要去除他所谓的"身体的病恶"③④吗？那这之后她怎么会愿意回归到身体中？③⑤ 这个说法虚妄无比，但是如果我们接受它，认为灵魂在洁净与肮脏之间永无休止地来回往返，也不能说灵魂所有该批评的和罪过的活动都来自尘土的身体。即使按照他们自己的说法，他们这个高贵的代表所谓的"愚蠢的欲望"也并不来自身体，因为灵魂已清洗干净身体的所有病恶。灵魂在任何身体之外形成，却还是被迫回到身体。所以，他们也承认，灵魂所受的欲、惧、乐、哀的影响并不完全来自肉身，也可以是她自己的运动的搅扰。

6. 人的意志判断，心灵获得的要么是邪恶的影响，要么是正直的影响，意志是怎样的呢

人的意志是怎样的，至关重要。因为，如果意志是下流的，其活

---

③② 西塞罗，《图斯库兰讨论集》，4：6，11。
③③ 维吉尔，《埃涅阿斯纪》，6：719—721，译文有改动。
③④ 维吉尔，《埃涅阿斯纪》，6：737。
③⑤ 维吉尔，《埃涅阿斯纪》，6：751。

动也是下流的；如果意志是正直的，其活动不仅不该批评，而且值得赞美。意志存在于这一切当中；这一切无非就是意志。除非意志赞同我们所愿意的，否则哪有欲与乐？除非意志不赞同我们不愿做的，否则哪有惧与哀？我们要是赞同追求我们愿做的，那就是欲；我们要是赞同安享我们愿做的，那就称为乐。同样，我们要是不赞同接近我们不愿发生的，这样的意志就是惧；如果我们不赞同违背我们的意愿发生的，这样的意志就是哀。因为人的意志对所好所恶的各种事物的趋避，就有了这样那样的情感变动和转化。因此，按照上帝，而不是按照人生活的人，就会热爱好；他也会因此憎恨坏。没有自然本来就是坏的，凡是坏的，都是因为罪过而坏的。按照上帝生活的人，会"切切"地仇恨坏㊱。他不因罪过而恨人，也不因人而爱罪过，而是仇恨罪过，热爱人。等到罪过被治愈了，剩下的都是他爱的，就没有什么该恨的了。

7. 我们发现，在圣经之中，无论对好人还是坏人，"爱"（*amor*）与"喜"（*dilectio*）没有区别

7.1 谁要是想爱上帝，就不要按照人，而要按照上帝爱邻人，如爱自己那样爱他。无疑，有了这种爱，才能说有好的意志。在圣经的用法中，这被称为"慈爱"（*charitas*）；但是，同在圣经中，这也称为"爱"（*amor*）。使徒谈到，谁被选举为人民的统帅，他就要做善好的热爱者（*amator*）㊲。主基督问使徒彼得："你喜爱（*diligis*）我比这些更深么？"彼得回答："主啊，是的。你知道我爱（*amo*）你。"主再次问

㊱《诗篇》，139:22。
㊲《提多书》，1:8；《罗马书》，13:1。

他，不是问彼得是否爱（*amaret*）他，而是是否喜爱（*diligeret*）他，而彼得的回答是，"主啊，是的。你知道我爱（*amo*）你。"第三次再问时，主不说："你喜爱（*diligis*）我么？"而说："你爱（*amas*）我么？"福音书作者接下来说："彼得因为耶稣第三次对他说'你爱我吗'，就忧愁。"主并不是第三次说"你爱我吗"，而是只说了一次，但说了两次"你喜爱我吗"。因此，我们要理解，主说"你喜爱我么"，意思就是"你爱我么"。彼得那里没有这些词的变化，而第三次他回答说："主啊，你是无所不知的，你知道我爱（*amo*）你。"㊳

7.2　我之所以提到这些，是因为不止一人认为，喜爱（*dilectio*）或慈爱（*charitas*）是一回事，爱（*amor*）是另一回事。他们说，要把"喜爱"当成好的，把"爱"当成坏的㊴。但确定无疑的是，哪怕世俗文学的作者也不是这么用词的。让哲学家们自己决定，是否应该这样区分，以及有什么样的道理区分。但他们的书里足够说明，他们会把爱（*amor*）用在好的事情上，甚至伟大的上帝上。但是我们宗教的圣经（我们认为其权威超过了别的作品）并没有把爱当成一回事，把喜爱或慈爱当成另一回事。我们看到其中也用爱谈论好事。谁要是认为爱可以是好的，也可以是坏的，而喜爱只在说到好人时用，那他就该注意《诗篇》里的话："惟有恶人和喜爱强暴的人，他心里恨恶。"㊵使徒约翰在别处说："人若喜爱世界，喜爱父的心就不在他里面了。"㊶看，喜爱既用在坏事上，也用在好事上。我们已经看到"爱"用在好事上了，谁要问它用在坏事上的例子，可以读这段经文："因为那时人要

㊳《约翰福音》，21:15—17。
㊴参见奥利金对《雅歌》的诠释。
㊵《诗篇》，11:5。
㊶《约翰一书》，2:15。

爱自己,爱钱财。”㊷爱好事,意志就正直;爱坏事,意志就下流。爱若渴望所爱的事物,那就是欲;如果安享所拥有的,那就是乐;避开所反对的,就是惧;遇到所反对的,就是哀。那么,爱坏事的,就是坏,爱好事的就是好。我们所说的,可以用圣经来证明。使徒“欲求离世与基督同在”㊸。“我的灵魂欲求期待你的审判。”㊹更明白说就是:“我的灵魂期待欲求你的审判。”还有,“欲求智慧引人高登王位”㊺。按照习惯用法,如果我们说“欲望”或“欲求”而不加上一个对象,往往就会理解为坏事。而乐则针对好事:“你们义人应当靠主欢喜快乐。”㊻还有:“你使我心里快乐。”㊼还有:“在你面前有满足的喜乐。”㊽在使徒看来,惧可以是针对好事的:“就当恐惧战兢,作成你们得救的工夫。”㊾还有:“你不可自高,反要惧怕。”㊿还有:“我只怕你们的心或偏于邪,失去那向基督所存纯一清洁的心,就像蛇用诡诈诱惑了夏娃一样。”(51)哀(*tristitia*),西塞罗更多称为“忧”(*aegritudinem*),维吉尔称为“悲”(*dolorem*),维吉尔说:“有悲,有乐。”(52)但是我更喜欢说“哀”,因为忧和悲更多用在身体上。我们能否找到这个词用在好事上的例子,是个更复杂的问题。

㊷《提摩太后书》,3:2,和合本作:“因为那时人要专顾自己,贪爱钱财。”
㊸《腓立比书》,1:23,“欲求”和合本作“情愿”。
㊹《诗篇》,119:20,和合本译为“我时常切慕你的典章”。
㊺《所罗门智训》,6:21,用思高本圣经《智慧篇》译文,略有改动。
㊻《诗篇》,32:11。
㊼《诗篇》,4:7。
㊽《诗篇》,16:11。
㊾《腓利比书》,2:12。
㊿《罗马书》,11:20。
(51)《哥林多后书》,11:3。
(52) 维吉尔,《埃涅阿斯纪》,6:733。

8. 斯多亚派愿意智者的心灵中有三种搅扰,但不应有悲或哀,因为有德的心灵不该感到它

8.1 希腊人所谓的怡情(εὐπάθειαι)(53),西塞罗用拉丁词*constantias*(情感)来表达(54)。斯多亚派认为,一般人的心灵中有三种搅扰,而智者的心灵中有三种情感。他们有意志,而不是欲,有喜乐,而不是乐,有谨慎,而不是惧;至于忧或悲(我们为了避免歧义,更喜欢称之为哀),他们认为智者的心灵根本就不会有。他们说,意志追求好,智者当然追求好;取得了好,则喜乐,而智者处处都取得好;谨慎是要避免坏,而智者应当避免坏;哀是针对已经发生的坏,但他们认为智者不会遇到坏,所以他们说智者的心灵里不会有哀。于是他们说,除非是智者,否则就没有意志、喜乐、谨慎。而愚人只能有欲、乐、惧、哀。按照西塞罗的说法,前三者是情感,后四者是搅扰,而更多人把这四者称为性情(*passiones*)。在希腊语中,如我所说,前三者被称为 εὐπάθειαι;后四者称为 πάθη。这种说法是否与圣经中相合?我尽我所能仔细探求,发现先知说:“神说,不敬者必不得喜乐。”(55)这是说,不敬者可以因坏事而乐,但不会喜乐;因为喜乐是好人和虔敬者应有的情感。福音书里也说:“你们愿意人怎样待你们,你们也要怎样待人。”(56)这话好像指,谁也不会坏地或下流地愿意,而只会坏地或下流地欲求。于是,按照语言习惯,颇有人在翻译这话时加上了“好”:“你们愿意人怎样待你们好。”他们认为,这样就防范了,不会让

(53) 第欧根尼·拉尔修,《名哲言行录》,7:115。
(54) 西塞罗,《图斯库兰讨论集》4:6,11—14。
(55)《以赛亚书》,57:21,和合本译为:“神说,恶人必不得平安。”
(56)《马太福音》,7:12。

人愿意别人待他自己不诚，更不要说下流了（例如，奢侈的宴饮），否则他也要回报别人对他所做的，才能践履这诫命。但是在拉丁译本的底本，希腊文的福音书里，并没有说“好”，而是说：“你们愿意人怎样待你们，你们也要怎样待人。”我认为，因为此处说的“愿意”（*vultis*），就该理解为对“好”的愿意。经上并没有说“欲望”。

8.2 不过，我们说话时并不需要总注意这些细小处，只是偶尔用一下。有些作者的权威性是不容否认的，我们读到他们时，只有无法找到对文本的其他正确解释时，才能这么理解。我提到过这样的例子，部分来自先知书，部分来自福音书。谁不知道，不敬者会欢喜快乐？但是“神说，不敬者必不得喜乐”。因此，当这样精确微妙地用词时，喜乐只能另有所指。同样，谁会否认，教给人，别人怎样对他做所欲之事，他也应该怎样对待别人，是不对的？否则，人们就会耽于相互发泄下流非法的欲望。不过，经上还是有这最有拯救性、最正确的诫命：“你们愿意人怎样待你们，你们也要怎样待人。”这还不是因为，此处所说的“意志”，有一个精确的含义，不能包括对坏事的意志？在习惯用语中，有极多这样的说法：“你们一定不要有说任何谎言的意愿。”(57)如果意志不可能是坏的，这种说法怎么会是对的？不过，我们需要把这种堕落的意志同天使所预言的意志区分开：“在地上平安归与有好的意志的人。”(58)如果意志只能是好的，那么此处加上“好”就多余了。使徒说，爱不喜欢不义(59)，若不是爱可能喜欢邪恶，这怎么会是极大的赞美？在世俗的作者当中，这类不加分别的语言也不断出现。西塞罗这个最雄辩的演说家说：“元老们，我欲仁慈。”(60)因为他此处把“欲”当好词用，那些

---

(57)《便西拉智训》，7：14，译者自行译出。

(58)《路加福音》，2：14，和合本译作：“在地上平安归与他所喜悦的人。”

(59)《哥林多前书》，13：6。

(60) 西塞罗，《反喀提林》，1：2.4。

咬文嚼字的人，不是要争辩说，他不该用“我欲”，而要用“我愿”吗？特伦斯在谈到下流少年不健康的熊熊欲望时说：“我所愿的，不过就是菲鲁美娜。”这里，他的意志指的就是淫欲。他那比他还淫邪的奴隶的回答足以表明这点了。他对他的主人说：“如果你不再耍嘴皮子，激起更多不能满足的欲望，而是行动起来，满足心灵中的爱，那该多好？”(61)就在维吉尔极为简略地谈到四种搅扰的诗行中，他把“喜乐”当坏词来用：“有惧，有欲，有悲，有乐。”(62)同一个作者还说：“心术不正的喜悦。”(63)

8.3 好人和坏人都可以有意志、谨慎和喜悦；换言之，好人和坏人也都可以欲、惧、乐。但好人以好的方式，坏人以坏的方式使用，正如人的意志可以正直也可以下流。至于哀，斯多亚学派认为，它不能在智慧者的心灵中发现，我们却发现它可以用在好事上，特别是在我们的圣经中。使徒在赞美哥林多人时，说他们的忧愁是依着神的意思的。但是也许有人会说，使徒在祝贺他们，因为他们在忏悔时忧愁（*contristati*），所以只有有罪的人才会哀（*tristitia*）(64)。他是这样说的：“我知道那信叫你们忧愁，不过是暂时的。如今我欢喜，不是因你们忧愁，是因你们从忧愁中生出懊悔来。你们依着神的意思忧愁，凡事就不至于因我们受亏损了。因为依着神的意思忧愁，就生出没有后悔的懊悔来，以致得救。但世俗的忧愁，是叫人死。你看，你们依着神的意思忧愁，从此就生出何等的殷勤。”(65)可见，哀也会有用，比如在忏悔罪孽的时候；但即便看到这个，斯多亚派还是可以辩护他们的

---

(61) 特伦斯，《安得丽雅》（*Andria*），2：1，306—309。

(62) 维吉尔，《埃涅阿斯纪》，6：733。

(63) 维吉尔，《埃涅阿斯纪》，6：278—279。

(64) [译按]此处的“忧愁”在拉丁文里是 *contristo*，而“哀”是 *tristor*。两个词同源。

(65) 《哥林多后书》，7：8—11。

说法。智者的心灵不会忧愁，因为他不会陷入罪，就不必在忏悔中忧愁，他也不会陷入别的坏事，让他悲哀地承担和忍受。他们会举出阿尔西比亚德（如果我没记错名字的话），自认为很幸福，但是苏格拉底和他辩论，证明他很悲惨，因为他愚蠢，他就哭了[66]。他的愚蠢是他的有助益的悲哀的原因，此人的悲哀是因为，他不是他应该成为的人。斯多亚派说，智者不愚蠢，所以不会有这种悲哀。

9. 心灵的搅扰在义人的生活里变成了正直的情感

9.1　这些哲学家把心灵的搅扰当作问题。我在本书的卷九回应了他们[67]，表明，他们更想要言辞而不是事实，争论而不是真理。但上帝之城中的这些神圣公民，按照上帝生活，在此生旅行（*peregrinatione*），依照圣经和健康的说教，有惧，有欲，有悲，有乐。因为基督徒的爱是正直的，他们拥有的都是正直的情感。他们惧怕永罚，欲求永生；他们为现在的事情悲哀，因为他们现在还在呻吟，期待着基督的牧领和自己身体的救赎[68]；他们为希望而喜乐，为了"经上所记，死被得胜吞灭的话"[69]。他们惧怕有罪，欲求坚持；为罪而悲哀，为好的事功而喜乐。关于惧怕有罪，他们听到："只因不法的事增多，许多人的爱心，才渐渐冷淡了。"[70]关于欲求坚持，他们听到经上的话："惟有忍耐到底的，必然得救。"[71]关于为有罪而悲哀，他们听到：

---

[66]　西塞罗，《图斯库兰讨论集》，3：32。

[67]　本书9：4—5。

[68]　《罗马书》，8：23："等候得着儿子的名分，乃是我们的身体得赎。"

[69]　《哥林多前书》，15：54。

[70]　《马太福音》，24：12。

[71]　《马太福音》，10：22。

"我们若说自己无罪,便是自欺,真理不在我们心里了。"[72]关于为好的事工喜乐,他们听到:"因为捐得乐意的人,是神所喜爱的。"[73]人们要么性情虚弱,要么刚强,相应地,要么惧怕诱惑,要么欲求诱惑;要么为诱惑悲哀,要么为诱惑喜乐。关于惧怕诱惑,他们听到:"若有人偶然被过犯所胜,你们属灵的人,就应当用温柔的心,把他挽回过来。又当自己小心,恐怕也被引诱。"[74]关于欲求诱惑,他们听到上帝之城中一个坚强的人说:"主啊,求你察看我,试验我,熬炼我的肺腑心肠。"[75]关于为诱惑悲哀,他们看到彼得[76]的哭泣[77]。关于为诱惑而喜乐,他们听到雅各说:"我的弟兄们,你们落在百般的试炼中,都要以为大喜乐。"[78]

9.2 他们不仅为了自己而为情感所动,而且为了那些他们想拯救、害怕他们死去的人而被触动。他们会为这些人的死去而悲哀,为他们的得救而喜乐。那个最好也最强大的人,那个虚弱却得了光荣的[79],使我们这些从外邦进入基督的教堂的人,以最大的力气赞美他。他是外邦人的师傅,教给他们真理与信仰[80],在他同辈的使徒中工作得格外劳苦[81],给上帝的选民写了很多书信,不仅教诲那些看上去已经是的,还有那些将来成为基督徒的人。我说,这个人是基督的斗

---

[72]《约翰一书》,1:8。

[73]《哥林多后书》,9:7。

[74]《加拉太书》,6:1。

[75]《诗篇》,26:2。

[76][译按]此处 PL 本作 Primum,当误,CCSL 版改为 Petrum。

[77]《马太福音》,26:75。

[78]《雅各书》,1:2。

[79]《哥林多后书》,12:9。

[80]《提摩太前书》,2:7。

[81]《哥林多前书》,15:10。

士,从基督得到教导,领受基督的膏油[82],和基督同钉十字架[83],在基督中得到光荣,在此世的舞台上,成为一台给天使和人观看的戏剧[84],打一场"美好的仗"[85],"向着标杆直跑",要得神在基督耶稣里从上面召他来得的奖赏[86],人们用信仰之眼无比兴奋地看着他与喜乐的人同乐,与哀哭的人同哭[87],"外有争战,内有惧怕"[88],欲求离世与基督同在[89],他渴望见到罗马人,在那里收获果实,就像在其余的外邦人中那样[90],他对哥林多人起愤恨,这愤恨是怕他们的心智遭到引诱,失去在基督中所存的贞节[91];他为犹太人大有哀伤,心中时常悲痛[92],因为他们不知道上帝的正义,不听从上帝的正义,想要立自己的正义[93];对那些曾犯了罪,却未因自己的肮脏和淫邪而忏悔的人,他不仅表达了悲痛,而且哀伤[94]。

9.3 这种触动,这些来自对善好的爱,来自神圣的慈爱,如果被称为罪过,那么我们就会把真正的罪过称为德性。但是这些情感来自正确的理性,如果得其所哉,谁敢称之为病态或有罪过的性情呢? 主自己也取了奴仆的形像,屈尊过人的生活[95]。他一点罪也没有,但还是在他认为该使用的时候使用那些情感。他的人的身体

---

[82] 《加拉太书》,1:12。
[83] 《加拉太书》,2:19。
[84] 《哥林多前书》,4:9。
[85] 《提摩太后书》,4:7。
[86] 《腓利比书》,3:14。
[87] 《罗马书》,12:15。
[88] 《哥林多后书》,7:5。
[89] 《腓利比书》,1:23。
[90] 《罗马书》,1:11—13。
[91] 《哥林多后书》,11:2—3。
[92] 《罗马书》,9:2。
[93] 《罗马书》,10:3。
[94] 《哥林多后书》,12:21。
[95] 《腓利比书》,2:7。

和人的心灵是真的，而人的情感也并不是假的。福音书中所说的情感都不是假的：在犹太人心中刚硬时，他心里忧愁⑯；他说："我欢喜是为你们的缘故，好叫你们相信。"⑰他在让拉撒路复活时，甚至落了泪⑱；他还欲求与自己的门徒共进逾越节筵席⑲；在临近受难的时候，他的灵魂也曾哀伤⑩。由于他明确的计划中的恩典，当他愿意以人的心灵承担这触动时，他就真的有了这触动，正如他愿意变成人时，就变成了人。

9.4　虽然我们按照上帝正直地生活，也可以有这些情感，但我们还要承认，这些都是属于此生的，我们不要希望它们未来还有；我们经常违心地向这些情感屈服。这样，虽然我们被一些并没有罪的欲望，一些值得赞美的慈爱心所触动，我们还是会在不愿意落泪的时候落泪。是因为虚弱的人类处境，我们才有这些；但主耶稣并非如此，因为他的虚弱来自力量。但既然我们要承受此生的虚弱，如果我们根本没有这些情感，那我们就不能正直地生活⑩。使徒谈到无情之人时，表现出谴责和讨厌之情⑫。圣《诗篇》中也责备这一点，说："我指望有人体恤，却没有一个。"⑬我们在此地陷入悲惨，却根本无人悲悯，就像下面这段世俗文字所体会和描写的那样："灵魂的污染和身

---

⑯《马可福音》，3：5。

⑰《约翰福音》，11：15。

⑱《约翰福音》，11：35。

⑲《路加福音》，22：15。

⑩《马太福音》，26：38。

⑩〔译按〕这是奥古斯丁思想中非常重要的一个方面。他虽然很强调人固有的缺陷和罪过，强调地上之城相对于上帝之城是不完美和软弱的，但奥古斯丁认为，现世的人不应该无视这一处境，即不能假装自己没有那些弱点，像上帝之城中的人那样生活，而是要承担此世的诱惑和软弱。比如在情感上，虽然没有情感比有情感更好，但对于凡人来说，更应该有情感，而不是假装没有。

⑫《罗马书》，1：31。

⑬《诗篇》，69：20。

体的麻木必然付出巨大代价。"⑩我们来看看"不动情"（希腊文所谓的
ἀπάθεια，拉丁文就是 *impassibilitas*），这只能发生在心灵里，不能在
身体里，我们可以把它理解为，人们的生活中若没有这些情感（因为
它们违背理性和搅扰心智），这显然是最大的好；但这在此世不可能
存在。下面这段话说的不是一般人，而是最虔敬、正义和神圣的人：
"我们若说自己无罪，便是自欺，真理不在我们心里了。"⑩人只有在没
有罪时，才能这样不动情（ἀπάθεια）。如果没有罪，现在就能足够好好
活着；谁要认为自己无罪地活着，他并不是无罪，而是无法接受恩宠。
这样，如果把所谓的"不动情"当成心灵不能沾染任何情感，谁不会认
为这种麻木是最坏的罪过呢？ 没有恐惧的刺激，没有悲哀，就说是未
来的完美幸福，难道这不荒谬？ 除非千方百计回避真理，否则谁会说
将来不会有爱和喜悦呢？ 如果无惧存在、无悲所动就是不动情，那
么，如果我们要按照上帝正直地生活，在此生就要避免这无情；而在
那所应许的永恒的真正幸福中，我们当然希望无情。

　　9.5　使徒约翰这样谈惧："爱里没有惧怕。爱既完全，就把惧怕
除去。因为惧怕里含着刑罚。惧怕的人在爱里未得完全。"⑩这所说
的，并不是保罗的那种惧。保罗惧怕哥林多人被蛇引诱，丧失纯洁⑩；
保罗的惧是从属爱的，没有爱就没有它；但是约翰所说的那种惧，并
不是从属爱的。保罗也说到它："你们所受的不是奴仆的灵，仍旧害
怕。"⑩真正的惧是洁净的，"永存在世世代代"⑩。如果这包括未来的
时代（"世世代代"还能怎么理解呢？），惧就不是对可能降临的坏事的

---

⑩　西塞罗，《图斯库兰讨论集》，3：6，12。

⑩　《约翰一书》，1：8。

⑩　《约翰一书》，4：18。

⑩　《哥林多后书》，11：3。

⑩　《罗马书》，8：15，"灵"和合本译作"心"。

⑩　《诗篇》，19：9，和合本作"存到永远"。

恐惧，而是对好事的维持，使之不会失去。既然对已获得好事的爱成为不变的，对该回避的坏事的畏惧就是平静的（如果可以这么说的话）。所谓洁净的惧象征了意志的行动，必然让我们不愿犯罪，唯恐有动荡的虚弱，导致犯罪，于是用平和的爱来防止犯罪。对主的洁净的畏惧要"永存在世世代代"，"困苦人的耐心，必不永远落空"⑩。如果没有需要忍受的坏事，人就不必有耐心，所以耐心不是永恒的。而只有通过耐心达到的目标，才会是永恒的。之所以说洁净的畏惧会永存在世世代代，是因为靠畏惧达到的目标是永恒的。

9.6 既然如此，只有过正直的生活，才能达到幸福。只要生活正直，所有的情感都是正直的；只要生活下流，情感就是下流的。幸福的生活是永恒的，由此获得的爱和喜悦不仅是正直的，而且是确定的，也就没有了畏惧和悲哀。现在很清楚了，想做上帝之城公民的人在这羁旅中，应该按照灵性生活，而不按照肉身，按照上帝，而不按照人。因为他们所追求的，是未来的不朽。而尘世的城，也就是不敬者的团契，不按照上帝，而是按照人生活，他们服侍虚假的神性，鄙视真正的神性，追随人或鬼怪的教导，于是遭受扭曲的情感的震颤，如同疾病和搅扰。如果这个城中的一些公民行为节制，好像能控制情感，他们就会变得极为骄傲，不敬之心更加膨胀，于是，虽然他们的悲哀减弱了，狂妄却增加了。其中有人因为极为少见，也极为怪异的虚妄，对自己极为自恋，丝毫不为情感所刺激、鼓动、感染，或控制。与其说他们得到了真正的平静，不如说他们彻底失去了人性。心硬未必就正直，麻木未必就健康。

---

⑩《诗篇》，9：18，和合本"耐心"译为"指望"。

10. 我们是否该相信,刚刚在乐园里被造出的初人在犯罪之前, 没有情感的搅扰

　　在灵性的身体里,一切罪都清洗和终结了,我们不会有情感。但是,初人(亚当一个,或亚当与他的妻子两个)在犯罪之前,在灵魂性的身体里,是否有那些情感呢? 这不是一个不值得问的问题。如果他们有,那么他们怎么会幸福地生活在乐园,那个值得纪念的极为幸福的地方? 被畏惧或悲哀所触动的人,谁能说是绝对幸福呢? 拥有那么富足的善好的人,既不会害怕死亡,也没有身体病患来威胁,意志所欲求的好,都不会得不到,也没有什么来冒犯人的肉身或灵魂的幸福生活,什么可以让他畏惧或悲哀呢? 那夫妇对上帝的和彼此之间的爱是不被搅扰的,他们忠贞诚实地生活在一起,这爱带来大的喜悦,他们所爱的,都能安享,不会丧失。有一种对罪的平静的规避,根本不会有坏事从哪里侵入,来让他们忧愁。但他们是不是欲求接近被禁的树,吃它的果子,但又怕死? 如果是这样,即使在那里,这欲望和畏惧也都搅扰了这两个人。我们认为,在根本不会有罪的地方,不会是这样的。欲求上帝的法律所禁止的,因为惧怕他的惩罚,而不是因为对正义的爱而不敢做,这不会不是罪。主说:"凡看见妇女就会动淫念的,这人心里已经与她犯奸淫了。"我认为,在所有罪之前,人针对树不会有主说的针对女人这样的罪。[11] 初人的心灵里如果没有搅扰,身体也不会因什么不适而悲哀,他们就是幸福的。如果没有那件传给后代的坏事,他们的后代也没有犯下值得谴责的恶事,人类就还是在幸福的大同社会。幸福本来可以永恒,上帝赐福说:

―――――――――

⑪《马太福音》,5:28。

"要生养众多。"预定的圣徒的数目将会完成，最幸福的天使们被赐予的更多福祉，他们也会被赐予。他们就可以得到确定的保证，没有人会犯罪，没有人会死。于是，圣徒们不必再经历劳作、悲哀、死亡后才能得到永生，不必等到从死亡复活后，再回到不腐的身体。

11. 初人堕落后，除非通过他的创造者的修复，否则就不能回到创造时那么好的自然

11.1　但是因为上帝可前知，他不可能不知道人将会犯罪。我们要谈论神圣之城，就要考虑上帝的前知和安排，而不能因为这不能预先让我们知道，就说这是因为上帝也不能安排。人之罪也不能干扰他的神圣意图，即，不能迫使上帝改变他所确定的；上帝靠了他的前知，知道自己创造为好的人将来会变坏，也知道他将能从这坏中造出怎样的好。有人说上帝也曾改变既定，因为圣经里曾经以隐喻的方式写到上帝也会后悔⑫。这么说，只是从人期望的角度来说的，所说的其实是按自然秩序发生的事，并不会削弱万能者对自己要做的事情的前知。正如经上写的，上帝制造了正直的人⑬，因此那人有好的意志。没有好的意志，就不是正直的。所以好的意志是上帝的作品；而人是由此造的。最初的坏的意志（人的一切坏的作品都由此而来），是从上帝的作品的缺失，成为人自己的作品（而不是另外一件作品），于是就有了坏的作品，因为这是按照自己的，而不按照上帝的。坏的意志或有坏的意志的人就是那棵坏树，从中结出了坏的作品和

---

⑫《创世记》，6:6;《出埃及记》，32:14;《撒母耳记（上）》，15:11;《撒母耳记（下）》，24:16。
⑬《传道书》，7:29。

坏的果子⑭。坏的意志并不依照自然,而是违背自然的,因为这是罪过。但它毕竟还从属于那有了罪过的自然,因为只有在自然中才能存在;但它只能存在于上帝无中生有造的自然,不是像圣言那样,是他从自身中生的。万物是藉着圣言创造的⑮。因为上帝从地上的尘土作人,而大地自身和大地上的所有物质都是从无生出的。上帝又从无中制造了灵魂,给了身体,这就造了人。好最终还是要战胜坏,坏之所以存在是为了证明,出自上帝最有预见性的正义甚至可以把坏事用在好地方,但即使没有坏,好也可以存在,正如真正至高的上帝,一切可见和不可见的天体,都高居在黑压压的空气之上。但是如果没有好,坏就不能存在,因为坏存在于自然中,而只要是自然,就是好。要除掉坏,并不是把坏所在的自然或它的一部分除掉,而是救治和纠正这自然,因为那自然有了罪过与缺失。意志的抉择只有在不服务于过与罪时,才是真正自由的。这自由是上帝赐给的,人因自己的罪过而丧失了;除非能够回到给予意志的那一个,否则就不能消除这罪过。于是真理说:"天父的儿子若叫你们自由,你们就真自由了。"⑯这话也可以这么说:天父的儿子若叫你们得拯救,你们就真得救了。因为同一个原因,他既是解救者⑰,也是救世主。

11.2 所以,在乐园中的人,身体和灵都按照上帝生活。那并不只是一个物质的乐园,只有对身体好的事物,而没有使心智成为灵性的事物;也并不因为人们只安享内在的,而不安享外在的感觉,所以只是灵性的。因为两者都有,所以它在物质上和灵性上都是好的⑱。

---

⑭ 《马太福音》,7:17—18。

⑮ 《约翰福音》,1:3。

⑯ 《约翰福音》,8:36。

⑰ [译按]"解救者"即"赐予自由者"。

⑱ 见本书13:21。

后来出现了那个骄傲的天使，他因为骄傲而变得嫉妒，背离了上帝，转向自己，而今也因此喜欢像僭主一样狂妄，有自己的臣属，而不选择当臣属，于是从灵性的乐园里堕落了。我在本书的卷十一和卷十二，已经尽我所能地充分讨论了他的堕落和他的党羽，他们本来是上帝的天使，而今变成了魔鬼的使者[19]。后来，他靠狡猾的三寸不烂之舌，要蜿蜒钻进人的感觉；因为他自己堕落了，所以嫉妒人的不堕落，于是在物质的乐园里选择了蛇。在那里，别的各种地上生灵与男女二人和平相处，相安无事。蛇这种生灵用肚子在地上滑动，适合这样的工作，于是魔鬼选择通过它说话。魔鬼有天使的地位，有更高的自然，却以邪恶之灵收服了蛇，以它为工具，向女人讲出谎言。因为女人是二人中较低的一方，所以他从这一方下手，逐渐引诱夫妇整体。他认为男人不是轻信的，不会被自己的谬误欺骗，但是他可能屈服于另一个的谬误。这正如亚伦，并不是因为人民说服了他来同意犯错误、造偶像，而是因为他被逼如此[20]。我们也不能相信，所罗门认为他该犯侍奉偶像这种错误，而是女人的甘言劝诱逼他做了这渎神的事[21]。我们也该相信，那个男人也是因为那女人，这一个是因为那一个，此人是因为彼人，夫是因为妻，才违背了上帝的法。男人并不相信女人说的是真的，但是这个团契使他必须如此[22]。使徒的话没有

---

[19]　见本书 11：13，33；12：6，9。

[20]　《出埃及记》，32：3—5。

[21]　《列王纪（上）》，11：4。

[22]　[译按]奥古斯丁认为，亚当之所以犯罪，不是因为他相信了蛇的话，即，不是因为不知道那是犯罪，而是因为与妻子的关系。那么，夫妻关系，而不是其他任何误认为好的事情，就成了他犯罪的唯一原因。在《忏悔录》2：4 以下，奥古斯丁谈到他幼年的偷梨事件时，也说自己不是为了任何好处，而是为了罪恶而犯罪。如果为这种罪恶找到一个理由，那也只是因为友谊。一般认为，偷梨事件就是对亚当的堕落的一个诠释。正如奥古斯丁是因为和小伙伴的友谊而偷梨，亚当也是因为夫妻之爱而偷禁果。

错:"不是亚当被引诱,乃是女人被引诱。"⑫难道不是女人把蛇的话当
真了,而他不愿意与这唯一的伴侣分开,宁可一起犯罪? 但这不会使
他的罪更轻,因为他明知故犯。所以使徒不说他没有犯罪,而说他没
有被引诱。他说"罪是从一人入了世界",就是在说亚当。他随后更
明白地说:"亚当乃是那以后要来之人的预像。"⑭所谓"引诱",他希望
我们理解为那些犯了罪,但又不认为自己所做的是犯罪的人;但是亚当
知道这是罪。要不,怎么能说"不是亚当被引诱"呢? 但是他并不知道,
一旦犯罪,神的惩罚是多么严厉,所以他认为所犯的只是小罪。因此
说,是女人被引诱,而他没有同样被引诱。但是他也犯了罪,从他后来
说的就可以判断出来:"你所赐给我,与我同居的女人,她把那树上的果
子给我,我就吃了。"⑮还用多说什么? 他们不是同样因轻信被骗的,但
是两人都犯了罪,陷入了魔鬼的罗网之中。

12. 人的原罪的特质

　　两个初人的罪改变了人的自然,让我们看到和感到那么大的腐
败,这使人遭受死亡,让他们遭受相互冲突的情感的搅扰和变动。他
们已经不再有犯罪之前乐园里的特质了,虽然仍然住在灵魂性的身
体中。也许有人疑惑,为什么别人的罪不会改变人的自然。如果谁
因此而疑惑,如我所说,那他就不该认为,吃点东西不是什么罪大恶
极的事,这之所以是坏的和有害的,乃因为它是被禁止的;在那个如
此幸福的所在,上帝没有创造或种下任何的坏。但是在他的诫命中,

---

⑫《提摩太前书》,2:14;《哥林多后书》,11:3。
⑭《罗马书》,5:12,14。
⑮《创世记》,3:12。

人们被要求服从，这个德性是理性的被造物一切日常德性的母亲和护卫。人被造的时候，服从就是对他有益的；如果他的意志不听从他的造物主，那就是毁灭性的。上帝禁止他们吃某一种食物，但他们可以吃别的丰富的东西，这个命令轻易就能遵守，不费力就会牢记于心，特别是，那时候欲望不会对抗意志。但作为对这僭越的惩罚，随后就对抗了。越是容易遵守和警惕的，违背了就是越大的不义。

13. 在亚当的罪中，坏的意志先于坏的行为

13.1   他们暗中已经开始坏了，公开的不服从才会践行。没有坏的意志在先，就无法做出坏的行为。坏的意志的开始不就是骄傲吗？"骄傲是一切罪恶的起源。"[126]骄傲不就是对妄自尊大的欲求吗？妄自尊大，就是抛弃心灵本应该亲近的那个太初（*principio*），而把自己变成太初[127]，并一直如此；这是因为人太爱自己。太爱自己，就是离开那不可变的好，那本来应该比自己更该爱的一个。那在上的、不可变的好，带来了光，让人能看；带来了火，让人能爱。如果意志保留在对他的爱之中，永远稳固，不会转而爱自己，从而变得黑暗冰冷，使女人把蛇所说的信以为真，男人把妻子的意志放在上帝的命令之上，认为如果自己为了不抛弃生命的伴侣，而和她一起犯罪，只是小的僭越。如果不是已经变坏了，人就不会做坏事，也就是僭越上帝，偷吃禁果。除非坏的树上结的，不是坏果子[128]。所谓坏树，就是违背被造时的自然的树。

---

[126] 《便西拉智训》，10：15，用思高本圣经《德训篇》译文，另参考本书12：6。

[127] ［译按］此处的 *principium* 本意为"太初"，引申有"领袖"的含义。各译本虽然都很清楚这个词在拉丁文中的意思，但对此处理解的并不一样。Dods 译为 end，Dyson 译为 foundation，服部英次郎译为"根源"。我们还是按照它的本意译为"太初"，读者应当能体会到其他的含义。

[128] 《马太福音》，7：18。

只有因为意志的罪过,从而违背了自然,否则这就不会发生。而除非是无中生有创造的自然,否则就不会变得因罪过而缺失。因此,意志之为自然,在于它是上帝造的;它之所以从自然缺失,是因为它是无中生有造的。人的缺失并不是说整个都没有了存在,而是说朝向了自己,他的存在就不如亲近至高者的时候了。于是他就离开上帝,为自己存在,即爱自己,不是变得没有了,而是接近没有了。按照圣经,骄傲的另一个说法是"任性"⑫。提升自己的心是好事;但是不能向自己提升,因为那是骄傲,而应该向主提升,这是服从,只有谦卑才能做到。谦卑中有奇妙的方式提升自己的心,膨胀中却使心下降。谦卑而提升,膨胀而下降,这好像是矛盾的。但是虔敬的谦卑使人遵从于在上者;没有什么比上帝更高;所以谦卑会提升人心,让人遵从上帝。而膨胀是罪过,拒绝遵从,让人从至高无上者那里堕落,从而变得更低。所以圣经上说:"他们抬高自己时,你使他们掉在沉沦之中。"⑬这里不说"他们抬高自己后",不让人以为他们先被抬高再沉沦,而说"他们抬高自己时",就沉沦了。抬高本身就是沉沦。所以,谦卑在上帝之城中,以及在此世通向上帝之城的旅途中,都得到极大的赞美,在上帝之城的王,即基督身上,谦卑也得到极大程度的体现⑬。圣经教给我们,这个德性的反面,也就是膨胀这种罪过,在基督的敌人,即魔鬼那里,占最高的统治地位。⑫ 我们所说的两个城之间,可以看到巨大的区别。其中一个是虔敬者的团契,另外一个是不敬者的团契。每一个都有属于自己的使者。其中一个,对上帝的爱占更高位置;另外

⑫《彼得后书》,2:10。

⑬《诗篇》,73:18,和合本译为:"你实在把他们安在滑地,使他们掉在沉沦之中。"另参考《路加福音》,1:52。

⑬《马太福音》,11:29;《腓利比书》,2:8。

⑫《路加福音》,4:6—7。

一个,对自己的爱占更高位置。

13.2　除非人开始爱自己,否则魔鬼也不会引诱人违抗上帝的命令,犯下明显而公开的罪。所以这话会让人喜悦:"你们便如神。"⑬人通过服从才能更好地亲近那最高和真正的太初,而不是让自己通过骄傲变得和太初一样。被造的神并不是真的成了神,而是因为分参了真正的上帝而成为神⑭。欲求越多,就越渺小;谁要喜欢自我满足,他就脱离了那个真正圆满者。坏的起源,是因为人爱自己,把自己当成了光,背离了真正的光,而人只有爱那光时,才会把自己也照亮成为光。我说,这坏事最初在暗中滋生,但随后坏事就公开做了。经上说的是对的:"骄傲在败坏以先,狂心在跌倒之前。"⑮那在暗中的毁灭,先于明处的毁灭,虽然那在先的毁灭不被认为是毁灭。骄傲就是缺失,是从至高者的偏离,但谁认为这种自大是毁灭呢?对上帝的命令的僭越是明确的和不容怀疑的,谁不该把这看成毁灭?所以,做了上帝禁止的事,任何假想的正义都无法辩护了。我敢说,骄傲者如果犯下更明显和公开的罪,那倒是对他们有益的,因为他们在由于爱自己而堕落之后,会因为罪的显明而不爱自己了⑯。彼得在不认主时,是爱自己的,但在他痛哭时,是不爱自己的,后者比前者更可拯救⑰。所以《诗篇》说:"愿你使他们满面羞耻,好叫他们寻求你主的名。"⑱即,让那些爱自己和寻求自己的名的人,寻求你的名,爱你。

---

⑬《创世记》,3:5。
⑭《诗篇》,82:6;《约翰福音》,10:34。
⑮《箴言》,16:18。
⑯ 参考奥古斯丁《论自然与恩典:驳配拉鸠》,26,27,32;《论纠正与恩典》,24。
⑰《马太福音》,26:75。
⑱《诗篇》,83:16。

14. 僭越中的骄傲，比僭越更坏

而骄傲是更坏、更该谴责的，哪怕在罪恶昭彰的时候，还寻找逃遁的借口；在两个初人中，女的说："那蛇引诱我，我就吃了。"男的说："你所赐给我，与我同居的女人，她把那树上的果子给我，我就吃了。"⑬这可不是在忏悔罪过求取宽恕，也不是对良药救治的乞求。他们并没有像该隐那样否认自己所做的事⑭，而是骄傲使他们把自己犯的错归罪给别人：女人因骄傲指责蛇，男人因骄傲指责女人。这与其说是借口，不如说是指责，因为神的命令被公开僭越了。不能因为蛇引诱了女人，女人要求男人一起吃禁果，就认为这不是他们自己做的。在他们相信或服从的对象中，上帝的命令应该放在首位。

15. 初人因为自己的不服从而招致的报应是正义的

15.1 上帝创造了人，把他作成自己的像，放在比别的生灵更高的位置，安置在乐园里，为他准备了所有富足而健康（*salutis*）的物品，没有加给人繁复、宏大、困难的诫命，而只是说出一句无比简单、无比轻松的诫命，遵守就能得健康（*salubritatem*）⑭。上帝用这个诫命提醒他的被造物，他对上帝的自由服侍对他有好处，因为上帝是主。但是人却藐视上帝的诫命。他应该遭到正义的谴责。人只要遵守上帝的诫命，肉身也会是灵性的，但现在，连他的心智也变成了肉身的。他在骄傲之中取悦于自己，而今因为上帝的正义，把自己交付

---

⑬ 《创世记》，3：13，12。
⑭ 《创世记》，4：9。
⑭ ［译按］此处的"健康"与"拯救"为同一个词。

了自己。但这并不是说,他可以全权控制自己,而是他自己与自己不和了,他的犯罪就是认可了这一点,于是,他没有获得自己欲求的自由,反而要遭受冷酷、悲惨的奴役;他自愿地遭受了灵性之死,却不自愿地要遭受身体之死。他甚至背离了永生,若不得到恩典的解救,就要遭受永死的责罚。谁要认为这样的谴责太过或不义,那他就是完全不知道,初人的罪之所以那么邪恶,是因为本来他很容易就可以不犯罪。亚伯拉罕的服从是无比伟大的,因为那是让他杀死儿子,一件极难下手的事⑭。而在乐园里,那个诫命越是不难遵守,不服从之罪也就越大。第二亚当的服从更值得赞美,因为他让自己服从以至于死⑮。同样,初人的不服从以至于死,也是更加可恶的。对造物主的简单命令的不服从,遭受了巨大的惩罚。造物主命令的事情是如此容易,发布命令的是那么大能的上帝,所警示的惩罚又如此严重,谁能足够解释,这坏事究竟有多大呢?

15.2 那么,简单说来,对不服从之罪的惩罚,不就是"不服从"这一报应吗?除了自己不服从和反对自己,难道人还有什么别的悲惨?因为他不愿做他能做的事,而今他不能做他愿做的事。在乐园里,犯罪之前虽然人不能什么都做,但他不能做的,他也就不想做。凡是想做的,他都能做。而今,我们从他们的根苗上看到,并且圣经里也有见证:"人好像一口虚妄的气。"⑯谁能数出,人愿做但不能做的,有多少事呢?他不服从他自己;即,他的心灵,乃至他的更低下的肉身,不服从他的意志。他的心灵总是违背意愿,受到搅扰,身体会悲痛、变老、死亡,如果我们的自然在所有方面,各个部分都服从我们的意志,我们就不会遭受这些,不会遭受违背意愿的事。而今肉身的

---

⑭ 《创世记》,22:2 以下。
⑮ 《腓利比书》,2:8。
⑯ 《诗篇》,144:4,和合本作"人好像一口气"。

状态,就是确定不肯侍奉我们了。上帝的统治是正义的,我们本该服从他,但我们不愿意侍奉他,那本来应该服从我们的肉身,而今烦扰我们,也不愿侍奉了,这究竟是怎么发生的,又有什么区别呢?我们不侍奉上帝了,但我们不能认为这会带来对他的烦扰,这只会有对我们自己的烦扰。我们需要肉身的侍奉,但上帝不需要我们的侍奉。这样,我们得到了对自己的惩罚,但我们不能造成对上帝的惩罚。所谓肉身的悲痛,其实是灵魂的悲痛,只是出现在肉身之中,发自肉身。如果没有灵魂,肉身靠自己怎么会有悲有欲呢? 如果说肉身欲或悲,要么如我说的是整个人⑮,要么是部分灵魂,遭受了肉身的情感的触动。触动重,则悲痛;触动轻,则享乐。而肉身的悲不过就是灵魂感到身体的巨大冒犯,而又不认同这种触动;心灵的悲,即所谓哀,就是对我们不愿意发生在自己身上的事情的不认同。而惧常常先于哀,这发生在灵魂里,不是肉身里。但是肉身的惧并不先于肉身的悲,让我们的肉身在悲痛之前感到。欲求确实先于享乐,身体可以感到它,当作自己的欲望。比如饥饿、口渴,还有我们称为淫欲的那种生殖器的使用——但所有这些欲望也都可以统称为淫欲。古人甚至把愤怒界定为对报复的淫欲⑯;当然也有人对感觉不到报仇的无生命物发怒,比如,如果笔或鹅毛写不好字,人会打碎或摔烂它们。虽然这是非理性的,但毕竟是报复的淫欲,不管怎样,如我说的,有着报应的含义,要求做了坏事的,要遭受坏事。这种报复的淫欲,被称为怒;对占有钱财的淫欲,是贪婪;不惜一切都要做成某事的淫欲,是固执;对光荣的淫欲,称为虚荣。这众多而不同的淫欲,有些有专门的词语表示,有些没有。比如,谁能给霸欲一个合适的名字? 频繁的内战表

⑮ 参见本书14:2。
⑯ 西塞罗,《图斯库兰讨论集》,3:5.11;4:9.21。

明，在僭主的心灵中，它有巨大的力量。

16. 淫欲这种坏事，虽然可以用在很多罪过上，主要是指身体的龌龊冲动

淫欲这个词可以针对很多事情，但是当我们只说淫欲，而没有特别加上所欲的对象时，所指的就是当身体的龌龊之处受到刺激时，心灵的触动。这并不只是整个身体，并不只是外部，还有内部的反应，必须让人整个受触动，心灵的情感与身体的欲求相联相混，随后是享乐，身体的享乐没有比这种享乐更大的，以致在那到达高潮的一刻，人的所有敏感和警醒的想法都被遮盖了。哪个热爱智慧和神圣的快乐，并且有家室的人，能像使徒警告的那样，"晓得怎样用圣洁尊贵，守着自己的身体。不放纵私欲的邪情，像那不认识神的外邦人"？[⑭]如果可能，他们生育后代时也宁可没有淫欲，这样，哪怕在生殖这样的事情上，专门为此创造的器官就会依照心智做事，就像别的器官那样各司其职，服务心智，听从意志，不受灼热的淫欲刺激。但即使那喜爱这种享乐的人，也并不只是在愿意时，才会被触动，去交媾行房或有别的肮脏的丑行。有时没有要求，冲动就会突然来临；还有的时候人们会很冷淡，即使灵魂里燃烧着欲望，身体却很冷淡；这样，奇怪的是，淫欲不仅不服务于生殖的要求，甚至还会不服务于放荡的淫欲。虽然总体和大部分的淫欲会违抗心智，但它有时候也会自我分裂，先是使心灵冲动起来，但身体的冲动并不随后到来。

----

⑭《帖撒罗尼迦前书》，4∶4—5。

17. 初人本来是裸体的，犯罪之后才看出那是下流和羞耻的

这种淫欲是最该羞耻的，因为，像我所说的，淫欲的器官是触动还是不触动我们的意志，不完全取决于我们的抉择，所以它们应该被称为"羞"处，不过在人犯罪之前，它们不是这样的。经上写着："当时夫妻二人赤身露体，并不羞耻。"[148]他们并不是不知道自己裸体，而是不以裸体为下流，因为淫欲的器官只会依照抉择而动，肉身的不服从尚未成为人的不服从的见证。他们不像懵懂大众认为的，被创造时是瞎子[149]。他每看到一个生灵时，都给它们命名[150]，经上又写道："于是女人见那棵树的果子好作食物，也悦人的眼目。"[151]可见他们的眼睛是睁开的，但是，他们在不知道他们的肢体会和意志冲突的时候，眼睛又不够明亮，即没有注意到，自己披戴着怎样的恩典。等恩典没有了，他们因为不服，被课以相应的惩罚，于是身体的运动中有了无耻的新状态，于是，他们的裸体就变得不体面了。他们注意到这个时，就变得慌乱了。在他们公开僭越了上帝的命令以后，经上写："他们二人的眼睛就明亮了，才知道自己是赤身露体，便拿无花果树的叶子，为自己编作裙子。"[152]这里说"他们二人的眼睛就明亮了"，而不是能看了，因为以前也能看，只是现在能区别善（他们丢掉的）和恶（他们堕入的）了。因而，只要他们动手吃了那棵树上的禁果，那树就使他们能区分了，于是因此而得名，称为区分善恶之树。遭受疾病烦扰

---

[148] 《创世记》，2：25。

[149] 参考奥古斯丁，《〈创世记〉字解》，11：40。

[150] 《创世记》，2：20。

[151] 《创世记》，3：6。

[152] 《创世记》，3：7。

的经历,也会使健康更显得快乐。他们"才知道自己赤身露体"。他
们被褫夺⑬了那让他们不会注意自己的裸体的恩典,于是就犯了罪,
犯罪的律与心智中的律交战起来⑭。他们在更幸福时,如果相信并服
从上帝,就不会犯下那罪。本来不会知道的事,而今知道了。他们因
为亲身经历,认识了不信和不服从的伤害。他们因自己肉身的不服
从而混乱,惩罚就是他们的不服从的见证。他们"便拿无花果树的叶
子,为自己编作裙子(*campestria*)",指的就是遮住生殖器的围裙
(*succinctoria*)。译者就把这译作了围裙(*succinctoria*)⑮。
campestria 是个拉丁词。在竞技场(*campus*)上锻炼的青年用围裙
把羞处围起来,这个词就是这么来的。他们所系(*succingo*,被动
succintus)的围裙,大众就称为裙子(*campestria*)。这样,为了谴责意
志不服从的罪,淫欲也变得不服从意志了,于是他们羞耻地遮住了羞
处。从此万国都要穿衣遮住羞处,因为都是从他们这根上繁衍的,有
的野蛮人甚至在洗澡时都要遮住身体的那些部位,要隔着衣服洗那
里。⑯ 在印度的森林里有一些隐修者,裸体进行哲学思考,被称为"裸
智派"(*gymnosophistae*),但他们也要遮盖生殖器,虽然身体别的部
位裸露着。⑰

18. 无论是苟合还是夫妇之间,性交都是羞耻的

　　出于这样的淫欲的行为总是遮遮掩掩的,不仅那些暗中苟且、需

---

⑬ [译按]褫夺拉丁文为 *nudati*,裸体为 *nuditas*,奥古斯丁此处似乎有意玩这个文字游戏,
用穿与脱来比喻恩典,以揭示恩典与裸体之间的关系。

⑭ 参见《罗马书》,7:23。

⑮ 七十士圣经作 περιζώματα。

⑯ 希罗多德,《历史》,1:10;柏拉图,《理想国》,5:452。

⑰ 参考第欧根尼·拉尔修,《名哲言行录》,1:122;德尔图良,《护教篇》,42;哲罗姆,《书
信》,53:1。

要躲开人们的评判的，甚至嫖妓。嫖妓被地上的法律确定为一种合法的丑行，从事它不会遭到地上之城的法律惩办。这淫欲得到允许，不必受罚，但还是要躲开公共的视线。自然的羞耻感使得荡妇也要私下卖淫。给不贞者取消禁令的约束并不很难，但叫无耻者抛弃肮脏的藏身之所就难了。即使下流者也把这些叫做下流，虽然他们乐此不疲，却不敢昭示天下。为什么呢？夫妇间的交媾，虽然按照婚姻的规定，其目的是生育后代，虽然这是合法和真诚的事，人们不是还应该在暗室交媾，远离别人的眼光吗？新郎在爱抚新娘之前，不是先要把奴仆和所有在洞房里的亲朋都送走吗？正如"罗马最伟大的演说家"[158]所说的："所有正当的事人们都愿在光天化日下做。"[159]也就是说，希望被人知道。这件正当的事也愿被知道，却羞于被看到。谁不知道，娶妻的一切礼仪一旦完成，为了生育后代，夫妻之间要做什么？但是，在真正做这种生孩子的事时，哪怕是由此所生的孩子，也不被允许观看。虽然这件正当的事愿意暴露在心灵的光照下，但还是要逃开眼睛的光。这不过就是因为，这种按照自然已经是体面的事情，在做的时候却总要伴有一种惩罚，即羞耻。

19. 在犯罪之前的健康状态，并不存在愤怒和淫欲，它们被激起以后，成了很大的罪过，必须用智慧来约束节制

因此，那些更接近真理的哲学家们就会承认，愤怒和淫欲使心灵

---

[158] 卢坎在《法萨利亚》7：62 中这样称呼西塞罗，奥古斯丁在《基督教教义》4：34 中也用了这个称呼。

[159] 西塞罗，《图斯库兰讨论集》，2：26。

中有罪过的部分变得混乱和无序，做智慧所禁止^⑩的事情，需要心智和理性来调节其活动。理性存在于心灵的第三部分，仿佛一个城堡中的王，统治别的部分。理性如果发命令，别的部分都当奴仆，就能够让人的心灵中别的部分中都保持正义^⑯。而他们承认，另外那两部分，哪怕在智慧和节制的人那里，也是有罪的。这些罪过推动他们做那些不义之事，而心智在通过约束和限制，阻止和唤回这种做法，允许做智慧的法律认可的那些事。比如愤怒，可以用于争取正义；再如淫欲，可以用于生育后代。我说，在乐园里犯罪之前，这些没有罪过。在那里，这些不会被触动去违背正当的意志，从而必须理性的控制来约束。而今，既然情感受到了这些触动，那些活得节制、正义、虔敬的人，就必须通过约束和节制来改变，有些容易，有些困难。这不是一个健康的自然活动，而是很疲惫的，因为起源于罪。淫欲的行为来自生殖器官，羞耻心可以遮掩，但是，对于愤怒和与其他情感相关的言行，羞耻心却不能遮掩。这样的原因，难道不就是，在别的器官中，不是只靠了情感的触动，而是情感认可后，又有意志推动，而意志完全控制对这些器官的使用？每个抛出气话甚至在气头上做事的人，除非是意志命令并推动舌头和手，不会这么做；哪怕在没有愤怒时，这些器官也会被同样的意志推动。身体的生殖器官完全受到其淫欲的命令的左右，如果没有淫欲，就不会很阳刚地运动，除非主动或受到什么外部刺激而勃起。人们正是因此而害羞，正是因此而脸红，要躲开别人的观看。人哪怕愤怒得不公正，也愿意让众人看到，但是哪怕是和妻子正当交合，也不愿让一个人看到。

---

⑩　[译按]PL 本此处原作"不禁止"（*non vetat*），但显然与上下文不符，依照 CCSL 版本，去掉 *non*。

⑯　柏拉图，《理想国》，586d；589c。

20. 昔尼克派极为虚妄的丑行

犬儒哲学家,也就是昔尼克派,竟然没有看到,他们的主张违背了人类的羞耻之心,因为又肮脏又无耻,不称为狗还称为什么? 他们认为,既然与妻子交媾是正当的,那么当众做也就没有什么可害羞的,于是不回避在街道或广场上与妻子性交。自然的羞感战胜了这种错误的意见。据说,第欧根尼曾经因这么做而被赞美,他们还以为,如果他们的无耻行为可以在人们的记忆中留下深刻印象,他们的学派以后会变得高贵[162]。但是,后来的昔尼克派却不这么做了,羞感于是战胜了谬误。羞感会使人在别人面前脸红,谬误却把人变得像狗一样。因而我认为,据说这么做过的第欧根尼或别的几个人,只是在人们眼前做出了性交的动作,别人并不知道他们衣服下面在发生什么。他们不可能在众目睽睽之下纵情享乐。在那里,哲学家们虽然不会因为在那里被人看到想性交而脸红,却会因释放淫欲而脸红。现在,我们看到,昔尼克派哲学家是什么样了:他们是那种不仅喜欢穿着衣服,甚至还要打上结的人;根本没人敢光天化日性交,如果谁敢,我且不说被扔来的石头,他们一定要被围观者的唾沫淹没。无疑,人自然要为这淫欲害羞,而且也应该害羞。由于不服从,人身体上的生殖器官只能受自己的冲动左右,冲破意志的力量,这足以表明,人最初的不服从受到了报应。人的自然因为最初的大罪而变坏,繁衍这种变坏的自然的身体器官,就尤其应该遭到报应。众人都在那一个当中,于是那罪就贯穿到了所有人,上帝毁灭所有人,这是正义的惩罚,除非上帝给每个人单独赐给恩典,否则这罪恶的牵连就不

---

[162] 第欧根尼·拉尔修,《名哲言行录》,6:69。

会除去。

21. 犯罪之前人有生育繁衍的幸福，并没有因为罪恶而失去，但和病态的淫欲联系起来

我们并不认为，乐园里的夫妇是靠这淫欲结合的，他们是有了淫欲才红着脸遮盖了私处。上帝给他们充盈的福泽时说："要生养众多，遍满地面。"[⑬]他们犯罪之后才有了这淫欲。在犯罪后，他们的自然才产生了羞耻心，因为这自然丧失了使身体各个部分服务于自己的力量，于是感到这种淫欲，注意这种淫欲，为这淫欲而脸红，掩盖这淫欲。初人受到的婚礼祝福，即夫妇将会生养众多，遍满地面，还是保留了下来，虽然他们成了罪人。因为这是在犯罪前赐予的，我们要认识到，生育子嗣来自婚姻的光荣，而与对罪的惩罚无关。但如今，有人根本不知道乐园中的幸福，认为生育子嗣只能通过他们知道的方法，就是淫欲。我们看到，哪怕是在忠诚的夫妻之间，这淫欲也会带来羞涩。有一些人，根本不接受圣经上所说的，即犯罪之后，他们发现自己裸体，遮住了羞处，反而丧失信仰，嘲笑这段落；还有人，虽然接受并看重这一段落，但对于上帝所说的"要生养众多"，却不愿理解为肉身的繁衍，而把这理解为灵魂的增长，就如这里说的："你使我灵魂里增长德性"[⑭]，而对于《创世记》随后的"遍满地面，治理这地"，他们把地面理解为肉身，整段话的意思就是，灵魂充满肉身，最大限度地治理肉身，增加德性；淫欲是犯罪之后出现的，他们注意到了，慌乱起来，就藏了起来。而肉身若没有淫欲，就

---

⑬《创世记》，1:28。
⑭《诗篇》，138:3，和合本译为："使我心里有能力。"

不能生育，就像现在一样，那么在乐园里也不该有生育，而只能在乐园外才能有。确实如此，因为是在他们被赶出乐园后，他们才交媾、生育子嗣、繁衍后代。

22. 论上帝最初确立和赐福的婚姻纽带

我们无法怀疑，上帝祝福"生养众多，遍满地面"，就是婚姻的赐予。上帝创造了男女，在人之初立下了这制度，那时人尚未犯罪。性别的差异在肉身上很明显。上帝的这个作品本身就连带着赐福。圣经里说"造男造女"，随后，"神就赐福给他们，又对他们说，要生养众多，遍满地面，治理这地"等等⑯。要给所有这些一个精神性的理解，没什么不恰当的，不过，男女不能被理解为象征着每一个人里面的什么别的，比如说一个是统治的部分，另一个是被统治的部分⑯；而正如身体上的性别差异是最明显的，上帝这样创造男女，就是为了他们生养众多，遍满地面，否定这一点是很荒谬的。主被问及是否因为什么原因都可以休妻时，并没有说夫妻之间象征着发命令的灵性和遵守命令的肉身，也不是统治的理性灵魂和被统治的非理性欲望，不是沉思的优秀德性和屈从的行为，不是心智中的理智和身体的感觉，而明显就是婚姻的约束，两性双方相互限制。他认为摩西是因为以色列人心硬，所以才允许他们以一纸休书休妻。他回答说："那起初造人的，是造男造女，并且说，因此，人要离开父母，与妻子连合，二人成为一体。这经你们没有念过么？既然如此，夫妻不再是两个人，乃是一体的了。所以神所配合的，人不可分开。"⑯所以显然，上帝最初这样

---

⑯　《创世记》，1：27—28。

⑯　[译按]这应当还是指斐洛等解经家。

⑯　《马太福音》，19：3—9。

造了男女,使我们现在看到并知道有两性不同的人,他说要么是因为
婚姻结合为一,要么是因为女人的起源,本来是男人的肋骨造的。使
徒把上帝所造的这第一个当作先前的例子,提醒每个人,男人要爱他
们的妻子⑱。

23. 如果无人犯罪,乐园里是否也有生育;或者贞节的传统是否会清洗淫欲的作用

23.1 谁要是说,如果他们不犯罪,就没有房事,也没有繁殖,那
他不是在说,为了增加圣徒的数目,人有必要犯罪? 否则就只有不犯
罪的两个留下了,因为,像他们所想的,如果他们不犯罪,他们就不能
生育。要想不只让两个正义的人存在,而且有更多的人,那就必须犯
罪。谁要相信这个是荒谬的,那么,就更该相信,即使没人犯罪,在最
幸福的上帝之城里,圣徒还是会凑足数目,就和现在一样。现在,靠
了上帝的恩典,众多罪人得到拣选,在这生育和被生育的尘世之子中
选出了圣徒⑲。

23.2 所以,如果没有罪,婚姻生活与乐园中的幸福相配,他们
就会生出可爱的子嗣,而不必有淫欲的羞耻。不过,这究竟会是怎样
的,现在没有例子来证明了。应该相信,在没有淫欲之前,人的私处
是能侍奉意志的,正如那么多别的器官现在仍然侍奉意志一样。我
们只要愿意,就能运动手脚,做这些器官应该做的事,没有什么阻碍,
非常容易,我们在自己和别人身上都经常看到。杂技演员的身体活
动尤其如此,其自然本来柔弱蠢笨的器官,会因为锻炼而变得灵活;

---

⑱ 《以弗所书》,5:25;《歌罗西书》,3:19。
⑲ 《路加福音》,20:34。

淫欲是对不服从之罪的报应，如果没有淫欲，我们难道不相信，要完成生子的工作，这些器官会顺从地侍奉意志的首肯，就像别的器官一样？西塞罗在他的书《共和篇》里讨论不同的统治方式，说统治方式和人的自然相似。他不是说，指挥身体器官就像指挥儿子那样，很容易让他们服从吗？他不是说，心灵中有罪过的部分就如同不听指挥、令人绝望的奴仆吗？⑰ 按照自然秩序，心灵高于身体，心灵命令身体甚至比命令自己更容易⑰。而今我们正在谈的淫欲，更该让我们脸红，因为它一旦出现，心灵甚至不能有效地命令自己，无法完全自由地行动，更不能完全控制身体，从而使羞处按照意志而不是淫欲运动。如果能够，那就不算羞处了。而今，心灵因为身体的反抗而害羞，而身体在自然上是更低的，应该服从它。当别的情感反抗它时，心灵就不太会害羞了，因为它是被自己战胜的，自己仍是胜利者。而这胜利是无序和充满罪过的，因为心灵中那应该服从于理性的部分反而战胜了理性。但正如我说的，这毕竟是心灵中的部分战胜了它，心灵还是被自己战胜了。如果心灵对自己的胜利是有序的，即，它的非理性冲动服从于心智和理性，而理性也服从上帝，那就是值得赞美和有德性的。但如果心灵被自己那充满罪过的部分阻碍了，比起身体不屈服于心灵的意志和命令来，还是不那么害羞。身体和心灵不同，比心灵低，如果没有心灵，其自然就不能生存。

23.3 但是其他的器官仍然接受意志的指挥。没有这些器官，激起淫欲的器官虽然违背意志，却不能满足它所欲求的，所以贞节得以保持，不是因为没有，而是因为不得享受罪的喜悦。无疑，在乐园中，羞处和别的器官一样，服从意志。除非不服从的罪带来不服从的

---

⑰ 西塞罗，《共和篇》，3：25，37。
⑰ 奥古斯丁在《忏悔录》，8：8[20]中有类似的说法。

惩罚,初人夫妇不会有这样的对抗,这样的冲突,不会有意志与淫欲之间的纷争,或者,意志有足够的力量控制淫欲。生殖器官是为生育的工作创造的,为这项工作而造的容器在"生殖的土地"⑰上播种,就像手在大地上播种一样,我想把这事说得仔细些,但愿"羞耻心"不要谴责我,也不要逼我一定要求贞洁之耳的宽恕。没什么原因让我们这么做。我们要谈到与这种器官的感觉相关的所有想法,而不必怕这自由的说法有什么污秽。词语本身不能称为污秽。我在此说的一切,与我谈到别的身体部位时同样真诚。谁要是因为这些必要的文字有了不洁的念头,那他还是要避免自己的罪,而不必避免自然。这些词所指代的事情是下流的,但我们的词本身不必然是下流的。每个贞洁而有宗教感的读者或听众都会很容易原谅我的这些话,因为我在驳斥不信,其论调的基础不是对超经验之物的信仰,而是对经验感觉的理解。读者读这些不会感到冒犯,只要他不会因为使徒对女人可怕的罪的谴责而颤抖。使徒说她们"把顺性的用处,变为逆性的用处"⑱。而我们现在并不是像保罗那样,在谈论和谴责可恶的污秽,而是尽我们所能地揭示人类生育的事,我们也像他那样,尽量避免污秽的词。

24. 人若是无罪,因其服从而得以永远待在乐园里,那他们的生殖器官就专门用于生育后代,和别的器官一样听从意志的抉择

24.1 男人用生殖器官为子嗣播种,女人则接受种子。什么时

---

⑰ 维吉尔,《农事诗》,3:136。
⑱ 《罗马书》,1:26。

候做和做多少,这取决于意志的运动,而不是淫欲的催动。只要我们
自己首肯,不只可以运动由关节和骨骼紧紧牵连的器官,比如手、脚、
指头,而且还运动那靠经络松散连接的器官,比如嘴和脸。只要我们
愿意,这些器官推则动,拉则伸,转则弯,绷则紧。能运动多少,都靠
意志的左右。肺是所有内脏中最柔软的,也没有骨髓,围在胸腔之
中,负责气的吐纳呼吸,音的疾徐流转,就像铁匠的风箱和演奏家的
共鸣箱一样,服务于意志,吹、呼、讲、喊、唱。我还没说某些生灵自然
具有的能力。它们全身覆盖着毛,一旦感觉毛上的某个部位有什么
需要赶走,就可以运动感到的那个点,不仅会抖掉坐在身上的飞虫,
还会避开打来的杆棒。人不能这样。难道造物主不是想给什么生灵
什么能力,就给什么生灵什么能力? 人本来是能让低级的器官服从
的,现在却因为自己的不服从失去了这能力。上帝要把身体造得没
有意志就不能动,并不难,虽然现在,它没有淫欲就不能动了。

24.2　我们知道,有人的自然和别人很不一样,可以用自己的身
体完成一些罕见的特异功能,是别人所不能,听说了也很难相信的。
比如,有人可以让一个或两个耳朵动。有人可以让头不动,而把全部
头发所在的头皮移动到前额,然后再随意移回去。还有人可以吞下
多得不可置信的、各种各样的东西,只要轻轻一碰肚子,就可以把吃
下的食物按照任意的状态倒出来,如同探囊取物。有人可以模仿鸟
和野兽的鸣叫或别人的声音,惟妙惟肖,如果别人不看到他,完全会
以假乱真。还有人可以从肛门随意放出声响,而又没有臭气,听来好
像在唱歌。我曾经遇到过想出汗就能出汗的人。我还听说过只要想
哭就泪如泉涌的人。最近一些弟兄所记得的事,是远为不可置信的。
在卡拉迈(*Calama*)教区有一个长老叫瑞司徒图(*Restutus*)[14]。他只

---

[14]　瑞司徒图,没有任何其他关于此人的材料。

要愿意（想亲眼看到这奇迹的人曾经要求他做这个），就可以用哀悼的语调哭出来，丧失感觉，如同僵尸般躺在地上。不仅人们敲他戳他他没知觉，而且用火烧他他都不会感到痛苦，只是事后疮疤会痛。他被敲打时不动身子，不是因为自我控制，而是因为没有感觉，他像死人一样没有呼吸，可以证明这点。不过，只要有人说话清楚些，他就能听到，不过他说好像很远处来的。身体虽然处在这么可腐的肉身中，过这么充满烦恼的生活，但还是可以有那么多超出一般自然的、神奇的运动和感觉，那我们凭什么不相信，在人犯下不服从的罪，被惩罚变得可腐之前，人可以没有淫欲，而仍然按照意志，用自己的器官生育子嗣？人被交给了自己，是因为他抛弃了上帝，取悦自己，不服从上帝，于是也不能让淫欲服从自己。人不能按意志生活，这是更明显的悲惨。如果他按照意志生活，那就会认为自己是幸福的；但如果他生活得很下流，也不会幸福。

25. 真正的幸福，在尘世生活中是无法得到的

我们若更仔细地看，没有幸福就不能按照意志生活，而没有正义就没有幸福。但是甚至正义的人也不能按照意志生活，除非他能做到不会死亡、犯错、受伤害，并肯定将来永远如此。人的自然欲求这一点，而除非得到所欲求的，否则就不算充分和完美的幸福。如果谁没有能力生活，他怎么能按照意志生活？他愿意活着，但不得不死。如果不能想活多长就活多长，那怎么算按照意志生活？如果他愿死，那他根本不愿意活，他怎么会按照意志生活呢？如果他想死不是因为他不愿活，而是因为死后会活得更好，那他也不是在按照意志生活，而是通过死来到达所意愿的生。看，要真正按照意志生活，就要委屈自己，命令自己不要想不能做的，而要想所能做的。正如特伦斯

说的：“因为你不能做所想做的，所以就只想你能做的。”⑮他幸福难
道就是因为忍耐了悲惨？如果不把生活当成幸福的来爱，就不会
有幸福生活。如果既爱又有幸福生活，那就必须比别的所有事情
爱得更多，因为要爱别的，都是为了幸福生活而爱。如果按照应该
的程度来爱（如果不按照应该的程度爱幸福生活，那就不是幸福
的），那么爱幸福生活的人就不会不愿意这生活永恒。所以只有永
恒了，才会幸福。

26. 在乐园中幸福生活时，不必脸红就能完成生育，我们要相信
这点

初人在乐园里确实是按照意志生活的，只要他的意志合乎上帝
的命令。因为上帝，好才成为好，而初人在安享上帝中生活。他活得
没有任何匮乏，所以永远有活的能力。他吃不是因为饿，喝不是因为
渴，有生命之树不是因为年老衰颓。身体没有腐败，也不会有什么身
体的烦扰刺激他的感觉。不怕内里的病患，也不怕外部的打击。肉
身最为健康，灵魂中完全平静。乐园里没有热，也没有冷，那里的居
民无欲无惧，好的意志不受冒犯。完全没有哀，也没有不健康的乐。
真正的快乐是永恒的，来自上帝，对上帝燃烧的爱“是从清洁的心，和
无亏的良心，无伪的信心，生出来的”⑯。夫妻之间相互忠诚，因为真
诚的爱结合。心智与身体和合融洽，不必费力就能谨守诫命。没有
厌倦来折磨闲暇，没有困倦不请自来⑰。万物有序，民人幸福，所以我

---

⑮ 特伦斯，《安得丽雅》，2:1,5—6。

⑯ 《提摩太前书》，1:5。

⑰ 对乐园的类似描述也出现在巴西尔（Basil）的《乐园赞美诗》和大马士革的约翰的《论正
统信仰》，2:11。

不认为，没有淫欲之患就不能生育后代，而是生殖器会和别的器官一样随意志的首肯运动，没有淫邪的激情刺激，心灵平静，身体不腐，可以在妻子完整不破的子宫里授精生子⑩。不能因为这不能用经验证明，我们就不相信。当身体的这些部位不受卑下的冲动催动，而是随时能按需要任意控制时，男人可以把自己的精子送到妻子的子宫，同时还能保证女人的生殖器保持不破，就如同女人在月经时，可以让经血流出来，而不会破坏处子之身。经血能够流出来，精子就能流进去。要生子，不必痛苦呻吟，时候成熟了，孩子就自然从母体内释放出来。同样，男女结合是为了生产和孕育，不需要淫欲，只要自然运用意志就可以。我现在谈的事被认为是羞耻的，尽管我尽我所能地在谈，在此事变成羞耻之前是怎样的。不过，羞耻感的声音一定会阻碍我们的讨论，哪怕我这里无比雄辩，也无助益。而我所说的这些，那些本来能够经历的人并未经历过（在他们能够平和地决定生子之前，就因为罪，从乐园被赶了出来），但是根据上面说的，怎么可能人只有靠肮脏的淫欲才能生育，而不能像我说的那样靠平和的意志？正是这羞感在阻碍我的讨论，虽然我的理性并不缺乏思考。真正万能的上帝，至高至善的、万物的创造者，保佑和赐福好人的意志，弃绝和谴责坏人的意志，向二者发布命令，并不缺乏计划，靠他的智慧预订了他的城中确定的公民数目，甚至从被谴责的人类中找人来填充，不是因为他们德性适合（他们毕竟全部因为罪过遭到了谴责），而是因为恩典，他慷慨地赐予恩典，不仅给那些看到他并被他拯救的人，也给那些没有被拯救的人。人们本来共同遭受正义的惩罚，如果谁免于这惩罚，消除了坏事，那他要认识到，这不是他应得的，而是上帝

---

⑩ ［译按］此处奥古斯丁的用语 *infunderetur gremio maritus uxoris* 应当是从维吉尔的一句话衍生出来的：*coniugis infusus gremio per membra soporem*（《埃涅阿斯纪》，8：406），维吉尔此处描写的是伏尔坎在维纳斯的怀里睡着了。

慷慨赐予的。上帝明明预知人会犯罪，为什么不干脆不创造呢？因为在罪人之中，并通过罪人，他可以揭示，他们的罪应该受什么惩罚，谁可以得到他的什么恩典。在这个创造者和安排者下面，那背叛者无法用他们下流的无序来打乱事物的正当秩序。

27. 天使和人犯了罪，但他们的下流不会动摇上帝的神意

"主的作为本为大。一切都遵照他的意志。"[179]天使和人的罪对此不会造成任何阻碍。因为上帝按照他的神意和万能分配，使万物各得其所。他不仅知道如何运用好，而且也会把坏的用于好事。所以，最初的坏的意志使坏的天使就该遭到惩罚，意志变得刚硬，再也不能有好的意志。但上帝怎么不能把他用于好事，利用他试探那被造时本是正直（即，有好的意志）的初人呢？[180]在他这样被造之后，如果初人作为好人能信赖上帝的保佑，那他就能战胜坏的天使。但是如果他骄傲地只爱自己，抛弃了上帝这造物主和保佑者，那他就会被战胜；拥有神佑的正直意志会有好报，抛弃上帝的下流意志会有坏报。人如果没有上帝的保佑，也不能信赖上帝的保佑；而他通过自我之爱，并不是没有能力退出恩典的福祉。虽然没有了食物的滋养我们就没能力让这肉身活着，但不活着却在我们的能力之中，有那些自戕的人为例。所以，没有上帝的保佑，人没能力活得好，哪怕在乐园里，但是要活得不好却在他的能力之中，不过这样他的福祉就不会持久，最正义的惩罚就会到来。既然上帝并不是不知道人后来的堕落，那他为什么不能让嫉妒的天使用邪恶来试探人？上帝不会不确知人将

---

[179] 《诗篇》，111：2，和合本译为："主的作为本为大。凡喜爱的都必考察。"
[180] 参考奥古斯丁，《〈创世记〉字解》，11：16。

被征服,但他同样预知了,在他的恩典的保佑下,同一个魔鬼将会被人子征服,圣徒们在胜利中会获得更大的光荣。事实上,上帝不会不知道将来的任何事,但他并没有用前知来逼迫谁犯罪,但被造物的狂妄和上帝的保佑之间有天渊之别,他用天使和人这些理性被造物随后的经历证明了这一点。谁敢认为或说,天使和人都不会堕落,这不在上帝的力量之内?但是他不愿意夺取他们的力量,而要展示,他们的骄傲会有怎样的坏的力量,他的恩典有怎样的好的力量。

28. 论地上与天上两个城的特点

两种爱造就了两个城。爱自己而轻视上帝,造就了地上之城,爱上帝而轻视自己,造就了天上之城[⑱]。地上之城荣耀自己,天上之城荣耀上主。地上之城在人当中追求光荣;在天上之城中,最大的光荣是上帝,我们良知的见证。地上之城在自己的光荣中抬头,天上之城则对自己的上帝说,你"是我的荣耀,又是叫我抬起头来的"[⑱]。在地上之城,君主们追求霸占万国,就像自己被霸欲霸占一样;在天上之城,人们相互慈爱,统治者用政令爱,在下者用服从爱。地上之城热爱她的强人中的勇力,天上之城则这样对她的上帝说:"主我的力量啊,我爱你。"[⑱]在地上之城,智慧者按照人的方式生活,保证身体、心灵,或二者兼有的安全,哪怕那些能认识上帝的,"却不当作神荣耀他,也不感谢他。他们的思念变为虚妄,无知的心就昏暗了。自称为聪明[即,用骄傲统治了自己,用自己的智慧抬高自己],反成了愚拙,将不能朽坏之神的荣耀变为偶像,彷佛必朽坏的人,和飞禽走兽昆虫

---

⑱ 奥古斯丁在《〈创世记〉字解》11:20 中更详细地谈到了这两种爱与上帝之城的关系。
⑱ 《诗篇》,3:3。
⑱ 《诗篇》,18:1。

的样式。[即,他们通过服侍偶像,或成为民众的领袖,或成为民众的追随者]……他们将神的真实变为虚谎,去敬拜事奉受造之物,不敬奉那造物的主"⑱。在天上之城里,没有虔敬就没有人的智慧。人们靠虔敬正确地服侍上帝,希望与圣徒甚至圣天使在一起,得到奖赏,"神在万物之上,为万物之主"⑱。

---

⑱《罗马书》,1:21—23;25;中间括号里的解释为奥古斯丁所加。
⑱《哥林多前书》,15:28。

上帝之城卷十五

[本卷提要]按照奥古斯丁的计划,从这一卷起,开始叙述两个城的发展。本卷借助对《创世记》中从亚当到挪亚之间记载的诠释,讲述了两座城的最初历史。该隐和亚伯分别是两座城的最初公民,分别是按照人生活的人的团契,和按照上帝生活的人的团契。该隐在杀弟之后建立地上之城,以及罗慕洛在杀弟之后建立罗马,象征了地上之城必然的不义开端,从而预示了这座城中必然有的各种争斗。奥古斯丁的解经学原则是,既要接受圣经记载的是历史事实,又要强调其象征意义。在从该隐到挪亚的历史中,奥古斯丁在很多细节上都强调这两个方面①。

---

① [PL 本提要]奥古斯丁在前面的四卷书里谈论了地上和天上两个城的起源,从这以后的四卷书,他要接着讲两个城的发展,为此,他谈到了圣经中与此相关的主要篇章。在卷十五,即本卷,他首先讲《创世记》中该隐和亚伯到大洪水之间的事。

1. 人类中的两种秩序起于同一个开端,却走向不同的结局

1.1 关于乐园中的幸福或乐园本身、初人在那里的生活、他们的罪,以及对他们的惩罚,很多人感到了很多,谈了很多,已经卷帙浩繁。我在前几卷书已经讲了,或是根据我对圣经的解读,或是根据我们如何理解这些问题,我讲的能与圣经的权威相合。如果要求再详细些,那就要有更多、更不同的论述,足以写上很多卷,而现在既无必要,也无时间完成这些。我们没有空闲与那些有闲暇而刻薄的人周旋,他们足以提出这些问题,却没有能力理解对它们的回答。我认为,关于世界、灵魂,或人类自身的开端,这很大又很难的问题,我已经谈得足够多了。我把人分成了两类,一类是按照人自身生活的,另一类是按照上帝生活的;我们把这比喻为两个城,就是两种人的团契,其中一个注定要与上帝一起永恒为王,另一个则要与魔鬼一起接受永恒惩罚。这两个城的结局,我后面会讲到②。而今,关于这两个城在我们不知道数目的天使中,或者在两个初人中的起源,我已经谈得够多了,我觉得现在要谈两个城的发展,从二人生育后代开始,到人类不再生育为止。在这整个时间或尘世(*saeculum*)中,人们死生相继,我们现在谈论的两个城,经过了这整个过程。

1.2 人类的两个祖先最早生了该隐,他属于人间之城;后来生了亚伯,属于上帝之城③。哪怕在一个人身上,我们都能体会使徒说的道理:"属灵的不在先,灵魂性的在先。以后才有属灵的。"④因为每个人都生自被谴责的祖先,一定首先是坏的和肉体的;只有靠了基督

---

② 卷19—22。

③《创世记》,4:1—2。

④《哥林多前书》,15:46,和合本作:"属灵的不在先,属血气的在先。以后才有属灵的。"

重生,随后才会有好的和属灵的。在整个人类中也一样。两个城开始死生相继的过程,其中最先问世的,乃是这个尘世之城,随后才是上帝之城中的公民,是尘世中的过客。他靠恩典被预定了,靠恩典被拣选了,靠恩典成为下界的过客,靠恩典成为上界的公民。至于他自己,则起源于一开始就整个被谴责的材质;使徒把上帝比喻为陶匠,丝毫不鲁莽,而是很明智的。他从这质料中制造了一些贵重的器皿,也制造了卑贱的器皿⑤。他首先制造的是卑贱的器皿,随后真正制造了贵重的,因为正如我说的,最先的人是该谴责的,我们必须从他开始,但不必停留在他那里;后面的是正直的,我们必须朝那里前进,并要在到达后停留在那里。虽然并不是每个坏人都会变好,但没有好人不是最先是坏人的;但是如果一个人变好得越快,他就越能迅速地保住为自己挣得的名字,能让后来的名字掩盖先前的名字。于是经上说,该隐建了一座城⑥;而亚伯是过客,没有建城。天上的圣徒之城,虽然产生了公民,但这些公民却在大地上旅行,等到他们的王国到来之时,他们的肉身复活后会聚在一起,那时所应许的王国到来了,他们将与他们的统帅,那永世之王⑦,一同统治,永无休止。

2. 肉身之子和应许之子

这个城有一个影子,一个预兆性的像,其含义并不是要把上帝之

---

⑤《罗马书》,9:21,参考《以赛亚书》,45:9,《耶利米书》,18:3 中类似的比喻。

⑥《创世记》,4:17。

⑦[译按]此处"*rege saeculorum*"颇费解。其字面意思是"尘世"或"世代"之王,但前后文表明此处是指上帝。Dods 的英译本译为"the King of the ages",而 Dyson 译为"the king eternal"。后者虽然照顾了前后文畅通,但与字面意思正好相反。中译者此处采取 Dods 的办法,以"永世之王"来模糊"*saeculorum*"的"尘世"含义。不过此处仍然存疑。如果不是奥古斯丁或后世编者的笔误,可能还另有含义。

城实现在地上,而是要指出她将在某个时间实现,这个城也被称为圣城,不是因为她真的是圣城,而是因为她是未来的圣城的像。使徒对加拉太人提到了这个其实只能为奴的像,以及她所象征的那个真正自由的城:"你们这愿意在律法以下的人,请告诉我,你们岂没有听见律法吗? 因为律法上记着,亚伯拉罕有两个儿子,一个是使女生的,一个是自由⑧之妇人生的。然而那使女所生的,是按着肉身⑨生的。那自由之妇人生的,是凭着应许生的。这都是比方。那两个妇人,就是两约。一约是出于西乃山,生子为奴,乃是夏甲。这夏甲二字是指着亚拉伯的西乃山,与现在的耶路撒冷同类。因耶路撒冷和他的儿女都是为奴的。但那在上的耶路撒冷是自由的,她是我们的母。因为经上记着,不怀孕不生养的,你要欢乐。未曾经过产难的,你要高声欢呼,因为没有丈夫的,比有丈夫的儿女更多。弟兄们,我们是凭着应许作儿女,如同以撒一样。当时那按着肉身生的,逼迫了那按着圣灵生的。现在也是这样。然而经上是怎么说的呢? 是说,把使女和他儿子赶出去,因为使女的儿子,不可与自由妇人的儿子一同承受产业。弟兄们,这样看来,我们不是使女的儿女,乃是自由妇人的儿女了。基督释放了我们,叫我们得自由。"⑩从使徒的权威传下来的这样的理解,告诉我们应该如何接受两约的圣经,即旧约与新约。地上之城的一部分,作为天上之城的像,不代表自己,而是代表那一个,是为奴的。她不是为自己而建的,而是为了所象征的另一个而建的。由于她又被另一个来象征,那预示性的又由另一个来预示了。撒拉的使女夏甲和她的儿子,就是这个像的像;但是影子在光照下就会消失,这光就是经上说的自由的撒拉,她象征了自由之城,夏甲是她的

---

⑧ 此处的"自由"和合本作"自主",下同。
⑨ 此处的"肉身"和合本作"血气",下同。
⑩《加拉太书》,4:21—5:1。

象征,是她的影子,侍奉她。她说:"你把这使女和她儿子赶出去,因为这使女的儿子不可与我的儿子以撒一同承受产业。"⑪使徒则说"与自由妇人的儿子"。我们发现地上之城有两个形式,在一个形式中,她展示了自己的样子,在另一个形式中,则以自己的显现,象征着天上之城。地上之城的公民是因为罪而有过错了的自然产生的;真正天上之城的公民则产生于恩典,脱离了罪,回归自然;所以后者是贵重的器皿,前者是卑贱的器皿⑫。甚至亚伯拉罕的两个儿子都象征了这二者,一个出自名叫夏甲的使女,就是依照肉身生的以实玛利,另一个出自自由的妇人撒拉,是按照应许生的以撒。两个都是亚伯拉罕的骨肉;但是一个只是实现了惯常的自然,另一个则是应许给的,象征了恩典;一个只有人的用途,另一个获得了神的福祉。

3. 撒拉本来是不育的,靠上帝的恩典而生育

　　撒拉本来是不育的,子息无望,所以才想要使女做她认为自己不能做的事。于是她把使女给了丈夫来生育,做自己想做但不能的事。她善于利用另一个的子宫,完成了她本应该给丈夫做的事⑬。这样,以实玛利出生了,和别人的出生一样,是靠了两性交合,符合一般的自然法。经上说"按着肉身"⑭,并不是说,这不是上帝给的赐福,或者不是上帝的作品。经上说,上帝的创造力,就是他的智慧,"从地极直达地极,从容治理万物"⑮。但是,当人不该得恩典,但上帝却慷慨赐

---

⑪ 《创世记》,21:10。
⑫ 《罗马书》,9:22—23。
⑬ 《创世记》,16:1—3。
⑭ 《加拉太书》,4:23,和合本译为"按着血气"。
⑮ 《所罗门智训》,8:1,用思高本《智慧篇》译文。

予时,上帝所赐的礼物,就是按照并非自然的模式生下的儿子。亚伯拉罕在可以生育的年龄,自然都不让他们靠男女交合生子。即,即使在本不该不生育的年龄,撒拉都不能生育,因为即使在那个年龄,她也没有生子。在这样的自然情况下,他们也不能生育后代,这表明人类因罪而有过错了,并因此受到合法的处罚,将来不该得到真正的幸福。而以撒是按照应许生的儿子,可以正确地理解为,象征了恩典之子,就是被救之城中的公民,永恒和平中的团契,在那里,没有个人的和私人的任何意志之爱,而只有对公共的同一种不变的好的喜乐,这爱使众心合一,因为爱使人们完美而和谐地服从。

4. 地上之城的争斗与和平

地上之城不会永存(当她最后得到应有的惩罚时,这一个城就不存在了),但也有自己的好。这个团契也会快乐,但只能是这种事物提供的那种快乐。这并不是那种不会让爱它的人困窘的好,所以这样的城会有内讧,会分成很多派别,相互攻讦、相互打仗、相互对抗,所求取的胜利要么带来死亡,要么转瞬即逝⑯。其中一派如果和另一派爆发冲突,就试图打败别国⑰,不惜陷入罪过;如果胜利了,就会因骄傲而膨胀,胜利也就带来了死亡;如果她认识到人类共同面临的兴衰胜败,因为担忧未来的灾难而气沮,而不是因为当前的事而膨胀,那么其胜利就会转瞬即逝。虽然他们能够征服被战

---

⑯ [译按]直译为"胜利也是必朽的"。

⑰ [译按]虽然前面谈的是城邦中的一派和另一派,但此处说打败别的国家。如果此处没有任何讹谬的话,前面说的"城"当指人类共同的地上之城,后面说的"国"则是一个一个的国家。

胜的人，但不能永远霸占他们。说这个城所欲求的好不是好，是不对的，对于人类来说，占有这些是更好的。这个城欲求地上的和平，虽然只是为了很低下的事物；她通过战争来达到所渴望的和平。如果她胜利了，没人反抗，那就是和平。这是那些相互争斗的派别所不能有的，他们不能同时占有财货，所以在不幸的匮乏中爆发冲突。人们用辛苦的战争获得和平，渴望那被称为光荣的胜利。当为正义的原因而战的人胜利时，谁会怀疑那是令人兴奋的胜利，达到了人们希求的和平？这些是好的，而且无疑是上帝的赐予。但是如果我们忽视了更好的、属于天上之城的好，忽视了那永恒而极高的胜利中有保障的和平，只欲求这一类的好，或者认为这是唯一的好，或者爱它胜过爱那我们相信是更高的好，接下来必然是悲惨，而且悲惨还会不断增加。

5. 地上之城的第一个建造者是杀弟者，建造罗马时的兄弟相残，与这种不敬真是殊途同归

  地上之城的第一个建造者是杀弟者；他的弟弟是永恒之城的公民，是这个土地上的过客，哥哥因被嫉妒心征服，就杀了他[⑱]。在他建造了这个城之后很久，我们所谈的这个地上之城的未来首都（她将统帅万国）建造的时候，发生了一件与这最早的例子，也就是希腊人所谓的 ἀρχετύπῳ 相呼应的同类的事。当一位诗人谈到那个故事的时候，好像就是在说这件事："兄弟的血湿了最早的墙。"[⑲]就在罗马建城时，雷姆斯被哥哥罗慕洛所杀，这在罗马史中有见证。而这两个

---

⑱《创世记》，4:8。

⑲ 卢坎，《法萨利亚》，1:95。

都是地上之城的公民。两个都追求建造罗马共和的光荣；但是两个不能共享这光荣，只能一个拥有。如果有人和他分享权力，想要霸业的光荣的人的霸业就削弱了。一个人要想拥有完全的霸业，那就要清除他的团契；于是，在无罪时本来更小，但也更好的，因为罪行就更大，却也更糟了。该隐和亚伯之间并没有对地上事物共同的欲望。杀人的那一个并不忧心，如果他们共同称霸，自己的霸业会削弱。亚伯并没有想在他哥哥建造的城里称霸。而是魔鬼在嫉妒。坏的嫉妒好的，没有别的原因，就是因为一方是好，一方是坏。对好的拥有不会因为分享者的到来或永远存在而变小。爱的团契中共同拥有，团契和谐，对好的拥有就越富足。所以，不愿与人分享的人根本不会拥有好，而人越是能爱他的同伴，他就越会发现更丰富的好。雷姆斯和罗慕洛之间爆发的冲突表明，地上之城内部的分裂会有多大。而在该隐和亚伯之间的冲突，表明的是两个城之间，即上帝之城与人间之城之间的敌对。坏人与坏人之间相互争斗；好人和坏人之间也互相争斗。真正的好人与好人之间，如果是完美的，是不会彼此争斗的。尚在发展而未完美的好人是会有矛盾的，任何一个好人都可能和另外一个好人争斗，使他与他人争斗的部分，甚至可以让他与自己争斗。在一个人当中甚至都有"肉身和灵性相争，灵性和肉身相争"[20]。一个人的灵性的欲求会和别一个的肉身争斗，或者肉身的欲求和别一个的灵性欲求争斗，正如好人和坏人之间会争斗；或者两个好人之间的肉身欲求之间有矛盾，因为毕竟都未臻完美，正如坏人与坏人之间的争斗。直到那受到关怀（*curantur*）的人能达到最后健康的胜利，这些才不再发生。

---

[20] 《加拉太书》，5:17，"肉身"在和合本中作"情欲"，"灵性"作"圣灵"。

6. 哪怕是上帝之城的公民，在此生旅行时，也要承担因对罪的惩罚而带来的衰颓，上帝用他的医药治好人们

我们在卷十四已经谈到[21]，最初的不服从带来的自己肉身的不服从，是更令人衰颓的，这不是出于自然，而是罪过；那些向好发展的人，依靠信仰，在此生的羁旅中生活，使徒对他们说："你们各人的重担要互相担当，如此就完全了基督的律法。"[22]他在别处还对这些人说："我们又劝弟兄们，要警戒不守规矩的人，勉励灰心的人，扶助软弱的人，也要向众人忍耐。你们要谨慎，无论是谁都不可以恶报恶。"[23]另外一处还说："弟兄们，若有人偶然被过犯所胜，你们属灵的人，就应当用温柔的心，把他挽回过来。又当自己小心，恐怕也被引诱。"[24]还有："不可含怒到日落。"[25]福音书里说："倘若你的弟兄得罪你，你就去趁着只有他和你在一处的时候，指出他的错来。"[26]使徒警告人们，不要让罪伤害了更多的人，说："犯罪的人，当在众人面前责备他，叫其余的人也可以惧怕。"[27]所以，我们不断被告诫，要相互原谅，通过巨大的关怀（cura），才能获得和平。没有这关怀，谁都不能看到上帝[28]。那个仆人，主人免了他所欠的一千万银子的钱，他却不肯免掉别人欠他的十两，于是这个仆人遭了可怕的惩罚。主耶稣用这个做比喻，说："你们各人若不从心里饶恕你的弟兄，我天父也要这

[21] 见本书 14:11 等处。
[22] 《加拉太书》，6:2。
[23] 《帖撒罗尼迦前书》，5:14—15。
[24] 《加拉太书》，6:1。
[25] 《以弗所书》，4:26。
[26] 《马太福音》，18:15。
[27] 《提摩太前书》，5:20。
[28] 《希伯来书》，12:14。

样待你们了。"㉙上帝之城的公民在地上旅行、向往上界祖国的和平时,就得到了上帝这样的关怀。圣灵在人心内起作用,成为良药,在外面也起作用。如果上帝用他手下的一个被造物,以人的样子,对人的感官说话(无论是真的显现在被造物的身体里,还是以相似的方式托梦给我们),但是不让内在的恩典为王,指导我们的心智,对真理的宣讲就对人毫无用处。上帝造人时区分了蒙悲悯的器皿和可怒的器皿㉚,这种分配的理由只有他自己知道,对大众是隐秘的,但却是正义的。上帝以奇妙和隐秘的方式来保佑我们。正如使徒说的,不要让住在我们的肢体中的罪(或者更确切地说,我们因罪而受的罚),做我们身体的王,使我们顺从它的欲望;也不要让我们的肢体成为邪恶的武器㉛。于是我们的心智发生了转变,在上帝的王道下,不再赞同坏事。于是,我们获得了更平和的引领者,然后获得完美的健康与不朽,人将在永恒和平中称王,不再有罪。

7. 该隐犯罪原因何在? 他很固执,一旦有了犯罪的念头,就是上帝的话也拉不回来

7.1 关于上帝对初人说话的方式,我已经解释得足够多了㉜。上帝对该隐说话,也和他对初人说话用同样的方式,即显现在服从于他的被造物身上说话,就好像他和人一样,是个被造物。这对该隐有什么好处呢? 不是在上帝讲了警告的话后,他才想出杀弟的罪恶念头吗? 两个人都向上帝献祭,一个被看重,一个被蔑视。无疑,他们

㉙《马太福音》,18:23—35。
㉚《罗马书》,9:22—23。
㉛《罗马书》,6:12—13。
㉜ 奥古斯丁,《〈创世记〉字解》,8:37;9:3,4。

能通过某种可见的象征认识到了这一点,而上帝之所以这么做,是因为该隐的做法是坏的,而他的弟弟才真是好的。该隐"大大地发怒,变了脸色"。经上写道:"主对该隐说,你为什么发怒呢,你为什么变了脸色呢?你若行得好,却分配得不好,你不就有罪了吗?安静吧;它必转回到你,你却要制伏它。"㉝在上帝给该隐的这警告中,上帝说:"你若行得好,却分配得不好,你不就有罪了吗?"由于为什么这么说很不清楚,所以有很多种方法理解这里的含糊。而圣经的诠释者们只要根据信仰的规则,都可以试图解释其中的意思。该隐给真正的上帝献祭,他的献祭"行得好",因为祭物只能献给上帝。但是他分配得不好,因为他不能正确评判,在什么地点什么时间,应该祭献什么,谁该祭献,献祭时交给谁㉞,献完后的祭物应该分给谁去吃,我们就把"分配"理解为这样的判断。也许,他在不该献的地方献了祭物,不能在这里,却该在那里献;也许,他在不该献的时候献了祭物,不能在这时献,而该在那时献;也许,他在献祭物时,献上的是任何地方、任何时候都不该献的;也许,此人把本该献给上帝的最精挑细选的那类事物留给了自己;也许,献祭的人参与了渎神的事,或是让一个按照法律无权献祭的人献了祭。在这些可能中,该隐究竟怎样让上帝不高兴了,是不容易发现的。而使徒约翰在提到这对兄弟时说:"不可像该隐。他是属那恶者,杀了他的兄弟。为什么杀了他呢?因为自己的行为是恶的,兄弟的行为是善的。"㉟据此,可以理解为,上帝之所以不看重该隐的侍奉,是因为他分配得很坏。虽然他把自己的一些东

㉝《创世记》,4:6—7。[译按]此处奥古斯丁根据希腊文七十士本直译,同拉丁文本与和合本中文都不同。和合本译为:"主对该隐说,你为什么发怒呢,你为什么变了脸呢。你若行得好,岂不蒙悦纳,你若行得不好,罪就伏在门前。它必恋慕你,你却要制伏它。"

㉞[译按]此处直译是"献给谁",但上文已经说了,该隐知道应该献给上帝,那么此处不应该是"献给谁"的意思,所以多数译者将此处理解为,献祭时交给谁。

㉟《约翰一书》,3:12。

西给了上帝,但他把自己给了自己。这样做的人,都不追随上帝的意志,而是追随自己的意志,也就是,不按照正义的心,却按照下流的心生活。他们给上帝献祭,却认为应该得到回报,不想治疗变态的欲望,回归健康,反而要满足欲望。这就是地上之城的特点,她服侍上帝或诸神,是为了在神的保佑下,得以在胜利与地上的和平中为王,但是全无慈爱之心,充满对霸权的欲望。好人利用此世,是为了安享上帝;而坏人则相反,为了安享世界,想要利用上帝。他们相信上帝存在,相信上帝关心(curare)人事。根本不相信则更糟。该隐认识到上帝看重他弟弟的祭祀,不看重他自己的祭祀,就应该模仿弟弟,变得更好,而不是自我膨胀,与他争竞。"该隐就大大地发怒,变了脸色。"他为另一个的好发怒,而这另一个是他弟弟,上帝尤其把这当作大罪。他问该隐的话里就表现出了这一点:"你为什么发怒呢,你为什么变了脸色呢?"上帝看到了,他是在嫉妒弟弟,所以谴责他。对于人,该隐可以向另一个隐瞒心中想的,可以变得很含糊,使人不确定,他究竟是因为自己献给上帝的祭物不被上帝所喜,从而为自己的邪恶悲痛,还是为了弟弟的好而哀伤——因为上帝看重弟弟的祭祀,所以弟弟取悦了上帝。但是上帝给出了他之所以不愿接受该隐的祭品的理由。该隐更应该不喜欢自己,而不是矫情地不喜欢他弟弟。上帝表明,不正确分配是不义的,因为那就是不正确地活着,该隐的祭祀应该不被上帝认可;而他憎恨弟弟因正义而得的恩典,那就是更加不义了。

7.2　但是,上帝并没有抛弃该隐,还是向他发布神圣、正义和好的命令。他说:"安静吧;它必转回到你,你却要制伏它。"这指的是他弟弟吗? 不是的。除了罪,还会指什么呢? 上帝前面已经说了:"你有罪。"随后又加上:"安静吧;它必转回到你,你却要制伏它。"这可以理解为,犯罪的人要转回自己,所以,他的犯罪只能责怪自己,而不能责怪别人。这话是让人忏悔获得拯救的药，与对恩惠的求乞不是不契合的。上帝说："它必转回到你。"我们不能理解为将来时（erit），而要理解为现在时（sit）㊱。这是以诫命的方式，不是预言的方式说的。每个犯罪的人，只要不立意辩解，而是勇于告解，那就能把罪制伏。谁要是在罪过来临时还自我包庇，就会被罪制伏，当它的奴才。而这里的罪应该理解为肉身的欲望。使徒就此说："肉身和灵性相争。"㊲在肉身的各种享受中，他谈到了嫉妒，正是嫉妒刺激了该隐，导致他害死弟弟。这里应该理解为"将要"，即："它将要转回到你，你却要制伏它。"这激起了他的肉身部分，使徒称之为罪，他说："既是这样，就不是我作的，乃是住在我里头的罪作的。"㊳甚至哲学家们也说心灵的这一部分是有罪过的㊴。这部分不应该拉扯心智，心智应该统领它，应该用理性来限制它做非法的事。它一旦被激了起来做错事，如果我们能像使徒说的那样平息和限制它，"也不要将你们的肢体献给罪作不义的器具"㊵，那么它就会转回到心智的控制之下，被心智战胜，从而听从理性的统治。该隐对弟弟妒火中烧，本来该模仿他，却欲求把他除去。这就是上帝给他的律令："安静吧。"就是说：你的手远离罪恶，"不要容罪在你必死的身上作王，使你顺从身子的私欲。也不要将你的肢体献给罪作不义的器具"㊶。"它要转回到你"，并不是放松就有助益，而是在安静中阻挡它。"你却要制伏它"，就是，不要允许它在外面做事，让它控制在心智那有益的主宰力量下，也就不会在

㊱〔译按〕在上面所引的拉丁文经文中，没有明确写出动词，所以奥古斯丁可以添加上 erit 或 sit。

㊲《加拉太书》，5：17，和合本译为："情欲和圣灵相争。"

㊳《罗马书》，7：17。

㊴〔译按〕注意此处奥古斯丁从肉身部分到心灵部分的转变。

㊵《罗马书》，6：13。

㊶《罗马书》，6：12，奥古斯丁把"你们"换成了"你"。

内里妄动。在同一卷圣经里,上帝也对女人说了这样的话。那时候初人已经犯了罪,上帝诘问和审判他们,他们接受了谴责的刑罚,包括附在蛇身上的魔鬼、女人,和她丈夫,都接受了惩罚。上帝对她说:"我必多多加增你怀胎的苦楚,你生产儿女必多受苦楚。"随后又加上:"你要转回到你的丈夫,被他制伏。"⑫他对该隐说的是罪,或有罪过的肉欲,而此处是谈犯罪的女人;所以我们应该理解,男人对妻子的统治和灵魂对肉身的统治应该是相似的。使徒就此说:"爱妻子,便是爱自己了。从来没有人恨恶自己的身子。"⑬我们要把这当作自己的责罚,治疗它,而不是当作别人受的责罚。该隐是作为犯了罪的人,得到了上帝的诫命。他埋伏杀死了弟弟,嫉妒的罪过更加强了。这就是地上之城的建造者。这也象征了犹太人,他们杀了基督,全人类的牧羊人,他正在亚伯这个牧羊人中被预示了。至于这种隐喻中的预言,此处我就不多说了,因为我记得在驳斥摩尼教的福斯图斯的书中讲过了⑭。

8. 在人类之初,该隐为什么要建造人间之城

8.1 现在,看来我必须捍卫历史的真实性,以免人们说,圣经上的记载不可信。按照圣经,因为该隐杀了他的弟弟,在该隐建城的时候,地上能看到的不会多于四个,或三个人,即所有人类的始祖、该隐

---

⑫ 《创世记》,3:16,[译按]和合本译为:"你必恋慕你丈夫,你丈夫必管辖你。"此处奥古斯丁的拉丁文与哲罗姆版的圣经并不同。而在七十士本中,此处的"转回"与4:7中的"转回"都是 ἡ ἀποστροφή,奥古斯丁都译为"conversio";"制伏"在4:7中,希腊文是 ἄρξεις,此处是 κυριεύσαι,奥古斯丁都用 domino 来译。此处的中文翻译,译者以奥古斯丁的用词为准。

⑬ 《以弗所书》,5:28—29。

⑭ 奥古斯丁,《驳福斯图斯》,12:9。

自己，和他的儿子以诺，那城就是依照他的名字命名的。为此疑惑的
人没有想，那写圣经的作者没有必要把当时可能存在的人都列出名
字，而只需要举出那些对他所写的内容有必要的人的名字。圣灵给
他以启示，让他这样安排圣经写作，从初人的生育开始，随着后人的
生育，一直清晰地延续到亚伯拉罕，然后再从他的后代传到上帝的选
民，这个民族比别的所有民族都更优秀，因为它象征和预示了那个其
统治将要永恒的城，圣灵还预言了这个城的王和建造者——基
督——的到来。但他对人类另外的那个团契，即我们说的地上之城，
也没有保持沉默，而是足够多地描述了她，让上帝之城在与相对的这
个地上之城的比较中更加辉煌。圣经记载了最初几个人的寿数，每
说到一个人，都这样结束："并且生儿养女，共活了×××岁就死
了。"⑤他虽然不能说出这些儿女的名字，但我们不应该理解为，在人
类最初过的那么多年中，就不能生出很多人聚集起来建造很多城。
但是他是在上帝启示下写作的，以上帝为主题，就应该首先分判人类
不同的繁衍支脉导致的这两个团契：一个是人的城，按照人生活，另
一个是上帝的儿子的城，其中的人按照上帝生活。直到大洪水之前，
两个团契都分别叙述。在这里，对两个团契的叙述既有分化，也有交
叉。至于分化，就是两个团契经过几个世代分开了，一个从杀弟者该
隐流传，另一个从名叫塞特的人流传；他也是亚当所生，取代了被哥
哥杀了的亚伯的位子；至于交叉，是因为总会有好变坏的事，于是，全
部变坏了，除了叫挪亚的一个义人，还有他的妻子、三个儿子及他们
的妻子之外，都被洪水消灭了。只剩八个人逃到方舟上，逃脱了其他
的必朽者都遭受的毁灭。

---

⑤《创世记》，5：4—31。

8.2 于是经上说:"该隐认识了他妻子[46],她就怀孕,生了以诺。该隐建造了一座城,就按着他儿子的名,给那城叫作以诺。"[47]这并不意味着,我们要认为这就是他生的第一个儿子。我们甚至不能认为,因为这里提到认识他妻子,所以这是他与她的第一次交合。哪怕在万民之祖亚当那里,不仅在他要生该隐(这好像是他的长子)时,这么说了,同一卷圣经后来还写道:"亚当又认识了他妻子,她就生了一个儿子,给他起名叫塞特。"[48]我们应该理解到,圣经里虽然在谈到人怀孕的时候并不总是这么说,但这是这一卷圣经的习惯说法,而不只是男女在第一次交合时才这么说。我们所以不必由此认为,以诺就是他父亲的长子,虽然用他的名字命名那座城。有可能,他父亲还有别的孩子,但因为某种原因,该隐爱他胜过爱别人。犹大地和犹太民族是由犹大的名字命名的,但犹大并不是长子。即使以诺是建城者的长子,我们也不能认为,他父亲建城并用他的名字命名时,他正好出生。城就是很多人联结聚集成的一个团契,所以不会是一个人建的;但是因为该隐的家族数目增长得那么快,他有了一定数量的人口,所以可以建一个城,用他的长子的名字命名这个城。那时候人的寿数那么长,在圣经中记载了年龄的人当中,到大洪水之前,寿数最短的也活了七百五十三岁[49]。还有好几个活到了九百多岁,虽然没有人上千岁。所以,一个人的有生之年能够生养众多、繁衍人类,谁能怀疑,人数会多得足够建不止一个城,而是很多城呢? 因为很容易算,从亚伯拉罕一个人开始,希伯来种族的人口增长迅速,四百年后到出埃及

㊻ [译按]此处和合本作"和妻子同房"。虽然确实传达的是这层含义,但原文就是"认识"的意思,下面几处谈到同房,也是这么表达的。

㊼《创世记》,4:17。

㊽《创世记》,4:25。

㊾ 指拉麦,《创世记》,5:31,据七十士本的数字。

时，光年轻武士就到了六十万。⑤ 我们还不算亚伯拉罕的孙子，即以色列的弟弟以扫的以东人，因为那不属于以色列人⑤，也不算非撒拉所生的亚伯拉罕的别的儿子⑤。

9. 大洪水之前人类寿命长、体格强壮

凡是明智判断这些事的人，都不会怀疑，既然那时候必朽者的生命延续那么长⑤，该隐不仅能建城，而且还建了大城；除非哪个没有信仰的人对我们的作者所写的那时候的人的寿数提出疑问。这样，他们就不相信，那时候的人会比现在的人体格健壮、寿命长。他们最高贵的诗人维吉尔提到，那个时代的强壮者在打仗时能抓起作为边界石的大石头，带着跑、玩弄、投掷。他说："选出今天地上生长的十二个大汉也不能把它扛上肩膀。"⑤他的意思是，那个时候大地出产的人当然比现在体格强壮。而在那个著名而可怕的大洪水之前，世界更年轻，岂不更是如此？ 至于身体有多强壮，因为年代久远，或是由于洪水冲刷和别的各种原因，有的墓穴裸露出来，这就可以说服不相信的人了。难以置信的巨大的死人骨头暴露或被冲刷了出来。我就曾亲眼在尤提卡岸边看到过像大石头那样的人的臼齿，不只我一个人，还有别人在。如果把它按照我们这么小的牙齿切割，那简直可以作出一百颗我们的牙齿了。我相信那牙齿是某个巨人的。不仅所有人的身体都比我们大，而且，巨人又大大超过了别的人。在我们的时代，超乎常人的巨

---

⑤ 《出埃及记》，12：37；38：26；《民数记》，1：46；2：11，21；26：51。

⑤ 《创世记》，36：1 以下。

⑤ 《创世记》，25：1—4，12—18。

⑤ 参考普林尼，《自然史》，7：49，50。

⑤ 维吉尔，《埃涅阿斯纪》，12：899，译文略有改动。

人虽然不多见,但总是有人大大超过了别的人。比如学识无比渊博的人老普林尼就证明,随着时代的不断演进,自然使人的身体变得越来越小⑤;他甚至注意到,荷马都经常在诗歌中抱怨这样的巨人。普林尼没有把这当成诗人的虚构来嘲弄。作为一个对自然的神奇感兴趣的作者,他把这当作了信史。如我所说,古代人巨大的身体可以通过很多世代之后依然保存的骨头看出来,因为骨头保持的时间很长。那时候的人寿数很长,我们没法靠经验证明了。但我们不能因此就怀疑圣经历史的可信度。既然我们看到很多预言实现了,如果还不信其中的记载,我们就太鲁莽了。还是这个普林尼说过,就是现在,还有一个民族总能活二百岁⑤。如果就是今天还有我们不知道的地方,人寿绵长,是我们不曾经验过的,在我们不知道的时代,为什么就不能相信也有呢?如果这里不发生,而在别处发生的是可信的,那么为什么不是现在,而是别的时代发生的,就不可信呢?

10. 希伯来文本与我们的圣经记载的年数好像不同,差异何在

希伯来文本与我们的圣经版本在寿数问题上好像有所不同⑤,我不知道原因何在。不过,这差异还不至于让我们对于初民的长寿有分歧。我们的圣经记载,初人亚当在生下名为塞特的儿子之前,活了二百三十年。而在希伯来圣经里,他活了一百三十岁⑤;在他生了塞特之后,我们的圣经说他又活了七百年,而希伯来文本说他又活了八

---

⑤ 普林尼,《自然史》,7:16。
⑤ 普林尼,《自然史》,7:49。
⑤ 参考奥古斯丁,《基督教教义》,2:16,22。
⑤ [译按]这里奥古斯丁用的版本是哲罗姆之前的拉丁文本,与七十士本大体一致。而今本圣经,则与奥古斯丁所说的"希伯来本"一致。下同。

百年；这样，两个版本在他的总寿数上是一致的。在随后的几代人中，凡是提到某人的出生，在他出生之前，父亲的岁数，希伯来文本总是比我们的少一百岁；但是在生儿子之后，我们记载的年数又比希伯来圣经少一百岁。于是，在他们的圣经和我们的中，总寿数都是一致的。在第六代人中，两个版本没有不同。在第七代，以诺的时候，又出现了和前五代同样的不同，这就是那个据说没有死，而因为取悦了上帝迁移到天上的人。他们的圣经记载，以诺生儿子前的寿数比我们的少一百岁，但是总寿数和我们的一样。他在被上帝取到天上以前，两个版本都说活了三百六十五岁。第八代也有所不同，但是比起别的几代来，差距小些，情况也有异。以诺的儿子玛土撒拉在生出下一代之前，希伯来本比我们的并不少一百岁，而是多活了二十年；但同样，在我们的版本中，这二十岁在生子后加上了，于是两个版本的总寿数还是一样。而在第九代，也就是玛土撒拉的儿子、挪亚的父亲拉麦的寿数上，总寿数不同，但差得不多。希伯来本比我们的版本多了二十四年。在他生了名叫挪亚的儿子之前，希伯来本比我们的少六年；而在他生子之后，他们的比我们的多三十年。于是三十减六就是二十四，如上所述[59]。

11. 玛土撒拉的年龄似乎还超过了大洪水十四年

希伯来圣经和我们的圣经之间的这种差异引发了一个很有名的问题，即，算起来，玛土撒拉在大洪水后还活了十四年。但是按照圣经，那时，除了在方舟上的八个人逃生之外，地上的所有人都死了[60]。

---

[59]　以上内容均见《创世记》，5：3—31。

[60]　《彼得前书》，3：20。

而玛土撒拉不在八人之列⑪。按照我们的圣经,玛土撒拉在生了名叫拉麦的儿子之前,活了一百六十七岁;拉麦在后来生挪亚之前,又活了一百八十八年⑫,这两个数字加起来是三百五十五岁。这个数字加挪亚在大洪水时的岁数六百,即九百五十五。这就是从玛土撒拉出生到大洪水之间的年数。而玛土撒拉的总寿数是九百六十九岁,因为,他在生下名叫拉麦的儿子之前活了一百六十七岁,生子以后活了八百零二岁。这两个加起来,如我说的,是九百六十九岁。这个数减去九百五十五,即玛土撒拉出生到大洪水之间的年数,还剩十四。所以,人们认为大洪水之后他还活着。不过,颇有人认为,他并没有在地上,因为凡是自然不允许在水下生存的肉体,都被灭绝了,所以他们认为,他到了天上他父亲那里,直到大洪水退了。他们不想改变对圣经的信仰,因为教会认为其权威是明确的。所以他们相信,犹太人的圣经不如我们的真实。但是他们没有注意,这更有可能是圣经通过希腊文翻译给我们时,译者的错误,而不是圣经本来语言的错误。他们说,七十士同时、用同样的译文,译出了同一个版本,不能相信他们会同时犯错,他们也不会在一个他们并不看重的地方故意同时犯错。而犹太人忌恨我们,所以在律法和先知书通过翻译传给我们时,他们有意修改了自己的圣经,以降低我们的圣经的权威。人们可以自己判断,是否接受这个意见或疑问。但确定的一点是,如果希伯来文圣经里的纪年对的话,玛土撒拉在大洪水之后不再活着了,而是在那一年就死了。至于七十士本的译者,如果必须,我会在本书里适当的时间和地方更加详细讨论我的看法,如果我能得到上帝保佑的

---

⑪《创世记》,7:7。
⑫《创世记》,5:25,28。

话⑥。至于现在的问题，两个版本中对族长们寿数的记载，都足以让一对夫妇的长子一个人一生中就繁衍众多，造出一座城了，虽然本来大地上只有那一对夫妇。

12. 有人不相信，最早的人会像记载的那样长寿

12.1　有人认为，那个时代的纪年方式不同，他们的一年很短，所以我们的一年可能相当于他们的十年。这样的话不能听。他们因此说，当我们听到或读到活了九百年时，应该理解为九十年；他们的十年相当于我们的一年，我们的十年相当于他们的一百年。因此，他们认为，亚当生塞特的时候是二十三岁，塞特生以挪士的时候是二十岁零六个月，而圣经上说是二百零五年；我们如果同意了持这种意见的人，圣经作者就把我们的一年除以十，每个部分算作一年。其中每个部分的天数都是六的平方，因为上帝用六天完成了他的工作，在第七天休息（关于这个问题，我认为我在卷十一已经反驳了⑥）；六的平方是六乘六，就是三十六。这个数字乘以十就是三百六十，也就是十二个阴历月。这样，还需要再加五天，才能凑足阳历的一年，此外还有四分之一天，才是整满一年，人们称为"闰"。于是每隔四年，古人就加上一天，罗马人称之为闰日（*intercalaris*）。所以，塞特生的以挪士在生该南的时候，是十九岁，而圣经上说是一百九十岁⑥。按照记载，在大洪水之前的各代人中，我们的圣经里找不到一个在生孩子时是一百岁或更年轻的，甚至没有（或没有多少）一百二十岁的。而按

---

⑥　参见本书 18：42—44。
⑥　参见本书 11：8。
⑥　《创世记》，5：9（七十士本）。

照记载,生儿子年龄最轻的,是一百六十岁。他们说,因为没有人可以在十岁生孩子,也就是那时的人说的一百岁。但是十六岁已经是成熟的青年,可以生育后代了,这就是那个时代所说的一百六十岁。说有另外的纪年方式并非全不可信,这在史籍中不乏其例,比如埃及人一年就有四个月[66],阿卡纳纳人(Acarnanas)[67]有六个月,拉维努斯人有十三个月[68]。老普林尼书中记载,有人活了一百五十二岁,又有人比他还多活了十岁,有人活了二百岁,有人三百岁,有人到五百,还有六百,甚至有人到了八百,然后说这些都是年代混乱的误记。他说:"有人一夏天就算一年,有人冬天也算,有人四季分别算一年,比如阿卡迪亚人,他们的一年就只有三个月。"[69]他还说某些埃及人,他们的一年有四个月,我上面已说了。他们有时根据月亮的盈亏算年。"于是在他们中间,"他说:"有人一辈子能活一千年。"[70]

12.2 相信这种看似有理的观点的人,无意打破对这一神圣历史的信仰,而试图指出,圣经里说古人活那么多年不是不可信的。他们说服自己,不要认为这说法是不明智的,因为他们把那么短暂的时间叫做一年,他们的十年是我们的一年,我们的十年是他们的一百年。但有很明显的证据表明,这是极为错误的。我在举出这证据之前,我认为我不能不提一件看来更可信的事。用希伯来经文,我们能非常明确地纠正和说服他们。里面说,亚当在生第三个儿子时不是二百三十岁,而是一百三十岁。如果这个岁数是我们

---

[66] 拉克唐修,《神圣原理》,2:12。

[67] 阿卡纳纳,古希腊一地区,四周是伊奥尼亚(Ionian)海、安布基拉(Ambracian)湾、安吉鲁斯(Achelous)河,曾分别被雅典、忒拜、马其顿统治。阿卡纳纳的一部分于公元前231年独立,与马其顿的菲利普五世结成联盟。公元前167年,罗马征服了马其顿,阿卡纳纳仍然存在,直到奥古斯都时期。

[68] 马可罗比乌斯,《萨腾节会饮》,1:12。

[69] 普林尼,《自然史》,7:48。

[70] 普林尼,《自然史》,7:49。

的十三岁，那当他生长子时，他就是十一岁或者稍微大一点。根据我们谁都清楚的自然法，谁能在这个年龄生育呢？但我们且不说他，因为他可能一被创造就能了。因为我们不相信他被创造时像我们的婴儿那样。而他的儿子塞特在生以挪士的时候，也不像我们读到的那样是二百零五岁，而是一百零五岁。按照这种说法，他都不到十一岁。我还说了，他的儿子该南在我们的圣经里是一百七十岁生的玛勒列，而在希伯来圣经里是七十岁。如果他们把七十岁换算成七岁，那谁能在七岁生子？

13. 在对年龄的计算上，我们是否更该听从希伯来文的作者，而不是七十士本的

13.1 我要这么说，人们还是会告诉我犹太人的圣经是假的，原因前面已经说了⑦：七十士本的译者是德高望重的耆宿，不会作假。我找到下面两种可能：犹太民族如此长久而广泛地散布各地，因为嫉妒别人同样拥有权威，万众一心来编造一个谎言，自动放弃真理；而七十士诸公自己也是犹太人，因为埃及王托勒密的召集，聚集到了一个地方，完成翻译工作；他们嫉妒别的民族拥有同样的真理，于是一致同意加入错误。哪个更可信呢？谁看不出哪个更可能，更容易相信？明智的人根本不会相信，犹太人即使很下流和恶毒，可以在那么长时间、那么广泛散播的那么多卷经书中做到这一点。还是说，那有口皆碑的七十士，因为嫉恨别的民族知道真理，共同达成一致意见？谁都会说，更可信的是，在托勒密的译经阁里，当圣经最早被翻译时，这些错误可能出现在了一个钞本中，然后从这第一本广泛散布；也有

⑦ 见本书15:11。

可能是抄录者的错误。在玛土撒拉的寿数这样的问题上,这样认为
并不荒谬;在另一个地方,总数有二十四年的差距⑫,也是这样。而在
另外的地方,其中一个不断犯同样的错误,这个版本在人们生(谱系
中所列的)儿子之前,总是比另一个版本多算出一百年。而在生子之
后,本来多出一百年的就少了一百年,本来少了一百年的就多出一百
年,而总数是一致的;这在第一、第二、第三、第四、第五、第七代中都
发现了。如果可以说,这错误是连续的,那就不会是偶然的,而是有
意的。

13.2　在这些地方,希腊文和拉丁文的圣经有一种数字,希伯来
文的有另外一种数字,在连续几个世代中,都先是多了一百年,然后
又少了一百年。也许这既不是因为犹太人的恶意,也不是七十士译
者的精心算计,而是那首先从上述国王的译经阁收到第一个本子准
备流传的传抄者的错误。哪怕是现在,如果数字和容易理解的什么
事没有关系,或是看起来学它没什么用,传抄时就很容易不注意,修
改时也更不注意。谁渴望知道以色列的每个部落有几千人呢?⑬ 人
们不认为这有什么用;有多少人能明白这里面的深意大用呢? 不过,
连续几代人这个版本多一百年,那个版本少一百年,儿子出生之后,
所记载少的又多了,多的又少了,总数又一致。这样做的人一定是认
为,古人活了那么多年,是因为他们的年很短,而他们又一定要到了
成熟的青春期才能生子。他试图向不相信的人表明,一百年相当于
我们的十年,因为他们不愿意接受,人们会活那么长。但是他又发现
那些年数不能生子,所以加上了一百年,同时,为了总体年龄一致,他
又把生子之后的年龄减去一百岁。这样,他希望把人们的年龄变得

⑫ 指拉麦的年龄,见本书 15:10。
⑬ 《民数记》,1—4。

可信，也适合于生子，同时又在每个人活的总年龄上不出错。他在第六代没有这么改，这更表明，只有在我所说的这方面有必要的时候，他才改，在不必要的时候不改。他发现，在希伯来文本中，这一代的雅列在生以诺之前活了一百六十二年，这如果按照那种换算方法，就是十六年加不到两个月；这个年龄足以生育了，如果他再加上一百个短年，那就是我们的二十六岁，这不必要，他在生以诺后的年龄也没有减，因为生育前的年龄没有加。所以两版经文之间就没有区别。

13.3 但我们回到这个问题，为什么在第八代，玛土撒拉生拉麦以前，希伯来文本写着，他是一百八十二岁了，但我们的经里少二十岁，但不是像一贯的那样多一百岁。此处少了二十岁，在拉麦出生后又补了二十岁，这样两本经的总岁数又没有差别了。如果一百七十岁理解为我们的十七岁，那就是成熟的青春期，那就不必加，也不必减，因为这个年龄可以生育了；因此，当他发现年龄不适合生育时，他就加上一百岁。那我们就该认为，这二十岁只是一个偶然的错误。或者，他在前面减去二十岁后，后来又想补上，以凑足总岁数不变。但也许他有一个更精明的想法。以前他习惯了先加一百年再减一百年，精心掩饰着自己的篡改，而现在没这个必要了，就不再减去一百年，而是先减去一个很小的数目，随后再加上。为什么要这么做？不管怎么想这件事，不管相信真这么做了还是不相信，也不管事实如此还是不是，我都不会怀疑，凡是在两个版本中发现的不同之处，既然我们相信两本的叙事不能同时为真，那么就更该相信那本来的语言，因为另外的版本是翻译家从它翻译过来的。三个希腊文本、一个拉丁文本，甚至一个叙利亚文本，都一致说，玛土撒拉在大洪水之前六年就死了[74]。

---

[74] 参考奥古斯丁，《旧约前七卷的问题》(*Questionum in Heptateuchum*)，1：2。

14. 以前的年代的纪年长度和现在的是相同的

14.1 那些极为长寿的人所过的一年并不短,并不是十年相当于我们的一年,而是,他们的年头和我们的很接近,都是按太阳的运动计算的。我们现在来看,这一点是如何清楚地显现出来的。圣经上明确说,在大洪水之前,挪亚活了六百岁。如果他们的年比我们的短,十年相当于我们的一年,一年只有三十六天,那么经上为什么又说,洪水泛滥在地上,是"挪亚六百岁,二月二十七日那一天"⑦⑤?如果古人的一年只有三十六天,如果他们也把它称为年,那么一年就没有月,或者一个月只有三天,才能有十二个月。如果不是他们那时有和我们现在一样的月,怎么会有"六百岁,二月二十七日那一天"呢?说洪水在二月二十七日开始,还能有别的解释吗?而在洪水结束后,经上又写:"七月二十七日,方舟停在亚拉腊山上。水又渐消,直到十一月;到十一月初一日,山顶都现出来了。"⑦⑥如果他们的月份和我们的相同,那么年也该和我们现在的年一样。只有三天的月不会有二十七日。如果一切都要按比例划分,三天的一个月的三十分之一算一天,那么记载中说大洪水持续了四十个日夜,那其实就只是我们的不到四天。谁能这么荒唐和虚妄?还是去除这谬误吧。这种推理把我们对圣经的信仰建立在错误的基础上,只能毁掉我们的信仰。那时候一天的长度,和现在的一天一样,二十四个小时就是一个昼夜循环。那时候一个月的长度,就是现在的一个月,是月亮盈缺一轮的时间。那时候一年的长度,就是现在的一年,即十二个月加起来,然后

---

⑦⑤《创世记》,7:10—11,此处和下面几处的日期依照七十士本,与今本圣经不同。
⑦⑥《创世记》,8:4—5,文字依照七十士本,与和合本略有不同。

再加五又四分之一天，就是太阳循环一周的时间。挪亚六百岁时的二月二十七日，开始暴发洪水，据记载持续四十天降大雨[⑰]，每天可不是只有两个多小时，而是有二十四个小时，是一个昼夜。古人活的岁数很长，可以到九百岁。后来亚伯拉罕活了一百七十岁[⑱]，他以后，他的儿子以撒活了一百八十岁，以撒的儿子雅各活了将近一百五十岁[⑲]，一段时间后，摩西活了一百二十岁[⑳]。到了现在，人们活七十、八十，或更多一点，圣经上就此说："不过是劳苦愁烦。"[㉑]

14.2　在希伯来文经书和我们的经书之间数字的差异，并不表明两个版本的圣经对古人的长寿有分歧。如果这种不同使得二者不能同真，那我们只能在最初语言中找到这些事的可信记载，我们的版本只是对它的翻译。虽说各个民族中愿意这么做的都会有机会，但毕竟，还没有人能根据希伯来经文，修改七十士本中的很多偏颇之处。我们未必要认为这些偏颇是有意的欺骗；我认为不该这么想。而如果传抄者无误，如果他们给出的感觉符合真理，并且预言了真理，那么，圣灵就不是在让他们做译者的工作，而是让他们当先知，自由地说出他们相信的事。因此，使徒的权威在引用圣经当见证时，有理由不仅用希伯来经文，而且还用这个本子。如果上帝垂佑，我许诺在合适的地方，更仔细地讨论这个问题[㉒]；现在我必须要说的是，毫无疑义，初人生的长子活得很长，足以建城了，不过是地上之城，而不是我如此耗力完成的大工程的主题——上帝之城。

---

⑰ 《创世记》，7:12。
⑱ 《创世记》，25:7，和合本作一百七十五岁。
⑲ 《创世记》，47:28。
⑳ 《申命记》，34:7。
㉑ 《诗篇》，90:10。
㉒ 参见本书 18:43—44。

15. 说最初世代的人直到经上说的生子年龄之前，都没有房事，是否可信

15.1 有人说，是否该相信，一个人准备生子，不打算禁欲，会一百多年，或者按照希伯来经书也不是很少的年头，八十、七十、六十年没有房事，或者如果他不禁房事，竟能不生子嗣？这个问题有两个方式解决。要么，因为他们活得那么长，青春期来得也晚；要么，他们最初生的孩子没有记载，而只是记录了延续到挪亚的支脉，我们看到，这个支脉又延续到亚伯拉罕，然后再到某个特定的时间，所记载的各个世代到达了无上光荣的上帝之城，此世的过客走向天上的祖国。我认为这个更可信些。不过不能否认，在男女交合所生的人中，该隐比谁都早。如果这不是二人所生的第一个孩子，圣经上就不会记载，亚当在他出生时说："主使我得了一个男子。"㉝随后是亚伯，他被哥哥给杀了，象征了羁旅中的上帝之城。亚伯第一次显示，做羁旅的上帝之城要遭受不敬和属地的人的邪恶迫害，这些人喜欢自己属地的渊源，享受地上之城中属地的幸福。而亚当生他们时多少岁，却没有说。亚当又生了一个孩子，代替那个被哥哥杀了的人，取名叫塞特。圣经上说："另给我立了一个儿子代替亚伯，因为该隐杀了他。"㉞于是他们的后代分成了两个分支，一个来自塞特，一个来自该隐，我们说过，这两个分别代表了通往两个城的道路。一个是天上的，是地上的过客，另外一个是地上的，只享受地上的快乐，依赖这快乐。该隐的后代，从亚当以后直到第八代，虽然有清楚的叙述，但是没有记载谁

㉝《创世记》，4:1，通常认为这句话是夏娃说的。
㉞《创世记》，4:25。

在生育下一代时多少岁。上帝的圣灵也不愿意记录大洪水之前地上
之城的世代纪年,但是他却愿意记录天上之城的,因为那是更值得记
载的。从塞特出生开始,经上就没有对他父亲的年龄保持沉默⑧。但
亚当还生了别的儿子,谁敢断言,他就只有该隐和亚伯? 记录他们的
名字,就是为了能记录世代传承,但这并不意味着,他们是亚当仅有
的儿子。作者对别人都保持沉默,漏掉了他们的名字,不过还是说他
"生儿养女"⑧。谁敢冒着犯下大不韪的罪名,乱说他孩子的数目? 塞
特出生之后,亚当可以说:"神另给我立了一个儿子代替亚伯。"塞特
将会完成亚伯的神圣使命,但他未必是亚伯之后第一个生的。随后
又写道:"塞特活到二百零五岁[按照希伯来本是一百零五岁],生了
以挪士。"⑧除非毫不思考,否则谁能断定这就是长子呢? 要不我们就
会惊异于,塞特无意禁欲,怎么会这么多年没有房事,或者结婚而不
生子;而后经上说他:"塞特生儿养女,一共活了九百一十二年,然后
死了。"⑧此后凡是记下年龄的,也都谈到他们生儿养女。由此可见,
那记下年龄的孩子,不一定是长子;说那些父亲那么大年纪了还没有
到青春期,或是没有配偶,或是不能生育,这都不可信,所以说所生的
是长子也不可信。而圣经历史的作者想要追溯相继的世代,直到挪
亚出生和生活之前。那时候发生了大洪水。所以这样记录的,并不
是父母的长子,而是这个谱系上的人。

15.2 为了更清楚一点,我可以举一个例子,使我所讲的更加明
白无疑。《马太福音》记载了主耶稣肉身的祖上谱系,其顺序是要从
亚伯拉罕首先到大卫。为此他说:"亚伯拉罕生以撒。"他为什么不说

---

⑧ 《创世记》,5:3。
⑧ 《创世记》,5:4。
⑧ 《创世记》,5:6。
⑧ 《创世记》,5:7,和合本作:"塞特生以挪士之后,又活了八百零七年,并且生儿养女。"

亚伯拉罕的长子以实玛利呢？他又说："以撒生雅各。"他为什么不说以撒的长子以扫呢？因为通过这些人不能到达大卫。随后他接着说："雅各生犹大和他的弟兄。"犹大是长子吗？他说："犹大生法勒斯和谢拉。"㊳这两个当中，谁也不是犹大的长子，在他们之前已经生了三个儿子。这样，他要讲述这些世系，直到大卫，再从大卫到达他的目的。这就可以理解，大洪水之前记载的古人都不是长子，而是所记载的，世代相传到达挪亚的一系，所以我们不必纠缠于他们是否到达青春期这个含混的问题。

16. 后世排除血亲的婚姻法不适用于初人夫妻

16.1 初人是从土里造的，他的妻子是从他的肋骨造的，从这对夫妇以后，人类的男女之间就需要婚姻，生育子女。而除了从两个人中生的，就没有人。男人可以娶他的姐妹为妻；这在古代是不得已的，但是后来的宗教谴责和禁止这种婚姻。而今人间之爱各得其所，人们可以因为不同纽带的联结，形成各种有益和真诚的和谐关系。人们不再用一人之身承负很多关系，而是每个人承担一种关系，于是很多人相互联成很多关系，形成了更加细密的团契生活（*socialis vita*）。父亲和岳父的名称必须是两个。一个父亲，一个岳父，每个人为自己扩展出很多亲情。但那时候，兄弟姐妹相互嫁娶，亚当一人既是父亲也是岳父，他的妻子夏娃是所有儿女的母亲，既是母亲也是婆婆。如果有两个女人，一个是母亲，一个是婆婆，那么就会结成更广泛的团契之爱。而她自己既是姐妹，也是妻子，必须一人承担两种关系。如果各人之间分派角色，一个是姐妹，一个是妻子，那么相互亲

㊳《马太福音》,1:2—3。

近的团契中的人数就会增加。但是因为出自两个初人的都是兄弟姐妹，情况不会如此。只有有了足够多的女人，妻子不必同时是姐妹时，这才可能。那样，这不仅不必了，而且如果谁这么做，还是违法的。初人的孙辈已经能和堂表姐妹成亲，如果他们还和亲姐妹结亲，那一个人就一定不只承担两个关系，而是三个了，但是这本来应该分派到各个人中去，以便把更多人结为亲属。而如果兄弟姐妹结婚，那么他们的父亲就同时是父亲、岳父和母舅，而他的妻子就同时是儿女的母亲、姑姑和婆婆。这样，子女之间不仅是兄弟姐妹和配偶，而且是表亲，因为父母之间是兄弟姐妹。所以，这必然使所有人都一人兼三种身份。但如果各人有各人的身份，那么就可以结合成新关系，一个人有一个姐妹，一个妻子，还有一个表亲；一个父亲，一个舅舅，还有一个岳父；一个母亲，一个姑姑，还有一个婆婆。这样团契纽带就不必限制在一小群人中，而是会更广泛，可以靠复杂的团契纽带联结起不同而众多的亲属。

16.2　随着人类的增长繁衍，我们看到，即使那些服侍虚假诸神的不敬者也遵守这一点。即使下流的法律甚至允许兄妹结亲，他们的风俗也会比他们的法律更好一些，不让人随意这么做。在人类最初时代的婚姻中，兄妹婚姻是完全可以的，但今天却如此被禁止，甚至好像从来都不可能是合法的。在引诱和戕害人类情感上，风俗最重要；在这件事情上，风俗禁止这种不伦之行，所以对风俗的无视和破坏被认为是邪恶的。如果因为霸欲而越过田界是邪恶的，那么，颠覆道德界限满足淫欲更是邪恶的！我们都知道，在我们的时代，甚至堂表婚都很少。虽然这是法律允许的，但是亲戚之间的关系距离兄妹只是一步之遥。神法不禁止，人法也尚未禁止。不过，虽然它是合法的，但因为接近不合法而让人生厌。与表妹结婚和与亲妹妹结婚看上去差不多。因为表亲彼此之间亲缘很

近，以兄妹相称，如同亲骨肉。古代的族长出于宗教性的关心
（curae），担心亲戚之间在世代相传后逐渐疏远，不再是亲戚，于是
趁着关系还没变疏，通过婚姻的纽带结合，把疏离的亲戚重新聚
合。等到大地上人多了，人们不必娶和自己同父、同母或既同父又
同母的姐妹为妻，但是还是喜欢找族中的姐妹。但谁能怀疑，我们
时代禁止堂表婚姻是更荣耀的？这不仅仅是因为我们刚刚讨论
的，为了亲族繁衍，以免一人兼有两个角色，两个人承担两个角色，
亲戚数目就增加了；还是因为，某种自然而可赞美的人类的羞感，
使得人们对本来应该尊敬和荣耀的亲戚避免行淫，这虽然是为了
生育，也毕竟是淫欲。我们看到，即使在婚姻内，虽然符合贞节，人
们也会为淫欲脸红。

16.3　从必朽的人类看，男女媾精，是为了给城邦留种；地上之
城需要繁衍，天上之城只需要重生，以避免繁衍的害处。圣经上没有
说，在大洪水之前，有没有身体上的可见的重生标记，就像亚伯拉罕
后来行割礼那样[90]，也没说如果有，是什么样的。但圣经里说了，哪怕
上古的人，都要给上帝献祭。这在最早的两个兄弟那里就很清楚[91]。
大洪水之后，挪亚从方舟里走出，经上说，他就给上帝献祭[92]。关于此
事，我在前面几卷说过了，除非知道应该给真正的上帝献真正的祭
物，人才能不把祭物献给那些自诩神圣，相信自己是神，为自己求取
祭物，还乐于这种尊荣的鬼怪[93]。

---

[90]《创世记》，17:10—11。

[91]《创世记》，4:3—4。

[92]《创世记》，8:20。

[93] 参见本书11:13,19。

17. 同根生的两个祖先和领袖

　　无论是地上之城的那一支，还是天上之城的那一支，两支的祖先都是亚当。亚伯被杀，这杀戮中包含了奇妙的圣事含义，从此产生了两个支脉的祖先，该隐和塞特。两个人的子孙都有记载，他们开始了必朽人类的两个城，其含义越来越清晰。该隐生了以诺，用他的名字建城，这就是地上之城，不是此世的过客，而是尘世间和平与幸福的追求者。"该隐"的意思是"得"；他生的时候，他的父或母说："主使我得了一个男子。"㉞以诺的意思是"献"，指的是，地上之城就献给了建城的地方，因为他所想象和追求的目的就在这里。而塞特的意思是"复活"，他的儿子以挪士的意思是"人"，不过和亚当的意思不同。亚当的名字意思也是"人"，不过，在他们的语言，即希伯来文中，男人女人都可以指。经上说他们"并且造男造女。在他们被造的日子，神赐福给他们，称他们为亚当（人）"㉟。女人的名字夏娃就是指她自己，没有什么歧义，但是亚当的名字意思是人，可以指他们两个。而以挪士所表示的"人"，在通他们的语言的人看来，是不能指代女人的。他是复活的儿子，"也不娶也不嫁"㊱。他不必生育，却要重生。我认为应该指出，在名叫塞特的人所生的后代中，虽然说生儿育女，却没有提到所生的女儿的名字。而在写到该隐一系的终末时，却提到了最后一个女人的名字。经上说："以诺生以拿。以拿生米户雅利。米户雅利生玛土撒利。玛土撒利生拉麦。拉麦娶了两个妻，一个名叫亚大，一个名叫洗拉。亚大生雅八。雅八就是住帐篷，牧养牲畜之人的

㉞《创世记》，4:1。
㉟《创世记》，5:2。
㊱《路加福音》，20:35。

祖师。雅八的兄弟名叫犹八。他是一切弹琴吹箫之人的祖师。洗拉又生了土八该隐。他是打造各样铜铁利器的。土八该隐的妹子是拿玛。"⑰这是该隐一系的世系。如果从亚当开始,并包括亚当算,一共是八代,第七代到了拉麦。拉麦娶了两个妻子,第八代就是他的儿子,其中记载了一个女人。这雄辩地表明,地上之城哪怕到了最后一代,还是会有男女交合的肉身生育。而除去夏娃之外,到大洪水之前,提到的女人的名字,只有这最后一个祖先的妻子,两个用的都是她们的本名。而该隐,也就是"得",是地上之城的建立者,还有他的儿子以诺,即"献",也就是地上之城的同名者,分别代表了这个城的开端和目的都在地上。她所追求的,无非就是此世能见到的。而塞特,即"复活",以他为祖先的世系是另外讲的。我们现在就看圣经里是如何记述他的子孙的。

18. 亚伯、塞特,和以挪士与基督和他的身体,即教会,有何关联

经上说:"塞特也生了一个儿子,起名叫以挪士。那时候,人才希望呼唤主上帝的名。"⑱这就宣布了对真理的见证。人是在希望中作为复活之子活着的。人是过客,在对上帝之城的希望中活着,而这来自对基督复活的信仰。亚伯的名字的意思是"光",他的弟弟塞特的名字的意思是"复活"。他们的名字象征了基督的死和他的死而复生。从这种信仰中,诞生了上帝之城,也就是那希望呼唤主上帝之名的人。使徒说:"我们得救是在乎盼望。只是所见的盼望不是盼望。

---

⑰《创世记》,4:18—22。
⑱《创世记》,4:26,和合本后半句译为:"求告主的名。"

谁还盼望他所见的呢？但我们若盼望那所不见的，就必忍耐等候。"[99]
圣事自有深意，谁会看不出呢？圣经记载，上帝接受了亚伯的祭祀。
经上说塞特："神另给我立了一个儿子代替亚伯。"难道他不也希望
呼唤主上帝的名？这应该理解为所有虔敬者共有的事，为什么只
说是以挪士的呢？难道还不是因为，他的父亲所生的是受选的好
的一支，朝向上界的城，而他是这一支的第一个子孙，他象征了后
面的人，即不按照人追求地上幸福，而按照上帝，在对永恒幸福的
盼望中生活的人的团契？于是经上不说："他希望到达主上帝"，或
"他呼唤主上帝的名"，而说："他希望呼唤主上帝的名。"为什么他
要自己"希望呼唤"呢？难道不是因为预言了后面之人的兴起，那
些按照恩典受选、呼唤主上帝之名的人吗？另一个先知说："那时
候，凡求告主名的就必得救。"[100]使徒引用此话，认为这就是获得上帝
恩典的人[101]。经上又说：起名叫以挪士。这就是"人"的意思。随后加
上："那时候，人才希望呼唤主上帝的名。"这充分表明，人不应该把希
望寄托在自己身上。正如别处说的："倚靠人血肉的膀臂，那人有祸
了。"[102]于是他不按照自己，建立了另外一个城。这不是该隐以他儿子
命名、献给这尘世的城。即，他不能把希望放在转瞬即逝的必朽的此
世之城，而是放在永远幸福的不朽之城。

19. 以诺升天所展示的意义

我讲到，以塞特为祖先的一支中，也有人的名字的意思是"献"。

---

[99]《罗马书》，8：24—25。
[100]《约珥书》，2：32，和合本作"凡求告主名的就必得救"。
[101]《罗马书》，10：13。
[102]《耶利米书》，17：5。

从亚当算，并包括亚当，到第七代。这第七代是以诺，意思就是"献"。以诺让上帝喜悦，所以移到天上。他所在的这一代的顺序，是个有象征性的数字；亚当以来第七代，正是礼拜日献祭的数字。而从塞特算起，一共是六代。他们的祖先塞特是与该隐的子孙分开的一代。第六天是上帝造人、完成所有工作的日子。这个以诺的升天，象征着我们延迟的献祭。而今，这献祭在我们的首领基督中完成。他复活了，不会再死，而要升天。还有另外一种祭品，就是以基督为基石的整个家庭[103]。但这献祭要一直延迟到最后，即等到所有那些不必再死的人都复活的时候。无论把这称为上帝之家、上帝之殿，还是上帝之城，拉丁文的习惯都可接受。维吉尔把最强大的帝国之城称为亚萨拉库斯之家，指的是罗马，因为罗马人把自己的起源经由特洛伊上溯到亚萨拉库斯[104]；罗马也是埃涅阿斯之家，因为是他带领特洛伊人来到了意大利，在那里建立了罗马[105]。诗人是在模仿圣经，因为哪怕希伯来民族很庞大了，圣经里还说是雅各之家。

20. 从亚当算起，该隐一系八代而终，而挪亚要从同样的祖先亚当算起，是第十代

20.1 有人说：这段历史的作者的意图是，通过记录亚当经由其子塞特的传承，通过他们到达大洪水时的挪亚，再通过挪亚依照出生顺序，到达亚伯拉罕，而福音书作者马太从他开始记述世系，从他到基督，再到上帝之城的永恒王国。如果是这样，那么他记述该隐世系的意图又是为什么，想从这里延续到哪里呢？我回答：到大洪水，整

---

[103]《以弗所书》，2：20。
[104] 维吉尔，《埃涅阿斯纪》，1：282—285。
[105] 维吉尔，《埃涅阿斯纪》，3：97—98。

个地上之城都被洪水淹没了，但是从挪亚的儿子又重新开始。这个
地上之城不会就此消失的，按照人生活的那些人的团契直到这个尘
世的终结才会消失。主说："这世代的人，生育无穷。"⑩上帝之城是此
世的过客，通过重生走向没有生育的另外一个世代。但生育无穷是
两个城共同的，虽然上帝之城有成千上万的公民禁欲不生。地上之
城里也有人模仿他们，但是走错了路。因为在地上之城里有很多人
偏离了这个信仰，建立各种异端；他们按照人生活，而不是按照上
帝⑩。比如印度的裸修派，就是印度的一些隐修者，裸体做哲学思考。
他们还是地上之城的公民，只是禁欲不生⑩。但除非他们依照对至
善——上帝——的信仰，否则没有什么好的。不过，大洪水之前找不
到人这么做。从亚当算起的第七代以诺，经上说他移到了天上。他
没有死，在移走之前还生儿育女。他们当中有玛土撒拉，他所传承的
世系史书有载。

20.2　如果该隐一系到大洪水就该完了，如果那时候人们到达
青春期并不特别晚，一百岁或稍多点就可以生育，那么，为什么这一
系的后裔中所记载的特别少呢？如果这卷书的作者没有想到谁，需
要他必须梳理其世系，就像从塞特的后代到达挪亚，再从挪亚依次梳
理那样，那么，他为什么要记述该隐世系的每个长子，直到拉麦的儿
子结束这一系？从亚当算，这是第八代，从该隐算是第七代。他好像
从那时候起还要往后梳理，直到形成以色列民族（在以色列民族中，
地上的耶路撒冷象征和预言了天上之城），再到基督。"按肉体说，基
督也是从他们出来的，他是在万有之上，永远可称颂的神。"⑩他是天

---

⑩　《路加福音》，20∶34。和合本为："这世界的人，有娶有嫁。"

⑩　参考奥古斯丁，《论异端》，25，31。

⑩　参见本书 14∶17。

⑩　《罗马书》，9∶5。

上的耶路撒冷的缔造者和统帅。但是该隐一系到大洪水就被整个摧毁了呀？也许可以认为，对这一世系的记述都是按照长子的。那为什么这么少呢？到大洪水之前，如果这一系的祖先不是在一百多岁青春期之前都没有生育（那就要假定，和他们的长寿成比例，他们的青春期来得很晚），他们不会只有这些人。如果每人都是三十岁开始生子，那么八个三十（从亚当算起，到拉麦的儿子，正好八代），就是二百四十年。从这时再到大洪水，那么长的时间里会没有生育？是什么原因，使此处的作者不愿意记述这些相续的世代？按照我们的圣经，从亚当到大洪水是两千二百六十二年；按照希伯来文的，是一千六百五十六年。如果我们相信小的数字更真实，从一千六百五十六年中减去二百四十年，就是一千四百多年。大洪水之前这么长时间里，该隐一系会没什么传承，这怎么能让人相信？

20.3　而谁要是因此而迷惑，就要记起来，当我谈到怎样相信古代人那么大年纪了才能停止生育时，我给出了两个方案解决这个问题。要么与他们的长寿成比例，青春期也来得迟，要么各代所记载的儿子不是长子，而是一直延续到圣经作者要追溯其世系的人那里，比如塞特一系的挪亚。而在该隐一系，没有谁是作者特别要说的，作者也就不必特别略去长子，为某个人而记叙他前面的谱系。要是理解为青春期来得晚，人们过了一百多岁才达到能生育的青春期，作者依次记述各辈的长子，还是可以在这么多年里梳理到大洪水的时候。也有可能，因为我所不知道的更隐秘的原因，就这个城而言（即我们说的地上之城），圣经作者只记叙到拉麦和他的儿子，虽然到大洪水可能还有，但是他却不记载了。有可能是另外一个原因使他不记载每个世代的长子，这也让我们不必认为那时候人们青春期来得晚，即，该隐以他的儿子以诺的名字建立的这个城，可以长久而辽阔地统治，同一时间不会有很多王，而是只有一个终身为王，随后让自己的儿子世袭王位。最开始的王就该是该隐自己，第二个是他的儿子以诺，统治以自己命名而建的城；第三个是以诺的儿子以拿；第四个是以拿的儿子米户雅利；第五个是米户雅利的儿子玛土撒拉；第六个是玛土撒拉的儿子拉麦，这是从亚当以来该隐一系的第七代[10]。这并不意味着，国王的长子就继承其父亲的统治，而是依据是否有王者之德，看是否对地上之城有用，或根据抽签，或看谁最得到父王的偏爱，可能继承父业，施政为王。可能到大洪水时，拉麦还活着做王。洪水找到了他和别的所有人，都淹死了，只有方舟中的几个没有死。在亚当到大洪水之间那么漫长的年月里，该隐一系有七代，而塞特一系有十代。如果考虑到人们的年寿不同，这就没什么奇怪的。我所说的七代，是从亚当算到拉麦，十代是到挪亚。拉麦不像他的先辈那样，只记载了一个儿子，而是很多。因为，如果在他到大洪水之间还有一代王，还无法确定拉麦死后谁来继承。

20.4　而该隐一系要么按照长子，要么按照国王计算世系，在我看来都不该忽视这么一点，即，拉麦是亚当以来的第七代，再加上三个儿子和一个女儿，那他的子孙足以凑够十一之数，而这象征着罪。他们的妻子应该有别的象征，而不是我现在所提的。我现在在谈世系。这些女人生自哪里，圣经没有说。十是律法的数字，可以在"十诫"里面看出。而十一超出了十，象征了罪是对律法的僭越。这在帐幕上就得了见证。上帝的选民一路迁徙，用移动的神殿，用十一幅山羊毛的幔子覆盖[11]。而山羊毛有罪的含义，因为山羊被安置在左边[12]。而我们在告解时，也要身披山羊毛。《诗篇》里面

---

[10] 《创世记》，4:17—18。

[11] 《出埃及记》，26:7。

[12] 《马太福音》，25:33。

写到这一点时说："在我母胎的时候，就有了罪。"⑬从亚当开始的该隐一系，正好完成了这邪恶的十一，象征着罪。这个数字由一个女人完成，罪就是因为一个女人开始的，使得所有人都要死。这罪是肉身的淫欲，是对灵性的反抗。而拉麦的女儿的名字拿玛的意思就是"淫欲"。塞特的一系，从亚当算起，到挪亚是十代，这是律法的数字。再加上挪亚的三个儿子。但其中一个堕落了，另外两个得到父亲的祝福。把那个有罪的去掉，加上两个被赞许的儿子，就得到了数字十二。这是长老和使徒的吉数。七的两个因子相乘得十二，因为三乘四和四乘三都是十二。我看到，这就是如此考虑和记载两个世系的原因。两个世系就是两个城，一个是地上的，另一个是重生的。两个城后来以各种方式混杂掺合，到大洪水时，除了八个人，整个人类都应该毁灭。

21. 为什么在提到该隐的儿子以诺后，一直记叙了他到大洪水之前的整个世系，而在提到塞特的儿子以挪士后，却又回头讲人类最初的创造

我们首先要想，为什么在讲到该隐的世系时，作者先是谈到其所有后代中的第一个，也就是以他命名城邦的以诺，然后依次记叙，直到我所说的最后，即大洪水把整个人类，包括这整个世系毁灭的时候；而对于塞特的儿子以挪士，在提了他之后，作者并没有一直记叙他的家族到大洪水，而是插入下面的话说："亚当的后代记在下面。当神造人的日子，是照着自己的样式造的。并且造男造女。在他们被造的日子，神赐福给他们，称他们为人（亚当）。"⑭在我看来，作者插

---

⑬ 《诗篇》，51:5。
⑭ 《创世记》，5:1—2。

入这句话，是为了回到亚当开始纪年。但他在写地上之城的时候不愿这样做，因为上帝只是提到了她，但并未将她算数。作者在记叙了塞特的儿子，也就是希望呼唤主上帝之名的人以后，回头重写造人，难道这不是因为他想这样处理两个城：一个由杀人始由杀人终（拉麦向他的两个妻子承认自己杀了人[115]），另外一个，则是从希望呼唤主上帝之名的人开始？上帝之城是此世的过客，他们在必朽之生中全部和最高的使命，就是呼唤上帝之名，这通过一个人展现下来，那就是被杀者复活后生的儿子[116]。这个人象征着上界之城的统一，这统一尚未完成，但是这预言式的应许里预兆了以后的统一。让该隐之子，也就是"得"之子（他要得的，不过是地上之物）在地上之城里留名吧，因为地上之城就是用他的名建的。正是因此，《诗篇》里才就此唱道："他们以自己的名，称自己的地。"[117]《诗篇》里另外一处还就此写道："主啊，在你的城里，你必轻看他们的影像如无物。"[118]让塞特的儿子，也就是复活之子，希望呼唤主上帝之名吧；这象征了一种人的团契，《诗篇》里就此说道："至于我，就像神殿中的青橄榄树。我永永远远倚靠神的慈爱。"[119]让他不要追求在地上的虚妄和光荣；"那把自己的希望寄托在主的名里，不理会狂傲和偏向虚假之辈的，这人便为有福"[120]。这就是两个城的特点，一个在于这尘世之物，一个在于对上帝的希望。她们都是从亚当打开的那个必朽之门起步的，都会朝着自己应有的目标行进攀升。从此开始年代的计算；重新回到亚

---

[115] 《创世记》，4:23。

[116] ［译按］塞特的名字是"复活"的意思，所以他象征了被杀的亚伯的复活，参见 15:17—18。

[117] 《诗篇》，49:11。

[118] 《诗篇》，73:20。

[119] 《诗篇》，52:8。

[120] 《诗篇》，40:4，和合本译为："那倚靠主，不理会狂傲和偏向虚假之辈的，这人便为有福。"

当,开始一代代延续。从这被谴责的根苗,上帝好像从一团应该被谴责的大块中制造,一个是"可怒预备遭毁灭的器皿",另外一个是"蒙怜悯早预备得荣耀的器皿"⑫。他赐予前者应有的责罚,赏给后者并不应得的恩典;在与可怒的器皿的比较中,作为地上过客的上界之城学到,不能信任自己的自由抉择,而是希望呼唤主上帝的名。自然因为是好的上帝制造的而是好的,但她是可变的,而上帝是不变的,她是无中生有而成的,这自然中的意志会由好变坏,取决于它的自由抉择。也可以由坏变好,但这必须依靠神的佑助。

22. 上帝的儿子们陷入对地上女子的爱而堕落,除了八个人外,都该被大洪水消灭

人类靠着意志的自由抉择繁衍增长,相互混居,邪风所及,两个城也无法分清。这坏事还是来自女性;不过这次和最开始的堕落不同,不是女人受了谎言的诱惑,然后劝服男人犯罪。而是从一开始,在地上之城,也就是在地上之人的团契,道德就有亏缺。而上帝之子,那些上帝之城的公民,只是此世的过客,却因为地上之城的女人的美丽身体而爱上她们⑫。身体的美丽当然是上帝赐予的好的礼物;但是上帝也会把这礼物慷慨送给坏人,以免好人把这当成很大的好。上帝之子抛弃了只有好人才特有的更大的好,陷入了微不足道的好,这不是好人特有的,而是好人和坏人都有的;于是,上帝之子陷入了对人之女的爱,娶她们为妻,于是他们转向地上团契的风俗,抛弃了他们在神圣团契中保持的虔敬。身体的美丽是上帝造的,但是是尘

⑫《罗马书》,9:22—23。
⑫《创世记》,6:1。

世的、肉体的、低下的好，而上帝是永恒、内在、长久的好。如果爱身体的美胜过爱上帝的好，就是坏的，如同贪婪的人为了爱金子而抛弃正义。金子本无罪，但是人有罪。每个被造物都是这样的。虽然这是好的，但对它的爱可以好，也可以坏；遵循秩序就是好，搅扰秩序就是坏。我用一首赞美蜡烛的诗歌简洁地说明这些⑬："这是你的赐予，所以是好的，因为好的你创造了这些。除了我们因爱而犯的罪，什么都不来自我们；我们犯了罪，就忽视了你的秩序，把你所造的，放在你的上面。"如果我们真的爱造物主，即只爱他自己，而不像爱他那样爱任何不是他的事物，那就不会爱得不对。这爱本身就是对秩序的爱，爱其所爱就是好的，正如我们按照自己的德性生活就会活得好。在我看来，对德性的简明而真正的定义就是：爱而有序；因此，在神圣的《雅歌》里，基督的新娘（也就是上帝之城）唱道："让爱在我这里井然成序。"⑭这里的爱（*caritas*），包括喜爱（*dilectio*）和爱慕（*amor*）⑮。上帝之子忽视了上帝，喜爱人之女，搅扰了秩序。我们本来可以从这名字当中明确分出两个城。在自然上，上帝之子并非不是人之子；但是他们因为恩典而开始有另外的名。在谈到上帝之子喜爱人之女的同一卷圣经里，甚至也把他们说成上帝的天使⑯。很多人认为这指的不是人，而是天使。

---

⑬ ［译按］此处有版本是"*in laude quidam Creatoris breviter versibus dixit*"，可译为"有人用赞美造物主的诗句简洁地说出了这一点"，似乎更通一些，因为诗句里并没有谈到蜡烛。但现在的版本都不采用这种读法，存疑。

⑭ 《雅歌》，2：4（七十士本）。

⑮ 参考奥古斯丁，《基督教教义》，1：28。

⑯ 《创世记》，6：2。

23. 天使是精神实体，是否该相信，他们会陷入对美女的爱，缔结婚姻，从而生出巨人

23.1 我记得，在本书的卷三，我们留下了一个问题没有回答。现在就回到这个问题：天使是精灵，那么他们是否可能与女子的身体交媾？⑫ 经上说："以精神为使者。"⑱指的是，上帝把精神性的自然当作自己的使者，分给他们以报信的职责。这在希腊文里是 ἄγγελος，到了拉丁文里就变成了 *angelus*，在拉丁文里也可以译为 *nuntius*（信使）。圣经里继续说："以火焰为仆役。"⑲我们不清楚，这指的是他们的身体，还是说，上帝的臣佐应该充满爱，就如同一团精神之火。而天使出现时，也有人一样的身体，不仅可以看，而且可以摸，无比真实的圣经可以作证⑳。很多人要么从自己的经验，要么从那些其信仰不容怀疑的人的经验听来，都得到很多说法，说林妖土怪，即民间所谓"花柳怪"（*incubos*），经常对女人行淫亵之事，勾引她们，奸淫她们㉑；而那些高卢人称为 *dusios* 的鬼怪，也总是想做这肮脏的勾当，人们说过很多这样的事，看来要否认就莽撞了。我不敢断言说，以空气为身体的精灵（*spiritus*），（这种物质哪怕因为扇子的搅动，我们身体的感官都会觉察）是否会感到这种淫欲，从而能够以某种方式与女人交合，让女人也感觉到他们。但我会相信，那时候，上帝的圣天使无论如何不会滑入这种事。使徒彼得说："就是天使犯了罪，神也没有宽容，曾把他

---

⑫ 参见本书 3：5。

⑱ 《诗篇》，104：4，和合本译为："以风为使者。"此处虽然也是 *spiritus*，但与"灵性"所指不同，所以我们采用两种译法。

⑲ 《诗篇》，104：4。

⑳ 如《创世记》，19：1 以下；《士师记》，6：12 以下。

㉑ 参考本书 6：9.2 中对林妖的叙述。

们丢在地狱,交在黑暗坑中,等候审判。"[132]这不是针对他们的,而是更多针对那些最初背叛上帝、追随他们的头目魔鬼的天使。嫉妒的魔鬼通过蛇引诱女人,让初人堕落。上帝的选民也可以称为天使,圣经里证据比比皆是[133]。比如其中就这样写约翰:"看哪,我要差遣我的使者在你面前,预备道路。"[134]而先知马拉基也被称为天使,因为他得到某种特别的恩典。

23.2 我们读到,那所谓上帝的天使和他们所爱的女人生的,不是与我们同类的人,而是巨人,有人为此困惑。我前面说过,哪怕我们时代生的,也有人身体比我们的高大很多[135]。在数年前,哥特人毁灭罗马城前夕,不是有一个和她父母在一起的罗马女人,身高大大超过了所有别人,如同巨人?无论她到哪里,都有好奇围观的人。最奇怪的是,他的父母双亲都没有我们一般见到的最高的人高。可能最早是上帝的儿子,也就是所谓的上帝的天使,和人的女儿,也就是按照人生活的人的女儿,结合,生出了巨人,也就是塞特的儿子和该隐的女儿结合。圣经中谈到了这点,在我们读到这些事的那卷书里,有这些文字:"当人在世上多起来,又生女儿的时候,神的天使们看见人的女子好,就随意挑选,娶来为妻。主说,人既属乎肉身,我的灵就不永远住在他里面。然而他的日子还可到一百二十年。那时候有巨人在地上,后来神的儿子们和人的女子们交合,为自己生子,那就是上

---

[132]《彼得后书》,2:4。

[133] 德尔图良也有类似的观察,见德尔图良《驳犹太人》,2:9。

[134]《马可福音》,1:2;《马拉基书》,3:1。

[135] 见本书15:9。

古有名的巨人。"⑬这卷圣经里的文字足以表明,在那些日子,地上就有了巨人。那时,上帝之子娶人的女儿为妻,因为爱她们的好,就是美貌。按照圣经的习惯,身体的美也称为"好"(bonos)⑬。他们结合之后,也有巨人出生。于是经上说:"那时候有巨人在地上,后来神的儿子们和人的女子们交合。"可见在那时候之前和之后都有巨人。说他们"为自己生子",足以表明,在上帝的儿子堕落之前,他们起先是为上帝生子,而不是为自己,即,想交媾的淫欲尚未在他们身上称霸,这淫欲还只是奴仆,服务于繁衍的职责;他们不是为了自己微不足道的家庭,而是为了上帝之城的公民,就像上帝的天使对他们宣布的,要把希望寄托在上帝那里⑬。这就像塞特生的儿子一样,是复活之子,希望呼唤主上帝的名;在这希望中,他们和后代一同成为永恒之好的继承者,与他们的儿子都是上帝圣父之下的兄弟⑬。

23.3　他们不像一些人认为的那样,是上帝的天使,不是人。他们无疑就是人,圣经里明白无误地这么说了。经上先是说:"神的天使们看见人的女子好,就随意挑选,娶来为妻。"随后紧接着说:"主说,人既属乎肉身,我的灵就不永远住在他里面。"上帝的灵造了上帝的天使,上帝的儿子,不过,人降到更低处,因其自然而称为人,不是因为恩典。这里说,他们属乎肉身,他们抛弃了灵性,在抛弃的同时,自己也被抛弃了。而在七十士本里,翻译者同时有"上帝的天使"和"上帝的儿子"的说法;但不是每个版本都一样,有些只有"上帝的儿

---

⑬《创世记》,6:1—4,和合本"天使"作"儿子","好"作"美貌","肉身"作"血气","巨人"作"伟人","为自己生子"作"生子","上古有名的巨人"作"上古英武有名的人"。[译按]拉克唐修在《神圣原理》,2:15 中说,这是指天使与女人交媾的传说。有很多古代作者是这样认为的。

⑬ [译按]七十士本圣经此处的希腊文为 καλαι。

⑬《诗篇》,78:7"好叫他们仰望神"。

⑬ [译按]即,虽然那些是他们的儿子,但在上帝这共同的父面前,他们彼此都是兄弟。

子"。犹太人认为阿奎拉（*Aquila*）⑭的翻译无出其右。他既不译为
"上帝的天使"，也不是"上帝的儿子"，而是译为"诸神的儿子"。两种译
法都对。他们是上帝的儿子，而在这个圣父之下，他们和自己的父亲也
是兄弟；他们因为是诸神生的，就是诸神的儿子，而且他们一样也是诸
神，正如《诗篇》里面说的："我曾说，你们是神，都是至高者的儿子。"⑭
我们要相信，七十士本的译者接受了先知的灵，基于先知们的权威，
如果他们有所改变，使所翻译的和原文不同了，那么无疑这也是按照
神意在说。这里在希伯来文本中有歧义，"上帝的儿子"和"诸神的儿
子"的译法都对。

23.4 我不谈圣经中所谓"次经"里的故事，因为连犹太族长都不
清楚它们的来源。而真正圣经的权威从族长们开始，沿着极为清晰明
确的线索，一直传承到我们。这些次经中还是有些真理，但是因为其中
包含的很多虚假之处，经文没有权威。我们不能否认，亚当以来的第七
代，即以诺，因为某种神示有所著述，这在使徒犹大的书信里提到过⑭。
希伯来人祭司谨慎地把圣经放在神殿中，世代相承，其中没有包括这
些，不是没有原因的。正是因为它们太古老，所以人们怀疑是否真实，
而且也无法确定这些究竟是否以诺的著作。我们也没有发现，那些世
代传承保存经典的人们曾拿出来这些书。所以，明智的人们会不相信
这些是那所谓的作者写的，怀疑其中包含的神话，即巨人们没有人间的
父亲。正如异端曾拿出很多号称是别的先知写的别的著作，近来还有
使徒名下的著作，这些著作经过权威的仔细检验后，就被排除出圣经，

---

⑭ 阿奎拉（又见 18:43），据说是罗马皇帝哈德良的姻亲，因为实行星象学而被逐出基督教
  会。他后来成为犹太教徒，并于 140 年左右翻译了旧约的一个希腊文译本，严格按照字面
  翻译。据说他把那些预兆基督来临的段落都弱化了。罗马皇帝查士丁尼很赞赏他的译
  本。

⑭ 《诗篇》，82:6。

⑭ 《犹大书》，1:14。

都被称为次经。于是，按照希伯来和基督徒的圣经，在大洪水之前有很
多巨人是无疑的，而且他们是人类地上团契中的公民。而上帝之子，即
按照肉身由塞特繁衍的人，抛弃了正义之后就陷入了这团契当中。他
们会生出这样的巨人，没什么奇怪的。虽然不是所有人都是巨人，但那
时候确实比大洪水以后的时代有更多巨人。造物主喜欢创造他们，为
的是表明，不仅身体的美丽，甚至身体的块头和强壮，都不是智慧者应
该太看重的。因为他们会被赐给灵性的、不朽的好，比这些好得多，也
坚实得多，那些不是好人坏人共有，而是好人特有的赐福。另一位先知
的话提醒我们："在远古时代，这里诞生了著名的巨人族，这是一个强大
的民族，能征惯战。然而上帝并没有选择他们作自己的人民，也没有向
他们指出知识之路。他们死绝了，因为他们既没有理解力，也没有洞
察力。"[⑬]

24. 上帝说那些被洪水毁灭的人："他的日子还可到一百二十年。"这如何理解

上帝说："他的日子还可到一百二十年。"[⑭]我们不能认为，这是预
言此后人们活得不能超过一百二十岁。我们在大洪水之后还看到，
有人活过五百年；但应该这么理解上帝说的话：挪亚当时已在五百岁
左右，也就是四百八十岁了（圣经里习惯用整数来概括接近的数字，
就说五百岁），在挪亚六百岁的那年的二月，爆发了大洪水[⑮]；这就是
预言即将毁灭的人们还会活一百二十年，到时候就被洪水毁灭。我
们有理由相信，在洪水发生时，地上找不到一个人不该遭受死亡的责

---

⑬《巴录书》，3：26—28，用张久宣《圣经后典》译文。

⑭《创世记》，6：3。

⑮《创世记》，7：11。

罚，因为这是对他们的不敬的回报。当然，这样的死影响不到好人，不过好人最终总是要死的，他们死后，就会受到影响了⑯。圣经中记载的，塞特的子孙，都没有在洪水中死去。其中这样讲洪水的原因："主见人在地上罪恶很大，终日所思想的尽都是恶。主就后悔造人在地上，心中忧伤。主说，我要将所造的人和走兽，并昆虫，以及空中的飞鸟，都从地上除灭，因为我造他们后悔了。"⑰

25. 上帝发怒时不会用怒火搅扰不可变的平静

上帝之怒并不是他的心灵受到搅扰，而是一种裁判，是纠正罪的责罚。他的一思再思，是针对变化之物的不变的理性。上帝并不会像人那样忏悔，因为他的想法是固定的，对万事万物都有确定的前知。但是如果圣经不用这些词，所有人类都无法明白，而圣经希望给人类建议，从而让骄傲者害怕，让无知者警醒，让追寻者有所收获，让思考者得到滋养。如果他不首先屈尊下顾，混同于堕落之人的说法，就不能做到这些。于是圣经预言了地上一切野兽和飞禽的毁灭，这象征了未来的毁灭之巨大，那些非理性动物也好像犯了罪一样，要遭受毁灭的威胁⑱。

26. 上帝命令挪亚制造方舟，在各方面都象征了基督和教会

26.1 挪亚确实是个义人，经上的确这么说了："在当时的世代

---

⑯ ［译按］奥古斯丁在此处强调，所有人都是有罪的，都要受死亡的惩罚，包括那些没有死于洪水的。他们虽然没有死于洪水，但最终还是会死的。

⑰ 《创世记》，6：5—7。

⑱ ［译按］奥古斯丁认为，自由意志是罪的根源，因此，没有理性心灵的造物，也就没有自由意志，因而不可能有罪。

是个完全人。"⑭这并不是说,他像上帝之城里的公民那样,是不朽的完全人,就和天使一样⑮,而是说,他在地上这羁旅中,是尽其可能的完全的。上帝命令他打造方舟,他和他的家人,包括他的妻子、儿子、儿媳,还有动物到里面去,它们按照上帝的诫命,走进了方舟里⑯,于是躲过了洪水的灾难。无疑,方舟象征了此世的羁旅中的上帝之城,就是教会,是通过一棵树的解救,那上面悬挂着神和人中间的中保,"乃是降世为人的基督耶稣"⑰。它的长、宽、高的尺度象征了人的身体,宣告了,基督将在真实的身体中,来到人们当中,他真的来了。人体从头顶到足底的长度,是从一边到另一边的宽度的六倍,也是从后背到肚子的厚度的十倍。换言之,如果你让一个人躺着或趴着,然后测量,他从头到脚的长度是从左到右或从右到左的宽度的六倍,也是他在地上的高度的十倍。而所造的方舟的长度是三百肘,宽度是五十肘,高度是三十肘。边上有个门,正好是耶稣被钉时肋下被矛刺破的伤口⑱;这正是要进入他的必经之门,因为从那伤口流出的,正是洗涤信仰者的圣事。上帝命令使用方木,这象征了圣徒生命的坚强;无论你把方木朝哪里转,它都是稳固的。建造方舟所提到的别的细节,都是教会之事的象征。

26.2 要谈这个问题会花很多篇幅。我在驳摩尼教的福斯图斯的书中已经写到它了⑲。福斯图斯否认在希伯来圣经里有关于基督的先知预言。也许有人能比我和任何别人都更恰当地解释此事。但其中所说的都要指向上帝之城在洪水一般邪恶的此世的羁旅,否则

---

⑭ 《创世记》,6:9。

⑮ 《路加福音》,20:36。

⑯ 《创世记》,6:14—21。

⑰ 《提摩太前书》,2:5。

⑱ 《约翰福音》,19:34。

⑲ 奥古斯丁,《驳福斯图斯》,12:14。

诠释者就会与作者的意思相差太远。比如，经上说："你要给方舟造最下层、第二层，和第三层。"[155]我在那本书里说（也许有人不同意我说的）[156]，这应该被理解为，教会由万国的人组成，我在书中说，二层象征两类人，包括行割礼的和不行割礼的，使徒用另外的方式，把这说成是犹太人和希腊人[157]；三层，是指大洪水之后的万国都来自挪亚的三个儿子。如果有人反对我的说法，有别的讲法，也必须遵循信仰的规则。上帝并不想让方舟只有最下层，而且还要有较高层（即所说的二层）和最高层（即所谓的三层）。于是，从最底下开始，共叠起三层居所。这可以被理解为使徒所说的三德：信、望、爱[158]；也可以更恰当地理解为福音书里所说的三层收获："有三十倍的，有六十倍的，有一百倍的。"[159]最下面一层指的是贞洁的妻子，上面是寡妇，再上面是处女。按照对这个城的信仰，还可以理解和说出更好的解释。虽然并不只有一种解释，但对于所有别的解释，我都要说，它们必须和唯一的大公信仰契合。

27. 对于方舟和大洪水，完全否定比喻意义，只接受历史真实的人，和完全否定历史事实，只承认象征意义的人，都是不对的

27.1　谁也不能认为，这个故事这么写是无目的的，把这些当成毫无比喻意义的真实历史；也不能相反，认为根本就没有这回事，而完全是象征性的文字；也不能认为，不论怎么样，这都完全与对教会的预

[155]《创世记》，6：16，和合本译作："方舟要分上、中、下三层。"

[156] 奥古斯丁，《驳福斯图斯》，12：16。

[157]《罗马书》，3：9。

[158]《哥林多前书》，13：13。

[159]《马太福音》，13：8，和合本为："有一百倍的，有六十倍的，有三十倍的。"这顺序与希腊文新约一致，而奥古斯丁的顺序和拉丁文本的顺序一致。

言无关。除了头脑下流的人，谁会这么荒谬地看待这样写出的书？人们如此虔敬地把它保存上千年，其护卫者如此小心谨慎地代代流传，难道只是为了保存下故事来？且不说别的，是因为动物数目众多，挪亚才把方舟做得那么大。他本来可以把所有动物带同样的数目的，但为什么把不洁净的动物带一对，洁净的带七对到方舟里？⑩上帝确实是为了这样能保存它们的种，但难道他不能像当初创造一样，再创造一遍吗？

27.2　那些认为这不是史实而只是预言未来的象征的人，首先以为不可能有这么大的洪水，使得大水比最高的山都高出十五肘，而他们说，在奥林匹斯山顶，白云都聚不起来，因为山顶高插天空，施云布雨的稠密空气都没有。但他们没看到，在所有物质中，密度最大的是土地，却能在那里存在。难道他们能否认山顶上有土吗？为什么他们说，在那么高的天上可以有土，却不能有水？那些测量和称量各元素的人说，水比土可以升得高、重量轻。他们能给出什么原因，说更重、更低的土虽有这么多年的变化，却一直插入如此稀薄的天空，而更轻、更高的水，却不能在这么短的时间里到这高处去？

27.3　还有人说，方舟不可能装下雌雄各种动物，不洁净的一对，洁净的七对。在我看来，他们只计算那方舟是三百肘长、五十肘宽，却没有想，方舟还有中层也是这么大，最上层也是这么大。这两个长度的三倍就是九百和一百五十。奥利金曾经令人信服地谈过⑯，既然经上说，上帝的选民"摩西学了埃及人一切的学问，说话行事，都有才能"⑰，而埃及人是喜欢几何学的，所以他指的是几何学的肘，一个单位相当于我们的六个，谁看不出，无论多少东西，这么大的方舟

⑩《创世记》，7：2。奥古斯丁，《驳福斯图斯》，12：38。

⑯ 奥利金，《关于〈创世记〉的布道》，2。

⑰《使徒行传》，7：22。

不就能装下了吗？有人争辩说，如此巨大的方舟无法建造起来，这简直是最愚蠢的中伤。他们知道那时的人都可以建造大城，却不注意人们花了一百年来造方舟。既然石头和石头可以用石灰垒起来，筑成几哩长的圆墙，他们难道就不可以用榫、钉、树胶把木头和木头拼起来，建造起没有弧度，而是长宽都是笔直的方舟？这方舟不必用人力推下海，而只须在洪水来时，靠自然的重量对比浮起来，指引它航行的，更多是神意，而不是人的明智，因此它在哪里也不会出事。

27.4 最愚蠢的人还会问一个问题，是关于最小的动物的。那里不仅有老鼠和蜥蜴，而且还有蝗虫、甲虫、苍蝇，和跳蚤，这些动物的数目，会不会比上帝下命令时指定的数目多呢？我们要提醒那些被这个问题困扰的人，上帝说"地上的昆虫"，那就是没必要保存水里生活的，不仅包括潜在水里的，比如鱼，也包括在水面上游泳的，比如很多鸟。上帝又说"一公一母"，这应该理解为意在恢复物种；那么，那些不需要交配，而会在别的东西或腐烂的事物中出生的，就不必保存了。如果有些动物在方舟里就有，就像家里有一样，那就不用给出固定的数目了；也许这象征了一个最神圣的秘密，而这样一个重大的真理，如果不用所有不能靠自己的自然在水里生存的动物都有确定的数目来象征，就不能实现。那么，这就不是一个人或几个人的事，而是神的事。挪亚并没有抓来每个动物放进方舟，而是动物来了，他就让它们进去了。所以上帝说它们"要到你那里"⑯。这并不是人的作为，而是上帝的允准。既然如此，我们就不认为，其中包括无性的动物。因为上帝的诫命明确说了："一公一母。"有些动物，比如苍蝇，本来是不必交配来繁殖的，但是后来又靠交配繁殖；有些动物就没有

---

⑯《创世记》，6：20。

公母之分，比如蜜蜂⑯。还有的动物有性别，但是不生育，比如公骡子和母骡子。骡子若是在那里，就真是奇怪了。只要它们的父母（即马和驴）在就够了；别的靠不同物种杂交生育的也是如此。但是如果它们和这个秘密相关，它们也会在。因为它们也有公有母。

27.5 颇有些人会疑惑，有些动物是只吃肉的，除去固定的数目之外，它们若是另外抓一些动物作食物，这是否算违反了命令？或者，我们是否更该相信，除肉之外，会有别的某种事物，可以满足所有动物？我们知道，很多肉食动物可以吃粮食和瓜果，特别是无花果和栗子。如果这么一个智慧和正义的人，而且还是在神的命令下，把动物们聚集起来，因为没有肉食，只能给它们储备和提供别的食物，这有什么奇怪的呢？饥饿的时候，什么不能吃呢？难道上帝不能把一切都变得甘美和健康吗？就是在没有食物的时候，上帝也能给与神助，让动物们活下来。而它们在方舟里的饮食，也是这个如此神秘的象征的完成所必需的。除非过于好辩，没有人能认为，这些故事中的象征，不是预示了教会。万国之人充斥了教会，包括洁净的与不洁净的，直至到达那个确定的终点，组合为一。这一个的含义极为清楚，另外的那些虽然语义模糊，难以确知，但说有类似的含义，无疑也是合乎神法的。既然如此，只要不过于荒唐或固执地思考，就不会认为这故事毫无寓意，也不会认为所说的只有寓意，而不是事实，不会认为所说的可能不是象征了教会。更可信的是，如此记下上帝的命令，并笔之于书，是智慧的，这既是事实，也是对教会的一种象征。谈清了这个问题，这卷书就该结束了，后面需要再讲两个城的历程，即按照人生活的地上之城和按照上帝生活的天上之城，在大洪水之后的时代中，又发生了什么。

---

⑯ 参考奥古斯丁，《论摩尼教的道德》，63；《驳福斯图斯》，8。

上帝之城卷十六

[本卷提要]按照奥古斯丁在本卷结尾处的分期,这一卷描述了人类历史的两个阶段,即从挪亚到亚伯拉罕的儿童期和从亚伯拉罕到大卫的青春期,其中重点是亚伯拉罕。第十一章以前(与PL本提要中的分法略有不同),描述挪亚到亚伯拉罕之间的历史,强调他的三个儿子分别代表了基督徒、异教徒和异端;从第十二章到第四十二章,集中于亚伯拉罕、以撒和雅各,其核心问题是上帝对亚伯拉罕的应许。奥古斯丁同时强调亚伯拉罕是个完人,虽然他曾就撒拉撒谎,又曾多妻,但由于他对上帝的服从,这些都不重要了,因此以撒虽然看上去比亚伯拉罕更有德,但其实是靠了父亲的德性。至于摩西到大卫之间的事,仅用第四十三章一章简单概括。在这一卷里,奥古斯丁仍然贯彻了他的解经原则,即一方面强调旧约记载的是真实历史,并且上帝之城和世俗之城的斗争贯穿了这一历史,另一方面强调这些记载都具有象征意义,都指向了耶稣基督。他略过了一些与自己的主题不相关的段落,对一些明显与他的主旨矛盾的具体段落,则花

了很大力气解释，但还是颇为牵强①。

1. 大洪水以后，从挪亚到亚伯拉罕之间，是否能找到按照上帝生活的家庭

　　大洪水之后，神圣之城是一直继续，还是不时被不敬打断，因而有时候没有一个人是真正上帝的服侍者？我们在圣经里很难找到这个问题的明确答案。挪亚和他的妻子、三个儿子和三个儿媳妇因为德性，在方舟里得救，避免了大洪水的毁灭。在圣经里，从大洪水之后，直到亚伯拉罕，除了挪亚给他的两个儿子闪和雅弗赐福的预言外，我们找不到哪个人因为虔敬得到神的明确褒奖。而这预言，是因为他看到了遥远的将来。同样因此，当他的中子，也就是比长子小，比幼子长的那个，得罪了父亲，挪亚并没有诅咒这个儿子，而是诅咒中子的儿子，也就是自己的孙子，说："迦南当受咒诅，必给他弟兄作奴仆的奴仆。"②迦南是含所生的，含在父亲睡觉时没有给他盖被子，却说出他赤身裸体。因此，挪亚随后加给他的长子和幼子祝福说："主闪的神，是应当称颂的，愿迦南作闪的奴仆。愿神使雅弗扩张，使他住在闪的帐篷里。"③同样，挪亚自己的葡萄园、其中长出的果实、挪亚的酒醉、他的裸睡，还有经上写的别的事，都充满了预言的意义，掩盖在词语中④。

---

① ［PL 本提要］在本卷的前半部，也就是第一到第十二章，作者讨论了圣经中天上与地上两座城从挪亚到亚伯拉罕的历史；在本卷的后半部，他讨论了从亚伯拉罕到以色列诸王之间天上之城的历史。

② 《创世记》，9：25。

③ 《创世记》，9：26—27。

④ 参考奥古斯丁，《驳福斯图斯》，12：22 以下；《基督教教义》，3：21，45。

2. 挪亚给儿子的预言象征了什么

2.1　这些事情在后世都实现了,含义不明的,得到了足够的揭示。若是用心而仔细地思考,谁不知道这指的是基督呢? 基督在肉身上就生于闪的后裔,"闪"的意思就是"命名"。而今,基督之名到处芬芳,即使在他之前的《雅歌》里面,先知就把他的名与倒出来的香膏类比⑤,谁比他更有名呢? 在基督的居所,也就是教会里,可以装下万国的广阔疆土。"雅弗"的意思就是"广阔"。而"含"的意思是"热",他是挪亚的中子,和另外两个区分开,又待在他们中间。他既不是以色列初熟的果子,也不是万国丰富的收获,这象征着的,当然就是"狂热"的异端之国。他们不是因智慧的灵性而狂热,而是因不耐烦而狂热。他们胸中充满异端的燥热,搅扰了圣徒的平静。但他们还是有助于信仰的胜利,所以使徒说:"在你们中间不免有分门结党的事,好叫那些有经验的人,显明出来。"⑥经上还写:"有教之子以智慧,把愚拙者用为奴仆。"⑦因为很多属于大公教会的信仰的事,是异端不安的狂热所激发的,这样才能使教会抵制他们,能更用心地对待,更清楚地思考,更及时地决断。对方提出的问题成为一个传教的机会。说挪亚的中子不仅象征了极明确与教会分离的人,而且象征了那些在言辞上荣耀基督、生活上却下流卑鄙的人,一点也不荒谬。他们公开在讲基督的受难,私下却做坏事来诬蔑他,挪亚的裸体就象征了这一点。对此,经上写道:"所以凭着他们的果子,就可以认出他们

---

⑤ 《雅歌》,1:3。
⑥ 《哥林多前书》,11:19。
⑦ 《箴言》,10:4a(七十士本)。

来。"⑧挪亚通过含的儿子诅咒他，那是他自己结的果，也就是他的作品。所以，他的儿子迦南的名字，意思就是"他们的所动"。这不就是他的作品的意思吗？闪和雅弗分别代表了行割礼的和不行割礼的。使徒以另一种方式称呼他们：犹太人和希腊人⑨，不过他指的只是蒙召的和称义的。儿子知道了父亲的裸体，这象征着救世主的受难，"拿件衣服搭在肩上，倒退着进去，给他父亲盖上"。他们背着脸，不看他们所尊重的⑩。这象征了我们在纪念基督的受难时，荣耀他为我们做的事，却回避犹太人的恶行。衣服象征了圣事，睡觉象征了对前事的纪念。雅弗已经在闪的房里了，他们的坏兄弟就在他们中间⑪，教会礼敬耶稣的受难，当作已经发生的，而不是未来还没到来的。

2.2　而那个坏兄弟，通过他的儿子，也就是他的作品，成了仆人，也就是他的好兄弟的奴隶，也就是在磨炼耐心或践履智慧中，好有意利用了坏。正如使徒所见证的，有些人宣扬基督却未必出于纯洁的心；他说："或是假意，或是真心，无论怎样，基督究竟被传开了。"⑫挪亚种葡萄园，象征了基督亲自种植葡萄园，先知就此说："万能的主的葡萄园，就是以色列家。"⑬挪亚喝葡萄园酿的酒，下面的话可以理解为指他的酒杯："我将要喝的杯，你们能喝么？"⑭"我父啊，倘若可行，求你叫这杯离开我。"⑮这无疑象征了受难。或者，因为葡萄酒是葡萄园的出产，这也可能象征着，从葡萄园里，也就是从以色列

⑧《马太福音》，7：20。
⑨《哥林多前书》，1：22。
⑩《创世记》，9：23。
⑪《创世记》，9：27。
⑫《腓利比书》，1：18。
⑬《以赛亚书》，5：7。
⑭《马太福音》，20：22。
⑮《马太福音》，26：39。

民族里，长出了为我们受难的肉和血。"他喝了园中的酒便醉了"，这就是受难，所以"赤着身子"[16]。就是说他的软弱暴露了，即显现出来，使徒就此说："他因软弱被钉在十字架上。"[17]他又说："因神的愚拙总比人智慧。神的软弱总比人强壮。"[18]圣经上说他赤着身子时，还说"在帐篷里"。这巧妙地表明，基督将因本族血肉相连的同胞，即犹太人，而被钉惨死。邪恶的人只是无意中宣扬了基督的受难，只是讲了他的声音；他们并不理解自己所宣扬的。而在有德者的"内在之人"中，却有如此重大的神迹，在内心里荣耀上帝的软弱和愚拙，因为这比人强壮，比人智慧。这就是含出去宣扬父亲的裸体的象征意义。而闪和雅弗给他盖上，就是荣耀他，走进去，也就是把事情放进内心。

2.3 我们尽其所能解读了这段经文的神圣秘密，有时候更信服些，有时候不那么信服，但我们可以满怀信仰地肯定说，这里包含的对未来的事情的象征，只能指向基督和他的教会，即上帝之城；从人类的一开始，就不缺少这类象征，我们看到圣经里到处都是。从挪亚的两个受赐福的儿子与一个被诅咒的中子，一直到亚伯拉罕，一千多年中，经上都没有提有义人，也就是虔敬服侍上帝的人。我相信，这不是因为没有，而是因为，如果都记述了，就太冗长了，就成了精确的历史，而不再是先知的预言了。所以，圣经的作者，或者确切说是借圣经作者之手的圣灵，所热衷的，并不仅仅是记述史实，而且要预言与上帝之城相关的未来。因为圣经里凡是提到不是上帝之城的公民，提到时都是为了这个目的，让上帝之城在与地上之城的比较中获益或凸显出来。我们不能认为，所叙述的所有事情，都有象征意义；但是，那些没有象征意义的事，记录下来是服务于有象征意义的事

---

[16] 《创世记》，9：21。

[17] 《哥林多后书》，13：4。

[18] 《哥林多前书》，1：25。

的。正如犁地的仅仅是犁刃,但是要做到这点,犁上别的部分也是必要的;竖琴和别的乐器只需要弦来奏乐,但是为了能够奏乐,也需要组成乐器的其他部分,虽然奏乐者并不拨弄这部分,但是它们和需要拨弄而发声的部分是联在一起的。因此,在先知讲述的历史中,有些没有象征意义,但是联结成一个架子,好让有象征意义的部分挂在上面。

3. 挪亚的三个儿子的后裔

3.1　我们随后叙述挪亚的儿子的后裔。本书是为了揭示地上和天上两个城在时间中的发展,因此需要讲述这些。首先应该从他的小儿子雅弗开始讲。经上写出了他的八个儿子[19],他的两个儿子所生的七个孙子,一个生了三个,另一个生了四个;一共就是十五个。而挪亚的中子含的儿子有四个,其中一个儿子为他生了五个孙子,一个孙子又给生了两个曾孙;这样就一共是十一个[20]。这些数字说完后,圣经又把我们带回开头,说:"古实又生宁录,他为世上的巨人。他是与主上帝作对的勇武的巨人,所以俗语说,像宁录是个反对主上帝的猎户。他国的起头是巴比伦、以力、亚甲、甲尼,都在示拿地。他从那地出来往亚述去,建造尼尼微、利河伯、迦拉,和尼尼微、迦拉中间的利鲜,这就是那大城。"[21]古实是巨人宁录的父亲,是含的儿子中第一个得名的,而此前已经提到了他的五个儿子和两个孙子。那么,

---

[19]　[译按]按照今本圣经,雅弗共有七个儿子,但七十士本还有一个艾利沙(Ελισα),所以是八个。

[20]　《创世记》,10:6—7。

[21]　《创世记》,10:8—12。其中前两句和合本译为:"古实又生宁录,他为世上英雄之首。他在主面前是个英勇的猎户,所以俗语说,像宁录在主面前是个英勇的猎户。"

要么是在他的两个孙子出生后，这个巨人才出生，要么是，因为他的特别位置，圣经要专门谈他，这更可信些。据记载，他的王国的起头就是辉煌的巴比伦城，此外也提到了相联的城市和地区。而这里说他从"那地出来"（即示拿地，属于宁录的王国），到亚述去，建造尼尼微和别的相联的城，是很久以后的事。作者用这个机会谈到这些，是因为亚述王国极为辉煌，在伯鲁斯之子尼努斯[22]治下神奇地扩张，他就是尼尼微大城的创建者。这个城的名字就是从他的名字来的，即根据尼努斯而称尼尼微。而亚述人得名于亚述（Assur），我们发现，亚述不是挪亚的中子含的儿子，而是挪亚的长子闪的儿子。显然，闪的后代后来得到了巨人的王国，从那里扩张到别处去建立城池，其中第一个因为尼努斯而得名尼尼微。随后，记述又回到了含的另外一个儿子，名叫麦西。经上说麦西所生的不是一个个的人，而是七个民族。其中第六个，出于他的第六子，从其中分出了非利士人；这样就有了八个。随后记述转向迦南，就是含的受诅咒的儿子，提到了他的十一个儿子的名字。随后提到了他的疆界和他的一些城。这些儿孙的城算起来，一共提到了含的后裔的三十一个城。

3.2　随后记载了挪亚长子闪的儿子；对世系的叙述从小的开始，逐渐到了他这里。而在开始记载闪的儿子时，就有些模糊了，我们需要用例子来澄清这点，因为这和我们所探讨的主题非常相关。经上写道："雅弗的哥哥闪，生了儿子，是希伯子孙之祖。"[23]这里所说的顺序应该是：希伯出自闪，因为他自己，即闪自己，生了希伯，闪是希伯子孙之祖。那么，闪应该被理解为所记载的所有这些后裔的族长，这后裔包括他的儿子、孙子、曾孙，和以后的后代。闪并没有生希

㉒ 伯鲁斯，参见 12：12。关于尼努斯，参见本书 4：6。

㉓《创世记》，10：21，和合本为"雅弗的哥哥闪，是希伯子孙之祖，他也生了儿子"。

伯，而是希伯的五世祖。闪生的儿子中包括亚法撒，亚法撒生迦南，迦南生沙拉，沙拉生希伯㉔。在闪的后代所生的儿子中先提五代孙希伯，使他脱颖而出，没什么奇怪的，而是因为，传说中希伯来人的族名就以希伯命名为 Heberaeos；但也有别的意见，说他们的族名来自亚伯拉罕（Abraham），称为亚伯来人（Abrahaeos）；但是说希伯来来自希伯是没错的，后来去掉了一个字母，称为"Hebraeos"㉕。希伯来的语言只有以色列民族讲，这个民族暗示了圣徒们在羁旅中的上帝之城，这个城也在万民的圣事中暗示出来㉖。于是，经上先是列举了闪生的六个儿子，然后是其中一个所生的四个孙子，再后是闪的另外一个儿子生的孙子，随后是他所生的曾孙和以后的玄孙，即希伯。希伯生了两个儿子，其中一个叫法勒，就是"分"的意思。然后圣经解释了为什么取这个名字的理由："因为那时人就分地居住。"㉗这是什么意思，以后就明白了㉘。希伯的另外一个儿子生了十二个儿子；这时，闪的后裔共有二十七个。挪亚的三个儿子的后裔分别是，雅弗有十五个，含有三十一个，闪有二十七个，总共有七十三个。圣经随后说："这就是闪的子孙，各随他们的宗族、方言，所住的地土、邦国。"又说："这些都是挪亚三个儿子的宗族，各随他们的支派立国。洪水以后，

㉔ 这是七十士本的说法，中文和合本为，亚法撒生沙拉，沙拉生希伯。

㉕ 奥古斯丁在《回顾》，2:16 又谈到了这个问题。

㉖ ［译按］此处原文为 in quo Dei civitas et in sanctis peregrinata est, et in omnibus sacramento adumbrata，颇有歧义。Dods 本译为："在以色列人中有上帝之城，在整个民族当中得到了神奇的预示，在圣徒中得到了真正的实现。"这个译法漏掉了 peregrinata 这个重要的词，并且原文看不出"实现"的意思。服部英次郎的日译本基本依循这个译法，略加改进。Dyson 译为："上帝之城体现在这个民族中，体现在圣徒中，并且以隐秘和神奇的方式，体现在万民中。"这个译法把语法理解得较简单，更容易说通些，但把以色列、圣徒、万民并列，文意却很难讲通。我们现在提供了一个与这些都不同的理解，试图使文意更清晰些。但奥古斯丁究竟想表达什么意思，坦率说，我们仍然觉得是个谜。列出译者所见的几种处理方式，恳请方家指正。

㉗ 《创世记》，10:25。

㉘ 参见 16:10.1。

他们在地上分为邦国。"㉙这里说的七十三个（或者更确切说，是七十二个，后面会看到）是民族，不是个人。前面在提到雅弗的儿子时，圣经这样总结："这些人的后裔，将各国的地土、海岛，分开居住，各随各的方言、宗族立国。"㉚

3.3　如上面所述，在谈到含的儿子时，圣经更清楚地记载了各民族，如"麦西生路低人"。㉛另外的七个民族也是以同样的方式说的。在列举了所有这些之后，圣经总结说："这就是含的后裔，各随他们的宗族、方言，所住的地土、邦国。"㉜随后就不记载他们的很多儿子了，因为这些人生下来就属于某个民族，不再自己创建民族。另外，提到了雅弗的八个儿子，而只记载其中两个生了儿子；提到了含的四个儿子，只说其中三个生了儿子；提到了闪的六个儿子，只讲了其中两个的后代。这难道会是因为别的原因吗？难道别人就没有留下儿子吗？这无法让人相信；但是要记载的是民族，而这些人没有创建民族。因为他们生下来就属于别人创建的民族了。

4. 语言的区分和巴比伦的开端

在提到这些民族的语言之后，圣经作者回头讲述所有人只用一种语言的那个时代，然后继续讲道，当时的语言的区别是如何产生的。经上说："那时，天下人的口音、言语，都是一样。他们往东边迁移的时候，在示拿地遇见一片平原，就住在那里。他们彼此商量说：'来吧，我们要作砖，把砖烧透了。'他们就拿砖当石头，又拿石漆当灰

㉙《创世记》，10：31—32。
㉚《创世记》，10：5。
㉛《创世记》，10：13。
㉜《创世记》，10：20。

泥。他们说：‘来吧，我们要建造一座城和一座塔，塔顶通天，为要传扬我们的名，免得我们分散在全地上。’主降临，要看看世人所建造的城和塔。主说：‘看哪，他们成为一样的人民，都是一样的言语，如今既作起这事来，以后他们所要作的事，就没有会放弃的了。我们下去，在那里变乱他们的口音，使他们的言语彼此不通。’于是，主使他们从那里分散在全地上。他们就停工，不造那城了。因为主在那里变乱天下人的言语，使众人分散在全地上，所以它得名叫巴别（就是变乱的意思）。”㉝这个称为“变乱”的城就是巴比伦城，它的奇迹般的建造，很多民族的史家都提到了。巴比伦的意思就是变乱。我们可以猜想，她的建造者就是巨人宁录，前面已经简单提到了。圣经提到宁录时，说巴比伦是他的王国的开端，也就是别的众城之首，是国王居住的都会；不过这个城并没有像骄傲而不敬的建造者所想的那样完成㉞。那城极为高大，据说要通上天堂，也许是其中的一个塔这么高，是其中最重要的建筑物，也许是指全部的塔，用单数名词来指代，就像说单数的“士兵”(miles)，其实指成千的士兵(milia militum)。雾(rana)和蝗虫(locusta)也是一样。比如摩西用瘟疫惩罚埃及时，用了很多雾和蝗虫，就是用单数说的㉟。无论他们把城墙建得多高，怎样冒犯上帝，哪怕越过所有高山，哪怕穿越了那云雾缭绕的天空，人

㉝《创世记》，11：1—9，“就没有会放弃的了”和合本译为“就没有不成就的了”，“所以它得名”和合本作“那城名叫”。［译按］习惯上，我们把“巴别”当作塔的名字，把“巴比伦”当作城的名字。七十士本和哲罗姆本此处都是用的代词“所以它得名”，而没有说是城得名，还是塔得名。不过，因为七十士本用的是阴性代词，所以应该指的是城(πόλιϛ)，而不是阳性的塔(πύργοϛ)。这样，和合本的翻译和奥古斯丁此处的理解都说巴别是城的名字，应该是不错的。但即便巴别与巴比伦都是一个城的名字，它们也不是同义词。奥古斯丁这里以为“巴比伦”的意思也是变乱，应该是错的，因为圣经上明确说，“变乱”是“巴别”的意思。参考 16：3 及注。

㉞《创世记》，10：8。

㉟《出埃及记》，10：4—5。

类虚妄的幻想又能完成什么？无论他们的精神还是身体怎样膨胀，又怎能伤害上帝？只有谦卑才能建造通往天堂的真正康庄大道，那样就让心去亲近主，而不是反对主，像这个巨人一样，做了反对主的猎户㊱。颇有些翻译者因为希腊文的模糊而没有理解这意思，不翻译成"反对主"，而翻译成"在主面前"。ἐναντίον 既有"反对"的意思，也有"在面前"的意思。《诗篇》中在后者的意义上用这个词："在造我们的主面前跪下。"㊲《约伯记》中在前者的意义上用这个词："使你的意气反对主。"㊳我们应该在前一个意义上理解巨人"*venator contra deum*"（κυνηγός ἐναντίον κυρίου）。用这个词来形容猎户这样的名称，难道不是说他是地上生灵的欺骗者、压迫者、杀害者吗？他和自己的人民建起一座反对上帝的塔，这象征了他们骄傲的不敬。哪怕这种坏的情感没有成功，也应该被惩罚。那么他应该受怎样的惩罚？他用语言来称霸传令，那么就应该谴责他的骄傲，使这个不愿理解和遵从上帝的命令的人，自己的命令也不被理解。既然他的每个人都无法理解，那么这个密谋就解体了，因为每个人只和能够相互说话的人为伍，否则就要离开。因为语言分散，民族也布满大地，这是上帝所愿的，他做这事的方法是隐秘的，我们无法理解。

5. 主下界混淆建塔的人们的语言

经上写着："主降临，要看看世人所建造的城和塔。"㊴这不是上

㊱《创世记》，11：4。

㊲《诗篇》，95：6。

㊳《约伯记》，15：13，按七十士本。和合本译为："使你的灵反对神。"［译按］但这里用的不是 πνεῦμα（灵），而是 θυμός（意气），尽管二者在拉丁文中都可能译为 *spiritus*。

㊴《创世记》，11：5。

帝之子的团契，而是按照人生活的人的团契，也就是我们说的地上之城。上帝不会移动位置，随时随地都完全存在；而这里说降临，就是说他在地上做的一件事，是神奇的，超出了自然的常规，并以此种方式呈现给世人。不会说他在特定时间因看而知道了什么，因为他是无所不知的；但是作者说他在某个时间看到和知道了某事，其实是他使人们看到和知道这事。人们从来没有像上帝所揭示的那样看这个城，直到他展示出他是多么不喜欢她。或者，这可以理解为上帝降临此城，是因为他的天使们降临了，他就住在那些天使当中。经上随后说："主说，看哪，他们成为一样的人民，都是一样的言语"，等等，随后又说："下去，我们在那里变乱他们的口音。"⑩这个重复是解释前面说的那个"上帝降临"是如何完成的。如果他已经降临了，那为什么要说"下去，我们变乱"？我们理解，这是对天使说的。这么说当然是因为他通过天使降临，天使降临，他就好像降临了。所以这里不说"下去，你们变乱（confundite）"，而说"我们在那里变乱他们的口音"。这说明，他是通过他的宰辅们做这些的，而这些宰辅们也是上帝的同工，正如使徒说的："我们是与神同工的。"⑪

---

⑩ 《创世记》，11:5—7，[译按]和合本此处为"我们下去，在那里变乱他们的口音"。哲罗姆的拉丁版的原文是 venite igitur, descendamus et confundamus ibi lingwam eorum，其中第一个动词 venite 是祈使语气，而第二第三个动词 descendamus、confundamus 都是第一人称复数。这样，和合本的翻译是对的。但奥古斯丁的原文是 Venite, et descendentes confundamus ibi linguam eorum。他的第二个动词 descendentes 变成了分词，这样，就既可以理解为"你们下去，我们变乱他们的口音"，也可以理解为"我们下去，变乱他们的口音"。七十士本的语法也可以有这两种理解方式。但奥古斯丁有意把前两个动词都理解为对天使说的祈使句，第三个动词才是"让我们"这样的第一人称祈使形式，这样就符合他下面的理解。我们按照奥古斯丁的意思，调整了此处的翻译。

⑪ 《哥林多前书》，3:9。

6. 上帝对天使所说的话应该如何理解

6.1　在上帝造人时，我们可以把他的话理解为对天使说的："我们要造人。"而不是"我要造人"。[42] 但随后说"照着我们的形像"，要理解为按照天使的形像造人，就违背神法了，也不能理解为天使和上帝有共同的形像。要正确理解，这里的复数是三位一体。三个位格都属于一个上帝，所以说第一人称用"我们造"，第三人称用单数"神就照着自己的形像造人"[43]，不说"诸神造"，也不说"照着诸神的形像"。对于关于巴别塔的这一段，如果不能理解为对天使说，那可以理解为三位一体，圣父就是对圣子和圣灵说："下去，我们在那里变乱他们的口音。"天使更可能以神圣的运动走向上帝，这运动就是他们虔敬的思索，他们以此咨询不变的真理，那真理是他们至高的法庭上的永恒之法。天使们自己并不是真理，而是参与到真理的创世，可以向真理移动，即走向生命的源头[44]，得到他们自身所没有的。这运动是稳健的，只有前进，没有后退。上帝对天使说话，并不是像我们相互、对上帝、对天使，或者天使自己对我们，或者上帝通过天使们对我们那样，而是以他那无法言传的方式。但他要通过我们的方式向我们言说。上帝那更高超的言说在他的行动之前，是他的行动的不可变的道理，不会有蜿蜒流逝的声音，而是驻留永恒的力量，但也可以在时间中起作用。他以此对圣天使说话，但是对于我们这些离他更远的人，他用另外的方式。当我们用内在之耳把握了上帝的这些话，我们也接近了天使。在这本书里，我不必重复讲上帝之言的道理。不可变的真

㊷《创世记》，1：26。

㊸《创世记》，1：26—27。

㊹《诗篇》，36：9。

理要么以不可言传的方式,自己向理性的被造物讲话,要么通过可变的被造物讲话,要么通过灵性的形像向我们的灵讲话,要么通过物质的声音向我们的身体感觉讲话[45]。

6.2　经上说:"以后他们所要做的事,就没有会放弃的了(*Et nunc non deficient ex illis omnia*)。"[46]要正确理解此话,就不能把它当成肯定,而要当成问句,是表示威胁时常用的说法,比如有人就说:"他们还不快拿起武器,从全城各个角落出来?"[47]我们应该这样理解所说的意思:他们所要做的事,不就没有不会放弃的了吗? 但是如果像原来那么说,并没有表达出威胁的意思。对于智力迟钝的人,我加上了一点,即"不……吗"(*ne*),那么否定词"不"(*non*)就变成了"不是吗"(*nonne*),因为我们很难用文字表达出说话的口气。从这三个人,即挪亚的三个儿子,开始有了七十三个,或者按照后面的计算,更确切地说,七十二个民族和众多语言,大地上的人数迅速增加,甚至布满了海岛。而民族的数目增长比语言增长的速度更快。我们知道,在阿非利加的野蛮人中,很多民族只有一种语言。

7. 哪怕远离大陆的海岛中的各种动物,是否全部来自大洪水时方舟中没有被淹的那些?

　　随着人类的增加,谁不清楚,人可以驾船到海岛上去居住了?[48]但对于各种动物,就有问题了。那些得不到人的豢养(*cura*),也不像青蛙那样从土里长出的,而只是因雌雄交合而生的,比如狼之类的动

㊺　关于上帝说话的方式,参考《忏悔录》,11:6[8]。

㊻　《创世记》,11:6,"会放弃",和合本作"不成就"。

㊼　维吉尔,《埃涅阿斯纪》,4:592,译文略有改动。

㊽　[译按]"随着人类的增加……"PL 本是 6 的最后一句,但 CCSL 版放在 7 的第一句。

物,在大洪水之后,那些不在方舟里的,都灭绝了。那么,那些能跑到海岛上的,除非来自方舟中救下的那雌雄几对,否则就无法恢复。即使相信它们会游泳到岛上,那也只能是附近的岛屿。有些岛屿距离大陆很远,这些动物不像能游泳过去的。如果人抓了它们带过去,安置在住的地方以便练习打猎,于是它们就在那里繁衍下来,那也不是不可信。也可能是天使得到了上帝的命令或允许,把它们迁移过去,这是不能排除的。如果真的是土生土长,从岛上起源的,就像上帝说的"地要生出活物来"⑩,岛上的土地生出了众多不会渡海的动物,那就更明显,方舟里放进动物,并不是为了恢复动物种类,而更多是象征了不同的民族,是教会的圣事。

8. 人类中的怪物族类究竟是亚当的后代,还是挪亚的三个儿子的后代

8.1 人类中有些怪物种族,历史上有所记述⑩,如果这些都可信,那就该问,他们究竟出自挪亚的三个儿子,还是出自他们自己的共同始祖? 比如有的在前额中间有一个眼;有的双脚朝后长;有的生来就身兼雌雄,右边是男人的胸,左边是女人的,自己与自己交配生养;有的没有嘴,完全靠鼻息生存;还有的只有一肘高,希腊人称他们为俾格米人,就是一肘的意思;别处还有一种女性五岁生育,寿不过八岁;还有一个民族,双脚长在一条腿上,膝盖不能弯曲,但走起来速度惊人,他们称为"足影族",因为夏天里他们后背躺在地上,把脚支起来当伞;还有的民族没有脖子,眼睛长在肩膀上,还有别的人种或

---

⑩ 《创世记》,1:24。
⑩ 普林尼,《自然史》,7:2;奥鲁斯·盖留斯,《阿提卡之夜》,9:4。

者似人的物种，迦太基的海边岩画上有他们的形像。历史学家把这当成奇闻保存在自己的书里。我要怎么说"犬头人"⑤呢？他们长着狗的头，像狗一样叫，更像兽，而不像人。而据说存在的所有人种，我们未必就相信真的都存在。无论在哪里出生的人，即理性而又必朽的动物，无论他们的身体形态、颜色、运动、声音，还是力量，无论是有一部分，还是在自然的特性上，在我们的感官看来多么奇特，他们都是从最初的人来的，虔敬的信徒没有人怀疑这一点。但什么是多数人的自然，什么是奇怪的例外，是很明显的。

8.2　我们用什么道理来解释我们人当中奇怪的生育，也可以用来解释这些奇怪的族类。上帝是万物的造物主，应该在哪里和在何时创造或已经创造，他自己知道，他知道如何处理各个物种的相似和差异，从而编织出整体的美丽。但是不能看出这一点的，就会因某些部分的变形而不悦，因为他不知道各个部分如何契合、如何相联。我们知道，有人生下来手指脚趾就不止五个；这是小事，不太离奇；而如果谁愚蠢地认为造物主计算人的指头数目时出了错，就太离谱了，他根本不知道上帝为什么这么做。如果出现了更严重的畸形，他还是知道自己做了什么，虽然没有人能把握他的工作。在希波—迪亚利图斯（*Hippo Diasrrhytus*）⑤，有一个人肢体畸形，只有两个脚趾，手也一样。如果某个民族的人都这样，那么历史学家就会把这当作奇闻怪事加进去了。难道就因为这一点，我们否认他是最初被造的那个人的后代吗？阴阳人，又称两性人（*Hermaphroditos*）⑤，一身兼具

---

⑤ 〔译按〕此处的"犬头人"与"辛诺克法鲁斯"的名字来自同一个词。见2:14.2。

⑤ 希波—迪亚利图斯，又称"希波—乍力图斯"（*Hippo Zaritus*），希波的一个地方，在今天突尼斯的比塞大。

⑤ 〔译按〕此词出自希腊神话，赫尔墨斯（*Hermes*）和阿弗洛狄特（*Aphrodites*）的儿子赫尔墨斯阿弗洛狄特（*Hermaphroditos*）兼具父母的美丽，后又与林中仙女合为一体。

二性的明显特征,难以确定怎样称呼他们;但根据用语习惯,流行的说法用较高的性别称呼他们,即男性;从没人称呼谁是阴阳人或两性人。他们虽然数量很少,但是很难找到哪个时代里没有他们。几年以前,我们记得很清楚,在东方诞生了一个人,上身有两副,下肢只有一副。他有两个头、两个胸、四只手,但又和一个常人一样,有一个肚子、两只脚。他活了很长,足以名声远播,吸引很多人来看他。谁能记起所有那些与亲生父母完全不一样的人类婴儿呢?但人们并不能因此就否定他们来自同一个源头。所以,尽管一些民族在身体上偏离了自然走势,与大部分甚至整个人类有所差别,但如果他们被包含在人的定义中,即,他们是理性和必朽的生灵,那就要承认,他们都是同一个初人始祖的苗裔——假定那些关于各个民族相互间,或他们与我们之间的不同的传说是真的。因为,我们知道猩猩、长尾猴、狒狒不是人,而是动物,但是那些历史学家因为好奇心膨胀,荒诞不经地骗我们说它们是人的种族。而如果所记载的如此奇怪的物种是人,即,如果上帝真的要这样造一些种族,那么,这些怪物就是和我们一样是人生的。我们怎么会认为,造了人的自然的上帝的智慧出了错,他的技艺不那么完美? 既然在人的种族中会有单个的人长得很怪,那么,在所有人类的种族中有奇怪的种族,在我们看来就没什么荒谬的了。所以,我用一个小心谨慎的说法结束这个问题:要么所记载的这些民族其实根本不存在;如果它们存在,要么根本不是人类;如果是人类,那就是从亚当繁衍的。

9. 我们是否应该相信,在地下和我们相对的地方,住着和我们相反的族类

　　传说中的对跖人,即在大地上和我们相对的部分,也就是我们日

升时那里日落的地方,有一种人类足印和我们正相对㊿。我们没有
理由相信这个。肯定这一点的人都没有确切的历史证据,而是想
象出这样的理论:大地是悬在空中的,世界的底部和顶部与中部是
完全一样的;他们由此认为,大地的另外一部,即底部,也不会缺少
人类的居所。他们没有注意到,即使他们根据某种理论证明,使我
们认为世界就是圆球形的,那也不会推论出,地球的另一面不是积
水的聚处,而是裸露的大地;另外,即使大地是裸露的,也不一定就
有人。圣经不可能骗我们,我们对其中叙事的信仰建立在很多预
言都实现了的基础上。要说人可以远渡重洋,从这一边到那一边,
从而使得从初人来的人类能在那里立足,也未免过于荒谬。我们
还是在那最初分成的七十二个民族和七十二种语言中寻找,看看
是否能够找到羁旅于地上的上帝之城。我们已经叙述到了大洪水
灭世和挪亚方舟之时,讲到挪亚的儿子因得到了赐福,得以保存,
特别是他的长子闪。雅弗虽然也受赐福,却只能住在他哥哥的房
子里。

10. 在闪一系的后代中,上帝之城的轨迹一直指向亚伯拉罕

10.1　从闪自己开始世代相传,大洪水后圣经展示上帝之城的
方式,和大洪水之前在塞特世系中展示的方法是一样的。圣经通过
巴比伦,即"变乱",展示了地上之城,然后转过头来叙述闪一族的族
长,按照世代顺序一直叙述到亚伯拉罕,甚至记下了年数,包括这一

㊿ 普林尼《自然史》2:65 中谈道,对于这一点,民间和学者之间有很多争论。民间一般不
　相信这些人的存在,拉克唐修在《神圣原理》3:24 中谈道,如果有这些人,他们就会头上
　脚下,这是不可能的。民间一般就是因此不相信。但奥古斯丁不相信这些人存在的
　理由与拉克唐修很不一样。

系上相关的每个人多少岁生子、活了多久。如我前面许下的，我们必须要了解，其中到底怎样谈希伯的儿子："一个名叫法勒，因为那时人就分地居住。"⑮所谓"分地居住"，不该理解为语言的分化吗？在叙述世代传承时，闪的别的儿子略去了，因为他们与繁衍到亚伯拉罕这条世系无关。就像在大洪水前的叙述中，只谈在亚当的儿子塞特的后裔中，传到挪亚的世代。在开始谈这一系列世代时，他说："闪的后代记在下面。洪水以后二年，闪一百岁生了亚法撒。闪生亚法撒之后，又活了五百年，并且生儿养女，然后死去。"⑯随后在谈到这个谱系上别的与亚伯拉罕相关的人时，也讲到了生儿子时的寿数，以及后来活了多少岁。还提到他生儿养女，从而我们知道人口为何会增长，而不会误以为，所提到的后代这么少，应该人口稀少。所以闪的后裔能够布满地上的广大空间，能够充满各个王国，其中最大的是亚述王国，就是宁录向东征服的国，那里富庶繁华，是最广阔和最稳固的王国，绵延长久，富庶繁荣。

10.2 但为了不把这本书拉得过长，我们不必记述这些世代中每个人的寿数，而要记述他们生儿子时的年纪，所以我们就这样追索记载的次序，算出大洪水到亚伯拉罕之间的年数，除去那些必须记下的，别人就只须简单粗略提到。在大洪水之后第二年，闪一百岁时生了亚法撒；亚法撒在一百三十五岁时生了迦南，迦南一百三十岁时生了沙拉⑰。沙拉也在这么大上生了希伯；而希伯在生法勒时活了三十四岁，那时候就分地而居；法勒自己活了一百三十岁，生了拉吴；拉吴活了一百三十二岁，生了西鹿；西鹿一百三十岁时生拿鹤；拿鹤七十

---

⑮ 《创世记》，10：25；见本书 16：3。
⑯ 《创世记》，11：10—11，按七十士本。
⑰ 此处按七十士本说法，与和合本不同。

九岁时生他拉;他拉七十岁时生亚伯兰⑱。后来上帝给他改名,叫亚伯拉罕⑲。这样,按照通行本,即七十士的译本,从大洪水到亚伯拉罕就是一千零七十二年。在希伯来本里,年数就更长些。对这种区别的解释,要么没有,要么很难作出。

　　10.3　我们要在那七十二个民族里追寻上帝之城,不能确定,那只有一种口音,即一种语言时,人类是如此远离对真正上帝的服侍,以致只在一个世系中,即从闪的子孙经过阿法撒到亚伯拉罕这一系中,才保留了真正的信仰;但是,既然他们骄傲地要造塔通天,这个自我膨胀的象征足以表明了他们是个不敬者的城,即不敬者的团契。也许此前并无这个城,或者她只是隐藏着,更有可能,也许两个城都一直存在,虔敬之城是挪亚的两个儿子和他们的子孙,得到赐福;不敬之城就是他那个邪恶的儿子和他的后裔,其中甚至生出了反对主的巨人猎户。究竟是怎样,并不容易判断。更可信的也许是,在建造巴比伦之前,在闪和雅弗的儿孙中都有不敬上帝的,在含的后代中也有服侍上帝的。我们应该相信,世上从来不缺这两种人。正如经上说的:"他们都偏离正路,一同变为污秽。并没有行善的,连一个也没有。"⑳在《诗篇》里两处谈到这个的地方,我们还读到:"作孽的都没有知识吗? 他们吞吃我的百姓,如同吃饭一样。"㉑但就在这时也有上帝的选民。经上说:"并没有行善的,连一个也没有。"这是针对人之子,而不是上帝之子的。前面一句谈道:"主从天上垂看世人,要看有明白的没有,有寻求神的没有。"㉒而随后的

---

⑱《创世记》,11:10—26。

⑲《创世记》,17:5。

⑳《诗篇》,14:3;53:3。

㉑《诗篇》,14:4;53:4。

㉒《诗篇》,14:2;53:2。

话就表明，所有的人之子，也就是按照人生活，而不按照上帝生活的那个城的人，是该谴责的。

11. 人类所用的第一种语言是希伯来语，后世根据希伯的名字称呼它，语言分化之后，仍保留在他的家族里

11.1 在所有人使用一种语言时，就不乏怨毒之子；在洪水之前就只有一种语言，除了挪亚一家义人以外，别的人都罪有应得，被洪水毁灭。后来各民族因为不敬的膨胀之心，遭到语言分化的惩罚，不敬者之城得到了"变乱"之名，即巴比伦。但这时也不乏希伯之家，此前人们共同使用的语言由他保留了下来。正如前面说的，在开始提到闪的后代各个民族的祖先时，作者先讲到了他的玄孙希伯（即五代之后）⑥③。在别的民族分化成用别的语言后，他的家族保留了这种语言⑥④，我们认为这种语言就是人类最早的语言，这没什么不对的。后来，这就叫希伯来文。这个名字是为了区别于别的语言的名字，因为各个语言都有相应的名字。当只有一种语言时，这不过就称为人的语言或人的话，因为是全人类都说的。

11.2 有人会说："如果在希伯的儿子法勒那时候，地上的人们才因为语言不通分地而居，那么，此前所有人共同的语言就应该按法勒的名字命名。"但是我们应该认为，希伯之所以给他的儿子起名叫法勒（就是"分"的意思），就是因为他出生的那个时候，人们已经由于语言分地而居，所以经上说："那时人就分地居住。"⑥⑤如果不是希伯活着时语言就分化众多了，他家以后永远要用的语言就不会用他的名

---

⑥③ 本书16：3.2。
⑥④ 见本书18：39。
⑥⑤ 《创世记》，10：25。

字命名。所以应该相信,这就是最初的共同语言,语言的分化和变迁是一种惩罚,而上帝的选民应该免于这惩罚。亚伯拉罕用这种语言,但他不能把这种语言传给所有的儿子,而只传给通过雅各延续的一支,这也不是无意义的。这一支以杰出而优秀的方式聚为上帝的选民,与上帝立约,苗裔延续到基督。希伯也不能让所有的后代用同一种语言,而只可以让延续到亚伯拉罕的这一支使用。因此,经上甚至没有明确说,在不敬者建造巴比伦时,是否有虔敬的人,但是,这种模糊并不足以阻碍我们的探讨,反而激发了我们的愿望。我们读到,最初人类都用一种语言,在提到闪的儿子之前,首先写了五世以后的希伯,而这门语言就称为希伯来语,不仅有族长和先知们把它当语言用,而且也用它写下圣经,以其权威保存了它。要问语言分化的时候,原来众人用的,会在哪里保留下来,无疑,保留了这语言的,就是没有受到改变语言的责罚的。如果不是用这语言命名的家族留下了这语言,还能有别的解释吗?关于这个民族的正义,例证并不少,所以,当别的民族都遭受语言变化之苦时,她不会遭受这惩罚。

11.3 但有人会疑惑,如果希伯和他的儿子法勒的时代都只用一种语言,为什么他们又各自创建民族呢?应该肯定,希伯来民族是从希伯繁衍,一直到亚伯拉罕的,随后又延续到以色列的庞大民族。如果希伯和法勒没有建立民族,挪亚的三个儿子的后代,又怎么都各自建立了民族呢?很有可能,那个巨人宁录因为雄霸一方且孔武有力,所以单独提及。但他也和别人一样建立了自己的民族,所以民族和语言仍然是七十二个。而后来提到法勒,并不是因为他创建了民族(因为他的民族就是希伯来民族,他的语言就是希伯来语),而是因为那个时代特别重要,人们就是那时候分地而居的。我们也不必疑惑,为什么巨人宁录能活那么久,在建造巴比伦、混乱语言、民族分地而居时,还在。希伯是挪亚以后的第六代,宁录是第四代,这并不意味着他们两个不可能生活在同一时间。有可能某些人活得长些,代数就少些,有人活得短些,代数就多些。或者,有人急于生子,代数就多些,有人年长产子,代数就少些。我们应该理解,在分地而居时,挪亚的儿子别的后裔,即那些被记为族长的人,不仅出生了,而且还年事很高,子孙成群,已经足以称为民族了。我们不该认为,他们一定是按照我们读的顺序形成的。比如,希伯的另外一个儿子、法勒的兄弟约坍就是在法勒之后记载的,如果他确实就是法勒以后出生的,那他的十二个儿子怎么能已经建立民族?因为法勒就是分地而居时出生的。我们应该理解为,虽然法勒较先提到,但他比约坍出生得晚得多,因为那时候约坍的十二个儿子都渐渐成家,而且还分为民族,各有自己的语言。较先提到的,有可能是年龄小的,比如在挪亚的三个儿子的后裔中,就先提其中最小的雅弗的儿子,随后提到中子含,最后提到最大的长子闪。一方面,这些民族的名字仍然存在,所以其起源今天也很明确,比如亚述人源于亚述,希伯来人源于希伯;另一方面,有些名字因为年代久远,发生了变化,就是最熟悉掌故、钻研不懈的历史学家也不能了解全部古代民族的起源,而只能知道一些。比如,从含的儿子麦西起源了埃及人,但是这无法在语言上寻找根源;再如埃塞俄比亚据说和含的儿子古实有关。如果我们考察全部,会发现更多名字改变了,很少还保留着。

12. 亚伯拉罕是个关键点,神圣新秩序从此绵延

我们现在要看上帝之城从一个关键时期以后的发展,这个时期因为族长亚伯拉罕而关键。从那时起,开始有了更明确的证据,我们读到了更明白的神圣应许。我们看到,这应许而今在基督身上实现了。我们从圣经的叙述里得知,亚伯拉罕出生在迦勒底地区,这是亚

述王国的属地⑥。即使在迦勒底,不虔敬的迷信也很盛行,就像别的民族中一样。只是在亚伯拉罕的父亲他拉的家里,才服侍唯一真正的上帝。所以我们也该相信,只有那里还讲希伯来语。而后来,通过嫩之子约书亚的讲述,即使他拉自己,也在美索不达米亚河那边服侍异教的神⑥,就像上帝选民在埃及时,也更公然地服侍异教神。而希伯别的后代渐渐和别的语言、别的民族混杂。本来在大洪水中,只有挪亚一家留下来恢复人类,同样,在整个世界迷信的大洪水中,也只有他拉一家留下来,在那里捍卫和建造上帝之城。在挪亚的故事里,记述了挪亚前几代的世系和年数,说了大洪水的原因。上帝开始让挪亚造方舟之前,经上说:“以下是挪亚的后代。”⑥在亚伯拉罕的故事中,先是叙述挪亚的儿子闪的后代,直到亚伯拉罕,随后,这个点的重要性也以同样的方式指出:“以下是他拉的后代:他拉生亚伯兰、拿鹤和哈兰;哈兰生罗得。哈兰在他父亲他拉之前,死在他出生之地,就是迦勒底的吾珥。亚伯兰和拿鹤都娶了妻子;亚伯兰的妻子名叫撒拉;拿鹤的妻子名叫密迦,是哈兰的女儿。”⑥这个哈兰是密迦的父亲,也是亦迦的父亲,人们认为,亦迦就是亚伯拉罕的妻子撒拉。

13. 他拉离开迦勒底移居美索不达米亚时,经上没有提他的儿子拿鹤,原因何在

经上随后提到,他拉离开了自己的地方迦勒底,来到了美索不达米亚,住在哈兰。经上却没有提他那个叫拿鹤的儿子,好像他没有带

⑥《创世记》,11:26—28。
⑥《约书亚记》,24:2。
⑥《创世记》,6:9。
⑥《创世记》,11:27—29。

着拿鹤来。其中这么说："他拉带着他儿子亚伯兰和他孙子，哈兰的儿子罗得，并他儿妇亚伯兰的妻子撒拉，出了迦勒底的吾珥，要往迦南地去。他们走到哈兰，就住在那里。"[70]没有提拿鹤的名字和他的妻子密迦。但后来我们发现，当亚伯拉罕派出他的仆人去为儿子以撒娶亲时，经上写："那仆人从他主人的骆驼里取了十匹骆驼，并带些他主人各样的财物，起身往美索不达米亚去，到了拿鹤的城。"[71]圣经除去这里，还有别处的证据表明，亚伯拉罕的兄弟拿鹤也离开了迦勒底，在美索不达米亚住下，就是亚伯拉罕和他父亲住的地方。那么，为什么经上在讲到他拉一行离开迦勒底来到美索不达米亚时没有提他？而在说他带着谁移居时，不仅提到了他拉的儿子亚伯拉罕，还提到了他的儿媳妇撒拉和孙子罗得。我认为，这只能是因为，拿鹤背离了父亲和兄弟的信仰，陷溺于迦勒底人的迷信，后来要么是忏悔了，要么是因为被怀疑而遭到迫害，所以也移民了。在题为《犹滴传》的一卷书里，以色列的敌人阿乐弗尼问这是什么民族，可否与之开战，亚扪人的首领亚吉奥回答说："阁下，如果你高兴，乐意听我讲的话，那我就把住在你营盘附近的山民情况告诉你。我不会对你撒谎。这些人是某些巴比伦人的后裔，他们为了崇拜天君上帝而抛弃了自己祖先的生活方式。最后，他们被赶出了原地，因为他们拒不服侍他们祖先的诸神。于是他们逃到了美索不达米亚。在那里定居下来。住了一段相当长的时期。后来，他们的神告诉他们，离开美索不达米亚，迁往迦南地。他们在这里定居下来。"[72]此外，亚扪人亚吉奥还讲了别的事。显然，他拉家在迦勒底时，服侍唯一真正的上帝，于是因为真正的虔敬受了迫害。

---

⑦⓪《创世记》，11：31。
⑦①《创世记》，24：10，"美索不达米亚"，和合本作"米所波大米"，下同。
⑦②《犹滴传》，5：5—9，用张久宣《圣经后典》译本。

14. 他拉在哈兰终老，他究竟活了多大

据说，他拉在美索不达米亚活到二百零五岁，死在那里，随后我们就看到了上帝给亚伯拉罕的应许。经上说："他拉共活了二百零五岁，就死在哈兰。"[73]我们不能把这当成，他的二百零五年都是在那里过的，而是说他是在那里寿终的，而他的总寿数是二百零五岁。否则我们就不知道他拉活了多少岁，因为我们没有读到，他迁居哈兰时多少岁；在世代的谱系中，其他每人都详细记录了，如果认为只有他的年纪不必记录，那就太荒唐了。确实有些人，经上提到了，但是没说年龄，但这些人不在这个世世传承、代代相继的谱系上。在这个谱系上，从亚当到挪亚，再到亚伯拉罕，没有谁的寿数没有记下的。

15. 亚伯拉罕按照上帝的旨意离开哈兰时有多大

15.1　写完亚伯拉罕的父亲他拉之死，经上说："主对亚伯兰说，你要离开本地、本族、父家，"云云[74]，不能因为这些话在书里的顺序，我们就认为事情也是这顺序的。否则，就有了个不可解的问题。在上帝对亚伯拉罕说完这些话后，经上说："亚伯兰就照着主的吩咐去了。罗得也和他同去。亚伯兰出哈兰的时候，年七十五岁。"[75]如果亚伯拉罕是在父亲死后出的哈兰，这怎么会是真的？前面已经提到，他拉生亚伯拉罕时是七十岁。这个数加上七十五，即亚伯拉罕离开哈兰时的岁数，是一百四十五。所以，亚伯拉罕离开美索不达米亚的城

---

[73] 《创世记》，11:32。
[74] 《创世记》，12:1。
[75] 《创世记》，12:4。

时，一百四十五就是他拉的岁数；因为把亚伯拉罕当时的七十五岁加上他父亲生他时的七十岁，就是上面说的一百四十五岁。那么，亚伯拉罕没有在他父亲死后（即父亲二百零五岁后）离开。无疑，在他七十五岁离开那里的时候，在七十岁上生他的父亲，当时的年龄就是一百四十五岁。我们应该把这理解为，按照圣经的写作习惯，作者又回到了按照顺序他已超过的时间⑯。比如前面，在谈到挪亚的儿子的儿子时，作者说他们各有语言和民族⑰。但后来，他好像按照时间顺序接着写道："那时，天下人的口音、言语，都是一样。"⑱如果人们的语言都是一样的，又怎么说人们各有民族和语言呢？这只能是因为，作者倒叙到本已超过了的时间。那么，在这里圣经先说："他拉共活了二百零五岁，就死在哈兰。"⑲随后又回到了前面的事情，"主对亚伯兰说，你要离开本地"，等等；这个事情在前面的叙述中略去了，为的是讲完整他拉的故事。在上帝说了话之后，"亚伯兰就照着主的吩咐去了。罗得也和他同去。亚伯兰出哈兰的时候，年七十五岁。"⑳在亚伯拉罕这样做时，他的父亲已经是一百四十五岁了，而他自己则是七十五岁。不过，这个问题可以用另外的方式解决：亚伯拉罕出哈兰时的七十五岁，是从他从迦勒底的大火中被解救算起的，而不是从他出生时算起，好像这就是他的真正出生㉑。

15.2 在《使徒行传》中，被赐福的司提反这样谈到此事："当日

---

⑯ ［译按］奥古斯丁在《忏悔录》中的叙事顺序也没有按照时间顺序，似乎正依循了这里的说法。

⑰ 《创世记》，10：31—32。

⑱ 《创世记》，11：1。

⑲ 《创世记》，11：32。

⑳ 《创世记》，12：1—4。

㉑ ［译按］亚伯拉罕因为在迦勒底毁坏异教神像，被放火焚烧，上帝派天使把他救出。奥古斯丁在《旧约前七卷的问题》，1：25中再次讲到这个问题。此事又详细地保存在哲罗姆《希伯来文〈创世记〉问题》和《巴纳巴斯福音》28。

我们的祖宗亚伯拉罕在美索不达米亚还未住哈兰的时候,荣耀的神
向他显现,对他说,你要离开本地和亲族,往我要指示你的地方去。"㉜
按照司提反的说法,上帝对亚伯拉罕说这些话并不在他父亲死后(因
为他和儿子住到哈兰之后,死在哈兰),而是在他到哈兰这个城之前,
虽然他已经到了美索不达米亚。他正出迦勒底到那里去。司提反接
下来说:"他就离开迦勒底人之地住在哈兰。"这不表明,这是在上帝
说了那些话之后做的(他不是在上帝说了那些话之后离开迦勒底的;
在上帝说这话时,他正在美索不达米亚),而是针对那整个时期说的,
"就"指的是,他离开迦勒底、住在哈兰的时候。随后又说:"他父亲死
了以后,神使他从那里搬到你们和你们的祖先现在所住之地。"㉝不说
"在他父亲死后,他离开了哈兰",而说:"他父亲死了以后,神使他们
搬走。"我们应该理解为,当亚伯拉罕在美索不达米亚,但还没到哈兰
的时候,神对他说了这些话。随后他和父亲一起到了哈兰,先记下上
帝的诚命,等到他七十五岁、他父亲一百四十五岁的时候,他离开了
那里。经上说,在他父亲死后,他们在迦南住下,而不是离开哈兰,因
为在他父亲死时,他得到了那土地,开始成为那里的拥有者。而就在
他们在美索不达米亚住下时,也就是离开迦勒底的土地时,上帝说:
"你要离开本地、本族、父家。"这么说并不是让他的身体离开,因为他
已经这么做了,而是让他的心灵离开。如果他还抱有回去的希望和
欲望,那他的心灵就不会离开那里,上帝命令并保佑他服从,斩断了
这希望和欲望。如果认为,拿鹤追随他的父亲,而亚伯拉罕则完成上
帝的诚命,与妻子撒拉和侄子罗得离开了哈兰,这没有什么不可
信的。

㉜《使徒行传》,7:2。
㉝《使徒行传》,7:4;和合本无"和你们的祖先。"

16. 上帝给亚伯拉罕的应许的顺序和性质

我们现在来看上帝给亚伯拉罕的应许。在这里,我们的上帝(即真正的上帝)的神谕开始向他虔敬的选民显现得更加清楚,后来,先知作者也揭示出来。我们首先读到的应许是:"主对亚伯兰说:'你要离开本地、本族、父家,往我所要指示你的地去。我必叫你成为大国,我必赐福给你,叫你的名为大,你也要叫别人得福。为你祝福的,我必赐福与他。那咒诅你的,我必咒诅他,地上的万族都要因你得福。'"[84]这里对亚伯拉罕所讲的,是两个应许。一个是:迦南的土地的拥有者将是他的子孙,在这句话里表现出来:"往我所要指示你的地去。我必叫你成为大国。"另外一个远为重要,针对的不是肉身的,而是灵性的子孙,因此,他不只是以色列一个民族的祖先,而是跟随他的信仰足迹的万族的祖先。这个应许是从下面的话开始的:"地上的万族都要因你得福。"尤西比乌[85]认为,这个应许是在亚伯拉罕七十五岁时许下的[86],那是在亚伯拉罕刚刚离开哈兰后不久。这和圣经里并不矛盾,那里说:"亚伯兰出哈兰的时候,年七十五岁。"[87]但如果这是那一年给的应许,我们证明那时候亚伯拉罕和父亲到了哈兰。除非他此前在哈兰住,否则不可能离开那里。那么,这与司提反的话是否矛盾:"当日我们的祖宗亚伯拉罕在美索不达米亚还未住哈兰的时候,荣耀的神向他显现"?[88] 我们可

---

[84] 《创世记》,12:1—3。

[85] 尤西比乌(*Eusibius Phamphilus*,约 260—340),著名的解经家和教会史家。他的著作很多,最有名的是《教会史》。他的《编年史》是对人类历史到 303 年前的编年记载,但现在只有拉丁译本保留。哲罗姆为此书作了续作。

[86] 尤西比乌,《编年史》,24,23a。

[87] 《创世记》,12:4。

[88] 《使徒行传》,7:2。

以理解为,三件事都在同一年发生:亚伯拉罕尚未住到哈兰时上帝的应许,亚伯拉罕住到哈兰,又离开哈兰。不仅尤西比乌在《编年史》中计算出,从这一年算,出埃及、得到律法是四百三十年后的事,而且使徒保罗也这么说⑧。

17. 异教之中有三个最杰出的王国,其中的一个亚述在亚伯拉罕出生时,已经很辉煌

此时,有几个强大的异教王国。她们是地上之城,也就是按照人生活的人的团契,在背叛的天使的统治下超然特出。这三个王国是西锡安、埃及、亚述。其中,亚述尤为强大而辉煌。伯鲁斯之子尼努斯征服了除印度以外的整个亚细亚的人民。我现在所说的亚细亚不是指作为罗马一个行省的大亚细亚,而是指称为亚细亚的整个地区。有人认为这是整个大地的二分之一⑨,而更多人认为是三分之一,整个大地包括亚细亚、欧罗巴、阿非利加,三者之间并不相等。那个称为亚细亚的部分,从南边开始,经过东,最后延伸到北边;欧罗巴从北到西;阿非利加从西到南。看起来,欧罗巴和阿非利加占据了大地的一半,而亚细亚单独占了另外一半。而这一半之所以是两个洲,是因为海水来到中间,隔开了陆地,形成我们所说的"大海"⑪。这样,如果我们把大地分成东西两半,亚细亚占据其一,另外一半是欧罗巴和阿非利加。我们刚刚谈到的三个王国中,只有西锡安不附属于亚述,因为她在欧罗巴;亚述吞并了除印度之外的整个亚细亚,怎么可能不征

---

⑧ 《加拉太书》,13:7:"我是这么说,神预先所立的约,不能被那四百三十以后的律法废掉,叫应许归于虚空。"

⑨ 撒路斯提乌斯,《朱古达战争》,17:3。

⑪ 〔译按〕指地中海。

服埃及呢？在亚述，不敬之城的霸权盛行；其首都是巴比伦，这名字
最适合称呼地上之城，因为它的意思是"变乱"。伯鲁斯在位六十五
年，死后他的儿子尼努斯即位。伯鲁斯的儿子在父亲死后登基，在位
五十二年。亚伯拉罕出生时，是尼努斯登基后的四十三年，距离罗马
城的建立大约还有一千二百年。罗马，是又一个巴比伦，只是在
西方。

18. 上帝给亚伯拉罕再次承诺，他和他的子孙将拥有迦南

于是，在亚伯拉罕七十五岁、他父亲一百四十五岁时，亚伯拉罕
带着他兄弟的儿子罗得和他的妻子撒拉离开了哈兰，到达了迦南的
土地。到了示剑地方，他再次接受了神谕，经上这样写："主向亚伯兰
显现，说，我要把这地赐给你的后裔。"②这里应许的后裔，不是在亚伯
拉罕是万族的父的意义上说的，而只是在他是以色列族的父的意义
上说的。他的这些子孙拥有了那块土地。

19. 在埃及，亚伯拉罕说撒拉是他妹妹，不说是他妻子。 在上
帝保佑下，撒拉保全了贞节

于是亚伯拉罕在那里建了祭坛，随后叫着上帝的名，离开那里，
住到野地里，再因为饥荒所迫，从那里到了埃及。在埃及，他说自己
的妻子是妹妹。这不是撒谎，撒拉确实是他妹妹，因为他们血缘接
近；同样，罗得也和他血缘接近，因为他是亚伯拉罕兄弟的儿子，他就
说那是自己的兄弟。他没有说撒拉是自己的妻子，也没有否定这一

---

② 《创世记》，12：7。

点。他托付给上帝来保全妻子的贞节,同时,他作为人,也希望免于人们的奸计;如果他不能尽其所能地保护自己,而依赖上帝,那就是在试探上帝,而不是盼望上帝了㉝。关于这个问题,我在驳摩尼教的福斯图斯的书里已经详细谈了㉞。亚伯拉罕希望主做的果然发生了。埃及的王,即法老,娶了撒拉为妻,上帝为这降大灾难,法老退还了撒拉。我并不认为撒拉与法老交媾被污了。远为可信的是,法老得了灾难,无力交媾了。

20. 罗得与亚伯拉罕分开,但是他们之间的友爱仍得保全

亚伯拉罕于是从埃及回到他原来的地方,他的侄子罗得离开他,到所多玛去,但彼此之爱仍然保全。他们变得富裕,开始拥有很多牧人来养牲畜,于是牧人之间彼此相争,他们分开,是为了避免因为争执而导致不合。既然是人,就会起争执,甚至他们之间也会。为了警惕坏事的发生,亚伯拉罕对罗得说了这些话:"你我不可相争,你的牧人和我的牧人也不可相争,因为我们是兄弟。遍地不都在你眼前么。请你离开我,你向左,我就向右。你向右,我就向左。"㉟也许从此有了人们之间讲和的一般习惯,当需要分土地时,年长的分配,年幼的选择㊱。

21. 上帝的第三个应许,迦南永远给了亚伯拉罕和他的后裔

亚伯拉罕和罗得各自分开居住,是出于维系家族的必要性,而不

㉝《创世记》,12:10—20。
㉞《驳福斯图斯》,22:36。
㉟《创世记》,13:8—9。
㊱ 老塞涅卡,《争论》(Controversiae),6:3。

是因为仇怨不合。后来亚伯拉罕住在迦南，罗得到了所多玛，主向亚
伯拉罕说了第三个神谕："从你所在的地方，你举目向东西南北观看。
凡你所看见的一切地，我都要赐给你和你的后裔，直到永远。我也要
使你的后裔如同地上的尘沙那样多，人若能数算地上的尘沙才能数
算你的后裔。你起来，纵横走遍这地，因为我必把这地赐给你。"⑨这
个应许是否和那个让他做万国之父的应许相关，不能清楚地看出来。
而从"我也要使你的后裔如同地上的尘沙那样多"看，可能是相关的。
这里所用的修辞，希腊人称为"夸张"（hyperbolen）⑱。既是用修辞，
就不可机械对待。圣经之中还惯用别的修辞，研习者都不可怀疑。
当言辞所表达的远远超过了实际想说的时，就是用这种修辞手法。
谁看不出，尘沙数目无穷，就是从亚当一直到世界末日的所有人，也
无法像尘沙那么多？亚伯拉罕的子孙不仅包括以色列民族，而且包
括所有当时和未来的整个大地各处各族模仿这信仰的，但尘沙不是
比这数目也更大吗？而比起众多的不敬者来，他的子孙还是很少的。
但这么少的人还是形成了数不过来的大众，用夸张的手法形容，就相
当于尘沙之数。上帝应许给亚伯拉罕的这大众，是人所数不过来的，
但不是上帝不能数的。上帝连地上的尘沙都能数清。因为，已有了
针对依照灵性的诸多子孙，而不是依照肉身的子孙的应许⑲，此处应
该不只针对以色列民族，而且包括亚伯拉罕的全部后裔，他们的众多
数目与尘沙数目相比，更恰当些⑩。这应许应该理解为针对灵性的和
肉身的两类人。但是我说过，这并不明确，因为，就是从亚伯拉罕的

---

⑨　《创世记》，13：14—17。

⑱　亚里士多德，《论题篇》，126b28；《修辞学》，1413a22。

⑲　［译按］当指《创世记》，15：5 所作的关于列星的比喻，参见本书 16：23。

⑩　［译按］对这句话的理解，诸多译本颇有不同。我们采用了 Dods 的英译本和服部英次郎
　　的日译本的译法。Dyson 的英译本应该是错误的理解，一句话中前后都有矛盾。

肉身所生、通过他的孙子雅各传下的那个民族的子孙也数目众多,布满了整个大地。如果按照那夸张法,他们的众多数目也可以和尘沙相比,因为仅这个民族就是人所不能数的。这里所指的土地,当然就是所谓的迦南,无人不知道。但上帝说:"我都要赐给你和你的后裔,直到永远。"也许有人会疑惑,*usque in saeculum*⑩是否指的是"永远"。我们按照信仰,认为,直到未来世代开始的时候,这个世代才结束,如果人们这样接受 *saeculum* 这个词,那就没什么疑惑的。因为,虽然以色列人被赶出了耶路撒冷,他们还住在迦南土地上别的城里,直到最后。而基督徒则住在整个大地上,他们也是亚伯拉罕的后裔。

22. 亚伯拉罕战胜了所多玛的敌人,把罗得救出囹圄,得到麦基洗德的祝福

　　亚伯拉罕接受了这应许,继续迁移,住到了同一块土地上的另一处,那里接近希伯仑的幔利的橡树⑩。当时有敌人侵略所多玛,于是所多玛等五王联盟对抗四个来犯之王⑩。所多玛兵败,罗得也当了俘虏。亚伯拉罕带着三百一十八个家里生养的壮丁上战场,救出了罗得,为所多玛诸王取得了胜利。他虽然为国王打仗,但当国王赐给他战利品时,他丝毫不取。但他接受了麦基洗德的祝福,麦基洗德是至高上帝的祭司⑩。使徒保罗在写给希伯来人的信里就此谈

---

⑩　[译按]拉丁文的 *saeculum* 的本意既有时代的意思,也有尘世的含义。在本书中,我们根据上下文分别译为世代、尘世等。

⑩　《创世记》,13:18。

⑩　《创世记》,14:1—12,五王是"所多玛王比拉,蛾摩拉王比沙,押玛王示纳,洗扁王善以别,和比拉王,"四王是"以拦王基大老玛,戈印王提达,示拿王暗拉非,以拉撒王亚略。"

⑩　《创世记》,14:18—24。

了很多（多数人认为这是保罗的信，但有人否认）。⑯ 现在整个大地上的基督徒献给上帝的祭祀，这是第一次出现。很久之后这在先知们的话里实现了："你永远作祭司，是照着麦基洗德的体系。"⑩这是针对将要道成肉身来临的基督所说的话。他不是"按照亚伦的等次"当祭司的，因为那是对后来的预兆，当所预兆的事实现了，这等次就废除了。

23. 主向亚伯拉罕许下诺言，说他的后裔增长，会像星星那样多；亚伯拉罕相信这话，所以在行割礼之前就已称义了

主在异象中向亚伯拉罕说话。他应许说，自己是亚伯拉罕的盾牌，必大大地赏赐他。亚伯拉罕说，他为子嗣而苦恼，并说家仆以利以谢会是将来的继承人，于是上帝随即应许给他继承人，不会让那个家仆继承，而是他亚伯拉罕自己生出的人继承，又说他的后代会数不过来，不像地上的尘沙，而是像天上的列星⑰。在我看来，这应许更多指的是以后天上的高贵幸福。天上的列星与地上的尘沙比起来，究竟会多多少呢？他要表达的，当然是说这个比喻和另外一个相似，星星是数不过来的，因为我们相信，不是所有星星都能看见。眼睛越明亮的，就能看到越多的星星。但是有的星星极为隐秘，就是眼睛最亮的人也无法分辨，更不用说那些据说在大地的另一面升落、远离我们的星星了。有些人自称知道并记下了所有星星的数目，比如阿雷图斯

---

⑯《希伯来书》，5：6—11，6：20，7：1—17。

⑩《诗篇》，110：4。

⑰《创世记》，15：1—5。

(Aratus)[108]、欧多克索斯(Eudoxus)[109]，或许还有的别的一些人[110]。本书的作者对他们嗤之以鼻。如何正确地看待这一点，使徒在谈到如何记住上帝的恩典时提到："亚伯拉罕信神，这就算为他的义。"[111]他谈这些，是为了避免行割礼的民族不承认不行割礼的民族可以因信仰基督而得荣耀。因为，当上帝给出这应许、亚伯拉罕因信称义的时候，他还没行割礼。

24. 亚伯拉罕急切地要上帝指点他所信的东西，上帝命他献祭，这祭祀是什么含义

24.1　上帝在向亚伯拉罕显现和讲话时，对他说："我是主，曾领你出了迦勒底的吾珥，为要将这地赐你为业。"亚伯拉罕求上帝给他一个可知的凭证，使他能继承这业，上帝对他说："'你为我取一只三年的母牛，一只三年的母山羊，一只三年的公绵羊，一只斑鸠，一只雏鸽。'亚伯兰就取了这些来，每样劈开，分成两半，一半对着一半地摆列，只有鸟没有劈开。有鸷鸟下来，落在那死畜的肉上，亚伯兰就把它吓飞了。日头正落的时候，亚伯兰沉沉地睡了。忽然有惊人的大黑暗落在他身上。主对亚伯兰说：'你要的确知道，你的后裔必寄居别人的地，又服事那地的人。那地的人要苦待他们四百年。并且他

---

⑩　阿雷图斯(约公元前315—公元前240)，斯多亚派哲学家、诗人、天文学家。著有诗歌《诸相》(Phaenomena)，保罗在《使徒行传》15:28中引用过。这首诗又是对欧多克索斯同名作品的诗体改写。

⑩　欧多克索斯(约公元前390—公元前340)，古希腊数学家、天文学家、地理学家，据说是柏拉图的学生，第一个用数学体系解释天体的运动。他著有《诸相》，被阿雷图斯改写成了诗体。

⑩　参见西塞罗，《共和篇》，1:14,22。

⑪　《加拉太书》，3:6；《罗马书》，4:3；《创世记》，15:6。

们所要服事的那国,我要惩罚,后来他们必带着许多财物从那里出来。但你要享大寿数,平平安安地归到你列祖那里,被人埋葬。到了第四代,他们必回到此地,因为亚摩利人的罪孽还没有满盈。'日落天黑,不料有冒烟的炉并烧着的火把从那些肉块中经过。当那日,主与亚伯兰立约,说:'我已赐给你的后裔,从埃及河直到伯大河之地,就是基尼人、基尼洗人、甲摩尼人、赫人、比利洗人、利乏音人、亚摩利人、迦南人、革迦撒人、耶布斯人之地。'"⑫

24.2 这就是神在异象中所说和所做的一切,要一点一点讨论,就太冗长了,超出了本书的意图。我们只要谈谈应该知道的就够了。经上说亚伯拉罕信上帝,并因此信而称义,后来他说下面的话时并不缺乏信仰:"主啊,我凭什么知道必得这地为业呢?"⑬指的是他被应许会继承的土地。他不说"我为什么知道",那就好像他还不信,而说"我凭什么知道",意思是,他相信了这事,但他需要某种象征,让他知道这事的情状。这和童贞女马利亚说的没有不同:"我不认识男人,怎么有这事呢?"⑭她确切知道,将来会发生这事;她问的是,这将怎样发生,而她所听到的正是对这个问题的回答:"圣灵要临到你身上,至高者的能力要荫庇你。"⑮同样,上帝用动物给了亚伯拉罕这个象征:母牛、母山羊、公绵羊、两只鸟、斑鸠和雏鸽。亚伯拉罕本来不怀疑将来这会发生;通过这些动物,他知道了这事将怎样发生。母牛象征着律法约束下的人民,母山羊象征着这群人未来的犯罪,公绵羊象征着同一群人将会为王。这些动物据说都是三岁的,因为,从亚当到挪亚,从挪亚到

---

⑫ 《创世记》,15:7—21。

⑬ 《创世记》,15:8,和合本作:"主啊,我怎能知道必得这地为业呢?"

⑭ 《路加福音》,1:34,和合本译为:"我没有出嫁,怎么有这事呢?"

⑮ 《路加福音》,1:35。[译按]包括 CCSL 本在内的多数版本略去了这句引文,按照 PL 本加。

亚伯拉罕,再从亚伯拉罕到大卫,这是三个重要的时间段。在扫罗被责后,按照主的意愿,大卫被立为以色列民族的第一个王。在这第三个阶段,即从亚伯拉罕到大卫的这个阶段,这个民族经历年月,成熟起来,进入第三个时代。这些也许还有别的、更恰当的象征意义。但我不会怀疑,那加上斑鸠和雏鸽,象征着他灵性的后裔。那里说:"只有鸟没有劈开。"肉体的会有纷争,但是灵性的不会,不论是像斑鸠一样,避居于人世的繁忙与喧嚣之外,还是像雏鸽一样,隐身于尘世之中。两种鸟都简单而无辜,象征着就在这个被赐予土地的以色列人民当中,将来会有些人成为应许之子,有王国的继承者,将要享受永恒的幸福。而在他分割动物时,那降临到尸体上的大鸟不是什么好事。大鸟象征了这空气中的精灵,在这肉身的分割中寻求自己的食物。亚伯拉罕坐在动物旁边,这象征了即使在肉身的后裔的纷争中,真正的信仰者也会坚持到最后。日落时分,惊恐摄住了亚伯拉罕,还有那巨大而可怕的黑暗,这都象征了此世将末时信仰者巨大的搅扰和焦虑,主在福音书里提到这一点,说:"因为那时必有灾难,从世界的起头,直到如今,没有这样的灾难。"[16]

24.3　上帝对亚伯拉罕说:"你要的确知道,你的后裔必寄居别人的地,又服事那地的人。那地的人要苦待他们四百年。"[17]这里最明确地预言,以色列的人民要在埃及做奴隶;但这不是说,以色列人在埃及当奴隶受苦的时间会长达四百年,而是说,这将在此后的四百年内发生。经上写到亚伯拉罕的父亲他拉:"他拉共活了二百零五岁,就死在哈兰。"[18]这不是说他拉在那里住了二百零五年,而是说他总共活了这么多年。这样,此处上帝说的"那地的人要苦待他们四百年",

---

[16]《马太福音》,24:21。

[17]《创世记》,15:13。

[18]《创世记》,11:32。

指的是他们的苦难结束时是四百年后，不是总共受苦四百年。所说的四百年是个大概数，无论是从给亚伯拉罕应许时算，还是从以撒出生算（因为上帝是在预言他的后裔，所以可以从他的后裔出生算），真正的时间都更长些。正如我们上面说的，如果从亚伯拉罕七十五岁，也就是上帝对他第一次应许时开始算，到以色列人出埃及，是四百三十年；使徒就此说道："我是这么说，神预先所立的约，不能被那四百三十年以后的律法废掉，叫应许归于虚空。"⑲这四百三十年，可以称为四百年，因为没有多出多少；而如果从上帝在异象中向亚伯拉罕显现说话，或者从以撒出生（那时他父亲一百岁）算，就更是如此。这距离第一个应许二十五年，四百三十减去二十五还有四百零五年，上帝愿意称之为四百年。而上帝随后所说的话，没人怀疑是针对以色列人民的。

24.4 经上随后说："日落天黑，不料有冒烟的炉并烧着的火把从那些肉块中经过。"⑳这象征着，在尘世终末时，肉身要受火的审判。上帝之城的空前灾难，将要在敌基督的时候来临。亚伯拉罕在日落时分（也就是尘世终末将近时）对黑暗的恐惧，就象征了这灾难。而日落时分（也就是终末时）的火，就象征了审判的火，肉身要么因火而得救，要么在火中遭罚。于是，上帝与亚伯拉罕立约，这明确指的是迦南地。上帝列举了这个民族的十一条河流，从埃及的河到幼发拉底大河。他没有提到埃及的大河，即尼罗河，而是提到了埃及和巴勒斯坦之间的小河，里诺克鲁拉（*Rhinocorura*）城就在河边。

---

⑲《加拉太书》，3：17。
⑳《创世记》，15：17。

25. 撒拉愿亚伯拉罕纳自己的使女夏甲为妾

随后的时间,就有了亚伯拉罕的儿子。其中一个是使女夏甲生的,一个是自由人撒拉生的。我在前面一卷谈过他们⑪。根据当时的情况,我们无法怪罪亚伯拉罕纳妾⑫。他这样做是为了传宗接代,不是为了满足淫欲。他没有得罪妻子,而是遵从她的意愿。她相信自己不能自然生育,所以借了能生育的使女的子宫,出于自己的意志这么做,相信这是对自己的不孕的一种弥补⑬。她使用了使徒所说的权利:"丈夫也没有权柄主张自己的身子,乃在妻子。"⑭这女人自己所不能做的,用别个女子来做。这里并没有淫欲在内,也没有下流的邪念。妻子把使女给丈夫,为的是传宗接代,丈夫接受了妻子的馈赠,也是为了传宗接代;双方都不是因为淫欲所致,而是生育的自然需求。后来,使女怀孕后,对不育的主母颐指气使,撒拉出于女人的嫉妒,责备她的丈夫。即使这时候,亚伯拉罕也表明,自己不是奴性的爱恋者,而是自由的生养者。他和夏甲在一起,也要照顾到撒拉的贞节,不为了满足自己的淫欲,而为了满足撒拉的意志;他接受了夏甲,而没有主动勾引她;他接近了她,但没有恋慕她;他把自己的种给了她,但没有爱她。他对撒拉说:"使女在你手下,你可以随意待她。"⑮他这样利用女人,是个多么男子气的男人!他对

---

⑪ 参见本书15:3。

⑫ [译按]奥古斯丁之所以这么说,是因为摩尼教的福斯图斯这样指责亚伯拉罕,参见《驳福斯图斯》,22:30。

⑬ 《创世记》,16:1—3。

⑭ 《哥林多前书》,7:4。

⑮ 《创世记》,16:6。

妻子有节,对侍妾有礼,从来不是毫无节制⑱。

26. 上帝与亚伯拉罕立约,应许他年老时,不育的撒拉会给他生个儿子,他会成为多国的父,上帝用割礼圣事作为这应许的凭据

26.1　　随后,夏甲生了以实玛利,亚伯拉罕以为,在他说要过继家仆时上帝给他的应许通过这孩子实现了。当时上帝说:“这人必不成为你的后嗣,你本身所生的才成为你的后嗣。”⑲但是,上帝让他不要认为这应许在使女的儿子身上实现了:“亚伯兰年九十九岁的时候,主向他显现,对他说:‘我是全能的神。你当在我面前作完全人,我就与你立约,使你的后裔极其繁多。’亚伯兰俯伏在地。神又对他说:‘我与你立约,你要做多国的父。从此以后,你的名不再叫亚伯兰,要叫亚伯拉罕,因为我已立你做多国的父。我必使你的后裔极其繁多。国度从你而立,君王从你而出。我要与你并你世世代代的后裔坚立我的约,做永远的约,是要做你和你后裔的神。我要将你现在寄居的地,就是迦南全地,赐给你和你的后裔永远为业,我也必做他们的神。’神又对亚伯拉罕说:‘你和你的后裔,必世世代代遵守我的约。你们所有的男子,都要受割礼。这就是我与你,并你的后裔所立的约,是你们所当遵守的。你们都要受割礼,这是我与你们立约的证据。你们世世代代的男子,无论是家里生的,是在你后裔之外用银子从外人买的,生下来第八日,都要受割礼。你家里生的和你用银子买

---

⑱　[译按]此处的原文是 *conjuge temperanter*,*ancilla obtemperanter*,*nulla intemperanter*,三个词出于同一词根,汉译很难传达这一修辞效果。
⑲　《创世记》,15:4。

的，都必须受割礼。这样，我的约就立在你们肉体上作永远的约。但在第八日肉身不割阳皮的男子，他的灵魂必从民族中剪除，因他背了我的约。'神又对亚伯拉罕说：'你的妻子撒莱，不可再叫撒莱，她的名要叫撒拉。我必赐福给她，也要使你从她得一个儿子。我要赐福给她，她也要做多国之母，必有百姓的君王从她而出。'亚伯拉罕就俯伏在地喜笑，心里说：'一百岁的人还能得孩子么？撒拉已经九十岁了，还能生养么？'亚伯拉罕对神说：'但愿以实玛利活在你面前。'神说：'不然，你妻子撒拉要给你生一个儿子，你要给他起名叫以撒。我要与他坚定所立的约，作他后裔永远的约。至于以实玛利，我也应允你，我必赐福给他，使他昌盛，极其繁多，他必生十二个族长，我也要使他成为大国。到明年这时节，撒拉必给你生以撒，我要与他坚定所立的约。'"⑱

26.2 显然，这更明确的应许是在以撒中召唤（*vocatione*）各国，这个应许之子代表的不是自然，而是恩典，因为这是应许给老翁和不育的老妪的儿子。当然，在自然的生育过程中，也是上帝在起作用，不过，在自然有欠缺和不能完成的地方，上帝的作用更加明显，我们可以更明确地理解恩典。因为这不是通过生育，而是通过未来的重生完成的。所以，上帝在向撒拉应许儿子时，命令人们行割礼。他不仅命令子孙行割礼，而且让家生的和买来的奴隶行割礼，这证明，恩典和所有人相关。割礼所象征的，不就是去除衰老、更新自然吗？那第八日不正象征着基督吗？他在七日（即安息日）结束后复活。父母的名字改了，一切都是新的声音，正如旧约预示了新约。如果这里没有隐藏着新约，怎么会称为旧约呢？如果不是在旧约里启示，又怎么谈得上新约呢？亚伯拉罕的笑是出于感激的赞美，不是狐疑的嘲笑。

---

⑱《创世记》，17：1—21。

他心灵里是这样的话："一百岁的人还能得孩子么？撒拉已经九十岁了，还能生养么？"⑫这不是怀疑，而是惊叹。也许有人会因下面的话迷惑："我要将你现在寄居的地，就是迦南全地，赐给你和你的后裔永远为业，我也必做他们的神。"⑬任何民族都不能永远拥有那土地，这应许怎么实现，或怎么期待它实现？人们该知道，我们所翻译的永远（aeternum），希腊人称为 αἰώνιον，来自"时代"，因为希腊人称时代为αἰών。但是拉丁文译者不敢把它称为 saeculare，恐怕会表达出歧义。saecularia 这个词指的是这个世界上众多的，但又疏忽易逝的事；而所谓的 αἰώνιον，指的要么是没有终结，要么是直到这个尘世的终结。

27. 男人如果不在第八天行割礼，他的灵魂就会毁灭，因为他违背了与上帝立的约

经上说："但在第八日肉身不割阳皮的男子，他的灵魂必从民族中剪除，因他背了我的约。"⑬该怎样理解这句话，可能有人会迷惑。上帝说他的灵魂要剪除，那却不是婴儿的过错，因为不是他自己背了上帝的约，而是他的父母，因为他们没有操心给他行割礼；若说是婴儿的罪，除非是因为，这婴儿不是在自己的生命中犯的罪，而是在他们和人类共有的起源那里犯的罪，因为在那个人里，大家共同背了上帝的约，人们共同犯了罪⑬。除了主要的两个，即旧约和新约外，有很多被称为上帝的约。旧约和新约可以通过阅读认识。最早的约是和

---

⑫《创世记》，17：17。

⑬《创世记》，17：8。

⑬《创世记》，17：14，和合本译作："但不受割礼的男子，必从民中剪除，因他背了我的约。"

⑬《罗马书》，5：12。

初人订立的,内容是:"你吃的日子必定死。"⑬在题为《便西拉智训》的
经里写道:"凡有血肉的,有如衣服,逐渐陈旧,因为自古以来的定案
是:你必定死。"⑭上帝后来给了一个更明确的律法。使徒就此说:"哪
里没有律法,哪里就没有过犯。"⑮《诗篇》里说:"我把地上所有的罪人
当成过犯者。"⑯这话要是对的,还不是因为,所有被罪束缚的人,都
是违背律法的某种过犯者吗? 真正的信仰认为,婴儿出生并没有
自己犯错,但是有原罪,所以我们必须忏悔,获得恩典为他们赎罪。
我们要知道,这些罪人是乐园中上帝给的律法的触犯者。圣经里
的两句话都是对的:"我把地上所有的罪人当成触犯者。""哪里没
有律法,哪里就没有过犯。"因此,割礼是重生的象征。由于上帝最
初立的约被违背了,人们毁弃了自己的生(generatio),除非靠重生
解救自己,因此婴儿背负原罪也不是不应该的。我们应该这样理
解上帝关于割礼的话,即好像在说:"不得重生的人,他的灵魂必从
民族中剪除,因为在亚当犯罪时,所有人也一同犯罪,背了上帝的
约。"如果上帝说"因为这人背了我的约",那这就只能理解为,指人
们要行割礼。但现在,其中没有明确说,婴儿背了什么样的约,那
我们就可以有自由来理解,对这约的背离,也可以涉及婴儿。如果
谁争辩说,这只是在说割礼,婴儿所背的上帝的约,只是割礼之约,
那么他就应该找到一种理解起来并不荒谬的说话方式。所谓的背
约,并不一定是由他背约,也可以是在他之中背了约。那么我们应
该认识到,除非婴儿罹有原罪,否则,仅仅因为他没有行割礼(而这

⑬《创世记》,2:17
⑭《便西拉智训》,14:18,根据思高本圣经《德训篇》译文,略有改动。此处的"必定死"直译
　　是"在死亡中死亡",参见本书13:4。
⑮《罗马书》,4:15。
⑯《诗篇》,119:119。

是他自己不知道的）就剪除灵魂，那是不公的。

28. 撒拉不孕，亚伯拉罕和撒拉又都年老，故二人不能生育，但改了名字之后，上帝就此给了他们天伦之乐

上帝给亚伯拉罕作了如此重大、如此明白的应许，非常明确地说："我已立你做多国的父。我必使你的后裔极其繁多。国度从你而立，君王从你而出。"[137]"我必赐福给她，也要使你从她得一个儿子。我要赐福给她，她也要做多国之母。必有百姓的君王从她而出。"[138]我们认为，这个应许就是在基督中实现的。从这里开始，圣经称呼这对夫妇时不再用原来的称呼，即亚伯兰和撒莱，而是亚伯拉罕和撒拉。我们一开始就这么称呼他们，因所有人也都这么称呼他们。亚伯拉罕为什么要改名字，上帝给出了理由："因为我已立你作多国的父。"我们应该理解，这就是"亚伯拉罕"的含义；他以前所叫的亚伯兰，翻译过来就是"高高在上的父"。至于撒拉为什么改名字，并没给出理由；但是，正如那些著书解释圣经中的希伯来名字含义的人说的，撒莱的意思是"我的公主"，而撒拉的意思是"德能"（virtus）。《希伯来书》里写道："因着信，连撒拉自己也接受了生育子嗣的能力（virtutem）。"[139]两个都是老人了，有圣经为证；撒拉本来就不育，而今又绝了经，即使她有生育能力，也不可能生育了。即使女人上了年纪后，因为还有月经，可以给年轻男子生个孩子，却不能给老人生。一个老翁也可能生

---

[137] 《创世记》，17：5—6。

[138] 《创世记》，17：16。

[139] 《希伯来书》，11：11，和合本译作："因着信，连撒拉自己，虽然过了生育的岁数，还能怀孕。"[译按]希腊文新约中有不育的意思，但是奥古斯丁没有提到。希腊文的 δυναμς 一词只有能力的意思，没有德性的意思。但是拉丁文的 virtus 却兼有两个意思。圣经上说撒拉获得了生育能力，但奥古斯丁又把能力解释为德性。

子,但必须和年轻女人生,就像撒拉死后,亚伯拉罕可以和基士拉生子,因为他在她那里找得到青春活力[⑭]。使徒谈到了这个神迹,他说,亚伯拉罕身体如同已死,指的是,在那个年龄下,亚伯拉罕不能和任何还只留存一点生育能力的女人生子[⑪]。我们就该理解,他的身体只是一部分如同已死,不是全部。如果是全部,那老人就不能活了,而变成了死去的尸体。这里还有个问题,亚伯拉罕后来和基士拉生育了,这经常被解释为,他从上主那里接受了生育之赐,即使在妻子死后,这赐予还存在。但是在我看来,我们对这个问题的解释更好,因为,虽然我们时代的百岁老翁不能和女人生孩子,但在那时,人们还活得长,百岁还不会把人变成不中用的老朽。

29. 据说,上主通过三个人或天使在幔利的橡树向亚伯拉罕显现

上帝通过三个人在幔利的橡树向亚伯拉罕显现[⑫]。无疑,这三个是天使。有些人认为其中一个是主基督,说他在披上肉身之前就曾是可见的[⑬]。神圣的和不可见的大能,其自然是非物质、不可变的,如果不做些变化,能否向必朽的肉眼显现? 要做到这一点,他不能通过自己,而只能通过低于他的。但什么不是低于他的呢? 如果谁确定,这三个中有一个是基督(因为,当他看到三个时,他称呼一个为主;经上说:"见有三个人在对面站着。他一见,就从帐篷门口

⑭ 《创世记》,25:1。
⑪ 《罗马书》,4:19。
⑫ 《创世记》,18:1—2。
⑬ 参考德尔图良,《论基督的肉身》,6;《驳犹太人》,9;《驳马克安》,2:27;3:9。殉道者尤斯丁,《与蒂尔弗的对话》;尤西比乌,《编年史》,1:2。奥古斯丁可能也曾持这一看法,参见《论三位一体》,2:21。

跑去迎接他们,俯伏在地,说,我主,我若在你眼前蒙恩",等等⑭。),他们为什么不注意,在亚伯拉罕向其中一个说话,称他为主,求他不要把所多玛的正义者和不敬者一同毁灭的时候,另外两个同来的,已经去毁灭所多玛了?罗得接待了那两个,他即使在和这两个说话时,也称呼每一个为主。他先是用复数说:"我主啊,请你们到仆人家里"等等⑮。在这之后我们读到:"两个天使⑯因为主怜恤罗得,就拉着他的手和他妻子的手,并他两个女儿的手,把他们领出来,安置在城外。领他们出来以后,就说:'逃命吧。不可回头看,也不可在平原站住。要往山上逃跑,免得你被剿灭。'罗得对他们说:'我主啊,你仆人已经在你眼前蒙恩。'"等等等等⑰。在这之后,主回答这些话时,又以单数来说话,虽然显现为两个天使:"我已当着你的面行了奇迹"⑱,等等。亚伯拉罕通过三个人认识主,罗得通过两个认识,这是更可信得多的。但他们都用单数与主说话,哪怕是在认为他们是人的时候;他们接待这三个,不过是因为认为他们是必朽的人,要像人一样,需要休息。但是,他们必有特异之处,正如先知们常说的,即使是人形,那接待他们的人,也不会怀疑有上帝在他们中。因此,他们有时候用复数称呼他们,有时候用单数称呼他们当中的主。圣经里对于天使的见证,不仅在有这些故事的《创世记》里,而且在《希伯来书》里,使徒赞美接待客旅时说:"因为曾有接待客旅的,不知不觉就接待了天使。"⑲那时候,通过三个人,上帝再次向亚伯拉罕应许,撒拉会给他生儿子以撒。以后他又再次得到了神的应许,神对

---

⑭ 《创世记》,18:2—3。

⑮ 《创世记》,19:2。

⑯ 和合本作"二人"。

⑰ 《创世记》,19:16—19。

⑱ 《创世记》,19:21,按七十士本。

⑲ 《希伯来书》,13:2。

他说:"亚伯拉罕必要成为强大的国,地上的万国都必因他得福。"[150]这是两个应许,既很简洁又很充分,一个是关于肉身的以色列民族的,一个是关于信仰的所有民族的。

30. 罗得从所多玛被救出,而所多玛被天火吞没;亚比米勒的淫欲并不能伤害撒拉的贞节

在给出这个应许后,罗得从所多玛被救出,天降大火,这个不敬之城的整个区域化为灰烬。在这里,男性之间的淫乱极为流行,甚至得到了法律的纵容,和别的行为一样得到许可[151]。但这些事情,其实也是对未来神圣审判的一个张本。那些被天使救出的人们为什么不准回头看呢? 还不是因为,如果我们不想遭受末日审判,心灵就不能回到旧的生命? 恩典已经让人们获得重生,走出了旧的生命。所以,罗得的妻子回头一看,就留在了那里,变成了盐柱,于是给信仰虔敬的人们提了一个醒,让他们用智慧思考,能够警惕这个例子[152]。在这之后,在基拉耳,和在埃及一样,该城的王亚比米勒娶了亚伯拉罕的妻子,又因同样的原因把她交了回去。国王责备亚伯拉罕,为什么不说那是他妻子,而说是他妹妹。亚伯拉罕明确说他害怕了,并且加上:"况且她也实在是我的妹子。她与我是同父异母。"[153]因为她和亚伯拉罕是同父所生,所以是他的妹妹。撒拉很美,年纪那么大了,还有人追求。

---

[150] 《创世记》,18:18。
[151] 参考本书 14:18。
[152] 《创世记》,19:26。
[153] 《创世记》,20:12。

31. 按照应许，以撒出生了。 他的名字来自她父母的笑

在这之后，按照上帝的应许，亚伯拉罕和撒拉生了个儿子，给他取名叫以撒，意思是"笑"。他的父亲在得到应许时，曾经敬畏而兴奋地笑；他的母亲得到三个人的应许时，曾经怀疑但兴奋地笑。天使谴责她，笑中虽然有兴奋，但是信仰却不完全。后来，同一个天使确认了她的信仰。那个孩子的名字就因此而来。撒拉的笑不是出于嘲笑的责备，而是来自欣庆的兴奋，这从撒拉给他取的名就能证明了。因为她说："神使我喜笑，凡听见的必与我一同喜笑。"⑮不久之后，使女和她的儿子被赶出了家。使徒说，这两个象征了新旧两约。撒拉代表了天上的耶路撒冷，就是上帝之城⑮。

32. 亚伯拉罕的服从和信仰，可从他把儿子献作祭祀证明。 以及撒拉之死

32.1 要记述所有的事就太冗长了，其中可以谈到上帝试探亚伯拉罕，让他把最爱的儿子以撒献作祭祀，从而证明他虔敬的服从，这是为了向世人，而不是向上帝展示。细节不必赘述⑯。并不是所有的试探都是不好的，因为所要证明的，是值得庆贺的。很多时候，除非尽力通过行为，而不是言辞，来回答所试探的问题，否则，人的心灵就不能认识自己。如果因此而承认了上帝的保佑，就是虔敬的，就会在恩典的稳固中变得坚固，而不会在自我膨胀中化为乌有。亚伯拉

⑮《创世记》，21:6。
⑮《创世记》，21:6。
⑯《创世记》，22:1—14。

罕本来不信,上帝会喜欢用人做祭祀。但是对于神的诫命,就如雷电一般,需要服从,这是不必争论的。而且,亚伯拉罕立即相信,他的儿子在做了祭祀后,会复活的。所以他值得赞美。在他不愿满足妻子的意愿,把使女和她的儿子赶出家门时,上帝对他说过:"从以撒生的,才要称为你的后裔。"随后他又确定地说:"至于使女的儿子,我也必使他的后裔成立一国,因为他是你所生的。"⑮上帝把以实玛利也称为他的后裔,为什么说,"从以撒生的,才要称为你的后裔"? 使徒解释此处说:"惟独从以撒生的,才要称为你的后裔。这就是说,肉身所生的儿女,不是神的儿女。惟独那应许的儿女,才算是后裔。"⑮这应许的儿女所生的,因为是从以撒生的,被称为亚伯拉罕的后裔,也就是,他们因恩典和在基督中聚集而得到这个称呼。虔敬的父亲充满信仰地牢记这应许,因为这应许要靠上帝命令他杀死的儿子来实现。既然上帝在他没有希望的时候能给他一个儿子,他不怀疑,他的儿子做了祭祀后,还会回来的。这可以从《希伯来书》的下述解释中看到。使徒说:"亚伯拉罕因着信,被试验的时候,就把以撒献上。这便是那欢喜领受应许的,将自己独生的儿子献上。论到这儿子曾有话说,从以撒生的才要称为你的后裔。他以为神还能叫人从死里复活。"随后又加上:"他也仿佛从死中得回同样的一个来。"⑮这里"同样的一个"所指的,难道不正是这个使徒所说的"神不爱惜自己的儿子为我们众人舍了"的那一个⑯? 就像我主背着他的十字架一样,以撒也自己背着祭祀的柴到祭祀的地方去。他自己就要躺在那柴上。后来,因为以撒不用被杀死,所以他父亲被禁止下手。那么,那个做了祭物、流

⑮《创世记》,21:12—13。
⑮《罗马书》,9:7—8。
⑮《希伯来书》,11:17—19,"同样的一个"和合本译作"他的儿子"。
⑯《罗马书》,8:32。

血为证、完成了这祭祀的公羊,究竟是谁呢? 在亚伯拉罕看到它时,它的两角正扣在小树中[161]。除了耶稣,这还能象征谁呢? 那双角象征的,就是他在被祭祀之前,犹太人给他戴上的荆冠[162]。

32.2 但是,我们还是来听听通过天使传达的神言吧。圣经上说:"亚伯拉罕就伸手拿刀,要杀他的儿子。主的使者从天上呼叫他说:'亚伯拉罕,亚伯拉罕。'他说:'我在这里。'天使说:'你不可在这童子身上下手。一点不可害他。现在我知道你是敬畏神的了。因为你没有将你的儿子,就是你独生的儿子,留下不给我。'"[163]这里说"现在我知道",意思是"现在我让人知道了";上帝没有什么此前不知道的。随后,上帝让公羊代替他的儿子以撒。我们读到:"亚伯拉罕给那地方起名叫主以勒(就是主看见),直到今日人还说,在那山上主会看见。"[164]正如经上说的"现在我知道",意思是"现在我让人知道了";同样,经上说的"主看见",意思是"主显现",即"让人们看见他"。"主的使者第二次从天上呼叫亚伯拉罕说:主说:'你既行了这事,不留下你的儿子,就是你独生的儿子,我便指着自己起誓说,论福,我必赐大福给你。论子孙,我必叫你的子孙多起来,如同天上的星,海边的沙。你子孙必得着仇敌的城门,并且地上万国都必因你的后裔得福,因为你听从了我的话。'"[165]祭祀象征着基督,在这之后,上帝通过亚伯拉罕的后裔召唤所有民族,甚至用誓言强化上帝的应许。上帝曾经应许几次,但尚未发过誓。真正而真切的上帝的誓言不就是对应许的强调、对不信者的斥责吗?

---

[161] 《创世记》,22:1—14。

[162] 《马可福音》,15:16;《约翰福音》,19:1。

[163] 《创世记》,22:10—12。

[164] 《创世记》,22:14,"主看见"和合本译作"主必预备","在那山上主会看见"和合本作"在主的山上必有预备"。

[165] 《创世记》,22:15—18。

32. 3　在这之后,撒拉死了,她享寿一百二十七岁⑯。她的丈夫那年一百三十七岁,因为他比撒拉大十岁;因为在亚伯拉罕得到应许的一个儿子时,他自己说:"一百岁的人还能得孩子么? 撒拉已经九十岁了,还能生养么?"⑯亚伯拉罕买了一块地,把妻子葬在那里⑯。按照司提反的讲法,亚伯拉罕从此就在那里立足,因为他开始成了那块地的拥有者;这是在他父亲死后,他父亲是两年前死的⑯。

33. 以撒娶拿鹤的孙女利百加为妻

利百加是以撒的叔叔拿鹤的孙女,以撒四十岁的时候,娶她为妻,那时候他的父亲一百四十岁,他母亲死去三年了。当时他父亲派仆人去了美索不达米亚,去迎娶利百加,亚伯拉罕对这个仆人说:"请你把手放在我大腿底下。我要叫你指着主天地的主起誓,不要为我儿子娶这迦南地中的女子为妻。"⑰这不是表明,天地共同的主上帝,正要化为那大腿传下的肉身来临? 我们看到,这些真理的预兆在基督中实现了,这岂是小事?

34. 撒拉死后,亚伯拉罕娶基士拉为妻,这该怎么理解

撒拉死后,亚伯拉罕娶基士拉为妻,他到底想要什么?⑰ 我们不能认为亚伯拉罕淫欲无度,因为他已经那么年迈,又有那么神圣的信

---

⑯　《创世记》,23:1。
⑰　《创世记》,17:17。
⑱　《创世记》,23:19—20。
⑲　《使徒行传》,7:2—4;本书15:2。
⑳　《创世记》,24:2—3。
㉑　《创世记》,25:1。

仰。上帝已经应许,他的子孙会从以撒传承,犹如天上的星星和地上
的尘沙,他把这应许当作千真万确的,那么,难道他还要求生子吗?
按照使徒的说教,如果夏甲和以实玛利象征了旧约中的骨血⑫,为什
么基土拉和她的儿子就不能象征那些自认为属于新约的骨血呢? 她
们都既被称为亚伯拉罕的妻,又称为妾,而只有撒拉没被称为妾。在
谈到亚伯拉罕娶夏甲时,经上说:"于是亚伯兰的妻子撒莱将使女埃
及人夏甲给了丈夫为妻。那时亚伯兰在迦南已经住了十年。"⑬基土
拉是撒拉死后娶的。经上说:"亚伯拉罕又娶了一妻,名叫基土拉。"⑭
看,这两个都说是"妻";但我们发现两个其实都是妾,后来经上说:
"亚伯拉罕将一切所有的都给了以撒。亚伯拉罕把财物分给他庶出
的众子,趁着自己还在世的时候打发他们离开他的儿子以撒,往东方
去。"⑮他的妾所生的儿子确实得了些财产,但是他们没有得到应许的
王国——异端和肉身的以色列都没有得到——因为除了以撒,没有
真正的继承者,"肉身所生的儿女,不是神的儿女。惟独那应许的儿
女,才算是后裔"⑯。神对亚伯拉罕说:"从以撒生的,才要称为你的后
裔。"⑰基土拉是在原配死后娶的,为什么还称为妾? 当然是因为这个
神秘的含义。但是,如果谁不想接受这样的含义,那也不能指责亚伯
拉罕。也许,这个故事就是为了反对后来的异端对再婚的攻击。万
国之父在妻子死后再婚,不是证明这是无罪的吗?⑱ 亚伯拉罕在一百
七十五岁时死去⑲,丢下七十五岁的儿子以撒,因为是他一百岁时

⑫ 《加拉太书》,4:24。
⑬ 《创世记》,16:3,"为妻"和合本译为"为妾"。
⑭ 《创世记》,25:1。
⑮ 《创世记》,25:5—6。
⑯ 《罗马书》,9:8。
⑰ 《创世记》,21:12。
⑱ 参见奥古斯丁,《驳福斯图斯》,32:17;《论异端》,26。
⑲ 《创世记》,25:7。

生的。

35. 利百加的孪生子还在母胎中时，神的回答揭示了什么

我们来看，亚伯拉罕以后，上帝之城如何在时间中发展。以撒六十岁时生了儿子，从他一岁到六十岁之间，出了一件值得纪念的事。他的妻子不育，他求上帝让她生产，上帝答应了这祈求，她怀孕了，有了一对孪生子。这对孪生子在母腹中时就开始争斗。这让利百加很苦恼，她询问上主，得到了上主的回答："两国在你腹内，两族要从你身上出来；这族必强于那族，将来大的要服事小的。"[180]使徒保罗希望我们能把这理解为恩典的重大证明，因为两个都还没有生，既没有做好事，也没有做坏事，大的和小的都不该因为品德被拣选或谴责[181]；无疑，至于原罪，他们都是同等具有的；至于具体的罪，谁也没有犯。但是，现在这本书的计划使我不能过多谈这些。我在别处已经说得很多了[182]。这里说"大的要服事小的"，我们都只能理解为，古老的犹太人要服事新生的基督徒。这预言好像在以东人那里实现了。以东人是长子的后代，长子有两个名字（以扫又叫以东，他的后裔就是以东人）。幼子所出的是以色列人。好像以东人要被征服，服从以色列人。但是，我们更应该相信，"这族必强于那族，将来大的要服事小的"有更重大的预言含义。这不是明显在说，犹太人要服从基督徒吗？

---

[180]《创世记》，25:23。

[181]《罗马书》，9:11。

[182] 参见奥古斯丁，《对〈罗马书〉四命题的阐释》，60;《致辛普利奇阿诺斯》，1:2。

36. 以撒接受了和他父亲一样的神谕和赐福,靠他父亲的品德得到了上帝的爱

　　以撒接受的神谕,和他父亲接受的是同类的。经上就这神谕写道:"在亚伯拉罕的日子,那地有一次饥荒。这时又有饥荒,以撒就往基拉耳去,到非利士人的王亚比米勒那里。主向以撒显现,说:'你不要下埃及去,要住在我所指示你的地。你寄居在这地,我必与你同在,赐福给你,因为我要将这些地都赐给你和你的后裔。我必坚定我向你父亚伯拉罕所起的誓。我要加增你的后裔,像天上的星那样多,又要将这些地都赐给你的后裔。并且地上万国必因你的后裔得福,都因亚伯拉罕听从我的话,遵守我的吩咐和我的命令、律例、法度。'"[183]这个族长没有别的妻妾,后来一次同房生出了一对孪生子,他就满意了。以撒在外国人中住的时候,也害怕妻子的美丽会带来危险,就和他父亲一样,说那是他妹妹,不说是妻子。因为二人的父母都属同一血缘,他们确实是亲戚。但是,即使在人们知道那是他妻子后,她也没有受外国人的伤害[184]。我们不能因为他除了一个妻子没碰过别的女人,就说他胜过他父亲。无疑,他父亲的信仰和服从有更高的品德,就像上帝说的,他赐给以撒的好处是因为他父亲。他说:"并且地上万国必因你的后裔得福,都因亚伯拉罕听从我的话,遵守我的吩咐和我的命令、律例、法度。"在给出另外的神谕时,他说:"我是你父亲亚伯拉罕的神,不要惧怕,因为我与你同在,要赐福给你,并要为我仆人亚伯拉罕的缘故,使你的后裔繁多。"[185]我们要理解,亚伯拉罕

---

[183] 《创世记》,26:1—5。

[184] 《创世记》,26:7—11。

[185] 《创世记》,26:24。

的行事都是贞洁的,只是那些不洁和邪恶的人们,从圣经中的神圣族长找证据来为自己的事正名,认为亚伯拉罕做事出于淫欲;其次,我们也要知道,我们不能凭人们一件一件的事来比较,而要看到全部。有可能,某人的生活和道德中有些品质超过别人,但是在别的上面被人超过,而那超过别人的却重要得多。根据这种健康而正确的评判,独身胜过婚姻,但是有信仰的结婚者却胜过没信仰的独身者。无信仰的人不仅不配赞美,而且要绝对被厌弃。我们要确立两种好;最有信仰的和最服从上帝的结婚者比不怎么有信仰、不怎么服从的独身者好。如果别的方面一样,谁能怀疑独身比结婚好?

37. 以扫和雅各的神话象征了什么

以撒的两个儿子以扫和雅各同时成长。长子与幼子之间达成合约和协议,把长子的名义给了幼子。长子欲望无度,想要幼子准备的食物红汤,幼子要求哥哥起誓,以此价格把他长子的名份卖给他[186]。我们因此学到,并不是我们所吃的食物,而是对食物的毫不节制的贪婪,是应该批评的。以撒已经年迈,眼睛也衰老昏花。他想赐福长子,却不知不觉赐福了幼子。长子毛发很壮,在父亲摸幼子的手时,幼子把小羊的皮裹在手上——象征他承担了另一个的罪。我们不能把雅各的心计当成一个骗人的心计,而不看这神话里的重大含义。圣经前面说了:"以扫善于打猎,常在田野。雅各为人单纯,常住在帐篷里。"[187]我们中一些人把这当成"没有心计"的意思。希腊文的 ἄπλαστος 意思要么是没有心计,要么是单纯,要么是不骗人(这个更

---

[186] 《创世记》,25:29—34。
[187] 《创世记》,25:27,"单纯"和合本译作"安静"。

好）。一个没有心计的人靠什么心计获得赐福呢？如果不是神话里有很深的真理，一个单纯的人的心计是什么呢？他是不会骗人的人啊。这赐福是什么性质的呢？他说："我儿的香气如同主赐福之田地的香气一样。愿神赐你天上的甘露，地上的肥土，并许多五谷新酒。愿多民事奉你，多国跪拜你。愿你作你弟兄的主。你母亲的儿子向你跪拜。凡咒诅你的，愿他受咒诅。为你祝福的，愿他蒙福。"[18]对雅各的赐福象征了基督对万国的赐福。这赐福而今正在实现和完成。以撒就是律法和先知书；基督甚至通过犹太人的嘴受到律法和先知书的赐福，但犹太人并不知道，因为他们不知道律法和先知书该怎样理解。基督之名的芳香充满了世界，就像充满田地一样。对他的赐福来自天上的甘露，就是如雨降落的神圣言语；也来自地上的膏腴，就是民人的聚集；来自丰硕的果实和美酒，就是在圣事中所聚集的基督的身体和血。万国都做他的仆人，君王都礼敬他。他是他的兄弟的主，因为犹太人受他的选民统治。他的父的儿子礼敬他，这是指亚伯拉罕的凭信仰的儿子；他也是亚伯拉罕凭肉身的儿子。凡是诅咒他的，都会受诅咒；凡是祝福他的，都会受祝福。我说，我们的基督甚至从犹太人嘴里受祝福，虽然他们有错误，但他们还在背诵律法和先知书。那里面说的其实是他，但是犹太人认为是另一个受了祝福。因为错误，他们在期盼另外一个。看啊，后来他的长子来要应许的祝福，以撒大惊，才知道他把另一个当以扫祝福了。他很吃惊，问那一个是谁。但他并没有抱怨自己受骗了；这伟大圣事的意义立即在他内心里揭示出来。于是他抛弃了不快，坚固了祝福。他说："你未来之先，是谁得了野味拿来给我呢，我已经吃了，为他祝福。他将来也

---

[18] 《创世记》，27：27—29。

必蒙福。"[18]如果这不是上天的启示,而只按照地上的道德,谁不知道等待的必是愤怒之人的诅咒? 啊! 真实的历史,也是预言的故事! 在地上,也在天上! 属人的,也是属神的! 如果我们要考察每个神话丰富的含义,那会写满很多卷书;但是我们这书还要加个有节制的限度,所以我必须赶快转入别的问题。

38. 雅各到美索不达米亚去迎娶妻子,在路上做了个梦,本来只要娶一个,却得了四个女子为妻

38.1 雅各被父母派往美索不达米亚去娶妻。临去的时候,父亲对他说:"你不要娶迦南的女子为妻。你起身往巴旦亚兰去,到你外祖彼土利家里,在你母舅拉班的女儿中娶一女为妻。愿全能的神赐福给你,使你生养众多,成为多族,将应许亚伯拉罕的福赐给你和你的后裔,使你承受你所寄居的地为业,就是神赐给亚伯拉罕的地。"[19]我们把这理解为,雅各的后裔与以撒的其他后裔,即以扫所生的,分开了。经上说:"从以撒生的,才要称为你的后裔。"[19]这里指的是属于上帝之城的后裔,同亚伯拉罕别的后裔分开了。那些后裔是使女的儿子所生的,以及后来基士拉的儿子所生的。但是对于以撒的两个孪生子,却没有说清,究竟是两个都受祝福,还是只有其中一个受了祝福。如果是一个,是其中哪个呢? 当他父亲向雅各预言和祝福时,这个问题明确了:"成为多族,将应许亚伯拉罕的福赐给你。"

38.2 于是,雅各前往美索不达米亚,在梦中接受了神谕,经上

---

⑱ 《创世记》,27:33。

⑲ 《创世记》,28:1—4。

⑲ 《创世记》,21:12。

说："雅各出了别是巴，向哈兰走去。到了一个地方，因为太阳落了，就在那里住宿，便拾起那地方的一块石头枕在头下，在那里躺卧睡了，梦见一个梯子立在地上，梯子的头顶着天，有神的使者在梯子上，上去下来。主站在梯子以上，说：'我是主你祖亚伯拉罕的神，也是以撒的神。我要将你现在所躺卧之地赐给你和你的后裔。你的后裔必像地上的尘沙那样多，必向东西南北开展。地上万族必因你和你的后裔得福。我也与你同在。你无论往哪里去，我必保佑你，领你归回这地，总不离弃你，直到我成全了向你所应许的。'雅各睡醒了，说：'主真在这里，我竟不知道。'就惧怕，说：'这地方何等可畏，这不是别的，乃是神的殿，也是天的门。'雅各清早起来，把所枕的石头立作柱子，浇油在上面。他就给那地方起名叫伯特利（就是神殿的意思）。"⑫这也属于预言。雅各在石头上浇油，并不是服侍偶像，把它当成神；他并没有礼敬那块石头，也没有向它献祭；基督的名字来自"敷油"（chrisma），就来自浇油之事，那么这就是个象征，关联到很大的圣事。至于那个梯子，我们的救世主在福音书中重提了这件事。当时，他说拿但业："看哪，这是个真以色列人，他心里是没有诡诈的。"⑬因为是以色列，也就是雅各，看到了这景象，于是他在同一处说："我实实在在地告诉你们，你们将要看见天开了，神的使者上去下来在人子身上。"⑭

38.3　于是雅各到了美索不达米亚去娶妻。圣经上说，在那里，他娶了四个女人，和她们生了十二个儿子和一个女儿，但并没有非法的淫欲。他本来只是来娶一个妻子的，但是一个女子利亚骗他，代替了另一个拉结，他晚间不知情地和利亚同床，后来也没有休掉她，以

⑫《创世记》，28：10—19。
⑬《约翰福音》，1：47。
⑭《约翰福音》，1：51。

免她遭到嘲笑。并且,在那个时候,为了后代众多,多娶几个妻子不是法律禁止的,所以他对原来所订的那个妻子拉结,也接受了。这个女子不育,于是把自己的使女辟拉给丈夫,让他与使女生子;她的姐姐利亚虽然生育,但为了繁衍众多,也学她这样做。我们并没有读到,雅各想要不止一个女子,如果不是为了生育后代的职责,他不会娶那么多。他遵守了结婚时的诺言,如果不是他的妻子们让他这么做,他是不会做的,因为妻子有权处置丈夫的身体⑱。于是,四个妻子给他生了十二个儿子和一个女儿。⑲ 随后,因为他的儿子约瑟的事,他到了埃及。约瑟被他那嫉妒的兄弟卖到埃及,后来约瑟成为显赫的人。

39. 为什么雅各得了以色列的名字

正如我前不久说的,雅各又名以色列,而且他所生的民族都以此为名。一个天使在他离开美索不达米亚的路上和他摔交,给了他这个名字⑲。这天使很显然带着基督的某种形像。雅各战胜了他,天使让这发生,当然是某种象征,象征了基督的受难,让犹太人好像战胜了他。而雅各所战胜的那个天使还要向他祝福;起这个名字就是赐福。"以色列"的意思是"见神",这是所有的圣徒最终所得的奖赏。这个天使还摸了好像取胜的雅各的大腿窝,让他瘸着回去。他既给雅各祝福,又让他变瘸。祝福,是给与这个民族中那些信仰基督的人;变瘸,是给其中的不信者。大腿窝象征了众多。先知的这句语言

---

⑱《哥林多前书》,7:4。

⑲《创世记》,29:1—30。

⑲《创世记》,32:24—32。

就是针对他的子孙中的众多人说的：“一瘸一拐地出他们的营寨。”⑱

40. 经上怎样说雅各带着七十五个灵魂进埃及；这里所提及的，大多是后来生的

　　然后，经上说雅各进了埃及，带着七十五个人，包括他自己和他的子女。其中还记录了两个女人，一个是他的女儿，一个是他的孙女。但是仔细的演算表明，在进埃及的那一天或那一年，雅各的子女没有这么多。那里甚至提到了约瑟的曾孙，但那时不可能有，因为那时候雅各一百三十岁，约瑟三十九岁；人们知道，约瑟在三十岁或更大一点时娶了妻，那么在九年中，他的妻子给他生的儿子怎么会给他生出曾孙来？约瑟的儿子以法莲、玛拿西还不会有儿子，因为雅各到埃及的时候，发现他们还是不到九岁的孩子，那么，经上为什么讲，雅各到埃及的时候，不仅带着他的儿子，而且带着曾孙，总共七十五个人？那里提到了玛拿西的儿子玛吉，也就是约瑟的孙子，甚至这个玛吉的儿子，即玛拿西的孙子、约瑟的曾孙迦得，还提到了约瑟的另外一个儿子以法莲所生的乌塔拉，这是约瑟的孙子，还有乌塔拉的儿子，即以法莲的孙子、约瑟的曾孙以东；当雅各来到埃及，约瑟的儿子，即雅各的孙子、这些人的祖父，还不到九岁时，这些人都不可能在。但是，当经上说到雅各带着七十五个人进入埃及的时候，指的不是一天或一年，而是约瑟生活的整个时间，因为是约瑟的原因使他们来到了埃及。针对约瑟自己，经上说：“约瑟和他父亲的眷属都住在埃及。约瑟活了一百一十岁。约瑟得见以法莲第三代的子孙。”⑲这

---

⑱ 《诗篇》，18：45，“一瘸一拐”和合本译作“战战兢兢”。
⑲ 《创世记》，50：22—23。

是指从以法莲以后算的第三代。这三代分别指子、孙、曾孙。随后又说："玛拿西的孙子,玛吉的儿子也养在约瑟的膝上。"[200]这里说的玛拿西的孙子,就是约瑟的曾孙。但按照圣经的习惯,单个人常常以复数相称,比如在说雅各的女儿时,说"女儿们"。同样,在拉丁语的习惯里,提到孩子时也说复数的"儿子们",虽然不过就是一个[201]。经上说约瑟将会享福,因为他看到了曾孙,但我们不应该认为,在他们的曾祖父约瑟三十九岁、约瑟的父亲雅各来到埃及时,就有他们了。没有仔细研究此事的人很容易犯这样的错。经上说:"来到埃及的以色列人名字记在下面。"[202]这里一共说了七十五个和雅各来的人,并不是说,在雅各来埃及时他们都在。而是,正如上面说的,他们的进入发生在约瑟的整个一生,而约瑟就是他们来到埃及的原因。

41. 雅各给他的儿子犹大所应许的福祉

上帝之城就在基督徒身上,是这地上的过客。如果我们在亚伯拉罕的后裔里寻求基督的肉身,就发现以撒与亚伯拉罕之妾所生的儿子相互分离;以撒与以扫(即以东)相分离,以撒生了雅各,即以色列;至于以色列自己的后裔,犹大与别的儿子相分离,因为基督出自犹大的部落。以色列在埃及死去时,就此给他的子孙祝福,这祝福是针对犹大的预言。我们听他说:"犹大啊,你弟兄们必赞美你。你手必掐住仇敌的颈项。你父亲的儿子们必向你下拜。犹大是个小狮子。我儿啊,你抓了食便上去。你屈身去睡,卧如公狮,蹲如母狮,谁能唤起? 圭必不离犹大,杖必不离他两脚之间,直等细罗(就是赐平

---

[200]《创世记》,50:23。

[201] 比如奥鲁斯·盖留斯,《阿提卡之夜》,2:13。

[202]《创世记》,46:8。

安者）来到，万民都必归顺。犹大把小驴拴在葡萄树上，把驴驹拴在美好的葡萄树上。他在葡萄酒中洗了衣服，在葡萄汁中洗了袍褂。他的眼睛必因酒红润。他的牙齿必因奶白亮。"[203]我在反驳摩尼教的福斯图斯时讨论了这段话，我认为这个预言里的真理已经相当清楚了[204]。这里所说的睡觉，已经预言了基督之死；说到狮子，指他的死是他自己的能力所控制的，而不是必然的。在福音书里，他自己预言了这个能力，说："我有能力将灵魂舍去，也有能力再取回来。没有人夺我的灵魂去，是我自己舍的。我有权柄舍了，也有权柄取回来。这是我从父所受的命令。"[205]狮子怎样吼叫，他便怎样实现他所说的。随后谈他的复活的话也属于他的能力："谁能唤起？"[206]意思是，除了他自己，没人能够；而他又这样说自己的身体："你们拆毁这殿，我三日内要再建立起来。"[207]谈到他所遭受的那种灭亡，也就是死在十字架上，我们可以用一个词来理解："上去。"然后他又加上："屈身去睡。"[208]福音书里谈到此处时说："便低下头，将灵交付神了。"[209]这也可以指他的坟墓，他在里面屈身睡了。他没有像一般人，比如先知书里所说的一些人或他所救的别人那样起来，而是自己复活，像从梦中起来。他在酒中洗涤了袍褂就是他用自己的血洗去了罪，受了洗的人们知道他的血所蕴含的圣事。后面加上"在葡萄汁中洗了袍褂"，指的不正是教会吗？"他的眼睛必因酒红润"指的是，他的灵

---

[203]《创世记》，49：8—12，译文有所调整。

[204] 奥古斯丁，《驳福斯图斯》，12：42。

[205]《约翰福音》，10：17—18，和合本前半句译作"我将命舍去，好再取回来"。［译按］和合本 "灵魂"一词没有译出。而"能力"则是奥古斯丁自己加的，希腊文原本并没有。

[206]《创世记》，49：9，和合本译作"谁敢惹你。"

[207]《约翰福音》，2：19。

[208]《创世记》，49：9，和合本译作"屈下身去"。

[209]《约翰福音》，19：30，"灵"和合本译作"灵魂"。

因这杯而醉。《诗篇》中又唱："你那醉人的酒杯,是多么奇妙"[⑳],"他的牙齿必因奶白亮",使徒谈到小孩时说,是用言(即奶)喂他们的,不是用饭喂他们[㉑]。给犹大的预言,都是为基督保留着的,在这些实现之前,这一系的君王,也就是从以色列出的国王,从来都不缺少。"万民都必归顺",不必解释,这意思很清楚。

42. 雅各交叉双手预言,给约瑟的儿子们祝福

以撒的两个儿子以扫和雅各分别象征了犹太人和基督徒这两群(不过,若就肉身血统的所属而言,前者其实指的不是以扫的后裔犹太人,而是以东人;后者也不是从雅各来的基督徒,而是犹太人,经上说的"大的要服事小的"[㉒]只是象征了这一点)。这象征也体现在约瑟的两个儿子中。他的长子所生的代表了犹太人,幼子生的代表了基督徒。雅各给他们祝福时,他在他左边的幼子的头上伸出右手,在他右边的长子头上伸出左手。这在孩子们的父亲看来,错得太大了,他提醒自己的父亲改正错误,告诉他哪个是长子。但雅各不愿换过手来,而是说:"我知道,我儿,我知道。他也必成为一族,也必昌大。只是他的兄弟将来比他还大。他兄弟的后裔要成为多族。"[㉓]他在这里说了两个应许。一个称为一族,一个称为多族。什么能比这两个应许更清楚地表明,亚伯拉罕的后裔以色列民族会布满大地,一个是依照肉身的,一个是依照信仰的?

㉑《诗篇》,23:5,七十士本。
㉑《哥林多前书》,3:2。
㉒《创世记》,25:23。
㉓《创世记》,48:12—19。

.·

43. 摩西、嫩之子约书亚、士师、列王的时代。 扫罗是第一个王，大卫是最重要的王，无论就圣事还是就品德而言

43.1　雅各死了，约瑟也死了，一百四十四年之后，他们从埃及出来。在这期间，以色列民族以不可思议的速度增长，虽然因埃及人的迫害减员不少。那时候，埃及人害怕以色列惊人的人口增长，凡是以色列人生了男孩，都要杀死[214]。摩西被偷偷救出了杀婴者之手，被领到埃及的王室，因为上帝准备通过他实现大事[215]。法老（这一直是埃及的王的名称）的女儿来救起了他，收养了他，他长成一个伟大的人，把自己惊人增长的民族从最困苦、最艰难的奴役枷锁中解救。或者说，曾经向亚伯拉罕应许此事的上帝，通过他完成了此事。他起先曾逃出埃及：他为保护一个以色列人，杀死了一个埃及人，畏罪逃走[216]，后来，圣灵给了他力量，让他完成神圣的使命，他击败了法老的术士的阻挠。那时候，埃及人不想放上帝的选民走，于是摩西给他们带来了十场难忘的灾难，水变为血，蛙、虱、蝇等毒虫肆虐，牲畜病死，疮、雹、蝗相继，黑暗降临，长子死亡[217]。埃及人被这么多可怕的灾难击垮了，终于放走了以色列人，在追击他们时，在红海全军覆没。大海分开，给逃亡者让出路来；追击者走进去时，海水回流，把他们淹没[218]。在后来的四十年中，摩西带领着上帝的选民待在荒漠。在那里，"圣所"得了名。上帝在里面接受祭祀的服侍，这祭祀预示着未来的事[219]。在这之

---

[214] 《出埃及记》，1：15—22。
[215] 《出埃及记》，2：5—10。
[216] 《出埃及记》，2：11—15。
[217] 《出埃及记》，7—12，14。
[218] 《出埃及记》，14：5—31。
[219] 《出埃及记》，25：8—27。

前,他们在山上得到了有伟大震慑力的律法。这些在神的最明确而奇妙的象征和声音中得到了见证。这发生在他们离开埃及后不久。在人们开始住在荒漠中的时候,他们以祭献羔羊来庆祝逾越节过后五十天。这羔羊预言了基督的形像,在基督的受难中,他自己做了祭品,从这个世界转到了圣父那里。在希伯来语里,逾越节就是"转移"的意思[20]。这个意思在新约中揭示了出来:"我们逾越节的羔羊基督已经被杀献祭了。"[21]圣灵在五旬节(即五十天后)从天上降临[22],圣灵在福音书里称为"上帝的手指"[23]。这让我们想起我们记忆中这象征的最早记录,那就是上帝用手指在石板上刻下的律法[24]。

43.2　摩西死后,嫩的儿子约书亚继续带领以色列人,来到应许的土地,把土地分给人们。这两个神奇的领袖发动了最辉煌而神奇的战争。上帝在战争中帮助他们取胜,与其说是因为希伯来人的品德,不如说是因为他们所战胜的民族的罪。这两个领袖之后,人们在应许的土地上立了足,进入士师时代。这些人实现了上帝最初给亚伯拉罕的应许,在迦南的土地上成为一个民族,即希伯来[25]。但这还没有延及到万国和整个大地。这在基督化为肉身来临后实现,不是靠遵守旧的律法,而是靠福音中的信仰。摩西在西乃山接受了以色列人民的律法,但是不是他,而是约书亚带领人民到了应许的土地。约书亚(*Iesus*)的名字上帝改后称为耶稣(*Iesus*)[26]。这就

---

[20]《出埃及记》,12:11。

[21]《哥林多前书》,5:7。

[22]《使徒行传》,2:1—4。

[23]《路加福音》,11:20,和合本译为"神的能力"。

[24]《出埃及记》,31:18。

[25]《士师记》,2:6—9。

[26]《民数记》,13:16。[译按]在希伯来文中,"约书亚"和"耶稣"是同一个名字。希腊文(Ιησοῦς)和拉丁文(*Iesus*)中的两个名字也是一样的。为了区分,拉丁文提到约书亚时称他为"嫩的儿子约书亚"。

是对福音的预兆。在士师的时代，由于他们的罪和上帝的悲悯，战争
有胜有负[227]。

43.3　随后就到了列王的时代，其中第一个王是扫罗；他被上帝
谴责，在一场灾难性的战役中被杀[228]，他的后裔被放逐，不能再袭王
位，大卫登基。基督的一个主要称呼是"大卫的子孙"。从大卫这里
开始，上帝的选民逐渐变得成熟。从亚伯拉罕自己带领下到大卫时
期，是这个民族的青春期。福音书作者马太把亚伯拉罕和大卫之间
这第一个阶段的十四代都列举出来，这样记载不是无意义的[229]。人从
青春期开始能生育；所以圣经从亚伯拉罕这一代开始记录，而在他接
受上帝的改名时，他确实成为万国的父。在这之前，从挪亚到亚伯拉
罕自己，是上帝选民的儿童期。第一种语言，即希伯来语，就是在这
一阶段发明的。人就是在婴儿期之后，从儿童期开始说话的。不能
说话的那个阶段，就叫婴儿期（*infans*）[230]。这个阶段会被人们遗忘，
同样，人类的最初阶段被洪水淹没了。能够记住自己婴儿期的，有几
个人呢？在上帝之城的发展过程中，上一卷书记录了她的第一个阶
段，这卷书包括了第二和第三两个阶段。这第三个阶段由三年的公
牛、母山羊、公绵羊来象征[231]，其间设立了律法之轭，出现了众多罪人，
地上的王国开始兴起。属灵的人也不缺乏，在仪式中是由斑鸠和雏
鸽象征的。

---

[227]《士师记》，2:16—19。

[228]《撒母耳记上》，15:26—35。

[229]《马太福音》，1:1—17。

[230]［译按］*Infans* 一词的字面意思就是"不说话"。

[231]《创世记》，15:9。

上帝之城卷十七

[本卷提要]本卷紧接着卷十六,继续叙述圣经中"上帝之城"的发展历程,一直讲到耶稣诞生之前,即整个先知时代。在第三章,他指出了三种先知文本:只涉及地上的耶路撒冷的,只涉及天上的耶路撒冷的,以及两者都涉及的。本卷再次强调,对先知书的理解应该兼顾其历史意义和比喻意义。旧约中的核心事件,都被理解为对耶稣基督的预言,这些地方与作者的《〈诗篇〉解》等解经著作相互呼应。对于所罗门以后的诸王,他认为并没有多少比喻意义。以色列的分裂和被征服被看作上帝的惩罚。旧约最后的先知,奥古斯丁只是非常简略地提到,在卷十八的中间部分,他会继续讨论他们。他强调新约中的先知与旧约先知书的连续性,从而进一步揭示了先知书与耶稣的关系。①

---

① [PL本提要]这一卷里讲了上帝之城从列王到先知的时代,从撒母耳、大卫一直到基督,并列举了《列王纪》、所罗门的《诗篇》和《智训》里面对基督和教会的预言。

1. 先知时代

　　我们已经知道,上帝应许了亚伯拉罕,按照肉身的以色列民族是从他的后裔来的,按照信仰的万族也是从他的后裔来的。通过上帝之城按照时间顺序的演进,我们也将看到,这应许是如何实现的。在上一卷,我们结束在大卫的王朝,现在就从那个王朝开始,按照我认为适合这本书的方式,依次讨论后来的王朝。这个时代始于圣撒母耳当先知,然后到以色列人民做了巴比伦的囚徒,又从那时候到圣耶利米所预言的,七十年以后,上帝的以色列会回归和重建家园②,这整个是先知时代。挪亚是族长,在他那时候,大洪水毁灭了整个大地,在这之前和之后,直到上帝的选民中开始出现国王时,都有人以某种方式对未来做出象征或预言,都和上帝之城即天上的王国有关,我们把他们称为先知没什么不合适的。我们甚至读到圣经上用这个称号直接称呼亚伯拉罕③、摩西④等人。但是所谓的先知时代,特别指始于撒母耳做先知的时代,他早得神谕,先是立扫罗为王,在扫罗被废后⑤,又立了大卫⑥。在应该有世代相继的诸王的时候,以后的诸王都从大卫的后裔而出。而先知为基督做了预言,上帝之城的成员生死相继,在时间中演进。如果我全都记述,那就太冗赘了。因为看上去,圣经本身首先在一个一个地记录诸王次序、他们的功业、发生的事情,只不过是史书。但是若仔细研究这些叙述里所说的事情,如果

---

② 《耶利米书》,25:11。
③ 《创世记》,20:7。
④ 《申命记》,34:10。
⑤ 《撒母耳记上》,10:1。
⑥ 《撒母耳记上》,16:13。

圣灵助我完成这考察,我们会发现重大或至少不微小的对未来的预言,而不只是对古代历史的记录。要在考察中追述或在遍览中展示,哪怕是只简单想一想,谁不会认为这是一项辛苦、宏大、卷帙浩繁的工作?因为那些毫无歧义、与基督和天上的王国(即上帝之城)相关的先知书很多,我们更有必要专门讨论,而不是像这样一本书能解决的。所以,我认为,我要约束自己的风格,这本书按照上帝的意旨演绎,不说一点多余的,不漏掉一点必要的。

2. 上帝应许肉身的以色列会拥有迦南的土地,这个应许何时实现

我们在前一卷讲到,在上帝一开始给亚伯拉罕的应许中,共许了两件事。一件是,他的后裔将会拥有迦南的土地,这体现在下面的话里:"你要离开本地,本族,父家,往我所要指示你的地去。"⑦另外一个更重大,远不是肉身的,而是谈亚伯拉罕灵性的后裔,就此而论,亚伯拉罕不只是以色列一族的父,而是万族的父,只要他们在信仰上追随亚伯拉罕的足迹。这个应许是从这些话开始的:"地上的万族都要因你得福。"⑧我们可以用后来很多见证,来证明这两个应许得到了充分实现。亚伯拉罕的后裔,即按照肉身的以色列民族,将要到达应许的土地,不仅会占据和拥有敌人的国,而且会产生自己的王,开始他们的统治。上帝关于这个民族的应许充分实现了,不仅给三代族长亚伯拉罕、以撒、雅各的应许,以及那个时代别的应许,而且还有给摩西的应许也实现了。他把这个民族从埃及人的奴役中解救,此前的应

⑦《创世记》,12:1。
⑧《创世记》,12:3。

许都在他身上实现,在他那个时代,他带着这个民族走过荒野。还有
嫩的儿子约书亚,靠了这个伟大领袖,这个民族来到了应许的土地,
击败了很多民族,按照上帝的命令划分为十二个部落,他随后死去。
无论是在他那时候,还是在他之后的整个士师时代,上帝关于从埃及
河到幼发拉底河之间的迦南土地的应许都未实现。⑨ 但这个预言的
实现不在遥远的将来,而是指日可待。大卫和他的儿子所罗门就实
现了。他们的国绵延辽阔,完全符合应许;他们征服甚多,把被征服
者变成自己的部落。⑩ 于是,所应许的土地,即迦南的土地,在亚伯拉
罕按照肉身的后裔的诸王中实现了。上帝关于这块土地的应许都已
实现,再没有什么剩余。如果希伯来人遵守上主的律法,就会在这块
土地上保持尘世的繁荣,世世代代绵延不绝,直到尘世的终结,这个
民族都会长存。但是,上帝知道事情不会这样,就给他们施加了尘世
的惩罚,一方面是为了考验这个民族中少数的虔信者,一方面是为了
指引后世万族中的信徒。这些信徒应该得到指引,上帝给这些人的
第二个应许在新约中被启示,将要通过基督道成肉身来实现。

3. 先知们有三层象征,一层指向地上的耶路撒冷,一层指向天 上的耶路撒冷,一层两者同时指涉

3.1 亚伯拉罕、以撒、雅各所得的神谕,和圣经上先前所记载的
其他象征或预言,还有以后的,列王时代的先知预言,都部分与亚伯
拉罕肉身后裔的民族相关,部分与他的灵性后裔相关。在亚伯拉罕
的灵性后裔中,万族里通过新约与基督共同继承的人都会得福。他

---

⑨《创世记》,15:18。
⑩《列王纪上》,4:21。

们会获得永恒的生命和天上的王国。这应许部分指涉使女,她在奴役(即地上的耶路撒冷)中生育,和自己的儿子一同为奴;部分指涉自由的上帝之城,也就是天上真正永恒的耶路撒冷,他们是按照上帝生活的人子,是地上的过客;⑪在有些预言中,我们可以认为指涉了这两者,表面上指的是使女,象征意义上是自由人。

3.2　如果说先知所讲的有的指涉地上的耶路撒冷,有的指天上的耶路撒冷,另外的又兼指二者,那么我们就会发现此中的三层含义。我可以找到例子来证明我所说的。先知拿单被派去指责大卫王犯了大罪,预言他将遇到的坏事。⑫先知以此种方式,要么作公共预言(关系到民族的拯救和益处),要么作私下预言(针对每个人,神言让他知道未来,对他的尘世生活有益处)。谁会怀疑,诸如此类都关系到地上之城? 经上说:"主说:'日子将到,我要与以色列家和犹大家另立新约,不像我拉着他们祖宗的手,领他们出埃及地的时候,与他们所立的约。我虽做他们的丈夫,他们却背了我的约。'这是主说的。主说:'那些日子以后,我与以色列家所立的约乃是这样,我要将我的律法放在他们里面,写在他们心上。我要做他们的神,他们要做我的子民。'"⑬无疑,这里预言的是上界的耶路撒冷,上帝本身就是这个耶路撒冷所得的奖赏,拥有上帝、同时被上帝拥有是最高和整全的好。经上说这个耶路撒冷是上帝之城,预言了上帝未来的家将在那里,这个预言有双重涵义。在所罗门王建筑那个最高贵的神殿时,好像这个预言就实现了。但这不仅是地上的耶路撒冷的历史,而且还预言了天上的耶路撒冷。古代经书中包含对历史事件的叙述,在这类先知书中,两类预言交织混合在一起,非常重要,考验了,并且也继

---

⑪《加拉太书》,4:21—26。

⑫《撒母耳记下》,12:1—7。

⑬《耶利米书》,31:31—33;《希伯来书》,8:8—10。

续考验着圣经读者的天性。在亚伯拉罕按照肉身的后裔中，我们读
到了这些先知预言的历史实现，同样，我们也要在亚伯拉罕按照信仰
的后裔中寻求这些预言隐喻性的实现。有很多人这样看待经书，认
为在这些书里，没有哪些不是用象征的方式暗指了上界的上帝之城
和她在此生做过客的儿子们，不论是既有预言也有行为的，还是只有
行为、没有预言的。⑭ 如果是这样，那么，先知的话（甚至被称为旧约
的整个圣经）就是双层的，而不是三层的。如果凡是所说的和所完成
的，都用象征和预言的方式指代了天上的耶路撒冷，那就没有什么仅
仅指代地上的耶路撒冷了；这样就有两类预言，一类只指代自由的耶
路撒冷，另一类指代两个耶路撒冷。当然，谁若认为经上这类的故事
除去表面说的内容之外什么都不指代，在我看来就是大错了。但那
些认为这一切都是象征比喻的，也太武断。⑮ 我认为这有三层，而不
是两层。那些能够从这些故事里发现灵性意义的，我当然认为没有
什么错，但他们首先要承认基本的历史真实。还有另外一些故事，好
像与任何人事或神事都不合，但哪个有信仰的人会怀疑这并不是胡
说的？ 如果能够，谁不该从中找出灵性意义，或者认为应该让能找出
这种意义的人找出意义。

4. 预言中讲到以色列的王和祭司的变化，撒母耳的母亲哈拿是
   教会的象征，她也对此作出了预言

   4.1   扫罗被废、大卫建国，上帝之城发展到列王时代，大卫的子
孙相继，在地上的耶路撒冷长期统治，这是一种象征，对于其所象征

---

⑭ 如奥利金，《论首要原理》，4；3，5。
⑮ 参考奥古斯丁，《驳福斯图斯》，全书。

和预言的事情,我们不能不谈。这涉及未来事情的变化,与新旧两约都有关。那时候,通过那新的、永恒的祭司兼国王,即基督耶稣,祭司和王国都要发生改变。祭司以利被废,撒母耳取代他侍奉上帝,兼任祭司和士师的职位。扫罗被废,大卫登基为王。这都象征了我所说的变化。撒母耳的母亲是哈拿,她开始不育,后来变得很多产,这让她很高兴。当她兴奋地向上主表达感激时,她好像也在预言这件事。哈拿在生了儿子并断奶之后,把他献给上帝,带着和她发愿时同样的虔敬。她说:"我的心因上帝快乐。我的角因上帝高举。我的口向仇敌张开。我因上帝的救恩欢欣。没有像主这样的神圣者,没有像我们的上帝这样的正义者。除你之外没有神圣者。不要骄傲地荣耀自己,不要夸夸其谈地说话,不要从你的口中说出夸张的话。上帝是知识的主,上帝准备了自己的计划。勇士的弓都已折断,跌倒的人以力量束腰。他使素来饱足的变小,使饥肠辘辘者穿越大地。不生育的,生了七个儿子;多有儿女的,反倒衰微。主使人死,也使人活;使人下阴间,也使人往上升。主使人贫穷,也使人富足;使人卑微,也使人高贵。他从灰尘里抬举贫寒人,从粪堆里提拔穷乏人,使之与自己民族中的贵人同坐,继承那荣耀的位子。他将誓言赐给发誓者,使义人的年月受到赐福。人并不因为力量而强大。主把他的反对者变弱,那神圣的主。智慧人不要因他的智慧得荣耀,勇士不要因他的勇力得荣耀,财主不要因他的财物得荣耀。得荣耀的却因他有聪明:理解和认识主,在大地中央做出评判,给出正义。主升上天堂,以雷攻击,必审判地极的人,因为他就是正义。高举他那受膏者的角。"[16]

4.2 我们真能认为,这些话是个小妇人因为儿子的降生而作的感激吗?难道人的心智会离真理之光如此遥远,不能感到这个女人

---

[16]《撒母耳记上》,2:1—10(七十士本),参考《耶利米书》,9:23 以下。

说的这些话超越了它的表面意思吗？所说的这些事情，在地上的过客中也开始实现了，人们若为此所动，不应该思考、看到，并承认，在这个女人身上（她的名字哈拿，意思就是恩典），正象征了基督的宗教，即上帝之城？基督正是这个城的王和建立者。上帝的恩典以先知之灵，通过她在说话。骄傲者背离了恩典，堕落了，而谦卑者证成了恩典，得以上升，这完全与哈拿的圣诗相呼应。或许有人会说，这个女人不是在预言，而是在为儿子兴奋地赞美和感谢上帝，因为她的祷告应验了。那她为什么说，"勇士的弓都已折断，跌倒的人以力量束腰。他使饱腴肥甘者灭亡，使饥肠辘辘者穿越大地。不生育的，生了七个儿子；多有儿女的，反倒衰微"？她自己本来是不育的，当时也没有生七个孩子呀？她在这么说时，只有一个孩子；她后来也没有生七个或六个（加上撒母耳凑足七个），而是生了三男二女。[17] 在这个民族中，当时还无人为王，但是她最后说："将力量赐与所立的王，高举他那受膏者的角。"[18]如果她不是在预言，为什么这么说呢？

4.3 那么，让基督的教会说吧，这是大君的城[19]，充满恩典，子孙众多。这么早以前，这么虔敬母亲的口，就说出了关于教会的预言，教会是承认的。让教会说吧："我的心因上帝快乐。我的角因上帝高举。"心确实快乐，角确实高举了，但不是在于她自己，而是在于她的主上帝。"我的口向仇敌张开。"因为哪怕在重压逼迫之下，上帝的言也不受捆绑，[20]哪怕他手下的将领受了捆绑。"我因上帝的救恩欢欣。"这救恩就是基督耶稣。我们在福音书里读到，老人西面把婴儿

---

⑰《撒母耳记上》，2：21。

⑱《撒母耳记上》，2：10；[译按]"受膏者"在希腊文（χριστοῦ）和拉丁文（Christi）里又都可译为"基督"。

⑲《马太福音》，5：35；《诗篇》，48：2。

⑳《提摩太后书》，2：9。

耶稣抱在怀里，承认他的伟大："主啊，如今可以照你的话，释放仆人安然去世。因为我的眼睛已经看见你的救恩。"[21]让教会说吧："我因上帝的救恩欢欣。没有像主这样的神圣者，没有像我们的上帝这样的正义者。"他是神圣的，并使我们成圣，他是正义的，并让我们成义。"除你之外没有神圣者"，因为无人不因你而神圣。随后又说："不要骄傲地荣耀自己，不要夸夸其谈地说话，不要从你的口中说出夸张的话。上帝是知识的主。"即使谁都不知道你们，上帝也知道。"人若无有，自己还以为有，就是自欺了。"[22]这是针对巴比伦中上帝之城的反对者说的。他们因为自己的力量而妄自尊大，却不荣耀上主；肉身的以色列、地上的耶路撒冷中尘土做的公民，就来自他们。使徒说他们"不知道神的义"。[23] 正义是上帝给人的，因为上帝是唯一正义和使人正义的。他们"想要立自己的义"，就是自己为自己产生的义，而不是上帝给的义，"就不服神的义了"。[24] 因为他们的骄傲，他们认为通过自己，而不必通过上帝，他们就能取悦上帝。而上帝是知识的主，是良知的审判者，能看到人的意念，如果人的意念不从他来，只从人来，就是虚妄的。[25] 她接着说："上帝准备了自己的计划。"我们认为这计划指什么呢？ 当然是骄傲者堕落，谦卑者上升。她随后解释说："勇士的弓都已折断。跌倒的人以力量束腰。"折断的弓就是那些人的意图，他们认为自己很有力量，不需要上帝的赐予和保佑，人就足以完成神的命令。如果人心中的声音说，"主啊，求你可怜我。因为我软

㉑《路加福音》，2：29—30。

㉒《加拉太书》，6：3。

㉓《罗马书》，10：3。

㉔《罗马书》，10：3。

㉕《诗篇》，94：11。

弱"㉖,那他就能用德能(*virtute*)㉗约束自己了。

4.4 "他使素来饱足的灭亡,使饥肠辘辘者穿越大地。"所谓素来饱足的,指的是谁呢? 不就是有大力量的以色列人吗? 上帝的话已经托付了他们。㉘ 但是这个民族中"使女的儿子"反而变小(*minorati sunt*)。这个说法在拉丁文里有些蹩脚,但毕竟表达出了,本来重要的变得不重要了。他们本来是吃饱了面包的,面包指上帝的话,因为在万族中只有以色列听到了上帝的话;但是她却只享受地上的食物。异族虽然没有接受律法,但后来通过新约接近了上帝的话,于是饥肠辘辘的得以穿越大地。因为他们所吃的不在地上,而在天上。后面的话就是追问此事的原因的:"不生育的,生了七个儿子。多有儿女的,反倒衰微。"对于凡是能理解数字七的,这语言的意思昭然若揭。这象征的正是整个教会的完成。因此使徒约翰写信给七个教会,其实是写给完全合一的教会。㉙ 在这之前,智慧已经在所罗门的《箴言》里预言了教会:"智慧建造自己的房屋,凿成七根柱子。"㉚在我们看到那个婴儿出世之前,在万国当中,上帝之城本是不育的。而那本来子孙众多的地上的耶路撒冷,我们看到变得弱小了;哪个城有自由女子的儿子,哪个城就有力量(*virtus*);而今这力量只剩了仪文,没有了圣灵㉛,力量消失,变得弱小。

4.5 "主使人死,也使人活。"他使那子孙众多的死,使那不育的活,还生育七子。更恰当的理解是,他让一个死去的人活。哈拿随后的话就是在重复这个意思:"使人下阴间,也使人往上升。"使徒的话

㉖《诗篇》,6:2。

㉗［译按］*virtus* 兼有"德性""力量"的含义。

㉘《罗马书》,3:2。

㉙《启示录》,1:4。

㉚《箴言》,9:1。

㉛《哥林多后书》,3:6。

也是在谈此事："你们若与基督一同死了……就应当寻求天上的事，那里有基督坐在神的右边。"㉜和主一同死的会得救赎。使徒随后说："你们要思念的，是天上的事，不是地上的事。"这就是那些穿越大地的饥肠辘辘的人。他说，"你们已经死了"，看，上帝是如何用死来救人的；使徒随后说道："你们的生命与基督一同藏在神里面。"㉝看，上帝又是如何使同一个人活的。㉞把同一个人带到阴间去的上帝，不是又把人带到高处了吗？我们看到，信仰者认为这两者都实现了，没有什么争议。基督是我们的首领，使徒说，我们的生命和他一同藏在上帝里面。"他连自己的儿子都舍得，为我们众人把他交出来。"㉟他以这种方式让基督死；因为他让基督从死人中复活，他又让基督活。我们在先知那里辨认出他的声音："你必不将我的灵魂撇在阴间。"㊱上帝把他带到阴间，又把他带出来。㊲于是我们因为他的贫穷而成为富足的。㊳"主使人贫穷，也使人富足。"我们知道这指的是什么，因为又听她随后说："使人卑微，也使人高贵。"他使骄傲的人卑微，使谦卑的人高贵。另外一处又说："神阻挡骄傲的人，赐恩给谦卑的人。"㊴这就是那个以恩典为名的女人的话的全部意涵。

4.6　随后是："他从灰尘里抬举贫寒人。"对此最好的理解是我们刚才已经提到的："他本来富足，却为你们成了贫穷，叫你们因他的贫穷，可以成为富足。"㊵上帝把他从地上抬起，是那么迅速，以致他的

_____

㉜《歌罗西书》，2:20;3:1。
㉝《歌罗西书》，3:3。
㉞《撒母耳记上》，2:5。
㉟《罗马书》，8:32。
㊱《诗篇》，16:10;《使徒行传》，2:27。
㊲《使徒行传》，2:31。
㊳《哥林多后书》，8:9。
㊴《雅各书》，4:6。
㊵《哥林多后书》，8:9。

肉身未见腐败。我们不可认为后面的话与他无关："从粪堆里提拔穷乏人。"贫寒人就是穷乏人；穷乏人从粪堆中被提拔，对粪堆最正确的理解是犹太的迫害者。使徒把自己也归在他们当中，因为他曾迫害教会："只是我先前以为与我有益的，我现在因基督都当作有损的。不但当做有损的，我简直当做粪堆，因我以认识我主基督耶稣为至宝。"㊶上帝把贫寒者抬举得高过所有富人，把贫乏者从粪堆里提拔得高过所有高贵者，"使之与自己民族中的贵人同坐。"基督则对他们说："你们也要坐在十二宝座上。"㊷"继承那荣耀的位子。""看哪，我们已经撇下所有的跟从你。"㊸他们用全力说出这个誓言。这力量从何而来，还不是从上帝来？因为哈拿接着说上帝："他将誓言赐给发誓者。"否则，他们就会像那些勇士一样，被上帝折断了弓。她说："他将誓言赐给发誓者。"因为，谁若不从上帝那里得到发誓的能力，都无法向主正确地发誓。随后她说："使义人的年月受到赐福。"义人将与上帝一起，生命没有终结，因为经上说上帝："你的年数，没有穷尽。"㊹在天上，岁月停止，而在尘世，时间流转消逝。在时间来到以前，时间不存在；在时间已到来时，它就不复存在，因为时间即来即逝。㊺而这两句话，即"他将誓言赐给发誓者"和"使义人的年月受到赐福"，前者指我们所做的，后者指我们所接受的。除非上帝保佑我们做到前者，否则我们不会得到这后者，即上帝的慷慨赐予："人并不因为力量而强大。主把他的反对者变弱。"这反对主的，指的是那些嫉妒和对抗发誓的人的，不想让人实现所发的誓的人。但希腊文有些含混，这可以

㊶《腓利比书》，3：7—8，和合本的后半句作："不但如此，我也将万事都当有损的，因我以认识我主基督耶稣为至宝。"
㊷《马太福音》，19：28；《路加福音》，22：30；《使徒行传》3：21。
㊸《马太福音》，19：27。
㊹《诗篇》，102：27。
㊺ 参考奥古斯丁，《忏悔录》，11：15(18)以下。

理解为"他自己的反对者"。上主从开始拥有我们，我们的反对者也成了他的反对者，反对者会被我们战胜，但不是靠了我们的力量："人并不因为力量而强大。主把他的反对者变弱，那神圣的主。"是神圣的主使圣徒们成圣，所以圣徒才战胜了反对者。

4.7　因此"智慧人不要因他的智慧得荣耀，勇士不要因他的勇力得荣耀，财主不要因他的财物得荣耀。得荣耀的却因他有聪明：理解和认识主，在大地中央做出评判，给出正义"㊻。人若理解和认识到，他是靠了上帝所赐予的，才能理解和认识，他对上主的理解和认识就不小了。使徒说："你有什么不是领受的呢？若是领受的，为何自夸，仿佛不是领受的呢？"㊼意思是，你怎么好像一切都来自你自己，从而荣耀自己？正直生活的人施行评判和正义。而正直生活的人，就是遵从上帝的命令的人。"命令的总归"指的就是上帝的命令，这命令"就是爱。这爱是从清洁的心，和无亏的良心，无伪的信心，生出来的"㊽。而"爱"，正如使徒约翰所见证的，"是从神来的"㊾。所以，施行评判和正义的能力，是从上帝来的。但"大地中央"是什么意思呢？这不是说，居住在地极的人就不该施行评判和正义。谁会那么说呢？那为什么要加上"在大地中央"？如果不加上这句，只说"做出评判，给出正义"，就足够表明了，这命令关系到住在大陆和海边的所有人。在我看来，"在大地中央"的意思，就是每个人活在身体中的时候。这么说是为了避免让人认为，谁若是在肉身中没有施行评判和正义，在生命结束之后，即身体中的生活结束后，还可以有一段时间施行评判和正义，从而能逃离神的审判。在此生，每个人都背负着自

㊻　此处又见于今本旧约《耶利米书》，9：23—24，译文有改动。
㊼　《哥林多前书》，4：7。
㊽　《提摩太前书》，1：5。
㊾　《约翰一书》，4：7。

己的"土地"，在人死后，人们共同的大地吸纳了这"土地"，在复活时再重新交给人。于是，"在大地中央"，即我们的灵魂被锁在尘土做的身体中的时候，人们要施行评判和正义。将来当"各人按着身体所行的，或善或恶受报"[50]，这会对我们有益。使徒说的"按着身体"，指的是人在身体中活着的时候。这当然不是说，心智邪恶、思维不敬的人如果亵渎上帝，而不动肢体，就会因为没有身体动作而不算犯罪。他这渎神是他在有身体时做的。这样，《诗篇》中的这句话也可以理解了："神自古以来为我的王，在大地中央施行拯救。"[51]这里说的"神"应该指主耶稣。因为上帝是靠他造了世代，所以他自古以来就有，当圣言成了肉身，寄居在尘土造的身体上，他就在大地中央施行拯救[52]。

4.8 得荣耀的人应该如何得荣耀？不是在自己之中，而是在主之中。哈拿说完这些话后，谈到了以后审判日的报应："主升上天堂，以雷攻击，必审判地极的人，因为他就是正义。"[53]此处遵从信仰者忏悔的顺序。主基督升上天堂，从那里来临，审判活人，也审判死人。使徒说："既说升上，岂不是先降在地下么。那降下的，就是远升诸天之上要充满万有的。"[54]他从自己的云中打雷，在他上升时，圣灵充满了云朵。先知以赛亚所记录的，他对使女耶路撒冷，即不知感恩的野葡萄说，他不让云降雨在其上[55]，就是指这些云。而后说"审判地极"。这如同说"哪怕地极"，并不是说不审判别处，因为他无疑要审判所有人。但我们最好把地极理解为人类的终极；人们在时间的中间，正在向更好或更坏变化时，他不会审判，但是人们到了自己的终极点，他

---

[50]《哥林多后书》，5：10，"身体"和合本译作"本身"。
[51]《诗篇》，74：12，"大地中央"和合本译作"地上"。
[52]《约翰福音》，1：14。
[53]《撒母耳记上》，2：10，根据七十士本。
[54]《以弗所书》，4：9—10。
[55]《以赛亚书》，5：6。

就会审判了。经上就此说:“惟有忍耐到底的,必然得救。”(56)在大地中央坚持施行评判和正义的人,在地极受审判时,不会遭到谴责。哈拿接着说:“将力量赐与所立的王。”审判之时上帝不会谴责这些人。为了他们而流血的基督,将给人们力量,让他们像王一样,统治肉身,征服这世界。“高举他那受膏者(基督)的角。”基督如何高举受膏者的角?上面说的“主升上天堂”,我们应该理解为主基督。正如所说的,基督自己高举受膏的基督的角。基督的受膏者是谁?她在自己的赞美诗的第一句说:“我的角因上帝高举。”我们不是要高举每个信仰他的人的角吗?我们可以说,所有受他的膏的人都是受膏者(基督);不过,这整个身体只有一个头,就是基督。于是备受赞美的圣徒撒母耳的母亲哈拿预言了这些事;她的话象征着旧的祭司制度要改变,这预言而今实现了,因为多有儿女的,现在衰微了,而不生育的,生了七个儿子,在基督中有了新的祭司制度。

5. “神人”通过一个先知之灵对以利说的话,象征着亚伦所确立的祭司制度将被废除

5.1 被派来的神人对祭司以利自己更明确地说,祭司制度将被废除。经上没说这个神人的名字,但无疑,他的职责和使命就该理解为先知的。经上说:“有神人来见以利,对他说:‘主如此说:“你祖父在埃及法老家作奴仆的时候,我不是向他们显现吗?在以色列众支派中,我不是拣选人作我的祭司,使他烧香,在我坛上献祭,在我面前穿以弗得,又将以色列人所献的火祭都赐给你父家吗?我所吩咐献在我居所的祭物,你们为何践踏?尊重你的儿子过于尊重我,将我民

(56)《马太福音》,10:22。

以色列所献美好的祭物肥己呢?”因此,以色列的神说:“我曾说,你和你父家必永远行在我面前。现在我却说,决不容你们这样行。因为荣耀我的,我必荣耀他。藐视我的,他必被轻视。看,日子必到,我要折断你的膀臂和你父家的膀臂,在你家中永远没有一个老年人(57)。我必不从我坛前灭尽你家中的人。那未灭的必使你眼目干瘪,灵魂忧伤。你家中所生的人都必死在盛年。你的两个儿子何弗尼、非尼哈所遭遇的事可做你的证据,他们二人必一日同死。我要为自己立一个忠心的祭司。他必照我的心意而行,他必照我的灵魂而行。我要为他建立坚固的家。他必永远行在我的受膏者(基督)面前。你家所剩下的人都必来叩拜他,求块银子,求个饼,说,求你赐我祭司的职分,好叫我得点饼吃。”’”(58)

5.2 哈拿的预言明确说,旧的祭司制度要发生变化,但是这个预言并没有在撒母耳那里就完全实现。主说他所立的服务自己的祭坛的祭司,来自别的部落,但撒母耳并非来自别的部落;应该是亚伦的后裔成为祭司,但撒母耳并不是亚伦的儿子(59)。这些所预示的,其实是后来通过基督耶稣发生的变化。表面上,这预言与旧约有关,但其实以象征的方式指向了新约中的事,但不是言辞的象征,而是事实的象征。上帝通过先知向祭司以利说话就是这样象征的。亚伦家后来出的祭司,有大卫王时期的撒督和亚比亚他,以及后来的很多,直到时间到了,提早这么久已预言的祭司转变,才在基督身上实现。现在,哪个信仰者没有亲眼看到此事的实现呢?在犹太人当中,已经不剩帐幕、神殿、祭坛、燔祭、祭司制度了,而按照神法的命令,亚伦的后

(57) 此处和合本作“使你家中没有一个老年人”。随后有“在神使以色列人享福的时候,你必看见我居所的败落”,奥古斯丁根据七十士本,没有这一句。

(58) 《撒母耳记上》,2:27—36;译文有改动。

(59) 奥古斯丁在《回顾》中修改了此处的说法(见本书上册)。

裔中要出祭司。先知的话是对此的记录："以色列的神说：'我曾说，你和你父家必永远行在我面前。现在我却说，决不容你们这样行。因为荣耀我的，我必荣耀他。藐视我的，他必被轻视。'"这里提到了他的父家，并不是指生身父亲，而是指亚伦，亚伦被立为第一个祭司，后来的祭司都从他的后裔延续，正如先知前面的话所表明的："你祖父在埃及法老家做奴仆的时候，我不是向他们显现吗？在以色列众支派中，我不是拣选人做我的祭司么？"以利的这个在埃及为奴的父，拯救了以色列人，又被拣选为祭司，不正是亚伦吗？在这里，先知正是说他将来的后裔不会一直做祭司；我们看到此事的实现。信仰要警醒，才能分辨和把握来到面前的事，哪怕不想看，这些事情也会来到面前。他说："看，日子必到，我要折断你的膀臂和你父家的膀臂，在你家中永远没有一个老年人。我必不从我坛前灭尽你家中的人。那未灭的必使你眼目干瘪，灵魂忧伤。"看，这里所预言的日子，而今已经来了。亚伦的后裔中不再有祭司了；那个家族里出来的人，看到了基督徒的祭祀布满大地，反而失去了自己的伟大尊荣，变得眼目干瘪、灵魂忧伤，哀哉。

5.3 随后说的话直接与以利自己家有关："你家中所生的人都必死在中年。你的两个儿子何弗尼、非尼哈所遭遇的事可作你的证据，他们二人必一日同死。"他的家中祭司的变化是一种象征，这象征的含义就是，亚伦家的祭司将会改变。他的儿子的死所象征的不是某人的死，而是亚伦的子孙中的祭司制度的消亡。随后的话所提到的祭司，就是撒母耳预言以后继承以利的祭司。再以后的话，谈的就是基督耶稣，新约中真正的祭司："我要为自己立一个忠心的祭司。他必照我的心意而行。我要为他建立坚固的家。"这个家，就是天上永恒的耶路撒冷。他说："他必永远行在我的受膏者（基督）面前。"他说"行在"，意思是待在。他上面就亚伦的家说："我曾说，你和你父家必永远行在我面前。"同样，他又说："他必永远行在我的受膏者面前。"这里所说的"他"[60]指的是那个家本身，而不是祭司本身，因为祭司就是受膏者（基督），是中保和救世主。这个家行在基督面前。"行在"可以理解为由死入生，"永远"指的是这个家在必朽的状态中所渡过的，直到这世代终末的日子。上帝说："他必照我的心意而行，他必照我的灵魂而行。"我们不能认为，作为灵魂的创造者的上帝也有灵魂。这里是用比喻谈上帝，而不是字面上说，就像说上帝的手、足，和别的身体器官一样。我们不能因此就认为，说上帝按照自己的像造了人，就是按照一个肉身形像造的。比如，先知还用人没有的翅膀来说上帝："将我隐藏在你翅膀的荫下。"[61]人们要理解上帝的不可言说的自然，不能从字面上，而要看言辞作为象征，要表达什么。

5.4　随后又说："你家所剩下的人都必来叩拜他。"这不是字面说的以利的家，而是指亚伦的家族，一直传到耶稣基督来临时，还会剩下一些人，就是现在，这个民族也不缺少人丁。对于以利的家，前面说："你家中所生的人都必死在盛年。"如果真的没有人能活过盛年，那又怎么可能说"你家所剩下的人都必来叩拜他"？除非把这理解为，所谓的他的后裔，其实是指亚伦一系的祭司。如果这就是所预言的剩下的，另外的先知这样谈他们："剩下的将得救。"[62]使徒则说："如今也是这样，照着拣选的恩典还有所留的余数。"[63]所谓的"你家所剩下的人"，我们最好理解为这些剩下的信基督的人。使徒时代，那个民族中的很多人信基督。现在也不缺信基督的犹太人，虽然很少，

---

[60]　[译按]奥古斯丁此处用的是"她"（*ipsa*），用来指代"家"。但从前后文看，我们很难统一更换为"她"。

[61]　《诗篇》，17:8。

[62]　《以赛亚书》，10:22，和合本作："剩下的归回。"

[63]　《罗马书》，11:5。

毕竟有信的;神人随后说的预言也得到了实现:“必来叩拜他,求块银子。”来叩拜谁?不就是最高祭司,即上帝吗?即使亚伦一系的祭司的时代,人也不该来到神殿或上帝的祭坛,来叩拜祭司。所谓“求块银子”是什么?不就是“信仰”,这个很简单的词吗?使徒谈到这个时说:“因为主要在世上施行他的话,叫他的话都成全,速速的完结。”(64)用银子来象征言辞,《诗篇》中有证据。其中唱道:“主的言语,是纯净的言语。如同银子在泥炉中炼过七次。”(65)

5.5 那个祭司既属于上帝,又自身是上帝,来崇拜这个祭司的人,说了什么?“求你赐我祭司的职分,好叫我得点饼吃。”即:我不想把我祖先的祭司的尊荣归给自己,因为这尊荣已没有了;求你赐我分享那祭司的职分,宁愿“在你神殿中看门”(66)。不管多么卑微,不管多么渺小,我都愿成为你的祭司的一个肢体。他说的祭司,就是指某群人,这群人的祭司是上帝和人之间的中保,即化身为人的基督耶稣。(67)使徒彼得说这群人是“神圣的民族,王者的祭司。”(68)此处有人译为“你的祭祀”,而不是译为“你的祭司”。这同样也代表了基督徒的人民。所以使徒保罗说:“只有一个饼,我们人数虽多,还是一个身体。”随后又加上:“得点饼吃。”(69)这就极为巧妙地表达了那祭祀是怎样的祭祀,而祭司自己则说这祭祀:“我要赐的食物就是我的肉,是为了世人的生命而赐的。”(70)他自己就是祭司;不是按照亚伦一系,而是按照麦基洗德一系。(71) 读经的人都要理解。所以,这告白是简短的,这告白带

(64)《罗马书》,9:28;《以赛亚书》,10:23。
(65)《诗篇》,12:6。
(66)《诗篇》,84:10,译文有改动。
(67)《提摩太前书》,2:5。
(68)《彼得前书》,2:9,和合本译为“是有君尊的祭司,是圣洁的国度”。
(69)《哥林多前书》,10:17。
(70)《约翰福音》,6:52。
(71)《希伯来书》,7:11。

着拯救性的谦卑，因此说："求你赐我祭司的职分，好叫我得点饼吃。"这告白本身就是一块银币，因为这话很短，但又是住在信仰者心中的上帝的话。因为他前面说了，他把旧约中的牺牲给了亚伦的家里做食物："又将以色列人所献的火祭都赐给你父家吗？"这些就是犹太人的火祭；而他说："得点饼吃。"这指的是新约中基督徒的祭祀。

6. 犹太人的祭司与王国，虽说是永远屹立，却并不长久；因此，那对永恒的预言，必须另外理解

6.1　这些所预言的高度，已经说明得非常清楚了，但还是有人会不无道理地感到疑惑，说：如果神的话"你的家和你的父家，必永远行在我面前"并不能实现，那么，在圣经里被预言要实现的事，我们如何相信都会到来呢？我们看到了祭司制度的变化，而上帝给这个家族所做的应许，是没有希望实现了，因为在遭到谴责，随后又变动之后，所预言的才会永远实现。这么说的人不理解，或者是没有记起，即使按照亚伦一系的祭司自身，也是为将来永远的祭司在张本；而这应许做永远的祭司的，既不是张本，也不是象征，而是被张本、被象征的那一个。为免人们认为这张本的依然存在，所以这里连将来的变化也预言了。

6.2　扫罗确实遭到了谴责和废弃，但他的王国同样在为未来的永恒王国张本。他得到了敷油，并因为这膏油被称为受膏者（基督）[72]。我们应该把这圣油当成神迹，理解为伟大的圣事。大卫通过扫罗膜拜这神迹，心灵穿透，身体颤抖。他在一个黑暗的洞穴里，扫罗因为要大解也进了那个洞，大卫藏在他后面，悄悄地割下他的一小

---

[72]《撒母耳记上》，10：1。

块衣襟,从而表明了,在他可以杀死扫罗之时,他是怎样饶过了他。本来扫罗把神圣的大卫当作自己的敌人,狂追不舍,而今则释去了心灵中的怀疑。大卫唯恐因侵犯了扫罗身上那么大的圣事而获罪,哪怕只是得罪了他的衣袍。于是经上写道:"随后大卫心中自责,因为割下扫罗的衣襟。"[73]跟随大卫的人劝他除掉扫罗,因为当时扫罗落在了他手中。大卫对他们说:"我的主乃是上帝的受膏者,我在上帝面前万不敢伸手害他,因他是上帝的受膏者。"[74]因为这是对未来的张本,所以大卫如此尊重,不是为了尊重这象征本身,而是为了尊重那被象征的。因此,撒母耳对扫罗说:"你做了糊涂事了,没有遵守你神所吩咐你的命令。若遵守,神必在以色列中坚立你的王位,直到永远。现在你的王位必不长久。主将寻一个合他心意的人,立他做百姓的君,因为你没有遵守神所吩咐你的。"[75]我们不能把这仅仅当成,上帝建立扫罗自身的王位,直到永远,后来因为他犯罪了就不愿保留这王位了。上帝此前并非不知道他会犯罪,所谓要保存他的王位,是象征了以后永远的王位。于是这里加上:"现在你的王位必不长久。"所象征的王国一直是稳固的,此后还会稳固下去。但这不是因扫罗而稳固的,因为他的王位不会永恒,他的子孙也不会,所以"直到永远"一词不是指他的后裔代代相传。撒母耳说:"主将寻一人。"这要么指大卫,要么指新约中所说的中保,这在大卫和他子孙的受膏中已象征了。上帝并非不知道此人何在,从而说寻找一人;他是在用人的方式通过人说话,因为他就是以这种说话方式寻找我们的。不仅上帝圣父自己,就是他的独生子,那个前来寻找失丧者的基督[76],也已经

---

[73]《撒母耳记上》,24:5。

[74]《撒母耳记上》,24:6。

[75]《撒母耳记上》,13:13—14,"将寻"是将来时,但和合本译为"已经寻着"。

[76]《路加福音》,19:10。

知道了我们，因为神从创立世界以前，就在基督里拣选了我们⑦。所谓"将寻"，就是说"将有自己的"。在拉丁语里，*quaerere*（寻找）这个词加上前缀就有"获得"（*adquirere*）的意思；那么它的意思就足够清楚了。这里没有加前缀，但是 *quarere* 也应该理解为"获得"。所以收获被称为得到（*quaestus*）。

7. 以色列王国分裂了，这象征了灵性的以色列和肉身的以色列的永久分离

7.1　扫罗因为不服从而再次犯罪，撒母耳再次用主的话对他说："你既厌弃主的命令，主也厌弃你做以色列的王。"⑦对于这罪，扫罗作了忏悔，祈求宽恕，问撒母耳，他能否回转来，与自己一起取悦上帝，"撒母耳对扫罗说：'我不同你回去。因为你厌弃主的命令，主也厌弃你做以色列的王。'撒母耳转身要走，扫罗就扯住他外袍的衣襟，衣襟就撕断了。撒母耳对他说：'如此，今日主使以色列国从你的手里断绝，将这国赐与你的邻人，他是高于你的好人。以色列将要分为两个：他不会转变，也不会后悔；因为他迥非世人，决不后悔；凡是威胁他的，必不长久。'"⑦他一边说"主也厌弃你做以色列的王"，一边说"今日主使以色列国从你的手里断绝"。他在以色列做了四十年的王⑧，这和大卫在位的时间一样长，而这些是他在在位早期听到的。我们从这些话理解到，他的后裔中没有一个将会为王的，我们要看大

---

⑦《以弗所书》，1：4。〔译按〕奥古斯丁在此表达了他著名的预定论。
⑦《撒母耳记上》，15：23，和合本无"以色列的"。
⑦《撒母耳记上》，15：26—28；七十士本。
⑧《使徒行传》，13：21；本书，18：20。

卫的后裔,在其中产生了上帝与人的中保,即成人的基督耶稣的肉身[31]。

7.2　多数拉丁文本里的这一句"主使以色列国从你的手里断绝",不是圣经的原文[32]。希腊文本里的这话是这样说的:"主使国从以色列,从你的手里,断绝。""从你的手里"就是指"从以色列"[33]。扫罗这个人就像征了以色列民族,主基督耶稣来临后,这个民族就丧失了王国,那时候,按照新约,基督将要统治,不是在肉身上,而是在灵性上。然后说"赐与你的邻人,"指的是肉身的同族人;按照肉身,基督出自以色列,和扫罗一样。又说这邻人是"高于你的好人",可以理解为"比你更好"。很有些人就这么解释,但是最好把"高于你的好人"理解为:因为他是好人,所以高于你,正如另外一处先知书说的:"等我使你仇敌做你的脚凳。"[34]这敌人中就包括迫害基督的以色列,基督把他们的王国取走了。以色列中也有人没有诡诈,[35]这是稗谷中的麦粒;比如其中有使徒,有以司提反为首的殉道者,还有使徒保罗谈到的很多教会[36],他为这些人的皈依荣耀上帝。

7.3　下面的话指什么,理解起来就没有疑问了:"以色列将要分为两个。"这指的是敌视基督的以色列和亲近基督的以色列;就是使女所生的以色列和自由人所生的以色列[37]。这两个部族本来是合一的,正如亚伯拉罕不孕的妻子在得到基督的恩典生育之后叫道:"把

---

[31]《提摩太前书》,2:5。

[32] [译按]在本章中,奥古斯丁引的这句话本来都是 *Disrupit Dominus regnum ab Israel de manu tua*,只有这一处是 *Disrupit Dominus regnum Israel de manu tua*,没有 ab,不知是否笔误。

[33] [译按]此处的"从以色列"是 *ab Israel*。

[34]《诗篇》,110:1;《马太福音》,22:44。

[35]《约翰福音》,1:47。

[36]《加拉太书》,1:24。

[37]《加拉太书》,4:22。

这使女和她儿子赶出去。"⑧但亚伯拉罕仍然亲近使女。因为所罗门犯了罪,我们知道,在他的儿子罗波安在位期间,以色列分裂为两个,并一直如此,每一部分有自己的国王,直到整个民族被迦勒底人颠覆吞并,陷入巨大的毁灭。但这和扫罗有什么关系? 上帝若用这些事威胁,更该威胁的是大卫,因为所罗门是他的儿子。而到了现在,就是因为这个错误,希伯来民族不仅分裂了,而且还散布到大地各处。上帝威胁以色列王国和民族要分裂,而扫罗就是这个王国和民族的象征,这个分裂是永恒而不可逆转的。因此随后说:"他不会转变,也不会后悔;因为他迥非世人,决不后悔;凡是威胁他的,必不长久。"即,有人会威胁,但不会长久,而上帝不会像人那样后悔。我们读到说上帝后悔的地方,其实是指事情在改变,但神的前知是不会变的。既然说不会后悔,我们就理解为,这不会变。

7.4 我们看到,神的这些话里所揭示的刑罚,即以色列民族的分裂,是不可逆转的,也完全是永恒的。凡是已经皈依了基督,正皈依基督,或将皈依基督的人,不论按照上帝的前知,还是按照人类共有的自然,都不属于这个民族。同样,凡是出于以色列,而最终坚持亲近基督的,他们都不属于以色列,因为以色列人敌视基督,直到此生的终点都坚持如此。而前面预言的分裂,将会永远持续。旧约出自西乃山,是女奴所生的⑧,除了为新约作见证之外,没有别的意义。否则,无论人多么长久地读摩西,他们心上都罩了帕子。但凡是从这里皈依了基督的,都揭开了帕子⑨。人们的心意若从旧约转到新约,就不会要接受肉身的幸福,而要接受灵性的幸福。因此,伟大的先

---

⑧ 《创世记》,21:10。

⑧ 《加拉太书》,4:24。

⑨ 《哥林多后书》,3:13—14。

知撒母耳在给扫罗敷油之前，为了以色列呼唤上帝，上帝听到了他。在外邦人与上帝的选民打仗时，他给上帝献上全牲的燔祭。于是上帝从天上雷击他们，惊乱他们，让他们败在以色列人面前，被征服了。于是，撒母耳拿起一块石头，放在新的米斯巴和旧的米斯巴中间，给它起名叫以便以谢，翻译过来就是"保佑之石"。他说："到如今主都帮助我们。"[51]米斯巴的意思是"意图"。那个保佑之石就是救世主的中保，旧的米斯巴通过它变成新的，也就是，从旧的意图（即人们在肉身王国中欲求肉身的虚假幸福）到新的意图（就是通过新约，在天上王国中希求最真实的灵性幸福）的转变。没有什么比这新的意图更好，所以上帝保佑我们达到它。

8. 就大卫之子给大卫的应许，我们发现并未实现在所罗门身上，而是充分实现在基督身上

8.1 大卫继扫罗而王，这个变化象征了后来的那个变化。上帝昭示的一切和经上写的一切，都是为了那个变化。而今看来，我有必要揭示上帝对大卫的应许，因为这和我们正处理的问题相关。大卫为王时，万事俱兴，他知道需要为上帝建庙，这就是他的儿子所罗门王后来建的那个最著名的神殿。大卫正在考虑这事，上帝派先知拿单到国王那里，对他说话。上帝说，神殿不能让大卫自己建，他从未命令自己的选民建造香柏木的神殿。然后他说："现在，你要告诉我仆人大卫，说万能的主如此说，我从羊圈中将你召来，叫你不再跟从羊群，立你做我民以色列的君。你无论往哪里去，我常与你同在，剪除你的一切仇敌。我必使你得大名，好像世上大大有名的人一样。

---

[51]《撒母耳记上》，7：12。

我必为我民以色列选定一个地方，栽培他们，使他们住自己的地方，不再迁移。凶恶之子也不像从前扰害他们，并不像我命士师治理我民以色列的时候一样。我必使你安靖，不被一切仇敌扰乱，并且主应许你，必为你建立家室。你寿数满足，与你列祖同睡的时候，我必使你的后裔接续你的位。我也必坚定他的国。他必为我的名建造殿宇。我必坚定他的国位，直到永远。我要做他的父，他要做我的子。他若犯了罪，我必用人的杖责打他，用人的鞭责罚他。但我的慈爱仍不离开他，像离开在你面前所废弃的扫罗一样。你的家和你的国必在我面前永远坚立。你的国位也必坚定，直到永远。"⑨²

8.2　谁若认为这个伟大的应许在所罗门那里就实现了，可就大错特错了。他们注意到经上的话："他必为我建造殿宇居室。"⑨³而所罗门建造了那最著名的神殿；但他们没有注意到这句话："你的家和你的国必在我面前永远坚立。"他们该注意，并看到，在所罗门所建造的神殿里，聚集了大量的外邦女子，服侍伪神；而本来智慧的所罗门王自己，也遭到了她们的诱惑，陷入同样的偶像崇拜⑨⁴。他们可不要胆敢认为，上帝的应许会是假的，或不知道所罗门和他的神殿会变成怎样。我们此处不该有什么疑问，我们看到，这预言的实现除了在主基督那里，再无别个。基督的肉身来自大卫的后裔⑨⁵。我们不必再虚妄和疯狂地寻找别的实现，像那些肉身的犹太人一样。即使这些犹太人，在读到此处对大卫的应许时，也认为此处说的那个儿子，指的并不是所罗门。但他们瞎得真让人吃惊，面对如此明确昭示的应许，他们说自己还在期待另外一个。不过，在所罗门身上，毕竟还有未来

---

⑨²　《撒母耳记下》，7：8—16。

⑨³　《撒母耳记下》，7：13，此处与前面整段引文不同，是因为奥古斯丁自己用的拉丁文不同。

⑨⁴　《列王纪上》，11：4—8。

⑨⁵　《罗马书》，1：3。

的事情的一些象征,因为他建造了神殿,并像他的名字所说的那样,得到了和平("所罗门"的意思,翻译过来就是"和平的缔造者"),在他的王国的最初阶段,他功业神奇,得到赞美;但是,所罗门的角色(*persona*)㊟毕竟只是预言了基督,为未来的基督张本,但没有揭示基督。所以,关于基督的一些事,写出来好像就是在预言他。但圣经是靠事件来写先知书的,所以在他那里勾勒出了未来的事情。写神圣历史的几卷叙述了他的统治。此外,《诗篇》里的第七十二章㊟还说是以他的名义写的;但其中很多东西都不能与他相符,却与主基督若合符节。所以显然,他这里只是一个张本的形像,而在基督那里才是真正的实现。所罗门的王国疆域有多大,人人皆知。我们不说别的,且看《诗篇》里的话:"他要执掌权柄,从这海直到那海,从大河直到地极。"㊟我们看到,这在基督身上实现了。他确实从大河开始实行统治,因为他在那里得到约翰的洗礼。在约翰指出他以后,他的门徒开始认识他,不仅称他为夫子,而且称他为主㊟。

8.3　另外,所罗门登基伊始,他的父亲大卫还活着,这是别的国王都没有过的情况。而这当然足以表明,此前他父亲所接到的预言指的不是所罗门㊟:"你寿数满足,与你列祖同睡的时候,我必使你的后裔接续你的位。我也必坚定他的国。"㊟因为接下来说:"他必为我的名建造殿宇"㊟,人们认为这预言指的是所罗门,但前面的话却与此

㊟　［译按］拉丁文中的 *persona* 与 *homo* 不同,并不是简单的"人"的意思,而有面具、角色、人格、身位等含义。

㊟　［译按］原文为第七十一章,按今本圣经改为第七十二章。

㊟　《诗篇》,72:8。

㊟　《约翰福音》,1:35—42;参考奥古斯丁,《致大公教会驳多纳特派,兼论教会的统一》(*Epistula ad Catholicos de Secta Donatistarum*),22。

㊟　参考拉克唐修,《神圣原理》,4:13,24 以下。

㊟　《撒母耳记下》,7:12。

㊟　《撒母耳记下》,7:13。

矛盾："你寿数满足，与你列祖同睡的时候，我必使你的后裔接续你的
位。"我们只能认为，这里所应许的应该指另外一个和平的缔造者，按
照预言，此人不是像所罗门那样在大卫生前即位，而要在他死后才登
基。不是吗？不论此时距离耶稣基督来临还有多长时间，无疑那是
在大卫王死后，按照这应许，基督来临时为上帝建造神殿，不是用木
头和砖石，而是用人，我们为这神殿的建造而欢呼。使徒曾谈到这神
殿，即信仰基督的人："神的殿是圣洁的，这殿就是你们。"[183]

9. 《诗篇》第八十九[184]篇中关于基督的预言，与《撒母耳记》中拿单的预言所应许的何其相似

《诗篇》第八十九篇的标题是"以色列人以探的训诲诗"[185]，记录了
上帝给大卫王作的应许，与在《撒母耳记》中记录的应许内容很相似：
"向我的仆人大卫起了誓。我要建立你的后裔，直到永远，要建立你
的宝座，直到万代。"[186]还有："当时你在异象中晓谕你的圣民，说，我已
把救助之力，加在有能者的身上。我高举那从民中所拣选的。我寻
得我的仆人大卫，用我的圣膏膏他。我的手必使他坚立，我的膀臂也
必坚固他。仇敌必不勒索他，凶恶之子，也不苦害他。我要在他面前
打碎他的敌人，击杀那恨他的人。只是我的信实，和我的慈爱，要与
他同在。因我的名，他的角必被高举。我要使他的左手伸到海上，右
手伸到河上。他要称呼我说，你是我的父是我的神，是拯救我的磐

---

[183] 《哥林多前书》，3:17。

[184] ［译按］原文为八十八篇，按今本圣经改为八十九，下同。

[185] ［译按］圣经原文应为"以斯拉人以探"（*Ethan Ezrahitae*），奥古斯丁此处写作"以色列人以探"（*Aethan Israelitae*）。

[186] 《诗篇》，89:3—4。

石。我也要立他为长子，为世上最高的君王。我要为他存留我的慈
爱，直到永远。我与他立的约，必要坚定。我也要使他的后裔存到永
远，使他的宝座如天之久。"⑩只有全部理解为我主耶稣，才能正确理
解这段。大卫名下所指的就是仆人的形像。中保从大卫的子孙中的
贞女披上这个形像。随后就谈到他的子孙的罪，这在《撒母耳记》中
也谈到了，一般被认为是指所罗门。《撒母耳记》中相应的段落是：
"他若犯了罪，我必用人的杖责打他，用人的鞭责罚他。但我的慈爱
仍不离开他，像离开在你面前所废弃的扫罗一样。"⑩这指的是用杖责
和鞭打纠正他。还有一处："不可难为我受膏的人（基督）。"⑩这意思
不正是"不要伤害"吗？《诗篇》中好像提到大卫之处，也是以这个方
式谈的："倘若他的子孙离弃我的律法，不照我的典章行，背弃我的律
例，不遵守我的诫命，我就要用杖责罚他们的过犯，用鞭责罚他们的
罪孽。只是我必不将我的慈爱，从他那里全然收回，也必不叫我的信
实废弃。"⑩这里在谈他的许多子孙，但却不说"从他们那里"，而是说
"从他那里"，意思其实是一样的。基督是教会的首领，我们不可能发
现他有罪，在神看来，不必用人的方式矫正，而依然能保持悲悯。但
是他的身体和四肢，即他的人民，是有罪的，需要矫正。于是《撒母耳
记》里面说"他的"罪，而在《诗篇》里，说"他的子孙"的罪孽。我们要
理解，这些说他的身体的地方，是以某种方式在说他自己。所以，当
他的身体，即信徒们，遭到扫罗的迫害，他会从天上说："扫罗，扫罗，
你为什么逼迫我？"⑪于是《诗篇》随后说："我必不叫我的信实废弃，我

---

⑩ 《诗篇》，89：19—29。
⑩ 《撒母耳记下》，7：14—15。
⑩ 《诗篇》，105：15。
⑩ 《诗篇》，89：30—33，和合本无"从他那里"。
⑪ 《使徒行传》，9：4。

必不背弃我的约，也不改变我口中所出的。我一次指着自己的圣洁起誓，我是否向大卫说谎。"⑫意思是，我决不向大卫说谎，但圣经习惯这么说。对于所不说谎的事，他补充说："他的后裔要存到永远，他的宝座在我面前，如日之恒一般。又如月亮永远坚立，如天上确实的见证。"⑬

10. 地上的耶路撒冷王国中的行事，与上帝所应许的这一个不同，所以我们认为，这应许其实指的是另外一个王和另外一个王国的光荣

这极为有力和切实的应许，我们不能认为在所罗门那里实现了，《诗篇》中此后的语气表明，人们在期盼它的实现，却还没有看到它的实现："但你厌弃了他，把他降为虚无，主。"⑭从所罗门的王朝到他的后代，一直到地上的耶路撒冷毁灭，还是如此。那时候，即使这个王国的宝座，所罗门所建的巨大的神庙，也被毁弃了⑮。但我们不能因此认为，上帝与自己作的应许矛盾，因为随后写道："你延迟了你的受膏者（基督）。"⑯如果这延迟的是上帝的受膏者（基督），那就不是所罗门，也不是大卫自己。所有的国王都可能成为他的受膏者，因为他们都得到神秘的受膏仪式来加冕，不仅大卫和后来的王，甚至此前的扫罗，也是如此。扫罗是这个民族中第一个得到敷油的王。大卫自己

---

⑫《诗篇》，89：33—35，按照七十士本，与今本有不同。
⑬《诗篇》89：36—37。
⑭《诗篇》，89：39；但奥古斯丁此处的字句与今本圣经和七十士本都略有不同，我们按照字面自行译出。
⑮约瑟夫，《犹太古史》，10：11详细记载了这件事。
⑯《诗篇》，89：39；此处奥古斯丁的引文与七十士本和哲罗姆译文都完全一致，但和合本在89：38，且为"你恼怒你的受膏者"。

就把他称为主的受膏者[117]。但只有唯一的真正基督，那些关于敷油的先知书都在讲他的象征。人们有的把这理解为大卫或所罗门，按照这一观点，他的来临就大大被拖延了；但是按照上帝的安排，他会在他该来的时候来。《诗篇》继续谈到，虽然他的来临拖延了，但人们还是希望他会来到地上的耶路撒冷王国，在那里为王："你厌恶了与仆人所立的约，将他的冠冕践踏于地。你拆毁了他一切的篱笆，使他的保障，变为荒场。凡过路的人，都抢夺他。他成为邻邦的羞辱。你高举了他敌人的右手，你叫他一切的仇敌欢喜，你叫他的刀剑卷刃，叫他在争战之中站立不住，你使他的光辉止息，将他的宝座推倒于地，你减少他青年的日子，又使他蒙羞。"[118]这都是作为使女的耶路撒冷将遭受的，而那个自由人的儿子却将为王。他们暂时执掌地上王国，但他们在真正的信仰中和真正的基督中，希求天上的耶路撒冷王国，因为他们是那个王国的儿子。如果我们阅读这个王国的故事，这故事就告诉我们，那个王国如何到来。

11. 上帝选民的实质。 因为基督穿上肉身，他们是在基督之中的。 只有他具有把自己的灵魂超拔出地狱的力量

在预言了这些之后，先知转而赞美上帝；这赞美就是预言。"主啊，这要到几时呢？你把自己最终隐藏么？"[119]这应该加上"你的脸"。我们听他在别处说："你掩面不顾我要到几时呢？"[120]但在一些版本中，此处不是"把自己隐藏"，而是"将把自己隐藏"。这可以理解为："你

---

[117]《撒母耳记上》，24：7。

[118]《诗篇》，89：40—46；和合本为39—45。

[119]《诗篇》，89：47，"把"和合本译作"要将"；"最终"和合本作"到永远"。

[120]《诗篇》，13：1。

隐藏了对大卫应许的你的悲悯。"又说"最终"，意思难道不是"直到最终"？这指的就是在时间终结时，就连这个民族也将信仰基督耶稣。而在那个终点之前，《诗篇》中哀悼的事情都会发生。所以随后说："你的忿怒如火焚烧，我记住我的实质。"[121]对此最好的理解是，耶稣的选民的实质，就是耶稣自身，他的肉身就来自这选民的自然。"你创造人子，不是虚空的。"[122]如果这一个人子不是以色列的实质，使众多人子通过这一个人子得救，那么所有人子的创造就是虚空了。现在，因为初人的罪，所有人的人性变为虚空，远离真理。所以《诗篇》另外一处说："人好像一口虚空之气。他的年日，如同影儿快快过去。"[123]但是上帝并不是虚空地制造了所有人子。因为他通过作为中保的耶稣把很多人解救出虚空。就是那些他预定了不会得救的人，也不是虚空的创造，因为他们对那些被救的人有益，两个相互对立的城的对比，在那完全理性的创造中，可以形成最美和最正义的秩序。随后又说："谁能常活免死，救他的灵魂脱离地狱的权柄呢？"[124]这个人是谁？不就是出自大卫的子孙，其实质来自以色列血脉的基督耶稣吗？使徒说他："我们知道，基督既然从死人中复活，就不再死，死也不再辖制他了。"[125]他将要活着，看不到死亡；但他先要经历死亡，要使灵魂脱离地狱的权柄。他为了解救人们出地狱的牢笼，所以下到那里。至于他脱离那里的能力，福音书里说："我有权柄舍了我的灵魂，也有权柄取回来。"[126]

---

[121] 《诗篇》，89:46，和合本中无后半句。

[122] 《诗篇》，89:47，和合本译作"你创造世人，要使他们归何等的虚空呢？"

[123] 《诗篇》，144:4，和合本无"虚空之"。

[124] 《诗篇》，89:48，"地狱"和合本译为"阴间"。

[125] 《罗马书》，6:9；《使徒行传》，13:34；《哥林多前书》，15:26。

[126] 《约翰福音》，10:18。

12. 《诗篇》里面有"主啊，你从前的悲悯在哪里"这类的话，我们认为对应许的这种祈求属于何人

这一篇《诗篇》后面的话是："主啊，你从前凭你的信实向大卫立誓，要施行的悲悯在哪里呢？主啊，求你记念仆人们所受的羞辱，记念我怎样将一切强盛民的羞辱存在我怀里。上帝啊，你的仇敌，用这羞辱，羞辱了你的仆人，羞辱了你受膏者（基督）的转换。"[127]我们可以问，这是否那些希求上帝对大卫作的应许能够实现的以色列人所说的；或者是基督徒所说的？他们在肉身上不是以色列人，但在灵性上是以色列人。说或写这话的时候，是以探的时候，所以这一诗篇题头就是他的名字。那也是大卫王在位的时候。那么为什么还说："主啊，你从前凭你的信实向大卫立誓，要施行的悲悯在哪里呢？"这当然表明，先知所模拟的那个说话的人，必然是很久之后的，所以大卫王得到这应许，是很久之前的事情。我们也可以理解为，很多民族在迫害基督徒时，都用基督所受的难来责罚他们。而圣经把这受难称为"转换"（commutationem），因为死亡使人不朽。按照这种解释，可以说基督的转换是用来谴责以色列人的，因为，虽然以色列人希望基督是他们的，却把他变成了异邦的。而现在，通过新约信仰了基督的很多民族都谴责他们，因为他们还停留在旧约中。我们于是读到："主啊，求你记念仆人们所受的羞辱。"因为如果上帝没有忘记，而是对他们充满悲悯，这谴责之后，他们也会信仰。但是，我最先说的那个解释，在我看来更合理。若说此处指与基督为敌、受到谴责的人，基督抛弃了他们，转向异邦，从而他们说"主啊，求你记念仆人们所受的羞辱"，就不

---

[127] 《诗篇》，89:49—51；译文有改动。

通了。因为这些犹太人不能称为上帝的仆人；这些话讲的是那些因基督的名而遭受极为羞辱的迫害的人。他们能记得上帝的应许，即大卫的子孙中将有一个高贵的王国。所以，他们在说出这希望时，并不是在失望，而是在祈求、追寻、探索："主啊，你从前凭你的信实向大卫立誓，要施行的悲悯在哪里呢？主啊，求你记念仆人们所受的羞辱，记念我怎样将一切强盛民的羞辱存在我怀里。"这是说，让我在内心里耐心忍受。"上帝啊，你的仇敌，用这羞辱，羞辱了你的仆人，羞辱了你受膏者（基督）的转换。"这里所想的还不是转换，而是毁灭。说"主啊，求你记念"，指的不就是：靠了你的悲悯和我耐心而谦卑的忍受，我可以回归到高天，在你的真理中，你向大卫许诺了这一点？如果我们把这些话归给犹太人，那就是指在耶稣基督诞生为人之前，犹太人被赶离地上的耶路撒冷，拉去做了囚徒，他们作为上帝的仆人，可以说这些话。这里所谓"你的受膏者的转换"，我们可以理解为，通过基督，人们不会得到地上和肉身的幸福（毕竟所罗门在位时间不长，虽然那时候看上去幸福），而会充满信仰地希求天上和灵性的幸福；没有信仰的异教徒那时候看不到这一点，虽然他们击败了上帝的选民，把他们当囚徒来羞辱。他们所羞辱的，不正是受膏者的转换吗？那无知者不是在羞辱知道真理的人吗？随后，诗篇的结尾说："主的赐福，直到永远。阿门，阿门。"[⑫]这些话与天上的耶路撒冷中上帝的全部选民相关，既与通过新约的启示之前，旧约中所潜在的那些人相关，又与新约启示之后，明确属于基督的人相关。我们不能希望上帝给大卫的子孙的赐福仅仅是暂时的，出现在所罗门那些日子，而要在永远当中，因为这最明确的希望，所以说："阿门，阿门。"这个词的重复更加强了此处的希望。大卫在《撒母耳记下》中说这话时，正

---

⑫《诗篇》，89：52，和合本译法不同。

是如此理解的："又应许你仆人的家至于久远。"⑫我们正是从那里岔开来，讲到了《诗篇》。他不久之后又说："愿你永远赐福与仆人的家"⑬等等。因为一个孩子要诞生，这个孩子要带领大卫的后裔走进基督，因此他的家将会永恒，与上帝的家合一。大卫的家指的就是大卫一族；而上帝的家就是上帝的神殿，但不是用砖石，而是用人造的。在那里，人与上帝一同住在上帝之中，得到永恒；上帝也和他的选民一同住在他的选民之中；于是，上帝充满他的选民，他的选民得到上帝的充满，上帝在万物之上，为万物之主⑭。上帝是他们战争中的力量，也是和平的赐予。于是他通过拿单的话说："并且我应许你，必为你建立家室。"⑮随后他通过大卫说话："万能的以色列的神啊，因你启示你的仆人说，我必为你建立家室。"⑯因为我们在这家室中过得好，所以它是我们建的；因为上帝帮我们过得好，所以是上帝建的。因为"若不是主建造房屋，建造的人就枉然劳力"⑰。等这个房屋最后竣工时，上帝便通过拿单说这些话："我必为我民以色列选定一个地方，栽培他们，使他们住自己的地方，不再迁移。凶恶之子也不像从前扰害他们，并不像我命士师治理我民以色列的时候一样。"⑱

13. 这应许的和平究竟是什么，是否可以在所罗门的时代得到印证

凡是在这个世代和这个地上追求那巨大的好处的，都是不智的

---

⑫《撒母耳记下》，7:19。

⑬《撒母耳记下》，7:29。

⑭《哥林多前书》，15:28。

⑮《撒母耳记下》，7:11。

⑯《撒母耳记下》，7:27。

⑰《诗篇》，127:1。

⑱《撒母耳记下》，7:10—11。

人。或者有人认为，这幸福在所罗门王朝的和平里就实现了。圣经中为了为未来张本，确实盛赞当时的和平。但是，我们必须警惕这种说法。经上随后说："凶恶之子也不像从前扰害他们，"并继续说，"并不像我命士师治理我民以色列的时候一样。"士师们在诸王之前出现，被上帝指派统治这个民族，这个民族通过他们接受了应许的土地。凶恶之子，也就是外邦的敌人，在间歇时期，也就是我们读到的和平与战争相互交错的时期，曾羞辱这个民族⑬。所罗门在位四十年，其间我们看到了更长的和平⑰。而在名为以笏的士师领导之下，国内有八十年的和平。⑱ 所以，我们不能相信这应许是在预言所罗门的时代，更不能认为这是在预言别的王。别的王没有任何一个有所罗门治下那么长的和平。这个民族的王国，总是担心会被敌人征服；因为人事变化无常，没有哪个民族能有绝对的安全保证，从而不怕敌人来威胁其生命。上帝应许了永久和平而安全的居所的，也应该是永恒的地方，来自自由母亲耶路撒冷，那里才是真正的以色列民族；因为"以色列"的名字的意思是"见神"。是为了求得这个虔敬的奖赏，我们才在这个悲惨的旅途中靠信仰生活。

14. 大卫关心以神秘的顺序安排《诗篇》各篇

在上帝之城的演进过程中，大卫是地上耶路撒冷的第一个王，为未来张本。大卫其人，工于歌诗。他喜爱乐律，不是出于俗世的爱好，而是因为信仰的意愿，用伟大事物的神秘象征，服务于他的上帝，那就是真正的上帝。他的诗歌八音和谐，抑扬顿挫，以理节情，正暗

---

⑬ 《士师记》，6：1—2；10：6—7；13：1—2。

⑰ 《列王纪上》，11：42。

⑱ 《士师记》，3：30。

示了城中的整齐合一。他所作的预言,都包含在《诗篇》之中,包括一
百五十章。我们称为《诗篇》的这部书,有些人认为,其中写着大卫的
名字的,都是大卫作的诗歌;也有人认为,除了写着"大卫亲笔"
(ipsius David)字样的,都不是他作的;而那些写着"给大卫自己"
(ipsi David)的,都是别人冒他的名作的。对于这种意见,救世主亲
口在福音书里否定了。他说,大卫被圣灵感动,说基督是他的主[⑬]。
《诗篇》中的第一百一十首也写道:"主对我主说,你坐在我的右边,等
我使你仇敌做你的脚凳。"[⑭]这首诗篇的题头没写"大卫亲笔",而和很
多别的诗一样,写着"给大卫自己"。在我看来,那些把所有这一百五
十首诗归为大卫的作品的人,是更可信的。他之所以给其中一些冠
以他人之名,是因为这些象征了相应的含义;而还有别的一些,他不
想加上任何人的名字。这些不同的安排虽然不易理解,却是上帝启
示他的,不是随意的。有很多先知的名字,是在大卫王之后很久出现
的,但我们读到,他们出现在《诗篇》中,其中所说的一些事情,好像是
他们说的。我们不能因此就不相信这些诗歌是大卫写的。大卫王在
预言时,我们不能认为,预言的圣灵不会向他启示这些名字,从而使
他和这些人见面,在诗歌中预言他们;正如约西亚王,神人预言他三
百多年后将要兴起和为王,预言了他所做的事,也启示了他的名[⑭]。

15. 《诗篇》中关于基督和教会的预言,是否全部适合于在本书中谈到

我想,读者或许希望我在本书此处开始谈,大卫在《诗篇》里如何

---

⑬ 《马太福音》22:43—44。
⑭ 《诗篇》,110:1。
⑭ 《列王纪上》13:2;《列王纪下》,23:15—17。

预言主耶稣基督或他的教会。但我不会按这个希望去做(其实我已经在一本书里做了⑫),因为内容太多,而不是太少,使我无暇这么做。我必须避免过于冗赘,这妨碍了我谈到所有的事。而我担心,我要是选择其中一些来谈,很多了解此事的人,会认为我忽略了更要紧的事。并且,这里所产生的见证,必须要在整个《诗篇》的语境中寻找支持,即使不是所有的诗歌都支持,至少肯定没有哪一篇反对它。我也担心,我们会像集句(cento)⑬那样办事,从一大篇不写此事,而是写完全不同的主题的诗歌里,按照自己的意愿断章取义。要是能在每首诗里寻找证据,那就需要解释全部。这是一个巨大的工程,别人和我的书里做的,已经足够了。谁要是愿意并且能够,就读那些书。他会发现很多地方指出,同一个大卫王既是基督的先知,也是基督的教会的先知,他预言了万王之王,也预言了这个王所建立的城。

16. 《诗篇》第四十五篇谈到了基督和教会,或是明确谈,或是用隐喻说

16.1　凡是谈到某种直接和明确的预言,这都必须和隐喻的说法结合起来;而这尤其需要博学之士花工夫辩难和解释,以帮助愚钝之人。有些隐喻一眼看去,马上就清楚,是在讲基督和教会,当然,其中还有些内容不那么容易理解,有待更多闲暇进一步解释。还是在《诗篇》这卷书里,就有个例子:"我心里涌出美辞,我论到我为王作的事,我的舌头是快手笔。你比世人更美,在你嘴里满有恩惠。所以神

---

⑫ 即奥古斯丁,《〈诗篇〉解》。

⑬ [译按]西方人,特别是基督徒的这种做法,与中国诗歌传统中的"集句"很像,即从本来毫不相干的诗歌中摘出若干句子来,表达某种意思。比如,有人从《埃涅阿斯纪》中辑出一些诗句,就成为对基督故事的描述。

赐福给你,直到永远。大能者啊,愿你腰间佩刀,大有荣耀和威严。为真理,谦卑,公义,赫然坐车前往,无不得胜。你的右手必显明可畏的事。你的箭锋快,射中王敌之心。万民仆倒在你以下。上帝啊,你的宝座是永永远远的,你的国权是正直的。你喜爱公义,恨恶罪恶。所以上帝,就是你的上帝,用喜乐油膏你,胜过膏你的同伴。你的衣服,都有没药沉香肉桂的香气。象牙宫中有丝弦乐器的声音,使你欢喜。"⑭无论多么愚钝的人,谁在听到他被称为上帝时,不知道,这就是我们所宣扬和信仰的基督?基督的种子种在世世代代,得到上帝的油膏,但上帝不是用可见的油来膏他,而是用灵性和理智的油。谁会对这个宗教如此麻木,对他那远播的名声充耳不闻,甚至不知道受膏(chrismate)的就是基督(Christus)?他的名号就是由膏油来的。既然知道了这个王就是基督,人们就应该用闲暇来思考,其他那些用隐喻热情说的话。基督远远超出了人之子形体的美丽,而人们越是爱他和敬慕他,他的美丽就越不是身体的。他的佩刀、他的弓箭,还有别的东西,都不是恰当的描述,而是热情设置的隐喻,指的是靠真理、慈爱、正义为王的那一个。

16.2 其次,人们要思考他的教会,这教会与这么伟大的丈夫缔结灵性的姻缘,靠圣爱与他结合,随后的话谈到的就是她:"有君王的女儿,在你尊贵妇女之中。王后佩戴俄斐金饰,站在你右边。女子啊,你要听,要想,要侧耳而听。不要记念你的民,和你的父家。王就羡慕你的美貌,因为他是你的主。你当敬拜他。推罗的女子,必来送礼。民中富足人,也必向你求恩。王女在宫里,极其荣华。她的衣服是用金线绣的。她要穿锦绣的衣服,被引到王前。随从她的陪伴童女,也要被带到你面前。她们要欢喜快乐被引导,她们要进入王宫。

⑭《诗篇》,45:2—10,有改动。

你的子孙要接续你的列祖，你要立他们在全地做王。我必叫你的名
被万代记念。所以万民要永永远远称谢你。"⑭我也想象不出谁会如
此愚蠢，认为这里所赞美和描述的，只是一个普通女子；经上说这女
子的丈夫："神啊，你的宝座是永永远远的，你的国权是正直的。你喜
爱公义，恨恶罪恶。所以神，就是你的神，用喜乐油膏你，胜过膏你的
同伴。"基督胜过基督徒。基督徒就是他的同伴，从他们当中形成了
万国的统一与和谐，这就是那王后，《诗篇》中的另一处说王后是"我
们上帝的城"⑯。这王后就是属灵的锡安；她的名字的意思就是"沉
思"。人们通过她思考未来世代的伟大的好，指引自己的意图朝向那
里。她同时也是属灵的那个耶路撒冷，我们已经多次提到了。她的
敌人就是巴比伦，那个魔鬼的城，意思是"变乱"。万国之中的这个王
后，通过重生，被救出巴比伦，从最坏的王到了最好的王，也就是从魔
鬼来到基督。因此说道："不要记念你的民，和你的父家。"在那个不
敬之城，有一部分是肉身的以色列，却不是信仰的以色列；他们是这
个国王自己和他的王后的敌人。基督来到了他们中，却被他们杀害，
于是他成了别的人的基督，基督在肉身中并没有看到他们⑰。于是我
们的王通过这《诗篇》中的先知说："你救我脱离百姓的争竞，立我做
列国的元首。我素不认识的民必事奉我。他们一听见我的名声，就
必顺从我。"⑱那异邦的人民，基督在肉身中显现时，并没有认识他们，
但是，他们相信他就是所宣告的基督。所以可以说他们"一听见我的

---

⑭ 《诗篇》，45：9—17。

⑯ 《诗篇》，48：2，和合本作"大君王的城"。

⑰ ［译按］此处原文是 *quos non vidit in carne*，含义应该是，当基督道成肉身来到世间时，
并没有亲眼见到这些人，并不是说基督无法看到这些人的肉身。其含义与后面的"基督
在肉身中显现时，并没有认识他们"是相同的。

⑱ 《诗篇》，18：43—44。

名声，就必顺从我"。因为信道是从听道来的[149]。异邦人加入那些肉身和信仰上都是真正的以色列的人们当中，即上帝之城。在只有肉身的以色列的时候，这城里诞生了肉身的基督。在肉身的以色列，有童贞女马利亚，她孕育了基督，基督通过她化为肉身成人。《诗篇》另外一处谈到这城："论到母亲锡安必说，这一个那一个都生在其中。而且至高者必亲自坚立这城。"[150]那个最高者不是上帝还是谁？基督就是上帝，在他在那城里通过圣母化身为人之前，他亲自通过族长和先知建了那城。通过先知，上帝之城的王后早就被说出来了，而今，我们看到了她的实现："你的子孙要接续你的列祖，你要立他们在全地做王。"确实，从她的儿子中，在整个大地上，甚至诞生了她的领袖和诸父[151]。这些人聚集在她之中，向她作永恒和万代（世世代代）的赞美[152]。无疑，这里所说的隐喻含义不明确，要理解，必须把这些和最明显的事情结合起来看。

17. 在《诗篇》第一百一十篇中，有些是在预言基督的祭司位置；在第二十二篇中，有些是在预言他的受难

《诗篇》中的一首无比明确地预言了基督的祭司身份，即他的王位："主对我主说，你坐在我的右边，等我使你仇敌做你的脚凳。"[153]我们相信，但没有看见，基督的位子就在圣父右边；他的敌人要做他的脚凳，也尚未出现；但是这在最后会出现；我们现在相信这点，以后会

---

[149] 《罗马书》，10:17。
[150] 《诗篇》，87:5，和合本无"母亲"。
[151] ［译按］这领袖和诸父，指的应该是教会的领袖和圣徒。
[152] 参考奥古斯丁《〈诗篇〉解》，44:32。
[153] 《诗篇》，110:1。

看见。而随后的则是："主必使你从锡安伸出能力的杖来。你要在你
仇敌中掌权。"[154]意思如此明确，要否定不仅是不虔敬和不幸福的，而
且是鲁莽的。就是他的敌人也承认基督发布的律法，也就是我们说
的福音书，我们知道那是基督的能力的权杖，将来自锡安。就是那些
将要被他掌权的仇敌做了见证，基督将在他的仇敌当中掌权。他们
将要咬牙和被消灭，对他无能为力。不久之后又说："主起了誓，决不
后悔。"这表明，他说的话以后不会变。随后说："你是照着麦基洗德
的等次，永远为祭司。"[155]现在哪里也没有亚伦一系的祭司和祭祀，而
都在基督这祭司下献祭。麦基洗德在为亚伯拉罕祝福的时候，他就
提过这祭祀了[156]。但《诗篇》这一首里谈得有点模糊，他的话究竟是对
谁说的呢？对此，这首诗篇后面有一个模糊的说法，如果我们正确理
解，指的是谁就很明确了。我们在对我们的民众讲道时就说清楚
了[157]。同样，基督在通过先知谈到自己卑微的受难时说："他们扎了我
的手，我的脚，我的骨头，我都能数过。他们瞪着眼看我。"[158]这些话指
的正是十字架上的身体，他伸直了，手脚被钉，钉子穿过他的骨头。
对于那些瞪眼看他的人，他形成了一个风景。后面又说："他们分我
的外衣，为我的里衣拈阄。"[159]在福音书中讲的故事里，这个预言得到
了实现[160]。我们要依据这个，看那些说得没这么明确的，它们与意思
清楚的部分相合，也就能正确理解了；特别是有些事情，我们相信以
前没有发生，但现在看到发生了，我们在这诗篇里读到，很久之前就

[154] 《诗篇》，110:2。

[155] 《诗篇》，110:4。

[156] 《创世记》，14:18 以下。

[157] 奥古斯丁，《布道辞》，8:541 以下。

[158] 《诗篇》，22:16—17。

[159] 《诗篇》，22:18。

[160] 《马太福音》，27:35；《约翰福音》，19:24；《马可福音》，15:24；《路加福音》，23:34。

预言了。而现在,整个大地都看到了它们的发生。不久之后又说:"地的四极,都要想念主,并且归顺他。列国的万族,都要在你面前敬拜,因为国权是主的,他是管理万国的。"⑯

18. 《诗篇》第三首、第四十一首、第十五首、第六十八首中,预言了主的死亡和复活

18.1　关于基督的复活,《诗篇》中的神谕也未保持沉默。《诗篇》第三首里唱道:"我躺下睡觉。我醒来,主保佑我。"⑯这还能是唱的别的什么意思呢? 先知把他的睡下又醒来当大事来说,睡下不就是死,醒来不就是复活吗? 竟有人如此愚蠢,认为这所预言的不是基督吗? 在第四十一首里,这一点表现得更明确很多。那里在谈到中保其人时,用惯常的笔法,把要预言的未来的事,说成是过去发生的。这是因为,将要发生的,在上帝的预定和前知看来,就像已发生的,因为这是确定的。⑯"我的仇敌用恶言议论我,说:'他几时死,他的名才灭亡呢? 他来看我,就说假话。他心存奸恶,走到外边才说出来。一切恨我的,都交头接耳的议论我。他们设计要害我。他们说,有怪病贴在他身上。他已躺卧,必不能再起来。'"⑯这里的用语如此明确,不过还是在说"那已死去的,必不能再起来复活"吗? 难道还能别样理解吗? 前面已经说了,他的敌人密谋和策划了他的死,而这个阴谋的执行者走进来看他,走到外面就背叛。这不就是他的门徒中杀害他的叛徒犹大吗? 他们正要完成所密谋的事,就是杀死他。

---

⑯ 《诗篇》,22:27—28。

⑯ 《诗篇》,3:5,和合本译作"我躺下睡觉。我醒着,主都保佑我"。

⑯ [译按]CCSL本指出,"这是确定的"在有的版本中没有。

⑯ 《诗篇》,41:5—8。

基督用复活表明，他们杀人的阴谋是虚妄的，所以加上这话，仿佛在说："你们做什么虚妄的事呢？"你们犯下这罪，而我只不过睡着了。"他已躺卧，必不能再起来。"他们这违背神法的罪行不会不受惩罚，这在随后的话里也表明了："连我知己的朋友，我所期望，吃过我饭的，也用脚踢我。"意思是，践踏我。他说："主啊，求你怜恤我，使我起来，好报复他们。"⑯在基督受难和复活之后，在战争中，犹太人家园邱墟，生灵涂炭，凡是看到的，谁能否认？那遭到他们杀害的，又复活了，用世间的律令报复他们，那些他没有惩处的，他会在最后审判活人和死人时处理。主耶稣在给使徒们分面包的时候，揭露了他是叛徒，就引了《诗篇》中的这句诗，说这在他身上应验了："那吃我饭的，用他的脚踢我。"⑯他说："我所期望"的，不是说头期望，而是说身体期望。救世主自己并不是不知道他，因为他以前就说过："你们中间有一个人要卖我。"⑯"你们中间有一个是魔鬼。"⑯而基督习惯于把自己的肢体拟人化，把肢体所承受的说成自己承受的，因为头和身体是同一个基督。所以在福音书里说："我饿了，你们给我吃。"⑯意思就是说："这些事你们既做在我这弟兄中一个最小的身上，就是做在我身上了。"⑰这样他说犹大是他所期望的，指的是他的门徒们还期望犹大，因为那时他还算一个门徒。

18.2　犹太人盼望基督，并不盼望他会死⑰。因此，他们不认为，我们的基督就是律法书里和先知们所宣布的那个基督。但是，除去一

⑯ 《诗篇》，41：10。

⑯ 《约翰福音》，13：18。

⑰ 《约翰福音》，13：21。

⑯ 《约翰福音》，6：70；类似的说法另见《约翰福音》，13：27；《路加福音》，22：3。［译按］PL本只引了后面这一句，但 CCSL 本根据其他版本，加上了前面一句。

⑯ 《马太福音》，25：35。

⑰ 《马太福音》，25：40。

⑰ 《约翰福音》，12：34。

个受难而死的之外,我不知道他们还能把哪个认作基督。于是,他们以奇怪的虚妄和盲目,争辩说我们所引的那些《诗篇》,指的不是死亡和复活,而是睡觉和醒来。但是《诗篇》中的第十六篇唱道:"因此我的心欢喜,我的言辞快乐。我的肉身也要居住在希望中。因为你必不将我的灵魂撇在地狱。也不叫你的圣者见朽坏。"[172]除了那个三天之后复活的,谁还会说他的灵魂居住在希望中,他的灵魂不会被撇在地狱,不会朽坏,反而会迅速复活呢? 他们不会这么说先知和大卫王。第六十八首诗里唱道:"神是为我们施行诸般救恩的神。就是主,也要靠死亡脱离此生。"[173]还能说得更明白吗? 那施行救恩的神就是主耶稣,其名字的意思就是救世主或救治者。在圣贞女得到报喜,要生耶稣时,这个名字所含的道理就有了解释:"她将要生一个儿子。你要给他起名叫耶稣。因他要将自己的百姓从罪恶里救出来。"[174]他通过自己流血,把百姓从罪恶里解救出来;他除了死,没有别的办法脱离此生。于是在说了"神是为我们施行诸般救恩的神"之后,就加上:"就是主,也要靠死亡脱离此生。"表明基督要靠死亡施救。"就是主"这三个字令人惊悚,仿佛在说,必朽者的生命是这样,就是连主,除去依靠死,也无法逃脱。

19. 在《诗篇》第六十九首中,宣布了犹太人顽固不化的不信

这个预言的见证如此明确,又发生了如此清楚和确定的事件,来验证那预言,那么,在随后的《诗篇》中写的,当然也都实现了,但犹太人却不肯认可。《诗篇》中就基督本人所说的,同他的受难有关的预

---

⑰ 《诗篇》,16:9—10,和合本前一句作"因此我的心欢喜,我的灵快乐。我的肉身也要安然居住"。"地狱"作"阴间"。

⑱ 《诗篇》,68:21,和合本后半句作"人能脱离死亡,是在乎主。"

⑲ 《马太福音》,1:21。

言,在福音书里都发生了:"他们拿苦胆给我当食物。我渴了,他们拿
醋给我喝。"⑮在这样一种筵席之后,又说:"愿他们的筵席,在他们面
前变为网罗,在他们平安的时候,变为机槛。愿他们的眼睛昏蒙,不
得看见。愿你使他们的腰常常战抖"等等⑯。说这些都不是希望如
此,而是因为先知书里预言的方式就如同在希望。既然那些人的眼
睛昏蒙,不能看见,那他们看不出这么明显的事,又有什么奇怪? 如
果谁向地弓身,腰在战抖,那他们无法望天,又有什么奇怪的? 我们
要明白,这是用身体的语言来解释心灵的罪过。《诗篇》是大卫王的
先知书,我们对它的讨论已经够了,要有一定的限度。我的读者若是
早已知道了这些,请原谅我;如果他们理解和认为有些证据比我的也
许更强,而我忽略了,愿他们原谅我,不要指责我。

20. 大卫的王位与品德;其子所罗门,在被认为是他的著作的书中, 以及那些无疑是他自己的著作中,所发现的关于基督的预言

20.1　地上的耶路撒冷是天上的耶路撒冷之子,大卫在地上的
耶路撒冷为王,有很多神圣的见证赞美他。因为他拯救性而谦卑的
忏悔,巨大的虔敬战胜了他的错误,于是,他成为这句诗所说的人中
的一个:"得赦免其过,遮盖其罪的,这人是有福的。"⑰后来,他的儿子
所罗门同样统治了整个民族。如上文所说,所罗门于他父亲在世时
就登基为王了⑱。此人开端虽好,结局却不好。所谓利令智昏⑲,财

---

⑮《诗篇》,69:21。

⑯《诗篇》,69:22—23。

⑰《诗篇》,32:1。

⑱ 本卷8:3。

⑲ 奥古斯丁此处在化用撒路斯提乌斯《喀提林阴谋》,11 中的话。

富所带来的障碍超过了智慧带来的利益；但对于他的智慧，现在人们还记得，将来也会记得。这智慧当时就得到广泛而长久的赞美。我们在圣经中可以看到他的预言，其中有三卷被认为是他所作的经书：《箴言》《传道书》《雅歌》。还有另外两部书，即《所罗门智训》和《便西拉智训》，因为言辞和所罗门的文字颇有相似之处，习惯上也归在他的名下，但更博学的人毫不犹豫地否认这一点；而过去的教会，特别是西方教会，总是把这几卷书归在他的名下⑩。其中之一称为《所罗门智训》，极明显是在预言基督的受难。其中记录了杀害他的不敬的凶手的话："'我们要陷害义人，因为他太令我们讨厌，反对我们的作为，指责我们违犯法律，控诉我们品行不检，自夸认识上帝，自称是上主的仆人，自充我们思想的裁判员，我们一见他，就感觉讨厌；因为他的生活与众不同，他的行径与人两样。他竟将我们视作杂种，远避我们的行径，像远避不洁之物；声言义人有幸福的结局，且自夸有上帝为父。我们且看他的话是否属实，看他究有什么结局。因为，如果义人是上帝的儿子，上帝定要帮助他，拯救他脱离敌人的手。来罢！我们用耻辱和酷刑试验他，查看他是否温良，考验他是否忍耐。我们判他受可耻的死刑，看他是否蒙受眷顾，如他所说的一样。'他们这样思想真是荒谬，因为邪恶使他们丧失了理智。"⑩而在《便西拉智训》中，则用这个方式预言了未来信仰的异邦："万有的主宰上帝！求你怜悯我们，转面回顾，赐我们得见你仁慈的光辉。求你赐那不寻找你的万民都敬畏你，让他们知道，除你以外别无神，为叫他们传扬你伟大的作为。求你举起你的手来，攻击外邦的人民，使他们见到你的威能。你在他们面前，对我们怎样显示了你是圣者，愿你在我们面前，也对他

---

⑩ 参见奥古斯丁，《基督教教义》，13 以下。
⑱ 《所罗门智训》，2：11—21，用思高本《智慧篇》译文。

们怎样显示伟大，好叫他们认识你，如同我们认识了你一样：除你以外，没有神，上主啊！"⑱我们看到，这先知书中的愿望和赞美在耶稣基督那里实现了。除非是写在犹太人的经典中的话，否则在我们用以反对我们的对手时，就不会这么有力。

20.2 对于被公认是所罗门所著，被犹太人奉为经典的三部书，我们要找到与基督和教会相关的这类内容，必须要有繁琐的讨论，如果现在要讨论这些，那么这部著作就会过于冗长。不过，我们还是可以看一下《箴言》中那不敬者的话："（我们）要蹲伏害无罪之人。我们好像阴间，把他们活活吞下。我们要消除他们对大地的记忆，要掠夺他们的珍贵财宝。"⑱这句话并不含糊，我们不必通过繁琐的解释也可以理解这里指的是基督，财宝指他的教会。在福音书里，主耶稣自己借助一个比喻，讲出坏的园户的话："这是承受产业的。来吧，我们杀他，占他的产业。"⑱在同一部书里有一处，我们在谈到一个不育的女人生了七个儿子时已经提到了⑱。凡是知道基督就是上帝的智慧的人，都能理解这里预言的只能是基督和教会。"智慧建造房屋，凿成七根柱子，宰杀牲畜，调和旨酒，设摆筵席。打发使女出去，自己在城中至高处呼叫，说，谁是愚蒙人，可以转到这里来。又对那无知的人说，你们来，吃我的饼，喝我调和的酒。"⑱我们当然知道，上帝的智慧，即与圣父永恒共在的圣言，在圣贞女的腹中建造房屋，化身为人，教会是身体，他就是这个身体的头，他自己殉道做了牺牲，在桌子上准备了酒和面包，在那里显现为麦基洗德一系传下的祭司，召集了愚拙

---

⑱ 《便西拉智训》，36：1—5，用思高本《德训篇》译文，有改动。

⑱ 《箴言》，1：11—13，和合本作："要蹲伏害无罪之人。我们好像阴间，把他们活活吞下。他们如同下坑的人，被我们囫囵吞了。我们必得各样宝物。"

⑱ 《马太福音》，21：38。

⑱ 本卷4：4。

⑱ 《箴言》，9：1—5。

软弱的人们。就像使徒说的："拣选了世上软弱的，叫那强壮的羞愧。"⑱对这软弱的，《箴言》随后说："你们愚蒙人，要舍弃愚蒙，就得存活。并要走光明的道。"⑱成为他的餐桌上的食客，本身就意味着开始获得生命。名为《传道书》的另外一部书里说道："除去吃喝的之外，人没有好处。"⑱新约中那个做了祭司的中保，做了麦基洗德一系的祭司，用自己的血和肉作了宴席。这里所说的，就是指做了他的宴席上的食客；除此之外，还有更可信的理解吗？旧约中的所有牺牲，被祭祀了，都是为后来的那个张本，新约中的这个牺牲继承了它们。因为我们知道，在《诗篇》的第四十首里，这个中保通过先知的话说："祭物和礼物，你不喜悦。你已经开通我的身体。"⑲他没有用这些祭物和礼物，而是用自己的身体做了牺牲，把它献给食客们。在《传道书》里谈到吃喝的这句话里所反复致意的，并不是人们对膏粱旨酒的欲望。这在下面的话里说得很明确："往遭丧的家去，强如往宴乐的家去。"⑲随后说："智慧人的心，在遭丧之家。愚昧人的心，在快乐之家。"⑲我认为，这部书里讲得最多的是魔鬼之城和基督之城两个城，以及二者的王，魔鬼和基督："邦国啊，你的王若是孩童，你的群臣早晨宴乐，你就有祸了。邦国啊，你的王若是贵胄之子，你的群臣按时吃喝，为要补力，不为昏乱，你就有福了。"⑬他说魔鬼是孩童，因为他的愚蠢、骄傲、多变、鲁莽，还有这个年龄的人一般会有的其他很多罪过。而基

---

⑱ 《哥林多前书》，1：27。

⑱ 《箴言》，9：6。

⑱ 《传道书》815 和合本作"莫强如吃喝快乐"。

⑲ 《诗篇》，40：6，"身体"和合本作"耳朵"。

⑲ 《传道书》，7：2。

⑲ 《传道书》，7：4。

⑬ 《传道书》，10：16—17。［译按］此处的"昏乱"一词，和合本作"酒醉"，与哲罗姆译本意思相符。但奥古斯丁用的是 confusione 一词，与哲罗姆不同，并且与下文几个词相互呼应，所以我们按照奥古斯丁的意思，译为"昏乱"。

督是贵胄之子，也就是那神圣的族长之子，他们属于自由之城，而基督的肉身就来自他们⑭。魔鬼之城的领袖早晨宴乐，也就是在约定的时间之前，因为他们不曾等待那个真正的机会，享受未来世代的幸福，匆忙地享受此世所追逐的幸福；而基督之城里的领袖耐心等待并不虚假的幸福来临。所以说："为要补力，不为昏乱。"因为他们的希望不会欺骗；使徒也就此说："盼望不至于昏乱。"⑮《诗篇》里说："凡等候你的必不昏乱。"⑯在《雅歌》里，城中国王和王后的婚礼是圣徒们心智的一种灵性的快乐。这国王和王后指的就是基督和教会。但是这个快乐包裹在了比喻的盖头下，因而一旦揭开，就让新郎更热爱、更快乐。《雅歌》这一篇说他："正直者都爱你。"⑰而新娘则听到："我所爱的，你何其美好。"⑱我们为了尽快结束这部书，很多只好略过不提。

21. 所罗门以后的诸王，或在犹大，或在以色列

在所罗门以后希伯来诸王的言行中，很难找到预言基督和教会的隐喻，无论在犹大的，还是在以色列的。所罗门的儿子罗波安继父亲登基后⑲，这个民族就分为两个部分，分别叫犹大和以色列，这是上帝对他们的惩罚。所罗门的奴隶耶罗波安得到十个部落⑳，在撒马利亚建国称王，国号以色列。以色列也是这个民族的总号。由于大卫的关系，为了让他的子孙的王国不至全部翦灭，犹大和便雅悯两个部

---

⑭ 《加拉太书》，4：22—23。

⑮ 《罗马书》，5：5，"昏乱"和合本作"羞耻"，但哲罗姆与奥古斯丁用词相同，均为 *confundit*。

⑯ 《诗篇》，25：3，"昏乱"和合本作"羞愧"。

⑰ 《雅歌》，1：4，七十士本。

⑱ 《雅歌》，7：6。

⑲ 《列王纪上》，11：43。

⑳ 《列王纪上》，11：31。

落被留下,受耶路撒冷城节制,国号犹大,因为大卫起自犹大部落。而前述这个王国的另外一个部落便雅悯之所以也属于犹大,是因为大卫之前的国王扫罗出自其中。但如我所说,这两个部落共称为犹大,这个名字把她区别于以色列,那个十部落组成的王国的名字。利未的部落是服务于上帝的祭司的部落,不必服务于国王,算作第十三个部落。而以色列的十二个儿子中的一个约瑟和别人不同,不是传下了一个部落,而是两个,以法莲和玛拿西。并且,利未部落与耶路撒冷的王国关系更大,因为那里有他们侍奉的神殿。于是,这个民族第一次分裂了,一边是所罗门的儿子犹大王罗波安统治耶路撒冷,一边是所罗门的奴隶以色列王耶罗波安统治撒马利亚。罗波安的僭政想对分裂出去的部分发动战争,但上帝阻止他们兄弟相残,并通过先知说明这是他所做的[201]。这表明,就以色列的行事而言,其国王、人民都没有犯罪,但上帝还是想完成对他们的惩罚。知道这个原因后,双方媾和;宗教并未分裂,分裂的是王国。

22. 耶罗波安以不敬的偶像崇拜亵渎了治下的人民,但是上帝并没有放弃通过先知们警醒,防范了很多人不陷入偶像崇拜之罪

以色列王耶罗波安不信上帝,心智败坏了,虽然上帝按照应许给了他王国,证明他的应许为真。按照神法,万国都要到耶路撒冷的神殿祭祀。但耶罗波安害怕,如果自己到了那里,他的人民会被大卫的子孙引诱,回到王室的后裔那里[202]。于是,他在自己的王国里设置偶

---

[201] 《列王纪上》,12:24。
[202] 《列王纪上》,12:25—32。

像崇拜，其不敬程度极为可怕，他欺骗人民，让他们和自己一起崇拜偶像。但是，上帝不仅没有完全停止警示这个王，而且还通过先知们警示他的后继者、模仿者，和他的人民的不敬。杰出而伟大的先知以利亚和他的弟子以利沙兴起，做了很多奇妙的事。以利亚说："（主，以色列人）毁坏了你的坛，用刀杀了你的先知，只剩下我一个人，他们还要寻索我的灵魂。"[203]上帝回答说，他在以色列人中为自己留下七千人，是未曾向巴力屈膝的[204]。

23. 希伯来的两个王国境况不同，最后两国人民于不同的时间都被劫持，成了俘虏，犹大后来恢复了自己的国，但最终又转入了罗马的治下

而在耶路撒冷的那个犹大国，在历代国王中，仍然不乏先知。上帝喜欢派遣他们，或是为了必须的赞美，或是为了匡正罪恶、建立正义。比起在以色列来，这个国家里虽然少得多，但还是有些国王因为自己的不敬而大大冒犯上帝，与人民共同遭到了应有的惩罚。但其中的有德之君也得到不少的赞美；而在以色列，我们读到，所有的国王都遭到谴责，只不过有的多，有的少。在这两个王国，因为神意的要求或允许，或是在繁荣中兴盛，或是在争斗中沉沦，外忧内患屡屡打击，这些或是出于上帝的悲悯，或是因为上帝的愤怒。后来上帝愈加愤怒，整个民族被迦勒底人摧毁，不仅失去了本来的地盘，甚至还绝大部分被迁移到了亚述地界；首先是十个部落组成的，称为以色列的那部分[205]；随后甚至连犹大也遭此命运，耶路撒冷和最尊贵的神殿

---

[203] 《列王纪上》，19:10。
[204] 《列王纪上》，19:18。
[205] 《列王纪下》，17。

被毁弃。他们在亚述的土地上做了七十年俘虏才获自由[206]。后来他们回到被毁弃的旧神殿所在的地方，重建殿宇；虽然他们中有很多人留在了异邦的土地上，但以色列不再分为两个王国和两个部分，不再有各个部分各自的国王；在耶路撒冷，他们有一个君主。每隔一段时间，他们都从自己所住的地方，从四面八方来到上帝的神殿。但是也不乏外族的敌对和征服，比如基督的时候他们就向罗马人纳税了。

24. 犹太人中最后的先知，或是福音书历史中说在基督降生时的先知

在从巴比伦回来之后，整个时期中只有玛拉基、哈该、撒迦利亚，还有以斯拉这些先知，然后就直到救世主来临前都没有先知，除非算上另一个撒迦利亚，即洗者约翰的父亲[207]，和他的妻子以利沙伯[208]，这已经接近基督降生了，还有他降生之后的老人西面[209]、孀居的老妪亚拿[210]，以及洗者约翰自己，这是最后的先知[211]；约翰自己是年轻人，他并不知道基督会是另一个年轻人。但他凭先知的知识指出了不为人知的基督[212]。所以主自己说："因为众先知和律法说预言，到约翰为止。"[213]在福音书里面，我们知道有这五个先知；我们还看到，主的母亲童贞女在约翰之前就作过预言[214]。但是，该谴责的犹太人不接受这些

---

[206] 《列王纪下》，25。
[207] 《路加福音》，1:67。
[208] 《路加福音》，1:24。
[209] 《路加福音》，2:27。
[210] 《路加福音》，2:36。
[211] 《马可福音》，1:4；《路加福音》，3:2；《马太福音》，3:1。
[212] 《约翰福音》，1:29—35。
[213] 《马太福音》，11:13。
[214] 《路加福音》，1:46—55。

先知;而无数人接受他们,并因而相信了福音书。以色列确实要分裂为两个,撒母耳对扫罗王预言,这分裂是不可改变的㉑。而那些该谴责的犹太人竟然把玛拉基、哈该、撒迦利亚、和以斯拉当作最后的圣经作者。但他们的著作,和别人的著作一样,只是卷帙浩繁的先知书中极少的部分,这些书的作者都是圣经的作者。他们那些和基督与他的教会相关的预言,我认为应该放在这本书里;在主的保佑下,我们最好能进入下一卷了,否则这一卷就过于冗赘了。

㉑《撒母耳记上》,15:28。

上帝之城卷十八

[本卷提要]在本卷,奥古斯丁大大倚重于尤西比乌和哲罗姆的著作,主要比较圣经历史和外邦诸民族的历史。他对异邦历史的叙述并没有前面几卷对圣经历史的叙述那么全面,而是强调其中的几个方面,并不时岔开来,目的是指出地上之城中的纷争与冲突,揭示其神话的历史本源和人造本质,因而本卷与卷二和卷七之间的很多主题相互呼应。奥古斯丁尤其强调亚述和罗马这东西方两个大帝国,同时也很看重小国西锡安/阿尔戈斯的历史。他也谈到,即使在异邦中,也有关于基督的预言。从第二十七到三十六章,奥古斯丁回到了圣经历史,补充了前面几卷未曾谈到的内容,也完成了在 17:24 作的许诺。而这样做的目的,是为了证明犹太先知高于甚至早于异教哲学家。奥古斯丁谈到了异教哲学中的分歧,以区别于先知们的一致,预示了卷十九的一些主题。但他由亚历山大东征引出的七十士本恰恰表明,即使圣经也不是像他说的那么一致。随着东西方的接触,两个城的历史逐渐走到了一起。奥古斯丁在强调罗马是另一

个巴比伦的同时，也指出，罗马对世界的征服是为基督教的兴起作准
备。本卷虽然很多内容是不乏牵强的护教之说，但给出了对于世界
历史的一个总体观念，对于从基督教的角度重新理解世界历史，有着
非常重要的意义①。

1. 卷十七已经谈到的，到救世主之前的事

在上帝恩典的保佑下，我许诺要尽可能写出两个城的开端、发展
和归宿，其中一个是上帝之城，另一个是尘世之城。上帝之城要在尘
世之城中做过客。我在最先的十卷书里首先反驳上帝之城的敌人，
他们把自己的神看得比上帝之城的建造者基督更重，以最下流的可
耻方式狂热攻击基督徒。我刚刚提到的我的这个三方面的许诺，我
在十卷书之后的部分里完成，其中前四卷研究两个城的起源，随后的
一卷研究初人到大洪水的历史，就是本书的卷十五。随后，我们的写
作按照时间顺序到了亚伯拉罕时代的两个城，然后从族长亚伯拉罕
到以色列王国的时代。我以此结束了卷十六，然后又写到救世主自
己化为肉身来临，这就是卷十七所做的。按照我的写作方式，好像上
帝之城在单独发展；但在这个尘世中，她不是在单独发展，而是两个
城都随着人类在发展，共同开始，也共同经历了不同的阶段。我这么
做其实是为了叙述从上帝的应许变得明确时开始，到基督由圣母降
生，起先的应许在他身上得到实现，中间不掺杂那个与上帝之城相对
的另一个城，让她看上去是在独自发展——但直到新约启示之前，这
个城一直是模糊的，在隐喻中发展。现在，我就把我所遗漏的加进

① ［PL 本提要］奥古斯丁谈到了从亚伯拉罕的时候到世界末日之间，地上之城和天上之城
的历程；他也涉及了关于基督的神谕，包括西彼拉的，但主要是罗马王国兴起后写作的
神圣预言家，包括何西阿、阿摩斯、以赛亚、弥迦等等。

来,看从亚伯拉罕时代以来,另外一个城如何发展,说得尽量充分,使读者能够研究和比较二者。

2. 与亚伯拉罕以来圣徒的时代同时的地上之城的国王和时代

2.1 于是,必朽者的集团分散到大地上各个不同的地方,按照人类统一的自然,满足各自的功利和欲望。没有人的欲望得到了满足,或至少不是所有人的欲望得到满足,因为所追求的不同,于是相互纷争,分裂为很多部分,强势的部分压迫另外的部分。被征服者服从于征服者,因为人们爱和平与安全胜过爱霸权或自由。而那些宁愿死亡也不愿做奴隶的人显得极为奇怪了。于是,自然的声音在万国之中传扬:被征服者应该愿意向那些胜利者屈服,而不肯被任何形式的战火涂炭所毁灭。这样的结果并不出于神意之外,因为在战争中谁征服和被征服,都在他的掌握之内。他使一些人拥有王国,一些人服从于他们的统治。而地上众多的王国,是从共同的集团为追求地上的功利或欲望分裂出来的(我们统称为地上之城),我们看到其中有两个比别的国更长久和辉煌,首先是亚述,随后是罗马,二者的地域和时间各自不同。亚述在先,罗马在后;亚述在东方,罗马在西方兴起;亚述灭亡后,罗马立即开端。至于别的王国和别的国王,我们都附在这两个城之后来谈。

2.2 尼努斯是亚述的第二个王,继承了他的父亲,亚述的第一个王伯鲁斯。那正是亚伯拉罕在迦勒底出生的时候[2]。那个时候,还有个很小的王国西锡安的王也在位,最博学的马可·瓦罗就把这当

---

② 本书 16:17 谈到,亚伯拉罕出生时,是伯鲁斯在位的第四十三年。这是按照尤西比乌的《编年史》的说法。

成古老的时代,名为《罗马人的民族》的书从这里开始写③。他写了西锡安人的诸王后,就写到了雅典,然后又写到了拉丁民族,又写了罗马;而在罗马建立之前,比起亚述王国来,其他王国记录得都很少。虽然即使罗马的历史学家撒路斯提乌斯承认,雅典在希腊文明中是最辉煌的,但这更多只是就名声,而不是就功业而言。他如此谈雅典:"依我看,雅典人的行迹确实是相当伟大而又光荣的,尽管如此,他们实际上也并不是像盛传中那样出色。但是由于雅典产生过具有非凡才能的作家,所以雅典人的功业便被认为在世界上是无与伦比的。这样看来,成就事业的人们的功绩所以被捧得如此之高,只不过是有伟大的作家能够用颂扬的文学对事业本身加以抬高而已。"④这个城邦因为文学和哲学而得到的光荣可不小,其实,对文学与哲学的研究主要在这里兴盛起来。但是就帝国而言,没有哪个帝国早于亚述形成,也没有哪个像她这么长久和辽阔。伯鲁斯的儿子尼努斯王把疆域扩展到整个亚细亚,据说与利比亚接壤,按照数字算,这个亚细亚相当于整个大地的三分之一,而按照面积算,简直有一半⑤。在东方,只有印度没有被霸占;在他死后,他的妻子塞米勒米斯(*Semiramis*)⑥与印度开了战。这样一来,这些土地上的人民或国王,都要臣服于亚述王国的统治,亚述的号令都要执行。当亚伯拉罕在迦勒底出生时,正是尼努斯王国的时代。我们对希腊的事情知道得比亚述的多很多,那些仔细追溯罗马民族古代起源的人,从希腊梳

---

③ ［译按］PL 本将"罗马人的民族"当作书名,CCSL 本则直接当成短语。由于瓦罗的著作不存,我们无法确定此处孰是,本卷第 13 章提到此书时,文字顺序有所不同,但卷 21.8 则明确说这是书名。所以我们还是当作书名。

④ 撒路斯提乌斯,《喀提林阴谋》,8。

⑤ 参见本书 4:6;16:17;18:22。

⑥ 塞米勒米斯,传说中巴比伦的建立者或修复者,是尼努斯的妻子,据说她与儿子有乱伦关系。

理到拉丁，然后又是罗马，而罗马人本来就是拉丁人。在必要的地方，我们需要记得亚述诸王。上帝之城是这个世界上的过客，先是在巴比伦，即第一个罗马，与她平行发展。要在这本著作中比较地上和天上之城两个城的事，我们应主要讲希腊和拉丁的事，而罗马就如同第二个巴比伦。

2.3　在亚伯拉罕出生时，亚述和西锡安都在第二代国王时代，在亚述为尼努斯，在西锡安为欧罗普斯（*Europs*）⑦。两个国家的第一代国王分别是伯鲁斯和爱基阿流斯（*Aegialeus*）⑧。亚伯拉罕从巴比伦走出时，上帝应许说他的后代要出伟大的民族，万国都要因他的后裔得福，那时亚述是第四代国王，西锡安是第五代；在亚述，尼努斯的儿子在母亲塞米勒米斯之后为王。有人说，塞米勒米斯欲与儿子乱伦，所以被儿子所杀。也有人认为，就是她建立了巴比伦。也许她只是重修⑨，这个城何时和怎样建立的，我在卷十六已经说了。尼努斯和塞米勒米斯的儿子继承他母亲登基，有人也叫他尼努斯，还有人叫他尼尼亚（*Ninyas*），这个名字也来自父名。当时西锡安的国王是泰尔克西恩（*Telxion*）⑩。他统治期间，人民安居乐业，死时人们把他当作神来服侍和祭奠，还为他设立了竞技，竞技最早就是这时候设立的。

---

⑦　欧罗普斯，西锡安第二个国王，尤西比乌和哲罗姆都说在亚伯拉罕出生时，他是西锡安的国王。

⑧　爱基阿流斯，是伊纳库斯（*Inachus*）和莫利亚（*Melia*）的儿子，统治一部分伯罗奔尼撒。根据西锡安的说法，他是爱基阿流亚（*Aegialeia*）城的建立者，西锡安的第一任国王。

⑨　迪奥多罗斯（*Diodorus*）、尤斯丁等人认为是塞米勒米斯修建的巴比伦，约瑟夫、尤西比乌、马凯利努斯等人说她是重修者。

⑩　鲍撒尼亚把他写作 *Telexion*，也有人写作 *Telsion*，西锡安国王，据说在以撒出生时在位。

3. 亚伯拉罕被应许百岁产下以撒时，谁在亚述和西锡安为王，以撒自己六十岁和利百加生下以扫和雅各时，又是谁在位

　　上帝向亚伯拉罕应许，他在百岁时会和妻子撒拉生子，虽然撒拉不育，亚伯拉罕年老无阳，他们还是生了以撒。那时候亚述是第五代王阿里乌斯（*Arrius*）⑪在位。以撒六十岁时，妻子利百加为他生了孪生子以扫和雅各，当时他们的祖父亚伯拉罕依然活着，有一百六十岁高龄了。亚伯拉罕是一百七十五岁死去的。那时候，亚述的王是薛西斯（*Xerxe*），比亚伯拉罕更大些，也叫巴勒乌斯（*Baleus*）⑫，西锡安在位的是第七任国王图利阿库斯（*Thuriacus*），有人又写作图利马库斯（*Thurimachus*）⑬。阿尔戈斯王国与亚伯拉罕的孙子同时诞生，其开国国王是伊纳库斯（*Inachus*）⑭。我也不能略过瓦罗所说的，西锡安人在他们的第七位国王图利阿库斯墓前献祭。在亚述第八个国王阿尔玛米特尔（*Armamitre*）⑮、西锡安王流齐波（*Leucippus*）⑯、阿尔戈斯的第一任国王伊纳库斯在位期间，上帝对以撒说话，又向他应许了曾对他父亲说的两件事，即他的子孙要定居在迦南的土地上，别的民族要因他的子孙得幸福。这两个应许是针对他的儿子说的，那就

---

⑪　阿里乌斯，以撒出生时的亚述国王。尤西比乌和哲罗姆认为他是第四代国王，而不是第五代。

⑫　薛西斯是亚述的第六代国王，尤西比乌和哲罗姆说他在亚伯拉罕去世时在位。

⑬　亚伯拉罕死时的西锡安国王，是西锡安的第七任国王。尤西比乌和哲罗姆把他写作图利马库斯。

⑭　伊纳库斯，传说中阿尔戈斯的开国国王和神，因而阿尔戈斯经常称为"伊纳库斯的土地"。尤西比乌和哲罗姆说他于雅各和以扫的时候在位。

⑮　阿尔玛米特尔，亚述第八任国王。尤西比乌和哲罗姆说他在位 38 年。

⑯　这个流齐波是西锡安的第八任国王，与同名的希腊哲学家（公元前五世纪）不是同一人。

是亚伯拉罕的孙子,起先叫雅各,后来叫以色列。雅各的时候,亚述
在位的是第九个王波罗库斯(*Belocus*)[17],而伊纳库斯的儿子佛洛纽
斯(*Phoroneus*)[18]成为阿尔戈斯的第二个王,流齐波仍在西锡安为王。
这个时候,希腊在阿尔戈斯王佛洛纽斯的统治下,因为建立了法律和
法官制度而更加辉煌;费郭斯(*Phegous*)[19]是这个佛洛纽斯的弟弟,
死后,费郭斯的墓旁建立神殿,在其中被当神服侍,以牛为祭。我相
信,人们一定认为这地位是带着极大尊荣的尊位,因为在他那一份王
国里(他们的父亲裂土分子,他生时统治其中一部分)建立神坛,服侍
诸神,命人民岁时祭祀,记载和计数那里的事件。这是人们造出的新
神话,认为死去的人在地下就成为神,或希望他成为神。而伊纳库斯
的女儿也成了神,后来被称为伊西斯,在埃及被当作大女神崇拜,而
别人则记载,她是从埃塞俄比亚到埃及去当女王的。她开疆拓土、公
正仁爱、博文约礼,所以享受巨大的尊荣,死后被尊为神,但是,把这
种神号加给凡人的人,就是犯了最大的罪过了。

4. 雅各和他的儿子约瑟的时代

亚述人的第十个国王巴勒乌斯(*Baleus*)[20]在位,西锡安的第九个
王莫撒普斯(*Messapus*)[21]在位(有人说他就是凯非索斯[*Cephisus*],
如果这两个是同一人的名字,那些在著作中用另外一个名字的,并没

---

[17] 波罗库斯,亚述的第九任国王。根据尤西比乌和哲罗姆的说法,他在上帝向雅各应许时
    在位。
[18] 佛洛纽斯,伊纳库斯与莫利亚之子,爱基阿流斯的兄弟,阿尔戈斯第二任国王。
[19] 又写作 *Phegeus*,佛洛纽斯的弟弟,阿卡迪亚的普索菲斯(*Psophis*)的国王。
[20] 亚述的第十任国王,与薛西斯不是同一人,虽然薛西斯也叫巴勒乌斯。
[21] 西锡安国王,尤西比乌和哲罗姆认为与以撒同时。

有把他和另外一个人搞混),阿尔戈斯的第三代王阿皮斯(Apis)㉒在位期间,以撒于一百八十岁去世,留下了一百二十岁的儿子。他的大儿子被责罚,小儿子雅各属于我们所写的上帝之城。雅各有十二个儿子,其中一个叫约瑟。他的兄弟们把他卖给到埃及做生意的人,那时候他们的祖父以撒还在世㉓。约瑟起初遭受卑贱,三十岁时在法老面前扶摇直上。他靠了神助为法老解梦,说未来要有七年丰收,随后是另外七年的饥馑,消耗掉这丰收中的积累。因此,国王把他放出牢狱,让他总管埃及政事。当初他之所以身陷牢狱,是因为要保持贞节。当时他是仆人,勇敢地拒绝了与女主人私通。她喜爱他,还向那轻信的男主人说谎。约瑟不同意与女人通奸而逃走,女人抓住他的衣服,衣服就留在女人手里了㉔。在第二个七年里,埃及遭遇饥馑,雅各带着全家来到了这个儿子这里,那时他一百三十岁,因为他在回答国王的问题时是这么说的㉕。约瑟是三十九岁,而他在得到国王赏识时是三十岁,后来加上七年丰收和两年饥馑,就是三十九。

5. 阿尔戈斯王阿皮斯,埃及人把他称为塞拉皮斯,当作神来服侍

在这时候,阿尔戈斯王阿皮斯乘船来到埃及,死在那里,就成了塞拉皮斯(Serapis),埃及诸神中最大的。他在死后不再叫阿皮斯,

㉒ 阿皮斯,佛洛纽斯与一个仙女之子,建立了专制政府,据说后来被密谋杀害。他是希腊法律的制定者之一。也有传说说他被尊为神,奥古斯丁在下一章即采用此说,这是与埃及神话混杂后的说法。

㉓ 参考奥古斯丁,《〈创世记〉的问题》,122。

㉔ 《创世记》,41:7—20

㉕ 《创世记》,47:7—9。

而被称为塞拉皮斯,瓦罗曾经简单解释过其中的道理。他死后被停放在一个柜子中,人们都称之为"石棺."(*sarcophagus*),希腊人叫σορός㉖,人们在为他建立第一个神殿之前,就开始在石棺旁敬拜死后的他。于是人们把 *soros* 和 *apis* 连起来,最初叫那里索拉皮斯(*Sorapis*),后来改动了一个字母,就成为通常所说的塞拉皮斯(*Serapis*)。后来甚至形成了这样的习俗,凡是说他是人的,都要处以大辟之刑。于是,在所有服侍伊西斯和塞拉皮斯的神殿里,都有一个塑像,手指放在嘴唇上,好像是在警告人,要保持沉默;瓦罗认为,此中的含义,就是不要说他们是人。而一头公牛以奇妙的虚妄欺骗了埃及人,埃及人用极为华美夸张的方式尊荣它,在它活着时就服侍它,没有石棺,所以就称它为阿皮斯,不叫塞拉皮斯。在公牛死后,他们寻找一只同样颜色的牛,并找到了,即同样印有白色的斑点的牛。他们认为这很奇妙,是神赐予的。但对于鬼怪来说,这不是大不了的事,他们可以这样欺骗人们:将这样一个公牛的形像给一只交配怀孕的母牛看,而且只有这只母牛可以看到,由此吸引母牛的欲望,使这种形像在它的幼仔中形成,就像雅各用有斑点的树枝给羊看,羊就生出有斑点的小羊来㉗。既然人可以用真的颜色和物体做到这一点,鬼怪们就可以轻而易举地把假想的形像放在怀孕的动物面前,做到这一点。

6. 雅各死在埃及的时候,阿尔戈斯和亚述的王都是谁

阿皮斯是阿尔戈斯的王,不是埃及的王,但他死在埃及。他的儿

㉖ 〔译按〕*sarcophagus* 的本意是"吃人"。
㉗ 《创世记》,33:37—42。

子阿尔古斯(*Argus*)㉘继承王位，正是从他的名字，这个民族叫做阿尔戈斯(*Argos*)，其人民叫做阿尔戈斯人(*Argives*)。在以前的国王那里，这个地方和民族都没有用这个名字称呼。雅各一百四十七岁死在埃及时，这位阿尔古斯在阿尔戈斯人当中为王，伊拉图斯(*Eratus*)㉙是西锡安的王，而在亚述，仍然是巴勒乌斯为王。雅各死时，他的儿子们和出自约瑟的孙子们得到他的祝福，这段祝福犹大的话明显是在预言基督："圭必不离犹大，杖必不离他两脚之间，直等细罗(就是赐平安者)来到，万民都必归顺。"㉚阿尔古斯在位期间，希腊开始使用植物的果实，在农田里种植庄稼，从别国输入了种子。阿尔古斯死后，也开始被当成神，得到了神殿和牺牲的尊荣。在他得到之前，这尊荣给予了他在位期间的一个被雷击死的叫霍墨基卢斯(*Homogyrus*)㉛的平民，因为他最先给耕牛套上了轭。

7. 约瑟死在埃及时谁是他们的王

约瑟一百一十岁死在埃及时，亚述的王是第十二代玛米突(*Mamythos*)㉜，西锡安的是第十一代普莱缪斯(*Plemmeus*)㉝，在阿尔戈斯仍然是阿尔古斯。在约瑟死后，上帝的选民奇迹般增长，留

㉘ 阿尔古斯，阿尔戈斯的第三代国王，阿尔戈斯的国名即由他而来，整个伯罗奔尼撒半岛也被称为阿尔戈斯。按照神话传说，他是宙斯和仙女尼俄伯的儿子。但是有人认为他其实是阿皮斯之子。

㉙ 雅各死时的西锡安国王，应当就是鲍撒尼亚所说的伯那图斯(*Penatus*)。阿尔戈斯有个国王也叫伊拉图斯，奥古斯丁也有可能弄混了。

㉚《创世记》，49：10。

㉛ 除去此处外，我们见不到关于此人的任何记载。

㉜ PL 本作 *Mamitus*，CCSL 本作 *Mamythos*；尤西比乌认为这不是亚述的第十二代国王，而是第十一代。

㉝ 尤西比乌写作 *Plenneus*。

在埃及一百四十五年。起先还很和平,直到埃及人知道约瑟死了,于是,埃及人因为嫉妒他们增长太快,怀疑他们要获得自由,于是迫害他们,用劳作压迫他们,把他们陷入无法忍受的奴役中。但他们在这期间依然倚靠神赐的生育力而迅速繁衍增长。那时候,亚述和希腊的王国都没变化。

8. 摩西降生时他们的王是谁,那个时代兴起了敬拜哪些神的宗教

摩西生在埃及,那时候,上帝的选民在埃及受奴役,他们这是在受磨炼,这样的奴役使他们更渴望造物主的佑助。于是,摩西把他们解救出了奴役状态。那时候,亚述在位的是第十四代王撒弗鲁斯(*Saphrus*)[34],西锡安的是第十二代王奥尔拓波利斯(*Orthopolis*)[35],阿尔戈斯人当中是第五代王克利雅苏斯(*Criasus*)[36]。按照记载,普罗米修斯就生活在那些国王统治的时代[37];据说,他用黄土造了人,因为他是智慧者当中最好的老师。但是我们看不到那个时代有什么智慧的人。他的兄弟阿特拉斯据说是伟大的天文学家,因此,在神话里,人们就虚构他背起了天堂。大众的意见之所以说他的身高足以背负天堂,是因为用他的名字命名的一座高山。在那个时代,希腊神话中很多别的故事开始被造出来。到了雅典王克刻洛普斯(*Cecrops*)[38]时,他为自己统治的城邦取了名。那时上帝通过摩西把

---

[34] 亚述的第十四代国王,尤西比乌和哲罗姆把他写作 *Sphaenis*。

[35] 西锡安的第十二代国王,尤西比乌和哲罗姆说他在摩西出生的时代在位。

[36] 阿尔戈斯第五代国王。

[37] 尤西比乌在《编年史》中即持这种观点。

[38] 克刻洛普斯,据说是阿提卡的第一代国王,人首龙身。波塞冬和雅典娜争夺阿提卡,他最后偏向于雅典娜,雅典因此得名。

自己的选民带出埃及，而希腊人则从死人中塑造了众多的神，形成了这盲目而虚妄的风俗和迷信。其中有克利雅苏斯王的妻子莫兰托米克（*Melantomice*）、他们的儿子弗尔巴斯（*Phorbas*）[39]，他后来继承父亲成为阿尔戈斯的第六代王，第七代王是特里欧帕（*Triopa*）[40]，他的儿子是伊阿苏斯（*Iasus*）[41]，第九代王是斯泰尼拉斯（*Sthenelas*）、斯泰尼流斯（*Stheneleus*）或斯泰尼禄斯（*Sthenelus*）[42]，不同的作者写法各异。这个时候出现了墨丘利，更加大众化的书籍说他是阿特拉斯的外孙，是他女儿迈亚（*Maia*）的儿子。他是很多技艺的专家，将这些技艺传授给人类。因此，在他死后，人们愿意把他当作神，或者认为他是神。据说赫拉克勒斯稍晚，但也在阿尔戈斯的这个阶段。不过也有人认为他比墨丘利早一些，但我认为他们错了。不管他们在何时出生，研究古代文献的严肃的史学家都认为他们本来全是人，人们因为在他们生前受他们的很大好处，使生活方便了很多，他们死后就要服侍他们，认为他们足以享受神的尊荣。密涅瓦则比他们早很多。在欧基古斯（*Ogygus*）[43]的时代，据说她就以年轻少女的形像出现在特里顿（*Triton*）湖畔，因而她也被叫做特里顿妮娅（*Tritonia*）。她发明了很多东西，人们正是因为不知道她的出身，所以更倾向于尊她为女神。据说她是从朱庇特的头上出生的，但这是诗歌和神话，不是历史的事实记载。在欧基古斯的时代，据说也有巨大的洪水，但不是除

---

[39] 克利雅苏斯之子，厄勒乌塔利翁（*Ereuthalion*）与柯勒欧博雅（*Cleoboea*）的兄弟，阿尔戈斯国王。

[40] 特里欧帕是弗尔巴斯之子。

[41] 在关于阿尔戈斯的传说中，共有五个不同的人名叫伊阿苏斯。特里欧帕的儿子伊阿苏斯是阿尔戈斯的第八代国王，但也有可能实际上和传说中的另外一个伊阿苏斯是同一人。

[42] 克罗托普斯（*Crotopus*）之子，格拉诺尔（*Gelannor*）之父，阿尔戈斯第九代国王。

[43] 欧基古斯，出生于波奥夏（*Boeotia*），也有人说他是波奥图斯（*Boeotus*）的儿子。传说是忒拜的第一个国王。在他统治的时代发生过大洪水。

了能进了方舟的，别的人都遭毁灭的那一次，希腊和拉丁民族的历史中都没有记载这件事，欧基古斯时代的洪水比后来丢卡利翁（Deucalion）[44]时代的洪水大。在史书作者当中，对这次洪水的时间颇有不同意见。在我们前面提到的瓦罗的书里[45]，也没有讲比欧基古斯时的洪水更早的事，他就是从欧基古斯时代的事情开始，写到了罗马。而我们当中写编年史的人，先是尤西比乌，然后是哲罗姆，都追随早先的历史学家这么认为。他们说，在阿尔戈斯的第二代国王佛洛纽斯三百年之后，发生了欧基古斯大洪水。但是，不管那是什么时代，到了克刻洛普斯统治雅典的时代，密涅瓦就已经被当成女神来服侍了，在这个国王的治下，重修或是建造了雅典城。

9. 瓦罗指出，雅典城建立时为什么如此命名

此城之所以叫作雅典，当然是来自密涅瓦的希腊名字 $\alpha\vartheta\eta\nu\tilde{\alpha}$。瓦罗指出了此中的因由：当时有一棵橄榄树突然出现在那里，另一处则喷出水来，这些异兆触动了国王，他派人到德尔斐的阿波罗那里去询问这意味着什么，应该怎么做。阿波罗回答说，橄榄象征着密涅瓦，水波象征着涅普顿，公民有权力从出现象征的这两个神中选择一个来命名城邦。克刻洛普斯接受了这个神谕，于是召集了男女全体公民，叫他们投票选择（按照彼时彼地的习俗，女人也要参与公共谋划）。商议的结果，更多男人倾向于涅普顿，女人的意见则倾向于让

㉔ 丢卡利翁，希腊神话中的国王。据说他是普罗米修斯的儿子，是普提亚（Phthia）的国王，娶了皮拉（Pyrrha）为妻。宙斯因为人类的堕落而要用洪水灭世。丢卡利翁接受了普罗米修斯的建议，建造了一条船，用以储备粮食。宙斯用洪水灭世时，只有丢卡利翁夫妇活了下来。

㉕ 见本卷2.2。

密涅瓦当守护神。因为女人比男人多出一个，密涅瓦取胜。于是涅
普顿暴怒，洪水四溢，淹没雅典人民的土地。对于鬼怪，让洪水淹没
很多地方也并不难。瓦罗说，要取悦于他，平息他的怒气，雅典人必
须给女人三个惩罚：以后女人不得参与投票，新生儿不得从母亲命
名，她们不得称为雅典女人。雅典，这个诞生和养育了文雅教化
(*liberalis doctrina*)⑯的城邦，产生了那么多、那么伟大的哲学家的城
邦（希腊没有哪里的哲学家比雅典的更有名、更高贵），就是因为那些
鬼怪的游戏，因为男女二神的争斗，女神通过女人的胜利，而得到了
雅典这个名字。雅典被落败的一方践踏，就是因为女人的胜利，被迫
惩罚那胜利的女人，好像更害怕涅普顿的洪水，而不是密涅瓦的武
器。那本来胜利的密涅瓦，因为女人的被罚，反而又被打败了。她无
法保护投自己票的人，她们丧失了投票权，不得用母亲的名字为新生
儿命名，那么至少可以自称为雅典女人吧，她们通过自己的投票，使
这个女神战胜了男神，总该用这个女神的名号来得到荣耀吧？如果
不是因为我们要尽快转入别的话题，在这个问题上可以怎么大书特
书啊！

10. 瓦罗对亚略巴古之名的解释，以及对丢卡利翁洪水的解释

马可·瓦罗不愿意相信对诸神不利的神话故事，以免降低他们
的高贵和尊位。所以，他不愿意承认亚略巴古(*Areopagus*)的名字
（就是在这里，使徒保罗与雅典人进行了辩论，也是因为这个地方，雅
典城的法院称为亚略巴古）来自马尔斯的名字，马尔斯在希腊文里叫

---

⑯ ［译按］此处的 *liberalis doctrina*，强调的不是"自由"而是"文雅"，所以我们不把它译成
    "自由教育"、"自由学说"之类，虽然对这种"文雅"的理解也和自由人的身份有一定
    关系。

作 ῎Aρης。他曾犯杀人罪，十二个神在这个地方（pagus）审判他，六票同意他无罪。因为按照他们的法律，如果是票数相当，就无罪，不判刑。这个说法被广为接受，但瓦罗反对它，根据一些含糊不清的书籍的记载，试图支持关于这个名字的起源的另外一个说法。这种说法不把雅典的亚略巴古归给马尔斯和"地方"，好像那里是"马尔斯的地方"，以为那样就冒犯了神，而神与诉讼或处罚无关。他们认为，这种关于马尔斯的说法的虚假程度，不亚于三女神故事的虚假程度。在三女神的故事里，朱诺、密涅瓦、维纳斯相互争夺，让帕里斯以金苹果的奖励判断谁是最美的。人们不仅讲述这个故事，而且用戏剧来取悦诸神，在观众的喝彩声中，他们喜欢自己或真或假的罪行在歌舞中表演出来。瓦罗不相信这类事，认为这与诸神的自然和品德不符。但是，他没有把涅普顿与密涅瓦的言辞之争当成神话，而是当作雅典名字起源的理性史料记录下来。他在自己的书中用大篇幅写了涅普顿和密涅瓦竞争用谁的名字命名城邦，他们以显示异兆来争斗，就连阿波罗在被问及时，也不敢在他们当中作出评判。为了结束神之间的争斗，就像朱庇特把上述三女神交给帕里斯裁判一样，阿波罗也交给了人们裁决。密涅瓦在投票中获胜，却因为她的选民的被罚而又被战胜了，她可以把"雅典人"的称号给予反对她的男人们，却无法把"雅典女人"的称号赐予作为她的朋友的那些女人。瓦罗写道，那个时候克拉纳乌斯（Cranaus）[47]是雅典的王，他是克刻洛普斯的继承者，他在位时发生了大洪水（但我们的作者尤西比乌和哲罗姆都记载，克刻洛普斯仍然在位时就爆发了洪水），因为在丢卡利翁统治的部分险情最重，所以称之为丢卡利翁洪水。这场洪水没有到达埃及

---

[47] 克拉纳乌斯，继承克刻洛普斯，为阿提卡第二代国王。他在位期间发生了丢卡利翁大洪水。

或邻近地区。[48]

11. 摩西何时带人民出埃及，他的继任嫩的儿子约书亚死去时，各国的王都是谁

在摩西带着上帝的选民走出埃及时，是克刻洛普斯做雅典王的末期，亚述的王是亚斯卡塔德(*Ascatades*)[49]，西锡安的王是马拉图(*Marathus*)[50]，阿尔戈斯的王是特里欧帕。摩西带着人民来到西乃山，接受了神法，将它传给人民，这被称为旧约，因为其中包含地上的应许。后来从耶稣基督来的是新约，应许了天上的国。这一秩序应该遵守，就像每个朝向上帝的人都遵守了这秩序。使徒说，属灵的不在先，而是灵魂性的在先，然后才有灵性的。他所说的确实如此："头一个人是出于地，乃属土。第二个人是出于天，乃属天。"[51]摩西带着选民在荒野里走了四十年，在一百二十岁时死去。他通过肉身对帐幕和祭司制度的遵守，通过祭祀和别的神迹，以及充满了象征的各种命令，预言了基督。摩西的继承者是嫩的儿子约书亚，他把人民带到应许的土地上，把他们聚集起来，按照神的命令战胜了本来占有这土地的民族。他在摩西死后统治了二十七年，然后自己也死了。那时候亚述在位的是第十八代王亚悯塔(*Amynta*)[52]，在西锡安是第十六代王寇拉斯(*Corax*)[53]，

---

[48] 参见奥维德，《变形记》，1：262 以下。

[49] 亚述国王，据说于摩西出埃及时在位。

[50] 西锡安国王，尤西比乌和哲罗姆说他于摩西出埃及时在位。

[51] 《哥林多前书》，15：46—47，和合本无"乃属天"。

[52] 亚述国王。在马其顿王国中也有好几个叫亚悯塔的国王，加拉太也有个国王叫亚悯塔，不可混淆。

[53] 寇拉斯，西锡安国王，不是修辞学的创建者寇拉斯。

在阿尔戈斯是第十代王达纳乌斯(*Danaus*)(54),在雅典是第四代王埃里克特翁尼亚斯(*Erichthonius*)(55)。

12. 从以色列人出埃及到嫩的儿子约书亚辞世之间,希腊国王创设了诸伪神的仪式

以色列人通过嫩的儿子约书亚得到了应许的土地。在以色列人走出埃及到嫩的儿子约书亚死去之间的这个时期,希腊诸王设置了服侍伪神的仪式,用严肃的典礼来纪念洪水、人类的拯救,以及人们移居高处、又回到平地的艰难生活。比如牧神祭司(*Lupercus*)在圣路(*Sacra Via*)(56)上的上上下下就被这样解释,据说,这是象征了那些因为洪水淹没而迁上山顶的人,他们在洪水过后又回到了下面的住处。狄奥尼索斯(又称父神利伯尔)也生活在这个时代,狄奥尼索斯在死后成为神,在阿提卡的土地上向他的邻居展示葡萄酒。也是在这时,人们为德尔斐的阿波罗设置了音乐表演,用来平息他的愤怒,因为国王达纳乌斯发动战争侵略此地时放火烧了他的神殿,而人们没有保护,于是人们认为,他的愤怒所及,会使希腊各地寸草不生。而希腊人之所以设置这种表演,就是因为得到了他的神谕警告。在阿提卡,国王埃里克特翁尼亚斯最早设置了给他的表演。他不仅设置了献给阿波罗的,也有献给密涅瓦的,在献给密涅瓦的表演中,胜

(54) 达纳乌斯,传说本来出生在埃及,后移居希腊。路过阿尔戈斯时被立为国王。据说他建立了阿尔戈斯的卫城。

(55) 埃里克特翁尼亚斯,传说是赫淮斯托斯的儿子,由雅典娜抚养长大,后篡夺雅典王位,在雅典设立对雅典娜的崇拜,建立泛雅典娜节,在雅典卫城建立雅典娜的神殿。

(56) [译按]圣路,是古罗马的主街,从卡匹托利山顶一直延伸到圆形大剧场,中间经过很多重要的宗教地点。许多宗教庆典在圣路上举行,将军的凯旋也要经过圣路;很多重大的历史事件都发生在这条路上。这条路是倾斜的,在牧神节时,祭司们都要在路上走上走下。

利者被奖给橄榄枝,因为据说密涅瓦发现了橄榄果,就像人们说利伯
尔发现了葡萄一样。在那些年里,据说克里特国王克珊图斯
(*Xanthus*)⑰(我们还发现他的名字在不同的作者那里有不同写法)
抢走了欧罗巴,于是生出了拉达马索斯(*Radamanthus*)、萨耳伯冬
(*Sarpedon*)和米诺斯(*Minos*)⑱。民间的说法则是,他们是朱庇特和
那个女人生的。但是有些服侍诸神的人认为,我们讲的这个克里特
国王的故事才是历史事实;而诗人歌咏、舞台上表演、人民庆祝的,他
们认为是虚妄的神话,因为这些表演只是为了取悦神祇,哪怕用莫须
有的罪行编派他们。在这个时代,赫拉克勒斯在叙利亚⑲享有盛名;
但是这和我们前面说过的赫拉克勒斯一定是两个人。更加隐秘的史
书说,有好几个父神利伯尔和赫拉克勒斯。传说中的十二件事业,就
是这个赫拉克勒斯所为,而在阿非利加杀死安泰却不在其中,因为那
是另外一个赫拉克勒斯所做的。作家们也说,这个赫拉克勒斯在埃
塔山放火自焚,因为虽然他屡屡用神力征服野兽,但是无法忍受折磨
他的疾病。在那个时代,国王(或确切说,僭主)布希里斯(*Busiris*)⑳
把所有来访者都献给他的神作了祭品。这个国王的父亲是涅普顿,
母亲是埃帕弗斯(*Epaphus*)的女儿利比亚(*Lybia*)。人们不认为涅
普顿会犯下如此愚蠢的错误,因为不想谴责神;但是诗人和戏剧里都

---

⑰ 在希腊文献中,叫这个名字的人有很多。这里的克珊图斯是克里特国王,欧罗巴的丈
夫。而迪奥多罗斯·西库鲁斯(*Diodorus Siculus*)则把他写成 *Asterius*。

⑱ 拉达马索斯,因为害怕米诺斯,逃往皮奥夏。萨耳伯冬,因与兄弟米诺斯争吵而逃走,后来
成为利西亚的国王。米诺斯,成为克里特国王,制定了很多法律。按照传说,拉达马索斯
和米诺斯死后都成为冥界的法官。但一般神话说他们三个是宙斯和欧罗巴生的儿子。

⑲ [译按]PL 本作 *Tyria*,CCSL 本作 *Syria*。

⑳ 埃及有好几个叫布希里斯的国王。这个布希里斯据说是波塞冬的儿子。传说,埃及遭
遇了九年灾荒,一个从塞浦路斯来的占卜者说,埃及如果每年向宙斯献上一个外邦人做
祭品,灾荒就会停止。布希里斯把这个占卜者首先献上,随后要杀害所有外邦人。赫拉
克勒斯来到埃及,也要被献,他杀死了布希里斯。

说这是他做的事,从而要取悦于他。雅典王埃里克特翁尼亚斯在位的末期,嫩的儿子约书亚死了。据说这个雅典王的父母是伏尔坎和密涅瓦。但人们又想让密涅瓦当处女,于是说在两个人争斗时,伏尔坎有所触动,就把精子射在地上,如此出生的人就因此而得名。在希腊文里,$\acute{\varepsilon}\rho\iota\varsigma$的意思是争斗,$\chi\vartheta\acute{\omega}\nu$的意思是土地。两者组合,就成了埃里克特翁尼亚斯的名字。我们必须承认,更博学的人捍卫自己的神,反对和排斥这种说法,认为之所以出现这虚假的意见,是因为在雅典的伏尔坎和密涅瓦二神共有的神殿里,人们发现了一个蛇皮缠绕的孩子,这表明这个孩子会前途无量。因为是在二神共同的神殿里找到的他,而又不知道他的父母,于是,人们说他是伏尔坎和密涅瓦的儿子,他的名字的起源更多来自神话,而不是历史事实。但是这与我们何干呢? 这后一种解释见诸可信的书籍,可以用来教育宗教人(*religiosos*)[61];那个来自虚假的神话的,只能在表演中取悦不洁的鬼怪。而那些有真诚信仰的人却把他们当神来服侍;他们虽然否定了这些故事,却不能为诸神清除所有罪恶,因为当这些肮脏的表演进行时,那些他们智慧地否定的故事,却要下流地上演,因为这是那些虚假和下流的神要求的。表演中唱出的神的罪恶或许是假的,但是喜欢这些假的罪行,那就是真的罪行了。

13. 在希伯来的士师们开始统治时,又出现了什么样的虚构神话

在嫩的儿子约书亚死后,上帝的选民有了士师。在那个时候,因

---

[61] [译按]这个词与今天英文中的 *religious* 并不完全一样。它指的不是所有有宗教信仰的人,而是被奥古斯丁认为有真诚、正确的信念的人,比今天的"宗教"有更强的价值评判色彩。在此书的别处,他一般用这个词来指基督徒,此处则指那些不信这些神话的异教徒。可参考本书 10:1.3 中对"宗教"的讨论。

为他们的罪，他们轮流遭受辛劳的卑微，但上帝的悲悯安慰了他们，使他们发达。这个时代出现了关于特里普托勒摩斯（*Triptolemus*）⑫的神话，说在色列斯的命令下，他被长翼的蛇驮着飞，在他所飞过的土地上播下种子；还有关于牛身人首的米诺陶（*Minotaur*）的故事，说他是被囚禁在拉比林特迷宫（*Labyrinthus*）的一个野兽；凡是进入迷宫的人，都会茫无头绪地走，无法出来；还有关于人马怪的故事，说他们天生就是马和人的结合；还有克尔伯鲁斯（*Cerberus*）的故事，说它是冥界里三个头的狗；还有关于弗里克苏斯（*Phryxus*）和他的姐姐希腊斯（*Hellas*）的故事，说他们在一头长翅膀的公羊的背上飞；还有关于戈尔贡（*Gorgon*）的故事，说她的头发是蛇，凡是看她的人都会变成石头；还有柏勒罗丰（*Bellerophontes*）的故事，说他骑在长翅的飞马背上，那匹马名为婆格苏斯（*Pegasus*）；还有安菲翁（*Amphion*）的故事，说他用竖琴的甜美音乐打动石头，把它们吸引到自己身边来；还有匠人达德鲁斯（*Daedalus*）和他的儿子伊卡鲁斯（*Icarus*），他们给自己装上翅膀飞翔；还有俄狄浦斯（*Oedipus*）的故事，说他解答了人面四足的怪物斯芬克斯出的无解之谜，逼着怪物自杀而死；还有被赫拉克勒斯所杀的安泰，他是大地的儿子，所以每次跌向大地，都会更强壮地站起来；也许还有别的一些，我省略了。这些故事一直讲到特洛伊战争，马可·瓦罗关于罗马人民族的书的第二卷就结束在这里。这些故事取材于包含了真实事件的史书记载，靠人们的天才虚构而成，同时没有把丑恶的事情加给神灵。然后就有人编造了朱庇特奸污美少年伽倪墨得斯的故事。这个违背神法的事是国王坦塔鲁斯（*Tantalus*）做的，但神话里算在了朱庇特身上；还有，朱庇特化

⑫ 特里普托勒摩斯是传说中阿提卡地区厄琉息斯的国王克琉斯的儿子。他从女神得墨忒尔处学到了作物生长收获的神话。

作金雨和达那厄睡觉,可以理解为,女人的贞洁会被金子所腐蚀;那时候,这些要么是事实,要么是虚构,要么是别人的事实,被虚构在了朱庇特身上,很难说,人心中会把多少坏事当成想当然的,因而能够耐心地承受。人们其实是高兴地接受了。越是虔心服侍朱庇特的人,应该越是严厉地惩罚那些敢于说朱庇特这些事的人。但现在,他们不仅不对编造故事的人生气,而且还要在舞台上表演这些虚构的故事,更害怕因为不演而激怒那些神。在这个时代,拉托纳(Latona)生了阿波罗,这不是我们刚说的,人们听他说神谕的那个阿波罗,而是与赫拉克勒斯一起当阿德莫托斯(Admetus)仆人的阿波罗。人们也认为他是神,多数人,甚至所有人都相信,这两个是同一个阿波罗[63]。也在这时候,父神利伯尔在印度打仗,军中有很多女人,称为酒女(Bacchae),她们不是因为力量(virtute),却因为疯狂而出名。有人写道,这个利伯尔被战败了,当了俘虏;还有人说,他在战斗中被珀尔修斯杀死了,还没忘说他的坟墓在哪里:但是,酒神节(Bacchanalia)的神圣仪式,或者说渎神仪式,以他的名义(就如以神的名义),被肮脏的鬼怪设置起来了。多年以后,罗马元老院羞于仪式中的疯狂和下流,禁止这在罗马城举行[64]。在那个时候,珀尔修斯和他的妻子安得洛美达(Andromeda)死后,人们相信他们被接到了天上,不羞于也不惮于把他们的形象等同于星辰,用他们的名字命名列星。

14. 神 学 诗 人

在这个时代,还出现了一些被当作神学家的诗人,他们创造歌颂

---

[63] 参考西塞罗,《论神性》,3:23。
[64] 参见李维,《罗马史》,39:18;德尔图良,《护教篇》,6;本书,6:9.1。

诸神的诗歌⑥。但是这些神毕竟要么曾经是人,哪怕是伟大的人;要
么是真正的上帝所造的这个世界的元素;要么是因为造物主的意愿
加他们的品性而被赐予爵位和权能。也许他们用那众多虚妄和虚假
的诗歌也歌唱了唯一真正的上帝,但他们把他和另外一些不是神的
被造物一同服侍,把本来只应该献给唯一上帝的赞美也给了他们,毕
竟没有用恰当的仪式侍奉他。哪怕是俄耳甫斯⑥⑥、穆塞欧⑥⑦、林努斯⑥⑧
等等,都不能免于赞美他们的神的丑事。这些神学家确实服侍诸神,
而不是让自己像诸神那样被服侍,虽然在这个不敬者的城里,我不知
道为什么,俄耳甫斯被放在冥神之首,得到神圣仪式(或说渎神仪式)
的服侍。国王阿塔曼提斯(Athamantis)的妻子名为伊诺(Ino),她和
她的儿子摩利柯尔特斯(Melicertes)同时投海而死⑥⑨,人们的意见中
也把他们当神,就像那个时代的别的人一样,比如卡斯托尔和波鲁克
斯。⑦ 希腊人把摩利柯尔特斯的母亲又称为流柯提娅(Leucothea),
拉丁文里称为玛图塔,都把她当作女神。

15. 萨腾的儿子匹库斯最初成为劳伦图姆的国王时,阿尔戈斯
王国灭亡

那个时候,阿尔戈斯王国终结,被迈锡尼(Mycenas)吞并,阿伽

---

⑥⑤ 希罗多德,《历史》,2:53。

⑥⑥ 俄耳甫斯(Orpheus),古希腊半神话的音乐家和诗人,有些作者说他是荷马与赫西俄德
的祖先。

⑥⑦ 穆塞欧(Musaeus),古希腊半神话的音乐家和诗人,俄耳甫斯的学生,也有人说他是俄
耳甫斯的儿子。

⑥⑧ 林努斯(Linus),可能是荷马之前一个真正的诗人,但无诗歌传世。神话中说他是阿波
罗的儿子,俄耳甫斯与赫拉克勒斯的老师,后被赫拉克勒斯杀死。

⑥⑨ 阿塔曼提斯是忒拜国王,他发疯后,妻子和儿子投海而死,后被当作海神。

⑦ 卡斯托尔和波鲁克斯,传说是宙斯与丽达生下的双生子,海伦的兄弟。参见本书4:27,8:5。

门农即来自于迈锡尼。劳伦图姆王国崛起，萨腾的儿子匹库斯
(*Picus*)⑦第一个即王位，那时候希伯来人中的士师是一个女人底波
拉⑦。上帝的圣灵通过她起作用，她是个女先知，但她的预言不很明
确，我要是不用很长的解释，不能说清楚她的预言同基督的关系。那
时候劳伦图姆的王国一直延伸到意大利，显然，罗马是在希腊以后，
才从劳伦图姆人起源的。而亚述王国还是很长久，在匹库斯开始当
第一个劳伦图姆国王时，兰帕烈(*Lampares*)⑦是亚述的第二十三任
国王。否认萨腾是人的人们，应该看到，那些如此服侍这些神的人怎
样看待这个匹库斯的父亲萨腾。别的作者就他写道，在他的儿子匹
库斯之前，他就统治过意大利。维吉尔在一段著名的诗里说："他把
这些野蛮的、散居在高山里的部落组织了起来，给他们制定了法律，
并选了'拉丁'作为这地方的名称，因为他在这里可以平安地躲藏起
来。人们说，他的统治时期是黄金时代。"⑦但人们把这些诗句看成编
造的，宣称匹库斯的父亲应该是斯忒尔肯(*Stercen*)，认为这是一个技
艺高超的农夫。他发现，动物的粪便可以肥田，于是，畜粪依照他的
名字被称为 *stercus*。有些人称他为斯忒尔库提乌斯(*Stercutius*)。
且不管人们究竟为什么叫他萨腾，显然，人们把这个斯忒尔肯或斯忒
尔库提乌斯当神，就是因为他对农业的贡献。人们也同样把他的
儿子匹库斯放在诸神之列，认为他是一个杰出的鸟占师和武士。匹
库斯生法乌努斯(*Faunus*)⑦，法乌努斯是劳伦图姆的第二个王。他
也被当作神，或者曾经被当作神。在特洛伊战争之前，人们给这些死

⑦ 匹库斯，传说是萨腾的儿子和劳伦图姆的第一个国王，被意大利人当作农神，维吉尔的
《埃涅阿斯纪》，7:189 说他变成了啄木鸟。
⑦ 《士师记》，5。
⑦ 尤西比乌/哲罗姆说他是亚述第二十二任国王，不是第二十三任。
⑦ 维吉尔，《埃涅阿斯纪》，8:321—325。
⑦ 法乌努斯，传说中的劳伦图姆第二代王，罗马的森林之神，后被等同于潘。

人赋予了神的尊荣。

16. 在特洛伊陷落后，狄俄墨德斯被当作了神，据说他的随从变成了鸟

然后就是特洛伊的毁灭，她的陷落被到处歌唱，妇孺皆知。此事被广为传播，流布民间，不仅是因为事件的伟大，也是因为其作者的美妙言辞。这发生在法乌努斯的儿子拉丁努斯在位之时，从他开始，那个王国称为"拉丁"，不再叫劳伦图姆。希腊人取胜，毁灭特洛伊后离开，回到家园，随后被各种可怕灾难所涂炭折磨。他们当中也出现了很多神。人们甚至把狄俄墨德斯变成了神，神对他施加惩罚，不准他回到本民族；他的随从变成了鸟。人们认为这不是神话和诗人的编造，而是史实。虽然人们认为他成了神，他却不能把同伴变回人形，他的王朱庇特也不能赐天堂的这个新成员实现这些。人们说，他的神殿就在狄俄墨德斯岛上，距离阿普利亚（*Apulia*）的加尔加努（*Garganus*）山不远；神殿周围的鸟群极为虔敬，用嘴衔水喷洒。如果希腊人或者希腊人的后代来到这里，鸟群不仅保持安静，还对他们非常尊敬。如果它们看到外邦人，就会飞到他们的头上，啄出严重的伤来，甚至致之于死亡。他们就是为对付外邦人，而长有又硬又大的鸟喙作武器。

17. 瓦罗记录了人类难以置信的变化

瓦罗为了强调这个故事，还记录了著名女巫瑟茜（*Circe*）的故事，其难以置信的程度一点也不弱。即，她把尤利西斯的随从变成了野兽，还有阿卡迪亚人，其中一些被抽签选中泅渡一个湖，在那里变

成了狼,在沙漠地区与别的同类野兽一起生活。如果他们不吃人肉,九年后就可以从同一个湖游回,复原为人。然后他提到了德迈涅图斯(*Demaenetus*)的名字,说他吃了阿卡迪亚人按照习俗祭献给他们的神吕加乌(*Lycaeus*)⑯的儿童,变成了狼,在十年后又变回原形,接受拳击训练,在一次奥林匹克比赛中取胜。同一个历史学家认为,如果不是因为这些人变狼的故事,阿卡迪亚就不会给潘和朱庇特以吕加乌这样的名号,而人们认为这只有神力可以完成。希腊文里的狼是 λύκο ς,吕加乌的名字显然就是由此而来的。他说,罗马人的 *lupercos*(狼)这个词也是从这些神话起源的,神话就是这些词的种子。

18. 这些变化看来是鬼怪对人施加的,我们该怎样看待

18.1　读到这些的人或许会希望我们解释这些鬼怪的游戏。如果我们不"逃出巴比伦",那还有什么说的呢?⑰ 这句预言式的警告应该从属灵的意义上理解,即我们要逃离由不敬的天使和人组成的这尘世之城,迈着信仰的脚步,这信仰使人生发爱心,能够使我们逃向活的上帝⑱。我们越是在这下界看到鬼怪的大力量,我们越应该坚持亲近中保,通过他从低处爬上高处。如果我说这些不可信,一定有不少人肯定地说,他们或是明确无误地听到,或是甚至自己亲身经历过这些。我们在意大利时,就听到那里的某地方发生了这类事。据说,那里有女店主惯于施展这种邪恶的技艺,对于她们愿意或能够控制

---

⑯　[译按]吕加乌是阿卡迪亚的一座山,上面祭祀潘和朱庇特,所以这里说的神指的就是潘和朱庇特。

⑰　来自《以赛亚书》,48:20。

⑱　《加拉太书》,5:6。

的旅客，会让他们吃某种带有毒药的奶酪，把他们变成牲畜来运送各种货物，在完成工作后再把他们变回来。但他们的心智没有变成兽的，人的理性依然起作用，就像阿卜莱乌斯在他的书《金驴记》里所写的，他自己发生的事，不管是真实记录，还是虚构，即，他接受了某种药酒，于是就变成了驴，但心灵依然是人的。

18.2 这些要么是假的，要么过于离奇，不值得相信。而最该坚定相信的是，万能的上帝可以完成所有他愿意的事，无论惩罚我们，还是帮助我们。鬼怪们不能按照自己的自然施行法力（因为他们自己是被造的天使，因自己的欠缺而变恶），除非得到上帝的允许。上帝的判断有很多是不可知的，但是不会不正义。鬼怪当然不会创造自然，如果他们做了某些这里谈及的这种事情，他们只是改变了真正上帝创造的事物的样子，让它们变得好像和原来不同。不仅是心灵，即使是身体，我也没有理由相信，鬼怪能用什么技艺或力量真正把人的肢体和筋腱变成动物的。人有某些幻象，因为无数种类的事物产生观念或梦境。在人们的身体感觉昏睡或被压抑时，虽然身体不在，但类似身体的形式却会以极快的速度，呈现在别人的感官面前，这是通过不可言说的方式（我不知道这是什么方式），会产生身体的形态。此人的真正身体在别处潜藏，仍然活着，但是被比睡梦还重、还剧烈的麻木感锁住了；而这个幻象在别人的感觉面前，就显现为某些动物的身体形象，就连那人自己也如此认为，如同梦中见到自己，背负重荷；这重荷如果真是物质的，那就是骗人的鬼怪在背负，人一方面看到了那重荷的物质，另一方面看到了牲畜虚假的形体，于是就受了迷惑。比如，一个名叫普莱斯坦提乌斯（*Praestantius*）的人谈到了发生在他父亲身上的事，说他在自己家里吃下了那种奶酪上的药，然后躺在床上睡觉，无论如何也不能被叫醒。但他说，他父亲在睡了几天后醒了，讲述了一个如梦境的经历，说自己变成了一匹马，同别的负载牲畜一起将粮草运送给名为"莱提卡"（*Retica*）的军团（因前往莱提亚斯［*Retias*］而得名）。事实确实和他讲述的一样，但他自己好像只是在做梦。另外一个人说晚上在自己的房间里睡觉之前，他看到一个非常有名的哲学家向他走来，向他解释了柏拉图主义的一些说法，而在他以前向那个哲学家请教时，哲学家不愿回答这些问题。有人问哲学家，为什么他不愿在自己的家里回答的问题，却愿意在别人家里说。他说："我没有回答，而是梦见在回答。"在这里，一个醒着的人通过幻象看到了别人在梦中看到的事情。

18.3 这些故事，并不是我们认为无信誉的人讲的，而是那些我们认为不可能撒谎的人说的。人们口耳相传、笔之于书的这些故事，比如阿卡迪亚诸神或鬼怪把人变成狼，还有"瑟茜用歌声使尤利西斯的随从变形"[79]，——如果这些真的发生了——在我看来，这就是按照我所说的方式发生的。而狄俄墨德斯的鸟据说因为不断繁殖，其种类得以永远保存，那就不会是人变幻成的，而我认为就是用来作代替的；就像用来替代阿伽门农王的女儿伊菲革涅亚的头巾[80]。在上帝的裁判下，鬼怪们被允许行这些魔法，不会很难；但是因为人们后来发现那个少女还活着，就会很容易认识到，那头巾是代替她的[81]。而狄俄墨德斯的随从突然消失，而且后来没有在哪里出现过，因为邪恶天使为了报复把他们杀了，又从某个有那种鸟的地方秘密移来了这些鸟，就突然用它们替代这些随从，让人们认为他们变成了鸟。人们说那些鸟以喙汲水，泼洒在狄俄墨德斯的神殿，对希腊人友好，对外邦人苛刻，这是鬼怪的伎俩，没什么奇怪的；因为要欺骗人们，让人们认为狄俄墨德斯是神，这对他们有利，因为这样人们就会服侍诸伪

---

[79] 维吉尔，《牧歌》，8：70。

[80] 欧里庇得斯，《伊菲革涅亚在奥利斯》。

[81] 参考尤西比乌，《教会史》，7：4。

神,对上帝行不义。这些死人就是活着的时候,也没有真正的生命,人们为他们设立神殿、祭坛、祭祀、祭司,这些只有献给唯一真正的上帝,才能是对的。

19. 在埃涅阿斯到达意大利时,押顿作为士师在统治希伯来人

特洛伊被攻破和毁灭后,埃涅阿斯用二十条船载着残存的特洛伊人,来到了意大利,当时拉丁努斯统治那里,雅典王是马内瑟修斯(*Menestheus*)[82],西锡安王是伯利斐得(*Polyphide*)[83],亚述王是陶塔诺斯(*Tautanos*)[84],希伯来人的士师是押顿。拉丁努斯死后,埃涅阿斯统治了三年,而另外几个王国的旧王依然在位,除了西锡安的王成了波拉斯古斯(*Pelasgus*)[85],参孙则成为希伯来的士师。参孙力大惊人,有人认为他就是赫拉克勒斯。埃涅阿斯死后不见了,拉丁人就把他当作了神。[86] 萨宾人也把他们的第一个王圣库(*Sancus*)(有些人称他为圣图[*Sanctus*])列于众神之列。[87] 那时候雅典王是科德罗斯(*Codrus*)[88],他乔装打扮,到了城邦的敌人伯罗奔尼撒人当中,想被不知情的敌人杀掉。他达到了目的。人们说他用这种方式救了祖国。因为伯罗奔尼撒人得到神谕,说他们只有不杀雅典王,才能取胜。所以,雅典王打扮成乞丐出现,用讥讽挑逗伯罗奔尼撒人杀他。

---

[82] 马内瑟修斯,尤西比乌和哲罗姆说他是特洛伊毁灭时的雅典王,《埃涅阿斯纪》,5:117 也谈到了此人。

[83] 伯利斐得,特洛伊毁灭时的西锡安国王。

[84] 陶塔诺斯,特洛伊毁灭时亚述的国王。

[85] 波拉斯古斯,西锡安国王,伯利斐得的继承者,在参孙时代在位。

[86] 奥维德,《变形记》,14:581 以下。

[87] 圣库或圣图,萨宾第一任国王,死后被尊为神,有时被当作赫拉克勒斯,据说是婚姻誓言的保护者。

[88] 科德罗斯,雅典王,应为莫兰索斯之子,时间在莫兰索斯之后。

所以维吉尔有"科德罗斯的挑逗"⑧⑨一说。于是雅典人把他尊为神，用祭祀服侍他。拉丁人的第四个王是埃涅阿斯的儿子西尔维乌斯（*Silvius*）。他的母亲不是克列乌莎，阿斯卡纽斯是克列乌莎所生，阿斯卡纽斯是拉丁第三王。西尔维乌斯是拉丁努斯的女儿拉维尼娅（*Lavinia*）所生，据说是埃涅阿斯的遗腹子。那时候亚述王是第二十九代欧纽斯（*Oneus*）⑨⑩，雅典是第十六代王莫兰索斯（*Melanthus*）⑨①。希伯来人的士师是祭司希里。西锡安王国灭亡了，总共有九百五十九年。

20. 士师时代后以色列诸王的传承顺序

不久之后，这些地方还在这些国王的统治下，而以色列的士师时代结束了，从扫罗王开始，进入了诸王时代，那也是先知撒母耳的时代。那个时候姓氏为西尔维乌斯的拉丁诸王开始在位；其中第一个西尔维乌斯是埃涅阿斯的儿子，以后的王除了自己的本名外，都还加上这个名字作姓氏；就像奥古斯都·恺撒之后很久的诸王都用恺撒作姓氏。但扫罗遭到了废弃，他的子孙都不得为王；扫罗于掌权四十年后死去，大卫即位。在雅典，科德罗斯死后，就不再有国王，而开始由行政官治理共和（*res publica*）。大卫在位四十年，他的儿子所罗门后来成为以色列王。所罗门在耶路撒冷修建了著名的神殿。那个时候，拉丁人建立了阿尔巴城，其中的王开始被称为阿尔巴王，而不

---

⑧⑨ 维吉尔，《牧歌》，5；5.11。
⑨⑩ 欧纽斯，亚述第二十九代国王，尤西比乌/哲罗姆把他的名字写成托马乌斯（*Thomaeus*）。
⑨① 莫兰索斯，本来是莫塞尼亚（*Messenia*）国王，但逃亡阿提卡。在雅典与皮奥夏的一次战争中，莫兰索斯替雅典王杀死了皮奥夏国王，于是成为雅典国王。

是拉丁王,虽然他们仍然在拉丁土地上。所罗门的儿子罗波安继承他,此后王国分为两个民族,其中每一个开始有自己的国王。

21. 在拉丁诸王中,第一代埃涅阿斯和第十二代阿文廷努被尊为神

拉丁人把埃涅阿斯尊为神,此后过了十一代国王,都无人为神。埃涅阿斯之后的第十二代阿文廷努(*Aventinus*)[32]战死沙场,托体山阿,此山就以他的名字命名;于是拉丁人把他加入自己造的诸神之列。另外一些作者不愿写他在战场上被杀,而说他不见了;说那山不是以他的名字命名的,而是因为鸟儿飞临(*adventu avium*)而命名为阿文廷努(*Aventinus*)[33]。此后除了罗马的建立者罗慕洛之外,拉丁无人被尊为神。但在这两个国王之间还有两个,维吉尔谈到其中第一个说:"最靠近他的那个是普洛卡斯,特洛伊民族的光荣。"[34]在那个时代,罗马已经诞生,而万国之中最伟大的亚述王国经过漫长的历程,也走到了终点。如果我们从尼努斯的父亲,亚述的开国王伯鲁斯算起,在历经了一千三百零五年后,亚述王位到了米底斯手上[35]。普洛卡斯(*Procas*)[36]之后,是阿慕流斯[37]即位。阿慕流斯让他的哥哥努密托尔的女儿瑞娅(*Rhea*)(又名伊利娅[*Ilia*])[38],即罗慕洛的母亲,当了维斯塔女神的贞女。罗马人都认为,她从马尔斯受孕,生了双胞

---

[32] 阿文廷努,传说中的阿尔巴国王,据说在位三十七年。

[33] 参见瓦罗,《论拉丁语言》,5:43。

[34] 维吉尔,《埃涅阿斯纪》,6:767。

[35] 参考本书 4:6。

[36] 普洛卡斯,传说中的阿尔巴王,在位二十七年,努密托尔和阿慕流斯之父。奥古斯丁有时把他拼作 *Procas*,有时拼作 *Procus*。

[37] 奥古斯丁有时候把他的名字拼作 *Amulius*,有时拼作 *Aemulius*。

[38] [译按]这就是本书 3:5 等处的西尔维娅。

胎兄弟，以此来荣耀和开脱她的淫行。作为这个的证据，他们说两个孩子被抛弃后，一只母狼哺育了他们。罗马人认为这种野兽与马尔斯相关，母狼之所以给孩子喂奶吃，是因为认出，他们是自己的主人马尔斯的孩子；也有人说，当两个孩子被抛在野外哭泣时，他们首先被某一个妓女收养了，孩子最早吃的是她的奶（妓女又称为母狼，所以名声不好的地方也称为狼窝），据说后来他们来到牧人弗斯徒鲁斯（Faustulus）那里，得到他的妻子阿卡（Acca）的喂养。当初，人王残酷地命令把婴儿投入水里，上帝为了惩罚这个王，以神意干涉，从水里解救了这两个建造大城的孩子，让野兽哺乳他们，这有什么奇怪的？阿慕流斯之后，他哥哥、罗慕洛的外祖父努密托尔即拉丁王位。在努密托尔即位的第一年，他们建立了罗马，所以此后他与自己的外孙罗慕洛共治。

22. 罗马城建立时，亚述王国终结，希西家统治犹大

　　闲言少叙。另一个巴比伦，或说第一个巴比伦的女儿罗马，就这样建立了。上帝愿意通过她来征服整个大地，在一个共和国及其法律的范围内统合为一，在辽阔的疆域中实现和平。在那里本来有坚韧强大的民族，武器精良，不会轻易屈服，征战给双方都带来了巨大的危险和毁灭，苦心戮力方能取胜。当时亚述王国几乎征服了整个亚细亚，虽然是在战争中完成的，但是并不需要太多残酷和艰难，因为那些民族没有开化，尚未谙于反抗，也没有那么富庶或强大。在灭世的巨大洪水之后，只剩了挪亚方舟里的八个人。当尼努斯征服了除印度之外的整个亚洲时，刚刚过去一千多年。我们看到罗马帝国征服了东方和西方的所有民族，但她的征服确实没有那么迅速和容易了，而是逐渐扩张，遭遇了慓悍好斗的民族，渐行翦灭。而在

罗马建立之时，以色列民族在应许的土地上已有七百一十八年。
其中，嫩的儿子约书亚在位二十七年，随后士师时代有三百二十九
年。然后列王时代开始，有三百六十二年。犹大国在位的王名为
亚哈斯；按照另外的算法，当时是他的下一任希西家。据说他是很
好很虔敬的国王，与罗慕洛同时在位。在希伯来民族的另一部分，
即以色列，何西阿开始为王。

23. 西彼拉谈了很多事，我们可以辨认出，厄立特里亚的西彼拉 说的很多明显是关于基督的预言

23.1 有人说，厄立特里亚的西彼拉就是在这时作的预言[99]。
瓦罗说有好几个西彼拉，而不是只有一个[100]。厄立特里亚的这个西
彼拉明确写到了基督；我们最早是通过拉丁文读到她的，这拉丁译
文可真是糟糕，根本没有韵律。后来我们知道，这要归咎于那个无
名的翻译者的笨拙。弗拉奇阿努斯（*Flaccianus*）[101]是个非常有名的
人，还曾经是个地方总督，雄辩而渊博。在我们谈到基督时，他拿
出了一篇希腊文手稿，说那里有厄立特里亚的西彼拉的诗，给我看
其中一个段落，每句的起首字母连起来就是"Ἰησοῦς Χρειστὸς Θεοῦς
υἱὸς σωτήρ"。意思就是"耶稣、基督，上帝之子，救世主"。我所说的
起首字母连成这些字的这首诗，又被翻译成了有韵律的拉丁文，抄
录于下：

---

99 ［译按］《西彼拉占语集》（又见于本书 3:17—18）是希腊罗马时期著名的占卜集。其
　　来源既有异教的，也有犹太—基督教传统的。因此，早期教父一般并未批判它，反而
　　把它当作真实的预言，用来批判异教。
100 拉克唐修也谈到有十个西彼拉，参见《神圣原理》，1:6。
101 我们从别的材料中没有见过这个弗拉奇阿努斯。但奥古斯丁在《驳学园派》1:18.6；
　　1:21.7 中也提到了一个弗拉奇阿努斯，很可能是同一人。

(*I*) 判日昭昭,汗湿如沐

(*H*) 王出天庭,彼世在目

(*Σ*) 肉身为衣,剖判下土

(*O*) 贤愚共瞻,皇皇上主

(*Υ*) 携圣同游,万古倏忽

(*Σ*) 高坐行权,魂魄肉骨

(*X*) 荆棘离离,我之不顾

(*P*) 弃如敝屣,傀儡木主

(*E*) 火漫乾坤,汪洋何辜

(*I*) 审判万民,连及地府

(*Σ*) 天光佑圣,还我枯骨

(*T*) 烈焰焚恶,永堕万苦

(*O*) 巨细昭然,如见肺腑

(*Σ*) 昔之隐意,秘于无处

(*Θ*) 摧肝切齿,何人哀哭

(*E*) 日有食之,列星无语

(*O*) 天地易位,月亏不复

(*Y*) 深谷为陵,高岸为谷

(*Y*) 尊卑无别,贵贱不殊

(*I*) 乾坤混沌,山入平途

(*O*) 焦土幻化,万有为无

(*S*) 百川浩浩,炎炎如注

(*S*) 忽闻天声,未知钟吕

(*Ω*) 群凶束手,哀哀谁诉

(*T*) 山崩地陷,冥界如睹

(*H*) 君王何种,听判俯伏

（P）天降硫火，于嗟呜呼[102]

这里把希腊文的原诗译为拉丁文，不能完全保持原来的含义，原诗的起首字母都是相连的，而希腊文中开头是 υ 的词，在拉丁文中不能找到对应的词，以使不仅文字对应，而且意思相合。比如第三、第五、第十八、第十九句都是这样。如果我们不按照拉丁文这样子读这三句话的起首字母，而是把这里的字母替换成 υ，那么就会得到这样五个词：耶稣、基督、上帝、子、救世主；希腊文会这样读，拉丁文不会。这首诗一共二十七行，是三的立方。三的三倍是九；九再乘以三，这样就是把长宽高都乘起来，就得到二十七。希腊文的这五个词就是“Ἰηοοῦς Χρειστὸς Θεοῦ υἱὸς σωτήρ”。意思是“耶稣基督，上帝之子，救世主”。五个词起首字母相连，即“ἰχϑὺς”，就是鱼，基督的名字神秘地隐藏其中。基督能够在必朽的深渊中无罪地活着，就像鱼能在深水中活着一样[103]。

23.2 这只是西彼拉的诗歌中很小的一个部分，且不论她是厄立特里亚的，还是库买（*Cumaeus*）的（更多人认为她是库买的），她的所有诗歌中都与对那些伪神或人造神的服侍无关。相反，她攻击这些神，攻击服侍他们的人，这使她很像上帝之城中的成员。拉克唐修把某个西彼拉所写的关于基督的诗歌放进自己的著作，虽然并没有解释是其中的哪一个。我认为可以在此把拉克唐修分别记下的很多简短说法合在一起抄录：“他以后将会落入不信者邪恶的手中；他们双手污秽，侮辱上帝，从肮脏的嘴吐出恶毒的唾液玷辱他；而他只是把神圣的脊背交给他们的鞭子。他会默默地接受他们的侮辱，无人

---

⑩ ［译按］原书中的拉丁文试图尽量保持希腊文的词首字母，但并未完全做到。几个英文译本也试图保持这些句首字母。汉语的翻译当然无法满足这一要求，只希望尽量保持原文的风格，具体文句作适当调整。

⑩ ［译按］因为希腊文的“鱼”字隐含着这五个词，所以鱼在古代基督教成为一个极为常用的符号。

知道,他从哪里来,要对下界说什么话⑩,他被戴上荆冠。他以海绵为肉食,人们用醋为他解渴;他们会摆出这一桌子的敌意。你那么愚蠢,不理解那是你的上帝,他在模仿必朽者的心智,你反而给他戴上荆冠,给他粗恶的东西当肉食⑯。神殿的幕帐被揭开;正午变得漆黑,持续近三个小时。他如沉睡般死去,三天后醒来,脱离死地;他从地下升起,进入光明,这是第一个复活的人,第一次展示给被唤起的人⑯。"拉克唐修在自己论述的各处引用这些诗句,视情况需要,决定在哪里放置西彼拉的见证,但我们不必这样放置,而是连而为一,只用大写字母区分。如果抄写者不忽视这些大写字母,我们就能把各句话区分开⑩。也有人写道,厄立特里亚的西彼拉不是罗慕洛时的人,而是特洛伊战争时的人。

24. 罗慕洛为王期间,正是希腊七智者辉煌之时;在十个以色列部落做了迦勒底人的俘虏时,罗慕洛死去,被冠以神的尊号

罗慕洛为王之时,正是米利都的泰勒斯的时代,他是希腊七智者之一。他们在神学诗人们(其中以俄耳甫斯最为有名)之后,被称为 σοφοί,就是智者的意思。在那个时候,希伯来民族中名为以色列的那个分支的十个部落遭到迦勒底人的摧毁,作为俘虏被带到敌人的土地上,在犹大地还留有两个部落,国名犹大,定都耶路撒冷。罗慕洛死后就不见了,于是罗马人把他奉为诸神之一,这是民众中广泛流传

---

⑩ [译按]此处原文为 quod verbum vel unde venit ut inferis loquatur,Dyson 将此处的 verbum 译为"圣言",但多数译本将这个词与后面的 loquatur 相联,理解为"说什么话"。我们接受后一种理解。其中的 inferis,我们理解为"下界",而非"地狱"。

⑯ 拉克唐修,《神圣原理》,散见于 4:18。

⑯ 拉克唐修,《神圣原理》,散见于 4:19。

⑩ [译按]中文译文则用句号分开大写字母起首的各句。

的故事；后来这种立神的事被抛弃了，直到恺撒时代又出现，但那已经不是在犯错误，而是有意奉承，所以，西塞罗说，那只是对罗慕洛的巨大赞美[108]，因为那已不再是粗朴无文的时代，人们不再那么容易犯错，而可以用文化和知识来理解这些荣耀，只是哲学家的演说中免不了过于细致和尖酸的浮夸与渲染。但以后的时代，人们就不再把死人立为神了，但仍然服侍古代立的神，没有废弃他们；即使过去没有的偶像，他们也重新修建[109]，增加他们那荒唐而不敬的迷信的诱惑力，因为鬼怪们用虚假的神谕欺骗他们，在他们的心中起到肮脏的作用。在更加知礼的时代，人们不再编造诸神犯罪的神话，但还是在竞技中下流地表演那些故事，敬献给他们那些伪神。罗慕洛之后，努马即位为王。虽然他认为城邦需要众多的伪神来保护，但是人们却认为他自己死后不配位列于那群乌合之众，人们好像认为，天上神祇众多，人满为患，他找不到容身之地。他在罗马为王期间，希伯来人中玛拿西开始为王，据说先知以赛亚就是被这个不敬的国王杀害的。萨摩斯的西彼拉应该就生活在这个时代。

25. 在老塔昆统治罗马、西底家统治希伯来、耶路撒冷被攻陷、神殿被毁期间，哪些哲学家处于活跃期

在西底家统治希伯来时，老塔昆继承安克·玛提乌斯统治罗马，犹太人成为巴比伦之囚，耶路撒冷和所罗门建造的神殿被毁。其实，先知们已经预言，由于犹太人的邪恶和不敬，这样的混乱就会到来，耶利米说得尤其多，甚至明确说了年数[110]。米提利尼的彼塔库斯（*Pittacus*

---

[108]　参考本书，22:6。

[109]　参考本书，4:31.2。

[110]　《耶利米书》，25:11。

Mitylenaeus)⑪，希腊七智者中的另一个，就生活在这个时代。我们前面说了泰勒斯，再加上这个彼塔库斯，还有五个智者，尤西比乌写道，他们也生活在上帝的选民做了俘虏，被囚禁在巴比伦的时候。这五个人是：雅典的梭伦、拉克戴蒙的奇伦（*Chilon Lacedaemonius*）⑫、哥林多的佩里安德（*Periandrus Corinthius*）⑬、林迪的克莱俄布鲁（*Cleobulus Lindius*）⑭、普里涅耶的毕阿斯（*Bias Prienaeus*）⑮。这七个人被称为七智者，活跃在神学诗人之后。他们的生活比别的人都值得赞美，有些本来很复杂的道德说教被他们简化为格言警句。但他们没有给后人留下任何文字记录，我们只知道梭伦为雅典立了一些法律；泰勒斯研究自然，还有书籍记载了他的学说。在犹太人被俘时，是自然哲学家阿那克西曼德、阿那克西美尼和色诺芬的时代。随后是毕达哥拉斯，哲学家的称谓从他开始。⑯

26. 犹太人结束了七十年之囚的时候，罗马也从王政的统治下解放了出来

波斯国王居鲁士⑰也控制了迦勒底和亚述，他解放了犹太人的束

---

⑪ 彼塔库斯（公元前650—570），是个政治家和军事家，曾推翻列斯堡的僭主，在那里制定法律，是个温和的民主派。

⑫ 奇伦，生活于公元前六世纪，曾建议任命检察官辅助国王，于公元前556年担任这一职务。他给斯巴达的训练带来了极大的严格性。

⑬ 佩里安德（公元前665—585），是哥林多的僭主。他在位期间，哥林多得到了极大的繁荣。他改革了哥林多的商业和工业，修筑了道路，开凿了运河。他也热心于科学和艺术。

⑭ 克莱俄布鲁，活跃于公元前600前后，曾为林迪的僭主，自认为赫拉克勒斯之后。他很熟悉埃及的哲学，关心教育，主张男女同样受教育。

⑮ 毕阿斯，生活于公元前六世纪，是一名律师，总是将雄辩才能用于好事。他承认神的存在，主张把人的好事归于神。

⑯ 参考本书8:2;18:37等处。

⑰ 指居鲁士大帝（公元前559—公元前529年在位），征服了利底亚、巴比伦、亚述、叙利亚、巴勒斯坦等地，建立了庞大的波斯帝国。公元前538年，他允许五万犹太人脱离奴役。

缚,使五万人重返家园、修复神殿。他们只是开始修建了基座,建造
了祭坛。因为被敌人所迫,他们不能将此事竣工,整个工程拖延到大
流士⑱时。《犹滴传》中所写的事就发生在此时。据说,犹太人不把这
部书当作他们的经书。在波斯王大流士治下,先知耶利米所预言的
七十年得终其数,犹太人解除了囚禁,重返自由,那时候正是罗马的
第七个王塔昆在位期间。塔昆被驱逐后,罗马人开始从王政的统治
下解放出来。到这个时代为止,以色列人都有先知;他们虽然著作很
多,但是只有少数先知的著作成为犹太人和我们的经典。在上一卷
终结时,我许诺要在这一卷谈到他们,现在我就要完成此事。

27. 其预言有文字记载的先知的时代;他们多次谈到外邦人的 被召唤,就发生在罗马国兴、亚述国衰之时

我们要转向先知们的时代,就要稍稍返回前面叙述。题为《何西
阿书》的先知书共有十二章,在其中第一章写道:"当乌西雅、约坦、亚
哈斯、希西家作犹大王,主的话临到备利的儿子何西阿"。⑲ 阿摩司也
写道,他在乌西雅为王的日子当先知,并加上以色列的王耶罗波安,
他也生活在同一时候⑳。在以阿摩司的儿子以赛亚(也许他就是先知
阿摩司的儿子,但更多人认为,他是另一个叫阿摩司、但不是先知的
人的儿子)命名的经书的开头,也列举了四个国王,就是《何西阿书》

---

⑱ 大流士,波斯国王(公元前 521—公元前 486 在位),在国内修建道路、建造都城。据说,
 耶路撒冷的修复在他在位的第二年完成。按照奥古斯丁的说法,犹太人之囚结束于大
 流士期间,但一般认为,到公元前 538 年就终结了。

⑲ 《何西阿书》,1:1;和合本作"当乌西雅、约坦、亚哈斯、希西家作犹大王,约阿施的儿子耶
 罗波安,作以色列王的时候,主的话临到备利的儿子何西阿"。

⑳ 《阿摩司书》,1:1。

列的那四个,说他在那时候做先知⑫。弥迦也记载,在乌西雅之后的时期,自己当先知。他也连续记录了三个王,即约坦、亚哈斯、希西家⑫。从这些文献里,我们发现,这些人在同一时期做先知。在国王乌西雅统治期间,我们还可以加上约拿,在乌西雅之后的约坦之时,还有约珥。我们不能在他们的书里发现这两个先知的时间,因为其中对时间保持沉默,但在《编年史》中却有这二人的时期。他们的时期大约相当于拉丁王普洛卡斯或他前面的阿文廷努,一直到罗马王罗慕洛时期,甚至到他的继承人努马·蓬皮利乌斯早期。因为犹大王希西家的统治就到了那个时期;这几个先知如同先知之泉同时喷涌,当时亚述王衰、罗马国兴。亚伯拉罕生活在亚述王国初期,得到最明确的应许,万国都将因他的子孙而得福;西方巴比伦兴起,基督将要在他的统治下来临,那些应许将要实现,而不仅先知之口要张开,而且要写下先知书,作为将来的事情的见证。从有国王开始,以色列民族就不曾缺乏先知,但是他们只服务于以色列一个民族,而不服务于异教民族;而当《圣经》中的先知书明确著述(*condebatur*)时,就开始涉及异教徒;与此同时,那个将号令异教徒的城也筑了(*condebatur*)起来。

28. 何西阿和阿摩司的先知书中谈到了基督的福音

何西阿的先知书说得越深刻,越是难以参透。但是我们必须列出其中一些,以完成我们的许诺。他说:"从前在什么地方对他们说,

---

⑫《以赛亚书》,1:1。
⑫《弥迦书》,1:1。

你们不是我的子民，将来在那里必对他们说，你们是永生神的儿子。"⑫这就是先知对于异教人民将受神召的见证，虽然异教徒最初和上帝无关，使徒们也是如此理解的⑭。因为异教徒属于亚伯拉罕灵性的子孙，所以可以被称为"以色列"。先知书随后说："犹大人和以色列人，必一同聚集，为自己立一个首领，从这地上去。"⑮如果我们要直接解释这句话，先知的言辞就会变得索然无味。我们还是想想那块房角石和那两面墙，一面来自犹太人，一面来自异教徒⑯；一个可称为犹大之子，一个可称为以色列之子，两面墙由同一个首领连接起来，从大地上上升。而那肉身的以色列人，现在不愿相信基督，但以后会相信，即他们的儿子会相信（他们死后自会往自己的地方去⑰）。那个先知的话也为此作了见证："以色列人也必多日独居，无君王，无首领，无祭祀，无柱像，无以弗得，无家中的神像。"谁会看不到，这就是今天的犹太人？而我们且接着听后面的话："后来以色列人必归回，寻求他们的神主，和他们的王大卫。在末后的日子，必以敬畏的心归向主，领受他的恩惠。"⑱没有比这先知的话更明确的了，其中大卫王的名字的含义，应理解为基督，因为使徒说，基督"按肉体说，是从大卫后裔生的"⑲。那个先知甚至预言了，基督会在死后第三天复活，这是他的先知书的高潮⑳："过两天他必使我们苏醒，第三天他必使我们

---

⑫《何西阿书》，1：10。
⑭《罗马书》，9：26。
⑮《以西阿书》，1：11。
⑯《以弗所书》，2：14—15；20—22。
⑰《使徒行传》，1：25。
⑱《何西阿书》，3：4—5。
⑲《罗马书》，1：3。
⑳［译按］此处的 *altitudine* 殊不可解。有译者译为"高尚风格"，很难讲得通。我们勉强将此处理解为"高潮"，但仍然存疑。

兴起。"⑬使徒也以这种方式对我们说:"所以你们若真与基督一同复活,就当求在上面的事。"⑬阿摩司也说了这类的预言:"以色列啊,你当预备迎见你的神。看啊,我就是那创雷、造风,向人宣告他的受膏者(基督)的神。"⑬另一处:"到那日,我必建立大卫倒塌的帐幕,堵住其中的破口,把那破坏的建立起来,重新修造,像古时一样。使以色列人得以东所余剩的和所有称为我名下的国,此乃行这事的主说的。"⑬

29. 以赛亚关于基督与教会的预言

29.1 十二卷先知书中的作者被称为"小先知",因为比起那些著作连篇累牍的"大先知"来,他们的著作都很简短;以赛亚不在小先知之列,而在这些大先知之内,我们把他同上面说的两个先知并列在一起,因为他们是同时做的先知。以赛亚不仅谴责邪恶、教导正义,预言了未来罪恶的人民所犯的罪,而且也预言了基督和教会,即王和王所建的城,这远远超过了别的先知对此的预言,以至有人说他更像一个福音书作者,而不像先知⑬。为了限制本书的篇幅,我此处只举众多段落中的一个。他以圣父的位格谈道:"(看啊),我的孩子⑬行事必有智慧,必被高举上升,且成为至高。许多人因你惊奇,这样,他必鼓励许多国民。君王要向他闭口。因所未曾传与他们的,他们必看见。未曾听见的,他们要明白。所传与我们的,有谁信呢? 主的膀臂

---

⑬《何西阿书》,6:2。
⑬《歌罗西书》,3:1。
⑬《阿摩司书》,4:12—13,后半句和合本作"那创山、造风、将心意指示人……"
⑬《阿摩司书》,9:11—12。
⑬ 参考哲罗姆,《书信》,103,117 等处。
⑬ "孩子",和合本作"仆人"。

向谁显露呢？他在主面前生长如嫩芽，像根出于干地。他无佳形美容，我们看见他的时候，也无美貌使我们羡慕他。他被藐视，被人厌弃，多受痛苦，常经忧患。他被藐视，好像被人掩面不看的一样。我们也不尊重他。他诚然担当我们的忧患，背负我们的痛苦。我们却以为他受责罚，被神击打苦待了。哪知他为我们的过犯受害，为我们的罪孽压伤。因他受的刑罚我们得平安。因他受的鞭伤我们得医治。我们都如羊走迷，各人偏行己路。主使我们众人的罪孽都归在他身上。他受欺压却自卑不开口，他像羊羔被牵到宰杀之地，又像羊在剪毛的人手下无声，他也是这样不开口。因受欺压和审判他被夺去。至于他同世的人，谁想他受鞭打，从活人之地被剪除，是因我百姓的罪过呢？他虽然未行强暴，口中也没有诡诈，人还使他与恶人同埋。谁知死的时候与财主同葬。主却喜悦将他压伤，使他受痛苦。他献本身为赎罪祭，他必看见后裔，并且延长年日，主所喜悦的事，必在他手中亨通。他必看见自己劳苦的功效，便心满意足。有许多人，因认识我的义仆得称为义，并且他要担当他们的罪孽。所以我要使他与位大的同分，与强盛的均分掳物。因为他将命倾倒，以至于死。他也被列在罪犯之中。他却担当多人的罪，又为罪犯代求。"⑬这是关于基督的。

29.2 我们随后听到关于教会的预言："你这不孕不生养的，要歌唱；你这位曾经过产难的，扬声欢呼；因为没有丈夫的，比有丈夫的儿女更多。这是主说的。要扩张你帐幕之地，张大你居所的幔子，不要限止；要放长你的绳子，坚固你的橛子；因为你要向左向右开展，你的后裔必得多国为业，又使荒凉的城邑有人居住。不要惧怕，因你必不至蒙羞；也不要抱愧，因你必不至受辱。你必忘记幼年的羞愧，不

---

⑬《以赛亚书》，52：13—53：12。

要再记念你寡居的羞辱。因为造你的,是你的丈夫,万军的主是他的名;救赎你的,是以色列的圣者,他必称为全地之神。"⑬如此等等。这些就足够了。其中有些语句需要解释,但我认为这样就已经足够清楚,即使怀有敌意的人再不愿意,也要被迫明白了。

30. 弥迦、约拿、约珥的先知书与新约相契合

30.1 弥迦把基督的形像比喻为一座大山,预言说:"末后的日子,神殿的山必坚立,超乎诸山,高举过于万岭;万民都要归流这山。必有许多国的民前往,说:'来吧! 我们登上帝的山,奔雅各神的殿。主必将他的道教训我们,我们也要行他的路;因为训诲必出于锡安,神的言语必出于耶路撒冷。'他必在多国的民中施行审判,为远方强盛的国判定是非。"⑬这位先知还预言了基督出生的地点:"伯利恒以法他啊! 你在犹太诸城中为小,将来必有一位从你那里出来,在以色列中为我作掌权的;他的根源从亘古,从太初就有。主必将以色列人交付敌人,只等那生产的妇人生下子来。那时他其余的弟兄必归到以色列人那里。他必起来,倚靠主的大能,并神之名的威严,牧养他的羊群。他们要安然居住,因为他必日见尊大,直到地极。"⑭

30.2 约拿并没有用语言预言基督,而是用行动明确预言了他的受难,就如同用言词宣布了他的死亡和复活。他被吞入鱼腹,三天之后回来,这难道不象征了基督深入地狱,第三天之后回归吗?⑭

30.3 要全部解释约珥的先知书,讲清楚其与基督和教会的关

---

⑬《以赛亚书》,54:1—5。

⑬《弥迦书》,4:1—3。

⑭《弥迦书》,5:2—4。

⑭《约拿书》,2:1。

联，要花费很多文字。但有一点我不能不提，这一处使徒都记下了，那就是，在信仰者聚集时，圣灵正如基督曾应许的那样，从上面来了。[⑭] 他说："以后，我要将我的灵浇灌所有肉身；你们的儿女要说预言，你们的老人要作异梦，少年人要见异象。在那些日子，我要将我的灵浇灌我的仆人和使女。"[⑮]

31. 在俄巴底亚、那鸿、哈巴谷的先知书中，可以见到世界在基督中得的救赎

31.1　三个小先知，即俄巴底亚、那鸿、哈巴谷，没有谈到自己的年代，尤西比乌和哲罗姆的《编年史》中也无法发现他们做先知的时间[⑯]。其中说，俄巴底亚和弥迦大约同时，但是弥迦在自己的先知书中说到做先知的时间的地方，却没有这么说；我认为，这个错误是传抄者抄录别人著作时的疏忽所致。在我们现有的《编年史》抄本中，我们无法找到关于另外二人的说法。但因为这是圣经中的内容，我们不该忽略。俄巴底亚，就其著作而言，在所有先知中是最短的。他批评以扫传下的族裔以东，以扫是以撒的双生子、亚伯拉罕的孙子之一，是那个被谴责的长子。此处对以东族的说法以部分指代整体，如果我们接受这说法，那此处的以东就指所有异教徒，我们可以看到，其中这样的话是在讲基督："在锡安山必有救赎，那山也必成圣。"[⑰] 不久之后，这篇先知书的末尾说："必有人被救出锡安山，走上去，守卫

---

⑭　《使徒行传》，2：17—18。

⑮　《约珥书》，2：28—29。

⑯　按照哲罗姆的《〈俄巴底亚书〉注》中的说法推测，俄巴底亚应该在犹大王约沙法（Josaphat）的时代，就是拉丁王台伯里斯的时代。而按照约瑟夫在《犹太古史》，9：11.3中的说法，那鸿在约坦统治犹大的时候。

⑰　《俄巴底亚书》，17，"救赎"和合本作"逃脱的人"。

以扫山。国度就归主了。"[146]这话的应验,是被救者离开锡安山,就是指信仰者被救出犹大地,升到基督里,特别是指被认作使徒的,守卫以扫山。以什么方式守卫呢? 还不是用福音预言,信仰者将得救赎,突破黑暗的权柄,转到上帝的国? 于是后面明确加上:"国度就归主了。"锡安山象征了犹大地,预言那里会有救赎与圣者,那就是基督耶稣。以扫山就是以东,这象征着异教徒的教会,我已经解释了,再次被救出锡安山的人捍卫它,会组成主的国。在这发生之前,这含义是模糊的;但是一旦实现,只要是信的人,谁看不出呢?

31.2 在那鸿的先知书里,上帝借他的嘴说:"(我必)除灭雕刻的偶像和铸造的偶像;我必因你的鄙陋使你归于坟墓。看啊! 有报好信传平安之人的脚登山。说:'犹大啊! 可以守你的节期,还你所许的愿吧! 因为那恶人不再从你中间经过,他已灭绝净尽了。'"[147]谁会从地狱里升起,在犹大(即犹太族的门徒们)的面上吹圣灵? 每个记得福音的人都会想起。他们归于新约,他们的节日在灵性上得到更新,以致他们不会变老。福音除灭了那雕刻的和铸造的偶像,即伪神的偶像,我们看到它们被人忘记,进入坟墓。我们认识到这预言的实现。

31.3 《哈巴谷书》上说:"他对我说:'将这默示明明地写在版上,使读的人容易读。因为这默示有一定的时期,快要应验,并不虚谎;虽然迟延,还要等候,因为必然临到,不再迟延。'"[148]这如果不理解为基督未来的降临,还会是什么呢?

---

[146]《俄巴底亚书》,21;和合本作:"必有救赎者上到锡安山,审判以扫山。国度就归主了。"
[147]《那鸿书》,1:14—15。
[148]《哈巴谷书》,2:2—3。

32. 哈巴谷的祈祷与歌词中所包含的预言

哈巴谷边唱边颂的祈祷难道不是对我主基督说的吗："主啊！我听到你的言语就惧怕；主啊！我想到你的功业就战栗"[149]？这是什么？难道不是因预见到崭新的、突然的人类拯救而有的不可言说的惊奇？"在两个生灵之间，你被认出，"这难道不是说在新旧两约之间，在两个盗贼之间，或是当他登山训众时，在摩西和以利亚之间吗？"这年月临近了，你让人们认出；在未来的时间，你显现自己。"这不必解释。"在我的灵魂混乱的时候，虽然愤怒，你却以悲悯为念。"[150]这难道不是指，先知作为犹太人，把自己装扮成全体犹太人说话？他们因为愤怒[151]而混乱了灵魂，钉死了基督，而基督还满怀悲悯地说："父啊！赦免他们，因为他们所做的，他们不晓得。"[152]"神从提幔而来，圣者从迷蒙但切近的山临到。"[153]这里说"从提幔而来，"有人解释为"从南方来"或者"从西南来"[154]；它的含义是从太阳那里来，也就是从爱的热情和真理的光辉中来。说迷蒙但切近的山，虽然可以有很多解释方式，我更愿意当作指圣经的高深含义，即预言基督。圣经里有很多段落"迷蒙但切近"，考验着探问者的心智。只有理解了的人发现那些段落讲的是他，基督才从那里来。"他的荣光遮蔽诸天，赞颂充满大地"，这

---

[149] 《哈巴谷书》，3：2，和合本作："主啊！我听见你的言语就惧怕。"无后半句。

[150] 《哈巴谷书》，3：2，据七十士本。

[151] ［译按］无论在七十士本希腊文原文里，还是在奥古斯丁的引文里，上一句的"虽然愤怒"既可以理解为第二人称的"你虽然愤怒"，也可以理解为第一人称的"我虽然愤怒"，所以很多人对此句的理解不同。而依照奥古斯丁的解释，似乎更应该理解为第一人称。

[152] 《路加福音》，23：34。

[153] 《哈巴谷书》，3：3，"迷蒙但切近的山"和合本作"巴兰山"。

[154] ［译按］诸译本对这两个方向的翻译非常不同，不知何故。在拉丁文中，*Auster* 和 *Africus* 指方向的时候意思很清楚，即南和西南。另，哲罗姆即这样解释此处。

指的，当然就是《诗篇》里说的："神啊！愿你崇高，过于诸天；愿你的荣耀，高过全地。"[155]"他的辉煌如同日光，"难道不就是：他的名声照耀了信仰者？"从他手里拿着牛角"[156]，难道不就是十字架上的胜利？"他建立了对自己的力量的坚定的爱"[157]，这不必解释。"言从他面前走出，从他脚后走向大地。"[158]这难道不是说，在他到来之前，他就被预言了；在他离开之后，他得到人们的宣讲？"他站立，使地震动，""他站立"难道不是为了帮助我们，"使地震动"难道不是让人们信仰？"观看，赶散万民"，意思是，他心存悲悯，让万民忏悔。"他用大力使山愧悔"[159]，意思是，那行神迹的力量，使骄傲的自大者愧悔。"长存的岭塌陷"，意思是，他虽暂时卑屈，却将高升到永恒中。"我看到，他的行事不会不得到永恒的报偿，与他的劳作相抵。"[160]意思是，我看到，他的爱功得到了永恒的酬劳。"古珊的帐篷和米甸的帐篷遭难"[161]，意思是，即使那些不在罗马治下的人民也受到他的神迹的突然震惊，而成为基督的选民。"主啊！你岂不是对江河发怒气？或者你的怨愤朝向江河，你的威猛朝向大海？"[162]之所以这么说，是因为基督此时不来审判世界，但是世界要因他得救[163]。"你乘在马上，坐在得胜的车上"，意思是，你的福音书作者载着你，受你的节制，你的福音书使信你的人得救。"鞠躬，向权杖鞠躬，主说"[164]，意思是，你将把你的审判也行

---

[155]《诗篇》，57：5。

[156]《哈巴谷书》，3：4；和合本作"他手里射出光线"，这一章凡与和合本不同者，大多因为奥古斯丁用的是七十士本，以下不再注出。

[157]《哈巴谷书》，3：4；和合本作"在其中藏着他的能力"。

[158]《哈巴谷书》，3：5；和合本作"在他面前有瘟疫流行，在他脚下有热症发出"。

[159]《哈巴谷书》，3：6；和合本作"永久的山崩裂"。

[160]《哈巴谷书》，3：6；和合本作"他的作为与古时一样"。

[161]《哈巴谷书》，3：7；和合本作"我见古珊的帐篷遭难，米甸的幔子战兢"。

[162]《哈巴谷书》，3：8；和合本作"岂是不喜悦江河，向江河发怒气，向海洋发愤恨吗？"

[163]《约翰福音》，3：17。

[164]《哈巴谷书》，3：8，七十士本，和合本无对应句。

到地上的王国。"你以江河分开大地"，意思是，对你的道的宣讲如同江河，分开人们的心，向你忏悔，如同对这些人说："你们要撕裂心肠，不撕裂衣服。"⑯"人们看到你，必将哀恸"，这难道不是说，"哀恸的人有福了"？⑯ 所谓"你所到之处，大水泛滥"，难道不是说，你走在那些宣告你的人当中，像洪水一样到处散播你的教诲？ 所谓"深渊发声"，难道不是说，人心深处表达出能被看到的东西？"他们的心影高深"，就是在解释前面的话；所谓"高深，"指的就是"深处"。这里说"他们的心影"，和"发声"相联；这就是我们说的，"表达出透过它看到的东西"。心影被看到，不被保守，不被隐藏，而是在坦白中喷出。"太阳高升，月亮在轨道上停住"，意思是，基督升上天堂，教会遵照自己的王运行。"你的箭射出在光里"⑯，意思是，你的言词没有在阴暗中讲出，而是昭然天下。"你的枪闪出光耀"，意思和"你的箭射出"相联。基督曾说到他自己："我在暗中告诉你们的，你们要在明处说出来。"⑱"你用威胁使大地变小，"⑲意思是，你的威胁使人变得卑微。"发怒气责打列国"，因为那些自大的人，你用复仇把他们打灭。"你出来要拯救你的百姓，拯救你的受膏者；在恶人的头上降下死亡"⑰，这不必解释。"你把锁链一直锁到颈项。"⑪这可以被理解为好的锁链，是智慧的锁链，让人们把脚伸入智慧的镣铐，把脖颈伸入智慧的枷锁。我们听到："你击打枷锁，让人的心智眩晕。"⑫他激励好人，使我们解脱锁

⑯ 《约珥书》，2:13。
⑯ 《马太福音》，5:4。
⑰ 《哈巴谷书》，3:11；和合本作"你的箭射出发光"。
⑱ 《马太福音》，10:27。
⑲ 《哈巴谷书》，3:12；和合本作"你发愤恨通行大地"。
⑰ 《哈巴谷书》，3:13；最后半句和合本作"打破恶人家长的头"。
⑪ 《哈巴谷书》，3:13；和合本作"露出他的脚，直到颈项"。
⑫ 《哈巴谷书》，3:14；七十士本，和合本无对应句。

链,打击坏人,所以说:"你已经解开我的绑索。"⑬于是让人"心智眩晕",即以神迹行事。"大力者的头也同样被砍去"⑭,同样以神奇的方式。"张开大嘴,像乞丐一样暗中吞吃。"⑮犹太人中的大力者来到主面前,为他的作为和语言而惊讶,吞食他的教诲的面包,但是只能暗中吃,因为害怕犹太人,就像福音书里说的那样⑯。"你乘马践踏大海,就是践踏汹涌的大水"⑰,这指的当然就是众多的人民;如果不是因为所有人都被践踏了,不会有些人因恐惧而皈依,有些人因愤怒而迫害他。"我听到你,我的腹中因为我祈祷的声音而颤抖;骨中朽烂,我在所立之处战兢。"⑱他看到了他所说的,因为自己的祈祷而颤抖,他用预言的方式把这些倾泻而出,看到了未来;在众人的颤抖中,他看到了教会的磨难即将到来;他随后承认自己是教会的一员,说:"我将在灾难之日获得安宁。"⑲这指的是那些在希望中喜乐,在患难中忍耐的人⑳。他说:"我随着我羁旅中的人民上来。"㉑是说,把自己邪恶的血亲,那些不在此地上做过客,也不希求天上之国的人抛下。"无花果树不发旺,葡萄树不结果,橄榄树也不效力,田地不出粮食,圈中绝了羊,棚内也没有牛。"他看到了那个将杀害基督的民族,将要丧失掉丰富的灵性财富,按照先知的风格,这用地上的财富来比喻。因为这个民族无视上帝的义,反而要立自己的义㉒,所以以后要遭受上帝

⑬《诗篇》,116:16。
⑭《哈巴谷书》,3:14;和合本作"刺透他战士的头"。
⑮《哈巴谷书》,3:14;和合本作"他们所喜爱的,是暗中吞吃贫民"。
⑯《约翰福音》,3:2;19:38。
⑰《哈巴谷书》,3:15;"大海"和合本作"红海"。
⑱《哈巴谷书》,3:16;前半句和合本作"我听见主的声音,身体战兢,嘴唇发颤"。
⑲《哈巴谷书》,3:16;和合本作"我只可安静等候灾难之日到来"。
⑳《罗马书》,12:12。
㉑《哈巴谷书》,3:16;和合本作"犯境之民上来"。
㉒《罗马书》,10:3。

这样的愤怒，于是他继续写道：“我要因上帝欢欣，因拯救我的神喜乐。我主上帝是我的力量，他使我的脚快如母鹿的蹄，又使我稳行在高处，我在他的歌中得胜。”⑱这里所说的歌，在《诗篇》中也有类似的说法：“使我的脚立在磐石上，使我脚步稳当。他使我口唱新歌，就是赞美我们神的话。”⑱凡是在对主的赞美，而不是对自己的赞美中喜乐的，都会在主的歌声中取胜，因为“夸口的，当指着主夸口。”⑱别的版本上说：“我当在上帝我的耶稣中喜乐。”在我看来，这个版本更好。而那些翻译者在译成拉丁文时，不想译出他的名字，但这个名字让我们说出时更觉友爱和甜美。

33. 耶利米和西番雅充满先知之灵，怎样谈基督和对异教徒的召唤

33.1　耶利米和以赛亚一样，是一个大先知，不属于我刚刚谈过的那些小先知。他在约西亚统治耶路撒冷、安克·玛提乌斯统治罗马、犹太人即将被掳的时候做先知。我们在他的著述中发现，他一直到犹太人被掳五个月后还在做先知⑱。西番雅属于小先知中的一个，与耶利米时间接近。他说自己在约西亚的时候当先知，但是没有说有多长⑱。而耶利米不光在安克·玛提乌斯的时候做先知，还谈到了老塔昆的时代，那是罗马人的第五个王。在犹太人被掳时，他开始统

---

⑱　《哈巴谷书》，3：18—19，最后一句和合本作“这歌交与伶长，用丝弦的乐器”。本章中凡未注出处的，均为《哈巴谷书》，3 中的内容。

⑱　《诗篇》，40：2—3。

⑱　《哥林多前书》，1：31。

⑱　《耶利米书》，1：3。［译按］几个译本多把此处处理成“在犹太人被掳五个月后还在做先知”，确实更符合拉丁文的意思。但按照《耶利米书》原文，犹太人是在这年五月被掳的，耶利米当时还在做先知。或为奥古斯丁笔误。

⑱　《西番雅书》，1：1。

治罗马。耶利米这样预言基督："上主的受膏者,好比我们鼻中的气,在我们的罪中被捉住"⑱,这简洁地指出,我们的主基督(受膏者)将为我们受难。他在另外一处说:"他就是我们的上帝,没有别的可同他相比;他寻得了智慧的一切道路,将她赐给了他的仆人雅各,和他心爱的以色列;从此智慧在地上出现,与世人共相往还。"⑲有人认为这不是耶利米的见证,而归为他的书记巴录;但是更多人认为这是耶利米的。这个先知又这样说基督:"主说:'日子将到,我要给大卫兴起一个公义的苗裔,他必掌王权,行事有智慧,在地上施行公平和公义。在他的日子,犹大必得救,以色列也安然居住。他的名必称为上帝我们的义。'"⑲对异邦人的呼召,当时尚待实现,现在我们已经看到了它的实现,对此他这么说:"我主上帝啊! 在苦难之日,你是我的避难所。列国人必从地极来到你这里,说:'我们列国所承受的,不过是虚假,是虚空无益之物。'"⑲犹太人不会认识他,反而会杀死他,对此先知说:"人心比万物都诡诈,坏到极处,谁能认识他呢?"⑲我们在卷十七已经引过的关于新约,关于基督这个中保的话就来自他。耶利米说:"主说:'日子将到,我要与雅各家,另立新约。'"等等等等。⑬

33.2 在耶利米做先知的时候,西番雅也是先知,我现在来看他对基督的预言:"你们要等候我,直到我未来俘获的日子;因为我已判

⑱《耶利米哀歌》,4:20;和合本作"主的受膏者好比我们鼻中的气,在他们的坑中被捉住"。
⑲《巴录书》,3:35—37;用思高本《巴路克》,3:36—38 译文。
⑲《耶利米书》,23:3—5。
⑲《耶利米书》,16:19,据七十士本,和合本作:"主啊,你是我的力量,是我的保障。在苦难之日是我的避难所。列国人必从地极来到你这里,说:'我们列祖所承受的,不过是虚假,是虚空无益之物。'"
⑲《耶利米书》,17:9,据七十士本。和合本作:"人心比万物都诡诈,坏到极处,谁能识透呢?"按照和合本,人们不能识透的是人心,但按照奥古斯丁的理解,人们无法认识的是基督。
⑬《耶利米书》,31:31,"雅各家"和合本作"以色列家和犹大家",见本书 17:3.2,但在卷十七,奥古斯丁的引文是"以色列家和犹大家"。

定招聚列国，聚集列邦。"⑭还有："在上的主必向他们显可畏之威，因
他必叫世上的诸神瘦弱，列国海岛的居民，各在自己的地方敬拜
他。"⑮稍后又说："那时，我必为万民和他们的子孙改变语言，好求告
我主的名，同心合意地事奉我。必从埃塞俄比亚河口来，给我献供
物。当那日你必不因你一切得罪我的事，自觉羞愧；因为那时我必从
你中间除掉矜夸骄傲之辈，你也不再于我的圣山狂傲。我却要在你
中间，留下困苦贫寒的民；以色列所剩下的民，必畏惧主的名。"⑯这是
别处的一个预言的残留部分。使徒引用了这个预言："以色列人虽多
如海沙，得救的不过是剩下的余数。"⑰这指的就是民族里剩下的那信
仰基督的人。

34. 但以理和以西结的先知书里与基督和教会契合的地方

34.1　在巴比伦之囚的时候，最初有另外两个大先知但以理和
以西结。其中，但以理明确算出了到基督来临和受难之前的年数；要
讲出这是如何计算的，就太冗长了，而且我们之前有很多人这么做过
了。他这样谈基督的大能和他的光荣："我在夜间的异像中观看，见
有一位像人子的，驾着天云而来，被领到亘古常在者面前；得了权柄、
荣耀、王位，使各族、各部落、各语言的人都事奉他。他的权柄是永远
的权柄，不能废去；他的国必不败坏。"⑱

---

⑭　《西番雅书》，3：8；"俘获"和合本作"兴起"，"判定"和合本作"兴起"。

⑮　《西番雅书》，2：11。

⑯　《西番雅书》，3：9—13，七十士本。

⑰　《罗马书》，9：27；《以赛亚书》，10：22。

⑱　《但以理书》，7：13—14，"王位"和合本作"国度"，"各族、各部落、各语言"，和合本作"各
　　方、各国、各族"，"永远的权柄"，和合本作"永远的"；又见《马太福音》，24：30；26：64；《启
　　示录》，1：7；14：14。

34. 2   以西结以预言的方式，用大卫指代基督，因为他穿上了大卫的后裔的肉身[199]；他取了仆人的形像，化身为人，所以称为神的仆人，又称为神子。这些，他是用圣父的语气说的："我必立一牧人照管他们，牧养他们，就是我的仆人大卫。他必牧养他们，做他们的牧人。我上主必做他们的神，我的仆人大卫必在他们中间做王；这是主说的。"[200]他在另外一处说："有一王做他们众民的王。他们不再为二国，决不再分为二国；也不再因偶像和可憎的物，并一切的罪过玷污自己。我却要救他们出离一切的住处，就是他们犯罪的地方；我要洁净他们；如此，他们要做我的子民，我要做他们的神；我的仆人大卫，必做他们的王；众民必归一个牧人。"[201]

35. 三个先知哈该、撒迦利亚、玛拉基的预言

35. 1   在巴比伦之囚结束时，又有三个小先知，即哈该、撒迦利亚、玛拉基。其中哈该更明确而简洁地预言了基督和教会："万能的主如此说：'过不多时，我必再一次震动天地、沧海与旱地。我必震动万国；万国所羡慕的必到来。'"[202]人们看到，这预言的一部分已经实现了，另一部分要到末日实现。在基督道成肉身时，上帝用天使和星座的见证震动天堂[203]。他用巨大的神迹和童贞女生子这事震动大地[204]；海岛和整个大地都宣布了基督的福音，这震动了海洋和旱地；我们看到，他震动万国都变成信徒。随后说："万国所羡慕的必到来。"这指

---

[199] 《罗马书》，1：3。

[200] 《以西结书》，34：23—24。

[201] 《以西结书》，37：22—24。

[202] 《哈该书》，2：6。

[203] 《路加福音》，2：13—14；《马太福音》，2：2；9—10。

[204] 《路加福音》，1：35。

的是他最后的来临㉕。我们还在等待。他首先要得到信者的爱,然后才能如约来临。

35.2　撒迦利亚预言了基督和教会:"锡安的女儿哪! 应当大大喜乐。耶路撒冷的女儿哪! 应当欢呼。看哪! 你的王来到你这里! 他是公义的,并且施行拯救,谦谦和和地骑着驴,就是骑着驴的驹子……他的权柄必从这海管到那海,从大河管到地极。"㉖我们在福音书里读到,主基督在旅途中骑过这样的一匹牲畜,实现了这个预言。那里也根据当时的情况,部分引用了这个预言。㉗ 在另外一处,充满圣灵的先知谈到基督用自己的血为人赦罪:"我因与你立约的血,将你中间被掳而囚的人,从无水的坑中释放出来。"㉘这个无水之坑该如何理解,人们可以有不同的意见,只要依照正确的信仰就行㉙。在我看来,这最恰当的意思,指的是人类悲惨的深渊,干涸而寸草不生,没有正义的源头活水,只有邪恶的淤泥。《诗篇》里面也就此说:"他从祸坑里,从淤泥中,把我拉上来。"㉚

35.3　玛拉基以上帝的名义,向犹太人无比明确地预言了教会,我们看到这教会因基督而散播开来:"我不喜悦你们,也不从你们手中收纳贡物。从日出之地,到日落之处,我的名在外邦中必尊为大。在各处,人必奉我的名烧香,献洁净的贡物,因为我的名在外邦中必尊为大。"㉛这祭祀是依照麦基洗德的体系,由基督这个祭司献的,从

㉕ [译按]如殉道者尤斯丁明确将此处解释为基督的第二次来临。参见《与蒂尔弗的对话》,又见本卷 48。

㉖《撒迦利亚书》,9:9—10。

㉗《马太福音》,21:1—7。

㉘《撒迦利亚书》,9:11。

㉙ [译按]圣哲罗姆、托马斯等把这里理解为地狱边缘的灵簿狱。

㉚《诗篇》,40:2。

㉛《玛拉基书》,1:10—11。

日出到日落的所有地方，我们都看到这贡物献给上帝，而对犹太人，则说："我不喜悦你们，也不从你们手中收纳贡物。"不容否认，他们的祭祀终止了。他们读到对这一个的预言，看到了这预言的实现，这预言只有通过基督才能实现，他们怎么还等待另一个基督？不久之后，他又以上帝的名义说："我曾与他立生命和平安的约。我将这两样赐给他，使他存敬畏之心，他就敬畏我，惧怕我的名。真实的律法在他口中。他以平安和正直与我同行，许多人回头离开罪孽。祭司的嘴里，当存知识，人也当由他口中寻求律法，因为他是万能之主的使者。"⑫这没有什么奇怪的，因为所谓万能上帝的使者指的就是基督耶稣。正如他取了仆人的形像，化身为仆人，来到人们当中；因为他传给人们的福音，他也被称为使者。如果我们把希腊文翻译过来，"福音"就是好消息的意思，"使者"就是报信人的意思。然后他又说："'看，我要差遣我的使者，在我面前预备道路。你们所寻求的主，必忽然进入他的殿；立约的使者，就是你们所仰慕的主，快要来到。看他要来，'万能的主说：'他来的日子，谁能当得起呢？他显现的时候，谁能立得住呢？'"⑬这里预言了基督的第一次和第二次来临。他说第一次，"必忽然进入他的殿"，意思就是进入他的肉身，福音书里说："你们拆毁这殿，我三日内要再建立起来。"⑭说第二次："'看他要来，'万能的主说：'他来的日子，谁能当得起呢？他显现的时候，谁能立得住呢？'"他说"立约的使者，就是你们所仰慕的主"，意思是，即使犹太人按照他们所读的经，也寻求和企盼基督。但是他们中的很多人，虽

---

⑫《玛拉基书》，2：5—7；"万能"和合本作"万军"，在"真实的律法在他口中"之后，本有"他嘴里没有不义的话"一句。

⑬《玛拉基书》，3：1—2；和合本无开头的"看"，无"万能的主说"，"看他要来"作"快要到来"。

⑭《约翰福音》，2：19。

然寻求和企盼他,却不能意识到他的到来,因为他们被自己的品行蒙蔽,心中瞎了。他所说的约,无论在上一段里说的"我曾与他立约",还是在这里说的"立约的使者",我们无疑都该认为是新约,那里有永恒的应许,而不是旧约,旧约里只有暂时的应许。大多数人是弱小的,只能为这些暂时的应许而事奉上帝,认为这些应许意义巨大,所以一旦看到不敬者反而富有,就会困惑。而这个预言讲的是新约中的永恒幸福,只有好人才能得到,与旧约中的地上幸福不同,因为坏人也常常能得到这样的幸福。他说:"主说:'你们用话顶撞我。你们还说:我们用什么话顶撞了你呢?'你们说:'事奉神是徒然的,遵守神所吩咐的,在万能之主面前苦苦斋戒,有什么益处呢? 如今我们称狂傲的人为有福,并且行恶的人得建立;他们虽然试探神,却得脱离灾难。'那时敬畏主的和他们的邻人彼此谈论,主侧耳而听,且有纪念的书在他面前,记录那敬畏主思念他名的人。"㉕那本书指的就是新约。我们来听随后的话:"万能的主说:'在我所定的日子,他们必属我,特特归我。我必怜恤他们,如同人怜恤服事自己的儿子。那时你们必归回,将善人和恶人,事奉神的和不事奉神的,分别出来。'万能的主说:'那日临近,势如烧着的火炉,凡狂傲的和行恶的,必如碎秸,在那日必被烧尽,根本枝条一无存留。但向你们敬畏我名的人,必有公义的日头出现,其光线有医治之能。你们必出来跳跃,如圈里的肥犊。你们必践踏恶人。在我所定的日子,他们必如灰尘在你们脚掌之下。'这是万能之主说的。'"㉖这里说的是审判日。在合适的地方,如果上帝愿意,我会更充分讨论。㉗

㉕《玛拉基书》,3:13—18,译文有改动。
㉖《玛拉基书》,3:17—4:3。
㉗ 见本卷二十、二十一、二十二。

36. 以斯拉和马加比传

在哈该、撒迦利亚、玛拉基这三个先知之后,还是在犹太人被解救出巴比伦之囚的时代,又有以斯拉写作。以斯拉更多被认为是一个写故事的人,而不是先知。《以斯帖记》也是这样,记述了距离这个时代不远的事件,用来赞美上帝。但以斯拉记录的几个青年争论什么对事物影响更大的事,也许可以理解为是对基督的预言。一个人说是国王,另一个说是酒,第三个说是女人,因为她们控制很多国王。第三个人还表明,真理可以战胜一切㉘。参考福音书,我们知道基督就是真理㉙。从那时起,在重建神殿之后,犹太人中不是国王统治,而是诸侯统治,一直到亚里斯托布鲁斯(Aristobulus)㉚。他们的纪年传承无法在被奉为圣经的经书中找到,而是在别处找到,其中包括《马加比传》。这些书犹太人不当经典,但教会当作经典,因为当基督在肉身中来临以前,殉道者就为捍卫上帝的律法遭受了惨烈而罕见的苦难,甚至死亡,在最剧烈而可怕的坏事面前站稳脚跟。

37. 人们会发现,先知书的作者都比异教哲学家出现得早

那时,我们的先知的著作已经被万国知道㉑,那些后来得享大名的异教哲学家,是在他们以后才出现的。其中第一个称为哲学家的,

㉘ 《以斯拉记》,3:1—24。
㉙ 《约翰福音》,14:16。
㉚ 当指亚里斯托布鲁斯一世,又名犹大,犹太哈希曼王朝的王子,约于公元前104年被父亲指定为大祭司。参见约瑟夫,《犹太古史》,13:19。
㉑ [译按]很多译本将此处理解为,在先知们的时代,他们的著作已经为万国知道。虽然语法上似乎这样更对,但仔细推敲却不合道理。

是萨摩斯的毕达哥拉斯，他在犹太人从囚掳境地中解脱出来时开始
活跃和为人所知。别的哲学家更是在先知以后才出现的。雅典的苏
格拉底在最杰出的哲学家中最有名，是所谓的道德或实践哲学的领
袖，而按照编年史，他也是在以斯拉之后出现的。不久之后柏拉图
降生，他比苏格拉底的其他弟子都优秀。我可以把前面那些没有
被称作哲学家的人也算上，如希腊七智者，还有继泰勒斯之后模仿
他的学问、追问万物的自然的自然哲学家阿纳克西曼德、阿纳克西
美尼、阿纳克萨哥拉，还有别的一些在毕达哥拉斯最早当哲学家之
前的人。即便如此，就时间的早晚而言，他们也没有早于我们的整
个先知群的时代。别的人都在泰勒斯之后，而泰勒斯的时代，罗马
在罗慕洛的统治下崛起，以色列的源头中也涌出了先知之水，汇为
先知书，散布到大地各处，我们至今还把他们的著作奉为权威。只
有那些神学诗人，像俄耳甫斯、林努斯、穆塞欧和别的希腊诗人，在
年代上早于这些希伯来先知。但是，他们也并不比我们真正的神
学家摩西早，摩西以真实的方式预言了真正的上帝，他的著作现在
是经典中最有权威的。因此，尽管希腊文的文献在这个尘世中最
为繁荣，他们还是不能吹嘘说，他们的智慧好像早于我们的宗教
（这才是真的智慧），更不能说高于我们的宗教。确实，在某些野蛮
民族（比如埃及），而不是在希腊，在摩西之前就有些学说，可以被称
为智慧；否则，在谈到摩西出生，被法老的女儿收养，然后被她带大并
接受教育时[22]，《圣经》上就不会说，摩西学了埃及人所有的智慧[23]，但
是，埃及人的智慧还是不可能比我们的先知的智慧的时间早，因为亚
伯拉罕就是个先知[24]。而在伊西斯传授文字之前，埃及能有什么智慧

---

[22] 《出埃及记》，2:10。

[23] 《使徒行传》，7:22。

[24] 《创世记》，20:7。

呢？她死后被埃及人当作女神来服侍。人们认为伊西斯是伊纳库斯的女儿，伊纳库斯最先开始统治阿尔戈斯[25]，我们发现，那时亚伯拉罕之孙已经出生。

38. 教会没有把太古老的一些书籍当作圣经，唯恐因此以假乱真

如果我们在远为古老的时代找，在大洪水之前就有我们的族长挪亚，我也完全可以称他为先知；如果算上他所造的拯救自己家人的方舟，那就是对我们的时代的预言[26]。以诺是亚当之后的第七代，在我们的经典使徒书信《犹大书》里，不是说他做了先知吗？[27] 在犹太人和我们当中，没人把他的著作当经典，是因为成书太古老了，确实值得怀疑，以免以假乱真[28]。也有些人愿意相信什么，就相信什么，完全根据自己的感觉，认为这些都是真的。但是为保证纯洁，经典里没有包括这些，并不是因为这上帝喜悦的人的权威遭到质疑，而是我们不敢相信那些书是他们写的。我们怀疑那么古老时代的人名下的著作，这不该有什么奇怪的；在犹大和以色列的国王的历史上，我们根据圣经，相信其中的故事是真的，而其中有很多内容是在那里找不到解释的，但是可以在先知所写的别的书里找到，有时还提到了这些先知们的名字。但是，在上帝的选民认定的圣经里找不到这些书。我承认，删除这些书的原因我不知道。我只知道，得到圣灵启示的人无疑具有宗教权威，他们要么是变成兢兢业业写作历史的

㉕　关于伊纳库斯，见本书 18:3。
㉖　《希伯来书》，11:7；《彼得前书》，3:20。
㉗　《犹大书》，14。
㉘　参考本书，15:23. 4。

人，要么变成先知，在神的感召下能够写作。这两类著作很不相同，一类是人自己的著作，另一类可以说是上帝自己的著作，上帝通过被启示的人说出来。前者与丰富的知识相关，后者只和宗教权威相关，权威就能保证经典的真实。而在这经典以外，那些归在真正的先知名下的著作毫无价值，因为它们不会增加我们的知识，因为我们无法确定，它们是否是所说的那些先知写的；因此我们无法信任这些书，特别是那些与包含于经典中的信仰相违背的书，一眼就可以看出不是那些先知的书。

39. 希伯来语中一直具有的一些特点体现在希伯来文的著作中

有人认为，希伯来语言在希伯时（"希伯来"一词就来自于他）只是一种口头语言，传到亚伯拉罕，在摩西得到了神的律法时，希伯来文才开始成为一种书面语言。这种说法不可信。其实，在那族长的世代相传中，这种语言及其文献就一同流传了下来。在人们通过文字认识神法之前，摩西派人教给希伯来人文字㉙。经上把他们称为 γραμματοεισαγωγεῖς，意思就是，文字的传授者或启蒙者，因为他们能以某种方式在人们的心中传授或启蒙文字，当然更好的词是"教"。就智慧的古老而言，没有哪个民族可以虚妄地自吹，超过我们的族长和先知，因为只有他们知道神的智慧。即使埃及，其智慧也不在我们的族长时代的智慧之前，虽然他们虚伪而空洞地吹嘘他们的学说的古老和光荣。没人敢说，他们奇妙而精巧的学说是在他们知道文字（即伊西斯来到那里和教授文字时）前就有的。而他们那值得记住的学问（他们所谓的智慧）最多也不过是星象学之类，这些学问除了消

㉙《出埃及记》，18:21，七十士本。

耗人们的天赋，又怎能用真正的智慧启迪心智？至于哲学，据说有助于教授让人幸福的学说。在墨丘利的时代，也就是他们所谓的三尊时代[29]，对哲学的研究在那块土地上繁荣起来，这远在希腊的智慧或哲学之前，但已经在亚伯拉罕、以撒、雅各和约瑟之后很久了，甚至是在摩西之后很久。在摩西出生的时候，出现了伟大的天文学家阿特拉斯，他是普罗米修斯的哥哥，是老墨丘利的外祖父。这个墨丘利的外孙就是三尊墨丘利[30]。

40. 埃及人自称他们的科学可溯源到十万年前，他们的虚妄是最骗人的

有人说，埃及人早在十万多年以前就掌握了星座运行的规律，这种虚骄狂妄的胡说丝毫无益。埃及人只是在二千多年前从他们的师傅伊西斯那里学了文字，他们能从什么书籍中收集到这数字呢？这样说的作者不是小人物，而是历史学家瓦罗，他的观点与圣经中的真理契合。而从名为亚当的初人开始，人类历史也不过六千年，谁要试图说曾有那么长的时间，与已经公认的真理相左相悖，那简直不必驳斥，一笑哂之可也。比起那些能够预言未来，预言了我们看到的现实的作者们，难道我们相信别人对过去的记述会更高明吗？历史学家相互矛盾，这就给我们提供了丰富的理由来相信，我们所持的神圣观点与历史没有冲突。那个不敬之城的公民散布在大地各处，他们阅读博学之士的著作，认为他们的权威不可反驳，但是对于我们记忆中的远古之事，这些作者却相互矛盾，让人不知道更应该相信谁。而我

㉙ 参见本书，8：23 以下。
㉚ 根据尤西比乌在《福音的准备》，10：9 中的说法，阿特拉斯生于公元前 1638 年，摩西于公元前 1609 年出生。

们坚持我们宗教的历史和神圣权威,任何与之相悖的东西,我们都毫不怀疑是无比虚假的,无论他们别的世俗著作是对是错,因为这些书丝毫无助于正确而美好的生活。

41. 哲学意见之间相互分歧,而教会认定为经典的著作彼此契合

41.1 我们且把历史学家的知识放在一边,回到哲学家。我们就是在谈他们的时候岔到这里的。他们努力研究的唯一目的,看来就是发现如何生活才能得到幸福。如果不是因为这些人是用人的感觉和人的理论探讨,又如何会在师生之间、同门之间出现分歧?也可能是因为他们热衷于光荣,每个人都想显得比别人智慧和深刻,无论如何不肯接受别人的观点,都要当自己的教条和意见的发明者。但我也承认,颇有一些人,甚至很多人,是因为热爱真理而与老师或者同门决裂,为的是追求他们认为的真理,且不管那是否真的是真理。人们在不幸中自我纠正,如果没有神的权威指导,他们究竟能做什么,怎样做,从哪里做,又有什么分别?那些被最终定为圣经的著作的作者彼此之间根本不会有理论的差别。不只是学院里或体育馆里争辩竞技、相互吹嘘的少数人,而且连田间市井,无论有无学问的人,都相信,他们所写的要么是上帝对他们说的,要么是上帝通过他们说的,这不是没有原因的。其作者之所以人数少些,是为了避免大众把本应很珍贵的宗教当成寻常事物。但作者人数还没有那么少,以至于他们彼此之间的认同不让人惊讶。众多的哲学家也努力留下了文献,记载自己的学说,但很难找到哪个人,让他的追随者们的意见都相互一致;要在此谈这一点,这本书就太长了。

41.2 在这个服侍鬼怪的城,哪个学派的作者得到了肯定,并使

所有不同和相反的学派遭到贬抑？在雅典就有两派相互攻击,伊壁鸠鲁派主张人事与神的关照无关,斯多亚派则持相反的意见,认为人的生活处在神的统治和帮助之下,神是人的保佑者和守卫者。阿纳克萨哥拉说太阳只是发热的石头,否认那是神,所以在雅典获罪;而伊壁鸠鲁不光不相信太阳或别的星座是神,而且还认为朱庇特和别的所有神都不住在世上,所以人的祈祷和请求根本无法到达他们,他却在同一个城邦得享大名,平安无事,这真让我疑惑。那里还有亚里斯提普说身体的欲望是至善,而安谛斯提尼斯认定,心灵的德性才是人的幸福㉝,两个都是大名鼎鼎的哲学家,都是苏格拉底的弟子,而对人生终极的说法却如此不同,相互冲突,一个说智慧的人要逃离共和,另一个说智慧的人要治理共和,二人都召集了一大批学生,充实自己的学派。人们在大名鼎鼎的廊下(Porticu),在体育馆,在花园中,在公共和私人场所成群结队地聚集起来,各抒己见,相互较量,有人说只有一个世界,有人说有无数个世界;在认为只有一个世界的人当中,有人说世界有开端,有人说世界没有开端;有人说世界会灭亡,有人说会永远存在;有人说它是受神的心智指导的,有人说这完全依靠命运和偶然;有人说灵魂不朽,有人说灵魂必朽;在认为灵魂不朽的人中,有人说灵魂会在动物那里托生,有人说不会;在认为灵魂必朽的人中,有人说她在身体死后不久就消灭,有人说在身体死去后灵魂会活一段,或长或短,但不是永远;有人认为终极的好在身体中,有人说在心灵中,有人说二者都在,有人说还有外在的好加在心灵和身体上;有人说我们要永远相信身体的感觉,有人说不能永远相信,有人说根本不能相信。哲学家当中有这些和别的无数分歧,但在不敬之城中,哪有一个民族或一个议会,一个政权或公共权威来矫正他

㉝　关于亚里斯提普和安谛斯提尼斯,参考本书,8:3。

们，来支持和接受一些，谴责和批判另一些？他们不是不加分判地兼容并包，把所有这些冲突而分歧的意见都揽在怀中吗？[23] 这些分歧关心的可不是农田、家室或钱财之争的道理，而是涉及生活的悲惨与幸福啊！虽然有些哲学家说出了真理，但是他们同样有说假话的自由，可见，这个地上之城得到巴比伦这个有寓意的名字，是有原因的。巴比伦的意思是变乱，我们前面已经说了[24]。对于他们的魔鬼国王，他们之间错误意见的冲突没有关系，因为他们尽管意见不同，但都是同等不敬的，因此都在这魔王的手下。

41.3 那个民族、那群人、那个城、那个共和，那些以色列人，上帝的言说交给了他们，其中假先知和真先知没有同等的自由，不会混乱。先知们彼此契合，对于事实的认识和把握没有分歧，这些作者被当作圣经的作者。他们也是哲学家，即爱智者，他们也是智慧的人，他们也是神学家，他们也是先知，他们也是正直和虔敬的导师。凡是按照他们思考和生活的，都不是按照人，而是按照上帝思考和生活，因为上帝借他们之口说话。他们禁止渎神时，其实是上帝在禁止。他们说"孝敬父母"，那是上帝让他们说的；如果他们说："不可奸淫""不可杀人""不可偷盗"，等等，那也不是用人言在说话，而是神谕在宣讲[25]。哲学家们尽管有很多虚假的意见，还是能看到真理，并费力地想用思辩说服人们，上帝创造了这个世界，并用最高的神意掌管世界，赞美德性的高贵，对祖国的爱，对友谊的忠实，好的事功，还有所有属于正直风尚的事，但他们不知道所有这些朝向什么目的，也不知道如何朝向。先知的（也就是神的）话语是讲给上帝之城中的人的，虽然是通过人讲的，却不是靠论辩和争论教授的，让每个认识到上帝

㉓ 参见本书，19:1 更明确的划分。

㉔ 参见本书，16:4。

㉕ 《出埃及记》，20:12—15。

之城的人不敢蔑视这些话语,因为他们不是出自人的天分,而是来自上帝的言说。

42. 由于上帝的神意安排,旧约圣经从希伯来文翻译成了希腊文,得以在异教徒中传播

埃及托勒密王国的一个国王甚至也希望了解和拥有圣经。马其顿的亚历山大(被尊为大帝)建立了虽然很短命,但极为强大的国家。他一方面靠着武装力量,一方面靠着威慑,征服了整个亚细亚,甚至整个世界,他进入了各个东方国家,也进入了犹大地,据有其地。在他死后,他的手下都想占有尽量多的土地,因此不能公平分割王国,反而在战争中挥霍国家,使一切遭到涂炭凌迟。托勒密诸王开始占有埃及;其中第一个王是拉古斯(Lagus)的儿子㉖,把很多犹太俘虏押往埃及。他的继承人是另一个托勒密,人称费拉德尔夫(Philadelphus)㉗,允许原来所有被征服的人成为自由人;此外,他还送皇家礼品到上帝的神殿,请求当时的大祭司以利亚扎尔(Eleazar)㉘给他一部圣经。他曾听说,这些经典确实是神圣的,希望在自己所建的著名的图书馆藏上一部。这位祭司给他送来了希伯来文的经卷,他以后又寻求译者;于是他得到了七十二个人,十二个部

_____

㉖ 拉古斯,托勒密的父亲。他娶了马其顿的菲利普的妾阿西诺亚。据说,在他们结婚之时,阿西诺亚已经有孕在身,因此托勒密有可能是菲利普的儿子。拉古斯之子托勒密一世(公元前305年—公元前283在位),名索托尔(Soter,即“拯救者”),在埃及创建了托勒密王朝,在亚历山大利亚开始修建著名的图书馆,其子完成了这项工程。

㉗ 托勒密二世费拉德尔夫(公元前285—公元前246在位),其名“费拉德尔夫”意为“恋姊者”,因他娶姐姐为妻而得名。他在位期间利用宗教和希腊人埃及化巩固托勒密王朝的统治,并多次发动对外战争,使埃及版图扩展到小亚细亚。

㉘ 以利亚扎尔,是当时耶路撒冷的大祭司。托勒密二世与他的通信记录在约瑟夫的《犹太古史》,12:2.4以下。

落中每个六个人，都精通希伯来和希腊两种文字。他们的译本习惯
上被称为"七十士本"。据说，当时发生了极为奇妙、惊人、神圣的事，
即，他们被隔离开来，分别完成这项工作（托勒密王想这样来检验其
可信度），他们各自的译文竟然完全相同，他们没有用不同的词来表
达同样的意思，就是在语序上彼此间也没有什么区别；这如同一个译
者完成的，于是所有人的译本变成了一个；因为真正的圣灵只有一
个，寄居在所有人当中。他们接受了上帝如此神奇的保佑，认为那些
经书不是人写的，而是以神为作者传给异教徒的，事实正是如此。于
是，经书就要在异教徒中散播，他们即将皈依，我们都看到了后来所
发生的结果。

43. 除去原本的希伯来本外，七十士译本的权威性在所有译本
　　中最高

　　此外，还有别的翻译家把圣经从希伯来文译成希腊文，比如阿奎
拉㉓、西马库斯（*Symmachus*）㉔、西奥多提翁（*Theodotion*）㉕；还有一
个译者不知名的译本，被称为"第五译本"。而教会只接受这个七十
士译本，好像它是唯一的译本，讲希腊语的基督徒们就用这个译本，
大多数人不知道还有别的译本。还有据这个七十士本译出的拉丁文
本，为拉丁教会所使用㉖；我们的时代也不乏这样的长老，即哲罗姆，
他博闻强记，精通三种文字，不是从希腊文，而是从希伯来文把圣经

㉓　关于阿奎拉，见本书，15：23.3。
㉔　西马库斯生活于公元200年前后，他将旧约译为希腊文，很多是意译，与阿奎拉的风格
　　完全不同。
㉕　西奥多提翁，又名西奥多图斯（*Theodotus*），生活于公元180年前后。他应该完成了一部
　　修改版的七十士本，而不是独立翻译了旧约，奥古斯丁此处有误。
㉖　参考奥古斯丁，《基督教教义》，2：21以下。

译成了拉丁文。犹太人认可他的辛勤劳动的成果是忠实的,而说七十士译本充满错误。但是基督的教会认为,当时的大祭司以利亚扎尔选择的这么一大群人完成这么一项工程,其权威性是无法比拟的;因为,即使唯一的圣灵没有确切无疑地临在于众人之中,而是七十个人依照学者的风尚,相互辨析译文,让众人都同意的留下来,那也不会有别的译本更好了;而当时确实有神迹显现,那么,任何其他一个从希伯来文译成别的语言的圣经,要想做到准确,就必须和七十士译本吻合;如果看上去不吻合,我们就要相信,七十士本中包含了最高的先知启示。当先知说话时,圣灵栖居在先知当中;当七十士翻译这些话的时候,同样的圣灵也栖居在七十士当中;圣灵也可能以神圣的权威说了别的什么,先知说了两件事,乃是因为同样的圣灵在说两件事;还有可能,圣灵虽然没有用同样的语言,但所说的是同样的意思,如果正确理解,含义就会展现出来;圣灵也可能删去了某些内容或加上了某些,可见这项翻译工作不是靠人服务于言辞完成的(译者应该服务于言辞),而是神力充满和指导着译者的心智做的。有人认为,七十士本需要依照希伯来本作修订;但谁也不敢删去希伯来文本中没有,而七十士本中有的部分;他们所要加的,是希伯来文本中有,但是七十士本没有的部分,在增加的语句的上面用星形的符号标记出来,称之为"星号"。至于那些希伯来文本没有,而七十士本有的,他们同样在语句的顶上作上直线标记,就像在标记十二分之一的时候用的㉔。很多本子有这些记号,广泛流传,包括拉丁本。有些地方没有增删,而是说法不同,或者表达了别的意思(和原意并不相悖的意思),或者用别的方式表达了同样的意思,但我们若是不对勘两个版

㉔ [译按]罗马人习惯用直线"—"来标记十二分之一,有时单独用,有时组合使用。比如,——就表示 3/12。

本，就找不到这些地方。如果我们在圣经中看到的无不是圣灵通过人说的话（应该是这样的），那么，在希伯来文中有，但是在七十士译本中没有的，就是圣灵不想通过七十士说，而想通过先知说的。至于在七十士本中有，但是在希伯来文本中没有的，那就是圣灵想通过七十士说，但不想通过先知说的。可见两者都是先知。同样，圣灵通过以赛亚说某些事，通过耶利米说某些事，随意选择这个或那个先知说这件或那件事。我们在两个版本中都找到的，就是同样的圣灵想通过二者都说的；而前者采取了在先的先知形式，后者采取了追随的翻译先知的形式；正如一个和平的圣灵通过前者说的是真实和谐的，同样的圣灵通过后者显现时，就让它们彼此没有冲突，如同一个人翻译的。

44. 我们如何理解尼尼微的毁灭？希伯来文本中说她的毁灭持续了四十天，而在七十士本中，这个时间减为三天

但有人说："在一个本子中，先知约拿说：'再等三日，尼尼微必倾覆了。'另一本子是'四十日'[24]。那我怎么知道先知到底说了什么呢？"这个先知被派遣来，用即将来临的毁灭的恐怖威胁尼尼微城，他不可能说两样，这谁看不出？如果那城在三天后被毁灭，就不会在四十天后；如果是四十天，就不会在三天后。如果有人问我，约拿说的到底是什么，我就认为最好是相信希伯来文本的："再等四十日，尼尼微必倾覆了。"七十士在很久之后翻译，可能说得不一样，但是在讲同一件事时，说的是同一个意思，只是用了不同的说法，因此这警告读者，不可以看轻任何一个作者，而要把其含义抬升到历史事实之上，

---

[24]《约拿书》，3：4。

因为他们用历史事实是为了表达某种含义。这件事确实在尼尼微城发生了,但是此事还有别的意思,超过了该城本身;就像约拿被吞后,在鱼腹中待了三天,而这还象征了,所有先知的主在地狱深处待了三天㉖。我们要这么理解就对了:那座城在隐喻的意义上象征了异教徒的教会,在告解中倾覆,她就不是原来的样子了。而这是基督在异教徒的教会里完成的,尼尼微城就是那教会的象征,无论是四十天还是三天,则都是象征了基督;说四十天,这是指基督在复活以后升天之前和门徒们共处的日子;说三天,因为他三天后复活。读者只注意历史事实,而七十士正是想把他们从睡梦中惊醒。而先知们也想让读者检视预言的深意,于是说:"你在三天里能发现的东西,用四十天来寻找;前者是升天,后者是复活,你用来找到的。"先知约拿所说的,和先知的翻译者七十士所说的,分别和这两个数字完全吻合,因为这是同一个圣灵说的。有很多地方,人们以为希伯来文本正确,而七十士译本与之不同,只要正确理解,其实都是吻合的。我要找到所有这些地方,就会太冗长。我用自己粗浅的方法,追随使徒们的足迹,因为他们自己在引证先知的见证时,希伯来文和七十士本两个版本都用,认为两个都是权威,因为两者都是神圣的。而今我们尽力完成余下的工作。

45. 在神殿重建之后,犹太人就不再有先知,直到基督诞生之前都灾难不断,这证明,先知话里所应许的,是建立另外一个神殿

45.1　后来,犹太民族开始不再有先知,也无疑变得更糟;犹太

㉖《马太福音》,16:4;《路加福音》,11:29—32。

人在巴比伦之囚以后,希望重建神殿,以后就会更好。肉身的人民就是这样理解先知哈该所预言的:"这殿后来的荣耀,必大过先前的荣耀。"[246]这指的是新约,在不久前就表明了,那时先知明确说出了对基督的应许:"我必震动万国,万国所羡慕的必到来。"[247]在这里,七十士本的译者给出了另外一个意思,更多指向身体而不是首领,也就是,更多指向教会而不是基督,因为先知们说:"万国里主所拣选的必到来。"指的就是耶稣自己在福音书里所说的那些人:"因为被召的人多,选上的人少。"[248]万国中的这些被拣选者是活石,上帝的殿要通过新约,用这活石修建[249]。这个神殿比起所罗门王所建、在巴比伦之囚以后重建的神殿来,要远为光荣。因此,这个民族在以后就没有了先知,而且别国的君王,包括罗马人自己,给他们带来了不断的灾难,这使人们不能认为哈该的预言实现在了神殿的重建上。

45.2 不久之后,亚历山大到来,以色列被征服。那时还没有造成多大的毁灭,因为犹太人不敢反抗,轻易就接受了他的征服。比起在自己的国王之下有自由的政权之时,神殿不再光荣。亚历山大在神殿里献祭[250],并不是因为他获得了真正的虔敬,服侍上帝,而是因为出于不敬的虚荣,他认为要把上帝和那些伪神一同服侍。随后,在亚历山大死后,拉古斯的儿子托勒密把俘虏送到埃及,后来他的继承者托勒密·费拉德尔夫出于仁慈,把奴隶们都放了。这我前面已经提到了。我不久前也说到,由于他的努力,我们有了七十士译本的圣经。随后,犹太人在不断的战争中消耗,这在《马加比传》中提到

---

[246] 《哈该书》,2:9。
[247] 《哈该书》,2:7。
[248] 《马太福音》,22:14。
[249] 《彼得前书》,2:5。
[250] 约瑟夫,《犹太古史》,11:8。

了。后来,他们被名叫艾匹法内(*Epiphanes*)的亚历山大利亚王托勒密[251]俘获。后来,他们遭到叙利亚王安提俄库斯(*Antiochus*)[252]很多残酷恶行的折磨,被迫服侍偶像。神殿里充满了异教的渎神行为和迷信。他们的将军,无比强悍的犹大·马加比,赶走了安提俄库斯的将领,清洗掉了所有偶像崇拜的污染。[253]

45.3 不久之后,阿尔西莫(*Alcimus*)[254]凭自己的野心被立为大祭司。他根本不属于祭司的部落,所以这是不合神法的[255]。此后大约有五十年,犹太人没有宁日,虽然也有一点繁荣;随后亚里斯托布鲁斯戴上了王冠,在犹太历史上第一个身兼国王和大祭司的职位[256]。在这之前,在脱离巴比伦之囚的光复时期,神殿得以重建,没有国王,但是有将军和诸侯;虽然国王也可以说是诸侯,控制自己的领地,也可以说是将军,因为统领军队;但是这不意味着,诸侯或将军也可以称为国王。但亚里斯托布鲁斯是国王。他的继承者是亚历山大[257],他自己也兼为国王和祭司,据说他的统治非常残酷。在他之后,他的妻子亚历山德拉成为犹太人的女王[258],从那时起坏事不断,更加严重。这

---

[251] 托勒密五世艾匹法内(意为"神显",公元前281—公元前204在位)五岁登基,若干大臣摄政,埃及陷入无政府状态,力量大为削弱。

[252] 指安提俄库斯四世(公元前175—公元前164在位),是安提俄库斯大帝(三世)之子(见本书3:18)。他曾带兵侵入埃及,占领亚历山大利亚,后因罗马的干涉而撤出。安提俄库斯在返回叙利亚途中镇压犹太人的一次暴乱,洗劫耶路撒冷神殿,使一万多人沦为奴隶。他将耶路撒冷神殿用于祭祀宙斯,引起了马加比的起义。其事见于《马加比传上》1:20以下,《马加比传下》,5:11以下,以及约瑟夫,《犹太古史》,12:5.4。

[253]《马加比传上》,6。

[254] 阿尔西莫是耶路撒冷的大祭司。叙利亚国王德米特里一世为了对抗马加比的犹太民族主义者,任命阿尔西莫为大祭司。

[255]《马加比传上》,7:5以下;约瑟夫,《犹太古史》,12:15。

[256] 关于亚里斯托布鲁斯,参见本书,18:36。

[257] 指亚历山大·简那斯(*Alexander Jannaeus*,公元前104—公元前78在位),继承亚里斯托布鲁斯,继续兼任国王和大祭司,死后由其妻亚历山大拉继承。

[258] 亚历山德拉(公元前79—公元前69在位)继承丈夫统治以色列,死后两个儿子亚里斯托布鲁斯和胡肯努相争,请求庞培仲裁。参见约瑟夫,《犹太古史》,12:10.2以下。

个亚历山德拉的两个儿子亚里斯托布鲁斯和胡肯努（*Hyrcanus*）争竞王位，引来了罗马势力侵入以色列民族。胡肯努靠罗马人帮助自己反对兄弟[259]。那时罗马征服了非洲，征服了希腊，在地球上别的部分也统治了广阔的土地，但是好像无力自我支持，反而因为过于庞大而分裂。罗马发生了严重的内乱，演变为同盟战争，后来又变成了城邦内战，这些动乱大大削弱和消耗了罗马，于是她改变了共和国的形式，很快就要变成王制。罗马人极杰出的统帅庞培带兵进入犹大地，征服了他们的城。他打开了神殿大门，不是作为朝圣者去祭拜，而是作为征服者发布号令。他进入了圣地中最神圣的地方，而这是只有大祭司被允许进入的，也不是作为崇拜者，而是作为渎神者。他认可了胡肯努的祭司位置，把安提帕特（*Antipater*）[260]立为被征服民族的保护者，称为总督（*Procurator*），随后把亚里斯托布鲁斯作为俘虏带回罗马。从那时起，犹太人开始成为罗马人的朝贡者。后来卡西乌斯甚至掠夺了神殿。几年之后，犹太人罪有应得地得到了一个外邦人做国王，就是希律王，基督就在他在位时出生。[261] 先知之灵通过族长雅各预言的时代来临[262]了："圭必不离犹大，杖必不离他两脚之间，直等细罗来到，万民都必归顺。"[263]到这个希律王为止，犹太人从来不缺来自犹大的君主，希律王是他们接受的第一个外邦国王[264]。这就是那一个来到的时代，新约就是因他而应许的，他就是万国所期待的。

---

[259] 参见约瑟夫，《犹太古史》，14:3 以下。

[260] 安提帕特是胡肯努手下的一个大臣，很会讨好罗马，于是被封为犹大地的总督，犹太人还得到很多特权，比如减少赋税。在恺撒被暗杀后第二年，安提帕特也被暗杀。安东尼将安提帕特的两个儿子封为犹大地的王。

[261] 希律王是安提帕特的一个儿子。安提帕特一家是以土买人，有一半犹太人的血统和一半以东人的血统，所以说他们是外邦人。

[262] 《加拉太书》，4:4。

[263] 《创世记》，49:10。

[264] 因安提帕特只是总督，不是国王，所以可以说希律王才是犹太人的第一个外邦国王。

但是,如果他在卑微中来临并接受审判时,万国不首先信仰他,那么他们就不可能像现在这样期待他的到来,以最辉煌的权力进行审判。

46. 我们的救世主降生,圣言成了肉身;正如先知们说的那样,犹太人分散到万国

在希律王统治犹大地的时候,罗马改变了共和国的形式,恺撒·奥古斯都成了罗马皇帝,在全球实现了和平,按照从前的先知的预言,基督在犹大的伯利恒降生了[265]。因为他是一个童贞女生的,人性展现出来,而他来自圣父的神性是掩盖着的。先知如此预言:"必有童女怀孕生子,给他起名叫以马内利(就是神与我们同在的意思)。"[266]他为了表明神就在他之中,行了很多神迹,福音书里记载的数目足以显明他。其中第一个,是他神奇的降生;其中最后一个,是他从死人中复活,升到了天上。犹太人杀害了他,不愿信仰他,不认为他会死后复活。他们已经不幸遭到了罗马人的涂炭,脱离了自己的国,祖国遭到外邦的统治,自己则散布在大地上(现在地上已无处没有他们)。他们自己的经书为我们提供了见证,那关于基督的预言不是我们虚构的;他们中的很多人在他的受难之前,还有特别是复活之后,仔细思索这些,信仰了他。先知说他们:"以色列啊!你的百姓虽多如海沙,惟有剩下的归回。"[267]但别的人仍然是瞎子,先知说他们:"愿他们的筵席,在他们面前变为网罗,在他们平安的时候,变为机槛。愿他们的眼睛昏蒙,不得看见;愿你使他们的腰,常常战抖。"[268]他们不相信

---

[265] 《弥迦书》,5:2。

[266] 《以赛亚书》,7:14;《马太福音》,1:23。

[267] 《以赛亚书》,10:22。

[268] 《诗篇》,69:22—23。

我们的圣经，但他们经上的话却在我们的经上实现了，他们真是瞎子，读不懂自己的经啊。除非有人说，基督徒捏造了那些关于基督的预言，那些以西彼拉或别人的名义发表的先知书中的预言——如果真有这些别的不属于犹太民族的先知。但对于我们来说，我们敌人的那些经书已经足够了，我们从中看到了这见证。他们无意中为我们撰述和保存了这些经书，散布到万国，只要是基督的教会到达的地方。他们都读了《诗篇》，而《诗篇》正是对此事的传扬："我的神要以慈爱迎接我；神要叫我看见仇敌遭报。不要杀他们，恐怕我的民忘记（你的律法）……求你用你的能力使他们四散。"[269]上帝向教会表明，他那悲悯的恩典也显现在他们的敌人犹太人中，正如使徒说的："他们的冒犯是外邦人的救赎。"[270]因此他没有杀他们，即，虽然犹太人遭到罗马的征服和压迫，他们并没有毁灭净尽，否则他们就忘记了上帝的律法，无力完成我们所说的这见证。因此仅仅说"不要杀他们，恐怕我的民忘记"是不够的，而必须加上"让他们四散"。因为如果那圣经的见证只在他们的地上，而不是在教会所到的所有地方，那么，早先那关于基督的应许的先知书，就不会成为万国都有的见证。

47. 在基督时代之前，以色列民族之外是否有人会进入天上之国

因此，任何一个外邦人，即不出自以色列民族的，也不被那个民族接纳入圣经的，若是写了关于基督的先知书，只要为我们所知，或将为我们所知，就可以成为我们的见证；这样的见证并不必要，没有

---

[269]《诗篇》，59：10—11。
[270]《罗马书》，11：11；和合本作"反倒因他们的过失，救恩便临到外邦人"。

也没关系。但是我们没必要不相信，在异教徒当中，也会有这神秘的启示，也会有人得以宣布预言。他们可能共同享有那恩典，也可能是学来的，哪怕是邪恶的天使教的。犹太人不认识基督，但我们知道，魔鬼却在基督面前承认了他⑪。我不认为以色列人就敢断言，从以色列的民族开始传承，从以色列的哥哥被谴责以来，除去以色列外，无人与上帝相关。确实，没有别的民族可以称为上帝的选民；真正的以色列不是地上的人，而是天上的人，他们不能否认，在别的民族中也有上届祖国的公民；因为如果谁否认这一点，那就很容易被神圣而神奇的约伯驳倒。约伯不是土生土长的以色列，也不是归化的以色列（即加入以色列的人），而是出自以东民族，在那里出生，在那里死亡。他得到了神的亲口赞美，因为他谨守正义和虔敬，在那个时代无人可以和他相比⑫。我们在《编年史》中找不到他的时代，但是我们从他的书里读到，他是以色列之后的第三代。由于他的品德，以色列人把他的书纳入自己的圣经。无疑是出自神的启示，我们从他这个例子知道，别的民族中也会有人按照上帝生活，取悦上帝，属于灵性的耶路撒冷。但我们不能认为，如果谁不是通过上帝和人之间唯一的中保，化身为人的基督耶稣的神圣启示，还能得救。古代的圣徒得到预言，他将在肉身中来临；我们现在也得知，他已经来临，所有被预定的人都是通过对他的信仰，进入唯一的上帝之城，上帝之家，上帝的神殿，被引领到上帝那里。以色列之外的关于通过耶稣基督获得上帝恩典的预言，都可能被当成基督徒的编造。对于那和我们争论此事，说这是我们的编造的人，要想说服他们，让所有思维正确的人相信我们，最稳妥的，莫过于依赖犹太人经典中写的那些关于基督的神圣预言；

---

⑪《马可福音》，5：7；《使徒行传》，19：15。
⑫《约伯记》，1：8。

因为犹太人的散播，由于他们居住在各处，他们把见证传播到了整个
地球，让基督的教会在各处增长。

48. 哈该预言说，上帝的神殿未来的光荣将超过先前，这不是在神殿的重建中，而是在基督的教会中实现的

上帝的这个神殿，将比原先用木石以及其他珍稀材料和金属所
建的更加光荣。哈该的这个预言并没有在神殿的重建中实现。因为
重建后的神殿并没有表现出所罗门时代所具有的光荣；而先知书的
中断最先表明了神殿光荣的消退，随后这个民族自身遭受巨大的灾
难，直到最后被罗马人灭亡，这由前面的史实已经证明了。这神殿属
于新约，确实是更光荣的，因为那更好的活石，是为信仰者和获得新
生的人所建的。但重建神殿毕竟象征了此事，这如同一种先知之言，
象征了另外一个约，也就是新约。那个先知记载上帝说："在这地方
我必赐平安。"[273]"这地方"是个象征，我们要理解它象征着什么。因为
在那个地方重建的象征着教会，也就是通过基督所建的，那么，所谓
"在这地方我必赐平安"，我们只能理解为："我将在'这地方'所象征
的那个地方赐平安。"因为所有有象征意义的事物，都要通过所象征
的方式来理解被象征的事物。正如使徒说："那磐石就是基督。"[274]这
里所说的磐石所象征的，当然就是基督。新约中这个神殿的光荣，当
然超过了原来的，即旧约，当人们在其中献祭时，就更光荣了。于是，
"万国所羡慕的必来到"（按希伯来文的读法）[275]。首先，他的到来还不
是万国所羡慕的。不信仰基督的人，并不知道应该羡慕他。而按照

㉓《哈该书》，2：9。
㉔《哥林多前书》，10：4。
㉕《哈该书》，2：8。

七十士本的译者（因为从某种意义上说，他们也是先知），是"主在万国拣选的，必都到来"。那么，只有拣选的才能到来，正如使徒说的："神从创立世界以前，在基督里拣选了我们。"[276]这位建筑师自己说："被召的人多，选上的人少。"[277]这里说的，并不是被召的人将到来，随后就会被抛出筵席[278]，而是表明，要为被拣选的人建筑殿宇，而不畏惧毁灭。而今，教会中还充满了那些如同被筛子筛掉的人，所以现在的神殿好像还不像她应该的那么光荣，等到每个在其中的人都将永远在那里时，才会那么光荣。

49. 教会的增长中良莠混杂，在此世中，罪人和被拣选者杂乱共处

在邪恶的此世，在这坏的日子，教会通过此时的卑微，为将来的高扬做准备，经受了恐惧的刺激、痛苦的折磨、辛苦的烦扰、危险的诱惑，若有健康的兴奋，也只是为希望而兴奋，而众多的罪人和好人共处，双方都被收进福音的网里[279]。在这个世界中，如同在大海里，双方虽然都被收在网里，却没有分别地共同游泳，等到上了岸，坏人才会和好人分开[280]。在好人当中，就如同在他的神殿里："上帝在万物之上，为万物之主。"[281]他在《诗篇》里面说："我已陈明，其事不可胜数。"[282]我们认识到，这话已经应验了。基督先是通过约翰的口，随后

---

[276] 《以弗所书》，1:4。
[277] 《马太福音》，22:14。
[278] 《马太福音》，22:13。
[279] 《马太福音》，13:47。
[280] 《马太福音》，13:47—50。
[281] 《哥林多前书》，15:28。
[282] 《诗篇》，40:5。

又通过自己的口说的话，现在也应验了："天国近了，你们应该悔改。"[283]他拣选了门徒，把他们称为"使徒"[284]。他们出身卑微，没有尊荣，没有文化，如果他们有什么伟大或做了什么大事，那是因为耶稣在他们之中，做了这事。他们当中有一个是坏的，耶稣却用于好的目的，靠他来完成了自己的受难，也在他的教会立下了忍受坏事的例子。他通过身体的显现传播神圣的福音书，受难、死亡、复活，靠受难表明，怎样才能坚持真理；靠复活表明，我们应该希望在永恒中发生什么。更不必说他立的圣事，靠他的流血来赎掉我们的罪。他在地上和自己的门徒们待了四十天，让他们亲眼看到他升上天堂[285]。十天之后，他如约派来了圣灵[286]；对于信仰的人，圣灵的降临是极为必要的伟大象征。他们用各种语言向万国宣讲；这象征着大公教会将把万国和合为一，将用万国的语言宣讲。

50. 因为宣讲福音的人的受难，对福音书的宣讲更加辉煌和有力

按照先知："训诲必出于锡安，上帝的言必出于耶路撒冷。"[287]在主基督复活后，他的门徒都很惊愕，于是基督"开他们的心窍，使他们能明白圣经。又对他们说：'照经上所写的，基督必受害，第三日从死里复活，并且人要奉他的名传悔改、赦罪的道，从耶路撒冷起直传到万邦'"[288]。使徒们问到他的最后来临，他回答说："父凭着自己的权柄所

[283]《马太福音》，3：2；4：7。
[284]《路加福音》，6：13。
[285]《使徒行传》，1：9。
[286]《使徒行传》，2：1—4。
[287]《以赛亚书》，2：3。
[288]《路加福音》，24：46—47。

定的时候、日期,不是你们可以知道的。但圣灵降临在你们身上,你们就必得着能力,并要在耶路撒冷、犹太全地,和撒玛利亚,直到地极,做我的见证。"㉘教会首先从耶路撒冷传播,然后犹大地和撒玛利亚有更多人信仰,再到别的民族。那宣讲福音的,就如同基督准备的灯,他用言装备了他们,用圣灵点亮了他们。他对他们说:"那杀身体不能杀灵魂的,不要怕他们。"㉙他们不会为恐惧而冻僵,却会因爱而点亮大火。不仅那些在受难之前和复活之后看到和听到他的人,甚至那些他死以后,经历了恐怖的迫害、各种折磨和殉道者的死亡之后,继承使徒的人们,共同把福音传到全世界,上帝给他们各种象征和见证,给他们各种德能,圣灵帮他们完成神迹㉚;于是异邦的人们也信仰为了他们的救赎而被钉死的基督,以基督徒的爱,尊重殉道者的血,那因为魔鬼的愤怒而喷洒的血。那些曾经残酷地想消灭基督之名的国王,其法律被教会摧毁,他们为了救赎,也拜倒在他的名下,开始镇压伪神,虽然他们此前是为了伪神的缘故而镇压上帝的服侍者。

51. 因为异端的不同声音,大公信仰反而更强大

51.1 魔鬼看到鬼怪的神殿遭到抛弃,人类都奔向解救我们的中保之名,于是调动了异端,让他们以基督徒的名义反对基督学说,好像上帝之城连他们也兼容并包,不加纠正,就像地上的变乱之城一样,不加区分地容纳彼此观念不同和冲突的哲学家。在基督的教会里,有人本来沉溺于病态和下流的偏见,在得到纠正之后,皈依清醒而正确的学说,但也有人仍然固执地抗拒,不想改变自己那有害而毁

㉘《使徒行传》,1:7—8。
㉙《马太福音》,10:28。
㉚《马可福音》,16:20。

灭性的教条,而是坚持自我捍卫。他们形成异端,游离出教会之外,被归入敌人的队伍之中。但即使他们的坏,也会服务于大公教会的真正成员、基督的肢体。上帝可以把坏事用在好事上,"万事都互相效力,叫爱神的人得益处"[292]。教会的所有敌人,因为错误而盲目,因为罪恶而下流,如果他们会带来身体伤害,就会训练她的耐心;如果他们用坏的观念对抗教会,就会训练她的智慧;他们使教会能爱自己的敌人,训练她的慈悲甚至福祉,不论是靠甘美的教诲,还是靠严格的纪律。这样一来,不敬之城中的魔王哪怕调动了自己的手下,也得不到允许来伤害在此世做过客的上帝之城。无疑,物质繁荣使上帝之城得到安慰,所以她不会被对手击败,对手的存在又训练了上帝之城,使她不会因繁荣而腐化。这都是神意的保障,让两方面相互制衡,使我们认识到《诗篇》中的激励:"我心里多忧多疑,你安慰我,就使我的灵魂欢乐。"[293]使徒也说:"在希望中要喜乐,在患难中要忍耐。"[294]

51.2 这位导师还说:"凡立志在基督耶稣里敬虔度日的,也都要受逼迫。"[295]我们永远不能认为,这话可能不对。那些在教会之外的人在好像并不愤怒的时候,那就会带来平静和巨大的安慰,特别是对弱者。但是在教会之内,仍不乏道德败坏地生活的人,折磨心地虔敬的人;基督徒和大公教会的名,受到了他们的亵渎[296];教会内部的坏人试图影响这名,使虔敬者的心智不再爱它,这痛苦越大,那些愿意在基督中虔敬地生活的人越是爱这名。如果人们认为,这些异端拥有基督之

---

[292]《罗马书》,8:28。

[293]《诗篇》,94:19。

[294]《罗马书》,12:12;"希望"和合本作"指望"。

[295]《提摩太后书》,3:12。

[296] 参《罗马书》,2:24;《以赛亚书》,52:5。

名、基督的圣事、圣经和信经，他们就在虔敬者的心里造成了巨大的痛苦；这是因为，他们的不同意见迫使很多愿意成为基督徒的人犹豫起来；同时，那些想要亵渎基督之名的邪恶之人，甚至在这当中发现了很多素材，因为在某种意义上，那些人也被称为基督徒。由于这些人病态的邪恶和错误，那些愿意在基督之中虔敬生活的人只好忍受这些人的迫害，虽然他们的身体不会遭受毒害与烦扰。他们不是身体遭受迫害，而是内心。所以说："我心里多忧多疑。"而不说"我身体上"。但是神的应许还是被认为是不变的，所以使徒说："主认识谁是他的人。"[297]"因为他预先所知道的人，就预先订下效法他儿子的模样，使他儿子在许多弟兄中做长子。"[298]他们都不会灭亡；所以《诗篇》中接下来说："你安慰我，就使我的灵魂快乐。"心中虔敬的人是痛苦的，因为他们遭到那坏的或假的基督徒的各种行为的迫害，但这痛苦有助于遭受痛苦的人，因为这痛苦源于爱，虔敬的人不愿意坏人毁灭，也不愿他们阻挡别人得救。对他们的纠正也会带来巨大安慰。虔敬者在遭受折磨时，越是为基督徒可能迷失而痛苦，纠正之后，灵魂中越是充溢着喜悦。在这个尘世，在这坏的日子，不仅是基督肉身显现时，和他的使徒们的时代，哪怕是从第一个正义者亚伯开始，自从他被第一个不敬的兄弟杀害开始，直到这个尘世的终末，教会在羁旅中都会生活在世界的迫害和上帝的安慰之间。

52. 有人认为，十次迫害已经应验了，那么，只剩下第十一次迫害，在敌基督来临时才发生。 我们是否该相信这一点

52.1 我们曾经看到，现在仍在看到，颇有人以为，教会在敌基

㉗《提摩太后书》，2:19。

㉘《罗马书》，8:29。

督的时代之前，不会再遭受更多的迫害，因为她已经遭受了十次迫害，第十一次，也就是最后一次迫害，是敌基督带来的。但我认为不能盲目地这么想或这么说。他们这样计算：第一次迫害是尼禄发动的，第二次是图密善（*Domitianus*）㉙发动的，图拉真（*Trajanus*）㉚发动了第三次，第四次是安敦尼（*Antoninus*）㉛发动的，塞维鲁（*Severus*）㉜发动了第五次，第六次是马克西米努斯（*Marximinus*）㉝发动的，第七次是德西乌斯（*Decius*）㉞发动的，第八次是瓦勒良（*Valerianus*）㉟发动的，奥勒良（*Aurelianus*）㊱发动了第九次，戴克里先（*Diocletianus*）和马克西米安（*Maximianus*）㊲发动了第十次。因为在上帝的选民开始逃出埃及之前，埃及人遭受了十次灾难，所以他

<hr>

㉙ 提图斯·伏拉维乌斯·图密善（Titus Flavius Domitianus，81—96 在位），罗马皇帝，以无情和残酷著称。他迫害基督徒，但他的坏名声不仅来自于此，当时的非基督徒历史学家如塔西陀等也不喜欢他。他于 96 年被刺杀。

㉚ 图拉真（Marcus Ulpius Traianus，98—118 在位），罗马皇帝，以宽柔公正著称。他在给小普林尼的信中说，基督徒若是被抓住，可以惩罚他们，但不必刻意搜寻他们。此信令存。图拉真并没有特别残酷地镇压基督徒，奥古斯丁的说法有误。

㉛ 提图斯·奥勒留·安敦尼·比约（Titus Aurelius Antoninus Pius，138—151 在位），罗马皇帝，也是著名的法学家。他对基督徒也没有什么迫害。

㉜ 瑟普提米乌斯·塞维鲁（Septimius Severus，193—211 在位），罗马皇帝，他本来对基督徒很善意，但是在 202 或 203 年，他下令禁止任何异教徒皈依犹太教或基督教，随后在非洲和叙利亚发动了残酷的镇压。

㉝ 盖乌斯·裘力斯·维鲁斯·马克西米努斯（Gaius Julius Verus Maximinus，235—238 在位），出身色雷斯，因军功发迹，后成为罗马皇帝，残酷镇压基督教。

㉞ 德西乌斯（249—251 在位），伊利亚人，后成为罗马皇帝。他对基督徒的态度极为强硬。发动了在全帝国范围内的系统镇压。

㉟ 李西纽斯·瓦勒良（Licinius Valerianus，253—260 在位），罗马皇帝。他一开始对基督徒很善意，但从 257 年开始残酷镇压，据说是一个希腊驱鬼师煽动的。这次镇压主要针对教士和富裕的教徒。

㊱ 伏拉维乌斯·克劳迪乌斯·奥勒良（Flavius Claudius Aurelianus，270—275 在位），罗马皇帝，并没有镇压基督徒。据说他曾经计划镇压，但未及实施就被刺杀了。

㊲ 盖乌斯·奥勒留·戴克里先（Gaius Aurelius Diocletianus，284—305），马可·奥勒留·瓦勒里乌斯·马克西米安（Marcus Aurelius Valerius Marxmianus，286—305），罗马共治皇帝。戴克里先起初对基督徒比较宽容，但于 303 年开始烧毁圣经和毁坏教堂。在二人退位后，迫害依然继续。马克西米安对退位并不甘心，图谋复辟，后自杀而死。

们认为,我们应该认为这意味着,敌基督最后的迫害相当于埃及发生的第十一次灾难。埃及人满怀敌意地追击希伯来人,红海的海水分开,上帝的选民得以渡海,埃及人却全军覆没。但是我并不认为发生在埃及的故事象征了对那些迫害的预言;这样认为的那些人好像仔细而详尽地做了一个一个的比较,但是他们不是靠先知之灵,而是靠人的心智的聪明来做的,这样做有时候会到达真理,但有时候会发生谬误。

52.2 那些这样认为的人,又会怎样谈论我主被钉死的那次迫害呢? 他们把这算成第几次呢? 如果他们刨除这次来计算,那么,这些迫害就只和肢体相关,而首领被抓住和杀死的那次就不算了。那么,在基督升天之后,耶路撒冷所发生的那次,又怎么算呢? 在这次迫害里,受赐福的司提反被石头砸死[308],约翰的哥哥雅各遭到刀杀,使徒彼得被收在死牢里,后来蒙天使救出,基督徒兄弟们逃出耶路撒冷,到别处去了[309]。后来成为使徒保罗的扫罗迫害教会。随后保罗得了信仰,传播他曾迫害的福音,同样遭受了他曾施加的迫害,无论在犹大地,还是在外邦,只要在他无比热诚地传播基督的地方都会发生。到了尼禄的时代,教会已经经受了最惨烈的迫害(此处不赘述),已经颇为发展。他们为什么要从尼禄时代开始算呢? 也许他们认为,只有国王发动的迫害才算数,那么,希律王就是国王,在主升天之后还发动了极为残酷的迫害。并且,他们也没把朱利安算在那十个之内,这又如何解释呢? 他曾禁止基督徒实行或接受文雅教育(*liberales litteras*),难道这不是对教会的迫害吗? 在他的治下,后来

---

[308] 《使徒行传》,7:58—8:2。
[309] 《使徒行传》,12:1—19。

成为他之后的第三个皇帝的老瓦伦廷⑩皈依了基督教，结果被他剥夺了军权。我们还不细谈他在安提俄库斯开始的迫害，只是谈谈一个无比虔敬和坚定的年轻人⑪。朱利安在那里抓了很多人来折磨，这个年轻人是第一个被抓住的，遭到了一整天的折磨，他在枷锁和酷刑之下依然唱赞美诗，皇帝被这惊人的自由和快乐所震慑，不敢再迫害别的人，唯恐惹来羞辱。在我们的记忆中，上述的瓦伦廷的兄弟，阿里乌斯派的瓦伦士（Valens）⑫不是对东方的大公教会大加迫害，几乎毁灭了教会吗？并且，教会在整个世界结果和发展，他们怎么能认为，教会就只能在某些国家的国王那里遭到迫害，而在别处的就不算呢？除非他们不算哥特王在哥特土地上对基督徒所进行的一场出奇残酷的迫害。那里的不也是大公教徒吗？其中很多人被封为殉道者，这是我们从一些兄弟处听说的。他们当时还是儿童，在襁褓中看到了这些事，记了下来。还有在波斯的。那里对基督徒的迫害不是曾经很激烈吗（也许现在平静下去了）？有些逃难者甚至逃到了罗马的城镇。如此等等都让我认为，迫害好像并无确定的数目，这些都是对教会的考验。但是要由此确定，说除了最后那一次外（这一次是基督徒都清楚的），一定会有别的国王的迫害，那也太鲁莽些了。这个问题我暂且搁下，对持两种意见的双方既不支持也不反对，不要让他们从自己那鲁莽的假定出发论证自己的说法。

---

⑩ 瓦伦廷一世（363—375 在位），在成为皇帝以前，因为信仰基督教而被削夺了军权，还遭到了放逐。他是 5：26.1 中提到的瓦伦廷二世的父亲。

⑪ ［译按］Dyson 本将此处理解为，要不是因为这个青年，朱利安已经开始的迫害就完成了。但我们还是依照传统的理解翻译。

⑫ 瓦伦士，东罗马帝国皇帝（364—378 在位），瓦伦廷一世的兄弟。他在当皇帝后不久宣布成为阿里乌斯派，迫害大公教会的基督徒。于 378 年战死。

53. 最后的迫害的时间不可知

53.1　最后的迫害将来自敌基督,耶稣将来临,把他消灭。就像经上写的:"主耶稣要用口中的气灭绝他,用降临的荣光废掉他。"[313]人们会问:那会是什么时候? 这是根本不恰当的问题。如果我们知道这个是有益的,谁还能比上帝这个导师在门徒提问时更适合回答这个问题呢? 门徒们和耶稣在一起时并不是没有问这个问题,而是当着他的面提问,说:"主啊,你复兴以色列国,就在这时候吗?"而耶稣回答说:"父凭着自己的权柄所定的时候、日期,不是你们可以知道的。"[314]在使徒们得到这个回答时,他们问的并不是何时、何日、何年,而是什么时候。可见,我们要计算和确定出这个尘世还剩下多少年,必然徒劳无功,因为我们听到真理的口中说出,我们不能知道这些;有人说,从我主升天到他的最后来临,共有四百年,有人说是五百年,有人说是一千年。要谈出他们各自如何证明自己的意见,必将十分冗长,且没有必要。因为他们完全使用人的想象,而没有从圣经的权威中寻找确定的证据。既然耶稣说,"父凭着自己的权柄所定的时候、日期,不是你们可以知道的",他就是命令那些计算的人不必掐着手指了,而应该歇一歇[315]。

53.2　但因为这话出自福音书,无怪乎它无法将服侍诸伪神的人压下去,好像他们当神来服侍的鬼怪们为基督教能持续的时间定

---

[313]《帖撒罗尼迦后书》,2:8。
[314]《使徒行传》,1:6—7。
[315]关于年代计算,参考希罗多德,《历史》,6:63;普林尼,《自然史》,34:7;朱文诺(Juvenal),《讽刺诗集》,10:248等。

下了界限㉚。他们看到，如此众多和巨大的迫害都不能消灭基督教，反而使基督教奇迹般地发展起来，于是篡改了不知哪首希腊诗歌，把它当成某个神祇说给求祈者的神谕。他们倒是认为基督不知道他们的这种渎神罪行，但是却让彼得施了魔法，说对基督之名的服侍只有三百六十五年，在这么多年完结后，就到了终点，不再往前了。啊，渊博之人的心啊！啊！这天才的学识啊！你们不愿信基督，却信基督的这事：他没有教给他的门徒彼得魔法，但是在基督不知情的情况下，彼得行了魔法，更愿意用自己的魔法、巨大的辛劳和自己的危险，最后甚至包括自己的流血，来宣扬基督之名，而不是他自己的名。如果彼得通过行魔法，让这个世界爱基督，那么不知情的基督做了什么，让彼得也爱他呢？让他们自己来回答！如果他们能，他们该理解，由于天上的恩典，世界为了永恒的生命而爱基督；同样的恩典使彼得为了接受永恒的生命而爱基督，宁愿为他忍受尘世的死亡。那么，那些是什么神呢？那些能预见这些，却不能避免的，是什么神呢？他们完全听从一个魔法师和一种罪恶的魔法（他们说，这种魔法就是：一个一岁的男孩被杀害，切成块，以不敬的方式埋葬）㉛，允许一个反对自己的教派长期发展，不用恐怖且残酷的迫害来抗拒，而是容忍他们超过自己，甚至允许他们毁坏自己的塑像、神殿、仪式、神谕。那个神到底是谁？他不是我们的上帝，而是他们的一个神，他在这种罪行的劝说或逼迫下，做了这样的事。这些诗句不说彼得用魔法确定了某个鬼怪，而说是确立上帝。有这样的神的人，不会拥有基督。

㉚［译按］这句话的逻辑颇为复杂，所以各译本对它的理解也很不同。我们的理解是：因为这句可能引起误解的话出现在福音书中，所以它反而从基督教这边为鬼怪的力量提供了理由。因为世界末日之前要有敌基督，所以好像是魔鬼什么时候派出敌基督决定了基督教的持续时间。

㉛德尔图良在《护教篇》开篇谈到了这种魔法，奥古斯丁在《论异端》，26,27也谈到了。

54. 异教徒的谎言无比愚蠢，他们给基督教确定的年限超不过三百六十五年

54.1　如果不是因为这些捏造的预言所应许的，和骗人的虚妄所相信的年数，已经过去了，我可以收集到很多诸如此类的内容。从基督化为肉身来临，通过使徒们建立对基督之名的服侍开始算，三百六十五年早过了，我们还要找别的什么来驳斥那虚假的说法吗？我们并不算基督刚刚降世的那几年，因为婴儿和少年不会有门徒，从他开始有门徒算（就是在约旦河里被约翰洗礼之后），他无疑就开始以肉身的显现，传播基督教的学说和宗教。正是因此，很久之前先知就预言他："他要执掌权柄，从这海直到那海，从大河直到地极。"⑱但是，在他受难和从死人中复活之前，人们都还没有一个确定的信仰（但在基督的复活中，这种信仰确定了下来，正如使徒保罗对雅典人所说的："如今却吩咐各处的人都要悔改。因为他已经定了日子，要接着他所设立的人按公义审判天下，并且叫他从死里复活，给万人作可信的凭据。"⑲）。我们要解决这个问题，最好是从复活开始；并且，圣灵也是这时候，从上帝之城被给予的。在基督复活之后，上帝之城里给出了第二律法，也就是新约。第一律法是在西乃山上通过摩西给的，称为旧约。而这通过基督给的，先知预言说："训诲必出于锡安山，主的言语必出于耶路撒冷。"⑳这就是为什么，耶稣说，人要奉他的名传悔改、赦罪的道，从耶路撒冷起直到万邦㉑。于是，对这个名字的服侍

---

⑱《诗篇》，72：8。

⑲《使徒行传》，17：30—31。

⑳《以赛亚书》，2：3，和合本作"训诲必出于锡安，主的言语必出于耶路撒冷"。

㉑《路加福音》，24：47。

起于耶路撒冷，人们从此开始相信被钉死而又复活的耶稣基督。在
那里，这信仰有了一个辉煌耀眼的开端，有几千人以惊人的速度皈依
了基督㉒，他们变卖家财，分散给穷人㉓，靠着神圣的品性和火热的爱
自愿进入神贫。当时犹太人穷凶极恶，要他们流血，他们却准备为真
理斗争而死，不是靠武装力量，而是靠更强大的忍耐力。如果这不是
靠魔法完成的，为什么他们还要怀疑，促成此事的神圣德能能够在全
世界实现信仰？假定就是因为彼得行了魔法，才能在耶路撒冷增加
这么多人皈依基督的名，而这些人就是那把基督送上十字架钉死，他
被钉死时又嘲笑他的人。那么，就是要从这时开始，算三百六十五
年。基督死在孪生兄弟当执政官的时候㉔，四月之前八天㉕。他三天
后复活，他的使徒可以用亲身感觉作证㉖。四十天以后，基督升上天
堂；十天以后，也就是复活以后第五十天，他派来了圣灵。那一天，使
徒们宣布了他之后，有三千人信他。这样，按照圣经的记载，我们相
信，事实上也是，对他的名的服侍开始于圣灵起作用的时候。按照那
不敬的虚妄所编造或认为的，这是彼得靠魔法完成的。不久之后又
出现了一个神迹。一个乞丐出了娘胎就是瘸子，别人把他抬来，放在
神殿的一个门口，乞求周济。彼得以耶稣基督之名救治他，让他走
路㉗，于是有五千人信了基督㉘。越来越多人皈依，教会发展起来。

㉒《使徒行传》，2：37—41；4：4。

㉓《使徒行传》，4：34—37。

㉔ 这对孪生兄弟分别为鲁贝鲁斯（Rubellus）和弗费乌斯（Fufius），他们在公元 29 年任执
    政官。德尔图良在《驳犹太人》，8 中，拉克唐修在《神圣原理》，4：10 中也提到了他们。

㉕ ［译按］按照罗马人的历法，Kalendae，即债务利息增加的那一天，就成为每个月的第一
    天。因此计算日期是以这个日子为准，往前减或往后加。

㉖《路加福音》，24：39—43。

㉗《使徒行传》，3：6—8。

㉘《使徒行传》，4：6。

如果这样计算日子,从上帝派遣圣灵(也就是五月十五日㉙)算第一年的开端,按执政官在位计算,到了奥诺留(Honorius)和尤提齐安(Eutychianus)㉚当执政官时,我们发现,三百六十五年就满了㉛。按照那鬼怪的神谕,或是人们的虚构,在这以后的下一年,也就是马留斯·西奥多罗斯(Mallius Theodorus)㉜当执政官的一年,就不该再有基督教了。我们且不必考查别的地方发生了什么,我们知道,就在那一年,在阿非利加著名而显赫的迦太基城,皇帝奥诺留(Honorius)㉝的官员高登提乌斯(Gaudentius)和约韦乌斯(Jovius)㉞在四月之前十四日摧毁了伪神的神殿,毁掉了他们的偶像。从那时到现在又有三十多年了㉟,谁看不到对基督之名的服侍在增长? 特别是,在皈依基督教的人中,有很多原来相信那预言是真的,但出于信仰,他们发现那个年数是空洞可笑的。我们是基督徒,也被称为基督徒,我们不信仰那个彼得,而是信仰彼得所信仰的。我们因彼得所传的基督信仰而强大,但不被他的歌谣毒害;我们不会被魔法欺骗,但是会在他的帮助下得益。彼得的导师基督,教给他带领人们进入永生的教义,他也是我们的导师。

54.2　但现在我们应该结束这一卷了。到此为止,我们已经满意地描述了天上和地上两个城在必朽的世界中的发展过程。她们从

㉙ [译按]按照罗马历法,Idus 是每个月中确定还款数目的日子,即三、五、七、十各月的十五日,其他月份的十三日。

㉚ 二人于公元 398 年任执政官。此外我们对此二人知之甚少。

㉛ 奥古斯丁此处的计算有小错误,29 加 365,当为 394 年,不是 398 年。

㉜ 西奥多罗斯于 399 年任执政官。

㉝ 奥诺留,西奥多一世(见本书 5:25)之子,西奥多一世于 395 年驾崩后,奥诺留与他的兄弟阿卡迪乌斯(Arcadius)分裂,分别为东西半部的皇帝。奥诺留杀死了他的一个汪达尔部将,成为罗马于 410 年遭到蛮族洗劫的原因之一。

㉞ 对此二人我们知之甚少。

㉟ 《上帝之城》完成于 426 年。

头到尾都是交织在一起的;其中的地上之城,是按照自己的意愿,或
是从随便什么地方,甚至从人,造出了伪神,向他们献祭;而另外那个
天上之城,是地上的过客,不制造伪神,而是自身由真正的上帝造的,
自己就是献给上帝的真正祭品。在尘世中,二者都运用好的事物,都
遭受坏事的折磨,但有不同的信、望、爱,直到在最后的审判中分开,
各自到达自己的终点,此后的境地将永无终点了。我们随后就谈谈
二者的终点。

上帝之城卷十九

[本卷提要]从本卷开始的最后四卷形成一个单元,探讨两个城的结局。这是其中的第一卷,讨论的是终极的善恶问题。在《上帝之城》全书中,本卷应该算是最受重视的一卷,而且往往被认为是研究奥古斯丁政治哲学最重要的文献。在《上帝之城》全书中,本卷也是最名副其实讨论政治问题的一卷。但具体的政治问题也是建立在梳理哲学问题的基础之上的,即建立在对终极善恶的理解之上。因此,一开篇,我们看到的是对异教哲学的讨论。奥古斯丁的目的,是要批判古代哲学的目的论,建立基督教的目的论。因此,他批评的并不是"目的论"本身,而是古代哲学以尘世为目的的目的论。至于目的论的思维方式,他完全接受了下来,很多论述有着浓厚的新柏拉图主义色彩。奥古斯丁将上帝之城中的永恒幸福当作最终安享的目的,尘世的幸福就成为相对的,只能利用,不能安享。正是在这个框架之下,他探讨了从个体,到家庭、城邦、世界,以及上帝之城这几个层次的生活。从第十章开始,他将"和平"定为人类追求的普遍目标。人

间的和平永远是相对的、短暂的、不稳定的，因而人类的友谊也是不可靠的。人生在世，必然是一场试探，人间不可能有真正的和平。但这并不意味着人间和平是坏的。重要的是，要把这种和平当作利用的工具，而不能当作安享的目的，一切都要朝向上帝之城中的永恒幸福。在不可能幸福的此生，人们若是虔敬地朝向上帝之城，那就是最可能的幸福状态了。从第二十一章开始，奥古斯丁回到了卷二讨论的何谓共和的问题。他指出，共和是人民之事，而人民是依照对正义的认同，按照共同利益结成的共同体。在没有正义的地方，就没有人民，也就没有真正的共和。只有服从真正的宗教，才能有正义，从而才会有共和。需要注意的是，奥古斯丁对政治问题的讨论仍然服从于他对拯救问题的思考，而不是为了解决具体的政治问题①。

1. 关于终极的好和终极的坏的问题，哲学家有很多争论，瓦罗列举出了二百八十八个流派

1.1 至于地上和天上这两个城，我认为应该谈谈对他们的终点的争论；在这本书所允许的范围内，我首先要解释，那些必朽者用来在不幸福的此生追求幸福的道理，从而把他们那虚妄的希望与我们的希望区分开。我们的希望是上帝赐予的，将来所实现的，也是真正的幸福。我不仅靠神的权威来分析，而且为了那些不信者，也要以理性澄清。至于终极的好与终极的坏，哲学家们之间有过很多很繁复的争论：他们为了能尽可能好地回答这个问题，试图找到影响人的幸

---

① ［PL本提要］在这一卷，奥古斯丁讨论了地上和天上两个城的结局。他回顾了哲学家关于终极的好坏的意见，认为他们在此生追求幸福的努力是徒劳的。在反驳这些意见的同时，他说明了天上之城，即基督的选民的幸福与和平，包括在此世的和未来所希望的。

福的因素。我们所谓的"终极的好",就是做别的事所追求的目的,而它自身就是自身的目的;那"终极的坏",则是做别的事所躲避的东西,而对它则因为自身而躲避②。我们这里所说的终极的好,并不是说它是最后的好事,在到达它以后,就没有好了,而是说,在完成这个好之后,就充满了好;终极的坏也不是说,在它之后就没有坏事了,而是说,凡是伤害,都引导我们朝向它。这样,二者的终点分别是至善和至恶。如我所说,那些在虚妄的此世用智慧研究这些的人,所努力的,就是在此世趋向至善,规避至恶。虽然他们犯下了各种各样的错误,自然并不让他们偏离真理之路太远,于是,他们无不把心灵、身体,或是二者共同当作终极的好坏。因为这样的三分,就出现了相应的学派。瓦罗在他的著作《论哲学》③中,认真而细致地辨析了众多不同说法,很容易就分出了二百八十八个流派。这不是实际存在的流派,而是可能存在的流派。

1.2 为了简明地列举,我应该从他在上述书中自己的辨析开始:人若是没有师傅,没有教化,没有劳作或生活的技艺(即所谓德性,无疑是学而后能的④),仅仅按照自然欲求的事物,有四种:享乐,即身体感觉的快乐运动;安宁,即身体不承担任何烦扰;或是二者兼有,伊壁鸠鲁以"享乐"一词统称之;或是普遍的原初自然⑤,其中包括上述事物,也包括别的方面,比如身体上的肢体完整、健康、安全;心灵上或小或大的天性。于是,这四种,即享乐、安宁、二者兼有、原初自然(*prima naturae*),都在我们当中如此起作用:我们要么为了这些而追求德性(德性,当然是后来学得的),要么为了德性而追求这

---

② 亚里士多德,《尼格马科伦理学》,1:2。

③ 此书已佚。

④ 柏拉图,《美诺篇》,86以下;亚里士多德,《尼格马科伦理学》,2:1。

⑤ 参考西塞罗,《论目的》,2:4。

些,要么二者都追求,且都是追求的目的。这样就有了十二个流派,因为根据这推理,每一个都可以乘以三;我只要解释了一个,另外的就不难发现了。身体的享乐要么服从心灵的德性,要么优于灵魂德性,要么与灵魂德性平行存在,这样就出现了三个各自不同的流派。如果享乐被利用为德性服务,那就是享乐服从德性。比如为官者的德性,为了祖国而生,为了祖国繁衍儿孙;但若是没有身体的享乐,二者都做不到。如果没有享乐,就不吃不喝,那就不能生存;不交媾,就不能繁衍后代。如果享乐优于德性,就会为了追求享乐而享乐,德性被当成服务于享乐的,即德性如果不能带来或服务于身体的享乐,就没有意义。如果享乐称了霸,德性成为它的奴仆,生活就混乱了。虽然这样的德性已不配称为德性,还是颇有一些哲学家成为这种可怕而下流的说法的持有者和捍卫者。如果德性与享乐并不互相为目的,而是各自都是追求的目标,那么,德性和享乐就平行存在了。于是,享乐要么服务于德性,要么主宰德性,要么和德性平行,这就有三个学派了。同样,安宁、兼有安宁和原初自然、原初自然,每一个都可以找到这样三组关系。由于人类意见的不同,这些分别服务于、主宰、平行于德性,这样就有了十二种学派。一旦加进另外一个因素,即生活的社会性,这个数目又要翻倍。凡是属于这十二个学派中的一个的人,要么是完全为了自己,要么是也为了别人,希望别人和自己一样好。于是就有十二个认为应该完全为了自己;又有另外十二个,认为不仅要为自己做这样那样的哲学思考,而且要让别人追求和自己一样的好。这样就有了二十四个流派。新学园派⑥又加上了新的一个因素,于是又翻倍,成为

---

⑥〔译按〕奥古斯丁把阿凯西牢斯所创立的学派称为"新学园派",但这一般被称为"中期学园派",新学园派的创始人当为卡尔涅亚德(Carneades)。

四十八个。持有和捍卫这二十四个学派中的每一个的观点的,都可以认为这是确定的,比如斯多亚派就认为,人的善好,即幸福,完全取决于心灵的德性。另外的人还可以认为这并不确定,比如新学园派就认为,这不是确定的,但有可能是真的。于是,就有二十四个学派认为自己的观点是真理;又有二十四派认为自己的观点虽然不确定,却可能是真的。另外,这四十八个学派中,每一个都可能像别的哲学家那样生活,另外一些人像犬儒学派那样生活,这个因素使数目又翻了倍,变成九十六。另外,每个持有或追随这些学说的人,可能喜欢安宁的生活,就像那些愿意全身心投入到学说的研究,并看重这种研究的人;还有人并不安宁,虽然身为哲学家,却投身于共和的管理和统治,参与人事,极为忙碌;还有一种是这两类的结合,部分时间用于安静的研究,部分时间不再安宁,把自己生活中的时间平均分配。因为这个因素,学派数目又乘以三,就有了二百八十八个学派。

1.3 我用自己的语言,尽我所能简要而清楚地解释了瓦罗书中的观点。他驳斥了所有其他观点,选择了一个,即老学园派,由柏拉图创立,一直延续到执掌这个学派的第四代波勒莫(*Polemo*)⑦。瓦罗认为这一派有确定的学说,以此区别于新学园派。新学园派哲学始于波勒莫的继承者阿凯西牟斯(*Arcesilaus*)⑧,认为一切都是不确定的⑨。瓦罗认为,那个学派,即老学园派,既无犹疑,又无谬误。要谈论所有这些,就太冗长了;但我们不能完全略去瓦罗的说法。他首

---

⑦ 波勒莫(卒于公元前270),本来是个混混,在哲学家色诺克拉底讲节制的时候,与一群混混冲入课堂。他受到色诺克拉底的震撼,开始学习哲学,后来继承色诺克拉底,执掌学园派。他的学说集中于伦理学。

⑧ 阿凯西牟斯(公元前316—公元前242),学园派哲学家,将怀疑论引入学园派,成为学园派在以后二百多年中的基本特点。因此,他被当成"中期学园派"的创始人。

⑨ 参见西塞罗,《论演说》,3:18。

先清除了所有那些区分因素，就是那些使学派数目加倍的因素；他之所以认为应该清除这些，是因为其中没有终极之好。他认为，任何学派如果没有一种关于终极的好或坏的说法与别的学派区别，那就不能称为哲学学派。人从事哲学，除了追求幸福之外，没有别的原因，而幸福就是终极的好。任何一个不追求终极之好的学派，都不能称为哲学学派。有人问，一个智慧的人是否应该追求社会生活，即在自己以某种方式追求至善（即人的幸福）之时，是否也应该关心自己的朋友，让他们以同样的方式达到幸福，还是每个人完全以自己的幸福为目的，他认为这个问题与至善⑩无关，而是在讲是否应该让一个别人加入到这种好，是否应该不仅为了自己，而且要为了别人，让他们和自己一样享受至善。同样，如果谁问新学园派（就是认为一切都不确定的学派），哲学追问的问题是否也是不确定的，或者我们应该像别的哲学家一样喜欢确定的事物，这样的提问不是在追求终极之好，而是在问，我们是否应该怀疑，我们所追求的好是否是真理。再说清楚些，所追求的，是否就可以说成真正该追求的；还是说，所追求的，虽然说看上去是真的，但却是假的；但两种说法所追求的都是同样一种好。就是那个关于是否该按照犬儒派的习惯和方式生活的因素，也不是在问终极之好，而是在问，追求真正的好（也就是在他看来真正值得追求的事物）的人，应该用哪种习惯和方式生活。于是，追求不同的终极之好的人，不论是德性还是享乐，都可能有这种习惯和方式，都可能被称为犬儒派。因此，无论是什么使犬儒派不同于别的学派，这都与选择和持有好（也就是幸福）无关。如果这是相关的，那么，一种习惯就要对应于一种终极，不同的习惯就不能指向同样的终极。

---

⑩［译按］本章中的"至善"是 *summus bonus*，"终极的好"是 *finis boni*。

2. 这些区分因素都不足以形成学派，而只是问题。 瓦罗排除了它们，形成了对至善的三重定义，而我们还需要在其中择一

于是又有了三种生活。其中一个并不懒散，而是在安宁中思索或探寻真理，另一种则积极参与人事，第三种是前二者的折中。要问哪一种更值得选择，仍然与终极之好无关；这里的问题只是，三者之中哪一个会更难或更容易地导致或保持终极之好。每一个到达了终极之好的人，他会立即变得幸福。一个人无论是安静地求学，积极地从政，还是两者兼有，都不会必然幸福。有很多人可以以这三种方式生活，但在追求终极之好（也就是人类幸福）时出错。于是，关于终极的好坏，形成哲学学派，是一个问题；而社会生活的问题、学园的怀疑、犬儒们的衣食、安宁或积极的生活，以及二者结合，这都是另外的问题。其中任何一个都关涉不到关于终极好坏的争论。马可·瓦罗就是根据这四个区分因素，即社会生活、新学园派、犬儒主义、三种生活方式，先是算出了二百八十八个学派，以相同的方式还可以列出其他的。但他后来排除了它们，因为这与对至善的追求（sectando）无关，因而不能相互区分，也不该称为学派（sectae）⑪，他又回到了那十二个，因为这十二个是追问人类之好的，达到了这个好就是幸福，其中又只有一个是真的，别的都是假的。他排除了那三种生活方式，就从这数目中排除了三分之二，于是还剩下九十六个。他又把犬儒派的因素排除，于是数目又减半，还剩下四十八个。我们还要排除新学

---

⑪ ［译按］在拉丁文中，sectando 是 sector（追求）的动名词，但 sectae 却是 seco（切割）的分词。sectae 作流派解，应当来自后者，即分裂造成的小集团，而不是由前者来的“追随哲学家”的意思。奥古斯丁这里混淆了这两个词。

园派的因素，于是剩下的又减半，这就还有二十四个。至于社会生活，一样要排除，这就还剩十二个，因为这个因素使十二个学派翻倍，成了二十四个。但对于这十二个，却不能说有什么原因使它们不是学派。其中所探寻的，正是终极的好坏。要发现终极之好，也就知道与它相反的是终极的坏。于是，把关于享乐、安宁、二者兼有、原初自然（即瓦罗所谓的"初性"[primigenia]）的四个学派乘以三，就是十二个学派。这四个中的任何一个，都可以服务于德性，不追求自身，而是服务于对德性的追求；还可以主宰德性，德性不再服务于自身，而是为了增加或保存这四者而追求德性；两者还可以平行，这四者和德性都是自身值得追求的；于是这四个数乘以三，就有了十二个学派。瓦罗又排除了这四者中的三个，即享乐、安宁、二者的结合。这不是因为他否定了它们，而是因为原初自然中包括了享乐和安宁。那又何必从这二者中弄出三个，即享乐、安宁二者，以及第三者，即二者的结合？原初自然中已经包括了它们，还包括了别的很多。对于这三个学派，我们必须仔细甄别，然后从中选出一个。根据正确的推理，这三者中或别的学派中（我们以后会看到），不可能有多于一种为真。瓦罗在这三者中选择了一个，我们要尽可能简洁和明确地讲一讲。于是就有了三个学派，要么是为了德性追求原初自然，要么是为了原初自然追求德性，要么二者结合，即分别为了德性和原初自然追求它们。

3. 在追求人类至善的三个学派中，瓦罗明确选择追随老学园派的观点，以安提俄库斯为权威

3.1　瓦罗试图说服人们，在这三者中，哪一个是真的，值得追求。因为哲学中的至善不是树的好，不是野兽的好，不是上帝的好，

而是人所追求的好,他认为,首先应该问,人是什么。他认为,人的自然中有两方面,身体与灵魂,在二者之中,无疑灵魂是更好的,在所有方面都宝贵得多。而灵魂自身是否构成了人,从而使身体就像骑士的坐骑一样?一个骑士并不是人和马的结合,而只是一个人。但之所以称之为骑士,是因为他自身与马的某种关系。或者,仅仅身体是否就是人,而与灵魂有某种关系,就像杯子和饮料之间的关系一样?所谓的杯子,并不是指水杯加上水杯中盛的饮料,而是水杯自身;但是它之所以称为杯子,是因为装饮料。或者,人既不只是灵魂,也不只是身体,而是二者兼有,灵魂或身体都是人的一部分,而人作为整体包括这两部分。就像我们把两匹马称为一对,右面的那匹和左面的那匹都是一对中的部分,但无论两匹马之间多么近,我们都不把其中任何一匹称为一对,而只有两匹都在时才是一对。在这三种说法中,他选择了第三种,即认为,人既不仅仅是灵魂,也不仅仅是身体,而是身体和灵魂的结合。这样,他说,人的至善,即幸福,就包括两者的好,即灵魂的好和身体的好。他于是认为,那原初自然就是以自身为追求目的的,同时,他也认为,德性,即生活的技艺,灵魂的善好中最优秀的部分,要靠教育追求。当德性,即度日的技艺,接受了原初自然(原初自然可以不依赖德性而存在,在没有教育时也可以存在),会因为这些目标本身而追求它们,同时也为了德性而追求德性。于是,德性利用所有这些目标,也利用自身,喜欢所有这些目标,也安享它们。这安享可大可小,视目标的大小而定,但毕竟都会带来快乐,只是在必要的时候,德性会为了达到或保有某种更大的目标,而放弃更小的。在心灵或身体的所有善好中,德性不会把任何一种放在自己之前。德性善于利用自身的好,以及别的能使人幸福的好。但如果没有德性,无论有多少善好,都不是这个人的好。因此,这些根本就不能称为好,因为他把这些用于坏事,这些对他就没什么用处。人的这种生活可以说是幸福的,安享德性,也安享心灵与身体中别的善好(没有这些好,也就不会有德性)。如果人还能安享一种或多种别的好(没有它们,德性依然能存在),那就更幸福了。如果人能安享所有的好,心灵和身体中的任何善好都不缺乏,那就是最幸福的。生活并不等于德性,因为并不是所有的生活都是德性的,只有智慧的生活才是德性的生活。没有德性,还可以有某种生活;没有生活,却不能有德性。我也会这样说记忆和理性,以及人所有的任何此类事情。这些都在学问之前就存在,没有它们,学问就不能存在。没有它们也就没有德性,因为德性是学来的。而跑得快、身体的美丽、巨大的力量,以及诸如此类的事情则不同,没有它们,德性也能存在,没有德性,它们也能存在。不过它们仍然是好。哲学家认为,德性还是为了这些自身而喜欢它们,在德性的前提下运用它们、安享它们。

3.2 这种幸福生活还是社会性的,因为人要像爱自己的善好那样爱朋友的善好,希望朋友们像自己那样好。这指的要么是在家里的妻子、孩子、奴仆,要么是在家庭所在地的人,比如在城里的那些所谓的公民;要么是在整个大地上的各个种族,这都是人的集合体;要么是在宇宙,这是天地万物的总名,哲学家们所谓的诸神,哲学家们认为这是智慧之人的朋友,我们更习惯称之为天使。至于终极之好,以及相反的,终极之坏,哲学家们认为不必有怀疑,认为这在他们和新学园派之间形成了差距。至于每个从事哲学的人是像犬儒那样,还是像别人那样居住和饮食,他们认为,对他们认为的这种真正终极都形不成分别。在安宁、积极、两者结合这三种生活模式之中,他们认为自己最喜欢第三种。瓦罗以安提俄库斯[12](西塞罗和他自己的老

---

[12] 安提俄库斯(公元前130—公元前68),与本书3;18和18;45等处的安提俄库斯都不同,是一个学园派的哲学家,抛弃了学园派的怀疑论,试图在柏拉图与斯多亚派的学术之间作调和。他是西塞罗和瓦罗的老师。

师)为权威,认为这就是老学园派所认为和教导的。不过,西塞罗认为,安提俄库斯在很多方面更像斯多亚派,而不像老学园派。但这与我们何干? 我们更应该判断事情本身,而不是知道别人分别怎么认为。

4. 哲学家们认为至善就在其自身,而在至善和至恶问题上,基督徒的观点都和他们相反

4.1　如果有人问我们,上帝之城在讨论这些问题时会分别如何回应,首先,她如何看待终极的好和坏,那么,她会回答,永生就是至善,永死就是至恶。而要追求永生、躲避永死,就要正确地生活。因为经上说:"惟义人因信得生。"⑬因为我们还没有看到我们的好,我们必须靠信念来追问;我们信仰并祈祷时,除非是那给我们信仰的帮我们,使我们相信我们必须得到他的帮助,否则就不能让自己正确地生活。那些认为终极之好和终极之坏都在此生的人们认为,至善要么在身体中,要么在心灵中,要么是两者的结合,或者更清楚地说,要么在享乐,要么在德性,要么同时在两者之中;要么在安宁,要么在德性,要么同时在两者;要么在享乐与安宁,要么在德性,要么在享乐、安宁加德性;要么在原初自然,要么在德性,要么同时在两者。哲学家们的虚妄真是惊人,他们竟然认为幸福在此生,要凭自己寻求幸福。真理借助先知嘲笑他们说:"主知道人的意念是虚妄的。"⑭或者如使徒保罗所作的见证:"主知道智慧人的意念是虚妄的。"⑮

4.2　无论多么便给,谁的言辞足以说尽此生的悲惨? 西塞罗在

---

⑬《哈巴谷书》,2:4;《加拉太书》,3:11。

⑭《诗篇》,94:11。

⑮《哥林多前书》,3:20。

《吊亡女》⑯一文中极尽哀痛。而"极尽"几何？那些认为是原初自然
的，又何时、何地、如何能在此生获得幸福，而不遭受不确定的变动的
冲撞？痛苦是享乐的反面，纷扰是安宁的反面，痛苦和纷扰难道不会
降临智者之身吗？肢体的截断和疲弱当然会破坏人的安全，畸形会
破坏美丽，疾病会破坏健康，疲倦会破坏力量，麻木滞窒会破坏敏捷；
难道这些当中的哪一个不会降临智者的肉身吗？身体的静止和移
动，在体面和谐之时，可以算作原初自然；但一旦健康变坏，肢体颤抖
呢？一旦躯干弯曲，让人双手着地，变成某种四足动物呢？无论静
止还是移动，这不都会毁坏身体的体态和姿容吗？他们所谓的心
灵的最初的好是什么？最先的两个不就是感觉和理智吗？因为这
使人把握和认识真理。我且不说别的，但如果一个人变得又聋又
瞎，他的感觉还剩什么，还有多少？如果疾病把人变疯，理性和理
智还留在哪里，在何处安歇？疯子会说或做很多荒唐事，这些完全
和他的好的性情与品德不相干，甚至和他的好性情与品德相反。
如果我们认识或看到这样的人，如果我们思考他们的尊严，我们或
许勉强能抑制泪水，甚至根本不能。对于那些被鬼怪附体的，我又
说什么？那些邪恶的精灵利用他们的灵魂和身体，按照自己的意
志行事，他们自己的理智藏在哪里，埋在何处？谁又确信，这种坏
事今生不可能发生在智者身上？在这肉身之中，我们如何体察真
理，能体察多少真理？还是我们在《智慧书》里读到的真切："这必
腐朽的身体重压着灵魂；这属于土的寓所，也迫使认知多虑。"⑰行
动的驱动和引诱（如果拉丁文能这样翻译希腊文ὁρμήν的话）也可以

---

⑯ 公元前45年，西塞罗的女儿图利亚去世，西塞罗写了此文，又名《论细碎的哀悼》（De
　luctu minuendo），只有部分残篇流传。
⑰ 《所罗门智训》，9:15，用思高本《智慧篇》译文，有改动。

算作一种原初自然。当感觉迟钝,理性休息时,不正是这使疯人作出那些吓人的悲惨举动吗?

4.3　德性不算原初自然,却指导原初自然,要靠后天的学问引入[18],它又怎样呢? 这虽然是人自身的至善,但所能做的也不过是与罪过进行长久的战争。这不是外部的罪过,而是内部的,不是别人的,而是我们的,也只能是我们的。这战争尤其要靠节制(希腊人所谓的 σωφροσύνη,即拉丁文所谓的 temperantia)来完成,约束肉身的欲望,使欲望不会获得心智的赞同,把它拖入羞辱[19]。罪过无处不在,所以使徒说:"肉身和圣灵相争。"与这种罪过相对的德性就是他说的"圣灵和肉身相争"。他还说:"这两个是彼此相敌,使你们不能做所愿意做的。"[20]我们要完成终极的至善,所要做的是什么? 不就是让肉身不再想对抗灵性吗? 不就是让我们不再有什么罪过,罪过不再想对抗灵性吗? 在此生,无论我们怎样希望,我们都无力做到这一点。让我们借助上帝的保佑,让肉身不再想对抗灵性,让灵性不要屈服,使我们跌落,因我们的赞同而犯罪。只要我们在进行这场内在的战争,我们就不能认为自己已经获得幸福。我们通过自己的胜利,才能达到那幸福。谁会那么智慧,以致认为根本不必再与欲望作战?

4.4　被称为明智的那种德性又如何呢? 它不是把全部注意力都放在了区分好坏上,从而让人趋好避坏、分毫不爽吗? 既要明智,不就证明,我们身在坏事之中,或者坏就在我们之中吗? 它教给我们,坏就是对罪的认同,好就是不认同罪的欲望。明智教我们不认同那坏,节制使我们做到不认同坏,但是,明智和节制都不能从此生消

---

⑱　参见亚里士多德,《尼格马科伦理学》,2:3。

⑲　参见西塞罗,《图斯库兰讨论集》,3:8。

⑳　《加拉太书》,5:17。

除坏。而正义呢？正义就是让人各得其所（因此，人自身形成了正义的自然秩序，即灵魂服务于上帝，肉身服务于灵魂，这就是上帝、灵魂、肉身之间的秩序），既然正义正在工作，这不是表明，它尚须努力工作，而不是已经完成自己的工作，可以休息了？灵魂越是缺乏对上帝的认识，越是少服务于上帝；肉身的欲望越是多对抗灵性，肉身越是少服务于灵魂。只要我们当中有这种软弱、这种疾患、这种疲倦，我们怎么会得救？如果不能得救，我们又怎敢说得到了终极的幸福？至于那个称为勇敢的德性，不论它伴随有多少智慧，它都最明确地证明人间坏事的存在，因此人必须靠耐力来承担。我奇怪，斯多亚派哲学家怎么会如此厚颜无耻，认为这些坏事都不是坏的？他们却又承认，如果存在这些坏事，使得智者要么不能，要么不该承担，他们就该自杀，逃离此生[21]。这些人又那么骄傲而愚蠢，竟然认为此生就会有至善，认为靠自己就可以获得幸福。他们用那惊人的虚妄描述他们的智者，哪怕他们是瞎子，哪怕是聋子，哪怕是哑巴，哪怕肢体不全，身罹病痛，哪怕他遭受凡能说出或想出的别的此类坏事，哪怕他被这些坏事逼迫自戕，却仍不耻于称这么坏的此生为幸福。啊，幸福生活，他竟然靠死亡的帮助，靠结束你来寻求你！如果这是幸福的，就应该留在其中；如果他因为生活中的坏事而逃离此生，那怎么能是幸福的呢？如果这些事情战胜了勇敢之好，如果它们逼迫那勇敢不仅屈服于它，而且还让人发疯，既说此生是幸福的，又劝人逃出它，那这怎么会不是坏的呢？谁会如此瞎眼，以致看不出来，如果这生活是幸福的，根本不必逃离？但是，如果因为那软弱的重负所压，他们就必须承认要逃离此生；究竟是什么原因，让他们不能放弃那固执的骄傲，承认此生的悲惨？我要问，究竟是因为耐力，还是没有耐力，加图

[21] 西塞罗，《论目的》，3；《图斯库兰讨论集》，1。

杀死了自己？除非是因为没有耐力来接受恺撒的胜利,否则他不会
这么做。他的勇敢在哪里？他的勇敢不见了,投降了,被征服了,所
以他离开了幸福生活,放弃了,逃走了㉒。这不再是幸福的了吗？这
是悲惨的。所以,让人逃离这悲惨生活的,怎么会不是坏的呢？

4.5   漫步派和瓦罗捍卫的老学园派都承认,这些是坏的。因
此,他们的说法还可以忍受,但是,他们还是犯了惊人的错误,说,这
些坏事虽然如此严重,虽然遭受这些事的人用死来逃脱都是可以接
受的,生活还是幸福的。瓦罗说:"对身体的折磨和拷打都是坏事;这
些越是严重,痛苦就越大;要想离开痛苦,就必须逃离生活。"我要问,
这指的是什么生活呢？他说:"这就是被那么多坏事压迫的生命。"既
然你说要因为坏事而必须逃离这生命,那么,充满这些坏事的生活又
怎么是幸福的呢？难道就是因为你可以通过死亡从这罪恶中逃出,
所以说它是幸福的？但是,如果你惧怕神的某种裁判,而这种裁判既
不让你死,也不让你脱离这些邪恶生活呢？这样,你当然要说这种生
活是悲惨的。虽然你很快就离开这生命,它并不因此而不再悲惨:如
果这生活变成永恒,那在你自己看来也是悲惨的。那也不能因为这
悲惨是短暂的,就好像其中没有悲惨;或者,因为悲惨是短暂的,你就
称之为幸福,这是更荒谬的。这些坏事力量巨大,驱赶着人(据说,甚
至智慧的人)杀死自己,不再为人。他们说,自然的首要要求和最大
声音,是让人自身和谐,那自然就要避免死亡,这说的是对的。这样
他就是自己的朋友,从而让自己是一个生灵,强烈地希望能像现在这
样生活,身体与灵魂结合㉓。这些坏事力量巨大,连自然的感觉都被
它们征服,不再想方设法用尽力量避免死亡。这感觉被征服,使人本

㉒ 对比本书 1:23 对加图的评述。
㉓ 西塞罗,《论责任》,4:4;《论目的》,3:5;5:9。

来要避免的，现在希望和追求，如果不能靠别人完成，就靠自己来杀
死自己。坏事的力量如此巨大，让"勇敢"变成杀人犯——如果那被
坏事征服的勇敢还能称为勇敢：它作为德性，本来要统治和保卫，而
今却不仅不能靠耐力来保护，甚至还要逼着杀死他。智者确实应该
忍耐死亡，但是这是指别人带来的死。按照那些哲学家，如果某人被
逼自杀，那就是完全承认了，那逼迫他自戕的原因不仅是坏的，而且
是不可忍受的坏。因此，这生活里有那么巨大、那么严重的坏事，人
们要么是被重负所压，要么被命运逼迫，根本不能说幸福。这样说的
人自己被严重的坏事征服，自杀而死，向不幸屈服，如果他们屈服于
正确的理性，探讨幸福生活，那他们就该屈尊向真理投降，不该认为
自己可以在这必朽的生命中享受终极至善；那些德性，是人身上所能
找到的最好最有益的，越是能在其中寻得帮助，来对抗危险、劳碌、痛
苦的力量，就越是验证了这悲惨的所谓幸福。如果这些真是德性，那
就除非在真正虔敬的人中不能找到。在秉有这些德性的人中，德性
并不能帮他们承受悲惨。真正的德性并不假惺惺地说，能带来这
样的好处；但是，在人世如此多的坏事中，它们会帮人希望未来的
幸福时代，获得救赎。如果没有救赎，怎么会有幸福？使徒保罗下
面的话不是针对不明智、无耐力、不节制、邪恶的人说的，而是对那
些按照真正的信仰生活，所拥有的德性是真正的德性的人说的：
"我们得救是在乎盼望，只是所见的盼望不是盼望，谁还盼望他所
见的呢？但我们若盼望那所不见的，就必忍耐等候。"[24]如果我们有
救赎的希望，那么我们就有对幸福的希望：救赎就是幸福，我们不
必得到当下的幸福，而要希求未来的幸福。这里说"忍耐"，是因为
我们在坏事当中，所以要耐心地忍受，这样就能到达那完全好的生

---

[24]《罗马书》，8：24—25。

活,我们在其中的喜悦是不可言说的;在那里,我们不必再忍受任何事情。这样的救赎会发生在未来的世代,本身就是终极的幸福。而这些哲学家没有看到这幸福,所以不愿相信,于是试图为自己编织最虚假的幸福。他们越是骄傲,他们的德性就越是骗人的。

5. 社会生活是最值得追求的,但是也经常为各种冒犯阻挠

他们希望智慧的人过社会生活,这是我们更为赞同的。看我们现在撰写了十九卷之多的这本书,包含了上帝之城的开端、发展、结局,如果没有圣徒们的社会生活,这个上帝之城如何可能?但是,谁能计算,在这必朽的艰苦的人类社会,有多少和多么沉重的坏事?谁能算得清呢?他们应该听听自己的一个喜剧人物的感觉,而这是所有人都同意的:"我娶了媳妇;我在这里发现了多少悲惨!然后生儿育女,又多了操劳。"㉕这个特伦斯还记录下了人间之爱的种种罪过:"伤害、疑心、敌意、战争、和平,等等。"㉖这些不是到处充满了人间事务吗?不是就连真诚相爱的朋友之间,也不缺少这些吗?不是在人间事务的每个角落,我们都能感到伤害、疑心、敌意、战争,以及各种必然的坏事吗?和平是好的,但只是不确定的好。我们虽然想和他人媾和,但并不知道他们的心;即使我们今天能知道,明天却又不知道如何了。谁比一家人更亲近,或可能比一家人更亲呢?但是,就是在一家之中,险恶的阴谋还是经常造成坏事,谁又能真正安全?家里的和平有多甜蜜,这冲突就有多痛苦;人们认为这和平是真的,但其实这都是最狡黠的虚构。正是因此,所以西塞罗的话打动了所有人

㉕ 特伦斯,《兄弟》,第五幕,第四场,13—14。
㉖ 特伦斯,《阉人》,第一幕,第一场,14—16。

的心，让人们发出叹息："比起隐藏在责任的面目和亲属的名义背后的来，没有什么阴谋更险恶了。公开的敌人是容易防范、能躲避的；而这种隐藏在内部和家庭的罪恶，让你来不及发现和调查，就会跳出来制服你。"㉗因此，神的声音也说："人的仇敌，就是自己家里的人。"㉘我们听到这话，心里满是悲伤，因为即使谁极为强壮，心灵平和地承受这些，或者足够警醒，能极为谨慎地防范友谊面具背后的敌意，不怕阴险邪恶的人，但是在他遭受这些坏事时，如果他是好人，他也一定会遭受巨大的折磨；否则，要么他自己一直是坏人，但假装是好人，要么是从好人变成了坏人。如果家庭都不能阻挡人类共同遭受的坏事，城邦又怎么避免这些危险？城邦越大，她的讲坛上就越是充满了民事诉讼和刑事犯罪。城邦即使处于和平时期，不仅没有各种动荡，也没有残酷的暴乱和内战，城邦又怎能免于各种大事的危险？

6. 真相不彰时，人的审判经常失误

无论城邦中多么和平，都不能免于人对人的审判。这些审判怎么样呢？难道我们不觉得这是悲惨的和痛苦的吗？在人作审判时，审判者无法深入到被审判者的良知（*conscientias*）。于是，他们经常拷问无辜的目击者来获知真相，仅仅是因为他们是别人的犯罪的见证。一个人因为自己的罪被折磨又如何呢？他被拷问是否有罪，即使无辜也要接受拷问；他是否有罪并不确定，但是惩罚是千真万确的，这并不是因为发现他犯了罪，而是因为不知道他有没有犯罪。就是因为审判者不知道这些，无辜者遭受了很多灾难。更无法忍受的

㉗ 西塞罗，《致维瑞姆》，2：1.15。

㉘《马太福音》，10：36。

是,法官折磨犯人,是为了他不会无意中杀害无辜。这法官的无知真
是可悲,他为了不杀害无辜而折磨犯人,迫害甚至杀死无辜。这真是
值得大大悲痛和哀悼的事,如果可能,是应该为之挥洒如泉的泪水
的。如果按照那些哲学家的智慧,要选择逃离此世,而不是遭受更长
的折磨,那么,就要承认自己并没有犯的罪。这犯人被处罪、被杀死
了,法官究竟杀害了罪人还是无辜者,他并不知道,虽然他拷问犯人
是为了避免无意中杀害无辜;他本来是为了知道一个人是否无辜而
拷问他,而在杀死他时还不知道。这种社会生活如此黑暗,一个智者
会坐上法官的席位,还是不会呢?当然会坐的。因为人类社会约束
着他,驱使他完成义务,他也认为,放弃义务反而是违背神法的。他
不认为,为了别人的一个案件而拷问无辜的证人是违背神法的;那些
被告可能被巨大的痛苦征服,从而自诬有罪,让自己无辜受罚,虽然
这被拷问者完全是无辜的;或者,即使犯人没有被处死刑,但是可能
在拷问中死去,或因拷问而死去;在某些时候,原告为了捍卫社会,想
使罪行不至于逍遥法外,但因为证人不说实话,被告顽固不化,忍受
各种拷问,不肯认罪,死硬到底,让原告无法证明事实,虽然他明知道
事实是什么,无知的法官却给原告判罪。哲学家认为,所有这些坏事
都不是罪;因为智慧的法官不是有意作出这些伤害的,而是因为不了
解真相而不得不如此,由于人类社会的要求,又必须有这些法官。因
此,这就是我们所说的人间必然有的悲惨,而不是智者的恶意造成
的。法官由于不了解实情,又由于法官的职责,一定会拷问无辜者、
惩罚无辜者,但是,他能像不这么做的人那样快乐吗?如果人知道这
是必然的悲惨,不愿意自己参与其中,知道怎样才是虔敬,他对上帝
呼喊"求你救我脱离我必然的祸患"㉙,那才是符合人的尊严的。

㉙《诗篇》,25:17;和合本作"求你救我脱离我的祸患"。

7. 语言的分化导致了人类社会的分裂；战争，即使号称正义，也是悲惨的

　　在城镇之后出现了国际世界㉚，据说这是人类社会的第三阶段。他们说，人类社会从家庭开始，随后发展到城镇，然后发展出现整个世界。人类世界如水相汇，越是大，危险越多。最初是语言的分化使人和人分离。如果语言不同的两个人相遇，不能擦肩而过，而必须待在一起，那么，就是不会说话的不同种类的动物，也比这两个人容易沟通。如果两个人感到彼此之间不能交流，虽然人之间的自然相同，但是仅仅因为语言分化，就无法沟通了。所以，一个人宁愿和自己的狗相处，也不愿和外国人在一起。确实，帝国的城邦不仅给被征服的民族套上枷锁，而且还强加给他们自己的语言，来保证和平与彼此的沟通。这样，翻译成群结队，一点也不缺乏。确实如此；但是，要达到这一点，需要多么频繁和惨烈的战争，多少人类的仇杀，多少碧血横飞！在这些完成之后，人类的坏事所带来的悲惨尚未终结。无论从前还是现在，罗马帝国都不缺乏外族的敌人，从前和现在都在和他们打仗；但是，随着帝国疆域的扩张，却出现了比这个更糟糕的战争，这是同盟战争和城邦内战，人类变得更加悲惨，要么是为了以后的安宁而发动战争，要么是害怕新的战争再次爆发。我想确切地记述这么多坏事和这么多征伐，这残酷、野蛮但必要的事情，但我不可能做到这一点；这将是多么冗长的叙述！但是他们说，智者会发动正义战争。当然，如果他记得自己是人，那他就会痛苦地意识到，正义的战

㉚　［译按］原文为 *orbis terrae*，直译为"地上世界"。奥古斯丁指的是城邦之间形成的共同体。奥古斯丁此处说的政治发展显然与亚里士多德在《政治学》，1：1252b 中说的很类似，但亚里士多德止于城邦，奥古斯丁却认为国际世界是城邦之上的一个政治共同体。

争是必须的。而如果不是正义的，他们就根本不会发动，那么智者就根本不会介入战争。是因为相反一方的邪恶，迫使智者发动正义战争；我们该为人的邪恶而痛苦，因为，即使这邪恶不必然导致战争，这仍然是人的邪恶。这坏事是如此巨大、如此恐怖、如此野蛮，使每个人都觉得痛苦，都承认是悲惨的；谁要是可以忍受这些，要是想起这些来没有心灵的痛苦，那么他就更加悲惨了，因为他丧失了人的情感，还把这当成幸福。

8. 此生的危险使我们必然战战兢兢，所以好人之间的友谊不会是可靠的

在此生的悲惨境地，我们经常染上一种如同疯癫的无知之病，把敌人当成朋友，或把朋友当成敌人；这个人类社会充满谬误和灾难，除非我们获得真正好朋友之间毫不虚伪的相互信任和亲爱，否则怎么会得到安慰？我们的朋友越多，他们待的地方越广，我们的恐怖就越久越大，唯恐这个世代里那么多的坏事中会有某种坏事降临在他们头上。我们不禁担心他们会被饥馑、战争、疾病、牢狱牵连，担心他们遭受奴役，罹患我们不知道的灾难，而且，我们还担心他们变得阴险、恶毒和邪恶，这是更重的恐怖。朋友越多，所处的地方越多，这些发生得越多。当这种事发生，并且我们知道的时候，除了亲身感受过的，谁能理解那煎熬我们心肺的苦楚？我们宁愿听到朋友死去的噩耗，但我们听到时不可能没有痛苦。如果活着的时候他们的友谊可以给我们带来快乐的安慰，他们的死怎么可能不给我们带来悲痛？[31]谁要禁止这悲伤，就应该禁止共处的友谊（只要他能够），要么扼杀友

㉛ 参考奥古斯丁，《忏悔录》，4：4[7]—7[12]。

谊,要么扼杀情感。他的心智毫无情感、完全麻木,解除所有人都必需的纽带,或者把友谊当成工具利用,认为这根本不能带来心灵的甜美。如果这不可能实现,那么,一个生时让我们感到甜美的人,死后怎么会不给我们带来痛苦? 正是因此,一个尚未泯灭人性的心灵的痛苦如受创楚,安慰的话语会为心灵治疗。如果心灵的处境好些,治疗过程就更快更容易,但这并不意味着,有些心灵就不能被治好。最亲爱的人的死,总会给必朽者的生活带来痛苦,有时轻些,有时重些,那些恪守人类社会的义务的人尤其如此。但我们宁愿听到或看到我们所爱的人的死,也不愿听到或看到他们丧失了忠信和善良的品德,即灵魂死亡。大地上充满了这些坏事,所以经上写道:"人生在世,岂不就是一场试探吗?"㉜因此主自己也说:"这世界有祸了,因为将人绊倒。"㉝他还说,"只因不法的事增多,许多人的爱心,才渐渐冷淡了。"㉞因此,好的朋友死了,我们为他们庆幸,虽然他们的死让我们痛楚,我们得到了更确定的安慰,因为他们脱离了那些坏事,在此生,那些坏事会压垮好人或让他们变得邪恶,或因为这二者而把人陷入险境。

9. 在这个世界,鬼怪的欺骗使那些服侍多神的人陷入奴役,因而圣天使的友谊无法向人昭显

哲学家们希望诸神与我们为友㉟,把圣天使们的团契安置在第四层,这几个层次从地上算起,一直延伸到整个世界,在某种意义上还延伸到了天上。而我们没有理由害怕,这些朋友会用死亡或堕落来

㉜《约伯记》,7:1 根据七十士本;参见奥古斯丁,《忏悔录》,10:28[39]。
㉝《马太福音》,18:7。
㉞《马太福音》,24:12。
㉟ 参见本书 9:23。

威胁我们，因为他们不会像人们之间那样错杂亲昵（这本来就是此生才有的烦扰）。而我们读到，撒旦有时候会把自身改变成光明的天使，来试探㊱那些不守诫命或本就应该欺骗的人；上帝必有大悲悯，让那些自以为与好的天使为友的人，不要和坏的鬼怪结为虚假的朋友，因为他们越是狡猾欺诈，人们越是会遭受他们敌意的伤害。人类被巨大的无知所压，所以很容易被鬼怪的幻象欺骗，不正是因为这种巨大的悲惨，才使上帝的伟大悲悯成为必要的？在不敬的城邦里，那些哲学家说诸神自己就是人的朋友，这座城显然是堕入了鬼怪的奸计，完全被他们征服，将来会和他们一起遭受永罚。在用来服侍这些鬼怪的圣事（或说渎神仪式）中，还有在那些宣扬他们的罪行的无比肮脏的游戏中，那些被服侍的究竟是什么，都充分地显现出来。这些鬼怪自己认为这些事情会取悦自己，所以亲自要求，通过那些服侍者来获取这些仪式与游戏。

10. 在圣徒们承受了此生的诱惑之后，他们会从上界获得什么果实

但即使是唯一、真正、至高上帝的神圣而虔信的服侍者，也无法在鬼怪们的欺骗和各种各样的试探面前保持安全。而在这个软弱之地，在这邪恶的日子里，甚至这些烦扰也不无功用。因为这会引导人们以极大的热情寻求真正的安全，在那里就有无穷而确定的和平了。在那里，自然（我指的是万物的自然的创造者所赋予的我们的自然）的功能不仅是好的，而且是永恒的，不仅在心灵里（心灵因智慧而健康），而且在身体里（复活会带来全新的身体）；在那里，德性不必和什

㊱《哥林多后书》，11:14。

么罪过或坏事冲突，而是取得了胜利，获得了永恒的和平做奖赏，任
何敌对者都无法搅扰这和平㊲。那就是最终的幸福，是完美的终结，
这圆满的幸福没有终点。但我们说的在此世得到的幸福，是指好的
生活能够给我们的一点和平；但是那里的幸福，我们称为终极的幸
福。与之相比，此世的幸福其实是悲惨。如果我们正确地生活，德性
正确运用此生的好事，就能获得必朽的事务中可能达到的和平。而
如果我们没有和平，即使是人类忍受的坏事，德性也能用于好事。但
在那时，德性要成为真正的德性，她就必须好好利用一切好事，把好
事和坏事都用于好处，并把这一切好事、好处，还有德性自身，都指向
我们所有和平的源头，那至善至高的地方。

11. 永久和平是幸福的，其中有我们神圣的终点，即真正的完美

因此，我们会说，我们终极的好就是和平，就是我们说过的永生。
特别是联系到我们这辛苦论述的核心，上帝之城，尤其如此。神圣的
《诗篇》中说上帝之城："耶路撒冷啊，你要颂赞主。锡安哪，你要赞美
你的神。因为他坚固了你的门闩，赐福给你中间的儿女。他使你境
内平安。"㊳如果门闩得到坚固，那就无人进城也无人出城。我们应该
把她境内的和平理解成我们想要表明的终极和平㊴。这个城有一个
神秘的名字耶路撒冷，我前面说过，意思就是"和平之像"。"和平"一
词习惯上被用于必朽的事物，那里没有永生。所以，在谈到这个城的
结局时，我更喜欢用"永生"，而不是"和平"，因为那里有此城的至善。
使徒谈到这个结局说："但现今你们既从罪里得了释放，做了神的奴

㊲ 参考奥古斯丁，《论三位一体》，14：12。
㊳ 《诗篇》，147：12—14。
㊴ ［译按］境内（fines）和终极（finalem）是同源词。

仆,就有成圣的果子,那结局就是永生。"⑩但是,对于那些不熟悉圣经
的人,坏人的生命甚至也是永生,他们把那些哲学家关于灵魂不朽的
说法和我们关于不敬者受惩罚的说法混杂起来,那么,不敬者要是没
有永生,怎么能受永恒的折磨呢? 所以我们要说明,这是至善的上帝
之城里的完美,是永生中的和平,或和平中的永生,这样所有人都能
更容易理解了。和平是巨大的好,哪怕是在地上和必朽的事物中,我
们听不到比和平更值得感谢的,不会希望比和平更值得追求的,不会
发现比和平更好的东西。如果我想就此谈得更多些,我想,这不会造
成读者的太大负担,因为这会帮助理解我们所说的上帝之城的结局,
也有益于理解和平的甜美,这是所有人都热爱的。

12. 人与人之间虽然战火纷飞,动荡不安,但所有人都希望达到 和平的结局,这是自然的欲望

12.1 每个同我一起哪怕很肤浅地探讨人事和我们共同的自然
的人都知道,正如没有人不想快乐,也没有人不想拥有和平。那些想
发动战争的人不过是想征服;他们想用战争的方式达到和平的光荣。
除了征服与我们为敌的人,还有什么算胜利呢? 如果实现了胜利,那
就是和平了。因此,哪怕那些热衷于在指挥和发动战争中表现自己
的力量的人,发动战争的意图都是为了和平。因此,发动战争所要达
到的目的都是和平。每个人都要求和平,哪怕好战的人;没有人为了
战争媾和。虽然有人想扰乱当前的和平,但他们并不憎恨和平,而是
想把当前的和平变成自己愿意要的那种和平。他们并非不愿意和
平,而是想要自己喜欢的和平。于是,他们因为暴乱而与别人不同,

---

⑩《罗马书》,6:22。

但也要和自己的同谋或同案犯维持某种和平，否则就不能完成所想做的。即使盗贼，为了更有力和更安全地侵扰别人的和平，也要与同伙维持和平。当然也会有盗贼自己力量惊人，很不信任同伙，不想和同伙在一起，因嫉恨同伙而单独作案，一个人抢劫谋杀，但是他仍然要维持某种和平的影像，比如那些他不能杀的，以及他要对其隐瞒自己的行为的人。在家里，他要努力与妻子儿女，或别的家人，维持和平；无疑，他喜欢家人听他的话。如果家人不听，他就会生气，纠正和惩罚他们，恢复家里的和平。如果必要，他甚至用野蛮方法强加和平，因为他觉得，要是没有一个头领（在家里，这个头领就是他自己），让家里别的人都要服从他，就没有和平。所以，如果城邦或民族给他很多奴仆，就像他要求家里的奴仆那样服侍他，他就不会再在匪巢里隐藏，而是享受帝王的高贵排场，而依然永远保持同样的贪欲和武力。因此，凡是想按照自己的抉择生活的人，都希望和自己人维持和平。哪怕在和别人发动战争时，如果可能，他们也希望能把对手纳入自己的法律之下，促成和平。

12.2　我们还是来谈谈诗歌中唱的和神话里讲的一个人吧。此人因为和人不交往，极为野蛮，人们不称他为人，而是半人。他的王国是一个可怕的山洞，一个人在那里隐居。他十恶不赦，因而得名为卡库斯 κακός，就是希腊文里"坏"的意思。他没有妻子，得不到亲昵，也无人说话；他没有子女，所以不能和幼童嬉戏，也不能命令少年；他没有朋友共乐，甚至和父亲伏尔坎都不能交流。他比父亲还快乐些，因为他自己没有生这么一个怪物；他什么也不给别人，但是只要他能够，他会在任何时候从任何人那里索取任何数量的财物。但是，在他自己独处的洞穴里，据诗人描述，他总是把血迹埋在土里[41]。他所要

---

[41]　见维吉尔，《埃涅阿斯纪》，8：185—275。

的,也不过就是和平,不让任何人烦扰他,不让任何外力或对外力的恐惧打搅他。他渴望和自己的身体保持和平,越是能够达到这些,就越是好的。他给自己的肢体发命令,肢体都听从他。如果他自身的必朽性抗拒他自己,造反和暴动,饥饿威胁灵魂要与身体分离,他就赶紧满足饥饿的欲望,捕获猎物,杀死它,吞下它。虽然他野蛮而残忍,但他的生活仍然是为了和平,野蛮和残忍的事情都是为了健康;他能在洞穴里维持足够的和平,能和自己维持足够的和平,如果他想和别人维持同样的和平,那就不会被称为"坏"、野蛮、半人了。或者,如果是他身体的样子和他吞云吐雾的做法吓得人不敢与他为伍,那么,就不是他伤人的欲望,而是维生的必需使他变得野蛮。也许他根本不存在,或者,更加可信的是,他并不像诗人虚妄描述的那个样子。因为如果不夸张地谴责卡库斯,就无法赞美杀他的赫拉克勒斯。正如我说的,我们还是不要相信有这样的人(或更恰当地说,半人),就像诗人虚构的很多人物那样。卡库斯的很多部分来自野兽(因为他也被称为半兽),但哪怕是最野蛮的野兽,也要用适合自己这物种的办法来维持和平,使自己能交配、生育、哺乳、抚养、喂食,哪怕在离群索居时也需要。不仅羊、鹿、鸽、鸟、蜂是这样,就连狮、狼、狐、鹰、枭都是一样。哪只母老虎不温柔地给自己的骨肉喂奶?她怀抱幼崽时,一点也不凶残。猛禽在独自围追猎物时很凶悍,但是它不也要与伴侣交媾,要筑巢,要帮助孵卵,要哺育小鸟,同家中的雌鸟一起尽力维护全家的和平吗?而人不是要被比自己更强大的自然法驱使,同样尽力与同伴相互联合,维持最大可能的和平? 即使是坏人,也是为了自己人的和平而发动战争,他们希望尽力把所有的人变成自己人,从而让大家听从唯一的共主。除非人们要么通过爱,要么通过畏,赞同他,维持和平,否则怎样联合? 而骄傲是对上帝的恶意模仿。骄傲者不愿意和自己的同伴平等地侍奉共同的主人,而想给自己的同伴施加自己的霸权。他憎恨上帝正义的和平,喜爱自己邪恶的和平。他并不是不会爱任何和平。没有任何人有如此大的罪过,如此违反自然,以致毁掉自然最后的印痕。

12.3　把恶人的和平与义人的和平相比,凡是知道正直优于堕落、秩序优于颠倒的人,都明白这不能称为和平。但不管这有多么下流,它一定在某物中、从某物中,或与某物间,达到了和平,它要么在这些事物之中,要么包含这些事物。要不然它就根本不存在。比如,如果有人头朝下倒吊着,那么他的身体的位置和四肢的顺序就颠倒了,因为本来按照自然是在上的,而今在下了,本来应该是在下的,而今变得在上了;这样的颠倒扰乱了肉身的和平,带来了麻烦。不过,灵魂还是与身体和平相处,要给它带来健康,因此才有痛苦;如果灵魂的麻烦使她脱离了身体,只要各个肢体保持完整,剩下的部分仍然不会没有和平,因此他仍然会吊在那里。如果土做的身体坠向大地,压迫用来吊它的锁链,身体还是要找一个能使自己和平的秩序,在重量的压迫下,找到能获得平静的位置。因此,哪怕是没有了灵魂、失去了感觉,身体也会依循自己的自然秩序,不会失去和平,要么是维持本来的和平,要么是趋向和平。如果施加药物保护(*curatio*),让尸体不会腐化分解,那么它的各部分就会和平地相互结合,让这整个大块适应于地上的位置,在原地和平安放。如果不加药物的保护(*cura*),让尸体依循自然变化,在一段时间内,它就会发生变动,变得与我们的感觉很不和谐,这就是人们感到的腐化。然后,它又和世界中的元素融合,一点点逐渐地恢复到相互和平共处之中。什么也不会脱离至高的造物主和安排者的法律,他调节整个宇宙的和平。大的生灵的尸体中,会诞生微小的生灵,按照造物主同样的法律,这些小的生灵要维持身体的健康与和平,服务于自己的灵魂;死者的肉身被别的生灵吃掉,也是按照同样的法律,万物的分配有利于各个必朽物种的保存,通过同类相聚来维持和平,不论从何处分化来,不论结合成什么,也不管转化为什么,变成什么。

13. 自然之法不会因任何烦扰而毁坏宇宙的和平,上帝根据自己的意志,使万物各得其所、达到应该达到的秩序

13.1 身体的和平,就是各个部分依照其性情获得秩序;非理性灵魂的和平,在于欲望的有序满足;理性灵魂的和平,在于认识和行动按照秩序得到协调;身体和灵魂之间的和平,就是生灵都依照秩序维持生命与健康;必朽的人和上帝之间的和平,就是依照秩序,在信仰中遵从永恒的法律;人们之间的和平,就是和谐地维持秩序;家里的和平,就是一同居住的人有序地命令与和谐地遵从;城邦的和平,就是公民之间有序地命令与和谐地遵从;天上之城的和平,就是结成安享上帝的最有序、最和谐的团契,并在上帝之中相互安享;万物的和平,就是秩序的平稳。秩序,就是分配平等和不平等的事物,让万物都各得其所。悲惨者在悲惨中的时候,就没有和平,缺少秩序的平稳——即没有搅扰的状态;而因为他们理应悲惨,他们的悲惨是正义的,因此他们的悲惨并不会在秩序之外;他们无法和幸福者在一起,但是正因为秩序的法律,他们才与那些人分离。如果他们安于所处的环境,那就不会有搅扰,还是会有某种秩序的平稳,还是会有某种和平[42]。他们又确实是悲惨的,因为,虽然他们有些安全,不必痛苦,但他们毕竟不在完全安全、没有痛苦的地方。如果他们不能与维持

---

[42] 参考奥古斯丁,《论音乐》,6:14[46]。[译按]奥古斯丁一直认为,万物都在上帝所创造的秩序之中,无论好坏,都无力脱离这个秩序。因此,必朽者的幸福不在于是否在这个秩序之中,而在于是否安于这个秩序,认识到自己在这个秩序中的位置。所以他在《论音乐》中说,人不仅要被保持在秩序中,而且要主动保持秩序。

自然秩序的法律和平相处，那就更悲惨了。他们之所以痛苦，是在和平受到搅扰的部分痛苦。而在既没有痛苦，完整性也没有毁坏的地方，才会有真正的和平。没有痛苦的生命可以存在，但是没有生命就不会有痛苦。正如存在没有战争的和平，但是不可能有没有和平的战争。这倒不是战争的性质使然的，而是因为，战争只能由作为自然存在的人发动，或者在人之间发动；如果人们完全没有和平，战争就不可能发生。

13. 2　　因此，存在一个没有坏或不可能有坏的自然；但不存在没有好的自然。因此，哪怕是魔鬼的自然，只要是自然，也不会是坏的；是堕落使他变坏的。所以，魔鬼不会待在真理中，但是逃不出真理的审判；他不会待在秩序的平稳中，因此无法逃出那安排者的力量。上帝赐予的好，魔鬼的自然中还保有，这好不会帮魔鬼脱离上帝的正义，上帝要用这正义来施行惩罚；上帝并不惩罚他在魔鬼身上创造的好，而是惩罚魔鬼所做的坏事。他不会完全褫夺自己赐予的自然，而是取走一部分，留下一部分，从而使有一部分能因为被夺走而痛苦。他能痛苦这个事实，就证明，有一部分好被剥夺了，一部分好被剩下了。如果不剩下一些好，就不能为被剥夺的好痛苦。犯罪的人如果因为公平被贬抑而兴奋，那就更坏了；他如果为此而痛楚，即使得不到好处，也毕竟为不得安全而痛苦了。公平与安全都是好的，既然是好的，如果这种丧失得不到更好事物的补偿（比如，心灵的公正就比身体的健康更好），就更应该痛苦，而不是兴奋；因此，不正义的人更应该为丧失而痛苦，而不是为缺失而兴奋。犯罪时为善好的缺失而兴奋，证明意志是坏的；同样，在受罚时，为好的丧失而痛苦，证明自然是好的。一个人若为自己的自然丧失和平而痛苦，那就说明他的自然中仍余下一些和平，说明他的自然与自己为友。在末日审判中，邪恶和不敬的人要因为好的自然遭到贬抑而痛楚，这是对的，因为他们知道，无比正义的上帝褫夺了自己的慷慨赐予，而他们曾蔑视这赐予。上帝无比智慧，是所有自然的创造者，是最正义的安排者，他把必朽的人这个种族树为地上万物中伟大的装点，赐给人此生相应的善好，即对应于必朽的一生的暂时的和平，赐给人们健康、安全，以及族类的联合，还有维持和复兴这些所必需的东西，包括那些我们的感觉适应和可以利用的事物，比如光、声、可呼吸的空气、可饮用的水、各种食物、屏障，还有各种关怀（*curandum*）和装点身体的事物。这些都是极为公平地完成的，每个必朽者只要能恰当地使用这些，有利于必朽者的和平，就会得到更多和更好的东西，即，不朽的和平以及相应的光荣与尊荣，在永生中安享上帝、亲近上帝；谁若用得不好，就无法得到不朽的和平，还会失去必朽的和平。

14. 靠着天上和地下的秩序与法律，人类社会求助于统治者，统治者服务于求助于他们的人民㊸

因此，在地上之城里，尘世之物的一切功用都是为安享地上和平；而在天上之城，是为了安享永久和平。因此，如果我们是非理性的生灵，除了有序地安排身体各部分和满足欲望之外，我们就没什么追求了；除了肉身的安宁和餍足的快乐，也就没什么了。因此身体的和平促成灵魂的和平。如果没有身体的和平，非理性的灵魂的和平也会受阻，因为无法由此带来欲望的满足。如果两方面的和平都实现，那么，灵魂和身体就相互促进，生活和健康都有序安排。各种生

㊸ ［译按］本卷的 14、15 章是被广泛讨论的两章，被认为是奥古斯丁讨论政治权威起源的经典段落。争论的焦点是，究竟家庭中自然的权威，还是奴隶主这人为的权威是政治的本来样态。参见 Robert Markus 的文章 "Two Conceptions of Political Authority"，Journal of Theological Studies，No. 8, Vol. 16, 1965。

灵在躲避痛苦时，会表现出热爱自己身体的和平；在追逐享乐、满足欲望的要求时，表现出热爱灵魂的和平。而对死亡的逃避足以表明，它们对于灵魂与身体结合的整体是多么热爱。但是因为人有理性的灵魂，所以，他和动物共同的一切都服从于理性灵魂的和平。这样，他的心智可以做一些思考，并按照这思考行事，使思考与行为有序而一致，我们就把这称为理性灵魂的和平。为达到这种和平，人们不该让痛苦烦扰，让欲望搅扰，随着死亡消解，而是得到有用的知识，按照这思考来规范自己的生活和品德。但是，为了避免让人软弱的心智导致他思考的热情误入害人的歧途，他需要神的指导，明确地遵从神；需要神的帮助，从而自由地遵从神。只要人待在这个必朽的身体中，就是在羁旅中，与主相离：他凭着信仰前进，不是凭眼见⑭。通过身体总体的和平、灵魂的和平，或是身体与灵魂的共同和平，通过所有这些和平，他指向必朽之人与上帝之间的那个和平，通过在信仰中对永恒之法的遵从获得秩序。正是因为两个主要的诫命，即爱上帝和爱邻人⑮，我们的导师上帝教育我们，人要爱三者：上帝、自己、邻人。爱上帝的人，对自己的爱也不会错；从而，他也会叫邻人爱上帝，因为他得到命令，要像爱自己一样去爱邻人，以及爱妻子、爱孩子、爱奴仆，还有别的人。因此，如果他需要，他也想让邻人对自己这么做；这样，他和自己有多少和平，就也和所有人有多少人类的和平，形成和谐秩序。这种和谐的秩序就是：首先不能杀人，随后要尽力做好事。首先，他必须为自己的家人操心（cura）；自然秩序或人类社会的秩序让他更有机会、更容易地帮助他们。因此使徒说："人若不看顾亲属，就是背了真道，比不信的人还不好。"⑯这样，就形成了家中的和

---

⑭ 《哥林多后书》，5：6。

⑮ 《马太福音》，22：34—40；《马可福音》，12：28—31；《路加福音》，10：27—28。

⑯ 《提摩太前书》，5：8。

谐,即,共居之人都有秩序而和谐地命令和服从。发布命令的人,帮
助被命令的人:丈夫命令妻子,父母命令儿女,主人命令奴仆。遵从
命令的,是被帮助的人,正如女人遵从男人,儿女遵从父母,奴仆遵从
主人。而"因信得生"[47]的义人还在走向上帝之城,在他的家里,即使
发命令的人,也是那好像被命令的人的奴仆。他们并不是因霸欲发
命令,而是出于助人的职责,不是出于做领袖的骄傲,而是因为他们
心怀悲悯。

15. 自然的自由和首先由罪造成的奴役。 意志很坏的人虽然未必受别人的拘束,却是自己的欲望的奴仆

自然秩序如此规定,上帝这样造了人。因为他说:"使他们管理
海里的鱼,空中的鸟,地上的牲畜,和全地,并地上所爬的一切昆
虫。"[48]如果不是为了让他们霸占非理性的造物,上帝就不会按照自己
的像制造理性的人。人不霸占人,但霸占牲畜。因此,他首先确立的
义人是放牧牲畜的牧人,而不是人王[49]。这样,上帝就确立了,如何安
排被造物的秩序,如何按照罪人的品性宽免他们。把罪人立为奴仆,
我们应该理解为是正义的。因此,在义人挪亚惩罚他的儿子的罪,让
他当奴仆之前,我们在圣经里读不到"奴仆"这个词[50]。他儿子是因为
罪得到了这个名,而不是因为自然。我们认为,拉丁文中的"奴仆"
(servus)一词来自那些在战争中按法律本来可以杀死,但是被征服

㊼《哈巴谷书》,2:4;《罗马书》,1:17;《加拉太书》,3:11;《希伯来书》,10:38。
㊽《创世记》,1:26。
㊾《创世记》,4:2;46:32—34;47:3;《出埃及记》,3:1。
㊿《创世记》,9:25—26。

者留下来、做了奴仆的人,因此这个词来自"保留"(servo)[51]。这些被保留的人不是没有罪而应该被保留的。哪怕是发动正义的战争,也是因为对手的罪而交战的。所有的胜利,哪怕是坏的一方的胜利,也是出自神的审判,为了纠正或惩罚罪过而羞辱被征服者。比如,神的选民但以理就是个例证。他在被俘后向上帝忏悔了他自己的罪和他的人民的罪,虔敬而痛苦地承认,这就是他们被俘的原因[52]。奴役的首要原因是罪,使人被他人征服,遭受镣铐之苦。如果没有上帝的审判,也就不会这样。上帝的审判中没有邪恶,上帝知道,要按照罪人的品性给与惩罚。正如上主说的:"所有犯罪的,就是罪的奴仆。"[53]因此,虽然很多有信仰的人做了恶人的奴仆,那做主子的也不是自由人:"因为人被谁制伏就是谁的奴仆。"[54]人们做了别人的奴仆,要比做自己的欲望的奴仆幸福,因为欲望的统治无比野蛮,会毁掉必朽的心。我且不说别的,只举霸欲为例。在人类的和平秩序中,那些受别人霸道的人可以产生服从的谦卑,这是有益的;而霸道的高傲是害人的。上帝最先创造的人,按照自然,没有人是人的奴仆,也没有人是罪的奴仆。神法命令自然秩序得到保护,避免受到干扰。奴役正是神法发布的惩罚。因为,如果没有违背神法的事发生,也就不会施加奴役这种惩罚。因此,使徒告诫奴仆们服从他们的主人,并且出于心灵的良好意志,甘心情愿地服从[55]。所以,他们如果不能让主人解放自己,却可以把自己的奴役地位变得自由起来。他们不必满腹狐疑和恐惧,而要充满信仰和爱地服从,这样就可以脱离邪恶,一切掌权

---

[51] [译按]拉丁文中的 servo 意为解救、保存、保护,与奴仆(servus)字形很像。但二者之间未必有语言上的关联。

[52] 《但以理书》,9:16。

[53] 《约翰福音》,8:34。

[54] 《彼得后书》,2:19。

[55] 《以弗所书》,6:5。

的和有能的人都将毁灭(56)，上帝就在万物之上，为万物之主(57)。

16. 平等者之间的统治

因此，我们正义的族长也有奴仆，从而能维持家中的和平。就尘世的善好而言，他们的孩子所应得的，和他们的奴仆所应得的，是不同的。但在服侍上帝方面(他们希望在上帝那里获得永远的好)，他们的家庭中的所有成员都是平等的，友爱互助(58)。自然秩序如此规定，从而有了"家父长(*paterfamilia*)"的名字。这个名字极为深入人心，就是邪恶的霸者也喜欢被称为家父长(59)。而真是家父长的那些人，像对待儿女一样帮助家中所有的人，服侍和敬拜上帝，希望和祈祷进入天上的家。在那里，不再有必要完成霸占必朽者的义务，因为对于进入不朽的幸福的人们，已经没有必要和义务帮助。在进入不朽境界之前，父辈们霸占的义务，比奴仆们容忍和服从的义务更重。如果有人在家里因为不服从而破坏了家中的和平，他会被责备、鞭打，或别的正义而合法的惩罚纠正，只要这是人类社会允许的。这些对被纠正者有利，因为他重新获得了自己已脱离的和平。谁若从好变成了坏，帮助他不会带来好处；同样，谁若做了严重的坏事，赦免他并不是没有罪的。要想让自己无辜，不仅不能向任何人做坏事，而且要阻止人犯罪或惩罚罪。这样，要么是犯罪的人在亲身经历中得到了纠正，要么立下例子警示别人。因为人的家庭要么是城邦之始，要么是城邦的一小部分，所有的开始都指向自己的结局，所有的部分都指

(56)《哥林多前书》，15:24。

(57)《哥林多前书》，15:28。

(58)《出埃及记》，12:44；5:14。

(59) 参考塞涅卡，《书信》，47:14。

向自己所组成的整体。这足以表明,家中的和平指向城邦的和平,即,家中有序的命令与和谐的遵从指向公民间有序的命令与和谐的遵从。这样,从城邦的法律中,家父长应该总结出自己的诫命,用来治理家庭,使家庭与城邦的和平相谐调。

17. 天上的社会与地上之城之间何时拥有和平,何时出现不和谐

那些不按照信仰生活的人家,在尘世生活的事物和利益中寻求和平;而那些按照信仰生活的人家,则希求所应许的未来永恒,在羁旅中使用地上的和尘世的事物,但不会被它们所摄,从而偏离朝向上帝的道路,而是用它们来支持自己,从而更容易地忍受必朽的身体的负荷,也使这负荷增加的程度最小,以免压迫灵魂(60)。因此,这两种人和这两种家庭都利用这些事物,因为它们是维持这必朽生命的必需品。但是,他们利用这些事物的目的非常不同。不按照信仰生活的地上之城希求地上的和平,形成公民间和谐的命令与遵从,为的是在这必朽中维持必朽的生命,保障人们的意志之间的平衡。天上之城,或更确切地说,天上之城的一部分,在这必朽中旅行,按照信仰生活,也有必要利用这种和平,因为在这必朽的生命结束之前,这种和平也是必要的;虽然他获得了救赎的应许和灵性的赐予,就在他在地上之城(或者说,枷锁中的生活)中旅行时,他还接受了地上之城的法律,因为,维护必朽的生命的物品,是靠这些法律管理的,他无疑要服从。由于这必朽的境况是两个城共同的,就这个必朽境况中的事物而言,两个城之间需要达到和谐。地上之城中也自有智者,他们背弃神的

(60) 参考《所罗门智训》,9:15。

学说，或是出于臆想，或是被鬼怪们欺骗，相信诸神会介入人事，以不同的方式分管各种事务，有的管身体，有的管心灵，在一个身体里面，有的管头，有的管脖颈，至于别的肢体，也各司其职。同样，在心灵中，有的管天性，有的管学习，有的管愤怒，有的管欲望；对于别的与生活相关的事物也一样，有的管牲畜，有的管粮食，有的管酒，有的管油，有的管林，有的管钱，有的管航海，有的管战争和胜利，有的管婚姻，有的管生产和哺育，还有别的神管别的事；而天上之城只知道服侍一个上帝，用一种侍奉方式侍奉他，希腊人称为 $\lambda\alpha\tau\rho\epsilon\acute{\iota}\alpha$，发布充满虔敬信仰的规定：这只能归于上帝[61]。因此，其中的宗教法律不可能和地上之城有什么共同之处，在这方面一定与之相悖，对于观念不同的人，一定是负担，一定会遭受他们的愤怒、仇恨、迫害的阻碍，除非反对者的心灵被地上如此众多的信徒和他们总能得到的神佑所震慑。这个天上之城在地上旅行之时，从所有民族的城邦召唤信徒，从所有语言中聚集旅伴，不关心道德风俗、法律、制度的不同，虽然地上的和平要靠这些完成和维护。但她也并不废除或毁坏这些，甚至保存和遵从它们，只要它们不妨碍宗教，即服侍唯一、至高、真正的上帝的学说，就允许不同民族中的差异，因为它们都是为了达到地上和平这一个共同的目的。因此，即使天上之城也在她这羁旅中利用地上的和平，利用那些维持必朽之人的自然的事物，维持人的意志之间的平衡，只要他们服从救赎的虔敬和宗教，对地上和平的维护和追求，也指向了天上的和平，那才是真正的和平，对于理性的造物而言，那是唯一能拥有的和平，唯一称得上和平的和平，即形成无比有序、无比和谐的团契，安享上帝，在上帝中相互安享；要到达这和平，我们已经不再拥有必朽的生命，但却有真正确定的生命，不再有灵魂性的可腐的身体来压

---

[61]　参见本书 5:45；6:1。

迫灵魂，而是灵性的身体，不缺乏任何东西，身体完全服从意志。按照信仰旅行的人拥有这种和平，并且按照信仰正义地生活，一切好的行为都是为了得到那种和平，这行为要么为了上帝，要么为了邻人，因为城里的生活必然是社会性的生活。

18. 新学园派含糊其辞，而基督信仰是一贯的，二者截然不同

瓦罗说，新学园派的一个独特之处是，对一切都不确定，但上帝之城拒绝一切这样疯癫的疑虑。凡是能用心智和理性把握的东西，她都有无比确定的知识，哪怕因为可腐的身体压迫灵魂（正如使徒说的："我们现在所知道的有限。"[62]）而受限制。上帝之城也相信对事物的感觉和这些感觉的证据，而心灵是通过感觉利用身体的。谁若认为感觉完全不可信，上帝之城就认为他犯了悲惨的错误。无论新旧约圣经，也就是我们所说的"圣典"，上帝之城都相信，信仰就孕育在其中，义人靠这信仰生活[63]；只要我们的旅程还未接近上主，我们就要依靠信仰，毫不怀疑地前行[64]。只要我们健康而坚定地信仰，如果我们怀疑那些我们没有靠感觉和理性认识，圣经里面没有清楚讲述，也没有经过不能不相信的见证者变为我们的知识的，那我们就不该受到责备[65]。

19. 基督徒们的形象和道德

凡是追随那让人走向上帝的信仰的，只要不违背神圣的诫命，他

---

62 《哥林多前书》，13:9。

63 参考《哈巴谷书》，2:4。

64 《哥林多后书》，5:6。

65 参考德尔图良，《论灵魂》，19。

生活的形像和道德(*moribus*)(66)不论怎样,都和上帝之城无关;那些哲学家若成为基督徒,只需要改变虚假的信条,没必要改换形像和道德,因为这不会阻碍宗教。所以,瓦罗说的犬儒派的独特因素,只要不变得下流和矫情,就完全不相干(*non curat*)。每个有拯救性信仰的人要度过自己的人生,得到永恒的奖赏,究竟是否持有对真理的爱,是否完成爱的职责,是不同的,但无论采取那三种生活方式中的哪个:安宁,积极,还是二者兼有,都可以。(67) 人们不应该都要安宁,从而在安宁中不过问邻人的事务;也不应该过于积极,从而没有对上帝的沉思。他不能在安宁中耽于闲适,而要在安宁中询问或发现真理,从而让每个人得益,在自己发现真理时,也不嫉妒别人。在行动中也不是为了热爱此生的尊荣或权力,因为“日光之下所作的一切事,都是虚空”(68)。但是,我们可以利用荣誉和权力,因为如果正确而得当地运用,就能服务于我们手下人的利益和拯救,而这就是遵循了上帝;这些我们前面已经说过(69)。因为使徒说:“人若想得监督的职分,就是羡慕善工。”(70)他想解释什么是“监督的职分”(*episcopatus*),那是劳动的名字,不是尊荣的名字。这个词来自希腊文,指的是,被任命监管别人的人要指导人,对他们负有关怀(*cura*)之责;σκοπός就是观看(*intentio*)的意思,而 ἐπισχοπεῖν,我们如果愿意,可以译成“监督(*superintendere*)”(71),因此,谁若喜欢统治,而不喜欢服务,就不是合

(66) [译按]奥古斯丁在此处将尘世的德性相对化,将宗教性的信仰绝对化。一切道德都必须以上帝为目标才是道德,否则,德性也变成了罪。但只要有信仰存在,具体道德都变得不重要了。

(67) [译按]奥古斯丁早年立志沉思哲学,却不情愿地在希波当了神父,继而成为主教。此处当是他晚年对自己人生转变的一个总结。

(68) 《传道书》,1:14。

(69) 本卷 6。

(70) 《提摩太前书》,3:1。

(71) 参考圣哲罗姆,《书信》,8。

格的监督者（*episcopatus*）。这样，谁都不会被禁止追求对真理的认识，因为这种安宁是值得赞美的；虽然没有在上的高位，就不会有国王下的人民，但谁也不能心怀非分地图谋这个位置，哪怕得到和管理它的方式是正当的。神圣的安宁是用来追求真理之爱的；正义的不安宁是爱所必需的。如果没人加给这负担，就要用闲暇来思考和追求真理；如果有这负担，就要承担起来，因为这是爱所必需的。即使那样，对真理的热爱也不能抛弃，否则我们就失去了甜美，这必然的负担一定会变得沉重。

20. 在此生的时间，神圣的公民们抱有对幸福的希望

上帝之城中的至善就是永恒和完美的和平，不是必朽者在生死之间经历的转瞬即逝的和平，而是不朽者栖居其间，不必遭受任何灾难的和平。谁能否认那个生活是最幸福的？与那个生活相比，谁能认为，这个心灵与身体享受外部事物之好的生活不是最悲惨的？然而，如果谁能利用此生，一心朝向那个目的，以无比的热诚与信仰热爱和盼望，说他现在幸福也并不荒唐，虽然这是根据他的希望，而不是就现实说的。现实若无希望，其中的幸福就是虚假的，有巨大的悲惨，因为那就无法利用灵魂中真正的好，那就不是真正的智慧，如果仅在此世明智地看，勇敢地生活，节制地交往，正义地分配，而不是指向那个目的，"上帝就在万物之上，为万物之主"的地方[72]，那确定的永恒和完美的和平，就不是智慧。

---

[72]《哥林多前书》，15：28。

21. 按照西塞罗的对话中西庇欧的定义，罗马是不是从未有过共和

21.1 按照西塞罗的《共和篇》中西庇欧给出的定义，罗马从来没有过共和。在本书的卷二，我曾经许诺说要证明这一点(73)。现在是时候了，我要尽可能简洁清楚地解释这一点。简单说来，共和（*res publica*）就是人民之事（*res populi*）。如果这个定义是对的，那罗马就从未有过共和，因为从未有过人民之事，即西庇欧对共和的严格定义。他把人民定义为共同认可什么是正义、并且是利益共同体的大众的团契。他在对话中解释了，他说的"共同认可什么是正义"是什么意思，以此表明，没有正义就没有共和；而在没有真正的正义的地方，不会有"法律"（*ius*）(74)。因为，"法律"就是正义地做的事；不正义地做的事，不会是"法律"。人类的邪恶制度，不能说成或认为是法律，但是，就是人们自己也说，这法律来自正义的源泉。那些没有正确观念的人会说，正义就是对当权者有用的，这是错的(75)。因此，在没有真正的正义的地方，就不会有因为认同正义是什么而形成的大众的团契，因此就不会有西庇欧或西塞罗严格定义的人民；如果没有人民，就没有人民之事，而只有某种大众，他们是不配有人民之名的。按照这个说法，如果共和就是人民之事，而又没有人民，即共同认可什么是正义的团契，那么就没有正义，也没有法律。我们无疑可以推论，在没有正义的地方，不会有共和。而正义就是让人各得其所的一种德性。那么，让人自身离开上帝，让他屈从于肮脏的

---

(73) 参见本书 2:21.4。
(74) ［译按］*ius*，兼有"正当"、"法律"、"权利"等含义。
(75) 柏拉图《理想国》338c；《高尔吉亚》483c—484a。

鬼怪的，算是什么人的正义？难道这是让人各得其所吗？如果一个人把某物从取得它的人那里拿走，然后传给无权得到它的人，难道这不是非正义吗？人是上帝制造的，如果谁让自己脱离上帝的统治，服务于邪恶的精灵，这是正义吗？

21.2　在自己的《共和篇》中，西塞罗极为尖锐和有力地驳斥了非正义，辩护了正义。但是在对话的一开始，他们却站在非正义一方，攻击正义，说，如果不靠非正义，共和就不能建立和发展，这是一个极强的说法，因为让人服从人的统治就是非正义的；但是，对于一个庞大的共和来说，如果帝国之城（*imperiosa civitas*）不采用这种非正义，就不能节制诸省。正义一方会认为这是正义的，因为这对于服从一方的人也是有益的；而如果这正确运用，确实会维护他们的利益。正确运用，就会取消不好的人们行不义的自由，让被统治者过得更好。如果他们不被统治，就会更糟。为了强化这层推理，我们可以从自然中举一个好例子，说："为什么上帝命令，心灵命令身体，理性命令欲望，以及心灵中别的有罪过的部分？"这个例子足以表明，侍奉是有益的，对上帝的侍奉对所有人有益。要侍奉上帝，心灵就要正确地命令身体，心灵中的理性要听从主上帝，正确地命令欲望和别的有罪过的部分。因此，在人不侍奉上帝的地方，我们认为哪里还有正义呢？如果不侍奉上帝，心灵就不能正确地命令身体，人的理性就无法正确命令那些罪过。如果这样的人没有正义，无疑，在由这样的人组成的群体中也不会有这样的正义。既然说共和就是人民之事，而这样一来就无法把大众变成人民，因为没有对正义是什么的认同，那我又怎么说人们联合起来组成的团契的利益呢？按照定义，只有这样才是人民。所有不侍奉上帝而侍奉鬼怪生活的，都生活得不虔敬。他们越是愿意把那些最肮脏的精灵当成神，给他们献祭，就越是不虔敬。你如果仔细看，这样活着的人根本没有这利益。但是，我认为，对于“对正义是什么的认同”，我说得已经够了，按照这个定义，根本就没有人民，也就没有所谓的他们的共和，因为没有正义在其中。如果他们说罗马共和国侍奉的不是肮脏的精灵，而是好的和神圣的诸神，难道我要重复前面已经说得足够多的话吗？凡是读了前面几卷，读到现在的人，除非过于愚蠢、冥顽不化，谁能怀疑，罗马服从的是又坏又肮脏的鬼怪？但我不说他们用祭祀服侍的诸神了。在真正的上帝的法律里写着：“祭祀别神，不单单祭祀主的，那人必要灭绝。”(76)作出这警告的，不会向诸神献祭，不管是好的，还是坏的。

22. 基督徒服侍的上帝，他们唯一应该献祭的上帝，是否是真正的上帝

但有人可以这么回答：“这个上帝是谁？凭什么证明，罗马人应该服从他，除他之外不能以祭祀服侍别的神？”问这个上帝是谁，真是太瞎眼了。那就是上帝自身，先知们就他预言的事，我们都看到了。亚伯拉罕就是从这个上帝接受了这话：“地上万国都必因你的后裔得福。”(77)这应许在基督中实现了，因为他的肉身来自亚伯拉罕的后裔，但那些仍然敌视他的名字的人，不论是否愿意，都要承认这一点。就是这个上帝，他的圣灵通过先知说话，我们在前面的书里引用过这些话，这些话在教会中实现了。我们看到，这教会传播到了整个大地。就是这个上帝，罗马人中最博学的瓦罗把他当成了朱庇特，但并不知道自己在说什么。不过，我觉得应该注意，这样一个渊博的人不认为这个上帝不存在或不重要。他认为这个上帝存在，以为

(76)《出埃及记》，22：20。
(77)《创世记》，22：18。

他就是至高的神。就是这个上帝，最博学的哲学家波斐利虽然也是基督徒最尖刻的敌人，但按照他认为是神的鬼怪们的神谕，他也承认，上帝是最高的神。

23. 波斐利谈道，诸神的神谕是对基督的回应

23.1 波斐利在题为《来自神谕的哲学》(ἐκ λογίων φιλοσοφίας)(78)的书中，追踪并记录了他所认为的诸神对哲学内容的回应。我把他的话从希腊文翻译过来，就是："有人问，怎样才能取悦于神，并把皈依了基督教的妻子唤回，阿波罗用韵文回答如下。"下面是所谓阿波罗的话："水中属文可长存，化鸟犹得羽纷纷；心随邪说污本性，耳过良言忘真神；娇妻既陷任沉沦，圣子已死妄招魂；青天自当斩顽佞，无情十字订伪真。"阿波罗的韵文译过来难存风雅。而在这些之后，他接着又说："阿波罗说，由此可见，基督徒们的观念是难以转变的，就是犹太人也比他们容易接受真神。"你看，虽然他诬蔑基督，说犹太人超过基督徒，但还是承认，犹太人接受了上帝。阿波罗的韵文里说，犹太人给基督判死刑是正义的，以此来表明，既然那些法官是正义的，基督就该受惩罚。阿波罗这满纸荒唐言的诗句，说的就是他们对基督的看法，就是波斐利所认为的。也许阿波罗根本没有口占这首诗，而是波斐利虚构说他说的。至于这究竟是神谕说的，还是波斐利自己伪造的，我们以后再看。他说，犹太人自命为上帝的捍卫者，正确地审判了基督，判他在十字架上被钉惨死。那么，波斐利就为犹太人的上帝做了见证，那他会听到上帝说："祭祀别神，不单单祭祀上帝

(78) 此书已佚，仅存残篇。尤西比乌的《福音的准备》，4:6.2；4:8.3 中也提到了它。

的,那人必要灭绝。”(79)我们还是进入更清晰的地方,听听他说犹太人的伟大上帝是什么。有人问阿波罗,言或理性是否比法律好,他说:“阿波罗又用韵文回答。”随后是阿波罗的韵文,我仅择其一二足矣:“万物之先,上帝为王,八方震恐,天地海洋,乃及幽冥,众神惶惶,法即圣父,希伯所享。”(80)在他的神阿波罗的这个神谕里,波斐利说希伯来人的神是大神,哪怕诸神也怕他。而这个神说:“祭祀别神的,那人必要灭绝。”我很奇怪,为什么波斐利自己不怕他,还要祭祀别神,不怕灭绝。

23.2 虽然我们刚才提到他对基督的污蔑,但这个哲学家还是说了基督的好处。好像他的神在睡着时污蔑基督,在醒着时就认识到他的好处,给他应得的赞美了。他好像是在展示神奇而难以置信的事,说:“我们要说的,在一些人看来是出乎意料的。诸神预言,基督是最虔敬的人,成了不朽的,他们在对他的记忆中,谈到了很多好事。但是他们又说,基督其实是污秽的、亵渎的、充满谬误的。他们还说了很多他的坏话,说他是渎神的。”他随后举出了神谕中说基督徒渎神的话。这之后又说:“如果问基督是不是神,赫卡特说:‘当我们不朽的灵魂离开身体以后,她若与智慧分离,就总会犯错。基督的灵魂属于最虔敬的人。他们服侍他的灵魂,是因为不知道真理。’”(81)在引用了这所谓的神谕之后,他又说:“赫卡特说这是最虔敬的人,就像别的虔敬者一样,他的灵魂在死后会不朽,因此无知的基督徒服侍他的灵魂。有人问,他为什么受责罚?女神用神谕回答说:‘身体

(79) 《出埃及记》,22:20。

(80) 亦见于拉克唐修,《论上帝之怒》(*De Ira Dei*),23:12;尤西比乌,《福音的准备》,9:10.4。

(81) [译按]赫卡特的意思是,虽然基督是最虔敬的人,但他的灵魂仍然是不值得服侍的,服侍他的灵魂的人不知道真理。

总会遭受折磨的毁坏;虔敬者的灵魂会坐在天上的位子。他的灵魂是送给别的灵魂的一个致命的礼物,因为那些灵魂命中注定不会收到神的礼物,也不会认识不朽的朱庇特,充满谬误。因此他们被诸神憎恨,注定无法认识上帝,也无法从诸神那里接受礼物,因为接受了这个致命的礼物而陷入谬误。基督自己是虔敬的,像别的虔敬者一样,到了天上。因此,不要亵渎他,而要怜悯那些疯人。由于基督,他们面临迫在眉睫的危险。'"(82)

23.3 谁会那么愚蠢,以致不能明白,这些神谕都是狡猾的人和基督徒的死敌编造的,或者是肮脏的鬼怪们出于同样的用意的回答。他们先是赞美基督,从而让基督徒们能真心相信他们的攻击;然后,如果可能,他们就这样封死永恒的拯救之路,而每个基督徒都走在那条路上。他们感到,如果人们相信他们在赞美基督,这并不会妨碍他们精心策划的、百般花样的鬼蜮伎俩——只要人们也相信他们对基督徒的攻击。他们如此制造对基督的赞美,让两者都相信的人不愿再当基督徒,因为基督虽然享有这些赞美,却不能把人从鬼怪的统治中解救出来。特别是因为他们这样赞美基督,凡是相信他们所描述的基督的人,都不是真正的基督徒,而是像弗提努斯(*Photinianus*)(83)那样的异端。弗提努斯认为基督是人,但不是神(84),所以他不能通过基督得到拯救,不能躲避那些骗人的鬼怪设置的罗网,也不能解开这罗网。我们不能同意阿波罗对基督的攻击,也不能同意赫卡特的赞美。阿波罗宁愿相信基督是罪恶的,说法官判处他被杀是正确的;赫

(82) 尤西比乌在《福音的证明》,3:6 中以希腊文引了同一段话。

(83) 弗提努斯,瑟米乌姆(*Sirmium*)的主教,但后来否定基督的神性,被开除主教职位。在381年的君士坦丁堡会议上,弗提努斯主义被正式定为异端。

(84) 参见奥古斯丁,《忏悔录》,8:19;《布道辞》,192:3.3;37:17.12;183:8.5;《论异端》,44以下。

卡特说基督是无比虔敬的人，但也只是人。他们的用意是一样的，就是不愿人当基督徒，因为，除了基督徒，无人能逃出他们的权能。哲学家，或者说相信攻击基督徒的这类神谕的人，首先要尽可能地协调赫卡特和阿波罗关于基督的说法，要么一致谴责他，要么一致赞美他。如果能够做到，我们同样要避免骗人的鬼怪对基督的攻击和赞美。一个攻击，一个赞美，他们的男神和女神对基督的态度好像不同。但是有正确感觉的人不能相信他们对基督的亵渎。

23.4 不管是波斐利还是赫卡特在赞美基督，他说基督把自己当作致命的礼物给了基督徒，从而把他们都陷入了谬误，他也说出了他所认为的这谬误的原因。在引述他的原话之前，我首先要问，如果基督把自己当作致命的礼物送给基督徒时让他们陷入了谬误，他是愿意给，还是不愿意给这礼物呢？如果愿意，他怎么是正义的呢？如果不愿意，他怎么是幸福的？而我们还是听他自己说的错误原因吧。他说："地上的小精灵们屈服于坏的鬼怪的权能。希伯来人中的智者（你听阿波罗前面说的神谕，耶稣也是其中的一个）警告虔敬的希伯来人小心这些坏的鬼怪和那些小精灵，避免接触他们；他们应该更多地敬拜天上的诸神，特别是敬拜圣父上帝。诸神也教导这些，我们前面已经看到了，他们提醒人们把心灵转向上帝，命令四面八方都服侍他。那些注定不能接受诸神的礼物的，不能拥有关于朱庇特的不朽知识的，其自然无知而不敬，不能听到诸神和圣徒的话，反而弃绝诸神；不憎恨那些被禁的鬼怪和精灵，反而敬拜他们。他们也假装服侍上帝，但是却不做用来敬拜上帝的事。上帝是万物之父，自己并不需要什么；但是如果我们带着正义、贞洁和别的德性敬拜上帝，这对我们是有好处的。我们通过模仿他和探询他，可以让自己的生命变成对他的祈祷。对他的探询可以净化我们，对他的模仿会圣化我们的情感，让我们朝向他。"他对上帝圣父讲得很好，对服侍上帝的方式也说得很好;在赞美圣徒的生命,或命令圣徒如何生活时(85),希伯来的先知书里充满了这样的话。但是一谈到基督徒,他的错误和曲解就太大了,就像他所当成神的鬼怪们所希望的那样。要回想起在舞台和神殿里上演的诸神的下流故事,并且把这些同我们在教会里所读、所讲、所听的,和我们献给真正上帝的故事比较,并不难。我们也不难理解,哪里道德兴盛,哪里道德沦丧。除了魔鬼的精灵,谁会说或鼓吹这样虚妄而公然的谎言,宁可敬拜希伯来人所不准服侍的鬼怪,而不像基督徒那样憎恨他们?我们在这必朽的旅途中敬仰和热爱上帝之城里无比幸福的同胞公民,即天上的圣天使和上帝的权能,但是,希伯来的智者所服侍的上帝在爆雷中宣布自己的法律,交给他的选民希伯来人,禁止对他们的祭祀,并且警告说:"祭祀别神的,那人必要灭绝。"不能以为,只是最坏的鬼怪和波斐利所说的地上微小的精灵不准祭祀。圣经里也说他们是神,不是希伯来的神,而是异邦的神;七十士本的译者在《诗篇》里明确说:"异邦的神都是鬼怪。"(86)既然对这些鬼怪的祭祀是禁止的,就无人会认为可以允许祭祀天上的、所有的,或某处的神,所以后面加上"唯独主"(*nisi Domino soli*),即,都归于主(*nisi Domino tantum*);人们不要在读到"唯独主"时,以为是"太阳神"(87)应该接受祭祀。在希腊文的经书里,很容易发现不能这么理解(88)。

23.5 这个哲学家为希伯来人的上帝提供了极为伟大的见证。而那位上帝给他的希伯来人的律法虽然是用希伯来文写的,但并不

---

(85) [译按]PL本此处为 *vituperatur*,意为"攻击";CCSL本改为 *imperatur*;不过,即使是后者,仍然不容易理解,我们按照自己的理解,这样翻译此处。

(86) 《诗篇》七十士本 95:5;和合本在 96:5,作:"外邦的神都属虚无。"

(87) [译按]之所以会有这样的误解,是因为"*soli*"(唯独)也可以是 *sol*(太阳)的与格形态。

(88) [译按]在此处的拉丁文里,*soli* 既可以是"唯独"的意思,也可以是"太阳"的意思。奥古斯丁以"全都归于主"来诠释这句话,以避免误解。而希腊文七十士本不会引起这种歧义。但圣哲罗姆的拉丁文译本也并不是奥古斯丁所引的这样,也不会引起歧义。

含糊难懂,而是传遍万国,那律法上写着:"祭祀别神,不单单祭祀主的,那人必要灭绝。"难道还需要在他的这律法和他的先知书里寻找很多证据吗?不必寻找了,因为这些证据既不晦涩,也不稀少,而是明确和丰富的,又何必收集它们,放在我的这论证中呢?真正至高的上帝自己就希望人们除他之外,不向别的神祭祀,这像阳光一样明确。只看一个例子,虽然简单,但是分量很重;虽然在威胁,但是确实是上帝所说的。最博学的哲学家都那么漂亮地谈论上帝,让人们听到这警告,畏惧这警告,遵从这警告,以免因为不遵从而带来灭绝的后果。上帝说:"祭祀别神,不单单祭祀主的,那人必要灭绝。"他要我们的祭祀,并不是因为他需要,而是因为这有利于我们。希伯来人的圣经里这样唱道:"你曾对主说,你是我的主。你不需要我的好处。"⑧⑨我们自身,也就是他的城,就是他最奇妙和最好的祭物。信仰者知道,我们在前面的卷册也曾讲到,我们要用我们的祭品赞美这祭祀的神奇⑩。犹太人的祭祀是对未来的张本,而这些祭祀该停止了。从日升之处到日落之处的万国,都要献出统一的祭祀⑨⑪。而今我们看到,希伯来先知书里所预言的神圣祭祀已经实现了;我在这本著作里,从其中选择了我认为足够的神谕,列举出来⑨⑫。因此,唯一至高的上帝依照他的恩典统治一个服从的城,那里,祭祀全都归于他,也只有那里才有正义。在那里,在所有属于那个城、遵从上帝的人那里,心灵统治身体,理性依照法律秩序充满信仰地统治罪过。在那里,每个正义的人,以及正义者组成的人民都在信仰中生活,信仰靠爱起作用。人按照上帝应该被爱的程度来爱上帝,爱邻人如爱自己。在没有这种正义的地方,人们不

---

⑧⑨ 《诗篇》,16:2;和合本作:"你曾对主说,你是我的主。我的好处不在你以外。"

⑩ 参见本书10:6等处。

⑨⑪ 《诗篇》,113:3—4;《玛拉基书》,1:11。

⑨⑫ 参见本书,18:35。

会依照对正义是什么的认同联合起来,不会形成有共同利益的团契。如果这就是人民的正确定义,那么,在没有这样的团契的地方,就没有人民。而在没有人民的地方,就没有共和,因为那里没有人民之事。

24. 如何定义人民与共和,从而使不仅罗马,而且别的王国也符合这名称

如果不这样,而是以别的方式定义人民,比如:"人民就是众多理性动物的集合,这些理性动物因为热爱的事情相和谐而组成团契。"那么,要看某个"人民"是什么样的,就要看他们爱什么。不管他们爱什么,只要不是众多牲畜的团契,而是理性的被造物的团契,并且因为所爱的东西相和谐而组成团契,那么,称为人民就不荒谬。而他们所爱的东西越好,人民就越好;他们所共同爱的越坏,其和谐就越坏。按照我们的这个定义,罗马人民是人民,他们的事无疑就是人民之事(共和)。这个人民最先和后来爱什么,它的道德如何陷入无比血腥的动荡,爆发了同盟战争和城邦内战,它的和谐,也就是这个人民和平健康的方式,如何被打破和毁坏,历史可以作证,我们在前面几卷里也说了很多了[33]。可见,只要还存在理性大众的组合,只要他们按照所爱之物的和谐联合成团契,我就不说罗马人民不是人民,不说罗马之事不是共和。我针对罗马人民与共和所说的,也可理解为针对雅典人、任何希腊人,埃及人的城邦,亚述人先前的巴比伦,以及或大或小曾经建立共和的帝国[34],以及别的民族中的别的帝国的所说所

---

[33] 参见本书 2:18;3:23。

[34] ［译按］此处原文为 *quando in rebus suis publicis imperia vel parva vel magna tenuerunt*。"建立共和的帝国"表面上看是别扭的说法。但按照我们在本书(转下页)

感。总体来讲，凡是不敬者的城邦，上帝不命令她（*imperat*），她也不遵从上帝，不知道，除了上帝自身之外，不应祭祀别的神，所以不能让心灵命令（*imperat*）身体，让理性正直而充满信仰地命令（*imperat*）罪过，所以不会有真正的正义。

25. 在没有真正的宗教的地方，就不会有真正的德性

看起来，心灵命令身体，理性命令罪过都是值得赞美的；但是，如果心灵和理性都不能像上帝命令的那样侍奉上帝，那么，心灵就无法正确地命令身体，理性也不能命令罪过。如果心智不知道真正的上帝，不服从他的命令，而是沉溺于深重的罪过，做了腐蚀自己的鬼怪的娼妓，她就会成了身体和罪过的怎样的主母？这心智看上去也有德性，通过德性来命令身体和罪过，从而能得到想欲求和想保存的。但是如果她不朝向上帝，那就成了罪过，而不再是德性。有人认为，哪怕只是为了自己，而不指向别的目的，这德性也是真实和尊荣的。但他们如此膨胀和骄傲，已经没有了德性，而算是罪过了[35]。正如不是肉身，而是高于肉身的，才能使肉身活，同样，不是人，而是高于人的，才能使人活得幸福。不仅是人，而且天上的权能与德性也是一样。

26. 上帝的选民在世界上的羁旅中，可以把远离上帝的人们的和平，用于虔敬

肉身的生命就是灵魂，正如人的幸福生活就是上帝。希伯来人

（接上页）卷一注 76 和卷二注 120 中说的原因，我们保留了这种译法。而下文的几处"命令"（*imperat*）也与这里的"帝国"含义相联。

[35] 参见奥古斯丁，《论三位一体》，13：25—26；14：3。

的圣经说:"有主为他们的神,这百姓便为有福。"⑯而不认识上帝的人们,就悲惨了。但是,他们也热爱自己的和平,这种和平是不该责备的。但是他们不会拥有终极的和平,因为在末日之前,他们不会很好地利用和平。而这些人在此生拥有和平,对我们也有益;只要两个城相互混杂,我们就可以利用巴比伦的和平。上帝的选民靠信仰得到解放,只是暂时在这羁旅中。因此使徒劝勉教会,让人们为他们的国王和在位者祈祷,并且说:"使我们可以敬虔端正,平安无事地度日。"⑰先知耶利米预言上帝旧的选民会被俘虏,以神谕命令他们在遵从中走向巴比伦,耐心侍奉。他劝人们要为巴比伦祈祷,说:"因为那城得平安,你们也随着得平安。"⑱在短暂的尘世中,好人和坏人共享和平。

27. 上帝之仆的和平,不能在尘世的生命中实现完美的宁静

我们自己的和平,即使在此世也可凭信仰与上帝共享,我们将在永恒中眼见这和平⑲。但是,此世的和平,无论是和别人共享的,还是我们自己的和平,都是悲惨中的慰藉,不是幸福的享受。而我们的正义,虽然因为朝向真正终极的好而是真实的,但是只要在此生,就更多是赎罪,而不是完美的德性。对此的见证,就是在地上做过客的整个上帝之城的祈祷。上帝之城的成员都对上帝呼喊:"免我们的债,如同我们免了人的债。"⑳信仰若没有事功,就是死的㉑,因此,这祈祷

---

⑯《诗篇》,144:15。

⑰《提摩太前书》,2:2。

⑱《耶利米书》,29:7。

⑲《哥林多后书》,5:7。

⑳《马太福音》,6:12。

㉑《雅各书》,2:17,26。

不会在没事功的人身上起作用,而是在信仰引发了爱的人身上起作用[102]。在这必朽的境况下,可腐的身体压迫灵魂[103],哪怕是服从上帝的人,也无法让理性完美地命令罪过,所以必须靠这祈祷成义。虽然理性能命令罪过,但是罪过不会甘心被命令,而无冲突。某些罪过总会在人的软弱之处潜伏下来,哪怕人能很好地抗击,或者能战胜和压服这些敌人,把他们置于自己的统治下。所以,哪怕这罪过不会立即变为行动,还是会出于唇舌,发诸思想,使人犯罪。因此,只要需要命令罪过,就不会有完满的和平,因为只要有罪过反抗,战役就充满危险;至于那些被战胜的,也不会是永远高枕无忧的胜利,而要用警醒的命令来遏制。关于这些试探,神言简洁地说尽了:"人生在世,岂不是一场试探吗?"[104]谁会认为自己的生活没有试探,从而不必对上帝说"免我们的债"[105]? 除非是自我膨胀的人。他并不真的伟大,而是膨胀和自大了,所以慷慨地赐给谦卑者恩典的上帝对他的抗拒是正义的。因此经上写:"神阻挡骄傲的人,赐恩给谦卑的人。"[106]因此,此世的正义,就是上帝命令遵从的人,心灵命令身体,理性命令顽抗的罪过,无论是征服还是阻挡;就是人祈求上帝,因他们的品德赐给恩典,赦免他们的罪,为了所接受的一切好处而谢恩。这之所以是正义,是因为我们指向和欲求终极的和平。在那里,我们的自然会被不朽和不腐所治愈,我们不再有任何罪过,也就不必再和外来的或自己的罪过斗争;因为没有罪过了,就不必用理性命令罪过。但上帝会命令人,心灵命令身体。我们在王道和幸福中生活,我们的遵从也充满甜美,毫

---

⑩　《加拉太书》,5:6。
⑩　《所罗门智训》,9:15。
⑭　《约伯记》,7:1,七十士本。
⑮　《马太福音》,6:12。
⑯　《箴言》,3:34;《雅各书》,4:6;《彼得前书》,5:5。

不费力。无论对于所有人,还是单个的人,这都将是永恒的,这永恒是确定的,这种幸福的和平或和平的幸福就是至善。

28. 不敬者的最终结局会是怎样

那不属于这上帝之城的,会完全相反,得到永远的悲惨,即所谓的第二次死亡[⑩],因为灵魂在那里不能说是活着的,她完全远离了上帝的生活。身体也会陷入永恒的痛苦,也没有生命。因此,第二次死亡更痛苦,因为这死亡不能终止。但是正如悲惨与幸福相反,死亡与生命相反,战争与和平应该也相反。因此该问:"既然可以预见到和赞美好人的终极和平,能否把坏人终极的相反状态理解为战争?"这样问的人真应该注意,战争中究竟是什么有害和危险,他就会看到,那不过就是事物之间的彼此对抗和冲突。那么就能知道,有什么战争会比意志对抗情感和情感对抗意志更严重和残酷? 因为任何一方的胜利都无法结束这敌意。在这里,身体的自然和痛苦的力量相互冲突,双方都不相让。在此生,当这种冲突爆发之时,要么痛苦胜利,死亡带走了感觉,要么自然胜利,健康驱散了痛苦。但在那里,痛苦永存,永远在折磨,自然也会持续,永远在感觉。因为二者都不缺少,就永远也不乏惩罚。这就是好人和坏人的结局,前者要追求,后者要避免。审判会把前者给好人,把后者给坏人。至于这个审判,在上帝的赐福下,我们在下一卷讨论。

---

⑩《启示录》,2:11;20:6;21:8。

上帝之城卷二十

[本卷提要]在本卷,奥古斯丁主要讨论了末日审判和两个城的分离。在本卷开头,奥古斯丁简要谈到了神的审判究竟该如何理解,这个话题也散见在后文各章。神的审判涉及如何理解现实世界普遍存在的不公,即恶人幸福、好人受难的现实。贯穿于本卷的一个主题是,在末日审判之时,所有人都会按照神的意志各得其所,而现实中的不公只是表面现象,来自人对神的隐秘意志的无知。从第四章开始,奥古斯丁主要从圣经两约中引述证据,来证明末日审判的存在。按照重要程度,他先引新约,后引旧约。因为涉及审判问题,他模仿罗马法庭的次序,先申述案情,再举证。他的案情是福音书和使徒书信中关于末日审判的明确说法,举证是用新旧约中其他的相关讲法来论证和澄清。他在此着重讨论了《启示录》《彼得后书》《帖撒罗尼迦前书》中的段落。从第二十一章开始,他又谈到了旧约先知书中涉及末日审判的段落。奥古斯丁通过对这些经文的解释,为末日审判时发生的事情作了一个排序:提斯比人以利亚来临,犹太人皈依信

仰，敌基督迫害，基督审判，死人复活，好人和坏人分开，世界大火，新
天地出现。此外，本卷另外一个比较重要的理论问题是对两次复活
的区分。他指出，第一次复活是灵魂的复活，第二次复活是身体在末
日的复活。这一区分对应于他的两次死亡的观点。另外，他也涉及
了"炼净"的问题，不过和后来的"炼狱"观念有很大差别①。

1. 虽说上帝无时无刻不在审判，但在这卷书里，我们讨论末日的审判

　　1.1　至于上帝最后审判的日子，只要上帝允许我说，我就要来
反对那些不敬和不信的人。我会首先给出神圣的见证，如同垒下大
厦的基石；而那些不愿意相信的人，出于人类虚假和骗人的吹毛求
疵，要么说这些圣经上的见证有别的含义，要么根本否认这是属神
的。我认为，任何一个必朽者，只要理解其中所说的，相信这是至高
和真正的上帝通过神圣的灵魂说的，无一不会服从和认同，或是亲口
坦白，或是因为某种罪过，脸红或害怕，不敢亲口说，或者甚至积极辩
护他知道和相信是假的东西，反驳他知道和相信是真的东西，无比好
斗，陷入近乎疯狂的顽固中。

　　1.2　真正上帝的整个教会都承认和宣扬，基督会从天上来，审
判活人和死人②，我们把这称为上帝最后审判的日子，那就是最后的
时间。至于这审判会进行多少天，是不确定的；但是，哪怕是心不在
焉地读圣经的人，也无人不知道，其中的"日"常常指的是"时间"③。
在我们说上帝的审判日时，还加上"末"或"最后"，是因为他现在也在

---

① ［PL 本提要］新约和旧约中都给出了见证，宣布将来会有末日审判。

② 《提摩太后书》，4：1。

③ 参考奥古斯丁，《论〈创世记〉驳摩尼教》，2：4.3。

审判,从人类的一开始就在审判,那时候,为了惩罚初人的大罪,上帝把他们从伊甸园赶出来,与生命之树隔离④;其实早在天使犯罪时,上帝就不曾宽恕⑤,其中的头领在自己堕落后,也出于嫉妒,诱惑人堕落。上帝无疑审判了他。也正是因为上帝高深的正义审判,鬼怪们在空气中和天上,人们在地上,过着最悲惨的生活,充满了谬误和困苦。而即使没有谁犯罪,也必须靠上帝好的和正义的审判,所有理性的被造物才能坚持不懈地亲近主,获得永恒的幸福。上帝不仅审判全部鬼怪和人类,由于他们的原罪而把他们抛入悲惨,而且还恰当地审判每件出自意志抉择的具体的事。哪怕是鬼怪,也哀求不要受折磨⑥,因此,根据他们的所作所为饶恕或折磨,当然是正义的。人们也会因为他们的所作所为而在生前或死后遭受神的惩罚,有时是公开的,但大多是隐秘的。如果没有神助,没人能行正义;如果没有最正义的神圣审判的默许,也没有鬼怪或人行不义。正如使徒所说的:"难道神有什么不公平么?"⑦他还在某处说:"他的判断,何其难测,他的踪迹,何其难寻。"⑧在这一卷,我们在上帝允许的范围内,不讨论最初的或中间的上帝审判,而只讨论末日的审判。那时候,基督将从天上来临,审判活人和死人⑨。这就是我们所说的审判日,在这以后,就没有无知的人会再问,为什么不义的人幸福,而正义的人不幸福。因为所有的好人无不充满真正的幸福,所有的坏人无不得到应得的最大不幸福。

---

④《创世记》,3:23。

⑤《彼得后书》,2:4。

⑥《马太福音》,8:29;《路加福音》,8:28。

⑦《罗马书》,9:14。

⑧《罗马书》,11:33。

⑨《提摩太后书》,4:1。

2. 在千差万别的人事中，虽然上帝的审判未必能被看到，但不能说它不存在

现在，我们要讨论心灵都会遭受，包括好人也会遭受的坏事，同时又不过于强调坏人也会享有的好。因此，哪怕是在神的正义不会显现的事情里，神的教诲也是有拯救意义的。我们不知道，是靠了上帝怎样的审判，好人会贫寒，坏人会富有；某些人因为道德败坏，应该受痛苦的折磨，但我们不知道他为什么很快乐。而那些过着值得赞美的生活的人，我们相信他们应该快乐，但他们却在悲哀中。无辜者离开公堂时不仅得不到昭雪，而且还会被冤枉，要么是被邪恶的判官所压制，要么是被虚假的证词所淹没；而与他相反，他所反对的罪人不仅不被惩罚，而且还得到法律的保护。不敬的人安享天年，虔敬的人却罹患恶疾；年轻的劫匪无病无灾，根本不会恶语伤人的婴儿却备受病痛的折磨。有益人事的英年早逝，那些看上去都不该出生的，却一辈子享尽荣华；罪犯一生尊荣显赫，无可指摘的人却埋没在黑暗中，默默无闻。诸如此类的事，谁能收集全，谁能数得过来？如果这些荒谬的事是一贯的，就像《诗篇》里所说的，在此生，"人好像一口虚妄的气。他的年日，如同影儿快快过去"[⑩]。只有坏人享受地上转瞬即逝的好，只有好人承受这些坏事。这些可以归于上帝正义和善意的审判。那些不能得到使人幸福的永恒的好的人，会享受尘世的好，这要么来自他的罪恶，要么是上帝用悲悯对他的安慰。而那些不会遭受永恒折磨的人，遭受尘世的折磨，要么是因为自己所犯的哪怕很小的罪过而被惩罚，要么是用坏事来锻炼他们的德性。这样，不仅有

---

⑩《诗篇》，144：4，和合本无"虚妄的"。

坏人得好事，好人遭坏事，这看上去不公正的事；而且，也有很多坏人得坏事，好人得好事的情况。更可见，"他的判断，何其难测，他的踪迹，何其难寻"⑪。我们不知道，上帝是凭怎样的审判完成或允许了这些的。而他是至高的德性、至高的智慧、至高的正义，没有软弱，没有不测，没有邪恶；我们现在要学会不强调我们认为好人和坏人共有的好或者坏，这才是有益拯救的；而要追求那些只有好人所有的好，尤其要躲避那些只有坏人才有的坏事。等我们到达了上帝的审判，那个被称为审判日或者主之日的时候，不仅一切在审判中都各得其所，而且，就是从最开始的审判，一直到这个时候以前的审判，都会变成无比正义的。那时也会清楚，究竟是因为上帝怎样的审判，现在上帝很多（几乎全部）正义的审判无法被必朽者的感觉和心智认识。但即使现在，有一点是虔敬者的信仰所清楚的：即使那些不清楚的，也是正义的。

3. 在《传道书》中，所罗门就好人和坏人在此生共同的事说了什么

所罗门是以色列最智慧的王。他在耶路撒冷为王期间，写了题为《传道书》的经卷，被犹太人奉为圣经，开篇是："传道者说，虚空的虚空，虚空的虚空。凡事都是虚空。人一切的劳碌，就是他在日光之下的劳碌，有什么益处呢？"⑫后面的话都来自这一句，讲的是此生的灾难和谬误，以及白驹过隙般的尘世中的生灭，没有任何坚固的东西，没有任何稳定的东西；在太阳底下虚空的万物当中，他特别考察

---

⑪《罗马书》，11：33。

⑫《传道书》，1：2—3。

了，"智慧胜过愚昧，如同光明胜过黑暗，智慧人的眼目在他头上，愚昧人在黑暗里行"[13]。他又说，有一件事，凡是在日光下过日子的人都会遇见。他指的就是我们看到好人和坏人都遇见的坏事[14]。他还说道，好人也要遭遇坏事，好像他们是坏人；坏人也会有好事，好像他们是好人。于是他说："世上有一件虚空的事，就是义人所遭遇的，反照恶人所行的。又有恶人所遭遇的，反照义人所行的。我说，这也是虚空。"[15]这个无比智慧的人用整卷书来充分讨论这种虚空。他所说的不过就是，我们不要追求那个在日光虚空的生命，而是追求在创造了太阳的上帝之下的真理。因此，在这虚空中，不正是靠了上帝正义和正当的审判，人才变得像虚空一样，转瞬即逝吗？但是，在这虚空的日子里，人究竟是抗拒还是接受真理，究竟与真正的虔敬无关，还是参与进去，都有很大干系；这并不是因为我们要在转瞬即逝的此生趋好避坏，而是为了未来的审判，靠了未来的审判，好人才会得到好的结局，坏人才会得到坏的结局，这结局永无终结。于是，这位智者结束了这卷书，说："要敬畏神，遵守他的诫命，这是人的全部；因为上帝会把他做的一切都置于自己的审判之下，无论是善还是恶，哪怕是最不屑的。"[16]还能说得比这更简明、更真切、更有拯救意义吗？他说："要敬畏神，遵守他的诫命，这是人的全部。"凡是存在的人，都是上帝诫命的护卫者；不是护卫者的，就什么也不是，因为他没有按照真理重塑自己的形像，而是仍然像虚空一样。他做的一切事，就是人在此生的一切，无论是好是坏，上帝都会置于自己的审判之下，哪怕是最不屑的，意思是，在人看来很不屑的，从而不必看

---

⑬ 《传道书》，2:13—14。
⑭ 《传道书》，2:13—17。
⑮ 《传道书》，8:14。
⑯ 《传道书》，12:13—14，七十士本。

的,上帝都会看到,不会不屑,在审判时也不会放过。

4. 关于上帝的末日审判早有预言,我先考察新约,再考察旧约中的说法

我准备举出圣经当中有关于上帝的末日审判的见证,首先考察新约中的说法,然后是旧约中的。旧约虽然在时间上在先,但是新约在地位上在先,因为旧约只是为新约开路。因此我们首先谈论新约,然后为了更明确地论证,再用旧约来确证。在旧约中有律法书和先知书,在新约中有福音书和使徒书信。而使徒说:"因为律法本是叫人知罪。但如今神的义在律法以外已经显明出来,有律法和先知为证;就是神的义,因信耶稣基督,加给一切相信的人。"[17]这里说的神的义是在新约里面,在旧约中也有见证,那就是律法书和先知书。那么,我们首先摆出案情,然后举证[18]。对此,耶稣基督自己就表明,这是应该遵循的顺序。他说:"凡文士受教作天国的门徒,就像一个家主,从他库里拿出新旧的东西来。"[19]他不说"旧新"。他这么说,当然是为了遵循品级次序,而不是按照时间次序。

5. 关于尘世终结时神的审判,救世主说了怎样的话

5.1 救世主在各个城中行了大能,人们却不相信,于是救世主谴责这些城,把他们列在异邦人之后:"但我告诉你们,当审判的日

---

[17]《罗马书》,3:20—22。

[18] [译按]奥古斯丁此处使用法律术语,我们也依照他的用法翻译。

[19]《马太福音》,13:52。

子，推罗、西顿所受的，比你们还容易呢。"⑳不久之后他又谈到另外的城："但我告诉你们，当审判的日子，所多玛所受的，比你还容易呢。"㉑他在这里无比明确地预言，审判的日子将会来临。还有另外一处，他说："当审判的时候，尼尼微人，要起来定这世代的罪，因为尼尼微人听了约拿所传的，就悔改了。看哪，在这里有一人比约拿更大。当审判的时候，南方的女王，要起来定这世代的罪，因为她从地极而来，要听所罗门的智慧话。看哪，在这里有一人比所罗门更大。"㉒他在这里说了两件事：审判将来临，死者的复活将发生。他说了那时候尼尼微人和南方的女王的事，但这无疑是说已死的人。他预言这些人在审判日将会复活。他说"要定罪"，不是说他们审判；而是说，和他们的品德相比，别人会罪有应得地被定罪㉓。

5.2　在另外一处，他谈到，现在好人和坏人是混杂的，但以后会分开，那就发生在审判日，他谈到这些，把他们比喻成好种和稗子，对他的门徒们解释说："那撒好种的，就是人子。田地，就是世界。好种，就是天国之子。稗子，就是那恶者之子。撒稗子的仇敌，就是魔鬼。收割的时候，就是世界的末了。收割的人，就是天使。将稗子薅出来，用火焚烧。世界的末了，也要如此。人子要差遣使者，把一切叫人跌倒的，和作恶的，从他国里挑出来，丢在火炉里。在那里必要哀哭切齿了。那时义人在他们父的国里，要发出光来，像太阳一样。

---

⑳《马太福音》，11：22。

㉑《马太福音》，11：24。

㉒《马太福音》，12：41—42。

㉓［译按］此处的文意颇费解，几个译本的译法都不很清楚。奥古斯丁试图解释，《马太福音》中主动态的"审判"其实不是说他们会来审判。因为这解释颇为牵强，所以总让人费解。按照服部英次郎、藤本雄三的日译本的理解，是与他们比起来，其他人受的审判都是正义的，因而就好像他们在作审判似的。奥古斯丁的原意应该是这样的，虽然此处的逻辑讲不通。

有耳可听的,就应当听。"㉔他并没有把这叫做审判或审判日,但是他非常明确地讲了将要发生的事,预言这将发生在尘世的终结。

5.3 他对自己的门徒说同样的话:"我实在告诉你们,你们这跟从我的人,到复兴的时候,人子坐在他荣耀的宝座上,你们也要坐在十二宝座上,审判以色列十二个支派。"㉕我们由此得知,耶稣将会和门徒一起审判。因此他在别处对犹太人说:"我若靠着别西卜赶鬼,你们的子弟赶鬼,又靠着谁呢。这样,他们就要断定你们的是非。"㉖在他前面说"坐在十二个宝座上"时,我们不能认为只是十二个人会和他一起审判。数字十二象征了审判的众人的共同特点。因为七通过它的两个组成部分,象征了宇宙大同。七是三和四两个数的和,而三和四相乘是十二;三个四或四个三都是十二。我们还能找到关于十二这个数的别的解释,含义是一样的。否则,因为我们读到,马提亚取代了叛徒犹大的位置㉗,比别人都劳苦的使徒保罗㉘就没了审判的位置;但他自己表明,他会和别的圣徒一起,列在审判者之数。他说:"岂不知我们要审判天使么?"㉙在谈到被审判者时,数字十二有同样的含义。不是因为说"审判以色列十二个支派",第十三个支派的利未支派就不被审判了,也不是说,只有以色列的人民,别的民族就不被审判了。这里说"在复兴的时候",无疑,所谓的复兴,他希望我们理解为死人的复活。我们的肉身将因不腐而会复兴;同样,我们的灵魂会因为信仰而复兴。

5.4 我会略过很多看上去是在讲末日审判的段落,因为如果精心观察,就会发现其含义模棱两可,或者更多是在讲别的事。有些讲

㉔《马太福音》,13:37—43。

㉕《马太福音》,19:28。

㉖《马太福音》,12:27。

㉗《使徒行传》,1:26。

㉘《哥林多前书》,15:10。

㉙《哥林多前书》,6:3。

的是救世主的来临，在整个时间中，他都在慢慢来临，一部分一部分地，一点一点地，因为整个教会组成了他的身体。有些讲的是地上的耶路撒冷的毁灭；因为在讲这个的时候，很多讲的也是在说尘世的终结，以及审判日那个伟大的日子。因此，除非对比马太、马可、路加的三个福音里都提到某个事情的不同说法，这是不能分辨的。有的作者解释得模糊，有的解释得清楚，因此，在同一件事出现在不同福音中的时候，对照不同的说法，含义就明显了。我在写给撒罗纳的主教海西基乌斯（*Hesychius*，一个受赐福、值得纪念的人）[30]的信中曾特意（*curavi*）做过这样的事，这封信的题目是："论尘世的终结"[31]。

5.5　后面，我要提到《马太福音》里的一段，其中写到，按照基督最确实的最后审判，好人和坏人将分开。基督说："当人子在他荣耀里同着众天使降临的时候，要坐在他荣耀的宝座上。万民都要聚集在他面前。他要把他们分别出来，好像牧羊的分别绵羊山羊一般。把绵羊安置在右边，山羊在左边。于是王要向那右边的说，你们这蒙我父赐福的，可来承受那创世以来为你们所预备的国。因为我饿了，你们给我吃。渴了，你们给我喝。我做客旅，你们留我住。我赤身露体，你们给我穿。我病了，你们看顾我。我在监里，你们来看我。义人就回答说：'主啊，我们什么时候见你饿了给你吃，渴了给你喝。什么时候见你做客旅留你住，或是赤身露体给你穿？又什么时候见你病了，或是在监里，来看你呢？'王要回答说：'我实在告诉你们，这些事你们既作在我这弟兄中一个最小的身上，就是作在我身上了。'王又要向那左边的说：'你们这被咒诅的人，离开我，进入那为魔鬼和他的使者所预备的永火里去。'"[32]随后，他又这样列举了被诅咒的人没有做的事，就是他说

---

[30]　海西基乌斯，405—426 任撒罗纳主教。

[31]　奥古斯丁，《书信》，199。

[32]　《马太福音》，25:31—41。

的右边的人所做的。人们问他,他们什么时候会看到他需要这些事情,他回答说,只要人们没有向他最小的兄弟这么做,就是没有向他本身做。于是他最后说:"这些人要往永刑里去。那些义人要往永生里去。"㉝福音书作者约翰最明确地说,基督预言,人们会从死人中复活接受审判。他说:"父不审判什么人,乃将审判的事全交与子。叫人都尊敬子,如同尊敬父一样。不尊敬子的,就是不尊敬差子来的父。我实实在在的告诉你们,那听我话,又信差我来者的,就有永生,不进入审判,是已经出死入生了。"㉞看,他说,那些信他的人不会参加审判。那么,义人如何通过审判和坏人分开,站在他左边呢?其实,他这里的"审判"意思是定罪。凡是听了他的话,并且信了差他来的父的,都不会参加这样的审判。

6. 什么是第一次复活,什么是第二次

6.1　他随后说:"我实实在在地告诉你们,时候将到,现在就是了,死人要听见神儿子的声音,听见的人就要活了。因为父怎样在自己有生命,就赐给他儿子也照样在自己有生命。"㉟这里说的不是第二次复活,即末日会发生的身体复活,而是说第一次,就在当下发生的。为了强调是第一次,他说:"时候将到,现在就是了。"这不是身体的,而是灵魂的复活。人们因为不敬和罪,而有灵魂之死。对于死于灵魂之死的人,我主说:"任凭死人埋葬他们的死人"㊱。意思是,灵魂死

㉝《马太福音》,25:46。

㉞《约翰福音》,5:22—24,"不进入审判"和合本作"不至于定罪"。参考奥古斯丁,《〈约翰福音〉诠释》,22。

㉟《约翰福音》,5:25—26。

㊱《马太福音》,8:22;《路加福音》,9:60。

亡的人埋葬身体死亡的人。因为他们是不敬和邪恶的,所以灵魂死了。他说:"时候将到,现在就是了,死人要听见神儿子的声音,听见的人就要活了。"他说的"听见的人"就是遵从的人。他们信仰他,坚持到世界末日。他在这里没有区分好人和坏人,因为对于所有人而言,只要听到他的声音,从不敬的死亡进入虔敬的生命,从而获得生命,就是好的。至于死,使徒保罗说:"一人既替众人死,众人就都死了;并且他替众人死,是叫那些活着的人不再为自己活,乃为替他们死而复活的主活。"㊲因此所有人都因罪而死,无一例外,要么是因为原罪,要么是加上有意犯的罪,或者是无知,或者是明明知道,却不做正义的事。为了所有的死人,一个活着的人死了,一个根本无罪的人;因此,那被赦了罪而活的人,不是为自己活,而是为他活,他因为我们的罪为众人而死,为了我们的称义而复活㊳。谁若信了使不敬的人称义的神㊴,就会走出不敬,得以称义,也就是从死亡复活,这样我们就能获得第一次复活,即现在的复活。除了那获得永恒的幸福的,不会获得这第一次复活。至于第二次复活,他不久会讲到,告诉我们,幸福的和悲惨的人都要参与这次复活。第一次是因为悲悯,第二次是因为审判。因此在《诗篇》中写道:"我要歌唱悲悯和正义,主呀,我要向你歌颂!"㊵

6.2 关于审判,他接下来又说:"因为他是人子,就赐给他行审判的权柄。"㊶他在此表明,他要在肉身中来审判,正如他在同一个肉身中来受审判。所以他说:"因为他是人子。"他随后又加上了我们所

㊲《哥林多后书》,5:14—15。

㊳《罗马书》,4:25。

㊴《罗马书》,4:5。

㊵《诗篇》,101:1。

㊶《约翰福音》,5:27。

关心的话："你们不要把这事看作稀奇，时候要到，凡在坟墓里的，都要听见他的声音，就出来；行善的复活得生；作恶的复活受审判。"⑫"审判"这个词，他现在的用法和刚才一样，指的是定罪："那听我话，又信差我来者的，就有永生，不进入审判，是已经出死入生了。"谁有了第一次复活，现在就出死入生，不去被定罪（也就是他所说的"审判"）。而他在此所说的"作恶的复活受审判"，指的也是定罪。凡是不愿意在第二次复活时被定罪的，第一次就复活了。他说："时候将到，现在就是了，死人要听见神儿子的声音，听见的人就要活了。"⑬意思是，他们不会去被定罪，即所谓的第二次死亡。但是在第二次复活之后，也就是身体的复活之后，凡是没有第一次复活，也就是灵魂复活的，都会迅速死亡。"时候要到（这里不说'现在就是了'，因为那是时间的终结，也就是上帝最后和最高审判的时候），凡在坟墓里的，都要听见他的声音，就出来。"他不会像说第一次复活时那样，说"听见的人就要活了"。并不是所有人都活，只有那些有幸福生活的，才能说是活的。而如果人们没有任何生命，就不可以从坟墓里听到，肉身复活，走出来。从他随后所教导的，可见不是所有人都活："行善的复活得生。"这是活的人；"作恶的复活受审判"，这是讲没有生命的人，因为他们将在第二次死亡中死去。做坏事的人的生活是坏的；他们的生活是坏的，是因为他们在现在的第一次复活，即灵魂的复活中，没有复活，或者即使复活了，也没有坚持到最后。我们前面说了，有两次复活，一次是信仰复活，就是现在发生的，通过洗礼复活；另外一个肉身复活，在最后的伟大审判中变成不腐的和不朽的：于是就有两次复活，一个是第一次，就是现在的灵魂复活，让人不必走向第二次

---

⑫《约翰福音》，5：28—29；"受审判"和合本作"定罪"。

⑬《约翰福音》，5：25。

死亡；另外的第二次，不是现在，而将发生在尘世的终极，不是灵魂的，而是身体的复活，通过最后的审判，把有些人送往第二次死亡，有些人进入没有死亡的生命。

7. 约翰在《启示录》中描写了两次复活和千禧年，我们应该如何理性地看待这些

7.1 关于这两次复活，同是那位福音书作者约翰，在题为《启示录》的经上也讲到了，但是他谈的方法使我们很多人不理解其中的第一次，他们总是把这当成可笑的神话。在我说的这卷书里，使徒约翰说："我又看见一位天使从天降下，手里拿着无底坑的钥匙，和一条大链子。他捉住那龙，就是古蛇，又叫魔鬼，也叫撒旦，把他捆绑一千年，扔在无底坑里，将无底坑关闭，用印封上，使他不得再迷惑列国，等到那一千年完了。以后必须暂时释放他。我又看见几个宝座，也有坐在上面的，并有审判的权柄赐给他们。我又看见那些因为给耶稣作见证，并为神之道被斩者的灵魂，和那没有拜过兽与兽像，也没有在额上和手上受过他印记之人的灵魂，他们都复活了，与基督一同做王一千年。这是头一次的复活。其余的死人还没有复活，直等那一千年完了。在头一次复活有分的，有福了，圣洁了。第二次的死在他们身上没有权柄。他们必做神和基督的祭司，并要与基督一同做王一千年。"[44]读了书里的这段文字，有人以为第一次复活是未来的身体复活。除了别的方面，他们尤其被一千年的数目所震惊，以为圣徒们会在这么长的时间里礼拜，仿佛这是六千年的劳作之后的神圣安息。因为从人被创造、犯下大罪，从而罪有应得地变成必朽，被逐出

---

[44]《启示录》，20：1—6。

幸福的伊甸园以来就是这么久了。经上又说："主看一日如千年,千年如一日。"㊺那么六千年正好是六日圆满,随后就是第七日礼拜日,也就是后面的一个千年。圣徒们复活来庆祝这个礼拜日。如果相信这里说的礼拜日的节庆是灵性的,是在主面前出现的,那么这意见还可容忍。其实我就曾有这种意见㊻。但是有人说,那时复活的人会在毫无节制的肉身宴饮中度过闲暇。这宴饮中提供很多酒食,不仅毫无节制可言,甚至超过了可以相信的程度。只有肉身的人才会这样认为。属灵的人用希腊词 χιλιαστάς 来称呼相信这个的人,要把这个词翻译过来,我们可以称之为"千禧年主义者"(Milliarios)。要一点一点地驳斥他们就太冗长了。而我们要揭示,应该怎样理解圣经的这一段。

7.2 主耶稣基督说:"没有人能进壮士家里,抢夺他的家财;必先捆住那壮士,才可以抢夺他的家财。"㊼这里的壮士,就该理解为强大的魔鬼,因为他能把人类当成俘虏。而要抢夺的他的家财,就是基督未来的信徒,那魔鬼本来靠各种罪和不敬所占有的人。捆住这壮士的事,使徒后来在《启示录》中看到了:"我又看见一位天使从天降下,手里拿着无底坑的钥匙,和一条大链子。他捉住那龙,就是古蛇,又叫魔鬼,也叫撒旦,把他捆绑一千年。"㊽意思是,那些将被解救的,他的权能无法诱惑和霸占,因为天使阻遏和束缚了他的权能。在我看来,"千年"可以有两种方式理解。要么是指这些发生在最后的一千年,也就是六千年,即六日之后,这最后一日现在正在逝去,随后就是礼拜日,这一日没有夜晚,圣徒都休息了,没有终结,现在距离尘世

㊺《彼得后书》,3:8。
㊻ 参见奥古斯丁,《布道辞》,259:2。
㊼《马可福音》,3:27,"家财"和合本作"家具"。
㊽《启示录》,20:1—2。

的终结所剩下的，就是这千年，约翰用部分代替整体的办法，用千年来说这一日的最后部分；要么，这是用千年来指代尘世中的所有年数，用一个完整数来指代所有的时间。而一千是十的平方再乘高成为立方。十的平方是一百，一百是个平方值，构成一个平面。如果给这个平方再加上高，形成立方体，那就是一百再乘以十，即一千。一百是指代整体的数，主向那些放弃了一切、追随他的人应许说："必要得着百倍。"[49]使徒解释这句话说："似乎一无所有，却是样样都有的。"[50]因为以前说："有信仰的人以整个世界为财富。"[51]因为一千是十的平方乘高成为立方，那么不是更大的整体吗？没有哪里比《诗篇》里的话能更好地解释这个了："他纪念他的约，直到永远；他所吩咐的话，直到千代。"[52]意思就是所有时代。

7.3 他说："扔在无底坑里。"这里说把魔鬼扔在无底坑里，这个名称象征着多得不可计数的不虔敬之人，他们内心深处极为邪恶，抗拒上帝的教会；这不是说魔鬼以前就不在那里；说把他扔在那里，是因为他远离了信仰者，就开始进一步控制了不敬者。不敬者进一步被魔鬼控制，不仅远离上帝，而且还无缘由地憎恨上帝的仆人。"将无底坑关闭，用印封上，使它不得再诱惑列国，等到那一千年完了。"关上坑，是说禁止他走出来，不能僭越禁令。加上"用印封上"，在我看来是想保密，谁属于魔鬼一方，谁不属于。这确实不在此世彰显，因为看起来站得稳的，是不是会跌倒[53]；看起来跌倒的，是不是会爬起，这都不确定。因为魔鬼遭到阻遏和束缚，被禁止再诱惑属于基督

---

[49]《马太福音》，19:29；《马可福音》，10:30。

[50]《哥林多后书》，6:10。

[51]《箴言》，17:6a，七十士本。

[52]《诗篇》，105:8。

[53]《哥林多前书》，10:12。

的万国,虽然他此前诱惑和占有了他们。正如使徒说的,上帝在创立世界之前就选择了他们⑤,救人们脱离黑暗的权势,把人们迁到他的爱子的国里⑤。哪个信仰者会忽视,虽然现在魔鬼诱惑万国,拉他们和自己一起进永罚,但是不能预定永生?魔鬼也曾诱惑,那已经通过在基督中重生,走上了上帝之路的人,人们不要为此所动。"主认识谁是他的人。"⑤因此,他不能诱惑其中任何人到永罚。主是作为上帝认识他们的,不是作为人,什么事都不能隐瞒上帝,哪怕未来的事。人即使能在当下看到人(如果看不到心灵也算看到的话),但就连自己将来怎么样都看不到⑤。于是魔鬼被绑缚,被关在深渊里,不能诱惑万国,教会从万国中建立。而在她们成为教会之前,魔鬼诱惑和占有万国。经上不说"不得再迷惑任何人",而是说"不得再迷惑万国",无疑,他想让我们理解为组成教会的万国。他说"等到那一千年完了",指的要么是第六日的剩余时间,因为一日就是一千年,要么是尘世终结前的所有年月。

7.4 "它不得再迷惑列国,等到那一千年完了。"我们不能把这理解为,在此之后他就可以诱惑那些注定组成教会的人,只是现在因为被桎梏所缚,不得诱惑他们。这样的语式,还可以在圣经中的一些地方找到,比如在《诗篇》中:"我们的眼睛也照样望着主——我们的神,直到他怜悯我们。"⑤这意思不是说,等到他怜悯我们了,他的仆人的眼睛就不再望着他们的主上帝了。这话的本来顺序是:关上,封上

㊾ 《以弗所书》,1:4。

㊿ 《歌罗西书》,1:13。

㊶ 《提摩太后书》,2:19。

㊷ [译按]这里的观念体现了奥古斯丁著名的自我观。他在《忏悔录》里面说,自己根本无法了解自己,因而"我成了我的一个大问题"(4:4[9])。要了解自我,必须了解上帝,因为上帝是比自我更深更高的自我。

㊸ 《诗篇》,123:2。

印，到千年完了。中间确实插入了"它不得再迷惑列国"，但是我们不能按照这话所在的位置从字面上理解。如果把它加在后面，我们就有了一句整话：关上它，封上印，到一千年完了，它不得再迷惑列国。意思是，把他封起来，直到一千年完了，它也不能诱惑列国。

8. 魔鬼的绑缚与释放

8.1　他说："以后必须暂时释放他。"⑤如果这个魔鬼被绑缚和关起来了，他就不能诱惑教会了，那么在他被放以后，就能了吗？根本不是这样；在世界创立之前就预定会被选的教会，它是不能诱惑的。所以说："主知道谁是他的人。"⑥即使在魔鬼被释放的时候，教会也存在，就像她从建立以来就存在，将来也会存在，直到永远，新生的人总会继承死去的。不久之后约翰又说，在魔鬼被放后不久，他会迷惑整个大地上的列国，带着他们向教会宣战，教会的敌人的数目多如海沙。他说："他们上来遍满了全地，围住圣徒的营与蒙爱的城，就有火从天降下，烧灭了他们。那迷惑他们的魔鬼被扔在硫磺的火湖里，就是兽和假先知所在的地方。他们必昼夜受痛苦，直到永永远远。"⑥而这里讲的还是末日审判。我认为应该现在引这段话，以免人们以为，在魔鬼被释放的那一小段时间里，在这地上不会再有教会，要么因为魔鬼被释放时找不到教会，要么因为魔鬼用尽办法迫害而毁灭了教会。就像这卷书里说的，在整个时间里，即从基督的第一次来临到尘世的终结，也就是基督的第二次来临，魔鬼都是这样被绑缚的；而他的这绑缚并不意味着，在那个称为千年的中间状态，他就不诱惑教会

---

⑤《启示录》，20:4。
⑥《提摩太后书》，2:19。
⑥《启示录》，20:8—10。

了;哪怕他在被释放以后,也不一定就能诱惑教会。如果被绑缚意味着他不能或不被允许诱惑教会,那么,他的被释放不就意味着他能或者被允许诱惑了吗?但根本不是这样;魔鬼被绑缚时,他不被允许实施任何试探,无论是通过暴力挟制,还是用花言巧语,都不能强迫或诱惑人们就范。如果他被允许,在这么长时间,很多人都很软弱的时候,他可以颠覆很多信仰者的信念,或者阻止他们去信仰,虽然上帝不愿意他们遭受这种灾难。因为魔鬼被绑缚着,所以他不能办到这一点。

8.2 而魔鬼被释放的时间,相当短暂,我们读到,总共不过是三年六个月,魔鬼和他的属下可以肆意妄为[62]。但是他所与之作战的人们,不会被他的攻击和诡计战胜。而如果他不被释放,他的邪恶力量就更不明显,圣徒之城充满信仰的忍耐力就难以得到验证,万能者把魔鬼的大坏处用于好事的计划也难以被看到。所以,上帝并没有完全取消魔鬼对圣徒的试探,而是为他们"内在的人"提供屏障,那里栖息着对上帝的信仰,而魔鬼外面的进攻反而让人们得益。上帝绑缚了魔鬼,以及那些追随他的人,让他们不能对无数的软弱者随意泼洒和施加他的邪恶,遏制或打破无数软弱者的虔敬信仰。教会就应该靠这些人增长和充满,他们有些即将信仰,有些已经信仰。最后,魔鬼被释放了,上帝之城看到了她所征服的对手是多么强大,也就知道自己的救赎者、保佑者、解放者的光荣多么巨大。我们同未来那些圣徒和信仰者相比,算是什么呢?由于如此巨大的一个敌人被释放了,他们要经受考验;而哪怕在他被束缚的时候,我们和它的斗争还这么凶险。无疑,哪怕在这中间状态,都曾经有和仍然有基督的明智和强壮的战士,如果在魔鬼被放时他们还活在这必朽的状态之中,他们就

---

[62]《启示录》,11:2;12:6;13:5。

会无比智慧和无比耐心地抵挡魔鬼所有狡猾的攻击。

8.3　对魔鬼的这种绑缚，不仅发生在教会从犹太的土地上开始发展，并向异邦人散播的时候，而且一直到现在，甚至到尘世的终结，那时候魔鬼会得到释放。因为他所控制的无信仰的人现在正在皈依信仰，无疑，这些人的皈依会一直持续到世界末日；每当他的一个属下被夺走，这个壮士就被绑一次。在魔鬼开始被关时活着的人，当他们死了的时候，魔鬼被关进去的深坑并不会终结。憎恨基督徒的新人不断出生，代代相传，直到尘世的终结；在他们盲目而深邃的心里，魔鬼每天都被关进去，如同无底的深坑。那么，在最后的三年六个月，当魔鬼被释放，放纵他的暴力的时候，是否有尚未皈依的人皈依到信仰中？这也是一个问题。但是，如果魔鬼的家财都被剥夺了，所谓"人怎能进壮士家里，抢夺他的家财呢，除非先捆住那壮士，才可以抢夺他的家财"还能站得住吗？看起来，这句话逼着我们认为，在那么短的时间中，不会有人再继续加入基督的选民，而魔鬼会和已经成为基督徒的人战斗。其中一些人会被征服，追随魔鬼，从而注定无法进入上帝之子的行列。但是写作《启示录》的使徒约翰在他的书信里说的话并非毫无原因："他们从我们中间出去，却不是属我们的。若是属我们的，就必仍旧与我们同在。"⑥³但是那些小孩儿呢？若说在那些日子里，没有基督徒的婴孩出生但还未受洗，或者那时候根本没人出生，实在不可置信；如果有，他们的父母不可能不想办法把他们送到"重生的洗"⑥⁴。但是，如果是这样，被放出束缚的魔鬼怎么会被夺走家财，因为"人怎能进壮士家里，抢夺他的家财呢，除非先捆住那壮士，才可以抢夺他的家财"？其实，我们应该相信，就是在那时候，也

---

⑥³《约翰一书》，2：19。
⑥⁴《提多书》，3：5。

不乏背离教会和加入教会的人；但那时候，无论是为小儿洗礼的父母，还是刚开始信仰的，都足够强大，可以战胜壮士，虽然他摆脱了束缚。那时候，魔鬼会前所未有地以全部鬼蜮伎俩和压迫性力量同人们战斗，但是人们会非常警觉地理解这些，有巨大的耐力来对抗，虽然他没有被捆绑，也能夺走他的家财。但福音书里的话不会错："人怎能进壮士家里，抢夺他的家财呢，除非先捆住那壮士，才可以抢夺他的家财。"我们需要按照下面的顺序，理解这句话中的真理：首先绑缚壮士，抢夺他的家财，然后从四面八方的万国的强大和软弱的人当中，发展教会，然后，由于无比坚定地信仰神所预言和实现了的事情，哪怕在他被释放后也可以抢夺家财了。我们要承认："只因不法的事增多，许多人的爱心，才渐渐冷淡了。"[65]而因为魔鬼被释放了，所以能有不同寻常的巨大迫害和欺骗，名字不在生命之书上的很多人会屈服。但我们也要认识到，那时候不仅很多有信仰的好人，而且也有此前教会之外的人，足够强大了，依靠上帝的恩典的保佑，通过学习圣经（那上面预言了他们和别人的结局），知道会发生什么，相信了此前不相信的，会变得更加强大，哪怕魔鬼不被束缚而且更壮，也可以征服他。因此，要先写他的被缚，随后说他被缚和被放时的抢夺家财。这就是这话的意思："人怎能进壮士家里，抢夺他的家财呢，除非先捆住那壮士，才可以抢夺他的家财。"

9. 圣徒们与基督持续千年的王国是什么，与永恒的王国区别何在

9.1　魔鬼被绑缚千年，在此期间，圣徒们和基督共同为王一千

---

⑥《马太福音》，24:12。

年，这无疑也要以同样的方式理解，那是从基督的第一次来临开始的
时间。他在最后会说："你们这蒙我父赐福的，可来承受那创世以来
为你们所准备的国。"⑯但千年王国与这里说的不同，因为他的圣徒现
在就在和基督一同做王，虽然以不同和低得多的方式。基督就此说：
"我就常与你们同在，直到世界的末了。"⑰否则，就不能说现在的教会
是他的王国或天上的王国。到那时候，"文士受教做天国的门徒，就
像一个家主从他库里拿出新旧的东西来"。我们前面已经引过了⑱。
就是从教会里，收割的人把稗子收集起来，此前上帝允许稗子与好种
子一起生长。于是他解释说："收割的时候，就是世界的末了。收割
的人，就是天使。将稗子薅出来，用火焚烧。世界的末了，也要如此。
人子要差遣使者，把一切叫人跌倒的，和作恶的，从他国里挑出来。"⑲
难道这是说那没有诱惑的国吗？当然是从他在此世的王国，即教会，
收集。他又说："所以，无论何人废掉这诫命中最小的一条，又教训人
这样做，他在天国要称为最小的。但无论何人遵行这诫命，又教训人
遵行，他在天国要称为大的。"⑳他说二者都是"在天国"，无论那不按
他所教的诫命做的（因为这里的"废掉"的意思就是"不遵守"，"不
做"），还是那按照他教的诫命做而且还教给别人的；但前者是最小
的，后者是最大的。他随后又加上："我告诉你们，你们的义，若不胜
于文士和法利赛人的义（指的是，那些不遵行他所教的诫命的人。关
于文士和法利赛人，他在另外一处说："他们能说不能行。"㉑这就是
说，除非你们的义胜过他们，即你们不废掉诫命，而是遵行所教的），

---

⑯《马太福音》，25：34。
⑰《马太福音》，28：20。
⑱《马太福音》，13：52；参见本书，20：4。
⑲《马太福音》，13：39—41。
⑳《马太福音》，5：19。
㉑《马太福音》，23：3。

断不能进天国。"⑦这两者(破坏所教的诫命的,和遵行的;最小的,和大的)都在的天国,我们应该以一种方式理解;而他们除非遵行就不能进的天国,是用另外的方式说的。两者都在的天国,就是现在的那种教会;而只有一种人在的,是那时的教会,其中已经没有了坏人。现在的教会也是基督的王国和天上的王国。他的圣徒即使现在也和基督一同为王,但是为王的方式和那时候不同;稗子虽然和好种子一同成长,但是并不和好种子一同为王。与基督一同为王的,都按照使徒的话做:"所以你们若真与基督一同复活,就当求在上面的事。那里有基督坐在神的右边。你们要思念上面的事,不要思念地上的事。"⑦使徒还谈道,"他们却是天上的国民"⑦。他们能和基督以这样的方式一同为王,即,他们就是基督的王国。我且不说别的,如果他们直到尘世的末日,直到一切诱惑都被收集出的时候,他们只"都求自己的事,并不求耶稣基督的事"⑦,那他们怎么成为基督的王国呢?

9.2 在这个充满武力的王国,我们和敌人冲突,与好斗的罪过战斗;当它们屈服时,我们统治他们,然后到了最和平的王国,在那里没有敌人,我们成了王。而现在这王国,就是《启示录》中所说的第一次复活。里面说魔鬼会被绑缚一千年,然后暂时被释放,随后又说道,在那一千年里,教会会做什么,或者在教会里会发生什么:"我又看见几个宝座,也有坐在上面的,并有审判的权柄赐给他们。"⑦我们不应该认为,这是在说最后的审判;这里说的宝座,应该理解为统治

---

⑦《马太福音》,5:20。

⑦《歌罗西书》,3:1—2。

⑦《腓立比书》,3:20。[译按]奥古斯丁此处的用词与圣哲罗姆的拉丁文本一致。其中的 *conversatio* 并不是对话的意思,而是居所、团体的意思。和合本以"国民"翻译,还是比较恰当的。

⑦《腓立比书》,2:21。

⑦《启示录》,20:4。

者和他们的宝座，教会现在就是靠他们统治着。要理解"有审判的权柄赐给他们"，最好是看这句话："凡你们在地上所捆绑的，在天上也要捆绑。凡你们在地上所释放的，在天上也要释放。"⑦因而使徒说："因为审判教外的人与我何干。教内的人岂不是你们审判的么？"⑧约翰说："我又看见那些因为给耶稣作见证，并为上帝的圣言被斩者的灵魂。"随后又说："与基督一同做王一千年。"⑦这里说的，是殉道者的灵魂尚未回到自己的身体里时。虔敬的死者的灵魂不会和教会分离，这教会现在就是基督的王国。否则，我们在加入基督的身体时，就不会在上帝的祭坛上纪念他们；在危险袭来的时候，他们也不会投向自己的洗礼，唯恐此生没有洗礼就终结；或是投向告解，唯恐灵魂与身体分离时，没有忏悔，或良知仍然是坏的。如果不是因为信仰者哪怕死了也是基督的肢体，他们怎么会这么做？他们的灵魂虽然不和身体同在了，还是在这一千年里与基督一同为王。于是在这卷书里的另一处，我们读到："在主里面而死的人有福了。圣灵说：'是的，他们息了自己的劳苦，作工的果效也随着他们。'"⑧现在，活人和死人都在第一个教会里，与基督共同为王。就像使徒说的："因此基督死了，又活了，为要做死人并活人的主。"⑧这里只提到了殉道者的灵魂，因为这种死后的王位特别属于那为真理奋战到底的人。但部分指代整体，我们由此也理解，别的死人也属于教会，即基督的王国。

9.3 《启示录》随后谈到"那没有拜过兽与兽像，也没有在额上和手上受过他印记之人的灵魂"⑧。我们应该把这当作兼指活人和

---

⑦《马太福音》，18：18。
⑧《哥林多前书》，5：12。
⑦《启示录》，20：4，"上帝的圣言"和合本作"神之道"。
⑧《启示录》，14：13。
⑧《罗马书》，14：9。
⑧《启示录》，20：4。

死人。至于这兽指的是什么，可以更精细地探讨。如果我们把这理解为与上帝之城相对的不敬之城，和与有信仰的人民相对的无信仰的人，应该不会违背正确的信仰。在我看来，兽的像指的是兽的伪装，也就是那些表面上宣扬信仰，却在无信仰中生活的人的伪装。他们做出来的，和他们实际所是的不同。他们不是因为真正的形像，而是因为虚假的幻象，而被称为基督徒。兽指的并不只是公开与基督之名和他无比辉煌的城敌对的敌人，还有那些稗子，那在尘世的终结时从他的王国，即教会，收集出来的稗子。而没拜过兽和兽像的，只能是按照使徒的话做，不和不信的人同负一轭的人○^⑧。"不拜"就是不赞同，不服从。"不受印记"指的是罪的印痕，"在额上"是因为他们所宣扬的，"在手上"是因为他们所做的。那些与这些坏事相背离的，不论活在必朽的肉身里，还是死了，现在都以各个时代相应的方式，和基督一同为王，并在这整个中间阶段中如此，这个阶段被说成一千年。

9.4 他说："其余的死人还没有复活。"^⑧而"时候将到，现在就是了，死人要听见神儿子的声音。听见的人就要活了"^⑧。但别的人都不是活着的。随后说："直等那一千年完了。"我们应该理解为，在应该复活的时候，他们没有活，没有由死入生。等到基督来临的日子，也就是身体复活的时候，他们没有从坟墓里回到生命中，而是来到了审判中；他们被判罪，就是所谓的第二次死亡。在那一千年终结的时候，凡是没有复活的，也就是在第一次复活的那整个时间里，都没有听到神的儿子的声音，没有由死入生的人，在第二次复活里，也就是肉身的复活里，与肉身一同转入了第二次死亡。他随后说："这是头

---

⑧《哥林多后书》，6:14。

⑧《启示录》，20:5。

⑧《约翰福音》，5:25。

一次的复活。在头一次复活有份的，有福了，圣洁了。"⑧这指的是参
与了第一次复活的人。在复活中有份的人，不仅从死（也就是罪）中
复活了，而且还会永远在这复活的生命中。他说："第二次的死在他
们身上没有权柄。"⑧第二次的死只在上面说的人身上有权柄："其余
的死人还没有复活，直等那一千年完了。"在这中间的整段时间，就是
所谓的一千年，不论他们在身体中的生命有多长，他们不会从死亡中
复活，他们的不虔敬把他们限制在死亡中，所以他们不会参与第一次
复活，第一次复活使第二次死亡在人们身上没有权柄。

10. 有人认为复活只是身体的，与灵魂无关，我们怎样回答他们

有人认为，复活只能就身体来说，因而争辩说，第一次复活将是
身体的复活。他们说，只有曾跌倒的，才能再次爬起。身体死的时候
跌倒了；就是因为跌倒（cadendo），我们才称之为"尸体"
（cadavera）⑧。他们说，不可能有灵魂的复活，只能有身体的。那他
们如何反驳使徒？使徒谈到了灵魂的复活。他说："你们若真与基督
一同复活，就当求在上面的事。"⑧这讲的当然是内在的人，不是外在
的人的复活。他在别的地方，用别的语言，说出了相同的意思："叫我
们一举一动有新生的样式，像基督藉着父的荣耀从死里复活一样。"⑨
他们说，只有跌倒的才能爬起，从而认为只有身体的复活，没有灵魂
的复活，因为只有身体才跌倒。他们为什么不听听："切莫离开主，否

---

⑧　《启示录》，20：5—6。
⑧　《启示录》，20：6。
⑧　参考奥古斯丁，《布道辞》，241：2。
⑧　《歌罗西书》，3：1。
⑨　《罗马书》，6：4。

则你们会跌倒的。"⑨还有："他或站住，或跌倒，自有他的主人在。"⑨
还有："所以，自己以为站得稳的，须要谨慎，免得跌倒。"⑨我认为，所
谨慎的是灵魂的跌倒，不是身体的跌倒。那么，如果跌倒的才能复
活，灵魂也跌倒了；我们应该相信，灵魂也会再次爬起。经上说了
"第二次的死在他们身上没有权柄"，随后又说："他们必做神和基
督的祭司，并要与基督一同作王一千年。"⑨这里指的不仅仅是主教
和长老，这些严格意义上教会的所谓祭司。正如因为所有的基督
徒神秘的受膏，我们把他们都称为基督，我们也把他们都称为祭
司，因为他们都是一个祭司的肢体。使徒彼得说他们"是有君尊的
祭司，是圣洁的国度"⑨。虽然简略地一笔带过，他所谓"上帝和基督
的祭司"（即圣父与圣子的），就意味着，基督就是上帝。因为他取了
奴仆的形像⑨，做了人子，所以基督按照麦基洗德的等次，永远为祭
司⑨。关于这一点，我在本书里已经谈过不止一次了⑨。

11. 在尘世的终结，魔鬼被释放出来，会唆使歌革和玛各迫害上帝的教会

《启示录》说："那一千年完了，撒旦必从监牢里被释放，出来迷惑
地上四方的列国，就是歌革和玛各，叫他们聚集征战。他们的人数多

---

⑨《便西拉智训》，2:7。
⑨《罗马书》，14:4。
⑨《哥林多前书》，10:12。
⑨《启示录》，20:6。
⑨《彼得一书》，2:9。
⑨《腓立比书》，2:7。
⑨《诗篇》，110:4；《腓立比书》，2:7；《希伯来书》，7:17 以下。
⑨ 参见本书，16:22；17:17,20。

如海沙。"⑨那时候，魔鬼诱惑了这些国家，使他们参加征战。在做这
些之前，魔鬼也用各种可能的坏事诱惑。这里说"出来"，指的是他把
本来潜藏着的仇恨爆发为公开的迫害。这是最后的迫害，临近最后
的审判，整个大地上的圣教会都要遭受，即，整个基督之城要遭到整
个魔鬼之城的挑战，无论二者存在于大地上的什么地方。而那名为
歌革和玛各的民族，我们不能以为这指的是大地上某个地方的某些
蛮族，也不能像有些人根据起首字母认为的那样，是指戈塔埃
（Getae）和玛萨戈塔埃（Massagetae）⑩，也不是指罗马政权管辖不到
的外邦。"歌革和玛各"紧接着"地上四方的列国"，意思是遍布了整
个大地。这两个词的意思，我们可以把"歌革"理解为"覆盖"，把"玛
各"理解为"从覆盖下"⑩，指的分别是房屋和房屋中来的人。这些民
族就是我们前面所理解的，魔鬼被关进其中的深渊，魔鬼又从其中跑
出来，冲到各处。他们是覆盖，魔鬼就是从覆盖中跑出来的。如果我
们把这二者理解为民族，不认为一个指的是那些民族，一个指的是魔
鬼，那么，所谓的覆盖，就是指从古以来的魔鬼关在了他们里面，也就
是被他们覆盖了；而那所谓的"从覆盖下"，指的是，他们潜藏的仇恨
如今爆发出来了。所以说："他们上来遍满了全地，围住圣徒的营与
蒙爱的城。"⑫这里指的不是到一个地方或将到一个地方，好像圣徒的
营和蒙爱的城是未来的某个地方。因为基督的教会是遍布整个大地
的，无论教会那时在哪里（"遍满了大地"就是说遍布在列国），哪里就

---

⑨ 《启示录》，20：7—8。

⑩ 戈塔埃，是马其顿东北部的一个民族，玛萨戈塔埃，是黑海东北部的民族。

⑪ 又见《创世记》，10：2；《以西结书》，38：2。[译按]圣哲罗姆对《以西结书》，38：2中的玛
各和歌革的解释与此相同。此外，当时对这两个词有很多不同的理解。尤西比乌在《福
音的证明》，9：3中认为，歌革是指某个罗马皇帝，而玛各是泛指罗马帝国。安布罗斯在
《论信仰》卷二最后一章认为，歌革和玛各是指哥特人。所有这些解释都没有什么根据。

⑫ 《启示录》，20：9。

有圣徒的营,哪里就是充满上帝之爱的城,被她所有敌人的残酷迫害所包围。因为敌人也遍布大地,散布在列国。即,这个城被堵在了狭小的巷子里,受到攻击和保卫。但是,他们并没有放弃斗争,所以说是"营"。

12. 大火从天而降,吞噬了他们,这是否指的是对不敬者的最后惩罚

经上说:"就有火从天降下,烧灭了他们。"⑱但我们不要把这大火理解为基督所说的那种最后的惩罚:"你这被诅咒的人,离开我!进入那永火里去!"⑭那些人会被火吞灭,但大火并不是从天上降到他们头上。这里说的"从天降下"的火,最好理解为圣徒的强力,使他们不会屈服于那些野蛮者,不会按他们的意志做事。天就是苍穹(firmamentum),因为天堂的强力(firmitate),那些敌人被他们熊熊燃烧的焦躁之火(zelus)所折磨,所以无法把基督的圣徒吸引到敌基督那里。吞灭他们的就是这火,这圣火是"从上帝"降下的,是因为上帝赐予了圣徒们不可战胜的力量,以此折磨敌人。"焦躁之火"(zelus)一词也有正面意义,比如:"因我为你的殿心里焦急,如同火烧。"⑮相反的例子:"那些无知之民被焦躁占据,现在,大火烧灭你的敌人。"⑯这里说"现在",说明那指的不是最后的审判之火。也许,基督来临时,会打击那些迫害教会的迫害者,因为他在用口中的气灭绝

---

⑱《启示录》,20:9。此处依照和合本的译法。但前半句哲罗姆的拉丁文本为"火从天上上帝那里降下",奥古斯丁漏掉了"……上帝那里"(a Deo),不过,在本章后文,他说"这火是'从上帝'降下的",显然又在呼应他漏掉的这两个词。

⑭《马太福音》,25:41。

⑮《诗篇》,69:9。

⑯《以赛亚书》,26:11,七十士本。

敌基督的时候[107]，发现他们都活在地上。这被称为降自天上的火，吞灭了敌人；这并不是对不敬者的最后惩罚，因为最后的惩罚是复活的身体所遭受的。

13.　敌基督迫害的时间是否算作千年的一部分

这最后的迫害将来自敌基督（正如我们说的[108]，《启示录》前面也提到了[109]，先知但以理也已经预言了[110]），长三年六个月。这时间虽然短，但它究竟是包括在魔鬼被绑缚、圣徒与基督共同为王的一千年里，还是这是另外加上的几年，在一千年之外，此处语焉不详，而这是应该的；因为，如果我们说这属于那一千年，那就会发现，圣徒与基督共同为王的时间，比魔鬼被绑缚的时间长，而不是相同。因为，与他们的王共治的圣徒们在遭受迫害的情况下，也在为王，同各种坏事交战，虽然魔鬼不再被绑缚，能集中全力来迫害他们。但是，如果是在圣徒们与基督共同为王一千年之前三年六个月，魔鬼就被释放了，圣经上怎么能说，魔鬼被绑缚和圣徒为王的时间，都是一千年？而如果我们说，迫害的这个短暂的时间不算在一千年中，而是另外加上的，我们就能更确切地理解经上说的这话："他们必做神和基督的祭司，并要与基督一同做王一千年。"[111]以及随后的"那一千年完了，撒旦必从监牢里被释放"[112]。这样就表明，圣徒为王和魔鬼被释放是同时发生的，所以迫害的时间既不是圣徒为王的时间，也不是魔鬼被关的时

---

⑩　《帖撒罗尼迦后书》，2：8；《以赛亚书》，11：4。

⑩　本书 20：8.2。

⑩　《启示录》，11 2；12 6；13 5。

⑩　《但以理书》，12：7。

⑪　《启示录》，20：6。

⑫　《启示录》，20：7。

间，而是另加的，因为这二者都属于一千年中。我们应该认为这要另
外计算；但我们就必须承认，圣徒们在那迫害期间不会与基督共同为
王。但是，谁敢说在他们之间最大限度和最强有力地结合时，他的肢
体不会和他一起为王？而在那个时候战斗越是激烈，抗拒的光荣就
越是辉煌，殉道者也越是金冠灿烂。另外，如果因为他们遭受苦难，
就说他们不会为王，一个结果就是，即使在这千年之中以前的日子，
圣徒们也在遭受苦难，那就会说，遭受苦难的圣徒没有与基督共同为
王。《启示录》的作者亲笔写下，说他看到，那些为耶稣的见证和神的
圣言而被杀头的人的灵魂[13]，但若根据这说法，这些人在受迫害时都
不能和基督一同为王；虽然基督最大限度地拥有他们，他们并不是基
督的王国。这是无比荒谬的，我们必须想尽办法避免。很明确，那最
光荣的殉道者得胜的灵魂战胜了所有的哀痛和劳碌，使这哀痛和劳
碌到了终点，于是放下自己必朽的肢体，曾经并正在与基督共同为
王，随后千年终结，他们重新得到不朽的身体，继续为王。因此，在那
三年半中，那些殉道被杀的灵魂（包括已经离开身体的，和将要在最
后的迫害中离开的）与基督一同为王，然后这必朽的尘世终结，过渡
到没有死亡的王国。这样，圣徒们与基督一同为王的时间比魔鬼被
绑缚和关押的时间长很多年，因为，在魔鬼不再被绑缚的三年六个月
里，圣徒们会和自己的王，即圣子，一同为王。因此，在我们听到"他
们必做神和基督的祭司，并要与基督一同作王一千年。那一千年完
了，撒旦必从监牢里被释放"时，情况依旧，我们可以理解为，要么，圣
徒们的统治在一千年后并不结束，虽然魔鬼的绑缚和关押结束了。
双方都有个一千年，但是又各有不同的具体时段，直到终结。圣徒的
统治时间长一些，魔鬼被绑缚的时间短一些；要么，三年六个月是这

---

[13]《启示录》，6：9。

么短的时间，我们不会认为，要么算作从撒旦被绑缚的时间里减去，要么好像在圣徒为王的时间加上，就像本书的卷十六对四百年的讨论那样⑭。其实比四百年多，但是粗略算出了四百年。只要注意一下，就会发现这样的说法在圣经里很常见。

14. 约翰谈到魔鬼和他的属下一同遭罚，总结所有死者的身体复活，以及最后的审判中的苦难

在讲了这最后的迫害之后，约翰简要而总括性地谈到了魔鬼和他做君主的敌对之城遭受的最后惩罚。他说："那迷惑他们的魔鬼被扔在硫磺的火里，就是兽和假先知所在的地方。他们必昼夜受痛苦，直到永永远远。"⑮我们前面说了，兽最好理解为不敬之城⑯。假先知，其实指的就是敌基督或他的像，即伪装，我们在同一处谈到了。在之后，他谈到最后的审判本身，那时候死者有第二次复活，即身体的复活。他总结叙述了自己如何得到了启示："我又看见一个白色的大宝座与坐在上面的，从他面前天地都逃避，再无可见之处了。"⑰而不说，"我又看见一个白色的大宝座与坐在上面的，并且从他面前天地都逃避"，等等⑱。因为，这还没有发生，即，这是在对活人和死人的审判之前。但是他说，他看到了坐在白色的大宝座上面的，天地都逃离他的面前，等等。审判完成后，这天地都要逃离，那时开始有一个

---

⑭ 参见本书，16:24。

⑮ 《启示录》，20:10。

⑯ 参见本书，20:9.3。

⑰ 《启示录》，20:11。

⑱ [译按]这两段话的唯一区别是后面的一段多了"并且"（*et*）这个连词。但从随后的解释中，奥古斯丁似乎是在讲时态的差别。有可能是奥古斯丁或传抄者的笔误，导致了这里的混乱。

新天新地⑲。这个世界的变化，并不是一切都毁灭，而是万物改变。因此使徒说："因为这世界的样子将要过去了，我愿你们无所挂虑。"⑳要过去的是世界的样子，不是世界的自然。约翰说他看到坐在宝座上的上帝，以后天地都将逃离他的面前。他说："我又看见死了的人，无论大小，都站在宝座前。案卷展开了，并且另有一卷展开，就是生命册。死了的人都凭着这些案卷所记载的，照他们所行的受审判。"㉑他说卷册展开了，又有一卷。他对这一卷是什么并未沉默㉒。他说："就是生命册。"前面展开的卷册，可以理解为圣徒的卷册，包括旧约中的和新约中的，其中展示了，上帝会对他们发布什么命令；而在这卷生命册里，有每个人究竟是按照哪条法令做了，还是没有。如果这本书是物质的书，谁能推算它有多厚多长？其中记录了所有人的整个生命，要用多少时间才能读？或者那时候是否有相当于人的数目的天使，每个人听到自己的天使唱诵他的生命？也许不是所有人共有一本书，而是每个人有一本书。但圣经希望我们理解为一本。其中说："并且另有一卷展开。"这本书应该理解为某种神力，使每个人回忆起自己做的事，无论好坏，让心智以惊人的速度浏览，知道后可以控诉还是放过自己的良知㉓，所有人中的每个就可以同时被审判。神力完全可以称为"书"，因为在我们阅读的时候，就会想起自己所做的每件事。里面说死人都接受审判，无论大小。为了说明这些死人是谁，约翰以总结的方式说话，好像追溯到过去略过的某事，或是推

---

⑲《启示录》，21：1。

⑳《哥林多前书》，7：31—32。

㉑《启示录》，20：12。

㉒［译按］当为"并未沉默"，两个英译本均误为保持沉默。而日译本和吴宗文译本是对的。

㉓参考《罗马书》，2：15。

迟未说的事:"于是海交出其中的死人;死亡和地狱也退回其中的死人。"⑭无疑,这发生在对死人审判之前;但审判是较早说的。因此我说,他以总结的方式,回溯到过去略过的某事。而今他按顺序解释,为了讲得更清楚,他在这里把先前说过的对死人的审判又说了一遍。他说了"于是海交出其中的死人;死亡和地狱也退回其中的死人"之后不久,又加上刚刚说过的:"照他们各人所行的受审判。"⑮这就是他前面所说的:"照他们所行的受审判。"⑯

15. 海里交出,死亡和地狱退回给审判的死人是谁

那些本来在海里,由海交出的死人是谁呢?并不是说,死在海里的人就不进地狱,或者他们的身体就保留在海里;也不是说,死去的好人在海里,坏人在地狱,这是更荒谬的。谁会这么认为呢?但如果说此处的"海"指代这个尘世,就更可以接受。这里的意思是,基督将发现那些尚在身体之中的,把他们和将要复活的一同审判,把他们也称为死人。其中的好人,经上说:"因为你已经死了,你们的生命与基督一同藏在神里面。"⑰其中的坏人,经上说:"任凭死人埋葬他们的死人。"⑱之所以能说他们是死人,是因为他们披戴着必朽的身体。所以使徒说:"身体就因罪而死,灵性却因义而活。"⑲这表明,对一个活在身体中的人来说,身体是死的,但灵性是生命。他不说必朽的身体,

---

⑭《启示录》,20:13,"地狱"和合本作"阴间","退回"和合本作"交出"。

⑮《启示录》,20:13。

⑯《启示录》,20:12。

⑰《歌罗西书》,3:3。

⑱《马太福音》,8:22。

⑲《罗马书》,8:10,"灵性"和合本作"心灵"。

而说死亡的,但后面不久说了"必死的身体"⑩,这是更常用的说法。
于是,海交出在其中的那些死者,意思是,这个尘世交出生活在其中
的人,因为他们还没有死去。"死亡和地狱也退回其中的死人。"海交
出,是因为人就在其中,所以就在那时候找到了;而死亡和地狱要退
回,是因为,那些从地狱走出的死人,要重新唤回生命。而这里不满
足于只说"死亡"或"地狱",必须同时说二者,也不是没原因的。说死
亡,针对的是好人,他们虽然会死,但不在地狱里;而地狱针对的是坏
人,他们要在地狱里受惩罚。基督来之前的那些古代圣徒,坚信基督
会来临,虽然距离不敬者受的折磨非常远,但还是在地狱里。这样认
为并不荒唐。只有在基督流了血,并降临那个地方解救他们之后,这
个代价才能使有信仰的好人得救赎,得到自己本该得到的好的身体。
他们在等待期间,并不知道什么是地狱。而约翰说:"他们都照各人
所行的受审判。"随后简洁地说了审判的方式:"死亡和地狱也被扔在
火湖里。"⑪这名称指的是魔鬼,因为他带来了死亡和地狱中的惩罚,
以及魔鬼的所有同伙。他在上面已经更清楚地说:"那迷惑他们的魔
鬼被扔在硫磺的火里。"⑫随后比较含糊地说"就是兽和假先知的地
方⑬"。而此处则更清楚地讲:"若有人名字没记在生命册上,他就被
扔在火湖里。"⑭这生命册不是用来提醒上帝的,好像他会因忘记而犯
错,而是表明了那些预先选定的,将得到永生。并不是说上帝不知
道,需要读这书才能知道。而是说,上帝自己早已预先知道,是不会
有错的,生命册就是上帝的前知,上面写着上帝提前知道的事。

---

⑩ 《罗马书》,8:11。
⑪ 《启示录》,20:14,"地狱"和合本作"阴间"。
⑫ 《启示录》,20:10。
⑬ 《启示录》,20:10。
⑭ 《启示录》,20:15。

16. 新天和新地

约翰预言了坏人将受的审判，在讲完这审判之后，他又谈到好人的审判。他解释了主简单说的话："这些人要往永刑里去。"以及接着说的："那些义人要往永生里去。"[135]他说："我又看见一个新天新地。因为先前的天地已经过去了，海也不再有了。"[136]他前面说，他看到坐在白色大宝座上的上帝，天地都从他面前逃离[137]，已经提到了这顺序。那些没有写在生命册上的人受到审判，被投到永火里去（我认为除非圣灵向谁启示了，没人知道这是什么样的火，在世界或万物的什么部分）。在这之后，这个世界的样子将被整个世界上所有的火吞灭，正如当初被世上所有的洪水淹没一样。这样，正如我说的，世界上所有可腐的物质，所有与我们的可腐的身体相应的物质，都将在大火中消逝。然后，通过一种神秘的转化，我们的实质将变成不朽的肉身。世界将会变革，成为更好的，相应的，肉身也要变革，成为更好的，与新世界相配。于是说："海也不再有了。"海究竟是被大火烤干了，还是变得更好了，我还不好说。我们读到，将会有新天新地。但我不记得哪里读到过新的海洋。只是在这一卷经里有："宝座前好像一个玻璃海。"[138]但是那里不是在说尘世的终结，好像也不是在说真正的海，而是"好像"是海。经上喜欢把预言与精确的文字结合起来用，我想，所谓"海也不再有了"说的海，就是前面说的"海交出其中的死人"的海。那时候，不再有尘世的必朽生命，不再有各种风暴变换，而这就是

---

[135] 《马太福音》，25：46。
[136] 《启示录》，21：1。
[137] 《启示录》，20：11。
[138] 《启示录》，4：6；15：2。

"海"这个词所象征的。

17. 世界的末日以后，教会的光荣永无终结

　　经上说："我又看见圣城新耶路撒冷由神那里从天而降，预备好了，就如新妇装饰整齐，等待丈夫。我听见有大声音从宝座出来说：'看哪！神的帐幕在人间。他要与人同住，他们要做他的子民；神要亲自与他们同在，做他们的神。神要擦去他们一切的眼泪；不再有死亡，也不再有悲哀、哭号、疼痛，因为以前的事都过去了。'坐宝座的说：'看哪！我将一切都更新了。'"⑬这里说到从天上降临的城，是因为，上帝是用天上的恩典塑造这城的。因此上帝通过以赛亚说："我是造你的主。"⑭这个城一开始就从天而降，从那时候起，上帝的恩典就借着"重生的洗"通过天上派下的圣灵来到了尘世间，降临他的这座城。上帝的审判将是最后的审判，通过他的儿子耶稣基督来实现。在这审判中，借助上帝的赐予，上帝之城的伟大光芒将展示为全新的和清晰的，旧日的印痕不复存在；那时候，身体从过去可腐的和必朽的变成了不腐的、不朽的、崭新的。要把这当成这个城与她的王一起统治一千年的那段时间，在我看来是很不恰当的。因为其中明确说："神要擦去他们一切的眼泪；不再有死亡，也不再有悲哀、哭号、疼痛。"谁会那么荒谬，陷入无比顽固的偏见，竟胆敢认为，在这必朽的患难中，我们且不说众多圣徒，就是其中的某个圣者，不论是现在生活着的，将要生活的，还是曾经生活过的，会没有眼泪和疼痛。相反，一个人越是神圣，越是希望成圣，在祈祷时就有越多的哭泣。天上耶路

---

⑬《启示录》，21：2—5。
⑭《以赛亚书》，45：8，七十士本。

撒冷的公民的声音不是说吗,"我昼夜以眼泪当饮食"⑭;"我每夜流
泪,把床榻漂起,把褥子湿透"⑭;"我的叹息不向你隐瞒"⑭;"我的愁
苦就发动了"⑭? 人们"叹息劳苦,并非愿意脱下这个,乃是愿意穿上
那个,好叫这必死的被生命吞灭了"⑭,难道这不是神的儿子吗? 而那
些"有圣灵初结果子的,也是自己心里叹息,等候得着儿子的名分,乃
是我们的身体得救赎"⑯,难道不是神的儿子? 还有使徒保罗自己,难
道他不是来自上界的耶路撒冷吗? 他为了以色列的骨肉弟兄"大有
忧愁,心里时常伤痛"⑭,不更是天上来的吗? 除非到了经上所说的,
"死啊! 你得胜的权势在哪里? 死啊! 你的毒钩在哪里? 死的毒钩
就是罪"⑭,那个城里才不再有死亡。既然可以问"在哪里",就可见那
里是没有的。那时城里的公民也并不软弱,而现在连约翰这样的人
也在他的书信里说:"我们若说自己无罪,便是自欺,真理不在我们心
里了。"⑭在这卷题为《启示录》的经书里,有很多模糊的语句,用来锻
炼读者的心智;其中只有少数语句很清晰,让我们从中推出别的话的
意思,但也要很费力;这主要是因为约翰以很多方式重复同一个意
思。他好像是在说不同的意思,其实是用不同的方式说同一个东西。
但他下面的话很清晰:"神要擦去他们一切的眼泪,不再有死亡,也不
再有悲哀、哭号、疼痛。"这些话如同阳光般明亮,讲的是在未来的世
代圣徒们的不朽和永恒(这不是只有那时,只有那里的事吗?)。如果

---

⑭《诗篇》,42:3。

⑭《诗篇》,6:6。

⑭《诗篇》,38:9。

⑭《诗篇》,39:2。

⑯《哥林多后书》,5:4。

⑯《罗马书》,8:23。

⑰《罗马书》,9:2。

⑭《哥林多前书》,15:55—56。

⑭《约翰一书》,1:8。

我们认为这是模糊的,那么,我们在圣经里就不能找到或读到清楚的表达了。

18. 使徒彼得怎样预言上帝的最后审判

我们现在看到,使徒彼得也曾写到这审判:"在末世必有好讥诮的人,随从自己的私欲出来讥诮说,主要降临的应许在哪里呢? 因为从列祖睡了以来,万物与起初创造的时候仍是一样。他们故意忘记,从太古凭神的命有了天,并从水而出藉水而成的地。故此,当时的世界被水淹没就消灭了。但现在的天地,还是凭着那言存留,直留到不敬虔之人受审判遭沉沦的日子,用火焚烧。亲爱的弟兄啊,有一件事你们不可忘记,就是主看一日如千年,千年如一日。主所应许的尚未成就,有人以为他是耽延,其实不是耽延,乃是宽容你们,不愿有一人沉沦,乃愿人人都悔改。但主的日子要像贼来到一样。那日天必大有响声废去,有形质的都要被烈火销化。地和其上的物都要烧尽了。这一切既都要如此销化,你们为人该当怎样圣洁,怎样敬虔,切切仰望神的日子来到。在那日天被烧就销化了,有形质的都要被烈火熔化。但我们照他的应许,盼望新天新地,有义居在其中。"⑮他这里不是在说死者的复活,而是说了很多此世的覆灭。他让我们想起以前的那场大洪水,好像是在以这种方式警告我们,让我们相信,在尘世终结的时候,这个世界都会毁灭。他说,在那时候,曾有的世界毁灭了;不仅整个大地,甚至包括天空。我们应该把这天空理解为空气,水汽升腾,充满了其中的空间。于是,全部或者几乎全部空气转化成了湿气(他把这称为天或诸天,但是他显然说的是其中较低的部分,

---

⑮《彼得后书》,3:3—13,"言"和合本作"命"。

而不是太阳、月亮和诸星座组成的高天)㉑,然后在这个状态中与大地一起毁灭,这大气此前的样子在大洪水中已经被毁灭了。他说:"但现在的天地,还是凭着那言存留,直留到不敬虔之人受审判遭沉沦的日子,用火焚烧。"于是,那天与地(就是在洪水毁灭了世界后,代替旧世界的世界)远离了水,留存到审判日,被最后的火焚烧,与不敬的人一起灭亡。由于这巨大的变动,彼得也毫不怀疑地说,人也会遭受未来的毁灭;只是他们的自然会留存到永罚之中。也许有人会问,如果在审判之后世界会焚烧,新天新地会取代旧的天地,那么,在那大火当中,圣徒们在哪里呢?因为他们有身体,一定要在某个物质的处所。我们可以回答说,他们将来会在更高的部分,那大火的火焰达不到的地方,就像洪水中的水到不了的地方一样。因为他们的身体会变得想在哪里就在哪里。而变得不朽和不腐的人并不惧怕火灾中的火;何况,那三个有着可腐和必朽身体的人,在烈火的焚烧中还能活下来,不受伤害㉒。

19. 使徒保罗在给帖撒罗尼迦人的信里写到敌基督的出现,主的日子就在他的时间之后来临

19.1   福音书作者和使徒有很多关于神的末日审判的话,看来我必须略过了,否则我这一卷就变得过长了。但是,我们不能略掉使徒保罗在给帖撒罗尼迦人的信里的话:"弟兄们,论到我们主耶稣基督降临,和我们到他那里聚集,我劝你们,无论有灵有言语,有冒我名的书信,说主的日子现在到了,不要轻易动心,也不要惊慌。人不拘

㉑ 参见奥古斯丁,《〈创世记〉字解》,3:2—3。
㉒ 《但以理书》,3:8—27。

用什么法子,你们总不要被他诱惑,因为那日子以前,必有离道反教的事,并有那大罪人,就是沉沦之子,显露出来。他是抵挡主,高抬自己,超过一切称为神的,和一切受人敬拜的。甚至坐在神的殿里,自称是神。我还在你们那里的时候,曾把这些事告诉你们,你们不记得么? 现在你们也知道那拦阻他的是什么,是叫他到了的时候,才可以显露。因为那不法的隐意已经发动。他想怎样拦阻,就让他怎样拦阻,直到那拦阻的离开。那时这不法的人,必显露出来。主耶稣要用口中的气灭绝他,用降临的荣光废掉他。他的来临,是在撒旦的运动之后。他行各样的异能神迹,和一切虚假的奇事,并且在那沉沦的人身上,行各样出于不义的诡诈。因为他们不领受真理的心,使他们得救。故此,神就给他们一个生发错误的心,叫他们信从虚谎。"⑬

19.2　无疑,他这里是在谈敌基督和审判日;如果敌基督不先来,审判日(就是这里说的主的日子)也不会来临。使徒称敌基督的来临为"离道叛教的事",意思是从主上帝叛离。如果能这么说所有不敬者,当然更可以这么说敌基督! 但是他将坐在上帝的哪个神殿里,却不确定;是坐在所罗门王修建的被毁的神殿,还是坐在教会? 使徒不会把将鬼怪当偶像崇拜的神殿称为上帝的殿。但也有人愿意理解为,这里说的不是魔王自身,而是他的全体,也就是所有属于他的众人,再加上魔王自己。他们认为,要把希腊文正确地翻译过来,不是"坐在神的殿里",而是"坐下,如同神的殿"。意思是,他自己就成了神的殿,即教会。就像我们说"坐在朋友身边",意思是他就是朋友了,还可以说别的一些这类的话。他说:"现在你们也知道那拦阻

---

⑬ 《帖撒罗尼迦后书》,2:1—11;其中,"他想怎样拦阻,就让他怎样拦阻,直到那拦阻的离开。"和合本作"只是现在有一个拦阻的,等到那拦阻的被除去"。"他的来临,在撒旦的运动之后,他……"和合本作:"这不法的人来,是照撒旦的运动",详细解释见本卷19.4。

他们的是什么。"意思是，是什么阻碍成为他延迟的原因，你们知道，
"是叫他到了的时候，才可以显露"。他说人们知道这些，所以不愿公
开说出来。我们并不知道他们知道什么，所以要费一番力气，也不能
明白使徒的意思，不论我们多么希望知道；特别是因为，他在后面加
上的话意思更加模糊："因为那不法的隐意已经发动。只是现在有一
个拦阻的，等到那拦阻的被除去。那时这不法的人，必显露出来。"这是
什么意思？我承认，我不知道他在说什么。但我还是会提到我能听到
或读到的人们的猜测。

　　19.3　有人认为，这里说的是罗马帝国，但是因为使徒保罗不愿
明确写出来，以免被指责说罗马帝国的坏话，因帝国自己希望永世长
存。他说，"因为那不法的隐意已经发动"，是希望人们把这理解为尼
禄，他的作为看上去就像敌基督。因此颇有人怀疑，他还会复活，成
为敌基督[154]。有人认为，尼禄并没有被杀，而是被藏起来了，让人以为
他被杀了，而是秘密地活着。他的精力保持着人们以为他死时的那
个年岁的状态，到了他的时候就会冒出来复辟王位。[155] 但是，我很怀
疑这个扑朔迷离的说法。使徒还说："他想怎样拦阻，就让他怎样拦
阻，直到那拦阻的离开。"说这是在讲罗马帝国并不荒谬，就如同说：
"他想怎样统治，就让他怎样统治，直到那统治的离开。"即被除去的
意思。"那时这不法的人，必显露出来。"毫无疑义，这指的是敌基督。
还有人认为，他说，"现在你们也知道那拦阻他的是什么"，"因为那不
法的隐意已经发动，"指的就是那些在教会里的骗人的坏人，当时已
经非常多了，成了敌基督大批的属下。这就是"不法的隐意"，因为这

---

[154] 如哲罗姆在诠释《但以理书》，11 时，即如此认为。

[155] 塔西陀在《历史》，2：8 中谈到，这是当时非常流行的一种说法。苏维托尼乌斯在《罗马
十二帝王传》中的尼禄部分谈到，尼禄的追随者在他死后仍以他的名义发布诏令，从而
助长了这种说法。

些看上去是隐藏的。使徒鼓励那些信仰者,要坚定地维护他们已有的信仰,于是说:"他想怎样拦阻,就让他怎样拦阻,直到那拦阻的离开。"意思是:"要这么做,直到那些现在秘密的不法的隐意离开教会。"他们认为,福音书作者约翰在书信里下面的话也在说这种隐意:"小子们哪,如今是末时了。你们曾听见说,那敌基督的要来。现在已经有好些敌基督的出来了,从此我们就知道如今是末时了。他们从我们中间出去,却不是属我们的;若是属我们的,就必仍旧与我们同在。"[156]他们说,现在,也就是末日(即约翰所说的末时)之前的一刻,很多异端从教会里走出,他把这些人都称为敌基督。所有这些走出的,不属于基督,而属于最后的敌基督,敌基督会在那时显现出来。

19.4 如何理解使徒这些含糊的语句,是见仁见智的;但他无疑说了这话:除非基督的对手敌基督先来诱惑那些死去的灵魂,基督不会来审判活人和死人[157]。就是受他诱惑这件事,也来自上帝隐秘的判断。就像使徒说的:"他的来临,是在撒旦的运动之后。他行各样的异能神迹,和一切虚假的奇事,并且在那沉沦的人身上,行各样出于不义的诡诈。"[158]那时候,撒旦被放出来了,通过那个敌基督行各种各样的异能神迹,但都是用来骗人的。不过,我们不清楚,后面所说的异能神迹和骗术,究竟是欺骗必朽者的感觉的幻象,其实没有做,但让他们以为做了;还是这些是真的奇迹,但用来欺骗人们,引诱他们以为,这只能是神所行的,不知道那是魔鬼的异能,特别是,他所获得的能力是以前所没有的。当天降大火,把神圣的约伯的仆人和羊群

---

[156] 《约翰一书》,2:18—19。

[157] 《提摩太后书》,4:1。

[158] 《帖撒罗尼迦后书》,2:9—10。[译按]"他的来临"和合本作"这不法的人来",好像是指敌基督。希腊文本和拉丁文本此处都用代词,无法判断究竟是指基督还是敌基督,但一般理解为指敌基督,所以英文钦定本和中文和合本都这么翻译。但奥古斯丁把此处理解为指基督,所以我们调整了经文译法。

一下子都烧尽了，一场大风刮来，毁掉了他的房屋，杀死了他的儿女，这些都不是幻象，而是撒旦所做的，上帝赋予了撒旦这样的异能[159]。但这为什么说是"异能神迹，和一切虚假的奇事"，那时候就明白了。且不管为什么这样说，敌基督用异能奇迹来诱惑的，是会被诱惑的人，"因为他们不领受爱真理的心，使他们得救"。使徒也不犹豫地加上说："故此，神给他们一个生发错误的心，叫他们信从虚谎。"[160]上帝给这个心，是因为上帝用正义的判断允许魔鬼做那些事，虽然魔鬼那么做是出于邪恶的想法。"使一切不信真理，倒喜爱不义的人，都被定罪。"[161]因为上帝的判断，他们被引诱；因为他们被引诱，上帝审判他们。但是，那使他们被引诱的判断，是上帝的判断，这判断的正义是隐秘的，但它的隐秘也是正义的，自从理性的被造物犯罪开始，上帝就没有停止过审判；受了引诱的人，将在最后受基督耶稣公开的审判，这审判将是最正义的，因为他遭受了最不义的审判。

20. 使徒保罗在给帖撒罗尼迦人的第一封信里，就死者的复活有什么教导

20.1 但是在这里，使徒对死者的复活保持沉默。他在写给帖撒罗尼迦人的第一封信里说："论到睡了的人，我们不愿意弟兄们不知道，恐怕你们忧伤，像那些没有指望的人一样。我们若信耶稣死而复活了，那已经在耶稣里睡了的人，神也必将他与耶稣一同带来。我们现在照主的话告诉你们一件事。我们这活着还存留到主降临的

---

[159] 《约伯记》，1:16—19。

[160] 安布罗斯、克里索斯顿等人认为这是在说犹太人。哲罗姆在《书信》，151:11 中也这么认为。

[161] 《帖撒罗尼迦后书》，2:10—12。

人，断不能在那已经睡了的人之先，因为主必亲自从天降临，有呼叫的声音，和天使长的声音，又有神的号吹响，那在基督里死了的人必先复活。以后我们这活着还存留的人，必和他们一同被提到云里，在空中与主相遇。这样，我们就要和主永远同在。"⑯使徒的这些话，最清楚地表明，死人将会复活，那时候主基督将来临，审判活人和死人。

20.2 但人们总是问，基督来临时发现活着的人，也就是使徒在上面说的他自己，以及那些和他一起存留的人，是否根本不会死去？还是说，他们在那个时候神奇而迅速地死亡，又转入不朽，与那些复活的人一同被提升到云里，和基督在空中相遇？⑯ 我们不能说不可能，他们死而复生，在那个时刻被提升到天空。他说："这样，我们就要和主永远同在。"我们不能以为，这里是说，我们会永远和主待在空中；因为他不会待在那里，而是像来的时候一样迅速离去；我们也会因他来临而去见他，而不是因为他待在那里。但是"这样我们就要和主同在"，意思是，我们将会拥有永恒的身体，所以，无论在哪里，我们都将与他同在。看起来，使徒就要让我们按照我们认为的这样理解，基督发现还活着的人，在那短暂的时间里就要经历死亡，进入不朽。他说："在基督里众人也都要复活。"⑭他在另外一处谈到身体的复活，说："你所种的若不死就不能生。"⑮所以，基督发现还活着的人，如果他们不死，怎么可能通过复生进入不朽？就像我们看到他说的："你所种的若不死就不能生。"而除非人的身体死了，然后以某种方式从地上复活，否则我们不能说"你所种的"。就像人类的始祖僭越时，上

---

⑯ 《帖撒罗尼迦前书》，4：13—17。
⑯ 参见奥古斯丁，《书信》，193。
⑭ 《哥林多前书》，15：22。
⑮ 《哥林多前书》，15：36。

帝所说的这句话:"你本是尘土,仍要归于尘土。"⑯我们要承认,基督来临时,那些他发现尚未走出身体的人,使徒和《创世记》中的话里并不包括;因为他们被提升到云里,所以不会是"所种的",因为不论他们根本不会经历死,还是在空中死去一会,都不在地里,也不返回地里。

20.3 同是这位使徒,在对哥林多人谈到身体的复活的时候,有另外的说法:"我们都要复活",另外的版本是:"我们都要睡觉。"⑰除非先进入死亡,否则不能有复活;我们也只能把这里的睡觉理解为死亡。⑱ 如果基督发现很多人还在身体里,没有睡下,也就没有复活,那怎么说都要睡觉或都要复活呢? 如果基督来临时发现还活着的圣徒,会升起来与基督相遇,我们相信他们会迅速通过死亡走出身体,然后很快变为不朽。这样,我们就会发现使徒下面的话不难理解。他说:"你所种的若不死就不能生。"还说,"我们都要复活"或"我们都要睡觉"。圣徒们除非先死去,哪怕很短暂,否则就不能复活进入不朽;因此他们也不会不复活,复活前总要睡觉,哪怕极短,也不是没有。我们相信,同一位使徒最明确地说,眨眼之间,死人就会复活,那些早已死去的尸体的尘土,会极为简单、以无法估量的速度,回归到肢体之中,永无终结;⑲为什么我们就不能相信,众多的身体可以在空中做种,在那里向上复活,变成不朽和不腐的呢? 上帝对人说:"你本是尘土,仍要归于尘土。"我们不能认为,以后的圣徒会免于这句话(判决)⑳。只是他们死亡时,身体不会化为尘土,而是迅速死去,也迅

---

⑯ 《创世记》,3:19。

⑰ 《哥林多前书》,15:51。

⑱ 参考奥古斯丁,《书信》,105。

⑲ 《哥林多前书》,15:52。

⑳ [译按]在拉丁文中,sententia 一词既有句子的意思,也有判决的意思。奥古斯丁此处有意利用了这个词的双重含义。

速复活,都发生在空气里。这句话里说的"归于尘土",意思就是:"你丢掉了性命,就要回到获得生命之前的状态。"意思是,你要是断了气(*exanimatus*),就要回到你获得这口气(*animatus*)之前。上帝向尘土造的脸吹生命的气息,于是造出了有灵魂的生命的人。这就是说:"你是得到了灵魂(生命的气息)的泥土,以前你不是;你要成为没有生气的泥土,就像原来一样。"死人所有的身体都是这样的,哪怕还没有腐烂;未来的圣徒们,如果也会死,不论死在哪里,只要他们失去了生命,哪怕马上就会重新获得,也是这样的。这样,他们会化为尘土,因为活人会变为尘土。只要是灰尘的,总会变为灰尘;会衰老的,总会衰老;是陶土做的,要从陶器化为陶土;我们还可以说出六百个这类的例子。将来会怎样,我们现在运用自己的推理能力设想;那时候到底怎样,我们将来会知道。在基督来临,审判活人和死人的时候,死人将会复活,回到肉身。如果我们愿意当基督徒,我们就要这样相信;我们没力量完美地把握将来的事怎样发生,但这不意味着我们的信仰将会落空。就像我们前面许诺的⑰,关于上帝最后的审判,旧约诸卷里的先知就已经预言了。我们应该展示多少,看来这些已经够了。我认为,我们不必再耽误太多,反复申述阐释,读者可以留心(*curaverit*)思考我们讲过的内容,获得帮助。

21. 先知以赛亚怎么讲死者的复活和审判的分配

21.1　先知以赛亚说:"尸体要复活,那些在坟墓里的要起来,所有在地上的要兴奋。因为来自你的甘露是他们的健康,不敬者的尘

---

⑰　参见本书,20:4。

土将跌倒。"⑫前半句完全讲的是幸福者的复活。后面说："不敬者的尘土将跌倒。"这最好理解成是说："不敬者的身体因为谴责而遭受毁灭。"如果我们想更仔细和更清晰地研究好人的复活，那么，"尸体要复活"指的就是第一次复活。随后的话指第二次复活："那些在坟墓里的要起来。"如果我们要找到一些话，讲基督发现还活着的圣徒，那恰恰就是后面所讲的："所有在地上的要兴奋，因为来自你的甘露是他们的健康。"我们要把这里的"健康"理解为最正直的不朽；他们会得到无比充分的健康，食品和一般的药品不能给予。他首先给了好人关于审判日的希望，随后就要恐吓坏人。先知说："主如此说：'我要使平安延及他，好像江河，使列国的荣耀延及他，如同涨溢的河，你们要从中享受。你们必蒙抱在肋旁，摇弄在膝上。母亲怎样安慰儿子，我就照样安慰你们。你们也必在耶路撒冷得安慰。你们看见，就心中快乐，你们的骨头必得滋润，像嫩草一样。'而且主的手向他仆人所行的，必被人知道。他也要向仇敌发恼恨。看哪，主必在火中降临，他的车辇像旋风，以烈怒施行报应，以火焰施行责罚。因为主在一切有肉身的人身上，必以火与刀施行审判。被主所杀的必多。"⑬他对好人的应许，如江河的和平，我们应该把这浩荡的和平理解为，再也不会有比这更大的了。到了最后，我们要靠这和平作指导。对此，我们在前面一卷里说了很多了。他说，这和平之河会延伸到他们，他们将得到如此大的幸福，让我们认为，在那天上的幸福之地，一切都受这河水的滋养。但是因为不朽和不腐的和平流入的是地上的身体，所以他说和平如江河会延伸到他们，他从天上向下喷洒和平，把人变得和天使一样。那个耶路撒冷，并不是与她的儿子——同为奴

----

⑫《以赛亚书》，26：19，七十士本。
⑬《以赛亚书》，66：12—16，"肉身"和合本作"血气"。

的耶路撒冷，而应该理解为我们自由的母亲，就是使徒说的，天上的永恒之城。⑭ 我们在这必朽的生命中如此勤苦，遭受灾难，充满操劳，以后要在那里得到安慰，像孩子一样，栖息在她的肩膀和膝头。我们本来很粗鲁，对她的保佑全然麻木无知，而今要接受她的赐福。无论看到哪里，我们的心里都喜悦。他没有说我们会看到什么；但那不就是上帝吗？福音书里给我们的应许将实现："清心的人有福了，因为他们必得见神。"⑮我们现在看不见这一切，但是我们用人微小的能力信仰着，虽然我们所知道的差太多了，与事实根本无法比拟。他说："你们看见，就心中快乐。"在这里你们相信，在那里你们看见。

21.2　他说了"就心中快乐"后，为了让我们不要认为，那个好的耶路撒冷只与我们的灵性相关，接着说："你们的骨头必得滋润，像嫩草一样。"他在说身体的复活，好像在讲明原来没说过的。这不是在我们已看见之后发生，而是在已发生之后我们才看见。他在谈到圣徒最后得到的应许时，总是以多种形式说出来。于是在这一段之前，他就说了新天和新地："看哪，我造新天新地，从前的事不再被记念，也不再追想。你们当因我所造的永远欢喜快乐。因我造耶路撒冷为人所喜，造其中的居民为人所乐。我必因耶路撒冷欢喜，因我的百姓快乐。其中必不再听见哭泣的声音和哀号的声音"⑯，如此等等，有人试图把这理解为指的仅仅是千年中的肉身。这里用先知的风格讲话，会把隐喻和实词混杂使用，因此，一个清醒的头脑应该通过有益和健康的努力，达到灵性的理解。由于肉身的懒惰，没有教养又未经锻炼的心智的愚钝，使人满足于字面意思，认为不需要内在的理解。我们在前面已经写到要怎样理解先知的这些话，我说得已经够多了。

---

⑭ 《加拉太书》，4：26。

⑮ 《马太福音》，5：8。

⑯ 《以赛亚书》，65：17—19。

现在回到我们岔开的地方,即他所说的:"你们的骨头必得滋润,像嫩草一样。"这里在说肉身的复活,而他要表明现在讲的还是好人的复活,于是接着说:"而且主的手向他仆人所行的,必被人知道。"这里的意思不就是,上帝的手要把服侍他的人和蔑视他的人分开? 这后面就接着说:"他也要向仇敌发恼恨。"⑰另外的译本把仇敌说成"不信者"。并不是他那时要恼恨他们,而是他在这里恼恨地说的话,在那时候就会实现,发挥效力。"看哪! 主必在火中降临,他的车辇像旋风,以烈怒施行报应,以火焰施行责罚;因为主在一切有肉身的人身上,必以火与刀施行审判。被主所杀的必多。"⑱"火""旋风""刀"都象征了审判中的惩罚。这里说主会像火焰一样亲自来临,意思是,他来临时会完成对坏人的惩罚。他的车辇(这里是复数),我们完全可以认为是辅佐的天使。这里说整个大地上有肉身的人都受到他的火与刀的审判,我们不应该理解为灵性的圣徒,而是地上的肉身者,经上说他们"专以地上的事为念"⑲,"体贴肉体的,就是死"⑳。主把他们总体上称为属乎肉身的,说:"人既属乎肉身,我的灵就不永远住在他里面。"㉑此处说:"被主所杀的必多。"这种杀伤导致第二次死亡。火、刀、杀也都可以从好的意思来理解。因为主自己说,他把火扔在地上㉒。在圣灵来临的时候,人们看到舌头如火焰显现出来㉓。我主说:"我来并不是叫地上太平,乃是叫地上动刀兵。"㉔圣经里说,上帝

⑰《以赛亚书》,66:14。
⑱《以赛亚书》,66:15—16。
⑲《腓利比书》,3:19。
⑳《罗马书》,8:6。
㉑《创世记》,6:3。
㉒《路加福音》,12:49。
㉓《使徒行传》,2:3。
㉔《马太福音》,10:34。

的教诲比两刃的剑还要快⑱，这是因为，新旧两约都是锋利的。在《雅歌》里，圣教会说他被爱所伤，好像被爱的利箭刺透⑱。而我们若是读和听到我主来临时的复仇，这里究竟该如何理解，就清楚了。

21.3　随后，他简要评论了那些会在审判中被吞噬的人，然后用了一个比喻，即用那些不惮于吃下旧律法中禁止吃的肉的人，比喻有罪的和不敬的人，并且总结了从救世主的第一次来临，到最后审判之间，新约的恩典（我们现在就要讲到这些），然后结束了他的话。他说主讲到他要来，要召集万国，前来看见他的荣耀⑱。正如使徒所说的："因为世人都犯了罪，亏缺了神的荣耀。"⑱她说自己要显记号在人们中间，让人们惊讶和相信他；他要把一些已得救的人送到列国，以及从没听过他的名声、没看见他的荣耀的辽远的海岛；他们将会在列国宣扬他的荣耀，把听这话的人的兄弟送回，这些人就是信仰上帝圣父的蒙召的以色列人的弟兄。于是，万国中都有服务于主的人前来，或乘马，或坐车，前往天上的神圣的耶路撒冷⑱。这里的乘马和坐车最好理解为上帝的两类辅佐给与的神助，包括天使的和人的。而今，他们具有神圣的信仰，散布在大地上。哪里有神的帮助，哪里就有信仰；哪里有信仰，他们就会来到哪里。主把他们和那些给他献祭的以色列的儿子相比，他们唱着《诗篇》，把祭祀献在他的殿里，就像现在各处教会做的那样。他应许，必从他们中间取人为祭司，为利未人⑲。我们看到，现在这些实现得分毫不爽。但这没有实现在血肉的种族

---

⑱　《希伯来书》，4：12。

⑱　《雅歌》，2：5；七十士本。

⑱　《以赛亚书》，66：17—18。

⑱　《罗马书》，3：23。

⑱　《以赛亚书》，19—20［译按］其中"已得救赎的"，和合本和英文钦定本均作"逃脱的"，但是，希腊文的七十士本和拉丁文的哲罗姆本都是"已得救赎的"。

⑲　《以赛亚书》，66：20—21。

中,虽然最初亚伦一系的祭司是这样的。但是,正如新约里所说的,
照着麦基洗德的等次做了大祭司的,是基督⑲。由于神恩赐给人们的
品德,我们看到,现在被选为祭司和利未人的,不是按照头衔,因为头
衔经常被无德者获得,而是按照好人和坏人不能共享的神圣性。

21.4 他所讲的这些,是上帝明确和最显著的悲悯,而今实现在
教会中。随后,主通过先知(或者说,先知代表主)讲出了最后的审判
中应许的结局,其中好人和坏人将走向不同结果:"主说,我所要造的
新天新地,怎样在我面前长存,你们的后裔和你们的名字,也必照样
长存。每逢月朔、安息日,凡有肉身的必来在我面前下拜。这是主说
的。他们必出去观看那些违背我的男子的尸首。因为他们的虫是不
死的,他们的火是不灭的。凡有肉身的,都必憎恶他们。"⑫先知在此
终卷,那时候尘世也要终结。有的版本把"男子的尸首"(*cadavera
virorum*)译为"人的肢体"(*membra hominum*)。"尸首"针对的是身
体所受的可见的惩罚。虽然尸首一般是指断了气的肉身,而这里指
的是还有气的身体,否则就不能感受折磨;但这里可以指死者的身
体,也就是那些在第二次死亡中跌下的身体,因此,这样说身体并不
荒谬。同一个先知在前面说:"不敬者的尘土将跌倒。"⑬谁看不出,
"尸首"(*cadavera*)是因为"跌倒"(*cadendo*)而得名的?⑭ 而那些译
者显然用"男子"来指"人"。谁会说,女罪人就不会遭受未来的惩罚?
而男人更重要,女人是从他造出来的⑮,因此,男人代表了两性。而尤
其相关的事情是,所谓"凡有肉身的必来"指的是好人,因为所有种族

---

⑲ 《诗篇》,110:4;《希伯来书》,6:20。

⑫ 《以赛亚书》,66:22—24,"肉身"和合本作"血气"。"的男子"和合本作"人"。

⑬ 参见本书,20:21.1;《以赛亚书》,26:19。

⑭ 参见本书,20:10。

⑮ 《创世记》,2:22—23。

的人组成了上帝的选民（但不是所有人都来，更多人要受惩罚），但是，正如我最开始说的，肉身也可以用于好人，而肢体或尸首，只用于坏人。因此，这发生在肉身复活之后，即，在未来的审判中，好人和坏人的结局都将被宣布，得其所终，这些话坚定了我们对这些事的信念。

22. 圣徒将出去观看坏人受的惩罚，是什么意思

但好人怎样出去看坏人的受惩罚呢？难道是他们身体移动，离开幸福的居所，走到惩罚人的地方，亲身在场，看坏人所受的折磨吗？根本不是；而是靠知识出去。这话的意思就是，那些将被折磨的人，都在外面。因此，主这样说那个地方，"外面黑暗"⑯，与那好的仆人的"进入"相对："可以进来享受你主人的快乐。"他这么说，是为了让我们不要认为，坏人也会进去，也会知道，而是说，好人靠知识出去，因为好人会知道外面的事。那些受惩罚的，并不知道里面怎样享受主人的快乐；而那些真正快乐的，知道门外面黑暗里在发生什么，于是说"出去"⑰，因为那些在门外面的人在做什么，对于他们不是秘密。上帝在必朽者心智里的临在不论多么模糊，先知们都能因而知道当时尚未发生的事；而上帝在万物之上，为万物之主⑱，不朽的圣徒怎么会不知道已发生的事呢？圣徒的种子和名字，都将停留在那幸福之域；约翰谈到这种子说："神的种存在他心里。"⑲而他们的名字，上帝

---

⑯《马太福音》，25:30。
⑰《以赛亚书》，66:24。
⑱《哥林多前书》，15:28。
⑲《约翰一书》，3:9。

通过那个以赛亚说:"我必赐他们永远的名。"[200]"每逢月朔、安息日"[201],月复一月,周复一周,当他们脱离了这旧日的时间阴影,走进全新的永恒之光,他们会拥有这二者。在对坏人的惩罚中,火不会灭,虫不会死[202],对此,不同的人有不同的理解。有人说这二者都指涉身体,有人说二者都是关于心灵的;还有人说,火是直接作用于身体的,而虫是对心灵的比喻,这看上去更可信。但是,现在不是争辩这区别的时候。在末日审判之时,好人将和坏人分开,我在这一卷里都在谈这个问题。至于他们分别得到什么奖赏和惩罚,我会在别处更仔细地谈[203]。

23. 但以理如何预言敌基督的迫害、上帝的审判,以及圣徒的王国

23.1　先知但以理预言到这最后的审判,他先说敌基督会来,随后谈到,圣徒的永恒王国会到来。他说自己在幻象中看到了四只大兽,象征着四个王国,其中的第四个被某个王所征服,这个王就是敌基督,然后就是人子的永恒王国,人子就是基督。他说:"至于我但以理,我的灵在我里面愁烦,我脑中的异象使我惊惶。我就近一位侍立者,问他这一切的真情。他就告诉我,将那事的讲解给我说明。"[204]但以理向那个侍立者询问所有这些,然后听到了他的回答,于是转述他的语言,好像侍立者自己的话:"这四个大兽就是四王将要在世上兴

---

[200]《以赛亚书》,56:5。

[201]《以赛亚书》,66:23。

[202]《以赛亚书》,66:24。

[203] 见本书卷 21、22。

[204]《但以理书》,7:15—16。

起。然而，至高者的圣民，必要得国享受，直到永永远远。那时我愿知道第四兽的真情，它为何与那三兽的真情大不相同，甚是可怕，有铁牙铜爪，吞吃嚼碎，所剩下的用脚践踏。头有十角和那另长的一角，在这角前有三角被它打落。这角有眼，有说夸大话的口，形状强横，过于它的同类。我观看，见这角与圣民争战，胜了他们。直到亘古常在者来给至高者的圣民伸冤，圣民得国的时候就到了。"[205]但以理说，这就是他所询问的。他随后又听侍立者说（也就是他所询问的人回答说）："第四兽就是世上必有的第四国，与一切国大不相同，必吞吃全地，并且践踏嚼碎。至于那十角，就是从这国中必兴起的十王，后来又兴起一王，与先前的不同。他必制伏三王。他必向至高者说夸大的话，必折磨至高者的圣民，必想改变节期和律法。圣民必交付他手一时，多时，半时。然而，审判者必坐着行审判。他的权柄必被夺去，毁坏，灭绝，一直到底。国度，权柄，和天下诸国的大权必赐给至高者的圣民。他的国是永远的。一切掌权的都必事奉他，顺从他。那事至此完毕。至于我但以理，心中甚是惊惶，脸色也改变了，却将那事存记在心。"[206]有人认为，这四个王国就是亚述、波斯、马其顿和罗马。至于这说法是否恰当，人们只要读一读哲罗姆长老关于《但以理书》足够精审和博学的解读，就能知道了。敌基督确实是反对教会的最野蛮的王国，但只能维持很短的时间，随后，圣徒们就接受上帝的末日审判，得到永恒的王国。哪怕是在睡梦中读，谁也不会怀疑这一点。从后面的一段算的天数可以知道，这里说的"一时、多时、半时"指的就是一年、二年、半年，总共就是三年六个月，而圣经上有时又用月数计算[207]。拉丁文里的"多时"（tempera）含义不确定；但是这本来

㉕ 《但以理书》，7：17—22。

㉖ 《但以理书》，7：23—28，其中"一时，多时，半时"和合本作"一载，二载，半载"。

㉗ 《但以理书》，12：11。

是双数，一种拉丁文里没有的语法。而希腊文和希伯来文里都有。因此，当他们用这个语法形式说多时（*tempora*）时，指的就是二时。但我要承认，我们可能会出错，不过那时候也许根本就没有十个国王，即敌基督所发现的十个人，也许在他出其不意来临时，罗马的疆域内根本就没有国王。也许数字十指的是那时所有的王国，在他们之后，敌基督会来临。正如千、百、七都常常指代总体，还有别的数字，这里不必列举了。

23.2 同一个但以理在另外一处说："那时，有大艰难，从有国以来直到此时，没有这样的。你本国的民中，凡名录在册上的，必得拯救。睡在土堆中的，必有多人复醒。其中有得永生的，有受羞辱永远被憎恶的。智慧人必发光如同天上的光。那使多人归义的，必发光如星，直到永永远远。"[208]至少在谈到死者身体的复活上，这里很像福音书里的话。那里说的是"凡在坟墓"里的，而这里是"睡在土堆中的"，或者按照另外的翻译，"睡在尘埃中的"。在福音书里是"出来"，而这里说的是"复醒"。福音书里是，"行善的复活得生；作恶的复活定罪"[209]，在这里是，"其中有得永生的，有受羞辱永远被憎恶的"。福音书里说"凡在坟墓里的"，先知书没有说"凡是"，但说"睡在土堆中的，必有多人"。这之间没有多大不同。圣经里有时会用多人指代全部。上帝对亚伯拉罕说："我已立你做多国的父。"[210]又在另外一处说："地上万国都必因你的后裔得福。"[211]不久之后，先知但以理谈到复活说："且去等候结局，因为你必安歇。到了末期，你

---

[208] 《但以理书》，12：1—3，"土堆"和合本作"尘埃"。
[209] 《约翰福音》，5：28—29。
[210] 《创世记》，17：5；22：18。
[211] 《创世记》，22：18。

必起来,享受你的福分。"⑫

24. 在大卫的《诗篇》中,预言了这尘世的终结和上帝最后的审判

24.1 《诗篇》里面多次谈到末日审判,只是其中很多是一笔带过,极为简略。而对于其中最明确讲到这尘世的终结的,我不能保持沉默。"你起初立了地的根基,天也是你手所造的。天地都要灭没,你却要长存;天地都要如外衣渐渐旧了。你要将天地如里衣更换,天地就都改变了。惟有你永不改变,你的年数没有穷尽。"⑬波斐利赞美希伯来人的虔敬,因为他们所服侍的上帝是伟大和真实的,就连那些神祇都怕他。那他为什么还根据他们诸神的神谕,指责基督徒,说他们所讲的世界要毁灭的说法极为愚蠢?⑭看,希伯来人的典籍中如何讲对上帝的虔敬,就连这样一个哲学家也承认,这吓坏了他们的神祇:"天也是你手所造的。天地都要灭没。"天是比世界更高和更稳固的部分,在天毁灭之时,难道世界会不毁灭? 如果这句话让朱庇特不快,那位哲学家把朱庇特当作更严肃的权威,引用他的神谕,来指责基督徒过于轻信;那么,他为什么不指责希伯来人同样的智慧和愚蠢? 这种说法就在他们的虔敬的书里啊。波斐利非常喜欢希伯来的智慧,甚至用他的诸神的话来赞美,但在那里却写着诸天将会毁灭;那么,他为什么就如此虚妄而谬误,认为基督徒的信仰,如果不是全部,也至少是部分,是可憎的? 就因为他们相信世界会毁灭。如果诸

---

⑫ 《但以理书》,12:13。

⑬ 《诗篇》,102:25—27。

⑭ 参见本书 19:23。

天不毁灭，世界也不会毁灭。而在我们自己的圣经里，即，我们不与希伯来人共有的圣经，也就是福音书和使徒书信里，写道："这世界的样子将要过去。"[215]"这世界将要逝去。"[216]"天地要废去。"[217]我认为，这里说的"过去""逝去""废去"都比"灭没"轻。在使徒彼得的书信里，谈到了当时的世界被水淹没就消灭了[218]，很清楚，这世界指的是哪部分世界，他说的是怎样的毁灭；也很清楚，他说的，现在的天地还留存着，直留到末日审判焚烧不敬的人，指的是什么[219]。在这不久之后，他说："但主的日子要像贼来到一样；那日，天必大有声响废去，有形质的都要被烈火销化，地和其上的物都要烧尽了。"后面接着说："这一切既然都要如此销化，你们为人该当怎样？"[220]这些将要毁灭的诸天，可以理解为就是他所说的那些留存下，焚烧不敬之徒的诸天。他说的都要被烈火销化的形质，指的就是下面的世界中那动荡和混乱的部分，他说，上面那部分完整的诸天，也要留存在这一部分形质里，诸星座都是靠天上的苍穹形成的。经上写着，众星要从天上坠落[221]（当然，要以另外的方式理解这句话才更可信，但现在暂把这搁在一边），如果众星都从天上坠落，那就表明，诸天还有留存。这句话要么是隐喻（这更可信），要么是指未来的低天，将比现在更神奇。就像维吉尔所写的星星"拖着一条火尾，发出耀眼的光芒"，"落到伊达山的树林后面去了"[222]。而在我所提到的《诗篇》中的段落，好像并没有排除诸天中的任何一部分，没有说哪部分不会毁灭。其中说："天也是你手

[215] 《哥林多前书》，7:31。

[216] 《约翰一书》，2:17，"逝去"和合本作"过去"。

[217] 《马太福音》，24:35。

[218] 《彼得后书》，3:6。

[219] 《彼得后书》，3:7。

[220] 《彼得后书》，3:10—11。

[221] 《马太福音》，24:29。

[222] 维吉尔，《埃涅阿斯纪》，2:694,696。

所造的。天地都要灭没。"既然没有不是上帝所造的,那么就没有不要毁灭的。他们极为憎恨彼得,因此在捍卫他们诸神的神谕中认可的希伯来人的虔敬时,不屑引用使徒彼得的话,不肯相信整个世界将要毁灭,却认为"天地都要灭没"是用整体指代部分,以为只有低天会毁灭,而使徒在他的信里也用全体指代部分,说世界在洪水中毁灭了,其实是只有较低部分的天毁灭了。但正如我说的,他们不屑引用这话,唯恐认可了使徒彼得的意思,也不想像我们认可大洪水那样,承认最后的毁灭。他们认为根本没有水火可以毁灭整个人类。那么,我只能说,他们的神之所以赞美希伯来的智慧,是因为他们没有读过此《诗篇》。

24.2 《诗篇》中的第四十九篇[223]所说的,可以理解为上帝的最后审判:"我们的神要公然前来,决不闭口。有烈火在他面前吞灭,有暴风在他四围大刮。他招呼上天和地,为要审判他的民,说:'招聚我的圣民到我这里来,就是那些用祭物与我立约的人。'"[224]我们认为,这就是在谈我主耶稣基督,我们盼望着他从天上降临,审判活人和死人。他要公然而来,正义地审判义人和不义的人[225]。他的第一次来临是秘密的,遭到了不义之人不义的审判。这里说他"要公然而来,决不闭口",意思是,他要以审判的声音显明自己,虽然他第一次来是秘密的,在法官面前闭口。正如我们在先知以赛亚那里读到,又看到在福音书里实现的,那时候,他像羊羔被牵到宰杀之地,心中受苦而不开口[226]。至于"火"和"风"该怎么理解,我们在前面谈到先知以赛亚类似

㉓ 和合本的第 50 篇。

㉔ 《诗篇》,50:3—5,和合本无"公然而","和地"和合本作"下地"。

㉕ [译按]此处"正义地审判义人和不正义的人"原文为 inter iustos et iniustos iudicaturus
iuste,其中四个主要的词都为同一词源。

㉖ 《以赛亚书》,53:7;《马太福音》,26:63。

的一段时，已经说了㉗。这里说他"招呼上天"，因为圣徒和义人都可以称为天，那么这里的意思就是使徒所说的："和他们一同被提到云里，在空中与主相遇。"㉘按照字面意思理解，怎样招呼上天呢？难道天还会不在上面吗？而接下去是"地"以及"为要审判他的民"。如果我们认为这也和"招呼"相联，即，应该是"招呼地"，而如果没有"上"字，这样的意思好像就合乎正确的信仰了，因为上天被理解为那些和他一同审判的，而地是被他审判的。于是，"招呼上天"不是提升到空中的意思，而是获得审判的席位的意思。"招呼上天"可以被理解为"招呼上面居于高位的天使，让基督和他们一同下来完成审判"；而招呼地，指的是，招呼地上那些人接受审判。如果我们把"上"字也加上，"地"与"招呼"和"上"连读，则成了这个样子：招呼了在上的天，招呼在上的地，我认为，对此最好的理解是，这指所有被提升到空中，与基督相遇的人，所谓的天指他们的灵魂，地指他们的身体。"为要审判他的民"，意思不就是，只有靠审判才能区分好人坏人，也就是把绵羊和山羊区分开？随后，话头转向了天使："招聚我的圣民到我这里来。"因为这样的大事必须由天使完成。如果我们问，天使招聚的义人是哪些，他说："就是那些用祭物与我立约的人。"这就是义人的整个一生，他们用祭物与上帝立约。这里说的"用祭物"，就是悲悯之事，胜过了祭祀，因为上帝说："我喜爱悲悯，不喜爱祭祀。"㉙或者，这里说的"用祭物"可以理解为"通过祭祀"，就像所谓的"在地上"做的事，其实是"在地里"做的。这些悲悯之事，就是上帝喜爱的祭祀，就像我们在本书的卷十说的㉚。那些义人在这些事情里与上帝立约，是

㉗ 本书，20：21。

㉘ 《帖撒罗尼迦前书》，4：17。

㉙ 《何西阿书》，6：6，"悲悯"和合本作"良善"。

㉚ 参见本书，10：6。

为了实现新约中所包含的上帝的应许。基督招聚了他的义人,在末日审判时让他们坐在自己的右面,说:"你们这蒙我父赐福的,可来承受那创世以来为你们所预备的国。因为我饿了,你们给我吃,"等等好人做的好事㉑,以及在末日审判里给他们的判决,就是赐给永恒的奖赏。

25. 先知玛拉基谈到了上帝的末日审判,说,在其中,要靠炼净的惩罚来洗清一些人

先知玛拉基(*Malachiel* 或 *Malachi*),又被称为天使,有人说他就是祭司以斯拉,因为以斯拉有另外一些著作㉒,被收在了圣经里,但是冠以别人的名字(哲罗姆说,希伯来人是这么认为的),他预言末日审判说:"万能的主说,我要差遣我的使者,在我前面预备道路。你们所寻求的主,必忽然进入他的殿。立约的使者,就是你们所仰慕的,快要来到。他来的日子,谁能当得起呢?他显现的时候,谁能立得住呢?因为他如炼金之人的火,如漂布之人的碱。他必坐下如炼净银子的,必洁净利未人,熬炼他们像金银一样。他们就凭公义献祭物给主。那时,犹大和耶路撒冷所献的祭物,必蒙主悦纳,仿佛古时之日,上古之年。万能的主说,我必临近你们,施行审判。我必速速作见证,警戒行邪术的,犯奸淫的,起假誓的,亏负人之工价的,欺压寡妇孤儿的,屈枉寄居的和不敬畏我的。因主是不改变的。"㉓从他所说的这话,可以更明显地看出,在那末日的审判里,将有炼净

㉑《马太福音》,25:34—35。

㉒ [译按]按照这种说法,以斯拉除去《以斯拉记》外,还著有《玛拉基书》和《尼希米记》。

㉓《玛拉基书》,3:1—6,"祭物"和合本作"贡物"。

（*purgatorias*）㉞的惩罚。其中说的："他来的日子，谁能当得起呢？他显现的时候，谁能立得住呢？因为他如炼金之人的火，如漂布之人的碱。他必坐下如炼净银子的，必洁净利未人，熬炼他们像金银一样。"难道有别的理解吗？以赛亚也这样说："主以公义的灵和焚烧的灵，将锡安子女的污秽洗去，又将耶路撒冷中杀人的血除净。"㉟我们只能理解为，这里说的"他们的污秽被洗去和净化了"，指的是，由于审判的刑罚，他们与坏人分开了，对坏人的隔离和处罚，就是对好人的炼净，因为以后，好人就不必和他们混杂在一起生活了。其中说："必洁净利未人，熬炼他们像金银一样。他们就凭公义献祭物给主。那时，犹大和耶路撒冷所献的祭物，必蒙主悦纳。"这里表现的，是那些被洁净了的人，那时凭公义献祭物，必蒙主悦纳，他们身上那主所不喜欢的不义，已经被洗去了。他们在被洁净之后，自己就成了祭物，是完美和完全公义的。谁还能向上帝献出比自己更能被接受的？而这个关于炼净的惩罚的问题，我们还是留到以后，以便更仔细地考察。我们应该把利未的儿子、犹大、耶路撒冷，当成上帝的教会本身。他们不是完全从希伯来人中来的，而包括从别的国族聚集来的。并不是现在这样的教会，其中的人"我们若说自己无罪，便是自欺，真理不在我们心里了"㊱，而是那时候的教会，如同用簸箕扬麦场一样，㊲在最后的审判里炼净了，那必须要清洗的，通过烈火洗干净了，凡是需要献祭来赎罪的，都没有了。因为，凡是需要献祭的，都还处在罪

㉞ ［译按］这里用的"炼净"（*purgatorias*）一词，即为"炼狱"的起源。哲罗姆的拉丁译本此处 *purgo* 与 *mundo* 混用，均表达了清洗的意思。奥古斯丁的引文一直在用 *mundo*，没有用 *purgo*，但他在解释中却使用了这个词，不过他对"炼净"的理解，和中世纪理解的炼狱非常不同。

㉟ 《以赛亚书》，4：4，"子女"和合本作"女子"。

㊱ 《约翰一书》，1：8。

㊲ 《马太福音》，3：12。

中,要靠祭祀才能赎罪。只要他们的祭祀被上帝接受了,他们的罪就被赦了。

26. 圣徒们献给上帝的祭祀将蒙悦纳,就像在古时之日和上古之年得上帝的悦纳一样

26.1 上帝为了表明,他的城在那时候将不再有祭祀的习俗,所以说,利未的儿子将以公义献上祭物。他们将不是在罪中献祭,也不是为赎罪而献祭。这可以从随后所说的来理解:"那时,犹大和耶路撒冷所献的供物,必蒙主悦纳,仿佛古时之日,上古之年。"犹太人自己,并没能按许诺回到旧约里面旧时的律法来献祭。因为他们那时不是凭公义,而是在罪中献祭物。特别是,并且主要是为了赎罪,他们才献祭物。我们相信祭司们比别人更正义。即使他们,按照上帝的指令,也要献祭,先是为赎自己的罪,然后为赎人民的罪[㉓]。因此我们需要解释,要怎样理解这里说的"古时之日,上古之年"。也许这里是记起了初人在伊甸园中的时候。那时候,他们纯洁而正直,没有任何污秽和罪孽,把自己当作最干净的祭物献给上帝。因为他们的僭越,他们被赶出了那里,让所有他人的自然都遭到了贬黜,除了中保,还有那些在洗礼中重生的婴儿是例外。经上写道:"无人能使洁净之物出于污秽之中,哪怕是只在地上活了一天的婴儿。"[㉔]也许有人回答说,那些凭信仰献祭的,就可以说凭公义献了祭物,因为"义人必因信得生"[㉕]。但是,如果谁说自己没有罪,他就又骗了自己[㉖]。因此,义

[㉓] 《利未记》,16:6;《希伯来书》,7:27。
[㉔] 《约伯记》,14:4—5,七十士本。
[㉕] 《罗马书》,1:17。
[㉖] 《约翰一书》,1:8。

人一定不会这么说，就因为他因信得生了。没有人会说，这个时代的信仰者，与末日的信仰者，是相同的，那时候的信仰者得到了末日审判之火的清洗，于是凭公义献祭。在经受了这样的清洗以后，我们不能认为，哪个公义的人还是有罪的。那个时候的信仰者是无罪的，没有哪个时代能与之相比，除非是伊甸园里尚未僭越之前的初人，他们生活在最无辜的幸福里。认为玛拉基说的"古时之日，上古之年"指的就是这个，是正确的理解。以赛亚在应许了新天新地之后，也用隐语和谜语描绘了圣徒的幸福生活。因为我挂念着（cura）不要使此书过于冗长，在此不能过多解释了。他说："我民的日子必像树木的日子。"㉒凡是翻过圣经的，谁会略过上帝种植生命之树的段落？当人们因为自己的邪恶被赶出伊甸园时，上帝把人与生命之树分离，用可怕的火焰作为守卫，环绕生命之树㉓。

26.2　也许有人争论说，先知以赛亚所提到的生命之树的日子，就是现在的基督教会的日子，基督自己就是先知所说的"生命之树"，因为他自己就是上帝的智慧。所罗门谈到他说："他与持守他的作生命树。"㉔有人说，初人在伊甸园里的日子算不上上古之"年"，因为他们很快就从里面被赶出了，都没来得及生儿育女㉕，因此也就不能把其中的事件理解为这里所说的"古时之日、上古之年"。我略过这个问题，以免吹毛求疵地讨论如此明显的真理的细节，那就太长了。而我还看到一层意思，可以让我们不要认为，先知所应许的更大赐予，是让我们回到"古时之日、上古之年"的血祭。旧的律法里

㉒《以赛亚书》，65：22。

㉓《创世记》，2：9；3：24。

㉔《箴言》，3：18。

㉕［译按］这里的意思是，初人夫妇在伊甸园里没有待够一年，所以谈不上"上古之年"。

面命令人们,不可把不洁的牲畜献作祭物,祭物必须毫无罪过㉖。这里指的是圣徒,但我们只找到过一个完全无罪的人,就是基督。而在审判之后,凡是该受洗礼的,都经过了火的洗礼,所有的圣徒身上,就找不到任何罪孽了,于是他们凭公义把自己献祭,这些祭物就是完全干净的,将不会有任何罪过,就像古时之日、上古之年那样,那时候,人们祭献最洁净的贡物,预示着以后的情况。那时候圣徒们的不朽肉身和心智都是清洁的,这在那些祭物的身体里已经预言了。

  26.3 随后是那些没有洁净,而是遭受谴责的:"我必临近你们,施行审判。我必速速作见证,警戒行邪术的、犯奸淫的",等等㉗,他列举了各种该谴责的罪行。"因我是主,是不改变的。"㉘这如同说:"虽然你们会变化,从我给的更好的恩典,变成更坏的罪,我却是不变的。"他说他自己将是见证,因为在他的审判里将不需要见证,他说"速速",要么是因为他将速速前来,他的见证看上去是最慢的,但在突然来临时却是最快的;要么是因为,他不需要过多的话,就直达人的良知。经上写:"不敬者的想法将遭受审讯。"㉙使徒说:"他们的思念互相较量,或以为是,或以为非。就在神借耶稣基督审判人隐事的日子,照着我的福音所言。"㉚我们由此可以理解,上主将速速作见证,因为他将在记忆里迅速想起,怎样判刑和惩罚良知。

㉖《利未记》,22:17—30。

㉗《玛拉基书》,3:5。

㉘《玛拉基书》,3:6。

㉙《所罗门智训》,1:9,自行译出。

㉚《罗马书》,2:15—16。

27. 好人和坏人分开，使最后审判中的区别得以明确宣布

在卷十八讲别的问题时，我谈到了这位先知关于最后审判的话[251]。其中说："万能的主说：'在我所指定的日子，他们必属我，特特归我。我必怜恤他们，如同人怜恤服事自己的儿子。那时你们必归回，将善人和恶人，事奉神的和不事奉神的，分别出来。'万能的主说：'那日临近，势如烧着的火炉，凡狂傲的和行恶的，必如碎秸。在那日必被烧尽，根本枝条一无存留。但向你们敬畏我名的人，必有公义的日头出现，其光线有医治之能。你们必出来跳跃，如圈里的肥犊。你们必践踏恶人。在我所定的日子，他们必如灰尘在你们脚掌之下。'这是万能之主说的。'"[252]那时候，被奖赏者的正直与被惩罚者的不义才判如鸿沟，而不像在此生的虚妄中，在这同一个太阳下，分辨不清[253]。那时候，在那个正义的太阳下，来世的去向都会清晰起来，于是将完成从所未有的审判。

28. 要在灵性意义上理解摩西的律法，以免陷入肉身意义的可憎的胡言乱语

这位先知接下来说："你们当纪念我仆人摩西的律法，就是我在何烈山下为以色列众人所吩咐的他的律例典章。"[254]先知先是宣布了那些遵从律法的和蔑视律法的人之间的巨大区分，然后说了这律令和

---

[251] 见本书，18；35。
[252]《玛拉基书》，3：17—4：3。
[253]《马太福音》，5：45。
[254]《玛拉基书》，4：4。

审判，正是时候；人们应该从灵性意义上理解律法，从中发现基督，知道将通过这个审判区分出好人和坏人。我主对以色列人说的话不是白说的："你们如果信摩西，也必信我；因为他书上有指着我写的话。"[255]那些从肉身意义上接受律法的犹太人，不知道他对地上万物的应许隐喻了天上的事物，陷入了胡言乱语，才敢说："事奉神是徒然的，遵守神所吩咐的，在万能的上帝面前苦苦斋戒，有什么益处呢？如今我们称狂妄的人为有福，并且行恶的人得建立。"[256]在某种程度上，正是这些话，驱使先知预言了最后的审判，那时候坏人再没有虚假的幸福，而完全明确无误地变成悲惨的，好人不在尘世的悲惨中辛苦，而是享受辉煌和永恒的幸福。先知在前文引用了他们这样的话："凡行恶的，在主眼看为善，并且他喜悦他们。"[257]我说，这是从肉身的意义上接受摩西的律法，从而陷入了反对上帝的胡言乱语。在《诗篇》的第七十二篇[258]里，作者说自己脚步失闪，险些滑跌[259]，是因为他看到了有罪者的和平，嫉妒罪人。罪人说的话比如："神怎能晓得？至高者岂有知识呢？"[260]人们回应说："我实在徒然洁净了我的心，徒然洗手表明无辜。"[261]要解决这问题实在很难，因为好人看起来很悲惨，坏人很幸福。他说："眼看实系为难。等我进了神的圣所，思想他们的结局。"[262]最后的审判不是这样的；邪恶者公开遭受的悲惨，和义人公开受的幸福，和现在的状况大不相同。

[255]《约翰福音》，5:46。
[256]《玛拉基书》，3:14—15。
[257]《玛拉基书》，2:17。
[258] 今本为第七十三篇。
[259]《诗篇》，73:2。
[260]《诗篇》，73:11。
[261]《诗篇》，72:13。
[262]《诗篇》，73:16—17。

29. 审判之前，以利亚要来临，揭示他在圣经里的预言的含义，使犹太人将皈依基督

玛拉基警告人们，要记住摩西的律法，因为他预见到，在很长时间里，人们都不会按照他们应该的那样，从灵性的意义上接受这律法。然后他继续说："看啊！主大而可畏之日未到以前，我必差遣提斯比人以利亚到你们那里去。他必使父亲的心转向儿女，儿女的心转向父亲，免得我来诅咒遍地。"[263]这里表明，在末日之时，审判之前，伟大而神奇的以利亚将向犹太人解释上帝的律法，犹太人将信仰真正的基督，就是我们的基督，这在信仰者的言辞和心里都反复出现的。在审判者救世主来临之前，我们有理由盼望他的来临：因为我们现在也有理由相信，他是活着的。火车火马用一阵风卷走他，离开了凡人，这是圣经里明白无误地记载的。[264] 现在，犹太人从肉身的意义上接受律法，而在他来临时，将从灵性的意义上解释，于是"父亲的心转向儿女"，意思是，父亲们的心转向儿女们。七十士本的译者常常用单数来指代复数。这里的意思是，儿女们（指犹太人），也会像父亲们（指包括摩西自己在内的先知们）那样理解律法了。说父亲们的心转向儿女们，是因为那时候父亲们的理解转化为儿女们的理解。"儿女的心转向父亲"是说，父亲们所感到的，儿女们也有了同感。七十士本在这里说："人们的心转向他们的邻人。"父子之间就是相邻的。七十士本的译者是以先知身份翻译的，按照他们的话，还有另外一种、更值得选择的理解[265]：可理解为，以利亚将圣父上帝的心转向圣

㉖㉓ 《玛拉基书》，4:5—6。

㉖㉔ 《列王纪下》，2:11。

㉖㉕ [译按]即，如果严格按照单数理解。

子。这不只是说,他使得圣父爱圣子,而且教育人们,圣父爱圣子;犹太人最初憎恨圣子,但后来会爱他,即我们的基督。犹太人现在还认为,上帝的心远离我们的基督,因为他们是这么认为的。那时候,他们将会皈依基督,得知圣父爱圣子,知道圣父的心转向了圣子。随后的话是:"人们的心转向他们的邻人。"也就是,以利亚使人的心转向他的邻人。而更好的理解,莫过于说,人们的心转向成人的基督。我们的上帝本来披戴着上帝的形像,现在却接受了奴仆的形像,从而可说是我们的邻人。以利亚将这样做:"免得我来诅咒遍地。"这里的大地,指的是只知道土地的人们;肉身的犹太人现在就是这样。因为他们的罪过,他们才那样胡言乱语来反对上帝,说坏人得上帝的喜悦;侍奉上帝是徒然的㉖。

30. 在旧约各卷里,我们读到上帝要审判时,不能清楚地发现基督的位格;但是从上主说的这些见证里,无疑显明是基督

30.1 圣经里有很多关于上帝末日审判的见证;如果我们把这些都收集起来,那就太长了。我们证明新约和旧约里确实预言了此事,就足够了。但是在旧约里,对于将来是基督来作审判,即基督从天而降当法官,我们觉得并不清楚明确。主上帝以第一人称说他自己会来,或者经上以第三人称说,主上帝会来,都不意味着那就是基督。因为主上帝可以是圣父、圣子,或圣灵。这个问题我们不能存而不论。首先要证明,在先知书里,耶稣基督是如何作为主上帝说话,但又明确显明是耶稣基督的;随后,在他没有显明的地方,说到主上帝将来作末日审判时,也就可以理解为耶稣基督。在以赛亚的先知

㉖《玛拉基书》,2:17;3:14。

书那里有一段，明确地证明了我这里所说的。上帝通过先知说："雅各，我所选召的以色列啊！当听我言：我是主，我是首先的，也是末后的。我左手立了地的根基，我右手铺张诸天，我一招呼便都立住。你们都当聚集而听，他们内中谁说过这些事？'主所爱的人，必向巴比伦行他所喜悦的事，他的臂膀也要加在迦勒底人身上。'惟有我曾说过，我又选召他，领他来，他的道路就必亨通。你们要就近我来听这话：我从起头并未曾在隐秘处说话，自从有这事，我就在那里。现在主和他的灵差遣我来。"[267]那以主上帝的名义说话的，如果不加上"现在主和他的灵差遣我来"，就不能理解为基督。这是按照他的奴仆的形像说的，用过去时态的动词来表示未来。我们在这个先知的另外一句话里也读到这种用法："像羔羊被牵到宰杀之地。"[268]不说"他将被领到"，而是用过去时态的动词表示将来。先知经常如此说话。

30.2 《撒迦利亚书》里有另外一处，明确表示，万能者将派遣万能者：这如果不是圣父派遣圣子，还能是谁派谁呢？上面这样写道："万能的主说，在显出荣耀之后，差遣我去惩罚那掳掠你们的列国；摸你们的，就是摸他眼中的瞳仁。看哪！我要向他们抢手，他们就比作服事他们之人的掳物。你们便知道万能的主差遣我了。"[269]你看，万能的主说，万能的主派遣他来。谁敢认为，这不是在说基督呢？基督这是在对以色列家里迷失的羔羊说话。福音书里说："我奉差遣不过是到以色列家迷失的羊那里去。"[270]此处把他们比喻为上帝眼里的瞳仁，因为上帝最大的爱给了他们。使徒们自己也来自这些羊。而在显出

㉗ 《以赛亚书》，48：12—16。

㉘ 《以赛亚书》，53：7。[译按]哲罗姆译本中此处的时态并不是过去时，虽然也不是将来时。奥古斯丁根据的是七十士本。

㉙ 《撒迦利亚书》，2：8—9。

㉚ 《马太福音》，15：24。

荣耀之后（即直到他复活的时候，而在此之前，福音书里说："因为耶稣尚未得着荣耀。"[271]），他就派遣他的使徒到万国去，《诗篇》里的话得到了实现："你救我脱离百姓的争竞，立我作列国的元首。"[272]于是，那些掳掠以色列的，以色列人在臣服于列国时所侍奉的，不仅要反过来遭到掳掠，而且要自己成为以色列人的战利品。耶稣也对使徒应许了这一点，说："我要叫你们得人如得鱼一样。"[273]他还对其中一个说："从今以后，我要得人了。"[274]这也仍然是一种掳掠，不过是对他们好的掳掠，正如壮士被捆住后，被夺走的家财[275]。

　　30.3　主还通过这个先知说："那日，我必定意灭绝来攻击耶路撒冷各国的民。我必将那施恩叫人恳求的灵，浇灌大卫家和耶路撒冷的居民。他们必仰望我，就是他们所扎的；必为我悲哀，如丧独生子。"[276]除了上帝，谁还能毁灭与圣城耶路撒冷为敌的万国？他们"来攻击"她，即反对她。或者按照另外一种翻译，"来凌驾于她之上"，也就是征服她。还有谁能"将那施恩叫人恳求的灵，浇灌大卫家和耶路撒冷的居民"？这就是上帝的权能，是上帝通过先知在说话。在随后的话里，基督表明，能行如此巨大而神妙的权能的上帝就是他自己："他们必仰望我，就是他们所扎的；必为我悲哀，如丧独生子。"犹太人将在那一天忏悔，至少是那些会接受施恩叫人恳求的灵的犹太人，他们在基督的受难中伤害了他，而今仰望着他威仪赫赫地来临，认出了他，知道在他第一次卑微地来的时候，他们的祖先代表他们伤害了他。他们的祖先，即亲自做了如此不敬之事的人也复活，看到了他，

---

[271]《约翰福音》，7:39。

[272]《诗篇》，18:44。

[273]《马太福音》，4:19。

[274]《路加福音》，5:10。

[275]《马太福音》，12:19;《马可福音》，3:27。

[276]《撒迦利亚书》，12:9—10。

受到惩罚，不得改正。里面说的，必将那施恩叫人恳求的灵，浇灌大卫家和耶路撒冷的居民，我们不能认为指的是他们。但其中说的是他们的子孙，他们将通过以利亚来相信他。而我们对犹太人说："你们杀害了基督。"虽然这是他们的祖先做的；他们自己也会悲哀，因为从某种意义上说，他们祖先做的，也是他们做的，因为他们是祖先的后裔。那些接受了施恩叫人恳求的灵的信仰者，不会和他们的祖先一同被谴责，但还要为他们所做的而痛苦，好像那是自己做的。他们的痛苦并不来自罪，而是来自虔敬的情感。七十士本的译者说："他们必仰望我，就是他们所伤害的。"而希伯来文本的译过来就是："他们必仰望我，就是他们所扎的。"基督用这个词更明确地表明了他的被钉十字架。而七十士本更愿意说"伤害"，那是贯穿于他的整个受难过程的。他被逮捕，被捆绑，被审讯，被穿上羞辱的衣服嘲笑，被戴上荆冠，头遭到芦苇抽打，被人屈膝敬拜而嘲讽，自己扛十字架，最后吊在树上，犹太人都在伤害他。于是，解释并不是唯一的，两者可以结合起来。当我们读到"伤害"和"扎"时，就有更多证据表明，这确实在指主的受难。

30.4　我们在先知书里读到上帝要来作最后的审判时，即使在那里没有别的表示，我们也应该由此认为，是基督来作审判，因为圣父的审判，就是通过人子来临审判人。圣父虽然确实要来临，但是，"父不审判什么人，乃将审判的事全交与子"㉗。他明确要审判人，正如他为人时遭到审判一样。上帝通过以赛亚所说的雅各和以色列，如果不是指他，还能指谁？基督在身体上就出自他们的种。于是经上这么写："雅各我的孩子，我所扶持；以色列我所拣选，我的灵魂喜悦他。我已将我的灵赐给他，他必将审判颁布万国。他不喧嚷，也不

㉗《约翰福音》，5：22。

停止,不使外面的人听见他的声音。压伤的芦苇,他不折断;将残的灯火,他不吹灭。他凭真理颁布审判。他不灰心,也不丧胆,直到他在地上设立审判;万国都等候他的名。"⑳在希伯来文本里,没有说"雅各"和"以色列",而是说"我的仆人"。七十士本的译者想让我们理解,这里所说的仆人的形像,是至高者变得卑微时所穿的,所以他们要列上这个人的名字,表示,基督所化为的仆人的形像,就出自他的家族。圣灵被赐予了他,我们看到,福音书中有见证,圣灵化作了一只鸽子⑳。他将向万国颁布审判,因为这是在预言未来,而当时的万国还不知道。他很谦卑,并不张扬,但是也不停止传播真理;可是外面的人听不见他的声音,即使现在,那些在他身体外面的人,也听不见他的声音,不遵从他;犹太人自己成了他的迫害者,如同被压的芦苇,丧失了自己的完整,也可以被比喻成将残的灯火,但是他并不折断或吹灭。他赦免了他们,那时还不来审判他们,反而要被他们审判⑳。他凭真理颁布审判,告诉他们,如果他们坚持自己的邪恶,将会受到惩罚。他的面容在山上发光⑳,他的名声在地上发光;他既没有被击败,也没有被征服,因为无论是在他之中,还是在他的教会里,他都没有向压迫者屈服而不复存在;他的敌人曾经说的没有实现,将要说的也不会实现:"他几时死,他的名才灭亡呢?"⑳"直到他在地上设立审判。"看啊,我们所寻找的隐含意义如今揭示了;这就是末日的审判,他亲自从天上来临时,将在地上设立。这段话里最后的一句,我们已经看到了它的实现:"万国都等候他的名。"当然没人能否定这一

---

⑳ 《以赛亚书》,42:1—4,根据七十士本。

⑳ 《马太福音》,3:16。

⑳ 可参考哲罗姆,《书信》,151。

⑳ 《马太福音》,17:1—2。

⑳ 《诗篇》,41:5。

点,那些鲁莽地否定我们的,也应该相信。哪怕那些不愿相信基督的人,都和我们一起看到了这一点,无法否认,只好"咬牙而消化"㉓,那么,是谁在期望这些? 我是说,在基督被逮捕、被捆绑、被鞭打、被嘲讽、被钉死的时候,谁能预知,万国的人都会期望基督的名? 哪怕是他的门徒们,虽然最开始抱有希望,那时候都放弃了希望。那时候,恐怕只有十字架上的一个盗贼还有希望,现在,辽阔的大地上的万国都在希望㉔。他死在十字架上,人们画十字以求避免永恒的死亡。

30.5　除了那些因为不知道什么样难以置信的偏执或固执,不相信圣经,不顾他的真理已在整个大地上实现的人,没人能否认或怀疑,圣经上所预言的这末日审判,要通过基督耶稣实现。在审判的时候,或是接近审判的时候,我们得知要发生这些事情:提斯比人以利亚来临,犹太人皈依信仰,敌基督迫害,基督审判,死人复活,好人和坏人分开,世界大火,新天地出现。我们要相信,这些都会发生;但是这些以什么方式和什么顺序来临,还是到那时候,让事实教给人们。而现在,人类最高的理智都无力告诉我们。我的估计是,这些将按照我说的这个顺序发生。

30.6　与这个任务相关的,还有两卷没有写。在上帝的保佑下,我将实现我的诺言;其中一卷,是关于坏人的惩罚的,另外一卷,是关于义人的幸福的。在这两卷,我将竭尽上帝给我的能力,反驳各种人的说法,这些人对抗神的预言和应许,把自己的悲惨当作智慧,蔑视信仰的拯救性的食粮,说这些是假的,加以嘲讽。凡是遵从上帝来认知的,坚持人们难以相信的,但是圣经里有的内容,这些已经以很多

㉓《诗篇》,112:10。
㉔《路加福音》,23:42—43。

方式论证了出来。他们把上帝的真理和万能当作最强大的论证。他们确信,上帝不会说谎,会做出那些没有信仰的人认为不可能的事情。

上帝之城卷二十一

[本卷提要]本卷讨论坏人在末日审判之后遭受的责罚,其中涉及的几个方面开启了后世对地狱、末日、死亡的各种讨论,同时也澄清了奥古斯丁神学中的很多问题。关于地狱和末日的讨论看上去是基督教神话特有的问题,但就和很多基督教神话问题一样,其背后都有非常重大的哲学理论关怀,触及基督教关于自然、世界、人性、生死、道德的一系列观念。本卷的第一部分,讨论的是人究竟是否可能遭受永恒之火的焚烧。奥古斯丁举了自然界中的很多例子来证明这一点,此中体现了他关于世界和奇迹的看法。随后,他接着谈到了地狱和永刑的性质,指出地狱中的惩罚既是针对灵魂的,也是针对身体的,而且提出了自己对炼净的看法。这些细节触及了基督教神话中最为薄弱的地方,即关于地狱和末日的说法很多是不恰当的。但历代神学家都是靠重新理解神学中的一些理论问题而对此给出一个勉强的解释。奥古斯丁的说法,当与他对两次死亡和两次复活的说法对照。在本卷的最后部分,奥古斯丁反驳了关于末日审判的一系列意见。这

是本卷中最具理论性的一部分。奥古斯丁于此着重指出,永刑是确实存在的,并不仅仅是威胁,圣徒的祈祷无法改变应该受罚者的命运,仅仅仪式、信仰、祈祷都不足以成义,持久的善工也是必要的。从这一部分,我们特别可以看到奥古斯丁关于尘世之爱的复杂观念①。

1. 论说的顺序是,我们首先谈追随魔鬼的被谴责者的永恒责罚,随后再谈圣徒的永恒幸福

在我主耶稣基督审判活人和死人的时候,上帝之城和魔鬼之城会到达各自的终点。于是,魔鬼和他的所有臣属都将遭受惩罚。借助神的保佑,我在我们的这卷书里,会更加仔细地谈这个问题。我希望遵循这样的顺序,后谈圣徒的幸福。虽然两者都会和身体重新结合,但是,说身体会承受永恒的折磨,好像比在永恒的幸福中没有悲哀更不可信。在我证明了这种惩罚并不是那么不可信之后,这会给我很大的帮助,人们要相信圣徒不朽的身体会永远没有烦恼,就容易多了。这种顺序和圣经里的说法并不矛盾。其中有时候把好人的幸福放在前面,比如:“行善的复活得生;作恶的复活定罪。”②但在另外一处又把它放在后面说:“人之子要差遣使者,把一切叫人跌倒的和作恶的,从他国里挑出来,丢在火炉里;在那里必要哀哭切齿了。那时,义人在他们父的国里,要发出光来,像太阳一样。”③还有:“这些人要往永刑里去;那些义人要往永生里去。”④在先知书里,要谈起来就

① [PL 本提要]魔鬼之城应得的结局,是被谴责者遭受永恒的责罚;不信之人反对此说的言论。
② 《约翰福音》,5:29。
③ 《马太福音》,13:41—43。
④ 《马太福音》,25:46。

长了，谁要观察一下，就会发现他们有时候用这个顺序，有时候用那个。至于我为什么选择这个顺序，我已经说明了。

2. 身体是否能永远承受燃烧的火

那么，我怎样证明，从而说服不信者，人那有灵魂和活着的身体，不仅不会随着死亡消解，而且还会承受永恒之火的折磨？他们不愿意我们只是说这是万能的力量，而希望我们举出例子来说服他们。我可以回答他们说，有些生灵虽然是必朽的，所以也是可腐的，但还是会在火中生存。还有一种虫子，长在滚烫的喷泉里，人伸进手去一定会被那热量烫伤的，但是这些虫子在那里不仅不会受伤，而且还不能爬出来。如果我们不能举出例子，他们还是不愿相信；或者，如果我们举出例子，或者在他们眼前证明了，或者用某些见证告诉了他们，他们还是不满足于这些做例子来证明我们所说的事，因为对此还有疑问，还是坚持不信，因为这种生灵不会永远活着，或者在热量里活得没有痛苦；并且，它们的自然本来就适应这些火，使得它们在其中更有利而不会受折磨，好像它们在其中更有利比受折磨不是更不可信。在火中痛苦地活着是奇怪的，没有痛苦地活在火中是更奇怪的。如果他们相信后者，为什么不相信前者？

3. 在肉身毁灭之后，身体上的痛苦是否会延续

3.1 但是他们说，没有身体会痛苦而不死亡[5]。我们怎么知道这点呢？当人们承认自己遭受了巨大的折磨时，谁能肯定，那是不是

---

⑤ 西塞罗，《论神性》，3：13. 32。

身体中的鬼怪遭受的?⑥ 如果他们回答说,地上的身体,即坚实而可见的身体,或者用一个词来概括,所有的肉身,都不能痛苦而又不死,这里告诉我们的,不都是从人们身体的感觉和经验得出的结论? 他们所知道的肉身,无不可朽;那他们的全部道理就是,凡是他们没有经历过的,他们就认为不会是对的。从这个道理,他们认为痛苦证明了死亡,但其实痛苦更表明了生命的存在。我们可以问,痛苦者是否会永远活着。但肯定的是,所有痛苦的人都活着,所有痛苦都只能发生在活人身上。因此,痛苦的人一定活着,但是痛苦不一定会杀人,因为,虽然我们的必朽身体早晚会死,但是痛苦根本不会杀死它,某些痛苦之所以会杀死身体,是因为,这身体与灵魂结合,灵魂会屈服和逃离极端的痛苦。我们肢体的聚合极为脆弱,我们的元气也很软弱,无力抗拒那带来巨大或极端的痛苦的力量。而到末日之时,身体与灵魂以这样的方式结合,它们之间的纽带不会因时间的长度而破坏,也不会因痛苦而断裂。现在,没有肉身能承受痛苦的感觉而又不死,但是那时候的肉身和现在不同,正如那时候的死亡和现在不同。那时候死亡不是什么也没有了,而是永恒的死亡,因为灵魂没有了上帝就不再生存,死亡也并不会逃脱身体的痛苦。在灵魂不愿意的情况下,第一次死亡把她赶出了身体;也是在灵魂不愿意的情况下,第二次死亡把她约束在身体里;两次死亡有一个共同点,即,灵魂要违背自己的意志,承受身体的痛苦。

3.2 而那些反对我们的人注意到,现在任何肉身都不能承受痛苦但又不死,但他们没有注意到,有些东西比身体更好。比如心灵本身,其存在使身体活着,并统治身体,就能够承受痛苦而又不死。看,

---

⑥ 持有这种观点的有哲罗姆、克里索斯顿等很多早期教父。拉克唐修在《神圣原理》,2:16
中也谈到了这一点。

会有一些事情,能够承受痛苦的感觉,但又是不朽的。我们知道现在
所有人的心灵中的特点,那时候就会存在于被谴责者的身体中。而
如果我们要更仔细地观察,所谓身体的痛苦,却更多属于灵魂。痛苦
是灵魂的痛苦,不是身体的痛苦,哪怕痛苦的原因在身体中,哪里的
身体受了伤害,哪里就会感到痛苦。同样,虽然身体的感觉和生命来
自灵魂,我们却说那是身体的感觉和身体的生命。虽然我们这么说
身体的痛苦,但是如果不来自灵魂,就不会有身体的痛苦。因此,如
果身体哪里发生了什么事带来痛苦,灵魂就在哪里伴随身体痛苦。
哪怕身体不遭到伤害,如果有什么不可见的原因带来悲伤,那就只有
灵魂在痛苦,虽然灵魂在身体之中。并不是身体的组成部分在痛苦,
富人说:"我在这火焰里,极其痛苦。"⑦那就是,他在地狱里感到了痛
苦。身体不会脱离灵魂而痛苦,有灵魂的也只有通过灵魂痛苦。如
果那种认为痛苦一定带来死亡的说法对,从而以为,既然会发生痛
苦,那就会有死亡,那么,死亡更应该和灵魂相关,因为痛苦更与灵魂
相关。如果更可能痛苦的灵魂不会死,那什么原因使我们相信,是因
为身体将遭受痛苦,身体就一定要死? 柏拉图学派说,身体的各部分
来自土地,还会死亡,所以就导致了灵魂的惧、欲、悲、乐。于是维吉
尔说:"于是这肉体(即来自土地、会死亡的肢体)有惧,有欲,有悲,有
乐。"⑧但是,我们在本书的卷十四已经反驳了他们⑨,按照他们自己
的观点,灵魂哪怕完全清除了身体的所有污染,还是有一个固执的欲
望,还是希望回到身体之中⑩。哪里有欲望,哪里就会有痛苦。欲望

---

⑦《路加福音》,16:24。

⑧ 维吉尔,《埃涅阿斯纪》,6:733。

⑨ [译按]此处旧本作卷十二,但实为14:3.2;PL本改为卷十四,但CCSL本沿用了卷十二
的说法。

⑩ 维吉尔,《埃涅阿斯纪》,6:720—721。

如果无法达到所希望的,或是失去已经达到的,就会受挫,从而转化为痛苦。因此,如果灵魂(无论是只有灵魂痛苦,还是主要由灵魂痛苦)按照他们的说法,是不朽的,那么,身体就不会因为痛苦而死亡。所以,如果身体导致了灵魂痛苦,既然能导致灵魂痛苦,那身体为什么不会导致灵魂死亡? 这当然是因为,造成痛苦的未必造成死亡。那为什么不能相信,身体可以承受火焰带来的痛苦,但是不死? 正如身体会造成灵魂痛苦,但是不让灵魂死去。因此,我们不必认为,未来的痛苦就会导致死亡。

4. 对自然的例子的考察,告诉我们,身体可以永远经受折磨而依然活着

4.1 有人出于好奇研究动物的自然①,写道,蝾螈生活在火里。在西西里有些非常著名的火山,在漫长的时间里就一直炽烈地燃烧,直到现在,却仍然保持完整。这证据足以表明,并不是所有燃烧的事物都会烧尽,而且,灵魂也表明,不是所有可以痛苦的都要死。那他们为什么还要我们举出例子来证明,认为我们所说的不可信,即人的身体可以承受惩罚带来的永恒责罚,在烈火中不会丧失灵魂,遭受烧灼,但是不会烧毁;遭受悲哀,但是不会毁灭? 那时候,肉身的实质将会接受上帝赐予的特性,上帝制造了如此神奇和各异的大千世界,我们都看到了。因为数量如此之多,我们也不惊讶。除了制造万物的上帝,谁还能让凤凰的肉身死而不坏? 我刚听说时,还觉得这不可信,但终于有一次,在迦太基,有人烤了这种鸟来给我们吃,我找了我认为足够大的一块胸肉,让人把它保存起来。过了很多天,别的肉经

---

① 普林尼,《自然史》,10:86。

过烧烤，放这么长时间就坏了，这块肉被拿出来，放在我面前，根本没有异味。于是我又放了很多天，一共三十多天了，我发现还是不坏，过了一年还是一样，只是稍微缩小了一些，干了一些。是谁给了麦壳封冻的能力，哪怕被埋在冰雪下面也不死，或者温暖的力量，使生苹果变熟？

4.2　至于火的奇迹，谁能解释？火会把所烧灼的变黑，自己却是明亮的；灿烂的火只要接触和燃烧什么，都会让它失去颜色，把耀眼的燃料变成焦土。但是这又不是固定僵死的规律。与此相反，当石头被火烧灼时，它会变成白亮的；虽然火更多是红色的，但却把石头烧白。而光与白色的关系，相当于暗与黑色的关系。火要烧木头才能炼石，但是，相反的效果不是相反的物质造成的。石头和木头虽然不同，却并不像白色和黑色那样是相反的；但是，火在石头中制造了白色，在木头中制造了黑色。虽然火使石头光明，使木头暗淡，但是如果没有木头起作用，也就没有石头的光明。另外，木炭极为脆弱，轻轻一碰就会折断，非常容易压碎，但是却又那么顽强，不会因湿气而腐坏，不会被年月侵蚀，这不是很神奇吗？由于木炭如此持久，所以铺界石的人，总要先垫上木炭，过了一段时间，若是发生争执，人们可以根据石头下面的木炭来确定界石的位置。在地下深处，木头都要朽烂，但是木炭却能如此持久，不会腐坏，不正是使万物腐坏的火造成的这结果吗？⑫

4.3　我还要解释石灰的奇迹⑬。火使别的变黑，但使石头变白，我们上面说得足够了。除此之外，它还有个特点。石灰与火的性质不同，摸起来是冰凉的，却在最深处隐藏着火，完全是潜在的，我们的

---

⑫　参考第欧根尼·拉尔修，《名哲言行录》，2：103；普林尼，《自然史》，36：14。
⑬　参见普林尼，《自然史》，33：5.94。

感觉无法认识到,但是我们凭经验却知道,石灰能生火,哪怕表面看不出来。因此,我们称之为"生石灰"(*vivus calcis*),好像在石灰可见的身体下面,还藏着不可见的灵魂,就是火。而真正神奇的是,当火焰熄灭了,这火才被点起来!因为,要把潜藏的火放出来,就要在石灰上浇水,或用水浸泡石灰,虽然它以前是凉的,现在却变热了。那本来使很多事物变冷的水,却使石灰变热了。就好像寒冷使本来潜藏着的火露了面,跑了出来,石灰就断了气,在寒冷中死去,不能再点燃了,于是我们不再叫它生石灰,而叫熟石灰(*extinctus calcis*)⑭。还能加上什么,使这奇迹看起来更神奇?还是可以加的。因为,如果不加水,而是加油,虽然油本来是火的燃料,但是在浇上油或把石灰浸在油里时,石灰不会变热⑮。如果我们从关于印度矿石的故事里读到或听到这种奇迹,而不是凭着我们的经验看到,就会认为这是假话,或者对它非常惊讶。但是日常发生记录的事情,摆在我们的眼前,虽然也许同样神奇,但是因为习以为常,就不注意了。甚至就是从印度来的事情,虽然那是离我们很遥远的地方,我们期望那里有些奇迹,但若摆在我们面前可以欣赏,也就没什么神奇了。

4.4 我们当中很多人有钻石,特别是金匠和珠宝匠。这种石头是无论金属、火,还是别的力量都不能打破的,但是却能被山羊的血打破⑯。但是,那些拥有钻石、知道这特点的,能够像第一次看到这特点的人一样惊讶吗?没有看到这特点的,也许还不信;或者即使相信,也因没有经历过而惊奇。如果他们经历过,他们还是会因为不熟悉而惊讶,但是经验越积越多,就会逐渐减弱他们惊讶的程度。我们知道,磁石有神奇的力量,会吸引铁。我第一次看到这事时,可真是惊

---

⑭ [译按]生石灰和熟石灰的拉丁文的字面意思,即"生石灰"和"死石灰"。

⑮ 普林尼,《自然史》,33:30。

⑯ 参见普林尼,《自然史》,37:15。

呆了。我看到一个铁戒指被石头吸引，并粘连起来；然后，磁石把自己的力量给了所吸引的铁戒指，和它共有这种力量，把这个戒指放在另一个戒指那里，把它也粘连起来，最先的石头如何吸引第一个戒指，第一个戒指就如何吸引第二个戒指。它们再以同样的模式吸引第三个、第四个，相互环绕牵连，不是因为钩挂连起来的，而完全是外部的粘连，形成一个戒指串。这石头不仅自己有力量，而且能够传给连在一起的所有的戒指，靠一种不可见的纽带联结起来，谁会不为石头的这种力量而惊讶呢？而我从我的兄弟和同事米勒维斯（*Milevitanus*）主教塞维鲁斯（*Severus*）⑰那里听说的这石头的力量，是更加神奇的。他说，曾经在阿非利加当官的巴塔纳利乌斯（*Bathanarius*）⑱一次和塞维鲁斯一起吃饭，他亲眼看到，巴塔纳利乌斯拿出一块磁石，把它放在一个银器下面，在银器上面放一块铁。然后，他移动下面拿着磁石的手，上面的铁也跟着动。此人拿着石头迅速地来回移动，上面的铁也跟着石头迅速移动，但是中间的银器却不受影响。我说了我亲眼看到的，也说了从别人那里听到的，而我对他的信任就如同信任我亲眼看见一样。我还要说我读到的磁石的效力。把磁石和钻石放在一起，铁就不会被吸住了；如果铁已经被吸住了，当钻石接近它时，它很快就会掉下来⑲。这些石头是从印度来的。而如果我们知道了这特点，就不再惊讶了，那么，送来磁石的印度人不就更不惊讶了吗？也许他们很轻看磁石，就像我们轻看石灰那样，水本来是灭火的，却会以奇妙的方式点燃石灰，而油一般会点火，反而不能点燃石灰。因为这很常见，我们就不以为异了吗？

---

⑰　塞维鲁斯，奥古斯丁的亲密朋友。奥古斯丁在很多书信中提到过他。

⑱　巴塔纳利乌斯，除去奥古斯丁此处的记述外，我们不知道他的任何事情。

⑲　普林尼，《自然史》，37∶15。

5. 有的事物是理性不能认识的,但毫无疑问是真实的

5. 1 那些不信仰的人,我们向他们讲神在过去和将来显的神迹,但无法让他们经历这些,他们要求我们对此给出一个理由;我们不能办到这一点,因为这超过了人的心智的能力,他们就认为我们说的是假的;那他们自己应该对我们能看见或已经看见的奇迹给一个道理。如果他们认为,这是人不能做到的,那就应该承认,仅仅因为不能给出一个道理,某事未必就不曾发生,或者将来不会发生;因为现在就有很多事,同样无法解释。还有很多奇异的事情写在书上,指的并不是发生了就完了的事,而是某处持久的特点。如果谁愿意,并且能够去那里,那他就能考查出来是不是真的。我不一一列举这些了,只举少数例子。书中谈到西西里的阿格里根提努斯(*Agrigentinus*)的盐,到了火里就溶化,仿佛是在水里;而如果真能够抛在水里,它就会像在火里那样劈劈啪啪地烧起来[20]。在加拉曼塔(*Garamantas*)有一种泉水,在白天很凉,喝不得;在夜间是热的,摸不得[21]。在艾匹鲁斯(*Epirus*)有另外一种泉水,在表面上看,和别的泉水一样,火把会被熄灭;但是,和别的不一样的是,熄灭的火把会被点着[22]。在阿卡迪亚,有一种名叫石棉的矿物,一旦点着就不会熄灭[23]。埃及的一种无花果树和别的树木不同,不能漂在水上,反而会沉没;更加奇异的是,把它放在水里一段时间,它又会重新浮到水面

---

[20] 普林尼,《自然史》,31:7。

[21] 普林尼,《自然史》,5:5。

[22] 普林尼,《自然史》,2:103。

[23] 普林尼,《自然史》,37:10。石棉的希腊文 ἀσβεστος 原意为"不灭",见索力努斯(*Solinus*),《奇事大全》(*Collectanea rerum memorabilium*),13。

上，虽然它在水里浸泡一段后，应该比以前更重㉔。在所多玛的土地上出产一种苹果，到了表面上成熟了，才会生长；但是如果压它们或是咬一下，苹果就爆开了，化为灰尘㉕。波斯的一种石头硫化铁矿（*Pyrites*），如果使劲压，就会烧手，所以以火得名㉖。同是在波斯，还产一种名为月亮石（*selenitis*）的石头，随着月圆月缺，石内的火也会发生变化㉗。在喀巴多契亚（*Cappadocia*），风会使牝马怀孕，但马驹活不过三年㉘。印度岛屿图伦（*Tylon*）与别的陆地都不同，上面生长的任何树木，都不曾失去绿冠㉙。

5.2　这些和别的数不清的奇迹，不是出现了就完了的故事，而是某些地方永远有的特点，我要是再罗列别的，就太冗长了，我还有别的事要做。那些不愿意相信圣经的无信仰之人，如果能够，就给出一个道理吧。他们认为，圣经不是神圣的，因为其中有难以相信的事，而这些和我现在说的是类似的。他们说，人靠理性不能承认，肉身被烧还不被烧毁，痛苦还不会死；他们若能为所有这些被认为是奇迹的事物给出道理，该是多么伟大的思考者啊！他们还是为我们所说的这几件事给出道理吧。无疑，如果他们不知道有这些事情存在，我们说将来会存在，那么他们就很难相信，甚至还不如我们所说的将来的那些事情容易相信。如果我们不说未来的人的身体会活着，会永远被焚烧和悲哀，但又不死，但以同样的方式说，未来的时代会有一种盐，在火里会像在水里一样溶化，在水里会像在火里一样劈劈啪啪燃烧；或者说，未来有一种泉水，它的水在寒冷的夜里是热的，无法

㉔　普林尼，《自然史》，13：7。

㉕　约瑟夫，《犹太古史》，4：4.4；塔西陀，《历史》，5：7；索力努斯，《奇事大全》，35。

㉖　这个词的希腊文 πυρίτης，来自火（πῦρ）。参见普林尼，《自然史》，36：19；37：11。

㉗　即透明石膏，其希腊文 σεληνίτης 来自“月亮”（σελήνη）。

㉘　索力努斯，《奇事大全》，45；普林尼，《自然史》，8：42。

㉙　见普林尼，《自然史》，12：11；但这个岛在波斯。

触摸,在温暖的白天是冷的,无法饮用;或者说,未来有一种石头,如果人紧紧握住,就会被它的热量烧痛;或者有一种石头,当其中一部分燃烧时,整个都不能被熄灭;还有我上面谈到的种种,或是我没有谈到的无数种奇迹,他们中谁会相信我? 如果我们说,在未来的那个世代有这些事情,那些不信我们的人会回应说:"如果你想让我们相信这些,那就每个都给出一个理由。"我们承认,我们不能做到,因为我们的理性软弱而必朽,被上帝的这些和别的神奇作品所击败;但是我们认为这个道理是确定的:万能的主不会无缘无故造什么的,但是人的心灵中软弱的理性不能解释那是为什么。很多事情在我们看来是不确定的,但有一点是最确定的:只要是他愿意做的,没有任何事情是不可能的;他所昭示的,我们都要相信,我们不能认为,他会无力或骗人。那些指责我们的信仰的人要求我们给出理由,那他们要回答,对于人无法给出理由、但又存在的事情,看上去好像和自然的道理相反,他们能给出理由吗? 如果我们说这些未来会存在,他们也要我们给出理由,就像我们如果说这些将来会发生,不信者也要求一个理由。因此,虽然人心和人言无法为上帝的这些作品给出理由,但这并不意味着这些就不存在;正如人无法给出理由的那些事,也不是不存在的。

6. 并非所有的奇迹都是自然的,有些经过了人力改造,有些是魔法造成的

6.1 也许有人对此回答说:"这些不存在,我们不相信;这里说的是假的,经上写的是假的。"有人由此推论说:"如果要相信这些,那你们就要相信同样的书里所记载的。曾经存在,现在仍然存在一个维纳斯的神殿,其中有一个烛台,上面有一盏油灯,为神灵点燃,暴风

骤雨都不会熄灭，就像上面说的石头那样，因此这盏灯被叫做λύχνος ἄσβεστος，就是长明灯的意思。"他们很可能这么说，以为这样的回答会把我们逼入死胡同。因为，如果我们说这些不可信，那么我们就削弱了经上的神迹；而如果我们承认这可以信，那我们就给异教神祇以力量。但是，正如我们在本书的卷十八所说的[30]，我们不必相信异教史书中记载的一切，因为哪怕在他们的史学家之间，就像瓦罗所说的，都歧见百出。而如果我们愿意，我们可以相信其中与圣经不违背的地方，因为我们要毫不怀疑地相信圣经。我们希望用这些来说服不信者相信将来的事，我们自己所经历的，和那些不难找到可靠的见证的，这些已经足够了。至于维纳斯的神殿和长明灯，这不仅不能把我们逼进死胡同，反而为我们开辟了更广阔的领域。除了长明灯，我还能举出人力和魔力的奇迹，也就是鬼怪靠人执行，或亲自来施行魔法，制造很多奇迹。如果我们想否定这些，我们就和我们所相信的圣经里的真理相违背了。那盏灯是人力或魔力用某种装置或是石棉之类不灭的矿物作成的，让神殿里的人惊讶，或者是某些鬼怪以维纳斯的名义展示自己的力量，让自己的怪事在那里显现给人，持续一段时间。在鬼怪们的住所，人们献给符合他们各自不同的口味的被造物（不是他们，而是上帝造的）来奉承他们。他们是精灵，所以不会像动物一样被食物，而是被他们喜欢的这些符号所奉承，包括各个种类的石头、植物、树木、动物、歌谣、仪式。人们这样奉承他们，而鬼怪们首先用无比狡猾的诱饵诱惑人们，要么通过激发人们心里潜藏的恶毒，要么展现出虚伪的友谊，然后把他们中的几个变成门徒，再去当更多人的老师。除非他们首先教给人们，否则人们无法得知，他们喜欢什么，厌恶什么，用什么名字召唤或驱走他们。于是就出现了魔法和魔

---

[30] 见本书，18；18。

法师。鬼怪们极大地俘虏了必朽者的心，并以最大限度的俘虏为荣，自己则装作光明的天使[31]。他们做了很多事。我们越是承认这些是奇迹，越是应该小心避免；但是，这些对于我们现在所讲的事是有益的。肮脏的鬼怪越是能做这些事，神圣的天使越是有更大的法力，万能的上帝越是比他们都有更大的力量，因为是他使天使们做出所有这些奇迹的。

6.2　上帝的造物可以运用人的技术，完成很多神奇的事情，就是希腊人所谓的 $μηχανήματα$，不知道的人以为这就是神圣的。比如有人这么做过，在一个神殿的屋顶和地上放上同样大小的两块磁石，中间放上一块铁，铁就悬在了空气里。人们如果不知道有上下这么两块石头，就以为是神力把铁悬了起来；另外，我们说过了，维纳斯的那盏长明灯可能是匠人有意用石棉之类的矿物做的。我们的圣经里把这种魔法师叫做"术士"和"巫师"，鬼怪可以把魔法师的作品提升到非常高的程度，使得他们中间高贵的诗人都要以为，自己要赞同他们的感觉。他这样描述一个精于此术的女人，说："这位女祭司自称能用符咒解除人们心头的痛苦，如果她愿意的话；但她也能让另一些人陷入难熬的愁绪；她能使河水不流，星辰倒退，在夜晚时分唤起幽灵；你会听到大地在你脚下隆隆作响，也会看到桉树从山上走下来。"[32]上帝有更大的法力做这些事，没有信仰的人还不能相信，但这对他的法力而言是很容易的。因为是他自己给了石头和别的事物这些力量，也给了人各种天赋，让人们能运用这些魔法。也是上帝制造了天使的自然，超过了地上所有的生灵的力量。在制造、命令、应许中，他的智慧的力量极为神奇，超过了所有这些奇迹，对一切的运用

㉛《哥林多后书》，11：14。
㉜ 维吉尔，《埃涅阿斯纪》，4：487 以下。

和他的创造同样神奇。

7. 我们之所以相信奇迹，真正的原因在万能的造物主那里

7.1 上帝制造了世界，包括天、地、气、火，还有无数神奇的事物。无疑，比起所有这些事物来，世界本身就是个更大更优秀的奇迹。那上帝为什么不能做到，让死人的身体复活，被罚者的身体遭受火焰的永恒折磨？我们与之争论，或针对其争论的人③，相信上帝存在，相信世界是他造的，诸神也是他造的，诸神替他管理这个世界。他们或是不能否认，或是宣称，有力量使神迹要么突然出现，要么通过服侍和仪式出现，要么靠魔法在世间完成。如果我们提出别的事物中的魔力，这些事物既不是理性的生灵，也不是具有理性的精灵，而是我刚刚举出数例的事情，他们一般回答说："这是它们的自然力量，是它们的自然，这和它们的自然禀赋相应。"阿格里根提努斯的盐之所以在火里熔化，在水里劈劈啪啪地燃烧，全部理由都来自它的自然。但这看起来更像是违背自然的，因为自然让盐在水里溶化，而不是火里，在火里燃烧，而不是在水里。但是，他们说，就是自然力量使得这种盐有相反的特性。那么，也可以用这样的原因解释，为什么加拉曼塔的泉水白天凉，夜间热，两种情况下摸一摸都很痛；另外一个泉水也一样，虽然摸上去很凉，和别的泉水一样，能熄灭燃烧的火，但是与别的泉水不一样的是，能很奇妙地点燃熄灭的火；石棉也是这样，虽然它没有火的特点，但是一旦被别的事物点燃，就不会熄灭；还有别的，不再一一重复，这些力量看上去和自然的禀赋相反，但是我们除了说这就是它们的自然之外，不能给出别的理由。我承认，这么

---

③ ［译按］即柏拉图主义者。

简单的理由就是充分的回答。而既然上帝是万物的自然的创造者，既然他们因为我们不能给出有力的理由，说那是万能的上帝的意志，就不愿意相信那些不可能的事情，他们为什么不愿意为我们给出更强的理由，来解释这些奇迹呢？之所以说上帝是万能的，不是因为别的，而是因为他能做他愿意做的任何事，能创造如此众多，而如果这些不展现出来，或者是今天没有可信的见证，也会被认为是不可能的，不仅那些我们根本不知道的，也包括我提到的我们都知道的事物。至于那些奇迹，除了我们所读的书的作者，我们就再也没有别的见证了，他们没有神圣的教诲，难免人的谬误，因此若不相信他们，也无可厚非。

7.2 我并不想让人们匆忙地相信我说的这些奇迹，因为连我自己都不会毫无怀疑地认为就是这样，除了那些我亲身经历过的和人们容易检验的之外；就像在水里变热、在油里变冷的石灰；还有磁石，不能吸引一根稻草，却不知道用什么无法感到的力量，吸引了铁；还有凤凰的肉，不会腐败，而连柏拉图的肉都会腐败；还有麦壳，如此耐冻，使冰雪不能融化，又那么温暖，可以让苹果成熟；还有燃烧的火，通过火的燃烧，石头变白，但是大多数燃烧的东西会变脏，与火的颜色相反。哪怕最纯的油，也会留下这样黑色的印痕；同样，白银划下的线是黑色的。还有木炭，火的作用会使它变得完全相反，把本来很美丽的木头变得丑陋，坚硬的变得脆弱，可腐的变得不可腐。有些我知道的，多数人知道，有些所有人都知道。类似的还有很多，要再加上，这本书就太长了。除此之外，还有我没有经历过，但是读到的，除了那个能熄灭火炬，但点燃已灭的火炬的泉水，还有所多玛土地上的苹果外面成熟，里面却满是灰尘之外，别的没有多少见证，不能检验，不知道是不是真的。比如那个泉水，我就没有找到谁说自己亲自在艾匹鲁斯看到过，但是，有人知道在高卢有同样的事，那里离加拉太城(*Gratianopolis*)不远。至于所多玛树上的果子,不仅有可信的文字记载,而且很多人说亲眼见过,因此我不会怀疑。还有别的例子,我认为无法否定,也无法肯定;而我之所以加进来,是因为,和我们辩论的人的历史书上,有这样的记载,我想告诉他们,在他们所相信的那些学者所写的文字中,也有很多大事情是没有理由的。而当我说,万能的上帝将要创造这些超越了他们的经验和感觉的,即使我们给了理由,他们也不相信我们。说万能者能够制造和将要制造这些,还有什么有更好和更强的理由呢? 我们在圣经里读到这些预言,而那里还有很多别的预言,已经被证明实现了。他要做那看来不可能的事,就是因为他预言了他要做。他实现了他所应许的,所以那些不信的民族要相信这些不可相信的事。

8. 在我们知道其自然是什么的事物中,若所知道的部分开始有所变异,这并不是违反自然的

   8.1   但是,如果人们回答说,他们不能相信我们所说的,人能永远遭受火烧,身体却不会死亡,因为我们都知道人的身体的自然构造完全不是这样,因此无法给出解释自然奇迹那样的理由。因而不能说,这是自然的力量,这是事情的自然。我们知道,人的肉身的自然不是这样的。我们回答说,可以从圣经里找到答案,那里说人的肉身在犯罪之前就有了自身的构造,即,可以不必死;但是在犯罪之后变了,变成了如此悲惨的必朽状态,不能再保持永远的生命;而我们还知道,死人复活之后的构造也和现在不同了。但是那些人不信圣经,那里写道,人们在伊甸园里生活,一定不会死。如果他们相信这话,我们要和他们讨论被罚者未来受的惩罚,就不会困难了。即使在他们的书籍里,特别是最博学的人的著作中,说得也很明显,有些事情

可以变得和最开始自然所确定的特性不同。

8.2　马可·瓦罗有书题为《罗马人的民族》，我引用其中的原文："在天上，存在这样的预兆；卡斯特（*Castor*）㉞写道，在最高贵的星座维纳斯（金星），也就是普劳图斯（*Plautus*）㉟所谓的晚星（*vesperugo*），荷马所谓的黄昏星（*Hesperus*）和最美的星座，变化颜色、大小、形状、轨道之时，都会是重要的预兆；但这以前没发生过，后来也没发生过。西吉库斯的阿得拉斯图斯（*Adrastus Cyzicenus*）和著名的星象学家那不勒斯的狄翁（*Dion Neapolites*）㊱都说，这只发生在欧基古斯王在位时。"㊲如果这不是看上去违反自然，瓦罗这样的作家就不会称之为"预兆"。人们说，所有的预兆都是违反自然的；但其实不是。出自上帝的意愿的，怎么会违反自然？按照如此伟大的造物主的意志所创造的事物，当然是自然的。因此，预兆并不是违反自然的，而是违反人们所知的自然的。谁能数清楚列国历史中发生的众多预兆？而现在我们来关注一个，因为这和我们所谈的事情相关。天与地的自然的作者把列星安排得井井有条，什么还能被这样严格规定？什么还能如此牢固地被法律所确定？他以最高的权威，用最大的权能统治他所造的万物。当他愿意的时候，他就会让那个体积和亮度都最大的行星改变颜色、体积、形状，甚至运行规律（这是更奇妙的），改变律法。如果那时候有天文学家，他们的公理就受到了动摇，虽然他们通过准确无误的计算记录了以前和后来的天体运行。他们按照这些公理也胆敢说，当时启明星的情况是此前和此后

㉞　语法学家和历史学家，应该是恺撒的同时代人。

㉟　提图斯·马西乌斯·普劳图斯（*Titus Maccius Plautus*，公元前254—公元前184），罗马喜剧诗人，写了130部喜剧，但只有20部传世。

㊱　此二人不详。

㊲　瓦罗，《罗马人的民族》，残篇。

都没有发生过的。但是,我们在圣经里面读到,当嫩的儿子约书亚这个圣徒向主上帝恳求时,即使太阳都会停止运动,使他发动的战争胜利结束㊳。太阳甚至往后退,使得上帝说希西家会增加十五年寿数的应许因这个预兆而实现㊴。这每个奇迹,他们也会承认,是因圣徒的品德而实现的。但是他们在相信这些时,却把这归给魔术的力量。比如,我们前面引用过维吉尔的话:"她能使河水不流,星辰倒退。"㊵上游的河水停止了,下游的河水继续流,于是,上帝的选民在我们上面提到的领袖嫩的儿子约书亚带领下,得以赶路㊶。我们还读到,当先知以利亚,以及后来他的门徒以利沙渡河时,也是这样的㊷。我们已经提到,在希西家在位时,最大的星星后退过。瓦罗也写到了启明星的变异,而这不会是因为什么人的祈祷而发生的变化。

8.3　对于自然事物的知识,不信者不必自我作践,好像除了人能靠自己的经验认识的之外,不会因神力而发生什么事。就是我们所知道的万物的自然,也丝毫不乏神秘之处。如果不是只有稀有之事,人们才会感到惊讶,那么,人们看待这些事物时,都会惊呆。如果按照理性,谁不会觉得,人的数目数不过来? 自然都是相同的,但是每个人有一张不同的脸,这不是非常神奇的吗? 如果不是因为彼此相似,人们这个种属也就不能区别于别的生灵;而除非彼此之间不同,一个人也就不能区别于别的人。我们承认他们的相似,但又发现他们的不同。由于他们有共同的自然,所以不同之处看上去更神奇。稀奇的事物是神秘的,但是,如果我们发现两个人如此相似,总是以

㊳《约书亚记》,10:13。

㊴《以赛亚书》,38:8。

㊵ 维吉尔,《埃涅阿斯纪》,4:489。

㊶《约书亚记》,3:16—4:18。

㊷《列王纪下》,2:8,14。

假乱真，那不是远为神奇得多吗？

8.4 瓦罗是他们当中最博学的历史学家，但也许他们还是不相信，我从他那里引述的事例有没有发生过。或者，因为那星星没有在反常的轨道上停留很久，就很快回到了固定的轨道，他们不会为这样的例子所触动。这里有另外一个例子，现在就能指出来，我想应该足以告诉他们，虽然他们非常熟悉某物被造的自然，但是他们不能认为，上帝不会使事物改变得和他们所知道的完全不同。比如所多玛的土地，原来的样子和现在当然不同。最初，那里的样子和别处都一样肥沃富饶，甚至更肥沃；因为圣经里面说，它可以和上帝的伊甸园相比。[43] 但自从被天火毁灭后，就像他们的历史里都见证的[44]，也像现在亲临此处的人所看到的，那里成为一片焦土，可怕得惊人，所以那里的苹果表面上的成熟是假的，里面却是灰尘。看啊，原来不是这样的，现在是这样了。看啊，各种自然的造物主使事物改变了自己的自然，变化如此之大，令人惊奇。这变化是在那么长时间后发生的，又持续了这么长时间。

8.5 凡是上帝想要建立的，都不是不可能的；同样，只要他想改变他所建立的事物的自然，就不是不可能的。于是出现了那众多的神迹，被称为"怪像"、"异兆"、"预兆"、"异像"；如果我要一一收集、记述，这本书什么时候能写完？所谓的"怪像"（monstra），当然来自"展示"（monstrando）的意思，指的是，某种象征证明（demonstrent）要发生什么事，"异兆"（ostenta）来自"表明"（ostendenda），"预兆"（portenta）来自"预知"（portendendo），就是预先表明的意思。而"异像"（prodigia），就是提前说（porro dicant），就是对未来事情的预

㊷《创世记》，13：10。

㊹ 塔西陀，《历史》，5：7。

见㊺。让那些使用这些来预测的人看看，他们犯过多少错误；而在他们预言对了的时候，他们是怎样依赖邪恶的精灵的。这些精灵所关心（cura）的，是俘虏人们的心灵，这些人因为有害的好奇心，应该遭受这种惩罚。他们的很多预言，都在真理边上打转。这些违反自然的，或者所谓违反自然的，因而被称为"怪像"、"异兆"、"预兆"、"异像"（使徒也按照人言的方式说，把野橄榄枝接到好的橄榄树上，是违反自然的㊻）的，在我们看来，就是要展示、表明、预知，或预言上帝将要做的事，他怎样预言人的身体，就会怎样做，没有什么困难来妨碍他，没有什么是自然法禁止的。他是怎样预言的，我认为我们在前一卷里最充分地讨论了，我们从新旧约圣经里都抽取了段落，但并不是所有与此相关的，而是我认为这本书够用的。

9. 地狱以及永刑的特性

9.1　上帝通过他的先知，谈到了被罚者所受的永刑。既是如此，就所有人都如此："因为他们的虫是不死的，他们的火是不灭的。"㊼我主耶稣更激烈地评论了这一点，指出，那些使人跌倒的肢体（他此话所指的，是那些他像爱自己的右手一样爱的成员），人们宁可切掉："倘若你一只手叫你跌倒，就把它砍下来。你缺了肢体进入永生，强如有两只手落到地狱，入那不灭的火里去。"脚也一样："倘若你一只脚叫你跌倒，就把它砍下来。你瘸腿进入永生，强如有两只脚被丢在地狱里。"眼睛也无不同："倘若你一只眼叫你跌

㊺　[译按]奥古斯丁此处以这些词的字形来解释其含义，大多没有根据。
㊻　《罗马书》，11:17—24。
㊼　《以赛亚书》，66:24。

倒,就去掉它。你只有一只眼进入神的国,强如有两只眼被丢在地狱里。在那里虫是不死的,火是不灭的。"⑱他都不怕在一个地方,把同样的话说三遍。上帝如此一而再、再而三地激烈谈论对罪人的处罚,谁不会被吓坏?

9.2 无论是火还是虫,他们认为都是要惩罚心灵,而与身体无关。他们说,那些与上帝之国分离的人,心灵要遭受悲哀的煎熬,他们的忏悔太晚,也太无效了。他们认为,用火来形容这种悲哀的煎熬,不会有什么不恰当的。使徒也说:"有谁跌倒,我不煎熬呢?"⑲他们认为,"虫"也可以同样理解。他们说,因为经上写着:"如同蛾子啃噬衣服,虫子咬啮树木,悲哀也这样伤害人心。"⑳很多人并不怀疑,这种惩罚将是对心灵和身体的共同责罚,并肯定说,火是对身体的,虫子的咬啮是对心灵的伤害。这种说法更可信些,因为,在那个状态下,无论身体还是心灵没有悲哀,都是荒谬的。但我认为更容易接受的说法是,说二者都指的是身体,而不是都与身体无关。因此,在圣经里没有明说心灵的悲哀,但我们可以因而理解,即使在不说的时候,身体既然遭受了悲哀,灵魂当然也受到徒劳无功的忏悔的折磨。我们在旧约里读到:"不敬者的肉身的罪罚,就是烈火和虫子。"㉑可以说得更简明些:不敬的人会遭报应。为什么说"不敬者的肉身"? 还不是因为,火和虫这二者都是对肉身的惩罚? 或者,当作者说肉身时,是指那些按照肉身生活的人,将受惩罚,因为他们会进入第二次死亡,使徒说的就是这意思:"你们若顺从肉体活着,必要死。"㉒人们

---

⑱《马可福音》,9:43—48。

⑲《哥林多后书》,11:29,"煎熬"和合本作"焦急"。

⑳《箴言》,25:20a,七十士本。

㉑《便西拉智训》,7:19(《圣经后典》为 7:17),用思高本《德训篇》译文,有改动。

㉒《罗马书》,8:13。

可以随意选择，要么把火给身体，把虫给心灵，前者是直接讲的，后者是比喻的，要么把二者都给身体，都是直接讲的。前面已足以说明㊳，有的动物会在火里生存，被燃烧而不会烧尽，悲哀而不会死亡，这是全能的造物主的神迹。凡是否认这种可能的人，都不知道是谁带来了自然中的所有这些奇迹。是上帝自身创造了这个世界中所有大大小小的神迹，我们已经提到了一些，但还有无比多的神迹，我们不能提到，这个世界本身就可以算作所有神迹中一个最大的神迹。任何人可以随意选择二者之一，要么虫子是直接针对身体的，或者，非物质的事物用物质的词语来说，是针对心灵的。究竟哪一个是真的，还是让事实本身来说话，那时候圣徒们会有那么多知识，他们知道这是什么样的惩罚，而不必亲身经历。他们的智慧将是丰富的和完美的，他们仅靠智慧就足以知道了。我们现在所知道的有限，那时候就知道得完美了㊴。我们不会认为，那时候的身体会在火里感不到悲哀。

10. 如果地狱之火是物质的，那么，接触它是否可以燃烧那邪恶的精灵，即没有身体的鬼怪

10.1 也许有人会这么问：如果火不是非物质的，带来的不是心灵的悲哀，而是身体的，接触才会带来伤害，那它就只能折磨身体。那么，这怎么会是对邪恶精灵的惩罚呢？基督说："你们这被诅咒的人，离开我！进入那为魔鬼和他的使者所预备的永火里去。"㊵这里说的火，既是对人的，也是对鬼怪的惩罚。这么说，难道不是因为魔鬼也有某种身体，就像博学的人所看到的，由粗糙和潮湿的空气组成，

㊳ 本书，21：2.4。
㊴ 《哥林多前书》，13：9—10。
㊵ 《马太福音》，25：41。

就是我们遇到大风时所感到的压力？㊱ 如果这种物质不能被火伤害，那么，浴室里的热气也就不能温暖我们了。它要给我们温暖，先要被加热，把所承受的施加给我们。如果谁坚持说，鬼怪们是没有身体的，这个问题毕竟不需要过多力气来讨论，也不必太多争辩。我们为什么不说，没有身体的精灵确实可以通过一种奇妙的方式，遭受物质之火的惩罚？毕竟，人的灵，虽然是完全非物质的，现在却可以被包容进物质的肢体里，那时候还会与身体牵连捆绑在一起，不能脱离。如果鬼怪是没有身体的，鬼怪的灵，或者说，作为鬼怪的精灵，虽然是没有身体的，在接触火焰时还是可以被物质的火焰燃烧。在与鬼怪接触时，火焰本身并不会被"灵化"（inspirentur），变成有灵魂的，成为灵与身体的组合㊲。但是，正如我说的，这种接触是以神奇和不可言说的方式，使鬼怪接受火的惩罚，但并不给火以生命。因为，身体与灵结合，成为有灵魂的生灵，这是不同的方式，完全是神奇的，人不能理解。而人自身就是这样被造的。

10.2 我要说，灵即使没有自己的身体，也会被烧，就像富人在地狱中燃烧一样。他说："我在这火焰里，极其痛苦。"㊳我看到会有这样恰当的回答：这火焰就如同他抬起眼睛观看拉撒路一样，或者就像他说乞求一点水时的舌头，或者像他认为拉撒路用来蘸水的指尖。那里的灵魂甚至是没有身体的。因此，那火焰和他所要的那一小滴水都不是物质的，就像在睡梦中的所见或是幻象中的形像那样，都是非物质的事物，但还是和物体相似。哪怕谁在这个状态中看到自己，

㊱ 奥利金在《论首要原理》卷二中说，只有上帝才是没有身体的；德尔图良也在《论基督的身体》中说，天使是有身体的。当时很多教父这样认为。
㊲ ［译按］此处奥古斯丁所用的 spiritus 和卷十三里所用的不同。这里的灵基本上就是在讲灵魂。
㊳ 《路加福音》，16:24，"悲哀"和合本作"痛苦"。

不是身体的，而是属灵的，也要这样看到，即如同看到自己的身体那样看到，好像无法区别二者。地狱也被称为"硫磺的火湖"[59]，在那里，火是物质的，将折磨被罚者的身体，无论是人的还是鬼怪的。人的身体是坚硬的土质的，鬼怪的是空气的。或者，如果人同时有身体和灵，而鬼怪只有灵，那么，鬼怪还是会受折磨，但不会给物质的火带来生命。这二者之中必有一个是对的，就像真理所说的那样[60]。

11. 说惩罚会比罪的时间更长，这种说法是否有道理

那些攻击上帝之城，我们与之辩论的人有些认为，罪无论多大，都只在很短的时间内造成伤害，而如果对被罚者施加永刑，那就不义了。他们认为，凡是正义的法，都应该根据罪恶应该受惩罚的时间，来施加相应时间的惩罚。西塞罗写下了法律的八种惩罚：罚款、监禁、斥责、赔偿、羞辱、流放、死刑、奴役。这当中哪一种的时间那么短促，从而和犯罪的速度相当，使得处罚的时间不超过犯罪的时间？也许只有赔偿是，因为这是让罪犯也遭受他所施加的伤害[61]。于是律法规定："以眼还眼，以牙还牙。"[62]可以做到，一个罪犯用多长时间残酷地挖出别人的眼睛，也在同样短暂的时间里被同样残酷地挖出眼睛，他就遭受了他所施加给别人的罪。但是，对于亲吻别人的妻子这样的行为，斥责好像是一个合理的惩罚，那发生在一瞬间的享乐，和惩罚所带来的长达几个小时的悲哀，完全不能相当。监禁又如何呢？是不是每个人被捆绑的时间，要相当

[59] 《启示录》，20:9。
[60] 《马太福音》，25:41。
[61] 罗马法学家关于这一问题的争论，参考奥鲁斯·盖留斯，《阿提卡之夜》，20:1。
[62] 《出埃及记》，21:24。

于导致他身陷囹圄的犯罪的时间？如果一个奴隶迅速地辱骂或是攻击主人，让他长期监禁难道不是最正义的惩罚吗？而罚款、羞辱、流放、奴役都可以施加很长时间，以致无法消除，此生中的这类处罚，难道不很像永刑吗？这些惩罚之所以不能永恒，是因为遭受这处罚的生命不会延伸到永远。即使是那些用最长的刑罚处罚的罪，也往往在极短的时间内造成伤害。没有人会认为，罪犯所遭受的折磨应该和他所施加的伤害，比如谋杀、奸淫、渎神，或者别的不持续多长时间的罪，以及各种巨大的邪恶与不敬，一样短暂。有些人因为罪大恶极而处死刑，这并不是用杀死他那么短暂的时间处罚他，而是法律认为，要把他们永远开除出活人社会去，不是吗？既然必朽之人的城邦可以用第一次死亡来开除，不朽之人的城邦也可以用第二次死亡来开除。按照此世之城的法律，被杀的人不能被唤醒，同样，在彼世之城，被罚者遭受第二次死亡后，也不能回到永生。他们说，如果尘世的罪要用永刑来惩罚，那么，基督对你们说的这话怎么理解呢："你们用什么量器量给人，也必用什么量器量给你们"㊿？他们没注意到，这里讲的，不是时间长度相等，而是分别遭受的坏事的相同，也就是，做坏事的人也要承受坏事，所以说那是相同的量器。而且这个可以理解为，主说这话时所指的，就是审判和惩罚。如果谁审判和惩罚得不义，而他自己被正义地审判和惩罚了，那他就是接受了同样的量器，虽然他所得的不是他所给的。他行了审判，就要受审判；虽然他所做的惩罚是邪恶的，他所遭受的惩罚却是正义的。

㊿《路加福音》，6∶38。

12. 初人的僭越有多大，使得所有的人除非接受救世主的恩典，都会遭受永刑

　　而在人的感官看来，永刑是残酷而不义的，因为这些病态的感觉非常软弱，没有最高最纯的智慧，从而不能感到初人的僭越是多么不合神法。人越是能安享上帝，他离弃上帝就越不虔敬，因而就应该遭受永恒的坏事；因为他毁掉了自己当中可以永恒的好。这就是人类大众都要遭受的惩罚；最初犯下这罪的人，连他的后裔也一并受罚，于是，除非靠悲悯和他们不配得到的恩典获得解救，他们都会遭到这正义的和应得的惩罚。而人类就是这样分配的，在一些人当中，悲悯的恩典得以显明，在别的人当中，正义的报复得以显明。两者不能在所有人中显明：因为，如果所有人都待在正义的刑罚之中，救赎的悲悯恩典就无从显现；反过来，如果所有人都从黑暗中回归光明，那么严厉的复仇就无从显现。不能被救的比被救的人多很多，所有人本该都遭受的惩罚就如此展示出来。如果所有人都被惩罚，没有人可以抱怨说这报复的惩罚不正义；因为他慷慨地解救了这么多人，人们就该全心感激他的恩典。

13. 有人认为，罪人死后遭受的惩罚会把他炼净，我反对此说

　　柏拉图学派虽然不认为罪孽会不受罚，但却以为，所有的惩罚都是为了矫正，要么是人法施加，要么是神法施加，或在此生，或在死后，因为一个人或许在此生逃脱惩罚，或者即使被惩罚了，却不思悔

改。有马罗⑭的诗句为证。他谈到了地上的身体和器官的死亡，然后说灵魂："这肉体有惧，有欲，有悲，有乐，心灵就像幽禁在暗无天日的牢房里，看不到晴空。"随后他又接着说："当生命之光离开了[也就是生命在末日结束了]⑮，不是所有的病恶也随之消失，因为许多瑕疵长期与肉体发生联系，必然早已在不知不觉之中变得根深蒂固了。因此，灵魂不断受到磨炼，由于根深蒂固的罪愆而受惩罚。有的被吊起来，任凭风吹，有的被投入大渊，去洗掉他们的罪孽，有的被投入火中，去把罪孽烧掉。"⑯这样认为的人，以为死后只有用来炼净的惩罚。地以上的元素水、气、火带来的惩罚会清洗各种罪恶，那些罪恶都是和地接触造成的。他说"吊起来，任凭风吹"，就是指空气；说"被投入大渊，去洗掉他们的罪孽"，就是指水；他说"被投入火中"，更是直接说出了火的名字。我们承认，哪怕在必朽的此生遭受的惩罚，有些就是用来炼净的，当然，对于那些遭受惩罚之后，生活没有变好，甚至变得更坏的人，不是这样的。但是对于那些得到严刑矫正的人，这确实是炼净了。别的所有惩罚，无论是暂时的，还是永恒的，都是神意加给每个人的，要么是为了惩罚以前的罪，要么是为了惩罚被罚者生活中的罪，或者是通过好的或坏的人和天使，锻炼和检验人们的德性。如果有人因为另外一个的邪恶或错误而遭受坏事，那个出于无知或不义做坏事的人有罪了。但是上帝不会有罪，因为他靠正义但隐秘的判断，允许某些坏事。而人们在此生或死后，或是既在生前也在死后遭受的暂时的惩罚，都是在最后最严厉的审判之前遭受的。并非所有在死后遭受暂时处罚的人都进入审判之后的永刑。有些人在此生不得赦免，但在未来会得赦免，即，在未来

---

⑭ 即维吉尔，马罗是他的名。但奥古斯丁很少这样指称维吉尔。
⑮ [译按]括号中是奥古斯丁的话。
⑯ 维吉尔，《埃涅阿斯纪》，6：733—742，译文略有改动。

的世代不会遭受永刑，如我上面所说的⑥。

14. 人的处境使他在此生遭受暂时的惩罚

极少的人在此生不受罚，只在死后受罚。但也有人到了老态龙钟，还从未遭受一点头疼脑热，太太平平地度过了一生，我知道也听说过这样的人。但是，必朽的一生就是惩罚了，因为这完全是一种试探，就像圣经的下面的话里所讲的："人生在世，岂不是一场试探吗？"⑥而无知或愚蠢也不是小的惩罚，我们认为这是应该避免的。于是，少年们在严厉的惩罚之下，被驱赶去学习技艺或文化。这些靠惩罚逼迫的学习本身就如惩罚，有人宁可遭受逼他学习的惩罚，也不愿意学习。要是让人选择死亡还是变回婴儿，谁不会选择死亡？我们见到此生的第一缕光时，不是笑，而是哭，那时虽不知道，却预告了未来将走进各种坏事。只有琐罗亚斯德（*Zoroaster*）⑥在出生的时候是笑着的⑦。但这种怪异的笑并没有预兆什么好事，因为他是魔法的发明者。即使就他在此生的虚妄的幸福而言，这魔法也无法抵挡他的敌人的攻击。他是巴克利亚（*Bactrianus*）的王，在与亚述王尼努斯的战斗中被击败。正如圣经上写的："自从人出离母胎那一天，直到埋葬，回到众生之母的怀中那一天，亚当的子孙都要承担重担。"⑦这话必然应验了：婴儿只受原罪的束缚，他们受了洗礼，从原罪中重生，但是还会遭受很多坏事，甚至遭受邪恶的精灵的侵扰。但是，哪怕这

---

⑥《马太福音》，12：32。

⑥《约伯记》，7：1，七十士本。

⑥ 琐罗亚斯德，即查拉图斯特拉，于公元前六世纪生活于波斯等地。关于他有很多传说。他创建了二元论的宗教。

⑦ 普林尼，《自然史》，7：15。

⑦《便西拉智训》，40：1，用思高本《德训篇》译文，有改动。

些灾难如此严重,让他们尚在幼冲就灵魂与身体分离,结束生命,这也不会对他们造成伤害。⑫

15. 上帝的恩典把我们从陷溺其中的旧日坏事间救出来,这些工作属于未来新的世代

亚当的子孙从走出母胎的一日到被埋葬,回归众生之母的日子,都会承担着这重担。我们发现,这种坏事也是神奇的,它让我们变得清醒,理解到,因为伊甸园中所犯的大罪,我们的此生就是极大的惩罚,而新约里应许给我们的,都属于新世代里我们的新的遗产。现在,我们只得到那种新遗产的保障,等时候到了,会进入到它所保障的新遗产。现在,让我们在希望中前行,一天一天,直到靠"灵性治死身体的恶行"的那一天⑬。"主认识谁是他的人。"⑭"凡被神的灵引导的,都是神的儿子。"⑮但这是恩典,不是自然。按照自然,上帝只有一个儿子,他因为对我们的悲悯,变成了人子;靠了他的恩典,我们这些人子变成了神子。他仍然保持不变,却披上了我们的自然,以把我们接引到他那里。于是他兼有了神性的稳固和我们的脆弱;我们本来是有罪和必朽的,现在变得更好,获得和分有了他的不朽和正义。他使我们的自然变好,让我们靠他的自然的好实现了至善。正如罪是靠一人入了世界⑯,使我们都陷入了大的坏事,同样,因一个既是人又是上帝的义行,我们进入了最高的至善。但是,除非到了没有试探的

---

⑫ 参见奥古斯丁,《信、望、爱手册》,17。

⑬ 《罗马书》,8:13。

⑭ 《提摩太后书》,2:19。

⑮ 《罗马书》,8:14。

⑯ 《罗马书》,5:12。

地方，谁都不要自信地认为自己从这里到了那里。因为肉欲与灵性相争，灵性与肉欲相争⑦，人们用那么多各种各样的斗争来寻求和平，除非获得了和平，谁也不能那么自信。人被造时，自然的自由意志是朝向正直的；如果他能坚持住这一点，就不会有这些战争。而今，他不愿意在与上帝的和平中获得幸福，于是就要在不幸中和自己作战。这种悲惨的坏事，还是比基督来临前的此生要好。与罪过作战，总比毫无冲突地被罪过统治好。我的意思是，带着对永久和平的希望作战，比没有解放观念地当俘虏好。我们希望连这种战争也终结，被神圣之爱的火点燃，进入最有秩序的和平，在那里，我们之中卑下的东西，都被最强大而稳固的力量征服。但是，如果完全没有对那种好的希望（当然这不应该），我们就宁愿停留在这烦扰的冲突中，也不愿被罪过统治，而丝毫不反抗。

16. 所有年龄的复活者共同面对恩典的律法

上帝的悲悯彰显在蒙悲悯预备得荣耀的容器上，极其丰盛⑱。在人们最小的年龄，即婴儿期，人们完全接受肉身的要求，毫无反抗；在第二个时期，即少年期，他还没有理性来完成这种战争，所以会拜倒在所有罪过的享乐之下，因为，虽然他可以说话，好像度过了婴儿期，但是心智还很弱，没有能力接受教诫。如果他接受了中保的圣事，从而脱离了黑暗的力量，进入基督的王国，哪怕在这个年龄就结束生命，也不仅会免于永刑，而且，在死后还不必遭受炼净的折磨。灵性的重生就足以使他死后不必遭受因为与死亡接触带来的肉身的繁殖

---

⑦《加拉太书》，5：17。
⑱《罗马书》，9：23。

导致的罪恶⑳。等到了一定年龄,他能接受教诫了,可以服从法律的
命令了,然后就可以进行针对罪过的战争,激烈抗争,以免因罪而被
罚。如果那些罪过还不够强壮,无法取胜,很快就会被他征服投降;
但是,如果这些罪过总是战胜他,对他发号施令,那就很费力、很艰难
才能征服。除非他真的以正义为乐,即信仰基督,否则就不能真正和
真诚地征服。如果只有法律的命令,没有圣灵的帮助,那么,禁令只
能让他犯罪的欲望更加滋长,增加他的负罪感⑳。还有可能,隐秘的
罪过征服了最公开的罪过,反而被认为是德性,而在这样做的人中,
骄傲做了王,他就因毁灭性的自我满足而膨胀起来。罪过只有被上
帝之爱征服了,才算被征服了。只有上帝自己可以给与这种爱,人只
有通过上帝和人之间的中保,即成了人的基督耶稣⑳,才能获得爱。
他分参了我们的必朽,成了人,使我们分参他的神性。但是,极少人
会如此幸福,年轻时不犯下应该被罚的罪,无论是因为作恶、失误,还
是犯下不敬的错误,能够靠伟大的灵压服受肉身的快乐统治的部分。
很多人虽然接受了法律的教诫,但是首先被罪过的力量征服,走出了
法律的轨道,后来才寻求恩典的帮助,通过更悲哀的忏悔和更激烈的
斗争,才服从了上帝,心智战胜了肉身的倾向,使他们成为胜利者。
于是,每个想避免永刑的人,不仅要受洗,而且要在基督中成义,真正
摆脱魔鬼,进入基督。除非在最后的巨大审判之前,他不能认为惩罚
都是用来炼净的。我们不能否认,就是永罚之火也是各种各样的,因
为人们的品德和坏事不同,有的轻些,有的重些。也许,对不同的罪
恶的惩罚的火力就有所不同;也许,火力相同,但是人们感到的烦恼

---

⑳　参考奥古斯丁,《书信》,98。
⑳　《罗马书》,7:7—8。
⑳　《提摩太前书》,2:5。

不同。

17. 有人认为，没有人会遭受永刑

现在，我认为应该和一些具有悲悯之心的人作和平的争论。他们不相信，最正义的法官会宣判，让应该在地狱里受罚的人，全部或一部分遭受永刑，而是认为，在或长或短的一定时间以后，他们根据自己的罪的大小得到释放。其中，奥利金尤其悲悯。他认为，魔鬼自己和他的使者们，在经历了严厉和长时间的应得惩罚后，就应该从这折磨中解脱，与圣天使们在一起了。奥利金有这样那样的说法，尤其错误的是，他说幸福和悲惨会相互转换，没有停歇，经过若干世代，这个会转化成那个，那个又转化成这个，二者相互混合，教会谴责他不是没有道理的。他把他看上去具有的悲悯也失去了，因为，他让圣徒也遭受真正的悲惨，而不只是清洗性的。他们的幸福是虚假的，没有真正和安全的幸福，即脱离恐惧的确定的幸福，不能因享受善好而永远快乐。但是，我们这里谈的错误与此非常不同。他们完全出自人的悲悯，认为被罚之人的悲惨只是暂时的。他们认为，所有人都要或早或晚地被解救入永恒幸福。如果这个观点因为悲悯而正确和好，那么，越是悲悯，就越好、越真。这悲悯之泉可以延展和深入，甚至到了被罚的天使身上，认为他们在很多漫长的世代之后也要得救。这泉水为什么可以达到所有人的自然，但是到了天使那里，却很快干涸了？他们并不敢说，他们的悲悯可以一直贯彻下去，直到解救魔鬼自己。如果谁真敢这么说，他当然更加悲悯。他表现得越是仁慈，就越是犯了惊人的错误，违背了上帝正确的话语。

18. 有人认为，由于圣徒的干预，在最后的审判中，没有人会受责罚

18.1 有些人——我亲自和他们谈过——虽然看上去尊重圣经，其道德却该谴责。他们在谈到自己的情况时，比起上面谈到的人来，更多地把悲悯归给上帝，而不是人类。他们说，神所预言的，坏人和不敬者的真正结局，都是罪有应得的。但是等到审判来临之时，悲悯就要起作用了。他们说，悲悯的上帝会因为他的圣徒们的祈祷和干预而赐福㉜。如果圣徒们在遭受他们的敌意时，都会为敌人祈祷，那么，在看到他们卑微地伏罪、俯伏于地的时候，圣徒会更加劲地祈祷！他们说，我们不能相信，圣徒们在获得了最充分和最完满的神性之后，就会丧失他们的悲悯之心。在他们并非完全无罪时，会为自己的敌人祈祷；我们不能认为，等到开始没有罪了，就不会为那些受罚的人祈祷了。那时候，上帝的儿子们已经完全成圣，他们的祈祷不会有什么障碍，上帝怎么会不听他的这些儿子的祈祷呢？他会允许无信仰者和不虔敬的人遭受很长时间的折磨，然后从所有的坏事中释放。《诗篇》中有诗为证，好像尤其支持说这话的人："难道神忘记开恩，因发怒就止住他的慈悲吗？"㉝他们说，上帝的愤怒，就是要让一切不配享受永福的人遭受永刑。但是，如果上帝允许他们遭受长久的，乃至任何处罚，他的愤怒不就止住了他的慈悲吗？而《诗篇》里说，这是不会的。其中并没有说："难道神因发怒就长久地止住他的慈悲吗？"而这里表明，他根本不会止住慈悲的㉞。

㉜《马太福音》，5：44。

㉝《诗篇》，77：9。

㉞ 参见本书下文，21：24，以及《信、望、爱手册》，29：112。

18.2 但是，他们不会认为，上帝的审判只是虚假的威胁，而他又不会责罚任何人。比如他对尼尼微城就要倾覆的威胁⑧，我们不能说这是假的；但他们说，虽然上帝的预言没有任何条件，但这并没有发生。他不说："如果他们不忏悔，然后改正，尼尼微必倾覆了。"而是没有附加任何条件，预言那个城就要倾覆。他们认为这是真正的威胁，因为上帝预言，他们遭受倾覆真的是罪有应得，但这并没有实现。他们说，是因为他们忏悔，所以被饶恕了，因为上帝不会不知道他们会忏悔，但是他预言，未来的倾覆是绝对的和确定的。他们说，这是在表现上帝的严厉，因为他们罪有应得；但是，这没有表达他的悲悯，因为他的愤怒并没有继续，虽然他许诺要给顽固者处罚，但还是免除了罪人的处罚。那时候，上帝的宽恕使他的圣先知们都动容，他们说，如果所有圣徒都祈祷宽恕，难道他不会宽恕更加悲惨的罪人吗？这就是他们心里所想的。他们认为圣经里没有说，但是，这就是为了让人们害怕漫长的或永恒的责罚，从而使众人纠正自己，同时有人能够为不能纠正自己的人祈祷。但他们并不认为，圣经对此是完全沉默的。经上写道："主，你的甜美多么伟大，在害怕你的人面前隐藏。"⑧他们说，如果我们不认为，上帝隐秘而伟大的甜美要隐藏起来，是为了让人们害怕，这还能指什么呢？他们还加上使徒后来说的话："神将众人都圈在不顺服之中，特意要怜恤众人。"⑧这指的就是，没有人遭受责罚。这样认为的人，并没有把他们的这些意见延伸到魔鬼和他们的使者，不认为他们也会摆脱责罚。他们人性的悲悯只是针对人的，认为只有人是这样的。他们通过对整个人类的说法，表达了自己败坏的道德将得到上帝的悲悯的赦免的虚假希望。因此，在宣讲上帝的

---

⑧《约拿书》，3：4。
⑧《诗篇》，31：20，用七十士本的 30：20。
⑧《罗马书》，11：32。

悲悯方面,那些认为鬼怪的首领和侍从都会被赦免的人,超过了他们。

19. 有人认为,因为参与了圣餐礼,所有罪人,包括异端,都被应许免予处罚

还有人认为,并不是所有人都得到应许,可以同等地从永刑中解脱,而只有那些得到基督的洗礼的人,不管他们怎样生活,也不管他们多么异端或不敬,因为他们参与进了基督的身体。因为耶稣说:"这是从天上降下来的粮,叫人吃了就不死。我是从天上降下来生命的粮;人若吃这粮,就必永远活着。"㊳他们说,因此这些人一定不会进入永死,而要获得永生。

20. 有人认为,不是所有人,但是所有在大公教会重生的,哪怕他们陷入很多罪行和错误,都会被洗涤干净

有人认为,并不是所有得到基督的洗礼、并且参与了他的身体的圣事的,而只有大公教徒,才能得到清洗,不论生时有多么坏。因为他们吃下的不仅是饼,而且就是基督的身体本身,于是就成了基督的身体的组成部分。使徒就此说道:"我们虽多,仍是一个饼,一个身体。"㊴即使他们后来滑入了异端甚至异邦的偶像崇拜,但因为他们在基督的身体(即大公教会)里,接受了基督的洗礼,吃了基督的身体,所以不会永死,而会进入永生;而他们所有的不敬之事,哪怕数量很多,也不会使惩罚变成永恒的,而只会变得漫长和严厉。

㊳《约翰福音》,6:50—51。
㊴《哥林多前书》,10:17。

21. 有人认为，在生活中很坏，应该遭受地狱之火，但是坚持大公信仰的人，因为信仰的坚定，还是会得救

因为经上写道："惟有忍耐到底的必然得救"[90]，所以，有人许诺说，只要坚持在大公教会中，哪怕生活得很坏，也会得救，其得救"乃像从火里经过一样"。使徒说："因为我们已经立好的根基就是耶稣基督，此外没有人能立别的根基。若有人用金、银、宝石、草木、禾秸，在这根基上建造，各人的工程必然显露，因为那日子要将它表明出来，有火发现；这火要试验各人的工程怎样。人在那根基上所建造的工程若存得住，他就要得赏赐。人的工程若被烧了，他就要受亏损，自己却要得救；虽然得救，乃像从火里经过的一样。"[91]他们说，大公教会的基督徒，只要以基督为基础（异端不会有这基础，因为他们与这身体分离了）即可，因为有这基础，哪怕这些大公教会的基督徒活得很坏，他们认为就像用草木和禾秸在上面建的工程，会经过火里，然后得救，也就是，在遭受地狱之火的惩罚后得解脱，因为在最后的审判中，坏事会遭到火的惩罚[92]。

22. 有人认为，罪行若与善工混杂，在审判中就带不来责罚

我还见有人认为，遭到永刑的焚烧的，只有那些忽视了做善事来补偿罪孽的人。使徒雅各说："因为那不怜悯的人，也要受无怜悯的

---

[90]《马太福音》，24：13。

[91]《哥林多前书》，3：11—15。

[92] 参见奥古斯丁，《信、爱、望手册》，18。

审判。"㉝他们说,谁若行了善事,哪怕他的品德没有变好,哪怕善工与恶行混杂,仍旧活得很邪恶,但在审判中还是会得到怜悯,要么不遭受任何责罚,要么经过或短或长的时间后,从责罚中解脱。他们认为,正是因此,审判活人与死人的法官在给他右面的人永生,或给他左面的人永刑的时候,只谈到他们是否行了善事㉞。他们谈道,同样因为这个,在给主的每日祈祷中,我们说:"免我们的债,如同我们免了人的债。"㉟凡是对某人犯了罪的人,若是得了饶恕,那罪被忽略了,无疑是因他行了善事。我主在谈到此事时说:"你们饶恕人的过犯,你们的天父也必饶恕你们的过犯;你们不饶恕人的过犯,你们的天父也必不饶恕你们的过犯。"㊱使徒雅各也是针对这种善事说,凡是没有行悲悯的,在将来的审判里必得不到悲悯。他们说,主并没有说大罪小罪,而是说:"如果你们饶恕人的过犯,你们的天父也必饶恕你们的过犯。"他们认为,哪怕那些一生邪恶,直到此生的最后一天还在作恶的人,不论他们做了什么和做了多少,靠了这种祈祷,就可以免去每日所有的罪,只要他们每天祈祷,并且全心放在一件事上:无论对他们行了什么罪孽的人,只要乞求宽恕,他们都发自内心地赦免。等我靠上帝的赐予回答了这些,这一卷就可以结束了㊲。

23. 我反对人们的这种意见:无论魔鬼还是坏人,都不会遭受永刑

首先可以探问并认识到,即使在巨大而漫长的惩罚之后,教会为

㉝ 《雅各书》,2:13。
㉞ 《马太福音》,25:33。
㉟ 《马太福音》,6:12。
㊱ 《马太福音》,6:14—15。
㊲ 参考奥古斯丁,《信、望、爱手册》,19—20。

什么不同意魔鬼将会被炼净或赦罪的说法。这并不是因为,那些熟谙旧约和新约的人认为,无论怎样的和多少天使,在经过了无论怎样的和多少惩罚后,还不能得到清洗,获得天国的幸福,而是他们认为,我主自己预言的,他在审判中将宣布和讲出的神圣话语,不会变得虚妄和脆弱:"你们这被诅咒的人,离开我! 进入那为魔鬼和他的使者所预备的永火里去。"⑱这表明,燃烧魔鬼和他的使者的火会永远燃烧。《启示录》里也写道:"那迷惑他们的魔鬼被扔在硫磺的火湖里,就是兽和假先知所在的地方。他们必昼夜受悲哀,直到世世代代。"⑲前面说"永火",这里说"直到世世代代"。按照圣经的习惯用法,这只能是指,没有时间的终结。除非是因为,不可能错的圣经说了,上帝不会宽恕,而是已经谴责了他们,把他们投到地狱的黑暗坑中⑩,让他们等待末日审判中的惩罚,我们不可能找到别的更正确和更清楚的原因,说为什么,最真切的虔敬不会使魔鬼和他的使者住到圣徒那里,获得正义和生命。等到末日审判,他们就会遭受永火,昼夜受悲哀,直到世世代代。如果是这样,我们若认为,所有人或有些人,在经过一段时间后,会脱离永刑,那怎么可能不颠覆我们认为鬼怪们会遭受永刑的信仰? 如果基督说的"你们这被诅咒的人,离开我! 进入那为魔鬼和他的使者所预备的永火里去",不是指,其中所有的或有些人要进入永刑,那有什么理由认为,魔鬼和他的使者会永远走进那里? 或者,难道上帝关于邪恶的天使和人的说法(*sententia*),针对天使是真的,针对人却是假的? 这简直就是说,上帝所说的,还不如人所想象的更有价值。但因为这不可能,那些希望摆脱永刑的人,还是不要捏造反对上帝的言论,而是遵守上帝的诫命,就会得到宽恕,因

⑱《马太福音》,25:41。
⑲《启示录》,20:9—10,"世世代代",和合本作"永永远远"。
⑩《彼得后书》,2:4。

为还有时间。基督在同一个地方,用同一句话表达了两个方向:"这些人要往永刑里去;那些义人要往永生里去。"⑩那么,我们怎么能认为,火里的永刑只是很长时间,而永生是没有终结的? 如果二者都是永远的,那么,二者都应该理解为,要么是很长之后终结,要么是永远不终结。永刑和永生是基督在同一句话里以同样的用语说的。如果说这同样的说法的意思是"永生没有终结,永刑有终结",那就太荒谬了。因为圣徒的永生将是没有终结的,罪人遭受的永刑无疑也是没有终结的。

24. 我也反对那些认为在上帝的审判中,一切都会因为圣徒的祈祷而赦免的人

24.1 我同样反对另外一些人,他们好像要表现得更悲悯,其实是想为自己的情况开脱,来反对上帝的言语。他们认为,经上的那些话之所以对,是因为其中说,那些人应该遭受这里描述的遭遇,而不是因为他们实际遭受这些。他们说,上帝会允准他的圣徒的祈祷,因为那时候他们完全脱离了一切的罪,变得更加神圣,所以也就更加为他们的敌人祈祷。这些祈祷会更加有效,更值得上帝倾听。那么,他们为什么不会同样运用这最完美的神圣性,甚至为那些应该进入永恒之火的天使,发出最纯洁和最悲悯的祈祷? 这样,上帝就会减轻对他们的判刑,把他们变得更好,让他们脱离那火。或者,也许人们可以这样设想未来的情形,以为那时候,圣徒们都变得和圣天使相同,于是圣天使与圣徒一起为那些被谴责的天使和人祈祷,使他们得到悲悯,不再遭受他们本该真正遭受的惩罚? 任何一个有健康信仰的

---

⑩《马太福音》,25:46。

人都没这么说,将来也不会这么说。否则就没有理由解释,为什么现在的教会不为魔鬼和他的天使祈祷?上帝,教会的导师,命令我们为敌人祈祷了啊。教会为什么现在不为坏的天使(她知道这是她的敌人)祈祷的原因,正是在末日审判,她变得完全神圣的时候,为什么不为那些应该遭受永火的折磨的人祈祷的原因。现在,她之所以为人类当中的那些敌人祈祷,是因为他们还有时间让自己的忏悔获得结果。教会为他们最大限度地祈祷,难道不正是因为使徒所说的,"神给他们悔改的心,可以明白真道,叫他们这已经被魔鬼任意掳去的,可以醒悟,脱离他的网罗"⑩。但是,如果教会确切地知道,有哪些人,虽然还生活在此世,但命中注定要和魔鬼一起走进永火,那就不会为他们祈祷,正如不会为魔鬼祈祷一样。但是因为教会不会那么确定,于是为所有尚在身体之中的她的敌人祈祷。但是,上帝并不听取所有的祈祷。只有那些现在反对教会,但是注定会因为教会的帮助、成为教会的儿子的人,上帝才会听取对他们的祈祷。如果谁心中没有忏悔就走向了死亡,就不会从敌人变成儿子,对于他们这样已死的灵,教会又怎么会祈祷呢?之所以如此,难道不是因为,他们虽然还在身体里,但是因为没有转化为基督徒,还是部分要算作魔鬼的属下?

24.2　教会那时候不会为遭受永火之罚的人祈祷的原因,正是无论现在还是那时候,她都不会为坏的天使祈祷的原因。正是因为这个原因,虽然教会会为所有人祈祷,但现在也不会为死去的不信者和不敬者祈祷。教会自己或虔敬的人们为一些死人作的祈祷,上帝还是会听的。但是,这些在基督中重生的人们,一方面,他们在身体中生活时,并没有活得那么坏,以致被认为不应该得到悲悯,另一方

---

⑩《提摩太后书》,2:25—26。

面,他们也还没有活得那么好,以至于完全没必要得到悲悯。同样,即使在死者复活以后,还是会有一些人,在他们死时遭受了灵性的惩罚之后,得到悲悯,免于被送到永火中去。基督说的今世来世总不得赦免的,不是针对他们说的[103]。而这些人暂时不得赦免,但将来会得赦免。于是,活人与死人的审判者会说:"你们这蒙我父赐福的,可来承受那创世以来为你们所预备的国。"而他对另外的人说的与此相反:"你们这被诅咒的人,离开我!进入那为魔鬼和他的使者所预备的永火里去!"还有:"这些人要往永刑里去;那些义人要往永生里去。"[104]上帝说某些人要进入永刑,如果说他们不会遭受永刑,那就太狂妄了。这种狂妄会让我们对永生绝望或怀疑。

24.3 《诗篇》中唱道:"神何曾忘记了悲悯,何曾因自己的愤怒而排除对他们的悲悯?"[105]谁都不能理解为,上帝的说法只对好人是真的,对坏人是假的,或是只对好人与坏的天使是真的,对坏人是假的。《诗篇》这么说,既针对承受悲悯的器皿[106],也针对凭着应许的儿女[107],先知自己就是一个应许之子。所以他说了"神何曾忘记了悲悯,何曾因自己的愤怒而排除对他们的悲悯"之后,接着说:"我说了,而且现在开始,这就是至高者的右手带来的变化。"[108]他解释了所谓的"不曾因自己的愤怒而排除对他们的悲悯",因为上帝的愤怒就是这必朽的生命,使人变得好像一口虚妄的气,他的年日像影儿一样快快过去[109]。在上帝的愤怒里,上帝不会忘记悲悯,让他的日头照耀着好人,也照

---

⑩③《马太福音》,12:32。

⑩④《马太福音》,25:34,41,46。

⑩⑤《诗篇》,77:10,七十士本。

⑩⑥《罗马书》,9:23。

⑩⑦《加拉太书》,4:28。

⑩⑧《诗篇》,77:11,七十士本。

⑩⑨《诗篇》,144:4。

耀着坏人，雨水降给义人，也降给不义的人⑩；所以说，他的愤怒中，并没有把对他们的悲悯排除在外。《诗篇》里的话最好地表达了这一点："而且现在开始，这就是至高者右手带来的。"这无比悲惨的此生，就是上帝的愤怒，在这里，因为他的悲悯没有排除在愤怒之外，他把接受悲悯的器皿变得更好，虽然他的愤怒，仍然待在这悲惨的腐败里。这样，这些神圣诗歌的真理可以显现出来，没有必要认为，这指的就是不属于上帝之城的人所遭受的永刑。但是，如果谁愿意，也可以把这句话扩展到不敬者所受的折磨，即，他们会滞留在上帝的愤怒里，这就是上帝所宣布的永刑，上帝不会把自己的悲悯排除出这愤怒之外，因为他会让人们遭受不如他们本该遭受的折磨剧烈的惩罚。这样，坏人还是不会逃出惩罚，也不会中止惩罚，只是所遭受的比他们罪有应得的缓和与轻微一些。上帝的愤怒仍然会存在，只是，他的悲悯并不会被排除在愤怒之外。这个观点我并不提倡，但也不否定。

24.4　另外有人认为，这些话更多是威胁，而不是真情："你们这被诅咒的人，离开我！进入那永火里去。"⑪"这些人要往永刑里去。"⑫"他们必昼夜受悲哀，直到永永远远。"⑬"他们的虫是不死的，他们的火是不灭的。"⑭以及诸如此类的话。不是我，而是圣经自身，已经无比明白、无比充分地纠正和驳斥了他们。尼尼微人在此世作了忏悔，并且得到了好的结果⑮，就如同在这土地里播种，上帝愿意让那流泪去播种的，欢欢乐乐地收获禾捆⑯。除非是不能理解

---

⑩《马太福音》，5：45。
⑪《马太福音》，25：41。
⑫《马太福音》，25：46。
⑬《启示录》，20：10。
⑭《以赛亚书》，66：24；《马可福音》，9：44。
⑮《约拿书》，3：7。
⑯《诗篇》，126：6。

（advertat），上帝不仅靠愤怒，而且靠悲悯来摧毁（evertat）罪人，谁能否定，上帝所预言的，在他们当中实现了？他用来摧毁罪人的两个办法，前者例如对所多玛人，通过惩罚人们本身来惩罚罪人；后者例如对尼尼微人，通过人们的忏悔来摧毁罪人。上帝所预言的都完成了。坏的尼尼微被摧毁了，好的尼尼微建立了，这是从前没有的[⑰]。城墙和屋宇仍然屹立，但是邪恶的城却归于死亡了[⑱]。虽然这结果让先知不悦，因为先知预言的、人们惧怕的没有发生，但是，上帝预先给的命令还是实现了，因为预言这些的上帝已知道，这怎样以更好的方式实现。

24.5 那些不恰当地悲悯的人，该知道经上的话是什么意思："主，你的甜美多么伟大，在害怕你的人面前隐藏。"随后又说："那些盼望你的人，你使他们都完美。"[⑲]为什么对害怕的人隐藏，使盼望的人完美，还不是因为那些畏惧对自己的惩罚的人，想要用法律来"立自己的义，就不服神的义了"[⑳]，所以不知道上帝的义？他们根本就体会不到上帝的义。他们所盼望的在自己这里，而不在上帝那里，因此，上帝伟大的甜美是隐秘的；他们害怕上帝，但是这奴性的惧怕，是爱里不该有的，因为"爱既完全，就把惧怕除去。"[㉑]于是，对那些盼望上帝的人，上帝用伟大的甜美使他们完美，用自己的爱启示他们，他们还剩纯洁的畏惧，这畏惧不会被爱除去，而是在世世代代中保存下去，得到荣耀，在主中荣耀[㉒]。基督就是上帝的义，正如使徒说的："神又使他成为我们的智慧、公义、圣洁、救赎。如经上所记：'得到荣耀

---

⑰　《约拿书》，4:1—3。

⑱　参考奥古斯丁，《〈诗篇〉解》，50:11。

⑲　《诗篇》，31:19—20，七十士本。

⑳　《罗马书》，10:3。

㉑　《约翰一书》，4:18。

㉒　《诗篇》，18:10，七十士本。

的,当在上主中荣耀。'"⑫上帝的这个义,是靠恩典,而不是因为人的品性赐予的,那些想要建立自己的义的人,不知道上帝的义,即基督,所以就不服从上帝的义。上帝伟大的甜美,正是在这义中变得更伟大,因此《诗篇》里说:"你们要尝一尝,看一看,上主有多么甜美。"⑬这种甜美,我们在羁旅中品尝,但我们尚不能饱足⑮,而尚在饥渴中;只能以后,才好饱厌珍馐。那时候我们必得见他的真体了⑯,经上的话必将实现:"得见你的光荣,就心满意足了。"⑰于是,基督让那些盼望他的人完美地得到伟大的甜美。而他们认为,上帝会向害怕他的人隐藏甜美,这甜美就是,他将不会责罚不敬者。他们不知道这甜美,于是因害怕责罚,正直地生活,并且会有人为不正直地生活的人祈祷。如果那些像沉睡一样不盼望上帝的人,也因为这甜美而不会得到上帝的惩罚,那么,那些盼望上帝的人,上帝又怎样使他们完美? 因此,所追寻的他的甜美,将使盼望他的人得到完美,而那些被认为蔑视神和渎神的人,则不会得到完美。因此,人在身体中忽略的,在失去了身体后再去追寻,只会失败。

24.6 使徒说:"因为神将众人都圈在不顺服之中,特意要怜恤众人。"⑱这里不是说,没有人会被责罚,其含义在前面的话里表现出来了。使徒给异邦的信徒写信,谈到犹太人将来会信仰,说:"你们从前不顺服神,如今因他们的不顺服,你们倒蒙了怜恤。这样,他们也

---

⑫《哥林多前书》,1:30—31,和合本作:"但你们得在基督耶稣里,是本乎神,神又使他成为我们的智慧、公义、圣洁、救赎。如经上所记,夸口的当指着主夸口。"

⑬《诗篇》,34:8,和合本作"你们要尝尝主恩的滋味,便知道他是美善"。

⑮《马太福音》,5:6。

⑯《约翰一书》,3:2。

⑰《诗篇》,17:15,和合本作"得见你的形像就心满意足了"。

⑱《罗马书》,11:32。

是不顺服，叫他们因着施给你的怜恤，现在也蒙怜恤。"⑫他随后才说
"因为神将众人都圈在不顺服之中，特意要怜恤众人。"这话使那些人
以为自己的错误得到支持。这里的"众人"，说的难道不是他所谈到
的，所谓"你们和他们"吗？上帝把异邦人和犹太人都圈在不顺服之
中，但他看到了并预言了，他们将"效法他儿子的模样"⑬。于是，这些
人就将通过忏悔，脱离悲哀的不顺服状态，然后转而信仰，获得上帝
的甜美与悲悯，按照《诗篇》唱道："主，你的甜美多么伟大，在害怕
你的人面前隐藏。那些盼望你的人，你使他们都完美。"不是他们
自身完美，而是在你之中完美。于是，所有容纳悲悯的器皿，都将
得到悲悯。"所有"指什么？他所预定的、召唤的、成义的、荣耀的，
包括那些来自异邦的人，也有那些犹太人，并不是整个人类，而是
所有那些不受责罚的人。

25. 那些通过异端而受洗，后来堕落，过上坏的生活的，或者那些作为大公教徒受洗，后来转为异端而分裂，还有那些作为大公教徒受洗，但不思悔改，坚持过罪恶的生活的，是否可以因为圣事而得以免去永刑

25.1　让我们来回应另外一些人，他们许诺说，不是魔鬼和他的
使者，或所有的人类，会从永火中解放，而是那些接受了基督的洗礼，
参与了他的圣体和圣血的人，不论以什么方式生活，无论陷入异端还

---

⑫《罗马书》，11：30—31。
⑬《罗马书》，8：29。［译按］此处哲罗姆的译文为"*conformes fieri imagines Filii sui*"，而奥古斯丁的引用缺了一个 *fieri*，PL 本的编者指出，奥古斯丁引用这一句时总是漏掉这个词。

是不敬[131]。但这说法与使徒的话相悖："情欲的事都是显而易见的；就如奸淫、污秽、邪荡、拜偶像、邪术、仇恨、争竞、忌恨、恼怒、结党、纷争、异端、嫉妒、酗酒、荒宴等类，我从前告诉你们，现在又告诉你们，行这样事的人必不能拥有神的国。"[132]如果他们经过一段时间后就会得解救，拥有上帝的国，那么，使徒的这话就错了。但是，使徒不会错，所以他们不会拥有神的国。如果他们不能拥有神的国，那就要受永刑；不存在既不受永刑，也不进入神的国的中间位置。

25.2 主耶稣说："这是从天上降下来的粮，叫人吃了就不死。我是从天上降下来生命的粮；人若吃这粮，就必永远活着。"[133]怎样接受这话，是值得问问的。我们现在所批判的这些人的理解来自另外一些人，对那些人，我们稍后会回应他们；那些人认为，所有得了洗礼，并吃了圣餐的人，并不都会得到解放，而只有那些大公教徒，哪怕活得很坏，他们说，也会得免罪，因为他们不仅接受了洗礼和圣餐，而且真的吃了基督的身体，因而成为基督身体的一部分；使徒就这身体说："我们虽多，仍是一个饼，一个身体。"[134]因此，那些真正在他的身体中结为一体的，即，成为基督徒，从而成了基督的肢体的，会虔敬地在祭坛上参与圣事，吃他的身体，即，吃基督的身体，喝基督的血。那些异端和分裂者会从这同一的身体分离出去，还可以参与同样的圣事，但是不能得到益处，甚至还得到害处，在审判中，他们会被认为犯了更重的罪，而不是在更长的时间后得救。因为他们不"用和平彼此联络"[135]，而这才是圣礼带来的结果。

---

[131] 参考奥古斯丁，《论信仰与善工》(*De fide et operibus*)。

[132] 《加拉太书》，5：19—21，"拥有"和合本作"承受"。

[133] 《约翰福音》，6：50—51。

[134] 《哥林多前书》，10：17。

[135] 《以弗所书》，4：3。

25.3 此外,有些人正确地理解了,那些不在基督身体之中的,不能说吃了基督的圣体,但还是向那些脱离了基督身体的统一,陷入异端甚至异教迷信的人许诺,说他们有一天会免于永火的惩罚,得到解放。这是不对的。首先,因为他们必须注意,若是认为,大多甚至所有那些建立异端的不敬者脱离了大公教会,形成异端统治,比一直陷溺于罗网中、从未成为大公教徒的人处在更好的状态,这想法完全不可容忍,极大偏离了健康教义的说法。这些建立异端的不敬之人,不会因为曾在大公教会中接受了洗礼而脱离永刑,也不会因为参加了圣餐圣事,吃了基督的圣体,就脱离永刑。那些抛弃了信仰,在抛弃后还与信仰为敌的人,比起从未参与也从未抛弃信仰的人,还要坏;随后,让他们记住使徒在说了上述的关于肉身之事的话语后,所说的同样正确的话:"行这样事的人,必不能拥有神的国。"[136]

25.4 因此,那些卑鄙下流、道德上应受责罚的人,不应该因为一直坚持参加大公教会的团契,就会感到安全,用这话来辩护自己:"惟有忍耐到底的必然得救。"[137]他们坚持生命的邪恶,抛弃了生命的正义,即基督,陷溺在奸淫或使徒不愿看到的别的污秽行径中,在身体中作恶,放僻邪侈,无所不为,所以使徒说他们:"行这样事的人,必不能拥有神的国。"凡是这样做的人,既然不能进入神的国,岂有不受永刑之理? 如果他们终其一生都坚持做这些事,怎么能说他们一直都坚持在基督中? 因为,坚持在基督中就是坚持对基督的信仰。而同一个使徒也定义"信"为"使人生发爱的"[138]。正如他在别处说的,"爱是不加害与人的"[139]。他们都不能说是吃了基督的圣体,都不算是

---

[136] 《加拉太书》,5:21。

[137] 《马太福音》,10:22。

[138] 《加拉太书》,5:6。

[139] 《罗马书》,13:10;《哥林多前书》,13:4。

基督的肢体。我且不说别的,基督的肢体不能同时是娼妓的肢体⑭。他还说:"吃我肉喝我血的人常在我里面,我也常在他里面。"⑭这所表明的,不是参加圣事,而是真正吃基督的圣体,喝他的血;这就是在基督里面,基督也在他里面。如果这么说,那么也可以说:"谁不在我里面,我也不在他里面,他不要说,也不要认为,他吃了我的肉,喝了我的血。"凡不是他的肢体的,就不在基督里面。把自己变成娼妓的肢体的,就不是基督的肢体,除非他忏悔和否定罪恶,回归于好。

26. 以基督为根基是什么意思,他通过火向谁应许了救赎

26.1　他们说,但是大公教会的基督徒以基督为根基,在上面搭建草木与禾秸⑭,不会脱离在他当中的合一,不论在这基础上度过任何邪恶的生活;因为正确的信,基督成了根基。虽然他们不无损失,因为在根基上建造的都被烧了,但是这正确的信还是会救他们出永火。使徒雅各简要地回答他们:"若有人说自己有信心,却没有行为,有什么益处呢?这信心能救他吗?"⑭他们问,保罗的这话是对谁说的"虽然得救,乃像从火里经过的一样"⑭?我们也要问:那是说谁?但肯定不是同一个,否则两个使徒的话就是冲突的,好像一个说,"有人虽然有了坏的行为,但是信仰还是会救他出永火";另外一个说,"若没有行为,这信心能救他吗?"

26.2　我们要找到谁能得救出永火,首先要找到,谁以基督为根

---

⑭　《哥林多前书》,6:15。
⑭　《约翰福音》,6:56。
⑭　《哥林多前书》,3:11—12。
⑭　《雅各书》,2:14。
⑭　《哥林多前书》,3:15。

基。为此，我们要注意这个比喻是什么意思：在建筑里，没有什么先于根基；谁在心中有基督，不把地上的、时间中的、哪怕是合法的和被允许的放在先，那就有了基督为根基；如果把这些放在先，虽然看上去有对基督的信仰，其实并没有把基督当根基，因为这些放在了基督前面。如果他蔑视拯救的信条，行非法之事，那他的这个罪名就更大了：他确实没有把基督放在最先，反而把他置后。他把基督命令和允准的事放在后面，反而乐于放纵肉欲，行各种罪恶，违背基督所命令和允准的。如果哪个基督徒爱娼妓，和她的身体联成一体⑮，那就不会把基督作根基。如果谁按照基督的说法，爱自己的妻子⑯，谁能怀疑他把基督作了根基？如果按照尘世的方式生活，如果在肉身中生活，如果陷入肉欲的病态中，就像外邦人一样不认识上帝⑰，虽是大罪，使徒，或者说基督通过使徒，允准这可以原谅⑱。这样的人都可以把基督作根基。如果他不把这样的情感和欲望放在基督之前，虽然他把建筑置于草木与禾秸之上，但还是以基督为根基了，因此，他就像"从火里经过一样"，得救了。夫妻之间的交媾还不会带来永罚，但惩罚之火会烧尽这样的嗜好和地上之爱；这火中包括了各种哀痛和灾难，这灾难将吞噬那些快乐。这建筑将给建筑它的人带来责罚，因为他不会拥有他在根基上面所建的，他们本来因为安享这些而快乐，而今因为其丧失而受到折磨。但是，通过从火里经过，这根基还会带来救赎，因为，如果有迫害者让他选择是放弃这些还是放弃基督，他不会把这些放在基督前面。看，在使徒的话里，说人们如何在这根基

---

⑮ 《哥林多前书》，6:16。

⑯ 《以弗所书》，5:25。

⑰ 《帖撒罗尼迦前书》，4:5。

⑱ 《哥林多前书》，7:5。

上建筑金、银和宝石："没有娶妻的，是为主的事挂虑，想怎样叫主喜悦。"⑭看他怎样说另外的草木和禾秸的建筑："娶了妻的，是为世上的事挂虑，想怎样叫妻子喜悦。"⑮"个人的工程必然显露，因为那日子要将它表明出来。"⑮（他把这样的惩罚称为火，所以经上另外一处说："炉火试炼陶人的陶器，正义的试探试出人的性情。"⑮）"这火要试验各人的工程怎样。"⑮"人在根基上所建造的工程若存得住［凡是心里挂虑上帝，想怎样叫上帝喜悦的，就存得住］，他就要得赏赐［他的想法，将得报偿］。"⑭"人的工程若被烧了，他就要受亏损［指的是，他不能拥有所爱的］，自己却要得救［这惩罚不会动摇坚固的根基］。虽然得救，仍像从火里经过的一样。"⑮因为他不能没有这非法的爱，所以就不能不遭受失爱的悲哀。看，我认为我们发现，这火不会毁坏二者，而是充实了一个，谴责了另一个，二者都认可了。

26.3　主对左边的人说："你们这被诅咒的人，离开我！进入那永火里去。"⑮我们可以把这里说的当成永火；并且相信，其中包括那些在基督这根基上建筑草木与禾秸的，过了一段时间后，他们要从这火里释放的。这火是因他们做的坏事而得的，释放是因为他们好的根基。而基督对右面的人说："你们这蒙我父赐福的，可来承受那创世以来为你们所预备的国。"⑮除非那些在根基上建造金、银、宝石的人，我们还以为这指哪些？如果这么理解，那么所谓"像从火里经过

⑭ 《哥林多前书》，7：32。
⑮ 《哥林多前书》，7：33。
⑮ 《哥林多前书》，3：13。
⑮ 《便西拉智训》，27：5。
⑮ 《哥林多前书》，3：13。
⑭ 《哥林多前书》，3：14；括号中为奥古斯丁的解释。
⑮ 《哥林多前书》，3：15。
⑮ 《马太福音》，25：41。
⑮ 《马太福音》，25：34。

一样"就是指,右边和左边的人都会被投在火里。"各人的工程必然
显露,因为那日子要将它表明出来,有火发现;这火要试验各人的工
程怎样。"⑱由这话可见,双方都要受火的试验。如果双方都要入火受
试验,那么,那建筑还会存得住,即不被火吞没的,就将得奖赏;那建
筑被烧的人,就会遭受亏损,可见这不是永火。在永火中,只有左面
那些人被送入最后的和永恒的惩罚里;但在这种火中,右面的人也受
火的试验。受试验的人们当中的一部分,在他们的根基基督上面建
造的建筑,并不被燃烧吞没;另外的一部分,他们在根基上面建造的
建筑,会燃烧,因而他们要承受损失;但他们还是会得救赎,因为他们
带着超绝的爱,把基督牢牢地当作根基。如果他们得救赎,他们当然
会站在右边,和别人一起听基督说:"你们这蒙我父赐福的,可来承受
那创世以来为你们所预备的国。"他们不会到左边去,因为那里都是
不能得救赎的人,听到基督说:"你们这被诅咒的人,离开我! 进入那
永火里去。"他们中无人可以解脱那火,因为所有人都要进入永刑⑲。
在那里,虫是不死的,火是不灭的,⑳他们昼夜受悲哀,直到永永
远远㉑。

26.4 在这身体死后,到那所有人的身体复活,然后接受责罚或
赎罪的末日的到来,还有一段时间,据说那死去者的灵,会遭受火的
侵害。据说,那些在身体的生命中没有那样的道德和爱,从而没有构
造会被烧毁的草木与禾秸的建筑的,身体不会感到这火。而另外那
些人,由于构造了这样的建筑,就会感到这火。虽然他们的建筑只会
遭受微小的责罚,但他们要么完全在来世,要么既在此世也在来世,

---

⑱《哥林多前书》,3:13。
⑲《马太福音》,25:46。
⑳《以赛亚书》,66:24。
㉑《启示录》,20:10。

要么只在来世，而不在这尘世，将会暂时遭受火的燃烧，受到惩罚。我不纠正这点，因为这也许是对的。哪怕是身体的死亡，也属于这种惩罚，因为这是原罪带来的结果。也许，在死后的这段时间，每个人都会根据生时的建筑，而有相应的遭遇。而使殉道士成圣的迫害，甚至每个基督徒所遭遇的那些，都可以这么看待。这样的迫害像火一样，试验两种建筑。如果谁没有把基督作根基，他和他的建筑都将被烧毁；而那以基督为根基的，就不会和建筑一起烧毁，而是有所亏损，然后得救。还有些就根本不会烧毁，因为人们发现，这些建筑将永远留在那里。在尘世的终末，敌基督的时代还会有惩罚，是从所未有的⑯。那时会有或金银或草木的很多这样的建筑，建筑在最好的根基上面，即基督耶稣。大火会试验两种建筑，给一些人带来快乐，给另外的人带来惩罚，但二者都不会被毁，因为二者都有最稳固的根基！但是，我且不谈人之妻，被用于肉体的交媾和肉身的快乐的人，而是说每个虽然不是因为这样的快乐，但还是以孝敬之名来爱的人，以肉身的方式，将人类道德放在基督之爱前面的人。他不把基督当作根基，从而在火中得救赎，而是根本不会得救赎，因为他不能和救世主同在。对此，救世主最为明确地讲："爱父母过于爱我的，不配做我的门徒；爱儿女过于爱我的，不配做我的门徒。"⑯而那些同样必须以肉身的方式爱，但是并不把这爱放在主基督前面的人，如果被试探，让他二者择一，就不会选择他们，而会选择基督。他们将在火里得救，因为他们会失去亲人，他们的爱有多深，遭受的悲哀就有多大。谁若按照基督的方式爱父母和儿女，在进入基督的王国、亲近基督的时候和他们共勉，或者把他们当成基督的肢体来爱，那么，我们

---

⑯《马太福音》，24：21。

⑯《马太福音》，10：37。

就发现,他们的爱不是草木与禾秸的建筑,不会被烧毁,而是金银和宝石的建筑。他们怎能爱亲人胜过爱基督? 对他们的爱也是为了基督[164]。

27. 有人认为,如果谁做了善事,那么,哪怕坚持犯罪,也无伤害,我反对他们的说法

27.1 有人说,只有那些没能做善事来赎罪的人,才会遭受永火的灼烧,因为使徒雅各说:"那不怜悯人的,也要受无怜悯的审判。"[165]他们说,有人虽不能纠正堕落的道德,但若是在邪恶而下流的生活中能做一些善事,就会在未来的审判中获得悲悯,他们要么根本不会被谴责,要么在经过一段时间后,被释放出最后的责罚。他们认为,基督之所以根据爱和对善事的忽略来区分右面和左面的人,让一些人进入天国,另一些人进入永刑,不过就是因为这个原因。他们认为,这些人日常的罪,是从未停止犯的,但不论这罪是怎样的,有多少,都可以通过做善事而赦免,他们试图用主教给的祈祷来证明和支持自己。他们说,基督徒们没有一天不念这个祈祷,这样,他们就没有不可饶恕的每天的罪孽。但我们说"免我们的债"时,首先要做到下面的话:"如同我们免了人的债。"[166]他们说,主并没有说:如果你们免了人的罪,你们的天父会免去你们每天的小罪,而是说:"你们的天父会

---

[164] 参考奥古斯丁,《论大公教会的道德》,63;《论真正宗教》,86 以下。[译按]奥古斯丁于此处非常清楚地讲出了他对人间之爱,特别是家庭之爱的看法,即,不可为了尘世的目的去爱自己的亲人,而要以基督为目的爱自己的亲人。这并不是对家庭之爱的一般否定,因为对基督的爱恰恰是通过这种爱表现出来的,而是将人间之爱与一个更高的宗教目的联系了起来。

[165] 《雅各书》,2:13。

[166] 《马太福音》,6:12。

饶恕你们的过犯。"⑯无论那罪是怎样的，有多少，哪怕是每天都犯的，哪怕他们不能放弃这些，把自己的生活转向更好，他们还是会因善事而得赦免，只要不吝啬于赦免别人。

27.2 他们讨论说，这些人做的善事，必须和他们的罪相匹配，这说得好。因为，如果说不论做什么善事，就可以赎去每天的罪，哪怕是很大、很多的，一生习以为常的罪恶，都可以靠任何悲悯之事获得神性，从而可以有每天的解脱，他们应该看到，自己说得太荒谬、太可笑了。这样他们就不得不承认，一个富人可以靠一天捐出十个子儿的办法，赎去他的杀人、奸淫，以及任何罪恶。如果他们如此无比荒谬、无比疯狂地说话，如果他们问，基督的前驱说的"你们要结出果子来，与悔改的心相称"⑯，究竟指的是什么相应的善事来赎罪，无疑他们会发现，这指的不是那些在每天的罪行里毁坏生命，一直到死的人⑯。首先，因为这些人从别人那里索取的，大大超过了他们给予的，他们却认为，他们施舍给穷人一点财物，就是在喂养基督，以为这就是在从基督那里购买做坏事的许可，甚至每日在购买，从而可以完全安全地做该被谴责的事。谁若是为了赎自己的一个罪恶，倾其所有给与基督那些贫穷的肢体，而不是在这么做时充满爱心，不再作恶，也是不能完成的⑰。因此，谁要是做与他的罪相应的善事，他首先应该从自己做起。他自己是贫穷的，如果他为邻人所做的，却不能为自己做，那就该听听上帝的这话："要爱人如己。"⑰他还应该听："对你的灵魂要有爱情，要悦乐上帝。"⑰如果我们不出于自己的灵魂来做这悦

---

⑯ 《马太福音》，6：14。

⑯ 《马太福音》，3：8；《路加福音》，3：8。

⑯ 参考奥古斯丁，《驳福斯图斯》，22：29。

⑰ 《哥林多前书》，13：4。

⑰ 《利未记》，19：18；《马太福音》，22：39；《马可福音》，12：31。

⑰ 《便西拉智训》，30：24，用思高本译文，有改动。

乐上帝的善事,那怎么能说,我们做了与罪恶相当的善事呢? 对此,经上写道:"虐待自己的,怎能善待他人?"[113]善事会辅助祈祷;我们读到:"我儿,你犯了罪么? 不要再犯;你应为你过去的罪祈祷,以获得宽赦。"[114]因为我们做了善事,所以在祈祷以前的罪被赦免的时候,上帝会听到我们;我们不该相信,靠做一些善事,我们就能得到做坏事的允许。

27.3　于是,主预言说,对于他右面那些做了善事的,和左面那些没有做的,他要计算他们的所作所为,是为了告诉人们,善事足以减免过去的罪,但并不会永久免除所犯的罪。如果不愿意从习惯犯罪转入更好的生活,就不能说做了这样的善事。因为基督就此说:"这些事你们既不做在我这弟兄中一个最小的身上,就是不做在我身上了。"[115]他表明,那些自以为做了善事的人,其实什么也没做。如果他们因为一个饥饿者是基督徒,就给与这个基督徒一块面包,那么,他们就不会拒绝正义的面包,那面包就是基督自己;上帝不关心给了谁,只关心是带着什么心灵给的。凡是通过爱基督徒来爱基督的,其心灵中所想的都是,通过做善事来亲近基督,而不是如果免罪了,他们就会离开基督。所以,越是热爱基督反对的事物的人,就越是远离基督。如果不能成义,洗礼又能使人得到什么? 基督有言:"人若不是从水和圣灵生的,就不能进神的国。"[116]他还说:"你们的义若不胜于文士和法利赛人的义,断不能进天国。"[117]很多人为什么出于恐惧跑去

---

⑬《便西拉智训》,14:5,用思高本译文。

⑭《便西拉智训》,21:1,用思高本译文。

⑮《马太福音》,25:45。

⑯《约翰福音》,3:5。

⑰《马太福音》,5:20。

洗礼，却没有多少人出于恐惧关心（curant）成义[178]？当一个人骂兄弟傻瓜时，他不是说自己的兄弟是傻瓜，因为这针对的不是兄弟之情，而是针对兄弟身上的罪，要不然，他就难免地狱的火[179]。同样，凡是对基督徒做善事的人，如果不是因为爱基督，那就不是对基督徒做的；凡是不念着基督的名成义的人，都不是爱基督。如果有人骂兄弟是傻瓜时，不想去除他的罪，而是不义地辱骂，那他如何充满这样的爱？除非他随着这辱骂，会加上改正和修好的意思，否则，怎么会是用来改正的善事呢？基督接着说："你在祭坛上献礼物的时候，若想起弟兄向你怀怨，就把礼物留在坛前，先去同弟兄和好，然后来献礼物。"[180]只要这罪恶的习惯还坚持着，无论做多少善事，都难以抵销这样的罪恶。

27.4 耶稣亲自教导每日的祈祷，我们称之为"对主的祈祷"，只要每日说"免我们的债"，就消解了每日的罪。但是我们不能光说，而且还要做到，我们"免了人的债"[181]。而我们这么说，是为了免已经犯了的罪；不是因为说了，所以可以犯罪[182]。救世主想通过这个告诉我们，无论我们在肮脏和软弱的此生活得有多正义，罪都不会离开我们，因此我们必须祈祷上帝来免罪，而我们要乞求上帝免自己的罪，也要免别人对我们犯的罪。因此，当主说"你们饶恕人的过犯，你们的天父也必饶恕你们的过犯"时[183]，他不是为了我们通过这祈祷，就能

---

[178] ［译按］此处"跑去"是 currunt，"关心"是 curant，几个拉丁文本都是这样，但多数译本把这两个词当作同一个词来处理，两处都译为跑去。当然，奥古斯丁确实可能是笔误，导致了这两处细微的差别；但若是把后者理解为关心，也是有道理的，因为洗礼需要跑着去，成义却不必跑着去成义。

[179] 《马太福音》，5：22。

[180] 《马太福音》，5：23—24。

[181] 《马太福音》，6：12。

[182] 参考奥古斯丁，《信、望、爱手册》，19，20。

[183] 《马太福音》，6：14。

有了每日犯错的允许，不是为了我们获得力量，不害怕人间的法，或者狡猾地欺骗别人；而是为了让我们通过念这祈祷，不认为自己无罪，虽然我们会免罪；在旧的约法的祭司那里，上帝让他们为此而献祭，命他们先是为自己，随后为别人祭献牺牲⑱。我们的导师和主的那些话，我们也要仔细对待。他不说"你们饶恕人的过犯，你们的天父也必饶恕过犯"，而是说"你们的过犯"。他在教给门徒们每日的祈祷，听他说话的门徒都是已成义的。什么是"你们的过犯"？难道不是指的"哪怕你们是成义和成圣的人，你们也不会没有这些过犯"？那些在这些祈祷中寻求每日犯罪机会的人，以为我主指的也包括大罪，所以他不说"免你们的小债"，而说"你们的过犯"。但是我们应该注意，他是对怎样的听众说这话的，而他所说的"你们的过犯"，我们只应该理解为小罪，因为这一类人不会犯大罪。然而，人们要彻底改变生活方式，从大罪转向好的生活，如果不做祈祷中所说的"如同我们免了人的债"，那就不会靠祈祷免去这罪。如果这是哪怕正义者的生活也不会没有的微小的罪，而这些罪无法用别的办法免除，那么，如果人们不免去别人对他们所犯的罪，那些纠结了更多和更重的罪的，就根本无法免罪，哪怕人们已经不再犯这些罪。所以主说："你们不饶恕人的过犯，你们的天父也必不饶恕你们的过犯。"⑲正是因看重这一点，使徒雅各才说，那不怜悯人的，也要受无怜悯的审判⑳。我们也应该想到那个仆人，他本来是欠债的，主人免去了他一千万银子。可是主人后来又命他还债，因为他不能免去他的同伴欠的十两银

---

⑱ 《利未记》，16：6；《希伯来书》，7：27。

⑲ 《马太福音》，6：15。

⑳ 《雅各书》，2：13。

子⑱。凡是凭着应许做儿女，做怜悯的器皿的⑱，使徒随后的话说，应该看重这一点："怜悯原是向审判夸胜。"⑱那些生活在如此大的神性中的义人，也借着不义的钱财结交朋友，到时候他们会接他到永存的帐幕里去⑲。神称罪人为义，按照恩典施怜悯，而不是按照所欠的债，于是那些人都因怜悯得救⑲。使徒也在此之数，他说自己"蒙主怜恤能做忠心的人"⑲。

27.5　那被这些人接入永存的帐幕的，我们必须承认，并没有一种自身的道德，使他们不经过圣徒的介入，就足以解脱出这样的生命。因此，在他们身上，"怜悯原是向审判夸胜"这句话才尤其正确。我们不应该认为，每一个罪大恶极的人，若是没有过上好的或更可容忍的生活，仅仅因为他们用不义之财，即以坏的方式攫取的钱财，帮助了圣徒，就会被接纳到永存的帐幕。哪怕这些不义之财是用好的方式获得的，也不是真正的财富，而只是不义之人认为的财富⑱。他们不知道什么是真正的财富，那些被别人接纳进永恒的帐幕的，应该富有这真正的财富。这种生活方式没有那么坏，使生活在其中的人，无论靠多么慷慨的善事，都无法进入天国。靠这些善事，人们总能缓解义人的贫困，与之结为朋友，让他们把自己接纳进永恒的帐幕。但是，这种生活方式也没有那么好，让人不必依靠所交的朋友的品性，从他们那里获得怜悯，凭自身就足以获得幸福。我总是惊讶地发现，

---

⑱《马太福音》，18：23—35。

⑱《加拉太书》，4：28；《罗马书》，9：23。

⑱《雅各书》，2：13。

⑲《路加福音》，16：9。

⑲《罗马书》，4：5。

⑲《哥林多前书》，7：25；《提摩太前书》，1：12。

⑱〔译按〕奥古斯丁此处说的"不义之财"，不止包括巧取豪夺来的钱财，也包括尘世中获得的任何钱财，因为尘世中的人都是有罪的。

维吉尔说过和主很像的话。主说："要借着那不义的钱财交朋友,到了钱财无用的时候,他们可以接你们到永存的帐幕里去。"[194]还有与此类似的话:"人因为先知的名接待先知,必得先知所得的赏赐。"[195]罗马人认为,幸福者的灵魂都在厄琉息原野,当诗人描述这个地方时,他不仅认为那里有那些靠自己的品性可以到达那里的人,而且还加上一句话,说那里"有的给别人做过好事,赢得了别人的怀念"[196]。他指的就是,所有那些因为帮助别人,从而值得别人纪念的人;基督徒的嘴里非常频繁地说这些话,比如,当他向某些圣徒谦卑地求祈,都会说"求你纪念我"[197]。他要靠值得的行为,才能得到这纪念。但是,这种生活方式究竟是怎样的,那些罪究竟是怎样的,从而阻挡人们进入上帝的国,但还是能因神圣的朋友的品性而得到宽恕,是很难发现的,要定义也有极大的危险。我自己当然花了很多时间来思索,但还是不能得出结论。也许上帝有意让这成为隐秘的,以免我们不再努力来避免所有的罪。如果我们知道,究竟是什么和怎样的罪,哪怕我们坚持去犯,而不否定它,转向更好的生活,这还是不会妨碍我们追求和希望正义者的介入,但人的惰性就会在这些罪恶中起作用,使人们无法脱离罪的羁绊,无法靠德性追求摆脱出来,于是就以各种方法,靠别人的品性寻求解脱,于是通过慷慨善事,用不义之财与他们结为朋友。现在,也许这罪过即使坚持,也只是微小的,而我们不知道它到底是什么,于是努力通过祈祷和保持警醒,追求更好的生活,坚持靠不义之财来结交神圣的朋友,永不停止。

27.6 通过这解救,无论是靠祈祷,还是靠圣徒的介入,我们都

---

⑲④ 《路加福音》,16:9。

⑲⑤ 《马太福音》,10:41。

⑲⑥ 维吉尔,《埃涅阿斯纪》,6:664。

⑲⑦ 《路加福音》,23:42。

不会被投入永火;但不是说,谁被投入永火后,经过一段时间还能出来。有人认为,经上所写的,落在好土里的种子,会结出三十倍、六十倍,或一百倍的果实⑲,应该理解为,由于圣徒们的品性各自不同,可以解救出三十、六十,或一百个人,而一般认为,这就发生在末日审判那一天,不是审判之后。这种意见以为,人们哪怕罪大恶极,也会免于处罚,好像所有人都能用这种方法得救。但有人非常雄辩地回应了这种意见,说,人们还是应该活得更好,这样,那时候我们就会在圣徒当中,从而能介入,帮别人得救;否则这样的人就太少了,否则,每个人分内的数目,三十、六十、一百,就会迅速达到,还会有很多人留下来,就根本不可能通过圣徒介入解救出惩罚了,而在这些不得拯救的人当中,就有那些鲁莽而虚妄地宣称自己是别人的种子的人。我已经足够回应了那些人,他们虽然和我们共有圣经,却不依赖圣经作者,对其中所说的内容理解得很糟糕,按照自己的意愿来理解未来。我已经给出了回应,按照我的许诺,将结束这一卷。

---

⑲《马太福音》,8:13。

上帝之城卷二十二

[本卷提要]本卷主要讨论好人在末日审判时的状况。其中很多问题看上去是在讲末日,但也是在理解自然和人的现世状况。因此,本卷开篇即讨论天使和人被造时的状态;而肉身的永恒复活涉及了自然哲学所理解的元素秩序的问题,以及永恒与时间的关系。奥古斯丁以基督教的神迹来反驳这些哲学家,并且以基督肉身复活升天、全世界的人都相信了此事、质朴无文的使徒说服了世界相信此事,这三件不可能的事情的实现来证明肉身复活的可能。在第六章,奥古斯丁谈到了 *salus* 和 *fides* 之间的关系问题,指出罗马人无法兼顾这二者,而只有在上帝之城中,才可能保持信仰,而又得到拯救。这与奥古斯丁关于正义战争的观点相呼应。奥古斯丁又讨论了肉身复活之后的状况,包括如何理解复活的人一根头发都不会损害,婴儿和胎儿会变成怎样,被毁坏的身体和被吃掉的人怎样复活,等等。这些问题在中世纪思想史上一直非常重要,涉及了基督教思想如何理解身体和生命。第二十九章所讨论的,圣徒们以怎样的眼光看到上帝,也

是一个非常关键的问题,奥古斯丁最后的解决方式是,人在对自己、他人、万物的观看中看到上帝。最后一章将上帝之城中的永恒幸福理解成永恒的礼拜,是上帝的第八天,那将是一个没有终结的终结①。

1. 天使与人的创造

1.1 我在上一卷里许诺,要在本书最后的部分讨论上帝之城中的永恒幸福。说这是"永恒",不是指它将会经过很多很长的世代,最终才到一个终点,而是如福音书里写的:"他的国也没有穷尽。"②也不是说,一些成员死亡枯萎了,另外一些会生出来代替他们,从而使整个种属看上去像是永存的,就比如常青树,因为绿叶总是不断更换,所以好像活力永远保持,其实是由于一些叶子落下去,另外一些长出来替换,于是保持了繁茂的表面;而是,所有那些公民都是不朽的,神圣的天使们所不会失去的,人也将获得。万能的上帝是这个城的缔造者。他已经应许了,就不会撒谎;有很多他应许的事,也有很多他没有应许的事,他都做了,从而维持了人们对他的信仰。

1.2 上帝于太初创造了世界,创造了所有可见的和可知的好的事物。在他所创造的这些当中,没有什么比被他赋予了理智的精灵更好的了,这些精灵有思考的能力,可以理解他。他把这些精灵安排成一个团契,我们称之为神圣的上界之城。在这个城里,万物之所以得以维持和变得幸福,就是因为上帝自身,因为上帝是大家共有的生命和营养;但他也赋予了这些理智的自然以自由抉择的能力,所以,

---

① [PL本提要]本卷讨论上帝之城应有的结局,也就是圣徒们的永恒幸福。这里谈到了对身体复活的信仰,解释了将来的身体是什么样的。在谈了圣徒不朽和灵性的身体之后,全书终。

② 《路加福音》,1:33。

他们只要愿意，就会抛弃上帝，那就会抛弃幸福，随后继之以悲惨；上帝预知了，某些天使因为自我膨胀，以为凭自己就足以达到幸福生活，于是将完全抛弃最高的善好。上帝没有剥夺他们的这个能力，因为他认为，比起消除坏事来，把坏用做好，是更有力和更好的事③。如果不是因为可变的自然自身的罪，也就不会有坏事的存在——虽然这可变的自然是至上的上帝（即不可变的好）所创造的好（上帝创造的一切都是好的）。而他的犯罪这件事，恰恰证明了，被创造的自然是好的；这被造物不可能和造物主相等，但本身也是伟大的好，否则，它的抛弃上帝，就不会像抛弃光那样是坏的④；正如眼睛若盲了，就是罪过，而这恰恰表明，眼睛被造时是可以见光的。而这个罪过表明，眼睛比身体中别的器官更优秀，因为能够看见光（之所以目盲不见光是罪过，正是因此）。因此，这罪过恰恰表明了，这自然如果能安享上帝，那就是被造时最好的自然；之所以陷入悲惨，正是因为不安享上帝了。天使们因为自己的意志堕落了，所以上帝施加最正义的惩罚，即永恒的不幸。而对于另外那些永远亲近至善的天使，则让他们永远确定地在那里，没有终结，这是对他们的永恒奖赏；上帝也把人造成正直而能自由抉择的地上生灵，但是，如果他们亲近自己的制造者，就可以到天上；如果抛弃他，就同样会陷入和他们的这个自然相匹配的悲惨。上帝预知了，人会违背上帝的法，因抛弃上帝而犯罪，但不会剥夺他自由抉择的能力，因为他预见了，他将从人的坏中造出好的结果。人应该遭到正义的责罚，因此，从人的必朽的后代中，上帝凭他的恩典聚集起了一个伟大的人民，让他们填充堕落天使在上界之城里留下的空位，因此，这个城里的公民不会数目变少，反而会

---

③ 参考奥古斯丁，《〈创世记〉字解》，11:12 以下。
④ 参考奥古斯丁，《信、望、爱手册》，4。

因人口更多而喜悦⑤。

2. 上帝永恒和不变的意志

    2.1 坏人做很多事来反对上帝的意志;但是上帝的智慧和力量都如此伟大,所有那些看上去和他的意志相反的事情,都会朝向他所预见的好的和正义的终结。因此,若说上帝改变了意志,比如对他以前很慈善对待的人,现在发了怒,那是因为人变了,而不是上帝变了。所以,他们认为的上帝变了,其实是对上帝的感觉变了。正如,本来让眼睛很舒服的阳光,却会变得让受了伤的眼睛痛,本来很让人喜欢的阳光变得很烦人,其实太阳还和以前一样。所谓上帝的意志,就是他赋予那些心里遵从他的命令的人的,使徒说他们:"神在你们心里运行,为要成就他的美意。"⑥同样,上帝的正义,不仅是说"上帝是正义"的原因,而且是他在人当中造就的,那使人成义的⑦。而我们说的他的法,虽然更确切说是人的法,却是上帝给的。所以耶稣对人们说:"你们的律法上也记着说。"⑧我们在别处也读到:"神的律法在他心里。"⑨按照上帝在人们当中行使的意志,所谓的上帝意愿,其实并不是他所意愿的,而是他让自己的选民意愿的。正如所谓的他知道了,其实他是让不知道的人知道了。使徒说:"现在你们既然认识神,更可说是被神所认识的。"⑩我们如果因此就认为,上帝那个时候才认

---

⑤ 参考奥古斯丁,《信、望、爱手册》,9。

⑥ 《腓立比书》,2:13。

⑦ 《腓立比书》,3:9—10。

⑧ 《约翰福音》,8:17。

⑨ 《诗篇》,37:31。

⑩ 《加拉太书》,4:9。

识,这就是不合神法的,因为上帝早在创世之前就预见了⑪。而说那个时候他认识,是说那个时候他被人认识了。我们在前面几卷里已经谈到过这种语式了⑫。我们说,上帝意愿的,其实是他让别人意愿,很多未来的事情他们还不知道,上帝意愿的这些事,他还没有做。

2.2　他的圣徒们,因为被他启示的神圣意志,意愿还没有发生的很多事情,就像他们通过自己的虔敬和神圣做祈祷时,所祈祷的事还未发生,但圣灵在他们当中创造了这祈祷的意志。因此,当圣徒们按照上帝的意志意愿和祈祷,希望某个人得救时,我们可以用这样的语式说:"上帝意愿,但尚未做的。"所以,对于他让别人意愿的事情,我们说是上帝的意志。他的意志和他的预知都是永恒的,按照这意志,他不仅在天上地下完成了所意愿的过去和现在的事,而且还有未来的事。在他所意愿的事情(也就是他在所有时间之前所预知和安排的事情)要发生的时间到来之前,我们说:"如果上帝意愿,那就会发生。"这不是因为上帝将会有以前没有的新的意志,而是因为,他永恒的不变意志中所准备的事情,那时候将会发生。

3. 应许给圣徒的永恒幸福和给不敬者的永刑

我且略去很多别的问题,现在看到,在基督身上,亚伯拉罕得到的应许实现了:"地上万国都必因你的后裔得福。"⑬此外,他通过先知书,有应许给同样的子孙的话:"那时候坟墓中的人将要复活。"⑭这也将实现。还说:"我造新天新地! 从前的事不再被纪念,也不再追想。

---

⑪《彼得前书》,1:20。

⑫ 参见本书,11:8;14:11;15:25.5。

⑬《创世记》,22:18。

⑭《以赛亚书》,26:19。

你们当因我所造的永远欢喜快乐！因我造耶路撒冷为人所喜；造其
中的居民为人所乐。我必因耶路撒冷欢喜，因我的百姓快乐，其中必
不再听见哭泣的声音和哀号的声音。"[15]他还通过别的先知，预言了说
给这个先知的话："你本国的民中，凡名录在册上的，必得拯救。谁在
尘埃中的，必有多人复醒。其中有得永生的，有受羞辱永远被憎恶
的。"[16]还在另外一处，通过这同一个先知说："那至高的圣民，必要得
国享受，直到永永远远。"[17]稍后又说："他的国是永远的。"[18]我们在卷
二十里已经谈到与这个相关的问题了[19]。或者，别的虽然没有谈到，
但也在圣经同样几卷里写到了。不相信的人以为永远不会发生的
事，都已经发生了；因此这些也将发生。上帝以同样的方式预言这两
种应许，他预言二者都将发生，使得异端神祇恐惧战栗，就连异教中
极为高贵的哲学家波斐利也给出了见证[20]。

4. 世间的智者认为，人们的身体是土做的，所以不能转到天上的居所，反驳他们

　　但是，那些渊博而智慧的人却反对这伟大权威的力量，虽然上帝
在一切发生之前就预言了，现在已经让整个人类都皈依，相信和盼望
着这些的实现。他们自以为在尖锐地反对身体复活的说法，提醒我
们西塞罗在《共和篇》卷三所说的话。西塞罗谈到赫拉克勒斯和罗慕
洛都从人变成了神时说："他们的身体并没有升上天去；因为他们身

---

[15] 《以赛亚书》，65:17—19。

[16] 《但以理书》，12:1—2。

[17] 《但以理书》，7:18。

[18] 《但以理书》，7:27。

[19] 参见本书，20:21。

[20] 参见本书，19:23.1;20:24.1。

体的自然不允许这样,那由土构成的,只能待在地上。"㉑这确实是智慧者的伟大推理㉒,但是"主知道人的意念是虚妄的"㉓。如果我们完全成了灵魂,即成了纯粹精神,没有身体,住到天上,在那里无法见到地上的生灵。假定有人告诉我们,我们的灵魂将以某种神秘的纽带,和地上的身体结合起来,我们岂不是要更有力地反驳这一点,不肯相信,并且说,这不符合自然,因为非物质的事物不会和物质的事物结合?但是大地上还是充满了这种在土做的肢体里活跃的心灵,以神秘而不可见的方式结合。既然上帝按照自己的意志创造这生灵,为什么他不能把土做的身体提升为天上的身体?毕竟,任何心灵比天上的物质都更高贵,不是也能和土做的身体结合吗?或者,土做的微小的颗粒可以和更好的天上物体结合,从而获得感觉和生命,难道天上的物体就不能屈尊获得这种感觉和生命吗?能有感觉和生命的事物,比所有的天上物体都更好。但现在不能,因为上帝意愿的时间尚未到来。上帝所造的事物,我们看惯了便习以为常,但却比他们不肯相信的那事,神奇得多。如果我们惊讶于地上的事物会被提升到天上,为什么不更强烈地惊讶于那比天体更高的非物质的心灵,竟然能和土做的身体结合?毕竟,天体虽高,也是物质。难道这不是因为,我们习惯了看前者,就以为是这样了,而不习惯于看后者,就以为奇怪?如果我们求助于清晰的推理,就会发现,把非物质的与物质的事物结合起来,比起把土做的事物提升到天上,是更神奇的。两种物质虽然不同,但毕竟都是物质㉔。

㉑ 西塞罗,《共和篇》,3:28,40。

㉒ 参考奥古斯丁,《信仰与符号》(*De Fide et Symbolo*),13。

㉓《诗篇》,94:11。

㉔ 参考奥古斯丁,《书信》,137:11。

5. 肉身的复活，全世界都相信了，还有人不信

　　也许这还不怎么可信。但是你看，整个世界都相信了，基督的身体从地上升到了天上，他的肉身复活了，升到了天堂的座位上，只有极少数人，包括有学识的和无学识的，还在疑惑，但是有学识的和无学识的多数人都相信了。如果人们都相信的就是可信的，那些不信的会看到，他们是多么愚蠢。如果这被相信的是不可信的，那么，这么多人相信不可信的事，就是更难以置信的了。于是有两件不可信的事，一个是我们的身体永远复活，一个是整个世界都相信这件不可信的事。而这两件事上帝都早已预言将会发生了[25]。我们看到，在这两件不可信的事情中，有一件发生了，即，整个世界都相信了不可信的事。为什么我们还对剩下的那件事是否发生，而绝望呢？毕竟，整个世界都相信了不可信的事，另外那件事同样是不可信的，为什么整个世界不会相信这不可信的事呢？这两件事同样不可信，我们看到其中一个发生了，而我们所相信的另外一件事，同样在圣经里预言了，整个世界就是通过圣经相信第一件事的啊。要是看世界相信的方式，我们发现这更不可信。耶稣的门徒们不通文字，根本不知道自己的对手们的学说，质朴无文，不懂语法，不知道辩证法，不懂修辞，只是几个渔夫，基督派出这么少的人，就向尘世这个大海撒下了信仰之网，从所有的民族里捕捉各种各样的鱼，甚至包括哲学家，因为哲学家尤其稀少，所以这尤其让人惊奇。如果读者愿意，除了那两件，我们把这算作第三件，更不可信的事，而读者应该会愿意的。于是，就有了三件不可信的事，但都发生了。基督肉身复活，并以肉身升

---

[25]《马太福音》,16:21;26:13。

天,这是不可信的;而世界相信这件不可信的事,这也是不可信的;那些低贱的、名不见经传的、人数极少的、没什么知识的人,竟然能把这么不可信的事如此有效地传达到世界,甚至说服那些知识渊博的人。这三件中的第一件,在我们和他们讨论时,他们不愿相信;第二件,他们知道和看见了;如果他们不相信第三件,他们就不能解释第二件是怎么发生的。基督的复活和带着复活的肉身升天是千真万确的,向整个世界宣布了,并使人们相信。如果这是不可信的,为什么整个大地都相信了? 如果那么多高贵的、占据尊位的、博学的人都说他们看见了,而且费心宣传他们所看到的,也就难怪整个世界都相信了;不愿相信这个,简直就是下流。而如果整个世界真的相信了少数的、懵懂的、卑微的、无知的人所说所写他们见到的,为什么剩下的少数人那么顽固不化,不肯相信整个世界都相信的事呢? 他们之所以相信了极少数低贱、卑下、无知的人,就是因为,如此微不足道的见证者所见到的奇妙的神性说服了他们。他们的说法之所以这么有说服力,是因为他们是用神奇的事实说话,不是用言辞。那些没有看到基督肉身复活和升天的人,之所以相信,是因为那些看到的人不只是用语言表达了出来,而且伴随着神迹。那些只知道一门语言,或最多知道两门语言的人们,立即惊讶地听到,人们用各国的语言在说话㉖;一个人早在母腹中就瘸了,但是在他瘸了四十年之后,他们只说了基督的名字,就把他治好了㉗;他们身上的手帕,都有了治疗疾病的功效;在他们要经过的路上,有无数各种各样的病人,排着队等待治疗,指望在他们过来时,或许得影子照在上面。他们全都得了医治㉘;使徒们

㉖《使徒行传》,2:4—12。

㉗《使徒行传》,3:1—11。

㉘《使徒行传》,5:15。

又以基督的名行了很多令人惊讶的事，最后甚至把死人唤醒复活㉙。如果，他们承认这所写的都发生了，看，我们可以在这三件不可信的事上，再加很多不可信的事。人们相信了一件不可信的事，即基督肉身复活和升天了，我们知道了那么多不可信的事情的见证，还是不能促使那些固执得可怕的不信者也相信。如果他们不相信，基督的使徒使人们相信基督的复活和升天的，是什么神迹，那么，又有一个伟大的神迹了：整个大地不靠什么神迹都相信了此事。只此就够了。

6. 罗马人把罗马的创建者罗慕洛当成神，是因为爱他；教会热爱基督，是因为信仰他是神

　　6.1　让我们来回忆，西塞罗是多么惊讶于，罗马人把罗慕洛当成神来相信。我给出他所写的话："罗慕洛的事真让人惊讶，虽然也有别的神，据说是由人造成的神，但那都是人类没什么文化的世代的事。那时候人们很愿意造神话，因为很容易让无知的人相信；而罗慕洛的时代，距今不到六百年㉚，文化与学问早已出现很久了，我们看到，那时候，人们已经不再因为没有文化而犯错误了。"㉛不久之后，他又谈到了这个罗慕洛，说出了类似的意思："可以理解，荷马的时代比罗慕洛早，到了罗慕洛时代，有了学者，是有文化的时代，已经没有什么空间让渊博的人再编造神话了。古代还能接受神话，甚至有些很混乱的故事；但到了这个有文化的时代，人们就笑话这些故事，根本

㉙《使徒行传》，20：9—12。

㉚ ［译按］这里的"今"指的不是西塞罗的时代，而是《共和篇》中的西庇欧的时代。西塞罗距离罗慕洛已经有七百多年了。

㉛ 西塞罗，《共和篇》，2：10.18。

不会接受,把这当真了。"㉜西塞罗是极博学和雄辩的一个人,而他说人们把罗慕洛当神来信很奇怪,因为那个时代有文化了,不该接受虚假的神话。但是,除了还很弱小、历史才刚刚开始的罗马,还有谁相信罗慕洛是神呢? 那时候,有必要让后代接受祖先的神,于是,这迷信就如同母亲的乳汁,滋养着城邦逐渐发展,直到变成大帝国。于是罗马居高临下,就像在一个高地上,把这种意见传播到她控制之下的别的各个民族。这些民族并不信仰,但是也要说罗慕洛是个神,以免因为不像罗马那样给罗马的建立者这个名号,而得罪他们所侍奉的罗马城。他们并不热爱错误,但是因为错误的爱,而相信罗慕洛是神。基督是天上永恒之城的创建者,但是,并不是因为他建立了这城,人们才相信他是神,而是因为相信了他,所以才有了建城的基础。罗马建立和奉献之后,把她的创建者当作神,在神殿里服侍;但是这个耶路撒冷首先要把他们的神基督当作信仰的基础,才能建立和奉献。罗马是因为爱罗慕洛,才相信他是神;但是天上之城因为相信基督是上帝,所以才爱他。所以,罗马首先有了所爱的对象,但还是可以自由地相信,他们所爱的其实是虚假的好;但是天上之城已经有了信仰的对象,从而正确的信仰也就不会担心所爱的是假的,因为所爱的就是真的。那些神迹让人们相信,基督就是神。除去这些神迹外,还有神圣的先知们在他之前来到,他们是最值得相信的,族长们相信它们将会实现,但我们不必像他们那样,因为它们现在都已经实现了。人们听说或读到,罗慕洛建立了罗马,并在其中为王,这些是已经发生的,而不是先知提前预言的;而他被接受入诸神之列,书上说这是一种信仰,但没有说这是事实㉝。没有什么神奇的事情作为标

㉜ 西塞罗,《共和篇》,2:10.19。
㉝ 李维,《罗马史》,1:16。

志,证明这真的发生了。据说他是一只母狼抚养的,这看来是一个很
重大的预兆,但是这种预兆就大得足以证明他是神吗[34]? 母狼当然未
必是妓女,但至少是畜牲[35],这只母狼抚养了双胞胎兄弟,但他的弟弟
却没被当成神。如果谁阻止人们说罗慕洛、赫拉克利特,或别的这样
的人是神,他们难道会宁愿死也不愿不这么说? 如果不是因为慑于
罗马的名字,哪个民族会把罗慕洛当神来崇拜? 但谁能数清,有多少
人宁肯被野蛮而残酷地杀死,也不愿否定基督是神? 人们认为,如果
罗马人不服侍罗慕洛,恐怕罗马人的心灵里就会生出小器的憎恨,这
种畏惧逼迫着别的那些受制于罗马法的城邦也把罗慕洛当神服侍;
但基督不仅被当作神来服侍,而且在整个大地上,有那么多人真的有
那么大的信心,会为他殉道,并不是因为对心灵的细微得罪的恐惧所
能带来的,而哪怕对重大的和各种各样的惩罚的惧怕,也包括其中最
大的惩罚,死,都不能阻止他们。那么,基督的城现在是地上的过客,
虽然已经拥有了众多的人口,但从未和那不虔敬的迫害者战斗,来争
夺尘世的安全(salus)。但是她为了永恒,也不惧怕战争。他们被捆
绑、监禁、鞭打、虐待、火烧、凌迟、砍头,但还是成倍地增加。如果不
是为了救世主而鄙视世上的安全(salutem),他们根本不会为了拯救
(salus)而战[36]。

6.2   如果我没弄错,我知道,西塞罗在《共和篇》的第三卷里
讨论到,除非是为了忠诚(fides)[37]或为了安全(salus),最好的城
不会发动战争。他所谓的"安全"指什么,或者他希望人们怎样理

---

[34] 李维,《罗马史》,1:4。

[35] 参见《上帝之城》,18:21。

[36] ［译按］salus 既可译为"安全",也可译为"拯救"。在 6.2 里,奥古斯丁就在这个词的双
重含义上做文章。

[37] ［译按］fides,此处根据上下文,分别译为忠诚和信仰。

解"安全",他在另外一个地方阐明了:"而这些惩罚,比如贫困、流放、监禁、辱骂,哪怕最迟钝的人也能感觉到,聪明的匹夫匹妇靠加快死亡就能逃脱;死亡虽然好像是逃脱惩罚的办法,但对各城而言,死亡本身就是一种惩罚。建立城邦为的是使她永恒。这样,共和国的自然和人的自然不同,人们的死不仅是必然的,而且可能是一种上选,共和国却并不必然死亡。在城邦遭到攻陷、毁灭、消亡的时候,用以大比小的方式说,就像整个世界都毁灭和消亡了。"㊳西塞罗这么说,是因为他和柏拉图主义者一样,认为世界不会毁灭。他认为,一个城邦愿意为了自己的安全而发动战争,从而使这个城邦依然存在,或者像他说的,永恒存在,虽然每个个体死生相继,就像橄榄、桂树,或别的此类常青树木,虽然每个的树叶都会凋谢和再生,但是绿冠是永恒的。他说,虽然个人的死亡常常把人解脱出惩罚,但是城的死亡和个人的不同,永远是绝罚。因此我们应该问,当臣服于罗马共和国的萨共庭城宁可毁灭整个城,也不愿改变忠诚时,他们做得到底对不对㊴。他们这样做,得到了地上共和中的所有公民的赞扬㊵。西塞罗说,如果不是为了忠诚或为了安全,就不能发动战争。怎样才能遵从这个说法,我看不出来。西塞罗没有说,如果在一个危险中这二者发生了冲突,要得到其中一个就不能不放弃另外一个,那该选择哪个好呢?如果萨共庭人选择了安全,那就必须放弃忠诚;如果保持忠诚,就要放弃安全,结果他们就这么做了。而在上帝之城里的拯救,就是靠信仰和通过信仰,才能保持或得

㊳ 西塞罗,《共和篇》,3:23.34。

㊴ 参见本书,3:20。

㊵ [译按]PL 本此处作 *hominibus ... civibus*,颇为费解。CCSL 本改为 *omnibus ... civibus*,即"所有公民"。

到的；要是信仰消亡了，谁也不能到达那里。就是因为在最坚实和最有耐力的心里有这种认识，才造就了那么多殉道者，而在罗慕洛被当作神的时候，他一个这样的殉道者都没有，也不可能有。

7. 让世界相信基督，是神力的作用，而不是靠人的说服

而在我们谈基督的时候，提到罗慕洛这个伪神，是挺可笑的。罗慕洛生活在西塞罗之前六百多年，而西塞罗说，那些年代的学问已经很高明了[41]，所有不可能正确的，都会抛弃。那么，在六百年后的西塞罗时代就更不会有这些了，到了奥古斯都和台伯里斯[42]时代，就尤其不会了，因为那个时代民智大开了。基督肉身复活和升天这样不可能的事，不可能让人的心智相信。如果不是靠真理的神性或神性的真理，以及不断的神迹，来证明这会发生，并且已经发生了，人们一定会用耳朵和心灵来嘲笑了。虽然有那么多恐怖和对抗，来猛烈地迫害，但人们先是在基督中，然后是在以后整个的新世代，直到世世代代，带着最大的信仰相信肉身的复活和不朽，毫无畏惧地预言，殉道者的血做的种子，将会逐渐使整个大地繁荣起来[43]。人们读了先知们的预言，又出现了有力的证明，虽然这真理在习俗看来是全新的，但人们相信了，这并不违背理性，而在遭到剧烈迫害的整个大地，信仰将随之到来。

---

[41] 西塞罗，《共和篇》，2：10.18—19。

[42] 台伯里斯（Tiberius，14—37 在位），奥古斯都养子，罗马帝国皇帝。按照塔西陀的记载，他极为邪恶。耶稣之死就发生在他在位期间。

[43] 德尔图良，《护教篇》，21：50。

8. 这些神迹的发生使世界相信了基督，并不因为世界不相信就不再发生

8.1　他们说，为什么这里所说的神迹，现在不发生了呢？我可以说，在世界相信之前，这些必须发生，以使世界相信。所有那些寻求异兆以便相信的人，不相信世界都相信的事，这本身就是巨大的异兆了。而他们之所以这么说，是因为，他们根本不会相信，那时候发生了这些神迹。那么，为什么现在到处都相信基督，并歌唱他的肉身升天？而到了有文化的时代，所有不可能的事情都被抛弃了，如果没有很多的神迹，整个世界就能神奇地相信这不可相信的事？或者，也许他们会说，这些事情是可信的，所以被相信了。那他们自己为什么不信呢？我们的观点可以讲得很简单：要么这些事是不可信的（只要不被看到，就都是不可信的），但是因为确实发生了，人们看到了，所以产生了信仰；要么，这些事情确实是可信的，没有人需要神迹来劝他信服，于是，他们就陷入了极大的不信之过。我这么说，是为了驳倒他们那极虚妄的说法。有很多神迹发生了，从而见证了一个最大的拯救性的神迹，即，基督肉身复活和升天，我们不能否定这个。这些都写在同一部最真实的书里，其中包括所发生的神迹和为了让人相信这神迹而发生的事。人们知道了这些，就产生了信仰；而通过所产生的信仰，人们知道得清楚多了。这些在人们当中读出来，从而使人们相信；但是这只能在信仰的人群中读。就是现在，还有以他的名义发生的神迹，要么通过关于他的圣事，要么通过他的圣徒的祈祷和纪念；但是这些不会像散布他的巨大光荣时的神迹那样，带着那么辉煌的光芒。圣经作为经典，是教会都应该确认的，到处都在得到吟咏，从而在所有的民族中间播下记忆；而最近发生的神迹，散布不及

全城，甚至不及一个区域。大多数神迹，只是极少数人知道，别人都不知道，如果发生神迹的城很大，就尤其如此。如果在别处对别人讲这些神迹，它们就根本获得不了权威，使人们毫无困难、毫无怀疑地相信，哪怕是有信仰的基督徒对别的基督徒说。

8.2　我在米兰的时候，那里发生了神迹，使瞎子获得了光明，并得以让很多人知道，因为那是一个大城，皇帝当时在那里，很多人聚集起来，围观殉道者普罗泰西乌斯（*Protasius*）和盖尔瓦西乌斯（*Gervasius*）的尸体；他们的尸体早先失踪了，人们都不知道在哪里，直到在主教安布罗斯[44]的梦中显现，才被找见。就是在那里，瞎子驱散了长年的黑暗，看到了白日[45]。

8.3　而在迦太基，除了很少人之外，谁知道英诺森提乌斯（*Innocentius*）[46]的康复？他当时是副总督的顾问，他的事发生时，我们亲身在场，亲眼看见。那时，我和我的兄弟阿利比乌斯（*Alypius*）[47]还不是教士，虽然已经在侍奉上帝。我们跨海来到迦太基，他接待了我们，我们住在他家里，他和他的整个家庭都充满宗教氛围。当时有医生治疗他的瘘病，他的背部和身体别的部分都有很多复杂的瘘管，极不舒服。医生给他做了手术，使尽浑身解数给他用药。但病人在手术期间的痛苦更长、更尖锐。其中还有一个瘘管，必

㊹ 安布罗斯（*Ambrosius*），著名的拉丁教父，教廷封赠的圣徒，于大约374到397年任米兰主教，按照《忏悔录》中的说法，奥古斯丁的皈依应该是受到了他很大的影响。他努力促成了将胜利女神像移出罗马元老院的结果，在基督教发展史上有重要地位。

㊺ 普罗泰西乌斯与盖尔瓦西乌斯，是孪生兄弟，可能是在65年尼禄迫害基督教时死的。他们的尸体失踪很久，据说安布罗斯在梦中得知了尸体的所在。他们的尸体被找到时，传说发生了很多神迹。见安布罗斯，《书信》，22。奥古斯丁的受洗即在他们的尸体找到后不久，见《忏悔录》，9；7[16]；《布道辞》，318；1；《回顾》，1；13.7。

㊻ 英诺森提乌斯，罗马帝国在迦太基的官员，基督徒，奥古斯丁与阿利比乌斯皈依基督教后不久，即与他成为朋友。

㊼ 阿利比乌斯，奥古斯丁的同乡和好友，与奥古斯丁同时皈依了基督教，后来曾做家乡塔加斯特的主教。《忏悔录》卷六有相当多的篇幅写阿利比乌斯的故事。

须开刀,但因为藏得太深,无法达到,医生治不了。而所有别的露在外面的都治愈了,只有这一个还留着,医生的很多努力都徒劳无功。这些拖延使病人怀疑手术,对另一个手术的结果非常担忧。因为另外一个医生,还是他的族人,说需要另外一个手术。他没有参与第一个手术,所以没有看到是怎么做的。于是,病人愤怒地把他赶出家门,不让他回来。他发火说:"你们还要给我再作手术吗?第一次手术时你们不让他在场,难道我要听他的话?"医生们说,那个医生毫无经验,用好言和许诺来安慰病人的恐惧。又有很多天过去了,他们所做的都没有效果。医生们安慰病人,说他们不动刀子,而要用药物治疗那个瘘管。于是他们请来了另外一个有名的医生,名叫阿摩尼乌斯(Ammonius)⑱,在医学的这个领域享有盛誉,当时还在世。他看了那个地方,同样许诺,靠他们的细心和经验,会治好的。病人得到了这个权威的安慰,就取笑那个认为要在另一部分做手术的同族医生,好像他自己已经好了。后来怎么样了?过了几天之后,病还没有痊愈,医生们又疲倦又疑惑,坦言,如果不动刀子,就无法治愈。病人心存恐惧,面色苍白,吓得精神恍惚;等他足够镇定下来,能说话了,他命令医生们走开,别再靠近他。他哭得疲惫不堪,在如此紧急的情况下,认为必须请来亚力山大利亚一个著名的医生,此人当时是备受推崇的神医。他在愤怒中不准别人做的,或许此人能做。后来这个医生来了,用自己的技艺检验那些医生留下的疤痕,看他们所做的工作。他做了一个好人应该做的事,对病人说,那些医生花了这么大力气作的工作,他看了之后不无敬仰,他劝病人,除非让那些医生完成他们的工作,如果不再做一次手术,他真的不能痊愈。他从那些疤痕上看,那些医生技艺精湛,非常努力,也很敬业,而如果他完成剩下的

---

⑱ 关于这个名医,我们知之甚少。

那一小点工作,掠人之美,那是他的做人原则所不可原谅的。于是,病人诚心请回了那些医生,并愿意那个亚力山大利亚人在场帮助他们动刀子作手术,因为人们都认为,除此之外,没有办法痊愈。手术被安排在第二天。医生离开后,人们同情家主,家里充满了悲伤,就如同葬礼上表现的一样,我们也无力劝慰。那时候,有些教士每天来看望,有当时的乌匝利(Uzali)主教,博闻强记的萨腾尼努斯(Saturninus)⑲,还有迦太基教会的长老顾劳苏斯(Gulosus)⑳和侍僧们。在这些侍僧中,唯一尚在人间的,是我们都该尊敬的,名叫奥勒留(Aurelius)㉑的主教。我们常常谈起此事,一起回忆上帝的神奇作品。我们回忆起来,我发现,大家对此记得都清清楚楚。这些人经常晚上造访,这一次也照常。病人可怜巴巴地流着泪,问他们,第二天能否屈尊前来,因为他认为那就是他的葬礼,而不仅仅是什么悲哀而已。因为他此前遭受的痛苦让他极为恐惧,他认为在医生的手下,自己必死无疑。那些人劝慰他,也鼓励他,让他相信上帝,并且像男子汉一样,听从上帝的意愿。我们开始为他祈祷;当我们按照常规在地上屈膝俯仰之时,他却突然前扑,就好像被什么大力压迫着,俯伏于地,开始祈祷:他以怎样的方式,受什么的影响,心灵里有什么冲动,泪水如何流淌,如何呻吟! 全副肢体都在抖动,甚至无法呼吸,甚至语不成声。别人的注意力是否不受他的影响,还能继续祈祷下去,我不知道。而我,则根本不能祈祷了。我就这样在我心里简单地说着:"主啊,如果你不听这些,还听你的选民怎样的祈祷呢?"除非他在祈祷中断气,在我看来不会有更好的祈祷了。我们接受了主教的祝福后,都站起来走开。病人请求大家第二天来,他们还以同样的心气鼓

---

⑲ 当时乌匝利的主教,与 3:26 中提到的保民官萨腾尼努斯不是同一人。

⑳ 按照 CCSL 本,PL 本作 *Gelosus*,我们对此人所知甚少。

㉑ 奥勒留,迦太基主教(约 391—430 任职),奥古斯丁的好友,二人有很多通信往来。

励他。那可怕的一天破晓了,上帝的仆人们都依照许诺来了。医生们也来了,所有需要的准备都就绪了,那些可怕的器具也摆了出来,人们都惊恐而犹疑地看着。那些对病人最有发言权的人都劝慰他虚弱的心灵。他的身体被摊在手术台上,以便医生动手。绷带的扭结解开了,要动手术的地方裸露出来,医生做了检查,手里拿着手术刀,寻找要做手术的那个点。他用眼睛搜索,用手指触摸,随后尝试了各种方法,然后发现了一个疤痕,已经痊愈无恙!所有在场的人都开口欢呼、赞美,感谢悲悯而万能的上帝的作品,流出高兴的眼泪,我的语言无法描述;还是不必说出来,读者自己想象吧。

8.4 还是在迦太基,有一个笃信宗教的女人英诺森提娅(*Innocentia*),出自城中最古老的家族。她得了乳腺癌,医生们谈论起来,认为这根本无药可治。通常的做法,是把癌症从出现癌症的器官切除,或者,按照希波克拉底㉜的说法,根本不给予任何治疗㉝,这样,病人可能活得长些,但总归还是要死的,虽然稍晚一点。英诺森提娅家很熟悉的一个有经验的医生告诉了她这些,于是她转而只向上帝祈祷。临近复活节时,她在梦里被告知,她要注意那些参加洗礼的妇女㉞,迎住第一个受洗的人,让她在自己患病的地方画基督的符号。她这么做了,癌症立即治愈。原来那个医生本来建议,她要想活得长一点,就不要采取治疗措施,他上次检查时,知道她的病情,但是现在检查后,发现她完全康复了。他于是急切地问她,究竟用了什么治疗方法,希望能就此发现一种治疗方式,推翻希波克拉底的定论——这

㉜ 希波克拉底(*Hippocrates*,约公元前469—399),希腊医生,据说是最早建立系统医学的医生。他在科斯的阿斯科勒庇俄斯的神殿建立了一所医学院。
㉝ 希波克拉底,《箴言》,6:38。
㉞ 当时,复活节和五旬节的时候,也是接受洗礼之时,德尔图良在《论洗礼》,19中有详细描述。

是可以理解的。她听女人讲了发生的事后，用不以为然但礼貌的口气回答："我以为你会告诉我什么大不了的事。"女人害怕他这些不敬之辞会冒犯基督。医生见她害怕，随后又说："基督治疗癌症算什么大事？他还让死了四天的人起死回生呢。"㉟我听说这事时，很是生气，在这个城里，发生在这个并非默默无闻的女人身上的，这么大的神迹，为什么人们不知道？于是，我认为应该训诫她，颇为严厉地责备她。而她回答我说，她并没有保持沉默。我问她最亲密的女友们，这之前是否知道这事。她们都回答说不知道。"你看，"我说，"你怎么没有保持沉默？连和你来往这么亲密的女人都不知道。"我这个简短的提问促使她有条不紊地讲出来，这事后来所发生的一切，让那些听到的人都感到神奇，赞美上帝㊱。

8.5   在那个城里有个医生，得了痛风。他也登记要受洗，在洗礼之前的一天，他做了一个梦，几个鬈发的黑孩子阻止他当年受洗。他知道那是鬼怪，就不听他们的话，于是他们踢他的脚，让他遭受他从未经过的剧痛。但这让他更想用重生之水战胜他们，于是发誓，决不放弃洗礼。他在洗礼中，不仅脚上那折磨他的剧痛消除了，而且就连原来的痛风也治愈了。他后来活了很久，脚再也没有痛过。这事谁知道呢？我们知道，还有极少数接近的兄弟知道。

8.6   还有库鲁比塔努斯（*Curubitanus*）㊲的一个喜剧演员，不仅瘫痪了，而且还遭受严重的阳痿的折磨。他在受洗之后，从重生之泉走了出来，就完全康复，两种麻烦都去除了，身体里再也没有疾患。在克鲁比塔努斯以外，除了极少数人之外，谁知道呢？谁能听到这两

㉟《约翰福音》，11：39—44。

㊱［译按］按照此处的语气，后文应该是英诺森提娅所讲的，用来解释她的行为的。但随后的故事又对此毫无呼应，我们最终还是不知道英诺森提娅对奥古斯丁说了些什么。

㊲库鲁比塔努斯，迦太基附近的一个小镇。

件事呢？当我们听说之后，就靠主教奥勒留的命令，把此人叫到了迦太基，而我们此前已经从别人那里听说了此事，告诉我们的人的信誉是不容怀疑的。

8.7 在我们这里，有一个保民官家族的人叫谢斯伯琉斯（*Hesperius*）；他在福萨拉（*Fussala*）地区有一块地产叫祖泊地（*Zubedi*）；他发现那里的家畜和奴仆都遭受邪灵的伤害，于是就叫我们的长老们中的一个（当时我不在）来驱鬼，到他家做祈祷。一个长老去了，在那里用基督的圣体献祭，竭尽全力祈祷，解除人家的烦恼。借助于上帝的悲悯，这烦恼立即解除了。谢斯伯琉斯从朋友那里要来了从耶路撒冷带回的一块圣土，那是基督三天后复活的坟墓里的土，把这块土挂在他的卧室里，以免坏事的侵扰。于是，他房子里的那些毒害都被清除了，他就思考，该如何处置那块土，因为他出于敬意，不愿意把那块土更久地保存在家里。碰巧，那时候我和我的同事，希尼塔（*Sinita*）教会的主教马克西米努斯（*Maximinus*）⑱，正在左近；他请求我们前往，我们就去了。他告诉我们所发生的一切，并请求我们，把那块土埋在一块地方，基督徒们可以到那里去祈祷，从而聚在一起共同礼赞上帝。我们不能拒绝，就这么做了。在那里，正有个瘫痪的农家青年。他听说了这事，就求他的父母，带他到那个圣地去，不可耽搁。他到了那里，祈祷了，于是双腿立即被治好，能下地走路了。

8.8 有一个小镇叫维多利亚娜，距离希波王城⑲不到三十哩的路程。在那里，有纪念米兰的两个殉道士普罗泰西乌斯和盖尔瓦西乌斯的圣所。一个年轻人在一个夏天的中午在河边的水塘里饮马的

---

⑱ 马克西米努斯，北非西尼塔的主教，奥古斯丁的同时代人。又见奥古斯丁，《书信》，23。
⑲ 希波之所以称为希波王城（*Hippo Regius*），是因为努米底亚的国王曾在此处。

时候,遇见鬼怪,被附身了。人们把他抬到那圣所时,他已经处在弥留状态,甚至很像已经死亡了。每到晚上,那里的女主人带着她的女仆和别的所有虔敬的人们都要来唱赞美诗和做祈祷,那天他们又来了,开始唱赞美诗。听到这声音,年轻人就像遭到重击一般,跳了起来。他吓人地战栗着,抓住祭坛,不敢移动或是无力移动,定在那里,仿佛被绑在或固着在了上面。他大声呻吟着,请求原谅,并坦白说,他在哪里、何时、怎样,进入了年轻人的身上。他说他就要出来了,但是一个一个地说出年轻人的肢体,威胁说,在他走出来时,要伤残这些地方。随着这些话,他从那人身上出去了。年轻人的一只眼睛掉了出来,垂到下颚那里,从身体里伸出一条细线,悬着这只眼睛,就像根一样。而整个瞳孔本来是黑的,现在变白了。那时候别的很多人都被那大声音吸引了来,都俯伏于地,为这个年轻人祈祷。在场的人看到了这些,虽然为他心智复原而高兴,但是也因为他的眼睛垂下来,而说要找医生。他的姐夫(就是他把年轻人带到这里的)说:"上帝既然把鬼怪赶走了,那也能用他的圣者的祈祷,使他重见光明。"他尽力把掉出来悬在那里的眼睛放回去,用一块手帕绑住,叫他在七天之后再解开绑缚。等他解开绑缚,发现已经痊愈。除了他,还有别人在那里被治好,但是要一一列举就太冗长了。

8.9　我知道希波的一个少女,她为自己涂抹圣油,其中掺上了长老为她祈祷时流下的眼泪,很快就赶走了附体的鬼怪,痊愈了。我甚至知道,主教为一个他没见面的年轻人祈祷,赶走鬼怪,得以痊愈。

8.10　在我们希波有一个老人福罗伦提乌斯(*Florentius*),信仰宗教,但很贫穷,靠当裁缝谋生。他丢了一件斗篷,没钱买另一件,于是就到我们那里备受敬仰的一个纪念"二十殉道者"的圣地去⑩。他

---

⑩　参见奥古斯丁,《布道辞》,325。

用很大的声音祈祷,请求能穿上衣服。在场的年轻人听到了,都嘲笑他,等他走出去,都跟着他捉弄他,嘲笑他向殉道者乞讨五十个子儿来买衣服。而老人默默地走着,看到海岸上一条被丢弃的大鱼在挣扎着。在年轻人的鼓励和帮助下,他抓住了大鱼,把它卖给一个名叫卡托苏斯(Catosus)的厨师(那是一个好的基督徒),让他烹制,告诉他所发生的事。他卖了三百个子,用这钱买了些线,让他妻子尽其所能为他做一件衣服。但是那个厨师剖开大鱼时,在鱼的肚子里发现了一个金戒指。他出于悲悯之心和宗教的敬畏,把这个还给了老人,说:"看二十殉道者怎样给你衣服穿。"

8.11 主教普来耶克图(Praejectus)把最光荣的殉道者司提反的圣龛迎到提比里斯河时,很多人成群结队地来到那个纪念地见他。其中有一个瞎眼的妇人,请求能被领到肩负圣龛的主教那里;主教把自己拿的花给了她;她接过来,放到眼睛前,立即就能看见了。在场的人都惊呆了,于是她走到众人前面欢呼,走路时完全不再需要别人引领。

8.12 殉道者的圣龛被安放在西尼塔城堡,那里临近希波的一块殖民地。当时的主教鲁西路(Lucillus)把圣龛运到那里,人们前呼后拥跟着他。鲁西路长期为瘘管困扰,他最亲密的医生一直等待机会动手切除。这一次,由于他虔敬地负重前行,立即就被治愈了。后来他再也没在身上发现过瘘管。

8.13 尤卡利乌斯(Eucharius)是来自西班牙的一个长老,住在卡拉迈(Calama)[61],长期遭受结石之苦。还是上述那位殉道者的圣龛,被主教波西迪乌斯(Possidius)拿到他面前,他就被治愈了。后来,这个人遭到另一疾病的折磨,倒下死了,人们都准备为他装殓了。

---

[61] 关于卡拉迈,参见本书,14;24.2。

又是那个殉道者的圣龛帮了忙。有人把这个长老的衣服送到圣龛那里,然后又送回他的身体上,他就被治好了。

8.14 在那里还有一个人,名叫马提亚里斯(*Martialis*),在自己的同侪中地位最高,上了年纪,很固执,极其反对基督教。但他有个虔敬的女儿,她的丈夫和她同年受洗。她父亲得了病,他们涕泗交流,劝他成为基督徒,他坚决拒绝了,非常不满地把他们赶走。她的丈夫想去圣司提反的圣龛那里,为岳父竭力祈祷,让上帝给他好的心智,使他不要不信基督教。他这么做了,辅之以沉重的叹息和哭泣,带着诚恳而热切的虔敬;随后,他在离开时,从祭坛上拿走了一些花。他回到家,已经是晚上了,于是就把花放在岳父头边。岳父已经睡了。看啊,就在黎明之前,他叫人去找主教,而当时主教和我在希波。他听说主教不在,就叫长老们前来。他们来了,他说他信了,长老们都很惊讶和高兴,为他洗礼了。此人在后来的生命里,嘴边总挂着这话:"基督,接受我的灵。"这是受到最大赐福的司提反被犹太人用石头打死时的遗言[62],但他并不知道。这也是他的遗言,因为他不久后就亡故了。

8.15 还是这位殉道士,为两个人治好了痛风,包括一个公民和一个外邦人。那个公民痊愈了,但那个外邦人听到启示,被告知再疼时怎么办;他依言做了,疼痛都会消失。

8.16 奥杜鲁斯(*Audurus*)是个地名,那里有一个教堂,其中有殉道士司提反的圣龛。一个很小的孩子在庭院中玩耍时,拉车的牛出了轨,车从他身上轧了过去,他抽搐着,还剩一口气。他的母亲把他抱起来,放在圣龛那里,他不仅复活了,而且还丝毫无损。

8.17 在附近一个叫卡斯帕里亚纳(*Caspaliana*)的地区,住着

---

[62] 《使徒行传》,7:59。

一个虔敬的女子,受病痛折磨,很绝望,于是就让人把自己的衣服放到圣龛上。在人们回来前,她已经死了。她的父母用那衣服为她裹尸,她就有了呼吸,痊愈了。

8.18 在希波一个叫巴苏斯(*Bassus*)的叙利亚人,为他病入膏肓的女儿向同一个殉道士的圣龛祈祷,把她的衣服拿去。看,他家的童子来通知他女儿死了。但是他正在祈祷,他的朋友们阻止了童子,不让他们说话,以免他当众哭泣。他回到家时,家里早已悲声大作,于是他把带回的衣服披在她身上,她就复活了。

8.19 还有我们的收税官伊利纳乌斯(*Irenaeus*)的儿子病死了。他的身体躺在地上,没了生气,人们在悲泣哀哭中准备葬礼。而他的朋友们除了相互用言语安慰,还有人建议,用殉道士的圣油涂抹他的身体。这么做了,他就复活了。

8.20 在我们中间,还有一个出自保民官家族的人,依柳西努斯(*Eleusinus*),他的儿子尚在襁褓,就病重而死。那里的殉道士的圣龛在郊外,他就去把尸体放在圣龛上,做了祈祷,流了很多眼泪,就带着活了的儿子回去了。

8.21 我要做什么?因为我不得不实现写完此书的诺言,所以不能把我知道的都记下来;无疑,我们中的很多人在读这些时,会抱怨我略去了他们和我都知道的很多事。但现在我请求他们原谅。他们该知道,若是包括那些的话,这本书就过于冗长了,而我也没有必要在这本书里提到这些。即使我对其他神迹保持沉默,只愿意写人们通过这位殉道士,即受到最大赐福的司提反,在殖民地卡拉迈和我们那里做的治疗的神迹,也会写满很多卷书。即使那样也不能收集全,而只是那些被记录下来、供人们吟诵的。我看到,哪怕在我们的时代,也不断有神圣的事情发生,和古代的很相似,我就希望能记录下来,以免很多人不知道这些。从希波王城开始有这些圣龛,到现在不到两年㊸，虽然有很多神迹没能记录下来，但我确信是很神奇地发生了，而那些被记录下来的，就达到了七十件。他的圣龛最先在卡拉迈受朝拜，那里的神迹就更是不可比拟的多。

8.22　乌匝利是尤提卡附近的一个殖民地，我们知道，这个殉道士在那里也完成了很多著名的神迹；主教俄沃底乌斯（*Evodius*）㊹早就在那里设置了他的圣龛，比我们这里早很多。但是那里的人们不习惯于记录和公布这些神迹，或者说当时不习惯，因为现在已经开始这么做了。我不久前在那里时，有个非常显赫的女子彼得罗尼亚（*Petronia*）长期罹患的重病被神奇地治好了，而此前医生们都束手无策。上述的那位主教请我督促她写下来，让人们传颂。她很听话地做了㊺。她在其中加上的一段，虽然我必须尽快谈这本书里更紧急的事情，我也不能略过不提。她说，一个犹太人说服她，叫她把一个戒指挽在头发上，放在所有衣服里面，贴肉悬挂。这戒指上没有宝石，而是有牛肾中的一块石头。她带着这种"药"，起身前往殉道士圣龛的门槛。离开迦太基后，她到了自己在巴格拉达（*Bagrada*）河边的一个房子里休息。等她起身再度赶路，她看到那个戒指掉在了脚的前面。她很惊讶，就去检查挂戒指的发环。发环上的扣还牢牢系着，和当初她系上戒指时一样。于是她怀疑是戒指坏了而脱落；但是她发现戒指也完好无损。从这个巨大的奇迹里，她预感到，她将会得到痊愈的，于是就把发环解开，把发环和戒指都投到了水里。不相信此事的人，也不相信主基督是一个未失童贞的母亲生下的，也不相信，门关着，基督就走到了弟子中间。但他们一定会考察

㊸　[译按]根据 PL 本的推算，司提反的圣龛在 425 年初出现在希波，那么，本卷书的写作就
　　应当不晚于 426 年底。
㊹　俄沃底乌斯出现在奥古斯丁的很多早期对话中和一些书信中。他时任乌匝利主教。
㊺　参见奥古斯丁，《布道辞》，318—324。

这些事，如果发现是真的，就会相信她了。这个女子很显赫，娘家高贵，婆家也高贵，住在迦太基；在这样一个富有的城里，这样一个富有的女子，凡是想问她真相的，她都不会隐瞒。而那位殉道士的介入使她痊愈了。殉道士自己也相信贞女生子后仍是贞女；相信门还关着，基督就来到了门徒中间；最重要的是，他相信我们谈过多次的，基督肉身复活和肉身升天；而这些事之所以通过他发生，就是因为他把自己的灵魂交付了这信仰。这个上帝通过他所愿意的人，以他愿意的方式，还在制造很多神迹，就是我们所读到的。但是，人们不像知道先前那些那样知道这些，也不会因为反复诵读，这些进入他们的记忆，像石子嵌入道路那样进入心灵。哪怕我们努力把接受了这些福祉的人的记录读给人们听，就像我们在希波正在做的那样，在场的人只听到一遍，还有很多不在场。就是那些听到的人，在听到几天后，也不会记在脑子里，更难找到他知道不在场的人，把所听到的原原本本讲给他听。

8.23　我们那里还发生过一件事，不比我说的那些重大，但还是清晰而明确的神迹，我认为没有一个希波人没有看到或听到过此事，有理性的人也不会忘记。有十个教友（三个女的，七个男的）来自喀巴多契亚（*Cappadocia*）的凯萨利亚（*Caesarea*），在那里的都不是平民百姓。他们的父亲新近去世，母亲守寡，他们对母亲做了错事，遭到母亲的诅咒，于是被严厉地逐了出来。他们遭受了神罚，身体的各个器官都剧烈地抖动，十分恐怖。他们不敢承受自己城里的同胞那憎恨的目光，于是各自随处流浪，到过了差不多整个罗马。其中有两个人到了我们那里，一个兄弟，一个姊妹，分别叫保罗和帕拉迪亚（*Palladia*），因为他们的悲惨处境广为散播，很多地方都知道他们。他们在复活节十五天之前来到，在最光荣的司提反的圣龛那里经常参加日常的教会活动，祈祷上帝能喜悦他们，让他们恢复昔日的健康。无论他们走到哪里，全城的目光都转向他们，这里也一样。有几个人在别处见过他们，知道他们战栗的原因，于是在方便的时候，告诉了别人。复活节到来了，在主日的黎明，很多人都到场了，那个年轻人守在殉道士的圣龛前的栅栏处祈祷，他突然趴下，好像入睡了一般，但不再抖了，而别的时候他在睡梦中也抖。在场的人都惊呆了，有的吓坏了，有人很悲哀。有人想把他扶起来，但被一些人制止了，他们说，最好还是看他最后会怎样。看啊，他站起来了，不再抖了，痊愈了，笔直地站着，看着看他的人。谁能吝惜对上帝的赞美？整个教堂里充满了欢呼和感激的声音。他们向我走来，我坐在那里，正准备进教堂。一个接一个跑过来，后面一个重复前面一个告诉我的话，还好像是新闻一样。那个年轻人和几个人进来了，我很高兴，向上帝谢恩，他向我屈膝，站起来亲吻我。我们走向众人，当时教堂里人很多，于是我们高声欢呼：向上帝感恩，向上帝赞美！没有人不出声，每个角落都充满呼声。我向众人致敬，他们也以热情的声音呼应。最后终于安静了，我们读圣经里指定的段落。等到我该布道的时候，我只说了几个字，以适应这欢乐而兴奋的时刻。⑥⑥ 因为我想让他们与其听我，不如思考那圣书中上帝的话。此人和我们共进早餐，把他的兄弟姊妹和母亲的悲惨故事绘声绘色地全部讲给我们听。第二天，我做完布道后，就向人们许诺把他的讲述记录下来，并讲给大家听⑥⑦。在主的复活节三天之后，在大厅的台阶上，我刚讲话的地方，我让两兄妹站在那里，为大家读出他们的故事的记录⑥⑧。男女众人看着他们两个站在那里，男的没有任何异常动作，女的身体上的每个器官都在抖动。那些没有看到男子神迹的人，可以从他妹妹身上，看出来上帝的

---

⑥⑥ 奥古斯丁，《布道辞》，320。

⑥⑦ 奥古斯丁，《布道辞》，321。

⑥⑧ 奥古斯丁，《布道辞》，322。

悲悯做了什么。人们都看出来,应该为何替他感恩,为何替她祈祷。在这阅读当中,我叫他们离开众人的目光,开始更加详细地讨论这件事的原委。看,当我讨论这些时,又有新的感激声,从殉道士的圣龛那里传来,声声可闻。那些听到的人,都转过去,跑到那里。那个妹妹从所站的台阶上走下去后,就持续不断地向圣殉道士祈祷。她一触摸那栏杆,也倒在地上,如同入睡,爬起来就痊愈了。我们问发生了什么,为什么如此嘈杂,人们带着痊愈的她,从殉道士的那个地方一起来到我们所在的阳台上。于是,男女人众同时发出欢呼,好像那声音和泪水不会停止了[69]。人们带她走到她不久前发抖站着的地方。很多人本来为她悲哀,因为她没有像哥哥那样治好,现在都赞美她,和哥哥一样了。人们看到,虽然他们还没有为她全力祈祷,但是这清楚的意愿迅速被答应,实现了。人们欢呼赞美上帝,那声音里听不出说什么,如此巨大的声音,使我们的耳朵无法承受了。除非信仰基督,谁会从心里发出这样的赞美?司提反的血,就是为基督的信仰流的。

9. 殉道士们以基督之名所显的神迹,都是殉道士们对基督的信仰的见证

这些神迹不是为了证明基督肉身复活和肉身升天,那又是什么的见证?因为那些殉道士就是这信仰的殉道士,即,这信仰的见证;带着对信仰的见证,他们并不抗拒这极敌对、极残酷的世界,而是靠死亡来征服它。他们为信仰而死,因为他们是为了主的名被杀的,所以能求得主的降福。为了这信仰,他们把自己神奇的忍耐力置于万

---

[69] 奥古斯丁,《布道辞》,323。

事之前，使得这神迹中所显的大能随之而至。如果基督或先知们所预言的（先知们预言的就是基督）肉身的永恒复活不先在基督上显现，或是根本不会到来，那么，那些为了对复活的信仰而杀头的人怎么会死去了还能做这么大的事？上帝要么通过自己的神奇方式，要么通过他在人间的宰辅，来完成这些。他自己完成时，虽然自己是永恒的，却产生时间中的效果；而他通过宰辅完成的事，要么会通过殉道者的灵，要么会通过尚在身体中的人，要么完全通过天使，以不可见、非物质、不可变的方式发布命令来完成。我们说通过殉道士完成的事，其实是通过他们的祈祷和请求完成的，而不是通过他们的行动；有些通过这种方式，有些通过别的方式，这是必朽者无法把捉的。但是，对肉身永恒复活的信仰，以此为见证。

10. 殉道者们显示了如此多的神迹，是为了人们服侍真正的上帝，他们比起那些制造奇迹，从而让人们认为它们是神的鬼怪来，所得到的尊荣高得多

也许有人说，他们的神也完成了一些神迹。如果他们愿意把他们的神和我们的死人相提并论，那很好。或者，有人说他们的神本来就是从死人变来的，比如赫拉克勒斯、罗慕洛，以及众多别的被认为位列诸神的。但是，我们的殉道者并不是神，因为我们和殉道者一样，都只知道我们那唯一的、共同的上帝。我们的殉道者的圣龛所显的神迹，从某种意义上，和他们的神殿中所显的奇迹并不一样。如果彼此间真好像有些相似，比如摩西在法老面前显的奇迹⑦，那么，他们的神也被我们的殉道者击败了。那些鬼怪们行奇迹，带着狂妄而肮

---

⑦《出埃及记》，7:22;8:3,14。

脏的骄傲，又靠这种骄傲企图自我成神；殉道者们之所以行神迹（或更确切地说，是上帝行神迹，殉道者只是祈祷与配合），是为了证成自己的信仰，但这信仰不会使他们成为我们的神，而会让我们相信，我们和他们拥有共同的上帝。随后，他们为那样的诸神建筑神殿，修造祭坛，设立祭祀，奉献牺牲；但我们不为殉道者建立神才有的神殿，而是修造死人可以有的圣龛，他们的灵在上帝中活着；我们也不在那里修造祭坛，在其中为殉道者祭献牺牲，而只是向我们和殉道者共同的唯一上帝献祭；在献祭过程中，我们会提到他们，以及他们的地区和品级，把他们当作上帝的选民，因为他们靠自己的忏悔战胜了这个世界。但主持祭祀的祭司不会呼唤他们。虽然祭祀是在纪念他们的圣龛进行的，但是是献给上帝的，不是献给他们自己的，因为祭司是上帝的祭司，不是他们的。基督的身体就是牺牲，但这不是献给他们的，因为他们就组成了这身体本身。我们更该相信谁能行神迹？是那些希望人们看到了所行的奇迹就把他们当成神的，还是那些行了神迹，从而让人们更信仰上帝，也更信仰基督的人呢？是那些宁愿自己的罪行变成仪式的人，还是那些不愿让对自己的赞美变成仪式，而要让自己全部真正值得赞美的事迹指向应该受赞美的上帝的荣耀的人？他们的灵魂在主之中得到赞美⑰。让我们相信那些说真话和行神迹的人。他们所说的，是真正经历过的，所以他们是可以行神迹的。而其中最大的真理，就是基督从死人中复活，通过自己的肉身，向人们首先展示了复活的不朽，而这复活，是他曾向我们预言的，无论在新世代的开端，还是在这个世代的结尾。

---

⑰《诗篇》，34：3，七十士本。

11. 柏拉图主义者认为,根据元素自然的重力,地上的物体不可能升到天上,我反对此说

11.1 "主知道人的意念是虚妄的。"[72]这些人思考时违背上帝的伟大赐予,诉诸元素的重量。他们从导师柏拉图那里学到,世界的两端是最重要的两种物质,中间还有两种物质,把二者结合与连接起来。这当中的就是气和水[73]。因此,他们说,在从下到上的元素中,土是第一;水在地上,是第二;气在水上,是第三;天在气上,是第四,因此地上的物体不可能到天上。每一种物体各得其所,守住各自的品级,靠各自的重量维持平衡[74]。看,他们用人类这脆弱的论证来对抗上帝的万能,充满了虚妄。既然空气是从地算起的第三种物质,谁在空气中制造了那么多土质的物体呢?当然是上帝,允许土质身体的飞鸟们靠毛羽的轻盈,在空气中被托起。他也会赋予身体不朽的人同样的能力,让他们在最高的天上栖居。地上的动物不会飞行,其中也包括人类,本应该在地里生活,就像鱼等水生动物在水里一样。那么为什么有些土质的动物不能生活在第二种元素水里,却能生活在第三种元素里?虽然这些动物属于土地,但为什么一旦生活在土上面的第二种元素里就会窒息,但是可以生活在第三种元素里,而且必须靠第三种元素才能生存?也许元素的这种顺序是错误的,或者这错误不在事物的自然之中,而在那些论述之中?我在卷十三已经谈到,有些土质的物体虽然很重,比如铅,但是因为精

---

[72] 《诗篇》,94:11。

[73] 柏拉图,《蒂迈欧篇》,32a—c。

[74] 柏拉图,《蒂迈欧篇》,53c—55c。

巧的技艺所赋予的形体,能够在水上游动⑯,现在不多说了。那么,难道我们否认,人体可以从万能的制造者那里接受某种特质,使它到达天上,而且能待在天上?

11.2 柏拉图主义者如果思考和演绎他们所相信的元素的顺序,他们根本找不到什么话说,来反对我上面讲的观点。在这个顺序中,从下到上,土为第一,水为第二,气为第三,天为第四,而灵魂的自然在一切之上。亚里士多德说,灵魂是第五种物质⑯,而柏拉图说,灵魂不是物质。如果是第五种物质,那么她当然超过了其他的物质;如果她不是物质,那更远远超过了所有物质。那么,灵魂在土质的身体中做什么呢?既然灵魂比万物都更精巧,那她在这大块中做什么呢?既然她比万物都更轻盈,她在这重物中做什么?既然她比万物都更敏捷,那在这拙物中做什么?靠了如此优秀的自然,难道其身体不会被升上天堂?现在,地上的物体的自然把灵魂们坠了下来,但灵魂是否总有一天会把物体升上天堂?

11.3 他们用他们的诸神的奇迹来对抗我们的殉道士。如果我们来到他们这些奇迹这里,这岂不是完全有利于我们,会证明我们的说法?按照瓦罗的记载,在他们诸神的大奇迹当中,有维斯塔一个贞女的大奇迹。这个贞女被误以为犯了奸淫,遭到拷问,于是把台伯河水装进一个筛子,提着它到法官面前去,一滴也不漏⑰。谁能让筛子支撑水的重量?谁使那么多水不漏过那么多洞,泼洒到地上?他们的回答是:"某个神或某个鬼怪。"如果是神,哪个也比不上造了这世界的上帝。如果是鬼怪,哪个的法力也不及侍奉造世的上帝的天使。

---

⑯ 见本书 13:18;参考亚里士多德,《论天》,4:6。

⑯ 参考亚里士多德,《论天》,4:6;西塞罗,《图斯库兰讨论集》,1:10.22;奥古斯丁,《〈创世记〉字解》,7:21。

⑰ 瓦罗,残篇。又见瓦勒里乌斯·马克西姆,《善言懿行录》,8:1.5。

如果一个小神、天使，或鬼怪使得筛子能托住那潮湿的物质的重量，使水好像改变了它的自然，那么，全能的上帝既然亲自创造了所有的物质，难道不能取消土质的物体的重量，从而使活生生的物体依照活生生的灵的意愿，栖居在同样的物质中？

　　11.4　他们把空气放在上面的火和下面的水之间，那么，我们为什么在水和水之间，以及水和地之间，总是发现空气呢？我们在潮湿的云和海之间总是发现空气，他们如何解释呢？我要问，元素的重量和品级如何起作用，从而导致了爆裂而汹涌的浪涛，在空气下面的地上奔流直前，悬浮在空气上面的云层中？如果空气的位置是在天和水之间，就像水在空气和土地之间一样，那么，为什么空气处在最高的天和赤裸的土之间，布满整个大地？

　　11.5　如果元素的顺序就是按照柏拉图的说法这么安排的，即，有两个中间的，空气和水，把两极的火和土联结起来，火在天上的最高处，土在最低处，是世界的基础，所以土不可能上天，那么为什么火会到地上？按照这种推理，土和火这两种元素应该在各自的位置上，分别在最低和最高处。既然最低的不可能到最高的那里，最高的也不可能到最低处。如果像他们认为的，现在和将来都不会有一个土块到天上去，同样，我们也不应该在地上看到火。现在真是不仅在地上，甚至在地下都有火，所以山头上会喷出火。特别是，我们看到地上的火会为人所用，所以从地里产生；或是从木头和石头里产生的，而木石无疑是地上的物体。但是，他们说，天上的火是平静的、纯洁的、无害的、永恒的；而地上的火是动荡的、有烟的、可腐的，也会腐化他物的。但这火不会腐化它在其中持续燃烧的山峰和大地的坑陷。如果这二者并不相同，各自适应于所在的地方，他们为什么不愿让我们相信，地上某种可腐的自然将来会升到天上，变成不可腐的，就像现在火到了地上就可腐了一样？他们并不能根据元素的重量和顺序推论出，万能的上帝不能把我们的身体变得可以在天上居住。

12. 反对一些不信者的诬蔑，他们嘲笑基督徒相信肉身复活

12. 1　但是他们吹毛求疵地询问我们对肉身复活的信仰，询问之后就要嘲笑：那么被打下的死胎是否复活呢？主说："然而你们连一根头发，也必不损坏。"[78]于是他们问，将来人们是体型和力气都一样，还是身量各不相同呢？如果身体都相同，那么，要是被打下的死胎都复活，他们所有的身体，将是他们在此世所没有的？如果他们因为没有生，而是被毁了，所以不复活，人们就把问题转向了小孩，问，既然孩子们早年夭折，我们现在没看到他们有的身量，将来怎么会有呢？我们不会说他们不复活，因为他们不仅被生下来了，而且还有能力重生。然后他们会问，人们在什么意义上是同等的呢？如果所有人都像最大的那样大，像最长的那样长，那么他们会问，不仅小孩，而且大多数人，在达到这个程度时，所接受的都是在此世没有的；而如果像使徒说的那样，我们所有人都将"满有基督长成的身量"[79]，或像他在别处说的，"预先定下效法他儿子的模样"[80]，如果我们把这理解为，所有在他国中的人，都将获得基督的体型和身量，那么，他们说，很多人的身体将会比实际身体的大小和高度小很多。如果原来的身量都损坏了很多，那怎么说"你们连一根头发，也必不损坏"？至于头发，又可以问，剃头匠剃去的头发是否都要长回。如果头发都会重新长出来，谁不会被这种怪物吓坏？看来，指甲也一定面临同样的情况，身体上被削去的是否会恢复。在不朽的情况下，人一定要比在可

[78]《路加福音》，21：18。

[79]《以弗所书》，4：13。

[80]《罗马书》，8：29。

腐的情况下完美,但这样怎么会完美呢? 如果不恢复,那就损坏了。他们会问,那么,怎么会连一根头发也不损坏呢? 至于胖瘦,他们同样会争论起来。如果所有人都一样,没有人更瘦,也没有人更胖,那么,有人增加了,有人减损了,于是有人得到原来没有的,有人失去了原先有的,而不是恢复原来的状况。

12.2　还有死人身体腐化和消解的问题,有些化为尘土,有些散在大气中,有些被野兽吃掉,有些被大火焚化,有些因海难或别的什么原因沉入水底,他们的肉身腐化消解,化入水中。他们因此而大大疑惑,不相信所有这些会重新聚集起来,组合成肉身。他们还穷追变形与缺陷(*vitia*)的问题,不论这是因为事故,还是生来如此,谈到怪胎的生产时充满了恐惧和嘲讽,问我们,他们身体的变形在复活时会如何。如果我们说这不会回到人体之中,他们认为可以通过列举主基督复活时身上的伤口,来反驳我们的回答。而在他们提出的所有这些问题中,最难回答的是,如果一个人因为饥饿而被迫吃下了另外一个人,那么,这肉是复活在谁的身上呢? 因为这人的肉变成了吃人的那人的肉。饥馑所产生的消耗,被这些人肉补足了。这肉究竟是恢复在最先拥有它的人身上呢,还是恢复在后来拥有它的人身上?他们这样问,就是为了嘲笑关于复活的信仰。他们为人类灵魂所提供的,要么是对真正的不幸福和虚假的幸福的应许,比如柏拉图,要么像波斐利说的那样,是在经过了很多人的身体后,最终结束了悲惨生活,永不回归;这不是靠获得了不朽的身体,而是靠逃离了所有的身体完成的。㉛

㉛　柏拉图,《理想国》,619d;《斐德鲁斯篇》,249a;参见本书,12:29—30;12:27。

13. 打下的死胎如果属于死者之数,是否不属于复活者

若上帝的悲悯帮助我的工作,我现在就会回答那些反对者好像反驳了我的观念。打下的死胎在子宫里活过了,又在其中死去,我不敢肯定或否定,他们是否会复活;如果他们不被排除出死者之数,我看不到,他们怎么会不参与死者的复活。或许不是所有死者都复活,还有一些人类的灵魂永远不再有身体,虽然他们在母腹中曾有人体;或许所有人的灵魂都会接受自己曾经有过的身体,就是在其中生存、死时抛弃的身体,我找不到什么方式来说,死在母腹中的人就不会参与死者的复活。不管人们怎样理解此事,我们怎样谈论出生了的婴儿,只要他们复活,也要以同样的方式理解死胎㉜。

14. 婴儿们复活时所拥有的身体,是不是他们如若成年就会有的身体

我们怎样说婴儿呢?难道不是,他们在复活时,身体不像死的时候那么小,而是像以后慢慢成熟的时候那样,上帝的奇妙工作使之如此迅速地达到成熟?我主说的话"你们连一根头发,也必不损坏"㉝,意思是说,人们将来不会缺少现在有的,但并不是说,我们不会得到现在没有的。婴儿们在死亡时没有完美的身量;哪怕是完美的婴儿,也没有完美的身材,因为他还没有达到可能达到的身量。每个人在孕育和出生时,就会拥有这种完美的形态;但只是理论上有,不是实

㉜ 参见奥古斯丁,《信、望、爱手册》,23。

㉝ 《路加福音》,21:18。

际上；正如所有的肢体都潜藏在精子里，但出生时有些还是会缺少，比如牙齿之类的东西。按照这个理论，每种物质都以某种方式包含了尚未存在的物体，正如我所说的，是将要现形的物体，此物尚未出现，而是潜藏着，但随着时间的推移，会逐渐显现出来。因此，婴儿将来究竟是矮是高，此时已经包含了或矮或高的因素。按照这种推理，我们不必害怕复活时，完美的身体会受损害，哪怕将来众人都是同等的，众人都会有巨人的身材，在此世最高的人，身量也不会变矮，否则就会违背基督说的，一根头发也不损坏的话了。造物主从无中创造，这个奇妙的制造者怎么会不能增加他知道必须增加的部分呢？

15. 所有死人在复活时，他们的身体是否和主的体态相当

基督复活时，身量和死时当然相当。但我们不能说，当所有人复活的时候，基督的身体为了能和最高的人相当，所达到的身量，是他以门徒所知道的身量向门徒显现时所没有的。而如果我们说，比主高的人的身体都要降到他的身量，那么很多人的身体要损坏很多，而基督应许人们，头发都不会损坏。我们应该说，每个人都会恢复他的身量，如果年老寿终，就是年轻时所有的身量；如果英年早逝，则是尚未达到的身量，因此使徒评论说的"满有基督长成的身量"，[84]我们可以另外来理解，即，当基督中的所有成员都加到他们的头上时，基督就完美地成年了；要么，如果这说的是身体的复活，我们可以把这意思理解为，死人的身体复活时不会小于、也不会超过青年的身量，而是就是我们知道的基督所达到的年岁。此世中最博学的人把人的青年期界定为三十岁左右。在这个阶段结束的时候，人们就开始老化，

---

[84]《以弗所书》，4:13。

进入越来越虚弱的老年。所以这里说的既不是身量相同,也不是身材相等,而是都是"基督长成"时的身量。

16. 说圣人们效法上帝儿子的模样,如何理解

经上说预先定下"效法他儿子的模样"[85],可以按内在的人来理解。所以他在别处对我们说:"不要效法这个世界,只要心意更新而变化。"[86]这里说的更新,就是不再效法这尘世,而是效法上帝的儿子。前面的话可以理解为,他在必朽中效法了我们,我们也要在不朽中效法他;所讲的就是身体的复活这回事。而如果这些话讲的也是复活的身体形态,我们要提起注意,就像在身量那里所说的,不能理解为数量上的效法,而是年龄上的。所有身体都要复活为青年时的大小,要么是经历过的,要么是尚未到来的;所以,哪怕死者在身体上是婴儿或是老者,都没什么损害,因为那时候,无论心智还是身体都不再虚弱。哪怕谁坚持说,人们复活时的身体就是死时的样子,我们也不必费力和他争辩。

17. 在复活时,女人的身体是否还保持性别

因为下面的话,"直等到我们众人在真道上同归于一,认识神的儿子,得以成为完美的人,满有基督长成的身量"[87],还有"效法他儿子的模样"[88],颇有人认为,女人在复活的时候,就不是女性了,而是都变

㉟ 《罗马书》,8:29。
㊱ 《罗马书》,12:2。
㊲ 《以弗所书》,4:13,"得以成为完美的人"和合本作"得以长大成人"。
㊳ 《罗马书》,8:29。

成男的，因为上帝只是从尘土制造了男人，从男人制造了女人⑧。在我看来，那些不怀疑两性都会复活的，是更好的理解。那时候不会再有肉欲，肉欲才是混乱的原因。他们在犯罪之前，都是裸体的，男女之间不相杂乱。身体中并无罪过，自然得以保存。因此，女性的性别不是一种罪过，而是自然。那时候女人们就不再交媾和生育了，但是女性器官依然存在，不再服务于旧日的用处，而是形成新的美丽，这美丽不会激发情欲，因为那时候没有情欲了，而是用于赞美上帝的智慧和仁慈，因为他创造了不曾存在的事物，并且把被造物从腐败中解救出来。在人类的开端，上帝从睡着的男人的侧面取下一根肋骨，造出了女人⑨。这可以看作对后来的基督和教会的一个预言；那个男人的睡眠就是基督的死亡⑨，他被悬挂在十字架上，断了气，肋下被长枪刺了一下，就流淌出了血和水⑨；我们知道，这就是圣事，教会就由此而建。经上用的甚至就是这样的词，不是"制造"或"制作"，而是"建立（aedifico）一个女人"⑨。而使徒说的"建立基督的身体"⑨，指的就是教会。因此，女人和男人一样，都是上帝的造物；但是由于她是从男人造的，所以我们要男女和合；而她被造的方式，如上所说，预示了基督和教会。制造了双性的作者，还会恢复他们。否认复活的撒都该人问耶稣，如果七个兄弟相继死去，他们都依照法律，兄终弟及，娶同一个女人为妻，都在她身体里播下自己的种，那么复活时，她该属于哪一个。耶稣让他们警醒，说："你们错了，因为不明白圣经，也不晓

---

⑧ ［译按］奥利金和哲罗姆都有类似的说法。
⑨ 《创世记》，2：21。
⑨ 《创世记》，2：21；参考奥古斯丁，《论〈创世记〉驳摩尼教》，2：37。
⑨ 《约翰福音》，19：34。
⑨ 《创世记》，2：22，此处的"建立"（aedifico）和合本作"造成"，但一般理解为建筑的意思。
⑨ 《以弗所书》，4：12。

得神的大能。"㉟他在被问时,本来也可以在这里说:"她不再是女人,而是男人。"但他没有这么说,而是说:"当复活的时候,人也不娶也不嫁,乃像天上的使者一样。"㊱他们和天使一样不朽和幸福,但不是一样有肉身。天使也不会复活,他们不需要,因为他们不会死。主否认复活的时候还有婚姻,但没有否认有女人。如果他真的预见到将来没有女人,那么,在谈到这类问题时,就应该否认有女人,就可以很迅速很容易地解决这个问题。他甚至强调了女人会存在,说"不嫁",指的是女人;说"不娶",指的是男人。因为习惯了嫁娶的人还在,而那里却没有了嫁娶。

18. 完美的人就是基督,他的身体就是教会,也就是基督的完满

使徒说,我们都会复活为完美的人。我们必须阅读这些话所出现的整个上下文。他是这么说的:"那降下的,就是远升诸天之上要充满万有的。他所赐的有使徒,有先知,有传福音的,有牧师和教师。为要成全圣徒,各尽其职,建立基督的身体。直等到我们众人在真道上同归于一,认识神的儿子,得以成为完美的人,满有基督长成的身量。使我们不再做小孩子,中了人的诡计和欺骗的法术,被一切异教之风摇动,飘来飘去,就随从各样的异端。惟用爱心说诚实话,凡事长进,连于元首基督。全身都靠他联络得合适,百节各按各职,照着各体的功用,彼此相助,便叫身体渐渐增长,在爱中建立自己。"㊲看,这是怎样完美的人,有元首,有身体,具备所有的肢体,在自己的时候

㉟《马太福音》,22:29。

㊱《马太福音》,22:30。

㊲《以弗所书》,4:10—16。

得到完满。而每天，这同一个身体都在增长，就像教会在建造，所以说她："你们就是基督的身子，并且各作肢体。"[98]另一处又说："为基督的身体，就是为教会。"[99]在另一处也说："只有一个饼，我们人数虽多，还是一个身体。"[100]对于这身体的建造，说："为要成全圣徒，各尽其职，建立基督的身体。"[101]随后就是我们现在所引的那段："直等到我们众人在真道上同归于一，认识神的儿子，得以成为完美的人，满有基督长成的身量"，等等。为了告诉我们如何理解这所谓的身量，他说："凡事长进，连于元首基督。全身都靠他联络得合适，百节各按各职，照着各体的功用，彼此相助。"[102]就像各部分各按其职一样，由各部分组成的整个身体，也满有长成的身量。因此说："满有基督长成的身量。"在谈到基督的长成时，这样说："使他为教会作万有之首。教会是他的身体，是那充满万有者所充满的。"[103]如果这讲的真是每个人都有的形体的复活，什么能阻止我们把"人"理解为所有人，包括男人和女人？就像这话所说的："敬畏主，这人便为有福。"[104]其中也包括敬畏上主的女人。

19. 身体上的所有缺陷，在此生破坏人们的美丽，在复活的时候就会消失，剩下的只有自然的物质，但是在质上和量上都会变化，变得美好

19.1　我们怎样来谈毛发与指甲呢？我们只要理解，身体上什

---

[98] 《哥林多前书》，12：27。

[99] 《歌罗西书》，1：24。

[100] 《哥林多前书》，10：17。

[101] 《以弗所书》，4：12。

[102] 《以弗所书》，4：15—16。

[103] 《以弗所书》，1：22—23。

[104] 《诗篇》，112：1。

么也不会损坏,从而使身体变形,也就能理解,倘若哪个部分的过多增加导致变形,这部分就会增加到整个身体上,而不会增加到具体的部分,毁坏身体的形态。如果某人制造了一个陶罐,还要从头再用那块泥把整个罐子再作一遍,那他并不必须把原来作罐柄的那部分土,仍然作罐柄;把原来作罐底的,仍然作罐底;还可以把原来整个的陶罐,仍然原样作陶罐;把原来全部的土,作出整个的罐,一点也不剩。因此,如果所有剃掉的头发和剪去的指甲回归到原处会使身体变形,那就不回归;复活时什么也不会损坏,因为还是同一个肉身,身体每个部位所有的,仍然会有相应的那部分的物质,只是有所改变。虽然主说"连一根头发,也必不损坏"[105],但他讲的不是头发的长度,而是头发的数目,这样才能更恰当地理解。他在另外一处说:"就是你们的头发也被数过了。"[106]我并不是说,身体上自然存在的存在物都会损坏;而是说,凡是此生所发生的变形(这些变形之所以发生,当然是为了表明必朽者所在的被罚的处境),都会恢复,变形消失,物质保存完整。如果某个技师所造的塑像,因为某种原因变了形,他可以重塑,恢复美观,而不必增加材料,只需要去掉变形。如果第一个塑像有些不恰当的地方,或者各部分之间不相称,他重塑时不必把整个切掉或分开,而只要把整个熔化,再组合,不会产生缺陷,也不会减少体积;我们不认为万能的艺术家会这么做吗?难道他不会去除掉身体中的所有变形,不论是普通的,还是稀少而古怪的,因为这些都是悲惨的此生该有的,却与未来圣徒们的幸福生活格格不入?他这么做,不正像我们去除掉身体那自然的、但却不雅的分泌物吗?这根本不会损坏身体。

---

[105]《路加福音》,21:18。
[106]《路加福音》,12:7。

19. 2　无论瘦人还是胖人，都不必害怕，他们在那时不能像现在所愿的那个样子。身体的一切美丽，都在于各部分的匀称，以及颜色的悦人。在各部分之间不能匀称的时候，要么是因为肢体畸形而带来刺激，要么是因为过大，要么是因为过小。但是，那里不会有使哪部分不匀称的这种变形，在那里，本来畸形的得到矫正，比应有的小的，造物主知道，会给予增益；比应有的大的，通过减损来保持完整。在那里，义人要在父的国里发出光来，像太阳一样⑩，所以就有了悦人的颜色！我们要相信，基督在复活的时候，他的身体发光，但是门徒们的眼睛看不到。人的虚弱视线无法承受，虽然他们可以注视基督，能够看到他。他伸出手来，给他们看他的伤口的疮疤，让他们摸，甚至还吃喝⑩。他饮食，并不是因为需要食物，但他具有饮食的能力。人们看到某些存在的事物，但是看不到存在的另外的事，比如我们所说的这明亮，门徒们就看不到，但他们看到了别的。这就是希腊文所谓的 ἀορασία，我们的拉丁文《创世记》的译者找不到更好的词，就译成了"*caecite*"（瞎）。所多玛人寻找义人的门，却不能找到，他们的状态就是"瞎"⑩。如果他们真的瞎，不能看见存在的事物，他们就不该寻找要进入的门，而是寻找向导，把他们带走。

19. 3　我不知道以什么方式，但被赐福的殉道者的爱指引着我，希望在天国里看到他们伤口上的疤，因为这是他们以基督之名所负的伤：我们会看到的。其中没有变形，而只有光荣，虽然是在身体上，其实不是身体的，而是德性之美所发出的光。如果有些殉道者被截断了肢体，他们从死人中复活时不会缺少那些肢体，基督说他们："连

---

⑩《马太福音》，13:43。
⑩《路加福音》，24:39—43；《约翰福音》，10:20。
⑩《创世记》，19:11。

一根头发也不会损坏。"⑩但是,也许在那新的时代里,他们的不朽的肉身上会显现这光荣的伤口的标志,就在他们遭到击打和砍斫,断去的肢体伤疤之处,但是这些肢体还会复原,而不会损坏。那时候,身体曾有的缺陷(*vitia*)都没有了,作为德性的标志的,并不能被当作或称为缺陷。

20. 在我们从死人中复活的时候,无论我们的肢体如何播散,都会复原为一

20.1　有人认为,万能的造物主不能唤醒所有的身体,恢复所有的生命,比如那些被野兽或火焰吞没的人,或是那些化为尘土、灰烬、分解成了液体,或是消散在空气中的身体。他们错了。若说躲在自然最隐秘处的渣滓是我们的感官不能把握的,因而也是造物主不能知道、能力不及的,也错了。西塞罗这样伟大的罗马作家,尽其所能为神做定义说:"神是一个心智,无所拘束,自由自在,远离所有的必朽之物,可以洞察和移动万物,自己又可永恒运动。"⑪他在伟大哲学家的学说中找到了这样的说法。按照我转述的他们自己的说法,什么会逃出洞察万物的造物主,什么会逃出移动万物的造物主,而永不回头呢?

20.2　于是,我需要解决比其他问题看上去都更难的问题。这个问题问的是,如果一个死人的肉变成了另一个活人的肉,在复活的时候,这肉应该属于谁呢? 假定有人因为饥荒所迫,以死人为食。这种坏事经常发生,不仅古老的历史有见证,就是我们的时代也有这种

---

⑩《路加福音》,21:18。
⑪ 西塞罗,《图斯库兰讨论集》,1:27。

不幸的记载⑫。什么真理会让人以为,所有吞咽下的食物都会穿过肠胃而排泄,不会经过转化,变为自己的肉?虽然吃前有空虚感,而现在没有了,这足以表明吃下的食物填补了腹内的空当。我不久前给出的说法,有力量解决现在的问题。凡是在饥饿中耗去的血肉,都在空气中散去。我们说,万能的上帝可以把这肉身唤回。而最开始拥有这肉身的那个人,这肉身还会回到他身上去。他被别人吃掉的肉,还是要归还他的,就如同借给别人的债,还是要归还他的。能够把化为虚空的血肉唤回的那一个,也会把在饥馑中消耗的血肉归还吃人者。人们的肉身虽然彻底毁坏了,甚至在自然中留不下一点痕迹,但万能者还是能按照他的意愿恢复肉身。但是因为真理的话说"一根头发也不会损坏",那么,如果我们认为人的头发不会损坏,而在饥馑中丧失和被吃掉的会损坏,那就是荒谬的了。

20.3 从迄今为止我们以不多的几种方式所考察和讨论的内容,我们得出结论,在肉身的复活中,身体将永恒地拥有该人青年时曾经拥有或按照道理可能拥有的完美身材,会实现身体所有器官最美丽的组合。如果某个部分放在组成身体的某个点上,会破坏身体的完美,为了保持美丽的组合,就可以把它分散在整个身体上,这样想并不荒谬。这既没有损坏这一部分,也保持了各部分的和谐组合,只是整个身量会有所增加;而本来在一处会带来变形、不能增加美丽的,因为散在全身所有部分,就维护了整个身体的美丽。如果有人坚持说,人们在复活时的身体都和死的时候有一样的身量,我们不会固执地反对;那时候,所有的变形、所有的疾病、所有的迟钝,和所有的腐化,都消失了。在那个国里,没有任何的不美,

---

⑫ 所若门鲁斯,《教会史》,9:8 中记载,在 409 年阿拉利克围困罗马时,就曾发生这样的事,哲罗姆在《书信》,16 中也记载了此事。

因复活和应许之子都与上帝的使者相同了⑬，即使不是在身体和年龄上，也一定是在幸福上。

21. 圣徒们的肉身会变成新的灵性身体

无论生前的身体还是死后的尸体所损坏的，都会被恢复。待在棺椁中的人，会从原来的灵魂之身变成新的灵性之身，变得不腐和不朽⑭。哪怕因为什么严重的事故，或是因为敌人的残酷，身体被撕碎，散在尘土、空气、水中，不论有多少，一点也不存留，但这都不会超出万能的造物主能力之外，因为一根头发也不会损坏。肉身将变成属灵的，并服从灵性，但自身还是肉身，而不是灵。同样，服从肉身的灵变成了肉身的，但还是灵，不是肉身⑮。在这变形的惩罚中，我们经历了后者。这些人并不是在肉身的层面，而是在灵的层面变得肉身化了。使徒说他们："我从前对你们说话，不能把你们当作属灵的，只得把你们当作属肉体。"⑯说属灵的人，也是就此世说的，而他们的身体毕竟还是血肉的，看到肢体中另有一个律，和他们心中的律交战⑰。在这具肉身复活时，他们的身体也是灵性的身体，经上写着说："所种的是灵魂性的身体，复活的是灵性的身体。"⑱这身体是怎样的，灵性的恩典有多大，都是从未经历过的，我怕现在若用言语来描述，就太卤莽了。但是为了赞美上帝，我们不该对自己所希望的快乐保持沉

---

⑬《路加福音》，20：37；《加拉太书》，4：28。

⑭《哥林多前书》，15：44。

⑮ [译按]这是早期教父中经常谈到的一个问题，就如同铁在火中烧红了，但铁还是铁，没有变成火。

⑯《哥林多前书》，3：1。

⑰《罗马书》，7：23。

⑱《哥林多前书》，15：42。

默。并且由于圣徒们炽热的爱，经上才说："主啊，我喜爱你所住的殿。"[19]在上帝的保佑下，我们才能谈论上帝在无限烦扰的此生赐给好人和坏人的一切，才能憧憬我们所不配谈论的、尚未经历的一切。我且不谈上帝把人造成正直之时的事；我也不谈富饶的伊甸园中那一对夫妻的幸福[20]，那一段是如此短暂，他们生的孩子都不曾经历。在我们所知道、所生活的这个时代，自从此生有了那试探，我们就完全生活在试探中。只要我们在这试探中，我们就永远不能逃脱，不论我们向前走多少[21]。此生中哪里有这样的象征，让人们能解释上帝赐给人类的好？

22. 由于最初的僭越，人类应该遭受悲惨与坏事，如果不是通过基督的恩典，谁也无法从中解救

22.1　从最开始，初人后代的所有必朽者都被谴责。于是，在此生（如果这可以称为生命的话），由于整个生命充满了各种坏事，这种谴责得到了见证。那深重的无知孕育了所有的谬误，亚当的所有儿女在黑暗中承担着这无知，人们如果不靠辛劳、痛苦、恐惧，都无法从中解脱。这无知不是证明人被谴责了吗？还有人们对虚妄和有害之事的爱，以及由此产生的恼人的操心（cura）、搅扰、悲痛、恐惧、愚蠢的快乐、不和、争讼、战争、阴谋、愤怒、敌意、欺骗、奉承、欺诈、抢劫、强暴、背信弃义、骄傲、野心、嫉妒、谋杀、弑父、残忍、野蛮、邪恶、奢侈、冶游、卤莽、无耻、私通、奸淫、乱伦，以及两性违背自然的、各自

---

⑲《诗篇》，26:8。
⑳《创世记》，2:7。
㉑《约伯记》，7:1，七十士本。

的、肮脏的事，这些连说起来都觉下流，还有渎神、异端、亵渎、伪誓、迫害无辜、诽谤、阴谋诡计、僭越、作伪证、邪恶的审判、暴力、惟利是图，还有所有那些一时我没想到的坏事，都不曾脱离人们的此生。这些不也都是证明吗？人们的此生充满了这些坏事，其中产生了各种谬误和疯狂的下流之爱，亚当的所有子孙都生于其中。谁会看不到，人们对真理多么无知，在婴儿中尤其明显，人们对众多的虚妄之事如此渴望，从小孩子就开始了⑫？人来到此生，如果能随心所欲地生活，为所欲为，那一定会陷入所有这些，或大部分的恶行和罪恶，无论我提到的还是我无法提到的。

22.2 但是，神的统治不会完全抛弃被谴责的人，上帝不会因为他的愤怒而止住了他的悲悯⑬。我们整个人类生而伴随各种限制和教诲，得以控制这些情感，警惕黑暗，反对这些罪恶的攻击，但却充满了辛劳和悲哀。为了帮助孩子们防范虚妄的各种恐惧，又需要怎样众多的恫吓？圣经上说对于爱子，为什么要用老师、保傅、杆棒、皮鞭、藤条来管教？还不是为了避免他不要变得过于顽固不化，以至于难以管教，甚至不可能管教⑭？所有这些惩罚为什么必要？还不是为了抑制我们与生俱来的贪欲这些坏事？我们有了辛劳就能记住，没有辛劳就会忘记，这是什么呢？靠辛劳我们就能学，没有了辛劳我们就无知；靠辛劳我们就有力量，没有了辛劳我们就倦怠，这是什么呢？这不是表现出，这有罪过的自然，依自身的偏好，就会倾向和欲求那些坏事？要从这些中得解救，需要怎样的帮助？消极、慵懒、惰性、大意，这些罪过都是用来逃脱辛劳的，而辛劳虽然有用，却是对我们的惩罚。

---

⑫ 参见奥古斯丁，《忏悔录》，1:7(11)。

⑬ 《诗篇》，77:9。

⑭ 《便西拉智训》，30:12。

22.3　没有对孩子的惩罚,孩子就学不到大人想让他们学的,但是,大人想让孩子学的,很少是有用的。除此之外,谁能用语言说尽,谁能用思维把握,整个人类所受的惩罚有多重,有多少?我说的不是那些邪恶的人由于坏和野蛮而受的惩罚,而是人类在共同的悲惨处境下受的惩罚。因为孤苦和痛楚,因为损失和谴责,因为欺骗和人类的虚假,因为虚伪的怀疑,因为外人所有的暴行和罪行,产生了多少恐惧和灾难!我们在他们手中遭受了多少劫掠、绑架、锁链、监禁、放逐、折磨,残损肢体,丧失感觉,备遭蹂躏,以满足蹂躏者肮脏的肉欲,还有其他各种各样的恐惧之事都不断发生。无数的外部原因不断吓坏我们的身体,炎热与寒冷、风暴、水灾、洪涝、闪电、惊雷、冰雹、地震、塌陷,还有家畜带来的骚扰、恐惧,甚至伤害,还有果实、水、空气、野兽带来的毒害,还有野兽的撕咬带来的烦恼甚至致死的毒液,疯狗所带来的狂犬病。对自己的主人无比乖巧和驯良的动物,一旦受惊,对别人竟变得比狮子和恶龙还要暴烈,谁要是碰巧被咬了,遭到传染,也会变得极为狂躁,让父母、配偶、孩子怕得比野兽还要厉害。陆地和大海之间的旅行者要遭受多少灾难!凡是在外面走动的人,不都要遭受无名之灾?有人回家时四肢康健,却在门槛上伤了腿脚,结束了此生。谁比坐着的人看上去更安全?祭司以利从坐着的位子上跌下来,死了⑫。农民,甚至所有人,都是多么害怕,因为天灾、地瘴,或是有害的动物,而导致庄稼没有收成!当庄稼收获和贮藏之后,他们一般觉得安全了。但我们知道,收获了的最好的谷物,也曾被突然的洪水卷走,连逃难的人都被可怕的洪水冲走。面对各种各样鬼怪的侵袭,人们靠不做错事难道就能免祸吗?没有人能依赖不做错事。受了洗的婴儿,没有人比他们更无辜,但还是有鬼怪侵扰他们,上帝

---

⑫《撒母耳记上》,4:18。

尤其默许了这些侵扰,向我们揭示此生是充满灾难的,必须到别处去寻求幸福。身体器官上的坏事是如此众多,连医书里也不能囊括。对于很多疾病,甚至几乎所有疾病,治疗的医术本身就是折磨,人们必须依靠某种惩罚的帮助来摆脱另一种惩罚。不是也有人们为疯狂的干渴驱使,而去吸食人尿,甚至自己的尿吗?不也有人因为饥饿,而不能自己,去吃人肉,而且不是偶然发现的死人的肉,而是特意为吃肉而杀人,不仅杀外人来做食物,而且以难以置信的残忍,母亲吃自己的孩子?睡眠完全可以称为"休息",但是睡觉的人总是遭到噩梦的干扰,不得安宁,甚至因为各种虚假事物,而遭受更多的恐惧。这些事物就立在我们面前,让我们无法和现实分开,搅扰我们悲惨的灵魂和感觉。哪怕是在醒着的时候,疾病和药物也会让人们遭到虚假幻象的搅扰。邪恶的鬼怪们如果不能诱惑人们服从他们,也总是以这样的幻象欺骗,希望以此搅扰他们的感觉。

22.4　只有靠救世主基督、上帝、主的恩典,才能把我们从此生的深渊中,从这些悲惨中解救。他的名字"耶稣"就表明了这一点,因为它的含义就是"救世主"⑯。他尤其要拯救我们的是,在此生之后不要进入更悲惨的永恒状态,那不是生命,而是死亡。在此生中,虽然圣徒和神圣的关切(*curationum*)带来了巨大的安慰,但是人们得不到所探求的永福。宗教所追求的本来就不是这些,而是彼岸的生活,那里没有任何坏事。在此世的坏事之中,恩典也保佑好人,内心越是坚强能忍的人,就越有信仰。此世的饱学之士说,哲学可以教会人们这些,但西塞罗说,诸神只把哲学赐给了少数人。他说,他们从未给过,也不会给人比这更好的礼物⑰。即使那些我们所反对的人,也不

---

⑯　《马太福音》,1:21;《路加福音》,1:31—32。

⑰　[译按]我们并不清楚西塞罗在哪里说过这样的话,PL 本指出,这可能是指《论目的》,5:
　　28 中的类似说法;而 Dyson 认为,这可能是《学园派》,1:2.7 中的说法。

得不以某种方式承认，真正的哲学来自神圣的恩典。如果神赐给少数人真正的哲学，来帮助人们对抗此生的悲惨，那就足以表明，人们是受到了谴责，所以才遭受这悲惨的惩罚。就像他们所承认的，没有比哲学更好的神赐，所以他们应该相信，这赐予只能来自比他们所崇拜的诸神都大的那个神。

23. 除去好人和坏人都要遭受的坏事外，义人还尤其要付出辛劳

且不谈好人和坏人在此生共同遭受的坏事，义人在此生也要付出自己独特的辛劳，他们用这辛劳与罪过斗争，在这样的战斗中规避试探和危险。有时候暴烈些，有时候缓和些，但肉身与灵性的战争和灵性与肉身的战争都不会止息[128]。虽然我们愿意一切坏的欲求都止住，但并不能做到，只好在上帝的保佑下，尽我们所能，不屈从于欲望，控制它们，一直小心谨慎，保持警醒，以免貌似真理的意见欺骗了我们，以免巧言令色蒙蔽了我们，以免谬误将我们拖入黑暗，以免我们误把好的当成坏的，把坏的当成好的，以免所该做的这些事情激起我们的恐惧，以免不该做的事情激发我们的欲望，以免含怒到日落[129]，以免受敌意的鼓动，以恶报恶[130]，以免不诚或不节制的哀痛吞噬了我们，以免心智的麻木使我们对得到的福祉不知感恩，以免邪恶的流言麻痹了好的良知，以免对别人草率的怀疑使我们误解了朋友，以免别人对我们的误解困扰我们，以免罪在我们必朽的身体中作了王，让我

---

⑫　参《加拉太书》，5：17："情欲和圣灵相争，圣灵和情欲相争"。

⑫　《以弗所书》，4：26。

⑬　《罗马书》，12：17。

们服从身子的私欲,以免把我们的肢体献给罪做不义的器具⑪,以免眼睛追随贪欲,以免复仇的欲望占了上风,以免眼光或意识逡巡在坏事中,乐不思蜀,以免有意倾听邪恶的或不体面的言语,以免做出不准做、但是有乐子的事情,以免在这充满辛劳和凶险的战争中,我们要么希望依赖自己的力量,要么在胜利后归功于自己的力量。至于对上帝的感恩,使徒说:"感谢神,使我们借着我们的主耶稣基督得胜。"⑫他还在另外一处说:"然而靠着爱我们的主,在这一切的事上,已经得胜有余了。"⑬我们会知道,无论我们用多大力量与罪过作战,哪怕战胜或征服了罪过,只要我们在这身体之中,我们就不能缺少对上帝说的这话:"免我们的债,如同我们免了人的债。"⑭在上帝的国里,我们将会永远拥有不朽的身体,那时不会有什么争斗,不会再欠债;如果我们的自然永远像创造出来的自然那样,我们无处、无时会是这样。我们在现在这冲突中面对危险,我们渴望靠最后的胜利从其中解脱,这冲突也是此生的坏事,很多巨大的坏事作见证,这是应该谴责的一生。

24. 此生虽然应该遭受谴责,造物主还是在其中布满了赐予

24.1　现在我们应该看到,虽然在人类如此悲惨的生活中,正义的惩罚值得赞美,但上帝在管理他所创造的一切时,在其中布满了各种各样的众多好处。在人们犯罪之前,上帝赐给人最初的祝福,说:

---

⑪ 《罗马书》,6:12—13。

⑫ 《哥林多前书》,15:57。

⑬ 《罗马书》,8:37。

⑭ 《马太福音》,6:12。

"要生养众多,遍满地面。"⑬在人犯罪之后,他并不想收回这祝福,而是让那受罚的后代依然繁衍众多;精子有奇妙的力量,那使精子生育的力量更加奇妙,虽使罪过缠绕和刺入人的身体,使我们必定死,却不能取消精子的力量。于是,这两股河流同时汇聚在人类之中,形成了旋涡,一个是从父母那里继承来的坏,一个是从创造者那里获得的好。在原罪中,同时具有罪与惩罚这二者;在原初的善好中还具有另外二者,即繁衍与塑型。而与我们现在的意图相关的恶的问题,我们谈得已经够多了。在坏事当中,有一种来自我们的卤莽,就是人所犯的罪;另外一种来自上帝的审判,就是惩罚⑭。现在谈上帝的善好,虽然人的自然有这么多罪过,遭受了那么大的谴责,但是上帝不仅以前赐给善好,现在仍然赐予。他并不因为我们受谴责就撤回他所赐给的全部,否则人类就根本不存在了⑮;哪怕他把我们贬入魔鬼的责罚,他也不会对我们的自然不闻不问,不施力量,也不曾使魔鬼自身完全退出他的掌握;不论魔鬼的自然是怎样的,这也是至高者制造的;因为无论以什么方式存在的,都是他制造的。

24.2　我们说过了,哪怕是在犯了罪、有了罪过、遭到惩罚和谴责的自然中,还是会有两种善好从上帝的善好中流出,就像从泉水中涌出一样。其中第一种,即繁衍,上帝在造世时就赐予了,他在工作结束之后,就在第七日休息了;而第二种,即塑型,他却一直在工作着,直到如今⑯。如果他从事物中撤除这作用力,那么万物就不能继续,上帝在它们身上所创造的运动模式就不能永远保持。上帝就这样造人,加给他们繁殖力,使他们能生养别的人,具有了生育的能力,

---

⑬　《创世记》,1:28。
⑭　参考奥古斯丁,《论意志的自由抉择》,1:1。
⑮　参考奥古斯丁,《〈创世记〉字解》,4:12。
⑯　《约翰福音》,5:17。

就有了繁殖的可能性,但并没有必然性;上帝如果愿意,就可以从人身上撤回这能力,让他们不育;但是他不会撤回整个人类的繁育能力,因为这是赐给初人夫妇整体的祝福。虽然他们犯罪了,他们繁衍的善好并未因罪撤回,但如果没人犯罪,那时候的繁衍并不是这样的。人最开始处在尊荣中,后来丧失了这尊荣,就像畜类一样⑲,像它们那样繁殖。但是那一点理性的火星并未完全熄灭,那是按照上帝的像造的⑳。如果塑型不加在繁衍之上,人类的形式(forma)和行为模式就不得延续。如果人类没有交媾,上帝又愿意人类布满大地,他就可以像创造一个人那样创造所有的人,而不让男女交合。除非创造出繁衍的能力,否则人们不能交媾生子。因此使徒这样谈使人们变得虔敬和正义的灵性增长:"栽种的算不得什么,浇灌的也算不得什么,只在那叫他生长的神。"㉑同样也可以说:"那交媾的算不得什么,受精的也算不得什么,只在那塑造的神;那孕育的算不得什么,妊娠的也算不得什么,只在那叫他生长的神。"上帝做的这工作,直到现在还在做,使得人类的种子生养众多,本来在潜在的和不可见的躯壳(involucrum)里,进入可见的形式,而且我们看到,这是美丽的形式。他以奇妙的方式给非物质的自然和物质的自然配对连结,一个是发命令的,一个是服从的,于是造出了有灵魂的生物体。他的工作如此伟大而神奇,不仅制造人这样的、比地上别的生灵都更优秀和杰出的理性生灵,而且创造了无比微小的昆虫,让人看到就会受到震撼,心里充满了对造物主的赞美。

24.3 于是,他这样赐给人类灵魂以心智,其中包含着理性和理智,在孩童时引而未发,仿佛不存在,随着年龄的增长逐渐激发和运

---

⑲ 《诗篇》,49:12。

⑳ 《创世记》,1:27。

㉑ 《哥林多前书》,3:7。

用，有了知和学的能力，可以认识真理，热爱善好；靠这能力就可以捕捉智慧，获得德性，于是变得明智、勇敢、节制、正义，对抗谬误和别的天生的罪过，除去最高的和不可变的至善，没有别的欲望目标，这能力就取胜了。并不是每个人都能这么做，但谁有能力描述或想象出来万能者的这项神奇的工作？他以神圣的方式将做这些好事的能力赐给理性的人。人类这些生活美好和获得不朽幸福的技艺，我们称为德性，只能来自上帝的恩典，在基督之中，赐给应许的王国之子。除此之外，人类不是靠自己的天才发明和践行了很多很伟大的技艺吗？其中有的是必须的，有的是为了享乐。人们的心智和理性中有着优秀的力量，才能做到这些，虽然这些技艺可能是肤浅的，甚至会朝向危险与有害。这不是恰恰证明，人的自然中具有伟大的善好，使人能发明、传授、践行这些技艺？人们制造了那么多奇妙的服装和建筑，使人类的制造能力达到了惊人的程度；在农业上，在航海上，都臻于完美；在陶器、雕塑，甚至绘画上的创造，有那么多的花样设计，巧妙非凡；在舞台上创造了奇妙的场景，编排和表演都令观众叹为观止，难以置信；创造了各种计策来捕捉、杀戮、驯服非理性的动物；为了伤人，发明了各种毒药、武器、阴谋；为了让必朽之身获得健康，也发明制造了那么多的医药和疗法；为了取悦于口腹，发明了那么多的调味品；为了表达和获得思想，发明了各种各样的众多符号，其中言语和文字居于首位；各种修辞术和众多的诗歌取悦心灵；为了取悦于耳朵，发明了众多的乐器，以各种方式演奏；人们发明了各种方法来测量和算数；人们以惊人的技巧掌握了星座的运动和位置；人们还用无数的方法来认识世界，哪怕我们不需要精确地数出，只要大概地概括，谁能列举清楚？哲学家们和异教徒们用伟大的天才来为他们的谬误和虚假辩护，谁又有能力数得清？我们现在说的是装点了必朽生命的人类心智的自然，而不是使人达到不朽的信仰和真理之路。

这整个自然的制造者就是那真正和至高的上帝,他对于自己所造的人类,以至高的大能和至高的正义掌管和拥有,如果不是因为初人先犯了大罪,上帝不会把人类抛入这样的悲惨中,除去被拯救者外都要跌入永罚。而所有别的人都来自这初人。

24.4 我们和野兽共有这必朽的身体,在很多地方比野兽还要柔弱,但是,上帝多么大的善好,造物主的多少神意向我们显现了!那些感觉器官,以及别的肢体是这样排列,还有身体的形状和体态组成整个身体,这些不是为了让理性的灵魂能掌管自己吗?我们看到,人类并没有被创造成朝向大地的理性生灵;而是身体向天直立,使他能认识上面的事⑭。人的舌头和手被赋予了神奇的运动,擅长说和写的技艺,能够完成各种作品和工作,这不是足以表明,人的灵魂的素质是超绝的,所以身体的构造才服务于此?不仅所有部分之间尺寸相符,恰好是完成各种工作所必需的,同时也形成了美丽的比例,让你不知道,这样安排究竟是为了有用,还是美观。我们当然看到,身体中创造出的每个有用的部分,无一不具有美观的位置。如果我们知道器官之间各自连接和协作的关系,这就更加明显了;若是被交付这个任务,通过观察身体外部,人的天才就可以发现这些关系。至于那些被掩藏起来、我们的视线无法达到的部分,就像血管、神经、内脏,体内的生殖器官之间的复杂关系,人是观察不到的。被称为"解剖学家"的医生既敬业,又不无残酷,他们切开死者的尸体,甚至对将死的人也上下其手,切开检查,很不人道地把人肢解和解剖,以探求是否、怎样、在哪里能治愈疾病;但是我所说的这各种关系,这些组成的和谐(希腊人所谓的ἁρμονία),像某些机器那样的外在和内在的身体的整体和谐,我说的这些,没人

---

⑭《歌罗西书》,3:1—2。

有能力发现，因为没人敢于探求。但如果有人能够知道这些，我们的内脏虽然没有表现出美观，但其比例之间的美丽，将会愉悦我们，这整个的形体将会使我们的意志兴奋，远胜眼睛的兴奋，因为眼睛不过是心智的工具。身体中的有些部分如此安排，完全是为了美观，不是为了实用；比如男人的乳头，再如脸上的胡子，不是为了防卫，而是为了男人的装饰，女人的光脸就可以证明这一点，因为她们是较弱的性别，本来更应该用胡须防卫。无人怀疑，在我们能看到的这些器官中，没有一种只有实用价值，而不美观；但确实有一些只有美观，却没有用处。我认为，我们容易理解，在身体的状况中，尊荣比必需更重要。必需只是暂时的，但在将来的时代，我们将安享彼此之间器官的美丽，而没有肉欲。最大的赞美归给造物主，就像《诗篇》里说的："你让我披上赞扬和美丽。"⑭

24.5　虽然人遭到谴责，被抛入了辛劳和悲惨的境地，但是上帝仍然非常慷慨，允许他观赏别的被造物的美丽，享受别的被造物的用途，什么语言能描述尽这些美丽和用途呢？在天上、地上、海里都有各种各样的美丽；太阳、月亮，和别的星座，都有丰富的和各种奇妙的光；还有树的阴影；各种花朵的颜色与芬芳；百啭千啼、姿态各异的飞鸟；还有千奇百怪的动物，那些形体最小的，往往更加令人惊异，蚂蚁和蜜蜂的作品往往比鲸鱼的巨大身体更让我们吃惊；大海本身就是伟大的景观，好像自己穿着色彩斑斓的衣服，有的时候带着各种各样的绿色，有的时候变成紫色，还有时变成天空般的深蓝色，在风暴中观海真是其乐无穷，因为我们得知自己没遭到颠簸或沉船，而更加美滋滋的！那些充饥用的各种丰富食物又如何呢？还有各种激发食欲的调味品，被大自然散布在各处，我们不需要烹调的技艺和劳作就可

────────────

⑭《诗篇》，104：1，七十士本。其中，"赞扬"为 confessio，这个词并不只有忏悔的意思。

获得！众多的事物可以帮助我们维持和恢复健康！昼夜交替令人感激！习习凉风令人愉悦！树木和野兽为我们提供了多少衣服的原料！谁能列举出所有这些？仅仅是我列举出的这一大堆，我要是想逐个分清和数出，一个一个写出来，都会过于冗赘！而这些都是慰藉悲惨和受谴责之人的，还不是幸福者的奖赏。如果连有罪的人都有这么多享受，那些幸福的得救者会享受多少呢？既然他赐给注定要死的人如此多的福祉，那还会赐给注定得长生者什么呢？他为了那些人，宁可让自己的独生子在这悲惨中承受如此多的坏事，甚至死亡，那会让他们在幸福的来生怎么过呢？所以，使徒在谈到注定会得到天国的人说："神既不爱惜自己的儿子为我们众人舍了，岂不也把万物和他一同白白地赐给我们吗？"⑭在实现这应许时，我们将会如何？我们将会是怎样的？既然基督为我们而死，这已经使我们得到的保证，我们将在那王国里接受怎样的好！没有任何罪过的人的灵将是怎样的，不臣服于谁，不屈从于谁，不必和谁开战，充满赞美，那将是完美的，充满和平的德性！那时对万物的量和种类都有确切的知识，没有谬误，也没有辛劳，在上帝智慧的源头啜饮，享有最高的幸福，没有艰难！那将是怎样的身体，完全服从灵性，从中获得足够的生命，不需要别的营养！不是灵魂性的，而是灵性的，拥有肉身，但是没有腐化肉身的物质。

25. 整个世界都相信了肉身的复活，但还有人固执地拒绝

在此生之后，最幸福的人们将安享心灵的善好，这一点，尊贵的哲学家和我们并无不同意见：他们争论的是肉身复活一说，尽可能否

---

⑭《罗马书》，8：32。

定这一点。但是众人都相信这一点，心中充满信仰，皈依了基督，包括有学识的和无学识的，这个世界中的智者和愚人，只剩下极少数人还不相信。这少数人认为荒谬的，基督用自己的复活证明了。整个世界相信了上帝所预言的，上帝甚至也预言了整个世界将会相信。并不是因为彼得的魔术⑮，强迫上帝完成了他很早以前预言的事，从而使人们在赞美中相信⑯。我已经说了很多次了，并不羞于重复⑰，就连波斐利都承认，他们的诸神看到了上帝会颤栗，并通过诸神的见证来证明上帝的神性，而且赞美他，把他称为圣父和王⑱。我们不能以那些不相信的人的方式来理解上帝的预言。上帝那么早就预言了整个世界都将相信，他们为什么不和整个世界一起相信，随便那极少数人去胡言乱语、不肯相信呢？如果他们说可以用另外的方式相信，以免说经上记载的是虚妄的，以免对他们给出了如此见证的上帝行不义；如果他们说要用别的方式理解，而不像全世界那样相信，那就简直是对他们给出了巨大见证的上帝行了不义。而上帝自己以世界的名义赞美、应许、实现了这种相信；如果他们说要以世界相信的方式之外的方式理解，那就是行了更严重的不义。上帝究竟能否做到，使肉身复活、获得永生？我们是否应该相信，上帝不会这么做，因为这是坏事，上帝不该做⑲？但是由于上帝的万能，他做了那么多不可置信的事，我们对此说了很多了。如果他们想发现有什么是万能者不能做的事，我就说：上帝不会撒谎。我们还是相信他能做，不要相

⑮ 参见本书，18：53。
⑯ ［译按］这句话的原文是 *Neque enim Petri maleficiis eam cum laude credentium tanto ante praenuntiare compulsus est*，其确切含义各译本的理解都不一样。我们基本上接受了 Dyson 的理解。奥古斯丁此处是在对比基督教与异教，强调彼得不会像异教的祭司那样，强迫神去做某事。
⑰ 参见本书，18：53；19：23。
⑱ 波斐利，《论心灵的节制》，2：40，46，50。
⑲ 参考德尔图良，《论肉身的复活》，4 以下。

信他不能做。他们不能相信上帝会撒谎,还是相信他会做他应许要
做的事,就像整个世界相信那样相信,上帝预言了整个世界都要相
信,赞美整个世界的相信,应许了整个世界的相信,并证明了他们的
相信。他们从何证明这是坏的? 那时将没有身体腐化这样的坏事。
我们已经谈到了元素的秩序;我们满意地谈了人们提出的别的想法;
我认为,我在卷十三里充分谈到了不朽身体的运动机制:那时候,在
不腐的身体里,运动将会极为容易,哪怕是现在极好的健康条件下,
与不朽之时都不可比拟[150]。谁没有读,或是愿意回忆和重读,那就读
读本书前面的部分吧。

26. 波斐利认为,幸福的心灵都会逃出身体,但这违背了柏拉图自己的观点,因为他说,至上神向诸神应许,他们的身体不会消亡

他们说:但是波斐利说了,灵魂要幸福,必须完全脱离身体。如
果灵魂只有完全脱离身体才能幸福,我们就不能说未来的身体是不
腐的。但是在上面提到的那一卷里,我已经就此作了很多反驳[151];我
只重复其中的一点。让他们的导师柏拉图纠正他的著作,说,他们的
神要变得幸福,就得脱离身体,也就是死去。他们说,这些神都住在
天体中;而造他们的大神许诺,他们将要获得不朽,也就是,永远居住
在同样的身体里,他们不是自然拥有这身体的,而是因为大神的意愿
介入才有的[152]。这就推翻了他们所说的,即因为肉身复活不可能,所
以不能相信这一说法。这位哲学家无比明确地表明,自身不是被造

---

[150] 本书,13:18。
[151] 见本书,13:13—17。
[152] 柏拉图,《蒂迈欧》,41c。

的大神对他所造的诸神的不朽的应许，是在说要发生一件不可能的事情。所以柏拉图说，大神说了这些话："你们既然是被生的，就不是不朽的，不能不消解；不过你们还是不会消解，死亡不会降临你们，使你们灭亡。没有什么比我的计划更强大，这是能让你们永恒的更大保证，比你们出生时聚合你们的器官更大的保证。"⑬凡是听了这话的人，哪怕是不聪明（absurdus）的人，只要不是失聪（surdus）⑭，就不会怀疑，按照柏拉图的说法，这位创造诸神的大神对被他创造的诸神作了一个不可能的应许。他说："你们不能不朽，但是靠我的意愿你们会不朽。"这岂不是在说"你们那里不可能的事情被我实现"？ 在柏拉图那里，大神既然应许了他要做不可能的事，那么，他就可以让身体变得不腐、不朽、属灵而复活。既然世界都相信了这应许，并且是按照应许该相信的那样，谁还说上帝所应许的是不可能的？ 我们宣布的上帝，就是柏拉图说做不可能的事的大神。幸福的灵魂并不都逃出身体，而是会接受不腐的身体。在不腐的身体中赞美，不是比在可腐的身体中呻吟更好吗？ 也许他们不会有维吉尔根据柏拉图所描述的，那种饥渴的欲望："开始愿意重新回到肉身里去。"⑮我认为，他们没有回到身体的欲望，是因为，灵魂所渴望回归的身体他们一直都有，就这样拥有，从未不拥有，从未丧失，哪怕在死去的时候，也一会都没有丧失。

---

⑬ 西塞罗译柏拉图，《蒂迈欧》，41a。［译按］根据我们在本书 13：16.1 给出的理由，此处很多是奥古斯丁自己的翻译。或许正是这个原因，使得奥古斯丁在两处引用同一段话时文字有些出入。但因为这些个别字句的差别影响不大，我们两处的翻译仍然是一样的。

⑭ ［译按］奥古斯丁此处有意利用了 absurdus 和 surdus 这两个同根词。

⑮ 维吉尔，《埃涅阿斯纪》，6：751。

27. 柏拉图和波斐利的观点相反，他们无论谁向另一个妥协，都会走向真理

柏拉图和波斐利各说各话。如果他们能相互交流，那么他们也许会成为基督徒。柏拉图说，没有身体，灵魂不可能永存。他说，在很长时间之后，智慧之人的灵魂将回到身体⑱。波斐利说最洁净的灵魂将回到圣父那里，不会回到这个坏的世界。如果柏拉图把他所看到的教给了波斐利，即，哪怕义人和智慧者最洁净的灵魂也会回到人的身体，同样，波斐利也把他所看到的教给柏拉图，即，圣徒的灵魂再也不会回到这悲惨的必腐的身体，他们不再各说各话，而是一起说，相互教诲，我想，他们会看到这结果，即灵魂会回到身体，并接受这身体，在其中过上幸福和不朽的日子。按照柏拉图的说法，哪怕圣徒的灵魂也会回到人的身体；按照波斐利的说法，圣徒的灵魂不会回到这坏的世界。于是波斐利同意柏拉图说"回到身体"，柏拉图同意波斐利说"不回到坏"：他们都赞成回到身体，并在其中不再负担坏事。这如果不是上帝应许的，幸福的灵魂在永恒的肉身里永恒生活，还会是什么？按照我的推测，他们很容易同意我们，承认，圣徒的灵魂会回到不朽的身体，即回到他们原来的身体，就是他们承受了这个世界的坏事的身体，在其中不再有这些坏事，虔敬而满怀信仰地服侍上帝。

---

⑱ 柏拉图，《理想国》，614a—617d。

28. 如果他们的观点结合为一,无论柏拉图、拉贝奥,还是瓦罗,都会对关于复活的真实信仰作出贡献

我们当中也有人,因为柏拉图无比光辉的论说方式,也因为他有些地方说得对,而热爱他,说他和我们所认为的死者复活说是相似的[155]。西塞罗在《共和篇》中谈到这一点时说,柏拉图与其说是真的肯定他所要说的,不如说是在开玩笑[156]。他曾讲到一个复活的人的讲述,证实了柏拉图的说法[157]。拉贝奥也谈到,有两个人在同一天死去,在一个十字路口相遇,后来他们被命令回到身体里,于是相约以后做好朋友,他们这样做了,后来才真正死去[158]。这些作者都谈到的身体复活,是我们知道的那些复活和恢复了生命的一种,但是他们都不可能以后永远不死。马可·瓦罗的书《罗马人的民族》中也谈到了这样的事,我认为应该引述他的原文。他说:"星象学家有言,死人的重生就是希腊人说的 παλιγγενεσία;他们写道,这会发生在四百四十年后,曾经组成某人的同一身体和同一灵魂,重新又组成人。"[159]这个瓦罗,或者那些不知名的星象学家(他并没有给出他引述的那些人的名字)所说的,是错的,因为在灵魂回到原来承载这灵魂的身体的时候,她们以后不会再离开了,不过,他的话毕竟攻击和摧毁了那些反对我们的人的说法,说出了他们认为不可能的事。这样认为,或是曾经这样认为的人,不认为下面的事是不可能的:尸体在化为空气、尘埃、灰

---

[155] 德尔图良,《论灵魂》,49;尤西比乌,《福音的准备》,11:33。

[156] 西塞罗,《共和篇》,6:3 以下。

[157] 柏拉图,《理想国》,614b。

[158] 参见普林尼,《自然史》,7:53。

[159] 瓦罗,《罗马人的民族》,残篇。

尘、土堆,被野兽吃掉或被别的人吃掉之后,还可以回归到原来的样
子。如果柏拉图和波斐利,或那些热爱他们的活着的人都同意我们
的说法,要么像柏拉图那样,认为圣徒的灵魂会回归身体,要么像波
斐利那样,认为不会回归坏,由此就可得出结论,他们预言了基督徒
的信仰,即,他们将收回身体,其中没有任何的坏,永远幸福生活,并
且同意瓦罗的说法,认为灵魂将回到原来的身体,那么,他们就完全
解决了肉身永恒复活的问题。

29. 在未来的世代,圣徒们将以什么样的眼光看到上帝

29.1 那时候,圣徒们怎样在不朽和灵性的身体中活动,肉身怎
样不再按照肉身生活,而是按照灵性生活? 按照主肯给的保佑,我们
来看这一点。在那时候,我究竟应该说行动,还是安宁与闲暇,我不
知道。因为我们还没有用身体的感官看到过。如果我说我们曾用心
智,也就是理智看过,那么,我们的理智怎么能达到如此卓绝? 使徒
说"神所赐超乎所有理智的平安"⑯,这岂不是超越了我们,也超越了
圣天使的理智,只是不能超越上帝的理智? 如果圣徒们将在上帝的
和平中生活,他们将在那和平中完美地生活,超乎所有的"理智"。这
会超乎我们的理智,这是无疑的;或许也超乎天使的理智——而这里
说"超乎所有",看来所指没有例外的;因此,我们应该这样理解此处
说的:因为上帝的和平,是上帝自己构造的和平,是上帝所知的,无论
天使还是我们都不可能知道。所以"超乎所有理智",无疑超乎了上
帝以外的所有理智。但是,因为我们会以我们的方式参与他的和平,
我们知道,那是我们的制高点,那是我们之间和我们与上帝之间的和

---

⑯《腓立比书》,4:7,"超乎所有理智"和合本作"出人意外"。

平,是我们所能获得的最高和平。圣天使们也这样以他们的方式知道这和平;人现在远低于天使,不论其心智多么卓越。让我们来看一个伟人说的话:"我们现在所知道的有限,先知所讲的也有限。等那完全的来到,这有限的必归于无有了。"⑯还有:"我们如今仿佛对着镜子观看,如同猜谜;到那时,就要面对面了。"⑭天使们也要这么看。那些天使,也被称为我们的天使,因为上帝救我们脱离黑暗的权势,我们接受圣灵的预定,迁到基督的国里⑯,开始加入到天使当中,在上帝之城里,和他们共同享受最甜美的神圣,就是我们走笔至此所描述的这个城。所以,上帝的那些天使也是我们的使者,正如上帝的基督也是我们的基督。他们是上帝的,是因为他们不离开上帝;他们是我们的,是因为他们开始和我们共为那城的公民。主耶稣说:"你们要小心,不可轻看这小子里的一个。我告诉你们,他们的使者在天上,常见我天父的面。"⑯他们怎样看到,我们也怎样看到;但我们现在还没看到。就是因此,使徒说了我不久前所引的话:"我们如今仿佛对着镜子观看,如同猜谜;到那时,就要面对面了。"这样看,是对我们的信仰的奖赏。使徒约翰就此说:"但我们知道主若显现,我们必要像他。因为必得见他的真体。"⑯所谓的"面",我们应该理解为上帝的显现,而不是如此这般的肢体。我们身体里有这样的肢体,所以也这么说他⑱。

　　29.2　如果有人问我,在那灵性的身体里,圣徒们是如何活动的,我不会说我看到了,而是说我相信,根据是我在《诗篇》里读到的:

⑯　《哥林多前书》,13:9—10。
⑭　《哥林多前书》,13:12。
⑯　《歌罗西书》,1:13。
⑯　《马太福音》,18:10。
⑰　《约翰一书》,3:2。
⑱　参考奥古斯丁,《书信》,147。

"我因信，所以如此说话。"⑯⑨而我这么说：他们将在这身体中看到上帝；但是，我们是否像现在通过身体看到太阳、月亮、星星、海洋、大地，以及大地上的各种事物那样，通过身体看到上帝，不是个小问题。很难说，圣徒们还会有这样的身体，不能按照自己的意志闭眼和睁眼；更难说，每个人在闭眼的时候，就一定看不见上帝。先知以利沙即使身体不在场，也能看到他的童子基哈西接受叙利亚人乃缦的礼物，因为这位先知曾治好了乃缦的麻风病。他的仆人以为自己是偷偷摸摸做的，他的主人就看不到⑰⑩。如果以利沙可以看到，圣徒在灵性的身体中更是都能看到了，不仅在闭着眼的时候，甚至身体不在场的时候。那时那"完全的"会到来，就像使徒所说的："我们现在所知道的有限，先知所讲的也有限；等那完全的来到，这有限的必归于无有了。"⑰⑪随后，他就尽可能地作比喻，用此生的事物来对比来生的事情，不仅是随便的普通人的此生，而且是那尤为神圣的人的此生。他说："我做孩子的时候，话语像孩子，心思像孩子，意念像孩子。既成了人，就把孩子的事丢弃了。我们如今仿佛对着镜子观看，如同猜谜。到那时，就要面对面了。我如今所知道的有限。到那时就全知道，如同主知道我一样。"⑰⑫如果在此生极为神奇的先知和来生相比，也像孩子和成人相比，那么，以利沙不在场就能看见他的仆人接受礼物，等到那完全的到来时，可腐的身体不再压迫灵魂，变得不腐，不再阻拦，难道圣徒们还需要肉眼来看吗？连以利沙都不需要肉眼，就可以在不在场时看见仆人。按照七十士本的译者，先知对基哈西说的话是："那人下车转回迎你，你接受钱财的时候，难道我的心不走到你

---

⑯⑨ 《诗篇》，116：10。
⑰⑩ 《列王纪下》，5：8—27。
⑰⑪ 《哥林多前书》，13：9—10。
⑰⑫ 《哥林多前书》，13：11—12。

那里吗?"等等。而哲罗姆从希伯来文译出的是:"那人下车转回迎你的时候,我的心岂没有去呢?"⑬先知说,是他的心看到了这些事,无疑,这是因为上帝神奇的保佑。而既然"神在万物之上,做万物之主"⑭,那么,上帝的赐予也会如此众多,在万物之上。不过,肉眼也会有自己的职能,有自己的地方,灵性也会通过灵性的身体运用肉眼。先知并不因为他不在场时不需要肉眼来看,就在在场时也不用那肉眼来看。而哪怕在闭眼的时候,灵性也能看,就像不在场时,看不在当前的事物一样。我们不会说,那些圣徒在来生闭眼时就不能看到上帝,他们总是用灵性看上帝。

29.3 但是他们在肉眼睁开时,是否用肉眼看到上帝,也是一个问题。灵性身体中的眼睛虽然是灵性之眼,但如果也像我们现在的眼睛一样,无疑,上帝就不能用这眼睛看到。但如果非物质的、不包含在哪个地方的、又无处不在的自然可以被肉眼看到,那就完全是不同的能力了。我们不能因为说上帝在天上地下(他自己借先知之口说:"我岂不充满天地吗?"⑮),就说他的一部分在天上,一部分在地下;而是,他的整体在天上,整体在地下,不是不同时候如此,而是在所有时间都是如此,物质的自然不可能这样。因此,眼睛必须有足够的力量,不是比蛇或鹰看得更真切(这些动物尽管眼力极为敏锐,看到的也都是物质),而是看到非物质的存在。有的时候,像约伯这样的圣徒,虽然尚在必朽的身体中,眼睛也会被赐予这样辨别事物的伟大能力。所以他对上帝说:"我从前听到了你,现在亲眼看见你;因此,我厌恶自己,熔化了自己,认为自己不过是尘土和炉灰。"⑯我们完

---

⑬《列王纪下》,5:26。

⑭《哥林多前书》,15:28。

⑮《耶利米书》,23:24。

⑯《约伯记》,42:5—6,七十士本。

全可以把这里理解为内心的眼睛，使徒也这样说内心之眼，"照明你们心中的眼睛"[⑰]，没有基督徒会怀疑，在谈看见上帝时，是用这样的眼睛看的。他们充满信仰地接受了上帝导师说的话："清心的人有福了，因为他们必得见神。"[⑱]但将来是否也用肉眼看见，我们现在来转向这个问题。

29.4 经上还说："凡是肉身，都要见神的救恩。"[⑲]可以毫无困难地理解为，这是在说："所有人都要见上帝的基督。"我们曾看到他的身体，也将看到基督在身体中审判活人和死人。基督自己就是上帝的救恩，圣经中有很多别的见证，而其中最明确的，就是老人西面把婴儿基督用手接过来时说的话："主啊，如今可以照你的话，释放仆人安然去世。因为我的眼睛已经看见你的救恩。"[⑱]还有，就是上面提到的约伯所说的话，在希伯来文中有："我必在肉体之内得见神。"[⑱]这无疑就是预言肉身复活的例证[⑲]。但他不说"通过肉身"。如果那样说了，"神"就可以理解为基督，因为基督就在肉身之内，是通过肉身看到的。而我们可以认为，说"在肉体之内得见神"，就如同说"我见神的时候，我在肉体之内"。使徒所说的"面对面"[⑱]，指的不是用长着肉眼的肉体的脸看到上帝，因为我们相信，我们看到上帝时，是用灵性，不会被中断。这如果不是指人内在的脸，这位使徒就不会说："我们众人既然敞着脸，得以看见主的荣光，好像从镜子里返照，就变成主的形状，荣上加荣，如同从主的灵变成的。"[⑱]《诗篇》中唱道："凡仰望

⑰ 《以弗所书》，1：18。
⑱ 《马太福音》，5：8。
⑲ 《路加福音》，3：6，"凡是肉身"，和合本作"凡有血气的"。
⑱ 《路加福音》，2：29—30。
⑱ 《约伯记》，19：26，据哲罗姆译本，和合本作"我必在肉体之外得见神"，当为误译。
⑱ 哲罗姆在《书信》61 中也这样解释约伯的话。
⑱ 《哥林多前书》，13：12。
⑱ 《哥林多后书》，3：18。

他的，便有光荣。他们的脸，必不蒙羞。"⑱我们也不能从另外的角度理解。我们靠信仰接近上帝，信仰是心中的，不是身体的。但是因为我们不知道灵性的身体将达到什么程度（我们说此事并无经验，圣经的权威也提供不了帮助），我们的状况就如同《便西拉智训》里所说的："必朽的人的思想，常是不定的，我们人的计谋常是无常的。"⑲

29.5　按照哲学家们的道理，我们用心智来看理智事物，用身体的感官来看感性事物，也就是物质事物，因此，心智不能用身体看理智事物，也不能用其自身的理智看物质事物。如果我们认为这是千真万确的，那就会明确推导出，哪怕灵性的身体的肉眼，也不能看到上帝。但是，真正的理性和先知作者都嘲笑这种道理。谁会距离真理如此之远，胆敢说上帝不能知道物质事物？难道上帝要有身体，上面的眼睛使他能获得知识？我们不久前提到了先知以利沙，难道这还不足以表明，通过灵性，而不是身体，也能辨别物质事物？当他的仆人接受贿赂时，那是身体的行为；先知不是通过身体，而是通过灵性看到的。既然灵性可以看到身体，那么，在灵性的身体中，就不能有巨大的力量，使身体看到灵性吗？上帝是一个灵⑳。人的生命如今生活在身体中，给这地上的肢体以生命和活力，每个人是靠内在的感觉，而不是肉眼来认知到自己的生命。别人的生活是不可见的，却可以通过身体感知。我们怎样区分活着的和不活着的身体呢？当然是同时看身体和生命，不靠身体，我们根本看不到这些。靠肉眼，根本看不到没有身体的生命。

29.6　非常可能，而且极为可信，我们将来会在世界中看到物质

---

⑱《诗篇》，34:5。

⑲《所罗门智训》，9:14，用思高本译文，有改动。

⑳《约翰福音》，4:24。

的新天和新地,我们会用肉眼看到上帝无处不在,掌管万物。凡是我们眼睛所指的,我们都看得极为清晰,不像现在这样,通过上帝所造的被造物来看不可见的上帝,好像在镜子里,如同猜谜,难窥全豹[18]。现在我们更多是靠信仰相信,而不是靠肉眼辨别那些物质事物的形态。我们现在生活在众人中,我们感觉到他们的运动,感到他们表现出活力,不是因为我们相信他们活着,而是因为看到了。无疑,我们通过身体看到他们,如果他们没有身体,我们就看不到他们的生命;将来我们靠了我们身体上的灵性光芒,会通过身体看到非物质的上帝为万物之王。或者,上帝是我们用这双眼睛看到的,因为它们具有了类似心智的卓绝功能,可以分辨非物质的自然,这样的例子在圣经上要么很难找,要么不可能找到;或者,那时候我们知道和看到了上帝,我们中的每一个都用灵性,在每个人自己中看到了他,在相互之间看到了他,在他自己身上看到了他,在新天新地中看到了他,在那时候的所有被造物中看到了他。这或许更容易理解。通过身体,我们也可以在所有的身体中看到他,只要灵性身体的锐利目光能够达到。我们的思想也彼此知道。那时候,使徒的话就会应验了:"所以时候未到,什么都不要论断,"随后说:"只等主来,他要照出暗中的隐情,显明人心的意念。那时各人要从神那里得着称赞。"[19]

30. 上帝之城中的永恒幸福和永恒礼拜

30.1　那里没有坏事,好事也不再潜藏,人们得到了空暇,得以赞美在万物之上、作万物之主的上帝[20],这幸福将是多么巨大!在那

---

⑱《罗马书》,1:20;《哥林多前书》,13:12。

⑲《哥林多前书》,4:5。

⑳《哥林多前书》,15:28。

里，既没有疲乏使人中止工作，也不再有工作的必需，我不知道，还有
别的什么活动。我得到圣歌的劝诫，在其中读到或听到："如此住在
你殿中的，便为有福。他们仍要赞美你。"[191]身体的所有肢体和内脏都
会不朽，现在我们看到各部分各司必要的职分，那时这都不必要，而
是享受充盈的、确定的、安全的、永恒的幸福，用于赞美上帝。我们谈
过的所有这些[192]，现在是潜藏的，但到了那时，身体之间数量的和谐就
不再是潜藏的，无论是外观还是内脏，都在整个身体中和谐分布。那
时候，还会有别的伟大而神奇的事物得到揭示，这些所形成的理性的
美丽给我们带来的快乐，将使理性的心智赞美如此伟大的工匠。身
体将具有怎样的运动，我不敢妄下断言，因为我还无力认识；但不论
运动还是静止，就如其形像一样，都是美好的，因为那时的一切，都将
不会是不美的。精神所愿的，身体一定听从；使精神或身体不美的，
精神也不会愿意。那里没有错误的赞美，也没有奉承的赞美，只有真
正的光荣；那里有真正的尊荣，因为应该得到的不会被拒绝，不该得
到的也不能妄得。不该得的也不会询问，因为只有尊荣的才被允许
在那里。那里没有自身之内的对抗，也没有相互之间的反对，所以有
真正的和平。赐予德性的上帝，会把自己当作德性的奖赏，因为没有
比他更好的，也没有更大的。他为什么通过先知说"我要做你们的
神，你们要做我的子民"[193]？难道不是因为"我就是使你们满足的，我
就是人们真诚地欲望的一切，生命、健康（salus）、食物、富足、光荣、
尊荣、和平，所有的好事"？使徒说的上帝"在万物之上，做万物之
主"，就该这么理解[194]。上帝自身就将是我们的欲望的目的，观看起来

---

[191]《诗篇》，84:4。

[192] 本书，12:24.4。

[193]《利未记》，26:12。

[194]《哥林多前书》，15:28。

没有终极，热爱起来没有限制，赞美起来没有疲乏。这赐予、这关爱、这行动真的是万物共有的，就像永生一样。

30.2 但是，对应于各种级别的品德，会是怎样的尊荣和光荣，谁能认识到一点？更何况说出来了。将来会有这级别，这是毫不含糊的。那个幸福的城会看到自身之中伟大的善好，在下的不会嫉妒在上的，就像现在，别的天使不会嫉妒大天使；谁也不愿得到他不曾接受的，而是处在最和平而和谐的限制中，严格遵从自己接受的，就像身体中的指头不愿成为眼睛，而两种器官都和平地包含在整个身体中⑱。人们除了接受或大或小的赐予，还将接受另一件共同的赐予，就是不贪图更多。

30.3 并不因为人们不会再喜欢犯罪，就不再有自由抉择。他会有更大的自由，因为不再喜欢犯罪，摆脱了为犯罪而喜悦的性情。上帝在最早把人造成正直的造物时，人被赐予了最初的自由抉择，有不犯罪的能力，也有犯罪的能力；但他这最后的自由抉择更强大，因为他将不能犯罪；这是来自上帝的真正赐予，不是自然的可能性。成为上帝是一回事，参与上帝是另一回事。上帝自然就不会犯罪，而上帝的参与者从上帝接受了不会犯罪的不能。我们要注意到，在上帝的这赐予中有层级的区分，人首先被赐予能不犯罪的自由抉择，最后被赐予不会犯罪的不能。前者是为了获得品德⑲，后者是得到的奖赏。但是因为自然使人在能犯罪时就犯罪了，人们要得到更慷慨的

---

⑱ 《哥林多前书》，12：14—26。
⑲ ［译按］此处的原文是 *atque illud ad comparandum meritum*，字面意思并不是很模糊，但有些译者可能认为若按照字面意思理解就很费解，所以给它施加了别的理解。比如 Dyson 就把这理解成，"前者是作为试探给人的"，王晓朝译成"前一种恩典是一种可能状态"。但我们还是遵从字面意思翻译。奥古斯丁的意思应该是，上帝赐给人自由意志，人若用这个意志不犯罪，则是获得了一种品德。

恩典才得解救，才得到了不能犯罪的大自由[197]。最开始的不朽性，即可以不死的可能性，亚当因为犯罪而丢掉了，而最后的不朽性，在于人不能死。同样，最初的自由抉择使人能不犯罪，最后的自由抉择则使人不能犯罪。那时，朝向虔敬和平等的意志将不会丧失，就像现在朝向幸福的意志不会丧失一样。犯罪使我们无法保住虔敬和幸福，但在丢失幸福时，我们并未丢失朝向幸福的意志。就像上帝，是不能犯罪的，但谁能否定他有自由选择？[198]

30.4 在那个城里，所有人都有一个共同的、不可分的自由意志，解脱了所有的坏，充斥了所有的好，毫无缺陷地安享永恒快乐的喜悦，罪忘记了，惩罚忘记了；人们的解救没有忘记，不会对解救者不知感恩。在人们的理性知识中，会记住自己从前的坏事；但是此前感觉的体验，都不记得了。最有经验的医生，靠医术认识，能知道所有的身体疾病；但是凭着对身体的感觉，他却不知道他没经历过的大部分疾病[199]。对坏事的认识也有两种：一种，是心智的能力曾经经历的；另外一种，是靠感觉的体验经历的（要么是靠智慧的学习认识所有的罪过，要么因为愚蠢而体会最坏的生活）。忘记坏事也同样有两种：一种是忘记习得和学来的，另一种是体验和经历的；前者是忘记了所学的，后者是丢弃曾受的悲惨。按照这第二种遗忘，在将来，圣徒们的记忆中已没有了先前的坏事；他们丧失了所有的体验，从感觉里把坏事清除，一点不剩。而他们的知识能力将是巨大的，不仅知道自己以前的事，而且那受谴责者永恒的悲惨也不会瞒过他们。如果那悲

---

⑲ 参见奥古斯丁，《信、望、爱手册》，28。

⑱ ［译按］PL 本的分段不是在这里，而是在"不知感恩"之后，我们根据 CCSL 本在这里分段。

⑲ ［译按］意思是，医生靠医学知识知道很多疾病，但对于自己没有经历过的，其实并不能切身地了解得那种病是什么感觉。

惨是他们不知道的,那么,《诗篇》中说的"我要歌唱主的慈爱,直到永远"[200]又怎么可能? 我们因基督的血得救,比起赞美基督恩典的光荣的赞歌,那城里不会有更欢乐的歌。这话会实现:"你们要休息,要知道我是神。"[201]那里会有真正最伟大的礼拜,没有黑夜,上帝当作他造世的最初作品来推崇。我们读到:"到第七日,神造物的工已经完毕,就在第七日歇了他一切的工,安息了。神赐福给第七日,定为圣日,因为在这日神歇了他一切创造的工,就安息了。"[202]那时候我们会充满和洋溢着福泽与神圣,自己就是第七日。在那里,我们将会休息,看到他就是上帝。我们远离上帝时,希望自己变成上帝,因为人听到诱惑者说:"你们便如神。"[203]于是人离开了真正的上帝。上帝是要把我们变成神,但不是通过背离,而是通过参与。如果没有上帝,我们能做什么? 不过就是在他的震怒中毁灭[204]。我们洋溢着他的恩典,获得更大的完美,于是永远地休息了,看到那就是上帝,因为他在万物之上,作万物之主[205],所以上帝充满了我们。我们的好的成就,更应该理解为是他的,不是我们的,那时候会注入我们,使我们获得礼拜的休息。上帝说,在这礼拜日:"无论何工都不可作。"[206]因此,他通过先知以西结说:"又将我的安息日赐给他们,好在我与他们中间为证据,使他们知道我主是叫他们成为圣的。"[207]我们那时候获得了完全的休息,完全看到了他就是上帝,也就完全知道了这一点。

---

[200] 《诗篇》,89:1。

[201] 《诗篇》,46:10。

[202] 《创世记》,2:2—3。

[203] 《创世记》,3:5。

[204] 《诗篇》,90:9。

[205] 《哥林多前书》,15:28。

[206] 《申命记》,5:14。

[207] 《以西结记》,20:12。

30.5　如果我们按照圣经中明确谈到的时间来计算,按照日子计算年代,那礼拜就会更清楚,因为那就是第七个;如代表第一日的第一个年代是从亚当到大洪水之间的最初岁月,第二个是从那时候到亚伯拉罕,我们不是按时间的相等来计算,而是按代数的相等;每一个阶段有十代。就像福音书作者马太所计算的,从这时一直到基督的来临,共有三个时代,其中每一个包含十四代。从亚伯拉罕到大卫是第一个时代,第二个是从那里到迁到巴比伦的时代,第三个是从这时到基督的肉身降生[208]。总共有五个时代,第六个就是现在,没有用代数来计算,因为经上说:"父凭着自己的权柄,所定的时候日期,不是你们可以知道的。"[209]在这之后,上帝就如在第七日般休息了,而那第七日,就是我们,而他也让我们在他之中休息。关于这些时代,现在要一个一个细细谈来,就太冗赘了;只需说,那第七个,就是我们的礼拜,其终结不是晚上,而是主的第八日,是永恒,因为基督的复活而成圣,不仅是灵性的永恒,而且还会预见到身体的休息。我们在那里会休息并看到上帝,看到上帝并爱他,爱他并赞美他。看,这就是永无终结的终结。除非到达那个没有终结的王国,我们还要到什么样的终结?

30.6　在主的帮助下,看来我该结束这项宏大的工程了。谁若觉得我说得太少或太多,请原谅我;谁若觉得满意,那应该和我一起,把感恩之心恭奉上帝,而不是给我。阿门。

---

[208]《马太福音》,1:17。
[209]《使徒行传》,1:7。

主要概念译法表

[译按]本表列出《上帝之城：驳异教徒》全书中出现主要概念的中文译法。因此书翻译历时甚长，中间反复删改颇多。本表力求给出书中出现的每个概念的全部译法。另外，在正文中出现的概念，需要注出拉丁原文时，往往注出文中出现的形式，但本表则给出字典词条形式，即动词的单数第一人称主动时，名词和形容词的单数第一格。有部分词组，则视情况而定。另外，凡是以 i 和 j 开头的词，都统一为 i；以 u 和 v 开头的词，都统一为 u。

adhaereo，亲近

aedifico，建立

aeternus，永恒

aether，以太

affectio，情感

amica，朋友

amicitia，友谊

anima，灵魂

animal，生灵，动物

animus，心灵

forma，形式

formo，造

fortis，坚强，强大

fortitudo，坚韧，勇敢

fortuita，偶然

fortuna，命运

fruor，安享

futurus，未来

gens，民族，异教

gloria，光荣，荣耀

gratia，恩典，恩

habitus，习惯

honor 荣誉、尊荣，体面，荣耀

humilitas，谦卑，受辱

hydromantia，水占

immortalis（inmortalis），不
朽的

impassibilitas，无情

imperator，统帅

imperium，帝国，指挥，命令

impietas，不敬

in mortem，在死

incarnatio，道成肉身

indoles，本性

ingenium，天性

inspiro，灵化

integritas，正直

intelligentia，理智

intelligo，理解

interior homo，内在人

interior sensus，内在感觉

involucrum，躯壳

iudicium，裁决，审判，判断

ius，权利，正义

iustificatio，称义

iustitia，正义

iustus bellus，正义战争

iustus，正义的

justitia，正义

labor，辛劳

lex naturae，自然法

libera，自由女子，自由人（撒
拉）

liberalis doctrina，文雅教化

libero，解救

libertas，自由

libido，欲望，淫欲

libido dominandi，霸欲，统治欲

logica，逻辑学

magicus ars，魔术

malus，坏，坏人，恶人，坏事

mandatum，诫命

martyris，殉道士

mediator，中保

medius，中介

membrum，肢体

memoria，记忆

mens，心智

meritus，品行，

milliarius，千禧年主义者

miraculum，神迹，奇迹

misericordia，悲悯

modestus，矜持，节制

Mons Sacrum，圣山

monstrum，怪像

moralis philosophia，道德哲学

moriens，死着

mortalis 有朽者，必朽者

mortuus，已死

mos，道德，风俗，品行，人品，
    风尚

mundus，人间，世界，干净

natura，自然

naturalis theologia，自然神学

nefandus，污秽

nefas，不合神法

nequitia，罪过

novissimum iudicium，末日

审判

oboedio，遵从

orbis terrae，国际世界

ordo，秩序

origo peccatum，原罪

ostentus，异兆

Palliatus，披肩夫子

passio，性情

patientia，耐力

paupertas sanctas，神贫

pax，和平

peccatum，罪

peregrinor，旅行，漫游

peregrinus，羁旅

perturbatio，搅扰

pes publica，共和，共和国

physica philosophia，自然哲学

physiologia，自然学

populus，人民，民众

portentum，预兆

post mortem，死后

potestas，权力

praeceptum，诫命

praescientia，前知

praesens，现在

praeteritus，过去

prima naturae，原初自然

prima resurrectio，第一次复活

primus homo，初人

princeps，君主,诸侯

principio，开端,太初

principium，本源,太初

probatus，证成

prodigiuum，异像

promissum，应许

propagatio，繁衍

providentia（divina），神意

proximus，邻人

prudentia，明智

pudicitia，贞操,羞耻

pudor，羞耻

purgatorias，炼净

quietes，安宁

ratio，理性

rationalis philosophia，推理哲学

regeneratio，重生,复兴

religio，宗教

resurrectio，复活

sabbatus，礼拜

sacer，神圣

sacerdos，祭司

sacrifico，祭祀

saeculum，世代,尘世

saeculum saeculorum，世世代代

salubrer，救赎的、拯救的

sanus，拯救性的,救治的

sapiens，智者

sapientia，智慧

scelus，过犯,丑事,罪恶

scientia，知识

secunda mors，第二次死亡

secunda resurrectio，第二次复活

securitas，安全

securus，安全,不必操心

selectus deus，选神

sempiternum supplicium，永刑

sensus，感觉

sentio，感觉

servitus，侍奉,服务

sobrie，清醒

socialis uita，社会生活

societas，团契,社会

spes，希望

spiritus，灵,灵性,精灵、精神

substantia，实质

s bonus，至善

summus malus，至恶

superbus，骄傲

superstitio，迷信

tabernaculum testimoni，会幕

temperantia，自制，节制

temporalis，尘世的，此世的

temptatio，试探

testimonium，见证

trinitas，三位一体

tyrannus，僭主

uanitas，虚妄

uasum，家财

uia recta，正道

uirtus，德性，美德，能力，德能

uita，生命，生活

uitium，罪过，欠缺

uiuens，活着

uiuo，生存

ultimum iudicium，末日审判

umbra，影子，张本

universalis uia，普世之道

uolo，愿意，希望

uoluntas，意志

uoluptas，快感

urbs，城镇，城市

usus 使用，利用，用

utor，利用

zelus，焦躁之火

图书在版编目(CIP)数据

上帝之城:驳异教徒/(古罗马)奥古斯丁著;吴飞译.—上海:
上海三联书店,2024.3 重印
ISBN 978 - 7 - 5426 - 7223 - 0

Ⅰ.①上…　Ⅱ.①奥…②吴…　Ⅲ.①基督教-研究-古罗马
Ⅳ.①B979.198.5

中国版本图书馆 CIP 数据核字(2020)第 191072 号

上帝之城:驳异教徒

著　　者 / [古罗马]奥古斯丁
译　　者 / 吴　飞

责任编辑 / 黄　韬　徐建新
装帧设计 / 一本好书
监　　制 / 姚　军
责任校对 / 王凌霄　林佳依　张挪亚　王　卫

出版发行 / 上海三联书店
　　　　　(200041)中国上海市静安区威海路 755 号 30 楼
邮　　箱 / sdxsanlian@sina.com
联系电话 / 编辑部:021 - 22895517
　　　　　发行部:021 - 22895559
印　　刷 / 上海展强印刷有限公司

版　　次 / 2022 年 1 月第 1 版
印　　次 / 2024 年 3 月第 3 次印刷
开　　本 / 640mm×960mm　1/16
字　　数 / 1000 千字
印　　张 / 79.5
书　　号 / ISBN 978 - 7 - 5426 - 7223 - 0/B・710
定　　价 / 238.00 元(上下册)

敬启读者,如发现本书有印装质量问题,请与印刷厂联系 021 - 66366565